Marco Staake

Gesetzliche Schuldverhältnisse

Akad. Rat Dr. Marco Staake
Juristenfakultät
Universität Leipzig
Burgstraße 27
04105 Leipzig
Deutschland

ISBN 978-3-642-30093-6   ISBN 978-3-642-30094-3 (eBook)
DOI 10.1007/978-3-642-30094-3
Springer Heidelberg New York Dordrecht London

Die Deutsche Nationalbibliothek verzeichnet diese Publikation in der Deutschen Nationalbibliografie; detaillierte bibliografische Daten sind im Internet über http://dnb.d-nb.de abrufbar.

© Springer-Verlag Berlin Heidelberg 2014
Das Werk einschließlich aller seiner Teile ist urheberrechtlich geschützt. Jede Verwertung, die nicht ausdrücklich vom Urheberrechtsgesetz zugelassen ist, bedarf der vorherigen Zustimmung des Verlags. Das gilt insbesondere für Vervielfältigungen, Bearbeitungen, Übersetzungen, Mikroverfilmungen und die Einspeicherung und Verarbeitung in elektronischen Systemen.

Die Wiedergabe von Gebrauchsnamen, Handelsnamen, Warenbezeichnungen usw. in diesem Werk berechtigt auch ohne besondere Kennzeichnung nicht zu der Annahme, dass solche Namen im Sinne der Warenzeichen- und Markenschutz-Gesetzgebung als frei zu betrachten wären und daher von jedermann benutzt werden dürften.

Gedruckt auf säurefreiem und chlorfrei gebleichtem Papier

Springer ist Teil der Fachverlagsgruppe Springer Science+Business Media (www.springer.com)

Springer-Lehrbuch

Weitere Bände in dieser Reihe:
http://www.springer.com/series/1183

Zu diesem Buch

In diesem Buch behandele ich die wichtigsten gesetzlichen Schuldverhältnisse des BGB. Hierzu zählen zunächst die Klassiker: das Bereicherungsrecht, das Deliktsrecht sowie die Geschäftsführung ohne Auftrag. Thematisch ähnlich ausgerichtete Lehr- oder Lernbücher belassen es zumeist hierbei. Die im dritten und fünften Buch des BGB geregelten Schuldverhältnisse werden den Darstellungen zum Sachenrecht bzw. Erbrecht überlassen. Dies halte ich für einen Fehler, da die wechselseitigen Bezüge zwischen den gesetzlichen Schuldverhältnissen so verschleiert werden. Aus diesem Grund finden sich in diesem Buch auch Ausführungen zu Besitz und Besitzschutz, zum Eigentümer-Besitzer-Verhältnis, zum Fund sowie zum Erbschaftsanspruch.

Dieses Buch ist als *Lehrbuch* konzipiert. Natürlich sollen dabei Kenntnisse der einschlägigen Vorschriften, ihrer Voraussetzungen und Rechtsfolgen, der examens- und praxisrelevanten Meinungsstreitigkeiten und der zu ihrer Lösung entwickelten „Theorien" vermittelt werden. Allerdings kann es meines Erachtens im Jurastudium nicht ausschließlich darum gehen, möglichst viel Wissen anzusammeln. Ziel der Dozenten und Verfasser (von Lehrbüchern, Aufsätzen und Skripten) sollte es vielmehr sein, das Verständnis der Studierenden für die jeweiligen Rechtsgebiete, die systematischen Zusammenhänge und die den Regelungen zugrunde liegenden Wertungen zu fördern. Nicht die Problemkenntnis zeichnet einen guten Juristen aus, sondern das Problemverständnis. Zahlreiche Beispiele, kleine und größere Fälle sollen helfen, dieses Verständnis zu fördern.

Zum Verstehen gehört das Hinterfragen. Und zum juristischen Diskurs gehört der argumentative Widerspruch. Die *eine* richtige Lösung gibt es oftmals nicht. Daher kommt es auf die Begründungen an. Ich möchte in diesem Buch auch zeigen, dass diese Begründungen in vielen Fällen Wertungen erfordern, denen man nicht dadurch ausweichen sollte, dass man sich auf eine „h.M." beruft. Daher fordere ich die Leserinnen und Leser dieses Buches – also Sie! – nachdrücklich auf, sich kritisch mit den verschiedenen Meinungen auseinanderzusetzen. Dies schließt die hier vertretenen Auffassungen selbstverständlich mit ein. Sapere aude!

Dieses Buch kann natürlich auch als *Lernbuch* verwendet werden. Wichtige Aussagen und Prüfungsschemata habe ich durch graue Kästen hervorgehoben, um dem Leser sowohl einen ersten Überblick als auch – später im Studium – ein effektives Wiederholen zu ermöglichen. Aber Vorsicht: Allein mit Schemata und Leitsätzen lässt sich kein juristischer Blumentopf gewinnen. Vor den einzelnen Kapiteln und gelegentlich auch zwischendurch finden sich weiterführende Hinweise auf Aufsätze und Übungsfälle, anhand derer das Wissen vertieft und eingeübt werden kann.

Dieses Buch ist nicht perfekt. Kritik und Anregungen sind willkommen und können an *mail@marco-staake.de* adressiert werden. Weitere Informationen zu mir, meiner Forschungs- und Lehrtätigkeit können unter *www.marco-staake.de* abgerufen werden.

Die Liste der Personen, denen ich Dank schulde, ist lang. Herrn Tobias Bresselau von Bressensdorf, Frau Carolin Ubrich und Herrn Tony Grobe danke ich für viele anregende Diskussionen, zahlreiche kritische Anmerkungen, ihre Hilfe bei der Recherche und der Erstellung des Fußnotenapparates. Frau Franziska Wolf und Frau Constance Waber danke ich für das Korrekturlesen. Meinem akademischen Lehrer, Herrn Prof. Dr. Tim Drygala, bin ich dankbar dafür, dass er mich in meiner Entscheidung, dieses Buch zu schreiben, bestärkt und mir wertvolle Lehrstuhlressourcen zur Verfügung gestellt hat. Dank auch dem Springer-Verlag und hier insbesondere an meine Lektorin, Frau Anke Seyfried, die sich ohne zu zögern auf das Projekt eingelassen hat, und Frau Kay Stoll, die geduldig meine Formatwünsche umgesetzt hat.

Am dankbarsten bin ich aber meiner Frau Susann, die mich vorbehaltlos in allem unterstützt. Finia und Iven muss ich um Verzeihung bitten: Es ist wieder kein Kinderbuch geworden.

Leipzig, im Juli 2013   Marco Staake

Inhaltsverzeichnis

Teil I Einleitung

§ 1 Einleitung 3
    I.   Worum geht es? 3
        1. „Schuldverhältnisse" 3
        2. „Gesetzliche" Schuldverhältnisse 4
    II. Warum gibt es gesetzliche Schuldverhältnisse? 5
    III. Gesetzliche Schuldverhältnisse im Prüfungsaufbau 7
    IV. Prüfungsreihenfolge 9
    V.   Zur Bedeutung von Wertungen 10

Teil II Bereicherungsrecht

§ 2 Dogmatische Grundlagen und Überblick 15
    I.   Weichenstellung: Trennung von Leistungs- und
        Nichtleistungskondiktion 15
    II. Leistungskondiktionen 18
        1. Tatbestände 18
        2. Kondiktionssperren 19
    III. Nichtleistungskondiktionen 20
        1. Allgemeine Eingriffskondiktion 20
        2. Verfügungen eines Nichtberechtigten 20
        3. Weitere Nichtleistungskondiktionen 21
    IV. Rechtsfolgen 21

§ 3 Die Leistungskondiktionen 23
    I.   Gemeinsamkeiten und Unterschiede 23
    II. Der Bereicherungsgegenstand: „etwas erlangt" 24
        1. Grundlagen 24
        2. Mögliche Bereicherungsgegenstände 25
            a) Erwerb von Rechten 25
            b) Befreiung von einer Verbindlichkeit oder Belastung 26
            c) Dienste, Nutzungen und Gebrauchsvorteile 27
            d) Sonstige Rechtspositionen 27

III.	Das kondiktionstypische Merkmal: „durch Leistung"	29
	1. Vom natürlichen zum modernen Leistungsbegriff	29
	2. Leistungsbewusstsein	29
	3. Leistungszweck	31
	4. Funktion des Leistungsbegriffs	33
	5. Kritik und Verteidigung des Leistungsbegriffs	34
IV.	Die kondiktionsauslösenden Mängel	36
	1. Der Grundfall: „ohne rechtlichen Grund" (§ 812 I 1 Alt. 1 BGB)	36
	a) Rechtsgrund als objektiver Behaltensgrund	36
	b) Beweislast	39
	2. Wegfall des rechtlichen Grundes (§ 812 I 2 Alt. 1 BGB)	39
	3. Bestehen einer dauernden Einrede (§ 813 I 1 BGB)	41
	a) Erfasste Einreden	41
	b) Ausnahmen; insbesondere Verjährung	42
	4. Zweckverfehlung (§ 812 I 2 Alt. 2 BGB)	43
	a) Anwendungsbereich	43
	b) Bezweckter Erfolg als „Inhalt des Rechtsgeschäfts"	47
	c) Exkurs: Zweckgerichtete Zuwendung im Hinblick auf den Bestand einer Ehe	48
	5. Gesetzes- oder Sittenverstoß (§ 817 S. 1 BGB)	50
	a) Bedeutung	50
	b) Einzelheiten zum Tatbestand	52
V.	Die Kondiktionssperren	52
	1. Ausschluss bei Kenntnis der Nichtschuld (§ 814 Alt. 1 BGB)	52
	2. Ausschluss bei sittlicher Pflicht oder Anstand (§ 814 Alt. 2 BGB)	54
	3. Ausschluss trotz Nichteintritt des bezweckten Erfolgs (§ 815 BGB)	55
	4. Ausschluss bei Gesetzes- oder Sittenwidrigkeit der Leistung (§ 817 S. 2 BGB)	55
	a) Telos und Anwendungsbereich	55
	b) Voraussetzungen	56
	c) Einschränkungen	57
	d) Sittenwidrige Darlehen	58

§ 4 Die Nichtleistungskondiktionen 61

I.	Generalklausel und Fallgruppen	61
II.	Die Tatbestandsmerkmale des § 812 I 1 Alt. 2 BGB im Überblick	62
III.	Die Eingriffskondiktion	63
	1. Präzisierung des Merkmals „auf Kosten"	63
	a) Nicht entscheidend: Rechtswidrigkeit des Eingriffs	64
	b) Die Zuweisungstheorie	65
	2. Schutzpositionen und Schutzbereiche	66
	a) Eigentum	66
	b) Beschränkt dingliche Rechte	68

		c)	Immaterialgüterrechte	69
		d)	Das allgemeine Persönlichkeitsrecht und seine Ausprägungen	69
		e)	Sonstige Rechtspositionen	70
	3.	Eingriff und Rechtsgrund		71
		a)	Rechtsgeschäftliche Gestattung	71
		b)	Rechtsgrund kraft Gesetzes	71
IV.	Die Sonderfälle des § 816 BGB			73
	1.	Wirksame Verfügung eines Nichtberechtigten (§ 816 I BGB)		73
		a)	Ausgangspunkt	73
		b)	Grundsatz: Ausgleichspflicht des Nichtberechtigten (Satz 1)	74
		c)	Ausnahme: Unentgeltliche Verfügung (Satz 2)	78
	2.	Wirksame Leistung an einen Nichtberechtigten (§ 816 II BGB)		81
V.	Die Verwendungskondiktion			82
VI.	Die Rückgriffskondiktion			84
VII.	Der bereicherungsrechtliche Durchgriff nach § 822 BGB			85

§ 5 Bereicherungsausgleich in Mehrpersonenverhältnissen 87

I.	Einführung			87
II.	Leistungsbeziehungen in Mehrpersonenverhältnissen			89
	1.	Grundlegende Wertungen		89
	2.	Ausgangspunkt: Die Lieferkette		91
	3.	Streckengeschäft		93
		a)	Sachenrechtliche Einordnung	94
		b)	Bereicherungsrechtliche Rückabwicklung	95
	4.	Anweisungsfälle		96
		a)	Zum Begriff der Anweisung	96
		b)	Die bürgerlich-rechtliche Anweisung	97
		c)	Der Scheck als Sonderform der Anweisung	98
		d)	Anweisungen im bargeldlosen Zahlungsverkehr; insbesondere: Überweisungen	101
		e)	Rückabwicklung bei wirksamer Anweisung	103
		f)	Rückabwicklung bei fehlender Anweisung – Die Lehre vom objektiven Empfängerhorizont	104
		g)	Kritik und Plädoyer für einen rein subjektiven Leistungsbegriff	108
		h)	Die sog. „irrtümliche Eigenleistung"	111
	5.	Vertrag zugunsten Dritter		112
		a)	Beteiligte und Rechtsverhältnisse	112
		b)	Unechter Vertrag zugunsten Dritter	113
		c)	Echter Vertrag zugunsten Dritter	114
	6.	Zessionsfälle		116
	7.	Zahlung des Drittschuldners an den Pfändungsgläubiger		118
	8.	Die nicht veranlasste Leistung auf fremde Schuld		118

III.		Eingriff vs. Leistung	120
	1.	Problemstellung	120
	2.	Verarbeitung fremder Sachen	121
	3.	„Einbaufälle"	123

§ 6 Rechtsfolgen des Bereicherungsrechts ... 127

I.		Inhalt der Bereicherungshaftung	127
	1.	Überblick	127
	2.	Herausgabepflicht	128
		a) Gegenständliche Herausgabe	128
		b) Surrogate	129
		c) Nutzungen	129
		d) Rechtsgeschäftlicher Mehrerlös	131
		e) Sonstige Fälle der Gewinnabschöpfung?	134
	3.	Wertersatz	135
		a) Voraussetzung: Unmöglichkeit der Herausgabe	135
		b) Objektiver Wertbegriff	136
		c) Maßgeblicher Zeitpunkt	138
II.		Entreicherungseinwand (§ 818 III BGB)	138
	1.	Grundgedanke und Funktion	138
	2.	Ersatzloser Wegfall des Erlangten	139
	3.	Dienstleistungen und Gebrauchsvorteile	141
	4.	Bereicherungsmindernde Vermögensnachteile	141
		a) Zusammenhang zwischen Erwerb und Nachteil	141
		b) Aufwendungen	142
		c) Folgeschäden	143
	5.	Die Problematik der „aufgedrängten Bereicherung"	144
	6.	Ausgestaltung des Entreicherungseinwandes	145
	7.	Durchgriff nach § 822 BGB	145
		a) Voraussetzungen und Anwendungsbereich	145
		b) Rechtsfolgen	146
III.		Rückabwicklung gegenseitiger Verträge	147
	1.	Ausgangspunkt	147
	2.	Die Saldotheorie	148
		a) Verknüpfung der Bereicherungsansprüche	148
		b) Anrechnung der eigenen Entreicherung	148
		c) Ausnahmen	149
	3.	Grenzen der Saldotheorie und Alternativen	151
IV.		Verschärfte Haftung	152
	1.	Voraussetzungen	152
		a) Rechtshängigkeit	152
		b) Kenntnis der Rechtsgrundlosigkeit	153
		c) Gesetzes- oder Sittenverstoß	154
		d) Die Fälle des § 820 BGB	154

		2.	Rechtsfolgen	155
			a) Haftung nach den „allgemeinen Vorschriften"	155
			b) Bereicherungsunabhängige Wertersatzhaftung	156
	V.	Bereicherungseinrede (§ 821 BGB)		156

Teil III Deliktsrecht

§ 7 Dogmatische Grundlagen und Überblick 159
    I. Funktionen des Deliktsrechts 159
   II. Deliktsrechtliche Grundtatbestände 160
  III. Legitimation der Haftung: Verantwortung und Zurechnung 161
  IV. Rechtswidrigkeit: Handlungs- oder Erfolgsunrecht? 162
   V. Verschuldens- und Gefährdungshaftung 163
  VI. Schaden und Schadensersatz 164
      1. Vermögensschäden und Nichtvermögensschäden 165
      2. Naturalrestitution oder Geldersatz 165
      3. Versicherungsschutz und soziale Sicherungssysteme 166
 VII. Konkurrenz zu anderen Ansprüchen 167
      1. Vertragliche Schadensersatzansprüche 167
      2. Verhältnis zur GoA 167
      3. Verhältnis zum EBV 167
      4. Verhältnis zum Bereicherungsrecht 167
      5. Beseitigungs- und Unterlassungsansprüche 168

§ 8 Die Haftung nach § 823 I BGB 169
    I. Überblick 169
      1. Haftungsbegründender Tatbestand 169
      2. Haftungsausfüllender Tatbestand 170
      3. Prüfungsschema 170
   II. Rechtsgutverletzung 171
      1. Leben 171
      2. Körper und Gesundheit 171
          a) Begriffsbestimmung und Beispiele 172
          b) Schockschäden 174
          c) Körperverletzung im Interesse des Betroffenen 175
          d) Ärztliche Heilbehandlung 175
          e) Ungewollte Schwangerschaft und fehlgeschlagene
             Abtreibung 176
          f) Vorgeburtliche Schädigungen 178
      3. Freiheit 178
      4. Eigentum 179
          a) Überblick 180
          b) Eingriffe in das Recht „Eigentum" 180
          c) Beschädigung oder Zerstörung der Sache 180
          d) Entziehung der Sache 184
          e) Beeinträchtigung des bestimmungsgemäßen
             Gebrauchs 184

         5. „Sonstige" Rechte 188
            a) Vorüberlegung 188
            b) Dingliche Rechte, Anwartschaftsrechte,
               Aneignungsrechte 189
            c) Immaterialgüterrechte 189
            d) Ehe 190
            e) Elterliche Sorge 191
            f) Mitgliedschaft 192
            g) Forderungen 194
            h) Besitz 195
            i) Das allgemeine Persönlichkeitsrecht und seine
               Ausprägungen 196
            j) Deliktischer Unternehmensschutz: das
               „Recht am Gewerbebetrieb" 210
   III. Verletzungshandlung 218
         1. Deliktsrechtlicher Handlungsbegriff 218
         2. „Handeln" durch Unterlassen 219
         3. Abgrenzung zwischen Handeln und Unterlassen 220
         4. Verkehrspflichten 221
            a) Begriff, Bedeutung und Stellung im Prüfungsaufbau 221
            b) Begründung von Verkehrspflichten (Fallgruppen) 223
            c) Inhalt und Umfang der Verkehrspflichten 225
            d) Geschützter Personenkreis 227
            e) Adressat der Verkehrspflichten und
               Delegation auf Dritte 227
            f) Beweislast 228
         5. Insbesondere: Produzentenhaftung 228
            a) Bedeutung 229
            b) Verhältnis zum ProdHaftG 230
            c) Begriffsbestimmung und Anwendungsbereich 230
            d) Herstellerspezifische Verkehrspflichten – Fallgruppen
               und Beweislast 231
   IV. Haftungsbegründende Kausalität 235
         1. Bedeutung des Tatbestandsmerkmals 236
         2. Äquivalenztheorie 236
         3. Adäquanztheorie 237
         4. Schutzzweck der Norm 238
            a) Dogmatische Grundlagen und Funktion 238
            b) Selbstgefährdung durch den Geschädigten 240
            c) Schadensverursachung durch Dritte 242
   V. Rechtswidrigkeit 244
         1. Grundsatz 244
         2. Rechtfertigungsgründe 245
         3. Einwilligung 247
            a) Grundsätze 247
            b) Mutmaßliche Einwilligung 249

		c)	Einwilligung in ärztliche Heileingriffe	249
		d)	Einwilligung in Risiken, insbesondere beim Sport	251
	VI.	Verschulden		253
	1.	Verschuldensfähigkeit		253
		a)	Ausschluss bei Unzurechnungsfähigkeit (§ 827 BGB)	254
		b)	Ausschluss bei Minderjährigen (§ 828 BGB)	254
		c)	Billigkeitshaftung nach § 829 BGB	255
	2.	Verschuldensmaßstab		256
		a)	Grundlagen	256
		b)	Vorsatz	256
		c)	Fahrlässigkeit	257
		d)	Haftungsprivilegierungen	258
	3.	Entschuldigungsgründe?		258
	VII.	Schaden und haftungsausfüllende Kausalität		259

§ 9 Weitere Haftungstatbestände des BGB 261

	I.	Haftung wegen Verletzung eines Schutzgesetzes		
		(§ 823 II BGB)		261
	1.	Überblick		261
		a)	Bedeutung	261
		b)	Prüfungsschema	262
	2.	Vorliegen eines Schutzgesetzes		263
		a)	Schutzgesetzqualität	263
		b)	Schutzbereich der Norm	265
	3.	Schuldhafte Verletzung des Schutzgesetzes		266
		a)	Tatbestandsmäßigkeit	266
		b)	Rechtswidrigkeit	267
		c)	Verschulden	267
	4.	Schaden und haftungsausfüllende Kausalität		269
	II.	Vorsätzliche sittenwidrige Schädigung (§ 826 BGB)		269
	1.	Überblick		270
		a)	Bedeutung	270
		b)	Prüfungsschema	270
	2.	Verursachung eines Schadens		270
	3.	Sittenwidrigkeit		271
		a)	Was sind die „guten Sitten"?	271
		b)	Kriterien der Sittenwidrigkeit	271
	4.	Vorsatz		272
	5.	Wichtige Fallgruppen		273
		a)	Verleitung zum oder Beteiligung am Vertragsbruch	273
		b)	Missbrauch einer marktbeherrschenden Stellung	274
		c)	Missbräuchliche Ausnutzung von Rechtspositionen	275
		d)	Gläubigerbenachteiligung, Existenzvernichtung	276
		e)	Falsche Auskünfte, Gutachten und sonstige	
			Informationen	277

III. Ergänzende Tatbestände der Verschuldenshaftung 278
   1. Haftung wegen Kreditgefährdung (§ 824 BGB) 278
      a) Bedeutung und Prüfungsschema 278
      b) Verbreiten oder Behaupten unwahrer Tatsachen 279
      c) Eignung zur Kreditgefährdung 280
      d) Wahrnehmung berechtigter Interessen (§ 824 II BGB) 280
      e) Verschulden 281
   2. Haftung wegen Bestimmens zu sexuellen Handlungen
      (§ 825 BGB) 281
IV. Haftung für vermutetes Verschulden 282
   1. Haftung für Verrichtungsgehilfen (§ 831 BGB) 282
      a) Normstruktur, Bedeutung und Prüfungsschema 282
      b) Verrichtungsgehilfe 284
      c) Unerlaubte Handlung des Verrichtungsgehilfen 285
      d) In Ausführung der Verrichtung 286
      e) Verschulden des Geschäftsherrn 287
      f) Kausalität 289
   2. Haftung des Aufsichtspflichtigen (§ 832 BGB) 290
      a) Bedeutung und Prüfungsschema 290
      b) Bestehen einer Aufsichtspflicht 291
      c) Unerlaubte Handlung der aufsichtsbedürftigen Person 293
      d) Verletzung der Aufsichtspflicht und Exkulpation 294
      e) Kausalität 295
   3. Haftung für Schäden durch Bauwerke (§§ 836–838 BGB) 296
      a) Bedeutung und Prüfungsaufbau 296
      b) Rechtsgutverletzung 296
      c) Einsturz oder Ablösen von Teilen eines Bauwerkes 296
      d) Fehlerhafte Errichtung oder mangelhafte
         Unterhaltung 297
      e) Haftungsadressat 298
      f) Schuldhafte Pflichtverletzung und Exkulpation 298
V. Haftung für Tiere (§§ 833 f. BGB) 299
   1. Überblick 299
   2. Haftung des Tierhalters 299
      a) Prüfungsschema 299
      b) Rechtsgutverletzung 300
      c) Verursachung durch ein Tier 300
      d) Geschützter Personenkreis 302
      e) Tierhalter 303
      f) Exkulpationsmöglichkeit bei Nutztieren 304
   3. Haftung des Tieraufsehers 304
VI. Amtshaftung (§ 839 BGB i.V.m. Art. 34 GG) 305

§ 10 Wichtige Haftungstatbestände außerhalb des BGB 307
I. Vorbemerkung 307
II. Haftung nach dem StVG 307
   1. Bedeutung 308

		2.	Halterhaftung (§ 7 StVG)	309

        2. Halterhaftung (§ 7 StVG) 309
           a) Prüfungsschema 309
           b) Rechtsgutverletzung 309
           c) Schadensentstehung bei Betrieb eines Kraftfahrzeuges ... 309
           d) Haftungsadressat: Halter 311
           e) Ausschluss der Haftung 312
           f) Haftungsverteilung 314
        3. Fahrerhaftung (§ 18 StVG) 318
    III. Haftung nach dem HaftPflG 319
    IV. Haftung nach dem ProdHaftG 319
        1. Grundlagen 319
           a) Verhältnis zur deliktischen Produzentenhaftung 319
           b) Überblick und Prüfungsschema 320
           c) Dogmatische Einordnung 321
        2. Anspruchsvoraussetzungen der Herstellerhaftung 321
           a) Rechtsgutverletzung 321
           b) Produkt 322
           c) Produktfehler 322
           d) Kausalität 323
           e) Haftungsadressat: Hersteller 324
        3. Entlastungsmöglichkeiten 325
    V. Weitere Fälle der Gefährdungshaftung 325

§ 11 Grundzüge des Schadensrechts 327
    I. Grundlagen 327
    II. Begriff des Schadens 328
        1. Ausgangspunkt: Differenzhypothese 328
        2. Natürlicher oder normativer Schadensbegriff? 329
        3. Insbesondere: Vorteilsanrechnung 330
    III. Vermögens- und Nichtvermögensschaden 331
        1. Bedeutung der Unterscheidung 331
        2. Vermögensschaden 332
           a) Zentrales Kriterium: Geldwerte Einbuße 332
           b) Nutzungsausfall 334
           c) Freizeit und Urlaub 336
           d) Eigene Arbeitskraft 337
           e) Aufwendungen 338
           f) „Kind als Schaden" 339
           g) Merkantiler Minderwert 339
        3. Nichtvermögensschaden 340
    IV. Zurechnungsfragen 341
        1. Haftungsausfüllende Kausalität 341
        2. Problemfälle 342
           a) Vorsorge- und Vorhaltekosten 342
           b) Fangprämien 343
           c) Bearbeitungsgebühren 343

			d)	Rechtsverfolgungskosten	344
			e)	Schadensanfälligkeit und Schadensanlagen	345
			f)	Psychische Schäden	345
	V.	Arten und Umfang des Schadensersatzes			346
		1.	Überblick		346
		2.	Naturalrestitution		347
			a)	Wiederherstellung in Natur	347
			b)	Kostenersatz nach § 249 II BGB	347
		3.	Schadensersatz in Geld		350
			a)	Geldersatz nach § 250 BGB	350
			b)	Geldersatz nach § 251 BGB	350
		4.	Entgangener Gewinn (§ 252 BGB)		355
		5.	Ersatz immaterieller Schäden		357
			a)	Überblick	357
			b)	„Schmerzensgeld" nach § 253 II BGB	357
		6.	Schadensberechnung bei der Verletzung von Immaterialgüterrechten		358
	VI.	Mitverschulden			359
		a)	Grundlagen		359
		b)	Mitverschulden bei der Schadensentstehung		360
		c)	„Schadensminderungspflicht"		361
		d)	Zurechnung des Verschuldens Dritter		361

§ 12 Weitere Rechtsfolgen unerlaubter Handlungen ... 363

	I.	Haftung mehrerer Schädiger			363
		1.	Beteiligungsformen		363
		2.	Kausalitätsfragen		364
		3.	Haftung im Außenverhältnis		364
		4.	Haftung im Innenverhältnis		365
		5.	„Gestörte" Gesamtschuld		365
			a)	Problemaufriss	365
			b)	Vertragliche Haftungsbeschränkungen	366
			c)	Gesetzliche Haftungsbeschränkungen	367
	II.	Ersatzansprüche Dritter nach §§ 844–846 BGB			369
	III.	Sonstiges			370

§ 13 Beseitigungs- und Unterlassungsansprüche ... 373

	I.	Grundlagen			373
		1.	Bedeutung des 1004 BGB		373
		2.	Anwendungsbereich		374
	II.	Beseitigungsanspruch (§ 1004 I 1 BGB)			375
		1.	Prüfungsschema		375
		2.	Beeinträchtigung des Eigentums oder eines sonstigen Rechts		375
		3.	Anspruchsgegner: Störer		377
			a)	Handlungsstörer	377
			b)	Zustandsstörer	378
			c)	Mehrere Störer, Haftung von Rechtsnachfolgern	379

		4. Duldungspflichten (§ 1004 II BGB) 380
		5. Anspruchsinhalt 381
	III.	Unterlassungsanspruch (§ 1004 I 2 BGB) 383
		1. Prüfungsschema 383
		2. Beeinträchtigungsgefahr 384
		3. Anspruchsinhalt 385

Teil IV   Geschäftsführung ohne Auftrag

§ 14 Dogmatische Grundlagen und Überblick 389
    I. Funktion der §§ 677 ff. BGB 389
   II. Arten der GoA 390
       1. Die Unterscheidung zwischen echter und unechter GoA 390
       2. Die echte GoA: berechtigt oder unberechtigt 391
       3. Die unechte GoA: irrtümlich oder angemaßt 392
       4. Überblick 393
  III. Gesetzliches Schuldverhältnis 394
       1. Echte GoA 394
       2. Unechte GoA 395
  IV. Verhältnis zu anderen Ansprüchen 395
       1. Bereicherungsrecht 395
       2. Deliktsrecht 396
       3. EBV 396
   V. Schwierigkeiten im Umgang mit der GoA 397

§ 15 Der Tatbestand der echten GoA 399
    I. Überblick 399
   II. Geschäftsbesorgung 400
  III. Fremdbezogenheit („für einen anderen") 401
       1. Fremdheit des Geschäfts und
           Fremdgeschäftsführungswille 401
       2. Objektiv und subjektiv fremde Geschäfte 402
       3. Eigene Geschäfte 403
       4. Auch-fremde Geschäfte 404
          a) Handeln im Doppelinteresse 404
          b) Der Fremdgeschäftsführungswille beim
              auch-fremden Geschäft 405
          c) Examensrelevante Problemfälle 407
          d) Tätigwerden aufgrund eines unwirksamen Vertrages 409
          e) Geschäftsführung zum Zwecke des
              Aufwendungsersatzes 410
          f) Selbstvornahme 411
          g) Abmahnungen im Wettbewerb 412
          h) Selbstaufopferung im Straßenverkehr 414
          i) Fazit 415
       5. Irrtum über Person des Geschäftsherrn 415
  IV. Ohne Auftrag oder sonstige Berechtigung 415

V. Die weiteren Voraussetzungen der berechtigten GoA 416
    1. Überblick 416
    2. Wille, mutmaßlicher Wille und Interesse des
       Geschäftsherrn 417
       a) Das objektive Interesse 417
       b) Der Geschäftsherrnwille 418
       c) Verhältnis von Wille und Interesse 419
    3. Genehmigung durch den Geschäftsherrn 420
    4. Die Fälle des § 679 BGB 421
       a) Überblick 421
       b) Pflicht im öffentlichen Interesse 421
       c) Unterhaltspflichten 423
       d) Problemfall: Rettung eines Selbstmörders 423

§ 16 Die Rechtsfolgen der echten GoA 425
I. Überblick 425
II. Ansprüche des Geschäftsführers 426
    1. Berechtigte GoA (§§ 683 i.V.m. 670 BGB) 426
       a) Aufwendungsersatz 426
       b) Ausgleich erlittener Schäden 428
       c) Vergütung 430
       d) Anspruchsausschluss gemäß § 685 BGB 432
    2. Unberechtigte GoA: §§ 684, 818 ff. BGB 433
       a) Rechtsgrund- oder Rechtsfolgenverweisung? 433
       b) Umfang des Bereicherungsanspruchs 434
III. Ansprüche des Geschäftsherrn 435
    1. Schadensersatz gemäß §§ 677, 280 I BGB 435
       a) Grundlagen 435
       b) Pflichtenmaßstab 436
       c) Inhalt der Pflicht 438
       d) Ausführungsverschulden 438
       e) Haftungsprivileg des § 680 BGB 439
       f) Fehlende Geschäftsfähigkeit des Geschäftsführers 441
    2. Schadensersatz gemäß § 678 BGB 442
       a) Tatbestandsvoraussetzungen 442
       b) Rechtsfolgen 443
    3. Nebenansprüche (§ 681 BGB) 443
       a) Funktion und Anwendungsbereich 443
       b) Anzeige- und Wartepflicht (§ 681 S. 1 BGB) 444
       c) §§ 681 S. 2 i.V.m. 666–668 BGB 445

§ 17 Die unechte GoA 447
I. Überblick 447
II. Irrtümliche Eigengeschäftsführung (§ 687 I BGB) 448
III. Geschäftsanmaßung (§ 687 II BGB) 448
    1. Anwendungsbereich 448
    2. Ansprüche des Geschäftsherrn 449
    3. Ansprüche des Geschäftsführers 450

Teil V Besitz und Besitzschutz

§ 18 Besitz 453
- I. Begriff des Besitzes 453
- II. Rechtsnatur 454
- III. Bedeutung des Besitzes 455
  1. Besitz als Anknüpfungspunkt anderer Regelungen 455
  2. Schutzfunktion des Besitzes 455
- IV. Besitzarten 456
  1. Überblick 456
     - a) Unmittelbarer Besitz und mittelbarer Besitz 456
     - b) Eigen- oder Fremdbesitz 457
     - c) Allein-, Teil- oder Mitbesitz 458
- V. Unmittelbarer Besitz 459
  1. Voraussetzungen 459
     - a) Tatsächliche Sachherrschaft 459
     - b) Besitzwille 460
     - c) Erkennbarkeit 461
  2. Erwerb des unmittelbaren Besitzes 462
  3. Besitzverlust 462
     - a) Freiwillige Besitzaufgabe und unfreiwilliger Besitzverlust 462
     - b) Besitzlockerungen 463
  4. Besitzdiener und Besitzherr 464
  5. Organbesitz 465
  6. Erbenbesitz 466
- VI. Mittelbarer Besitz 467
  1. Voraussetzungen 467
     - a) Besitzmittlungsverhältnis 467
     - b) Fremdbesitz des Besitzmittlers 469
  2. Begründung, Übertragung und Beendigung 470

§ 19 Besitzschutz 471
- I. Überblick 471
- II. Possessorischer Besitzschutz 472
  1. Verbotene Eigenmacht 472
     - a) Begriff und Bedeutung 472
     - b) Voraussetzungen 473
     - c) Rechtsfolge: Fehlerhafter Besitz 477
  2. Selbsthilferechte 478
     - a) Überblick 478
     - b) Selbsthilfeberechtigte 479
     - c) Gegner 480
     - d) Besitzwehr 480
     - e) Besitzkehr 481
  3. Besitzschutzansprüche 484
     - a) Anspruch bei Besitzentziehung (§ 861 BGB) 484
     - b) Anspruch bei Besitzstörung (§ 862 BGB) 485

		c)	Einwendungen des Anspruchsgegners	486

                c) Einwendungen des Anspruchsgegners 486
                d) Erlöschen der Besitzschutzansprüche 487
        4. Besitzschutz bei Mitbesitz 489
    III. Petitorischer Besitzschutz nach § 1007 BGB 490
        1. Überblick und Bedeutung 490
        2. Der Anspruch aus § 1007 I BGB 491
        3. Der Anspruch aus § 1007 II BGB 492

Teil VI   Eigentümer-Besitzer-Verhältnis

§ 20 Der Vindikationsanspruch (§§ 985, 986 BGB) 497
    I. Die Bedeutung des Herausgabeanspruchs 497
        1. Dinglicher Anspruch 497
        2. Herauszugebende Sachen........................... 498
        3. Vindikationslage und schuldrechtliche Folgeansprüche 499
    II. Voraussetzungen des Herausgabeanspruchs 499
        1. Vindikationslage................................. 499
        2. Eigentum des Anspruchstellers 500
        3. Besitz des Anspruchsgegners 500
        4. Kein Recht zum Besitz............................. 501
            a) Besitzrecht als Einwendung 501
            b) Die einzelnen Besitzrechte 501
            c) Abgeleitetes Besitzrecht bei mittelbarem Besitz 505
            d) § 986 II BGB 506
    III. Inhalt der Vindikation 507
        1. Umfang der Herausgabepflicht 507
            a) Unmittelbarer Besitz 507
            b) Mittelbarer Besitz 507
            c) Mitbesitz 508
        2. Ort der Herausgabe 508
        3. Anwendbarkeit schuldrechtlicher Vorschriften 509
    IV. Prozessuale Besonderheiten 510
        1. Herausgabeklage 510
        2. Veräußerung der streitbefangenen Sache 510
        3. Insolvenz des Besitzers 511
        4. Zwangsvollstreckung durch Gläubiger des Besitzers 512
    V. Konkurrenzen 513

§ 21 Die schuldrechtlichen Folgeansprüche (§§ 987 ff. BGB) 515
    I. Grundlagen 515
        1. Regelungsgegenstand und dogmatische Einordnung......... 515
        2. Funktion des EBV 516
            a) Privilegierung des redlichen und unverklagten
                Besitzers 516
            b) Schlechterstellung des verklagten oder unredlichen
                Besitzers 518

	3.	Anwendungsbereich des §§ 987 ff. BGB	519
		a) Vindikationslage	519
		b) Der „nicht-mehr-berechtigte Besitzer"	520
		c) Analoge Anwendung bei Bestehen einer Vormerkung? ...	522
		d) Geltung kraft Verweisung	523
	4.	Grenzen der Sperrwirkung des EBV	523
	5.	„Besitzerarten"	524
		a) Der verklagte Besitzer	525
		b) Der unredliche Besitzer	525
		c) Der deliktische Besitzer	527
		d) Der unentgeltliche Besitzer	528
		e) Kombination der verschiedenen Besitzerarten	528
II.	Herausgabe von Nutzungen		529
	1.	Früchte und Gebrauchsvorteile	529
	2.	Verhältnis der §§ 987 ff. zu den §§ 953 ff. BGB	531
	3.	Haftung der verschiedenen Besitzerarten	532
	4.	Rechtsgrundlos = unentgeltlich?	533
	5.	Besonderheiten beim mittelbaren Besitz	535
	6.	Inhalt des Herausgabeanspruchs	536
		a) Gegenständliche Herausgabe	536
		b) Wertersatz	537
		c) Annex: Auskunftsanspruch	537
III.	Schadensersatz		537
	1.	Haftung der verschiedenen Besitzerarten	538
	2.	Besonderheiten beim mittelbaren Besitz	538
	3.	Lehre vom Fremdbesitzerexzess	539
	4.	Einzelheiten zum Schadensersatzanspruch	540
IV.	Verwendungsersatz		542
	1.	Verwendungsbegriff	542
	2.	Arten der Verwendungen	545
		a) Notwendige Verwendungen	545
		b) Nützliche Verwendungen	547
	3.	Ansprüche der verschiedenen Besitzerarten	548
		a) Ansprüche des redlichen und unverklagten Besitzers	548
		b) Ansprüche des verklagten und/oder unredlichen Besitzers	549
		c) Ansprüche des deliktischen Besitzers	550
	4.	Rechtsfolgen	550
		a) Geltendmachung des Verwendungsersatzanspruchs	550
		b) Zurückbehaltungsrecht	551
		c) Befriedigungsrecht	552
		d) Wegnahmerecht	553
		e) Wechsel von Besitz oder Eigentum	554

§ 22 Der Erbschaftsanspruch 555
  I. Überblick über die §§ 2018 ff. BGB 555
      1. Regelungsgegenstand und Normzweck 555
      2. Verhältnis zu anderen Ansprüchen 556
  II. Voraussetzung: „Erbrechtsanmaßung" 557
  III. Rechtsfolgen 558
      1. Herausgabe von Nachlassgegenständen und Surrogaten 558
      2. Nutzungen 559
      3. Schadensersatz 560
      4. Verwendungsersatz 561
  IV. Besonderheiten bei Miterben 562

§ 23 Fund 565
  I. Überblick 565
  II. Begriffsbestimmungen 566
      1. Verlorene Sache 566
      2. Finder 567
      3. Empfangsberechtigter 569
      4. Verlierer 569
  III. Pflichten des Finders 570
      1. Anzeigepflicht 570
      2. Verwahrungspflicht 571
          a) Pflicht zum Besitz 571
          b) Öffentliche Versteigerung 571
          c) Ablieferung an die Fundbehörde 572
      3. Rechtsfolgen bei Pflichtverletzungen 572
  IV. Rechte des Finders 573
      1. Aufwendungsersatz 573
      2. Finderlohn 574
      3. Geltendmachung 575
  V. Eigentumserwerb des Finders 576
      1. Voraussetzungen 576
      2. Rechtsfolgen 577
  VI. Verkehrsfund 578
  VII. Schatzfund 579
      1. Tatbestand 580
      2. Rechtsfolgen 580
          a) Begründung von Miteigentum 580
          b) Fremdveranlasste Entdeckung 581
          c) Landesrechtliche Sonderregeln 582

Literatur 583

Sachverzeichnis 585

Teil I
Einleitung

§ 1 Einleitung

Literatur: *Petersen*, Die Entstehung und Prüfung von Ansprüchen, Jura 2008, 180; *Röthel*, Gesetzliche Schuldverhältnisse: Eine Einführung, Jura 2012, 362.

I. Worum geht es?

Dieses Lehrbuch behandelt die „gesetzlichen Schuldverhältnisse" des BGB, die in Studium und Praxis die wichtigste Rolle spielen. Was verbirgt sich hinter diesem **Begriff**?

1. „Schuldverhältnisse"

Ein Schuldverhältnis ist eine **rechtliche Sonderbeziehung** zwischen (mindestens) zwei Personen.

Dabei verwendet das BGB den Terminus „Schuldverhältnis" nicht einheitlich[1].

- In § 241 I 1 BGB ist davon die Rede, dass ein Gläubiger „kraft des Schuldverhältnisses" berechtigt ist, von dem Schuldner eine Leistung zu fordern. So verstanden handelt es sich bei dem Schuldverhältnis um ein aus der rechtlichen Sonderverbindung erwachsendes Recht auf eine bestimmte Leistung, also um einen Anspruch (vgl. § 194 II BGB). Man spricht insoweit von einem **Schuldverhältnis im engeren Sinne**[2].
- In § 241 II BGB heißt es aber weiter, dass „das Schuldverhältnis" jeden Teil zur Rücksicht auf die Rechte, Rechtsgüter und Interessen des anderen Teils ver-

---

[1] Vgl. *Mansel* in Jauernig, BGB, § 241 Rn. 1 ff.
[2] Vgl. etwa *Kramer* in MünchKomm. BGB, Vor § 241 Rn. 13.

pflichten kann. Angesprochen sind damit die sog. Neben- und Schutzpflichten. Bereits hier zeigt sich, dass sich die rechtliche Sonderbeziehung in den meisten Fällen nicht auf einzelne Leistungsansprüche beschränkt, sondern ein ganzes Bündel von Rechten, aber auch Pflichten für die Beteiligten hervorbringt. Dieses Bündel bezeichnet man als **Schuldverhältnis im weiteren Sinne**[3].

3   Beim Schuldverhältnis im engeren Sinne sind den Beteiligten die **Rollen als Gläubiger und als Schuldner** klar zugewiesen: Der Gläubiger kann fordern, der Schuldner muss leisten. Beim Schuldverhältnis im weiteren Sinne ist diese Zuordnung regelmäßig nicht möglich, da die Richtung der umfassten Haupt- und Nebenleistungs-, Schutz- und Rücksichtnahmepflichten verschieden sein kann[4]. Es ist daher ungenau, wenn das Schuldverhältnis im weiteren Sinne als „Gesamtheit der schuldrechtlichen Beziehungen zwischen Gläubiger und Schuldner" bezeichnet wird[5].

> **Hinweis:** Wenn im Folgenden von „Schuldverhältnissen" die Rede ist, so sind damit stets solche im weiteren Sinne gemeint. Schuldverhältnisse im engeren Sinne werden – wie in gutachterlichen Prüfungen üblich – als „Ansprüche" bezeichnet.

2. „Gesetzliche" Schuldverhältnisse

4   Ein Schuldverhältnis kann entstehen, weil die Beteiligten dies wollen. Erforderlich ist insoweit eine rechtsgeschäftliche Übereinkunft – oder mit anderen Worten: ein Vertrag (§ 311 I BGB). Ausnahmsweise genügt auch eine einseitige Willenserklärung, etwa bei der Auslobung (§ 657 BGB) oder dem Vermächtnis (§§ 1939, 2147 ff. BGB). Die Pflichtenlage in derartigen **rechtsgeschäftlichen Schuldverhältnissen** richtet sich danach, was die Parteien des Rechtsgeschäfts vereinbart haben, sofern nicht zwingendes Gesetzesrecht entgegensteht. Wenn die Einigung „lückenhaft" ist, kommt ergänzend das dispositive Gesetzesrecht zur Anwendung.

5   Rechtsgeschäftliche Schuldverhältnisse sind in Entstehen und Inhalt an den Willen der Beteiligten geknüpft und damit das Ergebnis privatautonomer Verpflichtung. Bei **gesetzlichen Schuldverhältnissen** ist dies anders. Deren Entstehen ist vom Eintritt bestimmter Umstände abhängig, die ihrerseits vom Willen der Beteiligten abhängen können, aber nicht müssen. Insbesondere treten die Rechtsfolgen – seien es nun Ansprüche oder sonstige Pflichten – nicht ein, weil sie von den Parteien gewollt sind, sondern weil das Gesetz sie anordnet.

6   Als dritte Kategorie benennt § 311 BGB (vgl. die amtliche Überschrift) die **vertragsähnlichen Schuldverhältnisse**. Angesprochen sind dabei namentlich die in § 311 II und III BGB geregelten Fälle, die zur Begründung einer Haftung aus *culpa in contrahendo* herangezogen werden. Eigentlich handelt es sich auch insoweit um gesetzliche Schuldverhältnisse, da es an einer rechtsgeschäftlichen Übereinkunft ja gerade fehlt. Doch wollte der Gesetzgeber

---

[3] Siehe dazu auch *Olzen* in Staudinger, BGB, § 241 Rn. 39.
[4] Vgl. auch BGHZ 389, 395: „Gesamtheit der schuldrechtlichen Beziehungen zwischen Gläubiger und Schuldner".
[5] So BGHZ 10, 389, 395; *Heinrichs* in Palandt, BGB, Vor § 241 Rn. 3.

augenscheinlich die besondere Nähe zu den rechtsgeschäftlichen Schuldverhältnissen betonen. Traditionell werden die in diesem Zusammenhang auftretenden Fragen in den Lehrbüchern zum Allgemeinen Schuldrecht thematisiert – und das aus guten Gründen, da der Inhalt des jeweiligen Schuldverhältnisses gerade keine Rolle spielt.

Festgehalten werden kann somit folgende – noch immer sehr grobe – **Definition**: 7

> Gesetzliche Schuldverhältnisse sind rechtliche Sonderbeziehungen zwischen mindestens zwei Personen, wobei nicht deren rechtsgeschäftlicher Wille, sondern der Eintritt bestimmter Umstände für das Entstehen des jeweiligen Schuldverhältnisses (im weiteren Sinne), die hiervon umfassten Ansprüche und sonstigen Pflichten maßgeblich ist.

II. Warum gibt es gesetzliche Schuldverhältnisse?

Warum gibt es aber überhaupt gesetzliche Schuldverhältnisse? Warum knüpft das Gesetz an die Erfüllung bestimmter Tatbestände unabhängig vom Willen der Beteiligten Rechtsfolgen? Gefragt ist damit nach **Funktion und Telos** (= Zweck) gesetzlicher Schuldverhältnisse. 8

> Gesetzliche Schuldverhältnisse haben eine **Ausgleichsfunktion**.

Im Ausgangspunkt ähneln sich dabei alle gesetzlichen Schuldverhältnisse: Jemand kommt mit dem „Rechtskreis" eines anderen bewusst oder unbewusst in Berührung. Dies kann zu einer Veränderung der Vermögenslage aller Beteiligten führen, die nicht durch einen übereinstimmenden Willen legitimiert ist. Die Frage ist nun, ob und wie diese Veränderung ausgeglichen werden soll. Der Gesetzgeber hat diese Frage nicht einheitlich beantwortet, sondern **verschiedene Formen und Zielrichtungen des Ausgleichs** normiert. Dabei variiert auch die Perspektive, aus der das Gesetz bestimmte Vorgänge betrachtet.

Das **Bereicherungsrecht** (geregelt in den §§ 812–822 BGB) nimmt die Vermögenslage desjenigen in den Blick, dessen Vermögen vermehrt wird, ohne dass es hierfür einen Rechtsgrund gibt. Die Vermögensvermehrung kann dabei durch die Leistung (sog. *Leistungskondiktion*) oder in sonstiger Weise auf fremde Kosten (sog. *Nichtleistungskondiktion*) bewirkt werden. Ziel des Bereicherungsrechts ist es, Güterzuordnungen, die von Rechts wegen nicht hätten erfolgen dürfen, rückgängig zu machen. Dabei soll aber – grundsätzlich – nur das „abgeschöpft" werden, was der Bereicherte tatsächlich erlangt hat. Die Vermögenseinbuße des anderen Teils kann höher oder niedriger sein; bereicherungsrechtlich ist sie grundsätzlich 9 nicht von Interesse. Ansprüche wegen ungerechtfertigter Bereicherung[6] sind gerichtet auf *Herausgabe oder Wertersatz*.

10   Das **Deliktsrecht** (§§ 823–853 BGB) nimmt den gegenteiligen Standpunkt ein und betrachtet die Vermögenslage desjenigen, in dessen Rechtskreis widerrechtlich eingegriffen wurde. Ziel des Deliktsrechts ist die Kompensation von Schäden, die der Geschädigte von Rechts wegen nicht tragen muss. Aus unerlaubten Handlungen[7] resultieren demgemäß *Schadensersatzansprüche*.

11   Das Recht der **Geschäftsführung ohne Auftrag** (kurz: GoA), geregelt in den §§ 677–687 BGB, ähnelt dem vertraglichen Auftragsrecht. Tatbestandlich erfasst werden die Fälle, in denen jemand ein „fremdes Geschäft" führt, also in den Angelegenheiten eines anderen tätig wird, ohne hierzu „beauftragt" worden zu sein. Hieraus können *verschiedene Ansprüche* erwachsen: solche, die dem Geschäftsführer zustehen (z.B. Aufwendungsersatzansprüche), und solche, die gegen ihn gerichtet sind (z.B. Schadensersatzansprüche, Herausgabeansprüche). Die Geschäftsübernahme begründet zudem bestimmte *Nebenpflichten* des Geschäftsführers. Hierin erschöpft sich aber die Bedeutung der GoA-Regeln nicht. Die „berechtigte" GoA ist sowohl *Rechtfertigungsgrund* im Sinne des Deliktsrechts als auch *Rechtsgrund* im Sinne des Bereicherungsrechts. Umgekehrt stellt die „unberechtigte" GoA einen verbotenen Eingriff in die fremde Rechtssphäre dar. Die GoA hat daher auch starke Bezüge zum Bereicherungs- und Deliktsrecht.

12   Die Entziehung oder Störung des Besitzes an einer Sache führt zum Entstehen eines gesetzlichen Schuldverhältnisses zwischen Besitzer und Störer. Die „verbotene Eigenmacht" (vgl. § 858 BGB) des Störers begründet *Selbsthilferechte* und *Besitzschutzansprüche* des Besitzers – und zwar unabhängig davon, ob er seinerseits zum Besitz überhaupt berechtigt ist. Dieser **possessorische Besitzschutz** wird ergänzt durch den deliktischen (§ 823 I BGB) und den **petitorischen Besitzschutz** nach § 1007 BGB.

13   Das in den §§ 985–1003 BGB geregelte **Eigentümer-Besitzer-Verhältnis** (kurz: EBV) beschreibt die Sonderbeziehung zwischen dem Eigentümer einer Sache und demjenigen, der die Sache im Besitz hat, ohne hierzu gegenüber dem Eigentümer berechtigt zu sein. Der Eigentümer kann bekanntlich Herausgabe der Sache verlangen (§ 985 BGB = Vindikation), doch ist damit den Interessen von Eigentümer und Besitzer nicht immer Genüge getan. Der Eigentümer kann an *Nutzungs- oder Schadensersatz* interessiert sein, der Besitzer am Ausgleich getätigter *Verwendungen* auf die Sache, die er möglicherweise für seine eigene hielt und auch halten durfte. Die §§ 987 ff. BGB legen fest, unter welchen Voraussetzungen entsprechende Ansprüche bestehen.

14   Eine ganz ähnliche Regelung enthalten die §§ 2018–2031 BGB, in denen der sog. **Erbschaftsanspruch** geregelt ist. Auch hier werden neben dem Herausgabeanspruch des (oder der) Erben *Nutzungs-, Schadens- und Verwendungsersatzansprüche* geregelt.

---

[6] Vgl. die Titelüberschrift vor § 812 BGB.
[7] Vgl. die Titelüberschrift vor § 823 BGB.

Der in den §§ 965–984 BGB geregelte **Fund** verlorener Sachen begründet von Gesetzes wegen *Pflichten* (z.B. zur Anzeige des Fundes), aber auch *Ansprüche* des Finders (z.B. auf Finderlohn).

Damit ist ein **erster Überblick** über die in diesem Buch behandelten[8] gesetzlichen Schuldverhältnisse gegeben – Einzelheiten folgen später!

III. Gesetzliche Schuldverhältnisse im Prüfungsaufbau

Für die **gutachterliche Prüfung** von besonderem Interesse ist die Frage, an welcher Stelle im Prüfungsaufbau die gesetzlichen Schuldverhältnisse zu verorten sind. Der Prüfungsaufbau ist eine Frage der **Zweckmäßigkeit**[9]. Ziel sollte es sein, „tatbestandliche Vorrangverhältnisse" bereits im Aufbau zu berücksichtigen und langatmige Inzidentprüfungen, soweit dies möglich ist, zu vermeiden.

Bisweilen lassen sich **Inzidentprüfungen** aber nicht vermeiden; mitunter sind sie sogar der Schlüssel zur sachgerechten Falllösung. So ist etwa bei der Prüfung von Ansprüchen aus den §§ 987 ff. BGB nach der Eigentumslage zu fragen, was nicht selten Ausführungen zur Wirksamkeit von Veräußerungen erforderlich macht. Diese müssen dann inzident bei der Prüfung der Voraussetzungen der Vindikationslage erfolgen!

Vertragliche Ansprüche sind stets **vorrangig** zu prüfen.

Das ist kein Selbstzweck, sondern hat durchaus triftige **Gründe**: Das Bestehen einer vertraglichen Beziehung zwischen den Parteien kann dazu führen, dass bestimmte gesetzliche Schuldverhältnisse bereits **tatbestandlich ausscheiden**.

Beispiele:
- Die vom Verkäufer zugunsten des Käufers vorgenommene Übereignung ist zwar eine Leistung im bereicherungsrechtlichen Sinne, erfolgt aber nicht „ohne rechtlichen Grund" (§ 812 I 1 Alt. 1 BGB). Die *causa* ist der Kaufvertrag.
- Die vom Werkunternehmer für den Besteller vorgenommene „Geschäftsbesorgung" erfolgt aufgrund eines Werkvertrages und damit nicht „ohne Auftrag" (§ 677 BGB).
- Aus dem Mietvertrag kann der Besitzer der Mietsache ein die Vindikationslage – und damit ein EBV – ausschließendes „Recht zum Besitz" ableiten (§ 986 BGB).

Aber auch wenn gesetzliche Ansprüche nicht schon durch das Bestehen einer vertraglichen Beziehung ausgeschlossenen sind, ist die vorrangige Prüfung vertraglicher Ansprüche geboten. Aus der zwischen den Vertragsparteien getroffenen Abrede oder den gesetzlichen Regelungen können sich **Besonderheiten** ergeben, die ggf. auch auf konkurrierende gesetzliche (insbesondere deliktische) Ansprüche zu übertragen sind.

---

[8] Für weitere gesetzliche Schuldverhältnisse siehe etwa *Seiler* in Staudinger, BGB, Eckpfeiler des Zivilrechts, Sachenrecht, Rn. 27 ff.
[9] *Medicus/Petersen*, Bürgerliches Recht, Rn. 7.

Beispiele:
- Nach § 521 BGB hat der Schenker nur Vorsatz und grobe Fahrlässigkeit zu vertreten. Wird durch leichte Fahrlässigkeit des Schenkers eine (andere) Sache des Beschenkten beschädigt, scheidet eine vertragliche Haftung aus. Die §§ 823 ff. BGB enthalten zwar keine dem § 521 BGB vergleichbare Regelung, doch würde die Privilegierung des § 521 BGB „entwertet" werden, wenn der Schenker nach § 823 I BGB (wegen Eigentumsverletzung) haften müsste. Daher gilt § 521 BGB auch hier[10].
- Entsprechendes gilt für vertraglich vereinbarte Haftungsbeschränkungen. Auch diese können auf konkurrierende deliktische Ansprüche zu übertragen sein. Maßgeblich ist insofern die jeweilige Abrede.
- Nach § 538 BGB hat der Mieter Veränderungen oder Verschlechterungen der Mietsache, die durch den vertragsgemäßen Gebrauch herbeigeführt werden, nicht zu vertreten. Das schließt auch Ansprüche des Vermieters gemäß § 823 I BGB aus[11].
- Vertragliche Ersatzansprüche des Vermieters wegen Veränderungen oder Verschlechterungen der Mietsache verjähren in sechs Monaten ab Rückgabe der Mietsache (§ 548 I BGB). Diese kurze Verjährungsfrist gilt auch für daneben bestehende deliktische Ansprüche wegen Eigentumsverletzung[12].

19 Den Ansprüchen aus Vertrag folgen im Prüfungsaufbau die **vertragsähnlichen Ansprüche**, namentlich solche aus *culpa in contrahendo* (§ 311 II, III BGB). Diese sind jedenfalls vor deliktischen Ansprüchen zu prüfen, da der Haftungsmaßstab bei der *culpa in contrahendo* sich nach dem intendierten Vertrag richtet[13], was wiederum auf die Ansprüche aus §§ 823 ff. BGB „durchschlägt".

20 Von den gesetzlichen Schuldverhältnissen sind vor allen anderen **Ansprüche aus GoA** zu prüfen.

Wie ein Vertrag kann die berechtigte GoA ein **Recht zum Besitz** verschaffen, **Rechtsgrund** im Sinne der §§ 812 ff. BGB und **Rechtfertigungsgrund** im Sinne der §§ 823 ff. BGB sein. Zudem enthält § 680 BGB eine Haftungsprivilegierung, die auch eine konkurrierende Deliktshaftung beeinflusst.

21 Die **§§ 987 ff. BGB** entfalten gegenüber den allgemeinen Bereicherungs- und Deliktsansprüchen eine Sperrwirkung (vgl. § 993 I a.E. BGB).

Bei Vorliegen einer EBV-Lage sind die §§ 812 ff. und 823 ff. BGB – im Regelfall – tatbestandlich ausgeschlossen, auch wenn die Anspruchsvoraussetzungen

---

[10] BGHZ 46, 140, 145; 55, 392, 396; *Koch* in MünchKomm. BGB, § 521 Rn. 6; *Medicus*, Festschrift Odersky, 1996, S. 589, 597.
[11] *Medicus/Petersen*, Bürgerliches Recht, Rn. 8.
[12] BGH NJW 2006, 2399; BGH NJW 2011, 2717; *Bieber* in MünchKomm. BGB, § 548 Rn. 7; *Ehlert* in BeckOK BGB, § 548 Rn. 7.
[13] BGHZ 57, 191 ff.; 93, 23, 27; *Emmerich* in MünchKomm. BGB, § 311 Rn. 282; *Grüneberg* in Palandt, BGB, § 311 Rn. 22; *Medicus/Petersen*, Bürgerliches Recht, Rn. 9 und 199.

der §§ 987 ff. BGB nicht vorliegen. Entsprechendes gilt für die Ansprüche aus §§ 2018 ff. BGB und § 1007 BGB. Für die **possessorischen Besitzschutzansprüche** (§§ 861 ff. BGB) besteht ein solcher Vorrang zwar nicht[14]. Doch werden sie typischerweise an dieser Stelle mit geprüft, weil sie ebenfalls an die dingliche Rechtslage anknüpfen.

> **Bereicherungs- und Deliktsrecht** stehen nicht in einem Vorrangverhältnis; sie kommen „gleichberechtigt" nebeneinander in Betracht.

22

Das Bereicherungsrecht fragt danach, was der Anspruchsgegner (der Schuldner) erlangt hat. Das Deliktsrecht fragt danach, welchen Schaden der Anspruchsinhaber (der Gläubiger) erlitten hat. Beides schließt sich nicht aus, sodass ein und derselbe Vorgang sowohl bereicherungsrechtliche als auch deliktische Ansprüche begründen kann, wobei diese dann in der Höhe differieren können (aber nicht müssen).

IV. Prüfungsreihenfolge

Zusammengefasst ergibt sich folgende Prüfungsreihenfolge:

23

> - Vertragliche Ansprüche
> - Vertragsähnliche Ansprüche (§ 311 II, III BGB – *culpa in contrahendo*)
> - Ansprüche aus Geschäftsführung ohne Auftrag (§§ 677 ff. BGB)
> - „Dingliche" Ansprüche (z.B. §§ 987 ff., 861 ff., 1007, 2018 ff. BGB)
> - Ansprüche aus unerlaubter Handlung (§§ 823 ff. BGB)
> - Ansprüche wegen ungerechtfertigter Bereicherung (§§ 812 ff. BGB)

Dieses Schema sollte (nur!) als **gedankliche Stütze** dienen. Hilfreich ist es auch als „Checkliste", die man zu Beginn der Prüfung – also in der Klausur lange vor der Niederschrift! – auf der Suche nach den einschlägigen Anspruchsgrundlagen durchgehen kann. Keinesfalls sind in jedem Gutachten alle Punkte „abzuarbeiten". Zu prüfen ist nur, was auch ernsthaft in Betracht kommt.

Achtung: Ausführungen zu fernliegenden Anspruchsgrundlagen bringen in der Klausur keine Punkte – im Gegenteil: Sie zeugen von falscher Schwerpunktsetzung und fehlen dem Problembewusstsein.

Die **Reihenfolge der Darstellung** in diesem Buch entspricht übrigens nicht dem dargestellten Prüfungsschema. Warum nicht? Dies ist zunächst einmal dem Geschmack des Verfassers geschuldet. (Wer diesen nicht teilt, mag den Stoff für sich selbst gern anders ordnen und beispielsweise den Abschnitt über die GoA zuerst

24

---

[14] *Medicus/Petersen*, Bürgerliches Recht, Rn. 10.

lesen.) Es sprechen aber auch didaktische Gründe dafür, mit der Darstellung des Bereicherungs- und des Deliktsrechts zu beginnen, anstatt sie – wie bei der gutachterlichen Prüfung – ans Ende zu setzen. Bereicherungs- und Deliktsrecht sind mit ihren gegensätzlichen Blickwinkeln – Bereicherung hier, Schaden dort – die klassischen „Antipoden" des Rechts der gesetzlichen Schuldverhältnisse. Beide Elemente findet man dann in den anderen Schuldverhältnissen wieder. Kenntnisse im Bereicherungs- und Deliktsrecht erleichtern also deren Verständnis. So wird etwa die Privilegierungsfunktion des EBV nur dem klar, der die Haftung nach bereicherungs- bzw. deliktsrechtlichen Grundsätzen verstanden hat.

V. Zur Bedeutung von Wertungen

25 Gesetzliche Schuldverhältnisse sind **in hohem Maße von Wertungen abhängig**. Dies folgt nicht zuletzt daraus, dass der Gesetzgeber verhältnismäßig wenige Vorschriften auf sie verwandt hat. So findet man etwa das gesamte Bereicherungsrecht komprimiert in elf (noch dazu recht kurzen) Paragraphen. Gewiss wäre der Gesetzgeber bei einer Neukodifizierung heutzutage nicht mehr so sparsam[15]. Diese Kürze zwingt zu **generalklauselhaften Formulierungen** (vgl. etwa § 812 I 1 BGB: „oder in sonstiger Weise auf dessen Kosten"), die durch den Rechtsanwender ausgefüllt werden müssen. Dabei kommt man ohne Wertungen nicht aus.

26 Wertungsabhängigkeit bedeutet aber **nicht** Beliebigkeit!

Insbesondere ist damit *nicht* gemeint, dass der Rechtsanwender seinen persönlichen Wertungen nach Gutdünken zur Geltung verhelfen darf. Maßgeblich sind insoweit stets die **Wertungen des Gesetzgebers** – und zwar auch jene, die an anderer Stelle dem Gesetz zugrunde liegen. Dass man dabei auch einmal zu unterschiedlichen *Bewertungen* und damit zu unterschiedlichen Ergebnissen kommen kann, liegt auf der Hand. Wichtig ist aber, dass Wertungen dort, wo sie erforderlich sind, **offen gelegt werden**. Nur so ist es möglich, sie auf ihre Konsistenz (= **Widerspruchsfreiheit**) hin zu prüfen und ihnen gegebenenfalls argumentativ zu begegnen.

> **Hinweis:** Rechtsanwendung sollte generell nicht als Suche nach der allein richtigen Lösung verstanden werden – denn diese gibt es oft nicht! –, sondern als Suche nach der besten **Begründung**. Daher entscheidet in der Klausur auch nie das gefundene Ergebnis über Wohl und Wehe, sondern der Weg, auf dem dieses Ergebnis erzielt wurde. – Es geht auch nicht darum, sämtliche Einzelprobleme zu kennen oder gar die „h.M." zu ihnen wiedergeben zu können. Wichtiger als die Problemkenntnis ist das **Problembewusstsein**. Nur wer ein Problem versteht, ist in der Lage, seinen Lösungsvorschlag angemessen zu begründen. Nichtsdestotrotz schadet es natürlich nicht, wenn man die Problemfälle und die hierzu vertretenen Auffassungen, vielleicht sogar die wegweisenden Urteile kennt – nur ist diese Kenntnis ohne Verständnis wenig wert!

---

[15] Abschreckend insoweit die 2009 eingefügten §§ 675c–676c BGB.

V. Zur Bedeutung von Wertungen

Ziel dieses Buches ist es aufzuzeigen, dass die gesetzlichen Schuldverhältnisse zu Unrecht „mystifiziert" werden. Selbst bereicherungsrechtliche Mehrpersonenverhältnisse und EBV-Fälle – zwei der bei Studierenden wohl gefürchtetsten Konstellationen – können mit dem **methodischen Standardrepertoire** gelöst werden. Hierfür genügt es aber nicht, die einschlägigen Normen zu kennen; man muss vielmehr ihre Funktion und das Wechselspiel zu anderen Vorschriften und den dort getroffenen Wertungen **verstehen**. Damit verbunden ist die Aufforderung an den Leser, die in Rechtsprechung und Schrifttum vorgebrachten Argumente **kritisch zu hinterfragen**. Das schließt die in diesem Buch verfochtenen Auffassungen durchaus mit ein!

Teil II
Bereicherungsrecht

§ 2 Dogmatische Grundlagen und Überblick

Literatur: *v. Caemmerer*, Bereicherung und unerlaubte Handlung, Festschrift Rabel Bd. I (1954), S. 333; *Flume*, Die ungerechtfertigte Bereicherung, Festschrift 50 Jahre BGH, Bd. I (2000), S. 525; *Giesen*, Grundsätze der Konfliktlösung im Besonderen Schuldrecht – Die ungerechtfertigte Bereicherung, Jura 1995, 169 und 234; *Köndgen*, Wandlungen im Bereicherungsrecht, Festschrift Esser (1975), S. 55; *Lorenz/Cziupka*, Grundwissen – Grundtypen der Kondiktionen, JuS 2012, 777; *Wilburg*, Die Lehre von der ungerechtfertigten Bereicherung nach österreichischem und deutschem Recht (1934).

I. Weichenstellung: Trennung von Leistungs- und Nichtleistungskondiktion

Das in den §§ 812–822 BGB geregelte Bereicherungsrecht soll **rechtsgrundlose Vermögensverschiebungen ausgleichen**: „Wer durch die Leistung eines anderen oder in sonstiger Weise auf dessen Kosten etwas ohne rechtlichen Grund erlangt", ist gemäß § 812 I 1 BGB zur Herausgabe verpflichtet. Damit ist bereits der bereicherungsrechtliche Grundtatbestand benannt – doch halt! Handelt es sich wirklich um *einen* Tatbestand? Oder enthält § 812 I 1 BGB nicht vielmehr *zwei* verschiedenartige Grundtypen des Bereicherungsanspruchs? Bereits an dieser Stelle ist eine wichtige Weichenstellung zu treffen. Es gilt, die Frage zu beantworten, wie § 812 I 1 BGB zu lesen ist – konkreter: worauf sich die Worte „auf dessen Kosten" beziehen. 1

> Zur **Vorgeschichte** des § 812 I BGB: Bereits das römische Recht kannte Klagearten, mittels derer ungerechtfertigte Vermögensverschiebungen ausgeglichen werden konnten: die *condictiones*. Die *condictio* bot dem Gläubiger die Möglichkeit, eine rechtsgrundlos (*sine causa*) erlangte Bereicherung von dem Bereicherten zurückzufordern. Schon damals wusste man zwar verschiedene Fallgruppen der ungerechtfertigten Bereicherung zu unterscheiden, doch sah das römische Recht die *condictio* als einheitliche Klage an[1]. Diese Idee eines einheitlichen Grundtatbestandes wurde im 19. Jahrhundert von *Friedrich Carl von* 2

---

[1] *Löwenheim*, Bereicherungsrecht, S. 3 f.; *Martinek* in Staudinger, Eckpfeiler des Zivilrechts, Ungerechtfertigte Bereicherung und GoA, Rn. 9.

Savigny und später seinem deutsch-rechtlich geprägten „Gegenspieler" *Otto von Gierke* aufgegriffen. Diesem Verständnis schloss sich auch die Zweite Kommission zur Schaffung des BGB an. Diese sah in der *condictio sine causa* das „allgemeine, die ganze Lehre beherrschende Prinzip"[2].

3 § 812 I BGB wurde demnach als einheitlicher Grundtatbestand des Bereicherungsrechts konzipiert. Die Erwähnung der übrigen Kondiktionsarten (vgl. §§ 812 I 2, 817 S. 1 BGB) sollte lediglich das Verständnis fördern. Die Schöpfer des BGB folgten damit der (später) sog. **Einheitstheorie**. Diese sieht in den Worten „auf dessen Kosten" das zentrale Tatbestandsmerkmal und begreift das Merkmal „durch Leistung" lediglich als – aufgrund ihrer praktischen Bedeutung – besonders benannte Fallgruppe[3].

4 Dieses Verständnis ist heute nicht mehr herrschend. Aufbauend auf grundlegende Arbeiten von *Walter Wilburg*[4] und *Ernst von Caemmerer*[5] hat sich die sog. **Trennungstheorie** etabliert[6]. Diese betont die Unterschiede, die zwischen einer Bereicherung „durch Leistung" und der Bereicherung „in sonstiger Weise" bestehen – Unterschiede, die übrigens auch bei der Schaffung des BGB gesehen wurden: So beziehen sich die §§ 814 f. BGB ausschließlich auf die Leistungskondiktion.

– Die **Leistungskondiktion** ist eine Konsequenz des Trennungs- und Abstraktionsprinzips: Das Fehlen der schuldrechtlichen *causa* (des Rechtsgrunds!) führt nicht zur Unwirksamkeit von Leistungshandlungen (z.B. der sachenrechtlichen Übereignung), zwingt aber unter Umständen zur Rückabwicklung. Die Leistungskondiktion dient mithin dem **Ausgleich ungerechtfertigter Güterbewegungen**[7]. Die Worte „auf dessen Kosten" spielen bei der Leistungskondiktion nach herrschendem Verständnis keine Rolle. Sie beziehen sich ausschließlich auf das Merkmal „in sonstiger Weise". Die rechtsgrundlose Leistung rechtfertigt „aus sich heraus" die Rückabwicklung.

– Wichtigste Fallgruppe der **Nichtleistungskondiktion** ist die **Eingriffskondiktion**. Durch diese soll eine Bereicherung ausgeglichen werden, die der Schuldner durch den Eingriff in geschützte Rechtspositionen des Gläubigers erlangt hat. Wie auch im Deliktsrecht (zum Verhältnis siehe oben § 1 Rn. 22) geht es hier also um den **Rechtsgüterschutz**[8]. Das Merkmal „auf dessen Kosten" spielt bei der Nichtleistungskondiktion eine entscheidende Rolle, da hierdurch der Gläubiger des Bereicherungsanspruchs bestimmt wird.

---

[2] Protokolle zum BGB in *Mugdan*, Die gesammelten Materialien zum BGB für das Deutsche Reich, Bd. II, 1899, S. 1170; anders noch die Erste Kommission, vgl. Motive, Bd. II, 1888, S. 829.

[3] Dafür auch *Wilhelm*, Ungerechtfertigte Bereicherung, 1973, S. 173 ff.; *ders.*, JuS 1973, 1 ff.; *Stathopoulos* in Festschrift Sontis, 1977, S. 203 ff.; *Kupisch* in Festschrift Lübtow, 1980, S. 501 ff.; zuletzt *Flume* in Festschrift 50 Jahre BGH, Bd. I, 2000, S. 525, S. 534.

[4] *Wilburg*, Die Lehre von der ungerechtfertigten Bereicherung nach österreichischem und deutschem Recht, 1934, S. 10 f., 49 ff.; *ders.*, AcP 163 (1964), 346, 349.

[5] Siehe *v. Caemmerer* in Festschrift Rabel, 1954, S. 333, 342.

[6] BGHZ 72, 246, 248; *Lorenz* in Staudinger, BGB, § 812 Rn. 1; *Buck-Heeb* in Erman, BGB, § 812 Rn. 1; *Larenz/Canaris*, Schuldrecht II/2, § 67 I 2 a, S. 129 f.; *Medicus/Petersen*, Bürgerliches Recht, Rn. 665; *Schall*, Leistungskondiktion und „Sonstige Kondiktion", 2003, S. 9 ff.

[7] *Larenz/Canaris*, Schuldrecht II/2, § 67 I 2 b, S. 130.

[8] *Emmerich*, Schuldrecht BT, § 17 Rn. 3.

I. Weichenstellung: Trennung von Leistungs- und Nichtleistungskondiktion

> Leistungs- und Nichtleistungskondiktion schließen einander aus.

5

Sind nur zwei Personen beteiligt, ist dies eine Selbstverständlichkeit, da die Bereicherung des Schuldners nicht zugleich durch Leistung des Gläubigers *und* nicht durch Leistung („in sonstiger Weise auf dessen Kosten") erfolgen kann; beides schließt sich logisch aus. **Problematisch** sind die Fälle, in denen **drei oder mehr Personen** beteiligt sind. Hier müssen der Leistende und derjenige, dessen Vermögen geschmälert wird, nicht identisch sein. Auch hier soll aber – jedenfalls im Regelfall – das Vorliegen einer Leistung die Nichtleistungskondiktion ausschließen. Dies wird schlagwortartig als „**Vorrang der Leistungskondiktion**" oder „**Subsidiarität der Nichtleistungskondiktion**" bezeichnet. Hierauf wird bei der Darstellung des Bereicherungsausgleichs in Mehrpersonenverhältnissen noch zurückzukommen sein (siehe unten § 5 Rn. 86 ff.).

Der **argumentative Aufwand**, der im Streit zwischen Einheits- und Trennungstheorie betrieben wurde und zum Teil noch immer betrieben wird, steht zum Ertrag in keinem Verhältnis. Weder aus der Einheits- noch aus der Trennungstheorie lassen sich Begründungen für die Lösung zahlreicher strittiger Fälle ableiten. Auch die Vertreter der Einheitstheorie erkennen an, dass zwischen Leistungskondiktion und Nichtleistungskondiktion unterschieden werden muss (schon wegen der §§ 814 f. BGB). Umgekehrt genügt ein Hinweis auf die Trennungstheorie nicht, um den „Vorrang der Leistungskondiktion" *zu begründen*. Dieser ist aus den vom Gesetz an anderer Stelle getroffenen Wertungen herzuleiten (exemplarisch dazu der „**Jungbullen**"-Fall und die „**Einbau**"-Fälle unten § 5 Rn. 90 ff.; allgemein zur Bedeutung von Wertungen oben § 1 Rn. 25 f.). – Der Theorienstreit erscheint damit als **akademisches Glasperlenspiel**, das geeignet ist, mehr Verwirrung zu stiften, als Erkenntnis zu fördern. Die bereicherungsrechtlichen Schlachten werden woanders geschlagen, insbesondere beim Leistungsbegriff (dazu unten § 3 Rn. 18 ff.). Was bedeutet das für die **Falllösung?** Der Theorienstreit muss (und sollte) in einer Klausur *nicht* dargelegt werden. Er trägt zur Problemlösung nichts bei! Ihn zu kennen mag hilfreich sein für das Gesetzesverständnis, doch sollte das Wissen um den Streit nicht grundlos „abgeladen" werden (Stichwort: *problemorientierte* Falllösung).

6

Zusammenfassend lässt sich festhalten: § 812 I 1 BGB enthält nicht einen bereicherungsrechtlichen Grundtatbestand, sondern die wichtige Unterscheidung zwischen Leistungs- und Nichtleistungskondiktion. Allerdings ist die Entscheidung, ob eine Leistung vorliegt oder ob das Vermögen des Bereicherungsschuldners in sonstiger Weise vermehrt wurde, nicht immer einfach.

7

Im berühmten „**Flugreise**"-Fall[9] gelang es einem 17-Jährigen (M) nach einem (gebuchten) Flug von München nach Hamburg das Flugzeug wieder zu besteigen und so nach New York zu fliegen[10]. Ein gültiges Flugticket hatte M nicht. Hat die Fluggesellschaft M den Transport geleistet? Oder hat M hier etwas „in sonstiger Weise auf Kosten" der Fluggesellschaft erlangt? – Hier lässt sich beides mit guten Gründen vertreten! Dazu an späterer Stelle mehr (siehe unten § 3 Rn. 21 ff. und § 6 Rn. 42).

---

[9] BGHZ 55, 128.
[10] Der Fall spielte im Jahr 1968.

II. Leistungskondiktionen

8 § 812 I 1 BGB enthält zwei Alternativen: die sog. *condictio indebiti* als Grundfall der Leistungskondiktion (Alt. 1) und die als Generalklausel gefasste Nichtleistungskondiktion (Alt. 2). Daneben gibt es weitere Tatbestände, die als Anspruchsgrundlagen in Betracht kommen, aber auch Kondiktionssperren, die Ansprüche ausschließen.

1. Tatbestände

9 Zum besseren Verständnis der Leistungskondiktion sei ein simples Beispiel vorangestellt:

> **Beispiel:** K und V schließen einen Kaufvertrag, aufgrund dessen V dem K die Kaufsache übereignet und K den Kaufpreis in bar zahlt. Später stellt sich heraus, dass der Kaufvertrag nicht wirksam zustande gekommen ist.

Aufgrund des **Trennungs- und Abstraktionsprinzips** sind trotz der Unwirksamkeit des schuldrechtlichen Verpflichtungsgeschäfts (hier: des Kaufvertrages) die zur Erfüllung der vermeintlich bestehenden Verbindlichkeiten erfolgten dinglichen Verfügungen (hier: die Übereignung der Kaufsache und des Geldes) wirksam. Obwohl Verfügungsgeschäfte in diesem Sinne „abstrakt" sind, heißt das nicht, dass sie gänzlich vom Verpflichtungsgeschäft losgelöst sind. Im Gegenteil: Das schuldrechtliche Verpflichtungsgeschäft ist der Anlass dafür, dass die Verfügungen überhaupt vorgenommen wurden – und dass die so bewirkte Güterbewegung Bestand haben soll. Dingliche Verfügungsgeschäfte finden also regelmäßig ihren **Rechtsgrund** – ihre *causa* – in schuldrechtlichen Verpflichtungsgeschäften.

> Oder **anders formuliert**: Die Verfügung erfolgt typischerweise, um die durch das Verpflichtungsgeschäft begründete Verbindlichkeit zu erfüllen. Deswegen werden die Verfügungsgeschäfte auch als **Erfüllungsgeschäfte** bezeichnet.

10 Ist diese **Verknüpfung** zwischen Verpflichtungs- und Verfügungsgeschäft **gestört**, dann laufen die Erfüllungshandlungen „ins Leere". Und mehr: Die Wirksamkeit der Verfügungsgeschäfte macht eine **Rückabwicklung** erforderlich. Diese erfolgt durch die Leistungskondiktion.

11 § 812 I 1 Alt. 1 BGB hilft in den Fällen, in denen der **Rechtsgrund** zum Zeitpunkt der Leistung **nicht besteht**, der Empfänger also keinen Anspruch auf das Geleistete hat. Traditionell wird diese Fallgruppe als *condicito indebiti* bezeichnet.

> Im **Beispiel** können K und V ihre Leistungen vom jeweils anderen nach § 812 I 1 Alt. 1 BGB zurückverlangen.

Nach **§ 812 I 2 Alt. 1 BGB** besteht der Bereicherungsanspruch auch, wenn der **Rechtsgrund später weggefallen** ist (*condictio ob causam finitam*). 12

> **Abwandlung:** K und V schließen einen Kaufvertrag unter einer auflösenden Bedingung (vgl. § 158 II BGB). Nach Zahlung des Kaufpreises und Übereignung der Kaufsache tritt die Bedingung ein, sodass der Vertrag ex nunc („von nun an") unwirksam wird. – K und V steht jeweils ein Anspruch aus § 812 I 2 Alt. 1 BGB zu.

§ 813 BGB ergänzt die *condictio indebiti* dergestalt, dass die Rückforderung des Geleisteten auch dann möglich ist, wenn der Empfänger zwar einen Anspruch hierauf hat, diesem aber eine **dauerhafte Einrede** entgegensteht. 13

> **Achtung:** Die wichtigste dauerhafte Einrede ist die Verjährung. Diese wird aber durch § 813 I 2 BGB, der einen etwas umständlichen Verweis auf § 214 II BGB enthält, vom Anwendungsbereich der Vorschrift ausgenommen. **Wer eine verjährte Verbindlichkeit erfüllt, kann daher nicht nach § 813 BGB kondizieren.**

In **§ 812 I 2 Alt. 2 BGB** ist die sog. **Zweckverfehlungskondiktion** *condictio ob rem* (auch *condictio causa data causa non secuta*) geregelt. Sie soll die Fälle erfassen, in denen „der mit einer Leistung nach dem Inhalt des Rechtsgeschäfts bezweckte Erfolg nicht eintritt". Der „bezweckte Erfolg" muss dabei „Inhalt" des schuldrechtlichen Verpflichtungsgeschäfts sein: einerseits mehr als ein bloßes Motiv des Leistenden, aber andererseits auch weniger als eine Bedingung. 14

> Die Reichweite der *condictio ob rem* ist umstritten. Insbesondere besteht keine Einigkeit darüber, wie sich § 812 I 2 Alt. 2 BGB zum Wegfall der Geschäftsgrundlage gemäß § 313 BGB verhält (näher dazu unten § 3 Rn. 62 ff.).

Einen speziellen Tatbestand der Leistungskondiktion enthält schließlich noch **§ 817 S. 1 BGB**: Verstößt der Empfänger durch die Annahme der Leistung gegen das Gesetz oder die guten Sitten, kann das Geleistete zurückgefordert werden. Durch diese *condictio ob turpem vel iniustam causam* sollen **gesetzes- und sittenwidrige Leistungszwecke** vereitelt werden. Die praktische Bedeutung dieser Kondiktion ist aber gering (insbesondere wegen § 817 S. 2 BGB, näher unten § 3 Rn. 76 ff.). 15

2. Kondiktionssperren

Damit sind die verschiedenen Tatbestände der Leistungskondiktion benannt. Doch nicht immer, wenn die Tatbestandsvoraussetzungen vorliegen, hat der Leistende auch einen Anspruch. Die §§ 814 f. BGB und § 817 S. 2 BGB enthalten **Ausschlusstatbestände** (sog. Kondiktionssperren). Die Rückforderung des Geleisteten ist ausgeschlossen, wenn 16

- der Leistende gewusst hat, dass er zur Leistung nicht verpflichtet war (**§ 814 Alt. 1 BGB** – sperrt die *condictio indebiti*);
- die Leistung einer sittlichen Pflicht oder einer auf den Anstand zu nehmenden Rücksicht entsprach (**§ 814 Alt. 2 BGB**);

- der Leistende die Unmöglichkeit des mit der Leistung bezweckten Erfolgs kannte oder den Erfolgseintritt treuwidrig verhindert hat (**§ 815 BGB** – sperrt die *condictio ob rem*);
- der Leistende durch die Leistung gegen das Gesetz oder die guten Sitten verstößt (**§ 817 S. 2 BGB** – sperrt über den Gesetzeswortlaut hinaus nicht nur *condictio ob turpem vel iniustam causam*, sondern jede Leistungskondiktion).

III. Nichtleistungskondiktionen

1. Allgemeine Eingriffskondiktion

17 Es war bereits die Rede davon, dass die **Eingriffskondiktion** den wichtigsten Anwendungsfall der Nichtleistungskondiktion (§ 812 I 1 Alt. 2 BGB) darstellt. Diese hat **deliktsähnlichen Charakter**[11], geht es doch um die Abschöpfung von Bereicherungen, die durch den Eingriff in eine fremde Rechtssphäre erlangt werden.

> **Beispiel:** Der hungrige A isst, um sich den Gang in den Supermarkt zu ersparen, einen Apfel des B. Durch den Verzehr des Apfels greift A in die Rechtssphäre des B ein, indem er sich dessen Eigentümerpositionen zunächst anmaßt und diese durch einige Bisse zum Erlöschen bringt (kein Apfel – kein Eigentum).

2. Verfügungen eines Nichtberechtigten

18 Für die Fälle, in denen der Eingriff durch die wirksame **Verfügung eines Nichtberechtigten** erfolgt, enthält § 816 BGB spezielle Regeln. § 816 I 1 BGB steht in einem engen Zusammenhang zu den Regeln des redlichen Erwerbs dinglicher Rechte vom Nichtberechtigten, insbesondere den §§ 892, 932 ff. BGB.

> **Beispiel:** Jurastudent A hat sich von seinem Kommilitonen B dessen Palandt ausgeliehen. In akuter Geldnot beschließt er, das Buch zu Geld zu machen, es an C zu verkaufen und – für § 816 BGB allein maßgeblich! – zu übereignen. Wenn C gutgläubig (§ 932 II BGB) hinsichtlich der Eigentümerstellung des B ist, erwirbt er Eigentum (§§ 929, 932 BGB). Damit einher geht notwendigerweise ein **Eingriff** in die Eigentumsposition des A. Die in den §§ 932 ff. BGB getroffene Wertung darf nun nicht dadurch ausgehöhlt werden, dass man dem Alteigentümer (A) einen Kondiktionsanspruch gegen den redlichen Erwerber (C) auf Herausgabe des Eigentums gewährt; dieser soll schließlich dauerhaft Eigentum erwerben. § 816 I 1 BGB richtet den Kondiktionsanspruch daher gegen den die Verfügung vornehmenden Nichtberechtigten (B), der den erzielten Erlös herausgeben muss.

19 Da § 816 I 1 BGB auf den Veräußerungserlös abzielt, hilft die Vorschrift nicht weiter, wenn ein solcher nicht erzielt wurde, weil die Verfügung unentgeltlich erfolgt ist. Hier hilft **§ 816 I 2 BGB**, der den Kondiktionsanspruch ausnahmsweise gegen den Erwerber richtet, der unentgeltlich das Recht erworben hat.

---

[11] Vgl. *Wendehorst* in BeckOK BGB, § 812 Rn. 24.

Abwandlung: Wie zuvor, doch verkauft A den Palandt des B nicht, sondern verschenkt ihn an seine Freundin D, damit diese nicht immer in der Bibliothek verschwindet. Die gutgläubige D erwirbt durch die Übereignung (nochmals: nicht durch die Schenkung!) Eigentum. – Ein Anspruch aus § 816 I 1 BGB gegen B scheidet aus, da dieser zwar mehr Zeit mit seiner Freundin verbringen kann, aber keinen (bereicherungsrechtlich allein relevanten) Erlös erzielt hat. Einschlägig ist aber § 816 I 2 BGB: A kann von D Herausgabe des unentgeltlich erworbenen Eigentums verlangen. Der redliche Erwerb ist in diesem Fall also nicht kondiktionsfest.

Hier wird bereits eine **grundlegende Wertung** sichtbar: **Der unentgeltlich Erwerbende** wird von Gesetzes wegen als **weniger schutzwürdig** angesehen als derjenige, der für den Erwerb eine Gegenleistung erbracht hat. Dieser Gedanke findet sich auch in § 822 BGB sowie beim EBV in § 988 BGB (dazu unten § 21 Rn. 37 und 51).

§ 816 II BGB schließlich betrifft die Fälle, in denen an den Nichtberechtigten eine Leistung bewirkt wird, die auch gegenüber dem Berechtigten wirksam ist. Ein klausurrelevanter Anwendungsfall ist § 407 I BGB.

Beispiel: X hat eine Geldforderung gegen Y. Diese tritt er an Z ab. Y, der davon nichts erfährt, zahlt dennoch an X. – Gemäß § 407 I BGB gilt die Zahlung als Erfüllung auch gegenüber dem Zessionar Z, dessen Forderung hierdurch erloschen ist (§ 362 I BGB). Nach § 816 II BGB kann Z aber vom Zedenten X die Herausgabe des Geleisteten fordern.

3. Weitere Nichtleistungskondiktionen

Zunächst nur hingewiesen sei an dieser Stelle auf drei weitere Formen der Nichtleistungskondiktion:

– die **Zuwendungskondiktion**,
– die **Verwendungskondiktion** und
– die **Rückgriffskondiktion**.

Diese zählen zu den umstrittensten (und schwierigsten) Ansprüchen, die das Recht der gesetzlichen Schuldverhältnisse zu bieten hat.
Warum? Weil durch die übereilte Annahme von Ansprüchen aus § 812 I 1 Alt. 2 BGB wegen Verwendungen oder sonstiger Aufwendungen, die nicht eine Leistung an den Bereicherten darstellen, die an anderer Stelle im Gesetz getroffenen Wertungen ausgehöhlt werden könnten.

IV. Rechtsfolgen

Die Rechtsfolgen einer ungerechtfertigten Bereicherung richten sich nach den §§ 818–822 BGB – und zwar unabhängig davon, ob es sich um Ansprüche aus Leistungs- oder aus Nichtleistungskondiktion handelt.

Der Bereicherte schuldet die **Herausgabe des Erlangten**. Dies ergibt sich bereits aus § 812 I 1 BGB. Der **Inhalt des Bereicherungsanspruchs** richtet sich mithin danach, was tatsächlich erlangt wurde. Dies kann sehr unterschiedlich sein (näher unten § 6 Rn. 2). § 818 I BGB erstreckt die Herausgabepflicht unter anderem auf gezogene Nutzungen. Ist die gegenständliche Herausgabe nicht möglich, steht dem Gläubiger ein Wertersatzanspruch zu (**§ 818 II BGB**).

23 § 818 III BGB trägt dem Gedanken Rechnung, dass das Bereicherungsrecht nur die tatsächliche Bereicherung abschöpfen soll. Folglich scheidet ein Anspruch aus, soweit der Schuldner nicht mehr bereichert ist. Diesen **Entreicherungseinwand** kann aber nur geltend machen, wer annimmt und auch annehmen darf, dass er das Erlangte behalten kann. Die §§ 818 IV, 819 f. BGB benennen die Fälle, in denen der Schuldner sich nicht auf § 818 III BGB berufen kann, sondern einer „verschärften Haftung" nach den „allgemeinen Vorschriften" unterliegt.

Zu diesen „allgemeinen Vorschriften" zählt insbesondere § 292 BGB, der wiederum auf die §§ 987 ff. BGB und damit auf die Regelungen zum EBV verweist. Hier wird deutlich, dass im Recht der gesetzlichen Schuldverhältnisse das **Verständnis für systematische Zusammenhänge** von gewichtiger Bedeutung ist. Aber nochmals sei versichert: Dieses Verständnis kann schon mit ein wenig gutem Willen erworben werden!

24 In engem Zusammenhang mit § 818 III BGB steht **§ 822 BGB**, der eine **Anspruchsgrundlage** enthält: Kann sich der eigentliche Bereicherungsschuldner auf den Entreicherungseinwand berufen, weil er das Erlangte unentgeltlich einem Dritten zugewendet hat, dann ist der Dritte zur Herausgabe verpflichtet. § 821 BGB schließlich enthält die sog. **Bereicherungseinrede**, von der unten § 3 Rn. 50 noch die Rede sein wird.

§ 3 Die Leistungskondiktionen

Literatur: *Conrad*, Die bereicherungsrechtliche Rückabwicklung nach Anfechtung wegen arglistiger Täuschung (§ 123 I Var. 1 BGB), JuS 2009, 397; *Giesen*, Grundsätze der Konfliktlösung im Besonderen Schuldrecht – Die ungerechtfertigte Bereicherung (Teil 1 – Leistungskondiktionen), Jura 1995, 169; *Kamionka*, Der Leistungsbegriff im Bereicherungsrecht, JuS 1992, 845; *Kötter*, Zur Rechtsnatur der Leistungskondiktion, AcP 153 (1954), 193; *Schnauder*, Leistung ohne Bereicherung? – Zu Grundlagen und Grenzen des finalen Leistungsbegriffs, AcP 187 (1987), 142; *Stolte*, Der Leistungsbegriff – Ein Gespenst des Bereicherungsrechts?, JZ 1990, 220.

Übungsfälle: *Bayreuter/Arnold*, JuS 2003, 769; *Gebauer*, Jura 2002, 482; *Hau*, JuS 2002, 337; *Horn*, JA 2012, 575; *Kraus*, JuS 2008, 697; *v. Koppenfels-Spies/Gerds*, JuS 2009, 726; *Kraus*, JuS 2008, 697; *Spies*, JA 2012, 333; *Stegmüller*, JuS, 2010, 332; *Unterreitmeier*, JuS 2011, 345.

I. Gemeinsamkeiten und Unterschiede

Das Gesetz kennt verschiedene Spielarten der Leistungskondiktion (siehe bereits oben § 2 Rn. 11 ff.). Ihr **Grundfall** ist die in § 812 I 1 Alt. 1 BGB geregelte *condictio indebiti*. Deren positive Tatbestandsmerkmale ergeben sich unmittelbar aus dem Gesetzeswortlaut: 1

- Der Bereicherungsschuldner hat **„etwas erlangt"** und zwar
- **„durch Leistung"** des Gläubigers und
- **„ohne rechtlichen Grund"**.

Nochmals: Das Merkmal „auf dessen Kosten" spielt bei der Leistungskondiktion keine Rolle, da die Bestimmung des Gläubigers hier über den Begriff der Leistung erfolgt.

Das Merkmal **„etwas erlangt"** benennt den *Bereicherungsgegenstand*, auf dessen Herausgabe der Kondiktionsanspruch gerichtet ist. Das Merkmal **„durch Leistung"** grenzt die Leistungs- von der Nichtleistungskondiktion ab und gibt an, dass die Vermögensverschiebung *bewusst* und *zweckgerichtet* erfolgte. Beide Tatbe- 2 standsmerkmale finden sich auch in den anderen Fällen der Leistungskondiktion. Sie sind daher stets zu prüfen. Das dritte Merkmal (**„ohne rechtlichen Grund"**) bezeichnet den *kondiktionsauslösenden Mangel*, gibt also Auskunft darüber, warum der Empfänger das Geleistete nicht behalten darf. In den §§ 812 I 2 Alt. 1 und Alt. 2, 813 817 BGB wird dieses Merkmal modifiziert. Hierin unterscheiden sich also die verschiedenen Leistungskondiktionen.

> **Hinweis:** Das alles klingt simpel. Doch wie so oft bei der Rechtsanwendung steckt der Teufel im Detail, nämlich in der Auslegung der Tatbestandsmerkmale. Vor allem das Merkmal „durch Leistung" gehört zu den meistdiskutierten Rechtsbegriffen überhaupt.

3 Neben den positiven Tatbestandsmerkmalen sind auch die sog. **Kondiktionssperren** (§§ 814, 815, 817 S. 2 BGB), die einen Kondiktionsanspruch ausschließen, zumindest gedanklich immer mit zu prüfen!

II. Der Bereicherungsgegenstand: „etwas erlangt"

1. Grundlagen

4 Das erste Tatbestandsmerkmal beschreibt den **Gegenstand der Bereicherung**: das „erlangte Etwas".

> „Etwas" im Sinne des § 812 BGB ist weit zu verstehen als **jede vorteilhafte Rechtsposition**[1].

5 Zweck der Leistungskondiktion ist der Ausgleich fehlgeschlagener Vermögensverschiebungen. Daher kann Bereicherungsgegenstand **alles sein, was geleistet werden kann**[2]. Anzustellen ist dabei eine **gegenständliche Betrachtung**[3]. Das Geleistete muss keinen in Geld bezifferbaren Vermögenswert haben.

> **Beispiel:** A übereignet an B einen unheilbar kranken Hund, der, kaum in der Wohnung des B angekommen, dessen teuren Teppich zerbeißt. – Hier hat B keinen Vermögensvorteil erlangt, sondern im Gegenteil einen Schaden erlitten. Doch kommt es hierauf nicht an. Maßgeblich ist allein, dass B Eigentum und Besitz am Hund (vgl. § 90a BGB) erworben hat. Beides ist nach § 812 I 1 Alt. 1 BGB herauszugeben.

---

[1] BGH NJW 1995, 53; BGH ZIP 2000, 461; *Stadler* in Jauernig, BGB, § 812 Rn. 8; *Lorenz* in Staudinger, BGB, § 812 Rn. 65; *Wieling*, Bereicherungsrecht, § 2 a, S. 7; *Looschelders*, Schuldrecht BT, Rn. 1018.

[2] Dazu Beispiele bei *Lorenz* in Staudinger, BGB, § 812 Rn. 65 ff.; *Stadler* in Jauernig, BGB, § 812 Rn. 8 ff.

[3] *Schwab* in MünchKomm. BGB, § 812 Rn. 1; *v. Caemmerer* in Festschrift Rabel, 1954, S. 333, 368; *Canaris*, JZ 1971, 560, 561; *Goetzke*, AcP 173 (1973), 289, 309 ff.; *Loewenheim*, Bereicherungsrecht, S. 18 ff.; anders noch RGZ 54, 137, 141; BGHZ 1, 75, 81; *Flume* in Festschrift Niedermeyer, 1953, S. 103, 148 ff.; *ders.*, NJW 1970, 1161 ff.

Es spielt in diesem Zusammenhang auch keine Rolle, ob sich das Geleistete noch gegenständlich oder wertmäßig im Vermögen des Empfängers befindet, ob der Empfänger also noch bereichert ist. Aus § 818 III BGB folgt, dass eine etwaige Entreicherung erst auf Rechtsfolgenseite zu berücksichtigen ist. An dieser Stelle gilt es aber, einem **Missverständnis vorzubeugen**: Wenn soeben von *gegenständlicher* Betrachtung die Rede war, so sollte damit lediglich klargestellt werden, dass auch „wertlose" Leistungen kondiziert werden können. Bei dem Geleisteten muss es sich aber *nicht* um einen *Gegenstand im umgangssprachlichen Sinne*, also um eine Sache handeln.

6

Hinweis: Die genaue Bestimmung des Erlangten ist in der gutachterlichen Prüfung wichtig, weil sich der Inhalt des Bereicherungsanspruchs (Herausgabe bzw. Wertersatz, eingehend dazu unten § 6 Rn. 1 ff.) nach der Art des Erlangten richtet! Dabei sind die möglichen Erscheinungsformen des Erlangten vielgestaltig. Nachfolgend sollen die für Praxis und Klausur relevantesten Bereicherungsgegenstände benannt werden.

2. Mögliche Bereicherungsgegenstände

a) Erwerb von Rechten

Als vorteilhafte Rechtsposition, die durch Leistung erlangt werden kann, kommt insbesondere der Erwerb von Rechten in Betracht.

7

Hierzu zählen zunächst **dingliche Rechte** an beweglichen und unbeweglichen Sachen[4], namentlich das **Eigentum** sowie die **beschränkt dinglichen Rechte** (z.B. Hypothek, Grundschuld, Nießbrauch). Bei dem Erlangten muss es sich aber *nicht* um ein „volles" Vermögensrecht handeln. Auch **Anwartschaftsrechte** können daher Bereicherungsgegenstand sein[5].

8

Ein Anwartschaftsrecht entsteht immer dann, wenn ein mehraktiger Erwerbstatbestand bereits so weit verwirklicht wurde, dass der Veräußerer den Erwerb nicht mehr einseitig verhindern kann. **Klausurrelevant** sind insbesondere das Anwartschaftsrecht des Vorbehaltskäufers[6] und das Anwartschaftsrecht des Grundstückserwerbers nach Eintragung einer Vormerkung[7]. Die „Leistung" eines Anwartschaftsrechts ist möglich, da dieses wie das Vollrecht übertragen werden kann. Insoweit ist oftmals vom Anwartschaftsrecht als „wesensgleichem Minus zum Vollrecht" die Rede[8].

---

[4] Vgl. *Schwab* in MünchKomm. BGB, § 812 Rn. 6 mit weiteren Nachweisen.

[5] *Schwab* in MünchKomm. BGB, § 812 Rn. 6; *Sprau* in Palandt, BGB, § 812 Rn. 8; *Lorenz* in Staudinger, BGB, § 812 Rn. 66; *Loewenheim*, Bereicherungsrecht, S. 19.

[6] Dazu *Beckmann* in Staudinger, BGB, § 449 Rn. 60.

[7] Dazu *Kanzleiter* in MünchKomm. BGB, § 925 Rn. 37. Umstritten ist, ob bei Fehlen einer Vormerkung ein Anwartschaftsrecht durch die Stellung eines unwiderruflichen Eintragungsantrages beim Grundbuchamt entsteht; näher dazu *Schumacher* in Staudinger, BGB, § 311b Rn. 25 mit weiteren Nachweisen.

[8] BGHZ 28, 16, 21; *Rövekamp* in BeckOK BGB, § 158 Rn. 26; *Beckmann* in Staudinger, BGB, § 449 Rn. 61; *Damrau* in MünchKomm. BGB, § 1204 Rn. 12; *Prütting*, Sachenrecht, Rn. 392; a.A. *Eichenhofer*, AcP 185 (1985), 162; *Mülbert*, AcP 202 (2002), 912, 945 f.

9 Auch **Forderungen und andere schuldrechtliche Ansprüche** können Bereicherungsgegenstand sein[9].

> **Beispiel:** A tritt an B eine ihm gegen C zustehende Forderung ab. Der zugrunde liegende Forderungskauf ist nichtig. – B ist Inhaber der Forderung geworden (Trennungs- und Abstraktionsprinzip). A kann aber von B kondizieren und Rückabtretung der Forderung verlangen.

10 Die betreffende Forderung muss dabei nicht zwingend gegen einen Dritten gerichtet sein. Aus § 812 II BGB folgt, dass auch das **Eingehen einer Verbindlichkeit** eine Leistung und die hieraus resultierende Forderung daher Bereicherungsgegenstand sein kann.

> **Beispiel:** Nach Abschluss der Examensklausuren besucht Student S gemeinsam mit Kommilitonen eine rotlichtgeschwängerte Bar, in der er mehrere Flaschen Champagner bestellt. Als er aufbrechen will, wird er von Inhaber T mit einer überhöhten Rechnung konfrontiert (800 € für fünf Flaschen). Aufgrund seines angeheiterten Zustands ist S nur mäßig schockiert. 200 € zahlt er sofort in bar, was dem in der Getränkekarte ausgewiesenen Preis für die Getränke entspricht und auch angemessen ist. Da er mehr Geld nicht dabei hat, unterschreibt er für die restlichen 600 € dem T ein **abstraktes Schuldanerkenntnis**. – Hier ist ein Bewirtungsvertrag[10] allenfalls über einen Betrag von 200 € zustande gekommen (Auslegung nach objektivem Empfängerhorizont unter Berücksichtigung der Auspreisung in der Speisekarte). Die insoweit bestehende Forderung des T ist gemäß § 362 I BGB durch Erfüllung erloschen. Durch die Abgabe des abstrakten Schuldanerkenntnisses ist S eine weitere Verbindlichkeit eingegangen. Das Schuldanerkenntnis ist zwar wirksam, aber gemäß § 812 I 1 Alt. 1 i.V.m. II BGB kondizierbar. Der Anspruch ist gerichtet auf die Befreiung von der Verbindlichkeit. Zum Fortgang des Falles siehe unten Rn. 50.

b) Befreiung von einer Verbindlichkeit oder Belastung

11 Auch die Befreiung von einer Verbindlichkeit kann „erlangtes Etwas" sein[11].

Dies kann durch **Erlass einer Schuld**[12] oder die Abgabe eines **negativen Schuldanerkenntnisses**[13] erfolgen. Auch die **Befreiung von einer dinglichen Belastung** kann geleistet werden[14].

> **Beispiel:** Pfandgläubiger P gibt Eigentümer E die Pfandsache zurück, weil er zu Unrecht annimmt, E habe die gesicherte Verbindlichkeit beglichen. – Durch die Rückgabe erlischt das Pfandrecht (§ 1253 I 1 BGB). Der Bereicherungsanspruch ist hier auf Rückgabe der Pfandsache an P und Wiedereinräumung des Pfandrechts gerichtet.

---

[9] Vgl. *Schwab* in MünchKomm. BGB, § 812 Rn. 7 mit weiteren Nachweisen.
[10] Einzelheiten dazu bei *Werner* in Staudinger, BGB, Vor § 701 Rn. 12.
[11] BGH NJW 85, 2700; *Stadler* in Jauernig, BGB, § 812 Rn. 10.
[12] BGH NJW 1969, 1380, 1382.
[13] BGH WM 1982, 671, 672; BGH NJW-RR 1991, 573, 574.
[14] BGH NJW 2002, 1872, 1874.

c) Dienste, Nutzungen und Gebrauchsvorteile

Umstritten ist die Behandlung **geleisteter Dienste** und **überlassener Gebrauchsmöglichkeiten**. Die Problematik besteht hier darin, dass diese Leistungen sich nicht dauerhaft im Vermögen des Empfängers niederschlagen müssen, sondern „flüchtig" sind.

> **Beispiel:** A überlässt B aufgrund eines unwirksamen Mietvertrages seinen Pkw. B macht daraufhin eine Spritztour zur Ostsee und wieder zurück nach Hause. – B ist zur Zahlung des Mietzinses nicht verpflichtet. Möglicherweise hat A aber einen Anspruch aus Bereicherungsrecht auf Ersatz der Gebrauchsvorteile. Diese können nicht gegenständlich herausgegeben werden, sodass nur ein Wertersatzanspruch nach § 818 II BGB in Betracht kommt. Doch sind Gebrauchsüberlassungen überhaupt geeignete Bereicherungsgegenstände?

Die **früher h.M.** stellte insoweit darauf ab, ob der Empfänger Aufwendungen erspart hat, die er ohne die Leistung hätte selbst erbringen müssen[15]. Nach diesem Verständnis würde es an einem tauglichen Bereicherungsgegenstand fehlen, wenn der Empfänger ohne die Leistung auf die Dienste bzw. Gebrauchsüberlassung verzichtet hätte.

> So in unserem **Beispiel**, wenn B ohne die Überlassung des Pkw durch A überhaupt nicht an die Ostsee gefahren wäre.

Gegen dieses Verständnis spricht aber, dass ersparte Aufwendungen selbst nicht Gegenstand einer Leistung, sondern lediglich deren Folge sein können[16]. Zudem kommt es nach dem oben Rn. 6 Gesagten nicht darauf an, ob das Geleistete für den Empfänger von Wert ist. **Vorzugswürdig** erscheint es daher, die erbrachten Dienste und die überlassenen Gebrauchsmöglichkeiten selbst als das Erlangte anzusehen.

> Für das **Beispiel** bedeutet dies, dass die Überlassung des Pkw an sich schon einen bereicherungsrechtlich relevanten Vorteil darstellt. Dass eine gegenständliche Herausgabe insoweit nicht in Betracht kommt, ist unschädlich, da § 818 II BGB für diese Fälle einen Wertersatzanspruch anordnet. Der Umstand, dass sich dieser Vorteil nicht mehr im Vermögen des B befindet, weil er keine anderweitigen Aufwendungen erspart hat, ist erst im Rahmen des § 818 III BGB zu berücksichtigen.

d) Sonstige Rechtspositionen

Auch die Verschaffung des **Besitzes** einer Sache (näher dazu unten § 18) kann Gegenstand einer Leistung und damit „erlangtes Etwas" sein[17] – und zwar unabhängig davon, ob der Empfänger damit zugleich das Eigentum an der Sache erworben hat oder nicht.

---

[15] RGZ 97, 310; RGZ 151, 123; BGHZ 84, 361, 366; BGH NJW-RR 1986, 155; *Seufert* in Staudinger, BGB, 11. Aufl. 1954, § 812 Rn. 13 ff.; *Seiler* in Erman, BGB, 5. Aufl. 1972, § 812 Rn. 7; *Kellmann*, NJW 1971, 862, 865; zuletzt *Scheffler* in RGRK, BGB, 12. Aufl. 1989, § 812 Rn. 9.

[16] *Schwab* in MünchKomm. BGB, § 812 Rn. 18 f.; *Lorenz* in Staudinger, BGB, § 812 Rn. 72; *Looschelders*, Schuldrecht BT, Rn. 1020; *Canaris*, JZ 1971, 561; *Gursky*, JR 1998, 7, 10; *Koppensteiner*, NJW 1971, 1774.

[17] *Stadler* in Jauernig, BGB, § 812 Rn. 10.

Beispiel: A übereignet an B zwar wirksam, aber aufgrund eines nichtigen Kaufvertrages eine Sache. – Der Bereicherungsanspruch ist hier sowohl auf Rückübereignung als auch auf Rückgabe der Sache gerichtet, da sowohl das Eigentum als auch der Besitz von B erlangt wurden. Praktisch wirkt sich das typischerweise aber nicht aus, da die Rückübertragung des Eigentums sich regelmäßig nach § 929 BGB vollzieht und die Übergabe bereits Bestandteil der Übereignung ist.

Abwandlung: Wie zuvor, nur ist diesmal auch die Übereignung unwirksam. – Der Bereicherungsanspruch ist hier nur auf die Rückgabe der Sache gerichtet, da A Eigentümer geblieben ist.

16 Auch die Eintragung in einem öffentlichen Register (sog. **Buchposition**) ist eine vorteilhafte Position, die kondiziert werden kann[18]. Klausurrelevant ist hier insbesondere die Eintragung im Grundbuch.

Beispiel: Der unerkannt geschäftsunfähige G verkauft ein Grundstück an H. Vor einem Notar wird die Auflassung (vgl. § 925 BGB) erklärt und nach gemeinsamer Stellung des Eintragungsantrages H im Grundbuch als neuer Eigentümer eingetragen. – Trotz Eintragung ist H nicht Eigentümer geworden, denn § 873 I BGB verlangt für die Übertragung des Eigentums an einem Grundstück Einigung *und* Eintragung. Aufgrund des öffentlichen Glaubens des Grundbuchs (§ 891 BGB) und der Möglichkeit des redlichen Erwerbs vom nichtberechtigten Bucheigentümer (§ 892 BGB) ist die Buchposition aber als rechtlicher Vorteil anzusehen. Diesen kann G von H kondizieren. Der Anspruch ist gerichtet auf **Grundbuchberichtigung**. Dass G dasselbe auch gemäß § 894 BGB verlangen kann, steht dem Bereicherungsanspruch nicht entgegen.

17 Die wirksame **Auflassung** (= dingliche Einigung über die Eigentumsübertragung bei Grundstücken, vgl. § 925 BGB) selbst wird als vorteilhafte Rechtsposition des Erwerbers angesehen[19] und zwar auch dann, wenn ein Anwartschaftsrecht des Erwerbers nicht begründet wurde.

Beispiel: Veräußerer V und Erwerber E einigen sich formgerecht über die Auflassung eines Grundstücks. Der zugrunde liegende Kaufvertrag ist jedoch unwirksam. Zugunsten des E wurde eine Vormerkung eingetragen. Der Antrag auf Eintragung des Eigentumsübergangs wurde hingegen noch nicht gestellt. – E hat hier kein Anwartschaftsrecht erworben. Die Vormerkung ist als akzessorisches Sicherungsmittel vom Bestand der zu sichernden Forderung abhängig[20]. Da der Kaufvertrag unwirksam ist, gibt es keine zu sichernde Forderung auf Eigentumsübertragung, und die Vormerkung läuft ins Leere. V kann den Eigentumsübergang verhindern, indem er weder einen Eintragungsantrag stellt noch dem entsprechenden Antrag des E zustimmt. Dennoch soll nach h.M. die Auflassung als solche kondizierbar sein. Der Bereicherungsanspruch ist dann auf Aufhebung der dinglichen Einigung gerichtet.

---

[18] BGH NJW 1991, 1736; *Lorenz* in Staudinger, BGB, § 812 Rn. 74; *Schwab* in MünchKomm. BGB, § 812 Rn. 10; *Stadler* in Jauernig, BGB, § 812 Rn. 10.
[19] Eingehend dazu *Lorenz* in Staudinger, BGB, § 812 Rn. 75.
[20] Näher dazu *Eckert* in BeckOK BGB, § 883 Rn. 3.

III. Das kondiktionstypische Merkmal: „durch Leistung"

Das Merkmal „durch Leistung" ist das **zentrale Tatbestandselement**, das die Leistungskondiktionen von den Nichtleistungskondiktionen abgrenzt.

1. Vom natürlichen zum modernen Leistungsbegriff

Die früher h.M. verstand unter „Leistung" jede bewusste Vermehrung fremden Vermögens (sog. **natürlicher Leistungsbegriff**)[21].

> Leistender ist danach, wer willentlich und ursächlich das Vermögen des Empfängers vermehrt. Die nur versehentliche oder gar nicht auf eine Handlung des Gläubigers zurückzuführende Vermögensmehrung führt nicht zur Leistungskondiktion, sondern allenfalls zu einer Nichtleistungskondiktion.

Der natürliche Leistungsbegriff wird seit einiger Zeit aber als zu weit angesehen und um ein **subjektives Element** ergänzt: die Zweckgerichtetheit der Vermögensverschiebung (= **Finalität**)[22]. Dahinter steht die Überlegung, dass die Leistungskondiktion der Rückabwicklung gescheiterter, weil rechtsgrundlos erfolgter Vermögensschiebungen dient (siehe § 2 Rn. 9 f.). Leistung und Rechtsgrundlosigkeit stehen somit in einem engen gedanklichen Zusammenhang. Die Leistung erfolgt nicht um ihrer selbst willen, sondern mit Blick auf ein bestimmtes Kausalverhältnis, also zweckgerichtet.

> Leistung im Sinne des Bereicherungsrechts ist die bewusste und zweckgerichtete Vermehrung fremden Vermögens (sog. **moderner Leistungsbegriff**).

> **Hinweis:** Wegen des Erfordernisses von *Bewusstsein* und *Zweckgerichtetheit* ist bisweilen auch von einer „doppelten Finalität des Leistungsbegriffs" die Rede[23]. Als Gedankenstütze mag diese Formulierung durchaus hilfreich sein.

2. Leistungsbewusstsein

Das Leistungsbewusstsein lässt sich im Regelfall leicht feststellen bzw. verneinen. Problematisch sind insbesondere die Fälle der sog. **„Leistungserschleichung"**.

---

[21] RGZ 68, 97, 103; *Baur/Wolf*, JuS 1966, 393, 394; *Seufert* in Staudinger, BGB, 11. Aufl. 1975, § 812 Rn. 2a.
[22] BGHZ 40, 272, 277; 232; BGHZ 58,184, 188; BGHZ 111, 382, 385; *Lorenz* in Staudinger, BGB, § 812 Rn. 4; *Stadler* in Jauernig, BGB, § 812 Rn. 3; *Martinek* in Staudinger, Eckpfeiler des Zivilrechts, Ungerechtfertigte Bereicherung und GoA, Rn. 21; *Stolte*, JZ 1990, 220 ff.; wegweisend für diese Entwicklung war *Kötter*, AcP 153 (1954), 193 ff.; ausführlich zur Entwicklung der Rechtsprechung *Schnauder*, JuS 1994, 537 ff.; die Kritik hieran zusammenfassend *Schwab* in MünchKomm. BGB, § 812 Rn. 45 f.
[23] Kritisch *Schwab* in MünchKomm. BGB, § 812 Rn. 41.

So stellt sich im berühmten **Flugreise-Fall**, von dem bereits oben § 2 Rn. 7 die Rede war, die Frage, ob die Fluggesellschaft die Beförderung an den minderjährigen „blinden Passagier" bewusst geleistet hat.

22 Von einer bewussten Vermögensvermehrung kann man in derartigen Fällen nur sprechen, wenn man grundsätzlich die Möglichkeit eines **generellen Leistungsbewusstseins** anerkennt[24]. Dies ist letztlich eine Wertungsfrage, deren Lösung sich dem Gesetz selbst nicht mehr entnehmen lässt.

> Ein generelles – und damit „abstraktes" – Bewusstsein ist dem Recht nicht fremd. So ist beispielsweise beim Betrugstatbestand (§ 263 StGB) anerkannt, dass einem Irrtum auch unterliegen kann, wer lediglich ein „sachgedankliches Mitbewusstsein" bezüglich der täuschungsrelevanten Umstände hat[25].

23 Wenn man die Möglichkeit eines generellen Leistungsbewusstseins bejaht, ist in jedem Fall zu prüfen, ob der vermeintlich Leistende auch tatsächlich einen entsprechenden Willen gebildet hat.

> Im „**Flugreise**"-**Fall** spricht der Umstand, dass in Flugzeugen die Plätze begrenzt und die Fluggäste namentlich bekannt sind, eher gegen die Annahme eines generellen Leistungswillens. Daher möchte ich hier eine Leistung der Fluggesellschaft verneinen[26]. – Im **öffentlichen Personennahverkehr** stellt sich die Sachlage typischerweise anders dar: Hier sind die Mitfahrenden nicht namentlich bekannt. Zudem erheben die Verkehrsbetriebe erhöhte Beförderungsentgelte aufgrund ihrer AGB. Dies setzt die Einbeziehung dieser AGB in einen Beförderungsvertrag voraus, der konkludent mit dem Zustieg des Fahrgastes zustande kommt[27]. Das Interesse der Verkehrsbetriebe ist daher typischerweise darauf gerichtet, jedem Fahrgast gegenüber die Beförderungsleistung zu erbringen. In diesen Fällen spielt das Bereicherungsrecht aber keine Rolle, da ein Rechtsgrund für die Leistung vorliegt. Etwas anderes gilt jedoch, wenn der Vertrag nicht zustande kommt, weil der Fahrgast minderjährig oder geschäftsunfähig ist. Nun könnte man durchaus argumentieren, dass das generelle Leistungsbewusstsein auf die Fälle zu begrenzen sei, in denen wirksam eine Beförderungspflicht begründet wird. Doch erscheint ein derart „feinsinniges" Leistungsbewusstsein doch ziemlich gekünstelt. Die besseren Gründe sprechen daher dafür, im öffentlichen Personennahverkehr ein generelles Leistungsbewusstsein allen Fahrgästen gegenüber anzunehmen[28], sofern nicht die Umstände des Einzelfalles eine abweichende Beurteilung gebieten.

---

[24] *Wandt*, Gesetzliche Schuldverhältnisse, § 10 Rn. 21; *Reeb*, JuS 1972, 582, 582 f.; a.A. *Buck-Heeb* in Erman, BGB, § 812 Rn. 11; *Canaris*, JZ 1971, 561 ff.; *Kellmann*, NJW 1971, 862, 863. Im Flugreisefall BGHZ 55, 128 ff. beschäftigte sich der BGH nicht mit der Frage, ob ein generelles Leistungsbewusstsein grundsätzlich anzuerkennen ist. Der BGH nahm insofern kommentarlos das Vorliegen einer Leistung an.

[25] *Sternberg-Lieben* in Schönke/Schröder, StGB, 28. Aufl. 2010, § 15 Rn. 51 mit zahlreichen Nachweisen.

[26] Ebenso *Lorenz* in Staudinger, BGB, § 812 Rn. 3; *Löwenheim*, Bereicherungsrecht, S. 24; *Teichmann*, JuS 1972, 249, 249; *Canaris*, JZ 1971, 561; *Hombrecher*, Jura 2004, 250; a.A. wohl BGHZ 55, 128, 130 ff.

[27] Vgl. dazu einerseits *Harder*, NJW 1990, 857 ff.; andererseits *Stacke*, NJW 1991, 875 ff.

[28] So wohl auch *Wandt*, Gesetzliche Schuldverhältnisse, § 10 Rn. 21.

3. Leistungszweck

Mit einer Leistung können **verschiedene Zwecke** verfolgt werden[29]. Im Grundtatbestand des § 812 I 1 Alt. 1 BGB geht es dem Leistenden **typischerweise** darum, **eine Verbindlichkeit zu erfüllen**. Man spricht in diesen Fällen von einer Leistung *solvendi causa*[30]. Besteht die Verbindlichkeit zum Zeitpunkt der Leistung, so tritt gemäß § 362 I BGB Erfüllung ein und die Verbindlichkeit erlischt. Besteht sie hingegen nicht, dann fehlt es am Rechtsgrund für die Leistung und das Geleistete kann nach den §§ 812 ff. BGB zurückgefordert werden.

24

> Bei der **Handschenkung** wird die Verbindlichkeit erst durch die Leistung (*donandi causa*) begründet. Und schließlich kann der Zuwendende mit der Leistung auch den Zweck verfolgen, den Empfänger zu einem bestimmten Verhalten zu veranlassen. Letzteres spielt bei der *condictio ob rem* (§ 812 I 2 Alt. 2 BGB, dazu unten Rn. 56 ff.) eine Rolle.

Aus dem finalen Merkmal der Zweckgerichtetheit wird vielfach der Schluss gezogen, dass mit jeder Leistung eine **Zweckbestimmung** einhergehe. Diese sei als Willenserklärung[31] oder zumindest als geschäftsähnliche Handlung[32], auf die die Regeln über Willenserklärungen entsprechend anzuwenden sind, zu qualifizieren – mit der Folge, dass die zivilrechtlichen Regeln über die Geschäftsfähigkeit und die Anfechtbarkeit zur Anwendung gelangen[33]. Die Gegenauffassung verneint die rechtsgeschäftliche Natur der Zweckbestimmung und verlangt lediglich einen natürlichen Leistungswillen[34].

25

> Zur Verdeutlichung der Problematik folgendes **Beispiel**: Die 16-Jährige S und die gleichaltrige T beschließen, dauerhaft ihre Mobiltelefone zu tauschen. Der Plan wird in die Tat umgesetzt, doch sind die Eltern davon nicht begeistert und fordern im Namen ihrer Töchter von der jeweils anderen das Mobiltelefon zurück. – Hier ist weder ein Tauschvertrag wirksam zustande gekommen, noch wurden die Telefone wirksam übereignet, da die Zustimmung der gesetzlichen Vertreter fehlt und die Rechtsgeschäfte weder für S noch für T lediglich rechtlich vorteilhaft sind. S und T haben daher einen Anspruch aus § 985 BGB auf Herausgabe. Daneben steht ihnen wechselseitig auch ein Kondiktionsanspruch zu. Das „erlangte Etwas" ist hier der Besitz, der rechtsgrundlos übertragen wurde. Doch wurde der Besitz geleistet? Handelt es sich um eine bewusste und *zweckgerichtete* Vermehrung fremden Vermögens?

---

[29] Näher dazu *Reuter/Martinek*, Ungerechtfertigte Bereicherung, § 4 II 2, S. 84 ff.; *Wieling*, Bereicherungsrecht, § 3 I 2, S. 15 ff.
[30] *Wendehorst* in BeckOK BGB, § 812 Rn. 47 ff.; vgl. zu den verschiedenen Leistungszwecken *Reuter/Martinek*, Ungerechtfertigte Bereicherung, § 4 II 2 b, S. 89 ff.
[31] *Schwab* in MünchKomm. BGB, § 812 Rn. 49 f.; *Martinek* in Staudinger, Eckpfeiler des Zivilrechts, Ungerechtfertigte Bereicherung und GoA, Rn. 22; *Reuter/Martinek*, Ungerechtfertigte Bereicherung, § 4 II 3 d, S. 99 ff.; *Wieling*, Bereicherungsrecht, § 3 I 3 a, S. 19; *Canaris* in Festschrift Larenz, 1973, S. 799, 827.
[32] *Beuthien*, Zweckerreichung und Zweckstörung im Schuldverhältnis, 1969, S. 292 ff.; *Berg*, NJW 1964, 720 f.
[33] BGHZ 106, 163; *Larenz/Canaris*, Schuldrecht II/2, § 67 II, S. 133.
[34] *Buck-Heeb* in Erman, BGB, § 812 Rn. 13; *Schulze* in Handkomm. BGB, § 812 Rn. 5; *Koppensteiner/Kramer*, Ungerechtfertigte Bereicherung, § 4 I 3, S. 14.

- Versteht man die Zweckgerichtetheit als **tatsächliches Element**, dann ist eine Leistung ohne Weiteres zu bejahen. S und T wollten jeweils eine Verbindlichkeit erfüllen. Dass diese nicht bestand, ist erst im Rahmen der Rechtsgrundlosigkeit zu prüfen.
- Nimmt man hingegen an, dass jeder Leistung notwendigerweise ein **rechtsgeschäftliches Element** innewohnt (sei es als Willenserklärung oder geschäftsähnliche Handlung), so gelangt man zur (ggf. analogen) Anwendung der §§ 104 ff. BGB und muss sich mit der Frage auseinandersetzen, ob die Leistung des Besitzes lediglich rechtlich vorteilhaft (oder zumindest neutral) ist. Dies dürfte zu verneinen sein[35], da S und T jeweils den Besitz an ihrem Telefon – und damit eine vermögenswerte Rechtsposition – verlieren. Konsequenterweise müsste man daher eine Leistung verneinen und den Herausgabeanspruch auf § 812 I 1 Alt. 2 BGB (Nichtleistungskondiktion) stützen.

26 Die **Rechtsnatur der Zweckbestimmung** ist nicht nur beim bereicherungsrechtlichen Leistungsbegriff Gegenstand der dogmatischen Diskussion, sondern auch im Rahmen des § 362 I BGB.

Dort streiten verschiedene „**Erfüllungstheorien**" um die Frage, ob für die Erfüllung die reale Leistungsbewirkung ausreicht[36] oder ob es zusätzlich einer einseitigen rechtsgeschäftlichen Zweckbestimmung[37] bedarf[38]. – Die Lösung liegt, wie so oft, zwischen beiden Positionen. Dies folgt aus § 366 BGB. Nach dessen Abs. 1 kann ein Schuldner bestimmen, auf welche von mehreren gleichartigen Verbindlichkeiten er leistet. Diese sog. **Tilgungsbestimmung** ist, so sie denn getroffen wird, als Willenserklärung[39] anzusehen; sie unterliegt daher den allgemeinen Vorschriften des Allgemeinen Teils des BGB. § 366 II BGB lässt sich aber entnehmen, dass der Schuldner die Tilgungsbestimmung überhaupt *nicht treffen muss*: Die Teilleistung wird dann nach dem gesetzlichen Schlüssel auf die einzelnen Verbindlichkeiten verteilt. Eine unwirksame Bestimmung führt nicht etwa dazu, dass eine Leistung nicht vorliegt, sondern zur Tilgungsreihenfolge des § 366 II BGB. – Muss nun aber schon bei mehreren Verbindlichkeiten eine Leistungsbestimmung nicht getroffen werden, so gilt dies erst recht, wenn nur eine einzige Verbindlichkeit besteht. Damit ist die Annahme, jede Leistung enthalte notwendig eine rechtsgeschäftliche Zweckbestimmung, nicht vereinbar[40].

27 Festgehalten werden kann also: Im Rahmen des § 362 I BGB ist die **Theorie der realen Leistungsbewirkung vorzugswürdig**. Die Aussage „Ich leiste, um die Verbindlichkeit zu erfüllen." ist damit zwar final und zweckgerichtet, doch muss zur

---

[35] A.A. *Wandt*, Gesetzliche Schuldverhältnisse, § 10 Rn. 6; *Wieling*, Bereicherungsrecht, § I 3 a, S. 20.

[36] So die – wohl herrschende – „Theorie der realen Leistungsbewirkung"; dafür etwa BGH NJW 1991, 1294, 1295; *Olzen* in Staudinger, BGB, Vor § 362 Rn. 14. mit weiteren Nachweisen.

[37] So die „Theorie der finalen Leistungsbewirkung", dafür etwa *Gernhuber*, Die Erfüllung und ihre Surrogate, 2. Aufl. 1994, § 5 II 8, S. 110 f.; *Seibert*, Erfüllung durch finale Leistungsbewirkung, 1982, passim; *Beuthien*, JZ 1968, 323; *Bülow*, JuS 1991, 529, 531; *Muscheler/Bloch*, JuS 2000, 729, 732 f.; *Wieling*, JuS 1978, 801 ff.

[38] Die Vertragstheorie, wonach die Leistung im Sinne des § 362 I BGB stets einen zusätzliche vertragliche Einigung („Erfüllungsvertrag" oder „Zweckvereinbarung") erfordere, wird heute – soweit ersichtlich – nicht mehr vertreten. Für Einzelheiten und Nachweise siehe *Wenzel* in Münch.Komm. BGB, § 362 Rn. 6 ff.

[39] BGHZ 106, 163, 166; *Wieling*, JZ 1977, 291; für die Einordnung als geschäftsähnliche Handlung hingegen *Wenzel* in MünchKomm. BGB, § 366 Rn. 9; *Ehricke*, JZ 1999, 1075, 1079. Im Ergebnis wirkt sich diese Unterscheidung nicht aus, da die Regeln über Willenserklärungen auf geschäftsähnliche Handlungen analog angewendet werden. Die Frage, ob die Unterscheidung zwischen Willenserklärung und geschäftsähnlicher Handlung überhaupt sinnvoll oder erforderlich ist, sei hier nur aufgeworfen (und dem Leser zur eigenen Beantwortung überlassen).

[40] Ebenso *Wenzel* in MünchKomm. BGB, § 362 Rn. 13.

Einordnung dieses Willens die Rechtsgeschäftslehre nicht bemüht werden. Daher können beispielsweise auch Minderjährige eine Verbindlichkeit erfüllen, sofern die Leistungshandlung nicht selbst rechtsgeschäftlicher Natur ist (dann gelten für *diese* natürlich die §§ 104 ff. BGB).

Diese Lösung überzeugt auch für den bereicherungsrechtlichen Leistungsbegriff. Damit wird ein „begrifflicher Gleichlauf" zwischen § 362 I BGB und § 812 I 1 Alt. 1 BGB gewährleistet, was aufgrund des soeben (Rn. 26) beschriebenen Zusammenhangs beider Vorschriften auch sinnvoll ist[41].

28

> Die Zweckbestimmung ist daher als **finaler, aber nicht rechtsgeschäftlicher Willensakt** des Leistenden anzusehen.

Demgegenüber bietet die Annahme, eine Leistung setze stets eine rechtsgeschäftliche Zweckbestimmung voraus, keine Vorteile. Sie führt in den problematischen Fällen (also insbesondere bei der Beteiligung von Geschäftsunfähigen und Minderjährigen) dazu, dass statt einer Leistungskondiktion eine Nichtleistungskondiktion anzunehmen ist. Ein höheres Schutzniveau wird hierdurch aber nicht erreicht – sofern sichergestellt ist, dass die Kondiktionssperren (§§ 814, 815 BGB, dazu unten Rn. 83 ff.) nicht zulasten Geschäftsunfähiger und Minderjähriger eingreifen.

4. Funktion des Leistungsbegriffs

> Der moderne Leistungsbegriff ermöglicht die **Unterscheidung zwischen** der **Zuwendung** eines Vermögensgegenstandes und der **Leistung** desselben.

29

Zuwendung ist danach jede bewusste Vermögensverschiebung. Erst das Merkmal der Zweckgerichtetheit macht aus der Zuwendung eine Leistung. Hierdurch wird der Leistungsbegriff gleichsam „normativ aufgeladen": Ob (und an wen!) eine Leistung vorliegt, bestimmt sich hierdurch nämlich nicht allein nach der tatsächlichen Vermögensverschiebung, sondern nach dem mit der Zuwendung verfolgten Zweck – und dieser ist durch eine *wertende Betrachtung* zu ermitteln.

> In **Zweipersonenverhältnissen** dient der Leistungsbegriff lediglich dazu, die Leistungskondiktion von der Nichtleistungskondiktion abzugrenzen.

30

Bei nur zwei Beteiligten ist also lediglich *zu bewerten*, ob eine Leistung vorliegt oder nicht. Komplexer sind Fallgestaltungen, in denen mehr als zwei Personen von einer Vermögensverschiebung betroffen sind.

---

[41] So auch *Schwab* in MünchKomm. BGB, § 812 Rn. 47; *Weitnauer* in Festschrift v. Caemmerer, 1978, S. 255, 280 f.; *Stolte*, JZ 1990, 220 ff.; *Neef*, JA 2006, 458, 459.

31 In Mehrpersonenverhältnissen dient der Leistungsbegriff auch dazu, Anspruchsinhaber und Anspruchsgegner zu bestimmen.

Die Unterscheidung zwischen Zuwendung und Leistung ermöglicht es nämlich, eine andere Person als den Zuwendungsempfänger als Empfänger der Leistung – und damit als Anspruchsgegner! – *anzusehen*. Zugleich kann eine Zuwendung auch als Leistung eines Dritten *zu bewerten* sein.

> Für **Beispiele** siehe die Ausführungen unten § 5.

32 In Mehrpersonenverhältnissen kann es dazu kommen, dass die Beteiligten unterschiedliche Vorstellungen über den mit der Zuwendung verfolgten Zweck haben. Insbesondere kann sich aus der Sicht des Empfängers die Zuwendung als Leistung eines Dritten darstellen, der selbst aber keinen entsprechenden Leistungswillen hat. In diesen Fällen stellt sich die Frage, wessen Vorstellung für die Bestimmung der Leistungsbeziehung maßgeblich sein soll. Herrschend ist insoweit die sog. **Lehre vom objektiven Empfängerhorizont**[42], der auch die Rechtsprechung folgt[43]. Hierdurch wird der Leistungsbegriff um ein zusätzliches normatives Element angereichert: die Sichtweise des „verständigen" Empfängers.

> Auf die **Lehre vom objektiven Empfängerhorizont** soll unten § 5 Rn. 48 ff. näher eingegangen werden. Dort wird auch der Versuch unternommen, diese Lehre zu widerlegen und die Vorzüge eines rein subjektiven Leistungsbegriffs darzulegen.

33 Gerade in Mehrpersonenverhältnissen ist der Leistungsbegriff zum **Dreh- und Angelpunkt der tatbestandlichen Prüfung** geworden. Dabei will vor allem die Rechtsprechung bei der Bestimmung der Leistungsbeziehungen eine umfassende **Interessenabwägung** vornehmen. Es verbiete sich, so eine oftmals wiederkehrende Formulierung des BGH, „jede schematische Lösung"[44].

5. Kritik und Verteidigung des Leistungsbegriffs

34 Das alles hat zu einer „**normativen Aufladung**" des Leistungsbegriffs geführt – und **Kritik** hervorgerufen. Im Schrifttum wird vorgeschlagen, vom Leistungsbegriff „Abschied zu nehmen"[45] und die problematischen Fälle anhand eines **Kanons**

---

[42] *Wendehorst* in BeckOK BGB, § 812 Rn. 48 f.; *Schwab* in MünchKomm. BGB, § 812 Rn. 50; *Reuter/Martinek*, Ungerechtfertigte Bereicherung, § 4 II 3 d, S. 104; *Medicus/Petersen*, Bürgerliches Recht, Rn. 688; *Baur/Wolf*, JuS 1966, 393, 396.

[43] Grundlegend BGHZ 40, 272, 278, siehe ferner BGHZ 105, 365, 369; BGHZ 122, 46, 50 f.; BGH NJW 2005, 60.

[44] So immer wieder seit BGHZ 61, 289, 292.

[45] So etwa *Canaris* in Festschrift Larenz, 1973, S. 799, 857; *Harder*, JuS 1979, 76 f.; vgl. auch *Larenz/Canaris*, Schuldrecht II/2, § 70 VI 2, S. 248 f.

III. Das kondiktionstypische Merkmal: "durch Leistung"

bestimmter Wertungskriterien zu lösen[46]. Dieser Kritik ist zuzugeben, dass die Diskussion um den Leistungsbegriff sicherlich dazu beigetragen hat, dass das Bereicherungsrecht für viele Studierende und Rechtsanwender zu einer *terra incognita* des Zivilrechts geworden ist, weil letztlich die eingängige Definition der Leistung als „bewusste und zweckgerichtete Vermögensvermehrung" in der Falllösung nicht mehr weiterhilft. Auch ist die Benennung der einschlägigen Wertungskriterien nachdrücklich zu begrüßen (siehe bereits oben § 1 Rn. 26). Die Rechtsprechung vermittelt insoweit zu oft den Eindruck, als sei die Bestimmung der Leistungsbeziehungen in Mehrpersonenverhältnissen letztlich eine Frage der Beliebigkeit[47]. **Das ist nicht der Fall!**

Dennoch hat der Leistungsbegriff auch weiterhin seine Berechtigung. Schließlich handelt es sich um ein **geschriebenes Tatbestandsmerkmal** des § 812 I 1 Alt. 1 BGB, das in der Falllösung zu berücksichtigen ist. Erinnert sei zudem an die Ausgleichsfunktion des Bereicherungsrechts, die **Wertungen unverzichtbar** macht. Das Merkmal der Zweckgerichtetheit ist hierfür durchaus ein geeigneter Anknüpfungspunkt (siehe oben Rn. 24 ff.). Allerdings ist vor gesteigerten Erwartungen an den Leistungsbegriff zu warnen: Der Leistungsbegriff ist selbst die **Summe von Wertungen, nicht aber deren Quelle**. Es können ihm daher nur die Wertungen „entnommen" werden, die zuvor in ihn „hineingelegt" wurden.

> Der Leistungsbegriff taugt daher in erster Linie als **Kurzformel**, die einen Einstieg in die Falllösung bietet[48]. Allgemein gültige Lösungen lassen sich *aus dem Begriff selbst* nicht ableiten[49].

Hinweis: Das alles mag für den Leser, der das erste Mal mit dem Bereicherungsrecht konfrontiert wird, abschreckend wirken. Doch liegt in der Wertungsoffenheit des Leistungsbegriffs und des gesamten Bereicherungsrechts gerade in der Klausur eine Chance, sich durch Systemverständnis und eine gute Argumentation auszuzeichnen. Wie unter § 5 zu zeigen sein wird, gibt es auch bei den hochumstrittenen Mehrpersonenverhältnissen typische Fallgruppen, die gewisse Ähnlichkeiten untereinander aufweisen. Für jede dieser Fallgruppen gibt es *mehrere vertretbare* Lösungsmöglichkeiten. – Nochmals sei betont: Nicht das Ergebnis ist entscheidend, sondern der (Argumentations-)Weg, auf dem man dorthin gelangt.

---

[46] Vgl. *Larenz/Canaris*, Schuldrecht II/2, § 70 VI, S. 246 ff.; ferner *Schwab* in MünchKomm. BGB, § 812 Rn. 45 f.
[47] Exemplarisch BGHZ 105, 365.
[48] So auch *Emmerich*, Schuldrecht BT, § 16 Rn. 16; ähnlich *Wieling*, Bereicherungsrecht, § 3 I 1 b, S. 15.
[49] So ist das übrigens immer: Aus Begriffen selbst folgt ... gar nichts! Denn Begriffe sind in Sprache (Worte) gefasste Gedankeninhalte. Das Wort repräsentiert damit den Gedanken. Begriffe haben immer nur die Bedeutung, die ihnen beigemessen, die also in sie *hineingelegt* wird.

IV. Die kondiktionsauslösenden Mängel

36 Dass etwas geleistet wird, kommt in der Praxis ständig vor. In den meisten Fällen hat die damit einhergehende Güterbewegung Bestand, weil sie nicht grundlos erfolgt, sondern zur Erfüllung entsprechender Leistungspflichten, gleich ob diese vertraglich oder durch Gesetz begründet wurden.

> Die Leistungskondiktion greift nur ein, wenn die „rechtliche Grundlage" der Güterbewegung mangelhaft ist.

37 Dies kann der Fall sein, weil

- es an einem rechtlichen Grund für die Leistung fehlt (*condicito indebiti*),
- der rechtliche Grund später wegfällt (*condicito ob causam finitam*),
- der Leistende die Leistung dauerhaft hätte verweigern können (§ 813 BGB),
- ein mit der Leistung verfolgter Zweck nicht erreicht wird (*condictio ob rem*) oder
- die Annahme der Leistung gesetzes- oder sittenwidrig ist (*condictio ob turpem vel iniustam causam*).

1. Der Grundfall: „ohne rechtlichen Grund" (§ 812 I 1 Alt. 1 BGB)

a) Rechtsgrund als objektiver Behaltensgrund

38 Das durch Leistung erlangte Etwas ist gemäß § 812 I 1 Alt. 1 BGB herauszugeben, wenn die Leistung „ohne rechtlichen Grund" erfolgt ist. Auch der Begriff des Rechtsgrundes ist Gegenstand einer lebhaften Diskussion. Diese dreht sich vor allem um die Frage, ob der Rechtsgrund objektiv oder subjektiv zu bestimmen ist.

- Die Befürworter eines **objektiven Rechtsgrundbegriffs** wollen allein darauf abstellen, ob der Leistung ein wirksames Kausalverhältnis zugrunde liegt, aufgrund dessen der Empfänger die Leistung verlangen konnte[50].
- Die Gegenauffassung will hingegen danach fragen, ob der mit der Leistung bezweckte Erfolg – in der Regel die Erfüllung einer Verbindlichkeit – erreicht wurde (**subjektiver Rechtsgrundbegriff**)[51].

39 Zur Erinnerung: Die Leistungskondiktion dient dem Ausgleich ungerechtfertigter „rechtsgrundloser" Güterbewegungen. Es geht mithin darum, dass der Empfänger das Geleistete *nicht behalten* darf, weil es ihm rechtlich nicht zusteht. Dies ist aber gerade keine Frage der subjektiven Zwecksetzung des Leistenden. Vorzugswürdig ist **daher ein objektiver Rechtsgrundbegriff**.

---

[50] *Schwab* in MünchKomm. BGB, § 812 Rn. 334; *Wandt*, Gesetzliche Schuldverhältnisse, § 10 Rn. 23; *Looschelders*, Schuldrecht BT, Rn. 1031.
[51] *Buck-Heeb* in Erman, BGB, § 812 Rn. 44; *Koppensteiner/Kramer*, Ungerechtfertigte Bereicherung, § 4 II, S. 15; *Reuter/Martinek*, Ungerechtfertigte Bereicherung, § 4 II 4 b, S. 107 ff.; *Baur/Wolf*, JuS 1966, 393, 394; *Ehmann*, NJW 1969, 398 ff.; *ders.*, JZ 2003, 702, 709.

Zudem setzt die Gegenauffassung die Rechtsgrundlosigkeit stets mit der Zweckverfehlung gleich. Dies entspricht aber nicht der Konzeption des Gesetzes: Nur § 812 I 2 Alt. 2 BGB, also die *condictio ob rem*, sieht die Zweckverfehlung als eigenständiges Tatbestandsmerkmal vor – und zwar gerade für die Fälle, in denen ein rechtlicher Grund für die Leistung besteht!

Rechtsgrund ist der **Anspruch, auf den geleistet wurde**. Ob der Anspruch rechtsgeschäftlich begründet wurde oder kraft Gesetzes bestand, spielt dabei keine Rolle. Auch dass der Anspruch ggf. durch Erfüllung nach § 362 I BGB erloschen ist, schadet nicht, da er als **Behaltensgrund** für das zur Erfüllung Geleistete fortwirkt.

Ein Mangel des rechtlichen Grundes im Sinne des § 812 I 1 Alt. 1 BGB ist daher anzunehmen, wenn der Empfänger *im Zeitpunkt der Leistung* keinen Anspruch auf die Leistung hatte.

Der Streit um den Rechtsgrundbegriff wird beispielsweise in Fällen relevant, in denen der Leistende eine **Verbindlichkeit** erfüllen will, **die tatsächlich nicht besteht**, der Empfänger **aber aus einem anderen Grund** einen Anspruch auf das Geleistete hat.

Beispiel: A ist gegenüber B zur Rückzahlung eines Darlehens in Höhe von 10.000 € verpflichtet (§ 488 I 2 BGB). Zudem glaubt A, aus einem Kaufvertrag weitere 5.000 € zu schulden (§ 433 II BGB). Tatsächlich ist der Kaufvertrag aber nicht zustande gekommen. „Zur Begleichung des Kaufpreises" zahlt A an B 5.000 €. Kann A die 5.000 € zurückfordern, weil diese rechtsgrundlos geleistet wurden?

- Wer einem **subjektiven Rechtsgrundbegriff** folgt, muss in Fällen wie diesem die Kondiktion konsequenterweise zulassen[52]: Die Leistung erreicht den mit ihr angestrebten Zweck nicht, denn eine Verbindlichkeit, die nicht besteht, kann auch nicht erfüllt werden. A könnte danach die gezahlten 5.000 € von B gemäß § 812 I 1 Alt. 1 BGB zurückfordern. B bliebe nur die Möglichkeit, mit dem Anspruch auf Darlehensrückzahlung (§ 488 I 2 BGB) aufzurechnen.
- Nach dem – hier vertretenen – **objektiven Rechtsgrundbegriff** kommt es hingegen darauf an, ob der Empfänger einen Anspruch auf das Geleistete hat. Hier hatte B zum Zeitpunkt der Leistung objektiv einen Anspruch auf Zahlung von 10.000 € aus § 488 I 2 BGB. Den Teilbetrag von 5.000 € dürfte er danach *behalten*. Insoweit ist die Forderung aus dem Darlehen erfüllt worden. – Etwas anderes ergibt sich auch nicht aus § 366 I BGB. Zwar hat A eine abweichende Tilgungsbestimmung gesetzt, doch läuft diese mangels Bestehen der bestimmten Verbindlichkeit (Kaufpreisschuld) ins Leere. Der Vorschrift lässt sich auch nicht entnehmen, dass die Zweckbestimmung des Schuldners auch bei Nichtbestehen der bestimmten Verbindlichkeit maßgeblich sein soll – im Gegenteil: In § 366 I BGB ist die Rede davon, dass der Schuldner aus mehreren Gründen zur Leistung *verpflichtet ist*. – Die Tilgungsbestimmung des A ist daher unbeachtlich. Der Anspruch aus § 488 I 2 BGB ist der Rechtsgrund dafür, dass B die 5.000 € behalten darf.

---

[52] So etwa BGHZ 50, 226, 231; BGH NJW 2000, 2897; *Stürner* in Jauernig, BGB, § 366 Rn. 1.

42 Im typischen Fall des § 812 I 1 Alt. 1 BGB fehlt es an einem wirksamen Kausalverhältnis. Das ist aber nicht zwingend so. Die *condictio indebiti* greift auch dann ein, wenn der Empfänger zwar einen Anspruch hat, aber etwas anderes geleistet wird, als geschuldet ist[53]. Klärungsbedürftig ist insoweit aber noch das **Verhältnis der Leistungskondiktion zu § 434 III BGB**. Dieser stellt im Kaufrecht die Falschlieferung einer mangelhaften Leistung gleich (und zwar sowohl beim Stück- als auch beim Gattungskauf[54]). Auch in diesen Fällen führt der objektive Rechtsgrundbegriff zu vernünftigen und praktikablen Lösungen.

Beispiel: K will mit der Zeit gehen und überlegt ein *iPad 2* zu kaufen. Im Laden des V stellt er fest, dass dieses „Spielzeug" genau das ist, was ihm bislang fehlte. Der Kaufvertrag wird schnell geschlossen. Das Gerät muss aber aufgrund der großen Nachfrage bestellt werden und soll K nach Hause geliefert werden. Als nach einigen Tagen das Paket bei K eintrifft, ist dieser hocherfreut. Nachdem er bereits einige Stunden mit dem Gerät verbracht hat, weist ihn sein neunjähriger Sohn darauf hin, dass es sich nicht um ein *iPad 2*, sondern um ein *iPad* der ersten Generation handelt. Die Verwechslung beruhte auf einem Versehen des V. Wie ist die Rechtslage? – V hat eine andere als die geschuldete Kaufsache geliefert. Nach § 434 III BGB ist darin eine mangelhafte Leistung zu sehen. K hat daher die Mängelrechte des § 437 BGB, zunächst also einen Nacherfüllungsanspruch gegen V. Nach § 439 I BGB kann er Lieferung einer mangelfreien Sache, hier also eines *iPad 2* verlangen. Kommt V diesem Verlangen nach, kann er das zunächst gelieferte *iPad* von K zurückverlangen. Die Rückabwicklung richtet sich dabei nicht nach Bereicherungsrecht, sondern nach den Rücktrittsvorschriften (§§ 439 IV i.V.m. 346 ff. BGB).

Abwandlung: Was gilt, wenn der preisbewusste K ein *iPad* der ersten Generation kauft, V ihm aber irrtümlich ein *iPad 2* liefert, was K sehr freut. – Das *iPad 2* gilt (Fiktion!) wegen § 434 III BGB als mangelhaftes *iPad*. Allerdings hat K kein Interesse an der Nacherfüllung, da das *iPad 2* wertvoller ist als das eigentlich gekaufte *iPad*. V kann auch nicht mehr als den vereinbarten Kaufpreis verlangen, da das Gesetz keine entsprechende Vertragsanpassung vorsieht. Der Irrtum des V wirkt sich also zugunsten des K aus. Doch soll es dabei bleiben? – Auch hier hilft der objektive Rechtgrundbegriff weiter: K hatte keinen Anspruch auf das *iPad 2*; folglich fehlt es am Behaltensgrund. Hieran ändert auch der Umstand nichts, dass der ursprüngliche Primäranspruch des K wegen der Fiktion des § 434 III BGB und des kaufrechtlichen Gewährleistungssystems zu einem Nacherfüllungsanspruch geworden ist. V kann daher nach § 812 I 1 Alt. 1 BGB das *iPad 2* kondizieren, er bleibt aber natürlich zur Lieferung eines *iPad* verpflichtet[55].

43 Auch **Urteile** sind Rechtsgrund im Sinne des § 812 I BGB, sofern und soweit sie **materiell rechtskräftig** sind[56]. Wer auf ein rechtskräftiges Urteil leistet, kann das Geleistete nicht über § 812 I 1 Alt. 1 BGB mit der Begründung zurückfordern, der Rechtsstreit sei falsch entschieden. Urteile gestalten nach h.M. die materiel-

---

[53] BGHZ 7, 123; *Buck-Heeb* in Erman, BGB, § 812 Rn. 46.
[54] *Lorenz*, JuS 2003, 36, 37; *Tiedtke/Schmitt*, JZ 2004, 1092, 1093; gegen eine Anwendung von § 434 III BGB beim Stückkauf hingegen *Thier*, AcP 203 (2003), 399, 408; *Westermann*, NJW 2002, 241, 246.
[55] Für eine analoge Anwendung des § 439 IV BGB in diesen Fällen hingegen *Berger* in Jauernig, BGB, § 434 Rn. 23; *Emmerich*, Schuldrecht BT, § 4 Rn. 32; *Wiese*, AcP 206 (2006), 902 ff.; wie hier *Lorenz*, JuS 2003, 36, 39.
[56] BGHZ 83, 278, 279; BGH NJW 2010, 1192 ff. 34.

le Rechtslage zwar nicht um[57], jedoch führt das Institut der materiellen Rechtskraft dazu, dass das Urteil – genauer gesagt: der Urteilstenor – für die Parteien des Rechtsstreits **verbindlich** wird[58].

> **Beispiel:** K verklagt B auf Zahlung von 1.000 €. Zur Begründung trägt er vor, dass er B diesen Betrag als Darlehen zur Verfügung gestellt habe und ihm daher aus § 488 I 2 BGB ein Rückzahlungsanspruch zustehe. Tatsächlich ist es aber zur Auszahlung niemals gekommen, was B im Prozess auch vorträgt. Aufgrund der Falschaussage eines Zeugen sieht das Gericht die Auszahlung aber als erwiesen an und verurteilt B antragsgemäß zur Zahlung. Gegen das Urteil legt B kein Rechtsmittel ein. – Das Urteil ist mit Ablauf der Rechtsmittelfristen **formell rechtskräftig** (unangreifbar) geworden, d.h. es kann nicht mehr gerichtlich angegriffen werden. Dies wiederum führt zur **materiellen Rechtskraft**. Der Begriff ist irreführend, weil er suggeriert, dass das Urteil die materielle Rechtslage festlegt. Das ist aber nicht der Fall! Das Urteil hat also nicht dazu geführt, dass K gegen B ein materiell-rechtlicher Anspruch aus § 488 I 2 BGB zusteht (keine Gestaltungswirkung). Materielle Rechtskraft bedeutet vielmehr Verbindlichkeit des *Urteilstenors*. Durch das Urteil wird also zwischen den Prozessparteien K und B verbindlich festgestellt, dass K von B Zahlung von 1.000 € verlangen kann[59]. Zahlt B also die 1.000 € an K, so kann er nicht kondizieren, weil das Urteil einen Behaltensgrund schafft, der im Verhältnis zwischen K und B verbindlich ist.

b) Beweislast

Das Fehlen des rechtlichen **Grundes ist zwar eine negative Tatsache, aber zugleich positive** Tatbestandsvoraussetzung des § 812 I 1 Alt. 1 BGB. Die **Darlegungs- und Beweislast** hierfür trägt daher derjenige, der das Bestehen des Kondiktionsanspruchs behauptet[60], im Prozess also in der Regel der Kläger, der die Herausgabe bzw. Wertersatz verlangt. Dieser muss also ggf. eine negative Tatsache beweisen. Der Anspruchsgegner kann aber gehalten sein, die Umstände darzulegen, aus denen er ableitet, das Erlangte behalten zu dürfen[61].

44

2. Wegfall des rechtlichen Grundes (§ 812 I 2 Alt. 1 BGB)

Bei § 812 I 1 Alt. 1 BGB ist für die Frage, ob ein Rechtsgrund vorliegt, auf den Zeitpunkt der Leistung abzustellen. Hatte der Empfänger zu diesem Zeitpunkt einen Anspruch auf die Leistung, scheidet die *condictio indebiti* aus. Was aber gilt, wenn der Rechtsgrund, also der „Behaltensgrund" später entfällt? Die Antwort gibt § 812 I 2 Alt. 1 BGB.

45

---

[57] BGHZ 3, 82, 86; *Rosenberg/Schwab/Gottwald*, Zivilprozessrecht, 17. Aufl. 2010, § 150 Rn. 7; *Gaul* in Festschrift Flume, Bd. I, 1978, S. 443, 512; a.A. *Neuner*, ZZP 54 (1929), 217, 225; *Sax*, ZZP 67 (1954), 21, 36.

[58] Näher zu Begriff und Wirkungen der materiellen Rechtskraft *Musielak* in Musielak, ZPO, § 322 Rn. 4 ff.

[59] *Nicht* in Rechtskraft erwachsen hingegen die *Urteilsgründe*, also etwa die Feststellung des Gerichts, dass ein Darlehen ausgezahlt wurde oder dass der Zahlungsanspruch aus § 488 I 2 BGB folgt.

[60] BGHZ 128, 167, 171; BGH NJW 1999, 2887; *Buck-Heeb* in Erman, BGB, § 812 Rn. 90; *Lorenz* in Staudinger, BGB, § 812 Rn. 92; *Schwab* in MünchKomm. BGB, § 812 Rn. 363 ff.

[61] So ausdrücklich BGHZ 169, 377, 380.

> Auch der nachträgliche Wegfall des Rechtsgrundes führt dazu, dass das Geleistete kondiziert werden kann (*condictio ob causam finitam*).

Hinweis: Die Erfüllung des Anspruchs, die mit der Leistung typischerweise einhergeht, ist nicht als Wegfall des Rechtsgrundes anzusehen. Der Anspruch erlischt zwar (§ 362 I 1 BGB), wirkt aber als Behaltensgrund fort.

46 Der Rechtsgrund kann insbesondere deshalb wegfallen, weil das zugrunde liegende Rechtsgeschäft mit einer **auflösenden Bedingung** (§ 158 II BGB) versehen war und die Bedingung nach Leistung eintritt[62].

Beispiel: A will in Leipzig den Eiffelturm originalgetreu nachbauen. Ein geeignetes Grundstück ist schnell gefunden. Um mögliche Investoren zu beindrucken, will A das Grundstück, das B gehört, möglichst schnell erwerben. Allerdings ist sich A unsicher, ob er die erforderliche Baugenehmigung erhalten wird. A und B versehen daher den formgerecht geschlossenen Kaufvertrag mit einer auflösenden Bedingung: Der Kauf soll nicht mehr gelten, falls der von A gestellte Bauantrag abschlägig beschieden wird. A und B erklären zugleich formgerecht die Auflassung und A wird schließlich im Grundbuch als neuer Eigentümer eingetragen. Kurz darauf wird der Bauantrag des A von der Behörde abgelehnt. – Mit Ablehnung des Bauantrags ist die gesetzte Bedingung eingetreten. Der Kaufvertrag verliert damit *ex nunc* (vgl. § 158 II BGB) seine Wirkungen. Insbesondere entfallen die darin begründeten Ansprüche. Die Auflassung ist hingegen bedingungsfeindlich (§ 925 II BGB), sodass sich an der Eigentümerstellung des A zunächst nichts ändert. B kann aber gemäß § 812 I 2 Alt. 1 BGB Rückübereignung des Eigentums von A verlangen, da der Rechtsgrund für die Übereignung weggefallen ist.

47 Die Parteien können den Rechtsgrund auch nachträglich einvernehmlich **aufheben** (Aufhebungsvertrag). Dabei bleibt es den Parteien unbenommen, sich auf eine Rückabwicklung nach den Regeln über den Rücktritt (§§ 346 ff. BGB) zu einigen.

Die Ausübung vertraglicher oder gesetzlicher Rücktrittsrechte führt zur Anwendung der §§ 346 ff. BGB. Eine Anwendung der §§ 812 ff. BGB kommt dann *nicht* in Betracht. Einschlägig ist die *condictio ob causam finitam* hingegen beim **Widerruf einer Schenkung** wegen groben Undanks gemäß § 530 BGB; § 531 II BGB verweist insoweit ausdrücklich in das Bereicherungsrecht.

48 Umstritten ist, ob die erfolgreiche **Anfechtung des Kausalgeschäfts** zum Wegfall des Rechtsgrundes und damit zu § 812 I 2 Alt. 1 BGB führt[63]. Hierfür spricht der zeitliche Ablauf (erst Leistung, dann Ausübung des Gestaltungsrechts). Die wohl h.M.[64] stellt hingegen auf § 142 I BGB ab, wonach das angefochtene Rechtsgeschäft als von Anfang an (*ex tunc*) nichtig anzusehen ist. Die Anfechtung wirkt

---

[62] BGH NJW 1952, 1171; *Lorenz* in Staudinger, BGB, § 812 Rn. 79.
[63] *Stadler* in Jauernig, BGB, § 812 Rn. 14; *Sprau* in Palandt, BGB, § 812 Rn. 77; *Martinek* in Staudinger, Eckpfeiler des Zivilrechs, Ungerechtfertigte Bereicherung und GoA, § 812 Rn. 23.
[64] BGH NJW-RR 1993, 1463; *Wendehorst* in BeckOK BGB, § 812 Rn. 63; *Lorenz* in Staudinger, BGB, § 812 Rn. 88; *Larenz/Canaris*, Schuldrecht II/2, § 68 I 1, S. 146; *Coester-Waltjen*, Jura 1990, 362, 367.

also zurück – und dieser Fiktion sei auch im Rahmen des § 812 I BGB Rechnung zu tragen. Folgt man dem, führt die Anfechtung zur *condictio indebiti*. Sie ist dann bereits beim Merkmal „ohne rechtlichen Grund" (§ 812 I 1 Alt. 1 BGB) zu prüfen.

> **Hinweise:** Der Streit hat **keine praktischen Auswirkungen** – und zwar auch nicht im Hinblick auf die Kondiktionssperre des § 814 BGB (siehe unten Rn. 85). Er sollte daher in einer Klausur nicht in „epischer Breite" dargestellt werden! – Wird neben dem Kausalgeschäft auch das dingliche Verfügungsgeschäft erfolgreich angefochten, ist stets an Ansprüche aus EBV zu denken (dazu unten § 21).

3. Bestehen einer dauernden Einrede (§ 813 I 1 BGB)

Eine weitere Ergänzung der *condictio indebiti* enthält § 813 BGB: An die Stelle des Merkmals „ohne rechtlichen Grund" tritt das Bestehen einer dauernden Einrede. Erfasst werden hiervon die Fälle, in denen der Empfänger zwar einen Anspruch auf die Leistung hat, dieser jedoch dauerhaft nicht durchsetzbar ist. **49**

> **Hinweis:** Rechtshindernde oder rechtsvernichtende **Einwendungen** führen nicht zur Anwendung des § 813 I 1 BGB, sondern zur *condictio indebiti* bzw. zur *condictio ob causam finitam*. Es fehlt hier schon am Rechtsgrund, da der Empfänger keinen Anspruch (mehr) hat.

§ 813 I 1 BGB erfasst nur **dauernde („peremptorisch")** Einreden. Vorübergehende („dilatorische") Einreden genügen nicht[65].

a) Erfasste Einreden

Zu den dauernden Einreden gehört die **Bereicherungseinrede**[66] (vgl. § 821 BGB). **50**

> Als **Beispiel** möge hier noch einmal der trinkfreudige Student S dienen. Der oben Rn. 10 geschilderte Fall (nachlesen!) geht wie folgt weiter: Bald nachdem S dem T ein abstraktes Schuldanerkenntnis rechtsgrundlos geleistet hat, bereut S den Abend und das Schuldanerkenntnis. Da er sich aber für verpflichtet hält und außerdem die Konfrontation mit dem viel stärkeren und als nicht zimperlich bekannten T scheut, zahlt er gegen Rückgabe des Schuldanerkenntnisses an T 600 €. Daraufhin beschließt S, sich der asiatischen Kampfkunst zu widmen. Nach einigen Monaten Training ist er emotional gestärkt und verlangt von T Rückzahlung der 600 €. Zu Recht? – Die Lösung ist komplex, weil sie mehrere gedankliche Schritte erfordert.
>
> - Ein Anspruch könnte sich aus § 812 I 1 Alt. 1 BGB ergeben. Das „erlangte Etwas" sind die 600 €, die S an T bewusst und zweckgerichtet gezahlt, also „geleistet" hat. Doch ist dies auch ohne rechtlichen Grund geschehen? Als Rechtsgrund kommt das abstrakte Schuldanerkenntnis in Betracht. Diskussionswürdig ist insoweit zwar, das Schuldanerkenntnis für sittenwidrig und damit nichtig (§ 138 I BGB) anzusehen, doch enthält der Sachverhalt hierzu nicht genügend Hinweise. Entsprechendes gilt für eine mögliche An-

---

[65] RGZ 68, 302, 304; RGZ 139, 17, 21; *Schwab* in MünchKomm. BGB, § 813 Rn. 6 mit weiteren Nachweisen.
[66] BGH NJW 1995, 1484.

fechtung. Es bleibt also dabei: Das Schuldanerkenntnis ist wirksam – und damit rechtlicher Grund im Sinne des § 812 I 1 Alt. 1 BGB. Die *condictio indebiti* scheidet folglich aus.
- Möglicherweise hilft aber **§ 813 I 1 BGB**. Danach könnte S das gezahlte Geld kondizieren, wenn dem Anspruch aus dem Schuldanerkenntnis eine dauernde Einrede entgegenstand. Als solche kommt auch die **Bereicherungseinrede** in Betracht. § 821 BGB lässt sich entnehmen, dass **ohne Rechtsgrund eingegangene Verbindlichkeiten** nicht erfüllt werden müssen. Die eingegangene Verbindlichkeit ist in diesem Fall das abstrakte Schuldanerkenntnis. Dieses wurde von S rechtsgrundlos abgegeben und hätte von ihm nach § 812 I 1 Alt. 1, II BGB kondiziert werden können (siehe oben Rn. 10). Zudem hätte S die Erfüllung der Forderung aus dem Schuldanerkenntnis unter Berufung auf die Bereicherungseinrede verweigern können. Ihm stand also eine dauerhafte Einrede zu, sodass er das Geleistete nach § 813 I 1 BGB zurückverlangen kann. Die Kondiktionssperre des § 814 BGB greift hier nicht ein, da S sich für zur Zahlung verpflichtet hielt.

51 Dauernd sind ferner[67] die **Einrede der unerlaubten Handlung** (§ 853 BGB, dazu unten § 12 Rn. 19), die erbrechtlichen Einreden aus den §§ 1973, 1975, 1990, 2083, 2345 BGB sowie die Einrede aus § 1166 BGB. Darüber hinaus kann sich ein dauerndes Leistungsverweigerungsrecht auch aus **§ 242 BGB** ergeben[68].

Nicht von § 813 I 1 BGB erfasst, weil lediglich vorübergehend, sind die Stundung, Zurückbehaltungsrechte (z.B. aus § 267 BGB) sowie die Einrede des nichterfüllten Vertrages (§ 320 BGB). Wer vorleistet, kann also nicht nach § 813 I 1 BGB kondizieren.

b) Ausnahmen; insbesondere Verjährung

52 Die praktische Bedeutung des § 813 I 1 BGB wird durch **Satz 2** stark eingeschränkt. Dieser verweist auf **§ 214 II BGB**, wo es heißt:

> Das zur Befriedigung eines verjährten Anspruchs Geleistete kann nicht zurückgefordert werden, auch wenn in Unkenntnis der Verjährung geleistet worden ist (§ 214 II 1 BGB).

Damit wird die wichtigste dauernde Einrede, die Verjährung, vom Anwendungsbereich des § 813 I 1 BGB **ausgenommen**. Ein verjährter Anspruch kann somit vom Gläubiger zwar nicht durchgesetzt werden, wenn der Schuldner sich auf die Einrede (§ 214 I BGB) beruft. Der Anspruch dient aber weiterhin als Behaltensgrund, sofern der Schuldner trotz Verjährung geleistet hat.

§ 214 II 1 BGB gilt aber nur für **freiwillige** Leistungen[69]. Diese Einschränkung wird in der Zwangsvollstreckung relevant. Leistet der Schuldner auf eine verjährte Forderung, um die drohende Zwangsvollstreckung abzuwenden, so kann er das Geleistete zurückfordern, wenn er die Verjährung im Rahmen einer Vollstreckungsabwehrklage (§ 767 ZPO) hätte einwenden können[70].

---

[67] Vgl. *Schwab* in MünchKomm. BGB, § 813 Rn. 7.
[68] Näher dazu *Lorenz* in Staudinger, BGB, § 813 Rn. 7.
[69] *Schwab* in MünchKomm. BGB, § 813 Rn. 6.
[70] BGH NJW 1993, 3318, 3320.

§ 813 I 1 BGB greift auch nicht ein, wenn **Naturalobligationen** erfüllt werden. Gemäß § 656 I 2 BGB (Heiratsvermittlung) bzw. § 762 I 2 BGB (Spiel und Wette) ist die Rückforderung des auf derartige Verbindlichkeiten Geleisteten ausgeschlossen[71].

53

4. Zweckverfehlung (§ 812 I 2 Alt. 2 BGB)

Schrifttum: *Henke/Keßler*, Die Rückforderung von Zuwendungen nach endgültiger Trennung, JuS 2011, 583; *Herr*, Die ehebezogene Zuwendung als Teil des materiellen Nebengüterrechts, NJW 2012, 3486; *Leitmeier*, Die Zweckkondiktion – eigentlich Treu und Glauben?, NJW 2010, 2006; *Pridik*, Zuwendungen unter Ehegatten, JA 2004, 318; *Schwab*, Die Vermögensauseinandersetzung in nichtehelichen Lebensgemeinschaften, ZJS 2009, 115; *Sorge*, Condicto ob rem und Rückabwicklung gemeinschaftsbezogener Zuwendungen in nichtehelichen Lebensgemeinschaften, JZ 2011, 660; *Weber*, Bereicherungsansprüche wegen enttäuschter Erwartung?, JZ 1989, 25.

Übungsfälle: *Adolphsen/Mutz*, JuS 2011, 431; *Fest*, ZJS 2009, 528; *Kocher*, JA 2007, 108.

a) Anwendungsbereich

Nach § 812 I 2 Alt. 2 BGB kann das Geleistete auch kondiziert werden, wenn „der mit einer Leistung nach dem Inhalt des Rechtsgeschäfts bezweckte Erfolg nicht eintritt".

54

Das ist die sog. **Zweckverfehlungskondiktion**, die *condictio ob rem*, die bisweilen auch als *condictio causa data causa non secuta* bezeichnet wird[72]. Diese Spielart der Leistungskondiktion nimmt deshalb eine **Sonderstellung** ein, weil sie nicht durch einen Mangel im Rechtsgrund ausgelöst wird. Anlass für die Kondiktion ist vielmehr, dass sich die Erwartung des Leistenden, die Leistung werde einen bestimmten Erfolg herbeiführen, nicht erfüllt.

Über **Bedeutung und Anwendungsbereich** der *condictio ob rem* besteht keine Einigkeit. Klar ist, dass der „bezweckte Erfolg" nicht darin liegen kann, eine Verbindlichkeit zu erfüllen[73]. Hierfür gibt es die *condicito indebiti*. Die zu § 812 I 2 Alt. 2 BGB **diskutierten Fälle** lassen sich in **zwei Gruppen** einordnen:

55

---

[71] *Lorenz* in Staudinger, BGB, § 813 Rn. 10.
[72] Vgl. nur *Wendehorst* in BeckOK BGB, § 812 Rn. 84.
[73] *Schwab* in MünchKomm. BGB, § 812 Rn. 347; *Larenz/Canaris*, Schuldrecht II/2, § 68 I 3 a, S. 151.

- die Fälle, in denen eine **Leistungspflicht nicht besteht,** durch die Leistung der Empfänger aber zu einem bestimmten Verhalten veranlasst werden soll (etikettiert als „Vorleistungs- und Veranlassungsfälle");
- die Fälle, in denen auf eine **bestehende Verbindlichkeit** geleistet wird, der Leistende aber einen **über die Erfüllung hinausgehenden Zweck**[74] verfolgt.

aa) Leistung ohne Verpflichtung

56 In den **Vorleistungsfällen** wird eine Leistung auf ein noch fehlendes Rechtsverhältnis in der Erwartung erbracht, dass das Geschäft später zustande kommt.

> **Beispiel:** Kunstliebhaber K will von Sammler S ein Bild erwerben. In der Erwartung, ein Kaufvertrag werde alsbald geschlossen und S das Bild daraufhin an K übereignen, zahlt K vorab einen Teil des angedachten Kaufpreises an S. Der Kaufvertrag kommt nicht zustande.

57 In den **Veranlassungsfällen** will der Leistende den Empfänger mit der Leistung zu einem bestimmten Verhalten veranlassen, zu dem sich der Empfänger nicht rechtlich verpflichten kann oder will.

> **Beispiel:** A hat B öffentlich als „verlogenes Stasi-Schwein" bezeichnet. Um B von der Stellung eines Strafantrags (§ 194 StGB) abzuhalten, zahlt A an B 500 €. B nimmt das Geld entgegen, stellt aber dennoch Strafantrag.

58 Eine **trennscharfe Abgrenzung** zwischen Vorleistungs- und Veranlassungsfällen ist **nicht möglich,** aber auch nicht erforderlich: Jede Form der „Vorleistung" soll den Empfänger zugleich zu einem bestimmten Verhalten veranlassen.

> **Beispiel:** K und V haben einen notariell beurkundeten Grundstückskaufvertrag geschlossen und den Kaufpreis dabei mit 100.000 € festgesetzt. Beide sind sich aber einig, dass K 200.000 € zahlen soll. Diesen Betrag zahlt K an V, der sich allerdings weigert, das Grundstück zu übereignen. – Ein wirksamer Kaufvertrag liegt hier nicht vor. Das Beurkundete ist von K und V nicht gewollt und daher als Scheingeschäft gemäß § 117 I BGB nichtig. Das Gewollte ist nicht beurkundet und daher ebenfalls nichtig (§§ 117 II, 311b I 1, 125 BGB). Allerdings kann der Grundstückskaufvertrag über 200.000 € gemäß § 311b I 2 BGB durch Auflassung des Grundstücks und Eintragung des Eigentumsübergangs geheilt werden. K tritt hier in *Vorleistung,* um V zur Übereignung und damit zur Heilung des Kaufvertrages zu *veranlassen.*

59 Eine *condictio indebiti* scheidet in diesen Fällen regelmäßig wegen § 814 I BGB aus, da der Leistende weiß, dass er zur Leistung nicht verpflichtet ist. Ist aber der Zweck „zum Inhalt des Rechtsgeschäfts" geworden (dazu sogleich Rn. 65 ff.), so besteht kein Grund, dem Empfänger das Geleistete zu belassen. Für diese Fälle ist § 812 I 2 Alt. 2 BGB geschaffen worden; hier liegt auch der traditionelle Anwendungsbereich[75] der *condictio ob rem.*

---

[74] Dieser wird bisweilen als „angestaffelter" Zweck bezeichnet, so etwa *Ehmann,* NJW 1973, 1035; *Wandt,* Gesetzliche Schuldverhältnisse, § 10 Rn. 60. Das Wort „angestaffelt" klingt nicht nur merkwürdig – es ist dem *Duden* auch fremd.

[75] Zu den römisch-rechtlichen Hintergründen *Wieling,* Bereicherungsrecht, § 3 III 3, S. 28 f.

> Erfüllt sich in den Vorleistungs- und Veranlassungsfällen die Erwartung des Leistenden nicht, kommt – unstreitig – eine *condictio ob rem* in Betracht.

Die *condictio ob rem* tritt hierbei auch nicht in Konkurrenz zu anderen Ausgleichsregeln. Insbesondere greifen, da ein vertragliches Schuldverhältnis fehlt, die in § 313 BGB normierten Grundsätze über den Wegfall der Geschäftsgrundlage nicht ein.

bb) Leistung mit Verpflichtung zu einem weiteren Zweck

Problematischer sind die Fälle, in denen der Leistende zur Leistung verpflichtet ist, er aber *nicht nur* seine Verbindlichkeit erfüllen will, sondern einen **darüber hinausgehenden Zweck** verfolgt.

60

Beispiel: Haushälterin H kümmert sich über Jahrzehnte hinweg um den Haushalt das Witwers W. Dafür erhält sie zwar monatlich ein Entgelt. H hofft aber darauf, von W in seinem Testament als Erbin eingesetzt und so über ihr Gehalt hinaus „entschädigt" zu werden. W hat hiervon Kenntnis, setzt aber kurz vor seinem Tod seine Nachbarin N als Erbin ein. H verlangt von N Wertersatz für die dem W geleisteten Dienste. – N haftet als Erbin gemäß § 1922 BGB für die Verbindlichkeiten des Erblassers W. Eine *condictio indebiti* scheidet hier aus, da H nicht rechtsgrundlos geleistet hat. Kommt stattdessen eine *condictio ob rem* in Betracht? Vorab: Warum könnte das problematisch sein? Die Antwort folgt sogleich.

Auch die sog. **Zweckschenkungen** lassen sich hier verorten.

61

Beispiel: G schenkt der Stadt L ein Grundstück in der Erwartung, diese werde darauf einen Kindergarten errichten. Stattdessen errichtet die Stadt L auf dem Grundstück ein Sparkassengebäude.

Weiteres Beispiel: M und F teilen, ohne miteinander verheiratet zu sein, Freizeit, Wohnung und Bett miteinander. Als M erfährt, dass F eine Affäre mit A hat, droht er, F zu verlassen. F will M nicht verlieren. Sie kauft daher eine Glashütte-Uhr (9.000 €), die sie M feierlich überreicht. Drei Monate später trennen sich M und F, weil beide einsehen, dass die Beziehung nicht zu retten ist. – Auch hier ist zwischen M und F zumindest konkludent ein Schenkungsvertrag zustande gekommen. Dieser ist auch wirksam, obwohl die Form des § 518 I BGB nicht gewahrt wurde, denn es handelt sich um eine sog. Handschenkung (vgl. § 518 II BGB). Durch die Hingabe der Uhr wurde also die entsprechende Leistungspflicht der F begründet. Für einen Widerruf wegen groben Undanks (§§ 530 f. BGB) gibt der Sachverhalt nichts her. Auch hier ist eine *condictio ob rem* in Betracht zu ziehen, da der von F verfolgte Zweck (Rettung der Beziehung) nicht erreicht wurde.

Die Rechtsprechung und Teile des Schrifttums sehen den Anwendungsbereich der *condictio ob rem* in diesen Fällen als eröffnet an[76]. Das Bestehen einer Leistungspflicht schließe es nicht aus, dass zusätzliche Zwecke kondiktionsrechtlich relevant sein könnten. Dem ist zuzugeben, dass der Wortlaut des § 812 I 2 Alt. 2 BGB dieses Verständnis durchaus abdeckt; dort ist vom Fehlen einer Leistungspflicht keine Rede. Allerdings stellt sich dann die Frage, in welchem **Verhältnis** die *condictio ob rem* zu anderen Ausgleichsregeln, insbesondere **zum Wegfall der Geschäfts-**

62

---

[76] BGH NJW 1973, 612, 613; BGH NJW 1984, 233; *Schwab* in MünchKomm. BGB, § 812 Rn. 401; *Wandt*, Gesetzliche Schuldverhältnisse, § 10 Rn. 60.

grundlage steht. Die Rechtsprechung des **BGH** ist uneinheitlich: In älteren Entscheidungen tendiert der BGH zu einem Vorrang der Grundsätze des Wegfalls der Geschäftsgrundlage.[77] In jüngeren Entscheidungen[78] geht er hingegen davon aus, dass beide Rechtsinstitute gleichberechtigt nebeneinander stehen.

63 Nach der im Schrifttum vertretenen **Gegenauffassung** schließen sich § 313 BGB und § 812 I 2 Alt. 2 BGB hingegen tatbestandlich aus[79]. Begründet wird dies damit, dass die *condictio ob rem* eine Zweckvereinbarung voraussetze, während bei der Geschäftsgrundlage der bezweckte Erfolg von den Parteien lediglich vorausgesetzt, nicht aber vereinbart werde. Diese *Begründung* vermag nicht zu überzeugen. Diese Unterscheidung zwischen Zweckvereinbarung und Geschäftsgrundlage ist trennscharf nicht möglich. Dieselben Erwägungen, die bei § 313 BGB anzustellen sind, finden sich letztlich auch bei der *condictio ob rem* wieder (zum Ganzen sogleich Rn. 65 ff.).

64 Gerade diese Ähnlichkeit von Geschäftsgrundlage und Zweckvereinbarung spricht meines Erachtens **gegen** eine Anwendung der *condictio ob rem*, sofern der Zweckverfehlung bereits über die Grundsätze des Wegfalls der Geschäftsgrundlage Rechnung getragen werden kann. Es bedarf der Ausgleichsfunktion des Bereicherungsrechts nicht, wenn der Ausgleich in dem der Leistung zugrunde liegenden Schuldverhältnis selbst erreicht werden kann. § 313 BGB bietet zudem ein **flexibleres Instrument**, dass den Interessen der Beteiligten besser Rechnung tragen kann als die starre *condictio ob rem*[80]. Und noch etwas spricht für die Nichtanwendung des § 812 I 2 Alt. 2 BGB: Entfällt die Geschäftsgrundlage und ist eine Vertragsanpassung nicht möglich oder nicht genügend, gewährt § 313 III BGB ein Rücktrittsrecht – die Rückabwicklung richtet sich dann nach den **§§ 346 ff. BGB** und nicht nach den §§ 812 ff. BGB. Diese Wertung sollte nicht dadurch umgangen werden, dass man die *condictio ob rem* kurzerhand neben § 313 BGB anwendet. Damit kann festgehalten werden:

> Verfolgt der Leistende mit einer Leistung, zu der er verpflichtet ist, einen über die Erfüllung hinausgehenden Zweck und wird dieser Zweck verfehlt, richtet sich die Rückabwicklung nicht nach § 812 I 2 Alt. 2 BGB, sondern nach den Grundsätzen des Wegfalls der Geschäftsgrundlage (§ 313 BGB)[81].

---

[77] BGH NJW 2004, 512.
[78] BGH NJW-RR 2006, 699; BGH NJW 2010, 2884.
[79] *Wandt*, Gesetzliche Schuldverhältnisse, § 10 Rn. 67; *Welker*, Bereicherungsausgleich wegen Zweckverfehlung, 1974, S. 112; wohl auch *Stadler* in Jauernig, BGB, § 812 Rn. 2.
[80] So auch *Martinek* in Staudinger, Eckpfeiler des Zivilrechts, Ungerechtfertigte Bereicherung und GoA, Rn. 31. Hiergegen aber BGH NJW 2010, 2884, 2886: „Allein der Aspekt der größeren Flexibilität einer Abwicklung nach den Grundsätzen des Wegfalls der Geschäftsgrundlage vermag nicht zu rechtfertigen, warum stattdessen nicht auch Bereicherungsansprüche wegen Zweckverfehlung gegeben sein können, sofern deren tatbestandliche Voraussetzungen vorliegen."
[81] So oder ganz ähnlich *Lorenz*, in Staudinger, BGB, § 812 Rn. 106; *Wendehorst* in BeckOK BGB, § 812 Rn. 79; *Schwab* in MünchKomm. BGB, § 812 Rn. 378 (anders aber für Zweckschenkungen in Rn. 401); *Larenz/Canaris*, Schuldrecht II/2, § 68 I 3d, S. 153; *Koppensteiner/Kramer*, Ungerechtfertigte Bereicherung, § 7 III 1, S. 58; *Langenbucher* in Festschrift Huber, 2006, S. 861, 867; *Weber*, JZ 1989, 25, 28; ebenso noch BGH NJW 1975, 776.

b) Bezweckter Erfolg als „Inhalt des Rechtsgeschäfts"

Damit ist der Anwendungsbereich der *condictio ob rem* umrissen. Welche Anforderungen sind aber an den Leistungszweck zu stellen? Wer bestimmt diesen – der Leistende allein oder Leistender und Empfänger gemeinsam? Nach § 812 I 2 Alt. 2 BGB muss der bezweckte Erfolg „Inhalt des Rechtsgeschäfts" geworden sein.

65

> Der Leistungszweck muss **mehr als ein bloßes Motiv** des Leistenden, aber **weniger als eine vertragliche Bedingung** sein. Die h.M. verlangt insoweit eine **Zweckvereinbarung**[82].

Exemplarisch hierfür die Ausführungen in **BGH NJW 2004, 512**: „Der Zweck darf einerseits nicht Gegenstand der vertraglichen Bindung oder Bedingung eines Rechtsgeschäfts sein, andererseits darf er auch nicht ein bloßer, wenn auch vom Empfänger erkannter, Beweggrund oder eine einseitige Erwartung des Leistenden geblieben sein. **Notwendig und genügend ist vielmehr eine – auch stillschweigend mögliche – Einigung im Sinne der tatsächlichen Willensübereinstimmung zwischen beiden Partnern über den verfolgten Zweck.**"

Der BGH verlangt also eine **„tatsächliche Willenseinigung"**, aber nicht eine „vertragliche Bindung". Eine **stillschweigende Einigung** über den mit einer Leistung bezweckten Erfolg sei anzunehmen, wenn der Empfänger die Erwartung des Leistenden kennt und durch die Annahme zu verstehen gibt, dass er die Zweckbestimmung billigt[83]. Dies führt aber zu der Frage, wie sich die Zweckvereinbarung zur Geschäftsgrundlage im Sinne des § 313 BGB verhält, also zu den Umständen (Abs. 1, *objektive* Geschäftsgrundlage) bzw. wesentlichen Vorstellungen der Parteien (Abs. 2, *subjektive* Geschäftsgrundlage), „die zur Grundlage des Vertrags geworden sind".

66

In **BGHZ 133, 281, 293** heißt es insoweit treffend: „Die Geschäftsgrundlage eines Vertrags wird gebildet durch den **nicht zum Vertragsinhalt** erhobenen, aber beim Vertragsschluss zutage getretenen, **dem Geschäftsgegner erkennbaren und nicht von ihm beanstandeten Vorstellungen des einen Vertragsteils** oder durch entsprechende **gemeinsame Vorstellungen beider Vertragspartner,** auf denen der Geschäftswille aufbaut."

Eine praktikable Unterscheidung zwischen (subjektiver) Geschäftsgrundlage und Zweckvereinbarung erscheint nicht möglich, zumal es in den meisten Fällen an einer ausdrücklichen Vereinbarung fehlt und die entsprechende Willenseinigung den Umständen entnommen werden muss. Die Unterscheidung sollte daher aufgegeben werden.

67

---

[82] BGHZ 44, 321, 323; *Schwab* in MünchKomm. BGB, § 812 Rn. 374; *Larenz/Canaris*, Schuldrecht II/2, § 68 I 3 a, S. 150 f.; für eine einseitige Zweckbestimmung des Leistenden hingegen *Wieling*, Bereicherungsrecht, § 3 III, 3 g, S. 33 f.

[83] BGHZ 44, 321.

> Auch im Rahmen des § 812 I 2 Alt. 2 BGB sollte vielmehr gefragt werden, ob der vom Leistenden verfolgte Zweck **Geschäftsgrundlage der Leistung** geworden ist. Dies ist immer dann der Fall, wenn die Erwartung des Leistenden für den Empfänger erkennbar war und von ihm bei Entgegennahme der Leistung nicht beanstandet wurde.

68   Der so erreichte Gleichlauf von Geschäftsgrundlage und Leistungszweck führt dazu, dass die *condictio ob rem* in Konkurrenz zu § 313 BGB treten kann. Dieses Konkurrenzverhältnis ist – davon war oben Rn. 64 bereits die Rede – zugunsten des flexibleren § 313 BGB aufzulösen. Nach hier vertretener Auffassung fungiert die *condictio ob rem* als **Auffangtatbestand** für die Fälle, in denen § 313 BGB mangels Bestehen eines Schuldverhältnisses zum Zeitpunkt der Leistung nicht eingreift.

c) Exkurs: Zweckgerichtete Zuwendung im Hinblick auf den Bestand einer Ehe

69   Von erheblicher praktischer Bedeutung und Klausurrelevanz sind Zuwendungen, die zwischen Eheleuten oder nahen Familienangehörigen im Hinblick auf den Fortbestand der Ehe getätigt werden. Scheitert die Ehe, stellt sich oft die Frage, ob das Zugewendete zurückgefordert werden kann.

aa) Zuwendungen unter Eheleuten

70   **Beispiel:** M und F wohnen zusammen in der Eigentumswohnung des M. Nach der Eheschließung überträgt M den hälftigen Miteigentumsanteil unentgeltlich an F. Die Ehe wird zwei Jahre später wieder geschieden. Hat M einen Anspruch auf Rückübertragung des Miteigentumsanteils?

Während einer Ehe kommt es zwischen Ehegatten gewöhnlich zu einer Vielzahl gegenseitiger Zuwendungen, die unentgeltlich und ohne eine zugrunde liegende Rechtspflicht erbracht werden. Seit den 1970er-Jahren geht der BGH davon aus, dass Zuwendungen größerer Vermögenswerte in der Regel als Beitrag zur Verwirklichung der ehelichen Lebensgemeinschaft dienen[84]. Sie seien daher nicht als Schenkungen im Sinne der §§ 516 ff. BGB zu qualifizieren, sondern als **ehebedingte Zuwendungen**[85]. Der Zuwendende erwarte nämlich, innerhalb der Ehe an dem Vermögenswert und seinen Früchten weiterhin teilzuhaben. Diese Erwartung wird enttäuscht, wenn die Ehe später scheitert und geschieden wird.

71   Dann stellt sich die Frage, ob dem Zuwendenden **Rückforderungsansprüche** zustehen. Der BGH differenziert insoweit nach dem Güterstand, in dem die Eheleute lebten.

---

[84] Zuerst in BGH NJW 1972, 580; siehe ferner die Nachweise bei *Koch* in MünchKomm. BGB, § 516 Rn. 60.
[85] Diese werden auch als „unbenannte" oder „ehebezogene" Zuwendungen" bezeichnet.

IV. Die kondiktionsauslösenden Mängel

- Im gesetzlichen Güterstand der **Zugewinngemeinschaft** sollen Regelungen des Zugewinnausgleichs als abschließende Sondervorschriften anzusehen sein und schuldrechtliche Rückforderungsansprüche ausschließen[86]. Nur wenn ausnahmsweise eine Gesamtwürdigung ergebe, dass der vorrangig durchzuführende Zugewinnausgleich für sich gesehen zu unzumutbaren Ergebnissen führen werde, soll eine Anwendung des § 313 BGB in Betracht kommen[87].
- Ein entsprechendes Ausgleichssystem fehlt, wenn die Eheleute **Gütertrennung** (§ 1414 BGB) vereinbart haben. Daher soll hier ein schuldrechtlicher Ausgleich möglich sein. Der Ausgleich soll dann nach den Grundsätzen über den Wegfall der Geschäftsgrundlage (§ 313 BGB) erfolgen[88]. Bemerkenswert ist, dass der BGH insoweit nicht (mehr[89]) auf die *condictio ob rem* abstellt.

In unserem **Beispiel** kommt es also entscheidend darauf an, in welchem Güterstand M und F lebten. Wurde keine abweichende Vereinbarung getroffen, dann lebten sie im Güterstand der **Zugewinngemeinschaft** (§ 1363 BGB). Der Ausgleich richtet sich dann nach den §§ 1372 ff. BGB. Die Vermögensmehrung, die F durch die Zuwendung des M erhalten hat, wird auf diesem Wege ausgeglichen. Wurde hingegen **Gütertrennung** vereinbart, kommt ein Ausgleich nach § 313 BGB in Betracht.

Gegenstand der ehebedingten Zuwendung kann auch die **Arbeitsleistung** eines Ehegatten sein. Auch insoweit gelten die soeben dargestellten Grundsätze. 72

In besonders gelagerten Fällen kommt auch die (konkludente) Gründung einer **Ehegatteninnengesellschaft** in Betracht[90]. Daran ist etwa zu denken, wenn ein Ehegatte dem Unternehmen des anderen Ehegatten einen größeren Geldbetrag zur Verfügung stellt oder über lange Zeit unentgeltlich oder gegen nur geringes Entgelt im Unternehmen des anderen mitarbeitet. Insoweit bedarf es aber stets eines entsprechenden Rechtsbindungswillens der Eheleute, der nicht vorschnell bejaht werden sollte. Liegt eine Ehegatteninnengesellschaft **ausnahmsweise** vor, gelangen die §§ 705 ff. BGB zur Anwendung. Ausgleichsansprüche können dann insbesondere aus den §§ 730 ff. BGB folgen.

bb) Zuwendungen von Schwiegereltern

Etwas anderes soll gelten, wenn die Zuwendung nicht vom Ehegatten, sondern von dessen Eltern stammt. 73

Beispiel: B und T heiraten. Kurz nach der Hochzeit wollen sie sich ihren Traum vom Haus im Grünen verwirklichen. In Anbetracht seines fortgeschrittenen Alters entschließt sich V, der Vater der T, den beiden das Eigenheim der Familie der T zu schenken. Ein entsprechender Schenkungsvertrag wird notariell beurkundet (vgl. § 518 II BGB) und V überträgt an B und T das Miteigentum an dem Hausgrundstück je zur Hälfte. Als die Ehe von B und T kurze Zeit später geschieden wird, verlangt V von B Rückübertragung des Miteigentumsbruchteils.

---

[86] vgl. BGHZ 82, 227, 232; BGHZ 115, 132, 136; BGHZ 119, 392, 396 und, 400; BGH NJW 2005, 3710, 3715.

[87] BGHZ 128, 125, 133 f.

[88] BGHZ 84, 361; BGH NJW 1989, 1986, 1987.

[89] Anders noch BGH NJW 1968, 245; ablehnend dann BGHZ 84, 361, 363 f.

[90] Vgl. BGHZ 142, 137, 143 ff.; BGH NJW 1995, 3383, 3384 f.

74 Zuwendungen, die Schwiegereltern „um der Ehe ihres Kindes Willen" an dessen Ehegatten erbringen, werden vom BGH nicht als ehebedingte (unbenannte) Zuwendung, sondern als **Schenkung** qualifiziert[91]. Bei Scheitern der Ehe richtet sich die Rückforderung nach den Grundsätzen des **Wegfalls der Geschäftsgrundlage** – und zwar **unabhängig vom Güterstand**, in dem die Eheleute gelebt haben[92]. Daneben soll auch eine Rückforderung gemäß § 812 I 2 Alt. 2 BGB in Betracht kommen.

> So heißt es in **BGH NJW 2010, 2884, 2886:** „Insbesondere kann der verfolgte Zweck im Sinne des § 812 I 2 Alt. 2 BGB darin bestehen, dass der Zuwendungsgegenstand dem eigenen Kind der Schwiegereltern dauerhaft zugutekommen soll, indem dessen Ehe fortbesteht. […] Allein dadurch, dass die Ehe eine gewisse Zeit Bestand hatte und das eigene Kind der Schwiegereltern in dieser Zeit von der Schenkung profitierte, wird ein derartiger Zweck in solchen Fällen noch nicht vollständig erreicht, sodass Ansprüche aus Bereicherungsrecht nicht stets unter Hinweis auf die Zweckerreichung abgelehnt werden können."

75 **Nach hier vertretener Auffassung** scheidet die *condictio ob rem* jedoch aus, da es sich um eine Zweckschenkung handelt. § 812 I 2 Alt. 2 BGB wird hier durch § 313 BGB verdrängt (näher dazu oben Rn. 64).

> Im **Beispiel** kommt eine Rückabwicklung nach den Grundsätzen des Wegfalls der Geschäftsgrundlage in Betracht. Zu prüfen ist daher, ob V gemäß § 313 III BGB vom Vertrag zurücktreten kann. Folgt man hingegen der Auffassung des BGH, könnte sich der Anspruch auch aus § 812 I 2 Alt. 2 BGB ergeben. Für eine *condictio ob causam finitam* wegen Widerrufs der Schenkung wegen groben Undanks gemäß § 530 I BGB gibt der Sachverhalt nichts her. Die Scheidung stellt für sich gesehen weder eine „schwere Verfehlung" gegenüber V noch gegenüber T (= nahe Angehörige des Schenkers) dar.

5. Gesetzes- oder Sittenverstoß (§ 817 S. 1 BGB)

76 Nach § 817 S. 1 BGB kann der Leistende auch kondizieren, wenn der Empfänger durch die Annahme gegen ein gesetzliches Verbot oder gegen die guten Sitten verstoßen hat (*condictio ob turpem vel iniustam causam*).

a) Bedeutung
77 § 817 S. 1 BGB ist ein **Sonderfall der Leistungskondiktion**, dessen Bedeutung aber gering ist[93]. In den meisten Fällen, in denen die Annahme einer Leistung gegen das Gesetz oder die guten Sitten verstößt, ist auch das zugrunde liegende Kausal-

---

[91] BGHZ 184, 190; anders noch BGHZ 129, 259, 263; BGH NJW 1999, 353, 354; BGH NJW 2005, 3710, 3715.
[92] BGHZ 184, 190 ff.
[93] BGHZ 8, 348, 370; *Lorenz* in Staudinger, BGB, § 817 Rn. 6 ff.; *Larenz/Canaris*, Schuldrecht II/2, § 68 I 6, S. 157 f.

IV. Die kondiktionsauslösenden Mängel

geschäft nach §§ 134, 138 BGB nichtig, sodass bereits eine *condictio indebiti* gegeben ist[94].

Beispiel: R, Anführer einer Rockerbande, verlangt von Ladeninhaber L Schutzgeld. Aus Sorge um seine Gesundheit zahlt L. Später wird die Rockerbande zerschlagen und R verhaftet. L verlangt daraufhin das gezahlte Geld zurück. – Hier fehlt es bereits an einem wirksamen Kausalgeschäft[95]. Selbst wenn man eine schuldrechtliche Vereinbarung zwischen R und L bejahen wöllte, wäre diese zumindest gemäß § 138 I BGB nichtig[96]. L kann daher das Geleistete nach § 812 I 1 Alt. 1 BGB zurückfordern. § 814 BGB steht hier nicht entgegen, da dieser nur bei **freiwilligen** Leistungen auf eine als nicht bestehend erkannte Schuld eingreift (dazu unten Rn. 87). L hat hier aber nicht freiwillig gehandelt, sondern beeinflusst durch die Drohung des R. – § 817 S. 1 BGB bedarf es hier also nicht. Ungeachtet dessen kann der Anspruch aber auch auf diese Vorschrift gestützt werden.

Eine **eigenständige Bedeutung** erlangt die *condictio ob turpem vel iniustam causam* zum einen, wenn die *condictio indebiti* wegen § 814 BGB gesperrt ist[97]. § 814 BGB hindert nicht Ansprüche aus § 817 S. 1 BGB. Der Gesetzes- oder Sittenverstoß wiegt hier schwerer als die Kenntnis des Leistenden von seiner Nichtschuld. 78

Zum anderen ist § 817 S. 1 BGB in den Fällen relevant, in denen die Gesetzes- oder Sittenwidrigkeit nicht auf das Kausalgeschäft „durchschlägt". Dies wird verbreitet für die Fälle der **Vorteilsannahme** angenommen. 79

Beispiel: Nach Bewilligung seines Bauantrages schenkt Bauherr B dem zuständigen Sachbearbeiter S eine Kiste mit teurem Wein. – Es handelt sich hier um eine Vorteilsgewährung und nicht etwa um eine Bestechung, da die Leistung nicht als „Gegenleistung" für die positive Bescheidung des Antrages erfolgt ist. Dennoch war die Annahme des Vorteils gesetzeswidrig. Gemäß § 331 I StGB macht sich ein Amtsträger nämlich strafbar, wenn er für die Dienstausübung einen Vorteil für sich oder einen Dritten fordert, sich versprechen lässt oder annimmt. Diese Gesetzeswidrigkeit soll aber nicht zur Unwirksamkeit des Schenkungsvertrages führen. Wenn man dem folgt, lässt sich ein Kondiktionsanspruch allein aus § 817 S. 1 BGB begründen. Indes lässt sich hier mit guten Gründen die Nichtigkeit auch des Schenkungsvertrages annehmen[98].

Die Bedeutung der *condictio ob turpem vel iniustam causam* wird durch § 817 S. 2 BGB weiter geschmälert: Eine Rückforderung scheidet danach aus, wenn auch der Leistende gegen das Gesetz oder die guten Sitten verstoßen hat (näher dazu unten Rn. 94 ff.). 80

---

[94] Andere sehen in der *condictio ob turpem vel iniustam causam* einen Sonderfall der *condictio ob rem* und § 817 S. 1 BGB daher als *lex specialis* zu § 812 I 2 Alt. 2 BGB; vgl. etwa *Wendehorst* in BeckOK BGB, § 817 Rn. 7; *Schwab* in MünchKomm. BGB, § 817 Rn. 4 ff.
[95] Anders *Medicus/Petersen*, Bürgerliches Recht, Rn. 694; *Wandt*, Gesetzliche Schuldverhältnisse, § 10 Rn. 81.
[96] Wenn man auch dies verneint, käme man immer noch zur Anfechtbarkeit wegen Drohung (§ 123 I BGB).
[97] *Schulze* in Handkomm. BGB, § 817 Rn. 1.
[98] Für eine Nichtigkeit des Kausalgeschäfts bei Verstößen gegen § 331 StGB etwa *Armbrüster* in MünchKomm. BGB, § 134 Rn. 59.

b) Einzelheiten zum Tatbestand

81 Tatbestandlich setzt § 817 S. 1 BGB voraus, dass gerade der **Leistungszweck** die Gesetzes- oder Sittenwidrigkeit begründet. Das mit der Leistung einhergehende Rechtsgeschäft (also z.B. die Übereignung des Geldes bei Schutzgelderpressung oder der verschenkten Sache bei der Vorteilsgewährung), muss selbst nicht gesetzes- oder sittenwidrig sein.

82 Umstritten ist, ob § 817 S. 1 BGB auch eine **subjektive Komponente** hat. Die h.M. verlangt insoweit die positive Kenntnis des Empfängers vom Gesetzesverstoß bzw. das Bewusstsein, sittenwidrig zu handeln[99]. Dabei soll es aber ausreichen, wenn sich der Leistende der Einsicht in den Gesetzes- oder Sittenverstoß leichtfertig verschlossen hat[100]. Die Gegenauffassung will allein auf den objektiven Gesetzes- bzw. Sittenverstoß abstellen[101]. Angesichts der ohnehin beschränkten Bedeutung der *condictio ob turpem vel iniustam causam* dürfte dieser Streit sich praktisch kaum auswirken.

V. Die Kondiktionssperren

1. Ausschluss bei Kenntnis der Nichtschuld (§ 814 Alt. 1 BGB)

83 Gemäß § 814 Alt. 1 BGB kann das „zum Zwecke der Erfüllung einer Verbindlichkeit Geleistete" nicht zurückgefordert werden, wenn der Leistende wusste, dass er zur Leistung nicht verpflichtet war.

Der **Normzweck** des § 814 Alt. 1 BGB wird anschaulich in **BGHZ 73, 202, 205** beschrieben: „Die Vorschrift beruht darauf, dass es dem Leistenden grundsätzlich frei steht, auch eine nur vermeintlich bestehende Verbindlichkeit zu erfüllen. Weiß er, dass er zur Leistung nicht verpflichtet ist, und leistet er trotzdem, dann würde er sich zu seinem eigenen Verhalten in Widerspruch setzen, wenn später das Geleistete wieder zurückverlangen könnte (*venire contra factum proprium*). Die Vorschrift ist also eine **besondere Ausprägung des Grundsatzes von Treu und Glauben**, von dem ohnehin das gesamte Bereicherungsrecht beherrscht wird [...]. Der Empfänger einer Leistung, die bewusst zur Erfüllung einer nicht bestehenden Verbindlichkeit erbracht worden ist, kann darauf **vertrauen**, dass er die Leistung behalten darf."

84 § 814 Alt. 1 BGB setzt zunächst voraus, dass die Leistung **zum Zwecke der Erfüllung einer Verbindlichkeit** (*solvendi causa*) erfolgte, obwohl eine Leistungspflicht zu diesem Zeitpunkt nicht bestand. Zugeschnitten ist die Kondiktionssperre

---

[99] RGZ 151, 73; BGH NJW 1980, 452; *Sprau* in Palandt, BGB, § 817 Rn. 8; *Buck-Heeb* in Erman, BGB, § 817 Rn. 8.
[100] BGHZ 118, 182; BGH NJW 2000, 2905.
[101] *Schwab* in MünchKomm. BGB, § 817 Rn. 67; *Lorenz* in Staudinger, BGB § 817 Rn. 9; *Leupertz* in Prütting/Wegen/Weinreich, BGB, § 817 Rn. 6; *Reuter/Martinek*, Ungerechtfertigte Bereicherung, § 5 V 1, S. 177.

V. Die Kondiktionssperren

damit auf die *condictio indebiti* (Nichtbestehen der Verbindlichkeit = Fehlen des Rechtsgrundes) und die Fälle des § 813 I 1 BGB (dauernde Einrede)[102].

Nicht anwendbar ist die Vorschrift hingegen auf
- die *condictio ob causam finitam*, da hier zum Zeitpunkt der Leistung die Leistungspflicht noch besteht[103] (zur Anfechtbarkeit sogleich Rn. 85);
- die *condictio ob rem*, da hier die Leistung nicht *solvendi causa* erfolgt und § 815 BGB einen speziellen Ausschlusstatbestand erhält[104];
- Ansprüche aus § 817 S. 1 BGB, da der gesetzes- oder sittenwidrig handelnde Empfänger keinen Vertrauensschutz genießt[105];
- Ansprüche aus Nichtleistungskondiktion[106], da es hier an einer Leistung fehlt.

Die Kondiktionssperre greift nur ein, wenn der Leistende **positive Kenntnis** vom Nichtbestehen der Verbindlichkeit bzw. vom Bestehen einer dauernden Einrede hatte. Fahrlässigkeit, auch grobe, schadet nicht. Ging der Leistende daher zu Unrecht davon aus, zur Leistung verpflichtet zu sein, scheidet § 814 Alt. 1 BGB aus, selbst wenn der Irrtum vermeidbar war[107]. Auch Zweifel über den Bestand der Leistungspflicht hindern die Kondiktion nicht. 85

§ 142 II BGB stellt die **Kenntnis von der Anfechtbarkeit** des Kausalgeschäfts der Kenntnis von dessen Nichtigkeit gleich. Wenn der Leistende wusste, dass er zur Anfechtung berechtigt ist, greift daher § 814 Alt. 1 BGB (und zwar auch dann, wenn man in diesen Fällen nach § 812 I 2 Alt. 1 BGB rückabwickeln will). Die Leistung trotz Kenntnis der Anfechtbarkeit kann aber als Bestätigung im Sinne des § 144 BGB anzusehen sein[108]. – Kann nur der Empfänger anfechten, greift § 814 Alt. 1 BGB nicht ein, da der Leistende zur Leistung bis zur Ausübung des Anfechtungsrechts verpflichtet bleibt[109]. Die Leistung trotz Kenntnis von der Anfechtbarkeit ist daher nicht als widersprüchliches Verhalten einzuordnen.

Im Rahmen des § 814 Alt. 1 BGB gelten die **allgemeinen Grundsätze der Wissenszurechnung**[110]. Bei Leistung durch einen Vertreter ist analog § 166 I BGB grundsätzlich auf dessen Kenntnis abzustellen[111]. Auf den Vertretenen kommt es hingegen an, wenn der Vertreter durch Weisungen gebunden war[112] („Vertreter mit gebundener Marschrichtung"). 86

---

[102] *Schwab* in MünchKomm. BGB, § 814 Rn. 6.
[103] *Lorenz* in Staudinger, BGB, § 814 Rn. 3.
[104] BGHZ 73, 202, 205; *Lorenz* in Staudinger, BGB, § 814 Rn. 3.
[105] BGH NJW-RR 2001, 1046; *Sprau* in Palandt, BGB, § 814 Rn. 2; *Wendehorst* in BeckOK BGB, § 814 Rn. 5.
[106] *Lorenz* in Staudinger, BGB, § 814 Rn. 3.
[107] Vgl. RGZ 59, 351, 354; BGH NJW 1969, 1165, 1167; BGH NJW 1981, 277, 278.
[108] *Stadler* in Jauernig, BGB, § 814 Rn. 3; *Schwab* in MünchKomm. BGB, § 814 Rn. 13; *Wendehorst* in BeckOK BGB, § 814 Rn. 8; *Lorenz* in Staudinger, BGB, § 814 Rn. 3.
[109] RGZ 151, 361, 376; BGH NJW 2008, 1878, 1879; *Lorenz* in Staudinger, BGB, § 814 Rn. 3; *Schwab* in MünchKomm. BGB, § 814 Rn. 13.
[110] Dazu *Faßbender/Neuhaus*, WM 2002, 1253 ff.; *Petersen*, Jura 2008, 914 ff.
[111] BGH NJW 1999, 1024; WM 1962, 346; *Schwab* in MünchKomm. BGB, § 814 Rn. 14; *Lorenz* in Staudinger, BGB, § 814 Rn. 5.
[112] BGH NJW 1999, 1024, 1025; RGZ 95, 126, 129 f.; *Lorenz* in Staudinger, BGB, § 814 Rn. 5; *Schwab* in MünchKomm. BGB, § 814 Rn. 14.

87   Die Kondiktionssperre des § 814 Alt. 1 BGB sanktioniert **widersprüchliches Verhalten:** Wer *freiwillig* in Kenntnis der Nichtschuld geleistet hat, soll nicht zurückfordern können. § 814 Alt. 1 BGB greift daher nicht ein, wenn der Leistende gar nicht freiwillig geleistet hat.

> **Beispiel:** Kläger K verlangt vom Beklagten B Zahlung von 1.000 €. In erster Instanz obsiegt K vollumfänglich. Er droht nunmehr, aus dem für vorläufig vollstreckbar erklärten erstinstanzlichen Urteil die Zwangsvollstreckung zu betreiben. Aus Sorge, dass seine Konten gepfändet werden, zahlt B. – Hier hat B nicht freiwillig geleistet, sondern unter (durchaus zulässigem) Druck. Gewinnt B den Rechtsstreit, kann er das Geleistete daher nach § 812 I 1 Alt. 1 BGB zurückfordern. (Verliert er ihn, ist hingegen rechtskräftig festgestellt, dass B mit Rechtsgrund geleistet hat, siehe bereits oben Rn. 43.)

88   § 814 Alt. 1 BGB ist schließlich auch dann nicht anwendbar, wenn der Leistende sich die Rückforderung **ausdrücklich vorbehalten** hat. Hierfür genügt der Hinweis, dass die Forderung nicht berechtigt sei[113].

2. Ausschluss bei sittlicher Pflicht oder Anstand (§ 814 Alt. 2 BGB)

89   Die Rückforderung des Geleisteten ist gemäß § 814 Alt. 2 BGB auch dann ausgeschlossen, wenn die Leistung „einer sittlichen Pflicht oder einer auf den Anstand zu nehmenden Rücksicht entsprach".

> Eine trennscharfe Unterscheidung zwischen den beiden unbestimmten Rechtsbegriffen ist nicht möglich. Zu deren Ausfüllung kann auf die zu § 138 BGB und § 534 BGB entwickelten Grundsätze zurückgegriffen werden[114]. Dabei ist ein objektiver Maßstab anzulegen: Auf das Moralempfinden der Beteiligten kommt es nicht an, ebenso nicht auf die Kenntnis vom Bestehen der sittlichen Pflicht oder Anstandsregel[115].

90   Die Bedeutung der Vorschrift ist gering. Weiß der Leistende, dass eine Rechtspflicht zur Leistung nicht besteht, scheitert die Kondiktion bereits an § 814 Alt. 1 BGB[116]. Hauptanwendungsfall des § 814 Alt. 2 BGB sind rechtlich nicht geschuldete **Unterhaltsleistungen** zwischen Verwandten.

> **Beispiel:** B hat seinen Arbeitsplatz und bald darauf seine Wohnung verloren. Seine Schwester S nimmt ihn in ihren Haushalt auf, weil sie glaubt, rechtlich zu Unterhaltsleistungen gegenüber ihrem Bruder verpflichtet zu sein. B erhält von S zusätzlich ein kleines „Taschengeld". – Gemäß § 1601 BGB sind nur Verwandte in gerader Linie (vgl. § 1589 I BGB) zu Unterhaltsleistungen verpflichtet, also nicht Geschwister. Es fehlte daher am rechtlichen Grund für die Überlassung der Wohngelegenheit, des „Taschengeldes" und der sonstigen Unterhaltsleistungen. § 814 Alt. 1 BGB greift nicht ein, da B sich für verpflichtet hielt. Ein Kondiktionsanspruch scheitert aber an § 814 S. 2 BGB, da die Leistungen einer sittlichen Pflicht entsprachen bzw. aus Anstand geboten waren.

---

[113] OLG Karlsruhe ZIP 1997, 498; OLG Saarbrücken MDR 2004, 329; RGZ 138, 122, 124.
[114] *Wendehorst* in BeckOK BGB, § 814 Rn. 13; *Lorenz* in Staudinger, BGB, § 814 Rn. 16 ff.
[115] Vgl. *Wendehorst* in BeckOK BGB, § 814 Rn. 13.
[116] RGZ 78, 71, 78; KG FamRZ 2002, 1357, 1359; *Stadler* in Jauernig, BGB, § 814 Rn. 8; *Lorenz* in Staudinger, BGB, § 814 Rn. 16; *Wendehorst* in BeckOK BGB, § 814 Rn. 14; a.A. *Schwab* in MünchKomm. BGB, § 814 Rn. 17, der einen Vorrang des § 814 Alt. 2 BGB annimmt.

Erforderlich ist aber im Regelfall, dass das Verwandtschaftsverhältnis tatsächlich besteht. § 814 Alt. 2 BGB greift daher nicht ein bei **Unterhaltsleistungen des Scheinvaters** für sein vermeintliches Kind[117].

91

3. Ausschluss trotz Nichteintritt des bezweckten Erfolgs (§ 815 BGB)

Auf die *condictio ob rem* zugeschnitten ist § 815 BGB; auf andere Spielarten der Leistungskondiktion ist die Vorschrift nicht anwendbar[118]. Nach § 815 Alt. 1 BGB ist die Rückforderung des Geleisteten trotz Nichteintritt des mit der Leistung bezweckten Erfolgseintritt ausgeschlossen, wenn der **Erfolgseintritt von Anfang an unmöglich** war und **der Leistende dies gewusst** hat. Die Regelung ist – wie § 814 Alt. 1 BGB – eine Ausformung des Verbots widersprüchlichen Verhaltens.

92

> **Beispiel:** Kunstliebhaber K will von Sammler S ein Bild erwerben und zahlt vorab einen Teil des angedachten Kaufpreises an S (siehe oben Rn. 56). Das Bild wurde aber, wie K weiß, bei einem Brand vernichtet.

§ 815 Alt. 2 BGB schließt die Rückforderung aus, wenn der Leistende den Eintritt des Erfolgs **zurechenbar verhindert** und damit **gegen Treu und Glauben** verstoßen hat. Dahinter steht (wie bei § 162 I BGB) der Gedanke, dass treuwidriges Verhalten nicht zum Vorteil gereichen soll.

93

> **Beispiel:** Wie zuvor, nur dass das Bild noch existiert. Nach der Anzahlung gerät K in Geldnot. Um das Zustandekommen des Geschäfts zu verhindern und die Anzahlung zurückfordern zu können, zerstört K selbst das Bild.

4. Ausschluss bei Gesetzes- oder Sittenwidrigkeit der Leistung (§ 817 S. 2 BGB)

Literatur: *Armgardt*, Der Konditionsausschluss des § 817 S. 2 BGB im Licht der neuesten Rechtsprechung des BGH, NJW 2006, 2070; *Dauner*, Der Konditionsausschluss gemäß § 817 S. 2, JZ 1980, 495; *Klöhn*, Die Konditionssperre gem. § 817 S. 2 BGB beim beiderseitigen Gesetzes- und Sittenverstoß, AcP 210 (2010) 804; *Schäfer*, Strafe und Prävention im Bürgerlichen Recht, AcP 202 (2002), 397; *Schmidt-Recla,* Von Schneebällen und Drehkrankheiten – Vergleichende Überlegungen zur Restitutionssperre des § 817 S. 2 BGB, JZ 2008, 60.

a) Telos und Anwendungsbereich

§ 817 S. 2 BGB enthält eine weitere Konditionssperre. Diese knüpft dem Wortlaut nach (dazu sogleich) an die Kondiktion nach § 817 S. 1 BGB an: Die Rückforderung des Geleisteten ist ausgeschlossen, wenn dem Leistenden *gleichfalls* ein Gesetzes- oder Sittenverstoß zur Last fällt.

94

---

[117] *Sprau* in Palandt, BGB, § 814 Rn. 9; *Wendehorst* in BeckOK BGB, § 814 Rn. 14.
[118] *Stadler* in Jauernig, BGB, § 815 Rn. 1; *Wendehorst* in BeckOK BGB, § 815 Rn. 2; ausführlicher zum Anwendungsbereich *Schwab* in MünchKomm. BGB, § 815 Rn. 3 ff.

Der **Telos** der Vorschrift ist umstritten: Früher wurde darin eine Strafe für die Betätigung einer verwerflichen Gesinnung gesehen[119]. Heute überwiegt der **Gedanke der Rechtsschutzverweigerung**[120]: Wer gesetzes- oder sittenwidrig handelt, soll sich zur Durchsetzung von Ansprüchen aus derartigen Geschäften nicht des staatlichen Rechtsschutzes bedienen können. So dient § 817 S. 2 BGB zugleich der **Generalprävention**[121].

95 § 817 S. 2 BGB verlangt seinem **Wortlaut** nach einen beiderseitigen Gesetzes- oder Sittenverstoß. Indes ist kein Grund ersichtlich, warum die Rückforderung möglich sein soll, wenn der Vorwurf *nur* dem Leistenden zu machen ist. Wenn schon der gesetzes- oder sittenwidrig handelnde Empfänger nach § 817 S. 2 BGB nicht herausgeben muss, dann muss dies für den Empfänger, der sich korrekt verhalten hat, erst recht gelten. Nach h.M. ist § 817 S. 2 BGB daher **korrigierend auszulegen**:

> Die Rückforderung ist ausgeschlossen, wenn der Leistende durch die Leistung gegen das Gesetz oder die guten Sitten verstoßen hat[122].

96 Damit entfällt aber auch der Bezug zu § 817 S. 1 BGB. Demgemäß ist § 817 S. 2 BGB **auf alle Spielarten der Leistungskondiktion** anzuwenden[123].

b) Voraussetzungen

97 Die Kondiktionssperre des § 817 S. 2 BGB setzt voraus, dass die Leistung **objektiv gesetzes- oder sittenwidrig** ist. Auch insoweit ist auf die zu §§ 134, 138 BGB entwickelten Grundsätze abzustellen.

Beispiele:
- entgeltlicher Erwerb adeliger, akademischer oder diplomatischer Titel[124];
- Verkauf und Übereignung von Radarwarngeräten[125];
- verbotene Rechtsberatung[126];

---

[119] RGZ 105, 270 f.; BGHZ 39, 87, 91; ebenso *Salje*, NJW 1985, 998, 1002; *Schäfer*, AcP 202 (2002), 397, 406 ff.

[120] BGHZ 9, 333, 336; BGHZ 28, 164, 169; BGHZ 35, 103, 107; BGHZ 44, 1, 6; *Dauner*, JZ 1980, 495, 499 ff.; *Koppensteiner/Kramer*, Ungerechtfertigte Bereicherung, § 7 IV 2 b, S. 63; ähnlich *Prölss*, ZHR 132 (1969), 35 ff., der den aus dem Wettbewerbsrecht entlehnten Einwand der „unclean hands" fruchtbar machen will.

[121] *Larenz/Canaris*, Schuldrecht II/2, § 68 III 3 a, S. 162 f.; *Schwab* in MünchKomm. BGB, § 817 Rn. 9; *Lorenz* in Staudinger, BGB § 817 Rn. 5; *Wendehorst* in BeckOK BGB, § 817 Rn. 2; *Armgardt*, NJW 2006, 2070, 2073; *Klöhn*, AcP 210 (2010), 804 ff.

[122] BGHZ 28, 164, 169 f.; *Lorenz* in Staudinger, BGB, § 817 Rn. 10; *Buck-Heeb* in Erman, BGB, § 817 Rn. 26; *Schäfer*, AcP 202 (2002), 397, 407; *Weishaupt*, JuS 2003, 1166; a.A. *Wazlawik*, ZGS 2007, 336, 342.

[123] Zur umstrittenen Frage, ob § 817 S. 2 BGB auch auf Ansprüche außerhalb des Bereicherungsrechts angewendet werden kann, siehe *Schwab* in MünchKomm. BGB, § 817 Rn. 9.

[124] BGH NJW 1994, 187, 188; OLG Koblenz NJW 1999, 2904, 2905.

[125] LG Bonn NJW 1998, 2681, 2682; LG München NJW 1999, 2600.

[126] BGHZ 50, 92.

- Bestechung von Amtsträgern[127];
- Wucherdarlehen[128].

Achtung: Viele der zu § 817 S. 2 BGB ergangen Entscheidungen liegen Sitten- und Moralvorstellungen zugrunde, die heute nicht (oder jedenfalls nicht mehr in dieser Eindeutigkeit) geteilt werden. So wurden früher **Zuwendungen im Bereich außerehelicher Beziehungen** („Konkubinat") oft *per se* als sittenwidrig angesehen. Dies ist heute so nicht mehr haltbar. Auch die **Bordellpacht** verstößt für sich gesehen nicht (mehr) gegen die guten Sitten.

Nur ein **bewusster Verstoß** rechtfertigt die Sanktion des § 817 S. 2 BGB. Umstritten ist, ob der Leistende die Gesetzes- oder Sittenwidrigkeit seines Verhaltens erkannt haben muss[129] oder ob die Kenntnis der insofern maßgeblichen Umstände genügt[130]. Der positiven Kenntnis steht es gleich, wenn sich der Leistende der Einsicht in die Gesetzes- oder Sittenwidrigkeit leichtfertig verschließt[131]. 98

c) Einschränkungen

§ 817 S. 2 BGB enthält eine ausdrückliche Einschränkung: Die Kondiktion ist **nicht ausgeschlossen**, falls die Leistung in der **Eingehung einer Verbindlichkeit** bestand. Angesprochen sind damit abstrakte Schuldanerkenntnisse und Schuldversprechen. 99

Beispiel: Titelhändler T verspricht, K gegen Zahlung von 20.000 € die Ernennung zum Honorarkonsul eines karibischen Inselstaates in Deutschland zu verschaffen. Zur Sicherheit begibt K einen Wechsel über 20.000 €. Obwohl es nicht zur Ernennung kommt, will T gegen K aus dem Wechsel vorgehen. – Der Vertrag über die Vermittlung des Titels ist sittenwidrig und damit nichtig (§ 138 I BGB). Die Begebung des Wechsels wird hiervon jedoch nicht berührt. Der angenommene Wechsel ist nämlich ein abstraktes Schuldversprechen. Da der Wechsel rechtsgrundlos begeben wurde, kann er von K kondiziert werden (gemäß § 812 I 1 Alt. 1 i.V.m. II BGB und § 817 S. 1 BGB). Bis dahin steht der Wechselverbindlichkeit die Bereicherungseinrede entgegen. Der Kondiktion des Wechsels steht auch § 817 S. 2 BGB nicht entgegen. Zwar hat K als Leistender gegen die guten Sitten verstoßen, doch bestand die Leistung in der Eingehung einer Verbindlichkeit. Dahinter steht die Überlegung, dass der Empfänger (hier T) nicht die Möglichkeit bekommen soll, die missbilligte Verfügung zu erzwingen.

Die Kondiktionssperre des § 817 S. 2 BGB begründet die Gefahr, dass ein gesetzes- oder sittenwidriger Zustand **perpetuiert** wird. Daher wird eine weitere Einschränkung vorgenommen: Trotz Gesetzes- oder Sittenverstoß des Leistenden soll die Rückforderung möglich sein, wenn der **Zweck des Verbotsgesetzes** oder die guten Sitten dies gebieten[132]. 100

---

[127] Vgl. *Schwab* in MünchKomm. BGB, § 817 Rn. 55.
[128] RGZ 161, 52, 56; Näheres bei *Schwab* in MünchKomm. BGB, § 817 Rn. 35.
[129] RGZ 127, 276, 279; RGZ 132, 33; BGHZ 50, 90, 92.
[130] RGZ 161, 52, 57; BGH NJW 1983, 1420, 1423; BGH NJW 1989, 3217, 3218; BGH NJW 1993, 2108; *Lorenz* in Staudinger, BGB § 817 Rn. 21; *Wendehorst* in BeckOK BGB, § 817 Rn. 16; differenzierend *Schwab* in MünchKomm. BGB, § 817 Rn. 68 ff.
[131] RGZ 161, 52, 57; BGH NJW 1983, 1420, 1423; BGH NJW 1989, 3217, 3218.
[132] *Schwab* in MünchKomm. BGB, § 817 Rn. 20; *Sprau* in Palandt, BGB, § 817 Rn. 18; *Wendehorst* in BeckOK BGB, § 817 Rn. 23; *Koppensteiner/Kramer*, Ungerechtfertigte Bereicherung, § 7 IV 2 b, S. 64; *Larenz/Canaris*, Schuldrecht II/2, § 68 III 3 e, S. 166; *Fabricius*, JZ 1963, 85 ff.

Diskutiert wird diese Einschränkung beispielsweise[133] bei sog. **Schenkkreisen.** Dabei handelt es sich um **hierarchisch aufgebaute Schneeballsysteme**, bei denen die Teilnehmer der letzten Stufe Zahlungen an die Teilnehmer der ersten Stufe erbringen. Die Zahlenden rücken eine Stufe vor und müssen (jeweils mehrere) neue Teilnehmer auf der Stufe unter ihnen anwerben. Nur die Initiatoren erzielen dabei sichere Gewinne. Die große Masse der Teilnehmer auf den unteren Stufen hat hingegen keine realistische Chance auf einen Gewinn, weil nicht genügend Teilnehmer geworben werden können. Deren Einsatz ist daher zwangsläufig verloren. – Derartige **Schenkkreise verstoßen gegen die guten Sitten** (§ 138 I BGB). Die Zahlungen erfolgen zwar rechtsgrundlos, doch handeln nicht nur die Beschenkten, sondern auch die Schenker nach h.M. sittenwidrig. Der BGH wendet § 817 S. 2 BGB gleichwohl nicht an, um den sittenwidrigen Zustand nicht zu perpetuieren[134]. Ein Rückforderungsausschluss würde das „Spiel" in keiner Weise unterbinden, sondern wegen der praktizierten Vorleistung faktisch „legalisieren" und die Initiatoren solcher „Spiele" zum Weitermachen geradezu einladen[135]. Dies soll nicht sein.

d) Sittenwidrige Darlehen

101 Ein **Sonderproblem** stellt die Rückabwicklung sittenwidriger Darlehen dar[136].

Die Sittenwidrigkeit eines Darlehens folgt aus § 138 II BGB, wenn der Darlehensgeber eine Zwangslage, die Unerfahrenheit, einen Mangel an Urteilsvermögen oder eine erhebliche Willensschwäche des Darlehensnehmers ausnutzt und der Zinssatz in einem auffälligen Missverhältnis zu der Leistung steht (**Wucher**). Dabei verbleibt es jedoch nicht. Vielmehr kann sich die Sittenwidrigkeit auch aus § 138 I BGB ergeben, wenn ein auffälliges Missverhältnis zwischen dem vereinbarten und dem marktüblichen Effektivzins besteht und der Darlehensgeber in verwerflicher Gesinnung gehandelt hat (sog. **wucherähnlicher Kredit**). – Als **Faustformel** kann man sich merken: Objektiv sittenwidrig ist ein Darlehen in der Regel, wenn der Vertragszins den marktüblichen Effektivzins relativ um 100 % oder absolut um zwölf Prozentpunkte übersteigt[137].

102 Die Sittenwidrigkeit führt gemäß § 138 I oder II BGB zur **Nichtigkeit** des Darlehensvertrages. Anspruchsgrundlage für die Rückforderung der Darlehensvaluta ist somit **§ 812 I 1 Alt. 1 BGB**. Muss der Darlehensnehmer also befürchten, dass der Darlehensgeber die Darlehenssumme sofort von ihm zurückverlangt? Nein, denn die *condictio indebiti* wird insoweit durch **§ 817 S. 2 BGB** gesperrt. Doch wie weit reicht die Kondiktionssperre? Soll der bewucherte Darlehensnehmer die Darlehenssumme dauerhaft behalten dürfen? Eine dauerhafte Überlassung war von den Parteien nicht gewollt. Leistungsgegenstand war vielmehr die Überlassung der **zeitweiligen** Nutzungsmöglichkeit.

---

[133] Weitere Beispiele bei *Schwab* in MünchKomm. BGB, § 817 Rn. 21 ff.
[134] BGH NJW 2006, 45, 46; BGH NJW 2008, 1942; OLG Köln NJW 2006, 3288; *Armgardt*, NJW 2006, 2070 ff.; *Martinek*, JZ 2009, 364 ff.
[135] Einschränkend *Schmidt-Recla*, JZ 2008, 60, 67; der eine einzelfallbezogene Prüfung der Geschäftsgewandtheit und Erfahrenheit des betroffenen Gebers oder Empfängers vornehmen will; dagegen aber BGH NJW 2008, 1942.
[136] Zur Behandlung sittenwidriger Gebrauchsüberlassung siehe *Schwab* in MünchKomm. BGB, § 817 Rn. 43 f.
[137] BGHZ 110, 336, 338 f.; BGH NJW 1995, 1146, 1148; *Armbrüster* in MünchKomm. BGB, § 138 Rn. 119 mit zahlreichen Nachweisen.

V. Die Konditionssperren

> Daher schließt § 817 S. 2 BGB die Rückforderung der Darlehensvaluta nicht auf Dauer aus.

103

Der Darlehensgeber muss die Darlehensvaluta dem Darlehensnehmer für den vereinbarten Zeitraum belassen. War keine feste Laufzeit vereinbart, so kommt es darauf an, zu welchem Zeitpunkt zum ersten Mal hätte gekündigt werden können[138].

> Seine Wirkung entfaltet § 817 S. 2 BGB hinsichtlich des **erlangten Zinsvorteils**: Diesen muss der Darlehensnehmer *nicht* herausgeben[139].

104

Mit anderen Worten: Der Bewucherte bekommt das Darlehen letztlich zinslos. Dies ist nicht unumstritten. Die **Gegenauffassung**[140] nimmt an, dass an die Stelle des wucherischen Entgelts ein angemessenes Entgelt tritt, der Darlehensnehmer also den marktüblichen Zinssatz zahlen müsse. Für eine derartige „geltungserhaltende Reduktion" des Vertragszinses sprechen keine überzeugenden Gründe. Im Gegenteil: Sie würde einen **Fehlanreiz** setzen[141], denn der sittenwidrig handelnde Darlehensgeber hätte nichts zu verlieren; er bekäme in jedem Fall den marktüblichen Zinssatz. Vom Gedanken der Rechtsschutzverweigerung bliebe dann nichts mehr übrig.

---

[138] *Lorenz* in Staudinger, BGB, § 817 Rn. 12; *Schwab* in MünchKomm. BGB, § 817 Rn. 35.
[139] RGZ 161, 52, 57; BGHZ 99, 333, 338 f; *Larenz/Canaris*, Schuldrecht II/2, § 68 III 3 c, S. 164; *Sprau* in Palandt, BGB, § 817 Rn. 22; *Leupertz* in Prütting/Wegen/Weinreich, BGB, § 817 Rn. 13; *Wendehorst* in BeckOK BGB, § 817 Rn. 21.
[140] *Lorenz* in Staudinger, BGB, § 817 Rn. 12; *Medicus/Petersen*, Bürgerliches Recht, Rn. 700; *Koppensteiner/Kramer*, Ungerechtfertigte Bereicherung, § 7 II 2 c, S. 65 f.; *Reuter/Martinek*, Ungerechtfertigte Bereicherung, § 6 V 2 a, S. 215 ff.
[141] Anschaulich *Schwab* in MünchKomm. BGB, § 817 Rn. 37.

§ 4 Die Nichtleistungskondiktionen

Literatur: *Giesen,* Grundsätze der Konfliktlösung im Besonderen Schuldrecht – Die ungerechtfertigte Bereicherung (Teil 2 – Nichtleistungskondiktionen), Jura 1995, 234; *Hüffer,* Die Eingriffskondiktion, JuS 1981, 26.

Übungsfälle: *Anton,* JA 2010, 14; *Caspers,* Jura 2011, 372; *Eckebrecht,* JA 2005, 184; *Hadding,* JuS 2003, 154; *Primaczenko/Thümmler,* JA 2008, 691; *Schünemann/Bethge,* JuS 2009, 331; *Stamm,* JA 2004, 885; *Steinbeck/Block,* Jura 2011, 94.

I. Generalklausel und Fallgruppen

Das **Gegenstück zur Leistungskondiktion** in ihren verschiedenen Spielarten ist die Nichtleistungskondiktion. Sie ist generalklauselartig in § 812 I 1 Alt. 2 BGB geregelt.

1

> Wer **in sonstiger Weise** – also nicht durch Leistung – **auf Kosten eines anderen** etwas ohne rechtlichen Grund erlangt, ist zur Herausgabe verpflichtet.

Die Nichtleistungskondiktion schlechthin gibt es nicht. Die Bereicherung „in sonstiger Weise" kann ganz **verschiedene Ursachen** haben; nur durch eine Leistung darf die Bereicherung eben nicht bewirkt worden sein. Dementsprechend lassen sich verschiedene **Fallgruppen** bilden, in denen eine Nichtleistungskondiktion in Betracht kommt (siehe bereits oben § 2 Rn. 17 ff.):

2

- Die wichtigste Fallgruppe ist die **Eingriffskondiktion**. Hier wird die „Bereicherung in sonstiger Weise" dadurch bewirkt, dass der Bereicherte selbst oder ein Dritter in die Rechtssphäre eines anderen eingreift. Eine spezielle Ausprägung hat die Eingriffskondiktion in **§ 816 BGB** erfahren.
- Die Bereicherung kann aber auch auf einer Handlung desjenigen beruhen, auf dessen Kosten die Bereicherung erfolgt. Jedenfalls im Grundsatz anerkannt

sind insoweit die **Verwendungs-** und die **Rückgriffskondiktion**[1]. Hierher gehört auch die sog. **Zuwendungskondiktion**. Diese *kann* in Fällen eingreifen, in denen der andere (also der Bereicherungsgläubiger) dem Empfänger das erlangte Etwas zwar zugewendet, nicht aber geleistet hat. Von Bedeutung ist die Zuwendungskondiktion insbesondere beim Bereicherungsausgleich in Mehrpersonenverhältnissen (siehe unten § 5).

– Die Ursache der Bereicherung muss nicht in menschlichem Verhalten liegen. Die Bereicherung kann auch auf einem **Naturereignis** beruhen[2].

II. Die Tatbestandsmerkmale des § 812 I 1 Alt. 2 BGB im Überblick

3   Für die Nichtleistungskondiktion ergibt sich, sofern nicht § 816 BGB als *lex specialis* eingreift, aus § 812 I 1 Alt. 2 BGB folgende Prüfungsreihenfolge:

- Der Bereicherungsschuldner hat „**etwas erlangt**" und zwar
- **nicht durch Leistung** des Gläubigers, sondern „**in sonstiger Weise**"
- „**auf Kosten**" des Gläubigers und
- „**ohne rechtlichen Grund**".

4   Das Merkmal „**etwas erlangt**" beschreibt wie auch bei der Leistungskondiktion den Gegenstand der Bereicherung. Insoweit unterscheiden sich die beiden Kondiktionstypen nicht, sodass auf die Ausführungen oben § 3 Rn. 4 ff. verwiesen werden kann. Das Merkmal „**in sonstiger Weise**" grenzt die Nichtleistungskondiktion von der Leistungskondiktion ab. Wurde das erlangte Etwas geleistet, scheidet eine Nichtleistungskondiktion aus[3] (**Subsidiarität der Nichtleistungskondiktion**). Dies spielt vor allem in Mehrpersonenverhältnissen eine große Rolle (dazu unten § 5 Rn. 86 ff.).

5   Dreh- und Angelpunkt der Nichtleistungskondiktion ist das Merkmal „**auf Kosten**". Es hat eine doppelte Funktion: Es bestimmt zum einen darüber, wer als Gläubiger des Kondiktionsanspruchs in Betracht kommt, und zum anderen, unter welchen Voraussetzungen ein Bereicherungsausgleich verlangt werden kann. Es besteht Einigkeit darüber, dass das sprachlich sehr weit gefasste Merkmal „auf Kos-

---

[1] Bisweilen werden beide unter dem Oberbegriff „**Aufwendungskondiktionen**" zusammengefasst; so etwa *Koppensteiner/Kramer*, Ungerechtfertigte Bereicherung, § 8 III a, S. 68 f.

[2] Von manchen Autoren werden diese Fälle der Eingriffskondiktion zugeschlagen; vgl. etwa *Wandt*, Gesetzliche Schuldverhältnisse, § 11 Rn. 4. Das ist letztlich eine begriffliche und damit eine Geschmacksfrage. Auf die tatbestandliche Prüfung hat die Einordnung in Fallgruppen ohnehin keine Auswirkung.

[3] Vgl. *Larenz/Canaris*, Schuldrecht II/2, § 67 IV 3, S. 144 f.

IV. Die Sonderfälle des § 816 BGB

- Inhaltsänderung durch die Auswechslung einer hypothekarisch gesicherten Forderung (§ 1180 I BGB).

Keine Verfügung sind die Zwangsvollstreckung in fremde Gegenstände und der Verbrauch fremder Sachen. In diesen Fällen richtet sich der Bereicherungsausgleich nach § 812 I 1 Alt. 2 BGB. Auch die **schuldrechtliche Gebrauchsüberlassung** (z.B. Vermietung) ist keine Verfügung; § 816 I 1 BGB ist insoweit auch nicht analog anwendbar[49].

Die Verfügung muss wirksam sein. Die Wirksamkeit kann sich zum einen aus den **gesetzlichen Vorschriften zum Erwerb vom Nichtberechtigten** ergeben (siehe bereits oben Rn. 32). Praktisch bedeutsam und klausurrelevant sind ferner die §§ 2365, 2366 BGB, wonach der **Erbschein** öffentlichen Glauben genießt. 42

Beispiel: Nach dem Tod des kinderlosen E ist ein Erbschein ausgestellt worden, in dem die Ehefrau des Verstorbenen (F) als Erbin ausgewiesen ist. Zum Nachlass gehört auch eine Angelausrüstung. F, der das Hobby ihres Ehemanns immer suspekt war, verkauft und übereignet die Ausrüstung alsbald an den Hobbyangler A. Danach stellt sich heraus, dass E ein wirksames Testament errichtet hatte, in dem er den örtlichen Angelverein „Trübes Wasser e. V." als Alleinerben bestimmt hat.

Hier ist der Angelverein, als juristische Person rechts- und „erbenfähig", kraft Gesamtrechtsnachfolge in die Rechtsstellung des E eingerückt und damit auch Eigentümer der Angelausrüstung geworden. Der ausgestellte Erbschein ändert hieran nichts!
- F hat demnach als Nichtberechtigte verfügt. Die Verfügung war nicht gemäß § 932 BGB wirksam. Zwar liegen dessen Voraussetzungen vor, doch greift hier zugunsten des Erben § 935 BGB ein – und zwar im Zusammenspiel mit § 857 BGB: Der Verein hatte als Erbe danach den sog. **Erbenbesitz** und dieser ist ihm *abhanden gekommen*. (Hiervon wird unten § 18 Rn. 42 ff. noch ausführlicher die Rede sein.)
- Den Erwerb vom Nichtberechtigten ermöglichen aber die **§§ 2366 i.V.m. 2365 BGB**. Danach fungiert der Erbschein als Rechtsscheinträger. Erwirbt jemand von dem im Erbschein als Erbe Ausgewiesenen durch Rechtsgeschäft einen Erbschaftsgegenstand, so gilt zu seinen Gunsten der Inhalt des Erbscheins, es sei denn, er hatte Kenntnis von der Unrichtigkeit. Kurzum: Da F im Erbschein als Erbin ausgewiesen war, kann sich H darauf berufen, dass F als Erbin *gilt* (nicht: Erbin *ist*). Dies gilt ganz unabhängig davon, ob H von dem Erbschein Kenntnis hatte oder nicht. § 2366 BGB führt also dazu, dass H wirksam von der Nichtberechtigten F erwerben konnte.

Die Verfügung eines Nichtberechtigten kann auch dadurch wirksam werden, dass der **Berechtigte** sie **genehmigt** (§ 185 II 1 BGB)[50]. Dies kann auch konkludent, etwa durch Erhebung einer Klage auf Herausgabe des Veräußerungserlöses erfolgen[51]. Von Bedeutung ist die Genehmigung insbesondere in den Fällen, in denen der redliche Erwerb an **§ 935 I BGB** scheitert, weil die veräußerte Sache abhanden 43

---

[49] Wie hier BGHZ 131, 297, 305 f.; BGH NJW 2006, 2323, 2325; *Schwab* in MünchKomm. BGB, § 816 Rn. 13; *Wendehorst* in BeckOK BGB, § 816 Rn. 6; *Larenz/Canaris*, Schuldrecht II/2, § 69 II 1 d, S. 182; *Reuter/Martinek*, Ungerechtfertigte Bereicherung, § 8 I 3 b, S. 312; a.A. etwa *Koppensteiner/Kramer*, Ungerechtfertigte Bereicherung, § 9 III 2 d, S. 96; *Diederichsen*, NJW 1964, 2296 ff.
[50] Vgl. RGZ 106, 44, 45; RGZ 115, 31, 34; BGHZ 29, 157; BGHZ 56, 131; zum Ganzen *Lorenz* in Staudinger, BGB, § 816 Rn. 9 ff.
[51] BGH DB 1960, 1212 f.

gekommen ist, der Eigentümer aber dennoch nicht auf sie zugreifen kann, z.B. weil der Erwerber ihm unbekannt ist.

Da die Genehmigung (= nachträgliche Zustimmung) auf den Zeitpunkt der Vornahme der Verfügung zurückwirkt (§ 184 I BGB), könnte man einwenden, dass der Verfügende mit Zustimmung des Rechtsinhabers und folglich nicht als Nichtberechtigter verfügt habe. Dennoch ist § 816 I 1 BGB nach allgemeiner Auffassung anwendbar. Hierfür spricht, dass § 935 I BGB dem Schutz des Eigentümers dient und nicht zu seinem Nachteil gereichen soll. Daher erscheint es sachgerecht, dem Eigentümer hier die **Wahlmöglichkeit** zu lassen, ob er seine Eigentumsrechte (in der Regel erfolglos) durchsetzen oder stattdessen den bereicherungsrechtlichen Ausgleich über § 816 I 1 BGB anstreben will.

44 Wurde die Sache mehrfach veräußert (Kettenveräußerung), kann der Eigentümer wählen, welche Verfügung er genehmigen will[52].

Beispiel: E ist Eigentümer eines Fahrrades. Dieses wird ihm von A gestohlen, der es zu einem Preis von 100 € an B verkauft und übereignet. B verkauft und übereignet es für 120 € weiter an C, dieser für 80 € weiter an einen unbekannten Dritten (D).

- Hier ist E zunächst Eigentümer des Fahrrades geblieben. B, C und D konnten jeweils nicht nach §§ 932 ff. BGB gutgläubig erwerben, da das Fahrrad E abhanden gekommen war (§ 935 I BGB). Daher besteht weiterhin ein Anspruch des E gegen D aus §§ 985, 986 BGB auf Herausgabe des Fahrrades.
- Doch ist D dem E nicht bekannt, der Anspruch liegt also brach. E kann aber eine der Verfügungen genehmigen und so aus § 816 I 1 BGB gegen den Verfügenden vorgehen. Dabei kann E wählen, welche Verfügung (A an B, B an C oder C an D) er genehmigt, und damit auch, wer sein Bereicherungsschuldner wird. E kann also die Zahlungsfähigkeit von A, B und C und damit die Werthaltigkeit des etwaigen Anspruchs in seine Überlegungen mit einbeziehen. Auch die Gegenleistung, die die Verfügenden erhalten haben, beeinflusst die Entscheidung des E, denn sie bestimmt nach zutreffender Auffassung den Umfang des Bereicherungsanspruchs (dazu sogleich). E wird daher, wenn keine Bedenken gegen die Solvenz des B bestehen, dessen Verfügung an C genehmigen – mit der Folge, dass C das Eigentum nach §§ 929, 185 II 1 BGB erworben und seinerseits dann als Berechtigter verfügt hat.

bb) Rechtsfolgen

45 Herauszugeben ist gemäß § 816 I 1 BGB das „durch die Verfügung Erlangte". Wöllte man hier den Gesetzgeber beim Wort nehmen, so könnte man auf das Trennungsprinzip verweisen und argumentieren, dass durch die Verfügung allenfalls die Befreiung von einem Anspruch (aus einem schuldrechtlichen Kausalgeschäft) erlangt wird[53].

Beispiel: Student S hat seinen *Palandt* (Wert 40 €) an den Kommilitonen K verliehen. K verkauft das Buch weiter an die gutgläubige G zum Preis von 60 €. Anschließend übereignet er das Buch an G und erhält als Gegenleistung den vereinbarten Kaufpreis. – S hat sein Eigentum an G verloren, da diese gutgläubig nach §§ 932 I, 929 S. 1 BGB vom Nichtberechtigten K erworben hat. S kann von K gemäß § 816 I 1 BGB das „durch die Verfügung

---

[52] *Lorenz* in Staudinger, BGB, § 816 Rn. 9; *Schwab* in MücnhKomm. BGB, § 816 Rn. 36; *Buck-Heeb* in Erman, BGB, § 816 Rn. 7; *Wendehorst* in BeckOK BGB, § 816 Rn. 11.
[53] So schon *von Tuhr*, Der Allgemeine Teil des Deutschen Bürgerlichen Rechts II/2, 1918, 144 f. zu Fn. 49; vgl. ferner *Medicus/Petersen*, Bürgerliches Recht, Rn. 723.

Erlangte" verlangen. Die 60 € hat K aber bei genauer Betrachtung nicht durch die Übereignung, sondern aufgrund des Kaufvertrages erlangt. Durch die Übereignung wurde er lediglich von seiner Verkäuferpflicht, das Buch an G zu übereignen, befreit (§ 362 I BGB). Kann S dennoch den Kaufpreis verlangen? Oder ist der Anspruch aus § 816 I 1 BGB auf den Wert der durch die Verfügung erfüllten Verbindlichkeit, hier also den Wert der Kaufsache (40 €) beschränkt? Kurzum: Wem gebührt der **Gewinn**?

46 Drei Argumente sprechen dafür, auf die erhaltene Gegenleistung abzustellen, mag diese auch höher sein als der Wert der veräußerten Sache:

– Der Anspruch aus § 816 I 1 BGB tritt an die Stelle des Anspruchs aus §§ 985, 986 BGB. Es handelt sich insoweit um einen „**Rechtsfortwirkungsanspruch**"[54]. Die Befugnis, eine Sache gewinnbringend zu veräußern, ist dem Eigentümer zugewiesen. Dass die Verfügung des Nichtberechtigten wirksam ist, rechtfertigt es nicht, ihm den Mehrerlös zuzubilligen.

– Bei den §§ 812 ff. BGB geht es darum, eine **ungerechtfertigte Bereicherung abzuschöpfen**. Es kommt also nicht darauf an, ob der Bereicherungsgläubiger ohne den Eingriff in seine Rechtsposition diese ebenso ertragreich hätte verwerten können (siehe schon oben Rn. 13). Dies rechtfertigt es, auch einen vom Nichtberechtigten erzielten Gewinn abzuschöpfen, mag dieser auch auf einem besonderen Verhandlungsgeschick des Nichtberechtigten beruhen.

– Schließlich zeigt § 816 I 2 BGB, der an die Unentgeltlichkeit einer Verfügung anknüpft, dass der Gesetzgeber hier nicht einen Wertersatzanspruch gewähren wollte, sondern auf die im schuldrechtlichen Kausalgeschäft vereinbarte (oder bei Satz 2: gerade nicht vereinbarte) Gegenleistung abstellen wollte.

47 Der Bereicherungsanspruch gegen den Nichtberechtigten ist nach vorzugswürdiger Auffassung gerichtet auf die **Herausgabe des gesamten Veräußerungserlöses**[55]. Der objektive Wert der veräußerten Sache ist demgegenüber nicht maßgeblich[56].

Folglich kann in unserem **Beispiel** S von K die Herausgabe von 60 € verlangen.

Dass auf den Veräußerungserlös abgestellt wird und nicht auf den Wert der Sache kann dem Nichtberechtigten zugutekommen: Veräußert er die Sache unter Wert, schuldet er aus § 816 I 1 BGB nur Herausgabe der geringeren Gegenleistung. Die Differenz kann allenfalls als Schadensersatz geschuldet sein, z.B. aus § 823 I BGB, der aber ein Verschulden des Nichtberechtigten voraussetzt.

---

[54] BGHZ 55, 176, 179 – „Jungbullenfall".
[55] RGZ 88, 351, 359; BGHZ 29, 157, 159; *Larenz/Canaris*, Schuldrecht II/2, § 72 I 2 a, S. 267; *Koppensteiner/Kramer*, Ungerechtfertigte Bereicherung, § 13 I 2, S. 121 ff.; *Wieling*, Bereicherungsrecht, § 4 III 1 d, S. 59 ff.; eingehend dazu *Lorenz* in Staudinger, BGB, § 816 Rn. 23 ff.
[56] So aber *Schwab* in MünchKomm. BGB, § 816 Rn. 42 f.; *Medicus/Petersen*, Bürgerliches Recht, Rn. 723; *v. Caemmerer* in Festschrift Rabel, 1954, S. 333, 356; *Römer*, AcP 119 (1919), 293, 354.

48 In den oben Rn. 43 f. angesprochenen Fällen, in denen die Verfügung deshalb wirksam wird, weil der Berechtigte sie genehmigt, hat der Bereicherungsschuldner mitunter selbst **Aufwendungen für den Erwerb der Sache** getätigt. Kann er diese gemäß § 818 III BGB bereicherungsmindernd geltend machen und vom Anspruch aus § 816 I 1 BGB **abziehen**? Auch insoweit hilft der Gedanke des **Rechtsfortwirkungsanspruchs** weiter: Die Aufwendungen hätte der Nichtberechtigte dem Anspruch des Eigentümers aus §§ 985, 986 BGB nicht entgegenhalten können. Für § 816 I 1 BGB kann dann nichts anderes gelten: Der Bereicherungsschuldner kann also Aufwendungen, die er getätigt hat, um die Sache zu erwerben (z.b. den an einen Dritten gezahlten Kaufpreis), nicht in Abzug bringen[57].

> Hierzu nochmal das **Beispiel** von Rn. 44: Genehmigt E hier die Verfügung des B an C, so kann er von B den Verkaufserlös (120 €) heraus verlangen. B kann nicht einwenden, er selbst habe an A den Kaufpreis von 100 € zahlen müssen, um das Fahrrad zu erhalten. Insoweit muss er sich an seinen Vertragspartner (A) halten. B kann von diesem Kaufvertrag zurücktreten (§ 326 I BGB), die Rückzahlung des Kaufpreises (§ 346 I BGB) und darüber hinaus Schadensersatz (wegen Unmöglichkeit, §§ 280 I, III, 283 BGB) verlangen.

49 Problematisch sind die Fälle, in denen durch die Verfügung des Nichtberechtigten das Eigentum nicht übertragen, sondern mit einem **beschränkt dinglichen Recht belastet** wird[58].

> **Beispiel:** N ist zu Unrecht als Eigentümer eines Grundstücks im Grundbuch eingetragen (sog. Bucheigentümer). Er will bei der B-Bank ein Darlehen aufnehmen. Diese besteht aber auf dingliche Sicherheiten, weshalb N zugunsten der B-Bank eine Grundschuld (§§ 1191 ff. BGB) auf das benannte Grundstück bestellt. Daraufhin gewährt die B-Bank dem N das Darlehen. Was kann der wirkliche Eigentümer bereicherungsrechtlich verlangen? – Die Bestellung der Grundschuld ist wirksam und zwar nach §§ 892 I 1, 873 I, 1191 I, 1192, 1113 ff. BGB. Es handelt sich um eine wirksame Verfügung eines Nichtberechtigten, sodass § 816 I 1 BGB tatbestandlich erfüllt ist. Was aber hat N hieraus erlangt? – Es besteht Einigkeit darüber, dass nicht die Darlehensvaluta herauszugeben ist[59]. Richtigerweise ist Bereicherungsgegenstand hier der erlangte **Zinsvorteil**, der durch die Möglichkeit der Besicherung entstanden ist (besichertes Darlehen = günstigerer Zinssatz)[60].

c) Ausnahme: Unentgeltliche Verfügung (Satz 2)

50 Von dem Grundsatz, dass bei einer wirksamen Verfügung durch einen Nichtberechtigten nur dieser in der bereicherungsrechtlichen Pflicht ist, macht § 816 I 2 BGB eine Ausnahme.

---

[57] BGHZ 14, 7, 9; BGHZ 55, 176, 179 f.; BGHZ 66, 150, 155; *Stadler* in Jauernig, BGB; § 816 Rn. 10; *Wandt*, Gesetzliche Schuldverhältnisse, § 12 Rn. 26; zweifelnd *Medicus/Petersen*, Bürgerliches Recht, Rn. 725.
[58] Dazu *Schwab* in MünchKomm. BGB, § 816 Rn. 57 f.
[59] RGZ 86, 343, 347; BGHZ 24, 106, 110 f.; *Reuter/Martinek*, Ungerechtfertigte Bereicherung, § 16 I 2, S. 550 ff.; *Canaris*, NJW 1991, 2513, 2515; anders aber RGZ 158, 40, 47 f.
[60] Demgegenüber will *Canaris*, NJW 1991, 2513, 2520 f. dem Bereicherungsgläubiger (= Eigentümer des nunmehr belasteten Grundstücks) einen Haftungsvergütungsanspruch gewähren.

> Bei unentgeltlichen Verfügungen schuldet der Erwerber die Herausgabe des durch die Verfügung Erlangten.

Beispiel: A verschenkt und übereignet das von Eigentümer E geliehene Fahrrad an die gutgläubige B. – Der Erwerb ist wirksam nach §§ 932, 929 S. 1 BGB. Ein Anspruch gegen Veräußerer A auf Herausgabe des Veräußerungserlöses ginge ins Leere, da A einen solchen gerade nicht erzielt hat. Gemäß § 816 I 2 BGB schuldet aber B Herausgabe des Erlangten – also insbesondere Rückübertragung des Eigentums an E. Daneben bestehen natürlich vertragliche (§§ 604 I, 280 I und III, 283 BGB) und deliktische (§ 823 I BGB) Ersatzansprüche gegen A.

Der **unentgeltliche Erwerb** vom Nichtberechtigten ist gegenüber dem Berechtigten **nicht konditionsfest**. § 816 I 2 BGB enthält damit zugleich die gesetzgeberische Wertung, dass der **Beschenkte weniger schutzwürdig** ist[61].

Obwohl § 816 I 2 BGB davon spricht, dass den unentgeltlichen Erwerber „die gleiche Verpflichtung" trifft wie den verfügenden Nichtberechtigten bei § 816 I 1 BGB, ist der Anspruch auf etwas ganz Verschiedenes gerichtet: bei Satz 1 auf den Veräußerungserlös (z.B. den Kaufpreis), bei Satz 2 auf den aus der Verfügung erlangten Vorteil (z.B. das Eigentum).

Der **Begriff der Unentgeltlichkeit** ist danach zu bestimmen, ob der Erwerber eine Gegenleistung erbracht hat oder erbringen sollte. Diese muss nicht unbedingt als Kaufpreis deklariert sein. Maßgeblich ist vielmehr, ob die Gegenleistung bei verständiger Würdigung einen Ausgleich für den Erwerb darstellt[62]. Die Gegenleistung muss dabei nicht zwingend an den Verfügenden erbracht worden sein[63].

Probleme bereiten insoweit die sog. **gemischten Schenkungen**. Bei diesen wird zwar eine Gegenleistung vereinbart, doch liegt diese signifikant unter dem Wert der veräußerten Sache.

Abwandlung des Beispiels: A verkauft und übereignet das von E geliehene Fahrrad (Wert 400 €) zum Preis von 40 € an B. – Rechtlich liegt hier eine Schenkung nicht vor und damit eigentlich auch keine Unentgeltlichkeit, da B immerhin 40 € aufwenden musste. Dennoch bereitet der Umstand, dass B nur einen Bruchteil des Wertes bezahlen musste, dem „juristischen Bauchgefühl Schmerzen". Wie kann dem abgeholfen werden?

– In einer – allerdings schon älteren Entscheidung – hat der BGH sich dafür ausgesprochen, dass § 816 I 2 BGB nur anwendbar sein soll, wenn der unentgeltliche Teil überwiegt[64]. Ein Herausgabeanspruch soll dann insgesamt bestehen, die von

---

[61] *Wendehorst* in BeckOK BGB, § 816 Rn. 1; *Schwab* in MünchKomm. BGB, § 816 Rn. 61; *Koppensteiner/Kramer*, Ungerechtfertigte Bereicherung, § 9 III 3 a, S. 96 f.
[62] Näher dazu *Schwab* in MünchKomm. BGB, § 816 Rn. 63.
[63] RGZ 112, 361, 368; BGH JZ 1954, 360 f.; *Reuter/Martinek*, Ungerechtfertigte Bereicherung, § 8 II 1c, S. 334.
[64] BGH WM 1964, 614, 616; dem folgend *Leupertz* in Prütting/Wegen/Weinreich, BGB, § 816 Rn. 15.

dem Dritten erbrachte Gegenleistung wäre nicht zu berücksichtigen[65]. Diese **Alles-oder-nichts-Lösung** versagt aber, wenn die Gegenleistung genau 50 % des Wertes der Sache entspricht. Sie erscheint auch nicht sachgerecht, da ein leichtes Überwiegen des unentgeltlichen Teils die vollständige Herausgabepflicht des Erwerbers begründen würde.

– Vorzugswürdig ist daher eine von weiten Teilen des Schrifttums[66] vorgeschlagene **Teillösung**: Für den entgeltlichen Teil greift § 816 I 1 BGB, d.h. Eigentümer kann vom Veräußerer Herausgabe des Erlöses verlangen. Für den unentgeltlichen Teil ist § 816 I 2 BGB heranzuziehen. Wenn die empfangene Sache nicht geteilt werden kann, was regelmäßig der Fall sein dürfte, tritt gemäß § 818 II BGB an die Stelle der Herausgabepflicht „in Natur" ein Wertersatzanspruch, soweit die Unentgeltlichkeit reicht. Der Erwerber soll sich aber von der anteiligen Wertersatzpflicht dadurch befreien können, dass er die Sache an den Eigentümer Zug um Zug gegen Abtretung des Anspruchs aus § 816 I 1 BGB herausgibt[67].

54 Umstritten ist, ob § 816 I 2 BGB auch anzuwenden ist, wenn die Verfügung **rechtsgrundlos** erfolgt ist.

> **Weitere Abwandlung des Beispiels:** A verkauft das von E geliehene Fahrrad an B. Gegen Zahlung des Kaufpreises übereignet A das Fahrrad (wirksam, §§ 932, 929 S. 1 BGB). Später stellt sich heraus, dass der Kaufvertrag (nicht die Übereignung!) nichtig ist. – Auch hier ist B Eigentümerin geworden. § 816 I 2 BGB scheitert eigentlich daran, dass B gegen Entgelt erworben hat. Allerdings war sie zur Zahlung nicht verpflichtet und sie kann den Kaufpreis von A nach § 812 I 1 Alt. 1 BGB kondizieren, weil der Kaufvertrag nichtig ist und es daher am Rechtsgrund für die Zahlung fehlt. – Genügt das, um die Kondiktion des E gegen B aus § 816 I 2 BGB zuzulassen?

– Der **BGH**[68] bejaht die Anwendung des § 816 I 2 BGB mit Hilfe eines **Erstrecht-Schlusses**: Wenn schon der zwar unentgeltliche, aber doch immerhin mit Rechtsgrund erfolgte Erwerb die Herausgabepflicht des Erwerbers auslöst, dann müsse diese erst recht für den rechtsgrundlosen Erwerb gelten, bei dem eine Gegenleistungspflicht des Erwerbers auch nicht besteht.

– Hiergegen ist mit der **herrschenden Lehre**[69] einzuwenden, dass der Erwerber, der eine nicht geschuldete Gegenleistung zum Erwerb der Sache erbracht hat, durchaus schützenswert ist. Schließlich hat er ein Vermögensopfer tatsächlich erbracht. An den Veräußerer muss er die Sache nur Zug um Zug gegen Rückzahlung dieser Gegenleistung herausgeben. Ließe man die Direktkondiktion gegen

---

[65] A.A. *Krawielicki*, IherJB 81 (1931), 257, 267: Herausgabeanspruch Zug um Zug gegen Ersatz der erbrachten Teilleistung. Wie sich dies dogmatisch begründen ließe, bleibt indes unklar.
[66] *Lorenz* in Staudinger, BGB, § 816 Rn. 28; *Larenz/Canaris*, Schuldrecht II/2, § 69 II 2 c, S. 184 f.; *Reuter/Martinek*, Ungerechtfertigte Bereicherung, § 8 II 1 d, S. 336 f.
[67] *Larenz/Canaris*, Schuldrecht II/2, § 69 II 2 c, S. 186.
[68] BGHZ 37, 363, 368 ff.; zustimmend *Grunsky*, JZ 1962, 207 ff.; *Rothoeft*, AcP 163 (1964), 215, 247 f.
[69] *Lorenz* in Staudinger, BGB, § 816 Rn. 28; *Schwab* in MünchKomm. BGB, § 816 Rn. 67; *Larenz/Canaris*, Schuldrecht II/2, § 69 II 2 b, S. 184; *Reuter/Martinek*, Ungerechtfertigte Bereicherung, § 8 II 1c, S. 343 ff.

den Erwerber analog § 816 I 2 BGB zu, würde der Erwerber diesen Einwand verlieren. Dies erscheint nicht sachgerecht.

> Es verbleibt also beim **rechtsgrundlosen, aber entgeltlichen Erwerb,** also dabei, dass der vormals Berechtigte sich gemäß § 816 I 1 BGB nur an den die die Verfügung vornehmenden Nichtberechtigten halten kann[70].

2. Wirksame Leistung an einen Nichtberechtigten (§ 816 II BGB)

Auch § 816 II BGB stellt einen **speziellen Tatbestand der Eingriffskondiktion** dar: Er regelt die Fälle, in denen eine Leistung zwar an einen Nichtberechtigten erbracht wird, diese aber gegenüber dem Berechtigten wirksam ist. Der die Leistung empfangende Nichtberechtigte ist dann nach § 816 II BGB zur Herausgabe an den Berechtigten verpflichtet. 55

Auch hier findet sich die aus § 816 I BGB bereits bekannte Dreieckskonstellation wieder. Hauptanwendungsfall der Vorschrift ist **§ 407 BGB**[71]. 56

> **Beispiel:** Gläubiger G hat eine Geldforderung gegen Schuldner S. Diese tritt er an Neugläubiger N ab. S, der davon nichts erfährt, zahlt dennoch an G. – Gemäß § 407 I BGB gilt die Zahlung als Erfüllung auch gegenüber dem Zessionar (= Neugläubiger) N, dessen Forderung hierdurch erloschen ist (§ 362 I BGB). Nach § 816 II BGB kann N aber vom Zedenten (= Altgläubiger) G die Herausgabe des Geleisteten fordern.

§ 407 BGB dient dem **Schutz des in Unkenntnis der Abtretung leistenden Schuldners**. *Zu seinen Lasten* wirkt die Vorschrift nicht. Daher muss sich der Schuldner nicht darauf berufen, dass die Leistung auch gegenüber dem Zessionar gilt[72]. 57

> Im **Beispiel** könnte S daher das Geleistete von G gemäß § 812 I 1 Alt. 1 BGB zurückverlangen und nochmals an N leisten. Das würde dazu führen, dass der Anspruch des N gegen G aus § 816 II BGB wegfällt. Hat G seinerseits das Erlangte an N herausgegeben, könnte er dieses nach § 812 I 2 Alt. 1 BGB (*condictio ob causam finitam*) von N zurückverlangen. – Man sieht leicht: Das Ganze ist eher eine theoretische Spielerei.

Auch hier kann die Wirksamkeit dadurch herbeigeführt werden, dass der **Berechtigte die Leistung genehmigt**[73]. Dies folgt schon aus § 362 II BGB, der ausdrücklich auf § 185 BGB verweist. 58

---

[70] Zu Folgefragen siehe *Schwab* in MünchKomm. BGB, § 816 Rn. 59 f.
[71] Weitere Anwendungsfälle sind die §§ 406, 408, 893, 1158 f., 2367 BGB.
[72] BGHZ 52, 154; GH 145, 352, 357, *Stürner* in Jauernig, BGB, § 407 Rn. 3.
[73] BGHZ 85, 267, 272 f.; BGH NJW 1972, 1197, 1199; *v. Caemmerer* in Festschrift Rabel, 1954, S. 333, 393 f.; a.A. *Lorenz* in Staudinger, BGB, § 816 Rn. 32; *Koppensteiner/Kramer*, Ungerechtfertigte Bereicherung, § 9 III 4 b, S. 100 f.; *Roth*, JZ 1972, 150 ff.; differenzierend *Reuter/Martinek*, Ungerechtfertigte Bereicherung, § 8 III 3, S. 353 ff.

V. Die Verwendungskondiktion

59 Kein „Eingriff" in den Zuweisungsgehalt eines fremden Rechts liegt vor, wenn die Vermögensverschiebung auf einer **Handlung des Rechtsinhabers** selbst beruht[74]. Dennoch kann in diesen Fällen eine Nichtleistungskondiktion in Betracht kommen – und zwar insbesondere in Gestalt der sog. Verwendungskondiktion.

> Zur Terminologie: **Aufwendungen** sind freiwillige Vermögensopfer. **Verwendungen** sind sachbezogene Aufwendungen, also freiwillige Vermögensopfer, die unmittelbar einer Sache zugutekommen sollen. Sie können auf die Erhaltung, Wiederherstellung oder Verbesserung des Zustandes einer Sache gerichtet sein. Mehr dazu beim EBV unten § 21 Rn. 76 ff.

Verwendungen auf eine fremde Sache können einen Bereicherungsanspruch auslösen, sofern das Vermögen des Eigentümers hierdurch rechtsgrundlos vermehrt wird.

60 Da Verwendungen auf freiwilligen Handlungen des Verwendenden beruhen, ist in diesen Fällen stets zu fragen, ob nicht eine **Leistung** vorliegt. Wollte der Verwendende das Vermögen des anderen bewusst und zweckgerichtet vermehren, scheidet eine Verwendungskondiktion bereits tatbestandlich aus[75]; in Betracht kommt insoweit die Leistungskondiktion. Für die Verwendungskondiktion ist daher nur Raum, wenn es an einem **Leistungswillen** fehlt.

61 Dies ist insbesondere dann der Fall, wenn die Verwendung auf einem **Irrtum des Verwendenden** beruht. Der Irrtum kann sich zum einen auf „das Verwendete" beziehen. Angesprochen sind damit jene Fälle, in denen der Verwendende gar nicht weiß, dass er ein eigenes Vermögensopfer erbringt.

> „**Schulbeispiel**": Hausmeister H verfeuert für das Haus seines Arbeitgebers versehentlich Kohlen, die ihm selbst gehören. – Hier liegt keine Leistung des H vor, denn diese setzt ein entsprechendes Leistungsbewusstsein voraus. H wollte das Vermögen seines Arbeitgebers aber nicht mehren; dies geschah irrtümlich. (Natürlich kann man an dieser Stelle fragen, ob es sich überhaupt um eine Verwendung im Sinne eines „freiwilligen" Vermögensopfers handelt. Das Kriterium der Freiwilligkeit dient vornehmlich zur Abgrenzung von Aufwendungen und Schäden. Daher sollte es nicht überladen werden. Da H die Handlung willentlich – und damit „freiwillig" – vorgenommen hat, ist eine Verwendung gegeben.)

62 Häufiger bezieht sich der Irrtum aber auf die Sache, der die Verwendungen zugutekommen soll: Der Verwendende nimmt irrtümlich an, dass die Sache ihm gehört, obwohl sie tatsächlich im Eigentum eines anderen steht. Allerdings besteht in diesen Fällen **typischerweise** eine Vindikationslage und damit ein **EBV**. Die §§ 994 ff.

---

[74] Vgl. *Wieling*, Bereicherungsrecht, § 4 II a, S. 53.
[75] *Schwab* in MünchKomm. BGB, § 812 Rn. 315; *Wieling*, Bereicherungsrecht, § 4 II 1 b, S. 54; *Wandt*, Gesetzliche Schuldverhältnisse, § 11 Rn. 60.

V. Die Verwendungskondiktion

BGB enthalten für den Verwendungsersatz spezielle Regeln, die nach – zutreffender – h.M. abschließend sind und somit die **Verwendungskondiktion sperren**[76].

> Die Verwendungskondiktion ist **ausgeschlossen**, wenn ein EBV vorliegt. Die §§ 994 ff. BGB sind insoweit abschließend (dazu unten § 21 Rn. 7).

63

Beispiel: A erwirbt von B ein gebrauchtes Fahrrad. Um den Fahrkomfort zu verbessern, lässt A die Bremsbeläge sowie die Beleuchtung in einer Fachwerkstatt komplett erneuern (Kosten 100 €). Später stellt sich heraus, dass B das Fahrrad dem Eigentümer E gestohlen hat. – A ist wegen § 935 I 1 BGB nicht Eigentümer des Fahrrades geworden. Er muss es E nach § 985 BGB herausgeben. Es stellt sich aber die Frage, ob er Ersatz für die Verwendungen verlangen kann. Denken könnte man insoweit an eine Verwendungskondiktion, denn E wurde durch die Verwendung („in sonstiger Weise") des A rechtsgrundlos bereichert. Doch enthalten die §§ 994 ff. BGB nach h.M. eine abschließende Regelung zum Verwendungsersatz. Diese unterscheiden danach, ob es sich um notwendige, nützliche oder Luxusverwendungen handelt und ob der Besitzer redlich in Ansehung seines vermeintlichen Besitzrechts war.

Damit ist der **Anwendungsbereich** der Verwendungskondiktion **erheblich eingeschränkt**. Es verbleiben namentlich die (seltenen) Fälle, in denen ein Nichtbesitzer Verwendungen auf eine fremde Sache tätigt. Weitere Einschränkungen können sich aus den **GoA-Regeln** ergeben[77]:

64

- Bei der **berechtigten GoA** besteht bereits ein Aufwendungsersatzanspruch nach §§ 683 S. 1, 670 BGB.
- Für die **unberechtigte GoA** verweist § 684 BGB hingegen auf die §§ 812 ff. BGB. Dabei handelt es sich nach h.M. um eine Rechtsfolgenverweisung[78] (dazu unten § 16 Rn. 26 f.), sodass die Tatbestandsvoraussetzungen des § 812 I BGB nicht zu prüfen sind.
- Bei der **Geschäftsanmaßung** (als Fall der unechten GoA) ist § 687 II BGB zu beachten, dessen Wertung nicht durch die Annahme einer Verwendungskondiktion umgangen werden darf[79].

Zur Frage, wie der Berechtigte bei einer **„aufgedrängten" Bereicherung** geschützt werden kann, siehe unten § 6 Rn. 49 f.

---

[76] BGHZ 39, 186 ff.; BGH 41, 157 ff.; BGH 41, 341 ff.; BGH NJW 1996, 52; *Baldus* in Münch-Komm. BGB, § 996 Rn. 9; *Bassenge* in Palandt, BGB, Vor § 994 Rn. 15; *Wendehorst* in BeckOK BGB, § 812 Rn. 160; *Haas*, AcP 176 (1976), 1, 16 ff.; *Hüffer*, JuS 1981, 263, 266; *Schiemann*, Jura 1981, 631, 641 ff.; *M. Wolf*, AcP 166 (1966), 188, 199 ff.; dagegen aber *Medicus/Petersen*, Bürgerliches Recht, Rn. 897; *Canaris*, JZ 1996, 344 ff.; *Hager*, JuS 1987, 877, 880; *Schildt*, JuS 1995, 953, 956 f.
[77] Vgl. dazu *Schwab* in MünchKomm. BGB, § 812 Rn. 317 f.
[78] RGZ 81, 204, 205 f.; BGH WM 1976, 1056, 1060; *Sprau* in Palandt, BGB, § 684 Rn. 1; *Mansel* in Jauernig, BGB, § 684 Rn. 1; *Martinek/Theobald*, JuS 1997, 612, 616; a.A. etwa *Gursky*, AcP 185 (1985), 40 ff.
[79] Vgl. BGHZ 39, 186, 189.

VI. Die Rückgriffskondiktion

> Eine Bereicherung „in sonstiger Weise" kann auch darin bestehen, dass jemand auf Kosten eines anderen **von einer Verbindlichkeit befreit** wird.

65 Angesprochen sind damit insbesondere die Fälle der **Tilgung fremder Schuld**[80], bei denen sich die Frage stellt, ob und ggf. nach welchen Vorschriften der die Leistung bewirkende Dritte beim Schuldner **Regress** nehmen kann.

- Besteht zwischen dem Dritten und dem Schuldner ein **Auftragsverhältnis**, so richtet sich der Ausgleich nach § 670 BGB.
- Fehlt eine rechtsgeschäftliche Grundlage, so liegt in diesen Fällen oft eine GoA vor, denn die Tilgung fremder Schuld ist regelmäßig ein fremdes Geschäft. Der Ausgleich richtet sich bei der **berechtigten GoA** nach den §§ 683 S. 1, 670 BGB. Bei der **unberechtigten GoA** kommt es zum Bereicherungsausgleich nach den §§ 684 S. 1 i.V.m. 812 ff. BGB. Da es sich um eine Rechtsfolgenverweisung handelt, bedarf es der tatbestandlichen Prüfung des § 812 I BGB nicht.
- Lediglich in den Fällen, in denen es am Fremdgeschäftsführungswillen des Dritten fehlt, ist ein eigenständiger Anwendungsbereich für eine **Rückgriffskondiktion nach § 812 I 1 Alt. 2 BGB** eröffnet.

> **Beispiel:** V hat K ein Motorrad unter Eigentumsvorbehalt verkauft. Die Kaufpreisraten hat K noch nicht vollständig gezahlt. D hat seinerseits gegen K eine titulierte und damit vollstreckbare Forderung. Im Wege der Zwangsvollstreckung möchte er (natürlich mit Hilfe eines Gerichtsvollziehers) auf das Motorrad zugreifen (vgl. §§ 808 ff. ZPO). Allerdings steht V als Eigentümer ein „die Veräußerung hinderndes Recht" im Sinne des § 771 ZPO zu, weshalb er gegen die Zwangsvollstreckung in das Motorrad im Wege der Drittwiderspruchsklage vorgehen könnte. Daher entschließt sich D, die offenen Raten an V zu zahlen.
> – Durch die Zahlung tritt die aufschiebende Bedingung vollständiger Kaufpreiszahlung ein und K wird Eigentümer. Infolgedessen kann V nicht mehr nach § 771 ZPO die Zwangsvollstreckung unterbinden. Die Begleichung der Kaufpreisschuld stellt hier für D zwar zumindest ein auch-fremdes Geschäft dar (dazu unten § 15 Rn. 17 ff.), doch dürfte es insofern am – für die GoA erforderlichen (vgl. § 687 BGB) – Fremdgeschäftsführungswillen fehlen. Der Regress soll hier im Wege der Rückgriffskondiktion erfolgen[81].

66 Die **Bedeutung** der Rückgriffskondiktion ist nach alledem ebenfalls **gering**.

> Zu den **Leistungsbeziehungen** bei der Tilgung – tatsächlich oder auch nur vermeintlich bestehender – fremder Verbindlichkeiten siehe unten § 5 Rn. 83 ff. Es handelt sich typischerweise um eine Leistung an den Gläubiger, weshalb der Dritte gegen den Schuldner allenfalls eine Nichtleistungskondiktion haben kann.

---

[80] Dazu *Eichenhofer*, JuS 1991, 553.
[81] Vgl. *Medicus/Petersen*, Bürgerliches Recht, Rn. 949; *Wandt*, Gesetzliche Schuldverhältnisse, § 11 Rn. 71.

VII. Der bereicherungsrechtliche Durchgriff nach § 822 BGB

Eine besondere Nichtleistungskondiktion ist schließlich in § 822 BGB geregelt:

67

> Hat der Bereicherungsschuldner das Erlangte **unentgeltlich** an einen Dritten weitergeben und kann er sich deswegen nach § 818 III BGB auf den **Wegfall der Bereicherung** berufen, so kann der Bereicherungsgläubiger – ausnahmsweise – Herausgabe von dem Dritten verlangen.

Es handelt sich um eine Form des bereicherungsrechtlichen Durchgriffs auf einen Dritten. Die Vorschrift steht in engem Zusammenhang mit § 818 III BGB und wird daher bei den Rechtsfolgen (unten § 6 Rn. 53 ff.) vertieft behandelt.

§ 5 Bereicherungsausgleich in Mehrpersonenverhältnissen

Literatur: *Belling/Belling*, Zahlungsdiensterecht und Bereicherungsausgleich bei nicht autorisierten Zahlungsvorgängen, JZ 2010, 708; *Canaris*, Der Bereicherungsausgleich im Dreipersonenverhältnis, Festschrift Larenz, 1973, S. 799; *Kiehnle*, Die fehlerhaft ausgeführte Anweisung: Neues vom Bereicherungsausgleich in Dreiperson, Jura 2009, 604; *ders.*, Fehlüberweisungen und Bereicherungsausgleich nach der Zahlungsdiensterichtlinie, Jura, 2012, 901, 985; *St. Lorenz*, Bereicherungsrechtliche Drittbeziehungen, JuS 2003, 839; *W. Lorenz*, Bereicherungsrechtliche Drittbeziehungen, JuS 1968, 441; *Neef*, Die bereicherungsrechtliche Rückabwicklung bei fehlerhafter Anweisung, JA 2006, 458; *Staake*, Die Bestimmung des Leistenden im Bereicherungsrecht, WM 2005, 2113; *Winkelhaus*, Der Bereicherungsausgleich im Lichte des neuen Zahlungsdiensterechtes, BKR 2010, 441; *Würdinger*, Die bereicherungsrechtliche Rückabwicklung bei einem Widerspruch des Zahlenden im Einzugsermächtigungsverfahren, JuS 2007, 418.

Übungsfälle: *Hack/Thümmel*, JuS 2009, 46; *Tamm*, Ad Legendum 2010, 193.

I. Einführung

In § 812 I 1 BGB ist von **zwei Personen** die Rede: demjenigen, der etwas ohne Rechtsgrund erlangt hat und der nunmehr Herausgabe des Erlangten schuldet (Bereicherungsschuldner), und dem „anderen", der die Herausgabe verlangen kann (Bereicherungsgläubiger). In **Zweipersonenverhältnissen** fällt deren Bestimmung verhältnismäßig leicht:

– Wurde die ausgleichsbedürftige Vermögensverschiebung durch eine **Leistung** bewirkt, ist der Leistende Bereicherungsgläubiger und der Empfänger Bereicherungsschuldner (siehe oben § 3 Rn. 29 ff.).
– In allen anderen Fällen ist zu fragen, **auf wessen Kosten** etwas – in bereicherungsrechtlich relevanter Weise (dazu oben § 4 Rn. 7 ff.) – erlangt wurde; das ist dann der Bereicherungsgläubiger.

Sobald **weitere Personen** hinzukommen, wird es komplizierter. Das hat bereits § 816 BGB gezeigt, der für bestimmte Dreipersonenverhältnisse eine Sonderregelung enthält, die der allgemeinen Eingriffskondiktion des § 812 I 1 Alt. 2 BGB vorgeht. Die Vorschrift erfasst aber bei weitem nicht alle Konstellationen, in denen drei oder mehr Personen in bereicherungsrechtlich relevanter Weise zusammenwirken. Diese können vielgestaltig sein – denn: Das Mehrpersonenverhältnis schlechthin gibt es nicht. Die Beteiligung mehrerer kann dem der Vermögensverschiebung zugrunde liegenden Rechtsgeschäft geschuldet sein; sie kann aber aus Sicht eines der Beteiligten auch zufällig sein.

So ergibt sich beispielsweise beim **Vertrag zugunsten Dritter** (§§ 328 ff. BGB) die Beteiligung mehrerer Personen notwendig aus der zugrunde liegenden Abrede. Der Versprechende verspricht dem Versprechensempfänger, eine Leistung an einen Dritten zu erbringen. (Doch leistet er auch im bereicherungsrechtlichen Sinne wirklich an den Dritten? Dazu unten Rn. 67 ff.) – Zahlt hingegen ein Käufer den Kaufpreis an seinen Verkäufer nicht in bar, sondern mittels Überweisung von seinem Bankkonto auf das des Verkäufers, sind in diese Vermögensverschiebung zwar auch Dritte eingeschaltet (die kontoführenden Kreditinstitute), doch erfüllen diese lediglich Hilfsfunktionen.

3 In Mehrpersonenverhältnissen kann die Bestimmung von Bereicherungsgläubiger und Bereicherungsschuldner schwierig sein. Zu fragen ist auch hier (wie im Zweipersonenverhältnis) stets, ob eine Leistung vorliegt – und wenn ja: wer Leistender und wer Leistungsempfänger ist. Der **Leistungsbegriff** ist dabei in zweierlei Hinsicht von besonderer Bedeutung:

– Der **Leistungsbegriff** ist **normativ geprägt** und **Wertungen zugänglich** (siehe schon oben § 3 Rn. 34 ff.). Bei den Mehrpersonenverhältnissen kommt diese „Normativität" besonders zum Tragen, da die zu berücksichtigenden Interessen und die damit einhergehenden Wertungen vielschichtiger sind als im Zweipersonenverhältnis. Hier wird insbesondere die Unterscheidung zwischen Zuwendung und Leistung (oben § 3 Rn. 29) bedeutsam.
– Die Bedeutung des Leistungsbegriffs wird durch das sog. „**Subsidiaritätsdogma**" noch zusätzlich erhöht: Das Vorliegen einer Leistung soll nach herrschender Auffassung eine Nichtleistungskondiktion ausschließen und zwar unabhängig von der Person des Leistenden.

4 Zu einer gewissen Mystifizierung beigetragen hat der **BGH**, der in ständiger Rechtsprechung betont, dass „das Bereicherungsrecht in besonderem Maße eine **wirtschaftliche und nicht rechtsformale Betrachtungsweise** gebiete"[1] und „dass sich bei der bereicherungsrechtlichen Behandlung von Vorgängen, an denen mehr als zwei Personen beteiligt sind, **jede schematische Lösung verbietet**"[2]. Vielmehr seien „in erster Linie die **Besonderheiten des einzelnen Falles** für die **sachgerechte bereicherungsrechtliche Abwicklung** zu beachten"[3]. Gewiss: Bereicherungsrecht ist Wertungsrecht, aber diese Wertungen sind – das sei nochmals betont – **nicht beliebig**. Das wird durch die Formulierungen des BGH leider verschleiert! **Achtung:** Dass die Beantwortung der Frage, wer Bereicherungsgläubiger und wer Bereicherungsschuldner ist, oft anhand von Wertungen getroffen werden muss, darf nicht dazu verleiten, auf jedwede Systematik in der gutachterlichen Prüfung zu verzichten. Die anzustellenden Wertungen sind vielmehr an geeigneter Stelle bei der Prüfung der Tatbestandsmerkmale einzubeziehen. Dazu sogleich mehr.

---

[1] BGHZ 36, 232, 234; BGH NJW 1962, 580.
[2] BGHZ 50, 227, 229; BGHZ 61, 289, 292; BGHZ 105, 365, 369; BGHZ 122, 46, 51.
[3] BGHZ 58, 184, 187.

Der Bereicherungsausgleich im Mehrpersonenverhältnis ist also in besonderem Maße wertungsabhängig. Hinter dieser Aussage verbirgt sich eine fundamentale Forderung: Die an anderer Stelle im Gesetz getroffenen Wertungen sollen bei der Anwendung der §§ 812 ff. BGB berücksichtigt werden. Es geht also darum, **Wertungswidersprüche zu vermeiden**. Die Schwierigkeit besteht nun darin, die maßgeblichen Wertungen zu erkennen, zu benennen und mit anderen Wertungen abzugleichen.

Die bereicherungsrechtlich relevanten Mehrpersonenverhältnisse sind vielgestaltig; sie lassen sich aber in **Fallgruppen** einteilen. Dies ist kein Selbstzweck. Die Systematisierung hilft vielmehr dabei, Gemeinsamkeiten und Unterschiede aufzudecken und so Argumente für oder wider die einheitliche Behandlung der jeweiligen Konstellationen zu gewinnen. So kann die durch gesetzliche Wertungen vorgeprägte Lösung in *dieser* Konstellation Rückschlüsse auf *jene* Konstellation zulassen. An die Stelle der vom BGH propagierten Einzelfallgerechtigkeit tritt so eine **Systemgerechtigkeit**, die in hohem Maße auf der **Konsistenz** der bei der Rechtsanwendung zu berücksichtigen Wertungen beruht.

II. Leistungsbeziehungen in Mehrpersonenverhältnissen

1. Grundlegende Wertungen

Leistung im Sinne der §§ 812 ff. BGB ist die bewusste und *zweckgerichtete* Vermehrung fremden Vermögens. Vermögensverschiebungen erfolgen im Rechtsverkehr in aller Regel mit einer bestimmten Zielsetzung. Zumeist geht es darum, Verbindlichkeiten zu erfüllen; hierin besteht dann der **Zweck der Leistung** (siehe schon oben § 3 Rn. 24 ff.). Leistungen erfolgen also nicht um ihrer selbst willen, sondern sie sind „rechtsgrundbezogen".

In **Zweipersonenverhältnissen** ergibt sich der Leistungszweck regelmäßig allein aus dem zwischen dem Leistenden und dem Empfänger bestehenden Rechtsverhältnis: Der Leistende will das Vermögen des Empfängers vermehren, weil er sich ihm gegenüber zur Leistung verpflichtet glaubt. Ein Kausalverhältnis führt zu einer Leistung. Ist das Kausalverhältnis unwirksam, so ist rückabzuwickeln.

> **Beispiel:** Käufer K bezahlt den Kaufpreis an Verkäufer V in bar. – Die Zahlung ist eine Leistung von K an V. Leistungszweck ist die Erfüllung der Kaufpreisschuld. Stellt sich später heraus, dass der Kaufvertrag unwirksam ist, so kann K von V (von wem auch sonst?) Rückzahlung des Kaufpreises gemäß § 812 I 1 Alt. 1 BGB verlangen.

In **Mehrpersonenverhältnissen** bestehen typischerweise **mehrere, voneinander grundsätzlich unabhängige Kausalverhältnisse** zwischen den Beteiligten. Nach diesen Kausalverhältnissen bestimmt sich die mit einer Vermögensverlagerung verbundene Zwecksetzung. Die Richtung der tatsächlichen Vermögensverschiebung (= Zuwendung) sagt noch nichts darüber aus, wer an wen geleistet hat. Durch eine Zuwendung können zugleich mehrere Leistungsbeziehungen begründet werden.

Abwandlung zum Beispiel: K zahlt nicht selbst, sondern bittet den Dritten D, den Kaufpreis an V zu zahlen. Da D dem K seinerseits noch Rückzahlung eines Darlehens in gleicher Höhe schuldet, folgt er dieser Bitte und zahlt an V. – Der tatsächliche Vermögensfluss spiegelt die von den Beteiligten verfolgten Zwecke nicht wider. D geht es nicht darum, das Vermögen des V zu mehren. Er zahlt an V nur, weil er eine Verbindlichkeit gegenüber K hat, die er durch die Zahlung an V erfüllen will. Gleichzeitig will K durch Zahlung des D seine Verbindlichkeit aus dem Kaufvertrag mit V erfüllen. V wiederum kann es egal sein, ob das Geld von K oder D kommt. Die Zuwendung des D an V stellt sich somit als Leistung des D an K dar. Darüber hinaus handelt es sich, da D Erfüllungsgehilfe des K ist, auch um eine Leistung des K an V. **Warum ist das wichtig?** Weil nach § 812 I 1 Alt. 1 BGB derjenige kondizieren kann, der rechtsgrundlos geleistet hat. War der Kaufvertrag zwischen K und V unwirksam, so kann K – wie im Ausgangsfall! – die Rückzahlung von V verlangen. Für D spielt hingegen allein das Kausalverhältnis zu K eine Rolle. Schuldete D dem K nichts, so kann er nicht von V Rückzahlung verlangen, weil er an diesen nicht geleistet hat. Er kann aber einen Anspruch aus § 812 I 1 Alt. 1 BGB gegen K haben.

10 Die Leistungsbeziehungen sind maßgebend für die Frage nach dem „Ob" und dem „Wie" der bereicherungsrechtlichen Rückabwicklung.

Der **BGH**[4] formuliert: „Entscheidend ist, welchen Zweck die Beteiligten nach ihrem zum Ausdruck gekommenen Willen verfolgt haben. Danach richtet sich auch die einer Zuwendung gegebene Zweckbestimmung, die wiederum für das Leistungsverhältnis maßgebend ist, innerhalb dessen der bereicherungsrechtliche Ausgleich zu suchen ist." In Mehrpersonenverhältnissen ist daher stets anhand der Kausalverhältnisse zu fragen, wer mit einer Zuwendung welchen Zweck verfolgt hat. Hieraus sind dann die Leistungsbeziehungen abzuleiten. Tatbestandlich zu verorten ist die Problematik im Rahmen der Prüfung des § 812 I 1 Alt. 1 BGB beim Merkmal „durch Leistung".

Klausurtipp: Hier sollte sprachlich sauber gearbeitet werden: Solange die Leistungsbeziehung nicht geklärt ist, sollte nur von einer „Zuwendung" die Rede sein. **Falsch** wäre es etwa, im Beispielsfall zunächst von einer „Leistung des D an V" zu sprechen, nur um diese später zur Leistung des D an K und des K an V „umzuqualifizieren".

11 Der Bereicherungsausgleich soll **innerhalb der Leistungsbeziehungen** erfolgen. Diese richten sich wiederum nach den zwischen den Beteiligten bestehenden Kausalverhältnissen. Warum aber ist das so?

Noch einmal der **BGH**[5]: „Der tiefere Grund für die bereicherungsrechtliche Abwicklung im jeweils fehlerhaften Leistungsverhältnis liegt in der von den Beteiligten *im Rahmen der Privatautonomie getroffenen Auswahl ihres Geschäftspartners*, an den sie sich auch bei rechtsfehlerhaften Beziehungen grundsätzlich halten müssen."

---

[4] BGHZ 105, 365, 369.
[5] BGH NJW 2008, 2331.

Die dahinter stehenden **Wertungen** hat *Canaris*[6] wie folgt zusammengefasst:

- **Einwendungen:** Die Parteien eines fehlerhaften Kausalverhältnisses sollen grundsätzlich ihre Einwendungen gegen den anderen Teil behalten. Umgekehrt soll niemand mit Einwendung aus dem Verhältnis des anderen Teils zu einem Dritten belastet werden.
- **Insolvenzrisiko:** Jeder soll nur das Risiko desjenigen tragen, den er sich als Vertragspartner ausgesucht hat. Niemand soll mit dem Insolvenzrisiko eines Dritten belastet werden.
- **Partei- und Prozessrollen:** Über die Wirksamkeit eines Kausalverhältnisses sollen nur die daran beteiligten Personen im Prozess streiten müssen.

Zu beachten ist aber, dass diese Wertungen durch andere gesetzliche Wertungen **überlagert oder verdrängt** werden können. Eine wichtige Schranke stellen insoweit **Zurechnungsmängel** (z.B. wegen Geschäftsunfähigkeit oder Minderjährigkeit) dar[7]. Hierauf wird noch zurückzukommen sein (siehe unten Rn. 54).

Im Folgenden sollen die aufgezeigten Wertungen anhand der wichtigsten **Fallgruppen** noch einmal nachvollzogen und präzisiert werden. Dabei soll es nicht darum gehen, alle möglichen Konstellationen samt der dazu jeweils vertretenen Auffassungen darzustellen. Nicht deren Kenntnis ist entscheidend, sondern das **Verständnis für die Zusammenhänge** und die von den verschiedenen Auffassungen vorgebrachten Argumente. – Ausgeklammert bleiben soll dabei vorerst noch der **Sonderfall des § 822 BGB**. Danach kann der Gläubiger auch auf einen Dritten zugreifen, wenn sein Schuldner sich darauf berufen kann, entreichert zu sein (§ 818 III BGB), und der Dritte den Bereicherungsgegenstand unentgeltlich erlangt hat. Unter diesen Voraussetzungen lässt § 822 BGB die Direktkondiktion gegen den Dritten zu. Näheres dazu bei der Darstellung der Rechtsfolgen unten § 6 Rn. 53 ff.

2. Ausgangspunkt: Die Lieferkette

Die Kernaussage des BGH, dass sich die Rückabwicklung innerhalb der Leistungsverhältnisse vollzieht und die dahinter stehenden Wertungen werden besonders deutlich bei dem **am einfachsten gelagerten Fall der Mehrfachleistung**: der sog. Lieferkette. Hier sind mehrere Leistungen „nacheinander geschaltet"[8].

Beispiel: A verkauft und übereignet an B einen Schrank (Wert 500 €); B zahlt im Gegenzug den Kaufpreis von 500 € an A. Später verkauft und übereignet B den Schrank weiter an C, der hierfür 600 € an B zahlt.

---

[6] *Larenz/Canaris*, Schuldrecht II/2, § 70 VI 1 b, S. 247; *Canaris* in Festschrift Larenz, 1973, S. 799, 802 f.; zustimmend etwa *Medicus/Petersen*, Bürgerliches Recht, Rn. 667.
[7] *Canaris*, NJW 1991, 2513, 2519.
[8] Dazu *Wendehorst* in BeckOK BGB, § 812 Rn. 172 ff.

15 Der Leistungszweck ergibt sich aus den zugrunde liegenden Kausalverhältnissen; diese enthalten zugleich den Rechtsgrund für die jeweilige Leistung. **Störungen in den Kausalverhältnissen betreffen folglich nur die daran Beteiligten**[9].

Variante 1: Der Kaufvertrag zwischen B und C ist unwirksam.

B hat an C rechtsgrundlos geleistet und kann daher gemäß § 812 I 1 Alt. 1 BGB kondizieren. Der Anspruch ist auf Herausgabe des rechtsgrundlos Erlangten gerichtet, also auf Rückübereignung und Übergabe des Schrankes. C steht gegen B ebenfalls ein Anspruch aus § 812 I 1 Alt. 1 BGB auf Rückzahlung des Kaufpreises in Höhe von 600 € zu. Beide Ansprüche sind Zug-um-Zug zu erfüllen (näher unten § 6 Rn. 63). – A ist von alledem nicht betroffen, da seine Leistungsbeziehung zu B nicht gestört ist.

Variante 2: Der Kaufvertrag zwischen A und B ist unwirksam.

In diesem Fall kann A von B aus § 812 I 1 Alt. 1 BGB vorgehen. Die Rückübereignung und Herausgabe des Schrankes ist B aber nicht möglich, da er Eigentum und Besitz (wirksam) an C übertragen hat. A kann daher lediglich Wertersatz verlangen (§ 818 II BGB), also Zahlung von 500 €. (Nicht geschuldet ist die Herausgabe des Veräußerungserlöses, näher dazu unten § 6 Rn. 11 ff.). B steht seinerseits ein Anspruch auf Rückzahlung des Kaufpreises (ebenfalls 500 €) zu. Nach den Grundsätzen der Saldotheorie werden beide Ansprüche *ipso iure* verrechnet (siehe § 6 Rn. 63). – Von alledem bleibt C unbehelligt.

16 Die bereicherungsrechtliche Rückabwicklung findet auch dann innerhalb der jeweiligen Kausalverhältnisse statt, wenn beide Kausalverhältnisse gestört sind (**Doppelnichtigkeit**)[10].

Variante 3: Sowohl der Kaufvertrag zwischen B und C als auch der Kaufvertrag zwischen A und B ist unwirksam.

B hat rechtsgrundlos an C geleistet und kann von diesem nach § 812 I 1 Alt. 1 BGB Rückübereignung verlangen. A hat seinerseits an B geleistet, folglich muss er sich nach § 812 I 1 Alt. 1 BGB an diesen halten. Eine **Direktkondiktion** des A gegen C **scheidet aus!** Fraglich ist aber, worauf der Anspruch des A gegen B gerichtet ist. Erlangt hatte B zunächst Eigentum und Besitz am Schrank. Beides hat er jedoch durch (wirksame) Übereignung an C verloren. Stattdessen hat B aber den Bereicherungsanspruch gegen C erlangt.

---

[9] *Wendehorst* in BeckOK BGB, § 812 Rn. 174; *Larenz/Canaris*, Schuldrecht II/2, § 70 I 1, S. 200.
[10] *Kindl* in BeckOK BGB, § 951 Rn. 7 mit weiteren Nachweisen.

- Der Anspruch des A könnte daher auf Abtretung des Anspruchs des B gegen C gerichtet sein. Schlagwortartig wird dies als **"Kondiktion der Kondiktion"** bezeichnet[11]. Dies widerspräche aber den oben Rn. 12 dargelegten Wertungsgrundsätzen. Denn C könnte auch A nach erfolgter Abtretung gemäß § 404 BGB weiterhin alle Einwendungen aus dem Kausalverhältnis zu B entgegenhalten, insbesondere den Zug-um-Zug zu erfüllenden Anspruch auf Rückzahlung des Kaufpreises in Höhe von 600 €. Zudem würde A hierdurch das Insolvenzrisiko des C auferlegt werden. A hat sich C aber nicht als Vertragspartner ausgesucht.
- Daher spricht sich die herrschende Meinung[12] gegen eine „Kondiktion der Kondiktion" aus. In Betracht kommt danach auch hier nur ein **Wertersatzanspruch** gemäß § 818 II BGB. Dies überzeugt. Es ist nämlich nicht gerechtfertigt, A dazu zu zwingen, sich statt mit B nun mit dessen Vertragspartner C auseinanderzusetzen.

Ergänzender Hinweis: Wären auch die Übereignungen unwirksam, so könnte A unmittelbar gegen C vorgehen und Herausgabe des Schrankes verlangen. Anspruchsgrundlage wäre dann aber nicht § 812 I 1 BGB, sondern § 985 BGB!

> Kann der Bereicherungsgegenstand durch den Bereicherungsschuldner nicht herausgegeben werden, steht ihm stattdessen aber ein Bereicherungsanspruch gegen einen Dritten zu, so kann der Bereicherungsgläubiger **nicht** auf eine **Kondiktion der Kondiktion** verwiesen werden.

17

Die dahinter stehenden Wertungen dienen dem **Schutz des Bereicherungsgläubigers.** Die Bedenken gegen eine Kondiktion der Kondiktion greifen aber dann nicht, wenn der Bereicherungsgläubiger die damit verbundenen Risiken freiwillig in Kauf nimmt, um den Bereicherungsgegenstand wiederzubekommen. Daher sollte man dem Bereicherungsgläubiger ein **Wahlrecht** einräumen, ob er von seinem Vertragspartner Wertersatz nach § 818 II BGB oder Abtretung von dessen Bereicherungsanspruch gegen den Dritten verlangt[13].

18

Die Kondiktion der Kondiktion kann aber **zusätzliche Aufwendungen** (z.B. Rückzahlung des vom Dritten entrichteten Kaufpreises) erforderlich machen; sie dürfte daher **nur ausnahmsweise** für den Bereicherungsgläubiger **von Interesse** sein. Eine Einigung zwischen Bereicherungsgläubiger und -schuldner, dass die Abtretung des Bereicherungsanspruchs gegen den Dritten als Leistung erfüllungshalber oder an Erfüllung statt gelten soll, ist ohnehin stets möglich.

3. Streckengeschäft

In der Praxis werden Lieferketten oft „abgekürzt". Zwar sind weiterhin mehrere Kausalverhältnisse nacheinander geschaltet, doch wird die tatsächliche Güterbe-

19

---

[11] Für eine solche etwa OLG Saarbrücken, ZIP 1999, 2054, 2057; *Reuter/Martinek*, Ungerechtfertigte Bereicherung, § 11 II 2 b, S. 415 f.; *Lorenz*, JZ 1968, 53.
[12] OLG München, MDR 1998, 1345; *Schwab* in MünchKomm. BGB, § 812 Rn. 72 ff.; *Canaris* in Festschrift Larenz, 1973, S. 799, 811; *ders.*, WM 1980, 354.
[13] Vgl. dazu *Schwab* in MünchKomm. BGB, § 812 Rn. 74.

wegung **nicht** mehr **über alle Glieder der Kette** vollzogen. Man spricht dann von einem „**Streckengeschäft**"[14] oder von der „**Durchlieferung**"[15].

> **Beispiel:** A verkauft einen ihm gehörenden Schrank an B. Noch vor der Lieferung verkauft B den Schrank weiter an C und erklärt, der Schrank werde C von A direkt nach Hause geliefert. Auf Weisung des B liefert A den Schrank unmittelbar an C.

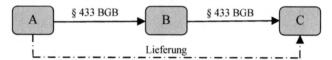

20 **Schuldrechtlich** unterscheidet sich diese Konstellation nicht von der einfachen Lieferkette. Es bestehen zwei voneinander unabhängige Kaufverträge, die Anlass und Grundlage für die anschließende Güterbewegung sind.

a) Sachenrechtliche Einordnung

21 Die **sachenrechtliche** Ebene ist komplizierter, obwohl die tatsächliche Güterbewegung vereinfacht wurde: Erwirbt der Belieferte Eigentum direkt vom Lieferanten? Oder findet ein Durchgangserwerb des am tatsächlichen Güteraustausch nicht beteiligten „Zwischengliedes" statt?

> Ursprünglich war in unserem **Beispiel** A Eigentümer. Daran, dass er das Eigentum durch rechtsgeschäftliche Übereignung nach § 929 S. 1 BGB verloren hat, besteht kein Zweifel. Die Frage ist nur: an wen?
>
> - Auf den ersten Blick spricht einiges für eine Übereignung von A an C. Schließlich hat A den Schrank unmittelbar an C geliefert, also übergeben im Sinne des § 929 S. 1 BGB. Zweifelhaft ist aber, ob A auch den für die dingliche Einigung erforderlichen Willen hatte, die Sache gerade an C zu übereignen. Dies dürfte im Regelfall zu verneinen sein. A muss über das zwischen B und C bestehende Kausalverhältnis nichts wissen. Daher kann er nicht sicher sein, ob B dem C wirklich Eigentum oder lediglich den Besitz am Schrank verschaffen will. A seinerseits ist B gegenüber aus dem Kaufvertrag zur Übereignung verpflichtet. Diese Pflicht will er erfüllen. Sofern die Auslegung im Einzelfall nichts anderes ergibt, ist also davon auszugehen, dass er B das Eigentum verschaffen wollte.
> - B wiederum wollte zwar, dass A an C liefert. Zugleich sollte diese Lieferung aber als Erfüllung der Pflicht des A aus dem Kaufvertrag gelten. Die dingliche Einigung zwischen A und B ist somit gegeben. Auch das Übergabeerfordernis des § 929 S. 1 BGB ist erfüllt, wenn man zutreffend die Übergabe an einen Dritten als ausreichend erachtet[16]. B hat A zu erkennen gegeben, dass die Übergabe an C wie eine Übergabe an ihn wirken soll.
>
> Damit ergibt sich folgendes Bild:

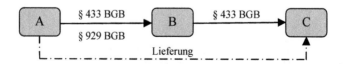

---

[14] *Kindl* in BeckOK BGB, § 929 Rn. 32; *Oechsler* in MünchKomm. BGB, § 929 Rn. 67.

[15] *Loewenheim*, Bereicherungsrecht, S. 30 f.; *Koppensteiner/Kramer*, Ungerechtfertigte Bereicherung, § 5 II, S. 21.

[16] BGH NJW 1973, 141 ff.; BGH NJW 1974, 1132 ff.

Beim Streckengeschäft findet also regelmäßig ein **Durchgangserwerb** statt[17]. Der Lieferant übereignet die Sache an seinen Vertragspartner durch die Übergabe an den Empfänger. Dies bezeichnet man auch als **Geheißerwerb**[18]: Auf *Geheiß* des Erwerbers wird die Sache nicht an ihn, sondern an den Empfänger übergeben. Wie aber gelangt das Eigentum zum Empfänger? Auch hierfür kann die Figur des Geheißerwerbs fruchtbar gemacht werden[19]. Das **Zwischenglied bedient sich** nämlich nicht nur des Dritten, um selbst Eigentümer zu werden, sondern **auch des Lieferanten**, um seine eigene Pflicht zur Übereignung an den Empfänger zu erfüllen.

22

> Für unser **Beispiel** bedeutet das: B wollte seine Pflicht aus dem Kaufvertrag mit C unter Einschaltung des A erfüllen. Auch A handelte also „auf Geheiß" des B. Aus Sicht des C macht es keinen Unterschied, ob er den Schrank unmittelbar von B oder einer von B bestimmten Person (hier A) erhält. Ausreichend ist, dass sowohl B als auch C die Lieferung des Schrankes durch A als Erfüllung der Verkäuferpflicht des B gelten lassen wollten. Die dingliche Einigung zwischen B und C ist damit gegeben. Auch dem Übergabeerfordernis des § 929 S. 1 BGB ist Genüge getan, da es hierfür ausreicht, dass der Veräußerer dem Erwerber den Besitz verschafft hat. Dies hat B durch die Weisung an A, den Schrank an C zu liefern, getan.

Abschließend lässt sich also folgendes Bild zeichnen:

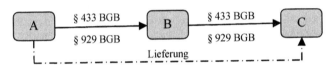

Beim Streckengeschäft vollzieht sich durch die Lieferung ein **doppelter Geheißerwerb**, bei dem sowohl Lieferant als auch Empfänger Geheißpersonen des Zwischengliedes sind[20]. Das „Zwischenglied" selbst wird nur – aber immerhin! – für eine „**juristische Sekunde**" Eigentümer[21]. Damit entspricht auch die sachenrechtliche Lage derjenigen bei der einfachen Lieferkette.

23

b) Bereicherungsrechtliche Rückabwicklung

Die bereicherungsrechtliche Rückabwicklung bereitet nun keine Schwierigkeiten mehr: Die schuld- und sachenrechtliche Lage entspricht derjenigen bei der einfachen Lieferkette. Folglich gelten die oben Rn. 14 ff. entwickelten Regeln auch beim Streckengeschäft:

24

---

[17] *Berger* in Jauernig, BGB, § 929 Rn. 16; *Kindl* in BeckOK BGB, § 929 Rn. 32; *Klinck* in Staudinger, Eckpfeiler des Zivilrechts, Eigentum, Rn. 24.
[18] BGHZ 36, 56 ff.; *Loewenheim*, Bereicherungsrecht, S. 31; *Larenz/Canaris*, Schuldrecht II/2, § 70 III 3 a, S. 217 f.
[19] *Larenz/Canaris*, Schuldrecht II/2, § 70 III 3 a, S. 217 f.
[20] Vgl. *Medicus/Petersen*, Bürgerliches Recht, Rn. 671.
[21] BGH NJW 1986, 1166 f.; *Wendehorst* in BeckOK BGB, § 812 Rn. 110; *Oechsler* in MünchKomm. BGB, § 929 Rn. 71; *Kindl*, Rechtsscheintatbestände und ihre rückwirkende Beseitigung, 1999, S. 335 f.

> Die **Leistungsbeziehungen** richten sich nach den Kausalverhältnissen, da diese den Leistungszweck bilden. Sind einzelne oder alle Kausalverhältnisse unwirksam, ist **im jeweiligen Kausalverhältnis rückabzuwickeln.**

In unserem **Beispielsfall** stellen sich beide Kaufverträge als unwirksam heraus.

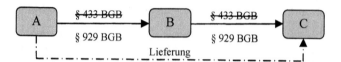

Die Lieferung von A an C stellt eine tatsächliche Vermögensverschiebung, also **eine Zuwendung** dar, die zugleich **zwei Leistungsbeziehungen** begründet: von A an B und von B an C. Beide Leistungen erfolgten rechtsgrundlos und können mithin nach § 812 I 1 Alt. 1 BGB kondiziert werden.

- B kann von C Rückübereignung verlangen. Hat C den Kaufpreis schon gezahlt, muss er nur Zug-um-Zug gegen Rückzahlung erfüllen.
- Solange B den Schrank von C noch nicht zurückerlangt hat, steht A gegen B nur ein Wertersatzanspruch zu. **Ein Direktanspruch gegen C steht A nicht zu.** Nach hier vertretener Auffassung kann A sich aber auch für eine Kondiktion der Kondiktion entscheiden und Abtretung des Anspruchs des B gegen C an sich verlangen (mit den oben Rn. 18 beschriebenen Nachteilen).

4. Anweisungsfälle

a) Zum Begriff der Anweisung

25 Das Streckengeschäft soll den Rechtsverkehr vereinfachen: Die tatsächliche Güterbewegung soll nicht den Umweg über sämtliche Kausalverhältnisse nehmen müssen, sondern verkürzt erfolgen. Dabei geht es beim Streckengeschäft um die Lieferung von beweglichen Sachen. Auch bei anderen Formen des Leistungsaustauschs, wie etwa dem **Zahlungsverkehr**, besteht ein Bedürfnis nach Vereinfachung. Der Gesetzgeber hat hierfür unter anderem die „Anweisung" vorgesehen, die in den §§ 783 ff. BGB geregelt ist.

26 Im juristischen Sprachgebrauch wird der Begriff „Anweisung" *nicht* einheitlich verwendet. Es ist wie folgt zu unterscheiden[22]:

- **Anweisung im weiteren Sinne** ist die an einen anderen gerichtete Aufforderung und Ermächtigung, für Rechnung des Anweisenden an einen Dritten etwas zu leisten.
- **Anweisung im engeren (technischen) Sinne** ist eine Urkunde, in der ein anderer angewiesen wird, Geld, Wertpapiere oder andere vertretbare Sachen an einen Dritten zu leisten (§ 783 BGB). Das ist die sog. „bürgerlich-rechtliche Anweisung".

---

[22] Vgl. *Habersack* in MünchKomm. BGB, § 783 Rn. 7 f.; *Martinek* in Staudinger, Eckpfeiler des Zivilrechts, Ungerechtfertigte Bereicherung und GoA, Rn. 43.

b) Die bürgerlich-rechtliche Anweisung

> An Anweisungen im Sinne der §§ 783 ff. BGB sind **beteiligt**:
> - der **Anweisende**,
> - der **Angewiesene**, der die Leistung auf Rechnung des Anweisenden erbringen soll und
> - der **Anweisungsempfänger (Dritte)**, an den die Leistung erbracht werden soll.

27

Das Verhältnis zwischen Anweisendem und Angewiesenem bezeichnet man als **Deckungsverhältnis**[23]. Hierdurch wird die Leistungspflicht des Angewiesenen begründet; hiernach bestimmt sich, welche Gegenleistung er vom Anweisenden verlangen kann. Darüber, warum der Anweisungsempfänger die Leistung erhalten soll, sagt das Deckungsverhältnis regelmäßig nichts aus. Das ergibt sich vielmehr aus der zwischen Anweisendem und Anweisungsempfänger bestehenden Kausalbeziehung (sog. **Valutaverhältnis**). Aufgrund der Anweisung erbringt der Angewiesene schließlich eine Zuwendung an den Anweisungsempfänger. Ein eigenes Kausalverhältnis besteht insoweit aber nicht. Das Verhältnis zwischen Angewiesenem und Anweisungsempfänger wird als **Zuwendungsverhältnis** (auch: Vollzugsverhältnis) bezeichnet.

28

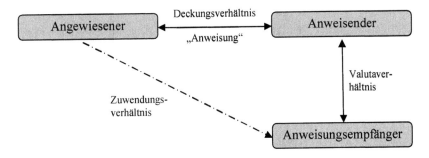

Eine bürgerlich-rechtliche Anweisung ist eine urkundlich verbriefte **Doppelermächtigung**[24] (vgl. § 783 BGB):

29

– Der Angewiesene wird vom Anweisenden ermächtigt, auf dessen Rechnung an den Anweisungsempfänger Geld, Wertpapiere oder andere vertretbare Sachen „zu leisten".
– Der Anweisungsempfänger wird vom Anweisenden ermächtigt, die Leistung beim Angewiesenen zu erheben.

---

[23] Zur Terminologie siehe etwa *Martinek* in Staudinger, Eckpfeiler des Zivilrechts, Ungerechtfertigte Bereicherung und GoA, Rn. 43; *Gehrlein* in BeckOK BGB, § 783 Rn. 4; *Stadler* in Jauernig, BGB, § 783 Rn. 4; *Wandt*, Gesetzliche Schuldverhältnisse, § 13 Rn. 27.

[24] Vgl. etwa *Habersack* in MünchKomm. BGB, § 783 Rn. 32 f.; *Larenz/Canaris*, Schuldrecht II/2, § 62 I 2 b, S. 38.

30 In § 783 I BGB ist davon die Rede, dass der Angewiesene *an den Anweisungsempfänger zu leisten* hat. Bedeutet das auch, dass bei Erfüllung dieser Pflicht eine **Leistung** des Angewiesenen an den Anweisungsempfänger **im Sinne des Bereicherungsrechts** vorliegt?

31 Nach den oben Rn. 14 ff. aufgezeigten Grundsätzen bestimmt sich der Leistungszweck maßgeblich nach den **jeweiligen Kausalverhältnissen**. Der Angewiesene steht regelmäßig nur zum Anweisenden, nicht aber zum Anweisungsempfänger in einer schuldrechtlichen Beziehung. Und mehr noch: Die **Leistungspflicht des Angewiesenen** besteht zunächst allein gegenüber dem Anweisenden. Dies ergibt sich aus § 784 BGB: Erst wenn der Angewiesene die Anweisung durch schriftlichen Vermerk auf der Urkunde **angenommen** hat, ist er dem Anweisungsempfänger gegenüber zur Leistung verpflichtet. Bei der **nicht angenommenen Anweisung** ist die Lage somit klar[25]:

- Der Angewiesene will durch die Zuwendung an den Anweisungsempfänger seine Leistungspflicht gegenüber dem Anweisenden erfüllen. Mithin liegt eine **Leistung des Angewiesenen an den Anweisenden** vor.
- Zugleich soll die Zuwendung die Leistungspflicht des Anweisenden gegenüber dem Anweisungsempfänger aus dem Valutaverhältnis erfüllen. Die Zuwendung stellt also zugleich eine **Leistung des Anweisenden an den Anweisungsempfänger** dar.

32 Ändert sich an dieser Beurteilung etwas, wenn der Angewiesene die Anweisung **angenommen** hat? Führt das **eigene Forderungsrecht des Anweisungsempfängers** (§ 784 I BGB) dazu, dass nunmehr eine „Direktleistung" des Angewiesenen an den Anweisungsempfänger vorliegt? Das Forderungsrecht dient lediglich dazu, die Stellung des Anweisungsempfängers zu stärken[26]. An den Kausalverhältnissen – und damit an dem mit der Zuwendung verfolgten Zweck – ändert sich hierdurch aber nichts. Auch bei der **angenommenen Anweisung** liegen **zwei Leistungen** im bereicherungsrechtlichen Sinne vor: eine Leistung des Angewiesenen an den Anweisenden und eine Leistung des Anweisenden an den Anweisungsempfänger[27].

c) Der Scheck als Sonderform der Anweisung

33 Die **praktische Bedeutung** der bürgerlich-rechtlichen Anweisung im engeren Sinne (also im Sinne des § 783 I BGB) ist **gering**. Sie ist aber das **dogmatische Grundmodell** für andere, im Wirtschaftsverkehr häufiger anzutreffende Formen

---

[25] Vgl. *Wendehorst* in BeckOK BGB, § 812 Rn. 186; *Schwab* in MünchKomm. BGB, § 812 Rn. 67; *Reuter/Martinek*, Ungerechtfertigte Bereicherung, § 10 I, S. 387 ff.

[26] *Schwab* in MünchKomm. BGB, § 812 Rn. 78.

[27] *Koppensteiner/Kramer*, Ungerechtfertigte Bereicherung, § 6 III, S. 30 f. Vgl. auch *Larenz/Canaris*, Schuldrecht II/1, § 70 IV 4 c, S. 235, die zwar die „befremdlichen Strapazierungen des Leistungsbegriffs" kritisieren, letztlich aber zu denselben Ergebnissen gelangen.

der Anweisung: die kaufmännische Anweisung (§ 363 HGB)[28], den gezogenen Wechsel[29] und den Scheck. Was bedeutet es eigentlich, mittels Scheck zu zahlen?

Die gesetzlichen Grundlagen des Schecks sind im **ScheckG** geregelt. Aus Art. 1 ScheckG ergibt sich, dass der Scheck eine **Urkunde** ist, in der der Scheckaussteller einen anderen anweist, eine bestimmte Geldsumme zu zahlen. Der Angewiesene, der im ScheckG als „**Bezogener**" bezeichnet wird, muss ein **Kreditinstitut** sein, bei dem der Scheckaussteller ein „Guthaben" hat (Art. 3 ScheckG). Anders als der Wechsel dient der Scheck nämlich nicht dem Kreditverkehr, sondern nur dem Zahlungsverkehr. Die **Zahlung** kann nur **gegen Vorlage der Scheckurkunde** („auf Sicht") erfolgen (Art. 28 I ScheckG).

34

> **An wen** die Auszahlung erfolgen kann, richtet sich danach, was auf dem Scheck vermerkt wird. Es gibt drei Möglichkeiten[30] (vgl. Art. 5 ScheckG):
>
> - **Inhaberscheck:** Praktisch üblich ist es, den Scheck an „den Inhaber" zahlbar zu stellen. Das Fehlen eines Begünstigten macht den Scheck nicht etwa unwirksam, sondern führt zum Entstehen eines Inhaberschecks. Inhaberschecks werden nach Maßgabe der §§ 929 ff. BGB übertragen.
> - **Orderscheck:** Wird der Scheck zahlbar gestellt an eine bestimmte Person, dann ist diese Begünstigte. Sie kann den Scheck aber nach Maßgabe der Art. 16 ff. ScheckG übertragen. Eine sog. Orderklausel ist möglich, aber nicht notwendig, da die Übertragbarkeit der gesetzliche Regelfall ist. Der Scheck wird daher auch als „geborenes Orderpapier" bezeichnet. Die Übertragung erfolgt nach sachenrechtlichen Grundsätzen (§§ 929 ff. BGB) – mit der Besonderheit, dass es zusätzlich eines sog. Indossaments bedarf. Das Indossament ist eine schriftliche Erklärung auf dem Wertpapier[31]. Neben dieser *Transportfunktion* hat das auch eine *Legitimationsfunktion*[32]: Gemäß Art. 19 ScheckG gilt der Inhaber des Schecks als Berechtigter, wenn er sich durch eine ununterbrochene, auf den ersten Schecknehmer zurückzuführende Indossamentenkette ausweisen kann.
> - **Namensscheck:** Der Scheck kann auch an eine bestimmte Person zahlbar gestellt werden mit dem Vermerk „nicht an Order". Dann ist die Übertragung nach sachenrechtlichen Grundsätzen ausgeschlossen.

35

Anders als die bürgerlich-rechtliche Anweisung kann ein Scheck **nicht angenommen** (Art. 4 ScheckG), ein Zahlungsanspruch des Begünstigten gegen den Bezogenen also nicht begründet werden[33]. Das bezogene Kreditinstitut wird bei Vorlage des Schecks in jedem Falle prüfen, ob der Scheck „gedeckt" ist; falls nicht, wird es die Zahlung verweigern und der Scheck ist „geplatzt".

36

> Ein Scheck ist nach alledem also ein Wertpapier, das die unbedingte Anweisung des Scheckaustellers (= Anweisender) an ein Kreditinstitut (= Angewiesener, Bezogener) enthält, an einen Dritten (= Begünstigter) gegen Vorlage des Papiers („auf Sicht") eine bestimmte Geldsumme zu zahlen.

---

[28] Dazu *Langenbucher* in MünchKomm. HGB, 2. Aufl. 2009, § 363 Rn. 11 ff.
[29] *Meyer-Cording/Drygala*, Wertpapierrecht, 3. Aufl. 1995, B IV, S. 35 f.
[30] Ausführlich zum Folgenden *Marburger* in Staudinger, BGB, § 783 Rn. 39 ff.
[31] Ursprünglich wurde diese Erklärung auf die Rückseite der Urkunde gesetzt; lat.: *in dosso* = auf dem Rücken.
[32] Zu den wertpapierrechtlichen Funktionen des Indossaments siehe *Hueck/Canaris*, Recht der Wertpapiere, 12. Aufl., 1986, § 8, S. 81 ff.
[33] *Marburger* in Staudinger, BGB, § 784 Rn. 14.

37 Die **rechtlichen Beziehungen** lassen sich wie folgt darstellen:

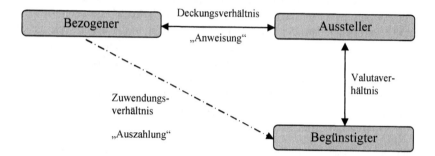

Die Hingabe des Schecks dient der Erfüllung einer Verbindlichkeit, die der Aussteller gegen den Schecknehmer (= Begünstigter) aus dem **Valutaverhältnis** hat. Die Auszahlung durch den Bezogenen erfolgt, weil dieser im **Deckungsverhältnis** dem Aussteller gegenüber ein entsprechendes Zahlungsversprechen abgegeben hat. Zwischen Bezogenem und Begünstigtem besteht wiederum kein Kausalverhältnis.

38 Für die **Bestimmung der Leistungsbeziehungen** sind die jeweiligen Kausalverhältnisse maßgeblich. Es gelten die oben Rn. 10 ff. entwickelten Grundsätze:

> - Der Bezogene, der auf Vorlage des Schecks durch den Begünstigten an diesen zahlt, will seine Verpflichtung gegenüber dem Aussteller erfüllen, also an diesen leisten.
> - Zugleich stellt sich die Auszahlung als Leistung des Ausstellers an den Begünstigten dar.

Beispiel: Käufer K schuldet Verkäufer V die Zahlung des Kaufpreises in Höhe von 1.000 €. Statt Barzahlung oder Überweisung akzeptiert V einen von K ausgestellten Scheck über diese Summe. Bezogene ist die B-Bank, die auf Vorlage des Schecks durch V an diesen 1.000 € auszahlt.

- Die B-Bank will durch die Auszahlung eine Verpflichtung gegenüber K erfüllen. Zwischen der B-Bank und K besteht (im **Deckungsverhältnis**) nämlich ein sog. **Scheckvertrag**[34], aufgrund dessen K die B-Bank überhaupt zur Bezogenen machen konnte. Aus diesem Scheckvertrag ergibt sich auch, dass die B-Bank das Konto, das K bei ihr unterhält, mit dem Auszahlungsbetrag belasten wird. Denn: Die B-Bank fungiert lediglich als Zahlstelle. Die Auszahlung an V stellt sich somit als **Leistung der B-Bank an K** dar.
- Im Verhältnis zwischen K und V (dem **Valutaverhältnis**) ist zunächst zu beachten, dass der Scheck **kein gesetzliches Zahlungsmittel** ist. Die Hingabe eines Schecks führt daher regelmäßig nicht zur Erfüllung einer auf Geld gerichteten Verbindlichkeit; sie erfolgt vielmehr **erfüllungshalber**[35]. Erst wenn der Bezogene die Schecksumme an den Begünstigten tatsächlich ausgezahlt hat, tritt Erfüllung ein. Die Auszahlung der 1.000 € durch die B-Bank hat mithin dazu geführt, dass die Kaufpreisschuld des K erfüllt wurde.

---

[34] Zum Scheckvertrag eingehend *Nobbe* in Schimansky/Bunte/Lwowski, Bankrechts-Handbuch, 4. Auf. 2011, § 60 Rn. 28 ff.

[35] BGHZ 44, 178, 179; BGH NJW 1986, 1174, 1175 f.; *Olzen* in Staudinger, BGB, § 364 Rn. 58; *Dennhardt* in BeckOK BGB, § 362 Rn. 29; *Schwab* in MünchKomm. BGB, § 812 Rn. 123.

Das war von K (und V) auch so bezweckt. Die Auszahlung ist daher zugleich eine **Leistung des K an V**.
- Zwischen der B-Bank und V bestehen keinerlei vertragliche Beziehungen (**Zuwendungsverhältnis**). V wird ausschließlich durch die Vorlage des Schecks „legitimiert". Einen eigenen Anspruch erwirbt er dabei gegen die B-Bank nicht. Die Auszahlung ist somit nicht als Leistung der B-Bank an V anzusehen, da die entsprechende Zwecksetzung fehlte.

39 Dies alles gilt auch, wenn der Vertragspartner des Ausstellers (der erste Schecknehmer) den **Scheck übertragen** hat, also selbst nicht mehr Begünstigter ist. Dann stellt sich die Lage wie folgt dar:

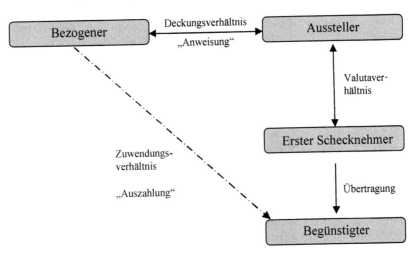

40 Hier liegen sogar **drei Leistungen** vor: vom Bezogenen an den Aussteller, vom Aussteller an den ersten Schecknehmer und vom ersten Schecknehmer an den nunmehr Begünstigten. Diese Kette ließe sich durch weitere Übertragungen verlängern.

d) Anweisungen im bargeldlosen Zahlungsverkehr; insbesondere: Überweisungen

41 Anweisungen (im weiteren Sinne) prägen den gesamten bargeldlosen Zahlungsverkehr. „**Unbare**" **Zahlungen** sind solche, die nicht durch die Hingabe von Geldscheinen und -münzen bewirkt werden. Die Praxis kennt **zahlreiche Spielarten** von unbaren Zahlungsweisen: Überweisungen, Lastschriften oder die Zahlung mittels Kreditkarte – um nur die wichtigsten zu nennen.

> **Hinweis:** Hier kann es nicht darum gehen, die verschiedenen Spielarten des bargeldlosen Zahlungsverkehrs nachzuzeichnen und rechtlich einzuordnen – obwohl es sicher nicht schadet zu wissen, was eigentlich „rechtlich vor sich geht", wenn man mit EC- oder Kreditkarte bezahlt oder seinem Gläubiger eine Einzugsermächtigung ausstellt. Im Folgenden soll der Blick nur auf die praktisch wichtigste Form[36] der unbaren Zahlung gelenkt werden: die Überweisung.

---

[36] Vgl. die vom Bundesverband deutscher Banken veröffentlichte Statistik der Deutschen Bundesbank und des Zentralen Kreditausschusses zu den Umsätzen im bargeldlosen Zahlungsverkehr aus dem Jahr 2010, abrufbar unter: *www.bankenverband.de/downloads/statistik-service/bargeldloser-zahlungsverkehr-umsaetze*.

42 Bei der **Überweisung** wird sog. Buchgeld vom Konto des Überweisenden unter Vermittlung eines oder mehrerer Kreditinstitute auf das Konto des Empfängers übertragen[37]. Anders als bei der Lastschrift[38] geht die Initiative dabei vom Überweisenden aus, der z.B. ein entsprechendes Überweisungsformular bei seinem Kreditinstitut einreicht oder die Übertragung online veranlasst. Bargeld spielt dabei typischerweise keine Rolle. Vielmehr wird der Zahlungsvorgang durch **Buchungen** vollzogen: Das Konto des Überweisenden wird mit dem Überweisungsbetrag (und ggf. anfallenden Gebühren) belastet, dem Konto des Empfängers wird der Überweisungsbetrag gutgeschrieben.

> Häufigste Erscheinungsform der Überweisung ist die sog. **Einzelüberweisung**, bei der ein bestimmter Betrag einmalig transferiert werden soll. Soll zu periodisch wiederkehrenden Zeitpunkten jeweils eine Überweisung an denselben Empfänger mit einem gleichbleibenden Überweisungsbetrag erfolgen (z.B. bei Mietzahlungen), kann ein **Dauerauftrag** eingerichtet werden.

43 Für die **rechtliche Einordnung** von Überweisungen sind seit 2009 die §§ 675c ff. BGB maßgeblich. Die Vorschriften über die sog. „Zahlungsdienste" stellen gewiss keine stilistische Meisterleistung des Gesetzgebers dar – im Gegenteil: Sie sind geprägt von einem technischen Detailreichtum und sprachlichen Ungetümen. („Zahlungsauthentifizierungsinstrument", § 675f V BGB), die geeignet sind, den Blick auf das (für die Falllösung) Wesentliche zu verschleiern. Zentrale Vorschrift des neuen Zahlungsdiensterechts ist § 675 f BGB, der zwei Arten von **Zahlungsdiensteverträgen** unterscheidet[39]:

– Durch einen **Einzelzahlungsvertrag**[40] wird der Zahlungsdienstleister (im Regelfall: ein Kreditinstitut) verpflichtet, für die Person, die einen Zahlungsdienst als Zahler, Zahlungsempfänger oder in beiden Eigenschaften in Anspruch nimmt (**Zahlungsdienstnutzer**), einen Zahlungsvorgang auszuführen (§ 675f I BGB). Zu den Zahlungsdiensten zählen insbesondere auch Überweisungen. Die Überweisung ist ein „Zahlungsauftrag" (§ 675f III 2 BGB), da hierdurch eine Übermittlung eines Geldbetrages auf ein anderes Konto und somit ein „Zahlungsvorgang" (§ 675f III 1 BGB) veranlasst werden soll.

– Den Einzelzahlungsverträgen zugrunde liegt ein **Zahlungsdiensterahmenvertrag**[41], der den Zahlungsdienstleister verpflichtet, für den Zahlungsdienstnutzer Zahlungsvorgänge auszuführen sowie ggf. für den Zahlungsdienstnutzer ein Zahlungskonto zu führen. Zahlungsdiensterahmenvertrag in diesem Sinne ist insbesondere der Vertrag zwischen einem Kreditinstitut und einem Kunden über die Einrichtung und Führung eines Girokontos[42].

---

[37] Näher dazu *Casper* in MünchKomm. BGB, § 675f Rn. 63 ff.
[38] Dazu *Casper* in MünchKomm. BGB, § 675f Rn. 69 ff.
[39] Vgl. den anschaulichen Überblick bei *Köndgen*, JuS 2011, 481 ff.
[40] Eingehend dazu *Casper* in MünchKomm. BGB, § 675f Rn. 13 ff.
[41] Dazu *Omlor* in Staudinger, BGB, § 675f Rn. 8 ff.; *Casper* in MünchKomm. BGB, § 675f Rn. 20 ff.
[42] Vgl. auch Begr. RegE, BT-Drucks. 16/11643, S. 102.

Wenn Zahlender und Zahlungsempfänger das durch die Überweisung zu belastende **44** bzw. zu begünstigende Konto bei demselben Kreditinstitut haben, erfolgt die Umbuchung bankintern. Oftmals ist dies aber nicht der Fall, sodass mehrere Kreditinstitute beteiligt sind. Erforderlich sind dann Buchungen im Interbankenverhältnis, deren genauer Ablauf hier nicht von Interesse ist[43]. Die **rechtlichen Beziehungen** lassen sich vereinfacht wie folgt darstellen:

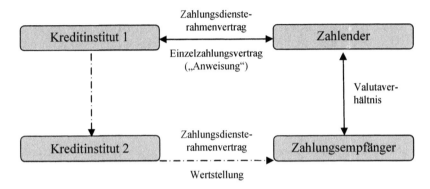

Der Einzelzahlungsvertrag enthält die Anweisung des Zahlenden an sein Kreditinstitut, zu Lasten seines Kontos die Gutschrift des Überweisungsbetrages auf das Konto des Empfängers zu bewirken. Die Kreditinstitute haben auch hier nur eine Hilfsfunktion: Sie ermöglichen die unbare Zahlung. Diese stellt sich als **Leistung des Zahlenden an den Empfänger** dar.

e) Rückabwicklung bei wirksamer Anweisung

Die Anweisungsfälle zeichnen sich somit alle durch eine vergleichbare Grundstruktur aus: **45**

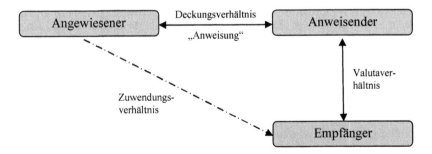

Hinweis: Dass das Zuwendungsverhältnis – wie etwa bei der Überweisung gesehen – komplizierter sein kann, ist für die bereicherungsrechtliche Rückabwicklung unerheblich, da eine Leistung hier gerade nicht vorliegt.

---

[43] Näher dazu *Mayen* in Schimansky/Bunte/Lwowski, Bankrechts-Handbuch, 4. Aufl. 2011, § 46 Rn. 4 ff.

Auch in den Anweisungsfällen gilt: Sind einzelne oder alle Kausalverhältnisse unwirksam, ist **im jeweiligen Kausalverhältnis rückabzuwickeln**[44]. 46

- Bei **Unwirksamkeit des Deckungsverhältnisses** kann der Angewiesene vom Anweisenden, nicht aber vom Empfänger nach § 812 I 1 Alt. 1 BGB kondizieren.
- Bei **Unwirksamkeit des Valutaverhältnisses** hat der Anweisende gegen den Empfänger einen Anspruch aus § 812 I 1 Alt. 1 BGB.
- Sind **Deckungs- und Valutaverhältnis unwirksam,** scheidet auch hier eine Direktkondiktion des Angewiesenen gegen den Anweisungsempfänger aus. Kondiktionsansprüche bestehen nur entlang der Kausalverhältnisse. Etwas anderes gilt lediglich in den Fällen des **§ 822 BGB** (dazu unten § 6 Rn. 53 ff.).

47 Im berühmten „**Postanweisungsfall**"[45] hatte das RG über folgenden Sachverhalt zu urteilen: S war Schalterbeamter bei der Post. Zur Begleichung von Verbindlichkeiten gegenüber seinem Gläubiger G stellte er in seinem Namen eine sog. Postanweisung über den geschuldeten Betrag aus und veranlasste hierdurch die Post zur Auszahlung an G. Ein Konto bei der Post besaß S nicht. Er hatte den entsprechenden Betrag zuvor auch nicht eingezahlt. Die Post forderte das von ihr an G ausgezahlte Geld von diesem zurück. – In Betracht kam nur ein Anspruch der Post aus § 812 I 1 **Alt. 2** BGB, da sie das Geld zwar an G ausgezahlt hatte, hierdurch aber diesem gegenüber keinen eigenen Leistungszweck verfolgte. Eine Leistung der Post an G lag also nicht vor. Die Nichtleistungskondiktion scheidet aber aus, wenn der Bereicherungsgegenstand geleistet wurde (und sei es auch durch einen anderen!). Die Auszahlung durch die Post stellte sich hier als Leistung des S an G dar. Ein Durchgriff der Post auf G schied bereits aus diesem Grund aus. Dass das Deckungsverhältnis zwischen der Post und S „mangelhaft" war, musste G nicht stören. Das RG hat die Klage zu Recht abgewiesen.

Noch ein (bereits bekanntes) Beispiel: Käufer K schuldet Verkäufer V die Zahlung des Kaufpreises in Höhe von 1.000 €. Statt Barzahlung oder Überweisung akzeptiert V einen von K ausgestellten Scheck über diese Summe. Bezogene ist die B-Bank, die auf Vorlage des Schecks durch V an diesen 1.000 € auszahlt. Später stellt sich heraus, dass der Kaufvertrag zwischen K und V unwirksam war. – Wie bereits oben Rn. 38 festgestellt, werden durch die Auszahlung zwei Leistungsbeziehungen begründet: zwischen K und V und zwischen der B-Bank und K. Der Mangel liegt hier im Valutaverhältnis. K hat rechtsgrundlos an V geleistet, weil eine Kaufpreisschuld nicht begründet wurde. Folglich kann er gemäß § 812 I 1 Alt. 1 BGB von V kondizieren. Die B-Bank ist hiervon nicht betroffen.

Dies alles gilt jedenfalls, wenn eine dem Anweisenden **zurechenbare Anweisung** vorliegt. **Umstritten** ist demgegenüber die Behandlung jener Fälle, in denen es an einer wirksamen Anweisung fehlt.

f) Rückabwicklung bei fehlender Anweisung – Die Lehre vom objektiven Empfängerhorizont

48 Die Anweisung begründet das typische Dreiecksverhältnis und die für den Bereicherungsausgleich maßgeblichen Leistungsbeziehungen: Die Anweisung veranlasst

---
[44] BGHZ 40, 272, 276; BGHZ 152, 307, 311; *Berger* in MünchKomm. BGB, § 488 Rn. 130.
[45] RGZ 60, 24 ff.

den Angewiesenen zur Zuwendung an den Empfänger, die der Angewiesene aber als Leistung an den Anweisenden verstanden wissen will. Zugleich bringt die Anweisung den **Leistungswillen des Anweisenden** gegenüber dem Empfänger zum Ausdruck. Was gilt nun, wenn die Anweisung fehlt, die Zuwendung aber dennoch vorgenommen wird? Kann dann noch von einer Leistung an den Empfänger ausgegangen werden?

> Modifizieren wir das **Beispiel** von soeben noch einmal: Käufer K stellt Verkäufer V einen Scheck aus. Da es zum Streit zwischen beiden über die Kaufpreisschuld kommt, sperrt K den Scheck gegenüber der bezogenen B-Bank. Aufgrund eines Versehens löst diese den Scheck nach Vorlage durch V dennoch ein. Nachdem das Versehen bemerkt wird, verlangt die B-Bank die ausgezahlte Geldsumme von V zurück. Dieser wendet ein, von der Sperrung nichts gewusst zu haben. Deshalb sei er von einer Leistung des K ausgegangen. Kann die B-Bank von V kondizieren?

49 Der Beispielsfall ist der Entscheidung BGHZ 61, 289 nachgebildet, in der der BGH sich erstmals grundlegend mit der Problematik des **Widerrufs einer zunächst wirksam erteilten Anweisung** (nichts anderes ist die Sperrung eines Schecks) geäußert hat. Der BGH hat die Direktkondiktion der versehentlich auszahlenden Bank gegen den Empfänger abgelehnt, wenn dieser den Widerruf des Schecks nicht kannte.

> Der **BGH** begründet dies wie folgt[46]: „Beim Scheck, einem Sonderfall der Anweisung, trifft der Aussteller selbst schon durch die Übergabe, also nicht erst durch die angewiesene Bank bei der Zahlung, die sein Leistungsverhältnis mit dem Dritten betreffende Zweckbestimmung. Damit sind die für einen eventuellen Bereicherungsausgleich maßgeblichen Leistungsbeziehungen in dem durch die Anweisung begründeten Dreiecksverhältnis nach dem ursprünglich übereinstimmenden Willen aller Beteiligten festgelegt. Daran ändert sich nichts, wenn der Aussteller nur der Bank gegenüber den Scheck sperrt, also allein ihr gegenüber zum Ausdruck bringt, daß er eine durch sie zu bewirkende zu seinen Lasten gehende Zuwendung an den Dritten nicht mehr wünscht. Zahlt die Bank trotzdem, weil der Widerruf des Schecks übersehen wird, so will sie damit gleichwohl lediglich eine Leistung an ihren Kunden erbringen. Der **Empfänger, auf dessen Sicht es ankommt** (BGHZ 40, 272, 278; 58, 184, 188), faßt das auf Grund der vom Aussteller mit der Übergabe des Schecks getroffenen Zweckbestimmung auch so auf. Vorgänge innerhalb des Deckungsverhältnisses zwischen seinem Vertragspartner und dessen Bank brauchen ihn nicht zu kümmern. Der der Bank durch die Nichtbeachtung des Widerrufs unterlaufene Fehler ‚wurzelt' [...] im Rechtsverhältnis zwischen der Bank und ihrem Kunden. [...] Das erfordert auch das **Interesse der Allgemeinheit am ungehinderten Ablauf des bargeldlosen Verkehrs**. Dazu gehört, [...] daß der Zahlungsempfänger von Störungen in den Drittbeziehungen möglichst unbehelligt bleibt."

50 Richtig daran ist zunächst, dass der Widerruf der Anweisung nichts am vom Angewiesenen verfolgten Leistungszweck ändert. Dieser will weiterhin an den (vermeintlich) Anweisenden leisten und nicht etwa an den Empfänger. Der Rekurs auf die Sicht des Empfängers, auf die „es ankomme", ist *insoweit* überflüssig. Diese erlangt erst im weiteren Fortgang der Begründung[47] ihre besondere Bedeutung. Dort weist der BGH nämlich darauf hin, dass aus **Sicht des Empfängers** die Auszahlung sich weiterhin als Leistung des (vermeintlich) Anweisenden dargestellt habe, eben

---

[46] BGHZ 61, 289 ff.
[47] Diese ist sehr am Einzelfall orientiert und eignet sich deshalb nicht zum Abdruck an dieser Stelle.

weil er keine Kenntnis von der Sperrung des Schecks, also vom Widerruf der Anweisung hatte. Den Gedanken, dass die Sichtweise des Empfängers für die Bestimmung der Leistung maßgeblich sein soll, hat der BGH in späteren Entscheidungen aufgegriffen und fortentwickelt.

> In **BGHZ 87, 393 ff.** formuliert das Gericht: „Ist dem Dritten dagegen der Widerruf der Anweisung bekannt, weiß er, daß er eine eventuelle Zahlung von der Bank aufgrund eines übersehenen Widerrufs erhält. Er weiß, daß eine wirksame Anweisung für die Zahlung der Bank an ihn fehlt, weil die Bank aufgrund des Widerrufs die Anweisung nicht mehr befolgen darf. Dieser Mangel der Anweisung bleibt ihm bei Empfang des Geldes nicht verborgen. **Die Zahlung der Bank an ihn stellt sich deshalb für ihn – aus seiner Sicht als Empfänger – nicht als Leistung des Anweisenden dar. Sie kann dem Anweisenden – abweichend von dem sonst geltenden Grundsatz – daher nicht als seine Leistung an den Empfänger des Geldes zugerechnet werden."**

51 Was tut der BGH hier? Er implementiert in den – ohnehin schon komplizierten – Leistungsbegriff Elemente der Rechtsscheinlehre! Die einer Leistung immanente Zwecksetzung ist danach nicht mehr allein vom Willen des Leistenden abhängig, sondern auch vom Verständnis des Empfängers. Das ist die berühmte **Lehre vom objektiven Empfängerhorizont**, der der BGH in ständiger Rechtsprechung folgt[48].

> Die **Lehre vom objektiven Empfängerhorizont** stellt darauf ab, ob der Empfänger die Zuwendung als Leistung seines Vertragspartners verstehen durfte.

In unserem **Ausgangsbeispiel** hatte K zwar keinen Leistungswillen mehr, da durch die Sperrung des Schecks die erforderliche Zweckbestimmung entfallen ist, doch ist dies nach der Lehre vom objektiven Empfängerhorizont nicht maßgeblich. Vielmehr soll es darauf ankommen, dass V die Auszahlung durch die B-Bank weiterhin als Leistung des K verstehen durfte, weil er von der Sperrung des Schecks keine Kenntnis hatte. Demnach läge eine Leistung an V vor. Diese würde die Direktkondiktion der B-Bank gegen V sperren.

52 Die Lehre vom objektiven Empfängerhorizont knüpft an den **Rechtsschein** an: Der Empfänger glaubt, die Zuwendung durch den Dritten sei auf eine entsprechende Anweisung seines Vertragspartners hin erfolgt und dieser wolle die Zuwendung als seine Leistung gelten lassen. Dies ist nur dann der Fall, wenn der Empfänger den Widerruf der Anweisung nicht kannte. Der redliche Empfänger wird so vor einer Direktkondiktion des Dritten geschützt[49].

> **Dogmatisch** begründet wird die Lehre vom objektiven Empfängerhorizont zumeist mit einem Hinweis auf die §§ 133, 157 BGB und die allgemeinen Auslegungsgrundsätze[50]. Anknüpfungspunkt ist dabei die der Leistung innewohnende Zwecksetzung, die verbreitet – wenngleich entgegen hier vertretener Auffassung (siehe § 3 Rn. 27 f.) – als Willenserklärung bzw. rechtsgeschäftsähnliche Handlung eingeordnet wird.

---

[48] BGHZ 40, 272, 278; BGHZ 58, 184, 188; BGHZ 67, 232, 241; BGHZ 72, 246, 249.
[49] BGHZ 147, 145, 151.
[50] Vgl. *Larenz/Canaris*, Schuldrecht II/2, § 70 III 3 c, S. 220; *Loewenheim*, Bereicherungsrecht, S. 45; *Baur/Wolf*, JuS 1966, 393, 396.

Die Anknüpfung an die Grundsätze der Rechtsscheinlehre zwingen den BGH aber zu einer gewichtigen Einschränkung: Nach den allgemeinen Rechtsscheingrundsätzen gibt es nämlich keinen Verkehrsschutz bei fehlender Zurechenbarkeit des Rechtsscheins. An der **Zurechenbarkeit fehlt** es aber, wenn eine **wirksame Anweisung von vornherein nicht vorlag**.

53

> In **BGHZ 147, 145 ff.** heißt es dazu: „Unter bereicherungsrechtlichen Grundsätzen kann die Zahlung der Bank dem Kontoinhaber, für dessen Rechnung sie erfolgen soll, nur dann zugerechnet werden, wenn eine wirksame Anweisungserklärung vorliegt. Fehlt eine solche oder ist sie aus bestimmten Gründen nichtig, so hat der betroffene Kontoinhaber **keine Ursache für den Anschein gesetzt, die Zahlung sei seine Leistung**. Infolgedessen [...] hat der bereicherungsrechtliche Ausgleich im Wege einer **Nichtleistungskondiktion** (§ 812 I 1 Alt. 2 BGB) zwischen der Bank und dem Zahlungsempfänger zu erfolgen."

Die Lehre vom objektiven Empfängerhorizont soll **keine Anwendung** finden, wenn die Zuwendung dem Vertragspartner nicht zurechenbar ist, weil eine wirksame Anweisung zu keinem Zeitpunkt vorgelegen hat[51].

Der BGH behandelt also die Fälle der widerrufenen Anweisung und der von vornherein fehlenden Anweisung unterschiedlich! Bei letzterer kommt es auf die Kenntnis des Empfängers nicht an. Dieser wird vor einer Direktkondiktion (Zuwendungskondiktion) des Dritten nicht geschützt. An einer wirksamen, dem Vertragspartner des Empfängers zurechenbaren Anweisung fehlt es insbesondere[52] auch, wenn

54

- die Anweisung gefälscht ist,
- der (vermeintlich) Anweisende **geschäftsunfähig** ist oder
- der (vermeintlich) Anweisende nicht ordnungsgemäß vertreten wurde.

> Noch eine **Abwandlung unseres Beispiels**: K ist bei Ausstellung des Schecks unerkannt geisteskrank. Hiervon wissen weder Schecknehmer V noch die bezogene B-Bank etwas. Auf Vorlage des Schecks zahlt die B-Bank die Schecksumme an V aus.
>
> • Käme die Lehre vom objektiven Empfängerhorizont hier zur Anwendung, wäre eine Direktkondiktion der B-Bank gegen V ausgeschlossen: Da V annehmen durfte, dass der Auszahlung eine Anweisung des K zugrunde lag, wäre eine Leistung des K an V zu bejahen. Diese würde die Direktkondiktion der B-Bank gegen V sperren.
> • Tatsächlich war aber die Anweisung unwirksam, weil K wegen seiner Geschäftsunfähigkeit keine wirksame Willenserklärung abgeben konnte; er war nicht „scheckfähig". Der durch die Hingabe des Schecks entstandene Rechtsschein ist K daher **nicht zurechenbar**. Die Lehre vom objektiven Empfängerhorizont setzt aber diese Zurechenbarkeit gerade voraus. Folglich stellt sich die Auszahlung nicht als Leistung des K an V dar. Somit sperrt keine Leistung die Direktkondiktion der B-Bank gegen V. Da die B-Bank selbst nicht an V leisten wollte (sondern an K), handelt es sich dabei um eine **Nichtleistungskondiktion** (und zwar in Gestalt der sog. Zuwendungskondiktion). Anspruchsgrundlage ist somit § 812 I 1 Alt. 2 BGB.

---

[51] *Wendehorst* in BeckOK BGB, § 812 Rn. 50; *Larenz/Canaris*, Schuldrecht II/2, § 70 IV 3 a, S. 225 f.; *Koppensteiner/Kramer*, Ungerechtfertigte Bereicherung, § 6 IV 1, S. 32.
[52] Vgl. die Beispiele bei *Larenz/Canaris*, Schuldrecht II/2, § 70 IV 2 a, S. 226.

Bei Fehlen einer wirksamen Anweisung wird der **Empfänger nur über § 818 III BGB geschützt**[53]. Der Empfänger kann sich insbesondere nicht darauf berufen, dass er einen Anspruch gegen seinen Vertragspartner hatte. Da in diesen Fällen eine Nichtleistungskondiktion des Zuwendenden möglich ist, ist allein nach dem Rechtsgrund im Verhältnis zwischen Empfänger und Zuwendenden zu fragen; ein solcher liegt aber gerade nicht vor. Der Empfänger trägt somit das Risiko, dass es an einer wirksamen Anweisung fehlt.

55 Folgt man der Lehre vom objektiven Empfängerhorizont, so empfiehlt sich eine Prüfung in zwei Schritten: In einem **ersten Schritt** ist zu fragen, ob eine wirksame Anweisung zunächst vorlag. Nur wenn dies zu bejahen ist, ist in einem **zweiten Schritt** zu prüfen, ob sich die Zuwendung aus der Sicht des Empfängers als Leistung seines Vertragspartners dargestellt hat. Dies ist jedenfalls dann nicht der Fall, wenn der Empfänger Kenntnis davon hatte, dass die zunächst erteilte Anweisung später widerrufen wurde.

g) Kritik und Plädoyer für einen rein subjektiven Leistungsbegriff

56 Die Lehre vom objektiven Empfängerhorizont ist im Schrifttum ganz überwiegend auf Zustimmung gestoßen[54]. Bisweilen wird zwar die unterschiedliche Behandlung von widerrufener und von Anfang an fehlender Anweisung kritisiert[55], doch findet sich fundamentale **Kritik** nur vereinzelt[56]. Dennoch soll die Frage gestellt werden, ob die Verknüpfung des Leistungsbegriffs mit Elementen der Rechtsscheinlehre wirklich überzeugt?

57 Zur Erinnerung: Bereicherungsrecht ist Wertungsrecht. Und die **entscheidende Wertung**, die die herrschende Auffassung trifft, lautet: Der Empfänger soll in seinem Vertrauen darauf, eine Leistung von seinem Vertragspartner erhalten zu haben, geschützt werden. Nun wird dieser Schutz aber ohnehin – wie gezeigt – nur unvollkommen verwirklicht, da es bei Fehlen einer wirksamen Anweisung auf den Empfängerhorizont nicht ankommt. Fraglich ist aber auch, ob der Schutz des Empfängers in den übrigen Fällen, namentlich bei Widerruf einer Anweisung, gerechtfertigt ist. Dieser Schutz geht nämlich **zulasten des Zuwendenden**. Eine Leistung des (vermeintlich) Anweisenden wird nämlich allein zu dem Zweck konstruiert, um den Durchgriff des Zuwendenden auf den Empfänger zu verhindern.

58 Bereits die **Prämisse**, der Empfänger müsse in seinem Vertrauen geschützt werden, ist **fragwürdig**. Hat der Empfänger einen Anspruch auf den Bereicherungsgegenstand gegen seinen Vertragspartner, kann er weiterhin gegen diesen vorgehen.

---

[53] Ebenso *Loewenheim*, Bereicherungsrecht, S. 44.
[54] Zustimmend etwa *Schwab* in MünchKomm. BGB, § 812 Rn. 184 ff.; *Wendehorst* in BeckOK BGB, § 812 Rn. 48 ff.; *Leupertz* in Prütting/Wegen/Weinreich, BGB, § 812 Rn. 107; *Westermann/ Buck-Heeb* in Erman, BGB, § 812 Rn. 15; *Loewenheim*, Bereicherungsrecht, S. 43 ff.; *Baur/Wolf*, JuS 1966, 393, 396 f.; *Beuthien*, JZ 1968, 323, 327; *Huber*, JuS 1970, 515; *Lorenz*, JuS 2003, 839, 843.
[55] Vgl. etwa *Kupisch*, ZIP 1983, 1416 ff.
[56] *Staake*, WM 2005, 2113 ff.; *Schnauder* NJW 1999, 2841, 2843 ff.; vgl. auch *Flume*, JZ 1962, 281, 282; *Köndgen* in Festschrift Esser, 1975, S. 55, 71 f.

Etwas anderes gilt nur in den Fällen, in denen der Empfänger aufgrund der erfolgten Zuwendung den Anspruch nicht geltend gemacht hat und dieser infolgedessen **verjährt** ist. Hier wird der Empfänger aber durch **§ 818 III BGB** hinreichend geschützt: Die Nichtgeltendmachung hat dann nämlich dazu geführt, dass der Anspruch wirtschaftlich wertlos geworden ist – und zwar genau in Höhe der Bereicherung. Entsprechendes kann gelten, wenn der Anspruch aufgrund der zwischenzeitlichen Insolvenz des Vertragspartners wertlos geworden ist.

Umgekehrt **vernachlässigt** die Lehre vom objektiven Empfängerhorizont die **Interessen des Zuwendenden**. Dieser wird nämlich auf Ansprüche gegen den (vermeintlich) Anweisenden verwiesen. Es ist aber keineswegs sicher, dass derartige Ansprüche bestehen. Vertragliche Ansprüche scheiden in der Regel aus, weil es tatsächlich an einer entsprechenden Anweisung, die Zuwendung vorzunehmen, fehlt. In Betracht kommen dann lediglich Bereicherungsansprüche aus § 812 I 1 Alt. 1 BGB.

59

Eine Leistung des Zuwendenden ist hier durchaus gegeben. Und auch die Bereicherung des (vermeintlich) Anweisenden ließe sich bejahen: Bestand tatsächlich ein Anspruch des Empfängers, so wäre dieser durch die Zuwendung erfüllt und der (vermeintlich) Anweisende insofern von seiner Leistungspflicht befreit. Bestand der Anspruch hingegen nicht, hätte der (vermeintlich) Anweisende nach der Lehre vom objektiven Empfängerhorizont zumindest einen Bereicherungsanspruch gegen den Empfänger erlangt.

Für Zahlungsdienste und damit auch den praktisch häufigsten Fall der Anweisung, die Überweisung, schließt **§ 675u BGB** bei „**nicht autorisierten Zahlungsvorgängen**" aber Aufwendungsersatzansprüche des Zahlungsdienstleisters (Kreditinstitut) gegen den Kontoinhaber aus. Die Vorschrift differenziert nicht danach, ob eine Anweisung („Autorisierung") zunächst vorlag oder nicht.

60

Beispiel: Kontoinhaber K erteilt der B-Bank den Auftrag, auf das Konto seines Vertragspartners V einen Betrag in Höhe von 1.000 € zu überweisen. Noch bevor die B-Bank die Überweisung vornimmt, widerruft K den Überweisungsauftrag. Aufgrund eines Versehens wird die Überweisung dennoch vorgenommen und der Betrag schließlich dem Konto des V gutgeschrieben. Von wem kann die B-Bank Rückzahlung verlangen?

- Die Überweisung ist ein Zahlungsvorgang im Sinne von § 675u BGB (siehe oben Rn. 54). Dieser war zwar ursprünglich durch einen entsprechenden Überweisungsauftrag gedeckt und damit autorisiert, doch ist mit dem Widerruf die Berechtigung der B-Bank, das Konto des K zu belasten, entfallen. Da die Überweisung folglich einen nicht autorisierten Zahlungsvorgang darstellte, musste die B-Bank gemäß § 675u S. 2 BGB das Zahlungskonto des K wieder auf den Stand bringen, auf dem es sich vor der Überweisung befunden hatte. Nach § 675u S. 1 BGB steht der B-Bank gegen K kein Aufwendungsersatzanspruch zu. Die Vorschrift **schließt** nicht nur vertragliche Ansprüche **aus**, sondern **auch Ansprüche aus ungerechtfertigter Bereicherung**[57].
- Die Lehre vom objektiven Empfängerhorizont käme hier, da eine wirksame Anweisung zunächst vorlag, zu dem Ergebnis, dass eine Direktkondiktion der B-Bank gegen V ausscheidet. Danach könnte die B-Bank aber von niemandem Rückzahlung verlangen. Dass dies nicht richtig sein kann, liegt auf der Hand. Vielmehr ist der B-Bank ein Anspruch gegen V aus § 812 I 1 Alt. 2 BGB zu gewähren.

---

[57] Vgl. Begr. RegE, BT-Drucks 16/11643S. 11; *Schmalenbach* in BeckOK BGB, § 675u Rn. 4; *Bartels,* WM 2010, 1828, 1831; *Belling/Belling*, JZ 2010, 708, 710 f.; *Winkelhaus*, BKR 2010, 441, 446 ff.; a.A. aber *Kiehnle*, Jura, 2012, 895, 901.

61 Die Lehre vom objektiven Empfängerhorizont ist daher jedenfalls für Zahlungsdienste aufzugeben. Es sprechen gute Gründe dafür, gänzlich auf sie zu verzichten und einem **rein subjektiven Leistungsbegriff** zu folgen.

Für einen rein subjektiven Leistungsbegriff auch in den Fällen, in denen § 675u BGB nicht gilt, spricht bereits, dass ein „gespaltener" Leistungsbegriff kaum praktikabel ist und das ohnehin schwierige Bereicherungsrecht noch weiter verkomplizieren würde. Auch ist nicht einsichtig, wieso die vom Gesetzgeber in § 675u BGB getroffene Wertung nicht auch in anderen Anweisungsfällen gelten soll. Hinzu kommt, dass die dogmatische Begründung der Lehre vom objektiven Empfängerhorizont ohnehin auf „tönernen Füßen" steht. Der Verweis auf die §§ 133, 157 BGB (siehe oben Rn. 52) überzeugt nicht. Dabei stört weniger, dass damit die Vorstellung einer rechtsgeschäftlichen Tilgungsbestimmung einhergeht (siehe nochmals § 3 Rn. 26 ff.). Maßgeblich ist vielmehr, dass die Vorschriften den *Inhalt* einer Willenserklärung festlegen, eine solche zunächst aber voraussetzen. In den hier diskutierten Fällen fehlt es im Zeitpunkt der Zuwendung aber gerade an einer Erklärung des (vermeintlich) Anweisenden, mag diese zunächst auch vorgelegen haben.

> Diesen Einwand vermeidet *Canaris*, der sich für eine analoge Anwendung der §§ 170 ff. BGB ausspricht[58]. Anknüpfungspunkt für den Vertrauensschutz ist danach die Erklärung gegenüber dem Empfänger, eine Anweisung vorgenommen zu haben. Indes bleiben auch bei diesem Ansatz die soeben dargestellten Einwände gegen die Lehre vom objektiven Empfängerhorizont bestehen.

62 Die **Vorzüge eines rein subjektiven Leistungsbegriffs** zeigen sich insbesondere in den Fällen, in denen die Lehre vom objektiven Empfängerhorizont an ihre argumentativen Grenzen stößt, wie etwa bei der „**Zuvielzahlung**". Bei dieser liegt eine wirksame Anweisung zwar vor, doch wendet der Angewiesene dem Empfänger mehr zu, als der Anweisende bestimmt hat.

> **Beispiel:** A schuldet B aus dem Kaufvertrag die Zahlung von 10.000 €. A will eine Anzahlung tätigen und bittet daher in einer E-Mail den C, an B 1.000 € zu zahlen. C verliest sich und zahlt irrtümlich 10.000 € an B. Eine wirksame Anweisung lag hier vor, allerdings nur in Höhe von 1.000 €. Insoweit ist eine Leistung des A an B jedenfalls gegeben. Was aber gilt hinsichtlich der restlichen 9.000 €?
>
> - Der BGH[59] hat in einem ähnlich gelagerten Fall die Lehre vom **objektiven Empfängerhorizont** angewendet und auch für den von der Anweisung nicht gedeckten Mehrbetrag eine Direktkondiktion des Angewiesenen gegen den Empfänger verneint. Der Gedanke der Zurechnung tritt dabei ersichtlich in den Hintergrund, an deren Stelle tritt vielmehr ein „Veranlasserprinzip": Nicht die konkrete Zuwendung muss angewiesen worden sein; es soll vielmehr genügen, dass irgendeine Anweisung vorlag. Mit den oben Rn. 48 ff. dargestellten Grundsätzen ist dies kaum vereinbar[60].

---

[58] *Larenz/Canaris*, Schuldrecht II/2, § 70 IV 3 a, S. 230 f.
[59] BGHZ 176, 234 ff.
[60] Kritisch auch *Schwab* in MünchKomm. BGB, § 812 Rn. 90; *Canaris*, JZ 1987, 201, 202 f.

- Nach dem hier befürworteten rein **subjektiven Leistungsbegriff** ist hingegen auf die tatsächlich vorliegende Anweisung abzustellen. Der darüber hinausgehende Mehrbetrag ist nicht mehr vom Leistungswillen des A umfasst. Folglich fehlt es insoweit an einer Leistung an B, sodass die Direktkondiktion des C gegen B gemäß § 812 I 1 Alt. 2 BGB (Zuwendungskondiktion) möglich ist.

h) Die sog. „irrtümliche Eigenleistung"

Zu ganz unterschiedlichen Ergebnissen gelangen die Lehre vom objektiven Empfängerhorizont und der hier befürwortete subjektive Leistungsbegriff auch in den Fällen, in denen der Zuwendende eine Leistung an den Empfänger erbringen will, dieser aber annimmt, es handele sich um eine Leistung seines Vertragspartners[61]. 63

In **BGHZ 36, 30** („Idealheim") vergab ein Architekt im Namen seines Bauherrn Aufträge an Bauunternehmer. Eine entsprechende Vollmacht besaß er hierfür aber nicht, sodass ein Werkvertrag zwischen den Bauunternehmern und dem Bauherrn tatsächlich nicht zustande gekommen war. Im Glauben, seine (nicht bestehende) Verpflichtung gegenüber dem Bauherrn zu erfüllen, erbrachte ein Bauunternehmer seine Bauleistungen. Obwohl der Bauunternehmer ersichtlich den Willen hatte, an den Bauherrn zu leisten, verneinte der BGH einen Anspruch des Bauunternehmers gegen den Bauherrn aus § 812 I 1 Alt. 1 BGB.

Die dogmatische Begründung lieferte **BGHZ 40, 272** („Elektrogeräte") nach: Zum Schutze des Bauherrn müsse darauf abgestellt werden, als wessen Leistung sich die Zuwendung bei objektiver Betrachtungsweise in seinen Augen darstelle. Nicht auf den inneren Willen des Leistenden, sondern auf die Erkennbarkeit der Person des Leistenden „aus der Sicht des Zuwendungsempfängers" komme es an.

Die Lehre vom objektiven Empfängerhorizont soll also auch dann eingreifen, wenn der Zuwendende gar nicht von einer Anweisung ausgeht, sondern sich selbst zur Leistung verpflichtet glaubt und daher einen entsprechenden Leistungswillen dem Empfänger gegenüber hat. Dieser Leistungswille soll aber **unbeachtlich** sein, wenn der Empfänger von einer Leistung seines Vertragspartners ausgeht. Deshalb wird diese Fallgruppe auch als **„irrtümliche Eigenleistung"** bezeichnet[62]. 64

Eine **sachenrechtliche Parallele** zu den kondiktionsrechtlichen Fällen der „irrtümlichen Eigenleistung" findet sich in der **Problematik des Scheingeheißerwerbs**. Zur Wiederholung: Unter einem Geheißerwerb versteht man jene Fälle, in denen das Eigentum an einer Sache dergestalt übertragen werden soll, dass die Übergabe nicht durch den Veräußerer, sondern durch eine von diesem eingeschaltete – „auf dessen Geheiß handelnde" – Hilfsperson erfolgt. Handelt es sich beim Veräußerer um einen Nichtberechtigten, so schließt sich die Frage an, ob das Vertrauen des Erwerbers, der Überbringer ordne sich dem Geheiß des Veräußerers tatsächlich unter, für einen gutgläubigen Erwerb nach § 932 BGB ausreicht. Im berühmten „Hemdenfall"[63] entschied der BGH zugunsten des Erwerbers und ließ einen kondiktionsfesten Erwerb zu, obwohl der Eigentümer selbst die Sache übergeben hatte im Glauben, selbst als Verkäufer zu leisten. Der Sache nach handelt es sich hierbei um nichts anderes als den Rekurs auf einen objektiven Empfängerhorizont. Die Entscheidung hat viel 65

---

[61] Vgl. zum Folgenden *Staake*, WM 2005, 2113 ff.
[62] In einer weiteren Entscheidung des BGH (NJW 2005, 60 ff.) zur Problematik ging es um Zahlungen, die die Bundeskasse an eine Prostituierte vorgenommen hatte. Veranlasst wurden diese Zahlungen von einem Regierungsobersekretär, der zu dieser Zeit im Berufsförderungsdienst eines Kreiswehrersatzamtes tätig war. Vgl. dazu *Staake*, WM 2005, 2113 ff.
[63] BGH NJW 1974, 1132 ff.

Zustimmung erfahren[64], indes zu Unrecht[65]: **Es fehlt** in diesen Fällen an einem **Rechtsscheinträger**, der den Erwerb vom Nichtberechtigten hinreichend legitimiert. Kann das Fehlen des unmittelbaren Besitzes beim Veräußerer noch dadurch überwunden werden, dass an dessen Stelle die Besitzverschaffungsmacht des Veräußerers rückt, so reicht der gute Glaube an eine solche nicht aus. Von Besitzverschaffungsmacht kann richtigerweise nur die Rede sein, soweit die Geheißperson sich tatsächlich dem Willen des Veräußerers unterordnet. Hat sich der tatsächlich Besitzende hingegen nicht fremdem Geheiß unterworfen, so ist eine dahingehende Vorstellung des Erwerbers nichts anderes als der Glaube an das Vorhandensein eines Rechtsscheinträgers. Den Erwerb vom Nichtberechtigten legitimiert jedoch nur das Vorhandensein eines solchen, nicht bereits der gute Glaube daran. Die **Figur des Scheingeheißerwerbs** ist folglich **abzulehnen**.

66 Zusätzlich zu den oben Rn. 56 ff. aufgeführten Einwänden sprechen also auch die sachenrechtlichen Parallelwertungen in den Fällen der „irrtümlichen Eigenleistung" *gegen* die Anwendung der Lehre vom objektiven Empfängerhorizont.

> Richtigerweise entscheidet auch in den Fällen der „irrtümlichen Eigenleistung" allein die **subjektive Vorstellung** des Zuwendenden über das Vorliegen einer Leistung im Sinne von § 812 I 1 Alt. 1 BGB. Da dieser aufgrund der bestehenden Fehlvorstellung glaubt, eine Verbindlichkeit gegenüber dem Zuwendungsempfänger zu erfüllen und mithin dessen Vermögen bewusst und zweckgerichtet zu vermehren, steht dem Zuwendenden eine Leistungskondiktion zu.

5. Vertrag zugunsten Dritter

a) Beteiligte und Rechtsverhältnisse

67 Ein **gesetzlich geregeltes Mehrpersonenverhältnis** ist der Vertrag zugunsten Dritter (§§ 328 ff. BGB). Dabei handelt es sich nicht um einen eigenen Vertragstypus[66]. Charakterisiert wird hierdurch vielmehr die **besondere Richtung des vertraglichen Leistungsversprechens**: Die Leistung soll nicht (oder nicht nur) an den Vertragspartner, sondern an einen Dritten erbracht werden.

> Am Vertrag zugunsten Dritter **beteiligt** sind
> - der **Versprechende**, der die Leistung verspricht,
> - der **Versprechensempfänger**, gegenüber dem das Leistungsversprechen abgegeben wird, und
> - der **Dritte**, der die Leistung empfangen soll.

---

[64] Siehe etwa *Oechsler* in MünchKomm. BGB, § 932 Rn. 16 f.; *Larenz/Canaris*, Schuldrecht II/2, § 70 III 3 a, S. 218; *Wieling*, JZ 1977, 291, 295; *Musielak*, JuS 1992, 716 ff; *Pinger*, AcP 179 (1979), 301, 333.
[65] Ablehnend auch *Medicus/Petersen*, Bürgerliches Recht, Rn. 564; *Flume* in Festschrift E. Wolf, 1985, S. 69; *Martinek*, AcP 1988 (188), 573, 621 ff., 632 ff.
[66] Vgl. beispielhaft *Janoschek* in BeckOK BGB, § 328 Rn. 12.

Das Rechtsverhältnis zwischen Versprechendem und Versprechensempfänger wird als **Deckungsverhältnis** bezeichnet – dies ist der Vertrag zugunsten Dritter[67]. Aufgrund dieses Vertrages wird die Leistungspflicht des Versprechenden erst begründet; hiernach bestimmt sich, welche Gegenleistung er vom Versprechensempfänger fordern kann. Darüber, warum der Dritte die Leistung erhalten soll, sagt das Deckungsverhältnis regelmäßig nichts aus. Hierzu ist das Rechtsverhältnis zwischen Versprechensempfänger und Drittem zu befragen, das (die Terminologie ist von den Anweisungsfällen bekannt) als **Valutaverhältnis** bezeichnet wird[68]. Zwischen dem Versprechenden und dem Dritten besteht typischerweise keine Kausalbeziehung; das sog. **Zuwendungsverhältnis** ist vielmehr tatsächlicher Natur[69].

68

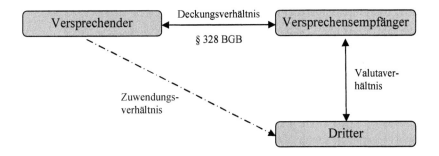

b) Unechter Vertrag zugunsten Dritter

Versprechender und Versprechensempfänger können vereinbaren (vgl. § 328 II BGB), dass der Dritte keinen eigenen Anspruch gegen den Versprechenden erhalten soll, dieser aber **ermächtigt** wird, mit Erfüllungswirkung an den Dritten zu leisten (sog. „**unechter**" Vertrag zugunsten Dritter)[70]. Beim unechten Vertrag zugunsten Dritter hat der Versprechende also nur einen Gläubiger: den Versprechensempfänger. Nur dieser kann Leistung an den Dritten verlangen.

69

Der **unechte Vertrag zugunsten Dritter** ist eine besondere Spielart der Anweisungsfälle[71]. Hinsichtlich der Leistungsbeziehungen der bereicherungsrechtlichen Rückabwicklung gelten wieder die bereits bekannten Grundsätze. Indem der Versprechende die Zuwendung an den Dritten erbringt, werden zwei Leistungen bewirkt: eine **Leistung des Versprechenden an den Versprechensempfänger** und eine **Leistung des Versprechensempfängers an den Dritten**. In diesen Verhältnissen hat sich auch die bereicherungsrechtliche Rückabwicklung zu vollziehen[72]. Eine Direktkondiktion des Versprechenden gegen den Dritten scheidet – sofern nicht § 822 BGB eingreift – aus.

70

---

[67] *Stadler* in Jauernig, BGB, § 812 Rn. 42.
[68] *Janoschek* in BeckOK BGB, § 328 Rn. 8.
[69] *Janoschek* in BeckOK BGB, § 328 Rn. 9.
[70] *Gottwald* in MünchKomm. BGB, § 328 Rn. 9; *Stadler* in Jauernig, BGB, § 328 Rn. 5.
[71] Vgl. *Wendehorst* in BeckOK BGB, § 812 Rn. 181.
[72] *Loewenheim*, Ungerechtfertigte Bereicherung, S. 52 Fn. 144.

c) Echter Vertrag zugunsten Dritter

71 Nach § 328 BGB kann durch die Abrede zwischen Versprechendem und Versprechensempfänger dem Dritten ein eigener Anspruch auf die Leistung eingeräumt werden. Man spricht dann von einem „**echten**" **Vertrag zugunsten Dritter**, weil der Dritte unmittelbar hieraus **begünstigt** wird[73].

> Die Konstellation entspricht damit jener bei der angenommenen bürgerlich-rechtlichen Anweisung (siehe oben Rn. 32).

72 Beim echten Vertrag zugunsten Dritter sieht sich der Versprechende regelmäßig **zwei Forderungsberechtigten** gegenüber. Der **Versprechensempfänger** ist nämlich ebenfalls berechtigt, die Leistung an den Dritten zu fordern. Dies ist aber dispositiv; das Forderungsrecht des Versprechensempfängers kann vertraglich ausgeschlossen werden (vgl. § 335 BGB).

73 Mit der Zuwendung an den Dritten erfüllt der Versprechende seine Verpflichtung sowohl gegenüber dem Versprechensempfänger als auch gegenüber dem Dritten. Es sprechen daher gute Gründe dafür, in diesen Fällen eine **Leistung des Versprechenden auch an den Dritten** anzunehmen – mit der Folge, dass bei Mängeln im Deckungsverhältnis ein Bereicherungsanspruch des Versprechenden gegen den Dritten aus **§ 812 I 1 Alt. 1 BGB** gegeben wäre. Dies würde aber zu einem **Wertungswiderspruch** führen: Der Dritte stünde beim echten Vertrag zugunsten Dritter schlechter als beim unechten Vertrag zugunsten Dritter, obwohl die Gewährung eines eigenen Anspruchs gegen den Versprechenden seine rechtliche Stellung verbessern soll.

74
> Die h.M. geht daher zutreffend davon aus, dass auch beim echten Vertrag zugunsten Dritter eine Leistung des Versprechenden nur an den Versprechensempfänger vorliegt und daher eine Leistungskondiktion des Versprechenden gegen den Dritten ausscheidet[74].

Dass sich der Versprechende bei Mängeln im Deckungsverhältnis mit dem Versprechensempfänger auseinandersetzen muss, entspricht auch den oben Rn. 10 ff. dargelegten Grundsätzen. Die Rückabwicklung erfolgt daher auch hier entlang der jeweiligen Kausalverhältnisse („über's Eck"). Dies gilt jedoch **nicht ausnahmslos**. Diskutiert werden folgende Fallgruppen, in denen eine Direktkondiktion des Versprechenden gegen den Dritten in Betracht kommt[75]:

---

[73] Vgl. nur *Stadler* in Jauernig, BGB, § 328 Rn. 2.
[74] Vgl. etwa BGHZ 5, 281, 284 f.; BGHZ 58, 184, 188; BGHZ 72, 246, 250 f; BGHZ 105, 365, 369 ff.; BGHZ 122, 42, 49 ff.; *Schwab* in MünchKomm. BGB, § 812 Rn. 193; *Wendehorst* in BeckOK BGB, § 812 Rn. 201; *Lorenz* in Staudinger, BGB, § 812 Rn. 56; *Larenz/Canaris*, Schuldrecht II/2, § 70 V 2 a, S. 240 f.; *Canaris* in Festschrift Larenz, 1973, S. 799, 832; *Lorenz*, JuS 2003, 839, 840 f.; *Harder*, AcP 182 (1982), 372, 378.
[75] Vgl. *Schwab* in MünchKomm. BGB, § 812 Rn. 195 ff.

- Hat der Dritte im Valutaverhältnis **keine Gegenleistung** erbringen müssen, kann der Versprechende unter den Voraussetzungen des **§ 822 BGB** vom Dritten kondizieren[76]. Erforderlich ist insoweit, dass der Versprechende gegen den Versprechensempfänger einen Bereicherungsanspruch hat, der Versprechensempfänger sich aber auf den Wegfall der Bereicherung (§ 818 III BGB) berufen kann. Es handelt sich dann um eine *Nichtleistungskondiktion*. Eine weitergehende Auffassung will bei Unentgeltlichkeit stets die Direktkondiktion zulassen[77]. Dies widerspricht aber der in § 822 BGB enthaltenen Wertung, dass der unentgeltliche Erwerber nicht immer, sondern nur dann in Anspruch genommen werden kann, wenn der eigentliche Bereicherungsschuldner wegen der unentgeltlichen Weitergabe nicht in Anspruch genommen werden kann. Ein Direktanspruch scheidet daher aus, wenn der Versprechende verschärft nach §§ 818 IV, 819 BG haftet (siehe unten § 6 Rn. 56).

75

- Wurde das **Forderungsrecht des Versprechensempfängers vertraglich ausgeschlossen**[78] (vgl. § 335 BGB), verbleibt nur noch der Anspruch des Dritten, der durch die Leistung erfüllt werden kann. Folglich ist in diesen Fällen davon auszugehen, dass der Versprechende allein an den Dritten leistet. Mängel im Deckungsverhältnis können dann eine *Leistungskondiktion* gegen den Dritten begründen[79]. Dies entspricht der Rechtslage nach erfolgter Abtretung (dazu sogleich Rn. 78 ff.).

76

- Der BGH lässt die Direktkondiktion schließlich auch zu, wenn die Ausrichtung der Leistungspflicht des Versprechenden an den Dritten den „wesentlichen Inhalt des Vertrages" bildet[80]. Dies soll dann der Fall sein, wenn „nach dem Willen der Vertragspartner der Dritte ein eigenes Forderungsrecht gegen den Versprechenden erhalten soll, das den für seinen Bestand maßgebenden Rechtsgrund nur im Deckungsverhältnis zwischen Versprechendem und Versprechensempfänger haben und von einem etwaigen Valutaverhältnis zwischen Versprechensempfänger und Drittem gänzlich unabhängig sein soll"[81]. Angesprochen sind damit insbesondere **Verträge mit „Versorgungscharakter"**, namentlich Lebensversicherungs- und Leibrentenverträge zugunsten Dritter. In diesen Fällen soll eine Leistung des Versprechenden unmittelbar an den Dritten vorliegen[82]. Ist der Versorgungsvertrag unwirksam, kann der Versprechende die ausgezahlten Beträge nach § 812 I 1 Alt. 1 BGB vom Dritten zurückfordern (*Leistungskondiktion*). Folgt man dem nicht[83], ergibt sich ein Direktanspruch des Versprechenden gegen

77

---

[76] BGHZ 88, 237 ff.; *Larenz/Canaris*, Schuldrecht II/2, § 70 V 2 b, S. 241; *Medicus/Petersen*, Bürgerliches Recht, Rn. 682.
[77] *Buck-Heeb* in Erman, BGB, § 812 Rn. 35; *Peters*, AcP 173 (1973), 71, 82.
[78] Vgl. dazu *Schwab* in MünchKomm. BGB, § 812 Rn. 198.
[79] *Koppensteiner/Kramer*, Ungerechtfertigte Bereicherung, § 6 VII 2, S. 46 f.; *Peters*, AcP 173 (1973), 71, 82; a.A. *Schwab* in MünchKomm. BGB, § 812 Rn. 198.
[80] BGHZ 58, 184, 188 ff.; dazu *Canaris*, NJW 1972, 1196 ff.
[81] BGHZ 58, 184, 189 ff.
[82] Zustimmend *Reuter/Martinek*, Ungerechtfertigte Bereicherung, § 12 IV 4, S. 483 ff.; *Wandt*, Gesetzliche Schuldverhältnisse, § 13 Rn. 79; *Pinger*, AcP 179 (1979), 301, 323 f.
[83] Ablehnend etwa *Schwab* in MünchKomm. BGB § 812 Rn. 195 ff.

den Dritten oftmals aus § 822 BGB, da der Dritte in der Regel keine Gegenleistung an den Versprechensempfänger erbracht hat. Dann handelt es sich aber um eine *Nichtleistungskondiktion*.

6. Zessionsfälle

78 Sehr umstritten ist die bereicherungsrechtliche Behandlung der Fälle, in denen eine vermeintlich bestehende Forderung abgetreten und sodann vom (vermeintlichen) Schuldner gegenüber dem Zessionar (also dem vermeintlichen Neugläubiger) beglichen wird. Eine Leistung liegt dann unzweifelhaft vor: **Aber an wen?** An den Zedenten oder an den Zessionar?

> **Beispiel**[84]: V war bei der F-Versicherung gegen Feuerschäden versichert. Nach einem Brand verlangt V von dieser Auszahlung der Versicherungssumme in Höhe von 1.000.000 €. Die F-Versicherung weigert sich mit der Begründung, V habe den Brand angestiftet. Kurz darauf tritt V seine Forderung gegen die F-Versicherung zur Sicherheit an die B-Bank ab. Nach langwierigen Verhandlungen zahlt die F-Versicherung an die B-Bank, weil V die Anstiftung nicht nachzuweisen ist. Polizei und Staatsanwaltschaft ermitteln unterdessen weiter. So kommt es schließlich doch noch dazu, dass V wegen Anstiftung zur Brandstiftung angeklagt und später auch verurteilt wird. Von wem kann die F-Versicherung die gezahlte Summe von 1.000.000 € zurückverlangen?

79 Der **BGH**[85] hat in einem Fall, dem das Beispiel nachgebildet ist, eine **Leistung an den Zedenten** angenommen und dabei eine Parallele zu den Anweisungsfällen gezogen. Der vermeintliche Schuldner könne danach nicht gegen den Empfänger der Zahlung bereicherungsrechtlich vorgehen; er muss sich vielmehr an den Zedenten halten. Es sei auch sachgerecht, dass er dessen Insolvenzrisiko (und nicht das des Zessionars) trage, da er sich den Zedenten als Vertragspartner ausgesucht habe[86]. Der BGH hat seine Rechtsprechung später mehrfach bestätigt[87]. Zunächst betrafen die Entscheidungen dabei Sonderformen der Abtretung (Sicherungszession, Factoring[88] sowie die Abtretung von Versicherungsansprüchen im Rahmen eines Leasingvertrages). Jüngst hat der BGH aber bekräftigt, dass die Grundsätze auch für die „normale" Abtretung (Vollzession) gelten sollen.

> In dem **BGH NJW 2012, 3373** zugrunde liegenden Fall war die Beklagte aufgrund eines mit der Besitzerin eines Privatgrundstücks abgeschlossenen Vertrages verpflichtet, unbefugt abgestellte Fahrzeuge von dem Grundstück zu entfernen. Dafür waren ihr von der Grundstücksbesitzerin deren Ansprüche auf Ersatz der Abschleppkosten (aus §§ 823 II i.V.m. 858 BGB) gegen die Falschparker abgetreten worden. Zu den Falschparkern zählte auch der Kläger, der sein Fahrzeug im Bereich einer gekennzeichneten Feuerwehranfahrtszone abgestellt hatte. Daraufhin schleppte die Beklagte das Fahrzeug ab. Den Standort des Fahrzeugs teilte die Beklagte dem Kläger erst nach Zahlung der Abschleppkosten von

---

[84] Nach BGHZ 105, 365 ff.
[85] BGHZ 105, 365 ff.
[86] Ebenso *Canaris*, WM 1980, 354, 367; *Lorenz*, AcP 191, 279 ff.; *Lieb*, Jura 1990, 359 ff.
[87] Vgl. BGHZ 122, 46, 50 f.; BGHZ 154, 88, 91; BGH NJW 2005, 1369.
[88] Zum Factoring allgemein etwa *Beckmann* in Staudinger, BGB, Vor § 433, Rn. 133.

II. Leistungsbeziehungen in Mehrpersonenverhältnissen

261,21 € mit. Der Kläger, der diese Kosten für überhöht hielt, verlangte die Rückzahlung von 130,31 €. – Der BGH sah die Zahlung der Abschleppkosten nicht als Leistung des Klägers an das beklagte Abschleppunternehmen an, weshalb diese für den Anspruch aus § 812 I 1 Alt. 1 BGB nicht passivlegitimiert gewesen sei. Es habe sich vielmehr um eine Leistung an die Grundstücksbesitzerin gehandelt.

Die Rechtsprechung vermag **nicht zu überzeugen**. Die Annahme, der Schuldner erbringe eine Leistung an den Zedenten, überspannt den Leistungsbegriff. Nach einer erfolgreichen Abtretung besteht die Verpflichtung des Schuldners nur noch gegenüber dem Zessionar. Der mit der Erfüllungshandlung verfolgte Leistungszweck ist folglich allein auf den Zessionar gerichtet; dessen Anspruch soll erfüllt und dessen Vermögen vermehrt werden. Dies gilt auch, wenn der Anspruch nicht oder nicht in der angenommenen Höhe besteht. Es besteht also gar **kein Drei-, sondern ein Zweipersonenverhältnis**. Die §§ 404, 406 BGB ändern hieran nichts, sondern sorgen lediglich dafür, dass dem Schuldner durch die Abtretung keine Einwendungen abgeschnitten werden.

80

> Leistet der (vermeintliche) Schuldner auf eine abgetretene, tatsächlich aber nicht oder nicht in dieser Höhe bestehende Forderung, so sollte er – entgegen der Auffassung des BGH – das Geleistete nach § 812 I 1 Alt. 1 BGB **vom Zessionar** zurückfordern können[89].

81

Dies gilt auch, wenn die vermeintliche Forderung nur zur Sicherheit oder im Rahmen eines Factorings abgetreten wurde.

In unserem **Beispiel** hat die F-Versicherung nach hier vertretener Auffassung an die B-Bank geleistet. Da wegen der Beteiligung des V an der Brandstiftung ein Anspruch aus dem Versicherungsvertrag tatsächlich nicht bestanden hat, erfolgte die Leistung ohne rechtlichen Grund. Folglich steht der F-Versicherung ein Anspruch gegen die B-Bank aus § 812 I 1 Alt. 1 BGB zu.

Nach hier vertretener Auffassung ist auch **BGH NJW 2012, 3373** unrichtig entschieden[90]. Es lag sehr wohl eine Leistung des Klägers an das beklagte Abschleppunternehmen und damit gegen dieses ein Bereicherungsanspruch nach § 812 I 1 Alt. 1 BGB vor, sofern die gezahlten Abschleppgebühren tatsächlich zu hoch waren.

---

[89] Wie hier *Schwab* in MünchKomm. BGB, § 812 Rn. 208; *Reuter/Martinek*, Ungerechtfertigte Bereicherung, § 12 VI 3, S. 489 ff.; *Medicus/Petersen*, Bürgerliches Recht, Rn. 685; *Kellermann*, JR 1988, 99; *Haertlein*, JuS 2007, 1073, 1077 ff.; dem BGH folgend hingegen *Wendehorst* in BeckOK BGB, § 812 Rn. 207; *Lorenz* in Staudinger, BGB, § 812 Rn. 41; *Leupertz* in Prütting/Wegen/Weinreich, BGB, § 812 Rn. 99; *Larenz/Canaris*, Schuldrecht II/2, § 70 V 1, S. 237 ff.; *Lieb* in Festgabe 50 Jahre BGH, Bd. I, 2000, S. 547, 561 ff.; differenzierend *Sprau* in Palandt, BGB, § 812 Rn. 66.

[90] Vgl. *Staake*, LMK 2012, 340107.

7. Zahlung des Drittschuldners an den Pfändungsgläubiger

82 Eine vergleichbare Problematik besteht in den Fällen, in denen ein Gläubiger im Rahmen der Zwangsvollstreckung gegen seinen Schuldner eine diesem vermeintlich zustehende Forderung gegen einen Drittschuldner pfänden und sich zur Einziehung überweisen lässt (§§ 829, 835 ZPO). Zahlt der (vermeintliche) Drittschuldner an den die Zwangsvollstreckung betreibenden Gläubiger und stellt sich später heraus, dass die gepfändete Forderung nicht bestand, so steht dem Drittschuldner ein **Kondiktionsanspruch aus § 812 I 1 Alt. 1 BGB gegen den Gläubiger** zu. Denn an diesen wollte er leisten, um dessen Einziehungsrecht zum Erlöschen zu bringen. *Das* sieht bemerkenswerterweise auch der BGH so[91].

8. Die nicht veranlasste Leistung auf fremde Schuld

83 Mit § 267 BGB kann ein Dritter auf fremde Schuld leisten, auch wenn eine entsprechende Anweisung des Schuldners fehlt. Der Gläubiger kann die Leistung nur ablehnen, wenn der Schuldner widerspricht (§ 267 II BGB). Bestand der Anspruch des Gläubigers gegen den Schuldner, wird dieser durch die Leistung des Dritten frei, da der Anspruch wegen Erfüllung (§ 362 I BGB) untergeht. Erforderlich ist insoweit aber ein für den Gläubiger erkennbarer **Fremdtilgungswille** des Dritten[92].

> **Beispiel:** S schuldet seinem Gläubiger G 1.000 €. Da sein Onkel O glaubt, er befinde sich in Zahlungsschwierigkeiten, zahlt er den Betrag an G.
>
> - Durch die Zahlung des O ist der Anspruch des G gegen S erloschen. Ob O von S Regress nehmen kann, richtet sich in erster Linie nach dem zwischen ihnen bestehenden Innenverhältnis. Sofern eine vertragliche Abrede zwischen S und O fehlt, kommt insbesondere ein Aufwendungsersatzanspruch aus berechtigter GoA (§§ 683, 670 BGB) in Betracht. Die Zahlung stellt nämlich ein fremdes Geschäft für O dar, das eigentlich dem Rechtskreis des S zugewiesen ist. Entspricht die Vornahme dieses Geschäfts nicht dem tatsächlichen oder mutmaßlichen Willen des S, so kommt über §§ 684 S. 1, 812 I 1 Alt. 2 BGB eine Rückgriffskondiktion in Betracht.
> - Demgegenüber hat O gegen G keinen Anspruch auf Rückzahlung. Insbesondere scheidet ein Bereicherungsanspruch aus, da ein Rechtsgrund für die Zahlung vorlag. Dass dieser im Verhältnis zwischen G und S begründet war, schadet nicht, da O seine Leistung gerade mit diesem Rechtsgrund verknüpft hat.

84 Was aber gilt, wenn der Anspruch, auf den der Dritte leisten will, tatsächlich nicht besteht? In diesem Fall geht die Leistung des Dritten ins Leere und er kann nach § 812 I 1 Alt. 1 BGB **kondizieren** – und zwar **vom (vermeintlichen) Gläubiger**[93]. Es handelt sich nämlich um eine **Leistung des Dritten an den Gläubiger**. Insofern unterscheiden sich die Fälle der nicht veranlassten Drittleistung von den

---

[91] BGHZ 151, 127 ff.
[92] BGHZ 46, 319, 325; BGHZ 75, 299, 303; dazu *Unberath* in BeckOK BGB, § 267 Rn. 8.
[93] Ebenso RGZ 60, 284, 287 f.; BGHZ 113, 62, 68 f.; *Canaris* in Festschrift Larenz, 1973, S. 799, 847 f.; *Koppensteiner/Kramer*, Ungerechtfertigte Bereicherung, § 6 VI 2, S. 42 f.; *Medicus/Petersen*, Bürgerliches Recht, Rn. 685.

Anweisungsfällen[94]. Die Gegenauffassung[95], die dem Dritten einen Bereicherungsanspruch gegen den (vermeintlichen) Schuldner gewähren will, zwingt diesen seinerseits, bereicherungsrechtlich gegen den (vermeintlichen) Gläubiger vorzugehen. Damit würde der (vermeintliche) Schuldner aber mit dessen Insolvenzrisiko belastet werden, obwohl er die Leistung nicht veranlasst hat.

> **Abwandlung unseres Beispiels:** O zahlt 1.000 € an G, obwohl S die Forderung zuvor bereits selbst beglichen hat. – Hier steht O ein Regressanspruch gegen S nicht zu, da dieser keine Vorteile aus der Zahlung erlangt hat. – O kann aber seine an G erbrachte Leistung, die auch bereicherungsrechtlich als solche zu bewerten ist, gemäß § 812 I 1 Alt. 1 BGB kondizieren.

Im Zusammenhang mit der Leistung auf fremde Schuld stellt sich noch ein **Sonderproblem**: Kann eine Leistung auf eine eigene, tatsächlich aber nicht bestehende Verbindlichkeit nachträglich in eine Leistung auf eine fremde Verbindlichkeit **umgedeutet** werden?

85

> Zur Verdeutlichung noch ein **Beispiel:** Hundehalter H glaubt, dass sein geliebter Hund die Blumenbeete des Nachbarn N verwüstet hat. Deshalb zahlt H an N 500 € zur fachmännischen Behebung der Schäden. Später stell sich heraus, dass nicht der Hund des H, sondern das Hängebauchschwein des S für die Unordnung im Garten verantwortlich war. Da die finanziellen Verhältnisse des N eine Rückzahlung der 500 € als unwahrscheinlich erscheinen lassen, will H die Zahlung als Leistung auf die Verbindlichkeit des S gelten lassen und bei diesem Regress nehmen. Kann er das? – H hat hier zunächst auf seine eigene Verbindlichkeit aus § 833 S. 1 BGB (Tierhalterhaftung, dazu unten § 9 Rn. 134 ff.) an N geleistet. Da diese Verbindlichkeit tatsächlich nicht bestand, kann H die gezahlten 500 € von N nach § 812 I 1 Alt. 1 BGB kondizieren. Fraglich ist nun, ob er stattdessen die Leistung mit einem neuen Rechtsgrund unterlegen kann, nämlich dem Anspruch des N gegen S (wiederum aus § 833 S. 1 BGB).

- Eine solche **nachträgliche Änderung der Tilgungsbestimmung** wird vom BGH[96] und Teilen des Schrifttums[97] zugelassen. Da es sich dann um eine veranlasste Drittleistung handeln würde, könnte H gegen den Schuldner S zumindest im Wege der Rückgriffskondiktion vorgehen, da S durch die Zahlung des H dann von seiner Verbindlichkeit befreit worden wäre, ohne dass es hierfür im Verhältnis zu H einen Rechtsgrund gegeben hätte.
- Indes ist **nicht einsichtig**, wieso H durch die Änderung der Tilgungsbestimmung sich einen solventen Schuldner soll besorgen können. Auch dogmatisch lässt sich die Abänderung der Tilgungsbestimmung nicht begründen[98] – im Gegenteil: Nach dem BGB ist die einseitige nachträgliche Änderung von Erklärungen grundsätzlich nicht möglich (vgl. etwa § 130 I 2 BGB). Vorzugswürdig ist es daher weiterhin von einer Leistung auf eine eigene (nicht bestehende) Verbindlichkeit des H auszugehen. H steht insofern **kein Wahlrecht** zu. Es verbleibt daher beim Kondiktionsanspruch gegen N.

---

[94] Zutreffend *Schwab* in MünchKomm. BGB, § 812 Rn. 156.
[95] *Köndgen* in Festschrift Esser, 1975, S. 55, 67; *Schmidt*, JZ 1971, 601, 606; *Wieling*, JuS 1978, 801, 803.
[96] BGH NJW 1964, 1898, 1899; BGH NJW 1983, 812, 814.
[97] Vgl. *v. Caemmerer* in Festschrift Dölle, 1963, S. 135, 147 ff.; *Flume*, JZ 1962, 281, 282; *Reuter/Martinek*, Ungerechtfertigte Bereicherung, § 12 III 4b, S. 473 ff.; *Stolte*, Jura 1988, 246, 249 ff.
[98] Ablehnend auch *Lorenz*, AcP 168 (1968), 286, 308 ff.; *Medicus/Petersen*, Bürgerliches Recht, Rn. 951; *Leupertz* in Prütting/Wegen/Weinreich, BGB, § 812 Rn. 104.

III. Eingriff vs. Leistung

1. Problemstellung

86 In den soeben dargestellten Mehrpersonenverhältnissen stand jeweils die Frage im Vordergrund, als wessen Leistung sich eine Zuwendung darstellt. Die hieraus resultierenden Leistungsbeziehungen waren maßgeblich für die bereicherungsrechtliche Rückabwicklung. Dabei spielte bereits ein gewichtiges Prinzip des Bereicherungsrechts eine Rolle: die **Subsidiarität der Nichtleistungskondiktion**. Danach schließt das Vorliegen einer Leistung die Nichtleistungskondiktion im Regelfall aus.

87 Von besonderer Bedeutung ist dies für die **Eingriffskondiktion**. Zwar gewährt § 812 I 1 Alt. 2 BGB bei rechtsgrundlosen Eingriffen in den Zuweisungsgehalt fremder Rechte grundsätzlich einen Bereicherungsanspruch. Doch gilt dies nicht, wenn der Bereicherte den Bereicherungsgegenstand durch eine Leistung erlangt hat.

> Das Vorliegen einer Leistung sperrt die Eingriffskondiktion **auch dann**, wenn es sich nicht um eine Leistung des Inhabers des betreffenden Rechts, sondern um die **Leistung eines Dritten** handelt[99].

88 Das Dogma der Subsidiarität der Nichtleistungskondiktion lässt sich dabei durch gesetzliche, insbesondere **sachenrechtliche Wertungen** unterlegen[100]. Ein Eingriff in den Zuweisungsgehalt eines fremden Rechts geht oftmals mit einem Rechtsverlust des Rechtsinhabers einher. Deutlich wird dies insbesondere beim redlichen Erwerb vom Nichtberechtigten, der nach Maßgabe der **§§ 892, 932 ff. BGB** möglich ist (siehe schon § 4 Rn. 32).

> **Beispiel:** A hat an B sein Fahrrad verliehen. B verkauft und übereignet das Fahrrad an den gutgläubigen C. – Hier erwirbt C gemäß §§ 932 i.V.m. 929 S. 1 BGB trotz der Nichtberechtigung des B Eigentum am Fahrrad. Damit einher geht notwendigerweise der Rechtsverlust des bisherigen Eigentümers A. Der Erwerb des C ist auch endgültig. Insbesondere kann A nicht gemäß § 812 I 1 Alt. 1 BGB die Übereignung des Fahrrads verlangen. Anderenfalls liefen die Gutglaubensvorschriften leer. Dies folgt auch aus § 816 I 1 BGB, der einen Kondiktionsanspruch nur gegen den die Verfügung vornehmenden Nichtberechtigten, nicht aber gegen den Erwerber gewährt. C hat also kondiktionsfest Eigentum erlangt – und zwar durch eine Leistung des B.
>
> **Abwandlung:** Das Fahrrad des A wurde von D gestohlen, der sodann an den gutgläubigen C weiterveräußert. – Hier wird C wegen § 935 I 1 BGB nicht Eigentümer. Seine Gutgläubigkeit hilft nämlich nicht über das Abhandenkommen der zu erwerbenden Sache hinweg. A kann daher aus § 985 BGB Herausgabe des Fahrrads von D verlangen. Ob ihm daneben ein Kondiktionsanspruch gemäß § 812 I 1 Alt. 1 BGB hinsichtlich des Besitzes zusteht, erscheint zweifelhaft. Zum einen liegt insoweit eine Leistung des D an C vor, die die Eingriffskondiktion sperren könnte. Zum anderen hat C den Besitz hier wohl nicht „auf Kosten" des A erlangt, da dieser den Besitz bereits zuvor an D verloren hatte. Ohnehin spielt

---

[99] BGHZ 40, 272, 278.
[100] Vgl. insbesondere *Larenz/Canaris*, Schuldrecht II/2, § 67 IV 3, S. 144 f.

III. Eingriff vs. Leistung

der *schuldrechtliche* Kondiktionsanspruch neben dem *dinglichen* Vindikationsanspruch praktisch keine Rolle.

Diese sachenrechtlichen Wertungen sind auch relevant, wenn der Eigentumsverlust kraft Gesetzes gemäß **§§ 946 ff. BGB** erfolgt. Von Interesse sind hier insbesondere die Verarbeitung und der Einbau fremder Sachen. Hiervon soll im Folgenden die Rede sein.

2. Verarbeitung fremder Sachen

Gemäß **§ 950 I 1 BGB** wird, wer einen oder mehrere Stoffe zu einer neuen Sache verarbeitet, Eigentümer der neu hergestellten Sache, es sei denn, der Wert der Verarbeitung[101] ist erheblich geringer als der Stoffwert. Bisherige Rechte an den verarbeiteten Stoffen erlöschen (§ 950 II BGB). Das Eigentum an den verarbeiteten Stoffen setzt sich also nicht an der neu hergestellten Sache fort. § 951 I 1 BGB gewährt dafür demjenigen, der durch die Verarbeitung einen Rechtsverlust erleidet, einen **Wertersatzanspruch**. Dieser ist zwingend auf Geld gerichtet; die Wiederherstellung des vorherigen Zustandes kann nicht verlangt werden (§ 951 I 2 BGB).

Der nach § 951 I BGB geschuldete Ausgleich richtet sich nach den „Vorschriften über die Herausgabe einer ungerechtfertigten Bereicherung", also nach den §§ 812 ff. BGB. Es handelt sich um eine **Rechtsgrundverweisung**[102], sodass ein Kondiktionstatbestand erfüllt sein muss. In Betracht kommt insoweit die **Nichtleistungskondiktion** gemäß § 812 I 1 Alt. 2 BGB, wobei zumeist die Eingriffskondiktion, seltener die Verwendungskondiktion einschlägig sein wird[103]. Diese scheiden aber dann aus, wenn der Bereicherungsgegenstand geleistet wurde, sei es auch durch einen Dritten. Doch Vorsicht: Auch wenn eine Leistungsbeziehung gegeben ist, muss genau geprüft werden, was **Gegenstand der Leistung** war.

> Die Problematik wird deutlich im folgenden **Beispiel**, das dem berühmten „**Jungbullen**"-**Fall**[104] nachgebildet ist: D stiehlt bei Bauer B fünf Ferkel. Diese bietet er dem Fleischer F zum marktüblichen Preis von 1.500 € an. F geht auf dieses Angebot ein und verarbeitet die Tiere alsbald zu Wurst im Wert von 2.700 €. Als B von den Vorgängen Kenntnis erlangt, will er sich an F halten, da bei D nichts zu holen ist. F verweigert die Herausgabe der Wurst und jede Zahlung; er habe die Tiere zu einem angemessenen Preis gekauft und auch bezahlt.
>
> • Zunächst ist zu fragen, wer **Eigentümer der Wurst** geworden ist. In Betracht kommt hier ein gesetzlicher Eigentumserwerb des F. Dieser hatte die Ferkel zu Wurst verarbeitet. Zwar sind Schweine Tiere und damit keine Sachen (§ 90a BGB); doch findet § 950 I BGB entsprechende Anwendung. Wurst ist etwas anderes als die Ferkel und damit eine neue Sache, sodass § 950 I BGB tatbestandlich einschlägig ist. Die Vorschrift setzt zusätzlich voraus, dass der Wert der Verarbeitung den Stoffwert nicht erheblich unterschreitet. Der Stoffwert betrug hier 1.500 €. Der Verarbeitungswert bemisst sich nach

---

[101] Der Verarbeitungswert ist die Differenz aus dem Verkehrswert der neu hergestellten Sache und dem Wert der verarbeiteten Stoffe; kurz: Verarbeitungswert = Verkehrswert – Stoffwert.

[102] BGHZ 55, 176, 177; *Kindl* in BeckOK BGB, § 951 Rn. 2; *Füller* in MünchKomm. BGB, § 951 Rn. 3 mit weiteren Nachweisen.

[103] *Kindl* in BeckOK BGB, § 951 Rn. 2.

[104] BGHZ 55, 176 ff.; dazu *Hombrecher*, Jura 2003, 333.

dem Wert der neuen Sache (2.700 €) abzüglich des Stoffwertes; er beträgt hier also 1.200 € und damit 80% des Stoffwertes. Die Rechtsprechung nimmt ein „erhebliches" Unterschreiten aber erst bei weniger als 60 % an[105]. Daher ist F hier Eigentümer der Wurst geworden.
- Gemäß §§ 951 I 1, 812 I 1 Alt. 2 BGB könnte B aber ein **Wertersatzanspruch** in Höhe des Wertes der Ferkel (1.500 €) zustehen. Denn B hat durch die Verarbeitung der Ferkel sein Eigentum an ihnen verloren. Da es sich um eine Rechtsgrundverweisung handelt, müssen die **Tatbestandsvoraussetzungen der Eingriffskondiktion** vorliegen. F hat hier „etwas erlangt", nämlich das Eigentum an der Wurst, dies geschah sicher auch auf Kosten des B, der sein Eigentum an den Ferkeln, aus denen die Wurst gemacht wurde, verloren hat. Zudem fehlte ein Rechtsgrund. Ein solcher ergibt sich auch nicht aus § 950 BGB. Die Vorschrift weist dem „Verarbeiter" zwar das Eigentum an der neu hergestellten Sache zu, doch soll dies – wie § 951 BGB zeigt – nicht kompensationslos erfolgen. Problematisch ist aber das Merkmal „in sonstiger Weise": Die Eingriffskondiktion scheidet aus, wenn der Bereicherungsgegenstand geleistet wurde. Hier könnte eine Leistung des D an F vorliegen. In Ansehung des zwischen beiden geschlossenen Kaufvertrages wollte D durch die Überlassung der Ferkel das Vermögen des F bewusst und zweckgerichtet vermehren. Eine Leistung liegt damit vor. An dieser Stelle ist aber sorgsam zu prüfen, was **Gegenstand der Leistung** war: Geleistet hat D den Besitz an den Ferkeln. Das Eigentum konnte D dem F aber wegen § 935 I 1 BGB nicht verschaffen, da die Ferkel dem Eigentümer B abhanden gekommen waren. **Hinsichtlich des Eigentums lag somit keine Leistung vor**, die die Eingriffskondiktion sperren würde. F ist „in sonstiger Weise" bereichert. B kann daher von F Wertersatz nach §§ 951 I 1, 812 I 1 Alt. 2 BGB verlangen.

92 Die maßgeblichen Wertungen, ob nach §§ 951 I 1, 812 I 1 Alt. 2 BGB bei der Verarbeitung fremder Sachen Wertersatz geschuldet ist, lassen sich also den §§ 932 ff. BGB entnehmen. Dabei spielt **§ 935 BGB** eine entscheidende Rolle: Wenn ein gutgläubiger rechtsgeschäftlicher Erwerb wegen des Abhandenkommens der verarbeiteten Sachen nicht möglich ist, soll auch der gesetzliche Eigentumserwerb nicht kompensationslos erfolgen.

> Der Wertersatzanspruch gemäß §§ 951 I 1, 812 I 1 Alt. 2 BGB tritt nämlich an die Stelle des Anspruchs aus § 985 BGB. Es handelt sich um einen **Rechtsfortwirkungsanspruch**[106].

93 Diese dogmatische Einordnung des Wertersatzanspruchs ist von Bedeutung insbesondere im Hinblick auf eine vom Schuldner an einen Dritten **erbrachte Gegenleistung**. Diese kann der Schuldner nicht vom Wertersatzanspruch abziehen, denn er hätte sie auch dem Anspruch aus § 985 BGB nicht entgegenhalten können[107].

> In unserem **Beispiel** kann F daher nicht einwenden, seinerseits den Kaufpreis zur Erlangung der Ferkel an D entrichtet zu haben. Insoweit muss sich F an seinen Vertragspartner D halten. Da diesem die Erfüllung seiner Pflicht aus dem Kaufvertrag unmöglich ist, kann F vom Vertrag zurücktreten und den gezahlten Kaufpreis gemäß §§ 326 I, IV i.V.m. 346 ff. BGB zurückverlangen.

---

[105] BGH JZ 1972, 165, 166; BGH NJW 1995, 2633.
[106] *Gursky* in Staudinger, BGB, § 951 Rn. 2; *Füller* in MünchKomm. BGB, § 951 Rn. 27.
[107] *Füller* in MünchKomm. BGB, § 951 Rn. 27.

III. Eingriff vs. Leistung

Noch ein **Hinweis**: Bis zur Verarbeitung der fremden Sachen besteht oft eine Vindikationslage und damit ein **EBV**. Demnach sind die §§ 987 ff. BGB anwendbar. In diesem Zusammenhang ist stets an die Sperrwirkung des EBV (vgl. § 993 I a.E. BGB) zu denken: Die EBV-Vorschriften über Nutzungs- und Schadensersatz sind demnach abschließend und dürfen nicht durch die Anwendung der §§ 812 ff., 823 ff. BGB umgangen werden (siehe dazu unten § 21 Rn. 3 f.). Die **Sperrwirkung** gilt aber **nicht bei Eingriffen in die Sachsubstanz bzw. den Sachwert**. So liegt es in den Fällen der §§ 946 ff. BGB.

3. „Einbaufälle"

Eine parallele Problematik findet sich auch in den sog. „Einbaufällen". Bei diesen werden bewegliche Sachen mit einem Grundstück derart verbunden, dass sie gemäß **§ 946 BGB** wesentlicher Bestandteil des Grundstücks werden. Wesentliche Bestandteile sind nicht sonderrechtsfähig (vgl. § 93 BGB), d.h. an ihnen besteht kein separates Eigentum. Dem trägt § 946 BGB Rechnung: Wird eine Sache wesentlicher Bestandteil eines Grundstücks, erstreckt sich das Eigentum am Grundstück fortan auch auf diese Sache.

> Darüber, was **wesentliche Bestandteile eines Grundstücks** sind, gibt § 946 BGB keine Auskunft. Einschlägig ist insoweit § 94 BGB. Zu den wesentlichen Bestandteilen eines Grundstücks gehören danach die mit dem Grund und Boden fest verbundenen Sachen, insbesondere die auf dem Grundstück errichteten Gebäude (§ 94 I BGB). Zu den **wesentlichen Bestandteilen eines Gebäudes** wiederum gehören nach § 94 II BGB die zur Herstellung des Gebäudes eingefügten Sachen. Zur **Herstellung eines Gebäudes** eingefügt sind alle Sachen, ohne die nach der **Verkehrsauffassung** das Gebäude als Bauwerk noch nicht fertig gestellt ist[108]. Die Verkehrsauffassung kann dabei auch regional unterschiedlich sein[109]. „Eingefügt" im Sinne des § 94 II BGB sind ferner jene Einrichtungs- und Ausstattungsgegenstände, die dem Baukörper besonders angepasst sind[110] oder dem Gebäude ein besonderes Gepräge geben[111]. Ist eine Sache danach nicht wesentlicher Bestandteil, handelt es sich oftmals um **Zubehör** (§ 97 BGB); dieses ist sonderrechtsfähig.

Auch in den Fällen des § 946 BGB kommt es zu einem gesetzlichen Eigentumserwerb, wenn die eingebaute Sache zuvor nicht dem Grundstückseigentümer gehört hat. Damit einher geht der Rechtsverlust des früheren Eigentümers. Dieser kann wiederum nach § 951 I BGB Wertersatz nach bereicherungsrechtlichen Grundsätzen verlangen. Auch insoweit kommt also eine Eingriffskondiktion in Betracht – und auch hier kann sich die Frage stellen, ob eine vorrangige Leistung gegeben ist, die die Eingriffskondiktion sperrt.

> **Beispiel**: Bauherr B ist Eigentümer eines bebauten Grundstücks. Er schließt mit Unternehmer U einen Vertrag, wonach U das Gebäude sanieren soll. U bestellt bei seinem Lieferanten L Ziegelsteine, die L direkt an die Baustelle unter Eigentumsvorbehalt liefern soll.

---

[108] BGH NJW 1984, 2277, 2278; BGH NJW-RR 1990, 586 f; *Fritzsche* in BeckOK BGB, § 94 Rn. 16.
[109] Auffällig ist insoweit die regional unterschiedliche Einordnung von Einbauküchen; siehe die Nachweise bei *Jickeli/Stieper* in Staudinger, BGB, § 94 Rn. 35.
[110] RGZ 67, 30, 34; RGZ 9, 117, 121.
[111] RGZ 90, 198, 201; BGHZ 53, 324, 325; BGH NJW-RR 1990, 586, 587.

Dort werden sie von U eingebaut. Alsbald darauf wird U insolvent. Daher fragt L, welche Ansprüche ihm gegen B zustehen.

- **Herausgabe gemäß § 985 BGB?** – Ursprünglich war L Eigentümer der Ziegelsteine. Da er unter Eigentumsvorbehalt geliefert hat, ist auch eine rechtsgeschäftliche Eigentumsübertragung nicht erfolgt. Er hat sein Eigentum aber gemäß § 946 BGB an B verloren, denn mit dem Einbau in das auf dem Grundstück des B stehende Gebäude sind die Ziegelsteine wesentlicher Bestandteil des Grundstücks geworden (§ 94 II i.V.m. I BGB). Das aus den Ziegelsteinen bestehende Mauerwerk ist unzweifelhaft „zur Herstellung des Gebäudes eingefügt". Dass das Gebäude bereits zuvor stand, steht dem nicht entgegen, da wesentliche Bestandteile auch nachträglich noch ausgetauscht oder hinzugefügt werden können[112]. Folglich hat L sein Eigentum an den Ziegelsteinen verloren. Er kann daher nicht Herausgabe der Steine gemäß § 985 BGB von B verlangen.
- **Wertersatz gemäß §§ 951 I 1, 812 I 1 Alt. 2 BGB?** – Da L durch den gesetzlichen Eigentumserwerb des B einen Rechtsverlust erlitten hat, kann er Wertersatz von diesem verlangen, wenn die Voraussetzungen der Eingriffskondition nach § 812 I 1 Alt. 2 BGB vorliegen. Durch den Einbau hat B das Eigentum auch an den verbauten Ziegelsteinen erlangt. Dies geschah auf Kosten des L und auch ohne rechtlichen Grund; insofern gilt für § 946 BGB dasselbe wie für § 950 BGB (siehe Rn. 90 f.). Problematisch ist auch hier das Merkmal „in sonstiger Weise". Die Eingriffskondiktion scheidet aus, wenn das Eigentum dem B geleistet wurde. In Betracht kommt insoweit auch eine Leistung des U. Dieser hat die Ziegelsteine aber nicht gemäß §§ 929 ff., 932 ff. BGB rechtsgeschäftlich übereignet, sondern nur tatsächlich eingebaut. Darüber, ob sich U über den Eigentumsübergang bewusst war oder diesen sogar beabsichtigt hatte, lässt sich nur spekulieren – und für Spekulationen ist die Klausur ohnehin der falsche Platz! – Die sachgerechte Lösung lässt sich mithilfe einer „Als-ob-Betrachtung" entwickeln: Wie wäre der Fall zu entscheiden, wenn U die Ziegelsteine vor dem Einbau an B rechtsgeschäftlich übereignet hätte? **Hätte B gutgläubig von U trotz dessen Nichtberechtigung erwerben können?** Dies ist zu bejahen, insbesondere da die Ziegelsteine dem Eigentümer L nicht abhanden gekommen waren. Beim rechtsgeschäftlichen Erwerb stünde L auch kein Kondiktionsanspruch gegen B zu. Dann ist es aber auch nur konsequent, den Wertersatzanspruch gemäß §§ 951 I 1, 812 I 1 Alt. 2 BGB zu verweigern, wenn der Erwerb – wie hier – kraft Gesetzes erfolgt ist.

97 Ob der mit einem gesetzlichen Eigentumserwerb gemäß §§ 946 ff. BGB einhergehende Rechtsverlust finanziell entschädigt werden muss, ist also anhand der **Wertungen der §§ 932 ff. BGB** zu ermitteln. Dabei ist eine „**Als-ob-Betrachtung**" anzustellen[113]:

> Zu fragen ist, ob ein rechtsgeschäftlicher Erwerb möglich gewesen wäre und vom bisherigen Rechtsinhaber kompensationslos hätte hingenommen werden müssen. Ist dies der Fall, so scheidet auch ein Wertersatzanspruch gemäß §§ 951 I 1, 812 I 1 Alt. 2 BGB aus[114].

---

[112] BGHZ 53, 324, 326; *Fritzsche* in BeckOK BGB, § 94 Rn. 18.
[113] *Wendehorst* in BeckOK BGB, § 812 Rn. 263.
[114] *Lorenz* in Staudinger, BGB, § 812 Rn. 62; *Wendehorst* in BeckOK BGB, § 812 Rn. 263; *Stadler* in Jauernig, BGB, § 812 Rn. 86; *Larenz/Canaris*, Schuldrecht II/2, § 70 III 2 a, S. 213; *Koppensteiner/Kramer*, Ungerechtfertigte Bereicherung, § 11 IV, S. 107; *Medicus/Petersen*, Bürgerliches Recht, Rn. 730; a.A. *Reuter/Martinek*, Ungerechtfertigte Bereicherung, § 10 II 2 b, S. 404 ff.

III. Eingriff vs. Leistung

Abwandlung des Beispiels: Die von L gelieferten und von U verbauten Ziegelsteine waren Eigentümer E gestohlen worden. – Auch hier greift § 946 BGB ein: Die Ziegelsteine sind wesentlicher Bestandteil des Grundstücks des B geworden. E hat also sein Eigentum dauerhaft verloren. Ihm steht aber ein Wertersatzanspruch gemäß §§ 951 I 1, 812 I 1 Alt. 2 BGB zu. Denn U hätte die Ziegelsteine vor dem Einbau nicht wirksam an B übereignen können. Dem gutgläubigen Erwerb vom Nichtberechtigten steht § 935 I 1 BGB entgegen. Der bis zum Einbau bestehende Vindikationsanspruch des E wirkt sich nunmehr als Wertersatzanspruch gegen B fort. B könnte daher auch nicht einwenden, den Kaufpreis für die Ziegelsteine seinem Vertragspartner L bezahlt zu haben.

§ 6 Rechtsfolgen des Bereicherungsrechts

Literatur: *Giesen*, Grundsätze der Konfliktlösung im Besonderen Schuldrecht – Die ungerechtfertigte Bereicherung (Teil 3 – Der Bereicherungsumfang), Jura 1995, 281; *Halfmeier*, Inhalt des Kondiktionsanspruchs und Wegfall der Bereicherung, JA 2007, 492; *Hombrecher*, Die verschärfte Haftung Minderjähriger nach § 819 Abs. 1 BGB; *Koppensteiner*, Probleme des bereicherungsrechtlichen Wertersatzes, NJW 1971, 588; *Medicus*, Die verschärfte Haftung des Bereicherungsschuldners, JuS 1993, 705; *Rengier*, Wegfall der Bereicherung, AcP 177 (1977), 418.

Übungsfälle: *Breidenstein/Scheibengruber*, JA 2011, 91; *Horlach/Guhl*, JA 2010, 94; *Paal/Hennemann*, JuS 2011, 246; *Verse/Gaschler*, Jura 2009, 213.

I. Inhalt der Bereicherungshaftung

1. Überblick

Liegen die tatbestandlichen Voraussetzungen einer Leistungs- oder Nichtleistungskondiktion vor, so gilt es, die Frage zu beantworten, welchen Inhalt der Kondiktionsanspruch hat. Über den Inhalt der Bereicherungshaftung gibt bereits § 812 I 1 BGB Auskunft: Das rechtsgrundlos Erlangte ist **herauszugeben**. Dies bedarf in zweierlei Hinsicht der Ergänzung:

1

– Zum einen muss präzisiert werden, was **gegenständlich** von der Herausgabepflicht umfasst ist. Diese Aufgabe übernimmt – jedenfalls zum Teil – § 818 I BGB, der die Herausgabepflicht auf aus dem Erlangten gezogene **Nutzungen** sowie an die Stelle des Erlangten getretene **Surrogate** erstreckt.
– Zum anderen ist die Frage zu beantworten, was in den Fällen gilt, in denen eine gegenständliche Herausgabe nicht möglich oder ausreichend ist, um die Bereicherung auszugleichen. Hier hilft § 818 II BGB: Der Bereicherte schuldet dann **Wertersatz**, sofern er nicht den Entreicherungseinwand nach § 818 III BGB erheben kann (dazu unten Rn. 31).

In den Fällen der §§ 818 IV, 819 f. BGB **haftet** der Schuldner **verschärft** „nach den allgemeinen Vorschriften". Neben die Herausgabe- oder Wertersatzpflicht tritt dann auch ggf. eine **Schadensersatzpflicht** (siehe unten Rn. 83).

2. Herausgabepflicht

a) Gegenständliche Herausgabe

2   Der Inhalt des Bereicherungsanspruchs richtet sich in erster Linie nach **der Art des Erlangten**. Zur Erinnerung: Das „erlangte Etwas" im Sinne des § 812 I 1 BGB kann ganz unterschiedlich sein (siehe oben § 3 Rn. 4 ff.). Dementsprechend können auch Bereicherungsansprüche verschiedene Inhalte haben[1].

- Rechtsgrundlos erlangtes **Eigentum** ist vom Bereicherungsschuldner an den Gläubiger zurück zu übereignen – und zwar nach Maßgabe der §§ 873, 925 BGB bei Grundstücken bzw. der §§ 929 ff. BGB bei beweglichen Sachen.
- Hat der Bereicherungsschuldner nur den **Besitz** an einer Sache erlangt, so ist eine Rückübereignung nicht erforderlich. Hier genügt die Übertragung des Besitzes, die im Regelfall durch die Rückgabe der Sache erfolgt.
- Bei **Forderungen** ist zu unterscheiden: Hat der Bereicherungsschuldner eine gegen einen Dritten gerichtete Forderung durch **Abtretung** rechtsgrundlos erworben, so ist der Bereicherungsanspruch auf Rückabtretung nach Maßgabe der §§ 398 ff. BGB gerichtet.
- Ist hingegen der Bereicherungsgläubiger **rechtsgrundlos eine Verbindlichkeit eingegangen**, so hat der Bereicherungsschuldner die erlangte Forderung dadurch herauszugeben, dass er auf sie verzichtet.
- Auf zugunsten des Bereicherungsschuldners rechtsgrundlos bestellte **dingliche Rechte** hat dieser ebenfalls zu verzichten.
- Hat der Bereicherungsschuldner die **Befreiung von einer Verbindlichkeit** erlangt, weil der Bereicherungsgläubiger rechtsgrundlos auf sie verzichtet hat, so ist die Verbindlichkeit neu zu begründen.
- Auch eine erlangte **Buchposition** kann herausgegeben werden und zwar indem der Bereicherungsschuldner die Zustimmung zur Grundbuchänderung erteilt.

3   Bei der Rückabwicklung **unwirksamer Unternehmenskaufverträge** ist danach zu differenzieren, ob es sich um einen *share deal* oder um einen *asset deal* handelt[2]. Beim *share deal* werden nicht die einzelnen Bestandteile des Unternehmens verkauft und übertragen, sondern Anteile an einer Gesellschaft, die das Unternehmen betreibt. Dabei handelt es sich um eine besondere Form des Rechtskaufs, dessen Erfüllung davon abhängt, um welche Gesellschaftsform es sich handelt. So werden zum Beispiel Geschäftsanteile einer GmbH durch Abtretung übertragen, die gemäß § 15 III GmbHG notariell zu beurkunden ist. Die Rückabwicklung erfolgt dann durch die ebenfalls formbedürftige Rückabtretung. – Beim *asset deal* hingegen wird das Unternehmen als Sachgesamtheit verkauft. Erforderlich ist hier die Übertragung der einzelnen zum Unternehmen gehörenden Vermögensgegenstände nach den entsprechenden sachenrechtlichen Vorschriften: Sachen sind zu übereignen, Forderungen abzutreten, Know-how mitzuteilen, Kundendaten zu übergeben usw. Eine

---

[1] Vgl. zum Folgenden *Lorenz* in Staudinger, BGB, § 818 Rn. 3; *Stadler* in Jauernig, BGB, § 818 Rn. 2; *Schulze* in Handkomm. BGB, § 812 Rn. 2.

[2] Näher zu den verschiedenen Möglichkeiten des Unternehmenskaufs *Beckmann* in Staudinger, BGB, § 453 Rn. 22 ff.

Universalsukzession findet insoweit nicht statt. Entsprechendes gilt dann für die bereicherungsrechtliche Rückabwicklung.

b) Surrogate

§ 812 I 1 BGB bezieht die Herausgabepflicht auf den primären Bereicherungsgegenstand. Ist dieser nicht mehr vorhanden, **an seine Stelle aber ein anderer Gegenstand getreten**, so ist nach § 818 I BGB dieses Surrogat herauszugeben. Dabei unterscheidet die Vorschrift zwei verschiedene Fälle: Surrogate im Sinne der Vorschrift meint dasjenige, was der Empfänger als **Ersatz für die Zerstörung, Beschädigung oder Entziehung** des erlangten Gegenstands erworben hat. Erfasst sind hiervon Schadensersatz- oder Entschädigungsleistungen bzw. Ansprüche auf solche Leistungen[3].

> **Beispiel:** A hat von B rechtsgrundlos Eigentum an einem Fahrrad erworben. Das Fahrrad wird A von einem Unbekannten gestohlen. Da A gegen Diebstahl versichert ist, zahlt die Versicherung V ihm einen Betrag aus, der dem Wert des Fahrrades entspricht. – Die **Versicherungsleistung** ist Surrogat im Sinne von § 818 I BGB und daher von A an B herauszugeben. Hätte die Versicherung noch nicht gezahlt, wäre die Herausgabepflicht auf die Abtretung des Anspruchs aus dem Versicherungsvertrag gerichtet.

Anstelle des ursprünglich Erlangten ist zum anderen das herauszugeben, was der Empfänger **aufgrund des erlangten Rechts** erworben hat[4]. Das ist das sog. *commodum ex re*.

> **Beispiel:** Altgläubiger A tritt aufgrund eines unwirksamen Kaufvertrages eine Forderung gegen Schuldner S an Neugläubiger N ab. S leistet daraufhin an N. – Hier hat S an den Berechtigten geleistet, sodass § 816 II BGB nicht eingreift. A konnte von N nach § 812 I 1 Alt. 1 BGB zunächst die Rückabtretung der Forderung verlangen. An deren Stelle ist das von S an N Geleistete getreten. Dieses ist daher von N an A gemäß § 818 I BGB herauszugeben. (Zum sog. *commodum ex negatiatione* siehe sogleich Rn. 11 ff.)

c) Nutzungen

> § 818 I BGB erstreckt die Herausgabepflicht auch auf die vom Bereicherungsschuldner **gezogenen Nutzungen**.

Auch hierbei handelt es sich um einen Fall der **Sekundärhaftung**: Anders als Surrogate treten die Nutzungen dabei aber nicht an die Stelle des primären Bereicherungsgegenstandes, sondern **neben** diesen. Was Nutzungen sind, ergibt sich aus § 100 BGB: Nutzungen sind die Früchte einer Sache oder eines Rechts sowie die Vorteile, welche der Gebrauch der Sache oder des Rechts gewährt. Für Früchte enthält § 99 BGB eine – ziemlich abstrakte – Regelung. Vom Ganzen wird unten § 21 Rn. 39 ff. noch ausführlicher die Rede sein. An dieser Stelle soll folgende Kurzformel genügen: **Nutzungen sind Früchte und Gebrauchsvorteile.**

---

[3] Vgl. *Schwab* in MünchKomm. BGB, § 818 Rn. 39; *Stadler* in Jauernig, BGB, § 818 Rn. 10; differenzierend *Wendehorst* in BeckOK BGB, § 818 Rn. 126.

[4] Dazu *Schulze* in Handkomm. BGB, § 818 Rn. 4.

Beispiel: V verkauft und übereignet seinen Pkw an K. Zwei Wochen später stellt sich heraus, dass der Kaufvertrag unwirksam ist. Daraufhin übereignet K den Pkw an V zurück. V ist damit noch nicht zufrieden. Er verlangt vielmehr auch Herausgabe der von K gezogenen Nutzungen. Schließlich habe K den Pkw in den zwei Wochen fahren können. Ein entsprechender Mietwagen hätte 500 € gekostet. K wendet ein, dass er zu dieser Zeit geschäftlich mit dem Zug unterwegs gewesen sei und der Pkw die ganze Zeit über in der Garage gestanden habe. – Der **primäre Bereicherungsanspruch** aus § 812 I 1 BGB war hier auf Rückübereignung des Pkw gerichtet. Dieser Pflicht ist K bereits nachgekommen, der Anspruch ist insoweit erfüllt. § 818 I BGB erstreckt die Herausgabepflicht aber auch auf die gezogenen Nutzungen. Hier hatte K somit die Möglichkeit, den Pkw zwei Wochen lang zu nutzen. Diese Gebrauchsvorteile im Rahmen des § 818 I BGB setzen aber voraus, dass der Bereicherungsschuldner Nutzungen tatsächlich gezogen hat. Die bloße Möglichkeit, Nutzungen zu ziehen, reicht nicht aus. Hier hätte K zwar Gebrauchsvorteile aus dem Pkw ziehen können, er hat dies aber nicht getan. Daher scheidet insoweit ein Anspruch des V aus. Im Übrigen hätte V ohnehin *nicht* die üblichen Mietwagenkosten als Nutzungsersatz geltend machen können. Nach dem BGH ist der Wert der nach § 818 I BGB zu ersetzenden Gebrauchsvorteile bei der Nutzung eines Pkw abhängig von der tatsächlich gefahrenen Strecke[5]. Diese wird dann ins Verhältnis zur durchschnittlichen Gesamtfahrleistung und zum Kaufpreis gesetzt. Berechnet wird so die „**lineare Wertminderung**", die den Wert der Gebrauchsvorteile widerspiegele. Merken muss man sich das aber nicht[6]!

7 Nutzt der Bereicherungsschuldner den primären Bereicherungsgegenstand nicht, so schuldet er auch **keinen Nutzungsersatz** nach § 818 I BGB[7]. Eine Haftung für nicht gezogene Nutzungen kann sich allenfalls aus den §§ 818 IV, 819 BGB in Verbindung mit den „allgemeinen Vorschriften" ergeben (siehe unten Rn. 83).

8 An dieser Stelle ist aber eine **wichtige Unterscheidung** zu treffen ist: Es war bereits oben § 3 Rn. 12 ff. davon die Rede, dass auch **Nutzungsmöglichkeiten** „erlangtes Etwas" im Sinne des § 812 I 1 BGB sein können. Relevant ist dies insbesondere bei **unwirksamen Gebrauchsüberlassungsverträgen** (z.B. Miete, Pacht). In diesen Fällen ist die rechtsgrundlos überlassene Nutzungsmöglichkeit **primärer Bereicherungsgegenstand**, der bereits nach § 812 I 1 BGB herauszugeben ist[8]. Eines Rückgriffs auf § 818 I BGB bedarf es nicht. Dabei handelt es sich nicht um ein dogmatisches Glasperlenspiel: Da die Nutzungsmöglichkeit herauszugeben ist, kommt es hier nicht darauf an, ob der Bereicherungsschuldner von dieser Möglichkeit Gebrauch gemacht, Nutzungen also tatsächlich gezogen hat[9]. Da die Nutzungsmöglichkeit nicht in Natur herausgegeben werden kann, greift in diesen Fällen § 818 II BGB ein: Der Bereicherungsschuldner ist zum Wertersatz verpflichtet, also etwa zur Zahlung der **marktüblichen Miet- oder Pachtzinsen**[10].

---

[5] BGH NJW 1995, 2159, 2161; allgemeiner BGH NJW 1996, 250 ff.

[6] Nachschauen kann man das Ganze etwa bei *Buck-Heeb* in Erman, BGB, § 818 Rn. 26.

[7] BGHZ 102, 41, BGHZ 47; 115, 268, 270; *Lorenz* in Staudinger, BGB, § 818 Rn. 11; a.A. *Wendehorst* in BeckOK BGB, § 818 Rn. 16.

[8] *Lieb* in MünchKomm. BGB, 4. Aufl., § 812 Rn. 357 ff. und § 818 Rn. 12; *Lorenz* in Staudinger, BGB, § 818 Rn. 13; *Reuter/Martinek*, Ungerechtfertigte Bereicherung, § 15 I 2 c, S. 530 ff.; *Flume* in Gedächtnisschrift Knobbe-Keuk, 1997, S. 111, 125; a.A. *Schwab* in MünchKomm. BGB, § 818 Rn. 26 ff.

[9] *Lieb* in MünchKomm. BGB, 4. Aufl., § 818 Rn. 12; *Lorenz* in Staudinger, BGB, § 818 Rn. 13; a.A. *Schwab* in MünchKomm. BGB, § 818 Rn. 26 ff.

[10] Auch beim Pkw ist *in diesen Fällen* auf den objektiven Mietwert abzustellen und nicht auf die „lineare Wertminderung"; vgl. LG Bonn NJW-RR 1999, 464 ff.

Problematisch sind die Fälle, in denen das unwirksam vereinbarte Entgelt unter dem marktüblichen liegt oder wie bei der Leihe ein Entgelt ganz fehlt. Hier kann man den Gläubiger unter Verweis auf das aus § 242 BGB abgeleitete **Verbot widersprüchlichen Verhaltens** (*venire contra factum proprium*) an seine ursprünglichen Erlöserwartung binden[11]. Dies setzt aber voraus, dass die ursprüngliche Erklärung dem Gläubiger auch zurechenbar ist, was namentlich bei Geschäftsunfähigen oder Minderjährigen nicht der Fall ist. In diesen Fällen bleibt nur § 818 III BGB als Korrektiv.

Achtung: Bei unwirksamen Gebrauchsüberlassungsverträgen liegt oftmals eine Vindikationslage und damit ein EBV vor. Die §§ 987 ff. BGB enthalten eigene Vorschriften zum Ersatz von Nutzungen. Aufgrund der **Sperrwirkung des EBV** (vgl. § 993 I a.E. BGB) sind Ansprüche aus Bereicherungsrecht daneben eigentlich ausgeschlossen. Dies gilt aber nicht, wenn der Besitzer von einem übergeordneten Besitzrecht des Eigentümers ausgeht, also sich selbst als Fremdbesitzer sieht (eingehend dazu § 21 Rn. 68 ff.).

Auch bei **unwirksamen Darlehensverträgen** ist der primäre Bereicherungsgegenstand die rechtsgrundlos überlassene Nutzungsmöglichkeit[12]. Diese ist gemäß § 812 I 1 BGB herauszugeben. Und weil das nicht möglich ist, schuldet der Bereicherungsschuldner in diesen Fällen Wertersatz nach § 818 II BGB. Ob und zu welchem Zweck er die Darlehensvaluta verwendet hat, spielt keine Rolle. Geschuldet ist dann die **marktübliche Verzinsung**.

9

Der BGH gelangt auf anderem Weg zu diesem Ergebnis: Es sei zu vermuten, dass der Bereicherungsschuldner das rechtsgrundlos erlangte Geld auch tatsächlich verwendet habe und insofern kein anderes Darlehen aufnehmen musste. Daher habe er zumindest die marktüblichen Zinsen erspart[13]. Hat der Bereicherungsschuldner das Geld zur Tilgung eigener Verbindlichkeiten erlangt, ist jedenfalls der hierdurch erlangte Zinsvorteil herauszugeben[14].

Die Nutzungsmöglichkeit ist auch dann primärer Bereicherungsgegenstand, wenn der Bereicherungsschuldner gerade in diese eingegriffen hat[15]. Dies ist namentlich bei der **Verletzung von Immaterialgüterrechten** der Fall. Hier schuldet der Bereicherungsschuldner daher stets eine marktübliche bzw. angemessene Lizenzgebühr[16].

10

d) Rechtsgeschäftlicher Mehrerlös
Weder Surrogat noch Nutzung im Sinne des § 818 I BGB ist nach **h.M.** der Erlös, den der Bereicherungsschuldner durch Veräußerung einer rechtsgrundlos erlangten Sache erzielt hat (sog. *commodum ex negotiatione*). Kann der Bereicherungsschuld-

11

---

[11] *Lieb* in MünchKomm. BGB, 4. Aufl., § 818 Rn. 46.
[12] OLG Karlsruhe WM 2005, 645, 646; *Canaris*, WM 1981, 978, 986; a.A. *Schwab* in MünchKomm. BGB, § 818 Rn. 26 ff.; *Koppensteiner/Kramer*, Ungerechtfertigte Bereicherung, § 13 I 1 b, S. 117 ff.
[13] RGZ 51, 127 ff.; BGH NJW 1961, 452.
[14] BGH NJW 2003, 3271 ff.; BGH NJW 2000, 740, 741; *Schlechtriem*, JZ 1998, 957 ff.
[15] Vgl. dazu *Schwab* in MünchKomm. BGB, § 818 Rn. 94 ff.
[16] BGHZ 82, 299, 305 ff.; BGH BB 1992, 1302; BGH WM 1998, 1736, 1739.

ner den primären Bereicherungsgegenstand nicht mehr herausgeben, weil er ihn veräußert hat, so soll er nur Wertersatz gemäß § 818 II BGB schulden[17].

Beispiel: V übereignet K aufgrund eines unwirksamen Kaufvertrages einen Pkw. K veräußert den Pkw an D. Obwohl der Pkw nach den üblichen Preislisten für Gebrauchtwagen nur einen Wert von 20.000 € hat, bezahlt D in Unkenntnis der Marktverhältnisse für das Auto 25.000 €. V verlangt von K nunmehr 25.000 € heraus. – Der Herausgabeanspruch aus § 812 I 1 Alt. 1 BGB war hier zunächst auf Rückübereignung des Pkw gerichtet. Diese ist K durch die Weiterveräußerung an D unmöglich geworden. Der von K erzielte Verkaufserlös wäre dann vollständig herauszugeben, wenn es sich insoweit um ein Surrogat im Sinne des § 818 I BGB handeln würde. Die **h.M.** verneint dies unter Hinweis auf den Wortlaut der Vorschrift: Der Veräußerungserlös sei eben nicht „aufgrund des erlangten Rechts", sondern aufgrund eines Rechtsgeschäfts mit einem Dritten erlangt worden. Zudem beruhe der über den objektiven Wert der veräußerten Sache hinausgehende Erlös in diesen Fällen auf dem Verhandlungsgeschick des Bereicherungsschuldners. Daher komme insoweit lediglich eine Wertersatzpflicht gemäß § 818 II BGB in Betracht (siehe dazu noch unten Rn. 20 ff.).

12 Die Gegenauffassung verweist auf die **parallele Problematik bei § 816 I 1 BGB** und will zur Vermeidung von **Wertungswidersprüchen** den Veräußerungserlös als herauszugebendes Surrogat behandeln[18].

Abwandlung: Wie wäre im Ausgangsbeispiel zu entscheiden, wenn V den Pkw an K nicht verkauft und übereignet, sondern vermietet hätte? – In diesem Fall hätte D das Eigentum am Pkw gemäß §§ 929, 932 BGB vom Nichtberechtigten K erworben. Infolgedessen hätte V von K Herausgabe des aus der Verfügung Erlangten nach § 816 I 1 BGB verlangen können. Nach herrschender und auch hier vertretener Auffassung erstreckt sich diese Verpflichtung gerade nicht nur auf den objektiven Wert der veräußerten Sache, sondern auch auf den erzielten Veräußerungserlös.

13 Der behauptete Widerspruch besteht also in der Tat – zumindest auf den ersten Blick: Nach h.M. soll im Rahmen des § 816 I 1 BGB der rechtsgeschäftliche Veräußerungserlös herauszugeben sein, während in den übrigen Fällen der die herauszugebende Sache veräußernde Bereicherungsschuldner nur Wertersatz schuldet[19]. Für die h.M. streitet aber der **Wortlaut des § 818 I BGB**: Der durch Rechtsgeschäft realisierte Gewinn ist nun einmal nicht „aufgrund des erlangten Rechts" erzielt worden. Auch ist weder die Veräußerung einer Sache noch deren Frucht (§ 99 I BGB) ein Gebrauchsvorteil. Aus den unterschiedlichen Formulierungen in § 816 I 1 BGB und in § 818 I BGB lässt sich zudem der Schluss ziehen, dass der Gesetzgeber gerade **keine vollständige Gewinnabschöpfung** *gewollt* hat. Diese gesetzgeberische Wertung sollte respektiert werden[20].

---

[17] BGHZ 24, 106, 110 f.; BGHZ 75, 203, 206; *v. Caemmerer* in Festschrift Rabel, 1954, S. 333, 357; *Larenz/Canaris*, Schuldrecht II/2, § 72 I 1 c, S. 266 f.; *Reuter/Martinek*, Ungerechtfertigte Bereicherung, § 16 I 2, S. 550 ff.

[18] *Lieb* in MünchKomm. BGB, 4. Aufl., § 818 Rn. 31; *Koppensteiner/Kramer*, Ungerechtfertigte Bereicherung, § 16 II 1 c, S. 158 f.

[19] Der Widerspruch besteht natürlich nicht, wenn man auch im Rahmen des § 816 I 1 BGB nur Wertersatz gewährt (siehe dazu oben § 4 Rn. 45 ff.).

[20] Ähnlich *Larenz/Canaris*, Schuldrecht II/2, § 72 I 1 c, S. 266; *Schwab* in MünchKomm. BGB, § 818 Rn. 42.

Dass bei § 816 I 1 BGB der erzielte Mehrerlös abgeschöpft wird, lässt sich auch damit erklären, dass der Bereicherungsschuldner hier über eine fremde Rechtsposition verfügt hat. § 816 I 1 BGB tritt an die Stelle des Vindikationsanspruchs aus § 985 BGB, der weitaus „stärker" ist als der nur schuldrechtliche Anspruch auf Herausgabe des primären Bereicherungsgegenstandes.

> Das *commodum ex negotiatione* ist daher nicht nach § 818 I BGB herauszugeben. Insoweit greift vielmehr die Wertersatzpflicht des § 818 II BGB.

Etwas anderes gilt aber, wenn der Bereicherungsschuldner gemäß §§ 818 IV, 819 BGB der **verschärften Haftung** unterliegt. Zu den „allgemeinen Vorschriften" gehört auch § 285 BGB. Danach kann der Gläubiger einer unmöglich gewordenen Leistung statt Schadensersatz auch den vom Schuldner erlangten Ersatz oder Ersatzanspruch verlangen. Zu diesem sog. *stellvertretenden commodum* zählt nach zutreffender h.M. auch das *commodum ex negotiatione*[21]. Daher muss der Bereicherungsschuldner, der um die Rechtsgrundlosigkeit weiß oder der bereits auf Herausgabe verklagt ist, den Bereicherungsgegenstand aber dennoch veräußert hat, auch einen erzielten Mehrerlös herausgeben.

14

Nur dem redlichen Bereicherungsschuldner kommt also die relative Milde der Bereicherungshaftung zugute[22]. Dies entspricht übrigens auch der Wertung der §§ 687 II, 681 S. 2, 667 BGB (dazu unten § 17 Rn. 8).

Für die Praxis sollte die Bedeutung des Streits um die Frage, wem der Mehrerlös zusteht, nicht überbewertet werden[23]. Veräußert der Bereicherungsschuldner eine herauszugebende Sache zu einem bestimmten Preis an einen Dritten, so sprechen gute Gründe dafür, dass der erzielte Erlös dem Marktwert der Sache entspricht. Rechtstechnisch kann daher mit einer **Vermutung** gearbeitet werden[24]:

15

> Es ist widerleglich zu vermuten, dass der erzielte Veräußerungserlös den objektiven Wert widerspiegelt.

Dieser Betrag wäre dann auch gemäß § 818 II BGB geschuldet. Macht der Bereicherungsschuldner geltend, die Sache sei weniger wert gewesen, trifft ihn hierfür die Beweislast. Folgt man dem, so gelangen beide Auffassungen in der Regel zu identischen Ergebnissen.

16

---

[21] BGHZ 75, 203, 207; *Larenz/Canaris*, Schuldrecht II/2, § 73 II 3 b, S. 315; *Frank*, JuS 1981, 102, 105.
[22] *Larenz/Canaris*, Schuldrecht II/2, § 73 II 3 b, S. 315.
[23] Dies betont auch *Schwab* in MünchKomm. BGB, § 818 Rn. 42.
[24] Ebenso *Schwab* in MünchKomm. BGB, § 818 Rn. 79.

> **Hinweis:** In der Klausur ist dies aber oftmals anders. Wird ein „objektiver Wert" angegeben, so ist dieser auch als Wert zugrunde zu legen, mag der Veräußerungserlös auch höher sein. Das Auseinanderfallen von Wert und Erlös ist mit großer Wahrscheinlichkeit ein Hinweis darauf, dass an dieser Stelle ein Problem versteckt ist. Dann gilt es, sich mit diesem Problem auseinanderzusetzen!

e) Sonstige Fälle der Gewinnabschöpfung?

17 Zusammenfassend lässt sich festhalten: Das Bereicherungsrecht ermöglicht **keine umfassende Gewinnabschöpfung**. Dennoch wird in bestimmten Fallgruppen über den Wortlaut des § 818 I BGB hinaus eine bereicherungsrechtliche Gewinnabschöpfung diskutiert.

18 So stellt der **mit einem rechtsgrundlos erlangten Unternehmen erwirtschaftete Gewinn** begrifflich keine Nutzung dar (keine Sach- oder Rechtsfrucht, kein Gebrauchsvorteil). Ungeachtet dessen sind der BGH und Teile des Schrifttums der Auffassung, dass der erzielte Gewinn einer Rechtsfrucht ähnele und daher herauszugeben sei[25]. Allerdings soll eine Herausgabepflicht nicht bestehen, wenn der Gewinn der Höhe nach lediglich das Entgelt für die unternehmerische Eigenleistung des Empfängers darstellt. Der Bereicherungsschuldner kann danach seine investierte Arbeitsleistung „in Rechnung stellen"[26]. Im Einzelnen ist hier nahezu alles streitig, auch was die Höhe des herauszugebenden Gewinns angeht[27]. Dies ist nicht zuletzt dem Umstand geschuldet, dass der unternehmerische Erfolg in der Regel maßgeblich vom Engagement und Geschick desjenigen abhängt, der das Unternehmen betreibt. Aus diesem Grund bestehen **erhebliche Bedenken** gegen eine – aus § 818 I BGB abgeleitete – Herausgabepflicht[28].

> Etwas anderes kann gelten, wenn der Schuldner **Kenntnis von der Rechtsgrundlosigkeit** und damit der Herausgabepflicht hatte. Dann kommt möglicherweise eine Herausgabepflicht gemäß §§ 687 II, 681 S. 2, 667 BGB in Betracht. Zudem kann der Gläubiger in diesem Fall geltend machen, der Gewinn sei ihm entgangen. Daher kann nach den „allgemeinen Vorschriften", insbesondere den §§ 818 IV, 819, 292, 989, 989 BGB insoweit ein Schadensersatzanspruch eingreifen.

19 Auch bei der **Verletzung von Immaterialgüterrechten** wird bisweilen eine Pflicht zur Herausgabe des hierdurch erlangten Gewinns angenommen[29]. Dogmatisch ist

---

[25] BGHZ 63, 365, 368; BGH NJW 1978, 1578 ff. (jeweils zu § 987 BGB); zustimmend *Schwab* in MünchKomm. BGB, § 818 Rn. 33; *Ballerstedt* in Festschrift Schilling, 1973, S. 289, 295 ff.; *Koppensteiner/Kramer*, Ungerechtfertigte Bereicherung, § 13 II 1, S. 116 ff.
[26] So *Schwab* in MünchKomm. BGB, § 818 Rn. 35.
[27] Siehe die Darstellung des Meinungsstands bei *Schwab* in MünchKomm. BGB, § 818 Rn. 31 ff.
[28] Ablehnend früher BGHZ 7, 208, 218; kritisch auch *Gursky* in Staudinger, BGB, § 987 Rn. 21; *Lieb* in MünchKomm. BGB, 4. Aufl., § 987 Rn. 13.
[29] Vgl. die Nachweise bei *Schwab* in MünchKomm. BGB, § 818 Rn. 95.

dies kaum zu begründen[30]. Daher sollte es hier im Rahmen der bereicherungsrechtlichen Sekundärhaftung bei einem **Wertersatzanspruch** in Höhe einer marktüblichen bzw. angemessenen **Lizenzgebühr** bleiben.

Auch insoweit kommt bei **Unredlichkeit** des Schuldners eine Gewinnabschöpfung gemäß §§ 687 II, 681 S. 2, 667 BGB in Betracht. Nach Auffassung des BGH[31] kann der Verletzergewinn zudem im Rahmen eines Schadensersatzanspruchs verlangt werden (Stichwort: „dreifache Schadensberechnung", dazu unten § 11 Rn. 89).

3. Wertersatz

Nach § 818 II BGB ist der Bereicherungsschuldner zum Wertersatz verpflichtet, wenn die **gegenständliche Herausgabe unmöglich** ist. Dies gilt sowohl für den primären Bereicherungsgegenstand als auch für die nach § 818 I BGB herauszugebenden Nutzungen und Surrogate. 20

a) Voraussetzung: Unmöglichkeit der Herausgabe

Ob die Herausgabe unmöglich ist, bestimmt sich nach **§ 275 BGB**. Die Wertersatzpflicht greift dabei gleichermaßen bei objektiver wie subjektiver, anfänglicher wie nachträglicher Unmöglichkeit ein[32]. § 818 II BGB benennt einen besonderen Fall der objektiven, anfänglichen Unmöglichkeit: Ist die Herausgabe aufgrund der **Beschaffenheit des Erlangten** unmöglich, kommt von vornherein nur eine Wertersatzpflicht in Betracht. 21

Beispiele: Dienstleistungen; Nutzungsmöglichkeiten; Strom.

Nachträgliche objektive Unmöglichkeit liegt insbesondere dann vor, wenn eine herauszugebende Sache zerstört wurde. **Subjektiv unmöglich** ist dem Bereicherungsschuldner die Herausgabe z.B., wenn er die Sache weiterveräußert oder verloren hat. Auch eine **Teilunmöglichkeit** kommt in Betracht. Dieses ist unproblematisch, wenn der Bereicherungsgegenstand ohnehin teilbar ist. 22

Beispiel: Weinliebhaber W hat rechtsgrundlos zehn Flaschen Wein erlangt. Drei davon hat er bereits getrunken. – W schuldet hier Herausgabe der verbliebenen sieben Flaschen und für die übrigen drei Flaschen Wertersatz.

Umstritten ist hingegen, ob eine **Beschädigung** des Bereicherungsgegenstandes eine Wertersatzpflicht auslöst[33]. Dies ist richtigerweise zu bejahen. Es ist nicht ein- 23

---

[30] Ablehnend daher BGHZ 20, 345, 354 f.; BGHZ 36, 171, 186; BGHZ 82, 299, 305 ff.; BGHZ 99, 244, 248 f.; *Schwab* in MünchKomm. BGB, § 818 Rn. 95.
[31] Siehe etwa BGHZ 145, 366, 375; BGHZ 181, 98, 110 ff.
[32] *Wendehorst* in BeckOK BGB, § 818 Rn. 22.
[33] Dafür *Schwab* in MünchKomm. BGB, § 818 Rn. 47 ff.; *Wendehorst* in BeckOK BGB, § 818 Rn. 24; *Larenz/Canaris*, Schuldrecht II/2, § 72 III 1 a, S. 273; dagegen *Lorenz* in Staudinger, BGB, § 818 Rn. 22.

zusehen, wieso bei der vollständigen Zerstörung Wertersatz geschuldet sein sollte, die durch Beschädigung oder Belastung eingetretenen Wertminderungen aber nicht ausgeglichen werden müssten.

> **Beispiel:** Hobbyradler H hat rechtsgrundlos ein Fahrrad erlangt. Bei einem Ausflug stürzt H auf abschüssiger Strecke schwer. Dabei zieht er sich nicht nur Schürfwunden und Prellungen zu, auch das Fahrrad wird arg demoliert. – H schuldet jedenfalls Herausgabe des Fahrrades und zwar in dem Zustand, in dem es sich befindet. Er muss das Fahrrad also nicht reparieren lassen! Dafür schuldet er aber Wertersatz, soweit die Beschädigung des Fahrrades dessen Wert gemindert hat.

24 Entsprechendes gilt für nachträgliche **Belastungen** der herauszugebenden Sache.

> **Weiteres Beispiel:** K kauft von V ein Grundstück. Nach erfolgter Auflassung und Eintragung des Eigentumswechsels im Grundbuch bestellt K zugunsten der B-Bank eine Grundschuld. Später ficht V den Kaufvertrag erfolgreich an. – K schuldet Rückübereignung des Grundstücks. Die Grundschuld muss er nicht beseitigen. Insoweit schuldet er vielmehr Wertersatz[34].

25 Die Wertersatzpflicht ist vom **Verschulden** des Bereicherungsschuldners **unabhängig**.

Es spielt also keine Rolle, ob der Bereicherungsschuldner die Zerstörung oder Beschädigung der herauszugebenden Sache zu vertreten hat oder ob er bei der Veräußerung von der Rechtsgrundlosigkeit seines Erwerbs Kenntnis hatte.

b) Objektiver Wertbegriff

26 Nach § 818 II BGB zu ersetzen ist der objektive Wert, also der **Verkehrs- oder Marktwert** des Bereicherungsgegenstandes[35].

Zu ermitteln ist daher der Preis, den ein durchschnittlicher Empfänger aus dem Verkehrskreis des Betroffenen hätte zahlen müssen, um den Bereicherungsgegenstand zu erlangen. Lässt sich ein **marktüblicher Preis** nicht feststellen, so ist ein **angemessener Betrag** geschuldet, den der Richter im Prozess ggf. nach § 287 ZPO schätzen kann.

> Im Schrifttum wird gelegentlich dafür plädiert, die besondere Situation des Bereicherungsschuldners stärker in den Blick zu nehmen und den Wert des Bereicherungsgegenstandes

---

[34] Für eine Wertersatzflicht bei Belastungen auch BGHZ 112, 376, 380 f.
[35] *Wendehorst* in BeckOK BGB, § 818 Rn. 27; *Schwab* in MünchKomm. BGB, § 818 Rn. 75 mit zahlreichen Nachweisen.

zumindest auch anhand **subjektiver Kriterien** zu bestimmen[36]. Der Bereicherungsschuldner soll danach nur zum Ersatz des Wertes verpflichtet sein, den das Erlangte *gerade für ihn* hat. Die Befürworter eines **subjektiven Wertbegriffs** verfolgen damit verschiedene Anliegen. Zum einen geht es darum, einen erzielten Gewinn, insbesondere den bei der rechtsgeschäftlichen Veräußerung erzielten Mehrerlös abzuschöpfen[37]. Der Bereicherungsgegenstand habe für den Bereicherungsschuldner gerade jenen Wert gehabt, den er durch die Veräußerung realisieren konnte. Dieses Ergebnis widerspricht aber der in § 818 I BGB getroffenen Wertung (siehe oben Rn. 11 ff.), da hierdurch das *commodum ex negotiatione* im Gewand des Wertersatzes doch zu ersetzen wäre. Zum anderen wird versucht, die Problematik der „aufgedrängten Bereicherung" durch einen subjektiven Wertbegriff zu lösen[38]. Diese ist aber bei § 818 III BGB besser verortet (siehe dazu unten Rn. 49 ff.) – *dort* spielen die subjektiven Verhältnisse des Bereicherungsschuldners nach der gesetzlichen Konzeption eine Rolle.

Dass bei der Bestimmung des Wertersatzanspruches nach dem objektiven Wert zu fragen ist, bedeutet aber nicht, dass die **Umstände des konkreten Falles** außer Betracht bleiben. Der Verkehrswert einer Sache, Dienstleistung oder Nutzungsmöglichkeit, hängt maßgeblich auch vom **Marktumfeld** ab, in dem diese angeboten werden. Den Marktpreis schlechthin gibt es zumeist nicht. **27**

> **Beispiel:** Frischer Dorsch kostet auf dem Leipziger Wochenmarkt deutlich mehr als auf dem Fischmarkt in Rostock. – Daher macht es bereicherungsrechtlich einen Unterschied, ob der Fisch von einem Stand in Leipzig oder in Rostock gestohlen wird.

Auch die **Preiserwartung der Parteien** kann eine Rolle spielen. Die bei einem unwirksamen Vertrag vereinbarte Vergütung stellt aber lediglich eine „Orientierungshilfe" bei der Ermittlung des objektiven Wertes dar[39]. **28**

> Auch dies ist umstritten. Die **Gegenauffassung**[40] will die getroffene Vereinbarung zum Maßstab für den „objektiven" Wert machen. Es lässt sich nun durchaus argumentieren, dass jemand, der seine Waren und Dienstleistungen am Markt anbietet, deren „objektiven" Wert durch die Festlegung eines bestimmten Preises bestimmt. Das wäre dann nämlich der Marktpreis für seine Waren oder Dienstleistungen. Und diesen wäre der Vertragspartner auch bereit gewesen zu zahlen. Indes: Da der Vertrag nicht wirksam zustande gekommen ist, fehlt es an einer hinreichenden Richtigkeitsgewähr für die getroffene „Äquivalenzvereinbarung"[41]. Zudem erscheint die Aufspaltung in unwirksame Verpflichtung und wirksame Preisabrede befremdlich.

Sofern der vereinbarte Preis **unter dem marktüblichen** liegt, muss sich der Gläubiger aber hieran ggf. nach den Grundsätzen von Treu und Glauben festhalten lassen. **29**

---

[36] *Koppensteiner/Kramer*, Ungerechtfertigte Bereicherung, § 16 II 1 b, S. 155 ff.; *Koppensteiner*, NJW 1971, 1769 ff., Hagen in Festschrift Larenz, 1973, S. 867, 883 f.

[37] *Koppensteiner*, NJW 1971, 1769, 1772.

[38] *Koppensteiner/Kramer*, Ungerechtfertigte Bereicherung, § 16 II 3, S. 166 ff.; *Reeb*, Grundprobleme des Bereicherungsrechts, 1975, S. 101.

[39] Vgl. BGH NJW-RR 1997, 1537; BGH NJW-RR 2001, 1332; *Lorenz* in Staudinger, BGB, § 818 Rn. 26 ff.

[40] *Bockholdt*, AcP 206 (2006), 769, 782.

[41] Ähnlich *Lorenz* in Staudinger, BGB, § 818 Rn. 26.

c) Maßgeblicher Zeitpunkt

30 Auch über den Zeitpunkt, der für die Ermittlung des Wertes zugrunde zu legen ist, besteht keine Einigkeit. Die ältere Rechtsprechung[42] und Teile des Schrifttums[43] stellen insoweit auf das Entstehen des Bereicherungsanspruchs ab. Die vorzugswürdige Gegenauffassung[44] hält den Zeitpunkt für maßgeblich, **in dem der Wertersatzanspruch nach § 818 II BGB als solcher entsteht**. Dies entspricht der Funktion der Wertersatzpflicht, die die Unmöglichkeit der Herausgabe kompensieren soll. Demnach ist wie folgt zu differenzieren:

- Ist die gegenständliche Herausgabe von **vornherein ausgeschlossen**, so kommt es auf den Wert des Erlangten im Zeitpunkt des entstehenden Bereicherungsanspruches an.
- Ist die Herausgabe **später unmöglich** geworden, so ist der Zeitpunkt maßgeblich, in dem sich die Herausgabepflicht in eine Wertersatzpflicht umwandelt. Bis dahin eingetretene Wertsteigerungen gehen zulasten des Bereicherungsschuldners, Wertminderungen zulasten des Gläubigers (sofern insoweit nicht eine die Wertersatzpflicht auslösende Teilunmöglichkeit vorliegt, siehe oben Rn. 22).

II. Entreicherungseinwand (§ 818 III BGB)

1. Grundgedanke und Funktion

31 Gemäß § 818 III BGB ist die Verpflichtung zur Herausgabe oder zum Wertersatz ausgeschlossen, soweit der Bereicherungsschuldner „nicht mehr bereichert" ist. Hier kommt die **Abschöpfungsfunktion** des Bereicherungsrechts zum Ausdruck: Der Bereicherungsschuldner ist zwar verpflichtet, das rechtsgrundlos Erlangte herauszugeben bzw. dessen Wert zu ersetzen. Er soll aber hierdurch **keine darüber hinausgehenden Vermögenseinbußen** erleiden[45].

32 Dabei kann es keine Rolle spielen, ob die Bereicherung später weggefallen ist oder der Bereicherungsschuldner von vornherein überhaupt nicht bereichert war. Der Wortlaut des § 818 III BGB ist insoweit zu eng. Es lassen sich zwei Formen der **Entreicherung** unterscheiden[46]:

> Der Bereicherungsschuldner kann entreichert sein, weil
> - das Erlangte ersatzlos weggefallen ist oder
> - sein übriges Vermögen infolge des rechtsgrundlosen Erwerbs geschmälert ist.

---

[42] RGZ 101, 389, 391; RGZ 119, 332, 336; RGZ 82, 310, 322; BGH NJW 1963, 1299, 1301.
[43] *Wilburg*, AcP 163 (1964), 346, 353 mit weiteren Nachweisen.
[44] BGHZ 168, 220, 234 f.; *Lorenz* in Staudinger, BGB, § 818 Rn. 31; *Larenz/Canaris*, Schuldrecht II/2, § 72 III 5 a, S. 282 f.; ganz anders *Koppensteiner/Kramer*, Ungerechtfertigte Bereicherung, § 16 III 3, S. 178, die auf den Zeitpunkt der letzten mündlichen Verhandlung abstellen wollen.
[45] BGHZ 1, 81; BGH NJW 1998, 2528, 2530.
[46] Vgl. *Gursky*, NJW 1969, 2183, 2184.

II. Entreicherungseinwand (§ 818 III BGB)

Hinweis: Es kommt also richtigerweise gar nicht auf den *Wegfall der Bereicherung* an, sondern auf die eingetretene *Entreicherung*.

Der Entreicherungseinwand fungiert dabei als **Korrektiv** dafür, dass die Herausgabe- bzw. Wertersatzpflicht verschuldensunabhängig ausgestaltet ist. Es handelt sich um eine besondere Form des **Vertrauensschutzes**[47], für die kein Bedarf mehr besteht, sobald der Schuldner um die Rechtsgrundlosigkeit weiß (§ 819 BGB) oder durch eine entsprechende Klage gewarnt ist (§ 818 IV BGB).

33

> Der Entreicherungseinwand dient der Privilegierung des redlichen und unverklagten Bereicherungsschuldners[48].

§ 818 III BGB enthält eine **Einwendung**, die der Bereicherungsschuldner gegen den Herausgabe- bzw. Wertersatzanspruch erheben kann[49]. Es handelt sich nicht um eine eigenständige Anspruchsgrundlage. Die Darlegungs- und Beweislast für die Entreicherung trägt der Bereicherungsschuldner, denn ihm kommt der Entreicherungseinwand im Prozess zugute.

34

2. Ersatzloser Wegfall des Erlangten

Der Bereicherungsschuldner ist entreichert, wenn das Erlangte ersatzlos weggefallen ist. Dies setzt zunächst voraus, dass der **Bereicherungsgegenstand nicht mehr im Vermögen** des Bereicherungsschuldners vorhanden ist.

35

Beispiele: Der herauszugebende Gegenstand wurde zerstört oder beschädigt, verbraucht, verloren, gestohlen oder veräußert.

Hat der Bereicherungsschuldner im Gegenzug Ersatzleistungen oder -ansprüche (z.B. einer Versicherung oder des Schädigers) erhalten, handelt es sich um Surrogate im Sinne des § 818 I BGB (siehe oben Rn. 4); dann sind diese herauszugeben.

> Der Bereicherungsschuldner ist nicht entreichert, soweit ihm trotz des Wegfalls des Erlangten ein **wirtschaftlicher Vorteil** zugeflossen ist.

Hat der Bereicherungsschuldner die herauszugebende Sache an einen Dritten veräußert, so ist eine erlangte **Gegenleistung** als wirtschaftlicher Vorteil zu berücksichtigen[50].

36

---

[47] Vgl. *Schwab* in MünchKomm. BGB, § 818 Rn. 124.
[48] *Larenz/Canaris*, Schuldrecht II/2, § 73 I 1 a, S. 295 f.
[49] Dazu *Schwab* in MünchKomm. BGB, § 818 Rn. 116 ff.
[50] *Wendehorst* in BeckOK BGB, § 818 Rn. 46.

> **Beispiel:** A hat von B rechtsgrundlos ein Gemälde im Wert von 10.000 € erlangt. Dieses verkauft und übereignet er zu einem Preis von 8.000 € an C. – Die ursprünglich geschuldete Rückübereignung des Gemäldes an B ist A unmöglich geworden. Der rechtsgeschäftliche Erlös ist kein Surrogat im Sinne des § 818 I BGB (siehe oben Rn. 11 ff.). A schuldet daher Wertersatz nach § 818 II BGB. Er kann sich aber darauf berufen, dass das Gemälde nicht mehr in seinem Vermögen vorhanden ist. Er muss sich aber den hierfür erzielten Kaufpreis anrechnen lassen. Da dieser den Wert des Gemäldes um 2.000 € unterschreitet, ist er insoweit entreichert. A schuldet daher Wertersatz in Höhe von 8.000 €.

37 Einen wirtschaftlichen Vorteil stellt es auch dar, wenn der Bereicherungsschuldner mit dem Erlangten eine **eigene Verbindlichkeit begleicht**[51].

> **Beispiel:** X hat rechtsgrundlos 1.000 € von Y erhalten. Das Geld wird verwendet, um eine Verbindlichkeit gegenüber Z zu begleichen. – Der wirtschaftliche Vorteil, den X hier erlangt hat, besteht in der Befreiung von der erfüllten Verbindlichkeit. X ist daher nicht entreichert.

38 Anrechnen lassen muss sich der Bereicherungsschuldner schließlich auch die **Ersparnis von eigenen Aufwendungen**[52]. Von Bedeutung ist dies insbesondere beim Verbrauch des Bereicherungsgegenstandes.

> **Beispiel:** Student S überkommt in der Vorlesung plötzlich großer Durst. Deshalb greift er in den hinter ihm stehenden Rucksack und holt daraus eine Colaflasche hervor, die er sofort austrinkt. Erst danach fällt ihm auf, dass er versehentlich den Rucksack seiner Banknachbarin N erwischt hat, der auch die Cola gehörte. – Hier kann S zwar die Flasche, nicht aber deren Inhalt an N herausgeben. Er schuldet insoweit Wertersatz nach § 818 II BGB. Er kann sich auch nicht auf Entreicherung berufen: Zwar ist die Cola verbraucht und damit auch nicht mehr im Vermögen des S vorhanden. Doch hätte S, um seinen Durst zu stillen, eigene Aufwendungen tätigen (z.B. seine mitgebrachte Cola trinken) müssen. Diese Aufwendungen hat er erspart; auch hierin liegt ein wirtschaftlicher Vorteil.

39 Ein anrechenbarer Vorteil liegt aber dann *nicht* vor, wenn der Bereicherungsschuldner die Aufwendungen oder das Erlangte nicht vorgenommen hätte (sog. **Luxusaufwendungen**)[53].

> **Abwandlung:** Banknachbarin N legt während der Vorlesung einen Riegel Schokolade auf den Tisch. S nimmt irrtümlich an, dass der Riegel „zum Verzehr freigegeben" sei und isst ihn, um nicht unhöflich zu erscheinen, kurzerhand auf. – Wenn S nicht vorhatte, während der Vorlesung zu naschen, hat er auch keine eigenen Aufwendungen erspart und somit keinen wirtschaftlichen Vorteil dauerhaft erlangt. Er kann sich daher auf Entreicherung berufen.

40 Hat der Bereicherungsschuldner **rechtsgrundlos erlangtes Geld ausgegeben**, so ist zu fragen, ob er hierdurch den Einsatz anderer Mittel erspart hat[54].

---

[51] BGH NJW 1984, 2095; BGH NJW 1985, 2700; einschränkend BGHZ 118, 383, 388.
[52] Vgl. *Medicus/Lorenz*, Schuldrecht II, Rn. 1172: „Ersparnisbereicherung".
[53] BGHZ 55, 128, 132; *Stadler* in Jauernig, BGB, § 818 Rn. 30; *Sprau* in Palandt, BGB, § 818 Rn. 41.
[54] *Wendehorst* in BeckOK BGB, § 818 Rn. 53.

Bei **zu viel gezahltem Unterhalt** soll sich der Empfänger auf den Wegfall der Bereicherung berufen können, wenn der Unterhalt für die „laufenden Lebensbedürfnisse" verbraucht wurde[55]. Dies kann nach Auffassung des BGH auch dann gelten, wenn ein Teil des Unterhalts zur Schuldentilgung verwendet wurde[56].

3. Dienstleistungen und Gebrauchsvorteile

Der Gedanke, dass ersparte Aufwendungen als wirtschaftlicher Vorteil zu berücksichtigen sind, spielt auch bei **nicht-gegenständlichen Leistungen** eine Rolle. Hierzu zählen insbesondere Dienstleistungen und Gebrauchsvorteile[57]. Diese gelangen nicht dauerhaft in das Vermögen des Bereicherungsschuldners. Es fehlt insoweit an einer gegenständlichen Vermögensvermehrung.

41

> Bei erlangten Dienstleistungen und Gebrauchsvorteilen ist der Schuldner nur insoweit bereichert, als er eigene Aufwendungen erspart hat[58].

Anzustellen ist eine **hypothetische Betrachtung**: Zu fragen ist, ob der Bereicherungsschuldner sich das Erlangte auch ohne den rechtsgrundlosen Erwerb verschafft hätte? Ist dies der Fall, so ist dasjenige, was er erspart hat, die verbliebene Bereicherung. Anderenfalls handelt es sich um eine Luxusaufwendung, die zur Entreicherung führt.

42

Im berühmten „**Flugreise**"-Fall[59] hatte der minderjährige M die Beförderung von Hamburg nach New York rechtsgrundlos erlangt. Diese konnte nicht gegenständlich herausgegeben werden, sodass insoweit nur eine Wertersatzpflicht in Betracht kam (§ 818 II BGB). Der durch die Beförderung erlangte Vorteil war aber niemals unmittelbar im Vermögen des M vorhanden gewesen. Da M die Flugreise nach New York nur unternommen hatte, weil er sich in das Flugzeug schleichen konnte, hatte er auch keine eigenen Aufwendungen erspart. Folglich war M entreichert. Ob er sich auf die Entreicherung berufen konnte, ist eine andere Frage, die unten Rn. 80 beantwortet wird.

4. Bereicherungsmindernde Vermögensnachteile

a) Zusammenhang zwischen Erwerb und Nachteil

Der Bereicherungsschuldner kann entreichert sein, obwohl der Bereicherungsgegenstand noch in seinem Vermögen vorhanden ist. Voraussetzung ist insoweit,

43

---

[55] BGH NJW 1981, 2183 ff.; BGH FamRZ 1984, 767 ff.
[56] Vgl. BGHZ 118, 383 ff.
[57] *Schwab* in MünchKomm. BGB, § 812 Rn. 4 und § 818 Rn. 82 ff.; a.A. *Kellmann*, NJW 1971, 862, 865; *Lieb*, NJW 1971, 1289, 1292.
[58] BGHZ 20, 270, 275; *Lorenz* in Staudinger, BGB, § 812 Rn. 72; *Loewenheim*, Bereicherungsrecht, S. 148.
[59] BGHZ 55, 128, 131 ff.

dass der Bereicherungsschuldner im Zusammenhang mit dem rechtsgrundlosen Erwerb **abzugsfähige Vermögensnachteile** erlitten hat[60].

44 Umstritten ist, welche Anforderungen an den **Zusammenhang zwischen Erwerb und Vermögensminderung** zu stellen sind. Die ältere Rechtsprechung[61] lässt Kausalität genügen. Neuere Entscheidungen[62] plädieren hingegen für eine wertende Betrachtung im Einzelfall. Vorzugswürdig erscheint es, mit einer in der Literatur vertretenen Auffassung[63] an den Schutzzweck des § 818 III BGB anzuknüpfen: Der Entreicherungseinwand soll das Vertrauen des redlichen Bereicherungsschuldners schützen, eine Leistung mit Rechtsgrund also dauerhaft zu erlangen.

> Folglich sind nicht jedwede Vermögensminderungen abzugsfähig, sondern nur jene, die der Bereicherungsschuldner im Vertrauen darauf, die Leistung behalten zu dürfen, erlitten hat.

b) Aufwendungen

45 Zu den bereicherungsmindernden Vermögensnachteilen zählen unstreitig **Aufwendungen auf den Bereicherungsgegenstand**[64].

> Der Bereicherungsschuldner kann alle Aufwendungen bereicherungsmindernd geltend machen, die er nicht getätigt hätte, wenn er gewusst hätte, dass er den Bereicherungsgegenstand herausgeben muss.

46 Abzugsfähig sind dabei Aufwendungen, die der Bereicherungsschuldner getätigt hat, um den Bereicherungsgegenstand zu erhalten, zu verbessern oder wiederherzustellen (= **Verwendungen**).

> **Beispiel:** Der redliche S erlangt rechtsgrundlos von G Eigentum an einem Pferd. G verlangt das Pferd heraus. S macht geltend, er habe das Pferd für 500 € gefüttert. Zudem sei das Pferd erkrankt, weshalb er 1.000 € Honorar an einen Tierarzt aufwenden musste. – Sowohl die Futterkosten als auch die Tierarztkosten sind Verwendungen, die bereicherungsmindernd geltend gemacht werden können. Dabei spielt es im Rahmen des § 818 III BGB keine Rolle, ob die Verwendung „erfolgreich" war[65]. Auch wenn das Pferd immer noch krank ist, kann S die Kosten geltend machen.

---

[60] Vgl. dazu allgemein *Flume* in Gedächtnisschrift Knobbe-Keuk, 1997, S. 111.
[61] RGZ 106, 4, 7; RGZ 114, 342, 346; BGHZ 1, 75, 81.
[62] BGHZ 116, 251, 256; BGH NJW 1998, 2559 ff.
[63] *Larenz/Canaris*, Schuldrecht II/2, § 73 1 1 b, S. 296; *Koppensteiner/Kramer*, Ungerechtfertigte Bereicherung, § 14 II 1, S. 132 ff.; *Flume* in Festschrift Niedermeyer, 1953, S. 103, 154.
[64] Dazu *Schwab* in MünchKomm. BGB, § 818 Rn. 140 f.
[65] Vgl. *Flume* in Gedächtnisschrift Knobbe-Keuk, 1997, S. 111, 120.

Problematischer ist die Behandlung der Aufwendungen, die der Bereicherungs- 47
schuldner getätigt hat, um den Bereicherungsgegenstand überhaupt zu erhalten
(sog. **Erwerbskosten**)[66]. Insoweit ist wie folgt zu differenzieren:

- Hat der Bereicherungsschuldner eine **Gegenleistung an den Bereicherungsgläubiger erbracht**, fehlt es auch insoweit an einem Rechtsgrund. Die Folge
  ist, dass hinsichtlich der Gegenleistung der Bereicherungsschuldner seinerseits
  einen Kondiktionsanspruch hat (dazu noch unten Rn. 60 ff.).
- Der **an einen Dritten gezahlte Erwerbspreis** kann grundsätzlich nicht bereicherungsmindernd geltend gemacht werden[67]. Für die Fälle des § 816 I 1 BGB
  wurde dies bereits oben § 4 Rn. 48 dargelegt. Entsprechendes gilt für den Wertersatzanspruch aus §§ 951 I 1 i.V.m. 812 I 1 Alt. 2 BGB und die allgemeine Eingriffskondiktion.

Abzugsfähig sollen nach h.M. aber **Erwerbsnebenkosten** wie Frachtkosten, Provisionen
und die gezahlte Mehrwertsteuer sein[68]. Dies überzeugt jedenfalls für die Fälle nicht, in
denen der Kondiktionsanspruch als Rechtsfortwirkungsanspruch zur vormaligen Vindikation fungiert[69]. Die Erwerbsnebenkosten hätte der Schuldner dem Anspruch aus § 985 BGB
nicht entgegenhalten können. Konsequenterweise sollte er sie auch nicht bei den § 816 I 1
BGB und § 951 I 1 BGB bereicherungsmindernd geltend machen können.

c) Folgeschäden

Umstritten ist die Behandlung von **Folgeschäden**, die im Zusammenhang mit der 48
Bereicherung stehen[70]. Angesprochen sind damit insbesondere die Fälle, in denen
der Bereicherungsgegenstand das übrige Vermögen des Schuldners schädigt.

Abwandlung des Beispiels: Das von S rechtsgrundlos erlangte Pferd erkrankt und infi-
ziert ein anderes Pferd des S. Hierfür fallen Tierarztkosten in Höhe von weiteren 500 €
an. – Sieht man in der Kausalität zwischen Bereicherung und Vermögensminderung ein
hinreichendes Kriterium, so ist eine Entreicherung in diesen Fällen zu bejahen[71]. Folgt man
hingegen der hier vertretenen Auffassung, dass die Vermögensminderung darauf beruhen
muss, dass der Erwerber auf die Bestandskräftigkeit vertraut hat, muss man die Abzugsfähigkeit von Folgeschäden verneinen[72]. S kann daher die Tierarztkosten für das zweite Pferd
nicht bereicherungsmindernd geltend machen.

---

[66] Dazu *Wendehorst* in BeckOK BGB, § 818 Rn. 56 ff.
[67] BGHZ 40, 272, 275 ff.; BGHZ 55, 176, 179 f.; BGHZ 56, 228, 239 f.; *Schwab* in MünchKomm.
BGB, § 818 Rn. 136; *Wendehorst* in BeckOK BGB, § 818 Rn. 59; *Kohler*, NJW 1992, 3145, 3146.
[68] BGH NJW 1970, 2059 ff.; BGH NJW 1981, 277 ff.; BGH NJW-RR 2008, 1369 ff.; *Stadler* in
Jauernig, BGB, § 818 Rn. 34.
[69] Generell kritisch auch *Wendehorst* in BeckOK BGB, § 818 Rn. 59, 62.
[70] Vgl. dazu *Schwab* in MünchKomm. BGB, § 818 Rn. 157 f.
[71] Für die Abzugsfähigkeit etwa *Sprau* in Palandt, BGB, § 818 Rn. 44; *Reuter/Martinek*, Ungerechtfertigte Bereicherung, § 17 IV 3 d, S. 624 ff.
[72] So auch *Schwab* in MünchKomm. BGB, § 818 Rn. 157; *Larenz/Canaris*, Schuldrecht II/2, § 73 I
2 g, S. 300; *Beuthien*, Jura 1979, 532, 533; Flume in Festschrift Niedermeyer, 1953, S. 103, 155 f.;
Rengier, AcP 177 (1977), 418, 434.

> Folgeschäden sind daher *nicht* bereicherungsmindernd zu berücksichtigen. § 818 III BGB schützt den Schuldner also nicht vor den Folgen des Erwerbs, sondern nur vor den Folgen der Rechtsgrundlosigkeit.

Abzugsfähig sind aber Nachteile, die der Bereicherungsschuldner durch Vermögensdispositionen erleidet, die er im Vertrauen auf den Erwerb vornimmt oder unterlässt[73].

5. Die Problematik der „aufgedrängten Bereicherung"

49 Im Rahmen des § 818 III BGB kann auch die Problematik der „aufgedrängten Bereicherung" sachgerecht gelöst werden. Diese tritt insbesondere bei der **Verwendungskondiktion** auf. Die Ausgangssituation ist dabei oft folgende: Ein Nichtberechtigter erhöht durch Verwendungen den objektiven Wert einer Sache. Die Werterhöhung ist jedoch für den Eigentümer ohne Nutzen, da für seine Zwecke der vormalige Zustand völlig ausreichend gewesen wäre.

> **Achtung:** Regelmäßig liegt in diesen Fällen ein EBV vor, sodass sich der Verwendungsersatz nach den §§ 994 ff. BGB richtet, die bereicherungsrechtliche Ansprüche grundsätzlich verdrängen (Sperrwirkung des EBV). – Die Problematik der „aufgedrängten Bereicherung" ist besonders virulent bei der **Bebauung fremder Grundstücke**. Die Bebauung ist typischerweise mit hohen Kosten verbunden und führt zu einer signifikanten Wertsteigerung des Grundstücks. Hier gewinnt auch die Frage nach dem Verhältnis des Bereicherungsrechts zu den §§ 994 ff. BGB besondere Brisanz. Hiervon wird unten § 21 Rn. 77 ff. noch ausführlich die Rede sein.

> Ist die objektive Werterhöhung für den Bereicherungsschuldner subjektiv wertlos, so kann er sich insoweit auf Entreicherung berufen[74].

50 Realisiert der Schuldner später die Wertsteigerung, etwa indem er die Sache zu einem nun höheren Preis verkauft oder vermietet, so entfällt insoweit auch der Entreicherungseinwand[75].

51 Bei der **Leistungskondiktion** schützt bereits § 814 BGB vor einer aufgedrängten Bereicherung. Bei der Lieferung unbestellter Sachen oder Erbringung unbestellter sonstiger Leistungen durch einen Unternehmer an einen Verbraucher schließt **§ 241a BGB** auch Bereicherungsansprüche von vornherein aus[76].

---

[73] Näher dazu *Schwab* in MünchKomm. BGB, § 818 Rn. 147 ff.
[74] *Stadler* in Jauernig, BGB, § 818 Rn. 81.
[75] *Schwab* in MünchKomm. BGB, § 818 Rn. 202.
[76] Vgl. *Schulze* in Handkomm. BGB, § 241a Rn. 6.

6. Ausgestaltung des Entreicherungseinwandes

Es war bereits die Rede davon, dass § 818 III BGB eine Einwendung des Bereicherungsschuldners gegen den Kondiktionsanspruch begründet. Deren praktische Ausgestaltung ist abhängig vom Inhalt der Bereicherungshaftung: 52

- Ist die gegenständliche Herausgabe noch möglich, so kann die Entreicherung hiervon nicht rechnerisch abgezogen werden. Der Gläubiger kann die Herausgabe aber nur **Zug um Zug** gegen Zahlung des Betrages verlangen, um den der Schuldner entreichert ist[77].
- Ist hingegen Wertersatz geschuldet, so wird die Entreicherung mit dem Zahlungsanspruch des Gläubigers **verrechnet**. Dies geschieht *ipso iure*; einer Aufrechnungserklärung bedarf es also nicht[78].

Besonderheiten gelten bei der Rückabwicklung gegenseitiger Verträge. Hiervon wird sogleich (Rn. 60 ff.) die Rede sein.

7. Durchgriff nach § 822 BGB

Beruht der Wegfall der Bereicherung darauf, dass der Bereicherungsschuldner die herauszugebende Sache **einem Dritten unentgeltlich zugewendet** hat, erlaubt § 822 BGB ausnahmsweise einen bereicherungsrechtlichen **Durchgriff** auf den Dritten. 53

a) Voraussetzungen und Anwendungsbereich
Der Anspruch aus § 822 BGB hat **zwei Voraussetzungen**: 54

- Der Dritte hat den vom Bereicherungsschuldner ursprünglich herauszugebenden Gegenstand unentgeltlich erlangt *und*
- der Bereicherungsschuldner kann sich deswegen auf Entreicherung berufen.

Unentgeltlichkeit liegt insbesondere vor bei Schenkungen, aber auch bei unbenannten Zuwendungen unter Ehegatten und Vermächtnissen[79]. Bei einer **gemischten Schenkung** ist das Geschäft – wie bei § 816 I BGB (siehe oben § 4 Rn. 53) – in einen entgeltlichen und einen unentgeltlichen Teil aufzuspalten[80]. 55

---

[77] RGZ 137, 324, 336 f.; BGHZ 150, 187, 196; *Sprau* in Palandt, BGB, § 818 Rn. 50; *Schwab* in MünchKomm. BGB, § 818 Rn. 119; *Wendehorst* in BeckOK BGB, § 818 Rn. 42.
[78] RGZ 54, 137, 141; *Schwab* in MünchKomm. BGB, § 818 Rn. 119; *Wendehorst* in BeckOK BGB, § 818 Rn. 42.
[79] *Schwab* in MünchKomm. BGB, § 822 Rn. 11.
[80] *Wendehorst* in BeckOK BGB, § 822 Rn. 7.

56 § 822 BGB setzt nicht nur voraus, dass der eigentliche Bereicherungsschuldner entreichert ist – er muss sich hierauf auch berufen können. Folglich **scheidet** ein Anspruch gegen den Dritten **aus**, wenn der Bereicherungsschuldner verschärft nach den **§§ 818 IV, 819 BGB** haftet[81]. Die **Gegenauffassung**[82] will § 822 BGB auch dann anwenden, wenn die Durchsetzung des Anspruchs gegen den verschärft haftenden Bereicherungsschuldner aus tatsächlichen Gründen scheitert, insbesondere weil dieser insolvent ist. Insoweit fehlt es aber an der vergleichbaren Interessenlage[83]: § 822 BGB soll lediglich die infolge der unentgeltlichen Weitergabe eingetretene Entreicherung kompensieren, nicht aber dem Gläubiger das Insolvenzrisiko des Bereicherungsschuldners abnehmen.

57 § 822 BGB gilt auch für die Weitergabe von **Nutzungen und Surrogaten**, die nach § 818 I BGB herauszugeben sind[84]. Analog anzuwenden ist § 822 BGB zudem in den Fällen, in denen der Bereicherungsschuldner das Erlangte veräußert und die Gegenleistung unentgeltlich weitergegeben hat[85]. *Nicht* anwendbar ist § 822 BGB hingegen bei der entgeltlichen, aber rechtsgrundlosen Weitergabe[86].

b) Rechtsfolgen

58 § 822 BGB gewährt ausnahmsweise einen Direktanspruch gegen den Dritten. Es handelt sich um eine **Nichtleistungskondiktion**[87], da eine Leistungsbeziehung zwischen Gläubiger und Drittem nicht besteht. Der Dritte schuldet grundsätzlich **Herausgabe** des unentgeltlich erlangten Gegenstandes[88].

> Bei gemischten Schenkungen verbleibt es für den entgeltlichen Teil bei der Wertersatzpflicht des Bereicherungsschuldners. Für den unentgeltlichen Teil gelangt man über § 822 BGB zu einer **Wertersatzpflicht** des Dritten[89].

59 Der Dritte kann sich nicht darauf berufen, die herauszugebende Sache durch die Leistung seines Vertragspartners erhalten zu haben. Im Rahmen des § 822 BGB gilt der Grundsatz, dass das Vorliegen einer Leistung eine Nichtleistungskondiktion ausschließt, gerade nicht. Auch das Vorliegen eines Rechtsgrundes im Verhältnis zu seinem Vertragspartner schützt den Dritten nicht vor der Kondiktion.

---

[81] BGHZ 154, 88, 92; BGH NJW 1969, 605; BGH NJW 1999, 1026, 1028; *Lorenz* in Staudinger, BGB, § 822 Rn. 11; *Schwab* in MünchKomm. BGB, § 822 Rn. 17; *Wendehorst* in BeckOK BGB, § 822 Rn. 10; *Reuter/Martinek*, Ungerechtfertigte Bereicherung, § 8 IV 2, S. 367; *Looschelders*, Schuldrecht BT, Rn. 1094; *Kornblum*, JuS 1970, 437, 441; *Kiehnle*, JA 2005, 737, 738.

[82] *Larenz/Canaris*, Schuldrecht II/2, § 69 IV 1 a, S. 195 f.; *Medicus/Lorenz*, Schuldrecht II, Rn. 1183; *Canaris* in Festschrift Larenz, 1973, S. 799, 833; *Schilken*, JR 1989, 363, 365 f.

[83] Vgl. auch *Schwab* in MünchKomm. BGB, § 822 Rn. 17.

[84] BGHZ 158, 63, 66; *Bockholdt*, JZ 2004, 796, 798; *Schwab* in MünchKomm. BGB, § 822 Rn. 12.

[85] BGHZ 158, 63, 65 f.; *Lieb* in MünchKomm. BGB, 4. Aufl., § 822 Rn. 7.

[86] *Stadler* in Jauernig, BGB, § 822 Rn. 3 mit weiteren Nachweisen.

[87] Zur umstrittenen dogmatischen Einordnung des § 822 BGB siehe *Schwab* in MünchKomm. BGB, § 822 Rn. 2 ff.

[88] *Stadler* in Jauernig, BGB, § 822 Rn. 6; dazu auch *Wendehorst* in BeckOK BGB, § 822 Rn. 11.

[89] *Wendehorst* in BeckOK BGB, § 822 Rn. 7.

III. Rückabwicklung gegenseitiger Verträge

Literatur: *Beuthien*, Das Rätsel Saldotheorie, Jura 1979, 532; *Büdenbender*, Die Berücksichtigung der Gegenleistung bei der Rückabwicklung gegenseitiger Verträge, AcP 200 (2000), 627; *Canaris*, Der Vorrang außerbereicherungsrechtlicher, insbesondere dinglicher Wertungen gegenüber der Saldotheorie und dem Subsidiaritätsdogma, JZ 1992, 1114; *Flume*, Die Saldotheorie und die Rechtsfigur der ungerechtfertigten Bereicherung, AcP 194 (1994), 427; *Grunewald*, Saldotheorie und neues Rücktrittsrecht, Festschrift Hadding, 2004, S. 33; *Hoffmann*, Die Saldotheorie im Bereicherungsrecht, Jura 1997, 416; *Kiehnle*, § 822 BGB und die „Saldotheorie", JA 2005, 737; *Schur*, Die Verknüpfung wechselseitiger Leistungen, JuS 2006, 673.

Übungsfälle: *Gebauer*, Jura 2002, 482; *Schneider*, JuS 1984, 284.

1. Ausgangspunkt

Werden aufgrund eines unwirksamen gegenseitigen Vertrages Leistungen ausgetauscht, so entstehen **zwei Bereicherungsansprüche**. Jede Partei ist hinsichtlich der von ihr erbrachten Leistung Bereicherungsgläubiger und hinsichtlich der von ihr empfangenen Leistung Bereicherungsschuldner. 60

> **Beispiel:** Käufer K und Verkäufer V schließen einen Kaufvertrag über einen Pkw. Der Kaufvertrag wird von K und V sofort erfüllt. Später ficht K den Kaufvertrag erfolgreich an. – Hier hat K rechtsgrundlos Eigentum und Besitz am Pkw durch eine Leistung des V erlangt. Folglich kann V nach § 812 I 1 Alt. 1 BGB (sofern man nicht die *condictio ob causam finitam* annimmt) Herausgabe des Pkw von K verlangen. Umgekehrt kann K von V Rückzahlung des rechtsgrundlos geleisteten Kaufpreises verlangen, ebenfalls aus § 812 I 1 Alt. 1 BGB.

Die Bereicherungsansprüche bestehen **nebeneinander**. Da § 818 BGB für gegenseitige Verträge keine Sonderregeln enthält, wurde vereinzelt angenommen, dass sich das rechtliche Schicksal beider Ansprüche völlig unabhängig voneinander vollziehen kann[90] (sog. strikte Zweikonditionen-Theorie). Diese Auffassung verkennt aber, dass bei unwirksamen Austauschverträgen die **synallagmatische Verknüpfung** von Leistung und Gegenleistung, das typische *do ut des*, auch bei der Rückabwicklung **fortwirkt**. 61

> Ging es zunächst den Parteien darum, sich durch Erbringung der (unwirksamen) versprochenen Leistung die jeweilige Gegenleistung zu verdienen, so sind sie nun daran interessiert, das Erlangte nur herausgeben zu müssen, wenn sie zugleich das von ihnen Geleistete zurückbekommen. Dieses Interesse ist – jedenfalls im Grundsatz – schutzwürdig.

Wie wirkt sich nun das Bestehen eines Bereicherungsanspruchs bei der Durchsetzung des anderen aus? Und was gilt, wenn sich eine Partei nach § 818 III BGB auf den Wegfall der Bereicherung berufen kann? Diese Fragen sind Gegenstand einer kaum noch zu überschauenden Diskussion. Die Rechtsprechung beantwortet sie mit Hilfe der sog. **Saldotheorie**[91]. 62

---

[90] Vgl. *v. Tuhr* in Festschrift Bekker, 1907, S. 293, 307; *Oertmann*, JW 1918, 132 ff.
[91] Zur wechselhaften Entwicklung der Saldotheorie in der Rechtsprechung siehe *Wendehorst* in BeckOK BGB, § 818 Rn. 104 ff.; *Schwab* in MünchKomm. BGB, § 818 Rn. 210 ff.

2. Die Saldotheorie

a) Verknüpfung der Bereicherungsansprüche

63 Die Saldotheorie geht von einer **starken wechselseitigen Verknüpfung** der Bereicherungsansprüche aus.

- Sind die Bereicherungsansprüche auf **gleichartige Leistungen** gerichtet (insbesondere auf Geld), so sollen sie *ipso iure* saldiert werden, ohne dass es einer Aufrechnungserklärung bedarf[92].
- Bei **ungleichartigen Leistungen** soll über die Rückforderung der einen Leistung nicht ohne Rücksicht auf die Gegenleistung entschieden werden können[93].

> **Beispiel:** A verkauft und überträgt 100 Aktien der X-AG an B. Im Gegenzug zahlt B den vereinbarten Kaufpreis in Höhe von 1.000 €. Im Rahmen der jährlichen Gewinnausschüttung erhält B von der X-AG für seine Aktien eine Dividende in Höhe von 50 €. Später stellt sich heraus, dass der Kaufvertrag unwirksam ist. – A kann von B nach § 812 I 1 Alt. 1 BGB Rückübertragung der Aktien verlangen[94]. Die ausgeschüttete Dividende ist eine Rechtsfrucht im Sinne des § 99 II BGB[95] und nach § 818 I BGB herauszugeben. Umgekehrt kann B Rückzahlung des Kaufpreises ebenfalls aus § 812 I 1 Alt. 1 BGB verlangen. Soweit die Ansprüche auf Geld gerichtet sind, werden sie automatisch saldiert. Somit verbleibt der Anspruch des A auf Rückübertragung der Aktien und der Anspruch des B auf Rückzahlung des Kaufpreises in Höhe von 950 €. Diese sind jeweils nur Zug um Zug zu erfüllen, was in einem entsprechenden Leistungsurteil auch so zu titulieren wäre.

b) Anrechnung der eigenen Entreicherung

64 Zu einer besonderen Form der Saldierung soll es kommen, wenn eine der Parteien sich auf den Wegfall der Bereicherung (§ 818 III BGB) berufen kann. Nach der Saldotheorie ist der **Wert der Entreicherung vom eigenen Bereicherungsanspruch abzuziehen**. Mit anderen Worten:

> Der eigene Bereicherungsanspruch ist um den Wert der eigenen Entreicherung zu mindern.

> **Beispiel:** K hat bei V einen Pkw mit objektivem Wert von 10.000 € für 10.000 € gekauft. Der vollzogene Kaufvertrag ist nichtig. Der Pkw wird von K infolge Unachtsamkeit zu Schrott gefahren. – V konnte hier von K zunächst Herausgabe des Pkw verlangen. Da die-

---

[92] BGHZ 147, 152, 157; *Hoffmann*, Jura 1997, 416, 417.
[93] So bereits RGZ 54, 137 ff.; BGHZ 146, 298, 307; vgl. dazu *Flume*, JZ 2002, 321, 322: „verfahrensrechtliche Saldotheorie".
[94] Wie dies zu erfolgen hat, richtet sich danach, ob und wie die Aktien in einem Wertpapier (der Aktienurkunde) verbrieft sind; näher dazu *Drygala/Staake/Szalai*, Kapitalgesellschaftsrecht, 2012, § 22 Rn. 4 ff.; *Staake*, JA 2004, 247 ff.
[95] BGHZ 58, 316, 320; BGHZ 78, 177, 188.

ser zerstört wurde, kommt nur noch eine Wertersatzpflicht nach § 818 II BGB in Betracht. Allerdings kann sich K gemäß § 818 III BGB auf den Wegfall der Bereicherung berufen, da der Pkw infolge der Zerstörung nicht mehr wertmäßig in seinem Vermögen vorhanden ist. V kann daher von K nichts verlangen. Umgekehrt stünde K eigentlich ein Anspruch auf Rückzahlung des Kaufpreises aus § 812 I 1 Alt. 1 BGB zu. Es erscheint aber unbillig, V einseitig das Risiko des Untergangs der Kaufsache (noch dazu in der Sphäre des K) aufzuerlegen. Nach der Saldotheorie muss sich K den Wert der eigenen Entreicherung auf seinen Bereicherungsanspruch gegen V anrechnen lassen. Die Saldotheorie führt hier dazu, dass K ebenfalls nichts fordern kann.

1. Abwandlung: K hat für den Pkw 12.000 € bezahlt. – Auch hier kann V nichts verlangen, da K vollständig entreichert ist. Umgekehrt ist der rechtsgrundlos gezahlte Kaufpreis höher als der objektive Wert (10.000 €) der untergegangenen Sache. Folglich zehrt die Anrechnung den Bereicherungsanspruch des K nicht vollständig auf. K kann daher noch Rückzahlung von 2.000 € verlangen.

Zu beachten ist, dass § 818 III BGB lediglich eine **Einwendung** und keinen eigenständigen Anspruch begründet[96]. Ist der Wert der Entreicherung höher als die rückzugewährende Gegenleistung, kann der „überschießende Betrag" **nicht** von der Gegenpartei verlangt werden.

2. Abwandlung: K hat für den Pkw 8.000 € bezahlt. – Wieder ist K entreichert nach § 818 III BGB. Von seinem eigenen Anspruch auf Rückzahlung von 8.000 € ist der Wert der Entreicherung (10.000 €) abzuziehen. Dass das rechnerische Ergebnis dabei negativ ist, führt nicht dazu, dass nunmehr V von K Zahlung von 2.000 € verlangen kann.

Die Saldotheorie führt also zu einer **Einschränkung des § 818 III BGB**: Das danach eigentlich den Bereicherungsgläubiger treffende Risiko, dass der Bereicherungsgegenstand ersatzlos untergeht, wird bei gegenseitigen Verträgen auf den Bereicherungsschuldner verlagert.

Dies entspricht der Risikoverteilung, die die **§§ 275, 326 I BGB** bei der Wirksamkeit des Vertrages vorsehen: Wird der Schuldner nach § 275 BGB von seiner Leistungspflicht frei, so kann er grundsätzlich die Gegenleistung nicht mehr verlangen (§ 326 I BGB). Entsprechendes soll bei der bereicherungsrechtlichen Rückabwicklung gelten.

c) Ausnahmen

Die von der Saldotheorie vorgenommene Anrechnung der Entreicherung auf den eigenen Bereicherungsanspruch ist also das Ergebnis einer Wertung. Diese darf aber **nicht in Widerspruch zu anderen gesetzlichen Wertungen** stehen.

> Die Anrechnung hat insbesondere zu unterbleiben, wenn die die Unwirksamkeit des gegenseitigen Vertrages begründenden Normen dies gebieten[97].

---

[96] *Schwab* in MünchKomm. BGB, § 818 Rn. 119.
[97] *Stadler* in Jauernig, BGB, § 818 Rn. 43; *Wendehorst* in BeckOK BGB, § 818 Rn. 131.

68 Im Schrifttum wird teilweise vorgeschlagen, die Wertungen des Rücktrittsrechts (§§ 346 ff. BGB) umfassend auf die bereicherungsrechtliche Rückabwicklung gegenseitiger Verträge zu übertragen[98]. Die bisherigen Vorschläge zeigen aber, dass auch insoweit Modifikationen, Einschränkungen und Ergänzungen – kurzum: weitere Wertungen – unverzichtbar sind. Dennoch spricht nichts gegen eine *punktuelle* Anwendung der Rücktrittsregeln. Eine Anrechnung findet nicht statt zulasten **Minderjähriger und Geschäftsunfähiger**[99].

> **Beispiel:** Der zehnjährige K hat sich ohne Zustimmung seiner Eltern (und gegen ihren Willen) bei V für 2 € drei Tafeln Schokolade gekauft und diese aufgegessen. – Der Kaufvertrag ist unwirksam, weil K die erforderliche Willenserklärung nicht abgeben konnte. K hat gegen V daher einen Anspruch auf Rückzahlung des Kaufpreises aus § 812 I 1 Alt. 1 BGB. Seinerseits hätte er nach dem Verzehr der Schokolade zwar Wertersatz geschuldet, doch ist K insofern entreichert. Würde man den Wert der Entreicherung vom eigenen Anspruch des K abzuziehen, liefe der Schutzzweck der §§ 106 ff. BGB leer, weil K die nachteiligen Folgen des unwirksamen Geschäfts im Ergebnis doch tragen müsste. Das soll nicht sein, weshalb eine Anrechnung hier unterbleibt.

69 Eine Anrechnung unterbleibt ebenfalls, wenn der Entreicherte nach **§ 123 BGB** den gegenseitigen Vertrag angefochten hat[100]. Die Saldotheorie soll nicht zur Begünstigung desjenigen führen, der arglistig getäuscht oder widerrechtlich bedroht hat. Das ist nicht unumstritten[101], aber sachgerecht, soweit es darum geht, den Getäuschten bzw. Bedrohten vom Risiko des zufälligen Untergangs der Sache zu befreien. Was aber gilt, wenn der Anfechtungsberechtigte die zum Wegfall der Bereicherung führenden Umstände **zu vertreten** hat? Insoweit lässt sich § 346 III 1 Nr. 3 BGB fruchtbar machen, der bei einem gesetzlichen Rücktrittsrecht den Rücktrittsberechtigten vom Wertersatz befreit, wenn die herauszugebende Sache beschädigt oder zerstört wurde, obwohl er die **eigenübliche Sorgfalt** eingehalten hat. Dieses Haftungsprivileg sollte auch in den Fällen des § 123 BGB greifen.

> **Beispiel:** Gebrauchtwagenhändler G verschweigt Käufer K arglistig, dass der verkaufte Pkw ein Unfallwagen ist. Nachdem der Pkw bei einem von K verschuldeten Unfall zerstört wurde, erfährt K von der Täuschung und ficht den Kaufvertrag an. – G steht hier ein Wertersatzanspruch nicht zu, da sich K auf den Wegfall der Bereicherung berufen kann. Auf das Verschulden kommt es insoweit nicht an. Fraglich ist aber, ob K seinerseits Rückzahlung des Kaufpreises verlangen kann. Dies ist zu verneinen, denn K hat den Untergang des Pkw verschuldet. Auch eine analoge Anwendung des § 346 III 1 Nr. 3 BGB führt zu keinem anderen Ergebnis, denn eine eigenübliche Sorgfalt gibt es nicht im Straßenverkehr[102]. Daher ist hier trotz der arglistigen Täuschung der Wert der Entreicherung abzuziehen.

---

[98] *Grunewald* in Festschrift Hadding, 2004, S. 33 ff.; *Bockholdt*, AcP 206 (2006), 769 ff.; *Singer* in Festschrift Medicus, 2009, S. 487, 496 ff; vgl. dazu *Wendehorst* in BeckOK BGB, § 818 Rn. 119 f.; *Schwab* in MünchKomm. BGB, § 818 Rn. 248 ff.

[99] BGHZ 126, 105, 107 f.; BGH NJW 2000, 3562.

[100] BGHZ 53, 144, 148; BGHZ 78, 216, 220; *Deimel*, JA 2001, 177, 179.

[101] Ablehnend *Schwab* in MünchKomm. BGB, § 818 Rn. 225 ff.

[102] Vgl. *Unberath* in BeckOK BGB, § 277 Rn. 9.

Schließlich soll die Anrechnung auch nicht erfolgen, wenn Leistung und Gegenleistung in einem groben Missverhältnis stehen und daher die Voraussetzungen eines sog. **wucherähnlichen Geschäfts** erfüllt sind[103]. Auch der übervorteilte Vertragspartner braucht sich, wenn er seine Leistung zurückfordert, die Saldotheorie nicht entgegenhalten zu lassen. Darüber hinaus sollte analog § 346 III 1 Nr. 2 BGB eine Anrechnung immer dann ausscheiden, wenn die andere Partei den Untergang der herauszugebenden Sache zu vertreten hat oder der Schaden bei ihm gleichfalls eingetreten wäre[104]. Im Übrigen können sich Einschränkungen der Saldotheorie auch aus sachen- und insolvenzrechtlichen Wertungen ergeben[105].

3. Grenzen der Saldotheorie und Alternativen

Die Saldotheorie stößt an ihre Grenzen, wenn ein gegenseitiger Vertrag **nur einseitig erfüllt** wurde.

> **Beispiel:** V verkauft an K sein Fahrrad. Der Kaufpreis wird gestundet, das Fahrrad sogleich übereignet. Bald darauf wird K das Fahrrad von einem Unbekannten gestohlen. Als sich herausstellt, dass der Kaufvertrag unwirksam ist, verweigert K jedwede Zahlung. – Hier kommt nur ein Bereicherungsanspruch des V gegen K in Betracht und zwar als Wertersatzanspruch (§ 818 II BGB). Doch kann sich K auf den Wegfall der Bereicherung berufen (§ 818 III BGB). Einen Anspruch des K, von dem der Wert dieser Entreicherung abzuziehen wäre, gibt es nicht, da K noch nichts an V geleistet hat. Die Saldotheorie kann also die gewünschte Risikoverteilung nicht leisten. – Die Frage ist nun, ob dies hingenommen werden kann. Dafür spricht, dass V sich nicht auf die Vorleistung hätte einlassen müssen. Dagegen, dass er damit zwar das Insolvenz-, nicht aber unbedingt auch das Untergangsrisiko übernehmen wollte.

Im Schrifttum ist die Saldotheorie – nicht zuletzt wegen der soeben geschilderten Problematik – vielfach auf Kritik gestoßen. Es finden sich zahlreiche Vorschläge, die für eine Rückkehr zur **Zweikondiktionen-Theorie** plädieren, diese aber so **modifizieren** wollen, dass der Verknüpfung der Bereicherungsansprüche bei unwirksamen gegenseitigen Verträgen angemessen Rechnung getragen werden kann.

> Der wohl bekannteste Vorschlag stammt aus der Feder von *Canaris*: die sog. **„Gegenleistungskondiktion"**[106]. Diese setzt nicht beim Bereicherungsanspruch des Entreicherten an, sondern will diesem unter bestimmten Umständen die Berufung auf § 818 III BGB versagen. Daher spielt es hier keine Rolle, ob die Gegenleistung erbracht wurde oder nicht. Im Übrigen stellen sich aber ganz ähnliche Probleme wie bei der Saldotheorie. Die Frage, wann die Berufung auf § 818 III BGB zulässig sein soll, ist nämlich anhand der oben Rn. 67 ff. dargestellten gesetzlichen Wertungen zu beantworten.

---

[103] BGHZ 146, 298, 307 ff.; kritisch *Flume*, JZ 2002, 31, 324.
[104] *Schwab* in MünchKomm. BGB, § 818 Rn. 259; dagegen *Bockholdt*, AcP 206 (2006), 769, 795 f.; *Konzen* in Festschrift Canaris, 2007, S. 605, 628.
[105] Näher dazu *Schwab* in MünchKomm. BGB, § 818 Rn. 217.
[106] Vgl. *Larenz/Canaris*, Schuldrecht II/2, § 73 III 7.

IV. Verschärfte Haftung

73 Die §§ 818 IV, 819 und 820 BGB enthalten Tatbestände, deren Erfüllung zur verschärften Haftung des Bereicherungsschuldners führt.

1. Voraussetzungen

a) Rechtshängigkeit

74 Gemäß § 818 IV BGB haftet der Bereicherungsschuldner **nach Eintritt der Rechtshängigkeit** nach den „allgemeinen Vorschriften" (dazu unten Rn. 83). Wann Rechtshängigkeit vorliegt, ergibt sich nicht aus dem BGB, sondern aus der ZPO.

> Rechtshängig wird eine Angelegenheit durch die **Erhebung einer Klage** (§ 261 I ZPO), die durch die **Zustellung der Klageschrift** beim Beklagten erfolgt (§ 253 I ZPO).

75 Die **Klageschrift** muss die Bezeichnung der Parteien und des Gerichts, den Streitgegenstand und (mindestens) einen bestimmten Klageantrag (§ 253 II ZPO) enthalten. Die Zustellung erfolgt von Amts wegen durch das Gericht.

> Ist bereits eine Klage rechtshängig, so können weitere Ansprüche nach Maßgabe des § 261 II ZPO in der mündlichen Verhandlung oder durch die Zustellung eines weiteren Schriftsatzes rechtshängig gemacht werden.

76 Nach h.M. greift § 818 IV BGB nur bei einer erhobenen **Leistungsklage**, hingegen nicht bei einer Feststellungs-, Abänderungs- oder Vollstreckungsabwehrklage[107]. Es genügt also nicht die Rechtshängigkeit eines beliebigen Prozesses, in dem über Grund und Höhe der fraglichen Leistung gestritten wird. Nur bei der **Leistungsklage** auf Herausgabe des Bereicherungsgegenstandes oder auf Wertersatz sei der Bereicherungsschuldner hinreichend **gewarnt**, um die mit der Haftungsverschärfung einhergehenden gesteigerten Sorgfaltspflichten eingreifen zu lassen[108].

> **Analog** anwendbar ist § 818 IV BGB bei unwirksamen **gegenseitigen Verträgen** auch auf den **Kläger**. Dieser ist nämlich zugleich Schuldner eines korrespondieren Bereicherungsanspruchs. Nach der Saldotheorie kann über beide Bereicherungsansprüche nur gemeinsam entschieden werden, sofern sie nicht ohnehin verrechnet werden. Der Kläger ist daher auch hinsichtlich des gegen ihn gerichteten Anspruchs gewarnt, sodass insoweit die Haftungsverschärfung gerechtfertigt ist. Allerdings dürfte in diesen Fällen häufig zugleich § 819 I BGB eingreifen.

---

[107] BGHZ 93, 183 f.; BGHZ 118, 383, 390; BGH NJW 1998, 2433, 2434; BGH NJW 2000, 740, 741; *Stadler* in Jauernig, BGB, § 818 Rn. 13; *Wendehorst* in BeckOK BGB, § 818 Rn. 81; a.A. OLG München FamRZ 1983, 1043 f.; OLG Hamm FamRZ 1984, 297 f.; *Schwab* in MünchKomm. BGB, § 818 Rn. 280.
[108] BGHZ 118, 383, 390 f.

b) Kenntnis der Rechtsgrundlosigkeit

§ 819 I BGB stellt der Rechtshängigkeit die Kenntnis von der Rechtsgrundlosigkeit gleich. Wer weiß, dass er etwas ohne rechtlichen Grund erlangt hat, muss damit rechnen, das Erlangte wieder herausgeben bzw. hierfür Wertersatz leisten zu müssen. Ab Kenntniserlangung treffen den Bereicherungsschuldner gesteigerte Sorgfaltspflichten im Umgang mit dem Erlangten, das er nunmehr wie ein Treuhänder zu behandeln hat.

77

> **Hinweis:** Anders als die §§ 932 II, 990 I 1 BGB steht bei § 819 I BGB die grobfahrlässige Unkenntnis der Kenntnis nicht gleich. Daher wäre es ungenau, bei § 819 I BGB vom „bösgläubigen" Bereicherungsschuldner zu sprechen. Der „gute Glaube" (als Pendant zur Bösgläubigkeit) ist nämlich in § 932 II BGB legal definiert – und diesbezüglich schadet eben auch die grobfahrlässige Unkenntnis.

Die Kenntnis muss sich **auf die Rechtsgrundlosigkeit beziehen**[109]. Die Kenntnis der Anfechtbarkeit steht nach § 142 II BGB der Kenntnis der Rechtsgrundlosigkeit gleich. Kenntnis der Tatsachen, aus denen sich das Fehlen des rechtlichen Grundes ergibt, genügt für sich gesehen noch nicht[110]. Der Bereicherungsschuldner muss auch den Schluss auf die Rechtsgrundlosigkeit ziehen.

78

> Zur Vermeidung von – anderenfalls kaum überwindbaren – Beweisschwierigkeiten lässt es die h.M. aber genügen, dass ein objektiver Dritter aus der Kenntnis der Tatsachen die richtigen Schlüsse gezogen hätte. Der Bereicherungsschuldner soll sich der Einsicht in die Rechtsgrundlosigkeit nicht bewusst verschließen können[111].

Erforderlich ist im Rahmen des § 819 I BGB grundsätzlich die **Kenntnis des Bereicherungsschuldners**. Hat dieser eine Leistung aber durch einen **Vertreter** in Empfang genommen, so ist analog § 166 I BGB die Kenntnis des Vertreters dem Bereicherungsschuldner zuzurechnen[112]. Bei juristischen Personen und rechtsfähigen Personengesellschaften gelten die allgemeinen Grundsätze der **organschaftlichen Wissenszurechnung**[113].

79

Bei **Geschäftsunfähigen** ist stets auf die Kenntnis des gesetzlichen Vertreters abzustellen[114]. Umstritten ist, ob dies auch bei **Minderjährigen** gilt. Richtigerweise ist auch hier stets nach Maßgabe der **§§ 106 ff. c BGB** allein auf die Kenntnis des gesetzlichen Vertreters abzustellen[115]. Eine weit verbreitete **Gegenauffassung**[116] will **stattdessen § 828 BGB** heranziehen, wenn es sich um eine Eingriffskondiktion handelt.

80

---

[109] *Schwab* in MünchKomm. BGB, § 819 Rn. 2.

[110] BGHZ 118, 383, 392; *Larenz/Canaris*, Schuldrecht II/2, § 73 II 1 a; *Stadler* in Jauernig, BGB, § 819 Rn. 4; a.A. OLG Hamm NJW 1977, 1824 ff.; *Schreiber*, JuS 1978, 230, 231.

[111] BGHZ 133, 246, 249 f.

[112] BGHZ 83, 293, 295 f.; *Larenz/Canaris*, Schuldrecht II/2, § 73 II 2b; *Lorenz* in Staudinger, BGB, § 819 Rn. 9.

[113] Näher dazu *Schramm* in MünchKomm. BGB, § 166 Rn. 20 f.

[114] *Schwab* in MünchKomm. BGB, § 819 Rn. 8.

[115] So auch *Wendehorst* in BeckOK BGB, § 818 Rn. 8; *Buck-Heeb* in Erman, BGB, § 819 Rn. 6; *Leupertz* in Prütting/Wegen/Weinreich, BGB, § 819 Rn. 6; *Lorenz* in Staudinger, BGB, § 819 Rn. 10; *Larenz/Canaris*, Schuldrecht II/2, § 73 II 2 a; *Lieb*, JZ 1971, 560, 562 f.; *Batsch*, NJW 1972, 609, 611.

[116] Vgl. BGHZ 55, 128, 136; *Schwab* in MünchKomm. BGB, § 819 Rn. 8; *Sprau* in Palandt, BGB, § 819 Rn. 6; *Medicus/Petersen*, Bürgerliches Recht, Rn. 176.; *Hombrecher*, Jura 2004, 250, 253 f.

Demnach wäre die Zurechnung abhängig von der Einsichtsfähigkeit des Minderjährigen (vgl. § 828 III BGB). Die Begründung hierfür erscheint auf den ersten Blick einleuchtend: Die Leistungskondiktion dient der Rückabwicklung gescheiterter rechtsgeschäftlicher Beziehungen, während die Eingriffskondiktion deliktsähnlichen Charakter hat. Der Makel dieser Lösung besteht aber darin, dass Leistung und Eingriff bisweilen so nah beieinander liegen, dass eine unterschiedliche Behandlung der Zurechnungsproblematik bedenklich erscheint.

> Deutlich wird dies im **Flugreise-Fall**. Zur Erinnerung: Ein Minderjähriger hatte sich in ein Flugzeug geschlichen und war so von Hamburg nach New York geflogen. Rechtsgrundlos erlangt hatte er die Beförderung. Da die gegenständliche Herausgabe der Beförderung ausscheidet, kam nur ein Wertersatzanspruch der Fluggesellschaft in Betracht (§ 818 II BGB). Insoweit war der Minderjährige aber entreichert. Fraglich war nur, ob er sich auf die Entreicherung berufen konnte. Dies ist nicht der Fall, wenn er gemäß § 819 I BGB einer verschärften Haftung unterlag. Er selbst hatte sicherlich Kenntnis von der Rechtsgrundlosigkeit. Doch genügte dies?
>
> - Nach **hier vertretener Auffassung** ist dies zu verneinen: Es kommt stets auf die Kenntnis des gesetzlichen Vertreters an.
> - Die **Gegenauffassung** müsste fragen, ob es sich um eine Leistung oder einen Eingriff gehandelt hat. Dies war im Flugreise-Fall abhängig davon, ob man einerseits ein generelles Leistungsbewusstsein anerkennt und dies andererseits im konkreten Fall auch bejahen will. Wenn man – wie oben § 3 Rn. 23 geschehen – eine Leistung der Beförderungsgesellschaft verneint, gelangt man zur Eingriffskondiktion. Demnach wäre gemäß § 828 III BGB nach der Einsichtsfähigkeit des Minderjährigen zu fragen. Doch mit guter Begründung ließe sich das gegenteilige Ergebnis durchaus vertreten. Der Fall zeigt, dass die Unterscheidung zwischen Leistung und Eingriff für die Frage, auf wessen Kenntnis es ankommt, nicht entscheidend sein sollte.

c) Gesetzes- oder Sittenverstoß

81 Verschärft haftet nach § 819 II BGB auch, wer durch die Annahme der Leistung gegen ein gesetzliches Verbot oder gegen die guten Sitten verstoßen hat. Voraussetzung ist insoweit, dass dem Bereicherungsschuldner der Gesetzes- oder Sittenverstoß **bewusst** ist[117]. Auch insoweit gilt aber, dass er sich dem Wissen um die Gesetzes- oder Sittenwidrigkeit **nicht verschließen** darf[118]. Zu fragen ist also, ob ein objektiver Dritter bei Kenntnis der Umstände auf die Gesetzes- oder Sittenwidrigkeit geschlossen hätte.

d) Die Fälle des § 820 BGB

82 § 820 I 1 BGB erweitert die verschärfte Haftung des Bereicherungsschuldners für die Fälle der *condictio ob rem*, während § 820 I 2 BGB auf die *condictio ob causam finitam* zugeschnitten ist. Anknüpfungspunkt für die verschärfte Haftung des Bereicherungsschuldners ist die **subjektive Ungewissheit** über den Eintritt des Erfolges bzw. des späteren Wegfalls des Rechtsgrundes. Anders als bei § 819 I BGB kommt es dabei nicht allein auf die Vorstellung des Bereicherungsschuldners an,

---

[117] *Schwab* in MünchKomm. BGB, § 819 Rn. 22.
[118] BGH NJW-RR 2009, 345 Rn. 12; *Wendehorst* in BeckOK BGB, § 819 Rn. 10.

sondern auf die übereinstimmende Vorstellung der Beteiligten[119] („nach dem Inhalt des Rechtsgeschäfts").

§ 820 I BGB ist **analog** anwendbar, wenn die Beteiligten übereinstimmend bezweifeln, ob die Verbindlichkeit überhaupt jemals bzw. in Höhe der erbrachten Leistung entstanden ist[120]. Erfasst werden so auch die Fälle, in denen der vermeintliche Schuldner einer **Leistung** diese **unter Vorbehalt** erbringt und der Empfänger dem Vorbehalt nicht widerspricht. Stellt sich später heraus, dass die Verpflichtung nicht (oder nur in geringerer Höhe) bestand, steht dem Leistenden die *condictio indebiti* zu. Der Vorbehalt war dann aber Ausdruck der übereinstimmenden Ungewissheit der Partei. Dies rechtfertigt die verschärfte Haftung des Empfängers[121].

2. Rechtsfolgen

a) Haftung nach den „allgemeinen Vorschriften"

Hinsichtlich der Rechtsfolgen verweist § 818 IV BGB – auf den wiederum die §§ 819 f. BGB Bezug nehmen – lakonisch auf „die allgemeinen Vorschriften", nach denen sich die Haftung des Bereicherungsschuldners bestimmen soll. Welche Vorschriften sind damit gemeint?

83

- **§§ 292 I i.V.m. 989, 990 BGB:** Für Verschlechterung, Untergang oder sonstige Unmöglichkeit der Herausgabe haftet der Bereicherungsschuldner auf **Schadensersatz**, allerdings nur, soweit ihn ein Verschulden trifft. Befindet sich der unredliche (nicht: der nur verklagte) Bereicherungsschuldner in Verzug, so haftet er auch für Zufall (§§ 990 II, 287 BGB).
- **§§ 292 II i.V.m. 987, 990 BGB:** Der Bereicherungsschuldner hat die tatsächlich gezogenen **Nutzungen** herauszugeben. Dies deckt sich mit § 818 I BGB. Darüber hinaus ist er auch zum Ersatz derjenigen Nutzungen verpflichtet, die er schuldhaft nicht gezogen hat (vgl. § 987 II BGB), obwohl dies den Regeln einer ordnungsmäßigen Wirtschaft entsprochen hätte (z.B. Ernte reifer Früchte).
- **§§ 292 i.V.m. 994 ff. BGB:** Bereicherungsmindernd geltend gemacht werden können nur noch notwendige **Verwendungen** und das auch nur nach den Regeln der GoA. Andere Vermögensnachteile kann der Bereicherungsschuldner nicht geltend machen.
- **§§ 291 i.V.m. 288 BGB:** Rechtsgrundlos erlangtes Geld ist **zu verzinsen**. Der Zinssatz beträgt fünf – wenn ein Verbraucher nicht beteiligt ist, sogar acht – Prozentpunkte über dem Basiszinssatz.

---

[119] BGHZ 118, 383 ff.; *Schulze* in Handkomm. BGB, § 820 Rn. 2.

[120] Ebenso *Schwab* in MünchKomm. BGB, § 820 Rn. 2; *Singer*, JR 1983, 356, 360; kritisch *Buck-Heeb* in Erman, BGB, § 820 Rn. 3.

[121] So auch BGH NJW 1989, 161, 162; BGH NJW 2006, 286, 288; *Lorenz* in Staudinger, BGB, § 820 Rn. 5; *Schwab* in MünchKomm. BGB, § 820 Rn. 3; *Leupertz* in Prütting/Wegen/Weinrich, BGB, § 820 Rn. 3; zweifelnd *Wendehorst* in BeckOK BGB, § 820 Rn. 8.

– **§ 285 BGB:** Der verschärft haftende Bereicherungsschuldner, der das Erlangte nicht mehr herausgeben kann, weil er es veräußert hat, ist zur **Herausgabe des Veräußerungserlöses** verpflichtet (*commodum ex negotiatione*, siehe bereits oben Rn. 14).

b) Bereicherungsunabhängige Wertersatzhaftung

84 Ist die gegenständliche Herausgabe des Bereicherungsgegenstandes unmöglich, trifft auch den verschärft haftenden Bereicherungsschuldner eine Wertersatzpflicht nach § 818 II BGB. Es war bereits oben Rn. 33 die Rede davon, dass die verschärfte Haftung dazu führt, dass der Bereicherungsschuldner sich nicht auf den Wegfall der Bereicherung berufen kann. § 818 III BGB findet auf ihn keine Anwendung.

85 Dies ist nicht unumstritten. Die Gegenauffassung[123] zieht aus der Verweisung auf die allgemeinen Vorschriften und damit auf die §§ 292 I, 989, 990 BGB den Schluss, dass auch der verschärft haftende Bereicherungsschuldner beim zufälligen Untergang einer Sache nicht haften soll und dass daher auch eine Wertersatzpflicht ausgeschlossen sein müsse. Dies verkennt, dass **Wertersatz und Schadensersatz unterschiedliche Voraussetzungen und Rechtsfolgen** haben.

> Die bereicherungsunabhängige Wertersatzpflicht besteht unabhängig von einem Verschulden des Bereicherungsschuldners – und zwar *neben* einer etwaigen Schadensersatzhaftung gemäß §§ 292 I i.V.m. 989, 990 BGB[122].

So sind die §§ 989, 990 BGB nur anwendbar, wenn eine Sache herauszugeben ist, nicht aber bei nicht-gegenständlichen Vermögensvorteilen (z.B. Dienstleistungen). Hier bleibt allein die Wertersatzpflicht des § 818 II BGB – und es wäre nicht gerechtfertigt, dem unredlichen Bereicherungsschuldner insoweit den Entreicherungseinwand zuzugestehen. Dann besteht aber auch kein Grund, eine verschuldensunabhängige Wertersatzpflicht nur bei nicht-gegenständlichen Vermögensvorteilen anzunehmen.

V. Bereicherungseinrede (§ 821 BGB)

86 Der Vollständigkeit halber sei hier noch einmal auf § 821 BGB hingewiesen, der die Bereicherungseinrede zumindest voraussetzt. Danach kann die **Erfüllung rechtsgrundlos eingegangener Verbindlichkeiten verweigert** werden. Praktisch bedeutsam wird dies namentlich bei der Eingehung eines abstrakten Schuldanerkenntnisses bzw. Schuldversprechens (§ 812 II BGB). Hiervon war bereits oben § 3 Rn. 50 die Rede.

---

[122] *Schwab* in MünchKomm. BGB, § 818 Rn. 288; *Larenz/Canaris*, Schuldrecht II/2, § 73 II 5, S. 319 f.; *Koppensteiner/Kramer*, Bereicherungsrecht, § 16 II 1 f, S. 160 f.; *Wandt*, Gesetzliche Schuldverhältnisse, § 12 Rn. 58; *Halfmeier*, JA 2007, 492, 496; vgl. auch BGHZ 55, 128, 134 f.

[123] Vgl. etwa *Lorenz* in Staudinger, BGB, § 818 Rn. 52; *Gebauer*, Jura 1998, 128, 134.

Teil III
Deliktsrecht

§ 7 Dogmatische Grundlagen und Überblick

Literatur: *Ahrens*, Allgemeines und besonderes Deliktsrecht – Vielfalt und Einheit im Überblick, Ad Legendum 2011, 169; *Brüggemeier*, Gesellschaftliche Schadensverteilung und Deliktsrecht, AcP 182 (1982), 383; *Canaris*, Grundstrukturen des deutschen Deliktsrechts, VersR 2005, 577; *Deutsch*, System und Aufbau der Schadenshaftung im Deliktsrecht, Festschrift Weber, 1975, S. 125; *Körner*, Zur Aufgabe des Haftungsrechts – Bedeutung präventiver und punitiver Elemente, NJW 2000, 241; *Koziol*, Gedanken zum privatrechtlichen System des Rechtsgüterschutzes, Festschrift Canaris, Bd. I, 2007, S. 631; *Laufs*, Deliktische Haftung ohne Verschulden? – eine Skizze, Festschrift Gernhuber, 1993, S. 245; *Taupitz*, Ökonomische Analyse und Haftungsrecht – Eine Zwischenbilanz, AcP 196 (1996), 114.

I. Funktionen des Deliktsrechts

Das Deliktsrecht hat die Aufgabe, durch „unerlaubte Handlungen" verursachte Schäden **auszugleichen**. Es richtet – anders als das Bereicherungsrecht – den Blick auf das Vermögen des Geschädigten, also des (potentiellen) Anspruchsinhabers: Dieser soll *unter bestimmten Voraussetzungen* von einem anderen Schadensersatz, also den Ausgleich der unfreiwillig erlittenen Vermögensnachteile, verlangen können. Welche **Voraussetzungen** das sind, verraten insbesondere (aber nicht nur) die **§§ 823 ff. BGB**. 1

> Die §§ 823 ff. BGB enthalten eine Vielzahl eigenständiger Anspruchsgrundlagen, die unabhängig voneinander und nebeneinander erfüllt sein können. Ergänzt werden die §§ 823 ff. BGB durch zahlreiche deliktische Regelungen in Spezialgesetzen wie etwa dem StVG oder dem ProduktHaftG.

Das Deliktsrecht – mehr noch: das Haftungsrecht im Allgemeinen – hat darüber hinaus auch eine **Präventionsfunktion:** Durch die Androhung der Haftung und ihre 2 konkrete Ausgestaltung sollen potentielle Schädiger dazu angehalten werden, bereits die Entstehung eines Schadens zu vermeiden[1].

II. Deliktsrechtliche Grundtatbestände

3 Während § 812 I 1 BGB aufgrund des weitgefassten Tatbestandes als bereicherungsrechtliche Generalklausel (mit zwei Alternativen) angesehen werden kann, **fehlt** es im Deliktsrecht an einer solchen Generalklausel. Eine Vorschrift etwa des Inhalts, dass jede rechtswidrig herbeigeführte Vermögensschädigung vom Schadensverursacher ausgeglichen werden muss, gibt es nicht[2].

4 Es gibt im deutschen Deliktsrecht insbesondere **keine allgemeine Haftung für Vermögensschäden**. Deutlich wird dies bereits in § 823 I BGB. Die Vorschrift lässt nicht jedweden Schaden genügen, sondern verlangt, dass der Schaden aus der widerrechtlichen Verletzung „des Lebens, des Körpers, der Gesundheit, der Freiheit, des Eigentums oder eines sonstigen Rechts" entstanden ist. Das Vermögen als Schutzobjekt wird dabei – bewusst! – ausgeklammert.

§ 823 I BGB wird zu Recht als **Grundnorm** des Deliktsrechts angesehen, ist aber gerade keine Generalklausel, wenngleich Rechtsprechung und Literatur den Kreis der „sonstigen Rechte", deren Verletzung eine Schadensersatzpflicht auslösen können, sehr weit ziehen. Hierzu soll etwa auch ein „Recht am eingerichteten und ausgeübten Gewerbetrieb" zählen, durch das für bestimmte Adressaten im Ergebnis doch ein reiner Vermögensschutz gewährt wird. Dies kann man durchaus kritisch sehen (näher dazu unten § 8 Rn. 120 f.).

5 Ganz ohne generalklauselartige Formulierungen kommt aber auch das Deliktsrecht nicht aus. **§ 823 II BGB** knüpft die Schadensersatzpflicht an den Verstoß gegen ein sog. Schutzgesetz, **§ 826 BGB** sanktioniert vorsätzliche sittenwidrige Schädigung. Liegen die Voraussetzungen der Vorschriften vor, sind auch reine Vermögensschäden zu ersetzen.

Achtung: § 823 BGB enthält in seinen beiden Absätzen zwei unterschiedliche Anspruchsgrundlagen. Daher ist bei der Anspruchsprüfung *genau* zu zitieren!

6 Hinzu kommen zahlreiche **weitere Haftungstatbestände** im und außerhalb des BGB, die an bestimmte Situationen, Gefahrenquellen oder Verhaltensweisen anknüpfen. Von ihnen wird im Folgenden noch die Rede sein (siehe § 9 Rn. 61 ff. und § 10).

---

[1] *Wagner* in MünchKomm. BGB, Vor § 823 Rn. 40; *Hager* in Staudinger, Eckpfeiler des Zivilrechts, Recht der unerlaubten Handlungen, Rn. 101; *Looschelder*, Schuldrecht BT, Rn. 1167.

[2] Anders noch § 704 I des ersten Entwurfs des BGB: „Hat jemand durch eine widerrechtliche Handlung – Thun oder Unterlassung – einem Anderen einen Schaden zugefügt, dessen Entstehung er vorausgesehen hat oder voraussehen musste, so ist er dem Anderen zum Ersatz des durch die Handlung verursachten Schadens verpflichtet [...]." Vgl. dazu *Deutsch* in Festschrift Henckel, 1995, S. 79, 82; *Medicus/Lorenz*, Schuldrecht II, Rn. 1271 ff.

III. Legitimation der Haftung: Verantwortung und Zurechnung

Das Deliktsrecht verwirklicht seine Ausgleichsfunktion durch die Begründung von Schadensersatzpflichten. 7

> **Schadensausgleich** bedeutet immer auch **Schadensverlagerung** – und diese bedarf der Rechtfertigung.

Wieso soll man zum Ersatz von Schäden verpflichtet sein, die ein anderer an seinen Rechtsgütern erlitten hat? Die Antwort erscheint simpel: Weil man für den eingetretenen Schaden **verantwortlich** ist! 8

> Hinter dieser einfachen Formulierung verbergen sich aber tiefgründige philosophische Probleme, denn das gesamte „Prinzip Verantwortung" beruht auf der Annahme, dass wir für unser Verhalten überhaupt verantwortlich gemacht werden können[3]. Dies setzt aber die Fähigkeit voraus, einen freien Willen zu bilden, Handlungsalternativen zu erkennen und sich für ein bestimmtes Tun oder Unterlassen zu entscheiden. Für den Rechtsanwender ist dieses *grundsätzliche Problem* allerdings nicht von Bedeutung, da der Gesetzgeber die Willens- und Handlungsfreiheit als ungeschriebene Prämisse den zivilrechtlichen Regeln zugrunde gelegt hat. Und das mit gutem Grund, denn eine Zivilrechtsordnung, die davon ausgeht, dass wir keinen freien Willen haben, können wir uns nicht vorstellen. In *konkreter Gestalt* beschäftigt die Problematik den Rechtsanwender aber durchaus bei der Frage, ob eine unerlaubte Handlung schuldhaft begangen wurde. Verschulden setzt nämlich Verschuldensfähigkeit voraus – und diese ein Mindestmaß an Einsichtsfähigkeit. Die §§ 827, 828 BGB zeigen, dass der Gesetzgeber diesen Aspekt bedacht hat (dazu unten § 8 Rn. 245 ff.).

Verantwortlich im Sinne des Deliktsrechts ist man nur für unerlaubte **Handlungen**. Anknüpfungspunkt für die Haftung ist daher stets ein **willentlich steuer- und beherrschbares Verhalten**. Dieses kann ein aktives Tun sein, aber auch ein Unterlassen, wenn eine Rechtspflicht zum Tätigwerden bestand. 9

> Dabei ist keineswegs immer klar, ob ein Tun oder Unterlassen vorliegt. Zur Bewältigung dieser Abgrenzungsschwierigkeit wurde die Rechtsfigur der Verkehrspflichten (auch: Verkehrssicherungspflichten) entwickelt. Hiervon wird später noch ausführlicher die Rede sein (unten § 8 Rn. 150 ff.).

Die Handlung muss zudem **ursächlich** für den Schaden gewesen sein. Kausalität ist allerdings nur eine notwendige, aber noch nicht hinreichende Voraussetzung für die Haftung. Der Schaden muss dem Schädiger auch **zurechenbar** sein. 10

> **Beispiel:** A kommt mit seinem Pkw aufgrund zu hoher Geschwindigkeit von der Straße ab und prallt gegen einen Baum. Dabei wird er schwer verletzt. – Dass der Hersteller des Pkw nicht für den entstandenen Schaden haftet, liegt auf der Hand. Indes scheitert die Haftung nicht an der Kausalität. Die Herstellung des Pkw war nämlich sehr wohl mitursächlich für den Unfall. Würde man sie hinweg denken, wäre A nicht mit dem Pkw verunglückt. (Dass er möglicherweise mit einem anderen Wagen verunglückt wäre, ändert hieran nichts, denn

---

[3] Vgl. *Staake* in Drygala/Heiderhoff/Staake/Żmij (Hrsg.), Private Autonomy in Germany, Poland and in the CESL, 2012, S. 1, 3.

es handelt sich insoweit um eine unbeachtliche Reserveursache). Allerdings ist der Unfall nicht dem Hersteller zurechenbar, da der Hersteller in keiner Weise pflichtwidrig gehandelt hat. – Anders wäre zu entscheiden, wenn der Unfall deshalb passiert, weil die Bremsen des Pkw aufgrund eines Konstruktionsfehlers nicht funktionieren. Dann würde es sich um einen Fall der Produzentenhaftung handeln, bei der die Verkehrspflichten eine spezielle Ausprägung erfahren haben (dazu unten § 8 Rn. 173).

11 Das **Kriterium der Zurechenbarkeit** ist **zentral** für die Legitimation der Haftung[4]. Zugleich ist es aber sehr schwer fassbar. Zurechenbarkeit verlangt mehr als bloße Kausalität, setzt aber ein Verschulden nicht voraus – was sich schon daraus ergibt, dass manche Haftungstatbestände ein Verschulden nicht verlangen (dazu Rn. 16 f.). Versuche, das Kriterium „subsumierbar" zu machen, führen zu der – aus dem Strafrecht bekannten – Adäquanztheorie und der Lehre vom Schutzzweck der Norm. Letztlich ist die Frage, welche Schäden einem anderen zurechenbar sind, immer eine **Wertungsfrage**.

> Nochmaliger **Hinweis**: Wertungen sind bei der Rechtsanwendung unverzichtbar, weil das Recht von Wertungen durchdrungen ist. Zielstellung kann es daher nicht sein, Wertungen zu vermeiden, sondern sie offenzulegen und die Ergebnisse zu begründen. Keinesfalls darf Wertungsabhängigkeit mit Beliebigkeit gleichgesetzt werden!

IV. Rechtswidrigkeit: Handlungs- oder Erfolgsunrecht?

12 Eine **unerlaubte** Handlung liegt nur vor, wenn der Eingriff in fremde Rechtsgüter „**widerrechtlich**" erfolgt. Die Rechtswidrigkeit des Verhaltens ist daher ein eigenständiger Prüfungspunkt.

13 Im Schrifttum ist seit Langem umstritten, ob für die Frage der Rechtswidrigkeit an den Verletzungserfolg, also die Rechtsgutverletzung anzuknüpfen ist (so die „**Lehre vom Erfolgsunrecht**") oder es auf die Rechtswidrigkeit der Handlung ankommt (so die „**Lehre vom Handlungsunrecht**")[5]. Eng damit verbunden ist die Frage, ob die Rechtsgutverletzung die Rechtswidrigkeit **indiziert** oder ob diese positiv festgestellt werden muss. Diese Fragen sollen unten § 8 Rn. 217 ff. beantwortet werden.

> Die Rechtswidrigkeit des Verhaltens ist jedenfalls dann zu verneinen, wenn ein **Rechtfertigungsgrund** vorliegt.

14 Hierzu zählen z.B. die Notwehr-, Notstands- und Selbsthilferechte der §§ 227, 228, 229 f., 859, 904 BGB. Auch die Einwilligung des Geschädigten lässt die Rechtswidrigkeit im Regelfall entfallen.

---

[4] *Fuchs/Pauker*, Delikts- und Schadensersatzrecht, S. 1; *Deutsch/Ahrens*, Deliktsrecht, Rn. 1 ff.
[5] Vgl. zunächst nur *Medicus/Petersen*, Bürgerliches Recht, Rn. 606, die zutreffend darauf hinweisen, dass die verschiedenen Theorien in der Regel zu denselben Ergebnissen gelangen.

V. Verschuldens- und Gefährdungshaftung

> Das Deliktsrecht geht – jedenfalls im Grundsatz – vom **Verschuldensprinzip** aus.

15

Danach wird zum Schadensersatz nur verpflichtet, wer den zurechenbar und rechtswidrig verursachten Schaden **schuldhaft** herbeigeführt hat.

> **Hinweis:** Auch das Verschulden stellt einen eigenständigen Prüfungspunkt im Deliktsaufbau dar. Anders als im Strafrecht wird der Vorsatz dabei unter dem Prüfungspunkt „Verschulden" behandelt. Allerdings ist das Verständnis des „Tatbestandes" bei der zivilrechtlichen Prüfung auch ein anderes als im Strafrecht. Im Zivilrecht werden unter dem Tatbestand typischerweise alle Voraussetzungen einer Anspruchsgrundlage gefasst, einschließlich der Rechtswidrigkeit und des Verschuldens. Dies ist im Strafrecht anders[6].

Das Gesetz folgt dem Verschuldensprinzip in unterschiedlichem Maße:

16

- Eine **Haftung für eigenes Verschulden** sehen insbesondere die drei wichtigsten Anspruchsgrundlagen vor: § 823 I und II BGB sowie § 826 BGB, ferner etwa die §§ 824, 825 BGB und die in § 839 BGB geregelte Amtshaftung. Dabei ist das Verschulden des Schädigers als anspruchsbegründende Tatsache vom Geschädigten darzulegen und ggf. zu **beweisen**[7].
- Hiervon weicht das Gesetz aber in einigen Fällen ab: Bei den §§ 831, 832, 833 S. 2, 834, 836–838 BGB wird das Verschulden des Schädigers **widerleglich vermutet**. Entsprechendes gilt bei der Fahrerhaftung gemäß § 18 StVG. Die Rechtsprechung nimmt darüber hinaus eine Beweislastumkehr auch bei der sog. Produzentenhaftung an (dazu unten § 8 Rn. 173 ff.).
- Vereinzelt wird sogar eine **Haftung für fremdes Verschulden** statuiert. So muss der Staat nach Art. 34 GG i.V.m. § 839 BGB unter bestimmten Voraussetzungen für Amtspflichtverletzungen seiner Amtsträger einstehen. Praktisch bedeutsam ist ferner § 115 VVG, wonach bei gesetzlich vorgeschriebenen Haftpflichtversicherungen (etwa bei der Kfz-Haftpflicht) der geschädigte Dritte einen Direktanspruch gegen den Versicherer des Schädigers hat.

> **Kein Fall** der Haftung für fremdes Verschulden ist **§ 831 BGB**. In der amtlichen Überschrift ist zwar von der „Haftung für Verrichtungsgehilfen" die Rede, doch knüpft die Haftung tatbestandlich an ein eigenes Auswahl- und Überwachungsverschulden des Geschäftsherrn an.

---

[6] Siehe etwa *Rengier*, Strafrecht – Allgemeiner Teil, 4. Aufl. 2012, § 12 Rn. 1 ff.

[7] Noch ein allgemeiner Hinweis: Bewiesen werden muss im Prozess nur, was von der Gegenseite wirksam bestritten wurde (§ 138 III ZPO). Wer sich auf eine ihm günstige Tatsache beruft (sie „darlegt"), muss diese also nicht in jedem Fall auch beweisen. Vgl. *Jauernig/Hess*, Zivilprozessrecht, 30. Aufl. 2011, § 44 Rn. 12 und § 49 Rn. 33.

17 Das Verschuldensprinzip wird nicht durchgehend verwirklicht. Das Gesetz enthält zahlreiche Tatbestände der **Gefährdungshaftung**.

§ 833 S. 1 BGB sieht für von sog. Luxustieren verursachte Schäden eine verschuldensunabhängige Tierhalterhaftung vor. Der Tierhalter haftet hier auch, wenn ihm kein Vorwurf gemacht werden kann, weil sein Tier eine Gefahrenquelle darstellt. Der Gedanke, dass die Schaffung und Beherrschung bestimmter **Gefahrenquellen** eine **verschuldensunabhängige Haftung** rechtfertigen kann, war auch bei Inkrafttreten des BGB nicht neu. Bereits im Jahr 1838 wurde eine Gefährdungshaftung für Dampflokomotiven eingeführt[8]. Mit fortschreitender Technik wurde auch die Gefährdungshaftung vom Gesetzgeber immer weiter ausgedehnt – allerdings nicht im BGB, sondern in Spezialgesetzen (siehe z.B. §§ 33 LuftVG, §§ 25 ff. AtomG, § 22 WasserHG). Große praktische Bedeutung – und Klausurrelevanz! – hat insoweit die Halterhaftung gemäß §§ 7 ff. StVG.

> Bei der Gefährdungshaftung muss neben dem Verschulden auch die Rechtswidrigkeit **nicht** gesondert geprüft werden[9]. Auch erlaubtes Verhalten kann daher zu einer Haftung führen. Haftungsgrund ist nämlich die **Verantwortung für eine Gefahrenquelle**. Realisiert sich die Gefahr, muss der Verantwortliche für die entstandenen Schäden einstehen, auch wenn ihm kein Vorwurf gemacht wird.

18 Weder der Verschuldens- noch der Gefährdungshaftung zuzurechnen ist schließlich § 829 BGB. Die Vorschrift ordnet eine **Billigkeitshaftung** an, wenn eine Haftung nach den §§ 823 ff. BGB deshalb nicht in Betracht kommt, weil der Schädiger nicht verschuldensfähig ist (vgl. §§ 827, 828 BGB).

VI. Schaden und Schadensersatz

19 Die deliktischen Ansprüche sind primär auf Schadensersatz gerichtet. Wie der Schaden zu bestimmen und sodann vom Schädiger auszugleichen ist, richtet sich nach den **§§ 249 ff. BGB** und den allgemeinen schadensrechtlichen Grundsätzen. Aufgrund der besonderen praktischen Bedeutung, aber auch der hohen Klausurrelevanz ist den Grundzügen des Schadensrechts ein eigenes Kapital (unten § 11) gewidmet, obwohl es sich eigentlich um eine Problematik des Allgemeinen Schuldrechts handelt. An dieser Stelle sollen daher ein paar knappe Hinweise genügen.

---

[8] Vgl. *Fuchs/Pauker*, Delikts- und Schadensersatzrecht, S. 257.
[9] BGHZ 24, 21, 26; BGHZ 105, 65, 68; *Medicus/Petersen*, Bürgerliches Recht, Rn. 604; *Deutsch/Ahrens*, Deliktsrecht, Rn. 362; *Looschelders*, Schuldrecht BT, Rn. 1441; anders aber BGHZ 57, 170, 176; BGHZ 117, 110, 111, wo verlangt wird, dass der eingetretene Erfolg rechtlich zu missbilligen ist.

VI. Schaden und Schadensersatz

1. Vermögensschäden und Nichtvermögensschäden

> Das Schadensrecht unterscheidet zwischen Vermögens- und Nichtvermögensschäden.

20

Vermögensschäden zeichnen sich dadurch aus, dass der Geschädigte konkrete Vermögenseinbußen erleidet. Er steht aufgrund des schädigenden Ereignisses **materiell schlechter**, als er gestanden hätte, wenn das Ereignis nicht eingetreten wäre. Oft wird der Vermögensnachteil darin bestehen, dass Rechtsgüter beschädigt wurden. § 252 BGB stellt aber klar, dass auch ein **entgangener Gewinn** einen ersatzfähigen Vermögensschaden darstellt. Nichtvermögensschäden sind demgegenüber **immaterielle Schäden**. Sie wirken sich nicht messbar im Vermögen des Geschädigten aus.

Die Abgrenzung von Vermögens- und Nichtvermögensschäden ist übrigens keineswegs eindeutig. Da für Nichtvermögensschäden nur ausnahmsweise Geldersatz verlangt werden kann (vgl. § 253 I BGB), sind Rechtsprechung und Schrifttum zunehmend bestrebt, eigentlich immaterielle Schäden zu „materialisieren" (siehe unten § 11 Rn. 19 ff.).

2. Naturalrestitution oder Geldersatz

Der Schadensausgleich richtet sich nach den §§ 249 ff. BGB. Dabei sind **zwei Grundformen** des Schadensausgleichs zu unterscheiden.

21

- § 249 I BGB geht vom Grundsatz der **Naturalrestitution** aus: Der Geschädigte ist so zu stellen, wie er ohne das schädigende Ereignis stünde. Geschützt wird dabei das **Restitutions- bzw. Integritätsinteresse** des Geschädigten. Die Art des Schadensausgleichs richtet sich dabei – jedenfalls im Ausgangspunkt – nach der Art des Schadens. Allerdings ist die Wiederherstellung in natura *durch den Schädiger* dem Geschädigten oft nicht zumutbar. § 249 II BGB enthält deswegen eine bedeutende Modifizierung: Ist wegen Verletzung einer Person oder wegen Beschädigung einer Sache Schadensersatz zu leisten, so kann der Geschädigte statt der Herstellung den dazu erforderlichen Geldbetrag verlangen. Der Geschädigte muss also weder sich selbst noch seine Sachen dem Schädiger anvertrauen, sondern kann insoweit **Kostenersatz** verlangen.
- Hiervon zu unterscheiden ist der „Schadensersatz in Geld", der nach Maßgabe der §§ 250, 251 BGB verlangt werden kann. Praktisch bedeutsam ist dabei allein § 251 BGB, der – anders als § 249 BGB – das **Wertinteresse** des Geschädigten schützt[10]. Nach § 252 BGB ist auch ein entgangener Gewinn ersatzfähig. Bei Nichtvermögensschäden kommt ein Geldersatz nur in den gesetzlich bestimmten Fällen in Betracht (§ 253 BGB).

---

[10] Siehe dazu *Schiemann* in Staudinger, BGB, § 251 Rn. 1 ff.

Von den schadensrechtlichen Grundprinzipien und ihren unterschiedlichen Wirkungsweisen wird unten § 11 Rn. 53 ff. noch eingehend die Rede sein. Dort wird unter anderem zu zeigen sein, dass die Unterscheidung zwischen Geldanspruch nach § 249 II BGB und Schadensersatz in Geld nach § 251 BGB nicht nur ein akademisches Glasperlenspiel, sondern in der Praxis von erheblicher Bedeutung ist (z.B. bei der Schadensberechnung bei Unfallschäden an Pkw).

3. Versicherungsschutz und soziale Sicherungssysteme

22 Dass Dritte zum Schadensausgleich verpflichtet sind, ist praktisch längst nicht mehr die Ausnahme. In vielen Fällen ist der Geschädigte durch eine **Versicherung** geschützt, die vertraglich oder gesetzlich zur Kompensation eingetretener Schäden verpflichtet ist.

> **Beispiel:** Die Krankenkasse trägt die Heilbehandlungskosten des Geschädigten. Die Kaskoversicherung übernimmt die Reparaturkosten bei der Beschädigung eines Pkw.

23 Derartige Versicherungsleistungen sind **nicht schadensmindernd** zu berücksichtigen[11]. Sie bleiben haftungsrechtlich – jedenfalls im Grundsatz – außer Betracht (sog. **Trennungsprinzip**). Allerdings ordnen § 116 SGB X (für Sozialversicherungsträger) und § 86 VVG (für private Versicherer) eine **Legalzession** an, wenn der Geschädigte durch die Versicherung entschädigt wird[12]. Ein entsprechendes Konzept verfolgt auch § 6 EFZG: Gemäß § 3 EZFG hat ein Arbeitnehmer im Krankheitsfall für einen Zeitraum von sechs Wochen gegen den Arbeitgeber einen Anspruch auf **Entgeltfortzahlung**. Kann er zugleich von einem Dritten Schadensersatz wegen Verdienstausfalls verlangen, so geht der Anspruch insoweit auf den zur Entgeltfortzahlung verpflichteten Arbeitgeber über.

> Die Legalzession ermöglicht es, dem Versicherer bzw. Arbeitgeber Regress beim Schadensverursacher zu nehmen. Bisweilen ist davon die Rede, dass sich das Deliktsrecht in diesen Fällen zu einem **„Recht der Regressvoraussetzungen"** verwandelt[13].

24 Auch **Versicherungen des Schädigers** haben auf das Bestehen von Ersatzansprüchen grundsätzlich keinen Einfluss.

> **Beispiel:** Skateboardfahrer S beschädigt fahrlässig den am Straßenrand geparkten Pkw des G. S ist privat haftpflichtversichert. – G hat hier einen Anspruch nur gegen S, nicht aber gegen die Versicherung.

25 Nur ausnahmsweise haftet der Versicherer unmittelbar gegenüber dem Geschädigten.

---

[11] Siehe auch *Wandt*, Gesetzliche Schuldverhältnisse, § 15 Rn. 4 f.
[12] Dazu *Fuchs/Pauker*, Delikts- und Schadensersatzrecht, S. 326 ff.
[13] *Wandt*, Gesetzliche Schuldverhältnisse, § 15 Rn. 5; *Kötz/Wagner*, Deliktsrecht, Rn. 47; *Fuchs/Pauker*, Delikts- und Schadensersatzrecht, S. 6 und 326.

- Bei **Arbeitsunfällen** haftet die Unfallversicherung nach Maßgabe der §§ 104, 105 SGB VII *anstelle* des Arbeitgebers und der Arbeitskollegen.
- Bei Bestehen einer sog. Pflichtversicherung ist nach **§ 115 VVG** der Pflichtversicherer *neben* dem Schädiger zum Schadensersatz verpflichtet. Praktisch bedeutsamste und klausurrelevanteste Pflichtversicherung ist die Kfz-Haftpflicht.

Abwandlung unseres Beispiels: S hat den Schaden beim Einparken seines eigenen Pkw verursacht. – S ist (unter anderem) als Fahrzeughalter nach § 7 I StVG verschuldensunabhängig zum Schadensersatz verpflichtet. Zudem kann G nach § 115 VVG die Kfz-Haftpflichtversicherung des S in Anspruch nehmen.

VII. Konkurrenz zu anderen Ansprüchen

1. Vertragliche Schadensersatzansprüche

Deliktische und vertragliche Ersatzansprüche können **nebeneinander** bestehen (Anspruchskonkurrenz). Dies ist insbesondere der Fall, wenn der Schädiger Pflichten aus dem Vertragsverhältnis verletzt und dabei zugleich die Rechtsgüter seines Vertragspartners beschädigt. Zu beachten ist insoweit aber, dass die **Besonderheiten der vertraglichen Haftungsordnung** (z.B. ein besonderer Haftungsmaßstab oder verkürzte Verjährungsfristen) auch auf die deliktischen Ansprüche **durchschlagen** können (siehe bereits oben § 1 Rn. 18).

26

2. Verhältnis zur GoA

Die berechtigte GoA stellt einen **Rechtfertigungsgrund** im Sinne der §§ 823 ff. BGB dar (siehe unten § 14 Rn. 8 und 20).

27

3. Verhältnis zum EBV

Bei Bestehen einer Vindikationslage werden deliktische Ansprüche grundsätzlich durch die §§ 989 ff. BGB verdrängt (**Sperrwirkung des EBV**, vgl. § 993 I a.E. BGB und unten § 21 Rn. 3 f.). Etwas anderes gilt nur für den deliktisch oder mittels verbotener Eigenmacht erlangten Besitz (§ 992 BGB) und beim sog. Fremdbesitzerexzess.

28

4. Verhältnis zum Bereicherungsrecht

Bereicherungs- und Deliktrechtsrecht sind **nebeneinander** anwendbar. Eingriffe in eine fremde Rechtssphäre können gleichzeitig unerlaubte Handlungen sein und eine Eingriffskondiktion (§ 812 I 1 Alt. 2 BGB) auslösen. Hiervon war bereits oben § 1

29

Rn. 22 die Rede. Auch ein Nebeneinander von Deliktshaftung und Leistungskondiktion ist denkbar, z.B. wenn eine rechtsgrundlose Leistung durch ein betrügerisches Verhalten des Empfängers herbeigeführt wurde.

5. Beseitigungs- und Unterlassungsansprüche

30 Das Deliktsrecht zielt auf den Ausgleich entstandener Schäden, hilft aber nicht, wenn es darum geht, diese Schäden von vornherein oder wenigstens für die Zukunft **zu verhindern**. Hier helfen Beseitigungs- und Unterlassungsansprüche. § 1004 BGB gewährt diese für Störungen des Eigentums, § 12 BGB schützt das Recht am eigenen Bild, § 862 BGB den Besitz. Für Störungen der übrigen Rechtsgüter fehlt zwar eine gesetzliche Regelung, doch werden die §§ 1004, 12, 862 BGB insoweit analog angewendet[14] (sog. „quasi-negatorischer Rechtsschutz", dazu unten § 13 Rn. 6 f.).

> Da Beseitigungs- und Unterlassungsansprüche eine wichtige Ergänzung der deliktischen Schadensersatzhaftung darstellen, ist ihnen mit § 13 ein eigenes Kapitel gewidmet. Dort wird auch der Frage nachgegangen, inwiefern sich „Beseitigung" und als Schadensersatz geschuldete „Wiederherstellung" voneinander abgrenzen lassen. Die Abgrenzung ist erforderlich, weil Beseitigungsansprüche nach § 1004 BGB (analog) anders als die Haftung nach § 823 BGB ein Verschulden nicht voraussetzen.

---

[14] Vgl. zunächst nur *Gursky* in Staudinger, BGB, § 1004 Rn. 16.

§ 8 Die Haftung nach § 823 I BGB

Literatur: *v. Caemmerer*, Die absoluten Rechte in § 823 Abs. 1 BGB, Karlsruher Forum 1961, S. 19; *Kupisch/Krüger*, Grundfälle zum Recht der unerlaubten Handlungen (Teile 1–4), JuS 1980, 270, 422, 574 und 727; *Nipperdey/Säcker*, Tatbestandsaufbau und Systematik der deliktischen Grundtatbestände, NJW 1967, 1985; *Röthel*, Unerlaubte Handlungen – Eine Einführung zu § 823 Abs. 1 BGB, Jura 2013, 95; *Schwerdtner*, Recht der unerlaubten Handlung (1. Teil), Jura 1981, 414.

I. Überblick

§ 823 I BGB ist der **zentrale Haftungtatbestand** des Deliktsrechts. Die Vorschrift ist *keine* Generalklausel, da sie nicht das Vermögen schlechthin schützt (siehe § 7 Rn. 4). Sanktioniert wird vielmehr die Verletzung bestimmter Rechtsgüter: des Lebens, des Körpers und der Gesundheit, der Freiheit, des Eigentums und sonstiger Rechte. Der Tatbestand des § 823 I BGB enthält haftungsbegründende und haftungsausfüllende Elemente.

1. Haftungsbegründender Tatbestand

Durch eine **Handlung** des Haftungsschuldners muss eine **Verletzung der genannten Rechtsgüter kausal und zurechenbar** herbeigeführt worden sein. Verletzungshandlung kann ein Tun oder ein Unterlassen sein, wobei ein Unterlassen nur relevant ist, wenn eine Pflicht zum Tätigwerden besteht. Von erheblicher Bedeutung sind insoweit die sog. **Verkehrspflichten**. Zum haftungsbegründenden Tatbestand zählt ferner die **Rechtswidrigkeit**, die nach h.M. durch die Rechtsgutverletzung in bestimmten Fällen indiziert ist, die aber jedenfalls bei Vorliegen eines Rechtfertigungsgrundes entfällt. Schließlich muss der Haftungsschuldner die Rechtsgutverletzung auch **verschuldet** haben.

2. Haftungsausfüllender Tatbestand

3   Eine Schadensersatzpflicht nach § 823 I BGB besteht nur, wenn dem Haftungsgläubiger ein **Schaden** entstanden ist (keine Haftung ohne Schaden). Das Vorliegen eines Schadens ist somit Tatbestandsmerkmal – genauer gesagt: ein Merkmal des haftungsausfüllenden Tatbestande. Zu ersetzen ist dabei nur der Schaden, der *durch* die Rechtsgutverletzung zurechenbar verursacht wurde. Erforderlich ist also eine weitere Kausalitätsprüfung: Während die haftungsbegründende Kausalität den Zusammenhang zwischen Handlung und Rechtsgutverletzung beschreibt, betrifft die **haftungsausfüllende Kausalität** den Zusammenhang zwischen Rechtsgutverletzung und Schaden.

3. Prüfungsschema

4   Zusammengefasst ergibt sich folgendes Prüfungsschema:

> **Haftungsvoraussetzungen des § 823 I BGB**
> - Rechtsgutverletzung
> - Verletzungshandlung
>   - Tun oder Unterlassen
>   - Verletzung von Verkehrspflichten
> - haftungsbegründende Kausalität
>   - Äquivalenz
>   - Adäquanz
>   - Schutzzweck der Norm
> - Rechtswidrigkeit
> - Verschulden
>   - Verschuldensfähigkeit
>   - Verschuldensmaßstab (Vorsatz oder Fahrlässigkeit)
> - Schaden
> - haftungsausfüllende Kausalität
>   - Äquivalenz
>   - Adäquanz
>   - Schutzzweck der Norm

Noch ein **Hinweis:** Das hier vorgeschlagene Prüfungsschema ist – wie alle Prüfungsschemata – nicht „in Stein gemeißelt", sondern eine Frage der Zweckmäßigkeit. Das Tatbestandsmerkmal „Verletzungshandlung" könnte durchaus auch mit der „haftungsbegründenden Kausalität" unter dem gemeinsamen Prüfungspunkt „Zurechenbarkeit der Verletzungshandlung" abgehandelt werden. Man sollte sich jedenfalls bewusst sein, dass beide Prüfungspunkte „gedanklich" zusammenhängen. Ferner spielen – wie zu zeigen sein wird – Fragen der Rechtswidrigkeit bei bestimmten Rechtsgütern bereits bei der Feststellung der Rechtsgutverletzung eines Rolle.

II. Rechtsgutverletzung

1. Leben

> Leben im Sinne des § 823 I BGB ist das menschliche Leben. Rechtsgutverletzung kann insoweit nur die **Tötung eines anderen Mensch** sein.

5

Wie im Strafrecht ist hinsichtlich des Todeseintritts auf den Hirntod abzustellen[1].

Nicht tatbestandsmäßig ist die **Selbsttötung**, auch nicht die Beihilfe hierzu, es sei denn, der Getötete wurde zum Selbstmord getrieben[2].

Der Tod führt zum Verlust der Rechtsfähigkeit. Dem Getöteten kann daher *wegen der Tötung* **kein Anspruch** aus § 823 I BGB zustehen. Auch in den Nachlass fällt kein solcher Anspruch: Zum Nachlass zählt nämlich nur, was bereits zum Vermögen des Erblassers gehörte. Allerdings kann eine der Tötung vorausgegangene Verletzung von Körper und Gesundheit sehr wohl dazu führen, dass der Getötete noch vor seinem Tod einen Anspruch aus § 823 I BGB erworben hat (z.B. auf Schmerzensgeld nach § 253 II BGB), der nunmehr zum Nachlass gehört und folglich den Erben zusteht. Der deliktische Schutz des Lebens wirkt sich demnach haftungsrechtlich nicht unmittelbar in § 823 I BGB aus. Verwirklicht wird er vielmehr durch die **§§ 844, 845 BGB**: Danach können unterhalts- und dienstberechtigten Dritten gegen den Schädiger eigene Ansprüche wegen der Tötung zustehen (dazu unten § 12 Rn. 17 f.).

6

Auch das Leben des bereits gezeugten, aber noch ungeborenen Kindes (= **Nasciturus**) wird von § 823 I BGB geschützt[3]. Daher können die Eltern eines im Mutterleib getöteten Kindes Ersatz der Beerdigungskosten nach § 844 I BGB verlangen. Zugleich wird regelmäßig eine Körperverletzung bei der Mutter vorliegen.

2. Körper und Gesundheit

Literatur: *Dahm*, Die Behandlung von Schockschäden in der höchstrichterlichen Rechtsprechung, NZV 2008, 187; *Deutsch*, Das Persönlichkeitsrecht des Patienten, AcP 192 (1992), 161; *Krüger*, Schadensersatzprobleme bei sog. Schockschäden, JuS 1986, 214; *Losch/Radau*, Die „Kind als Schaden"-Diskussion, NJW 1999, 821; *Müller*, Unterhalt für ein Kind als Schaden, NJW 2003, 697; *Roth*, Unterhaltspflicht für ein Kind als Schaden?, NJW 1994, 2402; *Spickhoff*, Zur Haftung für HIV-kontaminierte Blutkonserven, JZ 1991, 756; *Taupitz*, Wem gebührt der Schutz im

---

[1] *Spindler* in BeckOK BGB, § 823 Rn. 29; *Staudinger* in Handkomm. BGB, § 823 Rn. 4; *Wagner* in MünchKomm. BGB, § 823 Rn. 66.

[2] BAG NJW 2009, 251, 254; *Spindler* in BeckOK BGB, § 823 Rn. 29; *Hager* in Staudinger, BGB, § 823, Rn. B 1.

[3] *Spindler* in BeckOK BGB, § 823 Rn. 29; *Spickhoff* in Soergel, BGB, § 823 Rn. 31; a.A. BGHZ 58, 48, 50 f.

menschlichen Körper?, AcP 191 (1991), 201; *ders.*, Der deliktsrechtliche Schutz des menschlichen Körpers und seiner Teile, NJW 1995, 745; *Wagner*, Das behinderte Kind als Schaden, NJW 2002, 3379.

Übungsfälle: *Ehmann/Breitfeld*, Jura 1993, 208; *Heß*, JuS 1992, 310; *Kirchner/Richter*, JuS 2006, 718; *Spickhoff/Petershagen*, JuS 2001, 670.

a) Begriffsbestimmung und Beispiele

7 **Körperverletzung** ist jede nicht ganz unerhebliche Beeinträchtigung der körperlichen Integrität[4].

Ob die Beeinträchtigung von außen oder von innen wirkt, sollte dabei keine Rolle spielen. Auch innere Organe gehören zum Körper und können verletzt werden[5]. Die vielfach verwendete Formulierung, wonach die Körperverletzung die Beeinträchtigung der „äußerlichen" körperlichen Integrität sei[6], ist daher zu eng!

Beispiele: Schnitt- und Stichverletzungen; Verbrennungen; Prellungen; Knochenbrüche; Verätzung innerer Organe durch Säure.

8 Die Körperverletzung muss nicht zu einer Beschädigung der „Körpersubstanz" führen. Auch das Zufügen von **Schmerzen** ist tatbestandsmäßig[7].

Beispiele: Zufügen leichter Stromschläge; Ohrfeigen.

9 Die Körperverletzung muss für den Verletzten aber nicht unbedingt mit Schmerzen einhergehen. Sie darf aber auch nicht ganz unerheblich sein.

Beispiele: Das Abschneiden von Haaren ist nur – aber immerhin! – dann als Körperverletzung anzusehen, wenn hierdurch das Erscheinungsbild des Verletzten verändert wird. Entsprechendes gilt bei einer „unsachgemäßen" Dauerwelle[8].

10 Auch **abgetrennte Körperteile** können Gegenstand einer Körperverletzung sein, wenn sie dazu bestimmt sind, wieder „eingegliedert" zu werden.

Beispiel: Abgeschnittener Finger, der wieder angenäht werden soll.

Gespendete Organe sollen zwar wieder einem Körper eingepflanzt werden, nicht aber dem Körper des Spenders. Deshalb wird jedenfalls der Körper des Spenders nicht verletzt, wenn die bereits entnommenen Organe verletzt werden[9]. Ist jedoch schon ein Empfänger

---

[4] *Sprau* in Palandt, BGB, § 823 Rn. 4; *Staudinger* in Handkomm. BGB, § 823 Rn. 4.

[5] A.A. *Medicus/Lorenz*, Schuldrecht II, Rn. 1272.

[6] Vgl. etwa *Hager* in Staudinger, Eckpfeiler des Zivilrechts, Das Recht der unerlaubten Handlungen, Rn. 203; *Deutsch/Ahrens*, Deliktsrecht, Rn. 234; *Wandt*, Gesetzliche Schuldverhältnisse, § 16 Rn. 4.

[7] *Spindler* in BeckOK BGB, § 823 Rn. 30.

[8] AG Köln NJW-RR 2001, 1675 f.

[9] A.A. OLG Schleswig NJW 1987, 710 ff.

II. Rechtsgutverletzung

bestimmt, so sind die Organe diesem bereits zugewiesen. Es spricht viel dafür, dann eine Körperverletzung zum Nachteil des Empfängers anzunehmen. Fehlt es an einer entsprechenden Zuweisung, kommt allenfalls eine Sachbeschädigung in Betracht[10]. – **Sperma**, das zu einem späteren Zeitpunkt zur künstlichen Befruchtung verwendet werden soll, ist kein Körperteil. Dennoch hält der BGH insoweit eine Körperverletzung für möglich[11]. Dies gebiete das Persönlichkeitsrecht des Betroffenen, in dessen Lebensplanung durch die Vernichtung des Spermas eingegriffen werde. Sie sei daher als Körperverletzung zu werten, die Schmerzensgeldansprüche (§ 253 II BGB) begründen können. **Vorzugswürdig** erscheint es jedoch, in diesen Fällen eine **Verletzung des allgemeinen Persönlichkeitsrechts** anzunehmen[12], bei der ebenfalls Schmerzensgeld gewährt werden kann (siehe unten Rn. 113 ff.). Entsprechendes gilt für zum Zwecke der Befruchtung entnommene **Eizellen**.

> **Gesundheitsverletzung** ist das Hervorrufen oder Verschlimmern einer medizinisch anerkannten physischen oder psychischen Krankheit[13].

11

Es geht mithin um eine Beeinträchtigung der **inneren** Lebensvorgänge[14]. Erforderlich ist insoweit eine vom normalen Zustand abweichende **nachteilige Veränderung der körperlichen, geistigen oder seelischen Lebensvorgänge**. Diese Veränderung muss *nicht* mit Schmerzen verbunden sein[15].

Beispiele[16]: Infizieren mit HI-Virus (auch ohne Ausbruch von AIDS); Störungen des Schlafs durch Lärm; posttraumatische Belastungsstörungen; Auslösen von Panikattacken; Übelkeit.

Eine Gesundheitsverletzung muss nicht von Dauer sein. Zu fordern ist aber, dass die Beeinträchtigung **erheblich**, nämlich medizinisch relevant ist[17]. Mit anderen Worten: Die Beeinträchtigung muss über das gewöhnliche Maß hinaus gehen. Dies ist insbesondere bei psychischen Beeinträchtigungen von Bedeutung: Trauer, seelischer Schmerz und Niedergeschlagenheit sind normale Reaktionen auf bestimmte (zumeist negative) Ereignisse. Sie gehören zum Leben nun einmal dazu und sind nicht krankhaft. Medizinisch relevant sind hingegen **Schockschäden** (dazu noch unten Rn. 14 ff.).

12

---

[10] Vgl. *Hager* in Staudinger, Eckpfeiler des Zivilrechts, Das Recht der unerlaubten Handlungen, Rn. 208.

[11] BGHZ 124, 52, 55 f.; ablehnend *Deutsch/Ahrens*, Deliktsrecht, Rn. 234; *Laufs/Reiling*, NJW 1994, 775 ff.; *Taupitz*, JR 1995, 22 ff.

[12] So auch *Schiemann* in Erman, BGB, § 823 Rn. 17; *Wagner* in MünchKomm., BGB, § 823 Rn. 69; *Spickhoff* in Soergel, BGB, § 823 Rn. 34; *Taupitz* in NJW 1995, 745, 750 f.

[13] Ähnlich BGHZ 124, 52, 54; *Spindler* in BeckOK BGB, § 823 Rn. 30, vgl. aber auch *Wagner* in MünchKomm. BGB, § 823 Rn. 73.

[14] *Wandt*, Gesetzliche Schuldverhältnisse, § 16 Rn. 4; pointiert auch *Medicus/Lorenz*, Schuldrecht II, Rn. 1273: „Gesundheitsverletzung bedeutet Krankmachen."

[15] BGHZ 114, 284, 289.

[16] Siehe auch die Beispiele und Nachweise bei *Spindler* in BeckOK BGB, § 823 Rn. 32.

[17] *Larenz/Canaris*, Schuldrecht II/2, § 76 II 1 a, S. 377 f.; dem folgend auch *Wagner* in MünchKomm. BGB, § 823 Rn. 73, der zutreffend darauf hinweist, dass „Erheblichkeit" nicht mit „Behandlungsbedürftigkeit" gleichzusetzen ist.

13 Die Rechtsgüter Körper und Gesundheit lassen sich **nicht trennscharf** voneinander abgrenzen.

Dies ist aber auch nicht nötig, da das Deliktsrecht hinsichtlich der Rechtsfolgen bei ihrer Verletzung nicht differenziert. Zumeist gehen Körper- und Gesundheitsverletzung ohnehin miteinander einher, da die Verletzung der körperlichen Integrität oft Auswirkungen auf die inneren Lebensvorgänge hat. Körperverletzungen ohne Gesundheitsschädigungen kommen zwar vor (z.B. Abschneiden von Haaren); häufiger ist aber der umgekehrte Fall, dass sich eine Gesundheitsschädigung nicht auf die körperliche Integrität auswirkt (insbesondere bei psychischen Krankheiten, aber z.B. auch bei einer HIV-Infektion).

b) Schockschäden

14 Schockschäden sind – jedenfalls im Grundsatz – als psychisch vermittelte Gesundheitsverletzung anerkannt. **Problematisch** ist die Behandlung der Fälle, in denen die Tötung oder Verletzung eines Menschen *bei einem anderen* einen Schock oder einen sonstigen krankhaften Zustand auslöst. Die Rechtsprechung **beschränkt** den Kreis der Personen, die Ansprüche wegen Schockschäden geltend machen können, die sie infolge **des Todes oder der Verletzung eines anderen** erlitten haben[18]. Ersatzberechtigt sollen nur **nahe Angehörige** sein[19], wozu richtigerweise auch Lebenspartner und Lebensgefährten zu zählen sind[20].

> **Beispiel:** M wird durch das Verschulden des B bei einem Verkehrsunfall getötet. Als die Polizei F, die Ehefrau des M, über dessen Tod in Kenntnis setzt, bricht sie weinend zusammen. – Als Ehefrau zählt F zum Kreis derjenigen Personen, die Schockschäden infolge des Todes eines anderen geltend machen können. Ob F aber einen ersatzfähigen Schaden erlitten hat, hängt davon ab, ob die Nachricht vom Tod des M ihren psychischen Zustand *krankhaft* verändert, sie insbesondere einen Schock erlitten hat. Das ist eine medizinische Frage und ggf. gutachterlich zu klären. Bloße Trauer – mag sie auch für den Betroffenen überwältigend sein – genügt jedenfalls nicht.

15 **Sonstige Dritte** (z.B. Zeugen, Polizeibeamte, Nachbarn) sollen hingegen keine Schadensersatzansprüche wegen erlittener Schockschäden geltend machen können.

> **Abwandlung:** Zeuge Z hat den Unfall beobachtet und erleidet infolge dessen einen Schock. – Hier hat B zwar die Gesundheitsschädigung des Z kausal verursacht, doch **fehlt** es nach h.M. in derartigen Fällen an der erforderlichen **Zurechenbarkeit**[21]. Nur nahe Angehörige und unmittelbar am Unfall Beteiligte, nicht aber Zeugen oder herbeigerufene Polizeibeamte fallen in den Schutzbereich der haftungsbegründenden deliktischen Norm

---

[18] Gegen die Ersatzfähigkeit von Schockschäden bei der Verletzung oder Tötung von Tieren BGH NJW 2012, 1730.
[19] BGHZ 107, 359, 363; BGHZ 132, 341, 344; vgl. *Wagner* in MünchKomm. BGB, § 823 Rn. 79 ff. mit zahlreichen Nachweisen.
[20] *Grüneberg* in Palandt, BGB, Vor § 249 Rn. 71.
[21] BGH NJW 2007, 2764 ff.

(dazu noch unten Rn. 207). Nur sie *sollen* daher eigene Schockschäden gegen den Unfallverursacher geltend machen können[22]. Dies ist letztlich eine *Wertentscheidung*, die die Haftung bei Unfällen begrenzen soll.

c) Körperverletzung im Interesse des Betroffenen

Eine Körperverletzung liegt auch dann vor, wenn der Eingriff in die körperliche Integrität im Interesse des Betroffenen erfolgt. Die Zustimmung des Betroffen lässt hier nicht die Rechtsgutverletzung, sondern die **Rechtswidrigkeit entfallen** (Einwilligung als Rechtfertigungsgrund).

16

> **Beispiel:** A lässt sich von T den Namen seiner Freundin auf den Oberarm tätowieren. – Das Tätowieren ist zwar eine Körperverletzung, aber durch die Einwilligung des A gerechtfertigt.

d) Ärztliche Heilbehandlung

> Auch die ärztliche Heilbehandlung stellt, wenn sie mit Eingriffen in die körperliche Integrität verbunden ist, eine Körperverletzung dar[23].

17

Dies gilt nicht nur für Behandlungsfehler, sondern **auch** für *lege artis* vorgenommene Eingriffe, die eine hierzu ausgebildete Person (insbesondere ein Arzt oder eine Krankenschwester) vornimmt.

> **Beispiele:** Spritzen von Medikamenten; Blutentnahme; operative Eingriffe; Bohren beim Zahnarzt oder Ziehen eines Zahns.

Entsprechendes gilt, wenn durch die Heilbehandlung ein krankhafter Zustand, also eine Gesundheitsschädigung hervorgerufen wird.

18

> **Beispiel:** Chemotherapie zur Bekämpfung von Krebs.

> Dies alles ist nicht unumstritten. Die **Gegenauffassung** will nur bei Behandlungsfehlern eine Körperverletzung annehmen[24]. Darüber hinaus sei die eigenmächtige, aber korrekt durchgeführte Heilbehandlung eine Verletzung des Selbstbestimmungsrechts des Patienten[25] und damit seines allgemeinen Persönlichkeitsrechts (= „sonstiges Recht", dazu unten Rn. 83 ff.). Insoweit komme dann ein Anspruch aus § 823 I BGB in Betracht.

Dass die ärztliche Heilbehandlung eine **Rechtsgutverletzung** darstellt, führt natürlich nicht dazu, dass Ärzte immer nach § 823 I BGB haften. Die interessanten Fragen stellen sich vielmehr auf der Ebene der Rechtswidrigkeit:

19

---

[22] Vgl. auch *Looschelders*, Schuldrecht BT, Rn. 1206.
[23] BGHZ 29, 46, 49; BGHZ 67, 48, 49; BGHZ 106, 153, 156; *Wagner* in MünchKomm. BGB, § 823 Rn. 727; *Spickhoff* in Soergel, BGB, § 823 Rn. 52; *Spindler* in BeckOK BGB, § 823 Rn. 585; *Looschelders*, Schuldrecht BT, Rn. 1202; so auch *Medicus/Lorenz*, Schuldrecht II, Rn. 1273, die diese Einordnung zwar als „befremdlich", aber „unvermeidlich" bezeichnen.
[24] *Schiemann* in Erman, BGB, § 823 Rn. 135; *Larenz/Canaris*, Schuldrecht II/2, § 76 II 1 g, S. 383; Laufs, NJW 1997, 1609, 1610 f.; *Hart* in Festschrift Heinrichs, 1998, S. 291, 308; *Büttner* in Festschrift Geiß, 2000, S. 353, 355 ff.; *Mayer-Maly* in Festschrift Deutsch, 1999, S. 667, 669.
[25] *Schiemann* in Erman, BGB, § 823 Rn. 135; *Larenz/Canaris*, Schuldrecht II/2, § 76 II 1 g, S. 383.

> Die Einwilligung des Patienten stellt einen **Rechtfertigungsgrund** dar – allerdings nur, wenn sie auf Grundlage angemessener Information über die Risiken des Eingriffs erfolgt ist und die Behandlung *lege artis* durchgeführt wurde.

20 Den Arzt trifft bezüglich der Risiken eine **Aufklärungspflicht** (siehe dazu unten Rn. 233 ff.). Auf diese Weise wird auch dem Selbstbestimmungsrecht des Patienten Rechnung getragen[26]. Dies ist nunmehr in § 630e BGB explizit geregelt, galt aber auch schon vor der Kodifizierung des sog. „Behandlungsvertrages"[27]. Kann die Einwilligung für eine unaufschiebbare Maßnahme nicht rechtzeitig eingeholt werden (z.B. weil der Patient bewusstlos ist), darf sie ohne Einwilligung durchgeführt werden, wenn sie dem mutmaßlichen Willen des Patienten entspricht (§ 630e I 4 BGB). Der Sache nach handelt es sich dann um eine berechtigte GoA, die ihrerseits ein Rechtfertigungsgrund ist (siehe unten § 14 Rn. 8).

> **Hinweis:** Besteht ein Behandlungsvertrag im Sinne der §§ 630a ff. BGB kommen bei Behandlungsfehlern oder bei der Verletzung der Aufklärungspflicht neben der deliktischen Haftung auch Schadensersatzansprüche aus § 280 BGB in Betracht.
>
> Eine kurze Anmerkung noch zu den **Vertragsbeziehungen bei der ärztlichen Heilbehandlung:** Zwischen dem behandelten Arzt (bzw. dem Klinikum) und dem Patienten wird ein Behandlungsvertrag (§§ 630 a ff. BGB) geschlossen. Dies gilt nach zutreffender, vom Gesetzgeber in den Materialien ausdrücklich bestätigter Auffassung auch dann, wenn der Patient gesetzlich versichert ist. Allerdings ist dann nicht der Patient, sondern seine gesetzliche Krankenkasse Schuldnerin der ärztlichen Vergütung. Dies ist die Folge des sog. **Sachleistungsprinzips** (vgl. § 2 II SGB V).

e) Ungewollte Schwangerschaft und fehlgeschlagene Abtreibung

21 Noch einmal zur Klarstellung: Es besteht Einigkeit darüber, dass ärztliche Behandlungsfehler eine Körper- bzw. Gesundheitsverletzung darstellen, die auch bei einer Einwilligung des Betroffenen in den Eingriff grundsätzlich nicht gerechtfertigt sind. Ein solcher Behandlungsfehler liegt auch dann vor, wenn eine **auf die Vermeidung einer Schwangerschaft gerichtete Behandlung** (z.B. Sterilisation) fehlschlägt und es später ungewollt zu einer Schwangerschaft kommt.

> Geschädigt wird bei einer ungewollten Schwangerschaft die werdende Mutter, deren körperliche Integrität hierdurch verletzt wird[28].

---

[26] Dazu *Bischoff* in Festschrift Gerda Müller, 2009, S. 189, 191 mit zahlreichen Nachweisen aus der Rechtsprechung.

[27] Zum „neuen" Behandlungsvertrag siehe etwa *Olzen/Kaya*, Jura 2013, 661; *Schneider*, JuS 2013, 104.

[28] BVerfGE 88, 203, 295 f.; BGHZ 76, 259 ff.; BGH NJW 1984, 2625; BGH NJW 1995, 2407, 2408; OLG Oldenburg NJW 1996, 2432, 2433; *Müller* in Festschrift Steffen, 1995, S. 355, 356.

II. Rechtsgutverletzung

Die Rechtsprechung gesteht der ungewollt Schwangeren sogar dann Ersatzansprüche aus § 823 I BGB zu, wenn die schwangerschaftsvermeidende Behandlung **beim zukünftigen Vater** des Kindes fehlerhaft ausgeführt wurde[29]. Die Schwangerschaft der nicht behandelten Frau sei in diesen Fällen eine zurechenbare Folge der Fehlbehandlung. Der Schadensersatzanspruch aus § 823 I BGB ist in diesen Fällen auf den Ersatz der Behandlungskosten und auf Schmerzensgeld (§ 253 II BGB) gerichtet. Nicht nach § 823 I BGB ersetzt verlangt werden kann der durch die Geburt des Kindes entstandene Aufwand für Unterhaltsleistungen, die die Eltern ihrem Kind schulden[30]. Dabei handelt es sich um einen Vermögensfolgeschaden, der nicht vom Schutzzweck des § 823 I BGB erfasst ist. Allerdings soll sich aus der Verletzung des Sterilisationsvertrages eine Schadensersatzpflicht ergeben können, die auch Unterhaltsschäden umfasst[31].

22

> **Hinweis:** In diesen Fällen kommen in der Regel auch vertragliche Ansprüche in Betracht, wobei der jeweils nicht behandelte Partner nach den Grundsätzen des Vertrages mit Schutzwirkung zugunsten Dritter geschützt wird.

Die soeben geschilderten Grundsätze gelten entsprechend, wenn aufgrund eines Behandlungsfehlers eine (rechtmäßige) **Abtreibung fehlschlägt** bzw. wenn die Schwangere aufgrund einer Fehlberatung von einer solchen Abtreibung absieht, die sie bei korrekter Beratung vorgenommen hätte.

23

In den Fällen der fehlgeschlagenen bzw. unterlassenen Abtreibung stellt sich eine weitere Frage: Kann ein mit einer Behinderung geborenes Kind Schadensersatz vom behandelnden Arzt verlangen? Insofern ist zu differenzieren:

24

- Sollte die **Abtreibung gerade wegen der diagnostizierten Behinderung** erfolgen, stehen dem Kind keine Ansprüche gegen den Arzt zu. Hätte der Arzt richtig behandelt oder beraten, wäre der Nasciturus getötet worden. Dessen „Fortleben" (als Alternative zur Tötung) kann schwerlich als Körperverletzung angesehen werden. Hinzu kommt ein Weiteres: Die Haftung des Arztes liefe in diesen Fällen auf eine Haftung für ein „wrongful life" hinaus. Eine solche ist mit den ethischen Grundvorstellungen unseres Zivilrechts nicht vereinbar[32].
- Wurde die **Behinderung** hingegen erst **durch die Behandlung verursacht**, stellt dies eine Körperverletzung beim **Nasciturus** dar.

---

[29] BGH NJW 1995, 2407, 2408.
[30] BGHZ 76, 259, 260 f.; a.A. *Giesen*, JZ 1985, 334 ff.
[31] BGHZ 76, 249, 256; BGH NJW 1981, 630, 632; BGH NJW 1995, 2407, 2409; BGH NJW 2008, 2846, 2847; *Deutsch*, NJW 2003, 26, 28; a.A. *Roth*, NJW 1994, 2402, 2403.
[32] Vgl. BGHZ 86, 240, 251 f., 254; siehe auch *Picker*, AcP 195 (1995), 483 ff., *Zimmermann*, JZ 1995, 131 f.

f) Vorgeburtliche Schädigungen

25 Auch das gezeugte, aber noch nicht geborene Kind kann Opfer einer Körper- oder Gesundheitsverletzung sein[33]. Daher sind auch pränatal erlittene Schäden ersatzfähig.

Im Ergebnis besteht hierüber Einigkeit[34]. Umstritten ist allerdings die dogmatische Begründung. Der BGH sieht unter Verweis auf § 1 BGB den Nasciturus nicht als deliktsrechtlich geschützt an.[35] Allerdings handele es sich bei pränatalen Schädigungen um ein sog. „Distanzdelikt". Die Schädigung stellt sich danach als zeitlich gestreckter Vorgang dar, der mit der Geburt beendet ist. Anders formuliert: Durch die Schädigung des Nasciturus werde der später geborene Mensch geschädigt. Hiergegen lässt sich aber einwenden, dass das BGB dem **Nasciturus** an verschiedenen Stellen eigene Rechte gewährt (vgl. §§ 331 II, 844 II 2, 1923 II BGB). Zudem zwingt das Fehlen der Rechtsfähigkeit nicht dazu, dem Nasciturus auch den deliktischen Schutz zu versagen. Vorzugswürdig erscheint es daher, den Nasciturus selbst als geschützt anzusehen.

> **Klausurhinweis:** In der gutachterlichen Prüfung muss dieser Meinungsstreit nicht ausgebreitet werden, weil er sich im Ergebnis nicht auswirkt. Die Verletzung des Nasciturus stellt nämlich immer auch eine Verletzung des später geborenen Menschen dar, wenn dieser infolgedessen mit einer Behinderung oder sonstigen Beeinträchtigung zur Welt gekommen ist.

26 Da eine zeitliche Distanz zwischen Verletzungshandlung und Rechtsgutverletzung einer Haftung nach § 823 I BGB nicht entgegensteht, kann eine Schadensersatzpflicht auch für solche Schädigungen bestehen, die bereits vor der Zeugung begründet wurden.

> Im „**Lues**"-**Fall**[36] wurde eine Frau bereits vor ihrer Schwangerschaft aufgrund einer fehlerhaften Bluttransfusion mit Lues (Syphilis) infiziert. Das später gezeugte Kind kam aufgrund dessen mit angeborener Lues zur Welt. – Der BGH hat eine deliktische Haftung des Krankenhauses gegenüber dem Kind wegen Gesundheitsverletzung zu Recht bejaht.

3. Freiheit

Literatur: *Deutsch*, Freiheit und Freiheitsverletzung im Haftungsrecht, Festschrift Hauß, 1978, S. 43; *Eckert*, Der Begriff Freiheit im Recht der unerlaubten Handlungen, JuS 1994, 625.

---

[33] BVerfGE 88, 203, 296; BGHZ 58, 48, 51; BGHZ 86, 240, 253; BGHZ 106, 153, 155 f.; *Wagner* in MünchKomm. BGB, § 823 Rn. 94; *Spindler* in BeckOK BGB, § 823 Rn. 34.
[34] Anders noch BGH JZ 1951, 758 ff.
[35] BGHZ 8, 243, 246 ff.; BGHZ 58, 48, 50 f.
[36] BGHZ 8, 243 ff.

II. Rechtsgutverletzung

> Freiheit im Sinne des § 823 I BGB meint die **Fortbewegungsfreiheit**[37].

27

Nicht geschützt sind insoweit die Willens- und die allgemeine Handlungsfreiheit[38]. Eine Freiheitsverletzung liegt demnach nur vor, wenn der Betroffene daran **gehindert** wird, seinen **Aufenthaltsort zu verändern**.

> **Beispiele:** Einschließen; Steckenbleiben im Fahrstuhl; Herbeiführen einer Verhaftung; Fixierung von Patienten.

Auf die **Dauer** der Freiheitsentziehung kommt es nicht an.

28

> **Beispiel:** Auch ein kurzzeitiges Festhalten eines Ladendiebs ist eine Freiheitsentziehung, da der Dieb gehindert wird, den Laden zu verlassen[39].

Die Fortbewegungsfreiheit ist nicht verletzt, wenn der Betroffene lediglich daran gehindert wird, sich auf eine bestimmte Weise fortzubewegen[40].

29

> **Beispiel:** Bei einem Verkehrsstau können die betroffenen Autofahrer zwar nicht weiterfahren, sich aber durchaus auf andere Weise fortbewegen. Dasselbe gilt beim Zuparken eines Pkw. Eine Verletzung des Rechtsgutes Freiheit scheidet daher aus. Zur Frage, ob eine Eigentumsverletzung vorliegen kann, siehe unten Rn. 55.

4. Eigentum

Literatur: *Deutsch*, Das Eigentum als absolutes Recht und als Schutzgegenstand der Haftung, MDR 1988, 441; *Jahr*, Schadensersatz wegen deliktischer Nutzungsentziehung – zu Grundlagen des Rechtsgüterschutzes und des Schadensersatzrechts, AcP 183 (1983), 725; *Kullmann*, Die Rechtsprechung des BGH zur deliktischen Haftung des Herstellers für Schäden an der von ihm hergestellten Sache, BB 1985, 409; *Merkel*, „Weiterfressende Mängel" ohne Ende? Zur Kritik der Rechtsprechung des BGH, NJW 1987, 358; *Möschel*, Der Schutzbereich des Eigentums nach § 823 I BGB, JuS 1977, 1; *Rauscher*, Delikthaftung des Herstellers für Beschädigung der Kaufsache, JuS 1987, 14; *Reinicke/Tiedtke*, Stoffgleichheit zwischen Mangelunwert und Schäden im Rahmen der Produzentenhaftung, NJW 1986, 10; *Steffen*, Die Bedeutung der „Stoffgleichheit" mit dem „Mangelunwert" für die Herstellerhaftung aus Weiterfresserschäden, VersR 1988, 977; *Tiedtke*, Zur Haftung des Herstellers eines fehlerhaften Produktes bei Schäden an der gelieferten Sache, ZIP 1992, 1446.

Übungsfälle: *Kadner Graziano/Wiegandt*, Jura 2013, 510; *Rubner/Dötsch*, JuS 2004, 798, *Schimmel/Buhlmann*, Jura 2001, 600; *Zwickel*, ZJS 2010, 491.

---

[37] *Schiemann* in Erman, BGB, § 823 Rn. 23; *Hager* in Staudinger, BGB, § 823 Rn. B53; *Spickhoff* in Soergel, BGB, § 823 Rn. 53; *Larenz/Canaris*, Schuldrecht II/2, § 76 II 2 a, S. 385; *Deutsch* in Festschrift Hauß, 1978, S. 43, 57 ff.
[38] BVerfGE 6, 32, 36 f.; a.A. *Eckert*, JuS 1993, 625, 630 f.
[39] AG Regensburg NJW-RR 1999, 1402 ff.
[40] *Wagner* in MünchKomm. BGB, § 823 Rn. 100.

a) Überblick

30 Das Eigentum ist gemäß § 903 S. 1 BGB das **Herrschaftsrecht** über eine Sache ist, das den Inhaber (Eigentümer) berechtigt, über diese Sache nach Belieben zu verfügen (Nutzungsfunktion) und andere von jeder Einwirkung auszuschließen (Ausschlussfunktion), soweit nicht das Gesetz oder Rechte Dritter entgegenstehen.

31 Das Eigentum kann **dadurch verletzt** werden, dass das Eigentumsrecht, also die rechtliche Stellung des Eigentümers, geschmälert wird. Eine Eigentumsverletzung kann aber auch darin liegen, dass auf die im Eigentum stehende Sache nachteilig eingewirkt wird, insbesondere indem sie beschädigt, zerstört oder dem Eigentümer entzogen wird. Auch die Beeinträchtigung der Gebrauchsmöglichkeiten kann – allerdings nur unter engen Voraussetzungen (siehe unten Rn. 45 ff.) – eine Eigentumsverletzung darstellen.

> Sowohl eine Einwirkung auf das Recht Eigentum als auch auf die Sache ist gegeben, wenn die Sache vollständig zerstört wird. Infolge einer Einwirkung auf die Sachsubstanz geht dann nämlich das Eigentumsrecht unter[41].

b) Eingriffe in das Recht „Eigentum"

32 Eine Eigentumsverletzung liegt zunächst vor, wenn die rechtliche Zuordnung einer Sache zum Nachteil des Eigentümers verändert wird. Dies ist dann der Fall, wenn der bisherige Eigentümer gegen seinen Willen das Eigentum verliert oder ein fremdes Recht an der Sache begründet wird.

Der Rechtsverlust kann insbesondere beruhen auf[42]

- der wirksamen **Verfügung eines Nichtberechtigten** (§§ 892 ff., 932 ff., 1032, 1138, 1244, 2365 f. BGB; § 366 HGB),
- **Verbindung, Vermischung, Vermengung oder Verarbeitung** (§§ 946 ff. BGB) oder
- einem **Hoheitsakt** (z.B. des Zuschlags im Rahmen der Zwangsversteigerung).

c) Beschädigung oder Zerstörung der Sache
aa) Allgemeines

33 Das Eigentum ist ein sachbezogenes Recht, dessen Wert vom Zustand der betreffenden Sachen abhängig ist. Daher stellen auch **Substanzverletzungen**, also die

---

[41] Vgl. *Säcker* in MünchKomm. BGB, § 903 Rn. 4.
[42] Vgl. *Spindler* in BeckOK BGB, § 823 Rn. 40 ff.; *Larenz/Canaris*, Schuldrecht II/2, § 76 II 3, S. 386 ff.

Beschädigung oder Zerstörung von Sachen, Eigentumsverletzungen dar[43]. Auch an Tieren kann, obwohl sie keine Sachen sind, wegen § 90a BGB Eigentum bestehen. Die **Verletzung oder Tötung eines Tieres** ist daher eine Eigentumsverletzung.

bb) Die Problematik der weiterfressenden Mängel

Problematisch und hoch umstritten ist die Behandlung der sog. „**weiterfressenden Mängel**" (auch: „Weiterfresserschäden"). Damit sind die Fälle angesprochen, in denen eine Kaufsache oder Werkleistung bereits bei Gefahrübergang (vgl. § 434 I 1 BGB) mangelhaft war und der Mangel später einen weiteren Schaden an bislang mangelfreien Teilen der betreffenden Sache selbst verursacht. Die Problematik rührt daher, dass Sachen häufig komplexe Gebilde sind, die aus mehreren, voneinander abgrenzbaren Einzelteilen bestehen.

34

> **Hinweis:** Deliktische Ansprüche scheiden hier *nicht bereits deshalb* aus, weil das vertragliche Gewährleistungsrecht (§§ 434 ff. BGB beim Kaufvertrag, §§ 634 ff. BGB beim Werkvertrag) eingreift. Insoweit besteht nämlich grundsätzlich Anspruchskonkurrenz (siehe oben § 7 Rn. 26). Deliktische Ansprüche können gegenüber Gewährleistungsansprüchen insbesondere deshalb vorteilhaft sein, weil sie in der Regel später verjähren (Regelverjährung von drei Jahren zum Jahresende gemäß §§ 195, 199 BGB statt Verjährung nach zwei Jahren ab Gefahrübergang gemäß § 438 I Nr. 3 BGB).

Kann in diesen Fällen eine Eigentumsverletzung vorliegen, obwohl der Käufer oder Besteller zu keinem Zeitpunkt mangelfreies Eigentum erworben hat? Die Frage lässt sich sachgerecht nur beantworten, wenn man sich die **unterschiedlichen Funktionen von Gewährleistungsrecht und Deliktsrecht** vor Augen führt. Hierzu wiederum ist die Unterscheidung von Integritäts- und Äquivalenzinteresse unverzichtbar[44]:

35

- Das **Äquivalenzinteresse** ist das Interesse einer Vertragspartei am Erhalt der vertraglich vereinbarten Primärleistung. Es geht hierbei also darum, dass die andere Partei die versprochene Leistung in der vereinbarten Form, zum vereinbarten Zeitpunkt und in der vereinbarten Qualität – also mangelfrei – erbringt.
- Das **Integritätsinteresse** ist hingegen Interesse an der Unversehrtheit der eigenen Rechtsgüter. Diese sollen nicht durch andere beschädigt werden, gleich ob der andere Vertragspartner ist oder nicht.

Das **Gewährleistungsrecht** schützt **beides**: das Äquivalenzinteresse durch die Regeln über Nacherfüllung, Rücktritt, Minderung, und Schadensersatz statt der Leistung; das Integritätsinteresse durch den Schadensersatz neben der Leistung.

36

> Das **Deliktsrecht** hingegen schützt ausschließlich das **Integritätsinteresse**.

Durch die Lieferung einer mangelhaften Sache oder die Errichtung eines mangelhaften Werkes wird das Integritätsinteresse des Käufers oder Bestellers nicht berührt. Eine Eigentumsverletzung scheidet also aus, weil das erlangte Eigentum von vornherein mangelhaft ist!

37

---

[43] *Spindler* in BeckOK BGB, § 823 Rn. 40 mit weiteren Nachweisen.
[44] Vgl. *Wandt*, Gesetzliche Schuldverhältnisse, § 16 Rn. 22.

Werden hingegen infolge des Mangels **andere**, dem Käufer bzw. Besteller gehörende **Sachen beschädigt**, so liegt hierin sehr wohl eine Eigentumsverletzung im Sinne des § 823 I BGB. Insoweit ist nämlich das Integritätsinteresse betroffen. Dies gilt auch, wenn ein mangelhaftes Einzelteil in eine bereits dem Eigentümer gehörende und bis dahin mangelfreie Sache eingebaut wird[45]. Eine Eigentumsverletzung liegt dabei auch dann vor, wenn die Gesamtsache erst durch den notwendig gewordenen Ausbau des fehlerhaften Einzelteils beschädigt wird[46].

38 Die **Rechtsprechung** lässt es hierbei aber nicht bewenden: Vielmehr versucht sie, das Integritätsinteresse auf die Kaufsache bzw. das hergestellte Werk selbst auszudehnen – genauer gesagt: auf die bei Gefahrübergang noch mangelfreien Teile.

Im berühmten „**Schwimmschalter**"-**Fall**[47] war eine Reinigungs- und Entfettungsanlage durch einen Brand zerstört worden. Auslöser des Brandes war ein fehlerhafter Schwimmschalter, der die Heizung der Anlage regulierte. – Der BGH bejahte eine Eigentumsverletzung mit der Begründung, der Mangel habe sich auf ein *funktionell begrenztes Einzelteil* beschränkt und erst nach Eigentumserwerb auf das im Übrigen mangelfreie Eigentum des Käufers ausgedehnt.

Im „**Gaszug**"-**Fall**[48] war der Käufer eines Pkw verunglückt, weil ein mangelhafter Gaszug dazu führte, dass der Wagen auch dann beschleunigte, wenn der Fuß vom Gas genommen wurde. – Der BGH hat auch hier eine Eigentumsverletzung angenommen, dabei aber nicht mehr darauf abgestellt, dass nur ein *funktionell begrenztes Einzelteil* defekt war. Anhand der Unterscheidung zwischen Integritäts- und Äquivalenzinteresse sei vielmehr zu fragen, ob der später eingetretene Schaden *„stoffgleich"* mit dem ursprünglichen Mangelunwert ist. Nur bei fehlender Stoffgleichheit komme eine Eigentumsverletzung in Betracht.

39 In der Folgezeit ist die **Stoffgleichheit** das maßgebliche Kriterium des BGH geblieben[49]:

> Eine Eigentumsverletzung soll danach nur ausgeschlossen sein, wenn der später eingetretene Schaden „stoffgleich" mit dem ursprünglichen Mangelunwert ist. Bei fehlender Stoffgleichheit soll eine Eigentumsverletzung hingegen möglich sein[50].

40 Dies wirft die Frage auf, wann der *ursprüngliche Mangelunwert* und der *später eingetretene Schaden* stoffgleich sind. Stoffgleichheit soll vorliegen[51], wenn **bei**

---

[45] BGHZ 117, 183, 186 ff.; BGHZ 138, 230 ff.; a.A. *Brüggemeier*, JZ 1999, 99 ff.; *Foerste*, NJW 1998, 2877 ff.; *Franzen*, JZ 1999, 702, 708 ff.
[46] BGHZ 117, 183, 187 ff.; a.A. *Brüggemeier/Herbst*, JZ 1992, 802, 803 f.
[47] BGHZ 67, 359 ff.
[48] BGHZ 86, 256, 262 f.
[49] Vgl. BGHZ 86, 256, 258 ff.
[50] Dem BGH folgend *Hager* in Staudinger, Eckpfeiler des Zivilrechts, Das Recht der unerlaubten Handlungen, Rn. 237; *Merkel*, NJW 1987, 358 ff.; *Rauscher*, JuS 1987, 14, 16.
[51] Vgl. BGHZ 86, 256, 262; BGH NJW 1992, 1678 ff.

II. Rechtsgutverletzung

wirtschaftlicher Betrachtungsweise der Fehler von Anfang an die Gesamtsache ergreift, insbesondere

- weil die Sache als Ganzes wegen des Mangels von vornherein nicht oder nur in sehr eingeschränktem Maße zum vorgesehenen Zweck verwendbar war *oder*
- der Fehler nicht oder nicht in wirtschaftlich vertretbarer Weise behoben werden kann.

Umgekehrt soll es an der **Stoffgleichheit fehlen**, wenn der Mangel zunächst nur auf einen Teil der Sache beschränkt war und in wirtschaftlich zumutbarer Weise hätte behoben werden können. Führt ein solcher Mangel später zu einer Zerstörung der Sache oder anderer Teile, soll hierin ein eigener Unwert liegen, der mit dem ursprünglichen Mangelunwert nicht identisch ist. Bei alledem soll es nicht darauf ankommen, ob das Übergreifen auf die bislang mangelfreien Teile unfallartig oder in einem schleichenden Prozess erfolgt ist[52].

41

> Stoffgleichheit angenommen und damit eine Eigentumsverletzung verneint hat der BGH im „**Hebebühnen**"-**Fall**[53]: Der Inhaber einer Kfz-Reparaturwerkstatt hatte bei einem Großhändler Einzelteile zu einer von der Beklagten hergestellten Hebebühne gekauft, die er selbst in seinem Betrieb aufgestellt und seitdem benutzt hatte. Später brach die Hebebühne aufgrund eines Fabrikationsfehlers an tragenden Teilen zusammen. – Durch den Zusammenbruch sei, so der BGH, lediglich ein der Hebebühne von Anfang an anhaftender Defekt zutage getreten. Der im Defekt verkörperte Mangelunwert habe der Hebebühne von vornherein angehaftet. Schaden und Mangelunwert seien daher stoffgleich, eine Eigentumsverletzung insoweit folglich ausgeschlossen.
>
> **Zur Klarstellung**: Hinsichtlich des Pkw, der sich auf der Hebebühne befand und infolge des Zusammenbruchs beschädigt wurde, lag eine Eigentumsverletzung unzweifelhaft vor.

Die Lösung der Rechtsprechung, das schutzwürdige Integritätsinteresse auf die Kaufsache bzw. das herzustellende Werk selbst auszudehnen, ist ersichtlich von **Billigkeitserwägungen** getragen. Nach den vom BGH aufgestellten Kriterien wird es an der Stoffgleichheit nämlich insbesondere in den Fällen fehlen, in denen der ursprüngliche „Mangelunwert" deutlich hinter dem Gesamtwert der Sache zurückbleibt. Doch rechtfertigt dies wirklich die Anwendung des § 823 I BGB?

42

Hiergegen ist **einzuwenden**, dass bereits die Prämisse des BGH fehl geht: Der Zustand der übereigneten bzw. hergestellten Sache **betrifft ausschließlich das Äquivalenzinteresse**[54] – Stoffgleichheit hin oder her. Die entscheidende Frage lautet nämlich: Entspricht die Sache dem, was vertraglich vereinbart war? Dies ist dann nicht der Fall, wenn die Sache mangelhaft ist. Ob der Mangel räumlich eingrenzbar, erkennbar oder behebbar war, spielt insoweit keine Rolle. Mit dem „Mangelunwert" führt der BGH einen Begriff ein, den das Gewährleistungsrecht nicht kennt. Hierdurch wird eine Sache, die als *Gesamtheit und Einheit* Gegenstand eines Kauf- oder Werkvertrages ist, „juristisch aufgespalten" – und zwar nur, um einen deliktischen Schutz für die so aufgespaltenen Teile zu gewähren. Dies ist weder geboten noch erforderlich. Das Gewährleistungsrecht regelt diese Fragen. Sofern das Gewährleistungsrecht für den Käufer oder Besteller ungünstiger ist, als dies eine

43

---

[52] BGH NJW 1985, 2420 f.; BGH NJW 2001, 1346, 1348.
[53] BGH NJW 1983, 812, 813.
[54] *Wagner* in MünchKomm. BGB, § 823 Rn. 132.

Haftung nach § 823 I BGB wäre (z.B. bei der Frage der Verjährung), ist dies als gesetzgeberische Wertentscheidung hinzunehmen.

> Die Lösung der Rechtsprechung ist daher **abzulehnen**[55] – und die Frage, unter welchen Voraussetzungen Schäden an der Kaufsache bzw. dem herzustellenden Werk ersatzfähig sind, allein anhand des Gewährleistungsrechts zu beantworten.

d) Entziehung der Sache

44 Auch die Entziehung der Sache stellt eine Eigentumsverletzung dar, da der Eigentümer hierdurch an der Nutzung und ggf. auch an der Verfügung über die Sache gehindert wird. Ob sich an der rechtlichen Zuordnung der Sache etwas ändert, spielt insofern keine Rolle.

> **Beispiele:** Der Dieb einer Sache wird zwar nicht deren Eigentümer; dennoch ist der Diebstahl eine Eigentumsverletzung. Entsprechendes gilt für die Unterschlagung.

e) Beeinträchtigung des bestimmungsgemäßen Gebrauchs

45 § 823 I BGB schützt also nicht nur die rechtliche Zuordnung und die Sachsubstanz, sondern auch die **Nutzungsmöglichkeit**. Dann ist es aber nur konsequent, den Eigentumsschutz auch auf die Fälle auszudehnen, in denen dem Eigentümer die Sache zwar nicht entzogen wird, er sie aber dennoch nicht nutzen kann. Auch **Gebrauchsbeeinträchtigungen** können daher Eigentumsverletzungen sein.

> Dies wird durch § 906 BGB bestätigt, dem sich entnehmen lässt, dass die Beeinträchtigung der Nutzungsmöglichkeit eine Eigentumsstörung sein kann[56].

46 Allerdings besteht Einigkeit darüber, dass **nicht** jedwede Gebrauchsbeeinträchtigung zur Haftung aus § 823 I BGB führen kann. Anderenfalls würden im Ergebnis auch reine Vermögensschäden ersatzfähig werden, was von § 823 I BGB gerade nicht gewollt ist[57]. Zudem gewährt das Eigentum die Nutzungsbefugnisse nicht schrankenlos. Die Gebrauchsmöglichkeiten werden von vornherein durch die Rechte Dritter begrenzt, wozu auch deren allgemeine Handlungsfreiheit zählt[58]. Wie aber lassen sich Gebrauchsbeeinträchtigungen, die eine Eigentumsverletzung darstellen, von solchen abgrenzen, die kompensationslos hinzunehmen sind?

---

[55] So auch *Wagner* in MünchKomm. BGB, § 823 Rn. 131; *Kötz/Wagner*, Deliktsrecht, Rn. 151; *Rengier*, JZ 1977, 346, 347; *Reinicke/Tiedtke*, NJW 1986, 10, 13 f.; *Diederichsen*, VersR 1971, 1077, 1094; *ders.*, VersR 1984, 797, 799; *Schubert*, JR 1977, 458, 459; *Honsell*, JuS 1995, 211, 215; im Ergebnis auch *Stoll*, JZ 1983, 501, 502; *Deutsch*, JZ 1984, 308, 311.

[56] *Wagner* in MünchKomm. BGB, § 823 Rn. 122.

[57] Vgl. *Wagner* in MünchKomm. BGB, § 823 Rn. 117; *Looschelders*, Schuldrecht BT, Rn. 1209.

[58] Darauf abstellend *Wandt*, Gesetzliche Schuldverhältnisse, § 16 Rn. 33.

II. Rechtsgutverletzung

Nach h.M. wird das Eigentum verletzt, wenn die **bestimmungsgemäße Verwendung** der Sache **nicht unerheblich** beeinträchtigt wird[59].

47

Nach einer anderen Auffassung soll entscheidend sein, ob der **Zuweisungsgehalt** des Eigentums beeinträchtigt wird[60]. Mit dieser Formulierung ist aber noch nicht viel gewonnen, da die Fragen, was den Zuweisungsgehalt des Eigentums ausmacht und welche Anforderungen an das Maß der Beeinträchtigung zu stellen sind, damit noch nicht beantwortet sind. Im Ergebnis dürften auch hier dieselben, im Folgenden darzustellenden Erwägungen eine Rolle spielen.

Die Formel der h.M. lässt erkennen, dass die Entscheidung für oder wider die Annahme einer Eigentumsverletzung in besonderem Maße **einzelfallabhängig** ist. Sie ist letztlich immer das Ergebnis einer **Wertung**, bei der das Dispositionsinteresse des Eigentümers ebenso zu berücksichtigen ist wie die Entscheidung des Gesetzgebers gegen einen allgemeinen Vermögensschutz[61].

48

Durch § 823 I BGB geschützt wird nur der **bestimmungsgemäße Gebrauch** einer Sache. Dem liegt der Gedanke zugrunde, dass der Eigentümer eine Sache in der Regel nicht nur um ihrer selbst Willen hat, sondern diese auch zweckgerichtet einsetzen will. Diese Zweckbestimmung trifft – im Rahmen des Möglichen – der Eigentümer selbst[62].

49

Beispiel: Ein Schiff kann als Transportmittel für Personen oder Güter verwendet werden, aber auch als fest im Hafen liegendes Museum oder Restaurant. Die Entscheidung hierüber liegt beim Eigentümer. Hingegen wäre die Zweckbestimmung als „Luftschiff" aufgrund der technischen Gegebenheiten unmöglich.

Doch auch insoweit ist Vorsicht geboten: Es kann hier nicht darum gehen, jede konkrete Verwendungsabsicht des Eigentümers zu schützen. Das liefe letztlich doch wieder auf einen Vermögensschutz hinaus. Abzustellen ist daher auf die **abstrakte Verwendungsmöglichkeit**[63].

50

Anschaulich wird dies im berühmten „**Fleet**"-**Fall** des BGH[64]: Die beklagte Bundesrepublik Deutschland war Eigentümerin eines als Bundeswasserstraße eingetragenen, etwa fünf Meter breiten Fleets (= natürlicher Wasserlauf), das eine Mühle mit dem dortigen Hafen verband. Durch Verschulden der Eigentümerin stürzte ein Stück der Ufermauer mit einem Teil der darauf ruhenden Außenwand eines Wohnhauses in das Fleet. Um den weiteren Einsturz des Hauses zu verhindern, ließ die Eigentümerin dieses abstützen. Hierbei wurden zwei Baumstämme so angebracht, dass sie unmittelbar über der Wasseroberfläche von der einen zur anderen Seite des Fleets führten. Damit war das Fleet für die Dauer von ca. acht Monaten für Schiffe unpassierbar. Dies hatte zur Folge, dass ein der Klägerin gehörendes

---

[59] BGHZ 138, 230, 235; BGH NJW 1994, 517, 518; BGH NJW-RR 1995, 342 f.; *Schiemann* in Erman, BGB Rn. 31 f.; *Spickhoff* in Soergel, BGB, § 823 Rn. 62; *Hager*, JZ 1979, 53, 55.
[60] *Larenz/Canaris*, Schuldrecht II/2, § 76 II 3 c, S. 388; *Looschelders*, Schuldrecht BT, Rn. 1209.
[61] *Wandt*, Gesetzliche Schuldverhältnisse, § 16 Rn. 30.
[62] BGHZ 70, 102, 109 f.; BGHZ 90, 255, 260 f.; BGH NJW 1984, 1242.
[63] Ähnlich *Spindler* in BeckOK BGB, § 823 Rn. 54.
[64] BGHZ 55, 153 ff.

Schiff (die „MS Christel") während dieser Zeit das Fleet nicht verlassen konnte und an der Verladestelle der Mühle festlag. Außerdem konnte die Klägerin währenddessen die Mühle mit anderen Schiffen nicht anfahren.

- Der BGH **bejahte** die Eigentumsverletzung hinsichtlich der „MS Christel". Durch die Sperrung des Fleets habe dieses Schiff jede Bewegungsmöglichkeit über das zwischen der Verladestelle und den als Sperre wirkenden Baumstämmen befindliche Fleetstück hinaus verloren. Es sei damit als Transportmittel praktisch ausgeschaltet und seinem bestimmungsgemäßen Gebrauch entzogen gewesen.
- Hinsichtlich der anderen Schiffe **verneinte** der BGH eine Eigentumsverletzung. Diese seien in ihrer Eigenschaft als Transportmittel nicht betroffen und damit ihrem natürlichen Gebrauch nicht entzogen worden. Dass die Schiffe die Mühle nicht anfahren konnten, stelle lediglich eine Behinderung des Gemeingebrauchs am Fleet dar, die alle Nutzer des Fleets betreffe. Das Eigentum an den Schiffen sei hierdurch nicht beeinträchtigt, denn die Schiffe konnten durchaus noch zu Transportzwecken eingesetzt werden. Auch sei der Gemeingebrauch kein sonstiges Recht im Sinne des § 823 I BGB.

Dass die **Beeinträchtigung des Gemeingebrauchs** nicht ausreicht, um eine Eigentumsverletzung zu begründen, hat der BGH auch in weiteren Entscheidungen bestätigt[65].

51 Im „Fleet"-Fall stellte der BGH auf den **vollständigen Entzug der Nutzungsmöglichkeit** ab. Doch ist auch dies kein klares Abgrenzungskriterium.

In dem **BGHZ 86, 152** zugrunde liegenden Fall betrieb der Kläger in einem Hafen einen Lager- und Umschlagplatz für Güter. Aufgrund eines Dammbruchs konnte der Hafen von Schiffen nicht mehr angefahren werden, was zu Umsatzeinbußen des Klägers führte. – Der BGH **verneinte** eine Eigentumsverletzung. Durch den Dammbruch sei weder in die Sachsubstanz der Lager- und Umschlagsanlagen eingegriffen, noch deren technische Brauchbarkeit beschränkt oder beseitigt worden. Vielmehr habe er nur bewirkt, dass die Anlagen für die Dauer der Sperrung von Kunden nicht angefahren werden konnten. Das habe zwar die wirtschaftliche Nutzung der Anlagen vorübergehend eingeengt und zu wesentlichen Umsatzeinbußen der Klägerin geführt. Doch stelle dies nur eine Vermögensbeeinträchtigung dar, die von § 823 I BGB nicht erfasst sei. Mit anderen Worten: Die Anlage war weiterhin benutzbar, auch wenn die Kunden ausblieben.

52 Im Übrigen versucht die Rechtsprechung, den Kreis der Ersatzberechtigten nicht ausufern zu lassen. Der potentielle Schädiger soll davor geschützt werden, zahllosen Ansprüchen ausgesetzt zu sein. Berühmt sind insoweit die sog. **„Stromkabel"-Fälle**.

Beispiel (nach BGHZ 29, 65): Bauunternehmer B beschädigt bei Straßenbauarbeiten schuldhaft eine Stromleitung. Infolgedessen fällt im Betrieb des Unternehmers U der Strom aus und die Maschinen stehen still. Aufgrund dessen entsteht ein Produktionsausfallschaden in Höhe von 20.000 €. – In derartigen Fällen soll nach h.M. eine Eigentumsverletzung nicht gegeben sein[66], obwohl die Maschinen für die Dauer des Stromausfalls nicht bestim-

---

[65] BGH NJW 1977, 2264 ff. (Blockade einer Zufahrtsstraße durch Rettungsfahrzeuge infolge einer Explosion).
[66] BGHZ 29, 65, 75; *Wagner* in MünchKomm. BGB, § 823 Rn. 124; *Rosenbach*, Eigentumsverletzung durch Umweltveränderung, 1997, S. 128 f. Dieses Ergebnis ist auch unter Aspekten der ökonomischen Analyse sinnvoll; vgl. dazu *Kötz/Wagner*, Deliktsrecht, Rn. 148. Grundsätzlich a.A. *Schiemann* in Erman, BGB, § 823 Rn, 38.

mungsgemäß verwendet werden konnten. Eine stichhaltige dogmatische Begründung lässt sich hierfür kaum finden. Es geht vielmehr darum, eine uferlose Haftung zu vermeiden – und damit um **Billigkeit**.

Doch **Vorsicht:** Es ist stets sorgfältig zu prüfen, worin die Eigentumsverletzung besteht. 53

> **Abwandlung (nach BGHZ 41, 123):** Vom Stromausfall betroffen ist auch ein Geflügelzuchtbetrieb. Infolgedessen fallen die Brutapparate aus und 3.600 Eier verderben. Statt der erwarteten 3.000 Küken schlüpfen nur einige verkrüppelte, unverkäufliche Tiere. – Der BGH hat in diesem Fall eine Eigentumsverletzung hinsichtlich der Eier zutreffend bejaht. Es handelte sich insoweit nämlich nicht um eine Gebrauchsbeeinträchtigung, sondern um eine **Substanzverletzung**.

Zusammenfassend lässt sich festhalten, dass es weder der Rechtsprechung noch dem Schrifttum bislang gelungen ist, klare Abgrenzungskriterien zu entwickeln. Auch wenn davon die Rede ist, dass es entscheidend auf die **Intensität** der Gebrauchsbeeinträchtigung ankommen soll[67], ist damit kaum etwas gewonnen. Bei der Abwägung können im Einzelfall ganz unterschiedliche Aspekte eine Rolle spielen: die Dauer der Beeinträchtigung, eine hierdurch möglicherweise verursachte Wertminderung der Sache sowie der von der Störung betroffene Personenkreis. 54

Da das Ziel, bestimmte Gebrauchsbeeinträchtigungen als Eigentumsverletzung zu qualifizieren, durchaus Zustimmung verdient, kann es hier nur darum gehen, Wertungswidersprüche zu vermeiden. Dies gelingt, wie ein Blick auf die ergangen Entscheidungen und die Stellungnahmen der Literatur zeigt, jedoch nicht immer. 55

> **Beispiel:** Das Steckenbleiben in einem durch einen Verkehrsunfall verursachten Verkehrsstau stellt nach ganz h.M. keine Eigentumsverletzung dar[68]. Hingegen wird das (auch nur kurzzeitige) Zuparken eines Pkw von manchen Autoren durchaus als Eigentumsverletzung angesehen[69].

Einigkeit besteht wenigstens darüber, dass **Einwirkungen auf die Person** des Eigentümers, durch die er am Gebrauch seiner Sache gehindert wird, **keine** Eigentumsverletzung darstellen[70]. Hierdurch wird die abstrakte Verwendungsmöglichkeit nämlich nicht beeinträchtigt. 56

---

[67] *Wagner* in MünchKomm. BGB, § 823 Rn. 118.
[68] *Wagner* in MünchKomm. BGB, § 823 Rn. 119; *Hager* in Staudinger, BGB, § 823 Rn. B 91; *Spickhoff* in Soergel, BGB § 823 Rn. 56; *Larenz/Canaris*, Schuldrecht II/2, § 76 II 3 c, S. 389 f.; *Zeuner* in Festschrift Flume, Bd. I, 1978, S. 775, 787.
[69] *Wagner* in MünchKomm. BGB, § 823 Rn. 119 mit Fn. 14; *Wandt*, Gesetzliche Schuldverhältnisse, § 16 Rn. 32. Höchstrichterlich ist diese Frage noch nicht geklärt. In verschiedenen *obiter dicta* hat sich der BGH widersprüchlich geäußert: für eine Eigentumsverletzung BGHZ 63, 203, 206; ablehnend BGH NJW 1977, 2264 ff.
[70] *Möschel*, JuS 1977, 1, 2.

5. „Sonstige" Rechte

Literatur: *Canaris*, Verdinglichung obligatorischer Rechte, Festschrift Flume, Bd. I, 1978, S. 371; *ders.*, Der Schutz obligatorischer Forderungen nach § 823 Abs. 1 BGB, Festschrift Steffen, 1995, S. 85; *Fabricius*, Zur Dogmatik des „sonstigen Rechts" gemäß § 823 Abs. 1 BGB, AcP 160 (1961), 273; *Götz/Götz*, Die Haftung des Vereins gegenüber dem Mitglied, JuS 1995, 106; *Medicus*, Besitzschutz durch Ansprüche auf Schadensersatz, AcP 165 (1965), 115; *Mincke*, Forderungsrechte als „sonstige Rechte" iS des § 823 Abs. 1 BGB, JZ 1984, 862; *K. Schmidt*, Die Vereinsmitgliedschaft als Grundlage von Schadensersatzansprüchen, JZ 1991, 157; *Struck*, „Räumlich-gegenständlicher Bereich der Ehe" oder Gemeinsamkeit der Wohnung?, JZ 1976, 160.

a) Vorüberlegung

57 § 823 I BGB enthält zumindest eine „kleine Generalklausel": Auch die Verletzung „sonstiger Rechte" kann die deliktische Haftung auslösen.

Es besteht Einigkeit darüber, dass damit nicht jedwede Rechtsposition gemeint sein kann; anderenfalls würde man zu einem umfassenden Vermögensschutz gelangen, den der Gesetzgeber gerade nicht gewollt hat. Doch welche Rechte sind erfasst? Bisweilen wird formuliert, dass die Rechte *eigentumsähnlich* sein müssen[71]. Angesichts der **Verschiedenartigkeit** der Rechte, die als „sonstige" im Sinne des § 823 I BGB angesehen werden, erscheint dies als zu eng.

> So kann man etwa die elterliche Sorge (unten Rn. 67 f.) oder das allgemeine Persönlichkeitsrecht (unten Rn. 83 ff.) kaum als „eigentumsähnlich" bezeichnen. Hier fehlt es sowohl am Sachbezug als auch an der dem Eigentum innewohnenden Nutzungsfunktion (siehe oben Rn. 45).

58 Vorzugswürdig erscheint es demgegenüber, nach dem **Zuweisungsgehalt** und der **Ausschlussfunktion** des betreffenden Rechts zu fragen. Es geht mit anderen Worten darum, ob eine dem Berechtigten zugewiesene Rechtsposition ihm die Befugnis verleiht, die **Einwirkungsmöglichkeiten anderer zu beschränken oder auszuschließen**. Dies ist bei „absoluten" Rechten, nicht aber bei „relativen" Rechten der Fall. Allerdings ist damit über die Einordnung der einzelnen Positionen in diese oder jene Kategorie noch nichts ausgesagt.

> **Hinweis:** Die Gefahr eines Zirkelschlusses liegt hier besonders nahe: Bejaht man den deliktsrechtlichen Schutz durch § 823 I BGB, gewährt man nämlich in der Regel zugleich Beseitigungs- und Unterlassungsansprüche nach § 1004 BGB analog (dazu unten § 13 Rn. 6 f.) – und damit die angesprochene Möglichkeit, Störungen Dritter abzuwehren. Letztlich ist die nachfolgende Kategorisierung das Ergebnis von **Wertungen**, bei denen auch die verfassungsrechtlich verbürgten **Grundrechtspositionen** zu berücksichtigen sind. Je weiter man dabei den Kreis der „sonstigen Rechte" zieht, desto mehr nähert man sich einem allgemeinen Vermögensschutzkonzept an. Dessen sollte man sich bewusst sein.

---

[71] Siehe *Wandt*, Gesetzliche Schuldverhältnisse, § 16 Rn. 36 („wesensgleich").

b) Dingliche Rechte, Anwartschaftsrechte, Aneignungsrechte

Absolute und damit sonstige Rechte im Sinne des § 823 I BGB sind zunächst die **beschränkt dinglichen Rechte**. Hierzu zählen insbesondere die Grundpfandrechte (Hypothek, Grundschuld, Rentenschuld), der Nießbrauch, die Dienstbarkeiten, das dingliche Vorkaufsrecht und das Erbbaurecht.

59

> Auch Pfandrechte an Sachen und dinglichen Rechten werden von § 823 I BGB geschützt, nicht aber Pfandrechte an Forderungen, weil Forderungen selbst nicht zu den sonstigen Rechten zählen[72] (siehe unten Rn. 75).

Deliktischen Schutz genießen auch **dingliche Anwartschaften**[73]. Ein Anwartschaftsrecht entsteht immer dann, wenn ein mehraktiger Erwerbstatbestand bereits so weit verwirklicht wurde, dass der Veräußerer den Erwerb nicht mehr einseitig verhindern kann. **Problematisch** ist in diesem Zusammenhang, dass die Verletzung des Anwartschaftsrechts typischerweise mit einer Eigentumsverletzung einhergeht, es also zwei Geschädigte gibt. Hier fragt sich, wie der Schadensersatzanspruch zwischen dem Eigentümer und dem Inhaber des Anwartschaftsrechts aufzuteilen ist.

60

> **Beispiel:** K kauft unter Eigentumsvorbehalt von V eine dieser gehörende Sache. Nach Zahlung eines Teils des Kaufpreises wird die Sache durch ein Verschulden des S vollständig zerstört. – Beim Kauf unter Eigentumsvorbehalt steht der Eigentumserwerb des Käufers unter der **aufschiebenden Bedingung** vollständiger Kaufpreiszahlung. Da der Bedingungseintritt nur noch vom Willen des Käufers abhängt, erwirbt der Käufer ein dingliches Anwartschaftsrecht. Die Zerstörung der Kaufsache stellt damit zugleich eine Eigentumsverletzung und eine Verletzung des Anwartschaftsrechts dar. Folglich können sowohl V als auch K Ansprüche aus § 823 I BGB geltend machen. Allerdings muss S davor geschützt werden, den Wert der einen zerstörten Sache zweimal ausgleichen zu müssen.
>
> - Nach der von der **Rechtsprechung** favorisierten Lösung[74] bemisst sich der Schadensersatzanspruch des Vorbehaltskäufers nach dem Wert der Kaufsache abzüglich des noch offenen Kaufpreises. Spiegelbildlich wäre der Schaden des Eigentümers der Höhe nach auf eben diesen noch nicht gezahlten Kaufpreis beschränkt.
> - Im **Schrifttum** wird überwiegend § 432 BGB herangezogen[75]: Vorbehaltskäufer und Eigentümer könnten danach zwar jeder die Leistung des vollen Schadensersatzes, aber nur Leistung an beide gemeinsam verlangen.

Schließlich sind auch **Aneignungsrechte** (z.B. Jagd- und Jagdausübungsrechte, Fischereirechte) sonstige Rechte im Sinne des § 823 I BGB.

61

c) Immaterialgüterrechte

Auch Immaterialgüterrechte sind ihrem Inhaber dergestalt zugewiesen, dass er andere von der Nutzung ausschließen kann. Angesprochen sind damit insbesondere

62

---

[72] *Spickhoff* in Soergel, BGB, § 823 Rn. 93; *Schiemann* in Erman, BGB, § 823 Rn. 37; a.A. noch RGZ 106, 318, 321; RGZ 138, 252, 253 ff.; ferner *Hager* in Staudinger, BGB, § 823 Rn. B 127.

[73] RGZ 170, 1, 6 f.; BGHZ 55, 20, 25 f.; *Hager* in Staudinger, BGB, § 823 Rn. B 151; *Schiemann* in Erman, BGB, § 823 Rn. 42; *Spickhoff* in Soergel, BGB, § 823 Rn. 95; *Baur/Stürner*, Sachenrecht, § 59 Rn. 45; *Fuchs/Pauker,* Delikts- und Schadensersatzrecht, S. 34.

[74] BGHZ 55, 20, 31 f.

[75] *Wagner* in MünchKomm. BGB, § 823 Rn. 153; *Baur/Stürner*, Sachenrecht, § 59 Rn. 45; *Larenz/Canaris*, Schuldrecht II/2, § 76 II 4 b, S. 393; *Brox*, JuS 1984, 557, 660.

die **gewerblichen Schutzrechte** (Patent-, Marken-, Gebrauchs- und Geschmacksmusterrechte) sowie das **Urheberrecht**.

> Allerdings ist der durch § 823 I BGB vermittelte Schutz hier oftmals gar nicht erforderlich, da die Spezialgesetze eigenständige Anspruchsgrundlagen enthalten, nach denen bei Rechtsverletzungen Schadensersatz verlangt werden kann (vgl. § 139 I PatG, §§ 14 V, 15 IV MarkenG, § 24 I GebrMG, § 42 GeschmMG, § 97 I UrhG).

d) Ehe

63 Seit langem umstritten ist, ob und in welchem Umfang die Ehe deliktischen Schutz genießt[76]. Die Ehe ist ein **besonderes personenrechtliches Verhältnis** zwischen zwei Personen, den Ehegatten, die füreinander Verantwortung tragen (§ 1353 I 2 BGB).

> Das durch die Eheschließung eingegangene Bündnis soll **nach traditioneller Vorstellung** dauerhaft sein und durch die Ehegatten nicht ohne Weiteres aufgekündigt werden können. Dieser Vorstellung ist auch der Gesetzeswortlaut stellenweise verhaftet. So heißt es etwa in § 1353 I BGB, dass die Ehe „auf Lebenszeit" geschlossen wird und die Ehegatten einander zur ehelichen Lebensgemeinschaft *verpflichtet* (sic!) sind. Trotz dieser recht scharfen Worte des Gesetzes hat sich **mittlerweile** die Vorstellung durchgesetzt, dass die Durchsetzung dieser ehelichen Pflichten, sofern sie nicht nur vermögensrechtlicher Natur sind[77], nicht erzwungen werden kann[78]. Kein Ehegatte kann gezwungen werden, die Ehe auch tatsächlich zu vollziehen. Ob die Ehegatten zusammenleben, sexuell miteinander verkehren oder auch nur miteinander reden, bleibt ganz ihnen überlassen. Das Recht sollte insofern keine Vorgaben machen – und es macht sie auch nicht (auch wenn der Wortlaut des § 1353 I 2 BGB etwas anderes vermuten lässt). Auch überkommene, zumeist religiös motivierte Vorstellungen von „Wesen und Funktion" der Ehe sind für die Ehegatten in keiner Weise bindend. Können sich Ehegatten nicht einvernehmlich auf eine Form des Zusammenlebens und dessen nähere Ausgestaltung einigen, bleibt ihnen die Scheidung. Diese ist auch dann möglich, wenn nur ein Ehegatte sie verlangt (vgl. § 1566 II BGB). Die Zeiten, in denen eine Scheidung gesellschaftsrechtlich verpönt war und für die Betroffenen (zumeist die Frauen) den „sozialen Tod" bedeuten konnte, sind – hoffentlich – vorbei!

64 Wir können also festhalten: Die Ehe begründet eine **besondere Verantwortung** der Ehegatten füreinander; sie steht aber *nicht über* den Ehegatten. Ebenso wenig wie die Verwirklichung der Ehe zwangsweise durch das Recht durchgesetzt werden kann, wird der **Ehebruch** durch einen Ehegatten sanktioniert.

> Wenn sich ein Ehegatte aus der ehelichen Lebensgemeinschaft löst und eine Beziehung mit einem Dritten eingeht, kann der andere Ehegatte deswegen **weder Schadensersatz noch Unterlassung** verlangen – nicht vom untreuen Ehegatten und auch nicht von dem am Ehebruch beteiligten Dritten[79].

---

[76] Vgl. zum Streitstand *Wagner* in MünchKomm. BGB, § 823 Rn. 167 ff. Die gleiche Frage stellt sich dann auch bezüglich der eingetragenen Lebenspartnerschaften nach dem LPartG. Allgemein zur Lebenspartnerschaft *Rauscher*, Familienrecht, 2. Aufl. 2008, Rn. 746 ff.

[77] Insbesondere Unterhaltspflichten sind durchaus einklagbar; vgl. ausführlich dazu *Muscheler*, Familienrecht, 2. Aufl. 2012, Rn. 298 ff.

[78] *Rauscher*, Familienrecht, Rn. 237.

[79] Ausführlich dazu *Muscheler*, Familienrecht, Rn. 314.

Die Rechtsprechung[80] macht hiervon aber – mit Billigung weiter Teile des Schrifttums[81] – eine Ausnahme: Deliktischen Schutz genieße zwar nicht der Bestand der Ehe, aber immerhin ihr **„räumlich-gegenständlicher Bereich"**[82]. Damit ist letztlich nichts anderes gemeint als die **gemeinsame Wohnung** der Ehegatten. Der betrogene Partner soll den Ehebruch nicht in seiner eigenen Wohnung dulden müssen. Deshalb wird ihm insoweit ein Beseitigungs- und Unterlassungsanspruch gegen den Dritten eingeräumt[83].

65

Dies ist im Ergebnis durchaus richtig, doch bedarf es hierfür nicht der Annahme, der räumlich-gegenständliche Bereich der Ehe sei ein sonstiges Recht im Sinne des § 823 I BGB. Es geht nämlich in diesen Fällen *nicht* darum, die Ehe zu schützen. Vielmehr soll der betrogene Partner vor einem unzumutbaren Eingriff in seine *Privatsphäre* geschützt werden. Richtiger Anknüpfungspunkt ist daher das aus Art. 2 I i.V.m., 1 I GG abgeleitete **allgemeine Persönlichkeitsrecht**[84] (dazu unten Rn. 83 ff.). Damit entfällt zugleich die Anbindung an die Ehe. Es ist kein überzeugender Grund dafür ersichtlich, die angesprochenen Abwehransprüche nicht auch den Partnern von nichtehelichen Lebensgemeinschaften zu gewähren. Dies wird durch die hier vertretene Lösung erreicht.

66

e) Elterliche Sorge

Anders als die Ehe ist das elterliche Sorgerecht als sonstiges Recht im Sinne des § 823 I BGB anerkannt[85].

67

Die elterliche Sorge umfasst die Personensorge und die Vermögenssorge für minderjährige Kinder (§ 1626 I BGB). Die **Personensorge** umfasst das Recht, den Aufenthalt des Kindes (§ 1631 I BGB) und seinen Umgang mit Dritten zu bestimmen (§ 1632 II BGB) und die Herausgabe des Kindes von jedem zu verlangen, der es den Eltern oder einem Elternteil widerrechtlich vorenthält (§ 1632 I BGB). Hieran ist die **Ausschlussfunktion des Sorgerechts** deutlich zu erkennen. Dass bei voranschreitendem Lebensalter auch die Wünsche des Kindes in zunehmendem Maße zu berücksichtigen sind (§ 1626 II BGB), ändert am absoluten Charakter des elterlichen Sorgerechts nichts.

---

[80] BGHZ 6, 360, 363 ff.; BGHZ 34, 80, 87; BGHZ 35, 302, 304; BGHZ 37, 38, 41; BGH NJW 1990, 706, 708.
[81] *Schiemann* in Erman, BGB, § 823 Rn, 45; *Gernhuber/Coester-Waltjen*, Familienrecht, 6. Aufl. 2010, § 17 III; *Fabricius*, AcP 160 (1961), 273, 318 ff.; *Struck*, JZ 1976, 160 ff.; im Ergebnis auch *Deutsch* in Festschrift Gernhuber, 1993, S. 581, 594 ff., der diese Fälle aber über § 826 BGB lösen will.
[82] Vgl. BGHZ 6, 360, 363 ff.; BGHZ 34, 80, 87; BGH NJW 1990, 706, 708.
[83] BGHZ 23, 215, 217 ff.; BGHZ 23, 279, 281 f.; BGHZ 80, 235, 237 ff.
[84] So auch *Wagner* in MünchKomm. BGB, § 823, Rn. 169; *Kötz/Wagner*, Deliktsrecht, Rn. 169 f.; *Schwab*, Familienrecht, 20. Aufl. 2012, Rn. 142; a.A. *Deutsch* in Festschrift Gernhuber, 1993, S. 581, 594 ff.
[85] BGHZ 111, 168, 172 f.; *Schiemann* in Erman, BGB, § 823 Rn. 46; *Spickhoff* in Soergel, § 823 Rn. 108; *Hager* in Staudinger, BGB, § 823 Rn. B 183; *Wagner* in MünchKomm. BGB, § 823 Rn. 170.

Zu beachten ist dabei, wem das Sorgerecht zusteht. Diese Frage regeln die §§ 1626 III, 1626a BGB. Insoweit gilt im Grundsatz: Sind die Eltern miteinander verheiratet, üben beide die elterliche Sorge gemeinschaftlich aus. Bei nicht miteinander verheirateten Eltern liegt das Sorgerecht bei der Mutter, sofern die gemeinsame Sorge nicht übereinstimmend gewünscht ist. Wenn sich die Eltern trennen, wird in der Praxis oft die Übertragung der bislang gemeinsam ausgeübten elterlichen Sorge auf ein Elternteil gefordert. Unter welchen Voraussetzungen dies erfolgen soll, richtet sich nach den §§ 1671 f. BGB.

68 Das elterliche Sorgerecht kann durch Dritte, aber auch durch das andere Elternteil **verletzt** werden.

Beispiel: V ist Vater von drei Kindern. Das alleinige Sorgerecht für die Kinder liegt bei der Mutter M, die V den Umgang mit den Kindern gewährt. V und M verabreden, dass V mit den Kindern einen Fahrradausflug unternehmen darf. V holt die Kinder zwar wie verabredet bei M ab, doch nicht, um mit ihnen Fahrrad zu fahren. Vielmehr besteigt V gemeinsam mit den Kindern ein Flugzeug nach Ägypten. M meldet den Vorfall umgehend der Polizei. Da deren Ermittlungen erfolglos bleiben, beauftragt M einen Privatdetektiv. Dieser findet den Aufenthaltsort der Kinder heraus. Unter Mithilfe der deutschen Botschaft werden die Kinder gefunden und zurück nach Deutschland geflogen. – V hat hier das Sorgerecht der M verletzt. Nur sie darf als Alleinsorgeberechtigte über den Aufenthaltsort der Kinder entscheiden. Dass V als Vater nach § 1684 I BGB ein Umgangsrecht hat, ändert hieran nichts. Da das elterliche Sorgerecht ein sonstiges Recht im Sinne des § 823 I BGB ist, steht M gegen V ein Schadensersatzanspruch nach § 823 I BGB zu. Ersatzfähig sind insoweit sowohl die Kosten für den Privatdetektiv als auch die Kosten für den Rücktransport der Kinder.

f) Mitgliedschaft

69 Auch die Mitgliedschaft in einer Gesellschaft oder einem Verein ist sonstiges Recht im Sinne des § 823 I BGB.

Dies ist allerdings etwas ungenau: Die Mitgliedschaft ist selbst gar kein Recht, sondern ein **Bündel von mitgliedschaftlichen Rechten und Pflichten**[86].

Jeder Gesellschafter einer Personen- oder Kapitalgesellschaft hat aufgrund seiner Gesellschafterstellung Vermögens- und Verwaltungsrechte. Zu den Vermögensrechten zählt z.B. das Recht auf eine Beteiligung am erwirtschafteten Gewinn (Dividende), zu den Verwaltungsrechten das Stimmrecht bei Beschlussfassungen. Zugleich treffen den Gesellschafter bestimmte Pflichten. Hierzu zählen die Pflicht zur Leistung von Einlagen, aber auch die Treuepflicht gegenüber Gesellschaft und Mitgesellschaftern. Entsprechendes gilt für die Mitgliedschaft in einem Verein, wenngleich die Vermögensrechte und Leistungspflichten hier eine untergeordnete Rolle spielen.

70 Nach h.M. werden nicht nur die einzelnen mitgliedschaftlichen Rechte, sondern das gesamte „Bündel Mitgliedschaft" von § 823 I BGB geschützt[87]. Dies überzeugt,

---

[86] Vgl. *Drygala/Staake/Szalai*, Kapitalgesellschaftsrecht, 2012, § 13 Rn. 1.
[87] BGHZ 110, 323, 327 f., 334 – „Schärenkreuzer"; zuvor bereits RGZ 100, 274, 278; RGZ 158, 248, 255; *Flume*, Allgemeiner Teil des Bürgerlichen Rechts I/2, 1983, S. 307; *Mertens* in Festschrift Robert Fischer, 1979, S. 461, 468 ff.; *Reuter* in Festschrift Hermann Lange, 1992, S. 707, 710 ff.; *Lutter*, AcP 180 (1980), 84, 130 f.; K. *Schmidt*, JZ 1991, 157, 158 f.; *Götz/Götz*, JuS 1995, 106, 109 f.; ausführlich dazu *Habersack*, Die Mitgliedschaft – subjektives und „sonstiges" Recht, 1996, S. 117 ff.; grundsätzlich ablehnend etwa *Hadding* in Festschrift Kellermann, 1991, S. 91, 102 ff.

II. Rechtsgutverletzung

da die Mitgliedschaft als solche bereits Zuweisungsgehalt und Ausschlussfunktion hat[88]. Dass die Mitgliedschaft und die hieraus fließenden Rechte nicht auf ein Rechtsobjekt, sondern auf ein Rechtssubjekt gerichtet sind, ist insoweit nicht von Belang[89].

Ein **Eingriff** in die Mitgliedschaft liegt vor, wenn einzelne Rechte entzogen oder beschränkt werden oder die Mitgliedschaft ohne den Willen des Mitglieds beendet wird. Der Eingriff muss sich also gegen die Rechtsposition des Mitglieds richten. 71

> Nur mittelbare Schädigungen genügen nicht. Wer der Gesellschaft (bzw. dem Verein) einen Schaden zufügt, mindert damit unter Umständen zwar den Wert der Mitgliedschaft; doch handelt es sich insoweit um einen reinen Vermögensschaden. Und dieser wird im Regelfall dadurch kompensiert, dass der Schaden der Gesellschaft ausgeglichen wird.

Die Mitgliedschaft kann – hierüber besteht weitgehend Einigkeit – durch **Dritte** verletzt werden. 72

> **Beispiel:** A hält 20 Inhaberaktien der *Borussia Dortmund GmbH & Co. KGaA*. Die Aktienurkunden bewahrt er zu Hause in einer Vitrine auf, gut sichtbar für Freunde und Verwandte. Sein Bruder B, ein Fan des *FC Schalke 04*, will A „eins auswischen" und entwendet heimlich die Aktien. Später verkauft und übereignet er sie an C, dem Fußball völlig egal ist. – Inhaberaktien können dadurch übertragen werden, dass das die Mitgliedschaft verbriefende Wertpapier nach sachenrechtlichen Grundsätzen (§§ 929 ff. BGB) übereignet wird. Dabei ist auch ein gutgläubiger Erwerb vom Nichtberechtigten möglich – und zwar auch dann, wenn die Aktien dem Inhaber abhanden gekommen sind (§ 935 II BGB). Hier hat B als Nichtberechtigter wirksam an den – mangels gegenteiliger Angaben – gutgläubigen C verfügt. A hat daher sein Eigentum an den Aktienurkunden verloren. Es liegt aber nicht nur eine Eigentumsverletzung vor, sondern auch ein Eingriff in die Mitgliedschaft, da mit dem Verlust des Eigentums am Wertpapier A zugleich seine mitgliedschaftliche Stellung als Aktionär an C verloren hat.

Umstritten ist hingegen, ob auch das **Verhalten von Gesellschaftsorganen** zur Haftung nach § 823 I BGB führen kann[90]. 73

> Der BGH hat dies in seiner „**Schärenkreuzer**"-Entscheidung[91] bejaht: Der Kläger K war Mitglied eines Vereins, der im Seglerverband die Schärenkreuzer vertrat. Zu den Aufgaben des Vereins gehörte es unter anderem, Vorgaben zur technischen Ausstattung dieser

---

[88] *Larenz/Canaris*, Schuldrecht II/2, § 76 II 4 e, S. 394; a.A. *Helms*, Schadensersatzansprüche wegen Beeinträchtigung der Vereinsmitgliedschaft, 1998, S. 107.
[89] A.A. offenbar *Wagner* in MünchKomm. BGB, § 823 Rn. 172.
[90] Dafür *Habersack*, Die Mitgliedschaft – subjektives und „sonstiges" Recht, 1996, S. 183 ff., 202 ff., 248 f.; ablehnend *Grunewald*, Die Gesellschafterklage in der Personengesellschaft und der GmbH, 1990, S. 99 f.; *Zöllner/Noack* in Baumbach/Hueck, GmbHG, 19. Aufl. 2010, § 43 Rn 65; *Kleindiek* in Lutter/Hommelhoff, GmbHG, 18. Aufl. 2010, § 43 Rn 28; *Reuter* in Festschrift Hermann Lange, 1992, S. 707, 722 ff.; *Teichmann* in Festschrift Mühl, 1981, S. 663, 677; *Hüffer*, ZHR 161 (1997), 867, 870 f.; *Lutter*, AcP 180 (1980), 84, 141; *Zöllner*, ZGR 1988, 392, 430.
[91] BGHZ 110, 323 ff.

Sportbootklasse zu entwickeln. Aufgrund einer Fehlinformation des Vereins ließ K einen Schärenkreuzer anfertigen, der nicht den technischen Vorgaben entsprach. Deshalb wurde K bei Regatten nicht zugelassen. K verlangte daher vom Verein Schadensersatz. – Der BGH führte aus, dass sich der Anspruch aus § 823 I BGB wegen Verletzung der Mitgliedschaft auch gegen den Verein richten könne, wenn die Voraussetzungen des § 31 BGB (lesen!) vorliegen, das schädigende Organverhalten also dem Verein zuzurechnen ist. Dass zugleich Ersatzansprüche aus einer Sonderrechtsbeziehung bestehen, hindere die Anwendbarkeit des Deliktsrechts nicht. Dies **vermag zu überzeugen**, wenngleich man durchaus zweifeln kann, ob im „Schärenkreuzer"-Fall ein Eingriff in die Mitgliedschaft vorlag[92].

74   Nach vorzugswürdiger Auffassung kann also **auch der Verband**, an dem die Mitgliedschaft besteht, diese Mitgliedschaft verletzen. Einen Eingriff in die Mitgliedschaft stellen dabei etwa kompetenzwidrige Maßnahmen der Leitungsorgane[93], aber auch die Ungleichbehandlung von Gesellschaftern dar.

Dies ist nicht nur im Hinblick auf Schadensersatzansprüche relevant. Der Schutz der Mitgliedschaft gebietet es auch, dass Verbandsmitglieder kompetenzwidrige oder in sonstiger Weise die Mitgliedschaft beeinträchtigende Maßnahmen der Gesellschaftsorgane durch die Geltendmachung von **Unterlassungsansprüchen** verhindern können[94].

g) Forderungen

75   Schuldrechtliche Forderungen gehören **nicht** zu den Schutzgütern des § 823 I BGB. Diese wirken nur relativ zwischen Schuldner und Gläubiger[95].

Beispiel: K kauft von V einen Pkw. Bevor es zur Übergabe und Übereignung kommt, wird der Pkw von D gestohlen. Der Pkw ist in der Folgezeit für K und V nicht auffindbar. – Hier führt der Diebstahl zwar dazu, dass V die Erfüllung seiner kaufvertraglichen Pflichten unmöglich wird und der Anspruch des K aus dem Kaufvertrag nach § 275 I BGB untergeht. Doch ist der Anspruch aus dem Kaufvertrag kein sonstiges Recht im Sinne des § 823 I BGB. Durch den Kaufvertrag war die gestohlene Sache dem Käufer nämlich noch nicht rechtlich zugewiesen. Dies zeigt sich schon daran, dass der Verkäufer die Sache auch an einen Dritten übereignen könnte.

76   Bisweilen wird argumentiert, dass § 823 I BGB zwar nicht Forderungen als solche, aber doch immerhin die **Forderungszuständigkeit** deliktsrechtlichen Schutz ge-

---

[92] Dies verneint etwa *K. Schmidt*, Gesellschaftsrecht, 4. Aufl. 2002, § 21 V 4, S. 652, bejahend hingegen *Götz/Götz,* JuS 1995, 106, 110.
[93] *Habersack*, Die Mitgliedschaft – subjektives und „sonstiges" Recht, 1996, S. 355 ff.
[94] Vgl. schon BGHZ 83, 122 ff. – „Holzmüller".
[95] RGZ 57, 353, 355 ff.; BGHZ 12, 308, 317 f.; BGHZ 111, 298, 302; *Wagner* in MünchKomm. BGB, § 823 Rn. 160; *Teichmann* in Jauernig, BGB, § 823 Rn. 17; *Spindler* in BeckOK BGB, § 823 Rn. 96 ff.; *Schiemann* in Erman, BGB, § 823 Rn. 36; *Esser/Weyers*, Schulrecht II/2, § 55 I 2b, S. 163; *Schwerdtner*, Jura 1981, 414, 419; *Medicus* in Festschrift Steffen, 1995, S. 333.

II. Rechtsgutverletzung

nieße[96]. Hierdurch sollen die Fälle erfasst werden, in denen ein Nichtberechtigter wirksam eine fremde Forderung einzieht oder über sie in sonstiger Weise verfügt (z.B. wegen §§ 407 f., 2367 BGB). Indes vermag diese Auffassung nicht zu erklären, wie mit der *relativen* Forderung eine *absolute* Forderungszuständigkeit verbunden sein soll. Richtigerweise ist in diesen Fällen **allein § 816 II BGB** einschlägig.

h) Besitz

Besitz ist **tatsächliche Sachherrschaft** – unabhängig von einem Recht an oder auf die im Besitz stehende Sache. Der Besitz einer Sache ist also kein Recht, sondern ein Faktum ohne Zuweisungsgehalt (siehe unten § 18 Rn. 4).

77

> Auch der Dieb ist Besitzer, solange er die Sache in seinem Herrschaftsbereich hat. Dadurch ist ihm die Sache aber rechtlich noch nicht zugewiesen.

Daher ist der Besitz als solcher kein sonstiges Recht im Sinne des § 823 I BGB. Allerdings gibt es durchaus Besitzer, die, ohne Eigentümer zu sein, die Sache nutzen dürfen (z.B. Mieter, Pächter). Grundlage dieser über die tatsächliche Sachherrschaft hinausgehenden *rechtlichen* Befugnisse ist dann ein vom Eigentümer abgeleitetes **obligatorisches Recht zum Besitz**.

78

Der berechtigte Besitz – oder nach anderer Lesart: das obligatorische Besitzrecht – sind nach h.M. ein sonstiges Recht im Sinne des § 823 I BGB[97].

Hiergegen ließe sich nun einwenden, dass das obligatorische Besitzrecht zwar einen Zuweisungsgehalt habe, aber eben doch nur relativ zwischen dem Besitzer und dem Eigentümer (oder sonst dinglich Berechtigten) bestehe. Doch lässt sich dieser Einwand mit einem Hinweis auf die **Besitzschutzrechte und -ansprüche** (§§ 858 ff. BGB) entkräften. Der berechtigte Besitz hat folglich nicht nur einen Zuweisungsgehalt, sondern auch eine **Ausschlussfunktion**.

79

> Die §§ 858 ff. BGB sind zudem Schutzgesetze im Sinne des § 823 II BGB. Ausführlich zum sog. possessorischen Besitzschutz unten § 19.

Bei Fehlen eines Besitzrechts kommt eine Haftung nach § 823 I BGB **nicht** in Betracht. Auch zugunsten des nicht-berechtigten Besitzers greifen zwar die Besitzschutzrechte ein, doch fehlt es am Zuweisungsgehalt.

80

> Die **Gegenauffassung** will in bestimmten Fällen auch den unberechtigten Besitzer schützen. Dies soll namentlich für den **unverklagten und redlichen Besitzer** gelten, der seinen

---

[96] *Hager* in Staudinger, BGB, § 823 Rn. B 164 f.; *Spickhoff* in Soergel, BGB, § 823 Rn. 88; *Larenz/Canaris*, Schuldrecht II/2, § 76 II 4 g, S. 397 f.; *Canaris* in Festschrift Steffen, 1995, S. 85, 96; *Picker* in Festschrift Canaris, Band I, 2007, S. 1001, 1016 ff.; *v. Caemmerer* in Festschrift Rabel, Bd. I, 1954, S. 333, 355 f.; *Stoll*, AcP 162 (1963), 203, 211.
[97] BGHZ 137, 98 ff.; *Wagner* in MünchKomm. BGB, § 823 Rn. 157 mit zahlreichen Nachweisen.

Besitz **entgeltlich** erworben hat[98]. Dieser muss nach § 987 BGB die gezogenen Nutzungen nicht an den Eigentümer herausgeben. Hieraus wird der Schluss gezogen, dass in diesen Fällen auch der unberechtigte Besitz einen Zuweisungsgehalt habe. Dieser Schluss ist aber nicht zwingend: Dass der Besitzer die gezogenen Nutzungen *behalten* darf, bedeutet noch nicht, dass er die Sache auch *nutzen* darf[99].

81 § 823 I BGB schützt nicht nur den unmittelbaren, sondern auch den **mittelbaren Besitz**. Aus § 869 BGB folgt aber, dass dem mittelbaren Besitzer keine Besitzschutzrechte gegen den unmittelbaren Besitzer zustehen. Dies soll nach h.M. auch für deliktische Ansprüche gelten[100]. Begründet wird dies damit, dass der mittelbare Besitzer durch das Besitzmittlungsverhältnis und die hieraus resultierenden Ansprüche hinreichend geschützt sei.

82 Der **Mitbesitz**, also der gemeinsame Besitz mehrerer, wird sowohl im Verhältnis zu Dritten als auch im Verhältnis der Mitbesitzer geschützt. Zwar besteht nach § 866 BGB zwischen Mitbesitzern nur ein eingeschränkter Besitzschutz; doch wird diese Einschränkung von der h.M. nicht auf den deliktsrechtlichen Schutz übertragen[101].

Näher zu den verschiedenen Arten des Besitzes und den insoweit zu beachtenden Besonderheiten unten § 18 Rn. 10 ff.

i) Das allgemeine Persönlichkeitsrecht und seine Ausprägungen

Literatur: *Diederichsen,* Der deliktsrechtliche Schutz des Persönlichkeitsrechts, Jura 2008, 1; *Diringer,* Das allgemeine Persönlichkeitsrecht als Schutzgut des § 823 I BGB, Ad Legendum 2011, 178; *Ehmann,* Zur Struktur des allgemeinen Persönlichkeitsrechts, JuS 1997, 193; *ders.,* Das allgemeine Persönlichkeitsrecht, Jura 2011, 437; *Germann,* Das Allgemeine Persönlichkeitsrecht, Jura 2010, 734; *Hager,* Der Schutz der Ehre im Zivilrecht, AcP 196 (1996), 168; *Lettmaier,* Das allgemeine Persönlichkeitsrecht in der zivilrechtlichen Fallbearbeitung – zugleich Spiegel der neueren Rechtsprechung, JA 2008, 566; *Petersen,* Postmortaler Persönlichkeitsschutz, Jura 2008, 271; *Pils,* Ein neues Kapitel bei der Abwägung zwischen Pressefreiheit und Persönlichkeitsrecht?, JA 2008, 852; *Seifert,* Postmortaler Schutz des Persönlichkeitsrechts und Schadensersatz, NJW 1999, 1889; *Tettinger,* Der Recht der persönlichen Ehre in der Wertordnung des GG, JuS 1997, 769; *Wittreck,* Esra, Mephisto und Salomo, Jura 2009, 128.

Übungsfälle: *Brose/Ulber,* JuS 2012, 721; *Dubovitskaya/Gehlen,* JuS 2013, 528; *Heinemann/ v. Hassell,* JA 2005, 592; *Irrgang,* JA 2009, 340; *Kiehnle,* JuS 2006, 418; *Unterreitmeier,* JuS 2012, 923; *Vacca,* Jura 2010, 393.

---

[98] *Schiemann* in Erman, BGB, § 823 Rn. 43; *Teichmann* in Jauernig, BGB, § 823 Rn. 16; *Medicus/ Petersen,* Bürgerliches Recht, Rn. 607; *Looschelders,* Schuldrecht BT, Rn. 1217; ausführlich *Medicus,* AcP 165 (1965), 115, 120 ff.
[99] Zutreffend *Wandt,* Gesetzliche Schuldverhältnisse, § 16 Rn. 42; *Larenz/Canaris,* Schuldrecht II/2, § 76 II 4 f., S. 396; ähnlich *Wagner* in MünchKomm. BGB, § 823 Rn. 158.
[100] BGHZ 32, 194, 204 f.; BGHZ 62, 243, 248 ff.; *Spickhoff* in Soergel, BGB, § 823 Rn. 99; *Spindler* in BeckOK BGB, § 823 Rn. 85.
[101] BGHZ 62, 243, 248 ff.; *Spickhoff* in Soergel, BGB, § 823 Rn. 99; *Hager* in Staudinger, BGB, § 823 Rn. B 172; *Teichmann* in Jauernig, BGB, § 823 Rn. 16; *Looschelders,* Schuldrecht BT, Rn. 1218.

aa) Historische Entwicklung und dogmatische Grundlagen

Einen deliktsrechtlichen Schutz der Persönlichkeit hatten die Schöpfer des BGB erklärtermaßen nicht im Sinn. Die Aufnahme der „Ehre" in den Kreis der von § 823 I BGB benannten Rechtsgüter wurde zwar diskutiert, letztlich aber abgelehnt[102]. Die aus Ehrverletzungen resultierenden „ideellen" Schäden sollten nicht mit Geld aufgewogen werden können. Ein **deliktsrechtlicher Ehrschutz** wurde daher lediglich über die strafrechtlichen Beleidigungstatbestände (§§ 185 ff. StGB) gewährleistet, die von Beginn an als Schutzgesetze im Sinne des § 823 II BGB angesehen wurden. Demgemäß hat das RG es abgelehnt, Persönlichkeitsrechte als sonstige Rechte im Sinne des § 823 I BGB anzusehen[103]. 83

Allerdings wurde die gesetzgeberische Entscheidung gegen einen deliktsrechtlichen Persönlichkeitsschutz ein halbes Jahrhundert später durch die Einführung des Grundgesetzes überholt. **Art. 1 I GG** erklärt die Menschenwürde für unantastbar und enthält insoweit zugleich einen Handlungsauftrag an Legislative, Exekutive und Judikative. **Art. 2 I GG** betont das Recht eines jeden auf die freie Entfaltung seiner Persönlichkeit. Aus dem **Zusammenspiel beider Vorschriften** ergibt sich ein **allgemeines Persönlichkeitsrecht**[104], das vom BGH erstmals in seiner „Leserbrief"-Entscheidung[105] im Jahr 1954 ausdrücklich anerkannt wurde. Zwei Jahre später stellte der BGH in der „Paul Dahlke"-Entscheidung[106] (von der bereits oben § 4 Rn. 23 die Rede war) klar, was mittlerweile allgemeine Auffassung ist: 84

> Zu den sonstigen Rechten im Sinne des § 823 I BGB zählt auch das verfassungsrechtlich durch Art. 2 I i.V.m. 1 I GG verbürgte **allgemeine Persönlichkeitsrecht** samt seiner spezialgesetzlichen Ausprägungen.

In der Folgezeit entwickelte das BVerfG das allgemeine Persönlichkeitsrecht zu einem weitreichenden Grundrecht mit **mannigfaltigen Ausprägungen** fort. 85

- Einige dieser Ausprägungen sind **gesetzlich geregelt**, etwa das Namensrecht in § 12 BGB, das Recht am eigenen Bild (§§ 22 f. KUG = Kunsturhebergesetz) und das Urheberpersönlichkeitsrecht (§ 11 UrhG).
- Andere Ausprägungen sind bis heute **nicht kodifiziert**, so etwa das Recht auf informationelle Selbstbestimmung[107] oder das vom BVerfG erst vor kurzem herausgearbeitete Recht auf Gewährleistung der Vertraulichkeit und Integrität in-

---

[102] Vgl. Protokolle zum BGB in *Mugdan*, Die gesammelten Materialien zum BGB für das Deutsche Reich, Bd. II, 1899, S. 1297.
[103] RGZ 69, 401, 403 f. – „Nietzsche-Briefe".
[104] Vgl. jüngst etwa BVerfGE 120, 274, 302. Zahlreiche Nachweise finden sich bei *Jarass* in Jarass/Pieroth, GG, 12. Aufl. 2012, Art. 2 Rn. 36 ff.
[105] BGHZ 13, 334 ff.
[106] BGHZ 20, 345 ff.
[107] BVerfGE 96, 171, 181; BVerfGE 115, 166, 187; BVerfGE 118, 168, 184.

formationstechnischer Systeme[108], ferner das Recht am eigenen Wort[109] und das Recht auf Kenntnis der personalen Identität[110].

Klausurhinweis: Hat das allgemeine Persönlichkeitsrecht seinen Niederschlag in gesetzlichen Regelungen gefunden, so sollten diese in der gutachterlichen Prüfung auch berücksichtigt werden. Insbesondere dürfen die gesetzgeberischen Wertungen nicht durch den Rekurs auf das allgemeine Persönlichkeitsrecht unterlaufen werden – vorausgesetzt natürlich, dass die gesetzliche Regelung ihrerseits mit Art. 2 I i.V.m. 1 I GG vereinbar ist. *In diesem Sinne* ist das allgemeine Persönlichkeitsrecht subsidiär gegenüber seinen speziellen Ausprägungen[111].

bb) Offener Tatbestand („Rahmenrecht")

86 Das Persönlichkeitsrecht wird zumeist als „Rahmenrecht" bezeichnet[112], das einen „offenen Tatbestand" habe[113]. Was ist damit gemeint? Art. 2 I GG gewährt das Recht auf freie Entfaltung der Persönlichkeit nicht schrankenlos, sondern nur innerhalb der verfassungsmäßigen Ordnung und auch nur, soweit nicht die „Rechte anderer" verletzt werden[114]. Gemeint sind damit insbesondere die **Grundrechte anderer**, wie z.B. das Recht auf Meinungs- und Pressefreiheit (Art. 5 I GG). Diese ebenfalls verfassungsrechtlich verbürgten Positionen beschränken also das Persönlichkeitsrecht. Anders formuliert:

> Nicht jeder *Eingriff* in den Schutzbereich des allgemeinen Persönlichkeitsrechts stellt auch eine *Verletzung* desselben dar. Ob eine Verletzung vorliegt, ist vielmehr anhand einer **umfassenden Güter- und Interessenabwägung** zu ermitteln[115].

---

[108] BVerfGE 120, 274, 303.
[109] BVerfG, NJW 1992, 815 ff.
[110] BVerfGE 79, 256, 268 f.; BVerfGE 96, 56, 63.
[111] BGHZ 80, 311, 319; kritisch *Larenz/Canaris*, Schuldrecht II/2, § 80 I 6 a, S. 496 f.
[112] So etwa BGHZ 169, 193, 196; *Brox/Walker*, Schuldrecht BT, § 41 Rn. 52; *Looschelders*, Schuldrecht BT, Rn. 1238; *Medicus/Lorenz*, Schuldrecht II, Rn. 1308; *Fuchs/Pauker*, Delikts- und Schadensersatzrecht, S. 46.
[113] So beispielsweise *Wandt*, Gesetzliche Schuldverhältnisse, § 16 Rn. 60; *Sprau* in Palandt, BGB, § 823 Rn. 25.
[114] Art. 1 I GG erwähnt als Schranke auch das „Sittengesetz". Mit den Worten *di Fabios* (in Maunz/Dürig, GG, 67. Erg. 2013, Art. 2 Rn. 45): „[...] verweist der Begriff des Sittengesetzes auf einen Normenkomplex, welcher nicht erst durch positiv-rechtliche Kodifizierung entsteht, sondern von der Verfassung als gegeben vorausgesetzt wird und somit dieser in gewissem Sinne vorausliegt." – Es geht also um eine absolut gültige, nicht durch Menschen gesetzte Normordnung. Die Existenz einer solchen Normenordnung lässt sich aber meines Erachtens *nicht begründen*. Kurz gesagt: Das Sittengesetz, das die Väter des GG vor Augen hatten, gibt es nicht. Dies näher darzulegen, ist hier aber nicht der richtige Ort.
[115] Vgl. BGHZ 45, 296, 307 f.; BGHZ 50, 133, 143 f.; BGHZ 73, 120, 124; BGHZ 156, 211 ff.; BGHZ 161, 268 ff.; *Teichmann* in Jauernig, BGB, § 823 Rn. 69; *Wandt*, Gesetzliche Schuldverhältnisse, § 16 Rn. 60.

II. Rechtsgutverletzung

Bei dieser Abwägung sind **einerseits** die Art und Intensität des Eingriffs und die Folgen für den Betroffenen, **andererseits** die Grundrechte und Interessen des Eingreifenden, aber auch die Interessen der Allgemeinheit zu berücksichtigen.

87

> **Hinweis:** Wo diese Abwägung im Fallaufbau zu verorten ist, wird nicht einheitlich beantwortet. Bisweilen wird die Frage, ob der Eingriff in das Persönlichkeitsrecht widerrechtlich war, auf der Ebene der Rechtswidrigkeit diskutiert[116]. Diese sei, anders als bei der Verletzung der ausdrücklich in § 823 I BGB benannten Rechtsgüter, nicht indiziert, sondern müsse in jedem Einzelfall positiv festgestellt werden[117]. Dabei seien insbesondere grundrechtlich geschützte Güter und Interessen des Eingreifenden zu berücksichtigen. Meines Erachtens ist dies allerdings bereits beim Prüfungspunkt „Rechtsgutverletzung" von Bedeutung: **Nur der widerrechtliche Eingriff in das Persönlichkeitsrecht ist als Verletzung desselben anzusehen.**

Bei der Güter- und Interessenabwägung kommt man – schon wegen der erforderlichen Gewichtung der verschiedenen Positionen – nicht ohne **Wertungen** aus. Ob eine Verletzung des Persönlichkeitsrechts vorliegt, die eine Haftung nach § 823 I BGB nach sich zieht, ist daher letztlich immer auch vom Einzelfall abhängig. Allerdings sind Rechtsprechung und Schrifttum bemüht, den Schutzbereich des Persönlichkeitsrechts zu konkretisieren und Wertungswidersprüche zu vermeiden. Hierbei hilft die Bildung von **Fallgruppen**.

88

Es ist ohne Weiteres einsichtig, dass nicht jede Ausprägung des Persönlichkeitsrechts in gleichem Maße vor Eingriffen geschützt werden muss. Manche Angelegenheiten sind nun einmal „privater als andere".

89

> Ein plakatives **Beispiel:** Eine Zeitung veröffentlicht zwei Fotos, auf denen jeweils Politiker P zu sehen ist. Das eine Foto zeigt ihn auf einer Parteiveranstaltung, das andere unter der Dusche. – Während die Parteiveranstaltung in der Öffentlichkeit stattfindet, die P als Politiker auch bewusst gesucht hat, ist das Duschen ein höchst *privater*, ja sogar *intimer* Vorgang.

Es lassen sich **Sphären des Privaten** unterscheiden, die eine *abgestufte* Schutzintensität genießen[118]:

90

- Die **Intimsphäre** betrifft den „Kernbereich privater Lebensgestaltung". Hier geht es beispielsweise um Tagebucheinträge, das Sexualleben oder Nacktaufnahmen. Die Intimsphäre genießt den höchsten Schutz. Sie soll von Eingriffen, sei es nun durch den Staat oder Privatpersonen, absolut geschützt werden. Für eine Abwägung ist daher hier in der Regel kein Raum.
- Die **Privatsphäre** umfasst den häuslichen, familiären oder in sonstiger Weise der Öffentlichkeit entzogenen Lebensbereich, allerdings noch immer mit sozialen Bezügen (z.B. Familie). Geschützt wird ein autonomer Bereich privater Lebens-

---

[116] So etwa *Looschelders*, Schuldrecht BT, Rn. 1233; *Fuchs/Pauker*, Delikts- und Schadensersatzrecht, S. 46.
[117] BGHZ 13, 334, 338; *Kötz/Wagner*, Deliktsrecht, Rn. 408; *Looschelders*, Schuldrecht BT, Rn. 1238; differenzierend *Larenz/Canaris*, Schuldrecht II/2, § 80 II, S. 498 ff.; a.A. *Wiese* in Festschrift Duden, 1977, S. 724.
[118] Zum Folgenden siehe etwa *Staudinger* in Handkomm. BGB, § 823 Rn. 99, *di Fabio* in Maunz/Dürig, GG, 67. Erg. 2013, Art. 2 Rn. 157 ff.; *Degenhart*, JuS 1992, 361, 362.

gestaltung, wozu beispielsweise die vertrauliche Kommunikation im Familienkreis zählt.
- Die **Sozialsphäre** betrifft die gesamte Teilnahme am öffentlichen Leben. Hier geht es vor allem um den Schutz des Ansehens, das der Einzelne in der Gesellschaft genießt. In der Sozialsphäre ist die Schutzintensität am geringsten. Vereinfacht gesagt: Wer sich in Gesellschaft begibt, setzt sich ihr auch aus.

Hinweis: Die Sphären gehen fließend ineinander über, sodass eine genaue Einordnung nicht immer möglich ist. Bisweilen werden auch nicht nur drei, sondern vier oder sogar mehr Sphären unterschieden[119]. Ohnehin ist diese Kategorisierung nur ein Hilfsmittel. Die Verortung der im konkreten Fall betroffenen Rechtsposition ist, sofern nicht die Intimsphäre berührt wird, nur ein erster Schritt bei der vorzunehmenden Abwägung.

cc) Schutz gegen mediale Berichterstattung

91 Aufgrund des mannigfaltigen Schutzbereichs des allgemeinen Persönlichkeitsrechts kann in dieses auf ganz unterschiedliche Weise eingegriffen werden. Praktisch von besonderer Relevanz sind Eingriffe durch die **mediale Berichterstattung** über eine Person – sei es in Zeitungen oder Zeitschriften, im Fernsehen oder im Internet. Hier wird das Spannungsfeld zwischen Persönlichkeitsschutz einerseits, Rechten und Interessen Dritter und der Allgemeinheit andererseits besonders deutlich.

92 Die Berichterstattung kann unterschiedliche Ausprägungen des Persönlichkeitsrechts *berühren* (ob eine Verletzung vorliegt, ist in einem weiteren Schritt zu ermitteln): Das **Recht auf informationelle Selbstbestimmung** ist betroffen, wenn persönlichkeitsbezogene Daten und Informationen gegen den Willen des Betroffenen beschafft oder verbreitet werden.

Beispiele: Öffentliches Outing als homosexuell; Beschaffen einer Krankenakte; Verwanzen einer Wohnung; Mitschneiden eines Telefongesprächs.

93 Einen Eingriff in das **Recht am eigenen Bild** stellt es dar, wenn der Betroffene gegen seinen Willen abgebildet wird.

Beispiele: Abdruck von Fotografien, die den Betroffenen in öffentlichen oder privaten Situationen zeigen.

94 Das **Recht am eigenen Wort** soll gewährleisten, dass mündliche oder schriftliche Äußerungen des Betroffenen nicht ohne seine Zustimmung veröffentlicht werden; ferner aber auch, dass ihm keine Worte „in den Mund gelegt" werden.

Beispiele: Veröffentlichung von Tagebucheinträgen, eines heimlich aufgenommenen Telefongesprächs oder eines erfundenen Interviews.

95 Um den **Ehrschutz** geht es schließlich, wenn im Rahmen der Berichterstattung unwahre Tatsachen oder ehrverletzende Werturteile verbreitet werden und der Betroffene dadurch in seinem sozialen Geltungsanspruch verletzt wird. Die Beispiele zeigen, dass es auch bezüglich der verschiedenen Spielarten des allgemeinen Persönlichkeitsrechts zu Überschneidungen kommen kann.

---

[119] Vgl. etwa *Diederichsen*, Jura 2008, 1, 2.

> Eine **Verletzung** des Persönlichkeitsrechts liegt aber nur vor, wenn die anzustellende Güter- und Interessenabwägung ergibt, dass dem **Schutz der Persönlichkeit** der *Vorrang* einzuräumen ist vor der **Meinungs- und Pressefreiheit** sowie dem Interesse der Allgemeinheit an der Berichterstattung.

96

Bei der **Abwägung** ist auch zu fragen, welche wirtschaftlichen, sozialen und persönlichen Folgen die Berichterstattung für den Betroffenen hat und welche Sphäre (oben Rn. 90) betroffen ist. Dabei reicht der Schutz gegen Wortberichterstattung weniger weit als der Schutz gegen Bildberichterstattung[120].

Für die **Wortberichterstattung** gilt: Das allgemeine Persönlichkeitsrecht schützt nicht *per se* davor, in einem Pressebericht individualisiert genannt zu werden[121]. Eine Persönlichkeitsrechtsverletzung ist aber dann zu bejahen, wenn die Berichterstattung durch ihren Inhalt oder die Art der Informationsbeschaffung die Intimsphäre des Betroffenen verletzt (siehe oben Rn. 90) oder nachweislich unwahre Tatsachen verbreitet werden[122]. Werturteile werden als Meinungen grundsätzlich durch Art. 5 I GG geschützt und sind daher im Zweifel zulässig, sofern sie auch als solche erkennbar sind. Anders ist zu entscheiden, wenn der Betroffene diskriminiert oder als Person herabgesetzt wird[123].

97

Zu beachten ist dabei, dass Aussagen *zugleich* Tatsachenbehauptungen und Meinungsäußerungen sein können.

Die **Bildberichterstattung** stellt hingegen grundsätzlich einen Eingriff in das allgemeine Persönlichkeitsrecht dar, der der Rechtfertigung bedarf[124]. Hierzu werden die §§ 22 f. KUG herangezogen: Danach dürfen Bildnisse zwar grundsätzlich nur mit Einwilligung des Abgebildeten verbreitet werden, doch bedarf es der Einwilligung nicht bei „Bildnissen aus dem Bereiche der Zeitgeschichte" (§ 23 I Nr. 1 KUG), es sei denn, dass hierdurch ein „berechtigtes Interesse" des Abgebildeten verletzt wird. Hieran anknüpfend entwickelte die Rechtsprechung die Differenzierung zwischen absoluten und relativen Personen der Zeitgeschichte[125].

98

- Als **absolute Personen der Zeitgeschichte** wurden Persönlichkeiten angesehen, die sich aufgrund ihrer Abstammung, Ämter, Leistungen, aber auch Untaten positiv oder negativ aus dem Kreis der Mitmenschen hervorhoben[126].

---

[120] BGHZ 187, 200, 203 ff.
[121] BGHZ 187, 200, 207; OLG Brandenburg NJW 1996, 1002 f.
[122] *Larenz/Canaris*, Schuldrecht II/2, § 80 II 4 b, S. 504.
[123] Vgl. dazu *Bamberger* in BeckOK BGB, § 12 Rn. 177, 182 ff.
[124] BGHZ 132, 332 ff.; BGHZ 187, 200, 205.
[125] BGHZ 171, 275, 278 ff.
[126] BGHZ 171, 275, 278 f.; BVerfGE 101, 361, 392.

Beispiele: Mitglieder von Königshäusern; Spitzensportler; Politiker; berühmte Musiker und Schauspieler.

- **Relative Personen der Zeitgeschichte** sollten hingegen Personen sein, die nur in Zusammenhang mit einem bestimmten Ereignis in den Blick der Öffentlichkeit geraten sind[127].

Beispiele: Täter und Opfer von Straftaten; Zeugen; Unfallopfer; Familienangehörige und Lebensgefährten von absoluten Personen der Zeitgeschichte.

99 Anhand dieser Unterscheidung entwickelte die Rechtsprechung ein **abgestuftes System**, das absoluten Personen der Zeitgeschichte einen deutlich geringeren Persönlichkeitsschutz zu Teil werden ließ, weil hier *per se* ein starkes Informationsinteresse der Öffentlichkeit angenommen wurde[128]. Nach dieser Auffassung mussten es absolute Personen der Zeitgeschichte grundsätzlich hinnehmen, dass über sie berichtet wurde, sofern die Aufnahmen in einem der Öffentlichkeit zugänglichen Bereich getätigt wurden[129].

Die Unterscheidung wurde vom BGH und später auch dem BVerfG insbesondere in den sog. **„Caroline von Monaco"-Urteilen** herangezogen[130]. *Caroline,* Tochter von *Fürst Rainier III. von Monaco,* hatte sich in mehreren zivilrechtlichen Verfahren gegen die Berichterstattung deutscher Boulevardzeitschriften zur Wehr gesetzt. Die angegriffenen Artikel enthielten Fotos aus ihrem Privatleben, die sie unter anderem beim Skifahren, Reiten und Einkaufen zeigten. BGH und BVerfG sahen das Persönlichkeitsrecht als nicht verletzt an, da *Caroline* eine absolute Person der Zeitgeschichte sei und das Informationsinteresse der Öffentlichkeit überwogen habe. Hiergegen legte *Caroline* Beschwerde beim Europäischen Gerichtshof für Menschenrechte (EGMR) ein. Dieser verwarf die von den deutschen Gerichten getroffene Unterscheidung zwischen absoluten und relativen Personen der Zeitgeschichte und erkannte hierin einen Verstoß gegen Art. 8 der Europäischen Menschenrechtskonvention (EMRK).[131]

Hinweis: Die EMRK hat nur den Rang eines einfachen Bundesgesetzes. Die Entscheidungen des EGMR sind für die deutschen Gerichte rechtlich nicht bindend, da der EGMR keine verfassungsrechtlich verankerte Kompetenz hat. Dennoch verlangt das BVerfG, dass die Fachgerichte die EMRK und Urteile des EGMR bei ihren Entscheidungen berücksichtigen[132]. **Achtung:** Die EMRK ist keine Rechtsquelle der EU, sondern ein eigenständiger völkerrechtlicher Vertrag, den die Bundesrepublik Deutschland ratifiziert hat. Demgemäß ist der EGMR kein Gericht der EU – und nicht mit EuGH oder EuG zu verwechseln!

100 Die Entscheidung des EGMR führte in der deutschen Judikatur zu einer **Kehrtwende**. Der BGH hat seither die Differenzierung zwischen absoluten und relativen Personen der Zeitgeschichte aufgegeben. Anknüpfend an den Wortlaut des § 23 I Nr. 1 KUG („Bildnissen aus dem Bereiche der Zeitgeschichte") verlangt das Ge-

---

[127] BGHZ 156, 206, 209 f.; BGHZ 171, 275, 279.
[128] BGHZ 131, 332, 336.
[129] Vgl. BGHZ 131, 332, 336.
[130] BGHZ 128, 1 ff. – „Caroline von Monaco I"; BGH NJW 1996, 984, 985 – „Caroline von Monaco II"; im Wesentlichen als verfassungskonform bestätigt durch BVerfGE 101, 361 ff.
[131] EGMR NJW 2004, 2647 ff.
[132] Vgl. BVerfG NJW 2004, 3407 ff.; BVerfG NJW 2005, 2685, 2688; BVerfG NJW 2008, 1793, 1795.

richt nunmehr stets einen **Bezug zur Zeitgeschichte**[133]. Doch dürfe der Begriff der Zeitgeschichte nicht zu eng verstanden werden.

> In **BGHZ 171, 275, 281 f.** heißt es: „[…] im Hinblick auf den Informationsbedarf der Öffentlichkeit umfasst er nicht nur Vorgänge von historisch-politischer Bedeutung, sondern ganz allgemein das Zeitgeschehen, also alle Fragen von allgemeinem gesellschaftlichen Interesse, und wird mithin vom Interesse der Öffentlichkeit bestimmt. Auch durch unterhaltende Beiträge kann nämlich Meinungsbildung stattfinden; solche Beiträge können die Meinungsbildung unter Umständen sogar nachhaltiger anregen und beeinflussen als sachbezogene Informationen […]. Zum Kern der Presse- und der Meinungsbildungsfreiheit gehört es, dass die Presse in den gesetzlichen Grenzen einen ausreichenden Spielraum besitzt, innerhalb dessen sie nach ihren publizistischen Kriterien entscheiden kann, was öffentliches Interesse beansprucht, und dass sich im Meinungsbildungsprozess herausstellt, was eine Angelegenheit von öffentlichem Interesse ist […]. Deshalb muss die Presse zur Wahrnehmung ihrer meinungsbildenden Aufgaben nach publizistischen Kriterien selbst entscheiden dürfen, was sie des öffentlichen Interesses für wert hält."

Der BGH verlangt nunmehr für jeden Einzelfall eine **Abwägung zwischen dem Informationsinteresse der Öffentlichkeit und dem Interesse des Abgebildeten am Schutz seiner Privatsphäre**[134]. **101**

> „Je größer der Informationswert für die Öffentlichkeit ist, desto mehr muss das Schutzinteresse desjenigen, über den informiert wird, hinter den Informationsbelangen der Öffentlichkeit zurücktreten. Umgekehrt wiegt aber auch der Schutz der Persönlichkeit des Betroffenen desto schwerer, je geringer der Informationswert für die Allgemeinheit ist. Das Interesse der Leser an bloßer Unterhaltung hat gegenüber dem Schutz der Privatsphäre regelmäßig ein geringeres Gewicht und ist nicht schützenswert […]."[135]

> Dabei kommt es entscheidend auf die Umstände des Einzelfalles an, wie **BGHZ 177, 119** anschaulich zeigt: *Heide Simonis*, die ehemalige Ministerpräsidentin des Landes Schleswig-Holstein, hatte gegen den Verleger der „Bild"-Zeitung u. a. Unterlassung des Abdrucks von Fotos verlangt, die sie beim Einkaufen zeigten. Nach Auffassung des BGH überwog insoweit aber das öffentliche Informationsinteresse das Interesse von *Simonis* an Anonymität. Dabei stellte das Gericht insbesondere darauf ab, dass *Simonis* während ihrer Zeit als Ministerpräsidentin eine derartige Berichterstattung gebilligt habe und dass die Fotos an dem Tag entstanden seien, an dem ihre beabsichtigte Wiederwahl im schleswig-holsteinischen Landtag scheiterte. Es habe ein Interesse der Öffentlichkeit daran bestanden, darüber informiert zu werden, wie *Simonis* den Verlust ihrer Stellung als Ministerpräsidentin bewältige und wie sie ihr Leben nach dem Abschied aus der Politik gestalte.

Bereits vor der Entscheidung des EGMR hatte das BVerfG übrigens eine wichtige Einschränkung vorgenommen[136]. Dem **Schutzbedürfnis von Kindern und Jugendlichen** komme bei der Abwägung ein besonderes Gewicht zu. Diese können durch die mediale Berichterstattung in besonderem Maße in ihrer Persönlichkeitsentwicklung beeinträchtigt werden. Daher stellen veröffentlichte Fotos, die Promi- **102**

---

[133] BGHZ 171, 275, 281; BGH NJW 2005, 594 ff.; BGH NJW 2006, 599 ff.; BGH NJW 2007, 1981 ff.
[134] So BGHZ 171, 275, 282.
[135] BGHZ 171, 275, 282 f.
[136] BVerfGE 101, 361, 385 f.; BVerfG NJW 2000, 2191 ff.; BVerfG NJW 2003, 3262 ff.

nente mit ihren minderjährigen Kindern zeigen, in der Regel einen Verstoß gegen das Persönlichkeitsrecht der Kinder dar[137].

dd) Unbefugte Verwertung vermögenswerter Persönlichkeitsrechte

103 Das Persönlichkeitsrecht dient in „erster Linie dem Schutz ideeller Interessen, insbesondere dem Schutz des Wert- und Achtungsanspruchs der Persönlichkeit"[138].

> Doch hat das Persönlichkeitsrecht darüber hinaus auch einen **Vermögenswert**, der ausschließlich der betreffenden Person zugewiesen ist. Jeder kann über die kommerzielle Nutzung seiner Persönlichkeitsrechte selbst entscheiden.

104 Dies hat der BGH bereits im „Paul Dahlke"-Urteil[139] (oben Rn. 84 und § 4 Rn. 23) für das Recht am eigenen Bild entschieden. Dieses sei ein „**vermögenswertes Ausschließlichkeitsrecht**". Als solches kann es anderen zur **wirtschaftlichen Verwertung** entgeltlich zu Verfügung gestellt werden. Wer ohne Zustimmung des Betroffenen dessen Bild zu wirtschaftlichen Zwecken (insbesondere Werbung) verwendet, verletzt dessen Persönlichkeitsrecht und macht sich schadensersatzpflichtig (siehe unten Rn. 110 ff.).

> In seinem „**Herrenreiter**"-Urteil[140] aus dem Jahr 1958 hat der BGH entschieden, dass dies nicht nur für die Abbildung von Prominenten gilt: Der Kläger, ein der breiten Öffentlichkeit nicht bekannter Herrenreiter (= Dressurreiter), war bei einem Reitturnier im Sattel seine Pferdes sitzend fotografiert worden. Die Beklagten verwendeten ohne Zustimmung des Klägers das Foto für eine Werbekampagne für das von ihr produzierte Potenzmittel „Okasa". – Der BGH sah zutreffend das Persönlichkeitsrecht des Klägers als verletzt an und gewährte ihm einen Schadensersatzanspruch für den erlittenen immateriellen Schaden (dazu sogleich Rn. 113 ff.).

105 Für die unbefugte Verwertung des Namens und anderer kennzeichnender Persönlichkeitsmerkmale (z.B. der Stimme) kann nichts anderes gelten; auch diese stellen eine Verletzung des Persönlichkeitsrechts dar. Auf die Schwere des Eingriffs kommt es dabei nicht an, da das **wirtschaftliche Interesse des Schädigers stets hinter das Interesse des Betroffenen zurücktritt**. Anders als bei der Presseberichterstattung wird der Persönlichkeitsschutz hier nicht durch Art. 5 I GG und das Informationsinteresse der Allgemeinheit (oben Rn. 96, 100) beschränkt.

> **Zur Erinnerung:** Neben Ansprüchen aus § 823 I BGB sind bei der unbefugten Verwendung vermögenswerter Persönlichkeitsrechte in der Regel auch Ansprüche aus Eingriffskondiktion (§ 812 I 1 Alt. 2 BGB) gegeben (siehe oben § 4 Rn. 23 f.).

---

[137] Siehe etwa BGHZ 160, 298 ff.; vgl. aber auch BVerfG NJW 2012, 1500 – „Ochsenknecht".
[138] BGHZ 143, 214, 218.
[139] BGHZ 20, 345 ff.
[140] BGHZ 26, 349 ff.

II. Rechtsgutverletzung

Die vermögenswerten Persönlichkeitsrechte können zwar zu Lebzeiten nicht von der Person abgespalten werden[141], wirken aber über den Tod hinaus. Sie sind **vererblich** und gehen daher mit dem Tod auf die Erben über[142].

106

> In **BGHZ 143, 214 ff.** machte die Tochter von *Marlene Dietrich* Schadensersatzansprüche gegen einen Musicalproduzenten geltend, der Namen und Bildnis ihrer Mutter ohne ihre Zustimmung verwendet hatte. – Der BGH argumentierte, dass die entsprechenden Persönlichkeitsrechte mit dem Tod *Marlene Dietrichs* auf deren Tochter als Alleinerbin übergegangen seien. Folglich habe nur diese über die kommerzielle Verwertung zu entscheiden. Die postmortale Verletzung des Persönlichkeitsrechts begründe daher Schadensersatzansprüche der Tochter.
>
> In der „Marlene Dietrich"-Entscheidung hat der BGH zugleich aber auch betont[143], dass der **postmortale Persönlichkeitsschutz nur zeitlich begrenzt** gelte: Insbesondere könne der Schutz kommerzieller Interessen zeitlich nicht über den Schutz der ideellen Interessen an der Persönlichkeit hinaus reichen. Einen Anhaltspunkt bietet insofern die Zehn-Jahres-Frist des § 22 S. 2 KUG.

Der BGH hat jüngst zudem entschieden, dass die **Berichterstattung über Verstorbene** nur unter engen Voraussetzungen Ersatzansprüche der Erben begründet.

107

> In **BGH NJW 2012, 1728** machten die Kläger Schadensersatz- und Bereicherungsansprüche gegen den Verleger der „Bild"-Zeitung geltend. Die damals 32-jährige kinderlose und nicht verheiratete Tochter der Kl. war schuldlos in einen Verkehrsunfall verwickelt worden, bei dem ihr Fahrzeug von einem entgegenkommenden Fahrzeug erfasst und von der Straße eine Böschung hinuntergestoßen wurde. Sie erlag noch an der Unfallstelle ihren schweren Verletzungen. In dem Fahrzeug des Unfallverursachers hatte sich als Beifahrer der damals insbesondere wegen seiner Teilnahme am „Eurovision Song Contest 2004" bekannt gewordene Musiker *Max Mutzke* befunden. Fahrer und Beifahrer dieses Fahrzeugs überlebten den Unfall. Zwei Tage nach dem Unfall wurde ein Mitarbeiter der „Bild" bei den Klägern vorstellig und bat an der Haustür um Informationen über die Getötete und ein Foto von ihr. Die Kläger verweigerten jegliche Angaben und erklärten ausdrücklich, dass sie kein Foto zur Verfügung stellen wollten und mit einer Veröffentlichung eines Fotos ihrer Tochter in der „Bild" nicht einverstanden seien. In der Folge beschaffte sich die „Bild" von unbekannter dritter Seite eine Porträtaufnahme der Getöteten. Dieses Foto veröffentlichte die Beklagte jeweils in Verbindung mit ausführlichen Berichten über die an dem Unfall beteiligten Personen und den Unfallhergang in den genannten Zeitungen. In dem Beitrag in der „Bild" wurde auch über diverse Einzelheiten aus dem Privatleben der Getöteten berichtet, unter anderem von einer zum Unfallzeitpunkt bestehenden Schwangerschaft.
>
> - Der BGH hat **Anspruch auf eine Geldentschädigung** abgelehnt, weil das Persönlichkeitsrecht der Eltern nicht verletzt sei. „Gegen Eingriffe in das Persönlichkeitsrecht kann nur der unmittelbar Verletzte, nicht auch derjenige vorgehen, der von den Fernwirkungen eines Eingriffs in das Persönlichkeitsrecht eines anderen nur mittelbar belastet wird, solange diese Auswirkungen nicht auch als Verletzung des eigenen Persönlichkeitsrechts zu qualifizieren sind. Eine Verletzung des postmortalen Schutzbereichs Verstorbener verletzt für sich genommen noch nicht die Würde der Angehörigen, sodass allein die Abbildung der Tochter [...] nicht in das Persönlichkeitsrecht der Kläger eingreift. Selbst aus einer spezifischen Kränkung der Familie würde noch kein eigener

---

[141] BGHZ 143, 214, 220; dazu *Staudinger*, Jura 2001, 241, 245 ff.
[142] BGHZ 143, 214, 220 ff.
[143] BGHZ 143, 214, 227 f.

Anspruch auf eine Geldentschädigung erwachsen. Erforderlich ist vielmehr, dass mit der Verletzung des Persönlichkeitsschutzes des Verstorbenen zugleich das Persönlichkeitsrecht des Angehörigen unmittelbar tangiert wird [...]"[144].
- Auch einen **Anspruch auf eine angemessene Lizenzgebühr** hat der BGH verneint. Anders als in der „Marlene Dietrich"-Entscheidung gehe es der Presse bei der Berichterstattung über (zuvor der Öffentlichkeit nicht bekannte) Unfallopfer nicht um die Anmaßung kommerzieller Verwertungsbefugnisse. Vielmehr stehe das Berichterstattungsinteresse im Vordergrund. Die möglicherweise bestehende Absicht, durch die Gestaltung der Nachricht mit einem Bild des Betroffenen zusätzlichen Gewinn durch eine Steigerung der Auflage zu erzielen, sei hingegen nur ein mitwirkendes Element[145].

ee) Weitere Fallgruppen

108 Die weiteren Fallgruppen sind vielgestaltig[146]: Die **Verbreitung unwahrer oder entstellter Tatsachenbehauptungen** und Eingriffe in das Recht auf informationelle Selbstbestimmung stellen auch außerhalb der Presseberichterstattung regelmäßig eine Verletzung des Persönlichkeitsrechts dar. Entsprechendes gilt für **ehrverletzende Werturteile**. Allerdings ist insoweit die Meinungsfreiheit (Art. 5 I GG) in die Abwägung einzubeziehen.

Beispiel: *Jens Lehmann*, ehemaliger Torwart der Deutschen Fußballnationalmannschaft, hatte die Spielweise von *Tim Wiese*, ebenfalls Torwart mit Länderspielerfahrung, öffentlich kritisiert. Gegenüber einem Journalisten äußerte *Wiese* daraufhin über *Lehmann*: „Der Mann gehört auf die Couch. Vielleicht wird ihm da geholfen. Einweisen – am besten in die Geschlossene!" – Das LG München[147] sah hierin noch keine Persönlichkeitsrechtsverletzung und wies die Klage *Lehmanns* auf Schmerzensgeld ab. Das Gericht führte aus: „Wird von der Meinungsfreiheit nicht zum Zweck privater Auseinandersetzung, sondern zur Bildung der öffentlichen Meinung in einer die Allgemeinheit berührenden Frage Gebrauch gemacht, so spricht die Vermutung für die Zulässigkeit der freien Rede [...]. Es findet im Rahmen der Meinungsfreiheit keine Niveaukontrolle statt. Auch pointierte und unsachliche Äußerungen werden von der Meinungsfreiheit gedeckt. Dies gilt grundsätzlich auch dann, wenn diese Kritik in scharfer und überspitzter Form vorgetragen wird. In Fällen dieser Art kann das allgemeine Persönlichkeitsrecht in der Regel keinen Vorrang gegenüber der Meinungsfreiheit beanspruchen." – Man mag die Entscheidung im Ergebnis für richtig oder falsch halten; jedenfalls belegt sie eindrücklich das Spannungsverhältnis zwischen den verschiedenen grundrechtlich geschützten Positionen.

109 **Diskriminierung** und Mobbing (z.B. am Arbeitsplatz) können den personalen Achtungsanspruch verletzen. Auch **Belästigung oder sonstige Störungen** der Privat- oder Intimsphäre können als Verletzung des Persönlichkeitsrechts anzusehen sein. Allerdings muss hier eine gewisse Erheblichkeitsschwelle überschritten sein.

---

[144] BGH NJW 2012, 1728 f.
[145] BGH NJW 2012, 1728, 1730; kritisch insoweit *Mäsch*, JuS 2012, 646, 648.
[146] Vgl. etwa *Bamberger* in BeckOK BGB, § 12, Rn. 93 ff.; *Rixecker* in MünchKomm. BGB, Anh. zu § 12 Rn. 1 ff.
[147] LG München, ZUM 2011, 874 ff.

II. Rechtsgutverletzung

Bejaht wurde dies **beispielsweise** für das Einwerfen von Werbung in einen Wohnungsbriefkasten, obwohl auf diesem deutlich ein Aufkleber mit der Beschriftung „Keine Werbung" aufgebracht war[148] (siehe dazu auch unten § 13 Rn. 9).

ff) Ersatz von Vermögensschäden

Bei einer Verletzung von Persönlichkeitsrechten kann der Betroffene vom Schädiger, sofern diesen ein Verschulden trifft, nach §§ 823 I i.V.m. 249 ff." BGB Ersatz der erlittenen **Vermögensschäden** verlangen.

110

Dass ein solcher **materieller** Schadensersatzanspruch – entgegen den Vorstellungen der Schöpfer des BGB (siehe Rn. 83) – möglich ist, hat der BGH in der „Paul Dahlke"-Entscheidung anerkannt. Worin kann der Vermögensschaden bestehen? Zum einen darin, dass der Betroffene infolge der Eingriffs **tatsächliche Vermögenseinbußen** erlitten hat.

In **BGH NJW 1997, 1114** wurde infolge eines inhaltlich unzutreffenden und schlecht recherchierten Beitrages in der Fernsehsendung Stern-TV der Belegarztvertrag eines Gynäkologen gekündigt. Der hierdurch erlittene Verdienstausfall stellte einen ersatzfähigen materiellen Schaden dar.

Der BGH bejahte einen materiellen Schaden aber auch bei der unbefugten Verwertung vermögenswerter Persönlichkeitsrechte. Hierbei greift er auf die Grundsätze zurück, die er für die Schadensberechnung bei der Verletzung von Immaterialgüterrechten entwickelt hat (siehe unten § 11 Rn. 89). Danach kann der Geschädigte **anstelle des konkret entstandenen Schadens** auch

111

- den Gewinn, den der Schädiger durch die Persönlichkeitsrechtsverletzung erzielt hat, als Schaden geltend machen[149] oder
- das (fiktive) Lizenzhonorar fordern, das er für kommerzielle Nutzung bei Abschluss eines entsprechenden Lizenzvertrages bekommen hätte (sog. Lizenzanalogie)[150].

Dementsprechend wurden *Paul Dahlke*[151] und der Tochter *Marlene Dietrichs*[152] jeweils Schadensersatzansprüche zugesprochen.

In der Praxis kommt der **Lizenzanalogie**, da es sich um die einfachste Art der Schadensberechnung handelt, die größte Bedeutung zu[153]. Ein materieller Schaden setzt

112

---

[148] BGHZ 106, 229, 233 f.; zustimmend *Larenz/Canaris*, Schuldrecht II/2, § 80 II 7 b, S. 516.
[149] BGHZ 66, 182, 191 ff.; kritisch *Lange*, VersR 1999, 274, 289.
[150] BGHZ 20, 345, 353 f.; BGH NJW 2006, 615, 616 f.; siehe dazu *Hombrecher* in Jura 2004, 549, 550.
[151] BGHZ 20, 345, 353 f.
[152] BGHZ 143, 214, 231 f.
[153] Vgl. *Rixecker* in MünchKomm. BGB, Anh. zu § 12 Rn. 234.

dann aber voraus, dass der Betroffene auch bereit ist, der kommerziellen Verwertung seiner Persönlichkeit zuzustimmen[154]. Fehlt ein solcher Kommerzialisierungswille, so hat der der Betroffene eben keinen Vermögensschaden erlitten, da dem Betroffenen eine Vergütung gerade nicht entgangen ist.

> Bei der **Eingriffskondiktion** stellt sich die Sachlage anders dar. Hier wird nicht nach dem Schaden des Betroffenen, sondern nach der Bereicherung des Eingreifenden gefragt. Und diese ist unabhängig vom Kommerzialisierungswillen des Rechteinhabers[155].

gg) Ersatz immaterieller Schäden (Schmerzensgeld)

113 Wären Schadensersatzansprüche nur auf Vermögensschäden beschränkt, wäre die Haftung nach § 823 I BGB in vielen Fällen nur ein stumpfes Schwert, da sich Persönlichkeitsrechtsverletzungen oftmals nicht unmittelbar im Vermögen des Betroffenen niederschlagen. Bereits in der „Herrenreiter"-Entscheidung[156] (oben Rn. 104) hat der BGH die **Ersatzfähigkeit immaterieller Schäden** anerkannt und dem Kläger einen Schmerzensgeldanspruch zugebilligt.

> Dies gab der Wortlaut des damals einschlägigen § 847 BGB a.F. (der dem heutigen § 253 II BGB weitgehend entsprach) nicht her. Doch stelle die Persönlichkeitsrechtsverletzung eine „geistige Freiheitsberaubung" dar, die eine analoge Anwendung des § 847 BGB rechtfertige. Von dieser Begründung ist der BGH in der Folgezeit aber wieder abgerückt.

> In **BGHZ 39, 124** war die Klägerin, eine bekannte Fernsehansagerin, vom Magazin *Stern* als „ausgemolkene Ziege, bei deren Anblick den Zuschauern die Milch sauer" werde, bezeichnet worden. – Der BGH sprach der Klägerin einen Schmerzensgeldanspruch in Höhe von 10.000 DM zu. Dabei stützte er sich unmittelbar auf Art. 2 I i.V.m. 1 I GG.

Seither ist anerkannt[157] und vom BVerfG gebilligt[158], dass *schwerwiegende* Persönlichkeitsrechtsverletzungen – unmittelbar aus Art. 2 I i.V.m. 1 I GG abgeleitete – Schmerzensgeldansprüche des Betroffenen begründen können.

114 **Voraussetzung** für einen Schmerzensgeldanspruch ist aber, dass die Persönlichkeitsrechtsverletzung nicht anders abgewehrt oder ausgeglichen werden kann[159] (z.B. durch Widerruf oder Gegendarstellung, siehe unten Rn. 117). Zudem muss der Eingriff in das Persönlichkeitsrecht eine **besondere Intensität** haben, wobei neben

---

[154] Wie hier *Missere*, JA 2003, 252, 255 und die ältere Rechtsprechung, vgl. BGHZ 26, 349, 352; BGHZ 36, 363, 366; a.A. aber nunmehr BGHZ 169, 340 ff.; *Steffen*, NJW 1997, 10, 13; *Staudinger/Schmidt*, Jura 2001, 241, 247; *Ullmann*, AfP 1999 (199), 209, 213; differenzierend *Rixecker* in MünchKomm. BGB, Anh. zu § 12 Rn. 234 f.
[155] Vgl. auch BGH NJW 1992, 2084, 2085 f.
[156] BGHZ 36, 349 ff.
[157] Vgl. BGHZ 26, 349, 354 ff.
[158] BVerfGE 34, 369 ff. – „Soraya".
[159] BGHZ 132, 12, 27 – „Lohnkiller"; BGHZ 128, 1, 13 – „Caroline von Monaco I"; BGH NJW 1985, 1617, 1619 f.

den Folgen für den Betroffenen auch der Anlass, die Intention und der Verschuldensgrad des Schädigers zu berücksichtigen sind.

Dabei soll dem Schmerzensgeld auch eine **Präventionsfunktion** zukommen[160]. Dies wirkt sich insbesondere bei der **Bemessung** des Schmerzensgeldanspruchs aus. Bei dieser steht zwar die Genugtuung des Betroffenen im Vordergrund. Doch soll bei vorsätzlichen Persönlichkeitsrechtsverletzungen, insbesondere wenn damit kommerzielle Zwecke verfolgt werden, die Festsetzung hoher Schmerzensgelder weiteren Persönlichkeitsrechtsverletzungen vorbeugen („**Hemmungseffekt**"). **115**

> So wurde **beispielsweise** *Caroline von Monaco* gegen den *Burda*-Verlag ein Schmerzensgeld in Höhe von 180.000 DM (ca. 92.000 €) gewährt, weil die Zeitschrift „Bunte" u.a. ein erfundenes Interview über ihre vermeintliche Hochzeit abgedruckt hatte[161].
>
> Das **bislang höchste Schmerzensgeld** wurde *Madeleine von Schweden*, die jüngste Tochter des schwedischen Königs *Carl XVI. Gustaf*, zugesprochen: Die Zeitschriften „Frau mit Herz" und „Welt der Frau" hatten in 86 Berichten, davon 77 Titelgeschichten und 52 Fotomontagen, unwahre Behauptungen über sie verbreitet. Deshalb wurde der *Klambt-Verlag* zu einer Schmerzensgeldzahlung in Höhe von 400.000 € verurteilt[162]. **Zum Vergleich:** Das höchste Schmerzensgeld, das für eine HIV-Infizierung bislang von deutschen Gerichten zugesprochen wurde, betrug 300.000 DM (ca. 153.300 €)[163]. Und für eine mehrfache Vergewaltigung, bei der das Opfer zusätzlich über einen Zeitraum von sechs Monaten lebensbedrohlichen sadistischen Gewaltanwendungen ausgesetzt war, wurde „lediglich" ein Schmerzensgeld in Höhe von 100.000 DM (ca. 53.100 €) festgesetzt[164].

Die – jedenfalls in Einzelfällen – sehr hohen Schmerzensgelder bei Persönlichkeitsrechtsverletzungen lassen sich nur mit dem Präventionsgedanken erklären[165]. Bei anderen Rechtsgutverletzungen greift die Rechtsprechung hierauf nicht zurück. Den hiergegen erhobenen Einwand, die unterschiedliche Bemessung des Schmerzensgeldanspruchs verstoße gegen **Art. 3 I GG**, hat das BVerfG zurückgewiesen[166]. **116**

hh) Anspruch auf Beseitigung und Unterlassung

> Neben Schadensersatzansprüchen kommen bei Persönlichkeitsrechtsverletzungen auch verschuldensunabhängige Beseitigungs- und Unterlassungsansprüche in Betracht (§ 1004 BGB analog). **117**

---

[160] BGHZ 128, 1, 16 – „Caroline von Monaco I"; BGHZ 160, 298; *Spindler* in BeckOK BGB, § 253 Rn. 17 ff.; *Körner* NJW 2000, 241, 244 f.; zurückhaltender *Oetker* in MünchKomm. BGB, § 253 Rn. 14.
[161] OLG Hamburg NJW 1996, 2870 ff. im Anschluss an BGHZ 128, 1 ff.
[162] OLG Hamburg GRUR-RR 2009, 438 ff.
[163] OLG Frankfurt a.M., Urt. vom 23.12.2003 – 8 U 140/99 (abrufbar bei juris); LG Hannover NJW 1997, 2455 ff.
[164] LG Frankfurt a.M. NJW 1998, 2294 ff.
[165] Vgl. *Miserre*, JA 2003, 252, 256 f.
[166] BVerfG NJW 2000, 2187 ff.

Beseitigungsansprüche sind darauf gerichtet, die Folgen der Persönlichkeitsrechtsverletzung zu beseitigen. Der Inhalt des Anspruchs richtet sich dabei nach der Art der Persönlichkeitsrechtsverletzung.

> **Beispiele:** Löschung von widerrechtlich erlangten Tonbandaufnahmen; Vernichtung heimlich aufgenommener Fotos; Löschung ehrverletzender Blogbeiträge im Internet; Widerruf erwiesen unwahrer Tatsachenbehauptungen (*nicht* bei Werturteilen). – Bei erwiesen unwahrer Presseberichterstattung verlangt die Rechtsprechung, dass der Widerruf so angeordnet und gestaltet wird, dass er eine vergleichbare Aufmerksamkeit erregt wie der zu widerrufende Beitrag[167]. Aus den Mediengesetzen kann sich zudem ein Anspruch auf Abdruck einer Gegendarstellung ergeben[168].

118 Ein **Unterlassungsanspruch** setzt voraus, dass eine Wiederholungsgefahr gegeben ist. Bei schweren Persönlichkeitsrechtsverletzungen sind die Anforderungen daran aber nicht zu hoch zu schrauben.

> Zu den Beseitigungs- und Unterlassungsansprüchen allgemein siehe unten § 13.

j) Deliktischer Unternehmensschutz: das „Recht am Gewerbebetrieb"

Literatur: *Löwisch/Meier-Rudolph*, Das Recht am eingerichteten und ausgeübten Gewerbebetrieb in der Rechtsprechung des BGH und des BAG, JuS 1982, 237; *Sack*, Die Subsidiarität des Rechts am Gewerbebetrieb, VersR 2006, 1001; *Schildt*, Der deliktische Schutz des Rechts am Gewerbebetrieb, WM 1996, 2261; *K. Schmidt*, Integritätsschutz von Unternehmen nach § 823 BGB – Zum „Recht am eingerichteten und ausgeübten Gewerbebetrieb", JuS 1993, 885; *Wagner/Thole*, Kein Abschied von der unberechtigten Schutzrechtsverwarnung, NJW 2005, 3470; *Wilhelm*, Das Recht am eingerichteten und ausgeübten Gewerbebetrieb und das UWG, Festschrift Canaris, Bd. I, 2007, S. 1293.

Übungsfälle: *Kottmann/Wilcke*, Jura 2011, 312; *Seibt/Wollenschläger*, JuS 2008, 800; *Weber*, JuS 2010, 132; *Zwickel*, ZJS 2010, 491.

aa) Herleitung und Funktion

119 Eine Sonderstellung nimmt das sog. **Recht am eingerichteten und ausgeübten Gewerbebetrieb** ein. Dieses ist von der Rechtsprechung seit langem als sonstiges Recht im Sinne des § 823 I BGB anerkannt[169].

> Bereits vor Inkrafttreten des BGB hatte das RG entschieden, dass Boykottaufrufe und unberechtigte Schutzrechtsverwarnungen (näher dazu unten Rn. 141) die Freiheit der gewerblichen Betätigung verletzen können. Obgleich der BGB-Gesetzgeber dem in § 823 I BGB nicht Rechnung getragen hat, wurde diese Rechtsprechung in der Folgezeit weiter ausgebaut.

---

[167] Grundlegend BGHZ 128, 1, 13 ff.
[168] Näher dazu *Seitz/Schmidt*, Der Gegendarstellungsanspruch, 4. Aufl. 2010, S. 26 ff.
[169] Grundlegend RGZ 58, 24 ff. – „Jutefaser"; später BGHZ 3, 270, 278 ff.; BGHZ 8, 142, 144; BGHZ 69, 128, 138 f.; BGHZ 90, 113, 122 f.; ausführlich zur Entwicklung der Rechtsprechung *Sack*, Das Recht am Gewerbebetrieb, 2007, S. 100 f.

II. Rechtsgutverletzung

Die Rechtsprechung ist im Schrifttum teils auf Zustimmung[170], teils aber auch auf scharfe Ablehnung gestoßen[171]. **Kritisiert** wurde und wird insbesondere, dass das „Recht am Gewerbebetrieb" keinen Zuweisungsgehalt habe und außerhalb des Deliktsrechts so nicht vorkomme[172]. Es handele sich vielmehr um eine „Generalklausel zum Unternehmensschutz"[173], um eine „Normerschleichung"[174], durch die ein allgemeiner Vermögensschutz für Unternehmen erreicht werden solle.

120

Dieser Kritik ist zuzugeben, dass das „Recht am Gewerbebetrieb" *begrifflich* eine Fehlkonstruktion ist. Tatsächlich geht es nämlich gar nicht um den Schutz eines Rechts *am* Unternehmen, sondern um den **Schutz *des* Unternehmens**. Das „Recht am Gewerbebetrieb" dient dazu, die wirtschaftliche Betätigung vor Beeinträchtigungen zu schützen – und zwar insbesondere in den Fällen, in denen das eigentlich hierzu berufene Wettbewerbsrecht diesen Schutz nicht bieten kann.

121

Herzstück des deutschen Wettbewerbsrechts ist das **Gesetz gegen den unlauteren Wettbewerb** (UWG). Dieses soll Mitbewerber, Verbraucher und Marktteilnehmer vor „unlauteren geschäftlichen Handlungen" schützen und damit zugleich das Interesse der Allgemeinheit an einem unverfälschten Wettbewerb wahren (§ 1 UWG). Zentrale Vorschrift ist § 3 UWG, nach dem **unlautere geschäftliche Handlungen unzulässig** sind, wenn sie geeignet sind, die Interessen von Mitbewerbern, Verbrauchern oder sonstigen Marktteilnehmern spürbar zu beeinträchtigen. Die §§ 4–7 UWG enthalten Beispiele für unlautere geschäftliche Handlungen und ergänzende Regelungen. Das UWG bestimmt die Rechtsfolgen bei unlauterem Verhalten selbst: Gemäß § 8 UWG kann der Störer auf Beseitigung und Unterlassung in Anspruch genommen werden, § 9 UWG begründet einen **spezialgesetzlichen Schadensersatzanspruch** und § 10 UWG ermöglicht sogar die Gewinnabschöpfung. Wieso bedarf es dann aber eines eigenständigen deliktischen Schutzes über § 823 I BGB? Antwort: Weil das UWG Unternehmen nur vor unlauterem Verhalten von Wettbewerbern schützt – also eine **Konkurrenzsituation** voraussetzt (vgl. auch § 2 I Nr. 3 UWG). Überall dort, wo eine solche fehlt, greifen auch die UWG-Regeln nicht ein.

Das „Recht am Gewerbebetrieb" ist also eine **Notlösung**: Es soll die Lücken schließen, die das Wettbewerbsrecht hinterlässt und deren Offenbleiben nach Auffassung der Rechtsprechung nicht hinnehmbar ist[175]. Aus diesem Grund wird das „Recht am Gewerbebetrieb" auch nur **subsidiär** herangezogen[176]. Sofern der Schutz des Unternehmens bereits durch spezialgesetzliche Regelungen, aber auch durch § 824

122

---

[170] Zustimmend etwa *Buchner*, Die Bedeutung des Rechts am eingerichteten und ausgeübten Gewerbebetrieb für den deliktsrechtlichen Unternehmensschutz, 1971, S. 259 ff.; *Schildt*, WM 1996, 2261, 2266.
[171] Ablehnend etwa *Wagner* in MünchKomm. BGB, § 823 Rn. 187 ff.; *Schiemann* in Erman, BGB, § 823 Rn. 49; *Larenz/Canaris*, Schuldrecht II/2, § 81 IV, S. 560 ff.; *Zöllner*, JZ 1997, 293, 295 ff.
[172] So insbesondere *v. Caemmerer*, Festschrift zum Deutschen Juristentag 1960, Bd. II, 1960, S. 49, 89; *K. Schmidt*, JuS 1993, 985, 986.
[173] Siehe nochmals *v. Caemmerer*, Festschrift zum Deutschen Juristentag 1960, Bd. II, 1960, S. 49, 89.
[174] Vgl. auch *Larenz/Canaris*, Schuldrecht II/2, § 81 II 2, S. 545; *Canaris*, VersR 2005, 577, 582 f.; *Sack*, Das Recht am Gewerbebetrieb, 2007, S. 142 ff.; *ders.*, VersR 2006, 1001, 1003 ff.
[175] Dazu *Kötz/Wagner*, Deliktsrecht, Rn. 430 ff.
[176] BGHZ 8, 387, 394 f.; BGHZ 69, 128, 138 f.

BGB verwirklicht werden kann, soll eine Haftung nach § 823 I BGB nicht in Betracht kommen[177].

Hinweis: Selbst wenn man dem nicht folgt, muss sichergestellt sein, dass die Anwendung des § 823 I BGB nicht dazu führt, dass die vom Gesetzgeber an anderer Stelle getroffenen Wertungen leerlaufen. Ist der Anwendungsbereich des UWG eröffnet, liegen aber die Voraussetzungen für eine Haftung nach § 9 UWG nicht vor, so kann die Haftung auch nicht über § 823 I BGB begründet werden.

bb) Schutzgegenstand

123 Die Bezeichnung als „Recht am Gewerbebetrieb" ist in einer weiteren Hinsicht unglücklich gewählt: Es kommt nämlich **nicht** darauf an, dass ein Gewerbe im Sinne des Handels- oder des Steuerrechts vorliegt. Demgemäß werden auch freiberufliche Tätigkeiten geschützt[178], obwohl sie nach traditionellem handelsrechtlichen Verständnis[179] kein Gewerbe darstellen. Auch soll es nicht der Absicht bedürfen, durch die Tätigkeit Gewinn zu erzielen, sodass auch Non-Profit-Organisationen, Idealvereine und Verbände (z.B. Gewerkschaften und Arbeitgeberverbände) erfasst werden[180].

Hinweis: Vorzugswürdig wäre es daher, von einem **„Recht am Unternehmen"** zu sprechen. Wenn im Folgenden weiterhin vom „Recht am Gewerbebetrieb" die Rede ist, so ist dies dem Umstand geschuldet, dass sich diese Terminologie eingebürgert hat und insbesondere auch von der Rechtsprechung konsequent verwendet wird. Nicht verzichten werde ich auf die Anführungszeichen, da es sich nicht um ein Recht handelt, das hier geschützt werden soll. Es geht vielmehr um den **Integritätsschutz von Unternehmen**[181] (dazu sogleich). Das „Recht am Gewerbebetrieb" ist auch *nicht identisch* mit der Mitgliedschaft, die ebenfalls deliktischen Schutz genießt (siehe oben Rn. 69 ff.). Diese betrifft lediglich die Stellung als Gesellschafter und die damit verbundenen Rechtspositionen, nicht aber das von der Gesellschaft betriebene Unternehmen.

124 Schutzgegenstand des „Rechts am Gewerbebetrieb" ist das Unternehmen – Inhaber eines deliktischen (spezialgesetzlichen) Anspruchs ist hingegen der **Unternehmensträger**[182]. Dies kann eine natürliche Person (z.B. Einzelkaufmann), oder eine juristische Person (z.B. GmbH, AG) sein, aber auch eine Personengesellschaft (z.B. OHG, KG, Außen-GbR)[183].

---

[177] Vgl. BGHZ 8, 387, 394 f.; BGHZ 69, 128, 138 f.; BGH NJW 2006, 830, 839.
[178] *Wagner* in MünchKomm. BGB, § 823 Rn. 192 mit weiteren Nachweisen.
[179] Eingehend zum handelsrechtlichen Gewerbebegriff *Canaris*, Handelsrecht, 24. Aufl. 2006, § 2 Rn. 8 ff.
[180] Vgl. *Spindler* in BeckOK BGB, § 823 Rn. 107; *K. Schmidt*, JuS 1993, 985, 987; a.A. aber BGHZ 41, 314, 316 f.; BGHZ 135, 38, 40.
[181] Noch weitergehend *K. Schmidt*, JuS 1993, 985, 987: „Integritätsschutz von Organisationen".
[182] *K. Schmidt*, JuS 1993, 985, 988.
[183] Diese sind nach h.M. zwar rechtsfähig, aber keine juristischen Personen. Diese Auffassung liegt auch § 14 BGB zugrunde.

> Geschützt wird das Unternehmen in seinem Bestand, darüber hinaus aber auch seine einzelnen Erscheinungsformen – kurzum: die **gesamte unternehmerische Betätigung und Entfaltung**[184].

Das Unternehmen genießt also **Bestands- und Funktionsschutz**[185]. Das „Recht am Gewerbebetrieb" kann demnach nicht nur dadurch verletzt werden, dass der Unternehmensträger an der wirtschaftlichen Betätigung gänzlich gehindert wird. Auch Einschränkungen oder Erschwernisse können tatbestandsmäßig sein. **125**

Vom Schutz umfasst[186] sind neben Betriebsgrundstücken und -räumen, Betriebsanlagen und -mitteln (z.B. Maschinen, Computeranlagen), Rohstoffen und Erzeugnissen (z.B. Warenvorräte) unter anderem auch Geschäftsgeheimnisse, der Kundenstamm und das Ansehen des Unternehmens.

Nach Auffassung der Rechtsprechung sollen geplante Unternehmen hingegen nicht vom Schutzbereich umfasst sein[187]. Deshalb ist auch oft vom „Recht am *eingerichteten und ausgeübten* Geschäftsbetrieb" die Rede. Überzeugend ist dies angesichts des Umstandes, dass geplante Projekte eines bereits bestehenden Unternehmens geschützt sein sollen[188], nicht. Insbesondere vor dem Hintergrund der Art. 12 und 14 GG erscheint es vorzugswürdig, bereits den **Zugang zur unternehmerischen Tätigkeit** zu schützen. Zu fordern ist insoweit aber, dass die spätere Tätigkeit schon hinreichend konkretisiert und ihre Aufnahme wahrscheinlich ist[189]. Anderenfalls wäre schon die bloße unternehmerische Idee und damit eine reine Geschäftschance (siehe sogleich Rn. 128) geschützt. **126**

> Das „Recht am Gewerbebetrieb" garantiert **nicht** den unternehmerischen Erfolg. **127**

Das Unternehmen wird zwar vor unlauterem Wettbewerb geschützt (durch das UWG, siehe oben Rn. 121), nicht aber vor Wettbewerb, der mit lauteren Mitteln geführt wird[190]. **Konkurrenzsituationen** gehören zu einer marktwirtschaftlichen Ordnung nun einmal dazu. Daher obliegt es jedem Unternehmen, sich veränderten Marktbedingungen und Kundenerwartungen anzupassen[191].

---

[184] BGHZ 23, 157, 163 ff.; BGHZ 138, 311, 315 ff.
[185] *K. Schmidt*, JuS 1993, 985, 988.
[186] Vgl. *Spindler* in BeckOK BGB, § 823 Rn. 105 ff. mit zahlreichen Nachweisen.
[187] BGHZ 98, 341, 351; BGHZ 132, 181, 187.
[188] BAGE 15, 211, 215; BGHZ 90, 113, 121 ff.
[189] So *Spindler* in BeckOK BGB, § 823 Rn. 106.
[190] *Spindler* in BeckOK BGB, § 823 Rn. 105.
[191] Vgl. BVerfGE 24, 236, 251; BGH NJW 1976, 753, 753 f.; BGH NJW 1980, 881, 881 f.

> **Beispiel:** Die Schallplatte wurde durch die Audiokassette ebenso weitgehend „verdrängt" wie die Audiokassette später durch die Compact Disc (CD). Diese wiederum wird zunehmend durch MP3- und ähnliche Formate ersetzt. Vor dieser Entwicklung wurden und werden die Hersteller der jeweiligen Tonträger ebenso wenig geschützt wie die Produzenten von Grammophonen, Kassettenrekordern oder CD-Playern.

128 Auch **bloße Erwerbsaussichten und Geschäftschancen** werden nicht deliktisch gegen Eingriffe Dritter geschützt[192]. Erforderlich ist insoweit, dass diese sich schon soweit konkretisiert haben, dass hieraus eine rechtliche Position (z.B. ein vertraglicher Anspruch gegen einen Dritten) erwachsen ist.

cc) Erfordernis eines „betriebsbezogenen" Eingriffs

129 Selbst mit diesen Einschränkungen verbleibt ein nahezu uferloser Tatbestand. Um zu verhindern, dass über das „Recht am Geschäftsbetrieb" ein – von § 823 I BGB gerade nicht intendierter – allgemeiner Vermögensschutz verwirklicht wird, ist die Rechtsprechung bemüht, den Tatbestand **einzuschränken.** Dabei setzt sie nicht am Schutzgegenstand an, sondern beim Eingriff: Dieser muss *betriebsbezogen* sein[193].

> Nur betriebsbezogene (genauer: unternehmensbezogene) Eingriffe können das „Recht am Gewerbebetrieb" verletzen.

130 Nach Auffassung des BGH[194] soll die erforderliche Betriebsbezogenheit grundsätzlich nur gegeben sein, wenn der Eingriff

- sich *unmittelbar* gegen den „betrieblichen Organismus oder die unternehmerische Entscheidungsfreiheit" richtet *und*
- über eine bloße Belästigung oder eine sozialübliche Behinderung hinausgeht.

131 Dabei spielt auch die Willensrichtung des Schädigers eine Rolle: Eine **vorsätzliche** Schädigung des Unternehmens stellt regelmäßig einen betriebsbezogenen Eingriff dar[195]. Bei nur **fahrlässigem** Handeln hingegen fehlt es an der Betriebsbezogenheit, wenn das Unternehmen von einem bestimmten Schadensereignis nur mittelbar betroffen ist.

> Daher fehlt es sowohl im **„Fleet"-Fall** (oben Rn. 50) als auch in den **„Stromkabel"-Fällen** (oben Rn. 52 f.) an der Betriebsbezogenheit des Eingriffs und damit an einer Verletzung des „Rechts am Gewerbebetrieb".

132 Entsprechendes gilt, wenn der Unternehmensinhaber oder eine sonstige zum Betrieb gehörende Person verletzt wird.

---

[192] BGH NJW 1976, 753, 754; BGH NJW 1983, 812, 813; *Hager* in Staudinger, BGB, § 823 Rn. D 9.
[193] BGHZ 2, 287, 293; BGHZ 3, 270, 278 ff.; BGHZ 29, 65, 74; BGHZ 86, 152, 156; BGHZ 90, 113, 123; BGHZ 138, 311, 318 f.; BGH NJW 1997, 3304, 3308; BGH NJW-RR 2005, 673, 675.
[194] So etwa BGHZ 138, 311, 315 f.; BGH NJW 2003, 1040, 1041; BGH NJW-RR 2005, 673, 675.
[195] BGHZ 69, 128, 139.

II. Rechtsgutverletzung

Anschaulich hierzu **BGH NJW 2003, 1040**: Geklagt hatte eine Eiskunstläuferin, die seit Jahren gemeinsam mit ihrem Partner ein eingespieltes, international erfolgreiches und bekanntes Eiskunstlaufpaar bildete. Im Dezember 1997 wurde der Partner bei einem Verkehrsunfall verletzt. In der Folge konnten beide den gemeinsamen Paarlauf wegen der Verletzung des Partners zeitweise nicht ausüben. Die Klägerin verlangte von der Haftpflichtversicherung des für den Unfall verantwortlichen Schädigers Ersatz des ihr insoweit entstandenen Schadens (Ausfall von Wettkämpfen, schlechtere Platzierungen, Verlust von Sponsoren- und Preisgeldern). – Der BGH wies die Klage zu Recht ab. Eine Verletzung des „Rechts am Gewerbebetrieb" lag nicht vor, weil der Eingriff (Verletzung des Partners) sich nicht unmittelbar gegen die unternehmerische Betätigung der Klägerin (wozu auch das professionelle Eislaufen zählt!) gerichtet hatte. Anders wäre aber zu entscheiden gewesen, wenn der Schädiger den Partner vorsätzlich verletzt hätte, um das gemeinsame Paarlaufen zu verhindern.

dd) Güter- und Interessenabwägung

Ebenso wie das Allgemeine Persönlichkeitsrecht wird auch das „Recht am Gewerbebetrieb" als **Rahmenrecht** bezeichnet[196], das einen „offenen Tatbestand" habe (siehe bereits oben Rn. 86 ff.).

133

> Nicht jeder betriebsbezogene Eingriff stellt auch eine Verletzung des „Rechts am Gewerbebetrieb" dar. Vielmehr ist auch hier eine umfassende Güter- und Interessenabwägung anzustellen[197].

Dabei sind insbesondere die verfassungsrechtlich verbürgten **Grundrechte** der Beteiligten zu berücksichtigen[198]: zugunsten des Unternehmensträgers die Berufsfreiheit (Art. 12 GG) und die Eigentumsgarantie des Art. 14 GG; zugunsten des Eingreifenden insbesondere die Meinungs-, Presse- und Kunstfreiheit (Art. 5 I und III GG), aber auch die Versammlungs- und Koalitionsfreiheit (Art. 8 und 9 III GG).

134

Hinweis: Auch hier stellt sich die Frage, an welcher Stelle im Prüfungsaufbau diese Problematik zu erörtern ist: bei der „Rechtsverletzung" oder beim Prüfungspunkt „Rechtswidrigkeit"? Insoweit kann auf die Erwägungen oben Rn. 87 verwiesen werden. Meines Erachtens ist die Rechtswidrigkeit des Eingriffs bereits eine tatbestandliche Voraussetzung für die Verletzung des „Rechts am Gewerbebetrieb".

ee) Wichtige Fallgruppen

Der Schutzbereich des „Rechts am Gewerbebetrieb" ist sehr weit gefasst: Geschützt ist schließlich die gesamte unternehmerische Betätigung und Entfaltung. Demgemäß gibt es mannigfaltige **Eingriffsformen**, bei denen auch ganz unterschiedliche

135

---

[196] Vgl. etwa *Looschelder*, Schuldrecht BT, Rn. 1250; *Medicus/Lorenz*, Schuldrecht II, Rn. 1314.
[197] BGHZ 45, 296, 307; BGHZ 59, 30, 34; BGHZ 65, 325, 331; BGHZ 90, 113, 123; BGHZ 138, 311, 318; BGH NJW 2005, 2766, 2770; Wagner in MünchKomm. BGB, § 823 Rn. 195; *Sack*, VersR 2006, 1001, 1003.
[198] *Looschelders*, Schuldrecht BT, Rn. 1250.

136 Einen betriebsbezogenen Eingriff stellen **Demonstrationen und Blockaden** dar, die *unmittelbar* gegen ein Unternehmen gerichtet sind[199]. Dabei spielt es keine Rolle, ob die Ausübung der unternehmerischen Tätigkeit dadurch behindert wird, dass der Zugang zum Betrieb oder die Auslieferung der im Betrieb produzierten Waren erschwert oder unmöglich gemacht werden. Im Rahmen der Interessen- und Güterabwägung sind hierbei zugunsten der Demonstranten und Blockierer insbesondere die Meinungs- und Versammlungsfreiheit zu berücksichtigen. Doch ist jedenfalls die Anwendung von Gewalt hiervon nicht gedeckt.

Aspekte im Rahmen der anzustellenden Güter- und Interessenabwägung eine Rolle spielen. Die **wichtigsten Fallgruppen** sollen nachfolgend kurz umrissen werden.

> **Beispiel:** Anlässlich des Attentats auf *Rudi Dutschke* im April 1968 in Berlin fanden an den folgenden Tagen in verschiedenen Städten der Bundesrepublik Demonstrationen statt, bei denen versucht wurde, die Auslieferung der „Bild"-Zeitung und anderer Zeitungen des *Axel Springer Verlages* zu verhindern. Betroffen hiervon war auch das Verlags- und Druckereiunternehmen der Klägerin, das eine Teilauflage der „Bild"-Zeitung druckte, aber auch eine eigene Tageszeitung herausgab. Die Klägerin verlangte unter anderem vom Sprecher des Bundesvorstandes des *Sozialistischen Deutschen Studentenbundes (SDS)*, einem Initiator der Demonstration, Ersatz der ihr durch die Blockade entstandenen Schäden (z.B. erhöhte Produktionskosten und Erlöseinbußen). – Der BGH hat in der Blockade einen widerrechtlichen Eingriff in das Recht am Gewerbebetrieb gesehen und die Haftung gemäß § 823 I BGB bejaht. Die Einschließung des Gebäudes der Klägerin, um die Ausfahrt ihrer Fahrzeuge zu verhindern, habe eine Gewaltanwendung dargestellt, die nicht von den Grundrechten der Blockierer gedeckt gewesen sei und die sich zudem noch gegen die ebenfalls grundrechtlich geschützte Pressefreiheit der Klägerin gerichtet habe.

137 Auch **Streiks** können das „Recht am Gewerbebetrieb" verletzen. Insoweit ist aber die durch Art. 9 III GG verbürgte Koalitionsfreiheit zu beachten. Tatbestandsmäßig sind daher nur *rechtswidrige* Streiks[200].

> Insoweit sollte man wissen, dass das Arbeitskampfrecht gesetzlich nicht geregelt ist. Das BAG war daher aufgerufen, die Kriterien für die Rechtmäßigkeit von Streiks und Aussperrungen **richterrechtlich** zu entwickeln. Für Einzelheiten muss auf die arbeitsrechtliche Literatur verwiesen werden[201].

138 Bei der **Verbreitung geschäftsschädigender Tatsachen** ist zu unterscheiden: **Unwahre** Tatsachenaussagen werden nicht von der Meinungsfreiheit gedeckt und sind daher in der Regel widerrechtlich[202]. Allerdings wird das Unternehmen insoweit bereits durch § 824 BGB geschützt. **Wahre** Behauptungen sind hingegen grundsätzlich zulässig.

> Der Unternehmensträger muss daher auch **kritische Berichte** hinnehmen, sofern sie nicht eine übermäßige Prangerwirkung entfalten[203].

---

[199] BGHZ 59, 30, 32 ff.; BAG NJW 1989, 61, 62; siehe dazu auch *Wagner* in MünchKomm. BGB, § 823 Rn. 201 ff.

[200] Siehe etwa BAGE 1, 291, 300; BAGE 48, 160, 165; BAGE 58, 364, 389; a.A. *Larenz/Canaris*, Schuldrecht II/2, § 81 III 6, S. 559 f.

[201] Siehe etwa *Junker*, Grundkurs Arbeitsrecht, 11. Aufl. 2012, Rn. 602 ff.

[202] *Wagner* in MünchKomm. BGB, § 823 Rn. 209; a.A. *Spindler* in BeckOK BGB, § 823 Rn. 132.

[203] Vgl BGHZ 138, 311, 320 f; BGH VersR 1969, 352 ff.; BGH NJW 1987, 2746, 2747; BGH JZ 2006, 732 ff.

Bei **Werturteilen** ist die Meinungsfreiheit von besonderer Bedeutung. Daher ist **139**
wertende Kritik an den Produkten oder Leistungen eines Unternehmens grundsätzlich zulässig. Die Grenze bildet die sog. Schmähkritik, die auf eine Diffamierung des Betroffenen abzielt[204].

Die **Veröffentlichung von Warentests** stellt dann keinen widerrechtlichen Eingriff in das „Recht am Gewerbebetrieb" dar, wenn die zugrunde liegenden Untersuchungen „neutral, objektiv und sachkundig" durchgeführt worden und die Ergebnisse plausibel sind[205]. Entsprechende Grundsätze dürften für die Bewertungen von **Ratingagenturen** gelten[206]. Noch großzügiger ist die Rechtsprechung bei der **Gastronomiekritik**, da diese in besonderem Maße von persönlichen Eindrücken und Empfindungen geprägt ist[207]. Kurzum: Über Geschmack lässt sich nicht streiten. Allerdings müsse das Angebot des begutachteten Lokals in einem „repräsentativen Umfang" überprüft werden[208]. Und natürlich gilt auch hier das Verbot der Schmähkritik.

In **OLG München NJW 1994, 1964** hatte ein Kritiker nur ein einziges Produkt gekostet: den hauseigenen Cappuccino, der „mehr nach Haarwaschwasser als nach italienischem Kaffee" schmecke und als „widerwillig heruntergewürgte[r] Magengeschwürumspüler eilends nach Ausscheidung" plärre. – Hierin sah das Gericht zutreffend einen Fall unzulässiger Gastronomiekritik.

Boykottaufrufe sind betriebsbezogene Eingriffe, da sie darauf abzielen, den Be- **140**
troffenen vom Geschäftsverkehr auszuschließen[209]. Gehen diese Aufrufe mit falschen Tatsachenbehauptungen oder Schmähkritik einher, so ist bereits aus diesem Grund das „Recht am Gewerbebetrieb" verletzt. Steht der Aufrufende in einer Wettbewerbssituation, greift zudem das UWG (siehe oben Rn. 121). Im Übrigen dürften Boykottaufrufe aber von der **Meinungsfreiheit** gedeckt sein, insbesondere wenn es dem Aufrufenden darum geht, auf (tatsächliche oder vermeintliche) Missstände hinzuweisen. Der Boykottaufruf ist dann ein regelmäßig zulässiges Mittel der öffentlichen Meinungsbildung.

Beispiele: Werbekampagnen von Tierschützern gegen den Pelzhandel; Boykottaufrufe wegen Umweltverschmutzung oder Kinderarbeit; Aufruf, den Film eines Regisseurs zu boykottieren, der im dritten Reich eine bedeutende Rolle spielte[210]; Aufforderung, kein Kriegsspielzeug zu kaufen[211].

---

[204] BVerfGE 93, 266 293 f.; BVerfG NJW 2008, 358, 359 ff.; BGHZ 45, 296, 308; BGHZ 65, 325, 331 f. – „Höllenfeuer"; BGH NJW 2002, 1192, 1193; BGH NJW 2005, 2766, 2770; BGH NJW 2008, 2110, 2115 – „Gen-Milch"; *Wagner* in MünchKomm. BGB, § 823 Rn. 209.

[205] BGHZ 65, 325, 334 f.; BGH NJW 1987, 2222, 2223; OLG Frankfurt a.M. VersR 2003, 470, 771.

[206] *Wagner* in MünchKomm. BGB, § 823 Rn. 211.

[207] BGH NJW 1987, 1082, 1083.

[208] OLG München NJW 1994, 1964, 1965 f.

[209] Vgl. BGH NJW 1985, 60, 61; BGHZ 155, 257, 278 ff.; *Wagner* in MünchKomm. BGB, § 823 Rn. 213.

[210] BVerfGE 7, 198, 215 ff. – „Lüth".

[211] OLG Frankfurt a.M. NJW 1969, 2095, 2096.

141 Praktisch bedeutsam sind schließlich die Fälle der **unberechtigten Schutzrechtsverwarnungen**[212]. In diesen beruft sich der Schädiger auf ein ihm in Wirklichkeit gar *nicht* zustehendes Immaterialgüterrecht (z.B. ein Patent, eine Marke oder das Urheberrecht) und verlangt von einem anderen Unternehmen, dass dieses seine das Immaterialgüterrecht angeblich verletzende Geschäftstätigkeit einstellt. Kommt das verwarnte Unternehmen dem nach, so kann es nach § 823 I BGB den hierdurch entstandenen Schaden (insbesondere den entgangenen Gewinn) ersetzt verlangen, sofern den Verwarnenden ein Verschulden trifft.

Vorschlägen, die Problematik allein nach wettbewerbsrechtlichen Regeln zu lösen, hat der **Große Senat für Zivilsachen** des BGH im Jahr 2005 eine Absage erteilt[213] – obwohl es sich hier ersichtlich um ein **Wettbewerbsproblem** handelt! Einzelheiten zur Behandlung von Schutzrechtsverwarnungen, insbesondere zu der von der Rechtsprechung vorgenommenen Unterscheidung zwischen Hersteller- und Abnehmerverwarnung, können hier aus Raumgründen nicht dargestellt werden[214].

III. Verletzungshandlung

1. Deliktsrechtlicher Handlungsbegriff

142 Für Rechtsgutverletzungen muss gemäß § 823 I BGB nur einstehen, wer diese auch in zurechenbarer Weise verursacht hat. Dies wird im Gesetzeswortlaut zwar nicht ausformuliert, aber immerhin angedeutet: Nur „wer […] verletzt", der haftet. Zurechenbar ist eine Rechtsgutverletzung – jedenfalls im Rahmen des § 823 I BGB – nur, wenn sie auf einer **Handlung** des Schädigers beruht.

> Handlung im Sinne des Deliktsrechts ist jedes **menschliche Verhalten,** dass – zumindest potentiell – willentlich gesteuert und damit **beherrscht** werden kann[215].

143 *Nicht erforderlich* ist, dass die Handlung tatsächlich der Kontrolle des Handelnden unterlag. Es genügt vielmehr, dass die Handlung als solche **potentiell kontrollierbar** war.

Beispiele: Auch das versehentliche Umwerfen einer Vase oder ein unkontrollierter Schlag sind Handlungen im Sinne des § 823 I BGB.

---

[212] RGZ 58, 24, 27 ff. – „Jutefaser"; RGZ 94, 248, 249 f.; RGZ 141, 336, 338 ff.; BGHZ 2, 287, 293; BGHZ 13, 210, 216; BGHZ 38, 200, 204 ff.; BGHZ 62, 29, 31 ff.; zuletzt BGH NJW-RR 1998, 331, 332 – „Chinaherde".
[213] BGHZ 164, 1 ff.
[214] Näher zum Ganzen *Meier-Beck*, GRUR 2005, 535 ff.; *Wagner/Thole*, NJW 2005, 3470 ff.
[215] Vgl. BGHZ 39, 103 ff.; *Hager* in Staudinger, BGB, § 823 Rn. H 1 mit weiteren Nachweisen.

III. Verletzungshandlung

Keine Handlungen sind hingegen Bewegungen, die

144

- durch **vis absoluta** erzwungen werden,
- auf unwillkürlichen **Reflexen** beruhen oder
- im **Schlaf** oder im Zustand der **Bewusstlosigkeit** vorgenommen werden.

Insoweit kann dem Betreffenden nämlich kein Vorwurf gemacht werden, der eine Haftung rechtfertigen würde. Etwas anderes kann aber gelten, wenn der Schädiger sich schuldhaft in einen Zustand versetzt hat, in dem er sein Verhalten nicht mehr steuern kann.

> **Beispiel:** A setzt sich betrunken an das Steuer seines Pkw. Während der Fahrt schläft er ein, woraufhin der Pkw auf die Gegenfahrbahn gerät und mit dem Wagen des B kollidiert. – Dass A hier ein Vorwurf zu machen ist, liegt auf der Hand. Anknüpfungspunkt für die Haftung ist aber nicht das Fahren auf die Gegenfahrbahn. Dies konnte der schlafende A nicht beeinflussen; insoweit fehlt es an einer Handlung. Gehandelt hat A aber schon dadurch, dass er überhaupt betrunken gefahren ist. Dass eine derart „vorverlagerte Vorwerfbarkeit" möglich ist, ergibt sich übrigens auch aus § 827 S. 2 BGB.

2. „Handeln" durch Unterlassen

Vom Handlungsbegriff erfasst ist unzweifelhaft das positive Tun im Sinne eines aktiven Tätigwerdens. Allerdings kann auch ein Unterlassen, also die **Nichtvornahme einer Tätigkeit** deliktsrechtlich relevant sein. Denn auch hierin kann eine bewusste und willensgesteuerte Entscheidung liegen, die nachteilige Auswirkung auf fremde Rechtsgüter hat. Allerdings besteht **keine allgemeine Rechtspflicht, andere vor Schäden zu bewahren**[216]. Daher ist auch nicht jedwedes Unterlassen ein hinreichender Anknüpfungspunkt für die deliktische Haftung – anderenfalls würde jeder für (fast) alles haften! Das Unterlassen ist nur dann tatbestandlich relevant, wenn die Vornahme einer Handlung **geboten** war. Oder anders formuliert:

145

> Das Unterlassen steht dem aktiven Handeln (nur) gleich, wenn eine **Rechtspflicht zum Handeln** besteht[217].

Zum Handeln verpflichtet ist, wer als Garant dafür einstehen muss, dass eine Rechtsgutverletzung nicht eintritt **(Garantenstellung)**. Dabei kann die aus dem Strafrecht bekannte Differenzierung zwischen Beschützergaranten und Überwachergaranten[218] auch für das Deliktsrecht fruchtbar gemacht werden[219].

146

> **Beschützergarant** ist danach, wer eine Obhutspflicht für ein bestimmtes Rechtsgut innehat und deshalb zur Abwendung von Schäden für dieses Rechtsgut verpflichtet ist.

---

[216] BGHZ 9, 301, 307; BGH NJW 1991, 418, 419.
[217] Statt aller *Spindler* in BeckOK BGB, § 823 Rn. 6.
[218] Vgl. *Stree/Bosch* in Schönke/Schröder, StGB, 28. Aufl. 2012, § 13 Rn. 9 ff.
[219] Durchgesetzt hat sich die hier zugrunde gelegte Terminologie im Deliktsrecht indes noch nicht.

Die Garantenstellung kann sich dabei insbesondere ergeben aus einer familienrechtlichen Beziehung oder einer sonstigen engen persönlichen Verbundenheit, der Übernahme durch Vertrag oder kraft Amtes oder aus einer Gefahrengemeinschaft.

> **Beispiele:** Eltern gegenüber ihren Kindern; Eheleute untereinander, aber auch Partner nichtehelicher Lebensgemeinschaften; Lehrer gegenüber den Schülern; Bademeister gegenüber den Schwimmbadbesuchern; Leibwächter gegenüber den zu beschützenden Personen.

Überwachergarant ist, wer für eine bestimmte Gefahrenquelle verantwortlich ist und den deshalb Sicherungspflichten gegenüber jedermann treffen.

> **Wichtigste Fallgruppe** sind die sog. Verkehrspflichten, von denen sogleich Rn. 150 ff. noch die Rede sein wird.

147 Als Unterlassungstäter haftet ein Garant aber nur, wenn die Vornahme der Handlung **möglich und zumutbar** war[220].

3. Abgrenzung zwischen Handeln und Unterlassen

148 Es besteht keine Einigkeit darüber, wie positives Tun und Unterlassen voneinander abzugrenzen sind. Die wohl h.M. will auf das Kriterium der **Gefahrerhöhung** abstellen[221]: Hat der Schädiger durch sein Verhalten eine Gefahr für das verletzte Rechtsgut geschaffen oder erhöht, soll ein aktives Tun vorliegen; hat er (lediglich) eine bereits bestehende Gefahr nicht abgewendet, soll ein Unterlassen gegeben sein.

> Nach einer anderen Auffassung ist zu fragen, wo nach dem „sozialen Sinngehalt" der **Schwerpunkt der Vorwerfbarkeit** liegt[222]. Beide Auffassungen kommen jedenfalls ohne Wertungen nicht aus – und dürften daher auch zu recht ähnlichen, wenn auch nicht immer „eindeutigen" Ergebnissen führen.

149 Ohnehin ist eine trennscharfe Abgrenzung zwischen Tun und Unterlassen oft gar nicht möglich. Denn jedes pflichtwidrige Handeln lässt sich auch als Unterlassen des pflichtgemäßen Handelns beschreiben! Dies mag auf den ersten Blick unbefriedigend erscheinen, doch stellt sich bei näherem Besehen schnell heraus, dass die Unterscheidung zwischen Tun und Unterlassen im Deliktsrecht **von weitaus geringerer Bedeutung** ist als im Strafrecht. Eine Unterscheidung kann nämlich immer dann unterbleiben, wenn der Schädiger eine ihm obliegende Verkehrspflicht verletzt hat.

> **Beispiel:** G will sein Grundstück an die öffentliche Wasserversorgung anschließen und schachtet deshalb einen Teil des Fußweges vor seinem Grundstück aus. Über Nacht deckt er das so entstandene Loch mit einer Plane ab und errichtet ein Schild mit der Aufschrift „Baustelle! Bitte andere Straßenseite benutzen!". Nachts geht Fußgänger F auf dem Fuß-

---

[220] Näher dazu *Spindler* in BeckOK BGB, § 823 Rn. 6.
[221] *Teichmann* in Jauernig, BGB, § 823 Rn. 30; *Staudinger* in Handkomm. BGB, § 823 Rn. 46.
[222] Für die strafrechtliche Perspektive siehe *Stoffers*, JuS 1993, 23.

III. Verletzungshandlung

weg vor dem Grundstück des G entlang. Aufgrund einer defekten Straßenlaterne ist der Weg kaum beleuchtet, sodass F das Hinweisschild nicht sieht, in das ausgehobene Loch fällt und sich ein Bein bricht. Hat G die Körperverletzung des F durch ein aktives Tun oder durch ein Unterlassen verursacht?

- Fragt man mit der h.M. nach der **Gefahrerhöhung**, zeigt sich schnell, dass eine eindeutige Antwort kaum möglich ist. Denn G hat die Gefahr, dass Fußgänger in ein Loch vor seinem Haus fallen durch das Ausheben dieses Loches zunächst selbst geschaffen. Andererseits hätte sich diese Gefahr nicht realisiert, wenn G danach Maßnahmen ergriffen hätte, durch die Fußgänger vor der von dem Loch ausgehenden Gefahr hinreichend gewarnt worden wären (z.B. durch Anbringen einer Beleuchtung, Aufstellen eines Bauzauns). Dies wiederum hat G unterlassen. Hier dürfte denn auch der „**Schwerpunkt der Vorwerfbarkeit**" liegen.
- Letztlich spielt die Einordnung als Tun oder Unterlassen aber ohnehin keine entscheidende Rolle. Der **eigentliche Vorwurf** lautet nämlich: „G hat eine Gefahrenquelle geschaffen und war für diese auch verantwortlich." Ob man insoweit argumentiert, dass G die gebotenen Sicherungsmaßnahmen unterlassen hat oder die aktiv ergriffenen Sicherungsmaßnahmen (Schild, Abdeckung) ungenügend waren, spielt keine Rolle. Dies sind nur die Kehrseiten **ein und derselben Medaille**. Entscheidend ist allein, dass G eine bestehende Verkehrspflicht verletzt hat.

4. Verkehrspflichten

Literatur: *v. Bar*, Entwicklungen und Entwicklungstendenzen im Recht der Verkehrs(sicherungs) pflichten, JuS 1988, 169; *Canaris*, Schutzgesetze – Verkehrspflichten – Schutzpflichten, Festschrift Larenz II, 1983, S. 27; *Deckert*, Die Verkehrspflichten, Jura 1996, 348; *Kreutz*, Die zivilrechtliche Verkehrspflichtenhaftung, Ad Legendum 2011, 191; *Mertens*, Verkehrspflichten und Deliktsrecht, VersR 1980, 397; *Raab*, Die Bedeutung der Verkehrspflichten und ihre systematische Stellung im Deliktsrecht, JuS 2002, 1014.

a) Begriff, Bedeutung und Stellung im Prüfungsaufbau

> Verkehrspflichten sind besondere Sorgfaltspflichten, die dem Adressaten für Gefahrenquellen in seinem Verantwortungsbereich auferlegt werden.

150

Verkehrspflichten haben eine **doppelte Funktion**[223].

- Sie begründen einerseits eine Rechtspflicht zum Handeln. Der Verkehrspflichtige ist Überwachergarant und das **Unterlassen** der gebotenen Handlung daher deliktisch relevant.
- Andererseits dienen sie auch dazu, die Haftung bei **mittelbaren Rechtsgutverletzungen** zu begründen, aber auch zu begrenzen. Mittelbare Rechtsgutverletzungen beruhen zwar auf einer Handlung des Schädigers, doch sind sie nicht deren direkte Folge. Der Verletzungserfolg wird vielmehr erst durch weitere Zwischenakte, auf die der Schädiger keinen Einfluss hat, realisiert. Insoweit gilt

---

[223] *Hager* in Staudinger, BGB, § 823 Rn. E 3; *Schiemann* in Erman, BGB, § 823 Rn. 5; *Spindler* in BeckOK BGB, § 823 Rn. 23; *v. Bar*, JZ 1979, 332, 333 ff.; *Deckert*, Jura 1996, 348, 349.

es, Kriterien zu finden, die es rechtfertigen, die Rechtsgutverletzung dem Schädiger zuzurechnen. Die Verkehrspflichten liefern die Begründung für die Zurechnung, schränken diese zugleich aber auch ein: Wer sich verkehrspflichtgemäß verhält, haftet nämlich nicht.

151 Damit lässt sich auch die **dogmatische Einordnung** der Verkehrspflichten vornehmen: Sie sind im Rahmen des haftungsbegründenden Tatbestandes bei § 823 I BGB zu prüfen, weil sie dazu dienen, die Rechtsgutverletzung mit einer Handlung oder einem Unterlassen des Schädigers zu verknüpfen[224]. *Kurz gefasst*: Der eingetretene Erfolg wird dem Schädiger haftungsrechtlich zum Vorwurf gemacht („zugerechnet"), weil er einer Verkehrspflicht nicht oder nicht ordnungsgemäß nachgekommen ist.

> **Hinweis:** Ob man die Verletzung einer Verkehrspflicht beim Merkmal „Verletzungshandlung" oder im Rahmen der „haftungsbegründenden Kausalität" prüft, ist letztlich eine Geschmacksfrage – zumal beide Prüfungspunkte gedanklich ohnehin zusammenhängen und daher auch gemeinsam geprüft werden können.

152 Umstritten ist schließlich das **Verhältnis von Verkehrspflichten zum Verschulden**, genauer: zur Fahrlässigkeit. Nach § 276 II BGB handelt fahrlässig, wer die im Verkehr erforderliche Sorgfalt außer Betracht lässt. Dabei ist der Fahrlässigkeitsmaßstab des § 276 II BGB **objektiv-abstrakt**, also gerade nicht mit Blick auf den Einzelnen zu bestimmen. Verkehrspflichten legen fest, was als verkehrsgerechtes Verhalten erwartet werden kann. Daher handelt, wer eine Verkehrspflicht verletzt, immer (zumindest) fahrlässig[225]. Unverschuldete Verkehrspflichtverletzungen sind daher nicht möglich. Die **Gegenauffassung**[226] will zwischen äußerer und innerer Sorgfalt differenzieren. Die Verkehrspflichten sollen nur festlegen, welches Verhalten objektiv geboten ist (**äußere Sorgfalt**). Dabei soll eine ex-post-Betrachtung anzustellen sein. Ein Fahrlässigkeitsvorwurf soll demgegenüber nur dem gemacht werden können, der die objektiv gebotenen Anforderungen auch subjektiv hätte erkennen und erfüllen können (**innere Sorgfalt**). Allerdings soll bei Nichtbeachtung der äußeren Sorgfalt die Verletzung der inneren Sorgfalt **vermutet** werden. Relevant geworden ist die Unterscheidung etwa in den Fällen, in denen die Rechtsprechung Verkehrspflichten nachträglich verschärft hat, womit der Betroffene – angeblich – nicht zu rechnen brauchte[227]. Indes zeigen gerade diese Fälle, dass eine Exkulpation des Verkehrspflichtigen hier nicht angebracht ist. Dass er seine Verkehrspflichten erfüllt, gehört zu seinem Risikobereich. Die (objektive) Verkehrspflicht besteht ja gerade, um das Schadensrisiko auf den Verkehrspflichtigen zu verlagern. Auf die subjektive Vorhersehbarkeit sollte es daher haftungsrechtlich *nicht* ankommen.

---

[224] So die mittlerweile h.M., vgl. etwa *Wandt*, Gesetzliche Schuldverhältnisse, § 16 Rn. 110; *Medicus/Petersen*, Bürgerliches Recht, Rn. 647; *Looschelders*, Schuldrecht BT, Rn. 1177.
[225] So auch *Kötz/Wagner*, Deliktsrecht, Rn. 119 f.; *Brüggemeier* in Festschrift E. Schmidt, 2005, S. 48 f.; im Ergebnis auch *Wagner* in MünchKomm. BGB, § 823 Rn. 32 ff.
[226] Etwa BGHZ 80, 186, 199; *Looschelders*, Schuldrecht BT Rn. 1184; etwas missverständlich *Medicus/Petersen*, Bürgerliches Recht, Rn. 647.
[227] BGH NJW 1985, 620, 621; BGH NJW 1995, 2631, 2632.

III. Verletzungshandlung

Hinweis: Im Strafrecht ist dies anders. Dort wird im Rahmen des Verschuldens auch die subjektive Vorhersehbarkeit und Vermeidbarkeit geprüft, weil es um die Frage der Strafbarkeit (und nicht um die Verteilung des Schadensrisikos) geht. Die Frage nach der zivilrechtlichen Haftung kann (und sollte) insoweit anders beantwortet werden.

b) Begründung von Verkehrspflichten (Fallgruppen)

Anknüpfungspunkt für Verkehrspflichten ist eine **Gefahr oder Gefahrenquelle**, für die der Verkehrspflichtige verantwortlich ist. Diese Verantwortung kann daraus resultieren, dass

- die Gefahrenquelle dem räumlich-gegenständlichen Verantwortungsbereich des Verkehrspflichtigen zuzuordnen ist (**Bereichshaftung**),
- der Verkehrspflichtige die Gefahrenabwehr übernommen hat (**Übernahmehaftung**) oder
- die Gefahr durch ein vorangegangenes Tun des Verkehrspflichtigen geschaffen wurde (**Haftung aus Ingerenz**).

Eine trennscharfe Abgrenzung ist insoweit aber weder möglich noch erforderlich. So lässt sich das oben Rn. 149 gebildete Beispiel sowohl bei der ersten als auch bei der dritten Gruppe einordnen.

aa) Bereichshaftung

Der klassische Anwendungsfall der Bereichshaftung ist die **Eröffnung oder Duldung eines Verkehrs**[228]. Damit sind die Fälle gemeint, in denen anderen der Zugang zu einem eigenen Gefahrenbereich gewährt wird. Hier geht es in erster Linie um die Sicherheit auf Straßen, Wegen und Plätzen, aber auch in Gebäuden und Verkehrseinrichtungen. Insoweit treffen denjenigen, der die Herrschaft über einen Gefahrenbereich hat, **Verkehrssicherungspflichten**: Er muss dafür Sorge tragen, dass andere in seinem Gefahrenbereich nicht *durch typische Gefahren* geschädigt werden.

Beispiele: Streupflicht bei Glatteis; Schutz vor Dachlawinen oder herabstürzenden Ästen; Beleuchtung von Treppenhäusern; Prüfung der Standfestigkeit von Grabsteinen auf Friedhöfen[229] und Spielgeräten auf Spielplätzen[230]; Sicherung von Sportanlagen; Schutz vor übermäßiger Lautstärke bei Konzerten; Gewährleistung der Sicherheit von Hotelanlagen[231].

Verkehrssicherungspflichten werden oft in **kommunalen Satzungen** festgeschrieben. Diese können Schutzgesetze im Sinne des § 823 II BGB sein. Dies schließt aber eine Haftung nach § 823 I BGB nicht aus.

Trifft die Verkehrssicherungspflicht einen Hoheitsträger (z.B. eine Gemeinde), so ist die Pflicht häufig öffentlich-rechtlicher Natur. Dann greifen die Grundsätze der Amtshaftung (§ 839 BGB i.V.m. Art. 34 GG, dazu unten § 9 Rn. 152 f.).

---

[228] *Hager* in Staudinger, BGB, § 823 Rn. E 19 mit weiteren Nachweisen.
[229] BGHZ 34, 206, 208 ff.
[230] BGHZ 103, 338, 340 ff.
[231] BGH VersR 1967, 801, 802.

156 Der Gedanke der Bereichshaftung geht über die soeben geschilderten Fälle der Verkehrseröffnung aber noch hinaus. **Allgemeiner** lässt sich formulieren:

> Wer die Herrschaft über eine Gefahrenquelle hat, muss alle möglichen und zumutbaren Maßnahmen ergreifen, damit sich die Gefahr nicht realisiert.

Erfasst wird damit auch der **Betrieb** gefährlicher Anlagen, Maschinen und Fahrzeuge.

bb) Übernahmehaftung

157 Verkehrspflichten treffen auch jene, die die **Aufgabe übernommen** haben, eine Gefahrenquelle zu überwachen, Gefahren zu vermeiden oder abzuwehren[232].

> **Beispiel:** Die Übernahme der Bauaufsicht durch einen Architekten begründet Verkehrspflichten nicht nur gegenüber dem Bauherrn, sondern auch gegenüber Dritten[233].

cc) Haftung aus Ingerenz

158 Schließlich muss für eine Gefahr auch einstehen, wer diese durch sein Verhalten **selbst gesetzt** hat[234]. Dies gilt auch, wenn das in Rede stehende Verhalten rechtmäßig war. Haftungsrechtlich entscheidend ist nämlich allein die Schaffung einer Gefahr.

> Ein eindrückliches **Beispiel** liefert **BGH NJW 1968, 1182**: Ein Ehepaar ließ in seiner Wohnung Maler- und Tapezierarbeiten ausführen. Hierbei erlitt einer der Handwerker aufgrund einer verhängnisvollen Verwechslung erhebliche innere Verletzungen. Die Ehefrau hatte eine alte Bierflasche mit Natronlauge befüllt. Die Flasche wurde hinter der Toilettenschüssel verwahrt, im Zuge der Malerarbeiten aber von einem Arbeitskollegen des verletzten Handwerkers in den Flur der Wohnung gestellt. Der Handwerker verwechselte daraufhin die Flasche mit seiner Bierflasche und nahm einen großen Schluck daraus. – Obwohl sich auf der Flasche ein Klebestreifen mit der Aufschrift: „Vorsicht, Lebensgefahr! Lauge!" befand, nahm der BGH eine Verkehrspflichtverletzung an. Bei dem Grad der Gefährlichkeit der Lauge und der Art ihrer Aufbewahrung in einer Bierflasche sei die Entfernung und Sicherstellung der Flasche die einzige geeignete Maßnahme gewesen, um wirksam eine Vorkehrung gegen eine folgenschwere Verwechslung der Flasche mit anderen Bierflaschen zu treffen.

> **Weitere Beispiele**[235]: Ausgabe von Waffen, Sprengkörpern, Feuerwerkskörpern, ggf. auch Streichhölzern an Minderjährige; Umweltverschmutzung; Befüllen eines Öltanks.

159 Um eine Haftung aus Ingerenz geht es auch in den Fällen der deliktischen Produzentenhaftung. Anknüpfungspunkt ist hier das **Herstellen und Inverkehrbringen**

---

[232] *Hager* in Staudinger, BGB, § 823 Rn. E 21 mit weiteren Nachweisen.
[233] BGHZ 68, 169, 175 f.
[234] BGHZ 71, 86, 93 f.; *Spindler* in BeckOK BGB, § 823 Rn. 8.
[235] Vgl. die Nachweise bei *Hager* in Staudinger, BGB, § 823 Rn. E 14.

III. Verletzungshandlung

gefährlicher Produkte. Die Rechtsprechung hat insoweit ein engmaschiges Netz an Verkehrspflichten geknüpft. Hiervon wird sogleich (unten Rn. 173 ff.) noch die Rede sein.

c) Inhalt und Umfang der Verkehrspflichten

Welchen Inhalt und Umfang eine Verkehrspflicht hat, also welche Maßnahmen der Verkehrspflichtige treffen muss, lässt sich **nicht allgemein** beschreiben. Ob der Verkehrspflichtige eine Gefahrenquelle beseitigen oder zumindest sichern muss oder ob es ausreicht, dass er auf die Gefahrenquelle hinweist oder die Gefahrenquelle vorerst nur beobachtet, ist für jeden Einzelfall gesondert festzustellen. Bei der **Konkretisierung der Verkehrspflichten** sind mehrere Faktoren zu berücksichtigen[236]. Hierzu zählen zunächst die Art der Gefahrenquelle und der drohenden Gefahr, ihre Erkennbarkeit, die Wahrscheinlichkeit des Schadenseintritts und der Stellenwert der bedrohten Rechtsgüter. Dabei gilt:

160

> Je schwerwiegender die potentiellen Schäden und je bedeutender die gefährdeten Rechtsgüter sind, desto höher sind die Anforderungen an den Verkehrspflichtigen.

> Siehe noch einmal **BGH NJW 1968, 1182** (oben Rn. 158): Weil die Rechtsgüter Leben, Körper und Gesundheit einen hohen Stellenwert haben, reichte der Warnhinweis auf der Bierflasche nicht aus. Die Eheleute hätten die Flasche daher entsorgen oder zumindest sicher verwahren müssen.

Auch die **berechtigten Sicherheitserwartungen** der betroffenen Verkehrskreise spielen eine Rolle[237]. Wer etwa einen Verkehr eröffnet, muss bei den Sicherungsmaßnahmen das voraussichtliche Verhalten der Verkehrsteilnehmer berücksichtigen, wobei die schutzbedürftigste Personengruppe den Maßstab bilden soll[238]. Ebenso muss, wer gefährliche Produkte herstellt oder vertreibt, die Konsumgewohnheiten und -erwartungen der potentiellen Verwender der Produkte berücksichtigen.

161

> **Lesen** Sie doch einmal die Packungsbeilagen zu Medikamenten, Kinderspielzeug („Nicht für Kinder unter drei Jahren geeignet!") oder Reinigungsmitteln! Diese Hinweise dienen der Warnung vor möglichen Gefahren und sollen Verkehrspflichten erfüllen. Deshalb wird auch auf Kaffeebechern vor der Temperatur des koffeinhaltigen Getränks gewarnt – man soll sich eben nicht die Zunge verbrennen (und dann teure Schadensersatzprozesse führen).

> Der Verkehrspflichtige muss nur die Maßnahmen treffen, die **möglich und zumutbar** sind[239].

162

---

[236] Ausführlich dazu *Spindler* in BeckOK BGB, § 823 Rn. 259 ff.
[237] BGH NJW 1990, 906, 907; BGH NJW 2010, 1967; *Wagner* in MünchKomm. BGB, § 823 Rn. 261; *Spindler* in BeckOK BGB, § 823 Rn. 234.
[238] BGHZ 103, 338, 340.
[239] Vgl. etwa BGHZ 104, 323, 329; BGHZ 112, 74, 75 f.

Zu treffen sind daher diejenigen Maßnahmen, „die ein umsichtiger und verständiger, in vernünftigen Grenzen vorsichtiger Mensch für notwendig und ausreichend hält, um andere vor Schäden zu bewahren"[240]. Auf die finanzielle Leistungsfähigkeit des Verkehrspflichtigen soll es hingegen nicht ankommen[241].

> Exemplarisch hierzu **BGH NJW 2006, 610, 611:** „Eine Verkehrssicherung, die jede Schädigung ausschließt, ist im praktischen Leben nicht erreichbar [...]. Haftungsbegründend wird eine Gefahr erst dann, wenn sich für ein sachkundiges Urteil die nahe liegende Möglichkeit ergibt, dass Rechtsgüter anderer verletzt werden können [...]. Deshalb muss nicht für alle denkbaren Möglichkeiten eines Schadenseintritts Vorsorge getroffen werden. Es sind vielmehr nur die Vorkehrungen zu treffen, die geeignet sind, die Schädigung anderer tunlichst abzuwenden [...]. Daher reicht es anerkanntermaßen aus, diejenigen Sicherheitsvorkehrungen zu treffen, die ein verständiger, umsichtiger, vorsichtiger und gewissenhafter Angehöriger dieser Berufsgruppe für ausreichend halten darf, um andere Personen vor Schäden zu bewahren, und die ihm den Umständen nach zuzumuten sind; Voraussetzung für eine Verkehrssicherungspflicht ist, dass sich vorausschauend für ein sachkundiges Urteil die nahe liegende Gefahr ergibt, dass Rechtsgüter anderer verletzt werden können [...]."

163 Schließlich kann der Verkehrspflichtige auch grundsätzlich darauf **vertrauen**, dass andere sich ihrerseits pflichtgemäß verhalten[242] – jedenfalls bis konkrete Zweifel hieran bestehen. Anderenfalls wäre ein arbeitsteiliges Zusammenwirken (etwa bei der Herstellung von Produkten) kaum möglich. Bei alledem darf auch der Grundsatz der **Selbstverantwortung** nicht außer Betracht bleiben. Wenn eine Gefahr für einen anderen offenkundig ist und dieser sich in zumutbarer Weise selbst schützen kann, dann kann der Verkehrspflichtige seinerseits darauf vertrauen, dass der andere diese Selbstschutzmaßnahmen auch ergreift[243]. Dies gilt aber *nicht* für **Kinder**. Bei diesen ist grundsätzlich auch damit zu rechnen, dass sie Risiken falsch einschätzen, unbesonnen oder gar unvernünftig handeln. Folglich bestehen **erhöhte Sicherungspflichten**, wenn damit zu rechnen ist, dass Kinder mit einer Gefahrenquelle in Kontakt kommen[244].

> **Beispiel:** Während es gegenüber Erwachsenen genügen *kann*, Hinweisschilder aufzustellen, die vor Gefahren warnen, die von einer Baustelle oder einem einsturzgefährdeten Haus ausgehen, reicht dies gegenüber Kindern typischerweise nicht aus.

164 Insoweit ist allerdings auch die Aufsichtspflicht der Eltern zu beachten, auf deren Erfüllung man grundsätzlich vertrauen darf[245]. Gegenüber Kleinkindern besteht eine lückenlose Aufsichtspflicht, mit zunehmendem Alter und Entwicklungsgrad tritt diese aber immer mehr in den Hintergrund.

> **Beispiel:** Es ist in erster Linie Aufgabe der Eltern, dafür zu sorgen, dass ein Kleinkind nicht giftige Reinigungsmittel trinkt. Darauf, wie und wo die Mittel nach dem Erwerb gelagert

---

[240] BGH NJW 2006, 610, 611.
[241] *Spindler* in BeckOK BGB, § 823 Rn. 241.
[242] Vgl. BGH NJW 2006, 2918, 291.
[243] BGHZ 104, 323, 328; *Wagner* in MünchKomm. BGB, § 823 Rn. 261 ff.; *Spindler* in BeckOK BGB, § 823 Rn. 242.
[244] BGH NJW 1991, 2340; BGH NJW 1994, 3348; BGH NJW 1999, 2364; *Wagner* in MünchKomm. BGB, § 823 Rn. 272; *Spindler* in BeckOK BGB, § 823 Rn. 248.
[245] Dazu *Spindler* in BeckOK BGB, § 823 Rn. 248a.

werden, haben die Hersteller keinen Einfluss. Sie können aber durchaus verpflichtet sein, den Verschluss der Flaschen „kindersicher" zu gestalten, sodass Kleinkinder, die eine solche Flasche finden, sie nicht öffnen können.

d) Geschützter Personenkreis

Geschützt durch Verkehrspflichten werden grundsätzlich nur Personen, die **rechtmäßig** mit der Gefahrenquelle in Kontakt kommen[246]. Wer sich unbefugt in einem fremden Gefahrenbereich aufhält, kann sich also nicht darauf berufen, dass der Verkehrspflichtige nicht die erforderlichen Maßnahmen getroffen hat. **165**

> **Beispiel:** Der Dieb, der im unbeleuchteten Treppenhaus oder auf einem trotz Glatteis nicht gestreuten Gehweg ausrutscht und sich das Bein bricht, kann den entstandenen Schaden nicht nach § 823 I BGB vom Grundstückseigentümer ersetzt verlangen. – Das gleiche gilt für Personen, die ein fremdes Grundstück trotz entsprechenden Verbotsschildes betreten.

Eine Ausnahme ist insoweit aus den soeben (oben Rn. 163) benannten Gründen für **Kinder** zu machen: Diese werden auch geschützt, wenn sie sich unbefugt einer Gefahrenquelle nähern[247]. **166**

e) Adressat der Verkehrspflichten und Delegation auf Dritte

Verkehrspflichtig ist, wer aus den soeben (Rn. 153 ff.) genannten Gründen für eine Gefahrenquelle verantwortlich ist. Auch juristische Personen und rechtsfähige Personengesellschaften können Adressat von Verkehrspflichten sein. **167**

> Sind **mehrere Personen** entweder gemeinschaftlich (z.B. bei gemeinsamer Übernahme) oder nebeneinander verpflichtet, so haften sie bei schuldhafter Pflichtverletzung als Gesamtschuldner (vgl. §§ 830, 840 BGB und unten § 12 Rn. 1 ff.).

Die Verkehrspflicht muss **nicht höchstpersönlich** erfüllt werden. Der Verkehrspflichtige kann sich eines Dritten bedienen, um die gebotenen Maßnahmen zu treffen[248]. **168**

> **Beispiel:** Der Grundstückseigentümer kann die Pflicht, bei Glatteis den Gehweg zu streuen an den Mieter oder den Hausverwalter übertragen.

Der Übernehmende wird durch die Übernahme selbst verkehrspflichtig[249] (Übernahmehaftung, siehe oben Rn. 157). Der Delegierende wird hierdurch aber nicht vollständig von seiner Verkehrspflicht befreit. Diese ändert vielmehr ihren Inhalt: Der Delegierende ist verpflichtet, den Übernehmenden sorgfältig **auszuwählen** und in angemessenem Umfang **zu überwachen**[250]. Auch dies ist eine Frage des Ein- **169**

---

[246] Vgl. etwa BGH NJW 1957, 499; BGH NJW 1985, 1078 f.; *Spindler* in BeckOK BGB, § 823 Rn. 246 f.
[247] BGH NJW 1999, 2364.
[248] Vgl. etwa BGH NJW 1985, 270, 271; BGH NJW 2006, 3628, 3629; *Hager* in Staudinger, BGB, § 823 Rn. E 59.
[249] BGH NJW 1970, 95, 96; BGH NJW 1990, 111, 112; BGH NJW-RR 2007, 1027 ff.; dazu auch *Wagner* in MünchKomm. BGB, § 823 Rn. 297.
[250] BGHZ 110, 114, 121 f.; BGHZ 142, 227; *Spindler* in BeckOK BGB, § 823 Rn. 263 ff.

zelfalls. Der Schwerpunkt liegt dabei zumeist auf der **Auswahlentscheidung:** Der Übernehmende muss die nötige Sachkunde haben, um die erforderlichen Sicherungsmaßnahmen durchführen zu können und dem Delegierenden als zuverlässig bekannt, also vertrauenswürdig, sein[251]. Wurde die Auswahl ordnungsgemäß getroffen, so darf der Delegierende grundsätzlich darauf vertrauen, dass der Übernehmende die ihm übertragenen Verkehrspflichten auch erfüllt. Insbesondere muss der Delegierende ihn nicht „auf Schritt und Tritt" kontrollieren, solange keine Anhaltspunkte dafür bestehen, dass die übertragenen Verkehrspflichten nicht oder nicht ordnungsgemäß erfüllt werden[252].

> **Hinweis:** Bei der Delegation von Verkehrspflichten kann sich die Haftung des Delegierenden nicht nur aus § 823 I BGB, sondern auch aus **§ 831 BGB** ergeben. Dies setzt voraus, dass der Übernehmende Verrichtungsgehilfe des Delegierenden ist, also dessen Weisungen unterliegt (näher dazu unten § 9 Rn. 75 ff.). Das kann, muss aber nicht der Fall sein.

f) Beweislast

170 Grundsätzlich obliegt es dem Geschädigten, im Falle eines Prozesses die Verletzung einer Verkehrspflicht darzulegen und ggf. auch zu beweisen.

> **Beispiel:** A rutscht im Winter auf einem Gehweg, der zum Grundstück des B gehört, aus und bricht sich infolge des Sturzes einen Arm. – B haftet, wenn er seine Streupflicht verletzt hat. A ist insoweit darlegungs- und beweisbelastet dafür, dass wegen der Witterungsverhältnisse der Gehweg hätte gestreut werden müssen und B tatsächlich auch nicht gestreut hat.

171 Steht hingegen fest, dass eine Verkehrspflicht nicht ordnungsgemäß erfüllt wurde, so wird **vermutet**, dass die Pflichtverletzung ursächlich für den entstandenen Schaden ist[253], sofern nicht die ernstliche Möglichkeit einer anderweitigen, nicht auf den Verstoß gegen eine Verkehrspflicht beruhenden Ursache besteht[254].

> Kann in unserem **Beispiel** A nachweisen, dass der Gehweg vereist war und B dennoch nicht gestreut hatte, so wird vermutet, dass der Sturz auf der Verletzung der Verkehrspflicht beruhte.

172 Bisweilen nimmt die Rechtsprechung zudem eine **Beweislastumkehr an**, so insbesondere bei der Haftung für gefährliche Produkte (Produzentenhaftung, siehe sogleich Rn. 173 ff.).

5. Insbesondere: Produzentenhaftung

Literatur: *Diederichsen*, Die Entwicklung der Produzentenhaftung, VersR 1984, 797; *Franzen*, Deliktische Haftung für Produktionsschäden, JZ 1999, 702; *Fuchs/Baumgärtner*, Ansprüche aus

---

[251] BGHZ 142, 227, 233; BGHZ 160, 232, 235; BGH NJW-RR 1987, 147 f.; BGH NJW 2006, 3628, 3629; *Wagner* in MünchKomm. BGB, § 823 Rn. 302.
[252] BGHZ 142, 227; 232 f.; *Spindler* in BeckOK BGB, § 823 Rn. 265.
[253] Vgl. nur BGHZ 114, 273, 276.
[254] BGH NJW-RR 2006, 1098, 1100; *Hager* in Staudinger, BGB, § 823 Rn. E 72.

III. Verletzungshandlung

der Produzentenhaftung und Produkthaftung, JuS 2011, 1057; *Hager*, Zum Schutzbereich der Produzentenhaftung, AcP 184 (1984), 413; *Honsell*, Produkthaftungsgesetz und allgemeine Deliktshaftung, JuS 1995, 211; *Katzenmeier*, Entwicklungen des Produkthaftungsrechts, JuS 2003, 943; *Kellermann/Mendler*, Grundsätze und Einzelfälle der Beweislast, JA 2004, 909.

Übungsfälle: *Brüggemeier*, Jura 2007, 537; *Fischer/Schmehl*, JA 2008, 498; *Heinemann/ Schürholz*, Jura 2002, 693; *Koch/Schimmel*, JA 2006, 190; *Schlinker*, JuS 2010, 224.

a) Bedeutung

Die deliktische Produzentenhaftung hat eine **enorme praktische Bedeutung.** Von vielen Produkten, die wir tagtäglich erwerben und benutzen, können erhebliche Gefahren ausgehen. Dies gilt vor allem dann, wenn das betreffende Produkt fehlerhaft ist.

> **Beispiel:** Das Fahren mit einem Pkw ist jedenfalls nicht gänzlich ungefährlich. Richtig gefährlich wird es aber, wenn ein Reifen schlecht verarbeitet ist und bei einer Geschwindigkeit von 100 km/h platzt.

173

Wer ein fehlerhaftes Produkt kauft, kann **vertragliche Gewährleistungsansprüche** geltend machen und nach Maßgabe der §§ 434, 437 Nr. 3, 280 I BGB auch Ersatz der Schäden verlangen, die infolge des Mangels an anderen Rechtsgütern entstanden sind. Doch bestehen vertragliche Ansprüche nur, wenn man die Sache selbst gekauft hat, sofern man nicht ausnahmsweise nach den Grundsätzen über den Vertrag mit Schutzwirkungen zugunsten Dritter auch als Nichtvertragspartei geschützt wird. Hinzu kommt, dass die vertraglichen Ansprüche nur gegenüber demjenigen bestehen, mit dem man den Vertrag geschlossen hat. Das ist oft nicht derjenige, der die Sache hergestellt hat, sondern ein zwischengeschalteter Händler. Kann dieser nachweisen, dass ihn ein Verschulden nicht trifft (vgl. § 280 I 2 BGB), so haftet er auch nicht auf Schadensersatz – selbst wenn den Hersteller ein Verschulden trifft. Auch die Grundsätze der Drittschadensliquidation helfen hier nicht weiter, da es sich nicht um eine zufällige Schadensverlagerung handelt.

174

Kurzum: Das Gewährleistungsrecht **schützt das Integritätsinteresse** derjenigen, die fehlerhafte Produkte erwerben oder benutzen, **nur unvollkommen.** Deshalb ist die Rechtsprechung seit langem bestrebt, die deliktische Haftung der Hersteller auszubauen[255]. Durch zahlreiche Urteile hat sich auf diesem Wege eine **deliktische Produzentenhaftung** entwickelt.

175

> Die deliktische Produzentenhaftung knüpft an die Verletzung von Verkehrspflichten an, die den Herstellern auferlegt werden, um die von ihren Produkten ausgehenden Gefahren möglichst gering zu halten[256].

---

[255] Grundlegend BGHZ 51, 91 – „Hühnerpest".
[256] *Hager* in Staudinger, BGB, § 823 Rn. F 2; *Looschelders*, Schuldrecht BT, Rn. 1260 f.

176 Die deliktische Produzentenhaftung steht dabei auf zwei Säulen: der Herausbildung **herstellerspezifischer Verkehrspflichten** und einer (zumindest partiellen) **Beweislastumkehr** zugunsten des Geschädigten. Hierdurch soll auch dem Umstand Rechnung getragen werden, dass der Geschädigte in der Regel keinen Einblick in den Produktionsvorgang hat.

> In dem **BGHZ 104, 323** zugrunde liegendem Fall war eine Mehrweg-Limonadenflasche geborsten. Der Kläger, zu diesem Zeitpunkt drei Jahre alt, verlor durch Glassplitter sein rechtes Auge. Deswegen nahm er den Limonadenabfüller auf Schadensersatz und Schmerzensgeld in Anspruch. Ob der Fehler, der zum Bersten der Flasche geführt hatte, bei der Abfüllung entstanden war, ließ sich nicht feststellen. – Nach allgemeinen Beweislastgrundsätzen hätte die Klage abgewiesen werden müssen, da die Verletzung einer Verkehrspflicht nicht nachweisbar war. Der BGH gelangte aber zu einer Beweisumkehr. Der Abfüller sei gehalten gewesen, das fertige Produkt auf seine einwandfreie Beschaffenheit zu überprüfen und die Prüfergebnisse aufzuzeichnen. Dieser **Befundsicherungspflicht** sei der Abfüller nicht nachgekommen.

b) Verhältnis zum ProdHaftG

177 Die Produkthaftung ist auch spezialgesetzlich geregelt und zwar im **Produkthaftungsgesetz** (ProdHaftG), das eine **verschuldensunabhängige Herstellerhaftung** für Personen- oder Sachschäden vorsieht, die durch fehlerhafte Produkte herbeigeführt werden. Hiervon wird unten § 10 Rn. 34 ff. noch die Rede sein. Vorerst genügt die Feststellung, dass die Haftung nach dem ProdHaftG und die deliktische Produzentenhaftung gemäß § 823 I BGB *nebeneinander* und *tatbestandlich unabhängig voneinander* bestehen.

c) Begriffsbestimmung und Anwendungsbereich

178 Daher kann auch nicht ohne Weiteres auf die in den §§ 2–4 ProdHaftG normierten Definitionen von Produkt, Fehler und Hersteller zurückgegriffen werden. Diese dienen für die deliktsrechtliche Produzentenhaftung allenfalls als erste Orientierung. So wird etwa der **Produktbegriff** bei der Haftung nach § 823 I BGB weiter gefasst als in § 2 ProdHaftG[257].

> **Erfasst werden** sowohl bewegliche Sachen als auch die wesentlichen Bestandteile von Grundstücken (z.B. schlüsselfertig errichtete Häuser), ganze technische Anlagen ebenso wie Software. Auch Tiere, landwirtschaftliche Erzeugnisse, Wasser, Gas und Strom, ja sogar abgetrennte menschliche Körperteile (z.B. Blut) sind Produkte in diesem Sinne, auch wenn sie im technischen Sinne nicht „hergestellt" werden[258].

179 Demgemäß ist auch der **Begriff des Herstellers** zu fassen. Hersteller ist, wer das Produkt geschaffen und damit in den Verkehr gebracht hat[259]. Nicht notwendig ist, dass der Hersteller das Produkt unmittelbar an den Endabnehmer weitergegeben hat.

---

[257] Vgl. *Spindler* in BeckOK BGB, § 823 Rn. 483; *Hager* in Staudinger, BGB, § 823 Rn. F 6.
[258] Vgl. OLG Hamburg NJW 1990, 2322 ff.
[259] § 4 I 1 ProdHaftG ist dabei keine große Hilfe, da die Bestimmung tautologisch ist. Denn derjenige, der etwas hergestellt hat, ist immer auch Hersteller. Siehe dazu auch unten § 10 Rn. 49 ff.

III. Verletzungshandlung

Verantwortlich für die Qualität eines Produkts ist jedenfalls der Endhersteller. Aber auch Zulieferer sind Hersteller, soweit die von ihnen gelieferten Teile betroffen sind[260]. Hingegen sind Händler grundsätzlich nicht Hersteller. Insbesondere sind sie deliktsrechtlich nicht verpflichtet, die von ihnen vertriebenen Waren auf ihre Sicherheit zu überprüfen. Allerdings treffen sie Sorgfaltspflichten bezüglich der Lagerung der Waren und der Beratung der Kunden[261].

180 Auf die wirtschaftliche Größe oder wirtschaftliche Stärke des Herstellers kommt es nicht an. Hersteller können daher Groß- oder Kleinbetriebe sein, gleich ob es sich um industrielle Fabrikation oder handwerkliche Herstellung handelt[262].

In **BGHZ 116, 104** nahm eine Hochzeitsgesellschaft das Hochzeitsessen in einer familienbetriebenen Gaststätte ein. Da die Wirtin und ihre Tochter, die gemeinsam den Nachtisch zubereitet hatten, Salmonellenausscheider waren, enthielten Pudding und Vanilleeis Keime, die zu einer Salmonellenvergiftung des Brautpaares und einiger Gäste führte. – Der BGH wendete die Grundsätze der Produzentenhaftung an und kam so zu einer Beweislastumkehr zulasten der Gaststättenbetreiber. Auch bei Familienbetrieben habe der Kunde typischerweise keinen Einblick in den Herstellungsvorgang, weshalb die Beweislastumkehr hier geboten sei.

181 Die deliktische Produzentenhaftung knüpft nur mittelbar an die Gefährlichkeit eines Produkts an. Der eigentliche Vorwurf besteht darin, dass der Hersteller eine Verkehrspflicht verletzt hat, was die Gefährlichkeit des Produkts zur Folge hatte. Der Gefährlichkeit steht die **Wirkungslosigkeit** eines Produkts gleich, wenn es dazu dient, Gefahren abzuwehren, und andere Gefahrenabwehrmaßnahmen deswegen unterlassen werden[263].

Im „Apfelschorf"-Fall (BGHZ 80, 186) wurde der Hersteller eines Pflanzenschutzmittels zur Bekämpfung des Apfelschorf-Pilzes zur Zahlung von Schadensersatz an einen Obstbauern verurteilt. Das eingesetzte Mittel war wirkungslos, weil sich nach der Anwendung resistente Pilzstämme gebildet und ausgebreitet hatten (siehe auch Rn. 189).

d) Herstellerspezifische Verkehrspflichten – Fallgruppen und Beweislast

182 Der Hersteller muss **alle möglichen und zumutbaren Sicherungsmaßnahmen** treffen, um die Schädigung fremder Rechtsgüter durch seine Produkte zu verhindern. Welche Sicherungsmaßnahmen zu treffen sind, hängt dabei ersichtlich von der Art des Produkts und den damit potentiell oder tatsächlich einhergehenden Risiken sowie von der Rolle des Verkehrspflichtigen im Produktions- und Vertriebsprozess ab. Die einzelnen Pflichten lassen sich aber in von der Rechtsprechung entwickelte **Fallgruppen** einordnen, an die unterschiedliche Beweislastregeln geknüpft werden. Unterschieden werden können:

- Konstruktionspflichten,
- Fabrikationspflichten,

---

[260] BGHZ 99, 167, 172; *Spindler* in BeckOK, § 823 Rn. 605; *Fuchs*, JZ 1994, 533, 536 f.
[261] *Spindler* in BeckOK, § 823 Rn. 607; *Brüggemeier*, JZ 1994, 578, 579.
[262] Vgl. BGHZ 116, 104 ff.; *Wandt*, Gesetzliche Schuldverhältnisse, § 21 Rn. 54.
[263] BGHZ 80, 186; *Medicus/Petersen*, Bürgerliches Recht, Rn. 650c.

- Instruktionspflichten und
- Produktbeobachtungspflichten.

aa) Konstruktionspflichten

183 Bereits in der **Planungs- und Entwicklungsphase** muss der Hersteller darauf achten, dass die Konstruktion des Produkts den zum Zeitpunkt des Inverkehrbringens geltenden Sicherheitsanforderungen und -erwartungen des Verkehrs genügt[264].

Anders formuliert: Das Produkt muss so konzipiert sein, dass es sich für den bestimmungsgemäßen Gebrauch möglichst gefahrlos eignet. **Konstruktionsfehler** betreffen den „Bauplan" des Produkts und führen bei Serienproduktionen dazu, dass die gesamte Serie fehlerhaft ist[265] – was in der Praxis häufig zu Rückrufaktionen führt. Konstruktionsfehler können insbesondere auf einer fehlerhaften Bauweise, aber auch auf der Ungeeignetheit der verwendeten Materialien und Bauteile beruhen.

> In **BGHZ 117, 183** führten fehlerhafte Kondensatoren dazu, dass ABS-Bremssysteme von Pkw nicht funktionierten. – In **BGH NJW 1985, 194** drang Feuchtigkeit in ein Dach ein, weil die verwendete Dachabdeckfolie ungeeignet war. – In **BGH NJW 2009, 2952** war der für einen Kunststoffgriff eines Expanders verwendete Kunststoff nicht geeignet, die Belastungen auszuhalten, die beim Training auf das Sportgerät wirkten.

184 Liegt ein Konstruktionsfehler vor, so wird **vermutet**, dass der Hersteller seine Verkehrspflicht verletzt hat[266] und dies kausal für die Rechtsgutverletzung war[267]. Der Hersteller kann die Vermutung aber widerlegen, etwa indem er nachweist, dass der Konstruktionsfehler für zum Zeitpunkt des Inverkehrbringens nach dem damaligen Stand von Wissenschaft und Technik nicht erkennbar war. Dies bedeutet aber nicht, dass der Hersteller die Konstruktionsfehler, die infolge des technischen oder wissenschaftlichen Fortschritts später erkennbar werden, ignorieren darf. Insoweit trifft ihn nämlich eine Produktbeobachtungspflicht (siehe unten Rn. 191).

---

[264] BGHZ 181, 253, 258; BGH VersR 2009, 649, 650; *Wagner* in MünchKomm. BGB, § 823 Rn. 528.

[265] *Michalski*, BB 1998, 961, 962.

[266] Die Verletzung wäre immer auch schuldhaft, siehe oben Rn. 152.

[267] Vgl. BGHZ 67, 359, 362; *Hager* in Staudinger, Eckpfeiler des Zivilrechts, Das Recht der unerlaubten Handlungen, Rn. 620; *Spindler* in BeckOK BGB, § 823 Rn. 557.

bb) Fabrikationspflichten

Den Hersteller trifft ferner die Pflicht, den **Fertigungsprozess** des Produkts so zu organisieren und zu überwachen, dass Produktfehler vermieden werden[268].   **185**

Fabrikationsfehler betreffen typischerweise einzelne Produkte, deren Ist-Beschaffenheit planwidrig von der Soll-Beschaffenheit abweicht[269] („Montagsstücke"). Es geht also um produktionsbedingte Qualitätsmängel.

Auch bei Vorliegen eines Fabrikationsfehlers kommt es zur **Beweislastumkehr**. Der Geschädigte muss hier also nur dartun und ggf. beweisen, dass das Produkt fehlerhaft war. Verkehrspflichtverletzung und Kausalität des Herstellers werden dann widerlegich vermutet[270].   **186**

cc) Instruktionspflichten

Darüber hinaus treffen den Hersteller Instruktionspflichten: Er muss den Verbraucher zum bestimmungsgemäßen Gebrauch des Produkts **anleiten** und über potentielle Gefahren **aufklären**[271].   **187**

Der Gebrauch von Produkten ist oft mit gewissen Gefahren verbunden, die sich auch durch eine ordnungsgemäße Konstruktion und Fertigung nicht ausschließen lassen. Hierüber muss der Hersteller informieren. Dies schließt Hinweise dazu mit ein, wie die Sache richtigerweise zu gebrauchen ist, denn Risiken verwirklichen sich oftmals erst bei der fehlerhaften Verwendung. Der Hersteller muss daher auch über die **Risiken des Fehlgebrauchs** (und ggf. sogar des Missbrauchs) informieren[272]. Die Instruktionspflicht beschränkt sich nicht auf das eigene Produkt. Hinzuweisen ist auch auf **Wechselwirkungen**, die bei dem gleichzeitigen Gebrauch anderer Produkte auftreten können[273].

> Im „Milupa"-**Fall** (BGHZ 116, 60) wurde ein Hersteller von gesüßtem Kindertee und Babyflaschen zur Zahlung von Schadensersatz verurteilt, weil er nicht darauf hingewiesen hatte, dass die Verabreichung des Tees als „Dauernuckel" zur Bildung von Karies führen konnte.

---

[268] *Spindler* in BeckOK BGB, § 823 Rn. 498; *Kullmann*, NZV 2002, 1, 4.

[269] *Wagner* in MünchKomm. BGB, § 823 Rn. 632; *Sprau* in Palandt, BGB, § 3 ProdHaftG Rn. 9.

[270] Vgl. BGHZ 80, 186, 196 f.; *Hager* in Staudinger, Eckpfeiler des Zivilrechts, Das Recht der unerlaubten Handlungen, Rn. 620; *Spindler* in BeckOK BGB, § 823 Rn. 557.

[271] BGHZ 64, 46, 49 f.; BGHZ 116, 60; BGH NJW 1972, 2217, 2220; vgl. *Wagner* in MünchKomm. BGB, § 823 Rn. 636 ff.

[272] BGHZ 106, 273, 283; BGH NJW 1999, 2815 f.

[273] Dazu *Wagner* in MünchKomm. BGB, § 823 Rn. 637; *Ulmer*, ZHR 152 (1988), 564, 576 ff.

188 Entsprechendes gilt für Gefahren, die erst dadurch entstehen, dass das Produkt mit dem **Zubehör** fremder Hersteller kombiniert wird.

Wegweisend insoweit **BGHZ 99, 167**: Ein Motorradfahrer verunglückte mit seinem Motorrad tödlich. Das Motorrad hatte der Vorbesitzer mit einer Lenkerverkleidung versehen, die das Fahrverhalten des Motorrads bei hoher Geschwindigkeit negativ beeinflusste. – Nach Auffassung des BGH war der Hersteller des Motorrads verpflichtet, auch über die Gefahren aufzuklären, die erst aus der Kombination mit dem Zubehör anderer Hersteller resultierte. Diese Hinweispflicht bestehe auch dann, wenn der Hersteller das Zubehör nicht empfohlen hat, sofern mit der Verwendung zu rechnen war.

189 Hinzuweisen ist schließlich auch darauf, dass ein Produkt in bestimmten Anwendungsfällen **wirkungslos** sein kann.

Im bereits erwähnten „**Apfelschorf**"-Fall[274] (oben Rn. 181) hat der BGH einen Instruktionsfehler darin gesehen, dass der Hersteller des Pflanzenschutzmittels nicht vor der Unwirksamkeit des Mittels gewarnt hatte.

190 Auch bei Instruktionsfehlern kommt eine **Beweislastumkehr** in Betracht[275]. Allerdings ist die Rechtsprechung hier etwas zurückhaltender: Es sei Sache des Geschädigten, die Verletzung der Instruktionspflicht zu beweisen[276]. Dies wird bisweilen mit dem Hinweis darauf kritisiert, dass auch insoweit der Geschädigte in Beweisnot geraten kann[277]. Zu vermuten ist jedenfalls die Kausalität einer (nachgewiesenen oder vermuteten) Pflichtverletzung, also dass bei einem Warnhinweis der Geschädigte den Gebrauch des Produkts entweder gänzlich unterlassen oder sein Verhalten der Gefahrenlage entsprechend angepasst hätte. Die Vermutung kann z.B. durch den Nachweis widerlegt werden, dass der Geschädigte bereits auf anderem Wege über die bestehenden Gefahren informiert wurde.

dd) Produktbeobachtungspflichten

191 Die Verkehrspflichten enden nicht mit dem Inverkehrbringen eines Produkts. Den Hersteller trifft vielmehr eine **Produktbeobachtungspflicht**[278].

---

[274] BGHZ 80, 186.

[275] BGHZ 80, 186, 197 f.

[276] BGH 80, 186, 197 f.; zustimmend etwa *Spindler* in BeckOK BGB, § 823 Rn. 557. Stehe die Pflichtverletzung fest, sei das Verschulden des Herstellers aber zu vermuten. Nach hier vertretener Auffassung ist ein schuldloser Verkehrspflichtverstoß aber gar nicht möglich (siehe oben Rn. 152).

[277] Ebenso *Hager* in Staudinger, BGB, § 823 Rn. F 44.

[278] BGHZ 80, 199, 202 f.; BGHZ 99, 167, 171 ff.; BGH NJW 1994, 3349, 3350; *Krause* in Soergel, BGB, § 823 Rn. 24 ff.; *Wagner* in MünchKomm. BGB, § 823 Rn. 645 ff.; *Kullmann*, NZV 2002, 1, 6; *Michalski*, BB 1998, 961, 963.

Der Hersteller muss also beobachten, ob sich bei der Verwendung seiner Produkte zunächst unerkannt gebliebene Risiken zeigen, gleich ob diese Risiken dem Produkt selbst anhaften (unerkannte Konstruktionsmängel, siehe oben Rn. 184) oder durch die Kombination mit den Produkten anderer Hersteller entstehen.

> Im **„Lenkerverkleidung"-Fall**[279] (oben Rn. 188) konnte sich der Motorradhersteller daher nicht darauf berufen, dass zum Zeitpunkt des Inverkehrbringens noch nicht erkennbar war, dass der Anbau der Lenkerverkleidung des anderen Herstellers das Fahrverhalten des Motorrads beeinträchtigen konnte. Der BGH argumentierte, dass den Hersteller *auch insoweit* eine Produktbeobachtungspflicht treffe.

Auf erkannte Risiken muss der Hersteller reagieren. Insoweit treffen ihn wiederum Instruktionspflichten, d.h. er muss vor den Gefahren **warnen** oder das Produkt ggf. sogar **zurückrufen**[280]. **192**

> Aus § 823 I BGB folgt aber **keine** Pflicht des Herstellers zur **Reparatur oder Nachrüstung**[281]. Eine solche Pflicht kann sich nur aus einer entsprechenden vertraglichen Abrede (z.B. einer Garantie) oder, sofern der Hersteller Verkäufer oder Werkunternehmer ist, dem vertraglichen Gewährleistungsrecht (Nacherfüllung) ergeben.

Der **Nachweis**, dass der Hersteller seine Produktbeobachtungspflicht verletzt hat, soll dem Geschädigten obliegen[282]. Dieser muss also darlegen und ggf. beweisen, dass der Hersteller die Gefahren hätte erkennen können. Ist der Nachweis gelungen, so kehrt sich die Beweislast hinsichtlich des Verschuldens des Herstellers um. **193**

IV. Haftungsbegründende Kausalität

Literatur: *Huber*, Normzwecktheorie und Adäquanztheorie, JZ 1969, 677; *Larenz*, Das Prinzip der Schadenszurechnung, JuS 1965, 373; *Medicus*, Die psychisch vermittelte Kausalität im Strafrecht, JuS 2005, 289; *Michalski*, Haftungsbeschränkung durch den Schutzzweck der Norm, Jura 1996, 393; *Zimmermann*, Herausforderungsformel und Haftung für fremde Willensbetätigungen nach § 823 I BGB, JZ 1980, 10.

Übungsfälle: *Horn*, ZJS 2011, 55; *Wolff/Geck*, JuS 2009, 1102.

---

[279] BGHZ 99, 167.
[280] BGHZ 179, 157, 159 f.; *Hager* in Staudinger, BGB, § 823 Rn. F25 f.; *Schiemann* in Erman, § 823 Rn. 11; *Sack*, BB 1985, 813, 817; *Michalski*, BB 1998, 961, 965; *Hager*, AcP 184 (1984), 413, 423 ff.; *Hager* in Festschrift Prölss, 2009, S. 71, 79; gegen eine Rückrufpflicht etwa OLG Frankfurt a.M. VersR 2007, 1575 f.; *Brüggemeier*, ZHR 152 (1988), 511, 525 f.; differenzierend *Wagner* in MünchKomm. BGB, § 823 Rn. 654.
[281] BGH NJW 2009, 1080, 1082; a.A. *Hager* in Staudinger, BGB, § 823, Rn. F 26 mit weiteren Nachweisen.
[282] BGHZ 59, 303, 309.

1. Bedeutung des Tatbestandsmerkmals

194 Eine Rechtsgutverletzung ist dem Schädiger nur zurechenbar, wenn zwischen seinem Verhalten und dem Verletzungserfolg ein **Kausalzusammenhang** besteht. Anders formuliert: Die Handlung oder das pflichtwidrige Unterlassen muss ursächlich für die Rechtsgutverletzung gewesen sein. Beim Tatbestandsmerkmal der haftungsbegründenden Kausalität geht es also um die **Verknüpfung von Handlung und Verletzungserfolg**.

> Hiervon zu unterscheiden ist die haftungsausfüllende Kausalität, die den Zusammenhang zwischen Rechtsgutverletzung und Schaden betrifft (dazu unten Rn. 263 und § 11 Rn. 36 ff.).

195 Der Kausalitätsbegriff ist dabei **normativ geprägt**: „Naturwissenschaftliche" Kausalität ist zwar eine notwendige, aber noch keine hinreichende Bedingung für die deliktische Haftung. Die Rechtsgutverletzung muss dem Schädiger auch *wertungsmäßig* zurechenbar sein. Die Zurechenbarkeit ist insbesondere dann problematisch, wenn der Geschädigte selbst, Dritte oder zufällige Ereignisse in den Kausalverlauf eingegriffen haben.

2. Äquivalenztheorie

196 Die Ursächlichkeit einer Handlung für einen Erfolg bestimmt sich *im Ausgangspunkt* nach der Äquivalenztheorie[283].

> Danach ist jede Bedingung kausal, die nicht hinweggedacht werden kann, ohne dass der Erfolg in seiner konkreten Gestalt entfiele.

Dies ist die berühmte „**conditio sine qua non**"-Formel. Besteht das vorwerfbare Verhalten in einem **Unterlassen**, so ist die Formel zu modifizieren: Ein Unterlassen ist dann äquivalent kausal, wenn der Erfolg bei Vornahme der gebotenen Handlung *mit an Sicherheit grenzender Wahrscheinlichkeit* nicht eingetreten wäre.

> Die Kausalität kann dabei sowohl **physisch** als auch **psychisch** vermittelt sein. Eine wichtige Fallgruppe der psychischen Kausalität sind Schockschäden (siehe dazu oben Rn. 14 ff. und unten Rn. 207).

197 Beruht eine Rechtsverletzung auf mehreren Handlungen verschiedener Personen, so ist zu unterscheiden:

---

[283] Vgl. statt aller *Wandt*, Gesetzliche Schuldverhältnisse, § 16 Rn. 125.

- Haben die Handlungen den Erfolg nur gemeinsam herbeiführen können, dann handelt es sich um einen Fall der **kumulativen Kausalität**[284]. Ob die Schädiger dabei gemeinschaftlich als Mittäter oder unabhängig voneinander gehandelt haben, spielt insoweit keine Rolle.
- Von **alternativer Kausalität** spricht man zum einen, wenn mehrere Bedingungen unabhängig voneinander den Erfolg herbeigeführt hätten; zum anderen aber auch in den Fällen, in denen nicht klar ist, welche Bedingung den Erfolg herbeigeführt hat[285].

Aus § 830 I BGB ergibt sich, dass sowohl bei kumulativer als auch bei alternativer Kausalität die Beteiligten für den gesamten Schaden einstehen müssen. Näher dazu unten § 12 Rn. 1 ff.

Nach der Äquivalenztheorie sind **alle Schadensursachen gleichwertig**[286]. Auch weit entfernte Bedingungen können danach ursächlich für eine Rechtsgutverletzung sein.

198

Beispiel: A sticht nach einem Streit mit B diesem ein Brotmesser in den Rücken, wodurch B tödlich verletzt wird. Das Brotmesser wurde von C hergestellt, von D verkauft, von E gekauft und an A weiterverschenkt. – Nach der **Äquivalenztheorie** ist *jede* dieser Handlungen ursächlich für den Tod des B. Mehr noch: Wäre A nicht geboren worden, so hätte er B nicht töten können, sodass auch die Eltern des A durch den Zeugungsakt eine äquivalent kausale Bedingung gesetzt haben. Dass C, D und E sowie die Eltern des A den Tod des B haftungsrechtlich nicht zu verantworten haben, dürfte aber jedem klar sein.

3. Adäquanztheorie

Die Äquivalenztheorie bedarf daher einer wertenden **Korrektur**. Hierzu soll nach h.M. die Adäquanztheorie dienen[287].

199

> Nach dieser sind nur diejenigen Bedingungen kausal, die typischerweise geeignet sind, den Erfolg in seiner konkreten Gestalt herbeizuführen. Damit scheiden alle die Bedingungen aus, die nur durch eine Verkettung außergewöhnlicher Umstände den Erfolg herbeigeführt haben[288].

Ziel der Adäquanztheorie ist es, die Haftung bei ungewöhnlichen und auch so nicht vorhersehbaren Geschehensabläufen auszuschließen. Mit anderen Worten: Nur

200

---

[284] *Teichmann* in Jauernig, BGB, § 823 Rn. 22; *Bydlinski*, Probleme der Schadensverursachung, 1964, S. 67 f.
[285] BGH NJW 1994, 932, 934; *Kötz/Wagner*, Deliktsrecht, Rn. 187.
[286] Vgl. *Rengier*, Strafrecht AT, 4. Aufl. 2012, § 13 Rn. 3 ff.
[287] Vgl. etwa *Wandt*, Gesetzliche Schuldverhältnisse, § 16 Rn. 133.
[288] RGZ 133, 126, 127; RGZ 158, 34, 38; BGHZ 41, 123, 125.

wenn der Schadenseintritt **außerhalb aller Wahrscheinlichkeit** liegt, ist die Kausalität ausgeschlossen. Adäquat kausal ist das Verhalten des Schädigers hingegen schon dann, wenn es grundsätzlich geeignet ist, die Rechtsgutverletzung zu bewirken oder zumindest die Wahrscheinlichkeit ihres Eintritts zu erhöhen[289]. Die Wahrscheinlichkeit kann dabei auch sehr klein sein, sofern sie nur nicht außerhalb aller Lebenserfahrung liegt.

> **Beispiel:** Impfschäden sind auch dann adäquat kausal, wenn die Eintrittswahrscheinlichkeit unter 0,01 % liegt[290].

201 Auch nach der Adäquanztheorie ist der Kreis der kausalen Bedingungen noch sehr **weit** – genauer gesagt: zu weit.

> In unserem **Beispiel** oben Rn. 198 liegt es nicht außerhalb jeder Lebenserfahrung, dass ein Brotmesser als Waffe gegen einen anderen Menschen gerichtet wird.

202 Im Schrifttum ist deshalb die Tauglichkeit der Adäquanztheorie in Frage gestellt worden[291]. Die von ihr vorgenommenen Einschränkungen ließen sich auch durch die Lehre vom Schutzzweck der Norm erreichen, weshalb die Adäquanztheorie als solche verzichtbar sei. Demgegenüber hält die h.M. an ihr fest[292], **ergänzt** sie aber durch die Schutzzwecklehre.

> **Hinweis:** Praktische Bedeutung hat dieser Streit aber nicht. Es ist letztlich eine Geschmacksfrage, ob man ungewöhnliche Geschehensabläufe und Folgen als nicht adäquat kausal oder als nicht vom Schutzbereich der Norm umfasst ansieht. Die hierbei anzustellenden Erwägungen sind dieselben.

4. Schutzzweck der Norm

a) Dogmatische Grundlagen und Funktion

203 Nach der Lehre vom Schutzzweck der Norm sind nur solche Rechtsgutverletzungen dem Schädiger zurechenbar, die in den Schutzbereich der verletzten Norm fallen[293].

Mit dieser Aussage ist ersichtlich noch nicht viel gewonnen. Welche Norm ist gemeint und wie ist ihr Schutzbereich zu bestimmen? Anknüpfungspunkt muss jeden-

---

[289] BGHZ 3, 261, 265 f.
[290] BGHZ 18, 286, 288 f.
[291] So etwa *Wagner* in MünchKomm. BGB, § 823 Rn. 310; *Kötz/Wagner*, Deliktsrecht, Rn. 191 ff.
[292] *Oetker* in MünchKomm. BGB, § 249 Rn. 107 ff., *Mertens* in Soergel, BGB, Vor § 249 Rn. 120; *Grünberg* in Palandt, BGB, Vor § 249 Rn. 27; *Medicus*, VersR 1981, 593, 602; *Weitnauer*, JuS 1979, 697 ff.; *Weitnauer in Festschrift* Oftinger, 1969, S. 321 ff.
[293] BGHZ 27, 137, 140 ff.; BGHZ 107, 359, 364; BGH NJW 2012, 2964 ff.

IV. Haftungsbegründende Kausalität

falls im Rahmen der Haftung nach § 823 I BGB eben dieser § 823 I BGB sein. Deutlicher wird die Intention der Schutzzwecklehre, wenn man § 823 I BGB nicht als Tatbestand mit Rechtsfolgenanordnung liest, sondern als Gebot: *Man soll es vermeiden, Leben, Körper, Gesundheit, Eigentum und sonstige Rechte eines anderen widerrechtlich zu verletzen.* Mit anderen Worten: Man soll sich so verhalten, dass andere nicht zu Schaden kommen. Aus § 823 I BGB lässt sich also eine – sehr allgemein gefasste – **Verhaltenspflicht** entnehmen.

Diese allgemeine Verhaltenspflicht genügt regelmäßig, um *unmittelbare* Rechtsgutverletzungen sachgerecht zu erfassen. Bei *mittelbaren* Rechtsgutverletzungen bedarf es hingegen einer Einschränkung: Hier ist eine Rechtsgutverletzung nur zurechenbar, wenn der Schädiger die ihm obliegenden deliktischen **Sorgfaltspflichten** verletzt hat. Die praktisch wichtigste Gruppe dieser Sorgfaltspflichten sind die **Verkehrspflichten** (siehe oben Rn. 150 ff.). Bisweilen sind diese Sorgfaltspflichten auch gesetzlich normiert. 204

> Das beste **Beispiel** hierfür sind die **Regeln der StVO**, die die Sorgfaltspflichten im Straßenverkehr festlegen. So hat sich nach § 1 II StVO jeder Verkehrsteilnehmer so zu verhalten, dass kein anderer „geschädigt, gefährdet oder mehr, als nach den Umständen unvermeidbar, behindert oder belästigt wird". Dies wiederum wird durch die §§ 2 ff. StVO konkretisiert. Schauen Sie ruhig einmal hinein!

Nach der Schutzzwecklehre setzt die Zurechnung einer Rechtsgutverletzung zunächst voraus, dass der **Schädiger eine Verhaltenspflicht verletzt** hat. Bei mittelbaren Rechtsverletzungen ist dies nur der Fall, wenn der Schädiger eine Verkehrs- oder sonstige Sorgfaltspflicht verletzt hat. Liegt der Vorwurf darin, dass der Schädiger nicht gehandelt hat, so ist zu fragen, ob eine entsprechende Handlungspflicht bestand (Garantenstellung, siehe oben Rn. 146). 205

> **Hinweis:** Es war bereits mehrfach die Rede davon, dass die Prüfungspunkte „Verletzungshandlung" und „haftungsbegründende Kausalität" sich bei der Verletzung von Verkehrspflichten und bei der Haftung für Unterlassen kaum trennen lassen. Sie gehören gedanklich zusammen und können daher auch in der Falllösung zusammen geprüft werden.

Der erforderliche **Schutzzweckzusammenhang** ist aber nur gegeben, wenn sich in der Rechtsgutverletzung auch eine Gefahr realisiert hat, vor der die verletzte Verhaltenspflicht schützen soll[294]. Man kann daher auch von einem „Gefahrverwirklichungszusammenhang" sprechen. Der Schutzbereich einer Verhaltenspflicht bestimmt sich also danach, vor welchen Gefahren sie schützen soll. 206

> Besonders anschaulich wird dies im **„Schweinepanik"-Fall** (BGHZ 115, 84): Infolge eines Vorfahrtsverstoßes kam es zu einem Verkehrsunfall mit leichtem Sachschaden. Das Unfallgeräusch versurachte aber in einem 50 Meter entfernt gelegenen Schweinestall eine Panik unter den Tieren. Mehrere Schweine starben. Der Inhaber der Schweinezucht nahm Verursacher des Unfalls und dessen Kfz-Versicherung auf Schadensersatz in Anspruch. – Der BGH lehnte Ansprüche aus § 7 StVG (Halterhaftung, dazu unten § 10 Rn. 5 ff.) und aus § 823 I BGB ab. Es habe sich nämlich kein spezifisches Risiko des Straßenverkehrs

---

[294] Vgl. *Oetker* in MünchKomm. BGB, § 249 Rn. 120 ff.

verwirklicht, sondern ein vom Kläger durch die Intensivtierzucht selbst gesetztes Risiko. Anders formuliert: Die Vorfahrtsregeln dienen dem Schutz der Verkehrsteilnehmer, schützen aber nicht Schweine vor den Folgen der Massentierhaltung.

207 Bei der Bestimmung des Schutzbereichs kommt man ohne **Wertungen** nicht aus. Dies gilt schon deshalb, weil die Verhaltenspflichten ihrerseits mit Blick auf mögliche Rechtsgutverletzungen hin *konstruiert* werden. Zu fragen ist letztlich immer, ob es sachgerecht ist, den Schädiger für die fremde Rechtsgutverletzung haften zu lassen. Bisweilen dient die Schutzzwecklehre auch dazu, eine uferlose Haftung zu vermeiden.

> **Beispiel:** A verschuldet auf der Autobahn einen Verkehrsunfall. Infolgedessen kommt es zu einem Stau, in dem auch B mit seinem Pkw steht. B verpasst daraufhin einen wichtigen Termin und erleidet daher einen Verdienstausfall.
>
> - Nach hier vertretener Auffassung fehlt es hier bereits an der Verletzung eines von § 823 I BGB geschützten Rechtsguts (keine Freiheitsberaubung, siehe oben Rn. 29).
> - Eine Haftung könnte allerdings aus §§ 7, 18 StVG und aus § 823 II BGB i.V.m. einer Vorschrift der StVO folgen. Allerdings fehlt es insoweit am Schutzzweckzusammenhang: Die Vorschriften sollen vor den spezifischen Gefahren des Straßenverkehrs schützen, aber nicht Vermögensfolgeschäden von am Unfall nicht Beteiligten, sondern nur mittelbar hiervon betroffenen Dritten kompensieren[295]. Eine Haftung des A gegenüber B scheidet daher aus.

So erklärt sich auch die Rechtsprechung zu **Schockschäden**: Dass nur Unfallbeteiligte und bei schweren Unfällen auch deren nahe Angehörige erlittene Schockschäden geltend machen können, nicht aber Zeugen oder herbeigerufene Polizeibeamte (siehe schon oben Rn. 14 ff.), lässt sich nur mit einer Einschränkung des Schutzzwecks der jeweils einschlägigen Normen begründen.

b) Selbstgefährdung durch den Geschädigten

208 Problematisch sind die Fälle, in denen der Schädiger zwar eine äquivalent und adäquat kausale Bedingung für die Rechtsgutverletzung gesetzt hat, diese aber zugleich auf einem Verhalten des Geschädigten beruht. Exemplarisch hierfür sind die sog. „**Verfolgerfälle**".

> In **BGHZ 63, 189** wollte ein Polizeibeamter P einen Siebzehnjährigen (M) festnehmen, weil dieser einen Jugendarrest verbüßen sollte. M versuchte, der Festnahme in der elterlichen Wohnung zu entgehen, indem er aus dem Badezimmerfenster in den Hof sprang, wobei er eine 2 Meter tiefe und 1,50 Meter breite Ausschachtung überwinden musste. P, der die Örtlichkeit nicht kannte, sprang M nach und zog sich dabei einen Fersenbeinbruch zu. – Das Problem des Falles lag darin, dass P sich freiwillig einem Risiko ausgesetzt hat, indem er ebenfalls auf das Badezimmerfenster sprang. Der BGH hatte zu entscheiden, ob durch diesen freien Entschluss der Zurechnungszusammenhang unterbrochen wurde. Dann nämlich hätte M die Körperverletzung des P nicht zugerechnet werden können. Der BGH führte aus, dass eine Zurechnung nicht schon dann geboten sei, wenn sich der Verletzte tatsächlich zum Eingreifen hat bewegen lassen. Erforderlich sei vielmehr, dass sich der Geschädigte zum Handeln *herausgefordert* fühlen durfte. Im konkreten Fall habe die Verfolgung und die damit verbundenen Risiken nicht außer Verhältnis zum damit verfolgten Zweck gestanden,

---
[295] Vgl. auch BGH NJW 1977, 2264 f.

weshalb P sich zum Sprung aus dem Fenster habe herausgefordert fühlen dürfen. Zudem habe sich ein durch die Verfolgungssituation erhöhtes Risiko verwirklicht. Damit sei die Verletzung M zurechenbar.

Der Zurechnungszusammenhang wird nicht schon deshalb unterbrochen, weil der Geschädigte ein Risiko eingegangen ist. Zu fragen ist vielmehr, ob der Schädiger durch sein Verhalten (z.B. die Flucht vor der Polizei) ein **erhöhtes Verletzungsrisiko** geschaffen hat, dass sich infolge eines freien Entschlusses des Geschädigten tatsächlich realisiert hat. Dies setzt voraus, dass mit der Reaktion des Geschädigten (z.B. der Verfolgung des Flüchtenden) zu rechnen war.

> Daher kommt trotz Selbstgefährdung eine Haftung des Schädigers in Betracht, wenn[296]
> - der Geschädigte sich durch das Verhalten des Schädigers zu der Reaktion herausgefordert fühlen durfte,
> - das eingegangene Risiko zu dem vom Geschädigten angestrebten Zweck in einem angemessenen Verhältnis stand und
> - sich das hierdurch erhöhte Verletzungsrisiko auch verwirklicht hat.

209

Ob sich der Geschädigte herausgefordert fühlen durfte, ist demnach im Einzelfall durch eine **Abwägung** zu ermitteln[297]. Zu berücksichtigen ist dabei einerseits das freiwillig übernommene Risiko, also das Ausmaß der Gefahr und der Stellenwert der gefährdeten Rechtsgüter. Andererseits ist aber auch zu fragen, ob der verfolgte Zweck die Eingehung dieses Risikos auch rechtfertigte und ob nicht andere Mittel zur Verfügung standen. Maßgeblich ist insoweit die ex-ante-Sicht des Geschädigten.

210

So war in **BGHZ 63, 189** zu berücksichtigen, dass die Personalien des M der Polizei bekannt und eine geglückte Flucht daher die Vollstreckung des Jugendarrests vermutlich nicht vereitelt, sondern nur verzögert hätte. Andererseits besteht ein öffentliches Interesse daran, dass verurteilte Straftäter sich dem Vollzug der Strafe nicht – auch nicht vorübergehend – entziehen. Auch sind Polizeibeamte dienstrechtlich zur Eingehung gewisser Risiken verpflichtet. Zudem war das Badezimmer ebenerdig, die mit einem Sprung aus dem Fenster einhergehende Gefahr daher verhältnismäßig gering (auch wenn sich gerade diese Gefahr verwirklicht hat). – Der BGH kam zu dem Ergebnis, dass die Verfolgung des flüchtigen M im konkreten Fall angemessen gewesen sei: P habe sich also herausgefordert fühlen dürfen. Die durch den Sprung begründete Verletzungsgefahr und der hieraus resultierende Verletzungserfolg seien daher M zuzurechnen gewesen.

Auch wenn der Verletzungserfolg dem Schädiger nach den dargestellten Grundsätzen zuzurechnen ist, kann sich das selbstgefährdende Verhalten des Geschädigten haftungsmindernd auswirken. Zu prüfen ist dann nämlich immer noch auf Rechts-

211

---

[296] Ausführlich dazu *Oetker* in MünchKomm. BGB, § 249 Rn. 157 ff.
[297] Vgl. auch *Wandt*, Gesetzliche Schuldverhältnisse, § 16 Rn. 149.

folgenseite, ob sich der Geschädigte ein **Mitverschulden** anrechnen lassen muss (§ 254 BGB).

212 Der BGH wendet die „Herausforderungsformel" auch in Fällen an, in denen durch ein Fehlverhalten des Schädigers ein Rechtsgut eines anderen verletzt wird und infolgedessen ein Dritter in **Nothilfe** für den Verletzten seinerseits ein Rechtsgut opfert.

Dann soll der Schädiger auch für eine bewusst in Kauf genommene Rechtsgutverletzung dem Dritten gegenüber haften.

Bemerkenswert ist insoweit der „**Nieren**"-Fall (BGHZ 101, 215): Nach einem Sportunfall wurde die dreizehnjährige T wegen Verdachts auf eine Verletzung der Milz vom Unfallarzt in ein Krankenhaus überwiesen. Der dort tätige Oberarzt O stellte nach Öffnung der Bauchdecke der T fest, dass eine Niere verletzt war und entfernte diese. O bemerkte dabei nicht, dass T von Geburt an nur eine Niere hatte. Bei richtigem ärztlichen Vorgehen hätte die Niere der T gerettet werden können. Auf Anraten der Ärzte erklärte sich M, die Mutter der T bereit, ihrer Tochter eine Niere zu spenden. – Der BGH war der Auffassung, dass O durch seinen Behandlungsfehler nicht nur Körper und Gesundheit der T verletzt, sondern dadurch auch einen Gefahrenzustand geschaffen habe, der nahe Angehörige dazu veranlassen konnte, zur Rettung der T eine Niere zu spenden und so eine Verletzung des eigenen Körpers in Kauf zu nehmen. Das so dem Organspender aufgezwungene Opfer der eigenen körperlichen Unversehrtheit sei ein Verletzungstatbestand, der eine Schadensersatzpflicht des für die Notlage verantwortlichen Schädigers auch gegenüber dem Nothelfer, hier also M, begründen kann.

213 Dahinter steht ein **allgemeiner Gedanke**: Wer schuldhaft eine Gefahren- oder Notlage schafft, ist auch für Schäden verantwortlich, die Retter und Nothelfer erleiden, wenn die Rettungshandlung im Hinblick auf den drohenden und abzuwendenden Schaden nicht unverhältnismäßig war[298].

c) Schadensverursachung durch Dritte

214 Die Frage nach dem Zurechnungszusammenhang stellt sich schließlich auch dann, wenn die Rechtsgutverletzung zwar auf einem Verhalten des Schädigers beruht, unmittelbar aber durch Dritte herbeigeführt wird.

Damit sind *nicht* die Fälle gemeint, in denen der Schädiger zwar eine Bedingung für die Rechtsgutverletzung setzt, diese aber nicht ursächlich für den Verletzungserfolg wird, weil eine vom Dritten gesetzte Bedingung den ursprünglichen Kausalverlauf abbricht. Dann wird die ursprüngliche Bedingung gar nicht kausal und eine Zurechnung scheidet schon nach der Äquivalenztheorie aus.

215 Hier angesprochen sind vielmehr die Fälle, in denen der Schädiger eine äquivalent und adäquat kausale Bedingung setzt, an die das Drittverhalten anknüpft. Ty-

---

[298] So schon RGZ 50, 219, 223; daran anknüpfend BGHZ 101, 215, 219; BGHZ 172, 263, 267; BGH NJW 1996, 2646, 2647; *Medicus*, JuS 2005, 289, 293 ff.

IV. Haftungsbegründende Kausalität

pischerweise verletzt in diesen Fällen der Schädiger das Rechtsgut eines anderen, woraufhin **Dritte dazu verleitet** werden, ein anderes Rechtsgut des Geschädigten oder ein Rechtsgut eines bis dahin Unbeteiligten zu verletzen. An dieser Stelle interessiert nicht die Haftung der Dritten, sondern die Haftung des ursprünglichen Schädigers. Muss dieser sich die weitere Rechtsgutverletzung zurechnen lassen? Auch dies lässt sich mit Hilfe der Schutzzwecklehre beantworten.

> Das Verhalten Dritter ist dem Schädiger zuzurechnen, wenn es eine vorhersehbare Folge seines Fehlverhaltens war und die verletzte Verhaltenspflicht auch vor den hieraus resultierenden Gefahren für fremde Rechtsgüter schützen soll[299].

Das insoweit wohl bekannteste Beispiel ist der „**Grünstreifen**"-Fall (BGHZ 58, 162): Nach einem Verkehrsunfall waren (am Unfall unbeteiligte) Kraftfahrer mit ihren Fahrzeugen über den Rad- und Fußweg der unfallbedingt gesperrten Straße gefahren, um die Unfallstelle zu umgehen. Hierdurch wurde der Grünstreifen beschädigt. War der Unfallverursacher auch hierfür verantwortlich? – Der BGH hat zu Recht eine Zurechnung des schädigenden Drittverhaltens abgelehnt und eine Haftung des Unfallverursachers insoweit verneint. Die in der StVO normierten Verhaltenspflichten sollen vor den Gefahren des Straßenverkehrs schützen. Zurechenbar sind folglich nur Rechtsgutverletzungen, bei denen sich eine verkehrstypische Gefahr realisiert. Ein Zurechnungszusammenhang besteht daher nur, wenn die Rechtsgutverletzung typischerweise auf die Betriebsgefahr des am Unfall beteiligten Fahrzeugs oder das zum Unfall führende Fahrverhalten zurückzuführen ist. Dies ist aber nicht der Fall, wenn der Unfall ungeduldige Kraftfahrer dazu veranlasst, die Unfallstelle (ihrerseits vorschriftswidrig) zu umfahren. Dann ist die Rechtsgutverletzung bei der gebotenen wertenden Betrachtung allein diesen zurechenbar. Dies gilt auch dann, wenn die Unfallbeteiligten die Unfallstelle hätten räumen müssen[300].

Allein der Umstand, dass ein Dritter die Rechtsgutverletzung **vorsätzlich und rechtswidrig** herbeigeführt hat, schließt eine Haftung des ursprünglichen Schädigers **nicht** *per se* aus[301]. 216

Wer als Verkehrspflichtiger für eine Gefahr oder Gefahrenquelle verantwortlich ist, kann im Einzelfall auch verpflichtet sein, vorsätzliche Eingriffe Dritter abzuwehren. Erst recht gilt dies für denjenigen, der als Beschützergarant für die Rechtsgüter eines anderen Sorge tragen muss.

---

[299] BGHZ 57, 25, 28 ff.; BGHZ 63, 189, 191 ff.; BGHZ 70, 374, 376 ff.; BGHZ 132, 164, 166 f.
[300] So auch *Wandt*, Gesetzliche Schuldverhältnisse, § 16 Rn. 145.
[301] BGHZ 58, 162, 165 f.; *Larenz* in Festschrift Honig, 1970, S. 79, 86 f.

V. Rechtswidrigkeit

Literatur: *Hager*, Zum Begriff der Rechtswidrigkeit im Zivilrecht, Festschrift E. Wolf, 1985, S, 133; *Jansen*, Das Problem der Rechtswidrigkeit bei § 823 Abs. 1 BGB, AcP 202 (2002), 517; *Kothe*, Die rechtfertigende Einwilligung, AcP 185 (1985), 105; *Larenz*, Rechtswidrigkeit und Handlungsbegriff im Zivilrecht, Festschrift Dölle, Bd. 1, S. 169; *Mohr*, Rechtswidrigkeit und Verschulden im Deliktsrecht, Jura 2013, 567; *Schreiber*, Die Rechtfertigungsgründe des BGB, Jura 1997, 29.

Übungsfall: *Kreutz*, JA 2011, 337.

1. Grundsatz

217 § 823 I BGB setzt voraus, dass ein fremdes Rechtsgut *widerrechtlich* verletzt wurde. Seit langem ist umstritten, ob der Vorwurf der Rechtswidrigkeit an den Eintritt des Verletzungserfolgs oder an die diesen Erfolg herbeiführende Verletzungshandlung anknüpft.

- Nach der früher herrschenden **Lehre vom Erfolgsunrecht** wird die Rechtswidrigkeit durch die Rechtsgutverletzung indiziert[302]. Auch die Lehre vom Erfolgsunrecht knüpft dabei zwar an ein Verhalten des Schädigers an. Doch müsse, wenn dieses Verhalten zu einer Rechtsgutverletzung geführt hat, die Rechtswidrigkeit nicht mehr positiv festgestellt werden. Die Rechtswidrigkeit sei nur ausgeschlossen, wenn der Schädiger sich auf einen Rechtfertigungsgrund berufen kann.
- Demgegenüber schließt die **Lehre vom Handlungsunrecht** von der Rechtsgutverletzung nicht auf die Rechtswidrigkeit. Vielmehr müsse in jedem Fall positiv festgestellt werden, dass der Schädiger eine ihm obliegende Sorgfaltspflicht verletzt habe[303]. Mehr als die Einhaltung der gebotenen Sorgfalt könne von niemandem verlangt werden[304].

218 Beide Lehren können **nicht vollständig überzeugen**. Die Lehre vom Erfolgsunrecht passt nur für Rechtsgutverletzungen, die der Schädiger durch eine Handlung *unmittelbar* herbeigeführt hat. Bei diesen erscheint die Argumentation der Lehre vom Handlungsrecht als gekünstelt. Bei *mittelbaren* Verletzungen und der Haftung für ein Unterlassen hingegen ist die Rechtsgutverletzung dem Schädiger nur zurechenbar, wenn er eine Verhaltenspflicht verletzt hat, also unzureichend oder gar nicht gehandelt hat (siehe oben Rn. 145). Zum Erfolgsunrecht muss also hier ein spezifisches Handlungsunrecht hinzutreten, anderenfalls ist die Rechtsgutverletzung dem Schädiger nicht zurechenbar. Einer gesonderten Prüfung der Rechtswidrigkeit bedarf es dann ohnehin nicht mehr.

---

[302] RGZ 50, 60, 65 f; RGZ 103, 187, 188; BGHZ 39, 103, 108; BGHZ 118, 201, 207; *Teichmann* in Jauernig, BGB, § 823 Rn. 48; *Sprau* in Palandt, BGB, § 823 Rn. 24; *Grundmann* in MünchKomm, BGB, § 276 Rn. 13.

[303] So etwa *Esser/Schmidt*, Schuldrecht I/2, § 25 IV 1 c, S. 73.

[304] *Esser/Schmidt*, Schuldrecht I/2, § 25 IV 1 c, S. 73.

V. Rechtswidrigkeit

Die Frage nach der Rechtswidrigkeit kann sich sogar schon beim Prüfungspunkt „Rechtsgutverletzung" stellen. Bei den sog. **Rahmenrechten,** also beim Allgemeinen Persönlichkeitsrecht und dem „Recht am Gewerbebetrieb", ist die Rechtsgutverletzung im Rahmen einer **Güter- und Interessenabwägung** festzustellen. Nur *widerrechtliche* Eingriffe stellen hier eine Rechtsgutverletzung dar (siehe oben Rn. 86). Die Rechtswidrigkeit spielt hier als eigenständiger Prüfungspunkt keine Rolle, weil alle insoweit relevanten Aspekte schon bei der Güter- und Interessenabwägung zu berücksichtigen sind.

Der Theorienstreit wird also *an der falschen Stelle* geführt. Ob neben das in der Rechtsgutverletzung liegende Erfolgsrecht noch zusätzlich ein spezifisches Handlungsunrecht treten muss, ist bereits für die Frage relevant, ob die Verletzung eines fremden Rechtsgutes dem Schädiger zurechenbar ist. **219**

Wenn feststeht, dass eine Rechtsgutverletzung dem Schädiger zurechenbar ist, dann wird die Rechtswidrigkeit indiziert[305]. Der Rechtswidrigkeitsvorwurf entfällt nur, wenn sich der Schädiger auf einen Rechtfertigungsgrund berufen kann. **220**

Das Vorliegen eines Rechtfertigungsgrundes ist vom Schädiger darzulegen und ggf. **zu beweisen**[306].

2. Rechtfertigungsgründe

Die wichtigsten **gesetzlichen Rechtfertigungsgründe**[307] sind bereits aus dem Strafrecht bekannt: In **Notwehr** und damit nicht widerrechtlich handelt, wer einen gegenwärtigen rechtswidrigen Angriff von sich oder einem anderen abwehrt. Das ist in **§ 227 BGB** explizit geregelt; eines Rückgriffs auf den inhaltsgleichen § 32 StGB bedarf es daher nicht. **221**

> **Beispiel:** B bedroht A mit einem Messer in der Hoffnung, dass A ihm seine Brieftasche aushändigt. A lässt sich aber nicht einschüchtern. Er schlägt dem B das Messer aus der Hand und streckt ihn mit einem Faustschlag ins Gesicht nieder. – Die Bedrohung mit dem Messer war ein gegenwärtiger rechtswidriger Angriff, gegen den sich A verteidigen durfte. Nach § 227 BGB handelt A daher nicht widerrechtlich.

Wer eine fremde Sache beschädigt oder zerstört, um eine durch sie drohende Gefahr von sich oder einem anderen abzuwenden (sog. **defensiver Notstand** oder Verteidigungsnotstand), ist durch **§ 228 BGB** gerechtfertigt.

---

[305] *Kötz/Wagner*, Deliktsrecht, Rn. 204; *Looschelders*, Schuldrecht BT, Rn. 1227.
[306] *Kötz/Wagner*, Deliktsrecht, Rn. 204.
[307] Weitere Rechtfertigungsgründe finden sich etwa bei *Spindler* in BeckOK BGB, § 823 Rn. 12 ff.

> **Beispiel:** C wird vom Hund des D angegriffen. Kurz entschlossen tritt C nach dem Hund und verletzt diesen. – Hier drohte vom Hund eine Gefahr en für Körper und Gesundheit des C. Da § 228 BGB auch auf von Tieren ausgehende Gefahr anwendbar ist (vgl. § 90a BGB), ist die Eigentumsverletzung gerechtfertigt.

§ 904 BGB erlaubt die Einwirkung auf eine fremde Sache, wenn dies zur Abwendung einer gegenwärtigen Gefahr notwendig und der drohende Schaden gegenüber dem aus der Einwirkung dem Eigentümer entstehenden Schaden unverhältnismäßig groß ist (**aggressiver Notstand** oder Angriffsnotstand). Zwar scheidet eine Haftung nach § 823 I BGB in diesen Fällen aus, doch kann der Eigentümer vom gerechtfertigten Schädiger nach § 904 S. 2 BGB Schadensersatz verlangen[308].

> **Beispiel:** C wird vom Hund des D angegriffen. Da Tritte den Angriff nicht abwehren, greift C nach der Gitarre des E und schlägt mit dieser auf den Hund ein. Der Hund lässt daraufhin von C ab, doch ist die Gitarre stark beschädigt und zu musikalischen Zwecken nicht mehr einsetzbar.

222   Die §§ 228, 904 BGB sind spezielle Ausprägung des in **§ 34 StGB** geregelten sog. **rechtfertigenden Notstandes**. § 34 StGB ist im Deliktsrecht ebenfalls anwendbar. Danach ist gerechtfertigt, wer zur Abwehr einer gegenwärtigen Gefahr fremde Rechtsgüter verletzt („eine Tat begeht"), wenn bei Abwägung der widerstreitenden Interessen, namentlich der betroffenen Rechtsgüter und des Grades der ihnen drohenden Gefahren, das geschützte Interesse das beeinträchtigte wesentlich überwiegt. Auch hier ergibt sich aber eine Ersatzpflicht aus § 904 S. 2 BGB analog[309].

223   Gerechtfertigt ist ferner, wem ein **Selbsthilferecht** zusteht. Von Bedeutung sind hier insbesondere das allgemeine Selbsthilferecht nach **§ 229 BGB** und das Selbsthilferecht des Besitzers bei verbotener Eigenmacht (**§ 859 BGB**). Hiervon wird unten § 19 Rn. 19 ff. noch ausführlicher die Rede sein. Schließlich ist gemäß **§ 127 I 1 StPO** jedermann zur **vorläufigen Festnahme** eines auf frischer Tat betroffenen oder verfolgten Straftäters berechtigt, wenn dessen Flucht zu befürchten ist oder seine Identität nicht sofort festgestellt werden kann. Die damit verbundene Freiheitsentziehung ist gerechtfertigt.

> Auch die **berechtigte GoA** ist ein Rechtfertigungsgrund. Näher hierzu unten § 14 Rn. 8.

224   Entgegen einer vor allem früher verbreiteten, z.T. aber auch heute noch vertretenen Ansicht[310] ist ein **elterliches Züchtigungsrecht** als Rechtfertigungsgrund **nicht anzuerkennen**[311]. Gemäß § 1631 II BGB haben Kinder ein Recht auf gewaltfreie Erziehung. Körperliche Bestrafungen, seelische Verletzungen und andere entwür-

---

[308] Umstritten ist, ob in einem Dreipersonenverhältnis der Schädiger oder der Begünstigte nach § 904 S. 2 BGB haftet. Siehe dazu *Seiler* in Staudinger, BGB, § 904 Rn. 34 ff. mit weiteren Nachweisen.

[309] *Säcker* in MünchKomm. BGB, § 904 Rn. 24.

[310] Siehe etwa *Spindler* in BeckOK BGB, § 823 Rn. 12; *Staudinger* in Handkomm. BGB, § 823 Rn. 77.

[311] Zutreffend *Wagner* in MünchKomm. BGB, § 823 Rn. 314, *Salgo* in Staudinger, BGB, § 1631 Rn. 73 und 78.

digende Maßnahmen werden durch das Gesetz explizit verboten. Daher sind insbesondere Körper- und Gesundheitsverletzungen, die Eltern ihren Kindern zufügen, rechtswidrig[312]! Nicht grundsätzlich verboten sind hingegen Einschränkungen der Fortbewegungsfreiheit. Diese können vielmehr vom elterlichen Sorgerecht gedeckt sein.

Beispiel: Eltern, die ihrem zehnjährigen Kind verbieten, nach 19 Uhr allein die Wohnung zu verlassen, oder gebieten, dass das Kind um 21 Uhr im Bett liegt, begrenzen zwar die Fortbewegungsfreiheit des Kindes. Doch ist dies durch das Recht der Eltern zur Personensorge gerechtfertigt.

In § 193 StGB („Wahrnehmung berechtigter Interessen") ist ein eigenständiger Rechtfertigungsgrund für Ehrverletzungsdelikte normiert. Die Vorschrift kann auch im Zivilrecht relevant werden, nämlich wenn es um Verletzungen des allgemeinen Persönlichkeitsrechts geht. Allerdings ist § 193 StGB dann nicht auf Rechtswidrigkeitsebene von Bedeutung, sondern bereits im Rahmen der erforderlichen Güter- und Interessenabwägung zu berücksichtigen. Liegen die Voraussetzungen des § 193 StGB vor, dann ist der Eingriff in das allgemeine Persönlichkeitsrecht nicht widerrechtlich. Es fehlt dann bereits an einer Rechtsgutverletzung (siehe oben Rn. 87). 225

3. Einwilligung

a) Grundsätze

Auch die Einwilligung des Geschädigten kann die Rechtswidrigkeit entfallen lassen. 226

Dies gilt aber nur, wenn der Geschädigte über das verletzte Rechtsgut **disponieren** kann und die Einwilligung auch nicht gegen die guten Sitten verstößt[313] (vgl. § 228 StGB). **Nicht** eingewilligt werden kann daher insbesondere in die eigene Tötung (vgl. § 216 StGB) oder Verstümmelung[314]. Demgegenüber kann in die Zufügung starker Schmerzen durchaus wirksam eingewilligt werden.

Beispiel: Bei der einvernehmlichen Ausübung sadomasochistischer Sexualpraktiken zwischen Volljährigen liegt regelmäßig eine wirksame Einwilligung in die damit verbundene Körperverletzung (Schmerzen!) vor.

---

[312] Und was für Eltern gilt, gilt für Lehrer erst recht! Dass es kein Züchtigungsrecht der Lehrer gegenüber ihren Schülern gibt, ist aber schon seit längerem unstreitig.
[313] BGHZ 7, 198, 207; BGHZ 34, 355, 361.
[314] RGZ 66, 306, 308.

227 Das Beispiel zeigt, dass durchaus auch in sozial unübliche Rechtsgutverletzungen eingewilligt werden kann. Auch der **unvernünftige Wille** des Rechtsgutinhabers ist – in den aufgezeigten Grenzen – zu respektieren.

> **Beispiel:** Der volljährige A wurde von seiner Freundin verlassen. Um sie zurückzugewinnen, lässt er sich ihren Namen von T auf die Stirn tätowieren. Dabei ist ihm bewusst, dass die Tätowierung sich nicht ohne Weiteres entfernen lässt. – Hier liegt eine wirksame Einwilligung des A in die Körperverletzung vor, auch wenn diese Form der Liebesbekundung wenig vernünftig erscheint.

228 Die Einwilligung muss sich **auf die konkrete Rechtsgutverletzung beziehen**. Die Einwilligung in die Verletzungshandlung genügt daher nicht, wenn der Einwilligende sich des damit verbundenen Risikos für seine Rechtsgüter nicht bewusst ist[315] (siehe auch unten Rn. 238 ff.).

> **Beispiel:** In dem einvernehmlichen Vollzug des Geschlechtsaktes liegt noch keine Einwilligung in eine mögliche HIV-Infizierung, wenn dem Betreffenden nicht bekannt ist, dass der Partner HIV-positiv ist.

229 Die Einwilligung zielt nicht auf einen rechtsgeschäftlichen Erfolg ab. Sie ist daher **keine Willenserklärung**, sodass die §§ 104 ff. BGB nicht anwendbar sind[316]. Bei der **Auslegung** von Einwilligungen kann aber auf die für Willenserklärungen geltenden Grundsätze (§§ 133, 157 BGB) zurückgegriffen werden[317]. Die Einwilligung kann auch **konkludent** erklärt werden[318]. Die Wirksamkeit einer Einwilligung hängt aber **nicht** davon ab, dass der Schädiger von ihr Kenntnis erlangt.

230 Nicht jede *tatsächliche* Einwilligung ist auch *rechtlich* wirksam. Erforderlich ist vielmehr, dass der Einwilligende auch **einwilligungsfähig** ist[319].

- **Geschäftsunfähige** sind regelmäßig nicht einwilligungsfähig. Bei diesen ist daher die Einwilligung der gesetzlichen Vertreter maßgeblich, bei Betreuten diejenige des Betreuers[320].
- Bei **Minderjährigen** kommt es darauf an, ob sie die nötige geistige und sittliche Reife haben, um die Bedeutung der Rechtsgutverletzung und die Tragweite ihrer Entscheidung einschätzen zu können[321]. Ob die Einwilligung des Minderjährigen ausreicht oder ob zusätzlich oder sogar ausschließlich die Einwilligung

---

[315] *Spindler* in BeckOK BGB, § 823 Rn. 14.
[316] BGHZ 29, 33, 36; BGH NJW 1972, 335, 337; *Medicus/Lorenz*, Schuldrecht II, Rn. 1258.
[317] BGH NJW 1992, 1558, 1559; BGH NJW 1980, 1903, 1904.
[318] BGH NJW 1961, 261, 262.
[319] Vgl. BGHZ 105, 45, 49 ff.; *Teichmann* in Jauernig, BGB, § 823 Rn. 54; *Spindler* in BeckOK BGB, § 823 Rn. 14 f.; ausführlich dazu *Kohte*, AcP 1985 (185), 105, 143 ff.
[320] Vgl. BGHZ 105, 45, 49 ff.
[321] BGHZ 29, 33, 36; BGH NJW 1972, 335, 337; *Spindler* in BeckOK BGB, § 823 Rn. 638; *Wagner* in MünchKomm. BGB, § 823 Rn. 736; *Spickhoff* in Soergel, BGB, § 823 Rn. 106.

der Eltern erforderlich ist[322], richtet sich nach der Schwere des Eingriffs, der Bedeutung des verletzten Rechtsgutes sowie dem Alter und Entwicklungsstand des Minderjährigen. Die Rechtsprechung stellt richtigerweise sehr hohe Anforderungen an die Einwilligungsfähigkeit[323]. Im Zweifel ist daher jedenfalls *auch* die Zustimmung der gesetzlichen Vertreter einzuholen.

Die Einwilligung muss **freiwillig** erteilt worden sein. Die durch Gewalt oder widerrechtliche Drohung erzwungene Einwilligung ist ebenso unwirksam wie eine Einwilligung, die durch arglistige Täuschung erschlichen wurde. Hingegen schließt ein Irrtum des Getäuschten die Freiwilligkeit nicht aus[324].

231

b) Mutmaßliche Einwilligung

Auch die mutmaßliche Einwilligung kann ein Rechtfertigungsgrund sein. Dies setzt voraus, dass die Einwilligung des Betroffenen **nicht eingeholt werden kann** und die Rechtsgutverletzung erforderlich ist, um schwerere Schäden abzuwenden[325].

232

> **Beispiel:** A ist infolge eines Unfalls bewusstlos. Da zudem seine Atmung ausgesetzt hat, führt Notarzt N noch am Unfallort einen Luftröhrenschnitt durch. – Auch der ärztliche Heileingriff ist eine Körperverletzung, doch ist N vorliegend gerechtfertigt. Zwar konnte A die Einwilligung zu dem Eingriff nicht erteilen. Doch durfte N davon ausgehen, dass A, wenn er bei Bewusstsein gewesen wäre, seine Zustimmung erteilt hätte. Der Eingriff war auch erforderlich, da A anderenfalls erstickt wäre. Die Körperverletzung diente somit dem Schutz des höherwertigen Rechtsguts Leben.

In diesen Fällen ist die Rechtsgutverletzung häufig auch deshalb gerechtfertigt, weil die Voraussetzungen der **berechtigten GoA** vorliegen (näher dazu unten § 15), die ihrerseits als Rechtfertigungsgrund anerkannt ist.

c) Einwilligung in ärztliche Heileingriffe

Ärztliche Heileingriffe erfüllen – auch wenn sie kunstgerecht (*lege artis*) durchgeführt werden – den Tatbestand der Körperverletzung (siehe oben Rn. 17 ff.). Eine Behandlung, in die der Patient wirksam eingewilligt hat, ist jedoch nicht rechtswidrig. **Problematisch** ist insoweit, dass der Patient die mit einem Eingriff verbundenen Risiken in der Regel ohne weitere Informationen nicht beurteilen kann. Eine **eigenverantwortliche Entscheidung** kann er nur treffen, wenn er hierüber *vor* dem Eingriff aufgeklärt wird. Nur dann kann er die Tragweite seiner Einwilligung auch einschätzen.

233

---

[322] Stets die Einwilligung des gesetzlichen Vertreters verlangen etwa OLG Hamm NJW 1998, 3424, 3425; *Hager* in Staudinger, BGB, § 823 Rn. I 97.
[323] Vgl. *Wagner* in MünchKomm. BGB, § 823 Rn. 736.
[324] Vgl. BGH NJW 1964, 1177, 1178; BGH NJW 1994, 2755, 2756; *Spindler* in BeckOK BGB, § 823 Rn. 15.
[325] Vgl. *Spickhoff* in Soergel, BGB, Anh. zu § 823 Rn. 115; *Looschelders*, Schuldrecht BT, Rn. 1187.

> Eine Einwilligung in einen ärztlichen Heileingriff ist daher **nur wirksam**, wenn der Patient zuvor über die Erforderlichkeit und Dringlichkeit des Eingriffs, die durchzuführenden Maßnahmen, mögliche Risiken, Nebenwirkungen und Folgeschäden in einer verständlichen Weise informiert worden ist[326].

234 Die ärztliche Aufklärungspflicht soll dem **Selbstbestimmungsrecht** des Patienten Rechnung tragen. Sie ist nunmehr in **§ 630e BGB** gesetzlich verankert[327]. Der Patient soll entscheiden, ob er eine Behandlung wünscht oder nicht. Daher ist er auch über den **erwarteten Krankheitsverlauf** und **alternative Behandlungsmethoden** aufzuklären. Wenn der Patient eine Behandlung nicht wünscht, so ist dies zu respektieren, wenn dieser Wille frei und eigenverantwortlich gebildet wurde[328].

> **Beispiel:** Nach einem Unfall wird J in ein Krankenhaus eingeliefert. Da J viel Blut verloren hat, will der behandelnde Arzt A eine Bluttransfusion vornehmen. Da J der Religionsgemeinschaft der *Zeugen Jehovas* angehört, die den Empfang fremden Blutes ablehnt, widerspricht er der Bluttransfusion. – A muss die Entscheidung des J respektieren und darf die Bluttransfusion nicht durchführen. Dies gilt auch dann, wenn J ohne die Transfusion sterben würde. Anderenfalls würde sich A nicht nur strafbar machen (§ 223 I BGB), sondern auch nach § 823 I BGB haften.

235 Zu respektieren ist auch der Wunsch, eine lebensrettende Behandlung abzubrechen (sog. **passive Sterbehilfe**). Es gibt nämlich *keine* Pflicht, am Leben zu bleiben. Problematisch sind die Fälle, in denen der Patient einwilligungsunfähig ist und der gesetzliche Vertreter eine erforderliche Behandlung ablehnt.

> **Abwandlung unseres Beispiels:** J selbst ist erst sechs Jahre alt. Im Krankenhaus verweigern seine Eltern aus religiösen Gründen die medizinisch indizierte Bluttransfusion. – J selbst ist aufgrund seines Alters nicht einwilligungsfähig. Daher ist grundsätzlich die Einwilligung der Eltern einzuholen. Anders als im Ausgangsfall kommt es hier aber nicht allein auf die Religionsfreiheit der Eltern an. Die elterliche Sorge muss nämlich immer auf das Kindeswohl gerichtet sein (vgl. § 1627 S. 1 BGB). Dieses wird durch die Verweigerung der Einwilligung gefährdet. Anstelle der Eltern kann daher nach § 1666 III Nr. 5 BGB das Familiengericht die Einwilligung erteilen. Ist dies aus zeitlichen Gründen nicht möglich, so kann der Arzt trotz des Vetos der Eltern die Behandlung vornehmen. Als Rechtsfertigungsgrund kommen dann die mutmaßliche Einwilligung und die berechtigte GoA in Betracht.

236 **Aufklärungspflichtig** ist der behandelnde Arzt[329]. Er kann diese Aufgabe zwar an einen anderen Arzt übertragen, doch muss der behandelnde Arzt die ordnungs-

---

[326] Für Einzelheiten siehe *Spindler* in BeckOK BGB, § 823 Rn. 607 ff.; *Wagner* in MünchKomm. BGB, § 823 Rn. 729 ff.; anders *Larenz/Canaris*, Schuldrecht II/2, § 76 II 1 g, S. 383, die den eigenmächtigen Heileingriff dogmatisch als Persönlichkeitsrechtsverletzung einordnen.
[327] Dazu *Katzenmeier*, NJW 2013, 817, 820; *Preis/Schneider*, NZS 2013, 281, 284 f.
[328] In diesem Zusammenhang werden Patientenverfügungen (§ 1901a BGB) zunehmend relevant; vgl. dazu *Wagner* in MünchKomm. BGB, § 823 Rn. 733; allgemein dazu auch *Diehn/Rebhan*, NJW 2010, 326; *Olzen*, JR 2009, 354; *Spickhoff*, FamRZ 2009, 1949.
[329] BGH NJW 1974, 604, 604 f.

gemäße Durchführung der Aufklärung sicherstellen. Insoweit kann auf die für die Delegation von Verkehrspflichten entwickelten Grundsätze (oben Rn. 169) zurückgegriffen werden.

Die Aufklärung muss in einem **persönlichen Gespräch** erfolgen; die Ausgabe eines Merkblattes genügt nicht[330]. Die Aufklärung muss dem **Empfängerhorizont des Patienten** angemessen sein. Sie darf sich nicht in medizinischen Fachtermini erschöpfen. Dem Patienten müssen die Risiken und Folgen des Eingriffs vor Augen geführt werden. Hierzu ist es nicht erforderlich, dass der Arzt sogleich alle, ggf. auch nur entfernt bestehende Risiken benennt. Es genügt vielmehr, wenn zunächst über die Behandlung und ihre Folgen im „Großen und Ganzen" aufgeklärt wird[331] (sog. **Grundaufklärung**). Der Patient muss aber die Möglichkeit zur **Nachfrage** haben. Durch eine derart **gestufte Aufklärung** wird auch ein „Informations-Overkill" vermieden. 237

d) Einwilligung in Risiken, insbesondere beim Sport

Unter dem Stichwort „**Handeln auf eigene Gefahr**" wird die Frage diskutiert, ob auch die bewusste Inkaufnahme eines Risikos eine rechtfertigende Einwilligung darstellen *kann*. Insoweit ist zu differenzieren: Geht der Geschädigte bewusst ein Risiko ein, dass sich *unmittelbar* durch eine **von ihm selbst** vorgenommene Handlung verwirklicht, so **fehlt** es bereits an der einem anderen **zurechenbaren Rechtsgutverletzung**. Niemand anderes als der Geschädigte trägt dann die Verantwortung. 238

> **Beispiel:** Wer *im Wissen* um die HIV-Erkrankung seines Partners mit diesem ungeschützten Geschlechtsverkehr praktiziert und infolgedessen selbst mit dem Virus infiziert wird, kann den Partner nicht aus § 823 I BGB auf Schadensersatz in Anspruch nehmen. Die HIV-Infektion ist zwar eine Gesundheitsschädigung, doch ist diese aufgrund der eigenverantwortlichen Selbstgefährdung nicht dem Partner zurechenbar.

Hier von Interesse sind daher nur die Fälle, in denen die Rechtsgutverletzung *unmittelbar* (allein) **durch den Schädiger** verursacht wird. Das beste Beispiel sind Verletzungen, die im **sportlichen Wettkampf** erlitten werden, insbesondere bei Kampfsportarten, aber auch bei sonstigen körperbetonten Sportarten. 239

> Bei sportlichen Wettkämpfen entfällt, sofern nicht bereits die Zurechenbarkeit der Rechtsgutverletzung ausscheidet, deren Rechtswidrigkeit, wenn sich ein **Risiko** verwirklicht, dass **der Sportart immanent ist**[332]. In solche Risiken willigt jeder konkludent ein, der freiverantwortlich an einem solchen Wettkampf teilnimmt.

---

[330] BGH NJW 2000, 1784, 1787.
[331] Vgl. etwa BGHZ 29, 176, 180; BGHZ 90, 103, 106; BGHZ 106, 391, 398 f.
[332] Vgl. *Spindler* in BeckOK BGB, § 823 Rn. 393.

240 Dass der Betreffende *hofft*, das Risiko werde sich nicht realisieren, hindert eine wirksame Einwilligung nicht[333]. Doch **welche Risiken** sind einer Sportart immanent? Hierzu gehören sicherlich die Verletzungsrisiken, die sich bei einer **regelkonformen** Ausübung der Sportart ergeben.

Beispiele:
- Bei einem Boxkampf trifft Boxer A das Gesicht von Boxer B, dessen Nasenbein infolge des Schlages gebrochen wird. – A hat hier Körper (Nasenbeinbruch) und Gesundheit (Schmerzen) des B zurechenbar verletzt. Dass A keine deliktische Sorgfaltspflicht verletzt hat, ist insofern unerheblich, da diese Pflichten nur bei mittelbaren Rechtsgutverletzungen eine Rolle spielen[334] (siehe oben Rn. 218). Daher stellt sich die Frage, ob A sich auf einen Rechtfertigungsgrund berufen kann. In die Verletzung selbst hat B nicht eingewilligt. B hat vermutlich gehofft, besser zu sein als sein Gegner und die Verletzung zu vermeiden. B hat aber in das Risiko eingewilligt, im Wettkampf verletzt zu werden. Dies sollte genügen, die Rechtswidrigkeit der Rechtsgutverletzung zu verneinen. B kann daher von A nicht nach § 823 I BGB Schadensersatz verlangen.
- Während eines Fußballspiels will C den Ball auf das gegnerische Tor schießen. Der Schuss trifft aber stattdessen den Kopf des D, wodurch dieser eine Gehirnerschütterung erleidet. – Hier hat eine Handlung des C die Gesundheitsschädigung des D unmittelbar verursacht. Dass C sich regelkonform verhalten hat, hindert nicht die Zurechenbarkeit der Rechtsgutverletzung. Allerdings entfällt auch hier die Rechtswidrigkeit, weil das Risiko, von einem Ball am Kopf getroffen zu werden, dem Spiel immanent ist. Wer am Spiel teilnimmt, willigt in derartige Risiken und damit auch in die hieraus resultierende Rechtsgutverletzung ein.

241 Problematisch sind hingegen die Fälle, in denen der Schädiger sich **regelwidrig** verhalten hat. Soll eine rechtfertigende Einwilligung auch bei „leichten" Regelverstößen ausscheiden? Dies erscheint als zu weitgehend, wenn man bedenkt, dass bei vielen Sportarten Regelverstöße („Fouls") durchaus **sozialadäquat** sind. Kurzum: „Fouls" gehören zu bestimmten Sportarten nun einmal dazu. Auch das weiß, wer an solchen Sportarten teilnimmt – und auch in dieses Risiko willigen die Teilnehmer letztlich ein. Die Problematik besteht insoweit ersichtlich darin, „leichte" Regelverstöße von „schweren" zu unterscheiden. Hierbei kommt man ohne **Wertungen** nicht aus. Dabei spielt die Art der Regelabweichung ebenso eine Rolle wie ein etwaiger Vorsatz des Schädigers. Bei der Bestimmung, was regelkonform ist, sind insbesondere die Spielordnungen und sonstigen Regularien der – privatrechtlich organisierten – Sportverbände maßgeblich[335].

Abwandlungen zu den Ausgangsbeispielen:
- A hat seine Boxhandschuhe mit Metallteilen beschwert und bricht B beim Kampf das Nasenbein. – Hierin ist ein grob regelwidriges Verhalten zu sehen. Die dem A zurechenbare Rechtsgutverletzung ist daher nicht gerechtfertigt.
- Bei einem Fußballspiel wird G von H gefoult und erleidet einen Bänderriss. – Ob sich ein sozialadäquates Risiko verwirklicht hat, in das G rechtfertigend eingewilligt hat, hängt von der Spielsituation, der Art des Foulspiels und der Intention des H ab.

---

[333] BGHZ 34, 355, 363; BGHZ 39, 156, 161; BGHZ 63, 140, 144.
[334] Anders *Wagner* in MünchKomm. BGB, § 823 Rn. 548 f.
[335] BGHZ 63, 140, 142 f.

Die **Rechtsprechung** zu dieser Thematik ist **uneinheitlich**. Bei Kampfsportarten ist der BGH eher bereit, eine rechtfertigende Einwilligung anzunehmen als bei anderen Sportarten[336]. Er gelangt aber auch bei letzteren zu ganz ähnlichen Ergebnissen: Bei regelkonformem Verhalten, aber auch bei nur „leichten" Regelverstößen sei der Geschädigte nach den Grundsätzen von Treu und Glauben (§ 242 BGB) gehindert, deliktische Ansprüche gegen den Schädiger geltend zu machen.

242

> Hingegen soll die Haftung nicht ausgeschlossen sein, wenn eine Versicherung für den Schaden aufkommen würde[337]. Dogmatisch begründen lässt sich dies freilich nicht. Siehe auch oben § 7 Rn. 22 ff.

Außerhalb sportlicher Wettkämpfe sollte man mit dem Rechtfertigungsgrund der „Einwilligung in Risiken" aber zurückhaltend umgehen. Sofern die Selbstgefährdung nicht schon die Zurechenbarkeit der Rechtsgutverletzung ausschließt, ist sie bei der Frage nach einem Mitverschulden des Geschädigten (§ 254 BGB) zu berücksichtigen[338].

243

VI. Verschulden

Literatur: *Deutsch*, Zurechnungsfähigkeit und Verschulden, JZ 1964, 86; *Geilen*, Beschränkte Deliktsfähigkeit, Verschulden und Billigkeitshaftung (§ 829), FamRZ 1965, 401, *Gocke*, Unbegrenzte Haftung Minderjähriger?, NJW 1999, 2305; *Keltsch*, Zur Reichweite der Deliktsunfähigkeit von Kindern bei Unfällen im Straßenverkehr, Jura 2005, 398; *Mohr*, Rechtswidrigkeit und Verschulden im Deliktsrecht, Jura 2013, 567; *Rolfs*, Neues zur Deliktshaftung Minderjähriger, JZ 1999, 233; *Staudinger/Steinrötter*, Minderjährige im Zivilrecht, JuS 2012, 97.

Übungsfall: *Reipen*, JuS 2006, 709.

1. Verschuldensfähigkeit

Nach § 823 I BGB haftet nur, wer die widerrechtliche Rechtsgutverletzung vorsätzlich oder fahrlässig herbeigeführt hat. Beim Tatbestandsmerkmal Prüfungspunkt „Verschulden" geht es um die *persönliche Vorwerfbarkeit*. Schuldhaft kann aber nur handeln, wer auch **verschuldensfähig** (= deliktsfähig) ist. Das BGB geht im Grundsatz davon aus, dass jeder Mensch auch verschuldensfähig ist. Die **Ausnahmen** von diesem Grundsatz sind abschließend in den §§ 827 f. BGB normiert.

244

---

[336] Vgl. dazu die zahlreichen Nachweise bei *Wagner* in MünchKomm. BGB, § 823 Rn. 548 ff.; *Spindler* in BeckOK BGB, § 823 Rn. 398 ff.
[337] BGH NJW 2008, 1591 f.
[338] So zutreffend BGHZ 24, 21, 26 ff.; anders noch BGHZ 2, 159, 162.

a) Ausschluss bei Unzurechnungsfähigkeit (§ 827 BGB)

245 Nach § 827 BGB ist *nicht verantwortlich*, wer „im Zustand der Bewusstlosigkeit oder in einem die freie Willensbestimmung ausschließenden Zustand krankhafter Störung der Geistestätigkeit" einem anderen einen Schaden zufügt.

Diese **Unzurechnungsfähigkeit** wird allerdings oft schon beim Prüfungspunkt „Verletzungshandlung" relevant: Wer bewusstlos ist, handelt nicht (siehe oben Rn. 144). Auf Verschuldensebene sind daher nur die Fälle relevant, in denen trotz des „Defekts" eine beherrschbare Handlung vorliegt[339], der Schädiger aber aufgrund einer tiefgreifenden Bewusstseinsstörung für sein Handeln nicht verantwortlich gemacht werden kann.

> **Beispiele:** Phobien; extremer Schock; hochgradige Erregung; extreme Übermüdung; Alkoholrausch. – Insoweit können die zu § 20 StGB entwickelten Kriterien herangezogen werden[340]. Bei Alkoholrausch ist daher *im Regelfall* bei einer Blutalkoholkonzentration ab **drei Promille** von absoluter Schuldunfähigkeit auszugehen[341].

246 Ist die Unzurechnungsfähigkeit die Folge des Konsums von Alkohol, Medikamenten oder Drogen, ist allerdings § 827 S. 2 BGB zu beachten: Wer sich **schuldhaft in einen Rauschzustand versetzt** hat, haftet für den in diesem Zustand verursachten Schaden. Daneben sollen die Grundsätze der *actio libera in causa* anwendbar sein[342].

b) Ausschluss bei Minderjährigen (§ 828 BGB)

247 Während der Ausschluss der Verschuldensfähigkeit nach § 827 BGB unabhängig vom Alter des Schädigers ist, enthält § 828 BGB eine **altersbezogene Regelung für Minderjährige**. Bis zur Vollendung des **7. Lebensjahres** sind Kinder nicht verschuldensfähig (§ 828 I BGB). Zwischen der Vollendung des **7. und des 10. Lebensjahres** sind Kinder für *fahrlässig* verursachte Unfälle im **Straßenverkehr** nicht verantwortlich (§ 828 II BGB). Durch die Vorschrift soll dem Umstand Rechnung getragen werden, dass Kinder im Straßenverkehr oftmals überfordert sind[343]. Insbesondere können sie Entfernungen und Geschwindigkeiten oft noch nicht gut abschätzen. Ob das Kind in der konkreten Situation tatsächlich überfordert war, spielt keine Rolle. Allerdings wird die Vorschrift in den Fällen teleologisch reduziert, in denen sich nicht die Gefahren des motorisierten Verkehrs verwirklicht haben.

---

[339] *Teichmann* in Jauernig, BGB, § 827 Rn. 1.
[340] *Spindler* in BeckOK BGB, § 823 Rn. 2.
[341] Vgl. BGHSt 34, 29, 31; BGH NStZ 1982, 243, 376.
[342] Näher dazu *Wagner* in MünchKomm. BGB, § 827 Rn. 13.
[343] Siehe Begr. RegE BT-Drucks. 14/752, S. 26; ferner *Keltsch*, Jura 2005, 398 ff.

VI. Verschulden

Beispiel: Ein Neunjähriger fährt mit seinem Skateboard fahrlässig in ein parkendes Auto. – Hier ist § 828 II BGB zwar dem Wortlaut nach einschlägig, nicht aber nach seinem Sinn und Zweck, weil sich keine straßenverkehrsspezifische Gefahr verwirklicht hat[344]. Die Verschuldensfähigkeit richtet sich daher nach § 828 III BGB.

Im Übrigen sind Minderjährige bis zur Vollendung des **18. Lebensjahres** nur verschuldensfähig, wenn sie „bei der Begehung der schädigenden Handlung die zur Erkenntnis der Verantwortlichkeit erforderliche Einsicht" hatten (§ 828 III BGB). Zu fragen ist insoweit, ob der Minderjährige in der Lage ist, *generell* das Unrecht seiner Handlungen und seine Verantwortung für sein eigenes Tun zu erkennen[345]. Dies ist letztlich immer eine Frage des Einzelfalls, wobei insbesondere das Alter, die geistige Reife des Minderjährigen und die Art der in Rede stehenden Handlung eine Rolle spielen. Nicht erforderlich ist hingegen, dass der Minderjährige die Folgen der konkreten Tat abschätzen kann[346] – es genügt vielmehr, dass er erkennt, dass sein Verhalten unrechtmäßig ist.

248

c) Billigkeitshaftung nach § 829 BGB

Ist der Schädiger gemäß § 827 BGB oder § 828 BGB verschuldensunfähig, scheidet eine Haftung nach § 823 I BGB aus. In Betracht kommt dann aber eine Billigkeitshaftung nach § 829 BGB.

249

> Danach ist auch der verschuldensunfähige Schädiger zum Schadensersatz verpflichtet, wenn „die Billigkeit nach den Umständen, insbesondere nach den Verhältnissen der Beteiligten, eine Schadloshaltung erfordert".

Dabei sind Anlass, Hergang und Folgen der Tat sowie die Lebens- und Vermögensverhältnisse der Beteiligten **zu berücksichtigen**[347]. Dem Schädiger dürfen hierdurch aber keine Mittel entzogen werden, die er zur Bestreitung eines angemessenen Unterhalts oder zur Erfüllung von Unterhaltspflichten benötigt.

250

Die Haftung nach § 829 BGB **scheidet aus**, wenn der Geschädigte von einem Aufsichtspflichtigen Ersatz erlangen kann. Die **Haftung des Aufsichtspflichtigen** kann sich dabei insbesondere aus § 832 BGB ergeben (siehe dazu unten § 9 Rn. 99 ff.). Erforderlich ist insoweit aber nicht nur das Bestehen eines Ersatzanspruchs, sondern auch die Leistungsfähigkeit des Aufsichtspflichtigen[348].

---

[344] Vgl. BGH NJW 2005, 354, 355.
[345] BGHZ 29, 281, 285; BGH NJW 2005, 354, 355; *Looschelders*, Schuldrecht BT, Rn. 1194.
[346] BGHZ 39, 281, 285 f.; BGH NJW 1984, 1958; *Spindler* in BeckOK BGB, § 828 Rn. 7; *Wagner* in MünchKomm. BGB, § 828 Rn. 9.
[347] Vgl. *Teichmann* in Jauernig, BGB, § 828 Rn. 4; *Looschelders*, Schuldrecht BT, Rn. 1197 f.
[348] *Wagner* in MünchKomm. BGB, § 829 Rn. 12; *Oechsler* in Staudinger, BGB, § 829 Rn. 39.

2. Verschuldensmaßstab

a) Grundlagen

251 Gemäß § 823 I BGB haftet, wer *vorsätzlich oder fahrlässig* ein fremdes Rechtsgut verletzt hat. Anders als das Strafrecht behandelt das Deliktsrecht die beiden Schuldformen Vorsatz und Fahrlässigkeit hinsichtlich der Rechtsfolgen **gleich**. Der fahrlässig handelnde Schädiger haftet also genauso wie der vorsätzlich handelnde Schädiger.

> **Hinweis:** Ein weiterer Unterschied zum Strafrecht besteht darin, dass im Deliktsrecht der Vorsatz als Element des Verschuldens angesehen wird. Dies ist auch dem Umstand geschuldet, dass der Tatbestandsbegriff im Straf- und Deliktsrecht nicht einheitlich ist. Im Strafrecht wird als Tatbestand der gesetzliche Straftatbestand bezeichnet, auf den sich der Vorsatz des Täters beziehen muss. Im Deliktsrecht gehören die Rechtswidrigkeit und – sofern erforderlich – auch das Verschulden zum haftungsbegründenden Tatbestand.

252 Das Verschulden muss sich **auf die haftungsbegründenden Tatbestandsmerkmale** beziehen. Hierzu zählen bei § 823 I BGB die Rechtsgutverletzung, die Verletzungshandlung und die haftungsbegründende Kausalität, ferner aber auch die Rechtswidrigkeit (dazu gleich Rn. 254). Auf den Schaden und die haftungsausfüllende Kausalität muss sich das Verschulden hingegen *nicht* beziehen[349].

Zum **Verhältnis von Verkehrspflichtverletzung und Verschulden** siehe schon oben Rn. 152.

b) Vorsatz

253 **Vorsätzlich** handelt, wer einen rechtswidrigen Erfolg mit Wissen und Wollen verwirklicht[350].

Nicht erforderlich ist, dass der Schädiger die Rechtsgutverletzung als solche auch will (Absicht) oder als sicher voraussieht. Es genügt vielmehr, dass er sie für möglich hält und billigend in Kauf nimmt (**bedingter Vorsatz**).

254 Der Vorsatz muss sich dabei **auch auf die Rechtswidrigkeit** beziehen[351] – auch dies ist im Strafrecht anders. Der Vorsatzvorwurf entfällt daher, wenn der Schädiger glaubt, er handele rechtmäßig. Der Vorsatz scheidet also nicht nur aus, wenn der Schädiger sich über die wesentlichen Tatumstände irrt, sondern auch dann, wenn er einem Erlaubnistatumstands- oder Verbotsirrtum erliegt[352]. In diesen Fällen kommt

---

[349] BGHZ 59, 39; *Teichmann* in Jauernig, BGB, § 823 Rn. 58.
[350] Ausführlich dazu etwa *Grundmann* in MünchKomm. BGB, § 276 Rn. 150 ff.
[351] *Deutsch* in Festschrift Medicus, 1999, S. 77, 85; siehe auch OLG München NJW-RR 2002, 811, 813.
[352] Zur Behandlung dieser Irrtumsarten im Strafrecht siehe *Rengier*, Strafrecht AT, 4. Aufl. 2012, § 31 Rn. 1 ff.

aber immer noch eine Haftung wegen Fahrlässigkeit in Betracht. Nur bei unvermeidbaren Irrtümern scheidet eine Haftung aus.

c) Fahrlässigkeit

> **Fahrlässig** handelt, wer die im Verkehr erforderliche Sorgfalt außer Acht lässt (§ 276 II BGB). Voraussetzung ist insoweit, dass die Rechtsgutverletzung für den Schädiger *voraussehbar* und *vermeidbar* war[353].

255

Anzulegen ist dabei ein **objektiv-abstrakter Fahrlässigkeitsmaßstab**[354] (noch ein Unterschied zum Strafrecht). Zu fragen ist, was von einem den *durchschnittlichen* Anforderungen entsprechenden Angehörigen *des jeweiligen Verkehrskreises* (z.B. Berufsgruppe, Teilnehmer im Straßenverkehr, verschiedene Altersgruppen) *in der jeweiligen Situation* hätte erwartet werden können[355]. Die Sorgfaltsanforderungen richten sich nach dem Wissens- und Erkenntnisstand zum **Zeitpunkt** der schädigenden Handlung[356].

Der Schädiger kann sich *nicht* darauf berufen, dass er aufgrund fehlender Fähigkeiten, Kenntnisse oder Erfahrungen die objektiv gebotene Sorgfalt nicht einhalten konnte[357].

256

> **Beispiel:** Assistenzarzt A nimmt eine komplizierte Operation vor, obwohl ihm hierfür Kenntnisse und Fertigkeiten fehlen, die erst in einer (von A nicht absolvierten) Facharztausbildung vermittelt werden. Patient P verstirbt infolge eines Behandlungsfehlers des A. – A hat hier zurechenbar und rechtswidrig das Rechtsgut „Leben" verletzt. A handelt auch fahrlässig, weil er die im Verkehr erforderliche Sorgfalt außer Acht gelassen hat. Die Sorgfaltsanforderungen richteten sich nach dem Wissens- und Erfahrungsstand, den ein geübter Facharzt gehabt hätte[358]. A kann sich also nicht darauf berufen, dass er als Assistenzarzt ohne Facharztausbildung die erforderlichen Fähigkeiten und Erfahrungen nicht haben konnte.

Hat der Schädiger hingegen **überdurchschnittliche** Fähigkeiten, Kenntnisse oder Erfahrungen, so muss er diese grundsätzlich auch einsetzen[359]. Ein Schädiger kann sich daher nicht darauf berufen, dass ein durchschnittlicher Angehöriger seines Ver-

257

---

[353] BGHZ 39, 281, 285; *Grundmann* in MünchKomm. BGB, § 276 Rn 53; *Wolf* in Soergel, BGB, § 276 Rn. 69.
[354] Siehe dazu *Wagner* in MünchKomm. BGB, § 823 Rn. 36.
[355] Siehe etwa BGH NJW 1976, 1504 ff.
[356] Vgl. *Grundmann* in MünchKomm. BGB, § 276 Rn. 68.
[357] Vgl. für die Unerfahrenheit eines Beamten RGZ 156, 34, 50; die Unerfahrenheit eines Führerscheinneulings BGH VersR 1958, 268 ff.; die schlechte Ausstattung eines Krankenhauses BGH NJW 1989, 2321 ff.
[358] *Wandt*, Gesetzliche Schuldverhältnisse, § 16 Rn. 172.
[359] Siehe etwa für medizinische Spezialkenntnisse BGH NJW 1987, 1479 ff.

kehrskreises die Rechtsgutverletzung nicht hätte vorhersehen und vermeiden können, sofern ihm selbst dies möglich gewesen wäre.

Beispiel: Chirurg C ist spezialisiert auf Herztransplantationen und auf diesem Gebiet eine Koryphäe. Bei einer Transplantations-OP unterläuft ihm aus Unachtsamkeit ein Fehler, der zum Tod des Patienten führt. – C hat hier fahrlässig gehandelt. Dass andere Chirurgen den gleichen Fehler begangen oder die Transplantation aus anderen Gründen nicht hätten erfolgreich durchführen können, spielt insoweit keine Rolle. Die Kenntnisse und Erfahrungen des C haben den für ihn geltenden Sorgfaltsstandard nämlich über das durchschnittliche Maß hinaus erhöht.

d) Haftungsprivilegierungen

258   Nach § 823 I BGB haftet der Schädiger selbst für einfache Fahrlässigkeit. Besteht zwischen Schädiger und Geschädigtem eine vertragliche Beziehung, so enthält das vertragliche Haftungsregime mitunter eine haftungsrechtliche Privilegierung. So haften etwa der Schenker (§ 521 BGB) und der Verleiher (§ 599 BGB) nur für Vorsatz und grobe Fahrlässigkeit. Die Gesellschafter einer GbR haften untereinander nur für die Sorgfalt in eigenen Angelegenheiten (§ 708 BGB). Gleiches gilt im Verhältnis zwischen Ehegatten (§ 1359 BGB) sowie für Eltern gegenüber ihren Kindern (§ 1664 BGB). Diese Privilegierungen gelten **auch für deliktische Ansprüche**[360].

Ob **Vereinbarungen von Haftungsausschlüssen oder -milderungen** sich auch auf deliktische Ansprüche erstrecken, ist durch Auslegung zu ermitteln[361].

3. Entschuldigungsgründe?

259   Entschuldigungsgründe spielen in der deliktsrechtlichen Praxis – und in der Klausurpraxis – **keine entscheidende Rolle**.

§ 35 StGB (**entschuldigender Notstand**) soll nach einer verbreiteten Meinung auch im Deliktsrecht anwendbar sein[362]. Demgegenüber soll der **Notwehrexzess** im Sinne des § 33 StGB zwar die Strafbarkeit, nicht aber die deliktische Haftung des Schädigers ausschließen[363]. Ein vorausgehender Angriff des Geschädigten kann aber im Rahmen des Mitverschuldens (§ 254 BGB) berücksichtigt werden.

260   Vorzugswürdig erscheint es ohnehin, die Entschuldigungsgründe bei der deliktischen Haftung **gänzlich außer Betracht** zu lassen. Im Strafrecht dienen sie dazu, die Strafbarkeit des Täters auszuschließen: Weil die Tat zwar rechtswidrig ist, aber doch „verständlich" erscheint, soll die persönliche Vorwerfbarkeit entfallen. Im Deliktsrecht geht es hingegen um die Frage, ob der Schädiger verursachte Schäden

---

[360] Vgl. *Spindler* in BeckOK BGB, § 823 Rn. 22.
[361] Vgl. *Brox/Walker*, Allgemeiner Teil des BGB, 36. Aufl. 2012, Rn. 125 ff. und 231 ff.
[362] Dazu *Wolf* in Soergel, BGB, § 276 Rn. 193.
[363] Vgl. *Looschelders*, Schuldrecht BT, Rn. 1199.

zu kompensieren hat. Insoweit ist es nicht geboten, die Haftung des Schädigers zu Lasten des Geschädigten einzuschränken[364].

VII. Schaden und haftungsausfüllende Kausalität

Wer die haftungsbegründenden Tatbestandsmerkmale des § 823 I BGB verwirklicht hat, ist dem Geschädigten zum Ersatz des *daraus entstehenden Schadens* verpflichtet. Die Schadensersatzpflicht ist die Rechtsfolge des § 823 I BGB. Diese wird aber nur ausgelöst, wenn überhaupt ein Schaden entstanden und dieser auch dem Schädiger zurechenbar ist.

261

> Das Vorliegen eines ersatzfähigen Schadens und die haftungsausfüllende Kausalität bilden zusammen den **haftungsausfüllenden Tatbestand** des § 823 I BGB.

Schäden sind dabei zum einen die *unmittelbar* mit der Rechtsgutverletzung einhergehenden Nachteile, zum anderen aber auch die infolge der Rechtsgutverletzung entstandenen Nachteile an anderen Rechtsgütern – auch dem Vermögen! – des Geschädigten[365].

262

> **Hinweis:** Die Aussage, dass § 823 I BGB nicht das Vermögen *als solches* schützt, darf keinesfalls dahingehend missverstanden werden, dass Vermögensschäden nicht zu ersetzen sind. Das Gegenteil ist der Fall! Die Verletzung eines der von § 823 I BGB geschützten Rechtsgüter ist zwar tatbestandliche Voraussetzung für eine Haftung. Ist diese erfüllt, so haftet der Schädiger grundsätzlich für sämtliche hieraus resultierende Schäden.

Ob ein vom Geschädigten erlittener Nachteil einen *ersatzfähigen* Schaden darstellt, bestimmt sich nach den **§§ 249 ff. BGB** und den allgemeinen Grundsätzen des Schadensrechts. Hiervon wird noch ausführlich die Rede sein (siehe § 11 Rn. 2 ff.). Dort wird auch die **haftungsausfüllende Kausalität** näher dargestellt (siehe § 11 Rn. 36). Diese betrifft den Zusammenhang zwischen der haftungsbegründenden Rechtsgutverletzung und dem eingetretenen Schaden. Es geht dabei um die Frage, ob der Schaden dem Schädiger **zurechenbar** ist. Wie bei der haftungsbegründenden Kausalität, die den Zusammenhang zwischen Verletzungshandlung und Rechtsgutverletzung betrifft (siehe oben Rn. 194 ff.), ist auch die haftungsausfüllende Kausalität anhand der **Äquivalenztheorie**, der **Adäquanztheorie** und der **Lehre vom Schutzzweck der Norm** zu bestimmen.

263

---

[364] Für eine Haftung analog § 904 S. 2 BGB in diesen Fällen *Larenz/Canaris*, Schuldrecht II/2, § 85 IV 1, S. 668.
[365] Siehe dazu *Teichmann* in *Jauernig*, Vor § 249 Rn. 1 ff.

§ 9 Weitere Haftungstatbestände des BGB

I. Haftung wegen Verletzung eines Schutzgesetzes (§ 823 II BGB)

Literatur: *Buck-Heeb*, Schadensersatz nach § 823 II BGB – Insbesondere zur Schutzgesetzeigenschaft kapitalmarktrechtlicher Normen, Ad Legendum 2011, 185; *Canaris*, Schutzgesetze – Verkehrspflichten – Schutzpflichten, Festschrift Larenz, 1983, S. 27; *Coester-Waltjen*, Die Haftung nach § 823 II BGB, Jura 2002, 102; *Deutsch*, Schutzgesetze aus dem Strafrecht in § 823 Abs. 2 BGB, VersR 2004, 137; *Dörner*, Zur Dogmatik der Schutzgesetzverletzung, JuS 1987, 522; *Kothe*, Normzweck und Interessenabwägung bei der Auslegung des § 823 II BGB, Jura 1988, 130; *Maier-Reimer*, Schutzgesetze – Verhaltensnormen, Sanktionen und ihr Adressat, NJW 2007, 3157; *Peters*, Zur Gesetzestechnik des § 823 II BGB, JZ 1983, 913; *Schwerdtner*, Recht der unerlaubten Handlung (2. Teil), Jura 1981, 484.

Übungsfälle: *Eichenhofer*, JuS 1990, 650; *Hilke*, JuS 2010, 800; *Irrgang*, JA 2009, 340; *Saenger/Dittmer*, JA 2013, 100.

1. Überblick

Gemäß § 823 II 1 BGB ist, wer schuldhaft *gegen ein den Schutz eines anderen bezweckendes Gesetz verstößt*, zum Ersatz des hierdurch entstehenden Schadens verpflichtet. 1

a) Bedeutung

§ 823 II BGB ist eine eigenständige Anspruchsgrundlage, die neben § 823 I BGB und den anderen deliktsrechtlichen Haftungsnormen zur Anwendung gelangt (**Anspruchskonkurrenz**). Während § 823 I BGB an die Verletzung eines bestimmten Rechtsguts anknüpft, ist nach 823 II BGB der **Verstoß gegen ein Schutzgesetz** das haftungsauslösende Merkmal. Beide Haftungsnormen sind erfüllt, wenn das vom Schädiger verletzte Rechtsgut zugleich von § 823 I BGB und durch ein Schutzgesetz geschützt wird. 2

3 Besonders deutlich wird dies bei den Straftatbeständen zum Schutz des Lebens (§§ 211 ff. StGB), des Körpers und der Gesundheit (§§ 223 ff. StGB), der Freiheit (§§ 234 ff. StGB) und des Eigentums (§§ 242 ff., 303 ff. StGB). Die Haftung aus § 823 II BGB geht in diesen Fällen nicht über die Haftung aus § 823 I BGB hinaus – im Gegenteil: Bisweilen bestehen nach den Straftatbeständen hinsichtlich des Verschuldens höhere Anforderungen als nach § 823 I BGB.

> **Beispiel:** A beschädigt versehentlich eine Sache des B. – A haftet nach § 823 I BGB auch für die fahrlässige Eigentumsverletzung. Eine Haftung nach § 823 II BGB scheidet hingegen aus, da das in Betracht kommende Schutzgesetz (§ 303 StGB) eine vorsätzliche Begehung voraussetzt.

4 **Eigenständige Bedeutung** hat § 823 II BGB in den Fällen, in denen das verletzte Schutzgesetz dem Schutz von Rechtsgütern dient, die *nicht* von § 823 I BGB geschützt werden. Nach § 823 II BGB können daher auch **reine Vermögensschäden** ersatzfähig sein.

> Dem **Schutz des Vermögens** dienen insbesondere die §§ 263 ff. StGB. An § 823 II BGB ist daher immer dann zu denken, wenn ein Verhalten strafrechtlich als Betrug oder Untreue zu bewerten sein könnte.

5 Relevant wird § 823 II BGB zudem bei **verhaltensbezogenen Schutzgesetzen**. Diese verbieten typischerweise gefährliche Verhaltensweisen, um Rechtsgutverletzungen *präventiv* entgegenzuwirken. Hierzu zählen etwa die Regeln der StVO und § 316 StGB. Zwar dienen auch diese Schutzgesetze letztlich dem Schutz der von § 823 I BGB erfassten Rechtsgüter. § 823 II BGB wirkt hier aber **haftungsverschärfend**, weil sich das Verschulden – anders als bei § 823 I BGB – nicht auf die Rechtsgutverletzung, sondern nur auf den Verstoß gegen das Schutzgesetz beziehen muss[1]. Auch wenn in diesen Fällen häufig zugleich § 823 I BGB einschlägig sein dürfte, liegt hierin doch zumindest eine **Beweiserleichterung** zugunsten des Geschädigten[2].

b) Prüfungsschema

6 Der **Prüfungsaufbau** des § 823 II BGB unterscheidet sich daher auch von demjenigen des § 823 I BGB (dazu oben § 8 Rn. 4): Gefragt werden muss nicht, ob der Schädiger die Verletzung eines bestimmten Rechtsguts zurechenbar verursacht, sondern ob er ein Schutzgesetz verletzt hat.

7 Erforderlich ist insoweit, dass die betreffende Norm eine individualschützende Funktion (**Schutzgesetzqualität**) hat. Hinzu kommen muss, dass der Geschädigte und der entstandene Schaden vom **Schutzbereich** der Norm erfasst werden. Es genügt also nicht die Verletzung irgendeines Schutzgesetzes; vielmehr muss das Schutzgesetz auch gerade dem Schutz des Geschädigten vor derartigen Schäden dienen. Schließlich muss der Schädiger **schuldhaft gegen die Norm verstoßen** haben.

---

[1] BGHZ 103, 197, 202; BGH NJW 1999, 2895, 2896; *Hager* in Staudinger, BGB, § 823 Rn. G 2.
[2] Vgl. *Medicus/Lorenz*, Schuldrecht BT, Rn. 1317.

I. Haftung wegen Verletzung eines Schutzgesetzes (§ 823 II BGB)

Haftungsvoraussetzungen des § 823 II BGB
- Vorliegen eines Schutzgesetzes
  - Schutzgesetzqualität
  - Schutzbereich (Schutzzweck) der Norm
- schuldhafte Verletzung des Schutzgesetzes
  - Tatbestandsmäßigkeit
  - Rechtswidrigkeit
  - Schuld/Verschulden
- Schaden
- haftungsausfüllende Kausalität

2. Vorliegen eines Schutzgesetzes

a) Schutzgesetzqualität

Schutzgesetze im Sinne des § 823 II BGB sind Rechtsnormen, die nicht nur dem Schutz der Allgemeinheit, sondern zumindest auch dem **Schutz der Rechtsgüter und Interessen Einzelner oder bestimmter Personengruppen** dienen sollen.

Nur **Rechtsnormen** kommen als Schutzgesetz in Betracht. Aus § 2 EGBGB ergibt sich, dass es sich nicht um ein formelles Gesetz handeln muss. Es gilt der **materielle Gesetzesbegriff**, der auch Verordnungen und (z.B. von Gebietskörperschaften erlassene) Satzungen erfasst[3]. Auch ungeschriebenes Gewohnheitsrecht kann Schutzgesetzqualität haben[4].

Entscheidend ist der *hoheitliche* Charakter der Norm. Die von privatrechtlich organisierten Verbänden erlassenen Regeln oder Satzungen haben *keine* Gesetzesqualität. Daher sind etwa die Wettkampfregeln von Sportverbänden und die DIN-Normen *keine* Schutzgesetze[5]. Umstritten ist die Einordnung der Unfallverhütungsvorschriften der Berufsgenossenschaften[6].

---

[3] *Wagner* in MünchKomm. BGB, § 823 Rn. 332 mit weiteren Nachweisen.
[4] *Hager* in Staudinger, BGB, § 823 Rn. G 11; *Spindler* in BeckOK BGB, § 823 Rn. 148; *Larenz/Canaris*, Schuldrecht II/2, § 77 II 1 d, S. 433; zurückhaltender *Wagner* in MünchKomm. BGB, § 823 Rn. 338.
[5] BGHZ 139, 16; *Hager* in Staudinger, BGB, § 823 Rn. G 13; *Wagner* in MünchKomm. BGB, § 823 Rn. 335; *Spickhoff* in Soergel, BGB, § 823 Rn. 186; *Spindler* in BeckOK BGB, § 823 Rn. 152; *Larenz/Canaris*, Schuldrecht II/2, § 77 II 1 d, S. 433.
[6] Verneinend RGZ 128, 320, 329; BayObLG NJW-RR 2002, 1249; *Schiemann* in Erman, BGB, § 823 Rn. 156; *Teichmann* in Jauernig, BGB, § 823 Rn. 43; bejahend *Wagner* in MünchKomm. BGB, § 823 Rn. 334, offengelassen von BGH NJW 1984, 360, 362.

11 Die betreffende Rechtsnorm muss eine **individualschützende Funktion** haben. Der Individualschutz muss dabei nicht der ausschließliche Zweck der Norm sein. Es genügt vielmehr, wenn *auch* Individualinteressen geschützt werden sollen[7]. *Kein Schutzgesetz liegt vor, wenn eine Vorschrift nur die Interessen der Allgemeinheit schützen soll und sich ein Individualschutz nur reflexartig ergibt. Ob eine Rechtsnorm* (auch) dem Individualschutz dient, ist durch **Auslegung** zu ermitteln.

> **Hinweis:** Eine ganz ähnliche Problematik stellt sich im Verwaltungsrecht bei der Frage, ob eine öffentlich-rechtliche Vorschrift drittschützenden Charakter hat. Dies wird mit Hilfe der sog. „Schutznormtheorie" beantwortet[8] – und zwar ebenfalls durch Auslegung der in Rede stehenden Norm.

Bei der Frage nach der Schutzgesetzqualität einer Norm kommt es maßgeblich auf den **Willen des Gesetzgebers** an. Daher ist in erster Linie zu ermitteln, welche Ziele der Gesetzgeber mit der Norm verwirklichen wollte. Dabei ist auch das „Regelungsumfeld" zu berücksichtigen. Allerdings ist darauf zu achten, dass die Wertungen des Deliktsrechts nicht unterlaufen werden. Würde man den Kreis der Schutzgesetze zu weit ziehen, bestünde die Gefahr einer uferlosen deliktischen Haftung für Vermögensschäden, die so vom Gesetzgeber gerade nicht gewollt ist.

> **Hinweis:** Dem ist auch bei der Bestimmung des Schutzbereichs einer Norm Rechnung zu tragen (unten Rn. 16 ff.).

12 Schutzgesetze finden sich in unterschiedlichen Rechtsgebieten. Viele Strafvorschriften des **StGB** haben Schutzgesetzcharakter.

> Dies gilt z.B. für § 123 StGB (Hausfriedensbruch); § 142 StGB (Unfallflucht); §§ 153 ff. StGB (Aussagedelikte); §§ 185 ff. StGB (Ehrverletzungsdelikte); §§ 211 ff. StGB (Tötungsdelikte); §§ 223 ff. StGB (Körperverletzungsdelikte); § 240 StGB (Nötigung); §§ 242 ff. StGB (Diebstahl und Unterschlagung); §§ 249 ff. StGB (Raub und Erpressung); §§ 263 ff. StGB (Betrugsdelikte); § 266 StGB (Untreue); § 266a StGB (Vorenthalten und Veruntreuen von Arbeitsentgelt); §§ 303 ff. StGB (Sachbeschädigung); §§ 306 ff. StGB (Brandstiftung). Nicht als Schutzgesetz angesehen werden demgegenüber etwa die §§ 267 ff. StGB (Urkundendelikte) und § 261 StGB (Geldwäsche).

13 Aber auch **außerhalb des StGB** gibt es zahlreiche Schutzgesetze, von denen manche ebenfalls strafbewehrt sind. Doch ist die Strafandrohung *keine* Voraussetzung für die Schutzgesetzqualität.

> **Beispiele:** § 15a InsO (Insolvenzantragspflicht); § 9 MuSchG (Kündigungsverbot bei Schwangerschaft); § 121 OWiG (Halten gefährlicher Tiere); § 5 BImSchG (Betreiberpflichten bei genehmigungsbedürftigen Anlagen); Art. 9 III GG (Koalitionsfreiheit); §§ 1 ff. StVG (Pflichten im Straßenverkehr).

14 Schließlich enthält das **BGB** selbst Schutzgesetze.

---

[7] BGHZ 12, 146, 148; BGHZ 40, 306, 306 f; BGHZ 84, 312, 314; BGHZ 125, 366, 374; BGHZ 66, 388, 390; *Wagner* in MünchKomm. BGB, § 823 Rn. 346; *Spindler* in BeckOK BGB, § 823 Rn. 155.

[8] Näher dazu *Detterbeck*, Allgemeines Verwaltungsrecht, 11. Aufl. 2013, Rn. 399.

I. Haftung wegen Verletzung eines Schutzgesetzes (§ 823 II BGB)

Beispiele: § 226 BGB (Schikaneverbot); § 858 BGB (verbotene Eigenmacht, dazu unten § 19 Rn. 2); §§ 906–909 BGB; § 1004 BGB.

Eine abschließende Auflistung der Schutzgesetze ist an dieser Stelle schon aus Raumgründen nicht möglich. Durch einen Blick in die Kommentarliteratur[9] lässt sich aber ein guter Eindruck davon gewinnen, welche Normen als Schutzgesetze angesehen werden – und welche nicht. Wichtig sind insoweit ohnehin Argumentation und Verständnis für die gesetzlichen Wertungen!

b) Schutzbereich der Norm

> Die Verletzung eines Schutzgesetzes führt nur dann zu einer Haftung nach § 823 II BGB, wenn der *konkrete* Schadensfall vom Schutzbereich der Norm umfasst ist.

Der Schutzbereich einer Norm ist durch Auslegung zu ermitteln. Handelt es sich um ein strafrechtliches Schutzgesetz, so sind die dafür geltenden Auslegungsschranken, insbesondere das Analogieverbot, zu beachten. Ob ein Schadensfall in den Schutzbereich fällt, ist in **drei Schritten** festzustellen[10].

Der Geschädigte muss erstens zunächst zum geschützten Personenkreis zählen (**persönlicher Schutzbereich**).

Beispiele:
- § 248b StGB schützt den Eigentümer eines unbefugt genutzten Kraftfahrzeugs, nicht aber die anderen Verkehrsteilnehmer[11].
- Die Insolvenzantragspflicht des § 15a InsO schützt sowohl Gläubiger, die bereits vor Insolvenzreife eine Forderung gegen die nun insolvente Gesellschaft hatten (sog. **Altgläubiger**), als auch **Neugläubiger**, deren Forderungen erst nach Insolvenzreife begründet wurden. Nicht geschützt werden demgegenüber die Gesellschafter einer insolventen Gesellschaft, auch wenn sie erst nach Insolvenzreife beigetreten sind[12].
- Nach § 20 I StVO darf an Haltestellen, an denen Linienbusse und Straßenbahnen halten, nur vorsichtig vorbeigefahren werden. Hierdurch sollen nicht nur ein- und aussteigende Personen geschützt werden, sondern auch Fußgänger, die an der Haltestelle lediglich vorbeilaufen[13].

Zweitens muss das Schutzgesetz dem Schutz des verletzten Rechtsguts dienen (**sachlicher Schutzbereich**). In diesem Zusammenhang stellt sich oftmals die Frage, ob eine Vorschrift auch reine Vermögensinteressen schützen soll.

---

[9] Siehe etwa *Wagner* in MünchKomm. BGB, § 823 Rn. 367 ff.
[10] Ebenso *Hager* in Staudinger, BGB, § 823 Rn. G 13; *Wagner* in MünchKomm. BGB, § 823 Rn. 349; *Rümelin*, AcP 90 (1900), 171, 306.
[11] BGHZ 22, 293 ff.
[12] *Drygala/Staake/Szalai*, Kapitalgesellschaftsrecht, 2012, § 11 Rn. 108 ff.; *Hüffer/Koch*, Gesellschaftsrecht, 8. Aufl. 2011, § 34 Rn. 15 ff.
[13] BGH NJW 2006, 2110 ff.

Beispiele:
- Der Straftatbestand des **§ 319 StGB** (Baugefährdung) dient dem Schutz der Rechtsgüter Leben, Körper und Gesundheit. Die Vermögensinteressen des Bauherrn sollen hiervon hingegen nicht geschützt werden[14]. Daher können die Kosten der Mängelbeseitigung nicht nach § 823 II BGB geltend gemacht werden.
- Die Regeln der **StVO** sowie die **§§ 315 ff. StGB** dienen der Sicherheit der Verkehrsteilnehmer. Einen *reinen* Vermögensschutz gewähren sie nicht[15]. Wer infolge eines Verkehrsunfalls im Stau steht und daher einen wichtigen Geschäftstermin verpasst, kann den entgangenen Gewinn (vgl. § 252 BGB) daher nicht nach § 823 II BGB geltend machen. Ebenso wenig schützen Halteverbote in Bereichen von Baustellen das Vermögen des Bauunternehmers[16].

19 Drittens muss sich auch gerade das Risiko verwirklicht haben, vor dem die Rechtsnorm schützen soll (**modaler Schutzbereich**). Hier geht es um die Art und Weise der Rechtsgutverletzung.

Beispiele:
- Die **Halteverbote** nach der StVO sollen zwar Leben, Körper und Gesundheit der anderen Verkehrsteilnehmer schützen, doch gilt dies nur, soweit sich ein *verkehrstypisches*, aus dem Verstoß gegen das Halteverbot resultierendes Risiko verwirklicht (z.B. die Gefahr von Auffahrunfällen).
- *Nicht* vom modalen Schutzbereich erfasst werden Verletzungen, bei denen sich kein solches Risiko verwirklicht. Wer bei dem Versuch, ein im Halteverbot stehendes Fahrzeug wegzuschieben, stürzt und sich das Handgelenk bricht, kann daher nicht nach § 823 II BGB Ersatz verlangen[17]. In Betracht kommt möglicherweise aber ein Anspruch nach den GoA-Regeln (§§ 677, 683, 670 BGB, dazu unten § 16 Rn. 9).

3. Schuldhafte Verletzung des Schutzgesetzes

20 Schutzgesetze werden dadurch verletzt, dass gegen sie verstoßen wird. Bei **Gebotsnormen** liegt ein Normverstoß immer dann vor, wenn der Schädiger die gebotene Handlung unterlässt. Bei **Verbotsnormen** kommt es darauf an, dass der Schädiger eine verbotene Handlung vorgenommen oder einen rechtlich missbilligten Erfolg herbeigeführt hat.

Hinweis: Bei der Prüfung, ob ein Normverstoß vorliegt, kann – auch für andere als Strafgesetze – auf das aus dem Strafrecht bekannte Prüfungsschema zurückgegriffen werden: Tatbestandsmäßigkeit – Rechtswidrigkeit – Schuld/Verschulden.

a) Tatbestandsmäßigkeit

21 Zunächst ist zu fragen, ob der Schädiger den **Tatbestand des Schutzgesetzes** erfüllt hat.

---

[14] BGHZ 39, 366 ff.
[15] Siehe etwa *Hager* in Staudinger, BGB, § 823 Rn. G 42 ff.; *Spindler* in BeckOK BGB, § 823 Rn. 193 ff. jeweils mit weiteren Nachweisen.
[16] BGH NJW 2004, 356 ff.
[17] Vgl. *Medicus/Lorenz*, Schuldrecht BT, Rn. 1323.

I. Haftung wegen Verletzung eines Schutzgesetzes (§ 823 II BGB)

aa) Strafnormen

Bei Strafgesetzen muss der gesamte Tatbestand erfüllt sein, also **alle objektiven und subjektiven Merkmale** sowie die objektiven Bedingungen der Strafbarkeit. Im objektiven Tatbestand sind dabei auch Fragen der Zurechenbarkeit und Kausalität zu prüfen. Bei einer fahrlässigen Begehung sind bereits hier die objektive Vorhersehbarkeit und Vermeidbarkeit anzusprechen. Vorsatz oder besondere Absichten (z.B. die Zueignungsabsicht bei § 242 StGB oder die Bereicherungsabsicht bei § 263 StGB) gehören nach der strafrechtlichen Dogmatik zum (subjektiven) Tatbestand; auch sie sind bereits hier – und nicht erst beim Verschulden – zu erörtern.

22

> Dabei ist der **strafrechtliche Vorsatzbegriff** zugrunde zu legen. Anders als nach dem zivilrechtlichen Vorsatzbegriff verlangt dieser kein Unrechtsbewusstsein. Ein Verbotsirrtum lässt den Vorsatz des Schädigers daher nicht entfallen (anders die zivilrechtliche Vorsatztheorie, siehe oben § 8 Rn. 254). Nach § 17 StGB entfällt bei einem unvermeidbaren Verbotsirrtum aber die Schuld.

Sanktioniert das Strafgesetz *nur* die vorsätzliche Begehung, so ist dies auch im Rahmen des § 823 II BGB maßgeblich[18]. Zumeist wird diese Problematik beim Verschulden behandelt[19] – indes zu Unrecht. Richtigerweise ist die fahrlässige Verwirklichung eines Vorsatzdeliktes schon *nicht* tatbestandsmäßig.

23

bb) Sonstige Schutzgesetze

Bei **anderen Schutzgesetzen** sind ebenfalls die objektiven und – sofern überhaupt vorhanden – subjektiven Voraussetzungen zu prüfen. Hier genügt es regelmäßig, den Verstoß gegen eine Verhaltenspflicht festzustellen.

24

> **Beispiel:** Obwohl die X-GmbH seit mehr als drei Wochen ihre Rechnungen nicht mehr bezahlen kann, stellt Geschäftsführer G keinen Insolvenzantrag. – G ist wegen der Zahlungsunfähigkeit (vgl. § 17 InsO) der X-GmbH nach § 15a I 1 InsO verpflichtet, Insolvenzantrag zu stellen. Das Unterlassen erfüllt den Tatbestand der Schutzgesetzverletzung.

b) Rechtswidrigkeit

Die Rechtswidrigkeit wird durch die Erfüllung des Tatbestandes **indiziert**. Sie entfällt bei Vorliegen eines **Rechtfertigungsgrundes**. Insoweit kann auf die Ausführungen oben § 8 Rn. 217 ff. verwiesen werden.

25

c) Verschulden

Aus § 823 II 2 BGB ergibt sich, dass der Schädiger die Schutzgesetzverletzung verschuldet haben muss.

26

---

[18] BGHZ 46, 17, 21; BGH NJW 1982, 1037, 1038; BGH NJW 2002, 1643, 1645 f.
[19] Siehe etwa *Spindler* in BeckOK BGB, § 823 Rn. 163; *Wagner* in MünchKomm. BGB, § 823 Rn. 360.

Ergibt sich das Verschuldenserfordernis nicht aus dem Schutzgesetz selbst, so wird dieses durch § 823 II 2 BGB „ergänzt".

Der erwähnte § 15a I InsO enthält kein Verschuldenserfordernis. Dennoch haftet G in unserem **Beispiel** nur, wenn er den Insolvenzantrag schuldhaft nicht gestellt hat. Dies setzt voraus, dass er das Vorliegen des Insolvenzgrundes (Zahlungsunfähigkeit) zumindest hätte erkennen können. Dies ist bei Zahlungsunfähigkeit in aller Regel der Fall: Dass fällige Rechnungen nicht beglichen werden können, ist leicht festzustellen. Dies kann von einem ordentlichen Geschäftsführer auch erwartetet werden. – Davon, dass sich das Verschulden nur auf die Schutzgesetzverletzung beziehen muss, war bereits oben Rn. 5 die Rede. Von Bedeutung ist dies namentlich bei Gefährdungsdelikten[20].

27 Die **Verschuldensfähigkeit** richtet sich auch bei der Haftung nach § 823 II BGB nach den §§ 827, 828 BGB (siehe dazu oben § 8 Rn. 245 ff.). Dies gilt nach vorzugswürdiger, aber nicht unumstrittener Auffassung *auch* dann, wenn es sich bei dem Schutzgesetz um ein Strafgesetz handelt[21].

Die **Gegenauffassung** will insoweit auf die §§ 19, 20 StGB, § 3 JGG abstellen[22]. Sie begründet dies damit, dass die Straftatbestände nur im Kontext mit den übrigen Regeln zur Strafbarkeit gelesen werden sollten. Die Anwendung zivilrechtlicher Grundsätze auf strafrechtliche Normen führe dazu, dass die Haftung nach § 823 II BGB an Delikte geknüpft wird, die so im Strafrecht gar nicht existieren. Hiergegen ist aber einzuwenden, dass Deliktsrecht und Strafrecht unterschiedliche Ziele verfolgen (einerseits Kompensation, anderseits Sanktion). Während im Strafrecht dem Täterinteresse das Sanktionsinteresse des Staates gegenüber steht, ist im Deliktsrecht auch und gerade das wirtschaftliche Interesse des Geschädigten zu berücksichtigen. Daher ist die unterschiedliche Behandlung der strafrechtlichen Schuldfähigkeit und der deliktischen Verschuldensfähigkeit durchaus gerechtfertigt.

28 Auch der strafrechtliche **Verschuldensmaßstab** wird durch das Deliktsrecht modifiziert. Von Bedeutung ist dies insbesondere für den Fahrlässigkeitsmaßstab. Nach der strafrechtlichen Dogmatik ist im Rahmen der Schuld ein subjektiver Fahrlässigkeitsmaßstab anzulegen. Wegen der fahrlässigen Verletzung einer Strafnorm macht sich daher nur strafbar, wer den Gesetzesverstoß auch *subjektiv* hätte voraussehen und vermeiden können. Im Zivilrecht ist hingegen der Verstoß gegen die im Verkehr erforderliche Sorgfalt (§ 276 II BGB) *objektiv* zu bestimmen (siehe oben § 8 Rn. 255). Auch dieser Widerspruch ist zugunsten der zivilrechtlichen Dogmatik aufzulösen. Es kommt daher nur für die Strafbarkeit, *nicht* aber für die Haftung nach § 823 II BGB auf eine subjektive Sorgfaltspflichtverletzung an[23].

---

[20] Vgl. *Wagner* in MünchKomm. BGB, § 823 Rn. 358.
[21] *Hager* in Staudinger, BGB, § 823 Rn. G 36; *Spickhoff* in Soergel, BGB, § 823 Rn. 212; *Looschelders*, Schuldrecht BT, Rn. 1247; *Dörner*, JuS 1987, 522, 526.
[22] *Wagner* in MünchKomm. BGB, § 823 Rn. 361; *Larenz/Canaris*, Schuldrecht II/2, § 77 IV 2 b, S. 446; vgl. auch *Wiethölter*, JZ 1963, 205 ff.
[23] BGH VersR 1968, 378, 379; *Schiemann* in Erman, BGB, § 823 Rn. 159; *Spickhoff* in Soergel, BGB, § 823 Rn. 211; *Deutsch/Ahrens*, Deliktsrecht, Rn. 227; *Esser/Schmidt*, Schuldrecht I/2, § 26 I 2 a, S. 80 f.; *Dörner*, JuS 1987, 522, 527; *Rentsch* in Festschrift Schreiber, 2003, S. 43, 51; *Olshausen* in Festschrift Bemmann, 1997, S. 131, 145 f.

Auch dies ist nicht unumstritten. Die **Gegenauffassung**[24] argumentiert, dass der Schutzumfang der Strafgesetze eben auch von den strafrechtlichen Verschuldenserfordernissen abhänge. Doch ist dieses Verständnis nicht zwingend. Letztlich sprechen auch hier die Schutzinteressen des Geschädigten für die Modifikation der strafrechtlichen Verschuldensmaßstäbe und den Verzicht auf die subjektive Vorwerfbarkeit.

Einigkeit besteht immerhin darüber, dass rein formale Strafbarkeitsbedingungen, wie z.B. das Vorliegen eines Strafantrages, *nicht* vorliegen müssen[25].   29

> **Hinweis:** Folgt man der hier vertretenen Auffassung, dann setzt die Haftung nach § 823 II BGB wegen Verletzung einer Strafnorm *nicht* voraus, dass der Schädiger auch strafbar ist. Ohnehin spielt der Meinungsstreit praktisch kaum eine Rolle, da die subjektive Sorgfaltspflichtverletzung durch den objektiven Sorgfaltsverstoß indiziert wird.

Wie auch bei § 823 I BGB kann sich der Schädiger auch im Rahmen des § 823 II   30
BGB nach hier vertretener Auffassung *nicht* auf das Vorliegen eines Entschuldigungsgrundes (z.B. § 35 StGB) berufen (siehe schon § 8 Rn. 260).

4. Schaden und haftungsausfüllende Kausalität

Nach § 823 II BGB zu ersetzen ist der kausal durch die Schutzgesetzverletzung   31
verursachte Schaden. Auch insoweit gelten die unten § 11 noch darzustellenden Grundsätze des Schadensrechts. Im Rahmen der haftungsausfüllenden Kausalität ist dabei zu prüfen, ob der *konkrete* Schaden noch vom sachlichen Schutzbereich der Norm umfasst ist.

> **Hinweis:** Der sachliche Schutzbereich kann einmal bei den haftungsbegründenden Voraussetzungen des § 823 II BGB eine Rolle spielen. Dort geht es um die Frage, ob das verletzte Rechtsgut überhaupt vom Schutzbereich erfasst ist. Bei der haftungsausfüllenden Kausalität geht es hingegen um die Frage, ob die aus der Rechtsgutverletzung resultierenden Schäden, insbesondere Folgeschäden, vom Schutzzweck der Norm gedeckt sind. Es ist aber durchaus auch zulässig, beide Aspekte gemeinsam zu prüfen. Der Prüfungsaufbau als solcher ist nämlich niemals Selbstzweck, sondern eine Frage der Praktikabilität.

II. Vorsätzliche sittenwidrige Schädigung (§ 826 BGB)

Literatur: *Mayer-Maly*, Die guten Sitten des Bundesgerichtshofs, 50 Jahre Bundesgerichtshof, Bd. 1, 2000, S. 69; *Sack*, Das Anstandsgefühl aller billig und gerecht Denkenden und die Moral als Bestimmungsfaktoren der guten Sitten, NJW 1985, 761; *ders.*, Der subjektive Tatbestand des § 826 BGB, NJW 2006, 945.

Übungsfälle: *Braun*, Jura 1990, 650; *Röck*, Jura 2013, 118.

---

[24] *Wagner* in MünchKomm. BGB, § 823 Rn. 361.
[25] Vgl. etwa *Wagner* in MünchKomm. BGB, § 823 Rn. 361; *Hager* in Staudinger, BGB, § 823 Rn. G 36; *Dörner*, JuS 1987, 522, 526 f.

1. Überblick

32 Wer in einer gegen die guten Sitten verstoßenden Weise einem anderen vorsätzlich Schaden zufügt, ist nach § 826 I BGB dem anderen zum Ersatz des Schadens verpflichtet.

a) Bedeutung

33 Anders als § 823 I und II BGB knüpft § 826 BGB die Schadensersatzpflicht weder an die Verletzung eines bestimmten Rechtsgutes noch den Verstoß gegen ein Schutzgesetz. **Haftungsauslösendes Merkmal** ist vielmehr die Sittenwidrigkeit der Schädigung. § 826 I BGB ist *neben* § 823 I und II BGB anwendbar. Ihre besondere Bedeutung gewinnt die Vorschrift aber gerade in den Fällen, in denen die anderen beiden „kleinen Generalklauseln" (siehe oben § 7 Rn. 5) tatbestandlich nicht eingreifen.

34 Der Schutzbereich des § 826 BGB ist sehr weit, da auch **reine Vermögensschäden** erfasst werden, ohne dass ein Schutzgesetz verletzt worden sein muss. Allerdings stellt § 826 BGB besondere Anforderungen an die Art der Schadenszufügung: Diese muss **sittenwidrig und vorsätzlich** erfolgt sein.

b) Prüfungsschema

35 Aus dem Wortlaut des § 826 BGB und der Normstruktur ergibt sich das folgende, recht einfache Prüfungsschema:

> **Haftungsvoraussetzungen des § 826 BGB**
> - Verursachung eines Schadens
> - Sittenwidrigkeit
> - Vorsatz

36 Die Besonderheit des § 826 BGB besteht darin, dass der Vorsatz sich – anders als etwa bei § 823 I und II BGB – auch auf den Schaden beziehen muss. Der **Schaden gehört also zum haftungsbegründenden Tatbestand**[26]. Die fahrlässige Schadenszufügung wird von § 826 BGB ohnehin nicht sanktioniert.

2. Verursachung eines Schadens

37 § 826 BGB setzt zunächst voraus, dass der Schädiger einen Schaden versucht hat. Als Schaden kommt – wie schon ausgeführt – **jeder Vermögensnachteil** in Betracht. Der Schaden muss auf einem Verhalten des Schädigers beruhen, also durch dessen Handeln oder pflichtwidriges Unterlassen **kausal und zurechenbar** herbei-

---

[26] *Wandt*, Gesetzliche Schuldverhältnisse, § 17 Rn. 22.

geführt worden sein. Insoweit gelten die oben § 8 Rn. 194 ff. dargestellten Grundsätze.

> **Hinweis:** Regelmäßig bereitet dieses Tatbestandsmerkmal keine Probleme. An eine vorsätzliche sittenwidrige Schädigung denkt man eben nur, wenn der Schaden ersichtlich auf einem Verhalten des Schädigers beruht.

3. Sittenwidrigkeit

§ 826 BGB sanktioniert *sittenwidrige* Schädigungen. Die Schwierigkeit besteht darin, diesen **unbestimmten Rechtsbegriff** auszufüllen.

38

> **Hinweis:** Hier liegt im Rahmen der gutachterlichen Prüfung des § 826 BGB regelmäßig der Schwerpunkt. Gerade beim argumentativen Umgang mit unbestimmten Rechtsbegriffen kann man sich in der Klausur auszeichnen!

a) Was sind die „guten Sitten"?

Nach der **berühmten Formel** des Reichsgerichts[27] handelt sittenwidrig, wer das *Anstandsgefühl aller billig und gerecht Denkenden* verletzt. Die Formel ist im Schrifttum als unbrauchbare „Leerformel" kritisiert worden[28] – und in der Tat ist dem Rechtsanwender damit kaum geholfen. Jeder Versuch einer Subsumtion ist von vornherein zum Scheitern verurteilt. Der unbestimmte Rechtsbegriff der „guten Sitten" bleibt immer unbestimmt, weil er nicht näher bestimmbar sein *soll*. Der Gesetzgeber hat damit bewusst ein Einfallstor für moralische, also außerrechtliche Vorstellungen geschaffen, die ihrerseits nicht erkennbar, sondern nur „erfühlbar" sind. Es geht bei der Frage nach der Sittenwidrigkeit also durchaus um etwas, das man als „Anstands*gefühl*" bezeichnen kann.

39

> *Im Übrigen* ist die Formel aber bestenfalls unbrauchbar, schlimmstenfalls sogar irreführend. Es geht nämlich gewiss nicht darum, die Wertvorstellungen „aller billig und gerecht Denkenden" empirisch zu ermitteln. Und wer mag schon von sich selbst behaupten, *immer* „billig und gerecht" zu denken?

Die „guten Sitten" lassen sich ebenso wie die „Grundsätze von Treu und Glauben" *nicht abstrakt*, sondern nur im **Einzelfall** bestimmen. Dabei wird der Rechtsanwender – im Streitfall also das zur Entscheidung berufene Gericht – immer bis zu einem gewissen Grad auch eigene **Wertvorstellungen** mit einfließen lassen. Allerdings sind dabei stets die Wertungen des Gesetzes, insbesondere auch jene der Verfassung zu beachten.

40

b) Kriterien der Sittenwidrigkeit

Bei der Frage nach der Sittenwidrigkeit ist ohnehin Zurückhaltung geboten. Die Sittenwidrigkeit ist nach der gesetzlichen Konzeption die **Ausnahme**, die einer

41

---

[27] RGZ 48, 114, 124; vgl. auch RGZ 56, 271, 279; RGZ 155, 257, 277; fortgeführt von BGHZ 10, 228, 232; aktuell etwa BGH NJW 2009, 1346, 1347.
[28] Vgl. etwa *Heldrich*, AcP 186 (1986), 74, 94; dagegen aber *Sack*, NJW 1985, 761, 764.

sorgfältigen Begründung bedarf. Eine zu großzügige Handhabung des § 826 BGB würde zu einem – vom Gesetzgeber nicht gewollten – allgemeinen Vermögensschutz führen.

Daher ist die **Ausnutzung einer Rechtsposition** (z.B. die Geltendmachung eines Anspruchs oder die Stellung einer zutreffenden Strafanzeige) in der Regel nicht als sittenwidrig anzusehen – und zwar auch dann, wenn der Betreffende aus Rache, Eifersucht oder ähnlichen Motiven handelt.

42 Sittenwidrigkeit ist mehr als Rechtswidrigkeit. Erforderlich ist daher eine besondere **Verwerflichkeit**, die in jedem Fall gesondert festzustellen ist.

Diese kann sich ergeben aus dem Verhalten des Schädigers („Mittel"), aber auch aus der vom Schädiger verfolgten Absicht („Zweck")[29]. Auch die Kombination eines an sich zulässigen Mittels mit einem an sich zulässigen Zweck kann im Einzelfall sittenwidrig sein („Mittel-Zweck-Relation"). Dies ist namentlich dann der Fall, wenn das Mittel und die Folgen seines Einsatzes völlig außer Verhältnis zum angestrebten Zweck stehen[30].

Diesbezüglich kann zunächst auf die zu **§ 138 I BGB** entwickelten Grundsätze zurückgegriffen werden. Allerdings ist insofern zu beachten, dass beide Vorschriften unterschiedliche Ziele verfolgen und verschiedene Rechtsfolgen anordnen: § 138 I BGB betrifft die Wirksamkeit – oder besser gesagt: die Nichtigkeit – von Rechtsgeschäften, § 826 BGB die Haftung für vorsätzliche Schädigungen. Bei § 138 I BGB ist der Sittenverstoß ggf. beiden Parteien des Rechtsgeschäfts vorzuwerfen, bei § 826 BGB typischerweise nur dem Schädiger. Beide Vorschriften verlangen deshalb eine eigenständige Beurteilung der Sittenwidrigkeit.

43 In Rechtsprechung und Schrifttum haben sich bestimmte **Fallgruppen** herausgebildet, in denen ein Sittenverstoß zumindest naheliegt (siehe unten Rn. 47 ff.).

4. Vorsatz

44 In subjektiver Hinsicht verlangt § 826 BGB, dass der Schädiger vorsätzlich gehandelt hat. Der Vorsatz muss sich sowohl auf den Schaden als auch auf die Sittenwidrigkeit beziehen. Hinsichtlich des **Schadens** genügt **bedingter Vorsatz**[31]. Es ist also nicht erforderlich, dass es dem Schädiger auf die Herbeiführung des Schadens ankam. Es genügt vielmehr, dass ihm bewusst war, dass sein Verhalten zum Schadenseintritt führen konnte und er dies billigend in Kauf nahm. Bedingter Vorsatz liegt auch bei Angaben „ins Blaue hinein" vor[32].

---

[29] Vgl. etwa *Spindler* in BeckOK BGB, § 826 Rn. 8.
[30] BGHZ 102, 68, 78; BGHZ 129, 136, 172; *Spindler* in BeckOK BGB, § 826 Rn. 8.
[31] BGHZ 8, 387, 393; BGHZ 59, 1, 2; BGH NJW 2001, 3187, 3189.
[32] Siehe dazu auch *Oechsler* in Staudinger, BGB, § 826 Rn. 87.

Der Vorsatz muss sich zwar auch auf die **Kausalität** beziehen. Der Schädiger muss aber nicht den konkreten Kausalverlauf in allen Einzelheiten und gewiss auch nicht den konkreten Schadensumfang vorhergesehen haben[33]. Auch die Person des Geschädigten muss dem Schädiger nicht bekannt gewesen sein, sofern er voraussehen konnte, dass irgendjemand durch sein Verhalten geschädigt werden konnte.

Der Schädiger muss zudem die **Umstände gekannt** haben, aus denen sich der **Vorwurf der Sittenwidrigkeit** ergibt. Er selbst muss aber *nicht* zu dem Schluss gekommen sein, dass sein Verhalten sittenwidrig ist[34]. Der Kenntnis der maßgeblichen Umstände steht es gleich, wenn der Schädiger sich der Einsicht in die Kenntnis bewusst verschließt[35]. 45

Die **Beweislast** für das Vorliegen des Vorsatzes trägt der Geschädigte. Allerdings schließt die Rechtsprechung vom Vorliegen bestimmter Umstände auf den Vorsatz des Schädigers[36]. Insbesondere kann aus einer rücksichtslosen Begehung regelmäßig auf den Vorsatz geschlossen werden[37]. 46

5. Wichtige Fallgruppen

Fallgruppen dienen dazu, den Blick für eine mögliche Sittenwidrigkeit zu schärfen. Zudem führen sie zu einem Mehr an **Rechtssicherheit**, da zumindest abschätzbar ist, wo die Grenze des *noch nicht sittenwidrigen* zum *schon sittenwidrigen* Verhalten verläuft. Die Einordnung in eine Fallgruppe entbindet aber nicht von der erforderlichen Interessenabwägung. Nachfolgend sollen einige praxis- und klausurrelevante Fallgruppen dargestellt werden[38]. 47

a) Verleitung zum oder Beteiligung am Vertragsbruch
In dieser Fallgruppe geht es darum, dass ein Dritter (der Schädiger) in eine bestehende vertragliche Beziehung eingreift, indem er das **vertragswidrige Verhalten** einer der Vertragsparteien ausnutzt oder gar auf einen Vertragsbruch hinwirkt. Bei der Annahme der Sittenwidrigkeit ist allerdings Zurückhaltung geboten. 48

---

[33] Vgl. BGHZ 108, 134, 143; BGH NJW 1987, 3205, 3206; BGH NJW 2004, 3706, 3710; *Wagner* in MünchKomm. BGB, § 826 Rn. 24.
[34] BGHZ 8, 83, 87; BGH NJW 1962, 1099, 1100; BGH NJW 1986, 180, 181; *Wandt*, Gesetzliche Schuldverhältnisse, § 17 Rn. 25; *Medicus/Petersen*, Bürgerliches Recht, Rn. 624.
[35] Vgl. BGH NJW 1987, 1758, 1759; BGH NJW 1992, 3167, 3174; *Spindler* in BeckOK BGB, § 826 Rn. 10; *Larenz/Canaris* Schuldrecht II/2 § 78 III 1 a, S. 454 f.
[36] Siehe dazu etwa *Hager* in Staudinger, BGB, § 826 Rn. 129 f.; *Spindler* in BeckOK BGB, § 826 Rn. 12.
[37] Vgl. BGH WM 1975, 559, 560; BGH NJW-RR 1986, 1158, 1159; OLG Düsseldorf NJW-RR 1998, 1717.
[38] Für weitere Fallgruppen und Einzelfälle siehe etwa *Wagner* in MünchKomm. BGB, § 826 Rn.48 ff.; *Spindler* in BeckOK BGB, § 826 Rn. 19 ff.; *Fuchs/Pauker*, Delikts- und Schadensersatzrecht, S. 160 ff.

> **Beispiel:** A hat an B ein Gemälde zum Preis von 100.000 € verkauft, aber noch nicht übereignet. Als C von dem Geschäft erfährt, bietet er A für das Gemälde 150.000 €. A nimmt das Angebot an und übereignet das Gemälde an C. – Das Verhalten des C hat hier dazu geführt, dass der Anspruch des B gegen A aus § 433 I 1 BGB wegen Unmöglichkeit (§ 275 I BGB) untergegangen ist. A kann das Gemälde nämlich nicht mehr an B übereignen, weil er nicht mehr Eigentümer ist. A hat sich zugunsten des C vertragswidrig verhalten. Dass C ihn dazu veranlasst hat, genügt aber noch nicht, um einen Sittenverstoß zu begründen. Es besteht weder ein rechtlicher noch ein moralischer Grundsatz, dass man alles unterlassen muss, was die Erfüllbarkeit fremder Ansprüche beeinträchtigt. Und auch § 823 I BGB geht davon aus, dass schuldrechtliche Ansprüche regelmäßig einen geringeren deliktischen Schutz genießen als andere Rechtsgüter.

49 Der Sittenwidrigkeitsvorwurf wird also nicht schon dadurch begründet, dass jemand Kenntnis vom vertragswidrigen Verhalten eines anderen hat. Auch ein schlichtes Auffordern zum Vertragsbruch genügt regelmäßig noch nicht. Verwerflich soll es aber sein, wenn der Dritte **in qualifizierter Weise auf den Vertragsbruch hinwirkt**[39].

> **Abwandlung:** A geht auf das Angebot des C unter Hinweis auf den bestehenden Vertrag mit B nicht ein. C erklärt sich daraufhin bereit, A von etwaigen Regressansprüchen freizustellen und eine zwischen A und B vereinbarte Vertragsstrafe in Höhe von 20.000 € zu übernehmen. – In derartigen Fällen wird die Sittenwidrigkeit bejaht. B könnte demnach C nach § 826 BGB auf Schadensersatz in Anspruch nehmen.

50 Die Sittenwidrigkeit ist in der Regel jedenfalls dann zu bejahen, wenn Dritte die **Absicht** hatten, die andere Vertragspartei **zu schädigen**.

b) Missbrauch einer marktbeherrschenden Stellung

51 Auch der Missbrauch einer Monopol- oder sonstigen marktbeherrschenden Stellung kann sittenwidrig sein. In diesem Zusammenhang geht es etwa um Fälle, in denen ein **Kontrahierungszwang** besteht[40], der „Monopolist" den Vertragsschluss aber dennoch *ohne sachlichen Grund* ablehnt. Allerdings ist insoweit der Grundsatz der Vertragsfreiheit zu beachten: Grundsätzlich darf jeder selbst entscheiden, mit wem er eine vertragliche Beziehung eingeht – und mit wem nicht. Ein Kontrahierungszwang besteht *nur*, wenn der potentielle Vertragspartner **auf die Leistung dringend angewiesen** ist. Relevant wird dies insbesondere im Bereich der Daseinsvorsorge. Dies ist in vielen Fällen mittlerweile spezialgesetzlich geregelt.

> **Beispiel:** Ein Stromanbieter kann zum Vertragsschluss verpflichtet sein, wenn der Kunde sich anderweitig nicht mit Strom versorgen kann, weil es keine anderen Anbieter gibt. Dies ist nunmehr im Energiewirtschaftsgesetz (vgl. §§ 18, 36 EnWG) ausdrücklich normiert.

52 Auch außerhalb der Daseinsvorsorge kann es ausnahmsweise zu einem Kontrahierungszwang kommen, wobei **verfassungsrechtliche Wertungen** oft eine Rolle spielen.

---

[39] Dazu *Spindler* in BeckOK BGB, § 826 Rn. 27 ff. mit zahlreichen Nachweisen.
[40] Allgemein dazu *Bork* in Staudinger, BGB, Vor § 145 Rn. 12 ff.; *Coester-Waltjen*, Jura 2006, 436 ff.; *Petersen*, Jura 2011, 184 ff.

II. Vorsätzliche sittenwidrige Schädigung (§ 826 BGB)

Beispiele:
- Ein Theater kann verpflichtet sein, einem Kritiker den Besuch einer Vorstellung zu ermöglichen, auch wenn eine ungünstige Kritik zu befürchten ist[41]. Zugunsten des Kritikers streiten hier nämlich die Art. 5 I 1 und 12 GG. – Allerdings lässt sich die Berufsfreiheit nicht beliebig als Argument für das Bestehen eines Kontrahierungszwangs fruchtbar machen. So ist ein Casino nicht verpflichtet, einem Spieler das Glücksspiel zu ermöglichen[42], auch wenn dieser mit den an Roulettetischen und einarmigen Banditen erzielten Gewinnen seinen Lebensunterhalt bestreitet.
- Der Kontrahierungszwang kann auch auf die **Aufnahme als Mitglied** in einem Verband gerichtet sein. Dies wird z.B. für die Gewerkschaften regelmäßig bejaht[43].

c) Missbräuchliche Ausnutzung von Rechtspositionen

Es war bereits die Rede davon, dass die Ausnutzung von Rechtspositionen grundsätzlich zulässig ist. Es ist in aller Regel nicht verwerflich, Ansprüche einzuklagen, aus Vollstreckungstiteln zu vollstrecken und Gestaltungsrechte auszuüben. Dies gilt aber nicht ausnahmslos. Sittenwidrig kann die Ausnutzung einer Rechtsposition insbesondere dann sein, wenn ihr Inhaber damit ausschließlich Ziele verfolgt, die mit der eigentlichen Funktion des eingeräumten Rechts nicht in Einklang steht (**verwerfliche Gesinnung**)

53

Beispiel: Die Hauptversammlung der A-AG hat eine Satzungsänderung (z.B. eine Kapitalerhöhung) beschlossen. B erhebt gegen den Beschluss Anfechtungsklage in der Hoffnung, die A-AG werde zum Abschluss eines Vergleichs bereit sein und ihm durch Zahlung eines Geldbetrages zur Rücknahme der Klage bewegen. Die Satzungsänderung selbst ist ihm gleichgültig. – Das Recht, Beschlüsse der Hauptversammlung anzufechten, ist ein mitgliedschaftliches Recht, das jedem Aktionär zusteht. (Die Anfechtung von Beschlüssen hat mit der Anfechtung nach §§ 119 ff. BGB übrigens *gar nichts* zu tun!) Das Anfechtungsrecht erfüllt eine „Polizeifunktion": Die Aktionäre sollen die Rechtmäßigkeit von Hauptversammlungsbeschlüssen gerichtlich überprüfen lassen können. Es ist zwar an gewisse formelle Voraussetzungen gebunden, nicht aber an ein bestimmtes materielles Interesse. Warum angefochten wird, ist grundsätzlich gleichgültig. Anfechtungsklagen können aber für die Gesellschaft lästig sein, insbesondere wenn eine erhobene Klage die erforderliche Eintragung eines Beschlusses im Handelsregister (etwa bei Satzungsänderungen) verzögert. Dies versuchen sog. **„räuberische Aktionäre"** auszunutzen, indem sie Anfechtungsklagen in der Hoffnung erheben, die Gesellschaft werde ihnen den Lästigkeitswert ihrer Klage „abkaufen". Dies ist missbräuchlich und damit sittenwidrig[44]. In unserem Beispiel haftet B der A-AG auf Ersatz des aus der missbräuchlichen Anfechtungsklage entstandenen Schadens nach § 826 BGB – und zwar auch dann, wenn ein Vergleich zustande gekommen ist.

Die Sittenwidrigkeit kann sich aber auch daraus ergeben, dass die Rechtsposition durch Täuschung, widerrechtliche Drohung, die Ausübung von Gewalt oder in sonstiger **verwerflicher Art und Weise** erlangt wurde. Praktisch relevant ist insbeson-

54

---

[41] *Bork* in Staudinger, BGB, Vor § 145 Rn. 23; *Hager* in Staudinger, Eckpfeiler des Zivilrechts, Das Recht der unerlaubten Handlungen, Rn. 908; *Armbrüster* in Erman, BGB, Vor §§ 145 ff., Rn. 30; a.A. RGZ 133, 388, 392.
[42] BGH NVwZ 1994, 1240, 1241.
[43] Siehe dazu *Spindler* in BeckOK BGB, § 826 Rn. 80 ff. mit weiteren Nachweisen.
[44] BGHZ 107, 296, 308 ff.; BGH NJW 1992, 2821 f.; *Spindler* in BeckOK BGB, § 826 Rn. 52.

dere die Vollstreckung aus erschlichenen Urteilen und sonstigen Vollstreckungstiteln[45].

Beispiel: Kläger K gelingt es, durch eine bewusst falsche Darstellung des Sachverhaltes und die Einflussnahme auf Zeugen, das Gericht davon zu überzeugen, dass B ihm gegenüber zur Zahlung von 10.000 € verpflichtet ist. B wird zur Zahlung dieses Betrages an K verurteilt. Das Urteil wird rechtskräftig. K will nun aus dem Urteil vollstrecken. – Hiergegen kann B vorgehen – und zwar nach § 826 BGB. Die Ausnutzung eines erschlichenen Urteils ist nämlich sittenwidrig. Der Anspruch aus § 826 BGB ist, sofern die Vollstreckung noch nicht stattgefunden hat, auf Herausgabe des Titels gerichtet. K kann sich im Schadensersatzprozess auch nicht mit Erfolg auf die Rechtskraft des erlangten Urteils berufen. Der Grundsatz, dass rechtskräftige Urteile für Folgeprozesse verbindlich sind, wird hier zugunsten des § 826 BGB durchbrochen. Allerdings gilt dies nur insoweit, als es B nicht bereits im Erstprozess möglich war, die Täuschung des K aufzudecken.

d) Gläubigerbenachteiligung, Existenzvernichtung

55 Sittenwidrig ist ferner die sog. **Gläubigerbenachteiligung**[46]. Damit sind unter anderem die Fälle angesprochen, in denen das Vermögen geschmälert oder verschoben wird, um es dem Zugriff seiner Gläubiger zu entziehen. Damit kann gleichzeitig eine Gläubigerbegünstigung einhergehen.

Vielfach wird dabei aber gegen spezialgesetzliche Vorschriften verstoßen, die Schutzgesetze im Sinne des § 823 II BGB sind. Dies gilt etwa für die sog. Insolvenzverschleppung (§ 15a InsO, dazu oben Rn. 24) und die gesellschaftsrechtlichen Kapitalschutzregeln (z.B. §§ 30, 64 GmbHG, §§ 57, 92 II AktG).

56 Eine besondere Spielart der Gläubigergefährdung ist die sog. **Existenzvernichtungshaftung**[47].

Dabei handelt es sich – mit den Worten des BGH – um eine Verhaltenshaftung für „missbräuchliche, zur Insolvenz der GmbH (oder einer anderen Kapitalgesellschaft) führende oder diese vertiefende kompensationslose Eingriffe in das der Zweckbindung zur vorrangigen Befriedigung der Gesellschaftsgläubiger dienende Gesellschaftsvermögen"[48]. Insoweit muss man (nur) wissen, dass bei GmbH und AG die Gesellschafter nicht persönlich für die Gesellschafsverbindlichkeiten einstehen müssen. Als Haftungsmasse steht allein das Gesellschaftsvermögen zur Verfügung. Deswegen muss sichergestellt werden, dass die Gesellschafter sich nicht zulasten der Gläubiger aus dem Gesellschaftsvermögen bedienen. **Betriebsfremde Eingriffe**, die nicht schon durch gesellschaftsrechtliche Normen kompensiert werden können, sollen über § 826 BGB auszugleichen sein. **Anspruchsinhaber** soll dabei die **Gesellschaft** selbst sein[49]. Die Gläubiger werden hierdurch immerhin mittelbar geschützt.

---

[45] Dazu *Spindler* in BeckOK BGB, § 826 Rn. 108 ff. mit weiteren Differenzierungen und zahlreichen Nachweisen.
[46] Dazu *Spindler* in BeckOK BGB, § 826 Rn. 38 ff. mit zahlreichen Nachweisen.
[47] Näher dazu *Drygala/Staake/Szalai*, Kapitalgesellschaftsrecht, 2012, § 10 Rn. 21 ff.
[48] BGHZ 173, 246 – „Trihotel".
[49] BGHZ 173, 246, 255 ff. – „Trihotel".

e) Falsche Auskünfte, Gutachten und sonstige Informationen

Auch die **Erteilung von Auskünften und Empfehlungen** sowie das **Erstellen von Gutachten** können sittenwidrig sein. Dies gilt nicht nur in den Fällen, in denen der Schädiger weiß, dass die betreffenden Informationen falsch sind. Sittenwidrig soll vielmehr auch handeln, wer „leichtfertig und gewissenlos" falsche Angaben macht, sofern ihm bewusst sein muss, dass seine Auskunft oder Empfehlung bzw. sein Gutachten für die Handlung eines Dritten von Bedeutung ist[50].

57

Soweit es hierbei um die Auskünfte, Empfehlungen und Gutachten von beruflich besonders qualifizierten Experten geht, liefert § 826 BGB einen Beitrag zur sog. **Berufshaftung**[51]. Eigenständige praktische Bedeutung gewinnt § 826 BGB dabei allerdings nur in den Fällen, in denen zwischen dem die Auskunft Erteilenden und dem Geschädigten kein vertragliches Verhältnis besteht und der Geschädigte auch nicht über die Grundsätze des Vertrages zugunsten Dritter in ein Vertragsverhältnis „einbezogen" ist.

58

> **Beispiel:** Wirtschaftsprüfer W soll den Jahresabschluss der X-AG prüfen. Nach einem kurzen Durchblättern der Unterlagen erteilt W den Bestätigungsvermerk. Später gewährt die B-Bank der X-AG einen Kredit, wobei sie bei der Beurteilung der Kreditfähigkeit den von W testierten Jahresabschluss zugrunde legt. Dieser war allerdings, was W ohne Weiteres hätte auffallen können, vom Vorstand der X-AG „geschönt" worden. Bald darauf wird über das Vermögen der X-AG das Insolvenzverfahren eröffnet. Die B-Bank fällt mit ihrer Forderung gegen die X-AG dabei fast vollständig aus. – Hier hat W die Standards einer ordnungsgemäßen Abschlussprüfung in eklatanter Weise missachtet. Hierzu gehört nämlich u.a. eine eingehende Beschäftigung mit bilanziell erfasstem Zahlenwerk. Aus dieser Leichtfertigkeit kann geschlossen werden, dass W eine Schädigung der Gläubiger der X-AG zumindest billigend in Kauf genommen hat. Hierzu zählt auch die B-Bank. W hätte erkennen können (und müssen), dass der von ihm geprüfte Jahresabschluss und damit auch sein Bestätigungsvermerk für potentielle Vertragspartner der X-AG von Bedeutung sein würde. W haftet der B-Bank nach § 826 BGB für den entstandenen Schaden (Ausfall der Forderung). Eine vertragliche Haftung scheidet hingegen aus, da die Gläubiger nicht in den Schutzbereich des zwischen der X-AG und W bestehenden Geschäftsbesorgungsvertrages einbezogen sind.

Bei **Arbeitszeugnissen** kommt eine Haftung des Arbeitgebers gegenüber Dritten nach § 826 BGB in Betracht[52]. Allerdings ist insoweit zu beachten, dass Arbeitszeugnisse – soweit möglich – positiv und „wohlwollend" zu formulieren und daher von potentiellen zukünftigen Arbeitgebern auch „mit Vorsicht zu genießen" sind. Die entsprechenden Formulierungsstandards dürften den meisten Arbeitgebern und Personalverantwortlichen mittlerweile bekannt sein[53]. Das Arbeitszeugnis darf aber

59

---

[50] BGH NJW 1987, 1758, 1759; *Spindler* in BeckOK BGB § 826 Rn. 35.
[51] Dazu *Spindler* in BeckOK BGB § 826 Rn. 33 ff.
[52] Vgl. *Brüne/Liebscher*, BB 1996, 743.
[53] Empirisch zu Arbeitszeugnissen und dem darin verwendeten „Arbeitgebercode" *Düwell/Dahl*, NZA 2011, 958 ff.

kein grob falsches Bild des Arbeitnehmers zeichnen und muss wesentliche Verfehlungen (z.B. während der Arbeitszeit begangene Straftaten[54]) mitteilen[55].

60 Falsche Informationen spielen schließlich im **Kapitalmarktrecht** eine große Rolle. So sind z.B. gemäß § 15 WpHG (Wertpapierhandelsgesetz) die Emittenten börslich gehandelter Wertpapiere (etwa Aktien, Unternehmensanleihen) verpflichtet, Insiderinformationen umgehend zu veröffentlichen (sog. Ad-hoc-Publizität). Insiderinformationen sind unternehmensbezogene Informationen, die bislang noch nicht öffentlich bekannt sind, die aber geeignet sind, den Börsenkurs erheblich zu beeinflussen. Durch die Ad-hoc-Publizitätspflicht soll sichergestellt werden, dass die Kapitalmarktteilnehmer frühzeitig und gleichzeitig über alle kursrelevanten Informationen verfügen. Unterlassene, unrichtige oder unvollständige Ad-hoc-Veröffentlichungen führen zur Haftung des Emittenten gegenüber geschädigten Marktteilnehmern. Da die Schutzgesetzqualität des § 15 WpHG zunächst umstritten war, griff die Rechtsprechung auf § 826 BGB zurück und gelangte so zu einer Haftung der für die Veröffentlichung zuständigen Organmitglieder (z.B. der Vorstände) und durch eine analoge Anwendung des § 31 BGB auch zur Haftung der Gesellschaft[56]. Mittlerweile ergibt sich die Schadensersatzpflicht des Emittenten aus den §§ 37b und c WpHG. § 826 BGB ist daneben aber nicht bedeutungslos[57], da nur auf diesem Wege auch die Organmitglieder unmittelbar den Geschädigten gegenüber haften.

III. Ergänzende Tatbestände der Verschuldenshaftung

1. Haftung wegen Kreditgefährdung (§ 824 BGB)

61 Wer der Wahrheit zuwider eine Tatsache behauptet oder verbreitet, die geeignet ist, den Kredit eines anderen zu gefährden oder sonstige Nachteile für dessen Erwerb oder Fortkommen herbeizuführen, hat gemäß § 824 BGB dem anderen den daraus entstehenden Schaden zu ersetzen.

a) Bedeutung und Prüfungsschema

62 § 824 I BGB dient dem **Schutz wirtschaftlicher Interessen** vor unwahren Tatsachenbehauptungen. Die Vorschrift ist neben § 823 I BGB anwendbar, sofern zugleich ein Verstoß gegen das allgemeine Persönlichkeitsrecht vorliegt. Hingegen geht nach h.M. die Haftung aus § 824 BGB derjenigen aus § 823 I BGB vor[58], wenn nur das „Recht am Unternehmen" betroffen ist, da dieses nur subsidiär eingreife (siehe oben § 8 Rn. 122). § 824 BGB ist zudem neben § 823 II BGB i.V.m. §§ 185 ff. StGB und § 826 BGB anwendbar.

In einer Wettbewerbssituation kommt zudem eine Haftung aus §§ 9 i.V.m. 3 und 4 Nr. 8 UWG in Betracht.

---

[54] Vgl. BGH NJW 1970, 2291, 2292 f., wo es um eine Unterschlagung ging.
[55] Exemplarisch BGH NJW 1970, 2291, 2292.
[56] Vgl. BGHZ 160, 149 ff. – „Infomatec II"; BGH NJW 2005, 2450 ff. – „EM.TV"; näher dazu *Teichmann*, JuS 2006, 953 ff.
[57] *Hager* in Staudinger, BGB, § 826 Rn. 380a ff.; *Wagner* in MünchKomm. BGB, § 826 Rn. 68.
[58] BGH NJW 2006, 830, 839.

§ 824 I BGB regelt die Haftungsvoraussetzungen. Abs. 2 begrenzt die Haftung: Danach scheidet eine Haftung aus, wenn der Mitteilende oder der Empfänger der Mitteilung an dieser ein berechtigtes Interesse hat. Die dogmatische Einordnung von Abs. 2 ist umstritten. Richtigerweise handelt es sich um einen besonderen **Rechtfertigungsgrund**[59], gleichsam um das zivilrechtliche Pendant zu § 193 StGB. Abweichend hiervon wird Abs. 2 auch als Tatbestandsausschluss[60] oder als Entschuldigungsgrund[61] angesehen.

63

> **Haftungsvoraussetzungen des § 824 BGB**
> - Verbreiten oder Behaupten unwahrer Tatsachen
> - Eignung zur Kreditgefährdung
> - keine Wahrnehmung berechtigter Interessen (Abs. 2)
> - Verschulden

b) Verbreiten oder Behaupten unwahrer Tatsachen

§ 824 BGB gilt nur für Aussagen über **Tatsachen**, nicht für Werturteile. Tatsachenaussagen beziehen sich auf reale Sachverhalte. Sie sind grundsätzlich dem Beweis zugänglich (verifizierbar), können also richtig („wahr") oder falsch („unwahr") sein. Werturteile sind hingegen durch Elemente der Stellungnahme, des Meinens und Dafürhaltens geprägt. Sie können nicht wahr oder unwahr sein. Bei Äußerungen, die sowohl Tatsachenbehauptungen als auch Meinungsäußerungen enthalten, soll es nach h.M. auf den „Schwerpunkt" oder den „Kern" der Aussage ankommen[62]. Dabei ist Art. 5 I GG zu beachten: Im Zweifel ist daher von einem Werturteil auszugehen[63].

64

> Daher sind pauschale und überspitzte Aussagen[64] oft als Werturteil anzusehen. Das gleiche gilt für Warentests und Gastronomiekritiken (siehe insoweit schon oben § 8 Rn. 139).

Eine Tatsache **behauptet**, wer sie als nach eigener Überzeugung richtig hinstellt (z.B. „Ich weiß, dass ..."). Die **Verbreitung** ist hingegen die bloße Weitergabe einer Information[65] (z.B. „Ich habe gehört, dass ..."). Eine trennscharfe Abgrenzung zwischen Behaupten und Verbreiten ist nicht immer möglich, für § 824 I BGB aber ohnehin nicht erforderlich. Entscheidend ist aber, dass die Äußerung mindestens **einem Dritten gegenüber** getätigt wurde.

65

---

[59] So auch *Hager* in Staudinger, BGB, § 824 Rn. 9; *Spindler* in BeckOK BGB, § 824 Rn. 23.
[60] So etwa *Adomeit*, JZ 1970, 495, 496.
[61] *Schaub* in Prütting/Wegen/Weinreich, BGB, § 824 Rn. 12 f.; *Larenz/Canaris*, Schuldrecht II/2, § 79 I 4 c, S. 473.
[62] Aus verfassungsrechtlicher Sicht BVerfGE 61, 1, 9.
[63] Vgl. BVerfGE 82, 43, 52; BVerfGE 94, 1, 9; BVerfGE 114, 339, 349.
[64] Vgl. etwa BGH NJW 1965, 35 f.: Bezeichnung von Ventilatoren als „billiger Schmarren".
[65] Statt aller *Wagner* in MünchKomm. BGB, § 824 Rn. 30.

Umstritten ist, ob § 824 BGB auch dann gilt, wenn der sich Äußernde zwar eine Tatsachenaussage verbreitet, sich aber zugleich von dieser distanziert[66] ("Ich habe gehört, glaube aber nicht, dass …").

66 Die Tatsachenaussage muss sich auf die Person, die Verhältnisse, die Betätigung, die Leistungen oder die Produkte des Betroffenen beziehen[67] (**Unmittelbarkeit**). Eine namentliche Bezeichnung ist aber nicht erforderlich. Schließlich muss die Äußerung **unwahr** sein, also im Widerspruch zu dem realen Sachverhalt stehen. Sind einige Teile einer Aussage wahr und andere unwahr, soll es wieder auf den Aussagkern ankommen[68].

Die **Beweislast** für die Unwahrheit trägt der Geschädigte. Lässt sich nicht feststellen, ob eine Tatsachenaussage wahr oder unwahr ist, scheidet ein Anspruch aus § 824 BGB aus.

c) Eignung zur Kreditgefährdung

67 § 824 BGB setzt weiter voraus, dass die Äußerung geeignet ist, den Kredit des Betroffen zu gefährden oder andere Nachteile für dessen Erwerb oder Fortkommen zu zeitigen. Eine **Kreditgefährdung** liegt vor, wenn das Vertrauen Dritter in die Bonität und Seriosität des Betroffenen erschüttert ist[69]. „Erwerb" erfasst dabei die gegenwärtigen, „Fortkommen" die künftigen wirtschaftlichen Aussichten[70].

68 Neben dem Kriterium der Unmittelbarkeit (oben Rn. 66) nimmt die Rechtsprechung eine **weitere Einschränkung** vor[71]: Geschützt sei der „wirtschaftliche Ruf" des Betroffenen nur, soweit dessen Verhältnis zu gegenwärtigen und künftigen Geschäftspartnern betroffen sei. Das Ansehen des Betroffenen in der Öffentlichkeit, bei Behörden usw. sei hingegen nicht von § 824 BGB (wohl aber über das „Recht am Unternehmen") geschützt. Dieses restriktive Verständnis davon, was relevante Nachteile für Erwerb und Fortkommen sein können, wird im Schrifttum zu Recht kritisiert[72].

d) Wahrnehmung berechtigter Interessen (§ 824 II BGB)

69 Eine Haftung scheidet aus, wenn der Mitteilende oder der Empfänger ein berechtigtes Interesse an der Mitteilung hat (§ 824 II BGB). Dies gilt aber nur, wenn dem Mitteilenden die Unwahrheit unbekannt war. Ob ein berechtigtes Interesse an der

---

[66] Siehe dazu *Spindler* in BeckOK BGB, § 824 Rn. 10.
[67] BGHZ 90, 113,120; BGH NJW 1963, 187 f.; BGH NJW 1965, 35, 36; BGH NJW-RR 1989, 924 f.; *Kübler*, AcP 172 (1972), 177, 199; *Wagner* in MünchKomm. BGB, § 824 Rn. 38 mit weiteren Nachweisen; *Spindler* in BeckOK BGB, § 824 Rn. 21; kritisch *Hager* in Staudinger, BGB, § 824 Rn. 7.
[68] BVerfGE 85, 1, 15; BGH NJW 2002, 1192, 1193; *Spindler* in BeckOK BGB, § 824 Rn. 10.
[69] *Spindler* in BeckOK BGB, § 824 Rn. 18.
[70] *Hager* in Staudinger, BGB, § 824 Rn. 5; *Wagner* in MünchKomm. BGB, § 824 Rn. 36.
[71] BGHZ 90, 113, 119.
[72] *Schiemann* in Erman, BGB, § 824 Rn. 6; *Hager* in Staudinger, BGB, § 824 Rn. 6; *Schwerdtner*, JZ 1984, 1103, 1104; *Steinmeyer*, JZ 1989, 781, 785; *Stürner* in Festschrift Lukes, 1989, S. 237, 238 ff.

Mitteilung bestand, ist anhand einer **umfassenden Interessenabwägung** zu ermitteln. Dabei können auch Interessen der Allgemeinheit Berücksichtigung finden.

Durch § 824 II BGB (zur dogmatischen Einordnung bereits oben Rn. 63) sollten ursprünglich Auskunfteien geschützt werden. Heute wird § 824 II BGB vor allem zum **Schutz von Presseorganen** fruchtbar gemacht[73]. Bei unwahren Presseberichten scheidet eine Haftung aber nur aus, wenn vor der Veröffentlichung *sorgfältig recherchiert* wurde. Nur wenn die journalistischen Sorgfaltsstandards gewahrt wurden, besteht ein berechtigtes Interesse an der Veröffentlichung. Dann ist es unschädlich, dass sich nachträglich die Unwahrheit herausstellt. Die Sorgfaltsstandards richten sich dabei einerseits nach dem Informationsbedürfnis der Öffentlichkeit, also nach der Bedeutung der Angelegenheit, andererseits nach den Folgen für den Betroffenen.

e) Verschulden

Die Haftung nach § 824 BGB setzt **Verschulden** voraus, dass sich auf **alle** Merkmale des Abs. 1 beziehen muss: auf die Unwahrheit und die Eignung zur Kreditgefährdung bzw. die sonstige Nachteiligkeit. Insoweit genügt jeweils fahrlässige Unkenntnis.

Hat der Schädiger irrtümlich das Vorliegen eines berechtigten Interesses angenommen, dann fehlt es am Vorsatz. Dennoch haftet er, wenn der Irrtum auf Fahrlässigkeit beruht hat.

2. Haftung wegen Bestimmens zu sexuellen Handlungen (§ 825 BGB)

Nach § 825 BGB haftet, wer einen anderen durch Hinterlist, Drohung oder Missbrauch eines Abhängigkeitsverhältnisses zur Vornahme oder Duldung sexueller Handlungen bestimmt, für den hieraus entstanden Schaden.

§ 825 BGB sollte ursprünglich die weibliche Geschlechtsehre schützen[74]. Später wurde der Schutzbereich geschlechtsneutral gefasst. Geschützt werden gleichermaßen Kinder und Erwachsene. § 825 BGB gilt auch zwischen Eheleuten.

Die Vorschrift hat allerdings **keine praktische Bedeutung**[75]. Die einschlägigen Fälle werden bereits von § 823 I BGB (Verletzung des Rechts auf sexuelle Selbstbestimmung als besonderer Ausprägung des allgemeinen Persönlichkeitsrechts), § 823 II BGB i.V.m. §§ 174 ff. StGB und § 826 BGB erfasst. § 825 BGB ist neben diesen Vorschriften anwendbar (Anspruchskonkurrenz).

---

[73] Vgl. *Wagner* in MünchKomm. BGB, § 824 Rn. 53 ff. mit weiteren Nachweisen.
[74] *Spindler* in BeckOK BGB, § 825 Rn. 1.
[75] Vgl. auch *Wagner* in MünchKomm. BGB, § 825 Rn. 3 f.

IV. Haftung für vermutetes Verschulden

74 Die §§ 823–826 ff. BGB setzen für die Haftung ein Verschulden des Schädigers voraus. Dies gilt zwar auch für die nachfolgend dargestellten Haftungsnormen, doch wird bei diesen das Verschulden **vermutet**. Hier trägt also nicht der Geschädigte die Beweislast für das Verschulden; vielmehr muss sich der Schädiger, will er die Haftung vermeiden, exkulpieren.

1. Haftung für Verrichtungsgehilfen (§ 831 BGB)

Literatur: *Kupisch*, Die Haftung für Verrichtungsgehilfen (§ 831 BGB), JuS 1984, 250; *Lessmann*, Haftung für schädigendes Drittverhalten, JA 1980, 193; *Medicus*, Zum Anwendungsbereich der Übernehmerhaftung nach § 831 Abs. 2 BGB, Festschrift Deutsch, 1999, S. 291; *Piper*, Die Haftung für Organe nach § 31 BGB, JuS 2011, 490; *Schreiber*, Die Haftung für Hilfspersonen, Jura 1987, 647; *Seiler*, Die deliktische Gehilfenhaftung in historischer Sicht, JZ 1967, 525.

Übungsfälle: *Fleck/Arnold*, JuS 2009, 823; *Reipen*, JuS 2005, 237.

a) Normstruktur, Bedeutung und Prüfungsschema

75 In § 831 I BGB ist die Haftung für die sog. **Verrichtungsgehilfen** geregelt.

Dessen S. 1 lautet: „Wer einen anderen zu einer Verrichtung bestellt, ist zum Ersatz des Schadens verpflichtet, den der andere in Ausführung der Verrichtung einem Dritten widerrechtlich zufügt." Hat der Gesetzgeber hier etwa die Haftung für fremdes Unrecht oder fremde Schuld normiert? Die Antwort lautet: **nein!** Aus dem etwas umständlich formulierten § 831 I 2 BGB ergibt sich nämlich, dass das Verhalten des Verrichtungsgehilfen lediglich der Anknüpfungspunkt für die Haftung des Geschäftsherrn ist. Der **Haftungsgrund** ist aber ein **eigenes Verschulden des Geschäftsherrn:**

76 Die Einstandspflicht tritt nicht ein, wenn der Geschäftsherr den Verrichtungsgehilfen mit der im Verkehr erforderlichen Sorgfalt ausgewählt, ausgestattet und überwacht hat oder wenn der Schaden auch bei Beachtung dieser Sorgfalt eingetreten wäre (**Exkulpation**).

Aus der Formulierung des § 831 I 1 BGB („tritt nicht ein, wenn") ergibt sich, dass für die Beachtung der im Verkehr erforderlichen Sorgfalt der Geschäftsherr die Beweislast trägt. Es wird also **vermutet**, dass den Geschäftsherrn ein Auswahl-, Ausstattungs- oder Überwachungsverschulden trifft und dass der entstandene Schaden gerade hierauf beruht.

Hinweis: § 831 I BGB ist eine **eigenständige Anspruchsgrundlage** – ganz im Gegensatz zu § 278 BGB, der eine Verschuldenszurechnung beim Einsatz von Erfüllungsgehilfen anordnet. Die Begriffe Verrichtungs- und Erfüllungsgehilfe sind nicht deckungsgleich. Anders als der Verrichtungsgehilfe muss der Erfüllungsgehilfe nämlich nicht weisungsabhängig vom Geschäftsherrn sein (siehe unten Rn. 81). Bestand zwischen dem Geschäftsherrn und dem Geschädigten eine schuldrechtliche Beziehung, so sind ggf. beide Vorschriften zu prüfen: § 278 BGB im Zusammenhang mit einer anderen Haftungsnorm (z.B. § 280 I BGB) und zwar bei der Frage nach dem Verschulden; § 831 I BGB als eigenständige deliktische Anspruchsgrundlage.

§ 831 I 1 BGB setzt eine **widerrechtliche Schädigung** durch den Verrichtungsgehilfen voraus. Dies wird einhellig dahingehend verstanden, dass der Verrichtungsgehilfe eine unerlaubte Handlung (§§ 823–826 BGB) begangen haben muss, wobei es auf ein Verschulden des Verrichtungsgehilfen nicht ankommen soll. Da die Verletzung eines der von § 823 I BGB geschützten Rechtsgüter nicht zwingend erforderlich ist, können nach § 831 I BGB auch reine Vermögensschäden ersatzfähig sein[76].

77

Der Geschäftsherr kann selbst zugleich nach § 831 I BGB *und* nach § 823 I BGB haften. Dies ist namentlich dann der Fall, wenn der sorgfaltswidrig ausgewählte, ausgestattete oder überwachte Verrichtungsgehilfe eine dem Geschäftsherrn obliegende **Verkehrspflicht** erfüllen sollte (siehe oben § 8 Rn. 169 und unten Rn. 97).

Aus dem Zusammenspiel von § 831 I 1 und 2 BGB ergibt sich folgendes **Prüfungsschema:**

78

Haftungsvoraussetzungen des § 831 I BGB
- Handeln eines Verrichtungsgehilfen
- widerrechtliche Schädigung eines Dritten
  - unerlaubte, rechtswidrige (nicht notwendig: schuldhafte) Handlung
  - in Ausführung der Verrichtung
  - Schaden
- keine Exkulpation des Geschäftsherrn hinsichtlich ...
  - eigenen Auswahl-, Ausstattungs- und Überwachungsverschuldens
  - Ursächlichkeit des Verschuldens für den Schaden

§ 831 I BGB hat eine **große praktische Bedeutung**[77], weil der Einsatz von Verrichtungsgehilfen im Wirtschaftsleben nicht die Ausnahme, sondern der Regelfall ist. Jeder Arbeitnehmer ist Verrichtungsgehilfe seines Arbeitgebers! Demgegenüber hat **§ 831 II BGB kaum Bedeutung** erlangt: Danach haftet auch neben dem Geschäftsherrn, wer dessen Auswahl-, Ausstattungs- und Überwachungspflichten vertraglich übernommen hat[78].

79

---

[76] *Larenz/Canaris*, Schuldrecht BT II/2, § 79 III 1 c, S. 479 f.; *Looschelders*, Schuldrecht BT, Rn. 1320.
[77] Vgl. *Fuchs/Pauker*, Delikts- und Schadensersatzrecht, S. 172 f.
[78] Näher dazu *Wagner* in MünchKomm. BGB, § 831 Rn. 50 f.

b) Verrichtungsgehilfe

80 § 831 I BGB setzt voraus, dass jemand einen anderen „zu einer Verrichtung bestellt" – oder wie gemeinhin formuliert wird: sich eines Verrichtungsgehilfen bedient. Der Begriff der **Verrichtung** ist ganz weit zu verstehen[79]. Es kann sich dabei um ein rechtsgeschäftliches oder rein tatsächliches Tätigwerden handeln. Wichtig ist insoweit nur, dass der Verrichtungsgehilfe *für den Geschäftsherrn* tätig wird. Ob er hierzu rechtlich verpflichtet ist und ob er hierfür eine Vergütung erhält, spielt keine Rolle. Insbesondere bedarf es keines formellen Bestellungsaktes.

81 Es war bereits die Rede davon, dass das Verhalten des Gehilfen als Anknüpfungspunkt für die deliktische Haftung des Geschäftsherrn dient. Dies ist nur in den Fällen gerechtfertigt, in denen der Geschäftsherr **Einfluss auf die Verrichtung** nehmen kann.

> Verrichtungsgehilfe im Sinne des § 831 BGB ist daher nur, wer von den Weisungen seines Geschäftsherrn abhängig ist.

82 Das **Weisungsrecht** muss sich nicht auf sämtliche Details der Verrichtung erstrecken. Es genügt vielmehr, dass der Geschäftsherr die Tätigkeit des Gehilfen jederzeit beschränken oder entziehen oder nach Zeit und Umfang bestimmen kann[80]. Dies trifft insbesondere – aber eben nicht nur – auf Arbeitnehmer und Angestellte zu. Entgegen einer vor allem früher verbreiteten Auffassung[81] ist eine über die Weisungsabhängigkeit hinausreichende **soziale oder wirtschaftliche Abhängigkeit** aber *nicht* zwingend erforderlich[82].

83 Maßgeblich ist die Eingliederung des Gehilfen in die Organisation des Geschäftsherrn. **Selbständige Unternehmen** sind daher in der Regel *nicht* als Verrichtungsgehilfen anzusehen – und zwar auch dann nicht, wenn sie vom Geschäftsherrn wirtschaftlich abhängig sind oder demselben Konzern zugehören[83].

Beispiele: Bei einem Bauvorhaben ist der Generalunternehmer *nicht* Verrichtungsgehilfe des Bauherrn, der Subunternehmer *nicht* Verrichtungsgehilfe des Generalunternehmers. Auch Rechtsanwälte sind *nicht* Verrichtungsgehilfen ihrer Mandanten.

Ebenfalls *keine* Verrichtungsgehilfen sind die gesetzlichen Vertreter einer natürlichen Person[84] (z.B. die Eltern für das minderjährige Kind). Auch im **Gesellschaftsrecht** hat § 831 I BGB *keine* Bedeutung. Weder die Gesellschafter einer Personengesellschaft noch die Organe einer Kapitalgesellschaft sind Verrichtungsgehilfen der Gesellschaft. Die Haftung

---

[79] Vgl. nur Wagner in MünchKomm. BGB, § 814 Rn. 14: "keinerlei haftungsbegrenzende Funktion".
[80] BGHZ 45, 311, 313; BGH NJW 2009, 1740, 1741; *Belling* in Staudinger, BGB, § 831 Rn. 57; *Schaub* in Prütting/Wegen/Weinreich, BGB, § 831 Rn. 9; *Spindler* in BeckOK BGB, § 831 Rn. 12.
[81] Vgl. BGHZ 16, 259; BGHZ 27, 360, 363.
[82] Zutreffend *Wagner* in MünchKomm. BGB, § 831 Rn. 5.
[83] BGH ZIP 2013, 77 ff.
[84] RGZ 67, 151, 153 f.; RGZ 121, 114, 118; RGZ 132, 76, 80; *Wagner* in MünchKomm. BGB, § 831 Rn. 20; *Krause* in Soergel, BGB, § 831 Rn. 25.

der Gesellschaft lässt sich hier vielmehr durch eine analoge Anwendung des § 31 BGB begründen[85].

Die **Person des Geschäftsherrn** lässt sich zumeist leicht feststellen: Geschäftsherr ist, wer gegenüber dem Verrichtungsgehilfen weisungsbefugt ist. Was aber gilt, wenn **mehrere Personen unterschiedliche Weisungsrechte** gegenüber dem Gehilfen haben? Dann kommt es zunächst darauf an, in wessen Organisation der Gehilfe eingegliedert ist. Denn regelmäßig ist dies derjenige, der die Auswahl und den Einsatz des Gehilfen am besten steuern und ggf. für Versicherungsschutz sorgen kann. Ist zweifelhaft, wer die organisatorische Verantwortung trägt, ist darauf abzustellen, in wessen Weisungszuständigkeit die konkrete Tat des Gehilfen fiel[86]. Im Einzelfall können auch mehrere Weisungsberechtigte gleichzeitig als Geschäftsherrn anzusehen sein[87].

84

Praktisch relevant ist insoweit die Verleihung von Arbeitnehmern durch den Arbeitgeber an ein anderes Unternehmen[88]. *Nicht* hierher gehören hingegen die Fälle der **vertikalen Unternehmensorganisation**. Bei diesen gibt es zwar verschiedene Leitungsebenen, auf denen jeweils Weisungsrechte „nach unten" bestehen. Doch ist Geschäftsherr in diesen Fällen nur der Rechtsträger des Unternehmens, da die Tätigkeit auf jeder Ebene letztlich allein diesem zugutekommen soll[89].

c) Unerlaubte Handlung des Verrichtungsgehilfen

Der Verrichtungsgehilfe muss eine unerlaubte Handlung im Sinne der §§ 823–826 BGB widerrechtlich begangen haben.

85

Die Haftung des Geschäftsherrn knüpft mithin daran an, dass der Verrichtungsgehilfe ein absolut geschütztes Rechtsgut (§ 823 I BGB) bzw. ein Schutzgesetz (§ 823 II BGB) verletzt oder einen anderen Haftungstatbestand erfüllt hat. Eine unerlaubte Handlung liegt nicht vor, wenn der Verrichtungsgehilfe gerechtfertigt ist.

Nicht erforderlich ist hingegen, dass den Verrichtungsgehilfen ein Verschulden trifft.

86

§ 831 I BGB greift daher **auch dann** ein, wenn der Verrichtungsgehilfe selbst wegen §§ 827 f. BGB *nicht* haftet. Vorsatz des Verrichtungsgehilfen ist nur erforderlich, wenn er gegen ein Schutzgesetz verstoßen hat, das Vorsatz verlangt (§ 823 II BGB), oder die Haftung an § 826 BGB knüpft.

---

[85] Näher dazu *Kötz/Wagner*, Deliktsrecht, Rn. 301 ff.
[86] BGHZ 87, 253, 258 f.; *Spindler* in BeckOK BGB, § 831 Rn. 13.
[87] *Spindler* in BeckOK BGB, § 831 Rn. 14; *Belling* in Staudinger, BGB, § 831 Rn. 107.
[88] Dazu *Belling* in Staudinger, BGB, § 831 Rn. 107.
[89] *Spindler* in BeckOK BGB, § 831 Rn. 15.

87 In diesem Zusammenhang tritt ein **Folgeproblem** auf: Eine *unmittelbare* Rechtsgutverletzung nach § 823 I BGB kann auch begehen, wer die im Verkehr erforderliche Sorgfalt nicht verletzt hat. Die Fahrlässigkeit wird dann nämlich erst bei der Verschuldensprüfung relevant (*anders ist dies nur bei Verkehrspflichtverletzungen*, siehe oben § 8 Rn. 152). Auf ein Verschulden des Verrichtungsgehilfen kommt es im Rahmen des § 831 I BGB aber gerade nicht an. Haftet der Geschäftsherr also auch dann, wenn der Verrichtungsgehilfe sich **sorgfaltsgemäß verhalten** hat? Dies ist im Ergebnis zu verneinen, doch ist die Begründung umstritten. In einer vereinzelt gebliebenen Entscheidung[90] hat der BGH zugunsten des Geschäftsherrn den **Rechtfertigungsgrund des verkehrsrichtigen Verhaltens** bemüht – oder besser gesagt: geschaffen. In späteren Entscheidungen[91] hat der BGH dies aber nicht wieder aufgegriffen, sondern stattdessen mit dem **Schutzzweck des § 831 I BGB** argumentiert. § 831 I BGB erfasse nur solche Schadensfälle, für die der Geschäftsherr einstehen müsste, hätte er sie selbst verursacht. Diese Argumentation ist durchaus nachvollziehbar. Konsequenterweise müsste danach aber der Geschädigte die Beweislast dafür tragen, dass der Verrichtungsgehilfe eben nicht die im Verkehr erforderliche Sorgfalt gewahrt hat. Der BGH zieht diese Konsequenz aber nicht, sondern verlangt, dass der Geschäftsherr darlegt, dass sein Verrichtungsgehilfe nicht sorgfaltswidrig gehandelt hat[92]. Vorzugswürdig erscheint es daher, die Problematik bei der **Exkulpation** des Geschäftsherrn zu verorten[93]: Nach § 831 I 2 BGB haftet der Geschäftsherr nicht, wenn er nachweist, dass sein eigenes Verschulden für den Schaden nicht ursächlich war. Hat der fehlerhaft ausgewählte, ausgestattete oder überwachte Gehilfe sich so verhalten, wie es auch ein ordnungsgemäß ausgewählter, ausgestatteter und überwachter Gehilfe getan hätte, dann ist die Sorgfaltswidrigkeit des Geschäftsherrn gerade nicht ursächlich geworden. Dass der Geschäftsherr hierfür die Beweislast trägt, ergibt sich dann zwanglos aus § 831 II BGB.

d) In Ausführung der Verrichtung

88 § 831 I 1 BGB setzt weiterhin voraus, dass die unerlaubte Handlung „in Ausführung der Verrichtung" begangen wurde.

> Erforderlich ist daher ein **innerer Zusammenhang** zwischen der Verrichtung und der schädigenden Handlung[94].

89 Vielfach wird insoweit formuliert, dass es sich bei der unerlaubten Handlung um eine **noch im Leistungsbereich liegende Fehlleistung** handeln müsse[95]. Der innere Zusammenhang ist nicht schon immer dann zu verneinen, wenn der Verrichtungsgehilfe konkreten Weisungen des Geschäftsherrn zuwider handelt. Solange sich das Verhalten der Verrichtungsgehilfen noch im *generellen Rahmen* der ihm übertragenen Aufgabe hält[96], handelt er „in Ausführung der Verrichtung". Wann dieser Rah-

---

[90] BGHZ 24, 21, 24 ff.
[91] BGH NJW 1996, 3205, 3207.
[92] BGH NJW 1996, 3205, 3207; so auch schon BGHZ 24, 21, 29 f.
[93] Ebenso *Teichmann* in Jauernig, BGB, § 823 Rn. 50; *Looschelders*, Schuldrecht BT, Rn. 1191.
[94] RGZ 104, 141, 144; BGHZ 11, 151, 152 f.; BGH NJW-RR 1989, 723, 725; *Belling* in Staudinger, BGB, § 831 Rn. 124; *Spindler* in BeckOK BGB, § 831 Rn. 21; *Sprau* in Palandt, BGB, § 831 Rn. 9; *Wagner* in MünchKomm. BGB, § 831 Rn. 24.
[95] Vgl. etwa BGH NJW-RR 1989, 723, 725.
[96] *Wagner* in MünchKomm. BGB, § 831 Rn. 26 f.

IV. Haftung für vermutetes Verschulden

men überschritten ist, lässt sich nur im konkreten **Einzelfall** unter Berücksichtigung der Art der übertragenen Aufgabe und ihrem Zweck ermitteln.

Beispiel: Weicht ein angestellter Kraftfahrer eigenmächtig von der ihm durch seinen Arbeitgeber vorgegeben Wegstrecke ab, so handelt er weiterhin in Ausführung der ihm zur Erledigung übertragenen Verrichtung. Kommt es auf der eigenmächtig geänderten Fahrtroute zu einem Unfall, haftet der Arbeitgeber einem geschädigten Dritten nach § 831 I BGB (und zumeist als Halter des Lkw auch nach § 7 I StVG, dazu unten § 10 Rn. 5 ff.). Nimmt der Kraftfahrer hingegen weisungswidrig einen Bekannten mit und wird dieser bei einem Unfall geschädigt, so haftet der Arbeitgeber nicht nach § 831 I BGB, weil die unbefugte Mitnahme mit der übertragenen Aufgabe nicht mehr im Zusammenhang steht[97].

Als **Kontrollfrage** kann insoweit dienen: Ist der Geschäftsherr als „Garant" für das Fehlverhalten seines Gehilfen anzusehen? Ohne Wertungen kommt man bei der Beantwortung dieser Frage ersichtlich nicht aus. Dabei spielt auch die jeweilige Verkehrsauffassung eine Rolle.

Vorsätzlich begangene Rechtsgutverletzungen und insbesondere Straftaten stehen oftmals nicht im Zusammenhang mit der Verrichtung, sondern geschehen *nur bei Gelegenheit*[98]. 90

Beispiel: Während seiner Arbeitszeit stellt der bei der G-GmbH angestellte Controller C von seinem Büro-PC aus unter Verletzung fremder Urheberrechte in einer Tauschbörse Spielfilmdateien zum Download zur Verfügung. – Die von C begangene Urheberrechtsverletzung, die zugleich eine Straftat ist (§ 106 UrhG), steht mit der von C im Rahmen des Arbeitsverhältnisses geschuldeten Tätigkeit in keinem inneren Zusammenhang. Es handelt sich um eine private Angelegenheit des C, die nicht deshalb zur Angelegenheit der G-GmbH wird, weil sie während der Arbeitszeit geschieht. Daher haftet die G-GmbH nicht nach § 831 BGB.

Etwas anderes gilt aber, wenn die Fürsorge für das verletzte Rechtsgut gerade **Gegenstand** der Verrichtung war[99]. 91

Beispiel: Der beim Sicherheitsunternehmen S angestellte Wachmann W ist mit der Bewachung der Geschäftsräume des U betraut. Weil W Schulden plagen, macht er kurzerhand mit Dieb D gemeinsame Sache und öffnet diesem gegen Zahlung von 1.000 € die Tür. D stiehlt daraufhin die Computereinrichtung des U. – Hier hat W zwar vorsätzlich Beihilfe zum Diebstahl des D geleistet. Doch schließt dies den Zusammenhang zur Verrichtung nicht aus. Aufgabe des W war es gerade, derartige Diebstähle zu verhindern. (Nichts anderes würde übrigens gelten, wenn W den Diebstahl selbst begangen hätte.)

e) Verschulden des Geschäftsherrn
aa) Vermutung und Exkulpation

Nochmals: Nach § 831 I BGB haftet der Geschäftsherr für *eigenes* Verschulden hinsichtlich der Auswahl, Ausstattung und Überwachung des Verrichtungsgehilfen. Dieses **Verschulden wird vermutet** (arg. ex § 831 I 2 BGB). Es obliegt daher dem Geschäftsherrn darzutun, dass er die im Verkehr erforderliche Sorgfalt eingehalten hat. 92

---

[97] *Belling* in Staudinger, BGB, § 831 Rn. 135.
[98] Vgl. dazu die Nachweise bei *Spindler* in BeckOK BGB, § 831 Rn. 22.
[99] Siehe BGHZ 24, 188, 196; BGHZ 49, 19, 23; *Belling* in Staudinger, BGB, § 831 Rn. 127.

> Welche **Sorgfaltsanforderungen** an die Auswahl, Ausstattung und Überwachung zu stellen sind, ist wiederum eine *Frage des Einzelfalles*.

93 Dabei gilt: Je gefährlicher, verantwortungsvoller und komplexer die dem Gehilfen übertragene Aufgabe ist, desto höher sind die **Anforderungen an den Geschäftsherrn**[100].

- Bei der **Auswahl** hat der Geschäftsherr darauf zu achten, dass der Gehilfe zur Erledigung der übertragenen Aufgabe körperlich und intellektuell in der Lage ist, die erforderlichen Qualifikationen besitzt und auch charakterlich für die Verrichtung geeignet ist[101].
- Zu einer ordnungsgemäßen **Ausstattung** gehören zum einen die in § 831 I BGB erwähnten „Vorrichtungen oder Gerätschaften", die der Gehilfe zur Erledigung der Verrichtung benötigt. Von Bedeutung ist dies etwa bei vom Geschäftsherrn zur Verfügung gestellten Fahrzeugen oder Werkzeugen. Diese müssen „verkehrsgerecht" sein[102]. Zu einer ordnungsgemäßen Ausstattung gehört es aber auch, dass der Geschäftsherr den Gehilfen in die Tätigkeit einweist[103] (**Anleitung**).
- Obwohl dies im Gesetz nicht explizit erwähnt ist, besteht Einigkeit darüber, dass der Geschäftsherr den Gehilfen auch **überwachen** muss. Der Geschäftsherr muss sich also fortwährend ein Bild über die Eignung des Gehilfen machen. Die Kontrollen müssen so gestaltet sein, dass eine effektive Überwachung möglich ist[104]. Das Maß der Überwachungspflicht kann dabei mit der Zeit abnehmen, wenn sich der Gehilfe bei der Verrichtung dauerhaft bewährt[105].

94 Gelingt dem Geschäftsherrn der Nachweis, dass er bezüglich dieser Punkte die im Verkehr erforderliche Sorgfalt gewahrt hat, dann ist er **exkulpiert** und haftet nicht nach § 831 I BGB.

bb) Dezentraler Entlastungsbeweis

95 Nähme man die Vorschrift beim Wort, so müsste der Geschäftsherr den Verrichtungsgehilfen stets *selbst* auswählen, ausstatten und überwachen. Praktisch ist dies insbesondere dann nicht möglich, wenn der Geschäftsherr ein Unternehmen mit **einer komplexen Organisationsstruktur** mit mehreren hierarchischen Stufen betreibt.

---

[100] *Spindler* in BeckOK BGB, § 831 Rn. 27.
[101] Näher dazu *Spindler* in BeckOK BGB, § 831 Rn. 27; *Wagner* in MünchKomm. BGB, § 831 Rn. 38.
[102] *Krause* in Soergel, BGB, § 831 Rn. 57.
[103] *Belling* in Staudinger, BGB, § 831 Rn. 155.
[104] Näher dazu *Spindler* in BeckOK BGB, § 831 Rn. 29; einschränkend *Wagner* in MünchKomm. BGB, § 831 Rn. 39.
[105] Vgl. *Belling* in Staudinger, BGB, § 831 Rn. 156.

> Um dem gerecht zu werden, lässt die Rechtsprechung in diesen Fällen einen sog. **dezentralisierten Entlastungsbeweis** zu.

Ursprünglich sollte es insoweit genügen, dass der Geschäftsherr nachweisen konnte, die **leitenden Angestellten** sorgfältig ausgewählt, ausgestattet und überwacht zu haben[106]. Für die unerlaubten Handlungen der von den leitenden Angestellten eingesetzten Gehilfen sollte der Geschäftsherr dann nicht einstehen müssen. Dies ist auf – durchaus berechtigte – **Kritik** gestoßen, da diese Rechtsprechung dazu führte, dass der Geschäftsherr nur selten deliktisch in Anspruch genommen werden konnte[107]. Mittlerweile verfolgt die Rechtsprechung einen strengeren Ansatz. Dabei sind die **Organisationspflichten des Geschäftsherrn** in den Blickpunkt gerückt[108]: Der Geschäftsherr muss sein Unternehmen so organisieren, dass eine effektive Kontrolle jeder hierarchischen Ebene durch eine höhere Ebene möglich ist (und auch erfolgt). Zudem kann sich die Unternehmensspitze nicht mehr allein auf die Auswahl, Ausstattung und Überwachung der leitenden Angestellten beschränken, sondern muss – wenn auch nicht in jedem Detail – auch untere Hierarchieebenen im Blick behalten[109].

96

> Damit verschwimmen die Grenzen zu den **allgemeinen Organisationspflichten**, deren Verletzung eine Haftung nach § 823 I BGB auslösen kann. Dabei handelt es sich um Verkehrspflichten: Der Geschäftsherr ist verpflichtet, sein Unternehmen so zu organisieren, dass durch den Betrieb andere nicht geschädigt werden[110]. Dieser Pflicht kann er sich nicht entledigen, indem er Hilfspersonen einschaltet (siehe oben § 8 Rn. 169). Vielmehr muss er diese sorgfältig auswählen, ausstatten und überwachen. Verletzt er schuldhaft diese Pflicht, so haftet er nicht nur nach § 831 I BGB, sondern auch nach § 823 I BGB. **Beide Vorschriften** sind **nebeneinander** anwendbar[111]. § 831 I BGB ist für den Geschädigten aber günstiger, weil hier das Verschulden vermutet wird.

97

f) Kausalität
Die unsorgfältige Auswahl, Ausstattung oder Überwachung muss für den entstandenen Schaden auch **ursächlich** geworden sein. Auch dies wird nach § 831 I 2 BGB **vermutet**. Der Geschäftsherr kann sich insbesondere durch den Nachweis exkulpieren, dass der Verrichtungsgehilfe sorgfaltsgemäß gehandelt hat (siehe schon oben Rn. 87).

98

---

[106] Grundlegend RGZ 78, 107, 108; BGHZ 4, 1, 2.

[107] *Schiemann* in Erman, BGB, § 831 Rn. 21; *Larenz/Canaris*, Schuldrecht II/2, § 79 III 3 b, S. 481 f.; *Helm*, AcP 166 (1966), 389, 395 f.; *v. Caemmerer* in Festschrift 100 Jahre Deutscher Juristentag, Bd. II, 1960, S. 49, 115 ff.

[108] Vgl. *Spindler* in BeckOK BGB, § 831 Rn. 33 ff. mit weiteren Nachweisen.

[109] So ständige Rechtsprechung seit RGZ 87, 1, 4; daran anknüpfend BGHZ 4, 1, 2 f.; BGHZ 11, 151, 154 f.

[110] Vgl. den Definitionsversuch bei *Brandes*, Die Haftung für Organisationspflichtverletzung, 1994, S. 116; BGHZ 4, 1, 2 f. fasst dies unter den Begriff der „ordentlichen Betriebsführung".

[111] BGH NJW-RR 1996, 867 f.; BGH NJW 1991, 98, 99; *Kleindiek*, Deliktshaftung und juristische Person, 1997, S. 290 f., 304 ff.; *Kötz/Wagner*, Deliktsrecht, Rn. 298 ff.; a.A. etwa *Spindler* in BeckOK BGB, § 831 Rn. 35.

2. Haftung des Aufsichtspflichtigen (§ 832 BGB)

Literatur: *Bernau*, Die Aufsichtshaftung über Minderjährige im Straßenverkehr, DAR 2012, 174; *Brand*, Die Haftung des Aufsichtspflichtigen nach § 832 BGB, JuS 2012, 673; *Großfeld/Mund*, Die Haftung der Eltern nach § 832 I BGB, FamRZ 1994, 1504.

a) Bedeutung und Prüfungsschema

99 In § 832 BGB ist die Haftung von Aufsichtspflichtigen für Schäden normiert, die aufsichtsbedürftige Personen Dritten widerrechtlich zufügen.

Dabei handelt es sich um ein **Unterlassungsdelikt**[112]. Das Verhalten des Aufsichtsbedürftigen ist zwar der Anknüpfungspunkt für die Haftung. Stets erforderlich ist aber, dass der Aufsichtspflichtige einer ihm kraft Gesetzes (Abs. 1) oder durch vertragliche Übernahme (Abs. 2) obliegenden **Aufsichtspflicht** nicht nachgekommen ist. Allerdings wird die Aufsichtspflichtverletzung ebenso vermutet wie ihre Ursächlichkeit für den entstandenen Schaden. Der Aufsichtspflichtige kann sich nach § 832 I 2 BGB insoweit aber **exkulpieren**. Während § 831 BGB einen konkreten Bezug zwischen dem Verhalten des Verrichtungsgehilfen und den Belangen des Geschäftsherrn verlangt („in Ausübung der Verrichtung"), fehlt eine solche Verknüpfung bei § 832 BGB. Der Aufsichtspflichtige haftet für *alle* Schäden, die der Aufsichtsbedürftige widerrechtlich, also durch eine unerlaubte Handlung einem Dritten zufügt, sofern nicht die Exkulpation nach § 832 I 2 BGB gelingt.

> **Hinweis:** Wenn davon die Rede ist oder auf Hinweisschildern geschrieben steht, dass Eltern für ihre Kinder haften, so ist dies (bestenfalls) ungenau. Das deutsche Haftungsrecht kennt – anders als andere Rechtsordnungen[113] – keine Gefährdungshaftung von Aufsichtspflichtigen.

100 § 832 BGB **dient** allein dem Schutz geschädigter Dritter[114]. Anspruchsberechtigter kann daher *nicht* der Aufsichtsbedürftige selbst sein[115]. Das Verhältnis zwischen Aufsichtspflichtigem und Aufsichtsbedürftigem bestimmt sich vielmehr nach der die Aufsichtspflicht begründenden Sonderbeziehung und den allgemeinen deliktsrechtlichen Regeln (§§ 823 ff. BGB).

> **Beispiel:** Auf Drängen seines fünfjährigen Sohnes S besucht sein Vater V mit ihm einen Abenteuerspielplatz. S erklimmt gleich ein Klettergerüst, das ausweislich des angebrachten Schildes erst für Kinder ab acht Jahren geeignet ist. V will seinem Sohn den Spaß nicht verderben und lässt ihn gewähren, auch weil er glaubt, dass Kinder „mit ihren Aufgaben wachsen". Er selbst schmökert, während S spielt, auf einer Bank in der neuesten NJW. Es

---

[112] *Brand*, JuS 2012, 673, 677.
[113] Siehe etwa *von Bar*, Gemeineuropäisches Deliktsrecht I, 1996, Rn. 131 ff.
[114] *Belling* in Staudinger, BGB, § 832 Rn. 4.
[115] BGHZ 73, 190, 194.

kommt, wie es kommen muss: S stürzt vom Klettergerüst und bricht sich ein Bein. – V ist nach §§ 1626 I, 1631 I BGB zur Personensorge und damit auch zur Aufsicht über S berechtigt und verpflichtet. Indem er S allein auf ein nicht altersgerechtes Klettergerüst gelassen hat, hat V seine Aufsichtspflicht verletzt. Doch folgt hieraus kein Anspruch aus § 832 I BGB, da S als Aufsichtsbedürftiger nicht in den personellen Schutzbereich der Vorschrift fällt. In Betracht kommt allein ein Anspruch aus § 823 I BGB, doch ist insoweit § 1664 BGB zu beachten: V haftet nur für die Sorgfalt in eigenen Angelegenheiten, die hier gewahrt sein dürfte.

101 Nach § 832 BGB **haftet** allein der **Aufsichtspflichtige**. Haben mehrere Aufsichtspflichtige ihre Aufsichtspflicht verletzt, so haften sie als Gesamtschuldner[116] (§ 840 BGB). Die zu beaufsichtigende Person haftet *nicht* nach § 832 BGB. Deren deliktische Haftung bestimmt sich allein nach den sonstigen deliktischen Haftungsnormen, insbesondere nach den §§ 823 ff. BGB. Die Haftung wird in diesen Fällen aber oft an der fehlenden Verschuldensfähigkeit (§§ 827, 828 BGB) scheitern.

Kann ein Aufsichtspflichtiger nach § 832 BGB in Anspruch genommen werden, scheidet auch die Billigkeitshaftung nach § 829 BGB aus (siehe oben § 8 Rn. 250).

102 Für die Prüfung des § 832 BGB bietet sich folgendes **Schema** an.

Haftungsvoraussetzungen des § 832 BGB
- Bestehen einer Aufsichtspflicht
  - aus Gesetz (Abs. 1)
  - aus vertraglicher Übernahme (Abs. 2)
- widerrechtliche Schädigung eines Dritten durch die aufsichtsbedürftige Person
- keine Exkulpation des Aufsichtspflichtigen hinsichtlich …
  - Verletzung der Aufsichtspflicht
  - Ursächlichkeit für Schaden

---

b) Bestehen einer Aufsichtspflicht

103 Eine Aufsichtspflicht besteht nur, wenn eine andere Person der Aufsicht bedarf. Wer **aufsichtsbedürftig** ist, ergibt sich aus § 832 I 1 BGB: Minderjährige und Volljährige, die wegen ihres geistigen oder körperlichen Zustandes der Beaufsichtigung bedürfen.

aa) Gesetzliche Aufsichtspflichten (§ 832 I BGB)

104 **Minderjährige** bedürfen bis zur Vollendung des 18. Lebensjahres stets der Aufsicht.

---

[116] Vgl. *Wagner* in MünchKomm. BGB, § 832 Rn. 39.

Alter und Entwicklung spielen erst bei der Frage eine Rolle, welchen konkreten *Umfang* die Aufsichtspflicht hat (dazu unten Rn. 114 ff.). Die Aufsichtspflicht trifft als Teil der Personensorge (§§ 1626 I, 1631 I BGB) den **Sorgeberechtigten**, regelmäßig also beide Eltern (vgl. §§ 1626 ff. BGB), sofern das Familiengericht nach einer erfolgten Trennung die elterliche Sorge nicht einem Elternteil allein übertragen hat (vgl. §§ 1671 ff. BGB).

Ist ein **Vormund** für den Minderjährigen bestellt, so ist dieser aufsichtspflichtig (vgl. §§ 1773 ff., 1793 I BGB)[117].

105 Bei Minderjährigen wird die Aufsichtsbedürftigkeit allein aus dem Alter abgeleitet. Das Familienrecht soll sicherstellen, dass stets mindestens ein Aufsichtspflichtiger vorhanden ist. Bei **Volljährigen** ist dies anders: Bei diesen geht das Gesetz davon aus, dass sie in der Regel für sich selbst sorgen können und für ihr Verhalten auch verantwortlich sind. Die Aufsichtsbedürftigkeit muss hier in jedem Fall gesondert festgestellt werden. Und mehr noch: Dass ein Volljähriger der Beaufsichtigung bedarf, bedeutet noch nicht, dass es auch einen Aufsichtspflichtigen gibt.

Die Aufsichtspflicht ergibt sich *nicht* aus familienrechtlichen Beziehungen. So sind Ehegatten wechselseitig nicht zur Aufsicht verpflichtet – und zwar auch dann nicht, wenn ein Ehegatte wegen seines Zustandes der Beaufsichtigung bedarf. Entsprechendes gilt für das Verhältnis zwischen Eltern und volljährigen Kindern.[118]

106 Bei **Volljährigen** besteht eine gesetzliche Aufsichtspflicht nur in den Fällen, in denen gerichtlich die **Betreuung angeordnet** (§§ 1896 ff. BGB) und dem Betreuer die Personensorge oder zumindest die Aufsicht über den Betreuten übertragen wurde[118].

bb) Vertragliche Übernahme (§ 832 II BGB)

107 § 832 II BGB setzt das Bestehen einer gesetzlichen Aufsichtspflicht voraus und erweitert für diese Fälle den Kreis der Aufsichtspflichtigen:

Aufsichtspflichtig ist danach, wer die Beaufsichtigung einer aufsichtsbedürftigen Person „durch Vertrag" übernommen hat.

Achtung: Die vertragliche Übernahme führt *nicht* dazu, dass der kraft Gesetzes Aufsichtspflichtige vollständig aus der Verantwortung für den Aufsichtsbedürftigen entlassen ist. Die Aufsichtspflicht ändert vielmehr ihren Inhalt: An die Stelle der Pflicht zur Beaufsichtigung tritt die **Pflicht zur sorgfältigen Auswahl, Instruktion und Überwachung** des Vertragspartners[119].

---

[117] Zu Aufsichtspflichten aus öffentlich-rechtlichen Sonderrechtsverhältnissen siehe ausführlich *Belling* in Staudinger, BGB, § 832 Rn. 11 ff.
[118] Siehe hierzu *Belling* in Staudinger, BGB, § 831 Rn. 26 ff.
[119] BGH NJW 1968, 1672, 1673; OLG Hamm NJW-RR 1997, 344; *Sprau* in Palandt, BGB, § 832 Rn. 8; *Wagner* in MünchKomm. BGB, § 832 Rn. 19; *Staudinger* in Handkomm. BGB, § 832 Rn. 8;

IV. Haftung für vermutetes Verschulden

108 Die Übernahme kann ausdrücklich oder konkludent erfolgen. Die tatsächliche Übernahme der Aufsicht löst die Haftung nach § 832 II BGB noch nicht aus[120]. Erforderlich ist ein **rechtsgeschäftlicher Übernahmewille**.

Entgegen einer verbreiteten Auffassung muss der **Übernahmevertrag nicht wirksam sein**[121]. Richtigerweise sollte allein auf die vom Übernehmenden abgegebene Willenserklärung abgestellt werden. Sofern diese wirksam ist, spricht alles dafür, ihn auch nach § 832 II BGB in die Verantwortung zu nehmen[122].

109 Ob ein rechtsgeschäftlicher Übernahmewille vorliegt, ist durch Auslegung zu ermitteln. **Indiz** für einen Rechtsbindungswillen ist dabei jedenfalls die **Entgeltlichkeit** der Übernahme.

Hauptanwendungsfall des § 832 II BGB ist die kommerzielle Kinderbetreuung: Tagesmütter und -väter, Kindermädchen, Babysitter sowie private Kindergärten übernehmen vertraglich die Aufsicht über Kinder.

110 Darüber hinaus werden die **Dauer** der Aufsicht sowie die Möglichkeit, **erzieherisch** auf den Aufsichtsbedürftigen einzuwirken, als Indizien für § 832 II BGB angesehen.

§ 832 II BGB ist deshalb auch auf Stiefeltern und „Patchworkfamilien" anwendbar[123]. Auch Besuche ohne Eltern bei Familienangehörigen (z.B. Großeltern) rechtfertigen eine Anwendung des § 832 II BGB.

111 Umstritten ist, ob der **Besuch eines Kindes bei einer anderen Familie** eine vertragliche Aufsichtspflicht begründet. Die soeben angeführten Indizien liegen hier nicht vor. Allerdings sprechen gute Gründe dafür, eine vertragliche Übernahme jedenfalls in den Fällen anzusehen, in denen die Eltern des besuchten Kindes zugestimmt haben und die Eltern des besuchenden Kindes darauf vertrauen, dass dieses „wie zu Hause" beaufsichtigt wird.

Die Einladung zum Kindergeburtstag ist daher regelmäßig als vertragliche Übernahme einer Aufsichtspflicht anzusehen[124].

c) Unerlaubte Handlung der aufsichtsbedürftigen Person

112 § 832 BGB setzt weiterhin voraus, dass die aufsichtsbedürftige Person einen Dritten widerrechtlich geschädigt hat. Dies ist genauso zu verstehen wie bei § 831 BGB (siehe oben Rn. 85 ff.): Der Aufsichtsbedürftige muss rechtswidrig eine unerlaubte Handlung im Sinne der **§§ 823–826 BGB** begangen haben. Verschulden ist wiederum nicht erforderlich. Es schadet also nicht, wenn der Aufsichtsbedürftige wegen

---

Deutsch, JZ 1969, 233, 234.

[120] RGZ 122, 138, 140; RGZ 157, 128, 233; BGH NJW 1968, 1874 f.; *Schieman* in Erman, BGB, § 832 Rn. 5; *Spindler* in BeckOK BGB; § 832 Rn. 13; a.A. *Wagner* in MünchKomm. BGB, § 832 Rn. 19 f.

[121] So etwa *Berning/Vortmann*, JA 1986, 12, 15.

[122] Ähnlich *Belling* in Staudinger, BGB, § 832 Rn. 48; *Brand*, JuS 2012, 673, 676.

[123] Vgl. *Bernau*, FamRZ 2006, 82, 86 f.

[124] OLG Celle NJW-RR 1987, 1384 f.; a.A. *Spindler* in BeckOK BGB, § 832 Rn. 13.

§§ 827, 828 BGB selbst nicht haftet – im Gegenteil: § 832 BGB soll auch und gerade in diesen Fällen dem Geschädigten zu einem Anspruch verhelfen.

d) Verletzung der Aufsichtspflicht und Exkulpation

113 Der Aufsichtspflichtige haftet nur, wenn er die ihm obliegende Aufsichtspflicht schuldhaft verletzt hat. § 832 I 2 BGB kehrt aber die **Beweislast** zulasten des Aufsichtspflichtigen um: Er muss darlegen und ggf. beweisen, dass er seiner Aufsichtspflicht ordnungsgemäß nachgekommen ist.

114 „Aufsicht" ist nicht gleichzusetzen mit „ständiger Überwachung". Dies wird beson-

> **Inhalt und Umfang der Aufsichtspflicht** sind abhängig von den Eigenschaften des Aufsichtsbedürftigen und dem konkreten Gefahrenpotential der jeweiligen Situation.

ders deutlich bei der **elterlichen Aufsichtspflicht**. Nochmals: Minderjährige – und um die geht es bei § 832 BGB hauptsächlich – bedürfen *stets* der Aufsicht. Das bedeutet aber gewiss nicht, dass Eltern ihre Kinder bis zur Vollendung des 18. Lebensjahres auf Schritt und Tritt überwachen müssen. Wie könnten sich Kinder zu verantwortungsvollen Erwachsenen entwickeln, wenn man ihnen nicht die Freiräume gäbe, um das nötige Verantwortungsbewusstsein zu entwickeln? Die elterliche Aufsicht ist kein Selbstzweck, sondern ein Mittel, das es ermöglichen soll, Kinder an das Erwachsensein und die damit verbundenen Anforderungen heranzuführen (vgl. auch § 1626 II 1 BGB). Je älter ein Kind wird, desto weniger Einfluss haben die Eltern. Das ist nicht zu bedauern, sondern zu begrüßen und vom Gesetzgeber auch so gewollt! Damit wird aber zugleich auch deutlich, dass die Eltern eine hohe Verantwortung haben: Sie müssen ihre Kinder, solange hierzu die Gelegenheit besteht, auf Gefahren hinweisen und auf den Umgang mit diesen Gefahren vorbereiten.

115 Die Kontrollfrage lautet dabei: Welche Aufsichtsmaßnahmen hätten *verständige*

> Als **Aufsichtsmaßnahmen** kommen daher auch Ermahnungen und Belehrungen, das Aussprechen von Verboten und das Ergreifen von Verhinderungsmaßnahmen in Betracht[125]. Die ständige Überwachung des Minderjährigen ist nur die *ultima ratio*[126].

Eltern in der konkreten Situation *zumutbarerweise* ergriffen? Dies ist von mehreren Faktoren abhängig[127]: Maßgeblich ist zum einen das **Alter des Minderjährigen**, da mit dem Älterwerden im Regelfall auch das Verantwortungsbewusstsein zunimmt

---

[125] *Rauscher*, JuS 1985, 757, 762; *Brand*, JuS 2012, 673, 678.
[126] *Brand*, JuS 2012, 673, 678.
[127] Zu Folgenden *Brand*, JuS 2012, 673, 678 f.

und das Kind eher in der Lage ist, die Konsequenzen seines Verhaltens abzuschätzen und das Verhalten entsprechend anzupassen.

> **Beispiel:** So sollen Kinder im Alter von fünfeinhalb Jahren beim Spielen im Freien nach Auffassung der Rechtsprechung typischerweise keiner ständigen Überwachung mehr bedürfen. Vielmehr soll es genügen, dass sich die Eltern in regelmäßigen Abständen von bis zu 30 Minuten vergewissern, dass alles in Ordnung ist[128]. Ein längerer Abstand sei „bei Berücksichtigung des kindlichen Spieltriebs und Übermuts sowie des Bewegungs- und Aktionsradius" und des „in diesem Alter noch gegebenen geringen Verständnisses für das Eigentum Dritter" zur Erfüllung der Aufsichtspflicht nicht ausreichend[129]. Bei Kindern im Alter von siebeneinhalb Jahren soll es bereits genügen, wenn die Eltern sich über das Tun und Treiben „in großen Zügen" einen Überblick verschaffen[130].

> **Weiteres Beispiel:** Jüngst hat der BGH[131] zutreffend entschieden, dass Eltern für das illegale Filesharing ihres dreizehnjährigen Kindes grundsätzlich *nicht* haften, wenn sie zuvor über das Verbot einer rechtswidrigen Teilnahme an Internettauschbörsen belehrt und keine Anhaltspunkte dafür hatten, dass ihr Kind diesem Verbot zuwiderhandelt.

Das Alter ist aber nur ein erster Anhaltspunkt. Daran kann festgemacht werden, welche Maßnahmen bei einem „normalen Entwicklungsstand" des Kindes geboten sind. Darüber hinaus sind aber auch die **individuellen Eigenschaften und Neigungen des Kindes** zu berücksichtigen. 116

> **Beispiel:** Dem normalen Entwicklungsstand zehnjähriger Kinder entspricht es zwar, dass diese auch ohne elterliche Überwachung im Freien spielen können. Etwas anderes soll aber gelten, wenn ein Kind in der Vergangenheit trotz elterlicher Belehrungen und Ermahnungen mehrfach durch die Neigung zum Zündeln aufgefallen ist. Die Eltern dürfen dann ihr Kind nicht über mehrere Stunden unbeaufsichtigt im Freien spielen lassen[132].

Schließlich ist immer auch das **Gefahrenpotential der konkreten Situation** zu berücksichtigen. Eltern dürfen Kinder nicht Situationen aussetzen, denen sie nicht gewachsen sind[133]. 117

> **Beispiel:** Ein unbeaufsichtigtes Spielen ist im Garten, im Park oder an einer Spielstraße („verkehrsberuhigter Bereich") sicher eher zulässig als in einer belebten Innenstadt oder gar an einer vielbefahrenen Hauptstraße. Generell besteht im Straßenverkehr eine erhöhte Aufsichtspflicht. Dies entspricht auch der Wertung des § 828 II BGB.

e) Kausalität

Die Aufsichtspflichtverletzung muss **ursächlich** für die widerrechtliche Schädigung des Dritten geworden sein. Dies wird gemäß § 832 I 2 BGB **vermutet**. Der Aufsichtspflichtige muss sich auch insoweit exkulpieren. 118

---

[128] BGH NJW 2009, 1952 ff.
[129] BGH NJW 2009, 1952, 1954.
[130] BGH NJW 2009, 1952, 1954.
[131] BGH NJW 2013, 1441 ff. – „Morpheus".
[132] BGH NJW 1996, 1404 f.
[133] *Brand*, JuS 2012, 673, 679.

3. Haftung für Schäden durch Bauwerke (§§ 836–838 BGB)

a) Bedeutung und Prüfungsaufbau

119 Die §§ 836–838 BGB regeln einen **Sonderfall der Haftung für eine schuldhafte Verkehrspflichtverletzung**. Es geht dabei um Personen- oder Sachschäden, die aus der fehlerhaften Errichtung oder der mangelhaften Unterhaltung von Gebäuden und anderen Bauwerken resultieren. Stürzt ein Gebäude oder sonstiges Bauwerk ein oder lösen sich hiervon Teile ab, so wird **vermutet**, dass der zur Unterhaltung Verantwortliche seine diesbezüglichen Sorgfaltspflichten schuldhaft verletzt hat.

120 Die Vorschriften unterscheiden sich nicht im Tatbestand, sondern hinsichtlich des Haftungsadressaten. Aus dem Gesetzeswortlaut lässt sich folgendes **Prüfungsschema** ableiten:

> **Haftungsvoraussetzungen der §§ 836–838 BGB**
> - Rechtsgutverletzung
> - Einsturz eines Gebäudes/Werkes oder Ablösung von Teilen infolge fehlerhafter Errichtung oder mangelhafter Unterhaltung
> - Kausalität
> - Haftungsadressat
>   - gegenwärtiger Eigenbesitzer des Grundstücks (§ 836 I, III BGB)
>   - früherer Eigenbesitzer des Grundstücks (§ 836 II, III BGB)
>   - Eigenbesitzer des Gebäudes (§ 837 BGB)
>   - sonstiger Unterhaltspflichtiger (§ 838 BGB)
> - keine Exkulpation des Haftungsadressaten hinsichtlich ...
>   - Verletzung der Verkehrspflicht
>   - Ursächlichkeit für Schaden

b) Rechtsgutverletzung

121 Die §§ 836–838 BGB setzen voraus, dass infolge der Mangelhaftigkeit eines Bauwerkes ein Mensch getötet, der Körper oder die Gesundheit eines Menschen verletzt oder eine Sache beschädigt wird. Reine Vermögensschäden sind daher *nicht* ersatzfähig.

c) Einsturz oder Ablösen von Teilen eines Bauwerkes

122 Gebäude im Sinne der §§ 836–838 BGB sind mit einem Grundstück fest verbundene oder kraft eigener Schwere ruhende Bauwerke, die durch Menschen betreten werden können[134]. Nach dem Schutzzweck fallen hierunter auch unfertige oder verfallene Bauten[135].

---

[134] Vgl. die graduell abweichenden Definitionen bei *Wagner* in MünchKomm. BGB, § 836 Rn. 7; *Belling* in Staudinger, BGB, § 836 Rn. 22; *Krause* in Soergel, BGB, § 836 Rn. 7; *Spindler* in BeckOK BGB, § 836 Rn. 5; *Teichmann* in Jauernig, BGB, § 836 Rn. 4.
[135] BGHZ 1, 103, 105.

Beispiele: Wohnhäuser; Schuppen; Garagen; Ruinen; Rohbauten; feste Wohnwagen.

Darüber hinaus erfassen die §§ 836–838 BGB auch **sonstige mit einem Grundstück verbundene Werke**. Diese müssen einem bestimmten Zweck dienen, nach technischen Kunst- und Erfahrungsregeln hergestellt und mit dem Erdboden verbunden sein[136]. Hierdurch wird der Anwendungsbereich der Vorschriften erheblich erweitert.

123

Beispiele[137]: Baugerüste; Kinderschaukeln; Denkmäler; Grabsteine; Zäune; Hochsitze; Stromleitungen; Kanalrohre; Werbeschilder; Staudämme. *Nicht* erfasst werden z.B. angelehnte Bauzäune oder auf einem Grundstück gelagerte, aber noch nicht verbaute Baustoffe.

Gebäude- oder Werkteile sind die zu seiner Herstellung eingefügten oder mit ihm verbundenen Gegenstände[138]. Diese müssen kein Bestandteil im Sinne der §§ 93 ff. BGB sein.

124

Beispiele: Dachziegel; Fenster; Balkone; *nicht* aber vom Dach herabstürzende Eiszapfen.

Die Rechtsgutverletzung muss durch den Einsturz des Gebäudes oder Werkes oder durch die Ablösung von Teilen verursacht worden sein. **Einsturz** ist der Zusammenbruch des gesamten Gebäudes oder Werkes. Für eine **Ablösung** genügt es, dass ein Teil sich aus dem Gesamtgefüge lockert oder das Ganze in seinem inneren Zusammenhalt beeinträchtigt[139].

125

Beispiel: Aufplatzen einer Wasserleitung; Austreten von Öl aus einem Tank.

Die haftungsbegründende **Kausalität** zwischen Einsturz bzw. Ablösung und Rechtsgutverletzung ist nur gegeben, wenn sich in der Verletzung gerade die typische Gefahr eines Einsturzes bzw. einer Ablösung verwirklicht hat[140].

126

d) Fehlerhafte Errichtung oder mangelhafte Unterhaltung

Ist ein Gebäude oder Werk eingestürzt oder hat sich ein Teil hiervon abgelöst, so spricht dies *prima facie* dafür, dass das Gebäude bzw. Werk entweder schon fehlerhaft errichtet oder aber mangelhaft unterhalten wurde. Für die Mangelhaftigkeit streitet daher ein **Anscheinsbeweis**[141]. Dieser kann aber erschüttert werden[142]. Hierzu reicht es aus, dass der Haftungsadressat darlegt, dass der Einsturz bzw. die Ablösung auf einer anderen (nicht nur rein hypothetischen) Ursache beruhen kann.

127

Beispiel: Spaziergänger S wird am Kopf von einem Dachziegel getroffen, der sich zuvor vom Dach des dem E gehörenden Hauses gelöst hatte. – S kann sich hier darauf berufen, dass herabstürzende Dachziegel typischerweise auf die Mangelhaftigkeit des Gebäudes

---

[136] RGZ 60, 138, 139; BGH NJW 1961, 1670, 1672.
[137] Vgl. *Spindler* in BeckOK BGB, § 832 Rn. 8 f. mit weiteren Nachweisen.
[138] *Staudinger* in Handkomm. BGB, § 836 Rn. 6.
[139] RGZ 133, 1, 6; BGH VersR 1961, 806, 808; OLG München NJW-RR 1995, 540, 541; *Krause* in Soergel, BGB, § 836 Rn. 15; *Belling* in Staudinger, BGB, § 836 Rn. 27.
[140] Näher dazu *Spindler* in BeckOK BGB, § 836 Rn. 14 ff.
[141] *Belling* in Staudinger, BGB, § 836 Rn. 107 ff.
[142] Allgemein zur „Handhabung" von Anscheinsbeweisen *Stück*, JuS 1996, 153 ff.

bzw. seiner Unterhaltung zurückzuführen sind. Es ist dann Sache des E darzutun, dass die Ablösung des Dachziegels eine andere Ursache haben konnte. Hierzu reicht es nicht, dass E die hypothetische Möglichkeit einer anderen Ursache vorträgt. Er muss vielmehr konkrete Anhaltspunkte nennen, die einen abweichenden Kausalverlauf hinreichend wahrscheinlich machen. Dies wäre etwa der Fall, wenn E nachweisen kann, dass zum Zeitpunkt des Unfalls ein heftiger Orkan wütete, der mehrere Dächer abgedeckt hat.

e) Haftungsadressat

128 Nach § 836 I i.V.M. III BGB haftet für Schäden der **gegenwärtige Eigenbesitzer des Grundstücks**. Die Vorschrift stellt also nicht auf die sachenrechtliche Lage ab, sondern auf die Willensrichtung des Besitzers: Wer als ihm gehörend besitzt (vgl. § 872 BGB, dazu unten § 18 Rn. 14), ist für die Unterhaltung des Gebäudes oder Werkes verantwortlich.

Zur **Klarstellung:** Das kann natürlich auch der Eigentümer sein.

129 Unerheblich ist insoweit, ob der Eigenbesitzer unmittelbar oder mittelbar besitzt. Fremdbesitzer (wie z.B. Mieter) fallen nicht unter § 836 BGB.

Gemäß § 836 II BGB haftet auch der **frühere Eigenbesitzer**, sofern der Unfall innerhalb eines Jahres nach der Beendigung des Besitzes eintritt. Dies soll verhindern, dass sich ein Eigenbesitzer durch Besitzaufgabe oder -übertragung aus der Verantwortung stiehlt.

130 Nach § 837 BGB haftet der Eigenbesitzer des Grundstücks nicht, wenn ein anderer **Eigenbesitzer des Gebäudes oder Werkes** ist; dann ist dieser in der Pflicht. Die Haftung des Grundstücksbesitzers kann aber immer noch aus § 823 I BGB folgen.

Praktisch bedeutsam ist dies insbesondere bei Baugerüsten und Grabsteinen. Auch Zirkuszelte und elektrische Überlandleitungen fallen in der Regel unter § 837 BGB.

131 § 838 BGB betrifft schließlich die Fälle, in denen ein Dritter die **Unterhaltungspflicht** vertraglich **übernommen** hat[143] oder wegen eines ihm zustehenden Nutzungsrechts (z.B. eines Nießbrauchs) zur Unterhaltung verpflichtet ist. Der Unterhaltspflichtige ist dann *neben* dem Eigenbesitzer verantwortlich.

f) Schuldhafte Pflichtverletzung und Exkulpation

132 Die Haftung ist ausgeschlossen, wenn der Verantwortliche nachweisen kann, dass er die zur Abwendung der Einsturz- oder Ablösungsgefahr erforderliche Sorgfalt beachtet hat (§ 836 I 2 BGB). Die schuldhafte Verletzung der diesbezüglichen Verkehrspflicht wird also vermutet; der Verantwortliche muss sich exkulpieren.

Der **frühere Eigenbesitzer** kann sich durch den Nachweis exkulpieren, dass er während seines Besitzes die im Verkehr erforderliche Sorgfalt beobachtet hat oder ein späterer Besitzer durch Beobachtung dieser Sorgfalt die Gefahr hätte abwenden können (§ 836 II BGB).

133 Vermutet wird auch, dass die Verletzung der Verkehrspflicht **kausal** für den eingetretenen Schaden war. Dies kann der Verantwortliche widerlegen, indem er nach-

---

[143] Näher dazu *Wagner* in MünchKomm. BGB, § 838 Rn. 1.

weist, dass der Schaden auch bei Beachtung der gebotenen Sorgfalt eingetreten wäre[144].

V. Haftung für Tiere (§§ 833 f. BGB)

Literatur: *Deutsch*, Die Haftung des Tierhalters, JuS 1987, 673; *Röthel*, Gefährdungshaftung, Jura 2012, 444; *Eichelberger*, Zur Tierhalterhaftung bei Handeln auf eigene Gefahr, ZJS 2009, 567; *Staudinger/Schmidt*, „Gutes Reiten, schlechtes Reiten" – Eine weitere Episode der Tierhalterhaftung, Jura 2000, 347; *Terbille*, Der Schutzbereich der Tierhalterhaftung nach § 833 S. 1 BGB, VersR 1994, 1151; *ders.*, Die Beweislastverteilung bei der Tierhalterhaftung nach § 833 S. 1 BGB, VersR 1995, 129.

Übungsfälle: *Büdenbender*, Jura 2000, 132; *Gömöry*, JA 2011, 373; *Heß*, JuS 1992, 310; *Lemmerz/Woitke*, Jura 2011, 132; *Spellenberger/Leible*, Jura 1993, 656; *Void/Wolf*, JuS 2002, 44.

1. Überblick

In § 833 BGB ist die **Haftung des Tierhalters** für von einem Tier verursachte Personen- oder Sachschäden geregelt. Hinsichtlich der Haftungsvoraussetzungen wird dabei zwischen Nutztieren und sonstigen Tieren (nachfolgend: Luxustiere) unterschieden. 134

– Bei **Nutztieren** kann sich der Tierhalter nach § 833 S. 2 BGB exkulpieren. Es handelt sich insoweit um eine Haftung für vermutetes Verschulden.
– Bei **Luxustieren** haftet der Tierhalter unabhängig von einem eigenen Verschulden. § 833 S. 1 BGB stellt daher einen Fall der Gefährdungshaftung dar.

Ergänzend regelt § 834 BGB die **Haftung des Tieraufsehers**. Unabhängig davon, ob es sich um ein Nutz- oder Luxustier handelt, haftet der Tieraufseher nur für schuldhafte Aufsichtspflichtverletzungen, die allerdings vermutet werden. 135

2. Haftung des Tierhalters

a) Prüfungsschema

Aus dem Zusammenspiel der beiden Sätze des § 833 BGB ergibt sich für die Tierhalterhaftung folgendes Prüfungsschema: 136

---

[144] *Belling* in Staudinger, BGB, § 836 Rn. 136.

> **Haftungsvoraussetzungen nach § 833 BGB**
> - Rechtsgutverletzung
> - Verursachung durch ein Tier
>   - Realisierung der spezifischen Tiergefahr
> - geschützter Personenkreis
>   - Problem: Selbstgefährdung
> - Haftungsadressat: Tierhalter
> - nur bei Nutztieren: keine Exkulpation hinsichtlich...
>   - schuldhafter Verletzung der Aufsichtspflicht
>   - Ursächlichkeit für Schaden

b) Rechtsgutverletzung

137 § 833 BGB setzt die Tötung eines Menschen, eine Körper- oder Gesundheitsverletzung oder die Beschädigung einer Sache voraus. Der Begriff der Sachbeschädigung ist dabei weit zu verstehen. Eine Substanzverletzung ist nicht unbedingt erforderlich. Auch die Beeinträchtigung von Nutzungsmöglichkeiten und die Sachentziehung sollen von § 833 BGB erfasst sein.

> **Beispiel:** Das ungewollte Decken einer Hündin durch einen Rüden stellt eine Sachbeschädigung dar[145].

c) Verursachung durch ein Tier

138 Erforderlich ist weiterhin, dass die Rechtsgutverletzung *durch ein Tier* verursacht wurde. Erfasst werden **Tiere jeder Art**, gleich ob sie zahm oder wild sind. Auch auf die Größe des Tieres kommt es nicht an. Zwar hatte der Gesetzgeber bei der Schaffung des BGB vornehmlich Pferde und andere große Tiere im Blick, doch ist § 833 BGB auch auf Insekten (wichtig insbesondere: Bienen) und andere Kleinlebewesen anwendbar.

> Umstritten ist, ob auch **Mikroorganismen** (Bakterien und Viren) von § 833 BGB erfasst werden. Dies wird zum Teil für im Labor gezüchtete Bakterien angenommen[146]. Dagegen spricht aber, dass das Gefährdungspotential von Mikroorganismen eher demjenigen von chemischen Stoffen entspricht[147]. Für gentechnisch veränderte Organismen sieht § 32 GenTG (Gentechnikgesetz) eine Gefährdungshaftung spezialgesetzlich vor. Und für die hiervon nicht erfassten Fälle verbleibt immer noch die Haftung nach § 823 I BGB.

139 Die Formulierung „durch ein Tier" verlangt **mehr als bloße Kausalität**.[148]

---

[145] BGHZ 67, 129, 134.

[146] *Schiemann* in Erman, BGB, § 836 Rn. 2; *Spindler* in BeckOK BGB, § 833 Rn. 4; *Deutsch*, NJW 1976, 1137, 1138; *ders.*, NJW 1990, 751 f.

[147] *Wagner* in MünchKomm. BGB, § 833 Rn. 6; *Sprau* in Palandt, BGB, § 833 Rn. 4; *Krause* in Soergel, BGB, § 833 Rn. 3; *Larenz/Canaris*, Schuldrecht II/2, § 84 II 1, S. 613 f.; ablehnend für Viren *Abeltshauser*, JuS 1991, 366, 367.

[148] BGHZ 67, 129, 132; BGH NJW 1982, 763, 764.

> Erforderlich ist, dass sich die **spezifische Tiergefahr** realisiert hat. Nach Auffassung des BGH[148] ist das entscheidende Haftungskriterium insoweit die **Unberechenbarkeit tierischen Verhaltens.**

Auf eine besondere Kraftentfaltung kommt es dabei *nicht* an. Auch muss das Verhalten des Tieres nicht widernatürlich sein – im Gegenteil: § 833 BGB soll gerade auch diejenigen Schäden erfassen, die durch ein „normales Tierverhalten" ausgelöst werden. Es kommt daher *nicht* darauf an, dass das Tier sich anders verhalten hat, als sich ein „Durchschnittstier" in seiner Situation verhalten hätte[149]. Sanktioniert wird *nicht* das „unsorgfältige Verhalten" des Tieres, sondern die **Realisierung eines dem Tier immanenten Risikos.**

Beispiele: Scheuen oder Austreten eines Pferdes; Beißen oder Anspringen eines Hundes; Stechen einer Biene. Auch von ruhenden Tieren können Gefahren ausgehen (z.B. im Straßenverkehr).

Entgegen einer verbreiteten Auffassung[150] ist die Tierhalterhaftung nicht schon deshalb ausgeschlossen, weil das Tier **menschlicher Leitung** folgte[151]. Nur wenn die von dem Tier ausgehende Gefahr auch von einem leblosen Gegenstand hätte ausgehen können, scheidet § 833 BGB aus[152].

140

Beispiele: Hundehalter H hetzt seinen abgerichteten Hund auf seinen Nachbarn N, der infolgedessen Bissverletzungen erleidet. – Dass der Hund auf „Anweisung" des H gehandelt hat, ändert nichts daran, dass sich in dem Angriff eine spezifische Tiergefahr verwirklicht hat. Daher haftet H nach § 833 S. 1 BGB. Dies würde auch dann gelten, wenn nicht H, sondern dessen Bekannter B den Hund auf N gehetzt hätte.

Die Rechtsgutverletzung muss *nicht* unmittelbar durch das Tier verursacht worden sein. Von § 833 BGB erfasst werden auch die Fälle, in denen es wegen eines Tieres zu einem **Unfall** (z.B. im Straßenverkehr) kommt[153]. Die spezifische Tiergefahr kann sich schließlich auch dadurch realisieren, dass jemand bei der **Flucht vor einem Tier** Verletzungen erleidet[154].

141

Insoweit kann die oben § 8 Rn. 209 dargestellte **Herausforderungsformel** fruchtbar gemacht werden.

---

[149] So aber RGZ 80, 237, 238 f.; auch noch BGH NJW 1975, 867, 868.
[150] BGH NJW-RR 1990, 789, 791; OLG Stuttgart NJW-RR 1994, 93, 94; *Seiler* in Festschrift Zeuner, 1994, S. 279, 289.
[151] *Krause* in Soergel, BGB, § 833 Rn. 8; *Wagner* in MünchKomm. BGB, § 833 Rn. 12 f.; *Eberl-Borges* in Staudinger, BGB, § 833 Rn. 55 ff.; *Spindler* in BeckOK BGB, § 833 Rn. 10; *Deutsch*, NJW 1978, 1998, 1999 f.; *ders.*, JuS 1987, 673, 675.
[152] *Wagner* in MünchKomm. BGB, § 833 Rn. 13.; *Eberl-Borges* in Staudinger, BGB, § 833 Rn. 43.
[153] BGH NJW 1971, 509 f.; *Eberl-Borges* in Staudinger, BGB, § 833 Rn. 24; *Spindler* in BeckOK BGB, § 833 Rn. 11.
[154] *Eberl-Borges* in Staudinger, BGB, § 833 Rn. 51.

d) Geschützter Personenkreis

142 Umstritten ist, ob der **persönliche Schutzbereich** des § 833 BGB auch denjenigen erfasst, der – ohne Halter oder Aufseher zu sein – im Zeitpunkt des Schadensereignisses die Kontrolle über das Tier ausgeübt hat.

> Das **Paradebeispiel** hierfür ist das Reiten eines fremden Pferdes.

143 Nach Auffassung des BGH[155] scheidet § 833 BGB tatbestandlich aus, wenn der Geschädigte erkannt hat, dass von dem Tier ein **besonderes (d.h. erhöhtes) Risiko** ausgeht, und er dieses Risiko **im eigenen Interesse übernommen** hat („Handeln auf eigene Gefahr").

> **Beispiel:** Die Übernahme eines besonders störrischen Pferdes, um die eigene Reitkunst zu beweisen, würde demnach eine besondere Selbstgefährdung darstellen. Wirft das Pferd den Reiter ab, so würde der Halter nicht nach § 833 BGB haften. Anders wäre danach zu entscheiden, wenn ein Reiter bei einem „gewöhnlichen Ausritt" von einem an sich zahmen Pferd abgeworfen wird. Hierdurch soll sich nur das „normale" Risiko verwirklichen.

144 Die Lösung der Rechtsprechung **überzeugt nicht**. § 833 BGB unterscheidet nicht zwischen „normalen" und „besonderen" Tiergefahren – und auch praktisch dürfte dies nur schwer handhabbar sein. Im **Schrifttum** wird daher für eine **einheitliche Behandlung** plädiert. Dabei werden zwei Ansätze vertreten:

– Nach einer Auffassung[156] soll § 833 BGB in diesen Fällen immer eingreifen. Als Korrektiv dient aber § 254 BGB: Die Selbstgefährdung soll bei der Prüfung des **Mitverschuldens** zu berücksichtigen sein. Dies könne sogar dazu führen, dass ein Anspruch vollständig entfällt.
– Die Gegenauffassung[157] will diese Fälle vom Schutzbereich des § 833 BGB generell **ausnehmen**, da die Ratio der Gefährdungshaftung nicht eingreife.

Die letztgenannte Auffassung verdient den Vorzug. Für sie streitet auch **§ 8 Nr. 2 StVO**, der den Fahrer eines Kfz vom Schutzbereich der verschuldensunabhängigen Halterhaftung des § 7 StVG ausnimmt. Der dahinterstehende Gedanke lässt sich **verallgemeinern**[158].

> Der Reiter, der von einem Pferd abgeworfen wird, kann den Halter daher nicht nach § 833 S.1 BGB in Anspruch nehmen. Die Haftung kann sich aber aus § 823 I BGB und bei Bestehen einer vertraglichen Beziehung zudem aus § 280 I BGB ergeben.

145 Auch in anderen Fällen, in denen sich der Geschädigte dem Tier freiwillig genähert hat, kann eine Haftung nach § 833 BGB ausscheiden. Erforderlich ist insoweit, dass zwischen Halter und Geschädigtem zumindest konkludent ein **Haftungsverzicht**

---

[155] Siehe BGH NJW 1974, 234, 235 f.; BGH NJW 1974, 234, 235; BGH NJW 1982, 763, 764; zustimmend *Röthel*, Jura 2012, 444, 446 f.
[156] *Eberl-Borges* in Staudinger, BGB, § 833 Rn. 189 ff.
[157] *Larenz/Canaris*, Schuldrecht II/2, § 84 II 1 e, S. 617; *Deutsch*, NJW 1978, 1998, 2001 f.; *ders.*, JuS 1981, 317, 323; *Kipp*, VersR 2000, 1348, 1349 f.
[158] *Wagner* in MünchKomm. BGB, § 833 Rn. 20; a.A. BGH NJW 1992, 2474.

vereinbart wurde[159]. Ob hierfür ein Hinweisschild („Füttern auf eigene Gefahr") ausreicht, ist zumindest zweifelhaft.

e) Tierhalter

Haftungsadressat des § 833 BGB ist der Halter des Tieres. 146

> **Tierhalter** ist, wem die Bestimmungsmacht über das Tier zusteht und wer aus eigenem Interesse für die Kosten des Tieres aufkommt und das wirtschaftliche Risiko seines Verlustes trägt[160].

Das ist in der Regel, aber *nicht* notwendigerweise der Eigentümer. Die Tierhaltereigenschaft beginnt mit der Übernahme von Risiken und Gefahren des Tieres. Auch mehrere gemeinsam können Tierhalter sein; dann haftet jeder von ihnen als Gesamtschuldner nach §§ 833, 840 BGB. Die Haltereigenschaft geht nicht dadurch verloren, dass das Tier einem Dritten überlassen wird, sofern der Halter weiterhin für die Kosten aufkommt[161]. Das Entlaufen des Tieres führt ebenfalls nicht dazu, dass die Haltereigenschaft erlischt, solange das Tier nicht einem Dritten zuzuordnen ist. Dass der Halter seine Bestimmungsmacht über ein entlaufenes Tier nicht ausüben kann, schließt die Haftung nicht aus, da sich das tierspezifische Risiko auch hierauf erstreckt[162]. 147

Umstritten ist, unter welchen Voraussetzungen **Minderjährige** als Tierhalter anzusehen sind. Manche Autoren wollen insoweit auf den Maßstab des § 828 BGB abstellen, also nach der Einsichtsfähigkeit des Minderjährigen fragen[163]. Vorzugswürdig erscheint indes die Gegenauffassung, die sich für eine analoge Anwendung der §§ 104 ff. BGB ausspricht[164]. Die Tierhaltereigenschaft knüpft nämlich daran an, dass über ein Tier *wirksam* bestimmt werden kann. Zudem können sich Minderjährige ohne Zustimmung der gesetzlichen Vertreter nicht gegen die mit der Tierhaltung verbunden Risiken versichern. Minderjährige sind daher nur als Tierhalter anzusehen, wenn der gesetzliche Vertreter der Tierhaltung zugestimmt hat. 148

---

[159] Näher dazu *Eberl-Borges* in Staudinger, BGB, § 833 Rn. 195 f. mit weiteren Nachweisen.
[160] RGZ 168, 331, 332 f.; BGH NJW-RR 1988, 655, 656; *Wagner* in MünchKomm. BGB, § 833 Rn. 23; *Krause* in Soergel, BGB, § 833 Rn. 12.
[161] Vgl. dazu *Wagner* in MünchKomm. BGB, § 833 Rn. 104.
[162] Vgl. etwa BGH NJW 1965, 2397; *Larenz/Canaris*, Schuldrecht II/2 § 84 II 1 b, S. 614; *Deutsch*, JuS 1987, 673, 678.
[163] *Wagner* in MünchKomm. BGB, § 833 Rn. 33; *Sprau* in Palandt, BGB, § 833 Rn. 10; *Deutsch*, JuS 1987, 673, 678; *Spickhoff*, AcP 108 (2008), 345, 410.
[164] *Teichmann* in Jauernig, BGB, § 833 Rn. 3; *Spindler* in BeckOK BGB, § 833 Rn. 14; *Canaris*, NJW 1964, 1987, 1990 f.; *Staudinger/Schmidt*, Jura 2000, 347, 349; differenzierend hingegen *Eberl-Borges* in Staudinger, BGB, § 833 Rn. 115.

f) Exkulpationsmöglichkeit bei Nutztieren

149 Gemäß § 833 S. 2 BGB kann sich der Tierhalter **exkulpieren**, wenn der Schaden durch „ein Haustier verursacht wird, das dem Beruf, der Erwerbstätigkeit oder dem Unterhalt des Tierhalters zu dienen bestimmt ist". Der Nutztierhalter muss dafür nachweisen, dass

- er bei der Beaufsichtigung des Tieres die im Verkehr erforderliche Sorgfalt beobachtet hat *oder*
- der Schaden auch bei Anwendung dieser Sorgfalt entstanden sein würde.

Die Exkulpationsmöglichkeit wurde 1908 in das BGB eingefügt und sollte vor allem die Betreiber landwirtschaftlicher Viehzucht entlasten[165]. Daher sollte der Begriff „Haustier" nicht zu eng gefasst werden. Entscheidend ist vielmehr der **Nutzungszweck** des Tieres[166].

Beispiele für Nutztiere: polizeiliche Diensthunde; Hütehunde von Schäfern; Wachhunde[167]; Blindenhunde; die Trainingspferde eines Trabertrainers; das Schlachtvieh eines Fleischgroßhändlers; Zirkustiere; landwirtschaftliche Nutztiere.

3. Haftung des Tieraufsehers

150 Die Haftung des Tieraufsehers nach § 834 BGB tritt *neben* die Haftung des Tierhalters. **Tieraufseher** ist, wer die Führung der Aufsicht über das Tier durch Vertrag übernimmt. Entscheidend ist insoweit, dass der Tieraufseher die Beherrschung der Tiergefahr eigenverantwortlich und selbstständig übernimmt, ohne dadurch Tierhalter zu werden[168]. Gehilfen des Tierhalters sind daher nicht als Tieraufseher anzusehen.

Tierhalter und Tieraufseher haften als Gesamtschuldner (§ 840 I BGB). Der Innenausgleich richtet sich nach der zwischen ihnen bestehenden vertraglichen Abrede.

151 Die **Haftungsvoraussetzungen** entsprechen denjenigen des § 833 BGB – mit einer gewichtigen Ausnahme: Der Tieraufseher kann sich sowohl bei Nutztieren als auch bei Luxustieren exkulpieren. Hierzu muss er den Nachweis erbringen, dass er bei der Führung der Aufsicht die im Verkehr erforderliche Sorgfalt beachtet hat oder die Sorgfaltswidrigkeit nicht kausal für den Schaden war (§ 834 S. 2 BGB).

---

[165] Vgl. *Eberl-Borges* in Staudinger, BGB, § 833 Rn. 7.
[166] So bereits RGZ 158, 388, 391.
[167] Zu den Anforderungen insoweit *Wagner* in MünchKomm. BGB, § 833 Rn. 40 ff.
[168] Siehe etwa *Spindler* in BeckOK BGB, § 834 Rn. 2 f.; *Wagner* in MünchKomm. BGB, § 834 Rn. 2 ff.

> **Haftungsvoraussetzungen nach § 834 BGB**
> - Rechtsgutverletzung
> - Verursachung durch ein Tier
>   - Realisierung der spezifischen Tiergefahr
> - geschützter Personenkreis
>   - Problem: Selbstgefährdung
> - Haftungsadressat: Tieraufseher
>   - Übernahme der Aufsichtspflicht durch Vertrag
> - keine Exkulpation hinsichtlich...
>   - schuldhafter Verletzung der Aufsichtspflicht
>   - Ursächlichkeit für Schaden

VI. Amtshaftung (§ 839 BGB i.V.m. Art. 34 GG)

Literatur: *Durner*, Grundfälle zum Staatshaftungsrecht, JuS 2005, 793 ff.; *Wurm*, Drittgerichtetheit und Schutzzweck der Amtspflicht als Voraussetzungen für die Amtshaftung, JA 1992, 1.

In § 839 BGB ist schließlich die sog. **Amtshaftung** geregelt, allerdings nur unvollständig. Die Regelung ist immer im Zusammenhang mit **Art. 34 GG** zu lesen. **§ 839 I BGB** normiert zwar eine Eigenhaftung von Amtsträgern bei der schuldhaften Verletzung ihrer Amtspflichten. Art. 34 GG leitet diese Haftung auf die Anstellungskörperschaft über. Im Regelfall haftet also nicht der Amtsträger dem Geschädigten auf Schadensersatz, sondern die Körperschaft, für die er tätig geworden ist.

§ 839 II BGB enthält das sog. **Spruchrichterprivileg**, das die Haftung von Richtern für Fehlurteile auf Fälle der vorsätzlichen Rechtsbeugung (§ 339 StGB) beschränkt. **§ 839 III BGB** ist eine besondere Ausprägung des Mitverschuldensprinzips: Hätte der Geschädigte den Schaden durch Einlegung eines Rechtsmittels abwenden können, haften weder Amtsträger noch Anstellungskörperschaft. **§ 839a BGB** schließlich begrenzt die Haftung gerichtlich bestellter Gutachter auf Vorsatz und grobe Fahrlässigkeit.

152

153

Hinweis: Die §§ 839, 839a BGB gehören systematisch zum **Staatshaftungsrecht**, das aus historischen Gründen im BGB verortet ist. Auf eine Darstellung der zahlreichen Einzelheiten wird an dieser Stelle verzichtet – sie ist ohnehin bei Verwaltungs- und Staatshaftungsrechtlern in besseren Händen[169].IV. Haftung für vermutetes Verschulden

---

[169] Lektüretipps für Einsteiger: *Detterbeck*, Allgemeines Verwaltungsrecht, 11. Aufl. 2013, § 21; *Maurer*, Allgemeines Verwaltungsrecht, 18. Aufl. 2011, § 26.

§ 10 Wichtige Haftungstatbestände außerhalb des BGB

I. Vorbemerkung

Die im BGB enthaltenen Haftungsnormen werden *ergänzt* durch eine Vielzahl **spezialgesetzlicher Anspruchsgrundlagen**. Die §§ 823 ff. BGB gelten grundsätzlich auch, wenn eine Problematik in einem besonderen Gesetz geregelt ist. Warum bedarf es dann aber zusätzlicher Haftungsnormen? Schon ein kurzer Blick auf die nachfolgenden darzustellenden Haftungstatbestände verrät den Grund: Die spezialgesetzliche Haftung ist für den Geschädigten regelmäßig günstiger als die allgemeine Deliktshaftung nach dem BGB. Hierzu bedient sich der Gesetzgeber in einigen Fällen der bereits aus den §§ 831 ff. BGB bekannten **Beweislastumkehr** zugunsten des Geschädigten. In anderen Fällen wird sogar eine **verschuldensunabhängige Garantiehaftung** angeordnet, die das BGB nur in § 833 S. 1 BGB kennt. Die damit einhergehende Haftungsverschärfung wird teilweise durch **Haftungshöchstgrenzen** abgemildert.

1

II. Haftung nach dem StVG

Literatur: *Coester-Waltjen*, Die Haftung nach § 7 StVG, Jura 2004, 173; *Garbe/Hagedorn*, Die zivilrechtliche Haftung beim Verkehrsunfall, JuS 2004, 287; *Hirte/Heber*, Haftung bei Gefälligkeitsfahrten im Straßenverkehr, JuS 2002, 241; *Medicus*, Gefährdungshaftung im Zivilrecht, Jura 1996, 561; *Röthel*, Gefährdungshaftung, Jura 2012, 444; *Schreiber/Strupp*, Die Haftung bei Verkehrsunfällen, Jura 2007, 594; *Staudinger/Schmidt-Bendun*, Die Reform des Schadensersatzrechts und ihre Bedeutung für die Haftung im Straßenverkehr, Jura 2003, 441; *Wilke*, Einführung in die Straßenverkehrshaftung, JA 2008, 210.

Übungsfälle: *Göller*, JA 2002, 34; *Mäsch*, JuS 2012, 1029; *Mäsch/Gotsche*, Jura 2007, 779; *Pätzel*, JuS 2003, 1013.

1. Bedeutung

2   Das StVG enthält *zwei* praktisch äußerst bedeutsame Haftungsnormen:

- § 7 I StVG regelt die **Haftung des Kraftfahrzeughalters** für Personen- oder Sachschäden, die bei Betrieb eines Kraftfahrzeuges verursacht wurden. Ein Verschulden des Halters ist dabei nicht erforderlich. Es handelt sich also um einen Fall der Garantiehaftung: Der Halter muss für die besondere *Betriebsgefahr* seines Fahrzeugs grundsätzlich auch dann einstehen, wenn ihm ein Fehlverhalten nicht zur Last gelegt werden kann (Ausnahmen: §§ 7 II und III, 8 StVG).
- Daneben haftet gemäß § 18 I StVG auch der Fahrzeugführer (=Fahrer). Haftungsgrund der **Fahrerhaftung** ist nicht die Betriebsgefahr, sondern ein eigenes *Verschulden* beim Führen des Fahrzeuges. Dieses Verschulden wird allerdings vermutet, sodass sich der Fahrer, will er eine Haftung vermeiden, exkulpieren muss.

Beide Haftungstatbestände können gleichzeitig erfüllt werden. Eigenständige Bedeutung gewinnt die Fahrerhaftung aber nur, wenn der Fahrer nicht zugleich auch Halter des Fahrzeuges ist. Daneben kann sich die Haftung von Halter und Fahrer auch aus den allgemeinen deliktsrechtlichen Tatbeständen ergeben, insbesondere aus § 823 I BGB; insoweit besteht **Anspruchskonkurrenz** (vgl. §§ 16, 18 II StVG).

3   Die §§ 10–13 StVG regeln den Umfang der Haftung, wobei § 12 StVG bestimmte **Haftungshöchstgrenzen** vorsieht. Die §§ 9 und 17 StVG enthalten Regelungen zur **Haftungsverteilung**, wenn den Geschädigten ein Mitverschulden trifft oder an dem Unfall mehrere Kraftfahrzeuge beteiligt waren. § 15 StVG statuiert eine **Anzeigeobliegenheit** des Geschädigten, deren Verletzung zum Verlust der Ansprüche aus §§ 7 I, 18 I StVG (nicht: §§ 823 ff. BGB) führen kann (**Verwirkung**).

§ 15 StVG dient dem Beweissicherungsinteresse des (vermeintlich oder tatsächlich) Ersatzpflichtigen[1]. Der Geschädigte muss ihm den Unfall innerhalb von **zwei Monaten** anzeigen. Die Frist beginnt, sobald der Geschädigte Kenntnis vom Schaden und von der Person des Ersatzpflichtigen erlangt hat. Der Rechtsverlust tritt nicht ein, wenn der Geschädigte die Nichtanzeige nicht zu vertreten oder der Ersatzpflichtige bereits anderweitig Kenntnis vom Unfall erlangt hat.

4   Grundsätzlich spielt der Umstand, dass ein Ersatzpflichtiger versichert ist, haftungsrechtlich keine Rolle (siehe schon § 7 Rn. 22 ff.). Bei Verkehrsunfällen ist das anders. Die Kfz-Haftpflicht ist eine gesetzliche Pflichtversicherung, die nach § 1 PflVG (Pflichtversicherungsgesetz) jeder Halter eines Kraftfahrzeugs abschließen muss. Hieraus ergibt sich die Anwendbarkeit des § 115 I 1 Nr. 1 VVG[2] (Versicherungsvertragsgesetz), der dem Geschädigten einen **eigenen Anspruch gegen den Versicherer** einräumt.

Deshalb gibt es bei Schadensersatzklagen in der Praxis häufig **drei Beklagte**: den Fahrer, den Halter und dessen Versicherung, die als Gesamtschuldner in Anspruch genommen wer-

---

[1] *Jahnke* in Burmann/Heß/Jahnke/Janker, Straßenverkehrsrecht, 22. Auflage 2012, § 15 StVG Rn. 1.
[2] Bis 2007 ergab sich der Direktanspruch aus § 3 Nr. 1 PflVG.

den können. Die Haftung des Versicherers ist dabei streng akzessorisch zur Haftung des Halters, allerdings nur „im Rahmen der Leistungspflicht aus dem Versicherungsvertrag" bzw. nach Maßgabe des § 117 VVG. Einzelheiten hierzu gehören ins Versicherungsrecht[3].

2. Halterhaftung (§ 7 StVG)

a) Prüfungsschema

Die positiven Voraussetzungen der Halterhaftung ergeben sich aus § 7 I StVG, Einschränkungen aus den Abs. 2 und 3 sowie den nachfolgenden Vorschriften.

> **Voraussetzungen der Halterhaftung (§ 7 I StVG)**
> - Rechtsgutverletzung
> - Schadensentstehung bei Betrieb eines Kraftfahrzeugs
> - Haftungsadressat: Halter
> - kein Ausschluss der Haftung ...
>   - wegen höherer Gewalt (§ 7 II StVG)
>   - wegen Schwarzfahrt (§ 7 III StVG)
>   - gemäß § 8 Nr. 1–3 StVG
>   - wegen Unabwendbarkeit gemäß § 17 III StVG
>   - aufgrund vertraglicher Vereinbarung
> - keine Verwirkung nach § 15 StVG

Hinweis: Die Haftungsverteilung gehört nicht zu den Voraussetzungen, sondern zu den Rechtsfolgen. Sie wird anschließend (unten Rn. 19 ff.) dargestellt.

b) Rechtsgutverletzung

§ 7 I StVG setzt die Tötung eines Menschen, die Verletzung des Körpers oder der Gesundheit eines Menschen *oder* die Beschädigung einer Sache voraus. Reine Vermögensschäden können nach den straßenverkehrsrechtlichen Haftungsnormen also *nicht* geltend gemacht werden.

c) Schadensentstehung bei Betrieb eines Kraftfahrzeuges

Die Rechtsgutverletzung muss bei Betrieb eines Kraftfahrzeuges eingetreten sein.

> **Kraftfahrzeuge** sind nach der Legaldefinition des § 1 II StVG „Landfahrzeuge, die durch Maschinenkraft bewegt werden, ohne an Bahngleise gebunden zu sein."

---

[3] Siehe aber auch *Fuchs/Pauker*, Delikts- und Schadensersatzrecht, S. 276.

Beispiele: Pkw; Lkw; Mopeds und Motorräder; Quads; Traktoren; Bagger; Gabelstapler; Straßenwalzen.

Anhänger sind zwar keine Kraftfahrzeuge, werden aber ebenfalls von § 7 I StVG erfasst, wenn sie dazu bestimmt sind, von einem Kraftfahrzeug mitgeführt zu werden. *Nicht* unter das StVG fallen hingegen Straßen- und Eisenbahnen sowie Schwebebahnen. Für diese gilt § 1 HaftpflG (dazu unten Rn. 33).

8   **Wann aber ist ein Fahrzeug in Betrieb?** Die ältere Rechtsprechung[4] folgte der sog. **maschinentechnischen Auffassung**. Nach dieser ist ein Fahrzeug nur dann in Betrieb, wenn der Motor in Gang ist und das Fahrzeug antreibt. Allerdings lässt sich so die Haftung für Anhänger nicht erklären. Zudem stellen Kraftfahrzeuge auch dann eine Gefahrenquelle im Straßenverkehr dar, wenn ihr Motor nicht läuft. Daher hat sich zu Recht die sog. **verkehrstechnische Auffassung** durchgesetzt[5].

> Exemplarisch hierfür **BGHZ 105, 65**: „Dieses Haftungsmerkmal ist [...] entsprechend dem weiten Schutzzweck der Vorschrift weit auszulegen. Die Haftung nach § 7 I StVG ist gleichsam der Preis für die Zulassung der mit dem Kraftfahrzeugverkehr verbundenen Gefahren und umfasst daher alle durch den Kraftfahrzeugverkehr beeinflussten Schadensabläufe. Es genügt, dass sich eine von dem Kfz ausgehende Gefahr ausgewirkt hat und das Schadensgeschehen in dieser Weise durch das Kfz (mit-)geprägt worden ist [...]. Erforderlich ist freilich, dass ein Zusammenhang mit der Bestimmung des Kfz als einer der Fortbewegung und dem Transport dienenden Maschine (vgl. § 1 II StVG) besteht. Eine Haftung nach § 7 I StVG entfällt daher, wo die Fortbewegungs- und Transportfunktion des Kfz keine Rolle mehr spielt und das Fahrzeug nur noch als Arbeitsmaschine eingesetzt wird."[6]

> Ein Kraftfahrzeug ist in Betrieb, wenn es sich im Verkehr befindet und andere Verkehrsteilnehmer gefährdet. Der Unfall muss in einem **zeitlichen und örtlichen Zusammenhang** mit dem Betriebsvorgang eines Kraftfahrzeuges stehen[6].

9   Der **Betrieb endet**, wenn das Fahrzeug außerhalb des öffentlichen Verkehrsbereiches (z.B. in einer Garage) abgestellt wird[7]. Umstritten ist, ob Fahrzeuge auch dann „außer Betrieb" sind, wenn sie auf einem öffentlichen Parkplatz ordnungsgemäß abgestellt wurden, oder ob dann stattdessen von einer „Betriebsruhe" auszugehen ist[8]. Dies mag hier dahinstehen, da sich bei einem Unfall mit einem *ordnungsgemäß* geparkten Fahrzeug jedenfalls nicht dessen Betriebsgefahr verwirklicht hat (dazu

---

[4] RGZ 122, 270 ff.; RGZ 126, 333 ff.; RGZ 132, 262 ff.
[5] BGHZ 105, 65, 66; BGHZ 107, 359, 366; BGHZ 115, 84, 86; BGH NJW-RR 2008, 764 f.; BGH NJW 2010, 3713 ff.
[6] Siehe etwa BGHZ 37, 311, 317 f.; BGHZ 58, 162, 165; BGH NJW 2005, 2081 f. jeweils mit weiteren Nachweisen.
[7] OLG München NZV 1996, 199, 200; OLG Nürnberg NZV 1997, 482 f.; OLG Hamm NZV 1999, 469, 470; OLG Karlsruhe NJW 2005, 2318, 2319; anders aber OLG Düsseldorf NZV 2011, 195 f.
[8] Vgl. *Garbe/Hagedorn*, JuS 2004, 287, 288 mit weiteren Nachweisen.

sogleich Rn. 10). Einigkeit besteht ohnehin dahingehend, dass falsch geparkte oder liegengebliebene Fahrzeuge noch in Betrieb sind, weil sie den Verkehr (zumindest potentiell) behindern[9]. Zum Betrieb gehören schließlich auch das Ein- und Aussteigen sowie das Be- und Entladen[10].

Beispiel: A parkt seinen Pkw ordnungsgemäß auf einem als Parkfläche ausgewiesen Seitenstreifen. Beim Öffnen der Fahrertür achtet er nicht auf den Verkehr und bringt dadurch Radfahrer F zu Fall. – Das Aussteigen gehört noch zum Betrieb des Kraftfahrzeuges, da es in einem engen zeitlichen und örtlichen Zusammenhang zur Fahrt steht. Auf die Frage, ob ordnungsgemäß geparkte Fahrzeuge noch in Betrieb sind, kommt es daher nicht an.[11]

Der Betrieb des Kraftfahrzeuges muss für die Rechtsgutverletzung kausal gewesen sein. Dabei muss sich gerade das **betriebsspezifische Risiko** des Kraftfahrzeuges verwirklicht haben[11]. 10

Der Sache nach geht es hier darum, dem **Schutzzweck der Gefährdungshaftung** Rechnung zu tragen: Der Halter soll dafür einstehen müssen, dass sich ein seiner Sphäre zurechenbares Risiko verwirklicht hat. Allerdings wird auch insoweit ein großzügiger Maßstab angelegt. Nicht erforderlich ist, dass die Rechtsgutverletzung durch eine Berührung des Fahrzeuges verursacht wurde[12]. Eine Haftung nach § 7 I StVG kommt insbesondere auch dann in Betracht, wenn der Geschädigte dem Kraftfahrzeug ausgewichen ist, um eine Kollision zu vermeiden[13].

d) Haftungsadressat: Halter
Nach § 7 I StVG haftet der Halter des Kraftfahrzeuges. Der **Halterbegriff** ist ganz ähnlich zu bestimmen wie bei § 833 BGB. 11

Halter ist, wer die **tatsächliche Verfügungsgewalt** über das Kraftfahrzeug (oder den Anhänger) ausübt und es **für eigene Rechnung** in Gebrauch hat[14].

Dabei können auch mehrere Personen gleichzeitig Halter sein (z.B. Eheleute). Halter und Eigentümer müssen *nicht* identisch sein. Besonders deutlich ist dies etwa beim **Leasing**: Der Leasinggeber hat als Eigentümer zwar die rechtliche, nicht aber 12

---

[9] Siehe etwa OLG Frankfurt VersR 2004, 1149 f.
[10] Vgl. etwa *Looschelders*, Schuldrecht BT, Rn. 1452; *Garbe/Hagedorn*, JuS 2004, 287, 289.
[11] BGH NJW-RR 2008, 764 f.; *Wandt*, Gesetzliche Schuldverhältnisse, § 21 Rn. 14; *Looschelders*, Schuldrecht BT, Rn. 1452; *Coester-Waltjen*, Jura 2004, 173, 175; *Martis*, JA 1997, 45, 46.
[12] BGH NJW 1988, 2802 ff.
[13] BGH NJW 2010, 3713 f. mit weiteren Nachweisen.
[14] BGHZ 87, 133; BGHZ 116, 200; *Burmann* in Burmann/Heß/Jahnke/Janker, Straßenverkehrsrecht, § 7 StVG Rn. 8.

die tatsächliche Verfügungsgewalt. Über den Gebrauch des Fahrzeuges entscheidet der Leasingnehmer, der auch die Kosten trägt. Folglich ist der Leasingnehmer regelmäßig als Halter anzusehen[15]. Entsprechendes gilt für den Vorbehaltskäufer oder denjenigen, der ein Fahrzeug zur Sicherheit übereignet hat.

> In diesen Fällen stellt sich die Frage, ob dem Eigentümer (Leasinggeber, Vorbehaltsverkäufer, Sicherungsnehmer) gegen den Halter (Leasingnehmer, Vorbehaltskäufer, Sicherungsgeber) ein Anspruch aus § 7 I StVG zusteht, wenn das Fahrzeug beim Betrieb beschädigt wurde. Dies ist zu **verneinen**, weil der Schutzzweck der Gefährdungshaftung sich nicht auf das betreffende Fahrzeug erstreckt[16].

13   Bei **Vermietung** ist zu unterscheiden: Eine nur kurzfristige Anmietung begründet die Haltereigenschaft nicht. Erst wenn das Fahrzeug dem Einflussbereich des Vermieters dauerhaft entzogen ist und der Verfügungsgewalt des Mieters untersteht, ist der Mieter als Halter anzusehen[17]. Bei **Verkauf** eines Fahrzeuges wird der Erwerber mit Besitzübergang Halter. Auch der **Dieb** kann Halter sein, da es auf die rechtliche Verfügungsbefugnis nicht ankommt.

e) Ausschluss der Haftung
aa) Höhere Gewalt

14   Gemäß § 7 II StVG ist die Halterhaftung ausgeschlossen, wenn der Unfall durch „höhere Gewalt" verursacht wurde. Zur Bestimmung des Begriffs der „höheren Gewalt" bemüht die Rechtsprechung folgende **Formel**: Es muss sich um ein „außergewöhnliches, betriebsfremdes, von außen durch elementare Naturkräfte und [besser: oder] durch Handlungen dritter (betriebsfremder) Personen herbeigeführtes und nach menschlicher Einsicht und Erfahrung unvorhersehbares Ereignis [handeln], das mit wirtschaftlich erträglichen Mitteln auch durch nach den Umständen äußerste, vernünftigerweise zu erwartende Sorgfalt nicht verhütet und unschädlich gemacht werden kann und das auch nicht im Hinblick auf seine Häufigkeit in Kauf genommen zu werden braucht"[18].

> Kürzer gefasst: Es muss sich um eine Einwirkung **von außen** handeln, die **außergewöhnlich** und **nicht absehbar** ist[19].

Beispiele: Erdrutsch; Terroranschlag; Selbstmord durch Überfahrenlassen.

---

[15] BGHZ 87, 133 ff.; BGHZ 173, 182 ff.
[16] BGHZ 187, 379 ff.; BGH NJW 2011, 699; *Röthel*, Jura 2012, 444, 447; a.A. noch BGHZ 87, 133, 138.
[17] Siehe etwa *Wandt*, Gesetzliche Schuldverhältnisse, § 21 Rn. 8 mit weiteren Nachweisen.
[18] BGHZ 7, 338, 339; so bereits auch RG JW 31, 865.
[19] *Burmann* in Burmann/Heß/Jahnke/Janker, Straßenverkehrsrecht, § 7 StVG Rn. 19 mit weiteren Nachweisen.

Die drei Kriterien müssen *zusammen* vorliegen. Es genügt daher *nicht*, dass der Unfall durch den Halter oder Fahrer nicht hätte vermieden werden können. Das **Fehlverhalten anderer Verkehrsteilnehmer**, insbesondere von Kindern, ist nicht außergewöhnlich[20]. Folglich greift der Ausschlusstatbestand des § 7 II StVG in diesen Fällen nicht ein. Das war **bis 2002** noch anders. Nach der bis dahin geltenden Fassung des § 7 II StVG entfiel die Ersatzpflicht bereits bei Vorliegen eines unabwendbaren Ereignisses. Unabwendbarkeit war danach anzunehmen, wenn der Unfall auch einem Idealfahrer passiert wäre[21]. Durch die Neufassung der Vorschrift ist die Haftung erheblich ausgeweitet worden.

15

Beispiel: A befährt mit seinem Pkw mit der zulässigen Höchstgeschwindigkeit von 50 km/h eine Hauptstraße. Plötzlich springt vom Gehweg ein Kind auf die Straße. A reagiert sofort, kann aber nicht mehr ausweichen. Das Kind wird beim Zusammenstoß schwer verletzt. – A haftet als Fahrzeughalter gemäß § 7 I StVG für den entstandenen Schaden. Durch den Unfall hat sich eine typische Betriebsgefahr des Pkw realisiert. Dass auch ein überdurchschnittlich sorgfältiger Idealfahrer den Unfall nicht hätte vermeiden können, spielt insoweit *keine* Rolle. § 7 II StVG greift nur bei höherer Gewalt. Diese lag hier nicht vor: Dass ein Kind plötzlich auf die Straße springt, ist nicht außergewöhnlich. Nach § 7 II StVG a.F. wäre die Haftung des A hingegen ausgeschlossen gewesen, da der Unfall auch für einen Idealfahrer nicht vermeidbar gewesen wäre.

Hinweis: Heute enthält § 17 III StVG noch einen Ausschlusstatbestand, der an die Unabwendbarkeit des Unfalls anknüpft (dazu sogleich Rn. 25).

bb) Schwarzfahrt

Die Halterhaftung scheidet auch dann aus, wenn jemand ohne Wissen und Willen des Halters das Fahrzeug benutzt (§ 7 III 1 StVG).

16

In diesem Fall haftet der **Benutzer** *anstelle* des Halters nach § 7 I StVG. Trotz Schwarzfahrt bleibt der Halter aber verpflichtet, wenn er die Benutzung des Fahrzeugs schuldhaft ermöglicht hat (z.B. durch Steckenlassen des Zündschlüssels). Der Ausschlusstatbestand greift *nicht* ein, wenn der Benutzer vom Halter für den Betrieb des Fahrzeugs angestellt ist oder wenn der Halter dem Benutzer das Fahrzeug überlassen hat (§ 7 III 2 StVG).

cc) Weitere Ausschlusstatbestände

§ 8 StVG enthält weitere Tatbestände, die die Halterhaftung ausschließen. Praktisch bedeutsam ist **Nr. 2** der Vorschrift. Danach greift die Halterhaftung nach § 7 I StVG nicht, „wenn der Verletzte bei dem Betrieb des Kraftfahrzeuges oder des

17

---

[20] RGZ 44, 27; RGZ 54, 404; *Burmann* in Burmann/Heß/Jahnke/Janker, Straßenverkehrsrecht, § 7 StVG Rn. 19.
[21] Vgl. etwa BGHZ 117, 337.

Anhängers tätig war". Hierzu zählt vor allem der **Fahrer**, regelmäßig aber nicht der Beifahrer[22].

> Der Fahrer kann daher allenfalls vertragliche Ansprüche oder solche nach den §§ 823 ff. BGB gegen den Halter geltend machen.

Beispiel: F mietet von der S-AG einen Pkw. Aufgrund eines technischen Defekts des Fahrzeugs kommt es zu einem Unfall, bei dem F als Fahrer schwer verletzt wird. – Die S-AG haftet gegenüber F nicht nach § 7 I StVG. In Betracht kommen vertragliche Ansprüche wegen der Verletzung der Pflichten aus dem Mietvertrag (§§ 280 I, 243 II BGB) sowie Ansprüche aus § 823 I und II BGB. Diese setzen aber jeweils Verschulden voraus.

dd) Vertraglicher Haftungsausschluss

18 § 7 I StVG gilt seit 2002 auch für die Schädigung von Fahrzeuginsassen. Der Halter haftet daher **auch gegenüber Beifahrern** und sonstigen Mitfahrern, gleich ob diese entgeltlich oder aus reiner Gefälligkeit mitgenommen werden. Diese Haftung kann, sofern sich aus § 8a StVG und § 276 III BGB nichts anderes ergibt, vertraglich **abbedungen** werden[23]. Problematisch ist insoweit, unter welchen Voraussetzungen ein **konkludenter Haftungsverzicht** angenommen werden kann. Die Rechtsprechung ist hier sehr zurückhaltend, insbesondere wenn – was die Regel ist – eine Haftpflichtversicherung eingreifen würde[24].

Hinweis: Ein Haftungsverzicht sollte daher nur bei konkreten Anhaltspunkten für einen entsprechenden Willen angenommen werden.

f) Haftungsverteilung

19 Ist in einem **ersten Schritt** geklärt, dass der Halter nach § 7 I StVG *dem Grunde nach* haftet, so ist in einem **zweiten Schritt** zu fragen, ob er den entstandenen Schaden in vollem Umfang (bis zu den Haftungshöchstgrenzen gemäß §§ 12 ff. StVG) ersetzen muss. Eine nur **anteilige Haftung** kann sich aus den §§ 9 und 17 StVG ergeben.

aa) Schadensverursachung durch mehrere Kraftfahrzeuge (§ 17 StVG)

20 § 17 StVG greift immer dann ein, wenn **ein Schaden durch mehrere Kraftfahrzeuge verursacht** wurde und daher mehrere Halter nach § 7 I StVG haften.

– § 17 I StVG ordnet dabei für die Fälle, in denen ein Dritter (z.B. ein Fußgänger, Radfahrer oder Beifahrer) geschädigt wurde, eine **besondere Form des Gesamtschuldnerausgleichs** zwischen den Haltern an. Die Vorschrift betrifft *nicht* das Verhältnis zum Dritten, d.h. dieser kann die Halter gesamtschuldnerisch (§§ 421 ff. BGB) in Anspruch nehmen.

---

[22] *Heß* in Burmann/Heß/Jahnke/Janker, Straßenverkehrsrecht, § 8 StVG Rn. 7 ff.
[23] *Garbe/Hagedorn*, JuS 2004, 287, 290.
[24] Vgl. BGH NJW 1980, 1681 f.; BGH NJW 2006, 1004 f.

II. Haftung nach dem StVG

– **§ 17 II StVG** betrifft die Fälle, in denen der Schaden einem der Fahrzeughalter (oder beiden!) entstanden ist. Die Vorschrift betrifft also das **Haftungsverhältnis zwischen mehreren unfallbeteiligten Haltern**, denen (einseitig oder wechselseitig) Ansprüche aus § 7 I StVG zustehen. Es handelt sich insoweit um eine Sonderregelung zu § 254 BGB.

In beiden Fallkonstellationen ist eine **Abwägung** vorzunehmen. 21

> Zu fragen ist nach dem jeweiligen **Verursachungsanteil** der Kraftfahrzeuge. Dabei ist die **Betriebsgefahr** der Fahrzeuge ebenso zu berücksichtigen wie **gefahrerhöhende Umstände**, die sich ein Halter zurechnen lassen muss[25].

Die allgemeine **Betriebsgefahr** ist die „grundsätzliche Gefährlichkeit" eines Fahrzeuges. Sie ist bei einem Sattelschlepper regelmäßig höher als bei einem Pkw. Bei einem Unfall, an dem mehrere Pkw beteiligt sind, kann grundsätzlich davon ausgegangen werden, dass jedem Pkw die gleiche Betriebsgefahr „innewohnt". Die **Betriebsgefahr erhöht sich**, wenn das Fahrzeug nicht ordnungsgemäß funktioniert hat, unabhängig davon, ob der Halter dies zu verschulden hat. 22

> So geht z.B. von einem Fahrzeug, dessen Rücklicht defekt ist, eine höhere Gefahr aus, als von einem Fahrzeug, das diesen Defekt nicht hat.

Auch durch die Fahrweise kann sich die Betriebsgefahr erhöhen. So begründen insbesondere der **Verstoß gegen Verkehrsregeln** (z.B. Überschreiten der zulässigen Geschwindigkeit, Vorfahrtsverstöße) oder eine **riskante Fahrweise** eine **erhöhte Betriebsgefahr**[26]. Dies gilt auch dann, wenn der Halter nicht selbst gefahren ist. Der Halter muss sich das Fehlverhalten des Fahrers, dem er die Beherrschung des Betriebsrisikos anvertraut hat, zurechnen lassen. Halter und Fahrer bilden insofern eine **Haftungseinheit**[27]. 23

> Bei bestimmten Unfallkonstellationen wird ein schuldhafter Verkehrsverstoß vermutet. Die Rechtsprechung bedient sich dabei des sog. **Anscheinsbeweises**, bei dem ein bestimmtes „Unfallbild" *prima facie* für einen bestimmten Geschehensablauf spricht. Praktisch bedeutsam sind insoweit vor allem **Auffahrunfälle**. Hier spricht der erste Anschein für einen Fehler des Auffahrenden[28]. Erst wenn dieser Anschein erschüttert ist, muss der „Vordermann" das Fehlverhalten des Auffahrenden darlegen und ggf. beweisen.

Der Verursachungsanteil der beteiligten Fahrzeuge wird schließlich in einer **Haftungsquote** ausgedrückt. 24

---

[25] *Looschelders*, Schuldrecht BT, Rn. 1468 f.; *Wandt*, Gesetzliche Schuldverhältnisse, § 21 Rn. 34 ff.; *Garbe/Hagedorn*, JuS 2004, 287, 291.
[26] *Unberath* in BeckOK, BGB, § 254 Rn. 54; *Oetker* in MünchKomm. BGB, § 254 Rn. 114 f.
[27] Vgl. *Heß* in Burmann/Heß/Jahnke/Janker, Straßenverkehrsrecht, § 17 StVG Rn. 5; *Röthel*, Jura 2012, 444, 449.
[28] Siehe etwa BGH VersR 89, 54 ff.; KG Berlin NZV 2009, 458 ff.

- Sind zwei Fahrzeuge an einem Unfall beteiligt, haben diese eine vergleichbare Betriebsgefahr und sind gefahrerhöhende Umstände nicht nachzuweisen, so haften beide Halter mit einer Quote von jeweils **50%**. Wurde ein Dritter geschädigt, so müssen sie nach § 17 I StVG im Innenverhältnis also jeder die Hälfte des Schadens tragen. Geht es um den Schaden, den die Halter selbst erlitten haben, so wird ihr jeweiliger Anspruch aus § 7 I StVG um 50% gekürzt (§ 17 II StVG).
- Hat sich bei einem der Fahrzeuge nur die einfache Betriebsgefahr verwirklicht, während die Betriebsgefahr des anderen erhöht ist (z.B. wegen eines Verkehrsverstoßes des Fahrers), so verschieben sich die Haftungsquoten. Die **einfache Betriebsgefahr** wird in der Rechtsprechung in solchen Fällen typischerweise mit **20–25%** angesetzt[29]. Bei schwerwiegenden Verkehrsverstößen oder einem besonders unsorgfältigen Fahrverhalten kann die allgemeine Betriebsgefahr des anderen Fahrzeugs auch vollständig zurücktreten und die Haftungsquote entsprechend mit **0%** anzusetzen sein[30].

Beispiel: A überholt mit seinem Pkw eine Fahrzeugkolonne. Als er unmittelbar vor dem Pkw des B wieder einschert, muss er wegen eines langsamer fahrenden Pkw eine Vollbremsung vornehmen. Infolgedessen fährt der Pkw des B auf den Pkw des A auf. A entsteht hierdurch ein Schaden in Höhe von 2.000 €, B ein Schaden in Höhe von 1.000 €.

- A hat einen Anspruch gegen B aus § 7 I StVG. Der Anspruch ist aber gemäß **§ 17 II i.V.m. I StVG** um den eigenen Verursachungsanteil des A zu kürzen. Dieser ist durch Abwägung zu ermitteln, wobei die allgemeine Betriebsgefahr der beiden Pkw und weitere gefahrerhöhende Umstände zu berücksichtigen sind. Mangels anderer Hinweise ist die **allgemeine Betriebsgefahr** beider Pkw gleich anzusetzen. Zu fragen ist sodann, ob diese Gefahr im konkreten Fall erhöht wurde. Bei Auffahrunfällen spricht der **erste Anschein** für ein Fehlverhalten (und damit eine erhöhte Betriebsgefahr) des Auffahrenden. Indes ist dieser Anschein hier **erschüttert,** da das Überholverhalten des A und die von diesem durchgeführte Vollbremsung hier eine besondere Gefahr geschaffen haben. Daher kann nicht mehr von einem Fehlverhalten des Auffahrenden ausgegangen werden. Da das Fahrverhalten des A riskant war und die Gefahr des Auffahrunfalls wesentlich erhöht hat, ist dessen **Betriebsgefahr erhöht.** Dem ist bei der Bestimmung der Haftungsquote Rechnung zu tragen. In einem vergleichbaren Fall hat das OLG Naumburg[31] die Haftungsquoten des Auffahrenden mit 20% angesetzt. Legt man dies auch hier zugrunde, dann beträgt der Haftungsanteil des A 80%. Um diesen Prozentsatz wäre sein Anspruch aus § 7 I StVG **zu kürzen.** A kann daher nicht 2.000 €, sondern nur 400 € von B ersetzt verlangen.
- B hat gegen A ebenfalls einen Anspruch aus § 7 I StVG. Auch dieser ist nach § 17 II. i.V.m. I StVO entsprechend der eben ermittelten Haftungsquoten zu kürzen. Da B wegen der allgemeinen Betriebsgefahr seines Pkw 20% des Schadens tragen muss, kann er von A nicht 1.000 €, sondern nur 800 € verlangen.

25 Die Haftung eines Halters ist schließlich dann **ausgeschlossen,** wenn der Unfall durch ein **unabwendbares Ereignis** verursacht wird, das weder auf einem Fehler in der Beschaffenheit des Fahrzeuges noch auf einem Versagen seiner Vorrichtungen

---

[29] 20% z.B. bei OLG Koblenz NVwZ-RR 1995, 629, 630; 25% bei OLG Celle NVwZ-RR 1998, 481; 1/3 bei OLG Hamm NZV 1996, 32 f.
[30] Vgl. BGH VersR 1969, 713, 714; BGH VersR 1995, 357, 358.
[31] OLG Naumburg VRS 100, 173 ff.

beruht (§ 17 III 1 StVG). Als unabwendbar gilt ein Ereignis aber nur dann, wenn sowohl der Halter als auch der Führer des Fahrzeuges jede nach den Umständen des Falles gebotene Sorgfalt beobachtet hat (§ 17 III 2 StVG). *Insoweit* ist also zu fragen, ob der Unfall auch einem „**Idealfahrer**" passiert wäre – falls ja, so haftet der betreffende Halter nicht[32]. Allerdings ist zu beachten, dass § 17 III 1 StVG nur gegenüber einem anderen Halter gilt, *nicht* aber gegenüber Dritten. Gegenüber diesen ist die Haftung nur bei „höherer Gewalt" ausgeschlossen (§ 7 II StVG, siehe oben Rn. 14 f.).

> Der Haftungsausschluss gilt auch für die Ersatzpflicht **gegenüber dem Eigentümer** eines Fahrzeuges, der nicht selbst Halter ist (§ 17 III 3 StVG). Von Bedeutung ist dies insbesondere in den Fällen, in denen ein durch einen Unfall beschädigtes Fahrzeug einem Leasinggeber gehört, der nicht als Halter anzusehen ist[33].

bb) Mitverschulden des Geschädigten (§ 9 StVG)

§ 9 StVG verweist bei einem Mitverschulden des Geschädigten auf § 254 BGB. Da § 17 StVG die Verursachung durch mehrere Kraftfahrzeuge als *lex specialis* regelt, ist § 9 StVG nur auf Personen anwendbar, die selbst weder als Halter noch als Fahrer am Unfall beteiligt waren. 26

> § 9 StVG erfasst daher nur Fälle, in denen ein **nicht motorisierter Verkehrsteilnehmer** (z.B. Fußgänger, Radfahrer, Beifahrer) geschädigt wird[34].

Die Haftung des Halters ist um den Verursachungsanteil des Verletzten **zu kürzen**. Ein Mitverschulden liegt aber nur vor, wenn der Verletzte selbst einen **Sorgfaltsverstoß** begangen hat. 27

> **Beispiel:** Radfahrer R benutzt den Radweg in falscher Richtung und wird vom Fahrer eines abbiegenden Fahrzeuges deshalb übersehen und angefahren.

Bei Sachschäden muss sich der Geschädigte nach § 9 StVG zudem das Mitverschulden desjenigen zurechnen lassen, der im Augenblick des Unfalls die **tatsächliche Gewalt** über die Sache ausübt. 28

> **Abwandlung:** R fährt mit dem Fahrrad des E. Dieses wird bei dem Unfall beschädigt. E muss sich das Mitverschulden des R zurechnen lassen.

Ein Mitverschulden setzt **Verschuldensfähigkeit** voraus. Bei Kindern ist insoweit § 828 BGB und namentlich dessen Abs. 2 zu beachten: Bis zu ihrem zehnten Geburtstag sind Kinder im Straßenverkehr nicht verschuldensfähig (siehe oben § 8 Rn. 247). Auch grob verkehrswidriges Verhalten von Kindern unter zehn Jahren 29

---

[32] BGH VersR 1987, 1034, 1035; BGH NJW 1992, 1684, 1685.
[33] Vgl. *Heß* in Burmann/Heß/Jahnke/Janker, Straßenverkehrsrecht, § 17 StVG Rn. 9.
[34] *Garbe/Hagedorn*, JuS 2004, 287, 290.

mindert die Haftung des Halters daher nicht. Umstritten ist, ob zur Vermeidung unbilliger Ergebnisse § 829 BGB auch im Rahmen der § 9 StVG, § 254 BGB herangezogen werden kann[35]. In den Gesetzesmaterialien wird diese Möglichkeit explizit erwähnt[36].

3. Fahrerhaftung (§ 18 StVG)

30 *Neben* die Halterhaftung tritt die Haftung des Fahrzeugführers (= Fahrer) gemäß § 18 StVG.

> **Fahrzeugführer** im Sinne des § 18 I StVG ist, wer im Augenblick des Unfalls die tatsächliche Gewalt über das Steuer innehat.

Beim **Fahrschulbetrieb** ist der Fahrlehrer – und nicht der Fahrschüler – als Fahrzeugführer anzusehen (§ 2 XV 2 StVG).

31 Die **Haftungsvoraussetzungen** entsprechen denjenigen der Halterhaftung. Auch der Haftungsumfang ist identisch. Anders als der Halter haftet der Fahrer aber nur für **eigenes Verschulden**, das allerdings **vermutet** wird.

> Der Fahrer kann sich durch den Nachweis entlasten, dass der Unfall nicht auf seinem Verschulden beruht.

32 Erforderlich ist insoweit, dass der Fahrer nachweisen kann, dass er sich **verkehrsrichtig verhalten** hat. Dies ist insbesondere dann der Fall, wenn der Unfall auf einem technischen Defekt des Fahrzeuges beruhte, der für den Fahrer nicht vorhersehbar und auch nicht beherrschbar war[37].

Der Fahrer muss dabei aber *nicht* dartun, dass der Unfall für ihn absolut unvermeidbar war. Der **Sorgfaltsmaßstab** richtet sich – anders als bei § 17 III StVG – nicht nach dem hypothetischen Idealfahrer, sondern nach dem durchschnittlichen Verkehrsteilnehmer[38].

---

[35] Vgl. dazu *Oechsler* in Staudinger, BGB, § 829 Rn. 66 ff. mit weiteren Nachweisen.
[36] BT-Drucks. 14/7752, S. 16.
[37] *Heß* in Burmann/Heß/Jahnke/Janker, Straßenverkehrsrecht, § 18 StVG Rn. 8.
[38] *Garbe/Hagedorn*, JuS 2004, 287, 293.

III. Haftung nach dem HaftPflG

Das Haftpflichtgesetz (HaftPflG) regelt die Haftung für bestimmte gefährliche Transportmittel und Anlagen. 33

- § 1 HaftPflG betrifft Schienen- und Schwebebahnen. Diese sind keine Kraftfahrzeuge, sodass § 7 I StVG nicht eingreift. § 1 HaftPflG ordnet aber auch insoweit eine Gefährdungshaftung des „Betriebsunternehmers" an, die nur bei höherer Gewalt ausgeschlossen ist.
- § 2 HaftPflG ist eine dem Umwelthaftungsrecht zuzuordnende Anspruchsgrundlage. Es handelt sich um eine Gefährdungshaftung für die Betreiber von Energieanlagen.
- § 3 HaftPflG schließlich betrifft die Haftung der Betreiber von Bergwerken, Steinbrüchen, Gruben und Fabriken für das Verschulden ihrer Repräsentanten und Verrichtungsgehilfen. Anders als bei § 831 BGB ist eine Exkulpation hier nicht möglich.

In den §§ 9, 10 HaftPflG sind bestimmte **Haftungshöchstgrenzen** festgelegt. § 13 HaftPflG betrifft die **Haftungsverteilung** bei mehreren Verpflichteten.

IV. Haftung nach dem ProdHaftG

Literatur: *Deckert*, Die Produkthaftung nach dem ProdHaftG, JA 1995, 282; *Fuchs/Baumgärtner*, Ansprüche aus Produzenten- und Produkthaftung, JuS 2011, 1057; *Honsell*, Produkthaftungsgesetz und allgemeine Deliktshaftung, JuS 1995, 211; *Katzenmeier*, Entwicklungen des Produkthaftungsrechts, JuS 2003, 943; *Landrock*, Das Produkthaftungsrecht im Lichte neuerer Gesetzgebung und Rechtsprechung, JA 2003, 981; *Looschelders*, Neue Entwicklungen im Produkthaftungsrecht, JR 2003, 309.

Fälle: *Fischer/Schmehl*, JA 2008, 498; *Heinemann/Schürholz*, Jura 2002, 693; *Rolland*, JuS 1993, 568; *Schlinker*, JuS 2010, 224; *Voit/Geweke*, JuS 2001, 358.

1. Grundlagen

a) Verhältnis zur deliktischen Produzentenhaftung

Seit 1990 regelt das Produkthaftungsgesetz (ProdHaftG) die **Haftung für das In-** 34
verkehrbringen fehlerhafter Produkte. Das Gesetz beruht auf der EG-Produkthaftungsrichtlinie[39]. Dabei gilt nach Auffassung des EuGH der Grundsatz der Vollharmonisierung[40], d.h. die Mitgliedstaaten dürfen von dem in der Richtlinie festgelegten Schutzstandard weder nach oben noch nach unten abweichen. Ungeachtet dessen ist § 1 I ProdHaftG nicht die einzige Vorschrift, nach der durch fehlerhafte Produkte verursachte Schäden ersetzt verlangt werden können. Auch wenn der Anwendungsbereich des ProdHaftG eröffnet ist, kommt daneben die **deliktische**

---

[39] Richtlinie 85/374/EWG zur Angleichung der Rechts- und Verwaltungsvorschriften der Mitgliedstaaten über die Haftung für fehlerhafte Produkte vom 25. Juli 1985, ABl. EG Nr. L 210, S. 29.
[40] Vgl. etwa EuGH NJW 2006, 1409.

Produzentenhaftung in Betracht. Von dieser war bereits oben § 8 Rn. 173 ff. ausführlich die Rede.

b) Überblick und Prüfungsschema

35 **Zentrale Haftungsnorm** ist § 1 I ProdHaftG: Wird durch den Fehler eines Produkts ein Mensch getötet, an Körper oder Gesundheit verletzt oder wird eine Sache beschädigt, so ist der Hersteller des Produkts zum Schadensersatz verpflichtet. In den §§ 2–4 ProdHaftG werden die Begriffe „Produkt", „Produktfehler" und „Hersteller" definiert. § 1 II und III ProdHaftG enthalten Entlastungstatbestände zugunsten des Herstellers.

§ 1 IV ProdHaftG regelt die Verteilung der **Beweislast**. Danach muss der Geschädigte die Herstellereigenschaft des Anspruchsgegners, die Fehlerhaftigkeit des Produkts und den Schaden sowie die Kausalität nachweisen. Hingegen obliegt es dem Hersteller, sich nach § 1 II oder III ProdHaftG zu entlasten.

36
Voraussetzungen der Haftung nach § 1 I ProdHaftG
- Rechtsgutverletzung
- Produktfehler
    - Produkt (§ 2 ProdHaftG)
    - Fehler (§ 3 ProdHaftG)
- Kausalität
- Haftungsadressat: Hersteller (§ 4 ProdHaftG)
- kein Ausschluss der Haftung nach § 1 II, III ProdHaftG
- kein Erlöschen nach § 13 I ProdHaftG

37 **Mehrere ersatzpflichtige Hersteller** haften nach § 5 S. 1 ProdHaftG gesamtschuldnerisch. Die Vorschrift enthält zudem in S. 2 eine besondere Regelung des Gesamtschuldnerausgleichs. Nach § 6 I ProdHaftG ist bei einem Mitverschulden des Geschädigten § 254 BGB anwendbar. Die §§ 7 ff. ProdHaftG regeln den **Haftungsumfang**, wobei nach § 10 ProdHaftG die Haftung für Personenschäden auf 85 Mio. € **beschränkt** ist. Für Sachschäden sieht § 11 ProdHaftG einen **Selbstbehalt** des Geschädigten in Höhe von 500 € vor[41].

Hinweis: Die Beschränkungen der §§ 10 f. ProdHaftG gelten aber *nicht* für den konkurrierenden Anspruch aus § 823 I BGB. Daher ist dem Geschädigten (bzw. seinem Prozessvertreter) bei Sachbeschädigungen immer anzuraten, eine Verkehrspflichtverletzung (vgl. oben § 8 Rn. 173 ff.) vorzutragen.

38 § 13 I ProdHaftG enthält eine **materielle Ausschlussfrist**: Die Haftung nach § 1 ProdHaftG erlischt oder scheidet von vornherein aus, sobald das schadensverursa-

---
[41] Kritisch *Oechsler* in Staudinger, BGB, § 11 ProdHaftG Rn. 1; *Looschelders*, Schuldrecht BT, Rn. 1274.

chende Produkte bereits zehn Jahre im Verkehr ist. Etwas anderes gilt nur für bereits gerichtlich geltend gemachte, rechtskräftig oder vergleichsweise festgestellte oder vom Hersteller anerkannte Ansprüche.

c) Dogmatische Einordnung

Die dogmatische Einordnung der Haftung nach § 1 ProdHaftG ist umstritten. Es handelt sich nach einer im Vordringen befindlichen Auffassung **nicht** um eine **reine Gefährdungshaftung**[42]. Vielmehr werden verhaltensbezogene Unrechtselemente und verhaltensunabhängige Einstandspflichten kombiniert[43]. Zwar setzt § 1 I ProdHaftG tatbestandlich ein Herstellerverschulden nicht voraus, doch finden sich **Elemente einer Verschuldenshaftung** in den Enthaftungstatbeständen (vgl. § 1 II Nr. 5 ProdHaftG).

39

> **Klausurhinweis:** Der Meinungsstreit wirkt sich praktisch nicht aus. Für die gutachterliche Prüfung ist die dogmatische Einordnung der Haftung ohnehin von untergeordneter Bedeutung. Wichtig ist hier, dass das Verschulden des Herstellers nicht als Haftungsvoraussetzungen geprüft wird. Auch bei der Prüfung der § 1 II und III ProdHaftG muss die Frage nicht problematisiert werden. Es genügt vielmehr, anhand des Normtextes zu prüfen.

2. Anspruchsvoraussetzungen der Herstellerhaftung

a) Rechtsgutverletzung

§ 1 I 1 ProdHaftG setzt die Tötung eines Menschen, eine Körper- oder Gesundheitsverletzung oder die Beschädigung einer Sache voraus. Reine Vermögensschäden sind also auch hier *nicht* ersatzfähig. Für die **Sachbeschädigung** enthält § 1 I 2 ProdHaftG weitere Einschränkungen: Die beschädigte Sache muss ihrer Art nach gewöhnlich für **den privaten Ge- oder Verbrauch** bestimmt und hierzu von dem Geschädigten hauptsächlich verwendet worden sein.

40

> Gewerbliche Produktionsschäden, wie sie beispielsweise im **„Hühnerpest"-Fall**[44] vorlagen, fallen daher nicht unter § 1 ProdHaftG[45].

Zudem muss es sich um eine *andere* Sache handeln; die Beschädigung des fehlerhaften Produkts selbst löst die Herstellerhaftung nach § 1 I ProdHaftG *nicht* aus.

41

> Die außervertragliche Haftung für Schäden am Produkt selbst wird im Rahmen der deliktischen Produzentenhaftung gemäß § 823 I BGB unter dem Schlagwort des „weiterfressenden Mangels" diskutiert (siehe dazu oben § 8 Rn. 34 ff.).

---

[42] Vgl. *Oechsler* in Staudinger, BGB, Einl. ProdHaftG Rn. 27 ff.; *Wagner* in MünchKomm. BGB, Einl. ProdHaftG Rn. 14 ff.; für eine Gefährdungshaftung hingegen *Schiemann* in Erman, BGB, Vor § 1 ProdHaftG, Rn. 2; *Fuchs/Pauker*, Delikts- und Schadensersatzrecht, S. 303 f.
[43] *Oechsler* in Staudinger, BGB, Einl. ProdHaftG Rn. 35.
[44] BGHZ 51, 91 ff.
[45] *Looschelders*, Schuldrecht BT, Rn. 1269.

b) Produkt

42 Die Rechtsgutverletzung muss durch ein fehlerhaftes Produkt verursacht worden sein.

> Gemäß § 2 ProdHaftG sind **Produkte** in diesem Sinne
> - bewegliche Sachen, auch wenn sie Teil anderer beweglicher oder unbeweglicher Sachen sind, sowie
> - Elektrizität.

43 Dienstleistungen und rein intellektuelle Leistungen unterfallen nicht dem Produktbegriff, weil sie *nicht* verkörpert sind[46]. Dies gilt zwar auch für **Elektrizität**, doch ist diese im Gesetz explizit als taugliches Produkt genannt. **Tiere**[47] und **entnommene menschliche Organe**[48] werden von der ganz h.M. ebenfalls als Produkte angesehen.

44 Umstritten ist die **Behandlung von Software**. Weitgehende Einigkeit besteht darüber, dass ein Datenträger (z.B. CD-Rom, USB-Stick), auf dem ein Computerprogramm gespeichert ist, als körperliche Sache ein Produkt im Sinne des ProdHaftG ist. Dies soll nach h.M. auch für das auf dem Datenträger gespeicherte Programm gelten[49]. Online versendete Software soll nach verbreiteter Auffassung demgegenüber nicht von § 2 ProdHaftG erfasst sein[50], da es an der erforderlichen Verkörperung fehle. Diese Unterscheidung vermag teleologisch aber nicht zu überzeugen. Richtigerweise sollte das ProdHaftG auf Software immer angewendet werden[51].

45 Besonderheiten gelten für **Arzneimittel**. Diese unterfallen zwar grundsätzlich dem Produktbegriff. Doch richtet sich die Haftung für **fehlerhafte Arzneimittel** nach den §§ 84 ff. Arzneimittelgesetz (AMG)[52]. Daneben kommt eine Herstellerhaftung nach §§ 1 ff. ProdHaftG nicht in Betracht (vgl. § 15 I ProdHaftG).

c) Produktfehler

46
> Ein Produkt hat einen **Fehler**, wenn es nicht die Sicherheit bietet, die berechtigterweise erwartet werden kann (§ 3 I ProdHaftG).

---

[46] *Wagner* in MünchKomm. BGB, § 2 ProdHaftG Rn. 17.
[47] Siehe dazu *Oechsler* in Staudinger, BGB, § 2 ProdHaftG Rn. 71 f.
[48] EuGH NJW 2001, 2781, 2783; *Wagner* in MünchKomm. BGB, § 2 ProdHaftG Rn. 17; *Deutsch*, JZ 1989, 465, 468; vgl. auch Begr. RegE, BT-Drucks. 11/2447 S. 16.
[49] Vgl. *Oechsler* in Staudinger, BGB, § 2 ProdHaftG Rn. 64 mit zahlreichen Nachweisen, a.A. *v. Westphalen*, NJW 1990, 83, 87.
[50] *Oechsler* in Staudinger, BGB, § 2 ProdHaftG Rn. 66; *Junker*, JZ 1993, 447, 448 f.
[51] Ebenso *Wagner* in MünchKomm. BGB, § 2 ProdHaftG Rn. 16; *Krause* in Soergel, BGB, § 2 ProdHaftG Rn. 4; *Cahn*, NJW 1996, 2899, 2904.
[52] Dazu *Looschelders*, Schuldrecht BT, Rn. 1276 ff.

IV. Haftung nach dem ProdHaftG

Was *berechtigterweise* erwartet werden kann, richtet sich nach den Umständen des Einzelfalles. Dabei sind insbesondere die Darbietung des Produkts, der typische Gebrauch sowie der Zeitpunkt des Inverkehrbringens zu berücksichtigen. Allein der Umstand, dass später ein verbessertes Produkt auf den Markt gebracht wurde, begründet die Fehlerhaftigkeit indes noch nicht (§ 3 II ProdHaftG).

Umstritten ist, ob es für die nach § 3 ProdHaftG maßgeblichen Sicherheitserwartungen auf den **Erwartungshorizont** der Allgemeinheit[53] oder denjenigen eines „verständigen Verbrauchers" ankommt[54]. Letzteres ist jedenfalls dann vorzugswürdig, wenn sich der Hersteller mit seinem Produkt an einen bestimmten Erwerber- und Benutzerkreis richtet. Dann darf der Hersteller auch davon ausgehen, dass Erwerber und Benutzer sich ihrerseits sorgfältig verhalten[55].

47

> **Beispiel:** X produziert und vertreibt ein Chlorierungsmittel. Zu Abnehmern des Reinigungsmittels zählen ausschließlich die Schwimmbadbetreiber, bei denen ausgewiesenes Fachpersonal das Reinigungsmittel einsetzt. Die Verpackung ist mit einem deutlichen Hinweis „Achtung: Giftig!" versehen. Zudem wird die Verwendung und Dosierung zutreffend erklärt. – Da sich X an einen fachkundigen Abnehmerkreis richtet, genügen die Sicherheitshinweise den berechtigten Erwartungen der Erwerber und Benutzer. Insbesondere muss X keine weiteren Vorkehrungen dafür treffen, dass Kinder nicht an das Reinigungsmittel herankommen. Dies obliegt vielmehr den Betreibern der Schwimmbäder und deren Personal.

d) Kausalität

Schließlich muss die Rechtsgutverletzung gerade durch den Produktfehler verursacht worden sein. Der Nachweis dieser **haftungsbegründenden Kausalität** obliegt nach § 1 IV ProdHaftG dem Geschädigten. Dies ist durch die EG-Produkthaftungsrichtlinie so vorgegeben. Daher verbietet sich die Annahme einer Beweislastumkehr zugunsten des Geschädigten[56], wie sie bei der deliktischen Produzentenhaftung zum Teil vorgenommen wird (siehe oben § 8 Rn. 182 ff.). Beweiserleichterungen (z.B. in Form eines Anscheinsbeweises[57]) sollen nach verbreiteter Auffassung hingegen möglich sein[58].

48

> Für die **haftungsausfüllende Kausalität** zwischen Rechtsgutverletzung und Schaden gelten die allgemeinen Grundsätze (siehe § 11 Rn. 36 ff.). Auch insoweit trägt der Geschädigte die Beweislast. Lässt sich die konkrete Höhe des Schadens nicht feststellen, hilft im Zivilprozess § 287 ZPO.

---

[53] So *Oechsler* in Staudinger, BGB, § 3 ProdHaftG Rn. 15 ff.; *Taschner*, NJW 1986, 611, 614.
[54] So *Wagner* in MünchKomm. BGB, § 3 ProdHaftG Rn. 5 ff.; *Schiemann* in Erman, BGB, § 3 ProdHaftG Rn. 3; *Wieckhorst*, JuS 1990, 86, 89; Brüggemeier/Reich, WM 1986, 149, 150; *Hollmann*, DB 1985, 2389, 2392.
[55] *Wagner* in MünchKomm. BGB, § 3 ProdHaftG Rn. 6.
[56] *Wagner* in MünchKomm. BGB, § 1 ProdHaftG Rn. 68.
[57] Siehe etwa OLG Frankfurt NJW 1995, 2498 f.
[58] Näher zum Ganzen *Oechsler* in Staudinger, BGB, § 1 ProdHaftG Rn. 162 ff.; *Wagner* in MünchKomm. BGB, § 1 ProdHaftG Rn. 71 ff.

e) Haftungsadressat: Hersteller

49 Der **Anspruchsgegner** muss Hersteller des fehlerhaften Produkts gewesen sein. Während bei der deliktischen Produzentenhaftung derjenige haftet, der in Bezug auf das Produkt eine Verkehrspflicht verletzt hat, kommt es bei der Herstellerhaftung – jedenfalls im Ausgangspunkt – auf einen tatsächlichen Beitrag zur Herstellung des betreffenden Produkts an[59].

> Nach § 4 I 1 ProdHaftG ist **Hersteller**, wer das Endprodukt, einen Grundstoff oder ein Teilprodukt hergestellt hat.

50 Die Legaldefinition ist misslungen, weil sie tautologisch ist. Treffender lässt sich formulieren:

> Hersteller ist jeder, **in dessen Organisationsbereich** eine bewegliche Sache entstanden ist[60].

Entscheidend ist, dass der Hersteller *auf eigene Rechnung* gehandelt hat. Hersteller ist mithin nur der Unternehmer, nicht seine Organe, Arbeitnehmer oder sonstige Gehilfen[61].

51
> Nach § 4 I 2 ProdHaftG gilt auch als Hersteller, wer sich durch das Anbringen seines Namens, seiner Marke oder eines anderen unterscheidungskräftigen Kennzeichens als Hersteller ausgibt (sog. **Quasi-Hersteller**).

Hierbei handelt es sich um einen besonderen Fall der **Vertrauenshaftung**[62]: Wer sich als Hersteller ausgibt, erweckt hierdurch den Rechtschein, für die Produktsicherheit Verantwortung tragen zu wollen.

§ 4 II und III ProdHaftG erstrecken die Haftung unter bestimmten Voraussetzungen auf Importeure und Lieferanten.

---

[59] *Oechsler* in Staudinger, BGB, § 4 ProdHaftG Rn. 5.
[60] *Wagner* in MünchKomm. BGB, § 4 ProdHaftG Rn. 4.
[61] *Oechsler* in Staudinger, BGB, § 4 ProdHaftG Rn. 9; *Schlechtriem*, VersR 1986, 1033, 1040.
[62] BGH NJW 2005, 2695, 2696; *Krause* in Soergel, BGB, § 4 ProdHaftG Rn. 4.

3. Entlastungsmöglichkeiten

Nach **§ 1 II ProdHaftG** entfällt die Herstellerhaftung, wenn[63]

- der Hersteller das Produkt **nicht in den Verkehr gebracht** hat (Nr. 1),
- nach den Umständen davon auszugehen ist, dass das Produkt **bei Inverkehrbringen** durch den Hersteller den **Fehler noch nicht hatte** (Nr. 2),
- die Herstellung **nicht zu kommerziellen Zwecken** erfolgte (Nr. 3),
- der Fehler auf der **Einhaltung zwingender Rechtsvorschriften** beruht (Nr. 4), oder
- der Fehler nach dem Stand der Wissenschaft und Technik in dem Zeitpunkt, in dem der Hersteller das Produkt in den Verkehr brachte, **nicht erkannt werden konnte** (Nr. 5).

§ 1 III ProdHaftG erweitert die Entlastungsmöglichkeiten für die Hersteller eines Teilprodukts oder Grundstoffes. Diese haften nicht für Konstruktions- und Anleitungsfehler des Endprodukts.

V. Weitere Fälle der Gefährdungshaftung

Literatur: *Zech*, Gefährdungshaftung und neue Technologien, JZ 2012, 13.

Von anderen spezialgesetzlichen Tatbeständen der Gefährdungshaftung sollte man zumindest wissen, dass es sie gibt[64]. Zu nennen ist hier insbesondere die Haftung

- für **Luftfahrzeuge** nach §§ 33 ff. Luftverkehrsgesetz (LuftVG);
- für die **Verunreinigung von Gewässern** nach § 89 Wasserhaushaltsgesetz (WHG);
- für **Schäden aus Kernenergie** nach §§ 25 Atomgesetz (AtomG);
- für **Bergschäden** nach §§ 114 ff. Bundesberggesetz (BBergG);
- für **gentechnisch veränderte Organismen** nach § 32 I Gentechnikgesetz (GenTG).

Klausurhinweis: Vertiefte Kenntnisse hierzu sind in einer Klausur nicht gefordert. Oft nimmt der Bearbeitervermerk diese Ansprüche ohnehin von der Prüfung aus. Und wenn sie doch einmal geprüft werden sollen, erfolgt meist ein Hinweis auf die einschlägigen Vorschriften im Sachverhalt oder in den Bearbeiterhinweisen. Auch dann geht es aber vor allem darum zu zeigen, dass man auch mit unbekannten Rechtsmaterien klarkommt. Daher gilt: Gesetz lesen, Anspruchsvoraussetzungen herausarbeiten und sauber subsumieren! Zu beachten ist zudem, dass die Spezialgesetze zumeist Regelungen zum Haftungsumfang und zu einem etwaigen Haftungsausschluss enthalten.

---

[63] Näher zum Ganzen *Wagner* in MünchKomm. BGB, § 1 ProdHaftG Rn. 24 ff.
[64] Näher dazu *Fuchs/Pauker*, Delikts- und Schadensersatzrecht, S. 284 ff.

§ 11 Grundzüge des Schadensrechts

Literatur: *Armbrüster*, Grundfälle zum Schadensrecht, JuS 2007, 411, 508 und 605; *Gehrlein*, Grundlagen des Schadensrechts, JA 1995, 69; *Homann*, Typische Probleme des Schadensersatzrechts und ihre systematische Einordnung, JuS 2002, 554; *Kern*, Die Genugtuungsfunktion des Schmerzensgeldes, AcP 191 (1991), 247; *Medicus*, Neue Perspektiven im Schadensersatzrecht – Kommerzialisierung, Strafschadensersatz, Kollektivschaden, JZ 2006, 805; *Mohr*, Grundlagen des Schadensrechts, Jura 2010, 168; *ders.*, Berechnung des Schadens nach der Differenzhypothese, Jura 2010, 327; *ders.*, Zurechnung von mittelbaren Verletzungsfolgeschäden, Jura 2010, 567; *ders.*, Normativer Schadensbegriff und Berechnung des Schadensersatzes nach den Grundsätzen der Naturalrestitution, Jura 2010, 645; *ders.*, Berechnung des Schadensersatzes im Wege der Kompensation und Anrechnung eines Mitverschuldens, Jura 2010, 808; *Neuner*, Das Schmerzensgeld, JuS 2013, 577; *Vuia*, Der merkantile Minderwert als Teil des Vermögensschadens, NJW 2012, 3057.

Übungsfälle: *Koch*, JuS 2007, 739; *Singer*, Jura 2003, 196; *Unterreitmeier*, JA 2012, 418; *Wolff/Geck*, JuS 2009, 1102.

I. Grundlagen

Das Vorliegen eines dem Anspruchsgegner zurechenbaren Schadens gehört bereits zum **haftungsausfüllenden Tatbestand** der deliktischen Haftungsnormen (siehe oben § 8 Rn. 1). Die Schadensersatzpflicht wiederum ist deren zentrale **Rechtsfolge**. Aus den §§ 823 ff. BGB ergibt sich aber weder, wann ein Schaden vorliegt, noch, wie er zu berechnen und auszugleichen ist. Daher ist insoweit auf das allgemeine Schadensrecht, insbesondere auf die §§ 249 ff. BGB zurückzugreifen. Dies ist Grund genug, das Schadensrecht – eine Problematik des allgemeinen Schuldrechts – hier zumindest in seinen Grundzügen darzustellen.

1

> **Hinweis:** Fragen, die vornehmlich bei der Störung vertraglicher Schuldverhältnisse Bedeutung erlangen, werden im Folgenden bewusst nicht behandelt. Wer also Näheres zur Unterscheidung zwischen Mangel- und Mangelfolgeschäden, zu kleinem und großem Schadensersatz, zu Schadensersatz statt oder neben der Leistung, zu positivem oder negativem Interesse usw. erfahren will, sollte an anderer Stelle danach suchen – insbesondere in den Lehrbüchern zum allgemeinen Schuldrecht. Darüber hinaus können auch die

hier interessierenden Aspekte des Schadensrechts nur angerissen werden. Eine vertiefte Behandlung hätte den Umfang dieses Buches vollends gesprengt. Die nachfolgenden Ausführungen zielen folglich nicht darauf ab, sämtliche schadensrechtliche Fragestellungen umfassend abzuhandeln. Es geht vielmehr darum, die wesentlichen Weichenstellungen des Gesetzes und die zentralen Probleme des Schadensrechts nachzuzeichnen. Angereichert wird dies durch einige klausur- und praxisrelevante Sonderprobleme.

II. Begriff des Schadens

1. Ausgangspunkt: Differenzhypothese

2 Das BGB verwendet den Begriff „Schaden" an zahlreichen Stellen, definiert ihn aber nicht. Aus § 249 I BGB lässt sich immerhin ein erster Anhaltspunkte für die Begriffsbestimmung entnehmen: Danach hat, wer zum Schadensersatz verpflichtet ist, den Zustand herzustellen, der bestünde, wenn das schädigende Ereignis nicht eingetreten wäre. Hieraus zieht die h.M. den Schluss, dass das Vorliegen eines Schadens anhand der sog. **Differenzhypothese** zu ermitteln ist.

> Ob ein Schaden vorliegt, ist durch den Vergleich der tatsächlichen Lage mit einer hypothetischen, ohne das schädigende Ereignis gedachten Lage zu ermitteln[1].

3 **Ursprünglich** lag der Differenztheorie ein **rein vermögensrechtliches Verständnis** zugrunde[2]. Das Vorliegen eines Schadens sollte demnach durch einen **Gesamtvermögensvergleich** ermittelt werden[3]: Die aktuelle Vermögenslage des Geschädigten ist danach mit der hypothetischen Vermögenslage zu vergleichen, die ohne das schädigende Ereignis bestünde. Durch diesen **Gesamtvermögensvergleich** können sowohl die durch das schädigende Ereignis verursachten Vermögenseinbußen als auch die hierdurch erlangten Vorteile berücksichtigt werden. Hier kommen zwei **Grundprinzipien** des Schadensrechts zum Ausdruck:
– Einerseits sollen die Nachteile des Geschädigten kompensiert werden. Zu berücksichtigen sind daher nicht nur die unmittelbar an dem verletzten Rechtsgut entstandenen Schäden, sondern auch (mittelbare) Folgeschäden, wie beispiels-

---

[1] Vgl. nur BGHZ 27, 181, 183; BGHZ 99, 182, 196; *Oetker* in MünchKomm. BGB, § 249 Rn. 16 ff.; *Grüneberg* in Palandt, BGB, Vor § 249 Rn. 10; *Schubert* in BeckOK BGB, § 249 Rn. 12 f.
[2] Grundlegend *Mommsen*, Die Lehre von dem Interesse, 1855, S. 122 ff.; vgl. auch *Oetker* in MünchKomm. BGB, § 249 Rn. 21.
[3] *Schubert* in BeckOK BGB, § 249 Rn. 12.

II. Begriff des Schadens

weise ein entgangener Gewinn. Dies wird vielfach als **Grundsatz der Totalreparation** bezeichnet[4].
– Andererseits soll der Geschädigte aber auch nicht besser gestellt werden, als er ohne das schädigende Ereignis stünde **(Bereicherungsverbot)**[5]. Deswegen muss er sich Vorteile (grundsätzlich) anrechnen lassen.

Heute besteht Einigkeit, dass auch **ideelle** – also immaterielle, weil nicht in Geld messbare – **Nachteile** in den Schadensbegriff einzubeziehen sind[6]. Auch dies lässt sich mithilfe der Differenzhypothese begründen[7], zumal § 249 I BGB nicht auf eine nachteilige Veränderung der *Vermögenslage* abstellt. § 253 BGB setzt die Möglichkeit **immaterieller Schäden** voraus und schränkt lediglich die *Ersatzfähigkeit* ein. Es gibt demzufolge **Vermögens- und Nichtvermögensschäden** (siehe dazu unten Rn. 12 ff.). Daraus lässt sich folgende Kurzdefinition ableiten:

4

> Schaden ist jede unfreiwillige Beeinträchtigung vermögenswerter oder ideeller Interessen.

5

Oder anders formuliert:

> Schaden ist jeder unfreiwillige Verlust, den ein Rechtssubjekt an seinen Rechtsgütern erleidet.

2. Natürlicher oder normativer Schadensbegriff?

Bisweilen wird dies als **natürlicher Schadensbegriff** bezeichnet, da hier im Einklang mit dem „allgemeinen Sprachgebrauch" sämtliche Nachteile und Einbußen an „Lebensgütern" erfasst werden[8]. Das ist **missverständlich,** denn der Begriff des Schadens ist *nicht* außerrechtlich vorgegeben[9]: Was als rechtlich relevanter Schaden anzusehen ist, bestimmt sich stets anhand *rechtlicher Wertungen*.

6

> Die Differenzhypothese ist daher auch **keine „wertneutrale Rechenoperation"**[10]. Bereits bei der Entscheidung, welche Interessen im Rahmen der Differenzhypothese einzustellen

---

[4] *Schiemann* in Staudinger, BGB, § 249 Rn. 2 ff.; *Teichmann* in Jauernig, BGB, Vor § 249 Rn. 2; *Schubert* in BeckOK BGB, § 249 Rn. 2.
[5] *Oetker* in MünchKomm. BGB, § 249 Rn. 20; *Schubert* in BeckOK BGB, § 249 Rn. 2.
[6] *Oetker* in MünchKomm. BGB, § 249 Rn. 22; *Schubert* in BeckOK BGB, § 249 Rn. 2 (jeweils mit weiteren Nachweisen).
[7] A.A. *Honsell,* JuS 1973, 69 f.
[8] Vgl. *Schulze* in Handkomm. BGB, Vor § 249 Rn. 5.
[9] *Oetker* in MünchKomm. BGB, § 249 Rn. 17; *Lange/Schiemann*, Schadensersatz, § 1 III 1, S. 38 f.; *Larenz*, Schuldrecht I, § 27 II a, S. 426 f.
[10] *Oetker* in MünchKomm. BGB, § 249 Rn. 21.

und wie diese zu gewichten – zu bewerten! – sind, kommt man ohne Wertungen nicht aus. Dies zeigt sich am deutlichsten bei den immateriellen Interessen. Aber auch die Festsetzung eines Vermögenswertes ist, da es „den Wert" einer Sache nicht gibt, immer ein Akt der Wertung.

7 Würde man die Differenzhypothese **strikt** anwenden, so müssten immer sämtliche – zuvor gewichtete – Vor- und Nachteile berücksichtigt und, soweit dies möglich ist, gegeneinander aufgewogen werden. Dies würde indes zu merkwürdigen Ergebnissen führen.

Beispiel: Bei einem von A verursachten Unfall wird das Fahrrad (Wert: 500 €) des B schwer beschädigt. O, die Großmutter des B, schenkt B daraufhin ein neues Fahrrad (Wert: 700 €). – Bei einem Gesamtvermögensvergleich stellt man schnell fest, dass sich die Vermögenslage des B durch den Unfall sogar verbessert hat. Statt eines Fahrrades im Wert von 500 € hat er nun ein Fahrrad im Wert von 700 €. Nach der Differenzhypothese wäre ihm somit kein Schaden entstanden. Kann das richtig sein?

8 Heute ist man sich weitgehend einig, dass die durch die Differenzhypothese gewonnenen Ergebnisse **im Einzelfall wertend zu korrigieren** sind[11]. Zugrunde zu legen ist somit ein **normativer Schadensbegriff**. Die Differenzhypothese steht hierzu nicht etwa im Gegensatz; sie ist vielmehr weiterhin ein unverzichtbares, wenngleich auch nicht das alleinige Kriterium für die Schadensermittlung.

Hinweis: Missverständlich ist es hingegen auch, wenn gelegentlich von einem Dualismus von natürlichem und normativem Schadensbegriff die Rede ist[12]. Jeder Schaden ist normativ (siehe oben Rn. 6) – und auch der normative Schadensbegriff baut auf der Differenzhypothese auf. Versuche, eine hiervon losgelöste „Lehre vom normativen Schaden" zu begründen, gibt es zwar[13], doch fehlt dieser der sichere Boden für die konkrete Schadensberechnung[14].

3. Insbesondere: Vorteilsanrechnung

9 Besonders deutlich wird diese „**Normativität des Schadensbegriffs**" bei der Frage, welche Vorteile, die der Geschädigte infolge des schädigenden Ereignisses erlangt hat, schadensmindernd zu berücksichtigen sind. Grundsätzlich gilt insoweit, dass der Geschädigte sich erlangte Vorteile und Ersparnisse anrechnen lassen muss (**Vorteilsanrechnung**). Er soll durch das Schadensrecht eben auch nicht besser gestellt werden, als er ohne das schädigende Ereignis stünde[15]. Dies gilt aber nicht ausnahmslos.

---

[11] BGHZ 98, 212, 217; *Oetker* in MünchKomm. BGB, § 249 Rn. 22; *Schubert* in BeckOK BGB, § 249 Rn. 13; *Schiemann* in Staudinger, BGB, § 249 Rn. 7; *Ebert* in Erman, BGB, Vor § 249 Rn. 14.

[12] So etwa *Grüneberg* in Palandt, BGB, Vor § 249 Rn. 14; *Wandt*, Gesetzliche Schuldverhältnisse, § 22 Rn. 3 ff.; *Honsell*, JuS 1991, 441, 442 f.

[13] Vgl. etwa *Neuner*, AcP 133 (1931), 292 ff.

[14] Zutreffend *Oetker* in MünchKomm. BGB, § 249 Rn. 22.

[15] Ausführlich dazu *Oetker* in MünchKomm. BGB, § 249 Rn. 228 mit weiteren Nachweisen.

II. Begriff des Schadens

Eine Vorteilsanrechnung soll nach h.M. immer dann **unterbleiben,** wenn[16] **10**
- sie dem Zweck des Schadensersatzes widerspräche,
- den Geschädigten unzumutbar belasten *oder*
- den Schädiger unbillig entlasten würde.

Dies gilt in der Regel bei Vorteilen, die Dritte dem Geschädigten freiwillig oder aufgrund einer entsprechenden Verpflichtung gewähren.

In unserem **Beispiel** soll die Schenkung allein B begünstigen, nicht aber A. Dem ist bei der Bestimmung des Schadens Rechnung zu tragen. Der Wert des neuen Fahrrads wird deswegen bei dem anzustellenden Gesamtvermögensvergleich nicht berücksichtigt.

Davon, dass **Versicherungs- und Sozialleistungen** (bzw. Ansprüche hierauf) bei **11**
der Schadensberechnung außer Betracht bleiben, war bereits oben § 7 Rn. 22 ff. die Rede.

III. Vermögens- und Nichtvermögensschaden

1. Bedeutung der Unterscheidung

Die Unterscheidung zwischen Vermögens- und Nichtvermögensschäden spielt im **12**
Schadensrecht eine **große Rolle**.

Vermögensschäden sind nämlich **in einem weiteren Umfang ersetzbar** als Nichtvermögensschäden.

Zwar werden beide Schadensarten von § 249 BGB erfasst, sodass nicht nur materielle, sondern auch immaterielle Schäden im Wege der Naturalrestitution auszugleichen sind[17]. Allerdings kann nach **§ 253 I BGB** bei Nichtvermögensschäden eine „Entschädigung in Geld" verlangt werden, wenn das Gesetz dies ausdrücklich anordnet. Rein ideelle Nachteile sollen – grundsätzlich – nicht in Geld aufgewogen werden. Etwas anders gilt nur bei besonders schweren Eingriffen in die Rechtssphäre des Geschädigten (vgl. § 253 II BGB und unten Rn. 83 ff.), für die das Gesetz eine „billige Entschädigung in Geld" – besser bekannt als Schmerzensgeld – vorsieht.

Beispiel: Private Briefe, Fotos oder Videoaufnahmen können einen hohen Erinnerungswert haben. Einen Vermögenswert haben sie nur selten. Ihre Zerstörung stellt daher zumeist nur einen Nichtvermögensschaden dar. Das *Affektionsinteresse* des Geschädigten wird zivil-

---

[16] Vgl. BGHZ 81, 271, 275; BGHZ 109, 380, 392; BGHZ 136, 52, 54; BGH NJW 1979, 1449; *Teichmann* in Jauernig, BGB, Vor § 249 Rn. 36; *Schubert* in BeckOK BGB, § 249 Rn. 108.
[17] *Oetker* in MünchKomm. BGB, § 249 Rn. 321; *Schubert* in BeckOK BGB, § 249 Rn. 182.

rechtlich nur unvollständig geschützt. Die Naturalrestitution nach § 249 BGB kommt zwar prinzipiell in Betracht, doch wird die Wiederherstellung oft tatsächlich gar nicht möglich sein (verbrannter Brief, zerrissenes Foto, überspielte Videoaufnahme). Stattdessen kann der Geschädigte auch nicht Geldersatz verlangen, da § 253 I BGB diesen bei immateriellen Schäden grundsätzlich ausschließt.

2. Vermögensschaden

a) Zentrales Kriterium: Geldwerte Einbuße

13 > Ein Vermögensschaden liegt vor, wenn der Vergleich der tatsächlichen mit der hypothetischen Gesamtvermögenslage (Differenzhypothese) ergibt, dass der Geschädigte **einen in Geld messbaren Nachteil** erlitten hat.

Die kompensationslose Beschädigung, Zerstörung oder Entziehung eines vermögenswerten Gegenstandes führt immer zum Entstehen eines Vermögensschadens[18]. Ersatzfähig ist dabei nicht nur der durch die Rechtgutverletzung am betreffenden Gegenstand selbst verursachte (=**unmittelbare**) Schaden, sondern auch weitere Vermögenseinbußen, die der Geschädigte infolgedessen erleidet (=**mittelbare** Schäden). Hierzu zählt gemäß § 252 BGB auch ein etwaiger Gewinn, den der Geschädigte hätte erzielen können. Da auch mittelbare Schäden zu berücksichtigen sind, kann auch die Verletzung immaterieller Güter zu einem Vermögensschaden führen[19].

> **Beispiel:** Arbeitnehmer A ist bei Unternehmer U angestellt. Um an die besser dotierte Stelle des A zu kommen, verbreitet Kollege K bei U Lügen über A. Daraufhin wird A von U entlassen. – Die Verleumdung des A durch K hat nicht unmittelbar ein vermögenswertes Recht verletzt, sondern das immaterielle Persönlichkeitsrecht des A. Der durch den Verlust des Arbeitsplatzes verursachte Verdienstausfall ist aber sehr wohl ein Vermögensschaden.

14 **Vermögen** im schadensrechtlichen Sinn ist alles, was einen **in Geld messbaren Wert** besitzt[20]. Damit ist aber nichts darüber ausgesagt, welche Güter einen solchen Wert haben. Insoweit kommt es entscheidend auf die **Verkehrsauffassung** an[21]. Das Vorhandensein eines Marktes für ein bestimmtes Gut ist dabei ein wichtiger, aber nicht der einzige Indikator dafür, dass ein Gut einen Vermögenswert hat.

---

[18] *Oetker* in MünchKomm. BGB, § 249 Rn. 27.
[19] *Lange/Schiemann*, Schadensersatz, § 2 I 2 a, S. 53; *Grüneberg* in Palandt, BGB, Vor § 249 Rn. 9; *Oetker* in MünchKomm. BGB, § 249 Rn. 27.
[20] *Schubert* in BeckOK BGB, § 249 Rn. 19.
[21] BGHZ 92, 85, 91; BGHZ 98, 212, 223; *Oetker* in MünchKomm. BGB, § 249 Rn. 41; *Schubert* in BeckOK BGB, § 249 Rn. 23.

> Zum schadensrechtlich relevanten Vermögen zählen zunächst diejenigen Güter, die einen **Marktwert** haben, die also gegen Geld auf einem Markt gehandelt werden[22].

15

Dahinter steht der sog. **Kommerzialisierungsgedanke:** Das marktmäßige Zusammenspiel von Angebot und Nachfrage belegt, dass ein Gut einen Geldwert hat. Auf den Gebrauchswert der Sache kommt es insoweit nicht an[23].

> **Beispiel:** Es gibt einen Markt für Kunstwerke; folglich haben diese einen Vermögenswert. Dass man die Bilder nicht über das Aufhängen und Anschauen hinaus benutzen kann, dass sie also keinen Gebrauchswert haben, spielt keine Rolle.

> Aber auch Güter, für die es keinen Markt und folglich **keinen Marktpreis** gibt, können einen Vermögenswert haben.

16

Entscheidend ist dann, dass die Verkehrsauffassung dem jeweiligen Gut einen Geldwert beimisst. Das trifft insbesondere auf Gegenstände zu, die man für Geld zumindest potentiell bekommen könnte und deren Verlust nach der Verkehrsauffassung durch Geld aufgewogen werden kann[24].

> In **BGHZ 92, 85** wurde ein von einem Bastler als Unikat gefertigtes Modellboot zutreffend als Vermögenswert angesehen. Zwar habe es keinen Markt für das Unikat gegeben, doch habe es sich nach der Verkehrsauffassung auch nicht um eine „wertlose" Sache gehandelt.

Neben dem Kommerzialisierungsgedanken sind auch **„normative und wirtschaftliche Gesichtspunkte"** zu berücksichtigen. Nicht jedes kommerzialisierte Gut *soll* schadensrechtlich als Vermögenswert anzuerkennen sein. Insbesondere sollen **rechtlich missbilligte Vorteile** auch dann vom Vermögensbegriff nicht erfasst werden, wenn es einen Markt hierfür gibt[25].

17

> **Beispiel:** Illegale Drogen haben einen Marktpreis. Es erscheint aber höchst zweifelhaft, sie als *schadensrechtlich relevanten* Vermögenswert anzusehen.

Problematisch ist ferner die Einordnung von **Gebrauchs- und Genussmöglichkeiten**[26].

18

---

[22] OLG Köln OLGZ 1973, 7; *Schubert* in BeckOK BGB, § 249 Rn. 23.
[23] *Oetker* in MünchKomm. BGB, § 249 Rn. 41.
[24] BGHZ 92, 85, 91; *Oetker* in MünchKomm. BGB, § 249 Rn. 50 f.; *Lange/Schiemann*, Schadensersatz, § 2 I 2 a, S. 52; *Schiemann*, JuS 1988, 20, 23.
[25] Zutreffend *Oetker* in MünchKomm. BGB, § 249 Rn. 42.
[26] Vgl. dazu *Schubert* in BeckOK BGB, § 249 Rn. 27 ff.; *Oetker* in MünchKomm. BGB, § 249 Rn. 62 ff.

Hat die bloße Möglichkeit, mit dem eigenen Pkw zu fahren, im eigenen Haus zu wohnen oder eine Oper zu besuchen, einen Geldwert? Lässt sich der Wert von Zeit (Freizeit, Urlaubszeit) in Geld bemessen? Und was gilt im Hinblick auf die eigene Arbeitskraft?

In diesen und ähnlichen Fällen ist die Abgrenzung zwischen materiellen und immateriellen Schäden besonders schwierig. Heute lassen sich fast alle Güter gegen Geld beschaffen, einschließlich bloßer Gebrauchs- und Genussmöglichkeiten. Diese schon deshalb als Vermögenswert anzusehen, würde die gesetzgeberische Wertung des § 253 I BGB aushebeln. In Rechtsprechung und Schrifttum haben sich insoweit **Fallgruppen** herausgebildet, die im Folgenden näher dargestellt werden sollen.

b) Nutzungsausfall

19 Die erste Fallgruppe betrifft die Frage, ob **entgangene Nutzungsmöglichkeiten** einen Vermögensschaden darstellen können. Sachen haben neben einem Substanzwert auch einen Gebrauchswert. Doch ist dieser in Geld messbar?

> **Beispiel:** Bei einem von S verschuldeten Unfall wird der Pkw des G beschädigt. Die Reparatur dauert mehrere Tage. Während dieser Zeit kann G mit dem Wagen nicht fahren. – Durch den Unfall ist ein Substanzschaden eingetreten, der im Wege der Naturalrestitution auszugleichen ist (§ 249 BGB). Auch die Kosten für einen Mietwagen wären danach grundsätzlich ersatzfähig. Was gilt aber hinsichtlich der entgangenen Nutzungsmöglichkeit für den defekten Pkw? Ist dieser Nutzungsausfall ein ersatzfähiger Vermögensschaden? – Und würde sich an der Bewertung etwas ändern, wenn nicht der Pkw, sondern das Fahrrad des G oder dessen Armbanduhr beschädigt worden wäre?

20 Die Rechtsprechung der verschiedenen BGH-Zivilsenate war zunächst uneinheitlich. Der daraufhin angerufene **Große Senat für Zivilsachen des BGB** hat entschieden[27], dass nach der Bedeutung des betreffenden Gutes für die Lebensführung des Geschädigten differenziert werden müsse.

> Der **Große Senat** hat in BGHZ 98, 212, 220 ff. dazu ausgeführt: „Die Beschränkung des Geldersatzes auf Vermögensschäden durch § 253 BGB soll den Ersatz auf Interesseneinbußen begrenzen, die an objektiven Maßstäben gemessen werden können. Der Schadensrichter soll den Schadensersatz nicht an unkontrollierbaren subjektiven Wertschätzungen festmachen müssen, die ihm der Geschädigte angibt, sondern an Werten, die der Verkehr dem Interesse beimißt, an den Geldmaßstäben des Marktes. Zugleich wollte der Gesetzgeber verhindern, daß „ideelle" Güter und Interessen schadensrechtlich vermarktet werden […]. Die Gefahr einer Überdehnung des Schadensersatzes in den immateriellen Interessenbereich hinein besteht aber jedenfalls nicht für **Wirtschaftsgüter von allgemeiner, zentraler Bedeutung für die Lebenshaltung**. Nicht nur betrifft ihr Einsatz für die eigene Wirtschaftsführung deutlich die materiale Vermögenssphäre […], sondern er findet wegen der gerade durch ihre zentrale Rolle standardisierten Einsatzziele objektivierbare Bewertungsmaßstäbe wenigstens für einen vermögenswerten Kern, für den nicht die Gefahr besteht, daß darin (subjektive) Wertschätzungen von Zielverwirklichungen einfließen, die nur für die Person des Geschädigten, nicht aber für den Verkehr Wert haben. […] Andererseits muß, weil es an einer dem Vergleich mit § 252 BGB standhaltenden Ergebniskontrolle fehlt, durch entsprechend hohe Anforderungen an die Bedeutung der Wirtschaftskraft der Sache für die eigene Lebenshaltung gewährleistet werden, daß sich auch wirklich dieser objektiv bewertbare Funktionsverlust im Vermögen des Betroffenen niederschlägt. […]

---

[27] BGHZ 98, 212.

III. Vermögens- und Nichtvermögensschaden

Daher muß Ersatz für Verluste des eigenen Gebrauchs in einer gruppenbezogenen Ausformung grundsätzlich Fällen vorbehalten bleiben, in denen die Funktionsstörung sich typischerweise als solche auf **die materiale Grundlage der Lebenshaltung** signifikant auswirkt."

Dogmatisch lässt sich diese Unterscheidung nicht sauber begründen[28]. Sie ist letztlich das Ergebnis einer **Wertung** (Stichwort: normativer Schadensbegriff): Der Geschädigte soll hinsichtlich der Sachen, auf die er im Rahmen seiner privaten Lebensführung *dringend* angewiesen ist, nicht schlechter stehen als bei einer erwerbswirtschaftlichen Nutzung[29]. Bei der erwerbswirtschaftlichen Nutzung lässt sich der Nutzungsausfall nämlich schon durch § 252 BGB kompensieren, wenn die fehlende Nutzungsmöglichkeit zu Gewinneinbußen führt. Dieses Korrektiv fehlt bei der rein privaten Nutzung, da diese *nicht* auf Gewinnerzielung gerichtet ist.

> Der Nutzungsausfall ist danach als Vermögensschaden anzusehen, wenn die betreffende Sache[30] **von zentraler Bedeutung für die eigenwirtschaftliche Lebensführung** des Geschädigten ist.

Zum „**notwendigen Lebensbedarf**" gehören danach insbesondere[31]

- ein Kraftfahrzeug (Pkw, Motorrad, ggf. sogar ein Wohnmobil), das dem Geschädigten als „alltägliches" Transportmittel dient;
- die selbstgenutzte Wohnung und einzelne Räume (z.B. Küche, Bad, Wohn- und Schlafzimmer), es sei denn, sie sind für die Lebensführung nur von untergeordneter Bedeutung (wie z.B. Terrasse, Hobbyraum);
- wichtige Einrichtungsgegenstände (z.B. Möbel, Kücheneinrichtung, Kühlschrank, Waschmaschine, Fernsehgeräte und Computer);
- der Rollstuhl eines Gehbehinderten, der Blindenhund eines Blinden.

Abgelehnt wurde eine Nutzungsentschädigung **beispielsweise** für ein nur zu Freizeitzwecken genutztes Wohnmobil, das Instrument eines Hobbymusikers, ein Privatflugzeug, Reit- und Dressurpferde sowie eine Segelyacht.

Darüber hinaus hat die Rechtsprechung weitere **Kriterien für die Nutzungsentschädigung** entwickelt, die hier nur kursorisch dargestellt werden können[32]:

- Die Sache muss **zu privaten Zwecken genutzt** werden. Bei einer erwerbswirtschaftlichen Nutzung richtet sich die Ersatzfähigkeit allein nach § 252 BGB. Bei einer gemischten Nutzung ist anteilig zu quoteln[33].

---

[28] Kritisch deswegen *Rauscher*, NJW 1987, 53 f.
[29] *Schubert* in BeckOK BGB, § 249 Rn. 34.
[30] Das Internet ist zwar keine Sache, doch hat der BGH jüngst zutreffend festgestellt, dass es auch bei Privatpersonen zur Lebensgrundlage gehört, vgl. BGH NJW 2013, 1072.
[31] Vgl. die Nachweise *Schubert* in BeckOK BGB, § 249 Rn. 35; *Oetker* in MünchKomm. BGB, § 249 Rn. 62 f.
[32] Ausführlich dazu *Oetker* in MünchKomm. BGB, § 249 Rn. 69 ff.
[33] KG NZV 1992, 29.

- Der Nutzungsausfall muss **von gewisser Dauer** sein. Ein nur kurzfristiger Ausfall rechtfertigt die Annahme eines Vermögensschadens nicht[34].
- Die Beeinträchtigung muss sich **gegen die Sache** richten[35]. Es genügt nicht, dass die Sache aus anderen Gründen nicht genutzt werden kann.
- Der Geschädigte muss den **Willen** und die hypothetische **Möglichkeit** haben, die Sache zu nutzen[36]. Eine Nutzungsentschädigung kommt folglich nicht in Betracht, wenn der Geschädigte selbst nicht in der Lage ist, die Sache zu nutzen.

In unserem **Beispielsfall** wäre daher auch von Relevanz, ob G den Pkw während der Reparaturzeit selbst hätte nutzen können. Dies wäre etwa dann nicht der Fall, wenn er bei dem Unfall verletzt worden und hierdurch „fahruntüchtig" gewesen wäre.

24 Problematisch ist die **Bemessung** der Nutzungsentschädigung. Hier kommt man um eine Schätzung gemäß § 287 ZPO nicht umhin.

Bei **Pkw** wird die Nutzungsentschädigung überwiegend anhand der durchschnittlichen Mietwagensätze berechnet, von denen aber noch der Gewinn des Mietwagenunternehmens sowie die bei der privaten Nutzung nicht anfallenden Kosten abgezogen werden[37]. Damit gelangt man typischerweise zu einer Nutzungsentschädigung in Höhe von **30–40 % des durchschnittlichen Mietwagensatzes**[38].

c) Freizeit und Urlaub

25 „Zeit ist Geld" – das Sprichwort gilt *nicht* für das Schadensrecht. Zeit hat keinen in Geld messbaren Wert. Daher ist die entgangene **Freizeit kein Vermögensschaden**[39].

Bedeutsam ist dies auch bei der **Abwicklung von Schadensfällen**. Der Geschädigte möchte dann oftmals die aufgewendete Zeit zusätzlich „in Rechnung stellen". Die zeitliche Einbuße ist – ebenso wie die aufgewendete Mühe – kein ersatzfähiger Vermögenswert[40]. Andere Rechtsverfolgungskosten (z.B. Anwaltshonorare) können hingegen sehr wohl einen Vermögensschaden darstellen.

26 Auch nutzlos aufgewendete **Urlaubszeit** und entgangene „Urlaubsfreuden" sind **keine Vermögensschäden**[41]. Der BGH hat dies zunächst anders gesehen und argumentiert, dass Arbeitnehmer und haushaltsführende Ehegatten sich durch ihre

---

[34] BGHZ 98, 212, 224; *Grüneberg* in Palandt, BGB, § 249 Rn. 42; *Oetker* in MünchKomm. BGB, § 249 Rn. 76.
[35] BGHZ 55, 146, 147 f.; OLG Hamm NJW-RR 2011, 676; *Oetker* in MünchKomm. BGB, § 249 Rn. 71.
[36] BGHZ 45, 212, 219; BGHZ 56, 214, 216; BGH NJW 2008, 915; *Oetker* in MünchKomm. BGB, § 249 Rn. 70; *Schubert* in BeckOK BGB, § 249 Rn. 37; *Zeuner*, AcP 163 (1964), 380.
[37] Vgl. etwa BGHZ 98, 212, 225; BGHZ 161, 151, 154.
[38] *Schubert* in BeckOK BGB, § 249 Rn. 32.
[39] BGHZ 106, 28 ff.; *Schiemann* in Staudinger, BGB, § 251 Rn. 112; *Schubert* in BeckOK BGB, § 249 Rn. 43.
[40] BGHZ 66, 112; *Teichmann* in Jauernig, BGB, Vor § 249 Rn. 16.
[41] *Oetker* in MünchKomm. BGB, § 249 Rn. 93; *Schubert* in BeckOK BGB, § 249 Rn. 4 (jeweils mit weiteren Nachweisen).

Arbeitstätigkeit den Urlaub verdient hätten[42]. Durch die Einführung des § 651f II BGB hat der Gesetzgeber aber klargestellt, dass es sich um immaterielle Schäden handelt. Daraufhin hat der BGH seine Rechtsprechung aufgegeben[43]. Außerhalb des Anwendungsbereichs des § 651f II BGB kann die entgangene Urlaubszeit daher nur im Rahmen des § 253 II BGB bei der Bemessung des Schmerzensgeldes berücksichtigt werden[44] – und zwar sowohl bei Berufstätigen als auch bei Personen, die nicht erwerbstätig sind.

> Von der Frage nach der Ersatzfähigkeit der Urlaubszeit als solcher ist die Frage zu trennen, ob die **für eine Urlaubsreise aufgewendeten Kosten** (z.B. für Flug, Hotel etc.) ersatzfähig sind, wenn der Geschädigte die Reise nicht antreten kann. Dies ist zu verneinen[45], da es sich insoweit um Aufwendungen handelt, die der Geschädigte vor dem Schadensfall freiwillig getätigt hat (dazu sogleich noch Rn. 28 f.). Unnütze Reisekosten können daher wiederum nur im Rahmen des § 253 II BGB bei der Bemessung eines etwaigen Schmerzensgeldes berücksichtigt werden, sofern die Voraussetzungen hierfür vorliegen.

d) Eigene Arbeitskraft
Hinsichtlich der eigenen Arbeitskraft ist zu differenzieren: 27

– Erleidet der Geschädigte deshalb, weil er seine Arbeitskraft nicht einsetzen kann, einen **Verdienstausfall**, dann liegt hierin ein Vermögensschaden (§ 252 BGB)[46].
– Nach h.M. soll auch der **Beitrag**, den ein nichtberufstätiger Ehegatte durch seine Tätigkeit im Haushalt **zum Familienunterhalt** (§ 1356 I BGB) leistet, als Vermögenswert und dessen Ausfall als Vermögensschaden anzusehen sein[47]. Daher soll auch (verheirateten) Hausmännern und Hausfrauen ein eigener Schadensersatzanspruch zustehen, wenn sie infolge einer Verletzung den Haushalt nicht mehr führen können[48]. Dies soll auch gelten, wenn der Ehegatte selbst berufstätig ist und zugleich den Haushalt führt[49]. Die Anknüpfung an das Bestehen einer Ehe und die Unterhaltspflicht *überzeugt indes nicht*. Vorzugswürdig ist es vielmehr, ganz allgemein die **Kosten für eine Ersatzkraft** als Vermögensschaden anzusehen – dies aber natürlich nur, wenn eine solche auch erforderlich ist[50].

---

[42] BGHZ 63, 98, 105; BGHZ 77, 116, 120.
[43] BGHZ 106, 28, 31.
[44] *Teichmann* in Jauernig, BGB, Vor § 249 Rn. 12.
[45] A.A. *Oetker* in MünchKomm. BGB, § 249 Rn. 98; *Wandt*, Gesetzliche Schuldverhältnisse, § 22 Rn. 37: Die Ersatzfähigkeit sei zu bejahen, wenn erworbene Ansprüche (z.B. gegen einen Reiseveranstalter) nicht mehr ausgenutzt werden können, insbesondere weil eine Buchung nicht mehr rückgängig gemacht und die betreffende Reise auch nicht von einem Dritten angetreten werden kann.
[46] *Schubert* in BeckOK BGB, § 249 Rn. 39.
[47] Vgl. *Oetker* in MünchKomm. BGB, § 249 Rn. 91; *Becker*, MDR 1977, 705 ff.
[48] BGHZ 38, 55; BGHZ 50, 304, 306; *Oetker* in MünchKomm. BGB, § 249 Rn. 91; *Schubert* in BeckOK BGB, § 249 Rn. 4.
[49] OLG Frankfurt VersR 1980, 1122; *Oetker* in MünchKomm. BGB, § 249 Rn. 91.
[50] Anders *Teichmann* in Jauernig, BGB, Vor § 249 Rn. 12, nach dem die Beschäftigung einer Ersatzkraft gerade nicht maßgeblich sein soll.

– Die **Arbeitskraft als solche** wird von der h.M. zutreffend nur als immaterielles Gut angesehen[51]. Arbeitskraft hat keinen festen Marktwert. Daher liegt **kein Vermögensschaden** vor, wenn der Geschädigte seine Arbeitskraft nicht zur Einkommenserzielung einsetzen wollte oder der Ausfall sich nicht auf das wirtschaftliche Ergebnis ausgewirkt hat. Auch der Arbeitsaufwand, der dem Geschädigten im Zuge der Abwicklung des Schadensfalles (siehe schon oben Rn. 25) oder bei der Beseitigung des Schadens entsteht, ist nicht ersatzfähig. Etwas anderes soll aber gelten, wenn die betreffende Tätigkeit zum Beruf des Geschädigten zählt (§ 1835 III BGB analog)[52].

Beispiel: Der Geschädigte ist Kfz-Meister und repariert den beschädigten Wagen selbst. Die fachmännische Eigenleistung soll dem Schädiger nicht zugutekommen.

e) Aufwendungen

28 Nach der sog. **Frustrationstheorie** sollen bei der Bestimmung des Vermögensschadens auch diejenigen Aufwendungen zu berücksichtigen sein, die der Geschädigte vor dem Schadensfall im Hinblick auf den beschädigten Gegenstand getätigt hat[53]. Damit könnten die Kosten für den Erwerb des Gegenstandes ebenso berücksichtigt werden wie die bisherigen Unterhaltungskosten. Der Schaden bestehe, so die Anhänger dieser Auffassung, darin, dass die Vermögensaufwendungen umsonst waren, weil der Geschädigte den Gegenstand nicht so gebrauchen kann, wie er es ursprünglich vorgesehen hatte.

Beispiele: Kaufpreis für eine Sache; Versicherungsbeiträge; Kosten für Wartung und Reparaturen; Reisepreis bei gebuchter, aber später entfallener Urlaubsreise (siehe oben Rn. 26). Zu sog. Vorsorgeaufwendungen siehe auch unten Rn. 39 ff.

29 Die Frustrationstheorie ist – jedenfalls für die deliktische Haftung[54] – **abzulehnen**[55]. Der Vermögenswert eines Gutes hängt nicht davon ab, ob der Geschädigte die Sache gekauft oder geschenkt bekommen hat. Zudem hat der Geschädigte die Aufwendungen freiwillig vorgenommen. Einen Ersatz für frustrierte Aufwendungen sieht das BGB zudem nur ganz ausnahmsweise vor (etwa in § 284 BGB). Daher lässt sich festhalten:

---

[51] BGHZ 54, 45, 50; BGHZ 67, 119, BGHZ 106, 28, 31 f.; BGHZ 176, 109, 112; *Oetker* in MünchKomm. BGB, § 249 Rn. 86; *Schubert* in BeckOK BGB, § 249 Rn. 39; *Larenz*, Schuldrecht I, § 29 II e, S. 507; a.A. *Schiemann* in Staudinger BGB, § 251 Rn. 106 f.; *Esser/Schmidt*, Schuldrecht AT/2, § 31 II 2 d, S. 189.

[52] BGHZ 131, 220, 226; BGH NJW 1996, 921; *Schubert* in BeckOK BGB, § 249 Rn. 40.

[53] *Esser/Schmidt*, Schuldrecht AT/2, § 31 II 2 d, S 188 ff.; *Köndgen*, AcP 177 (1977), 26 ff.; *Löwe*, NJW 1964, 701 ff.

[54] Im vertraglichen Schadensersatzrecht kursiert die Frustrationstheorie bei Schadensersatz statt der Leistung unter dem Begriff „Rentabilitätsvermutung"; vgl. dazu BGHZ 71, 234, 238; BGHZ 99, 182, 200 f.; BGHZ 123, 96, 99.

[55] *Grüneberg* in Palandt, BGB, Vor § 249 Rn. 19; *Schubert* in BeckOK BGB, § 249 Rn. 25; *Schiemann* in Staudinger, BGB, Vor § 249 Rn. 125; *Lange/Schiemann*, Schadensersatz; § 6 IV, S. 255 ff.; *Medicus/Lorenz*, Schuldrecht I, Rn. 671; *Jahr*, AcP 183 (1983), 725, 752 ff.; vgl. auch BGHZ 55, 146, 151; BGHZ 99, 182, 196.

III. Vermögens- und Nichtvermögensschaden

> Ein Vermögensschaden liegt nur vor, wenn der Geschädigte **infolge** des schädigenden Ereignisses – und nicht vorher! – eine geldwerte Einbuße erlitten hat.

Beispiel: G hat eine Eintrittskarte für ein Konzert erworben. Da er bei einem von S verschuldeten Unfall verletzt wird, kann er das Konzert nicht besuchen. Die Eintrittskarte „verfällt". Hat G einen Vermögensschaden erlitten?

- G ist nicht in den **Genuss des Konzertes** gekommen. Hierbei handelt es sich aber nur um einen immateriellen Schaden.
- Dass G **Aufwendungen** getätigt hat, um einen Anspruch auf den Konzertbesuch zu erwerben (Preis für die Eintrittskarte), führt auch nicht zu einem Vermögensschaden. Diese Vermögensminderung ist nämlich bereits vor dem schädigenden Ereignis von G freiwillig herbeigeführt worden.
- Möglicherweise wurde durch das schädigende Ereignis aber der **Anspruch** des G gegen den Konzertveranstalter **auf Besuch des Konzertes** beeinträchtigt. Dieser Anspruch hat einen Vermögenswert, da der Konzertveranstalter hierfür einen bestimmten Preis festgesetzt hat, den Konzertbesucher auf einem Markt bereit sind zu zahlen. Ein Konzertbesuch ist – jedenfalls typischerweise – gebunden an ein bestimmtes Datum. Danach ist der Konzertbesuch nicht mehr möglich. Es handelt sich also um ein absolutes Fixgeschäft. G konnte das Konzert am Veranstaltungstag nicht besuchen. Der Anspruch ist damit nach § 275 I BGB untergegangen. Allerdings ist insoweit zu beachten, dass der Anspruch auch ohne den Unfall nicht mehr bestehen würde: Entweder hätte G das Konzert besucht, wodurch der Anspruch erfüllt worden wäre (§ 362 I BGB), oder er hätte das Konzert aus einem anderen Grund verpasst, was wiederum zur Unmöglichkeit (§ 275 I BGB) geführt hätte. Der eigentliche Schaden besteht demnach gar nicht darin, dass ein Anspruch beeinträchtigt wurde, sondern dass er *nicht* durch Erfüllung erloschen ist. Es geht also letztlich doch wieder darum, dass G das Konzert nicht besucht hat – und das ist nur ein immaterieller Schaden.

f) „Kind als Schaden"

Die unter dem Stichwort „Kind als Schaden" diskutierten Probleme wurden bereits oben § 8 Rn. 21 ff. dargestellt. Deshalb hier nur kurz: 30

- Das **Kind selbst** kann *nicht* als Schaden angesehen werden; dies verbietet schon Art. 1 I GG.
- Hingegen sollen die **Unterhaltsleistungen,** die Eltern ihrem Kind schulden, durchaus einen ersatzfähigen Vermögensschaden darstellen können.

g) Merkantiler Minderwert

Die Beschädigung einer Sache führt dazu, dass ihr Substanzwert gemindert wird. 31
Ein **technischer Minderwert** liegt immer dann vor, wenn die Sache durch eine Reparatur nicht in den denselben technisch funktionsfähigen Zustand versetzt werden kann, den sie vor dem Unfall hatte[56]. Hiervon zu unterscheiden ist der **merkantile Minderwert,** der auch bei technisch völlig einwandfreier Reparatur verbleiben kann.

---

[56] *Ebert* in Erman, BGB, § 251 Rn. 5; *Schubert* in BeckOK BGB, § 251 Rn. 25.

32 Ein merkantiler Minderwert resultiert daraus, dass (potentielle) Erwerber weniger für die Sache bezahlen würden, weil diese zuvor beschädigt war und repariert werden musste[57].

Es handelt sich also um einen (hypothetischen) Wertabschlag, den der Markt in Ansehung des Vorschadens vornimmt. Da es sich mithin um eine marktmäßige Bewertung handelt, stellt der merkantile Minderwert einen **Vermögensschaden** dar[58]. Dass sich der merkantile Minderwert nur realisiert, wenn die Sache später entgeltlich veräußert wird, ändert hieran nichts.

Praktische Bedeutung hat der merkantile Minderwert vor allem bei **Kraftfahrzeugen.** Ein unfallfreier Pkw wird vom Markt höher bewertet als ein vergleichbarer Pkw mit einem signifikanten Vorschaden – und zwar auch dann, wenn ein technischer Minderwert nicht feststellbar ist. Grund hierfür ist die Befürchtung, dass der Vorschaden möglicherweise doch nicht vollständig behoben wurde oder dass der Pkw hierdurch fehleranfälliger geworden ist.

33 Für die **Bemessung** des merkantilen Minderwerts kommt es maßgeblich auf den Wert der Sache vor dem Schadensfall an. Die konkrete Festsetzung ist in der Praxis oftmals schwierig. Die Gerichte bedienen sich hierbei zumeist sachverständiger Hilfe oder arbeiten mit typisierenden Schätzungsmethoden[59].

3. Nichtvermögensschaden

34 Anknüpfend an die Definition des Vermögensschadens lässt sich der Nichtvermögensschaden wie folgt definieren:

Nichtvermögensschaden ist jeder nicht in Geld messbare Nachteil.

35 Diese Nachteile können ganz unterschiedlicher Natur sein. Entscheidend ist allein, dass nicht das Vermögen des Geschädigten betroffen ist, sondern ein **anderes Rechtsgut,** wie etwa die Gesundheit oder das allgemeine Persönlichkeitsrecht mit seinen verschiedenen Ausprägungen (dazu oben § 8 Rn. 83 ff.).

Einige Nachteile wurden bereits oben benannt: entgangene Freizeit, vertaner Urlaub sowie der bloße Ausfall der eigenen Arbeitskraft. Dasselbe gilt für die Nichtnutzbarkeit von

---

[57] Siehe nur BGHZ 161, 151, 160 f.
[58] BGHZ 35, 396; BGHZ 161, 151, 159; *Oetker* in MünchKomm. BGB, § 251 Rn. 86; *Grüneberg* in Palandt, BGB, § 251 Rn. 14; *Schubert* in BeckOK BGB, § 251 Rn. 26; *Medicus/Lorenz,* Schuldrecht I, Rn. 669; *Lange/Schiemann,* Schadensersatz, § 6 VI 1, S. 264 f.; *Larenz,* Schuldrecht I, § 28 II, S. 473; *Vuai,* NJW 2012, 3057 ff.
[59] Vgl. etwa *Ruhrkopf/Sahm,* VersR 1962, 593 und dazu BGH NJW 1980, 281, 282; ferner *Schubert* in BeckOK BGB, § 251 Rn. 29 ff.

Gütern, die nicht von zentraler Bedeutung für die eigenwirtschaftliche Lebensführung des Geschädigten sind.

Weitere Beispiele: erlittene Schmerzen sowie sonstige Störungen des psychischen und körperlichen Wohlbefindens; Ehrverletzungen durch Verbreiten unwahrer Behauptungen oder Schmähungen.

IV. Zurechnungsfragen

1. Haftungsausfüllende Kausalität

Die Schadensersatzpflicht erstreckt sich nur auf jene Schäden, die der Schädiger **zurechenbar verursacht** hat. Der Schaden muss gerade deshalb entstanden sein, weil der Schädiger eine Pflicht (z.B. bei § 280 I BGB), ein Rechtsgut des Geschädigten (insbesondere bei § 823 I BGB) oder ein Schutzgesetz (bei § 823 II BGB) verletzt hat. Dieser Zusammenhang zwischen haftungsbegründendem Tatbestand und Schaden wird als **haftungsausfüllende Kausalität** bezeichnet. Dabei spielen grundsätzlich dieselben Erwägungen eine Rolle wie bei der haftungsbegründenden Kausalität. Auch hier kommen die Äquivalenz- und Adäquanztheorie sowie die Lehre vom Schutzzweck der Norm zur Anwendung.

36

> Die haftungsausfüllende Kausalität ist somit zu bejahen, wenn
> - die Pflicht-, Rechtsgut- oder Schutzgesetzverletzung nicht hinweg gedacht werden kann, ohne dass der Schaden entfiele,
> - der Schadenseintritt nicht gänzlich unwahrscheinlich war *und*
> - der konkrete Schaden in den Schutzbereich der verletzten Norm fällt.

Für Einzelheiten kann insoweit auf die Ausführungen oben § 8 Rn. 194 ff. verwiesen werden.

An einem zurechenbaren Schaden fehlt es insbesondere in den Fällen, in denen sich nur das **allgemeine Lebensrisiko** verwirklicht hat. Dogmatisch ist dies bei der Frage nach dem Schutzzweck der verletzten Norm zu verorten[60].

37

> Im Fall von **BGH NJW 1968, 2287** war der Kläger bei einem vom Beklagten verschuldeten Unfall verletzt worden. Bei der anschließenden ärztlichen Untersuchung stellte sich heraus, dass der Kläger an Hirnarteriosklerose litt. Aufgrund dieses Befundes wurde der Kläger als berufsunfähig eingestuft und pensioniert. Der Kläger machte geltend, dass ihm durch die frühzeitige Pensionierung ein Verdienstausfall entstanden sei. Diesen verlangte er vom Beklagten als Schadensersatz. – Der BGH hat die Klage zu Recht abgewiesen. Wörtlich heißt es in der Entscheidung „Das Verbot der Körperverletzung soll nicht davor

---

[60] Zutreffend etwa *Grüneberg* in Palandt, BGB, Vor § 249 Rn. 54; *Oetker* in MünchKomm. BGB, § 249 Rn. 86; *Schubert* in BeckOK BGB, § 249 Rn. 55. Andere Autoren sehen hierin ein eigenständiges Merkmal, etwa *Lange/Schiemann*, Schadensersatz, § 3 X 4, S. 146; *Deutsch* in Festschrift Jahr, 1993, S. 251, 259 ff.

schützen, daß bis dahin verborgen gebliebene Erkrankungen entdeckt werden und dann zur Pensionierung führen. Insoweit sind durch den Unfall keine Gefahren verwirklicht worden, die das Gesetz verhüten will. Daß eine Krankheit erkannt wird, ist ein Geschick, das dem Menschen jederzeit widerfahren kann. Es gehört zu den allgemeinen Lebensrisiken, fällt aber nicht in den Gefahrenbereich, den § 823 Abs. 1 BGB schützen will." Aus demselben Grund war auch eine Haftung aus § 7 I StVG zu verneinen.

38 Zur **Anrechenbarkeit von Vorteilen,** die der Geschädigte adäquat kausal aus dem schädigenden Ereignis gezogen hat, siehe bereits oben Rn. 9 f.

2. Problemfälle

a) Vorsorge- und Vorhaltekosten

39 **Aufwendungen** des Geschädigten **zur Schadensabwehr oder -minimierung** sind grundsätzlich nur ersatzfähig, wenn sie *nach dem schädigenden Ereignis* oder *zur Abwehr eines konkret drohenden Schadens* getätigt wurden[61].

> Daher sind sog. **Vorsorge- und Vorhaltekosten,** die losgelöst von einem konkreten Schadensfall getroffen werden, nicht ersatzfähig[62].

Beispiel: L hat sein Ladengeschäft mit einer Alarmanlage ausstatten lassen. D weiß davon nichts. Hoffnungsvoll verschafft er sich mit Hilfe eines Ziegelsteins Zutritt in das Geschäft. Hierdurch löst er unbemerkt den Alarm aus. Der alarmierte Wachschutz kann D stellen. – Natürlich stellt die zerbrochene Scheibe einen Vermögensschaden dar, den L von D ersetzt verlangen kann. Die Kosten für die Alarmanlage hingegen sind weder vollständig noch anteilig ersatzfähig. Es handelt sich insoweit um Vorsorgeaufwendungen, die L nicht mit Blick auf das konkrete schädigende Ereignis, sondern generell zur Verhinderung von Einbrüchen bzw. zur Überführung der Täter getroffen hat. Das gleiche gilt für die allgemeinen Kosten für die Inanspruchnahme des Wachdienstes. Zur Frage, ob eine zusätzliche Vergütung, die durch den Schadensfall ausgelöst wird (sog. Fangprämie) ersatzfähig ist, siehe unten Rn. 42 f.

40 Eine **Ausnahme** von diesem Grundsatz wird von der Rechtsprechung[63] für **Reservefahrzeuge** gemacht, die Verkehrsunternehmen vorhalten, um im Falle der Beschädigung eines Fahrzeuges einen reibungslosen Betrieb gewährleisten zu können und einen Verdienstausfall zu vermeiden. Der BGH gewährt einen *anteiligen* Kostenersatz auch dann, wenn der Ausfall des beschädigten Fahrzeuges durch Einsatz einer „allgemeinen Betriebsreserve" aufgefangen werden konnte[64]. Das Reservefahrzeug muss also nicht eigens für fremdverschuldete Unfälle gehalten worden sein[65]. Erforderlich sei aber, dass „der Geschädigte die Reservehaltung allgemein

---

[61] *Schubert* in BeckOK BGB, § 249 Rn. 104.
[62] BGHZ 59, 286, 288; BGHZ 75, 230, 237.
[63] RGZ 74, 362; BGHZ 32, 280; BGHZ 70, 199.
[64] BGHZ 70, 199.
[65] Anders noch BGHZ 32, 280.

mit Rücksicht auf fremdverschuldete Ausfälle messbar erhöht" und diese Vorsorge sich dann schadensmindernd ausgewirkt habe[66]. Die Rechtsprechung ist im Schrifttum überwiegend auf Zustimmung gestoßen[67] – zu Recht, denn die Reservehaltung von Fahrzeugen ist wirtschaftlich sinnvoll und **kommt schadensmindernd auch dem Schädiger zugute.** Der dogmatische Bruch ist demgegenüber zu verschmerzen.

> Die **Gegenauffassung** lehnt die Ersatzfähigkeit von Vorhaltekosten für Reservefahrzeuge ab und will stattdessen in diesen Fällen trotz der gewerblichen Nutzung der Fahrzeuge einen Nutzungsausfallschaden gewähren[68].

Schwierig ist allerdings die Bemessung der **Anspruchshöhe.** Diese darf jedenfalls nicht die Kosten, die bei Anmietung eines Ersatzfahrzeuges angefallen wären, oder den potentiell drohenden Verdienstausfall übersteigen; anderenfalls wäre der die Ausnahme legitimierende Gedanke (**Schadensminderung**) *ad absurdum* geführt. 41

b) Fangprämien

Auch sog. Fangprämien sind **ersatzfähige Schäden**[69]. Diese werden zumeist Kaufhausdetektiven dafür gewährt, dass sie (vollendete oder versuchte) Diebstähle aufdecken. Die Fangprämie ist dabei ein unter einer aufschiebenden Bedingung (Überführung eines Diebes) gegebenes vertragliches Versprechen. Zwar wird die Fangprämie vor dem konkreten Schadensfall vereinbart, doch entsteht die Forderung des Kaufhausdetektivs erst mit dem jeweiligen Diebstahl. Daher ist der die Fangprämie „auslösende" Diebstahl durchaus **ursächlich** für den entstehenden Vermögensnachteil. 42

Allerdings muss die Fangprämie eine **verhältnismäßige** Reaktion auf den Schadensfall darstellen. Daher sind nur **angemessene** Fangprämien ersatzfähig. Die Angemessenheit hängt maßgeblich vom Wert der gestohlenen Sachen ab. Allerdings soll eine Fangprämie in Höhe von **25 €** stets angemessen sein[70], weil anderenfalls die Anreizfunktion der Fangprämie verloren ginge. 43

c) Bearbeitungsgebühren

Eine Bearbeitungsgebühr kann der Geschädigte hingegen **nicht als Vermögensschaden** geltend machen. Diese fallen als allgemeines Lebensrisiko nicht in den 44

---

[66] BGHZ 70, 199, 201.
[67] Siehe etwa *Grüneberg* in Palandt, BGB, Vor § 249 Rn. 62; *Oetker* in MünchKomm. BGB, § 249 Rn. 201; *Schubert* in BeckOK BGB, § 249 Rn. 104; *Beuthien*, NJW 1966, 1996 ff.; *Thielein* Festschrift Felgentraeger, 1969, S. 383, 405.
[68] Vgl. *Schiemann* in Staudinger, BGB, § 249 Rn. 122; *Esser/Schmidt*, Schuldrecht AT/2, § 32 III 2 b, S 219 f.; *Niederländer*, JZ 1960, 617, 618 ff.
[69] BGHZ 75, 230, 235 ff.; *Grüneberg* in Palandt, BGB, Vor § 249 Rn. 63; *Oetker* in MünchKomm. BGB, § 249 Rn. 203; *Schubert* in BeckOK BGB, § 249 Rn. 106; *Lange/Schiemann*, Schadensersatz, § 6 VIII 6, S. 305 f.; *Medicus/Lorenz*, Schuldrecht I, Rn. 681; *Pecher*, JuS 1981, 645, 649 f.; a.A. *Esser/Schmidt*, Schuldrecht AT/2, § 32 III 2b, S. 220; *Zimmermann*, JZ 1981, 86, 88.
[70] BGHZ 75, 230, 240; *Schubert* in BeckOK BGB, § 249 Rn. 106.

Schutzzweck der jeweiligen Haftungsnorm[71]. Der Geschädigte kann daher auch *nicht* die Personalkosten für die Bearbeitung eines Schadensfalles auf den Schädiger abwälzen – und zwar auch dann nicht, wenn die Schadensabwicklung einer besonderen Abteilung übertragen wurde.

d) Rechtsverfolgungskosten

45 Ersatzfähig sind hingegen die **Kosten der gerichtlichen und außergerichtlichen Verfolgung** von zivilrechtlichen Schadensersatzansprüchen[72].

> **Beispiele:** Rechtsanwaltskosten; Kosten für ein privates Sachverständigengutachten; Gerichtskosten.
>
> **Hinweis:** Hierbei handelt es sich um einen materiell-rechtlichen Kostenerstattungsanspruch. Bei einer erfolgreichen Klage tritt daneben ein prozessualer Kostenerstattungsanspruch gemäß §§ 91 ff. ZPO[73].

46 Die Rechtsverfolgungskosten müssen eine **angemessene Reaktion** des Geschädigten auf den Schadensfall sein. Ersatzfähig sind daher nur die Kosten, die aus der Sicht des Geschädigten zur Wahrnehmung seiner Rechte **erforderlich und zweckmäßig** waren[74]. In einfach gelagerten Fällen, in denen über die Ersatzpflicht des Schädigers weder dem Grunde noch der Höhe nach Zweifel bestehen, ist die Einschaltung eines Rechtsanwalts bei der erstmaligen Geltendmachung des Anspruchs regelmäßig noch nicht geboten[75].

47 Generell **nicht** ersatzfähig sind die Aufwendungen, die der Geschädigte im Rahmen eines **Strafverfahrens** gegen den Schädiger tätigt[76]. Die Verwirklichung des staatlichen Strafanspruchs fällt nicht in den Schutzbereich der zivilrechtlichen Haftungsnormen. Kosten, die dem Geschädigten als Privat- oder Nebenkläger entstehen, sind allein nach Maßgabe der §§ 471 f. StPO zu erstatten. Tritt der Geschädigte als Zeuge auf, wird er nach dem ZuSEG entschädigt.

---

[71] BGHZ 75, 230, 232 ff.; *Oetker* in MünchKomm. BGB, § 249 Rn. 204; *Schiemann* in Staudinger, BGB, § 249, 120; *Schubert* in BeckOK BGB, § 249 Rn. 105; a.A. *Medicus/Lorenz*, Schuldrecht I, Rn. 682; *Canaris* NJW 1974, 521, 522; *Pecher*, JuS 1981, 645, 647 f.; *Liebin* Festschrift Steindorff, 1990, S. 705 ff.; Wilhelm, WM 1988, 281 ff.

[72] Dazu *Oetker* in MünchKomm. BGB, § 249 Rn. 180 ff.

[73] Zum Verhältnis der beiden Kostenerstattungsansprüche zueinander siehe etwa *Lackmann* in Musielak, ZPO, 9. Aufl. 2012, Vor § 91 Rn. 13 ff.

[74] BGHZ 39, 73, 74; BGHZ 127, 348, 350 ff.; BGH NJW 1995, 446; BGH NJW 2004, 444; *Teichmann* in Jauernig, BGB, § 249 Rn. 4.

[75] BGHZ 127, 348.

[76] BGHZ 75, 230.

e) Schadensanfälligkeit und Schadensanlagen

> Eine **besondere Schadensanfälligkeit** des Geschädigten kommt dem Schädiger *nicht* zugute, lässt also die Zurechenbarkeit nicht entfallen[77].

48

Wer einen kranken oder gebrechlichen Menschen verletzt, kann nicht verlangen, so gestellt zu werden, als hätte er einen gesunden Menschen verletzt. Der Schädiger muss den Geschädigten so nehmen, wie er ist. Dies gilt auch, wenn die Verletzung zum Ausbrechen einer Krankheit führt, die im Körper des Geschädigten bereits „angelegt" war[78].

Beispiel: Der Schädiger muss also auch die gesamten Heilungskosten ersetzen, wenn der Verletzte Bluter ist und sich der Heilungsaufwand deshalb erhöht. Die besondere Schadensanfälligkeit mag für den Schädiger nicht erkennbar gewesen sein. Doch kommt es hierauf nicht an, da sich auch das Verschulden nicht auf den Schaden beziehen muss.

Genauso könnte man übrigens davon sprechen, dass ein Geschädigter mit einem hohen Einkommen eine besondere Schadensanfälligkeit aufweist. Der eventuell zu ersetzende Verdienstausfall ist bei diesem nämlich höher als bei einem Geringverdiener oder Nichterwerbstätigen. Dass dies aus Sicht des Schädigers zufällig ist, spielt schadensrechtlich keine Rolle.

Nur in Fällen **extremer Schadensgeneigtheit** ist die Zurechenbarkeit des Schadens *ausnahmsweise* zu verneinen[79].

49

Beispiele aus der Rechtsprechung: Tritt auf den Fuß, der wegen arterieller Störungen eine Beinamputation zur Folge hat[80]; schwere Psychose nach leichtem Auffahrunfall; Gehirnblutung aus Erregung über eine Beleidigung[81].

Im Übrigen kann die Schadensanfälligkeit bei der Prüfung des **Mitverschuldens** (dazu unten Rn. 91 ff.) eine Rolle spielen, insbesondere wenn der Geschädigte in Ansehung der besonderen Schadensanfälligkeit schadensverhindernde Maßnahmen hätte treffen oder von einem bestimmten Verhalten hätte absehen müssen.

50

f) Psychische Schäden

Die **Ersatzfähigkeit seelischer Beeinträchtigung** ist heute allgemein anerkannt[82] (siehe auch schon oben § 8 Rn. 11, 14). Dies gilt nach dem soeben Gesagten auch

51

---

[77] BGHZ 20, 137, 139; BGHZ 56, 163, 165; BGHZ 107, 359, 363; BGH NJW 2002, 504, 505; *Schiemann* in Staudinger, BGB, § 249 Rn. 35 f.; *Grüneberg* in Palandt, BGB, Vor § 249 Rn. 35; *Oetker* in MünchKomm. BGB, § 249 Rn. 138 f.; *Schubert* in BeckOK BGB, § 249 Rn. 60; *Ebert* in Erman, BGB, Vor § 249 Rn. 47; *Lange/Schiemann*, Schadensersatz, § 3 X 1, S. 128 ff.; *Medicus/Lorenz*, Schuldrecht I, Rn. 641.

[78] BGHZ 20, 137, 139; BGHZ 132, 341, 345.

[79] *Oetker* in MünchKomm. BGB, § 249 Rn. 140; *Schubert* in BeckOK BGB, § 249 Rn. 61; *Lange/Schiemann*, Schadensersatz, § 3 X 1c, S. 130.

[80] OLG Karlsruhe VersR 1966, 741.

[81] BGH NJW 1976, 1143.

[82] Vgl. nur *Schiemann* in Staudinger, BGB, § 249 Rn. 39.

dann, wenn der Geschädigte insoweit besonders schadensanfällig war (sog. neurotische Prädisposition). Die Ersatzpflicht wird grundsätzlich auch nicht durch die Fehlverarbeitung des schädigenden Ereignisses durch den Geschädigten ausgeschlossen[83]. Etwas anderes soll aber gelten, wenn das Schadensereignis nur eine Bagatelle war und die psychische Reaktion des Verletzten im konkreten Fall wegen ihres groben Missverhältnisses zum Anlass schlechterdings nicht mehr verständlich ist[84].

52 Eine weitere Ausnahme macht die Rechtsprechung bei sog. **Renten- oder Begehrensneurosen**[85]. Bei diesen nimmt der Geschädigte einen Schadensfall zum willkommenen Anlass, sein neurotisches Streben nach Versorgung und Sicherheit zu erfüllen und so den Schwierigkeiten und Belastungen des Berufslebens auszuweichen. Die Gewährung eines Schadensersatzanspruchs würde die psychische Störung hier nicht kompensieren, sondern vertiefen.

V. Arten und Umfang des Schadensersatzes

1. Überblick

53 Die §§ 249 ff. BGB regeln, wie ein entstandener Schaden durch den Geschädigten auszugleichen ist. Dabei unterscheidet das Gesetz **zwei Arten des Schadensersatzes:** Naturalrestitution und Schadensersatz in Geld. § 249 I BGB geht dabei vom Grundsatz der **Naturalrestitution** aus: Der Geschädigte ist so zu stellen, wie er ohne das schädigende Ereignis stünde. Aus § 249 II BGB ergibt sich, dass die Naturalrestitution in bestimmten Fällen auch durch den Geschädigten selbst vorgenommen werden und dieser dafür Kostenersatz verlangen kann. Von diesem Kostenersatz ist der Schadensersatz in Geld nach §§ 250 f. BGB zu unterscheiden. Dieser ist nicht auf die Wiederherstellung des früheren Zustandes gerichtet, sondern nur auf Wertersatz. Von Bedeutung ist diese Unterscheidung immer dann, wenn die Kosten der Wiederherstellung höher sind als der durch das schädigende Ereignis eingetretene Wertverlust.

> **Hinweis:** Besonders deutlich wird die unterschiedliche Funktion des § 249 BGB einerseits und der §§ 250 f. BGB andererseits beim Schadensersatz wegen der Beschädigung eines Pkw. Die Thematik ist auch praktisch von großer Relevanz, weshalb in den meisten der folgenden Beispiele Pkw eine Rolle spielen werden.

54 **Naturalrestitution** ist gleichermaßen bei Vermögens- und bei Nichtvermögensschäden möglich. **Geldersatz** kommt hingegen nur bei Vermögensschäden in Be-

---

[83] BGHZ 132, 341, 344; BGH NJW 1986, 777; BGH NJW 1993, 1523.
[84] BGHZ 132, 341, 346; BGH NJW 1998, 810, 812.
[85] BGHZ 20, 137, 142; BGHZ 132, 341, 346; BGHZ 137, 142, 148 f.; dazu *Schiemann* in Staudinger, BGB, § 249 Rn. 40 f.; *Oetker* in MünchKomm. BGB, § 249 Rn. 190.

tracht. Bei immateriellen Schäden gewährt das Gesetz nur in bestimmten Fällen einen Anspruch auf eine „**billige Entschädigung in Geld**" (z.B. in § 253 II BGB).

2. Naturalrestitution

a) Wiederherstellung in Natur

> Naturalrestitution bedeutet im Ausgangspunkt, dass der Geschädigte Wiederherstellung *in Natur* verlangen kann.

55

Hierdurch soll dem **Integritäts- und Restitutionsinteresse** des Geschädigten Rechnung getragen werden. Der Inhalt des Anspruchs richtet sich dabei nach der Art des Schadens.

> **Beispiele:** Reparatur einer beschädigten Sache oder Beschaffung einer gleichartigen und gleichwertigen Ersatzsache; ärztliche Heilbehandlung bei Körperverletzungen; tierärztliche Behandlung bei der Verletzung eines Tieres; Widerruf ehrverletzender oder verleumderischer Äußerungen; Freistellung von einer Verbindlichkeit.

b) Kostenersatz nach § 249 II BGB

aa) Grundlagen
Allerdings ist die Wiederherstellung in Natur *durch den Schädiger* dem Geschädigten oft nicht zumutbar. § 249 II 1 BGB enthält deswegen eine gewichtige Modifizierung:

56

> Ist wegen der Verletzung einer Person oder wegen der Beschädigung einer Sache Schadensersatz zu leisten, so kann der Geschädigte statt der Herstellung den dazu erforderlichen Geldbetrag verlangen.

Der Geschädigte muss also weder sich selbst noch seine Sachen dem Schädiger anvertrauen, sondern kann insoweit **Kostenersatz** verlangen.

> **Beispiel:** Der verletzte Geschädigte muss sich daher nicht vom Schädiger behandeln lassen, sondern kann einen Arzt aufsuchen, sich von diesem behandeln lassen und Ersatz der Behandlungskosten vom Schädiger verlangen. Ebenso kann er einen beschädigten Pkw in die Werkstatt seines Vertrauens bringen und dort reparieren lassen.

§ 249 II 1 BGB setzt zwingend voraus, dass die Naturalrestitution noch möglich ist. Dem Geschädigten wird aber eine **Ersetzungsbefugnis** eingeräumt[86]. Hat der

57

---

[86] Vgl. *Oetker* in MünchKomm. BGB, § 249 Rn. 357 mit weiteren Nachweisen.

Geschädigte sein Wahlrecht ausgeübt und Kostenersatz verlangt, so ist er an diese Entscheidung grundsätzlich gebunden[87]. Auch der Kostenersatz nach § 249 II 1 BGB ist eine Form der Naturalrestitution. Gefragt wird nicht danach, welchen Wert das geschädigte Rechtsgut hatte, sondern was dessen Wiederherstellung kostet. Geschützt wird also auch hier das **Integritäts- und Restitutionsinteresse** des Geschädigten[88].

> Nach § 249 II 1 BGB zu ersetzen sind daher **alle Kosten**, die „vom Standpunkt eines verständigen, wirtschaftlich denkenden Menschen in der Lage des Geschädigten zur Behebung des Schadens zweckmäßig und angemessen erscheinen"[89].

bb) Kostenersatz bei Personenschäden

58 Zu den erforderlichen Kosten zählen bei **Personenschäden** neben den Kosten für die konkrete Behandlungsmaßnahme auch die im Zusammenhang mit der Behandlung und der Rehabilitation anfallenden Kosten.

> **Beispiele:** Kosten für die Unterbringung im Krankenhaus; Fahrtkosten für Arztbesuche; Kosten für Medikamente und Hilfsmittel (z.B. Rollstühle, Brillen, Prothesen); Kur- und Pflegekosten; Kosten für die berufliche Rehabilitation (z.B. Umschulungen).

59 Da Krankenhausbesuche naher Angehöriger typischerweise den Heilungsprozess des Verletzten fördern, sind diese grundsätzlich erforderlich[90]. Der Verletzte kann die notwendigen **Besuchskosten** daher als *eigenen* Schaden geltend machen[91]. Die Angehörigen selbst haben indes *keinen* Anspruch gegen den Schädiger.

cc) Kostenersatz bei Sachschäden

60 Bei **Sachschäden** ist zu unterscheiden: Kann die Sache repariert werden, sind die Kosten für eine fachgerechte Reparatur zu ersetzen. Ist die Reparatur nicht möglich, weil ein technischer Totalschaden vorliegt, die Sache zerstört wurde oder verloren gegangen ist, sind die Kosten für die Ersatzbeschaffung zu ersetzen. Dabei ist nicht der Wert der beschädigten Sache vor dem schädigenden Ereignis, sondern die **tatsächlichen Kosten der Wiederbeschaffung** zugrunde zu legen[92] (siehe auch unten Rn. 69). Zu ersetzen ist dabei jeweils auch die *anfallende* **Umsatzsteuer**.

---

[87] BGHZ 121, 22, 26.
[88] Vgl. BGHZ 5, 105, 109; *Schubert* in BeckOK BGB, § 249 Rn. 187.
[89] BGH NJW 2007, 1450, 1452 mit weiteren Nachweisen.
[90] BGHZ 106, 28; BGH NJW 1991, 2340.
[91] BGHZ 106, 28, 29; BGH NJW 1991, 2340, 234; näher dazu *Schubert* in BeckOK BGB, § 249 Rn. 197 f.
[92] *Schubert* in BeckOK BGB, § 249 Rn. 205.

Wird im Zuge der Ersatzbeschaffung eine gebrauchte Sache durch eine neue Sache ersetzt oder erfährt die Sache bei der Reparatur durch den Einbau neuer Teile eine Wertsteigerung, so muss sich der Geschädigte diese Vorteile grundsätzlich anrechnen lassen („**Abzug neu für alt**")[93].

Die erforderlichen Kosten kann der Geschädigte **vor oder nach** Vornahme der Naturalrestitution verlangen. Aus der dem Geschädigten obliegenden Schadensminderungspflicht folgt das **Gebot der Wirtschaftlichkeit**[94]: Bei mehreren verschiedenen, aber gleich effektiven Formen der Wiederherstellung, sind die Kosten der günstigsten Variante zu ersetzen.

61

Beispiele:

- Bei der **Reparatur eines Pkw** darf der Geschädigte aber im Regelfall eine „**Markenwerkstatt**" beauftragen, auch wenn die Kosten dort höher sind als bei einer freien Werkstatt[95].
- Grundsätzlich darf der Geschädigte auch ein **Ersatzfahrzeug** anmieten. Bei einem nur geringen Fahrbedarf kann es aber geboten sein, auf die Anmietung zu verzichten und stattdessen für die Fahrten ein **Taxi** zu nehmen[96].

dd) Fiktive Schadensabrechnung

Viel diskutiert ist die Frage, ob der Geschädigte die nach § 249 II 1 BGB erlangten Mittel auch zur Naturalrestitution **verwenden** muss. Richtigerweise ist mit der h.M. wie folgt zu differenzieren:

62

- Bei **Vermögensschäden** kann der Geschädigte über den Geldbetrag *frei disponieren*. Er muss ihn also nicht zur Naturalrestitution verwenden. Bei **Sachschäden** kann der Geschädigte daher auf die Reparatur oder Ersatzbeschaffung verzichten oder die Sache selbst reparieren und stattdessen die **fiktiven Kosten** abrechnen[97]. § 249 II 2 BGB enthält insoweit aber eine Einschränkung: Die Umsatzsteuer kann *nicht* geltend gemacht werden, wenn sie nicht anfällt. Daher ist ein entsprechender Kostenvoranschlag, der in der Praxis regelmäßig die Grundlage für die fiktive Schadensberechnung bildet, um die ausgewiesene Umsatzsteuer zu kürzen.
- Bei **Personen- und anderen Nichtvermögensschäden** ist hingegen eine fiktive Schadensabrechnung *nicht* möglich[98]. Der Geschädigte soll seinen immateriellen

---

[93] Näher dazu *Oetker* in MünchKomm. BGB, § 249 Rn. 348 ff. mit zahlreichen Beispielen aus der Rechtsprechung.
[94] BGHZ 155, 1, 4 f.; BGHZ 163, 180, 184; *Schubert* in BeckOK BGB, § 249 Rn. 191.
[95] BGHZ 155, 1, 5; BGH NJW 2010, 606, 607; *Schubert* in BeckOK BGB, § 249 Rn. 223.
[96] *Oetker* in MünchKomm. BGB, § 249 Rn. 429 mit weiteren Nachweisen.
[97] BGHZ 66, 239, 243 f.; BGHZ 81, 385, 388 f.; BGH NZV 2003, 371; NJW 2005, 2541, 2542; *Grüneberg* in Palandt, BGB, § 249 Rn. 7; *Oetker* in MünchKomm. BGB, § 249 Rn. 367 ff.; *Medicus*, DAR 1982, 352, 359; a.A. etwa *Teichmann* in Jauernig, BGB, § 249 Rn. 10; *Esser/Schmidt*, Schuldrecht AT/2, § 32 I 2a, S. 203 f.
[98] BGHZ 97, 14, 18; *Grüneberg* in Palandt, BGB, § 249 Rn. 6; *Oetker* in MünchKomm. BGB, § 249 Rn. 380; *Schubert* in BeckOK BGB, § 249 Rn. 192; *Schiemann* in Staudinger, BGB, § 249 Rn. 236a; *Lange/Schiemann*, Schadensersatz, § 5 IV 6, S. 229.

Schaden nicht auf diese Weise zu Geld machen können. Der Geschädigte **muss** daher die für die Heilbehandlung verlangten Kosten auch hierfür **verwenden.** Fiktive Behandlungskosten sind ebenso wenig ersatzfähig wie fiktive Besuchskosten. Das Gleiche gilt übrigens auch für die Kosten der Rechtsverfolgung: Anwaltskosten kann nur ersetzt verlangen, wer auch wirklich einen Anwalt einschaltet (dazu bereits oben Rn. 45 f.).

3. Schadensersatz in Geld

a) Geldersatz nach § 250 BGB

63 Vom Kostenersatz nach § 249 II 1 BGB ist der Schadensersatz in Geld zu unterscheiden, den der Geschädigte nach Maßgabe der §§ 250, 251 BGB verlangen kann.

> § 250 BGB ermöglicht es dem Geschädigten, durch **Fristsetzung mit Ablehnungsandrohung** vom Anspruch auf Wiederherstellung in Natur zum Schadensersatz in Geld überzugehen.

64 Nach fruchtlosem Fristablauf schuldet der Ersatzpflichtige nur noch Geldersatz. **Umstritten** ist allerdings, ob der Geschädigte dann – wie bei § 249 II 1 BGB – die zur Wiederherstellung erforderlichen Kosten[99] oder – wie bei § 251 BGB – nur Wertersatz verlangen kann[100]. Die Bedeutung dieses Meinungsstreits ist marginal, da § 250 BGB in der Praxis **kaum relevant** wird, weil die meisten Fälle ohnehin von § 249 II 1 BGB oder § 251 BGB erfasst werden.

b) Geldersatz nach § 251 BGB

65 Demgegenüber ist die **praktische Bedeutung** des § 251 BGB **immens.** Bei § 251 BGB besteht Einigkeit, dass nur das **Wertinteresse** des Geschädigten geschützt wird[101] (siehe auch unten Rn. 76). § 251 BGB verfolgt in seinen beiden Absätzen ganz unterschiedliche Zielstellungen.

aa) Unmögliche oder unzureichende Naturalrestitution

66 > § 251 I BGB dient dem Interesse des Geschädigten: Ist die Naturalrestitution nicht möglich oder ungenügend, so ist er in Geld zu entschädigen.

---

[99] BGHZ 11, 156, 163; *Grüneberg* in Palandt, BGB, § 250 Rn. 3; *Oetker* in MünchKomm. BGB, § 250 Rn. 12; *Schubert* in BeckOK BGB, § 250 Rn. 11; *Schiemann* in Staudinger, BGB, § 250 Rn. 4; *Medicus/Lorenz*, Schuldrecht I, Rn. 633.

[100] *Teichmann* in Jauernig, BGB, § 251 Rn. 1; *Lange/Schiemann*, Schadensersatz, § 5 V 1, S. 233 f.; *Berg*, JuS 1978, 6.

[101] Siehe dazu *Schiemann* in Staudinger, BGB, § 251 Rn. 1 ff. mit weiteren Nachweisen.

Die Vorschrift greift ein, wenn **aus rechtlichen oder tatsächlichen Gründen** eine vollständige Wiederherstellung des früheren Zustandes **nicht möglich** ist. Der Begriff der Unmöglichkeit entspricht dabei jenem in § 275 I BGB. § 251 I BGB greift daher bei anfänglicher wie auch bei nachträglicher, bei objektiver wie auch bei subjektiver Unmöglichkeit ein. Eine trennscharfe Abgrenzung zum alternativen Merkmal **„ungenügend"** ist weder möglich noch erforderlich[102]. Die ungenügende Naturalrestitution lässt sich stets auch als Teilunmöglichkeit beschreiben.

> Bei einer ungenügenden bzw. teilweise unmöglichen Naturalrestitution bestehen die Ansprüche aus §§ 249 und 251 BGB ohnehin **nebeneinander.**

Da § 251 I BGB wegen § 253 I BGB bei Nichtvermögensschäden nicht anwendbar ist, liegt der praktische Hauptanwendungsbereich bei **Sachschäden**. § 251 I BGB kommt dabei *insbesondere* in folgenden Fällen in Betracht: 67

- Die beschädigte Sache ist verloren gegangen, zerstört worden oder kann aus technischen Gründen nicht repariert werden kann **(technischer Totalschaden)**. Die Naturalrestitution scheidet dann aber nur aus, wenn auch die Beschaffung einer gleichartigen und gleichwertigen Ersatzsache nicht möglich ist. Umstritten ist, ob bei gebrauchten Sachen, insbesondere bei **Gebrauchtwagen**, eine Ersatzbeschaffung und damit die Naturalrestitution möglich sind. Der BGH bejaht dies: Ein Gebrauchtwagen könne durchaus auch durch einen anderen, vergleichbaren Gebrauchtwagen ersetzt werden[103].
- Die Reparatur ist zwar möglich, die Sache bleibt aber mit einem **technischen oder merkantilen Minderwert** (dazu oben Rn. 31) behaftet. Hierher gehören auch die Fälle, in denen ein praktisch **neuwertiger Pkw** erheblich beschädigt worden ist **(„unechter" Totalschaden)**. Der Geschädigte soll sich in diesem Fall nicht auf die technisch durchaus mögliche Reparatur verweisen lassen müssen, sondern den für die Anschaffung eines Neuwagens erforderlichen Betrag verlangen können[104].
- Der Geschädigte kann nach den oben Rn. 19 ff. dargestellten Grundsätzen eine **Nutzungsentschädigung** verlangen; insoweit scheidet die Naturalrestitution von vornherein aus.

---

[102] *Schubert* in BeckOK BGB, § 251 Rn. 9.
[103] Vgl. etwa BGHZ 66, 239, 247; BGHZ 115, 364, 36; BGHZ 115, 375, 378; BGHZ 154, 395; zustimmend *Grüneberg* in Palandt, BGB, § 251 Rn. 3; *Schubert* in BeckOK BGB, § 251 Rn. 6; *Schiemann* in Staudinger, BGB, § 249 Rn. 184; *Lipp*, NZV 1996, 7, 8; *Steffen*, NZV 1991, 1, 3 f.; ablehnend *Oetker* in MünchKomm. BGB, § 251 Rn. 11.
[104] BGH NJW 1976, 1202, 1203; BGH DAR 2009, 452, 453; *Oetker* in MünchKomm. BGB, § 251 Rn. 26 ff. mit weiteren Nachweisen.

bb) Unzumutbare Naturalrestitution

68 § 251 II BGB enthält eine Erleichterung zugunsten des Schädigers, der in Geld entschädigen darf, wenn die Naturalrestitution nach § 249 I oder II BGB zwar möglich, aber unverhältnismäßig teuer ist.

Der Geschädigte kann die Naturalrestitution verweigern, wenn die **Wiederherstellungskosten den eingetretenen Wertverlust erheblich übersteigen.** In der anzustellenden Abwägung soll auch ein etwaiges Verschulden des Schädigers zu berücksichtigen sein[105].

(1) Sachschäden

69 Bei der **Beschädigung einer Sache** sind die Kosten der Reparatur bzw. einer Ersatzbeschaffung (Herstellungsaufwand) mit dem Wert der Sache vor dem Schadensfall zu vergleichen. Die Naturalrestitution ist nur dann dem Schädiger nicht zumutbar, wenn der Herstellungsaufwand den Wert der Sache in unbeschädigtem Zustand **erheblich überschreitet.** Der Restwert der beschädigten Sache bleibt dabei außer Betracht[106], da es hier zunächst nur um die Frage geht, ob die Naturalrestitution unverhältnismäßig ist. Die Rechtsprechung setzt die **Schwelle für die Unverhältnismäßigkeit** typischerweise bei **130 %** an[107].

Dies bedeutet, dass die Naturalrestitution regelmäßig erst dann unverhältnismäßig ist, wenn ihre Kosten mehr als 130 % des Wertes der Sache übersteigen (**wirtschaftlicher Totalschaden**). Dabei handelt es sich aber nicht um eine starre Grenze; die 130 %-Schwelle kann daher im Einzelfall über- oder unterschritten werden[108].

70 Durch den **Integritätszuschlag** von (in der Regel) 30 % soll dem **Affektionsinteresse** des Geschädigten an *seiner* Sache Rechnung getragen werden. Der Zuschlag ist aber nur gerechtfertigt, wenn die Naturalrestitution auch tatsächlich vorgenommen, die beschädigte Sache also insbesondere fachgerecht repariert wird[109].

---

[105] BGH NJW 1970, 1180; BGH NJW 1988, 699; *Grüneberg* in Palandt, BGB, § 251 Rn. 6; *Schubert* in BeckOK BGB, § 251 Rn. 11; *Lange/Schiemann*, Schadensersatz, § 5 VII 1, S 238 f; a.A. *Oetker* in MünchKomm. BGB, § 251 Rn. 38; *Esser/Schmidt*, Schuldrecht AT/2, § 32 II 2b, S. 208.

[106] BGHZ 154, 395, 399 f.; BGH NJW 2005, 1110, 1111; *Schubert* in BeckOK BGB, § 251 Rn. 14.

[107] Vgl. etwa BGHZ 115, 364, 371; BGHZ 115, 375, 380 f.; BGHZ 154, 395, 400; BGH NJW 2010, 2121; BGH NJW 2011, 669.

[108] BGHZ 115, 364, 374; *Schubert* in BeckOK BGB, § 251 Rn. 15.

[109] BGH NJW 2011, 669; *Oetker* in MünchKomm. BGB, § 251 Rn. 45; *Schubert* in BeckOK BGB, § 251 Rn. 16.

Beispiel: Bei einem von S verschuldeten Unfall wurde der Pkw des G beschädigt. Die Reparatur in einer Fachwerkstatt kostet 12.000 €. Der Wert des Pkw zum Zeitpunkt des Unfalls betrug 10.000 €, was auch dem Wiederbeschaffungswert entspricht. Der Restwert ohne Reparatur beträgt 3.000 €. – S könnte die Nacherfüllung nach § 251 II BGB nur verweigern, wenn die Wiederherstellungskosten den Wert des Pkw erheblich übersteigen. Dabei ist der Wert vor dem Unfall (10.000 €) und nicht der durch den Unfall eingetretene Wertverlust (10.000 € abzüglich 3.000 € Restwert) zugrunde zu legen. Der Herstellungsaufwand beträgt hier 12.000 €, also 120 % des ursprünglichen Wertes. Damit ist die Naturalrestitution nicht unverhältnismäßig. § 251 II BGB greift nicht ein. G kann daher von S nach § 249 II 1 BGB Kostenersatz in Höhe von 12.000 € verlangen.

Abwandlung: Würden die Kosten für die Reparatur 13.500 € betragen, beliefe sich der Herstellungsaufwand auf 135 % des Wertes. Damit wäre die Naturalrestitution unverhältnismäßig und S nicht zumutbar. Nach § 251 II BGB wäre nur der eingetretene Wertverlust zu ersetzen. Dabei ist der Wiederbeschaffungswert anzusetzen, von dem allerdings der Restwert der beschädigten Sache abzuziehen ist (siehe unten Rn. 76). G hätte daher nur einen Anspruch in Höhe von 10.000 € (Wiederbeschaffungswert) – 3.000 € (Restwert) = 7.000 €. Der Geldersatzanspruch nach § 251 II BGB ist für den Schädiger im Einzelfall deutlich günstiger als der Kostenersatzanspruch nach § 249 II 1 BGB.

Reparaturkosten lassen sich häufig *ex ante* nicht sicher ermitteln. Das **Prognoserisiko** trägt insoweit der Schädiger[110]. Stellt sich also erst im Zuge der Wiederherstellung heraus, dass die Reparatur teurer ist als ursprünglich angenommen, und wird hierdurch die Schwelle zur Unverhältnismäßigkeit überschritten, dann kann der Geschädigte dennoch die gesamten Reparaturkosten ersetzt verlangen. 71

Abwandlung: Vor der Reparatur hat G einen Kostenvoranschlag einholen lassen, der die Gesamtkosten der Reparatur mit 12.000 € beziffert hat. Daraufhin lässt G den Wagen reparieren. Bei der Reparatur stellt sich allerdings heraus, dass weitere Teile ersetzt werden müssen. Die Reparaturkosten belaufen sich am Ende auf 13.500 €. – Der Herstellungsaufwand hat hier die 130 %-Schwelle zwar überschritten. Doch war dies vor Durchführung der Naturalrestitution nicht absehbar. Es wäre unbillig, G auf einen Geldersatzanspruch zu verweisen. Er kann daher die gesamten Reparaturkosten nach § 249 II 1 BGB von S verlangen.

(2) Tierschäden
Für Tierschäden enthält § 251 II 2 BGB eine Sonderregelung: Die Kosten für die Heilbehandlung eines verletzten Tieres sind auch dann verhältnismäßig, wenn sie dessen Wert erheblich übersteigen. Das Affektionsinteresse des Geschädigten wird bei Tieren höher gewichtet als bei Sachen. Die **130 %-Schwelle** ist hier also **nicht anwendbar**[111]. Anders als bei Personenschäden (dazu sogleich Rn. 74) kommt man um eine summenmäßige Beschränkung allerdings nicht umhin. 72

---

[110] BGHZ 115, 364; *Schiemann* in Staudinger, BGB, § 251 Rn. 26; *Schubert* in BeckOK BGB, § 251 Rn. 12; *Medicus*, JuS 1973, 211, 213.
[111] *Schubert* in BeckOK BGB, § 251 Rn. 20.

> Anzustellen ist daher eine **Abwägung,** in die Alter und Gesundheitszustand des Tieres, die Chancen der Heilung und das Affektionsinteresse des Tierhalters einzubeziehen sind[112].

73 § 251 II 2 BGB gilt nach h.M. für sämtliche Tiere[113]. Allerdings wird bei Nutztieren das Affektionsinteresse niedriger zu gewichten sein als bei Haustieren. Bei Tieren, die bestimmungsgemäß geschlachtet werden sollen, fehlt es in aller Regel an einem besonderen Affektionsinteresse.

(3) Personenschäden

74 Aus § 253 I BGB ergibt sich, dass **immaterielle Schäden** grundsätzlich nicht in Geld auszugleichen sind. Daher spricht sich die h.M. zu Recht für eine **teleologische Reduktion** des § 251 II BGB aus[114]: Bei (rein) immateriellen Schäden kann der Schädiger daher die Naturalrestitution grundsätzlich auch bei hohen Kosten nicht verweigern.

> Bei **Personenschäden** kann der Geschädigte die Wiederherstellung seiner körperlichen Integrität und Gesundheit demnach unabhängig von den anfallenden (erforderlichen) Kosten verlangen[115].

75 Ausnahmsweise kann sich ein Leistungsverweigerungsrecht des Schädigers aber aus **§ 242 BGB** ergeben[116].

In **BGHZ 63, 295** begehrte der Kläger Kostenersatz in Höhe von fast 3.000 DM (ca. 1.500 €) für die operative Beseitigung einer nicht schmerzenden, „etwa 2,5 cm langen lappenförmigen, vor der rechten Ohrmuschel schräg verlaufenden Unfallnarbe". – Der BGH hat in der Entscheidung zunächst klargestellt, dass auch für Narben, die den Geschädigten lediglich „ästhetisch" beeinträchtigen, im Wege der Naturalrestitution Ersatz zu leisten sei und der Schädiger die Kosten für die operative Beseitigung tragen müsse. Allerdings sei der Kostenersatz im konkreten Fall dem Gläubiger nach den Grundsätzen von Treu und Glauben nicht zumutbar gewesen, zumal dieser bereits ein Schmerzensgeld gezahlt hatte.

---

[112] *Oetker* in MünchKomm. BGB, § 251 Rn. 59.

[113] Vgl. *Schiemann* in Staudinger, § 251 Rn. 30 mit weiteren Nachweisen; für eine Beschränkung auf Haustiere aber *Oetker* in MünchKomm. BGB, § 251 Rn. 56.

[114] *Schiemann* in Staudinger, § 251 Rn. 19 ff.; *Oetker* in MünchKomm. BGB, § 251 Rn. 48; *Schubert* in BeckOK BGB, § 251 Rn. 19; *Teichmann* in Jauernig, § 251 Rn. 8; *Schulze* in Handkomm. BGB, § 251 Rn. 4; *Esser/Schmidt*, Schuldrecht AT/2, § 32 II 2b, S. 208 f.; *Lange/Schiemann*, Schadensersatz, § 5 VII 4, S. 240 f.

[115] *Oetker* in MünchKomm. BGB, § 251 Rn. 49.

[116] BGHZ 63, 295, 301; *Schiemann* in Staudinger, § 251 Rn. 20; *Oetker* in MünchKomm. BGB, § 251 Rn. 49; enger *Esser/Schmidt*, Schuldrecht AT/2, § 32 II 2 b, S 209, die auf § 226 BGB abstellen wollen.

cc) Höhe des Geldersatzes

> Die Höhe des Geldersatzanspruchs nach § 251 BGB richtet sich nach dem tatsächlich eingetretenen Wertverlust, der ggf. nach § 287 ZPO zu schätzen ist.

76

Die Bemessung der Anspruchshöhe richtet sich nach der **Art des Schadens**. Als Ausgleich für den Verlust oder die Beschädigung einer Sache ist grundsätzlich der **Wiederbeschaffungswert** der Sache der Berechnung zugrunde zu legen. *Hiervon ist der Restwert der beschädigten Sache abzuziehen, weil insoweit das Vermögen des Schädigers nicht vermindert ist.* Die Bemessung des merkantilen Minderwertes und der Nutzungsentschädigung erfolgt in der gerichtlichen Praxis oftmals anhand bestimmter Formeln und Tabellen (siehe schon oben Rn. 24, 33); verbindlich sind diese allerdings nicht.

4. Entgangener Gewinn (§ 252 BGB)

§ 252 S. 1 BGB bestimmt, dass auch ein dem Geschädigten aufgrund des schädigenden Ereignisses entgangener Gewinn zu ersetzen ist. Dies folgt eigentlich schon aus § 249 I BGB und dem Grundsatz der **Totalreparation.** § 252 S. 1 BGB hat daher nur eine **klarstellende Funktion.** Der entgangene Gewinn ist ein **Fall des mittelbaren Schadens,** der aus der Beeinträchtigung eines anderen Rechtsgutes (z.B. einer Sache, eines Rechts oder des Körpers des Geschädigten) resultiert.

77

> **Entgangener Gewinn** sind alle Vermögensvorteile, die dem Geschädigten im Zeitpunkt des schädigenden Ereignisses zwar noch nicht zustanden, ohne dieses Ereignis aber angefallen wären[117].

Nicht erforderlich ist, dass der Geschädigte einen Anspruch auf den Gewinn hatte[118] oder mit diesem sicher rechnen konnte. Typischerweise – aber nicht zwingend notwendig – hätte der entgangene Gewinn durch den Einsatz der persönlichen Arbeitskraft in abhängiger oder selbstständiger Arbeit oder durch den Einsatz von Kapital erlangt werden können[119]. Auch der potentielle Übererlös aus der Veräußerung einer Sache ist entgangener Gewinn. *Nicht* ersatzfähig ist aber ein entgangener Gewinn aus gesetzes- oder sittenwidriger Tätigkeit[120].

78

---

[117] So explizit BGH NJW-RR 1989, 980, 981.
[118] BGHZ 67, 119, 122; *Oetker* in MünchKomm. BGB, § 252 Rn. 6; *Schubert* in BeckOK BGB, § 252 Rn. 3.
[119] *Schiemann* in Staudinger, BGB, § 252 Rn. 6; *Oetker* in MünchKomm. BGB, § 252 Rn. 3.
[120] BGHZ 67, 119, 121 f.; BGHZ 75, 366, 368; *Oetker* in MünchKomm. BGB, § 252 Rn. 7 ff.; *Schubert* in BeckOK BGB, § 252 Rn. 5 ff. (jeweils mit weiteren Nachweisen).

79 Ist der Geschädigte abhängig beschäftigt, sind die **entgangenen Lohn- oder Gehaltsansprüche** nach § 252 BGB ersatzfähig. Dies gilt auch, wenn der Geschädigte gegen seinen Arbeitgeber einen Anspruch auf **Entgeltfortzahlung** oder gegen seine Krankenversicherung auf Krankengeld hat. In diesen Fällen geht der Ersatzanspruch auf den Arbeitgeber bzw. die Versicherung über (z.B. nach § 6 EZFG).

80 Zu ersetzen ist grundsätzlich der **Nettogewinn** (Reingewinn). Aufwendungen, die der Geschädigte zur Gewinnerzielung getätigt hätte, die aber infolge des schädigenden Ereignisses unterblieben sind, sind daher in Abzug zu bringen (Stichwort: **Vorteilsanrechnung**). Steuern sind nur zu ersetzen, sofern sie auch tatsächlich anfallen. Der entgangene Gewinn ist ggf. nach **§ 287 ZPO** vom Gericht **zu schätzen.**

81 Darüber hinaus enthält **§ 252 S. 2 BGB** zugunsten des Geschädigten eine **Beweiserleichterung**[121]: Als entgangen gilt danach der Gewinn, welcher nach dem gewöhnlichen Lauf der Dinge oder nach den besonderen Umständen, insbesondere nach den getroffenen Anstalten und Vorkehrungen, mit Wahrscheinlichkeit erwartet werden konnte.

Der Geschädigte muss also nur nachweisen, welcher Gewinn nach dem gewöhnlichen Lauf der Dinge wahrscheinlich gewesen wäre. Diese Beweiserleichterung betrifft sowohl die Kausalität als auch die Höhe des entgangenen Gewinns. Es handelt sich um einen Fall der **abstrakten Schadensberechnung**[122]. Dem Geschädigten bleibt es unbenommen, einen höheren entgangenen Gewinn nachzuweisen.

82 Neben den §§ 249, 252 BGB ist **§ 842 BGB** eigentlich überflüssig[123]: Danach erstreckt sich die Verpflichtung zum Schadensersatz wegen einer gegen die Person gerichteten unerlaubten Handlung auf die Nachteile, welche die Handlung für den Erwerb oder das Fortkommen des Verletzten herbeiführt. **§ 843 BGB** bestimmt, dass in diesen Fällen Schadensersatz durch eine Geldrente zu leisten ist. Liegt ein wichtiger Grund vor, kann der Verletzte stattdessen auch eine einmalige Kapitalabfindung verlangen. § 843 IV BGB stellt klar, dass das Bestehen von Unterhaltsansprüchen des Verletzten gegen Dritte den Anspruch gegen den Schädiger nicht berührt.

---

[121] BGHZ 29, 393, 397 ff.; BGH NJW 2005, 3348 f.; *Grüneberg* in Palandt, BGB, § 252 Rn. 4; *Schiemann* in Staudinger, BGB, § 252 Rn. 3 ff.; *Teichmann* in Jauernig, BGB, § 252 Rn. 2; *Oetker* in MünchKomm. BGB, § 252 Rn. 31 ff.; *Schubert* in BeckOK BGB, § 252 Rn. 32 ff.; *Medicus/Lorenz*, Schuldrecht I, § 57 III 2, Rn. 691; a.A. *Giesen*, VersR 1979, 389, 392.

[122] BGHZ 29, 393, 397 ff.

[123] Vgl. RGZ 141, 169, 172; BGHZ 26, 69, 77: „klarstellende Funktion". Einen eigenständigen Gehalt des § 842 BGB erkennt hingegen *Vieweg* in Staudinger, BGB, § 842 Rn. 3.

5. Ersatz immaterieller Schäden

a) Überblick

Bei Nichtvermögensschäden kommt gemäß § 253 I BGB grundsätzlich nur die **Naturalrestitution** in Betracht (§ 249 I oder II BGB). Ein Geldausgleich kann nur verlangt werden, wenn das Gesetz dies ausdrücklich vorsieht. Eine „**billige Entschädigung in Geld**" als Ausgleich für immaterielle Schäden sehen § 651f II BGB (dazu schon oben Rn. 26) sowie § 253 II BGB vor. Außerhalb des BGB finden sich entsprechende Regelungen etwa in den § 11 S. 2 StVG, § 6 S. 2 HaftPflG, § 8 S. 2 ProdHaftG, § 36 S. 2 LuftVG, § 13 S. 2 UmweltHG, § 97 II 4 UrhG sowie in Art. 50 EMRK.

83

> Auch bei der Verletzung des allgemeinen Persönlichkeitsrechts kann der Geschädigte unter Umständen einen Geldausgleich verlangen. Die h.M. leitet den Anspruch unmittelbar aus Art. 2 I i.V.m. 1 I GG ab. Hiervon war bereits oben § 8 Rn. 113 ff. die Rede.

b) „Schmerzensgeld" nach § 253 II BGB

Gemäß § 253 II BGB kann wegen der Verletzung des Körpers, der Gesundheit, der Freiheit oder der sexuellen Selbstbestimmung der Geschädigte eine billige Entschädigung in Geld fordern.

84

Diese Entschädigung wird verbreitet als **Schmerzensgeld** bezeichnet. Dies ist insofern ungenau, als es auf das Erleiden von Schmerzen nicht ankommt. Doch hat sich die Bezeichnung eingebürgert, weshalb sie auch hier verwendet wird.

> § 253 II BGB enthält **keine eigenständige Anspruchsgrundlage**, sondern regelt eine besondere Form des Schadensausgleichs. Ob überhaupt Schadensersatz zu leisten ist, richtet sich daher nach anderen Vorschriften, insbesondere den vertraglichen oder deliktischen Haftungsnormen. Dies war nicht immer so. § 253 II BGB ist die Nachfolgevorschrift zu dem bis 2002 geltenden § 847 BGB a.F., der als eigenständige deliktische Anspruchsgrundlage konzipiert war.

Schmerzensgeld kann verschiedene **Funktionen** erfüllen: Im Vordergrund stand zunächst der **Ausgleich** erlittener Nachteile und die **Genugtuung** des Geschädigten[124]. Zunehmend gewinnt aber auch die **Präventionsfunktion** an Bedeutung[125]. Dies zeigt sich vor allem bei der Bemessung des Schmerzensgeldes bei Persönlichkeitsrechtsverletzungen[126] (siehe oben § 8 Rn. 115).

85

---

[124] BGHZ (GSZ) 18, 149, 154 ff.; BGHZ 120, 4, 5; BGHZ 128, 117, 119 f.; *Göthel*, AcP 205 (2005), 36, 37; kritisch im Hinblick auf die Genugtuungsfunktion etwa *Schiemann* in Staudinger, BGB, § 253 Rn. 29 ff.; *Spindler* in BeckOK BGB, § 253 Rn. 16; *Canaris* in Festschrift Deutsch, 1999, S. 102 ff.; *Wagner*, JZ 2004, 319, 321.
[125] *Spindler* in BeckOK BGB, § 253 Rn. 17 f.
[126] Grundlegend BGHZ 128, 1, 16 – „Caroline von Monaco I"; BGH NJW 1996, 984, 985 – „Caroline von Monaco II"; gegen eine Übertragung der zu Persönlichkeitsrechtsverletzungen entwickelten Grundsätze auf § 253 II BGB etwa *Oetker* in MünchKomm. BGB, § 253 Rn. 14.

86 Schmerzensgeld wird typischerweise durch Festsetzung einer einmaligen Zahlungspflicht gewährt. Im Einzelfall kommt aber auch eine Geldrente in Betracht[127]. **Ob und in welcher Höhe** der Geschädigte Schmerzensgeld verlangen kann, hängt dabei aber von **zahlreichen Faktoren** ab[128]: von Art und Umständen der Verletzung, dem Ausmaß der psychischen Belastung für den Verletzten, seinen persönlichen Verhältnissen, aber auch von der wirtschaftlichen Situation des Schädigers und dem Grad seines Verschuldens sowie einem etwaigen Mitverschulden des Verletzten.

> **Hinweis:** Dabei ist grundsätzlich zwar den **Umständen jedes Einzelfalles** Rechnung zu tragen, doch orientieren sich die Gerichte häufig an vorherigen Entscheidungen, um ein gewisses Maß an Rechtssicherheit zu erreichen[129]. Die uferlose Kasuistik ist in verschiedenen **Schmerzensgeldtabellen** zusammengefasst[130], die zumindest einen Anhaltspunkt darüber geben, ob und mit wie viel Schmerzensgeld gerechnet werden kann. Mehr als eine Orientierungshilfe sind diese Tabellen aber nicht. Dennoch lohnt sich ein Blick hinein!

87 Da sich zumeist nicht absehen lässt, welche Entschädigung das Gericht für „billig" erachtet, kann der Anspruch nach h.M. entgegen § 253 II Nr. 2 BGB mit einem **unbezifferten Klageantrag** geltend gemacht werden[131]. Allerdings muss der Kläger eine Größenordnung angeben, in der sich der Urteilsspruch bewegen soll[132]. Dies geschieht in der Praxis durch die Angabe eines Mindestbetrages. Nach diesem richtet sich dann, ob der Kläger durch das Urteil beschwert ist und Rechtsmittel einlegen kann und wie die Kostenverteilung (§§ 91 ff. ZPO) zu erfolgen hat.

6. Schadensberechnung bei der Verletzung von Immaterialgüterrechten

88 Eine schadensrechtliche Besonderheit bilden die Fälle, in denen Schadensersatz wegen der **Verletzung von Immaterialgüterrechten** (vgl. § 8 Rn. 62) begehrt wird.

> Von praktischer Bedeutung ist dies **beispielsweise** beim sog. **Filesharing**, bei dem Film-, Musik- und sonstige Dateien zum illegalen Down- und Upload bereitgestellt werden.

89 Die Rechtsprechung lässt hier die sog. **dreifache Schadensberechnung** zu[133]:

---

[127] Dazu *Oetker* in MünchKomm. BGB, § 253 Rn. 56 ff.; *Spindler* in BeckOK BGB, § 253 Rn. 66 ff.
[128] *Oetker* in MünchKomm. BGB, § 253 Rn. 38 ff.; *Spindler* in BeckOK BGB, § 253 Rn. 26 ff.
[129] Vgl. BGH VersR 70, 281.
[130] Siehe etwa *Slizyk*, Beck'sche Schmerzensgeld-Tabelle: Von Kopf bis Fuß, 9. Aufl. 2013; *Hacks/Wellner/Häcker*, SchmerzensgeldBeträge, 31. Aufl. 2012.
[131] RGZ 140, 211; BGHZ 4, 138; BGHZ 132, 341.
[132] BGHZ 132, 341, 350; BGH NJW 2002, 3769, 3770.
[133] BGHZ 57, 116, 121 f.; BGHZ 60, 168, 172; BGHZ 119, 20; zum Folgenden *Schiemann* in Staudinger, BGB, § 249 Rn. 198 ff.

- Der Geschädigte kann hier zunächst – wie in allen Fällen der Schadensersatzhaftung – den **konkret entstandenen Schaden** einschließlich des entgangenen Gewinns geltend machen. Der Ermittlung eines konkreten Schadens ist aber praktisch oftmals schwierig, weshalb zwei Formen der abstrakten Schadensberechnung zugelassen werden.
- Statt des konkreten Schadens kann der Geschädigte zum einen den **Verletzergewinn** als Schaden geltend machen. Dabei wird fingiert, dass der Geschädigte den Gewinn, den der Schädiger durch die Rechtsgutverletzung erzielt hat, auch selbst hätte erzielen können.
- Zum anderen kann der Geschädigte auch den Betrag als Schaden geltend machen, den vernünftige Parteien als angemessene Lizenzgebühr für die Nutzung des Immaterialgüterrechts vereinbart hätten – unabhängig davon, ob der Geschädigte zur Lizenzierung bereit gewesen wäre oder der Schädiger eine solche ersucht hätte (sog. **Lizenzanalogie**).

Bei dem Anspruch auf den Verletzergewinn und der Lizenzanalogie geht es aber bei näherem Besehen gar nicht um den Schadensausgleich, sondern um die Abschöpfung einer Bereicherung[134]. Vorzugswürdig ist es daher, die entsprechenden Ansprüche allein aus § 812 I 1 Alt. 2 BGB und ggf. aus § 687 II BGB abzuleiten[135].

90

Auf diese sind die §§ 252, 840 BGB entsprechend anzuwenden[136]. Die Anspruchshöhe kann das Gericht ggf. gemäß § 287 II i.V.m. I ZPO schätzen.

VI. Mitverschulden

a) Grundlagen

§ 254 BGB trägt dem Umstand Rechnung, dass nicht nur das Verhalten des Schädigers, sondern auch das Verhalten des Geschädigten zu einem Schaden beigetragen haben kann. Abweichend vom Grundsatz der Totalreparation ermöglicht es § 254 BGB, die „Verantwortungsbeiträge" von Schädiger und Geschädigtem gegeneinander abzuwägen und den entstandenen Schaden zwischen ihnen quotal zu verteilen. Die Vorschrift enthält verschiedene Anknüpfungspunkte für die Verantwortlichkeit des Geschädigten:

91

- § 254 I BGB regelt das **Mitverschulden bei der Schadensentstehung**.
- Aus § 254 II 1 BGB ergibt sich die **Obliegenheit zur Schadensabwehr und Schadensminderung**. Exemplarisch nennt die Vorschrift die Obliegenheit, auf die Gefahr eines besonders hohen Schadens hinzuweisen.

---

[134] Vgl. *Oetker* in MünchKomm. BGB, § 249 Rn. 55. Dies erkennt auch die Rechtsprechung, die insoweit bisweilen von bereicherungsähnlichen Ansprüchen spricht, vgl. BGH NJW-RR 2006, 184, 186; BGH NJW 2007, 1524, 1525.

[135] Vgl. *Schiemann* in Staudinger, BGB, § 249 Rn. 201.

[136] *Schiemann* in Staudinger, BGB, § 249 Rn. 201.

92 § 254 II 2 BGB erklärt lakonisch § 278 BGB für anwendbar. Hieraus folgt, dass dem Geschädigten das Verschulden bestimmter Dritter (gesetzlicher Vertreter und Erfüllungsgehilfen) **zuzurechnen** ist. Es besteht Einigkeit dahingehend, dass die Zurechnungsnorm systematisch am falschen Ort steht, weil sie sowohl für alle Fälle des § 254 BGB gilt, also auch für das Mitverschulden bei Schadensentstehung. § 254 II 2 BGB ist daher **als Abs. 3** zu lesen!

b) Mitverschulden bei der Schadensentstehung

93 § 254 I BGB knüpft an ein Verschulden des Geschädigten an. Bezugspunkt dieses Verschuldens ist die Obliegenheit, diejenige Sorgfalt zu beachten, die ein ordentlicher und verständiger Mensch zur Vermeidung eines eigenen Schadens anwenden würde[137]. Es handelt sich beim Mitverschulden also um ein „**Verschulden gegen sich selbst**", weil der Geschädigte seine eigenen Interessen nicht in verkehrsüblicher Weise beachtet hat. Der Inhalt der Obliegenheit lässt sich nicht pauschal, sondern nur bezogen auf jeden Einzelfall feststellen. Zu fragen ist stets, ob der Geschädigte sich so verhalten hat, wie man es in der konkreten Situation in Ansehung einer möglichen Gefährdung seiner Rechtsgüter hätte erwarten dürfen.

> **Beispiel:** Als Fußgänger muss man beim Überqueren einer Straße vorsichtiger sein als beim Spazieren auf dem Gehweg oder beim Lustwandeln im Park.
>
> Zum Mitverschulden beim **Handeln auf eigene Gefahr** siehe bereits oben § 8 Rn. 243.

94 Der **Verschuldensmaßstab** ergibt sich aus § 276 BGB. Es schaden also Vorsatz und Fahrlässigkeit, wobei das Maß des Verschuldens (erst) bei der Abwägung zu berücksichtigen ist[138]. Erforderlich ist zudem die **Verschuldensfähigkeit** des Geschädigten. Diese richtet sich nach §§ 827, 828 BGB analog[139].

> Über den Wortlaut des § 254 I BGB hinaus ist in den Fällen der Gefährdungshaftung verschuldensunabhängig eine dem Geschädigten zugeordnete **Sach- oder Betriebsgefahr** zu berücksichtigen. Dahinter steht der Gedanke der Gleichbehandlung: Wenn der Schädiger verschuldensunabhängig nur wegen einer ihm zugeordneten Gefahr einstehen soll, dann soll auch eine gleichartige, dem Geschädigten zugeordnete Gefahr berücksichtigt werden. Praktisch bedeutsam ist dies vor allem bei Kfz-Unfällen, für die der Gedanke in § 17 II StVG sogar normiert ist (siehe oben § 10 Rn. 20 ff.).

95 Die **Sanktion**, die § 254 I BGB vorsieht, ist die anteilige **Kürzung** eines dem Grunde nach bestehenden Schadensersatzanspruchs[140]. Bei der anzustellenden Abwägung sind sowohl die **Verursachungsbeiträge** von Geschädigtem und Schädiger als auch das **Maß ihres Verschuldens** zu berücksichtigen. Ergibt sich dabei, dass

---

[137] BGHZ 74, 25, 28; BGHZ 57, 137, 145; NJW 2001, 149, 150; *Unberath* in BeckOK BGB, § 254 Rn. 9 f.
[138] *Unberath* in BeckOK BGB, § 254 Rn. 10.
[139] BGHZ 9, 316, 317; BGHZ 24, 325, 327; *Oetker* in MünchKomm. BGB, § 254 Rn. 34 mit weiteren Nachweisen.
[140] Näher dazu *Oetker* in MünchKomm. BGB, § 254 Rn. 105 ff. mit zahlreichen Nachweisen.

trotz des Mitverschuldens dem Schädiger der Hauptvorwurf zu machen ist, kann das Mitverschulden im Einzelfall auch gänzlich unberücksichtigt bleiben[141]. Umgekehrt kann aber auch, wenn das Verschulden des Geschädigten den Verantwortungsbeitrag des Schädigers weit übersteigt, der Anspruch gänzlich **entfallen**[142].

c) „Schadensminderungspflicht"

Aus § 254 II BGB und dem Grundsatz von Treu und Glauben[143] (§ 242 BGB) wird eine **allgemeine „Schadensminderungspflicht"** des Geschädigten abgleitet[144].

96

Dies ist sprachlich ungenau, da es sich nicht um eine einklagbare Pflicht, sondern um eine Obliegenheit – also wiederum nur um eine „Pflicht gegen sich selbst" – handelt. Die in Betracht kommenden **Maßnahmen zur Schadensabwendung bzw. -minderung** sind vielgestaltig. § 254 II 1 BGB nennt ausdrücklich die Obliegenheit, vor der Gefahr eines besonders schweren Schadens zu warnen. Hierdurch soll dem Schädiger Gelegenheit gegeben werden, geeignete Schadensabwehrmaßnahmen zu treffen[145]. Aus der Vorschrift ergibt sich aber auch, dass der Geschädigte gehalten sein kann, selbst Maßnahmen zu treffen.

Beispiele: Aufsuchen eines Arztes bei Körperverletzungen, ggf. sogar Duldung einer Operation; Umschulung nach Berufsunfähigkeit, um die eigene Arbeitskraft weiterhin einsetzen zu können; Einlegung von Rechtsbehelfen gegen belastende Verwaltungsakte oder Urteile; Verwertung von Sicherheiten.

Die **Sanktionen** des § 254 II BGB sind wiederum die anteilige Kürzung des Schadensersatzanspruchs bis hin zum vollständigen Wegfall.

97

d) Zurechnung des Verschuldens Dritter

Gemäß §§ 254 II 2 i.V.m. 278 BGB muss sich der Geschädigte das Verschulden seines **gesetzlichen Vertreters** oder eines von ihm eingeschalteten **Erfüllungsgehilfen**[146] zurechnen lassen.

98

---

[141] Vgl. etwa BGH NJW 1992, 310; keine anspruchsmindernde Berücksichtigung grober Fahrlässigkeit bei vorsätzlichen sittenwidrigen Schädigungen.
[142] Vgl. BGH NJW 1991, 3208, 3210; BAG 1998, 2923.
[143] Vgl. BGHZ 4, 170, 174.
[144] Dazu *Oetker* in MünchKomm. BGB, § 254 Rn. 56 ff.; *Schiemann* in Staudinger, BGB, § 254 Rn. 80 ff.
[145] Vgl. nur BGH NJW 2006, 995; *Oetker* in MünchKomm. BGB, § 254 Rn. 73.
[146] Dazu *Lorenz*, JuS 2007, 98; *Kupisch*, JuS 1983, 817.

> Nach zutreffender, auch von der Rechtsprechung[147] geteilter Auffassung ist § 254 II 2 BGB als **Rechtsgrundverweisung** auf § 278 BGB anzusehen[148].

99 Der Geschädigte muss sich das Drittverschulden *nur* dann zurechnen lassen, wenn bereits eine **schuldrechtliche Sonderbeziehung** zwischen ihm und dem Schädiger **bestanden hat**. Von Bedeutung ist dies namentlich für das Mitverschulden bei der Schadensentstehung (§ 254 I i.V.m. II 2 BGB).

> **Beispiel:** Bei einem Unfall wird der sechsjährige M verletzt. Der Unfall beruht sowohl auf einem fahrlässigen Fehlverhalten des sorgeberechtigten Vaters V als auch des Dritten D. – M muss sich nach hier vertretener Auffassung des Verschulden des V nicht nach §§ 254 II 2 i.V.m. 278 BGB zurechnen lassen, da es bei der Schadensentstehung, an der V schuldhaft mitgewirkt hat, an einer schuldrechtlichen Sonderbeziehung zwischen M und D gefehlt hat. Allerdings kann der Anspruch gegen den Drittschädiger insoweit nach den Grundsätzen der „gestörten Gesamtschuld" zu kürzen sein (näher dazu unten § 12 Rn. 10 ff.).

100 Das für die Anwendung des § 278 BGB erforderliche Schuldverhältnis kann auch **durch das schädigende Ereignis selbst** begründet worden sein[149]. Daher spielt der Meinungsstreit in den Fällen des § 254 II 1 BGB keine Rolle, weil hier ein vertragliches oder gesetzliches Schuldverhältnis stets vorliegt.

> **Abwandlung:** Die Eltern des verletzten M verweigern im Krankenhaus aus religiösen Gründen eine notwendige Bluttransfusion. M stirbt. Durch die Transfusion hätte er gerettet werden können. – Insoweit ist das Verhalten der Eltern dem M nach §§ 254 II 2 i.V.m. 278, 1626, 1629 BGB zuzurechnen. Es bestand nämlich zwischen M und D bereits ein Schuldverhältnis – und zwar das durch die deliktische Haftung des D begründete gesetzliche Schuldverhältnis. Das Verhalten der Eltern ist daher bei der Bemessung des Schadensersatzanspruchs gegen den Verursacher des Unfalls zu berücksichtigen.

---

[147] BGHZ 73, 190, 192; BGHZ 103, 338, 342; BGHZ 173, 182, 188.

[148] So etwa *Oetker* in MünchKomm. BGB, § 254 Rn. 129; *Schiemann* in Staudinger, BGB, § 254 Rn. 99; *Unberath* in BeckOK BGB, § 2554 Rn. 40; *Grünberg* in Palandt, BGB, § 254 Rn. 48; *Looschelders*, Die Mitverantwortlichkeit des Geschädigten im Privatrecht, 1999, S. 505 ff.; *Fuchs/Pauker*, Delikts- und Schadensersatzrecht, S. 408; für eine **Rechtsfolgenverweisung** hingegen *Lange/Schiemann*, Schadensersatz, § 10 XI 6, S. 605 ff.; *Gernhuber*, AcP 152 (1952/53), 69 ff.; *Kleindienst*, JZ 1957, 457, 458 f.; differenzierend *Larenz*, Schuldrecht I, § 31 I d, S. 546 ff; *Esser/Schmidt*, Schuldrecht AT/2, § 35 III 1, S. 285 f.

[149] *Schiemann* in Staudinger, BGB, § 254 Rn. 100.

§ 12 Weitere Rechtsfolgen unerlaubter Handlungen

I. Haftung mehrerer Schädiger

Literatur: *Benicke*, Deliktische Haftung mehrerer nach § 830 BGB, Jura 1996, 127; *Deutsch*, Das Verhältnis von Mittäterschaft und Alternativtäterschaft im Zivilrecht, JZ 1972, 105; *Steffen*, Die Verteilung des Schadens bei Beteiligung mehrerer, DAR 1990, 41; *Schmieder*, Die gestörte Gesamtschuld – ein Normenkonflikt, JZ 2009, 189.

Übungsfälle: *Böhnert*, JuS 1994, 870; *Deinert*, Jura 2003, 337; *Voit/Wolff*, JuS 2002, 44.

1. Beteiligungsformen

Ebenso wie das Strafrecht kennt auch das Deliktsrecht **verschiedene Beteiligungsformen**: Eine unerlaubte Handlung kann vom Schädiger allein oder mit anderen gemeinschaftlich (830 I 1 BGB, **Mittäterschaft**), als **Anstifter oder Gehilfe** eines anderen (§ 830 II BGB) begangen werden. Die deliktische Schadensersatzhaftung ist dabei nicht von der Beteiligungsform abhängig – im Gegenteil:

> Auch bei der gemeinschaftlichen Begehung haftet jeder Mittäter für den gesamten Schaden (§§ 830 I 1, 840 BGB). Das Gleiche gilt für Anstifter und Gehilfen, die nach § 830 II BGB Mittätern haftungsrechtlich gleichgestellt werden.

Zudem kommt auch eine **Nebentäterschaft** in Betracht, bei der mehrere Schädiger unabhängig voneinander zur Schadensentstehung beigetragen haben. Diese ist zwar nicht von § 830 I 1, II BGB erfasst, doch besteht Einigkeit, dass auch Nebentäter nach § 840 I BGB jeweils für den gesamten Schaden verantwortlich sind[1].

1

2

---

[1] Vgl. *Staudinger* in Handkomm. BGB, § 830 Rn. 2.

2. Kausalitätsfragen

3 Bei der **Mittäterschaft** werden die gemeinschaftlichen Tatbeiträge den Mittätern wechselseitig zugerechnet. Hierfür ist ein bewusstes und gewolltes Zusammenwirken erforderlich². Liegt dieses vor, spielt es keine Rolle mehr, welcher Mittäter den Verletzungserfolg letztursächlich herbeigeführt hat. Bei der **Anstiftung** beruht die haftungsrechtliche Verantwortlichkeit darauf, dass der Anstifter einen anderen zur Vornahme der Rechtsgut- oder Schutzgesetzverletzung bestimmt hat. Der **Gehilfe** hingegen unterstützt physisch oder psychisch die unerlaubte Handlung eines anderen. Die Beihilfe muss dabei nicht *conditio sine qua non* des Verletzungserfolges gewesen sein.

> **Hinweis:** Dies alles sollte aus dem Strafrecht bereits bekannt sein. Von der Darstellung von Einzelfragen wird hier daher abgesehen.

4 Bei der **Nebentäterschaft** fehlt es an einem willentlichen Zusammenwirken. Nebentäter haften daher, weil sie unabhängig voneinander eine äquivalent und adäquat kausale Ursache für den Verletzungserfolg gesetzt haben. Insoweit unterscheidet man zwischen **kumulativer und alternativer Kausalität**. Hiervon war bereits oben § 8 Rn. 197 die Rede. Von Bedeutung ist insoweit **§ 830 I 2 BGB**. Die Vorschrift trägt dem Umstand Rechnung, dass es bei mehreren (nicht gemeinschaftlich handelnden) Beteiligten nicht immer nachweisbar ist, welcher von ihnen den Schaden tatsächlich verursacht hat. Derartige „Urheberzweifel" sollen nicht zu Lasten des Geschädigten gehen³.

> Lässt sich nicht ermitteln, wer von mehreren Beteiligten den Schaden durch seine Handlung verursacht hat, so haftet jeder von ihnen für den gesamten Schaden (§ 830 I 2 BGB).

5 § 830 I 2 BGB ist **analog** anzuwenden auf Ansprüche aus **Gefährdungshaftung**⁴, etwa auf die Halterhaftung nach § 7 StVG. Zahlreiche Sondergesetze enthalten mittlerweile vergleichbare Regelungen (z.B. § 7 UmwHaftG, § 84 II 4 AMG).

3. Haftung im Außenverhältnis

6 Mehrere Schädiger haften dem Geschädigten gegenüber gemäß § 840 I BGB als **Gesamtschuldner** im Sinne der §§ 421 ff. BGB. Auf den Umfang des Verursachungsbeitrages oder die Beteiligungsform kommt es dabei nicht an. Auch Gehilfen (§ 830 II BGB) haften daher auf den vollen Schaden.

---

² BGHZ 17, 327, 333; BGHZ 30, 203, 20.
³ Zum Normzweck des § 830 I 2 BGB siehe etwa *Spindler* in BeckOK BGB, § 830 Rn. 18.
⁴ BGHZ 55, 96, 98; *Wagner* in MünchKomm. BGB, § 830 Rn. 33.

4. Haftung im Innenverhältnis

Im Innenverhältnis richtet sich der Ausgleich der Schädiger grundsätzlich nach § 426 BGB. Danach haften Gesamtschuldner grundsätzlich **zu gleichen Anteilen**, „soweit nicht ein anderes bestimmt ist". Eine **abweichende Verteilung** kann sich hier zum einen aus einer vertraglichen Abrede zwischen den Schädigern ergeben. Zum anderen kann der **Rechtsgedanke des § 254 BGB** fruchtbar gemacht werden[5]: Die interne Ausgleichspflicht richtet sich demnach auch nach den jeweiligen Verantwortungsbeiträgen der Schädiger.

> **Beispiel:** G wird bei einem von S verschuldeten Unfall schwer verletzt. Im Krankenhaus unterläuft dem behandelnden Arzt A fahrlässig ein Fehler, durch den sich der Heilungsprozess verlangsamt. – In derartigen Fällen *kann* im Innenverhältnis zwischen G und A der primäre Schädiger S überwiegend oder sogar allein verpflichtet sein, den Schaden des G zu tragen.

§ 840 II BGB regelt den Innenregress in den Fällen, in denen ein Geschäftsherr nach § 831 BGB *neben* dem Verrichtungsgehilfen bzw. ein Aufsichtspflichtiger nach § 832 BGB *neben* dem Aufsichtsbedürftigen haftet. Geschäftsherr und Aufsichtspflichtiger können hiernach grundsätzlich vollen Regress nehmen. Etwas anderes gilt nur, wenn sich die Haftung des Aufsichtsbedürftigen aus § 829 BGB ergibt (siehe oben § 8 Rn. 249); dann haftet nur der Aufsichtspflichtige.

> § 840 III BGB betrifft den **Regress**, den ein nach §§ 833–838 BGB Haftender bei einem Dritten nehmen kann. Ziel der Vorschrift ist es, dem aus der Gefährdungshaftung in Anspruch genommenen Ersatzpflichtigen den vollen Regress von einem schuldhaft handelnden Dritten zu ermöglichen (**Vorrang der Verschuldens- vor der Gefährdungshaftung**). § 840 III BGB ist daher teleologisch zu reduzieren[6]: Die Vorschrift ist nicht anwendbar, wenn der Dritte seinerseits nur einen Gefährdungshaftungstatbestand erfüllt hat *oder* der nach §§ 833–838 BGB Haftende selbst schuldhaft gehandelt hat.

Sofern einer der Schädiger über den im Innenverhältnis zu tragenden Anteil hinaus vom Geschädigten in Anspruch genommen wurde, steht ihm gegen den oder die anderen Schädiger ein **Regressanspruch nach § 426 I BGB** zu. Zudem geht der Schadensersatzanspruch durch **Legalzession gemäß § 426 II BGB** zumindest anteilig auf ihn über.

5. „Gestörte" Gesamtschuld

a) Problemaufriss

Problematisch – und sehr examensrelevant! – sind die Fälle, in denen zwei Schädiger zum Verletzungserfolg beigetragen haben, einer der Schädiger aber nicht haftet,

---
[5] *Wagner* in MünchKomm. BGB, § 840 Rn. 14 mit zahlreichen Nachweisen.
[6] *Wagner* in MünchKomm. BGB, § 840 Rn. 19; *Spindler* in BeckOK BGB, § 840 Rn. 21; vgl. auch OLG Schleswig NJW-RR 1990, 470.

weil zu seinen Gunsten eine vertragliche oder gesetzliche Haftungsbeschränkung eingreift. Dann steht dem Geschädigten ein Schadensersatzanspruch nur gegen den anderen Schädiger zu. Zwischen den Schädigern besteht *kein* Gesamtschuldverhältnis – mit der Folge, dass § 426 BGB eigentlich nicht zur Anwendung gelangt. Beließe man es dabei, würde das Haftungsprivileg zulasten des seinerseits nicht privilegierten Schädigers gehen. Dieser müsste nämlich den vollen Schaden allein und ohne Regressmöglichkeit tragen. Das erscheint in vielen Fällen **unbillig**, weshalb Rechtsprechung und Schrifttum nach Wegen gesucht haben, dieses Ergebnis zu korrigieren. Da die Problematik deshalb auftritt, weil die Haftungsprivilegierung das Entstehen eines Gesamtschuldverhältnisses zwischen den Schädigern verhindert, werden diese Konstellationen unter dem Schlagwort **„gestörte Gesamtschuld"** zusammengefasst. Dabei besteht aber nicht nur über die grundsätzliche Lösung des Problems Uneinigkeit. Vielmehr wird auch nach der Art und Funktion des Haftungsprivilegs als „Ursache der Störung" differenziert.

b) Vertragliche Haftungsbeschränkungen

11 Bei vertraglichen Haftungsbeschränkungen besteht zumindest dahingehend Einigkeit, dass die **vertragliche Abrede** zwischen dem später Geschädigten und einem Schädiger **nicht zulasten des anderen Schädigers** gehen darf.

> **Beispiel:** S1 nimmt G in seinem Pkw mit. Vor Fahrtantritt vereinbaren S1 und G einen Haftungsausschluss zugunsten von S1. Anschließend kommt es zu einem von S1 und S2 verschuldeten Unfall, bei dem G ein Schaden in Höhe von 5.000 € entsteht. Aufgrund des Haftungsausschlusses hat G gegen S1 keinen Schadensersatzanspruch. Er kann daher nur gegen S2 vorgehen. Zu bedenken ist aber, dass S2 ohne den Haftungsausschluss gegenüber G zwar zum Schadensersatz in voller Höhe (5.000 €) verpflichtet gewesen wäre. Doch hätte er dann nach § 426 I und II BGB Regress bei S1 nehmen können. Da für ein überwiegendes Verschulden von S1 oder S2 keine Anhaltspunkte vorliegen, wäre der Schaden von beiden zu gleichen Anteilen zu tragen gewesen (jeweils 2.500 €). Die vertragliche Abrede zwischen S1 und G soll nicht zulasten von S2 gehen (kein Vertrag zulasten Dritter). Die von S2 zu tragende „Schadenslast" darf also auch mit Haftungsausschluss 2.500 € nicht übersteigen. Wie kann dies erreicht werden?

12 Zur Lösung des Problems bieten sich zwei Möglichkeiten:

– Die Rechtsprechung hat in derartigen Fällen bisweilen das Bestehen einer **Gesamtschuld im Innenverhältnis** zwischen den Schädigern **fingiert**[7]. Demnach soll der Geschädigte Schadensersatz (nur) vom nicht-privilegierten Schädiger verlangen können – und zwar in voller Höhe. Der nicht-privilegierte Schädiger soll seinerseits analog § 426 BGB beim privilegierten Schädiger anteilig Regress nehmen können. Der **Nachteil** dieser Lösung besteht darin, dass der an sich privilegierte Schädiger in diesem Fall schlechter stehen würde, als er stünde, wenn er den Schaden allein verursacht hätte. Dann würde nämlich das Haftungsprivileg eingreifen und er selbst gar nicht haften. Diesen Wertungswiderspruch kann man nur verhindern, indem man dem privilegierten Schädiger für den Fall, dass

---

[7] BGHZ 12, 213; BGHZ 35, 317, 323; BGHZ 58, 216, 220; BGH NJW 1989, 2386 f.; zustimmend etwa *Bydlinski* in MünchKomm. BGB, § 426 Rn. 55; *Stürner* in Jauernig, BGB, § 426 Rn. 23.

der andere Schädiger bei ihm Regress nimmt, seinerseits einen Regressanspruch gegen den Geschädigten gewährt[8].

– Einen solchen „Regresszirkel" vermeidet die im Schrifttum vorherrschende Auffassung, die sich für eine **anteilige Kürzung des Anspruchs des Geschädigten** gegen den nichtprivilegierten Schädiger im Außenverhältnis ausspricht[9]. Hierdurch wird zugleich der vertraglichen Abrede zwischen dem Geschädigten und dem privilegierten Schädiger angemessen Rechnung getragen: Die Haftungsprivilegierung wird direkt und nicht über Umwege realisiert. Vereinzelt ist auch der BGH diesem Lösungsansatz gefolgt[10].

> Bereits **in unserem einfachen Beispiel** wird deutlich, dass die Fiktion eines Gesamtschuldverhältnisses recht umständlich ist: Zunächst könnte G von S2 Schadensersatz in Höhe von 5.000 € verlangen. S2 hätte dann gegen S1 einen Regressanspruch in Höhe von 2.500 €. Daraufhin könnte schließlich S1 wieder in Höhe von 2.500 € bei G Regress nehmen. Ein entsprechender Anspruch wäre in die vertragliche Abrede über den Haftungsausschluss „hineinzulesen". – Dieser Regresszirkel ist unnötig. Zudem belastet er S2 mit dem Insolvenzrisiko des S1 und S1 mit dem Insolvenzrisiko des G. Vorzugswürdig ist es daher, sogleich den Anspruch des G gegen S2 um den Regressbetrag auf 2.500 € zu kürzen.

c) Gesetzliche Haftungsbeschränkungen

Auch bei gesetzlichen Haftungsbeschränkungen stellt sich die Frage, ob die Nichthaftung des privilegierten Schädigers zulasten des nichtprivilegierten Schädigers gehen soll. Praktisch bedeutsam ist insoweit das sog. **Arbeitgeberprivileg** der §§ 104, 105 SGB VII (Gesetzliche Unfallversicherung). Auch in diesen Fällen greifen die Grundsätze der gestörten Gesamtschuld. Aus den oben genannten Gründen ist es auch hier vorzugswürdig, den Anspruch des Geschädigten gegen den nichtprivilegierten Schädiger **anteilig zu kürzen**[11].

13

> **Beispiel:** Bei einem Arbeitsunfall wird Arbeitnehmer G verletzt. Fahrlässig verursacht wurde der Unfall von seinem Kollegen S1 und dem betriebsfremden S2. Die §§ 104, 105 SGB VII enthalten Haftungsprivilegierungen für Arbeitsunfälle von gesetzlich unfallversicherten Arbeitnehmern. Demnach haften Arbeitgeber und Arbeitskollegen für die aus betrieblichen Arbeitsunfällen resultierenden Schäden nur, wenn sie den Arbeitsunfall vorsätzlich herbeigeführt haben. Diese Privilegierung kommt S1 zugute. Ohne diese Privilegierung würde zwischen S1 und S2 ein Gesamtschuldverhältnis bestehen. Die §§ 104, 105 SGB VII sollen Arbeitgeber und Arbeitskollegen von den Risiken der betrieblichen Tätigkeit zumindest ein Stück weit freihalten. An ihrer Stelle springt die gesetzliche Unfallversicherung ein. Dies soll sich aber nicht nachteilig auf an der Schädigung des Arbeitnehmers beteiligte Dritte auswirken. Daher ist der Ersatzanspruch des G hier anteilig um den

---

[8] So BGHZ 12, 213, 216.
[9] So etwa *Grüneberg* in Palandt, BGB, § 426 Rn. 17; *Gehrlein* in BeckOK BGB, § 426 Rn. 12; *Medicus/Petersen*, Bürgerliches Recht, Rn. 933; *Looschelders*, Schuldrecht AT, Rn. 1213.
[10] BGH NJW 2000, 1942, 1943.
[11] So auch BGHZ 155, 205, 212; BGH NJW 2000, 1942, 1943; *Sprau* in Palandt, BGB, § 840 Rn. 4; *Wagner* in MünchKomm. BGB; § 840 Rn. 34; *Bydlinski* in MünchKomm. BGB, § 426 Rn. 62; *Gehrlein* in BeckOK BGB, § 426 Rn. 13.

Haftungsanteil des S1 zu kürzen. Dass der Anspruch letztlich ohnehin auf die Unfallversicherung übergeht, spielt insoweit keine Rolle (siehe oben § 7 Rn. 23).

14 Umstritten ist die Behandlung der Fälle, in denen die Verantwortlichkeit eines Schädigers kraft Gesetzes auf die „**Sorgfalt in eigenen Angelegenheiten**" (vgl. § 277 BGB) beschränkt ist. Entsprechende Haftungsbeschränkungen finden sich etwa in den §§ 708, 1359 und 1664 BGB.

> Im berühmten **Spielplatz-Fall** (BGHZ 103, 338) war ein 22 Monate altes Kind beim Spielen auf einem öffentlichen Spielplatz aus 1,50 m Höhe vom Podest einer Rutsche gefallen und auf Asphaltbeton gelandet. Das Kind zog sich dabei schwere Kopf- und Schulterverletzungen zu. Wie auch die Vorinstanzen bejahte der BGH zunächst eine Verkehrspflichtverletzung der beklagten Stadt (= Betreiberin des Spielplatzes), da die Rutsche nur unzureichend gesichert gewesen war. Allerdings kam es zum Sturz des Kindes auch deswegen, weil der Vater nicht richtig aufgepasst hatte. Ihn traf also ein Mitverschulden. War deswegen der Anspruch des Kindes gegen die Stadt zu kürzen? – Der BGH verneinte dies:
>
> - Eine **Kürzung nach § 254 II 2 BGB** scheide aus, da es zum Zeitpunkt der Schädigung am erforderlichen Schuldverhältnis gefehlt habe (siehe oben § 11 Rn. 99). Ein solches sei nicht schon durch die Benutzung des Spielplatzes begründet worden.
> - Eine **Kürzung nach den Grundsätzen der „gestörten Gesamtschuld"** wollte der BGH nicht vornehmen. Der Vater war nach § 1664 BGB privilegiert, weil er die „eigenübliche Sorgfalt" beachtet hatte. Er haftet demnach dem Kind nicht auf Schadensersatz. Der Schaden sei in diesem Fall vom anderen Schädiger allein zu tragen, weil der nach § 1664 BGB privilegierte Vater schon gar nicht in die Regelung des § 840 I BGB hineinwachse und es daher schon an den „Grundlagen für ein Gesamtschuldverhältnis", das gestört werden konnte, gefehlt habe.

15 Die Argumentation des BGH überzeugt indes nicht. Ein Gesamtschuldverhältnis entsteht auch in den anderen Fällen vertraglicher oder gesetzlicher Haftungsprivilegierung nicht! Es macht insoweit keinen Unterschied, ob die Haftung kraft Gesetzes auf die eigenübliche Sorgfalt beschränkt wurde oder durch eine entsprechende vertragliche Abrede. Die im Schrifttum vorherrschende Auffassung spricht sich daher auch in diesen Fällen für eine **Anspruchskürzung** nach den Grundsätzen der „gestörten Gesamtschuld" aus[12].

> Auch das zusätzliche Argument des BGH, dass in diesen Fällen dem Geschädigten – anders als bei Arbeitsunfällen – die Anspruchskürzung nicht durch Versicherungsleistungen aufgefangen werde, ändert hieran nichts. Als Äquivalent für die Versicherung fungieren insoweit die familienrechtlichen Unterhaltspflichten, die sich durch die Anspruchskürzung entsprechend erhöhen.

16 Zusammenfassend lässt sich somit festhalten: Sowohl bei vertraglichen als auch bei gesetzlichen Haftungsbeschränkungen ist nach den Grundsätzen der gestörten Gesamtschuld eine Anspruchskürzung vorzunehmen.

---

[12] So etwa auch *Wagner* in MünchKomm. BGB, § 840 Rn. 39; *Bydlinski* in MünchKomm. BGB, § 426 Rn. 66; *Spindler* in BeckOK BGB, § 840 Rn. 13; *Schwab*, JuS 1991, 18, 22; dem BGH folgend hingegen *Christensen*, MDR 1989, 948, 951.

Hinweis: Zu beachten ist, dass bei Unfällen im Straßenverkehr nach h.M. Die §§ 708, 1359, 1664 I BGB nicht greifen[13]. Es soll im Straßenverkehr keine „eigenübliche Sorgfalt" geben.

II. Ersatzansprüche Dritter nach §§ 844–846 BGB

Literatur: *Ebel*, Schadensersatz bei Personenschäden (§§ 844–846 BGB), Jura 1985, 561; *Diederichsen*, Ansprüche naher Angehöriger von Unfallopfern, NJW 2013, 641; *Röthel*, Ehe und Lebensgemeinschaft im Personenschadensrecht, NZV 2001, 329.

Übungsfall: *Braun*, JA 2012, 566.

Im Deliktsrecht gilt der **Grundsatz**, dass *nur* demjenigen, dessen Rechtsgüter verletzt werden, eigene Ansprüche gegen den Schädiger zustehen. Erleidet ein Dritter infolge der Rechtsgutverletzung mittelbar einen Schaden, so stehen ihm grundsätzlich *keine* Ansprüche zu. Die h.M. lässt eine **Durchbrechung** dieses Grundsatzes für Schockschäden bei der Verletzung naher Angehöriger zu (siehe oben § 8 Rn. 14). Weitere Ausnahmen enthalten die **§§ 844 f. BGB**: 17

– Nach § 844 I BGB soll, wer haftungsrechtlich für die Tötung eines anderen Menschen verantwortlich ist, auch die **Beerdigungskosten** tragen. Daher kann der Erbe des Getöteten, der zunächst nach § 1968 BGB für die Beerdigungskosten einzustehen hat, diese als eigenen Schaden geltend machen. Waren wegen der fehlenden Leistungsfähigkeit des Erbens die Kosten von einem anderen (z.B. dem Ehegatten des Getöteten) zu tragen, so steht demjenigen auch der Anspruch aus § 844 I BGB zu[14].

– Sofern der Getötete einem Dritten gegenüber **gesetzlich zum Unterhalt verpflichtet**[15] war (z.B. gemäß §§ 1360 ff., 1569 ff, 1601 ff.), greift § 844 II BGB ein: Der unterhaltsberechtigte Dritte kann den entgangenen Unterhalt wiederum als eigenen Schaden geltend machen und eine Geldrente für die mutmaßliche Lebensdauer des Getöteten verlangen. Voraussetzung ist insoweit aber, dass der Dritte selbst unterhaltsbedürftig ist[16] *und* der Getötete selbst leistungsfähig gewesen wäre[17].

– War der Geschädigte einem Dritten gegenüber zur **Erbringung von Diensten** „in dessen Hauswesen oder Gewerbe" verpflichtet und konnte er diese Dienste wegen der Tötung, Körper- oder Gesundheitsverletzung oder Freiheitsentziehung nicht erbringen, so kann der dienstberechtigte Dritte gemäß § 845 BGB vom Schädiger ebenfalls Schadensersatz in Form einer Geldrente verlangen. Die praktische Bedeutung der Vorschrift ist heute gering[18].

---

[13] BGHZ 53, 352; BGHZ 63, 51, 57 ff.; *Gehrlein* in BeckOK BGB, § 426 Rn. 14.
[14] Vgl. *Wagner* in MünchKomm. BGB, § 844 Rn. 16 f.
[15] Vertragliche Unterhaltspflichten genügen nicht, vgl. etwa BGH NJW 1984, 977, 978; BGH NJW 2001, 971, 973; *Spindler* in BeckOK BGB, § 844 Rn. 10.
[16] BGH NJW 2006, 2327.
[17] *Spindler* in BeckOK BGB, § 844 Rn. 13.
[18] Für ihre Abschaffung plädieren daher *Medicus/Schaub* in Prütting/Wegen/Weinreich, BGB, § 845 Rn. 5.

18 Nach § 846 BGB ist ein **Mitverschulden des Verletzten** analog § 254 BGB zu berücksichtigen. Darin kommt deutlich zum Ausdruck, dass die Ansprüche aus §§ 844 f. BGB zwar einem Dritten zustehen, aber dennoch **an eine unerlaubte Handlung gegenüber dem unmittelbar Verletzten anknüpfen**[19].

> In den Fällen, in denen der Schädiger dem Verletzten gegenüber nicht haften würde, kommen daher auch Ansprüche eines Dritten aus §§ 844 f. BGB nicht in Betracht.

Daher schließen **vertragliche Haftungsausschlüsse** zwischen Verletztem und Schädiger auch Ansprüche von Dritten nach §§ 844 f. BGB aus[20].

III. Sonstiges

19 Die §§ 848 ff. BGB runden das Deliktsrecht ab.

- **§ 848 BGB** normiert eine Zufallshaftung des deliktischen Besitzers. Hiervon wird noch unten § 21 Rn. 33 ff. bei der Darstellung des Eigentümer-Besitzer-Verhältnisses die Rede sein.
- Für die Frage, ob der deliktische Besitzer Ersatz der auf die entzogene Sache vorgenommenen **Verwendungen** verlangen kann, verweist § 850 BGB auf die §§ 994 ff. BGB (siehe unten § 21 Rn. 76 ff.).
- Nach **§ 849 BGB** muss, wer wegen der Entziehung einer Sache deren Wert oder wegen der Beschädigung einer Sache die Wertminderung zu ersetzen hat, die **Ersatzsumme** ab dem Zeitpunkt des Schadensereignisses **verzinsen**. Es handelt sich hierbei um eine Parallelvorschrift zu § 290 BGB: Der Deliktstäter wird (wie auch bei § 848 BGB) somit einem Verzugsschuldner gleichgestellt[21]. Durch die Verzinsung des Wertersatzanspruchs erhält der Geschädigte – zumindest der Sache nach – eine pauschale Nutzungsentschädigung[22].
- Auch **§ 851 BGB** knüpft an die Entziehung oder Beschädigung einer Sache an. Der Schädiger soll grundsätzlich davon ausgehen dürfen, dass derjenige, der zum Zeitpunkt des schädigenden Ereignisses Besitz an der Sache hatte, auch Eigentümer und folglich auch Ersatzberechtigter ist. Deshalb wird der gutgläubige Schädiger auch durch **Leistung an den nichtsatzberechtigten Besitzer** von seiner Ersatzpflicht frei.
- **§ 852 BGB** enthielt bis zur Schuldrechtsmodernisierung 2002 eine besondere deliktische **Verjährungsregelung**. Seither unterliegen deliktische Ansprüche der Regelverjährung nach Maßgabe der §§ 195 ff. BGB. Verblieben ist in § 852 BGB

---

[19] *Spindler* in BeckOK BGB, § 844 Rn. 2.
[20] RGZ 65, 313, 315 ff.; *Röthel* in Staudinger, BGB, § 844 Rn. 6.
[21] *Wagner* in MünchKomm. BGB, § 849 Rn. 1.
[22] Vgl. BGHZ 87, 38, 41.

eine Rechtsfolgenverweisung auf das Bereicherungsrecht: Der Schädiger ist zur Herausgabe des aus der unerlaubten Handlung Erlangten verpflichtet – und zwar auch noch nach Verjährung des Schadensersatzanspruchs[23].
- Wurde der Geschädigte durch die unerlaubte Handlung mit einer Verbindlichkeit belastet, so ist der Schadensersatzanspruch auf Befreiung von dieser Verbindlichkeit gerichtet (Naturalrestitution). Ergänzend wird der Geschädigte durch die in **§ 853 BGB** normierte **Arglisteinrede** geschützt: Ist der Ersatzpflichtige selbst Gläubiger des durch die unerlaubte Handlung entstandenen Anspruchs, kann der Geschädigte auch ohne Befreiung die Leistung verweigern, selbst wenn der Schadensersatzanspruch verjährt ist.

---

[23] Näher dazu *Wagner* in MünchKomm. BGB, § 852 Rn. 5.

§ 13 Beseitigungs- und Unterlassungsansprüche

Literatur: *Armbrüster*, Eigentumsschutz durch den Beseitigungsanspruch nach § 1004 BGB und durch Deliktsrecht, NJW 2003, 3087; *Bezzenberger*, Der negatorische Beseitigungsanspruch und die Kosten der Ersatzvornahme, JZ 2005, 373; *Lettl*, Die Beeinträchtigung des Eigentums nach § 1004 I 1 BGB, JuS 2005, 87; *Röthel*, Privatrechtliche Ansprüche bei Lärmbeeinträchtigungen, Jura 2000, 617; *Walter*, Zivilrechtliche Störerhaftung, JA 2012, 658; *Wenzel*, Der Störer und seine verschuldensunabhängige Haftung im Nachbarrecht, NJW 2005, 241.

Klausuren: *Bringewat/Sander*, JuS 2011, 449; *Deimel*, JA 2001, 119; *Lakkis/Rupp*, JA 2012, 411; *Unterreitmeier*, JuS 2012, 923; *Vacca*, Jura 2010, 393.

I. Grundlagen

1. Bedeutung des 1004 BGB

Die §§ 823 ff. BGB greifen erst dann ein, wenn das Kind schon in den – sprichwörtlichen – Brunnen gefallen ist, eine Rechtsgut- oder Schutzgesetzverletzung bereits stattgefunden und zu einem Schaden geführt hat. Der Berechtigte ist aber oftmals auch daran interessiert, andauernde Störungen abzuwehren und zukünftige Störungen zu vermeiden. Dem soll § 1004 BGB Rechnung tragen. 1

> Die Vorschrift geht zurück auf die *actio* negatoria des römischen Rechts, weshalb die in § 1004 I BGB geregelten Rechte als **negatorische Abwehransprüche** bezeichnet werden.

Im Zusammenspiel mit den §§ 985 f. BGB **konkretisiert** § 1004 BGB die **Ausschließungsbefugnisse des Eigentümers** (vgl. § 903 S. 1 BGB). Die Vindikation nach §§ 985 f. BGB soll es dem Eigentümer ermöglichen, in den Besitz seiner Sache zu gelangen. Auf diese Weise kann die durch die Entziehung oder Vorenthaltung einer Sache bewirkte Störung beseitigt werden. § 1004 BGB greift ein, wenn das Eigentum *in anderer Weise* als durch Entziehung oder Vorenthaltung des Be- 2 sitzes beeinträchtigt wird. Der Eigentümer kann, sofern er die Störung nicht dulden muss (§ 1004 II BGB), vom Störer ihre **Beseitigung verlangen** (§ 1004 I 1 BGB). Drohen in der Zukunft weitere Störungen, kann der Eigentümer zudem **auf Unterlassung klagen** (§ 1004 II 2 BGB). Hierdurch wird ein präventiver Rechtsschutz des Berechtigten ermöglicht.

3 | Die Abwehransprüche gemäß § 1004 BGB knüpfen an eine Störung an, *nicht* aber an ein Verschulden des Anspruchsgegners. Es handelt sich um eine **verschuldensunabhängige Störerhaftung**.

Der Schutz des § 1004 BGB geht insoweit über den deliktischen Schutz hinaus, da die §§ 823 ff. BGB *grundsätzlich* nur schuldhafte Rechtsgutverletzungen sanktionieren und die verschuldensunabhängige Schadensersatzhaftung die Ausnahme ist.

2. Anwendungsbereich

4 **Unmittelbar** gilt § 1004 BGB nur für Störungen des Eigentums. **Kraft Verweisung** findet die Vorschrift aber auch bei beschränkt dinglichen Rechten Anwendung.

Auf § 1004 BGB verwiesen wird z.B. in den §§ 1027, 1065, 1090 II, 1227 BGB, § 11 I ErbbauRG und § 34 II WEG.

5 Andere Vorschriften verweisen zwar nicht auf § 1004 BGB, regeln aber **inhaltlich dasselbe**.

Beseitigungs- und Unterlassungsansprüche gewähren **beispielsweise** für Nießbrauch und Grundpfandrechte die §§ 1052, 1134, 1192 I BGB, für den Schutz von Namen und Firma die § 12 BGB, § 37 II HGB, für Urheberrechte die §§ 97 I 1, 98 UrhG sowie bei unlauterem Wettbewerb § 8 I UWG. Auch die durch verbotene Eigenmacht herbeigeführte Besitzstörung gewährt dem beeinträchtigten Besitzer gemäß § 862 BGB Beseitigungs- und Unterlassungsansprüche.

6 Auch darüber hinaus ist heute allgemein anerkannt, dass Abwehransprüche bei **allen absoluten Rechtspositionen** in Betracht kommen[1]. Dies folgt auch aus dem in Art. 19 IV GG verfassungsrechtlich verbürgten Gebot des effektiven Rechtsschutzes.

§ 1004 BGB ist daher **analog anwendbar** auf alle von § 823 I BGB geschützten Rechtsgüter, für die das Gesetz keine entsprechende Regelung enthält. Die hierdurch begründeten Ansprüche werden als **quasi-negatorische Abwehransprüche** bezeichnet[2].

---

[1] Vgl. *Fritzsche* in BeckOK BGB, § 1004 Rn. 2 mit weiteren Nachweisen.
[2] *Gursky* in Staudinger, BGB, § 1004 Rn. 16.

Beseitigungs- und Unterlassungsansprüche kommen daher auch bei Beeinträchtigungen der Rechtsgüter **Leben, Körper, Gesundheit und Freiheit** in Betracht[3], ferner bei rechtswidrigen Eingriffen in das „**Recht am Gewerbebetrieb**"[4] (siehe oben § 8 Rn. 119 ff.) sowie bei der Verletzung des **allgemeinen Persönlichkeitsrechts** und seiner speziellen Ausprägungen (siehe oben § 8 Rn. 83 ff.). Bisweilen wird insoweit auch auf eine Gesamtanalogie zu den §§ 12, 862, 1004 BGB abgestellt oder für das Allgemeine Persönlichkeitsrecht unmittelbar auf Art. 2 I i.V.m. 1 I GG. Für die Voraussetzungen und Rechtsfolgen der Abwehransprüche ist dies jedoch ohne Bedeutung.

7

Auch das öffentliche Recht kennt Abwehransprüche des Bürgers gegen hoheitliches Handeln. Heute ist allgemein anerkannt, dass es auch einen öffentlich-rechtlich **Folgenbeseitigungsanspruch** gibt[5], der mit dem Anspruch aus § 1004 I 1 BGB durchaus vergleichbar ist. Ob dieser Folgenbeseitigungsanspruch sogar seine Rechtsgrundlage in § 1004 I 1 BGB findet oder stattdessen kraft Gewohnheitsrecht gilt oder aus den Grundrechten abzuleiten ist, mag hier dahinstehen.

II. Beseitigungsanspruch (§ 1004 I 1 BGB)

1. Prüfungsschema

Der Anspruch aus § 1004 I 1 BGB ist darauf gerichtet, die Beeinträchtigung des Eigentums bzw. des sonstigen absoluten Rechtsgutes zu beseitigen. **Anspruchsberechtigt** ist der Eigentümer bzw. der Inhaber des betroffenen Rechtsguts. Gerichtet ist der Anspruch gegen denjenigen, der die Beeinträchtigung zu verantworten hat – kurzum: **gegen den Störer**. Der Anspruch besteht nicht, wenn der Rechtsinhaber zur **Duldung** der Störung verpflichtet ist (§ 1004 II BGB). Damit ergibt sich folgendes Prüfungsschema:

8

Voraussetzungen des Beseitigungsanspruchs
- Beeinträchtigung des Eigentums oder eines anderen absoluten Rechtsgutes
- Anspruchsgegner: Störer
  - Handlungsstörer
  - Zustandsstörer
- keine Duldungspflicht des Rechtsinhabers

2. Beeinträchtigung des Eigentums oder eines sonstigen Rechts

Der Beseitigungsanspruch aus § 1004 I 1 BGB setzt eine Eigentumsbeeinträchtigung voraus. Hierunter ist **jeder dem Inhalt des Eigentums (§ 903 BGB) wider-**

9

---

[3] *Berger* in Jauernig, BGB, § 1004 Rn. 2; *Fritzsche* in BeckOK BGB, § 1004 Rn. 4.
[4] BGH NJW 1998, 2059 f.; BGH NJW 2009, 2958.
[5] Dazu *Bumke*, JuS 2005, 22 ff.

sprechende **Zustand** zu verstehen⁶ – mit Ausnahme der Entziehung oder Vorenthaltung der Sache. Nicht erforderlich ist, dass der Störer sich ein Recht an der Sache anmaßt. Hinsichtlich der verschiedenen Formen der Eigentumsbeeinträchtigungen gilt dasselbe wie bei § 823 I BGB (siehe oben § 8 Rn. 31): Die Beeinträchtigung kann sich auf das Eigentumsrecht, die Sachsubstanz oder den Gebrauch der Sache beziehen.

Beispiele für Beeinträchtigungen⁷:
- Beschädigung oder Zerstörung der Sache;
- Verfügung eines Nichtberechtigten über die Sache;
- Behinderung des Zugangs zu einem Grundstück;
- lautes und andauerndes Hundegebell;
- Halten störender Haustiere;
- Immissionen (Lärm, Rauch und Ruß, Gerüche, Dampf usw.);
- Einwerfen von Prospekten in Briefkasten trotz Hinweisaufkleber „Keine Werbung".

Zu verneinen ist eine Eigentumsbeeinträchtigung beispielsweise in folgenden Fällen:
- Bestreiten fremden Eigentums;
- Fotografieren einer fremden Sache;
- natürlicher Schädlingsbefall;
- Grenzüberschreitung durch Hauskatzen;
- Werbebeilage in der abonnierten Tageszeitung.

10 An einer Beeinträchtigung des Eigentums fehlt es insbesondere dann, wenn nur das **ästhetische oder moralische Empfinden** des Eigentümers verletzt wird⁸. In diesen Fällen kann allenfalls das allgemeine Persönlichkeitsrecht des Eigentümers verletzt sein; § 1004 I 1 BGB wäre dann aus *diesem* Grund entsprechend anzuwenden.

Beispiel: Daher ist das Betreiben eines Bordells in der Nachbarschaft **keine** Eigentumsverletzung, mag es auch von den Nachbarn als anstößig empfunden werden⁹. Ob das allgemeine Persönlichkeitsrecht der Nachbarn verletzt ist, hängt vom jeweiligen Einzelfall ab. Abzulehnen dürfte dies im Regelfall dann sein, wenn der Bordellbetrieb nicht nach außen erkennbar ist und auch sonst keine über die bloße „sittliche Störung" hinausgehenden Beeinträchtigungen festzustellen sind.

11 Für die Beeinträchtigung der **sonstigen absoluten Rechtsgüter** kann ebenfalls auf die Ausführungen zu § 823 I BGB (oben § 8 Rn. 5 ff.) verwiesen werden. Eine Rechtsgutverletzung im Sinne des § 823 I BGB ist zugleich eine Beeinträchtigung, die einen quasi-negatorischen Beseitigungsanspruch auslösen kann.

Hinweis: Ob die Beeinträchtigung unmittelbar oder mittelbar auf der Handlung eines Menschen oder gänzlich auf Naturereignissen beruht, spielt an dieser Stelle noch keine Rolle.

---

⁶ BGHZ 90, 113, 121; BGHZ 156, 172, 175; *Berger* in Jauernig, BGB, § 1004 Rn. 4; *Fritzsche* in BeckOK BGB, § 1004 Rn. 34.

⁷ Vgl. die zahlreichen Beispiele und Nachweise bei *Fritzsche* in BeckOK BGB, § 1004 Rn. 38.

⁸ RGZ 76, 130; BGHZ 51, 396; *Fritzsche* in BeckOK BGB, § 1004 Rn. 38; *Gursky* in Staudinger, BGB, § 1004 Rn. 76 ff.; a.A. *Ebbing* in Erman, BGB, § 1004 Rn. 20 f.

⁹ BGHZ 95, 307, 308 ff.

II. Beseitigungsanspruch (§ 1004 I 1 BGB)

Dies ist erst für die Frage relevant, wer ggf. als Störer auf Beseitigung in Anspruch genommen wird[10].

Die Beeinträchtigung muss schließlich **gegenwärtig** sein. Der Anspruch aus § 1004 I 1 BGB (analog) zielt nämlich auf die Beseitigung einer bestehenden Beeinträchtigung für die Zukunft ab[11]. Eine drohende Störung ist hingegen über § 1004 I 2 BGB abzuwehren (dazu unten Rn. 31 ff.). 12

3. Anspruchsgegner: Störer

Zur Beseitigung der Beeinträchtigung nach § 1004 I 1 BGB verpflichtet ist der Störer. Einigkeit besteht dahingehend, dass dem Störer die Beeinträchtigung **zurechenbar** sein muss. Dies ist nur dann der Fall, wenn die Beeinträchtigung zumindest auch auf seinem Willensentschluss beruht. Im Übrigen ist der Störerbegriff sehr umstritten[12]. Die h.M. unterscheidet insoweit – wie auch im Polizeirecht – zwischen **Handlungs- und Zustandsstörer**[13]. Eine trennscharfe Abgrenzung zwischen beiden Formen ist aber weder möglich noch erforderlich[14]. 13

a) Handlungsstörer

> **Handlungsstörer** ist, wer die Beeinträchtigung durch sein Verhalten, also durch aktives Tun oder pflichtwidriges Unterlassen adäquat verursacht hat. 14

Dabei kann weiter danach differenziert werden, ob der Handlungsstörer die Beeinträchtigung unmittelbar oder nur mittelbar verursacht hat. Der **unmittelbare Handlungsstörer** nimmt die störende Handlung selbst vor.

Unmittelbarer Handlungsstörer ist z.B., wer[15]
- ein fremdes Grundstück betritt[16];
- unerwünschte Werbeprospekte in den Briefkasten einwirft;

---

[10] BGH NJW 1995, 2634; BGH NJW 2004, 604; *Berger* in Jauernig, BGB, § 1004 Rn. 5.; a.A. *Gursky* in Staudinger, BGB, § 1004 Rn. 17.
[11] *Berger* in Jauernig, BGB, § 1004 Rn. 6.
[12] Vgl. die Darstellung des Meinungsstreits bei *Gursky* in Staudinger, BGB, § 1004 Rn. 93 ff.
[13] BGHZ 69, 118, 122 f.; *Berger* in Jauernig, BGB, § 1004 Rn. 15 ff.; *Fritzsche* in BeckOK BGB, § 1004 Rn. 15; *Schulte/Nölke* in Handkomm. BGB, § 1004 Rn. 5. Anders etwa *Baldus* in Münch-Komm. BGB, § 1004 Rn. 67 ff., der zwischen Tätigkeits- und Untätigkeitsstörern unterscheiden will, was im Wesentlichen aber auf dasselbe hinauslaufen dürfte. Andere Autoren wollen allein auf den störenden Zustand abstellen, vgl. *Gursky* in Staudinger, BGB, § 1004 Rn. 96 f. mit weiteren Nachweisen.
[14] *Berger* in Jauernig, BGB, § 1004 Rn. 15.
[15] Vgl. auch die Beispiele bei *Fritzsche* in BeckOK BGB, § 1004 Rn. 16.
[16] BGH NJW-RR 2003, 1235 f.

- eine geruchsintensive Schweinemastanlage betreibt[17];
- seinen Pkw vor einer Garageneinfahrt parkt.

Umstritten ist, ob weisungsgebundene **Arbeitnehmer** selbst als Störer anzusehen sind. Dies wird zum Teil bejaht, wenn sie eine hinreichend selbstständige und eigenverantwortliche Stellung innehaben[18]. Einigkeit besteht immerhin darüber, dass der Arbeitgeber jedenfalls auch als Störer in Anspruch genommen werden kann.

15 Der **mittelbare Handlungsstörer** hingegen veranlasst die Beeinträchtigung durch einen Dritten.

Als **mittelbare Handlungsstörer** angesehen werden etwa[19]:
- Abfallerzeuger für die rechtswidrige Entsorgung durch ein beauftragtes Entsorgungsunternehmen[20];
- Betreiber von Sportanlagen für durch Benutzer verursachten Lärm[21];
- Werbung betreibende Unternehmen für Störungen durch Verteiler[22];
- Bauherr für Beeinträchtigung durch Bauunternehmer[23];
- Unternehmer für von Kunden und Lieferanten verursachte Beeinträchtigungen[24].

b) Zustandsstörer

16 **Zustandsstörer** ist, wer die Beeinträchtigung zwar nicht durch sein Verhalten verursacht hat, durch dessen *maßgebenden* Willen der beeinträchtigende Zustand aber aufrechterhalten wird[25].

Der mittelbare Handlungsstörer haftet für sein Verhalten, der Zustandsstörer hingegen für den **Zustand einer Sache oder Anlage**, die Quelle der Beeinträchtigung ist. Der Zustandsstörer ist also nicht deswegen zur Beseitigung einer Beeinträchtigung verantwortlich, weil er etwas getan oder unterlassen hat, sondern weil ihm die **Verantwortung für eine Gefahrenquelle** obliegt. Wann aber trägt man die Verantwortung für eine störende Sache oder Anlage? Nach Auffassung des BGH genügt es hierfür noch nicht, dass man deren Eigentümer oder Besitzer ist. Hinzukommen muss vielmehr ein voluntatives Element: Die Störung muss – im weitesten

---

[17] BGHZ 140, 1.
[18] BGH NJW 1979, 551 (für einen angestellten Sprengmeister); *Fritzsche* in BeckOK BGB, § 1004 Rn. 16; dagegen *Berger* in Jauernig, BGB, § 1004 Rn. 16.
[19] Vgl. auch die Beispiele bei *Fritzsche* in BeckOK BGB, § 1004 Rn. 18.
[20] OLG Dresden VersR 1995, 836; *Enders*, NVwZ 2005, 381, 386.
[21] BGH NJW 1983, 751.
[22] BGHZ 106, 229, 235.
[23] BGH NJW 1962, 1342.
[24] BGH NJW 1982, 440.
[25] BGH NJW 2007, 432 mit weiteren Nachweisen; vgl. *Berger* in Jauernig, BGB, § 1004 Rn. 17; *Fritzsche* in BeckOK BGB, § 1004 Rn. 20.

Sinne – **auf dem Willen** des Eigentümers oder Besitzers beruhen[26]. Zudem soll nach § 1004 I 1 BGB als Zustandsstörer nur haften, wer die Störungsquelle **beherrscht** und daher die Störung beseitigen kann[27]. Letztlich kommt man hier ohne Wertungen nicht aus.

Als **Zustandsstörer** angesehen werden etwa[28]:
- Eigentümer eines Grundstücks für auf das Nachbargrundstück überhängende Wurzeln oder Äste eines Baumes (vgl. auch § 910 BGB);
- Grundstückseigentümer für Froschlärm aus einem künstlichen Teich[29];
- Grundstückseigentümer für Dachlawinen;
- Kfz-Halter für Falschparken durch Benutzer[30];
- Inhaber eines Internetanschlusses für durch unzureichende Sicherung der Zugangsdaten ermöglichten Missbrauch durch Dritte[31].

Die vorstehenden Beispiele zeigen, dass in diesen Fällen vielfach auch eine Haftung als mittelbarer Handlungsstörer in Betracht kommen wird.

Durch **Besitzaufgabe oder Dereliktion** kann sich der Zustandsstörer seiner Verantwortung *nicht* entziehen[32]. Darüber hinaus kommt eine Zustandshaftung nicht für die von Sachen ausgehenden Störungen, sondern auch für die Beeinträchtigung durch Tiere und sogar Menschen in Betracht.

17

Zustandsstörer können daher auch sein:
- Hundehalter für lautes Gebell;
- Eltern für die störenden Kinder.

c) Mehrere Störer, Haftung von Rechtsnachfolgern

Sind **mehrere Personen** als Handlungs- und/oder Zustandsstörer für die Beeinträchtigung verantwortlich, steht dem Eigentümer (bzw. Inhaber des sonstigen Rechtsguts) gegen jeden von ihnen ein **selbständiger Beseitigungsanspruch** zu. Diese können dabei durchaus einen verschiedenen Inhalt haben.

18

Beispiel: Mieter M hört nachts laut Musik. Dies stört seinen Nachbarn N empfindlich. N kann sowohl von M als auch von dessen Vermieter V Beseitigung der Störung (und ggf. Unterlassen künftiger Lärmbelästigungen) verlangen – von V aber nur dahingehend, dass er auf M einwirkt.

---

[26] BGHZ 28, 110, 111; BGHZ 90, 255, 256; BGHZ 120, 239, 254; BGH NJW 2007, 432.
[27] BGHZ 62, 388, 393; BGHZ 95, 307, 308; BGH NJW 2007, 432.
[28] Vgl. auch die Beispiele bei *Fritzsche* in BeckOK BGB, § 1004 Rn. 21.
[29] BGHZ 120, 239, 254.
[30] BGH NJW 2012, 3781.
[31] BGH NJW 2009, 1960.
[32] BGHZ 18, 253, 257 f.; BGHZ 41, 393, 397; BGH NJW 2007, 2182; *Berger* in Jauernig, BGB, § 1004 Rn. 20; *Ebbing* in Erman, BGB, § 1004 Rn. 132; *Fritzsche* in BeckOK BGB, § 1004 Rn. 20; *Baldus* in MünchKomm. BGB, § 1004 Rn. 80; a.A. *Gursky* in Staudinger, BGB, § 1004 Rn. 113; *ders.*, JR 89, 401 f.; *Picker* in Festschrift Gernhuber, 1993, S. 337 ff.; *Lobinger*, JuS 1997, 981 f.

19 Sehr umstritten ist, ob **Rechtsnachfolger** des Störers dessen „Beseitigungsverantwortung" mit übernehmen[33].

- Dies ist für die **Gesamtrechtsnachfolge** zu bejahen. War der Erblasser zur Beseitigung verpflichtet, dann ist nach §§ 1922, 1967 BGB diese Pflicht auf die Erben übergegangen[34].
- Bei der **Einzelrechtsnachfolge** ist dies anders: Der Erwerber einer Sache kann also nicht allein deshalb nach § 1004 I 1 BGB in Anspruch genommen werden, weil der Veräußerer beseitigungspflichtig (gewesen) ist. Allerdings kann aufgrund der Beschaffenheit der Sache der Erwerber „originär" als Störer anzusehen sein[35].

4. Duldungspflichten (§ 1004 II BGB)

20 § 1004 II BGB stellt klar, dass ein Beseitigungsanspruch **nicht** besteht, wenn eine Duldungspflicht besteht.

Hieraus zieht die h.M. den Schluss, dass § 1004 I 1 BGB eine rechtswidrige Störung voraussetzt. Richtigerweise kommt dem **Merkmal „rechtswidrig"** aber – wie auch bei § 985 BGB – **keine eigenständige Bedeutung zu**. Maßgeblich ist allein, ob der Berechtigte zur Duldung der Störung verpflichtet ist[36]. Dies kann ausnahmsweise auch der Fall sein, wenn der Eingriff rechtswidrig ist (vgl. etwa § 912 I BGB). Kann sich der Störer hingegen auf einen **Rechtfertigungsgrund** berufen (z.B. aus §§ 227 f., 904 BGB), geht damit regelmäßig auch eine Duldungspflicht des Berechtigten einher. Liegt eine **Einwilligung** des Berechtigten vor, fehlt es oftmals bereits an einer tatbestandlichen Beeinträchtigung.

Duldungspflichten können kraft Gesetzes bestehen oder aus einer rechtsgeschäftlichen Vereinbarung resultieren.

21 **Gesetzliche** Duldungspflichten enthalten – neben den Rechtfertigungsgründen – insbesondere die Regelungen der §§ 905 ff. BGB, in denen das **private Nachbarschaftsrecht** ausschnittweise geregelt ist.

Praktisch bedeutsam ist dabei vor allem § 906 BGB, der Duldungspflichten bei der **„Zuführung unwägbarer Stoffe"** regelt. Gemeint sind damit insbesondere Immissionen von Lärm, Gerüchen, Rauch, Ruß, Wärme, Schadstoffen usw. Diese muss ein Grundstückseigentümer dulden, wenn sie nur unwesentlich sind (Abs. 1) *oder* durch ortsübliche

---

[33] Siehe dazu *Fritzsche* in BeckOK BGB, § 1004 Rn. 28.
[34] OLG Frankfurt NZM 2005, 68 f.
[35] *Berger* in Jauernig, BGB, § 1004 Rn. 19.
[36] Vgl. *Berger* in Jauernig, BGB, § 1004 Rn. 21.

Benutzung des anderen Grundstücks herbeigeführt werden und nicht durch Maßnahmen verhindert werden können, die Benutzern dieser Art wirtschaftlich zumutbar sind (Abs. 2). In letzterem Fall kann der Eigentümer des beeinträchtigten Grundstücks aber einen angemessen Geldausgleich verlangen (§ 906 II 2 BGB)[37].

Auch **öffentlich-rechtliche** Vorschriften schließen vielfach die Ausschließungsbefugnisse des Berechtigten zugunsten der Allgemeinheit oder bestimmter Dritter ein. 22

> **Beispiele:**
> - § 1 LuftVG erlaubt die Benutzung des Luftraums über Grundstücken durch Luftfahrzeuge.
> - § 76 TKG erlaubt die Errichtung von Telekommunikationsanlagen auf fremden Grundstücken.
> - Kommunale Baumschutzsatzungen beschränken die Befugnisse der Eigentümer, Bäume auf ihren Grundstücken abzuholzen.
> - Hingegen bestand **keine** Pflicht, Rundfunkgebührenbeauftragten („GEZ-Kontrolleuren") Zutritt zur eigenen Wohnung zu gewähren[38].

Rechtsgeschäftliche Duldungspflichten ergeben sich vor allem aus dinglichen oder schuldrechtlichen Verträgen. 23

> **Beispiel:** Der Vermieter einer Wohnung muss dulden, dass nicht nur der Mieter, sondern auch dessen Kinder sowie der Ehegatte oder Lebensgefährte in die Wohnung einziehen und dass Besucher die Wohnung betreten.

Auch ein **Verzicht** auf die Abwehransprüche aus § 1004 I BGB ist möglich. Die bloße Duldung einer Störung stellt aber weder einen Verzicht noch eine Einwilligung dar, wenn sich ein entsprechender Wille des Berechtigten nicht ermitteln lässt[39]. Allerdings kann eine längere Nichtgeltendmachung der Abwehransprüche zur **Verwirkung** führen, wenn beim Störer ein berechtigtes Vertrauen darauf entstanden ist, dass der Berechtigte sie auch zukünftig nicht geltend machen wird[40]. 24

5. Anspruchsinhalt

Der Anspruch aus § 1004 I 1 BGB ist auf Beseitigung der Beeinträchtigung gerichtet. Insoweit bestehen gewisse Parallelen zur Naturalrestitution (§ 249 I BGB, dazu oben § 11 Rn. 55 ff.); doch reicht diese weiter. 25

> **Hinweis:** Die Abgrenzung zwischen Beeinträchtigung und weitergehendem Schaden ist im Einzelfall schwierig. Sie ist aber wichtig, um zu verhindern, dass über § 1004 I 1 BGB das Verschuldenserfordernis der deliktischen Haftungstatbestände ausgehöhlt wird.

---

[37] Zum durch Analogiebildung erweiterten Anwendungsbereich des § 906 II 2 BGB siehe etwa *Fritzsche* in BeckOK BGB, § 906 Rn. 81 ff.
[38] AG Bremen-Blumenthal BeckRS 2010, 20818; *Fritzsche* in BeckOK BGB, § 1004 Rn. 110.
[39] *Fritzsche* in BeckOK BGB, § 1004 Rn. 103.
[40] OLG Köln NJW 1995, 3319, 3321; vgl. auch BGHZ 122, 308, 314.

> Der Störer ist nach § 1004 I 1 BGB nämlich nur verpflichtet, die konkrete Beeinträchtigung des Eigentums (bzw. des sonstigen Rechtsgutes) zu beseitigen. Weitergehende Nachteile sind – anders als bei der Schadensersatzpflicht – nicht auszugleichen.

26 Zu beseitigen ist nur eine **gegenwärtige Beeinträchtigung**. Nicht jede in der Vergangenheit verursachte Störung wirkt noch in der Gegenwart fort. Bei Eigentumsbeeinträchtigungen ist insoweit erforderlich, dass es die betreffende Sache noch gibt. Der Störer schuldet nach § 1004 I 1 BGB also keine Ersatzbeschaffung. Eine solche kann nur nach §§ 823 ff., 249 I BGB verlangt werden.

> **Beispiel:** A lagert auf seinem Grundstück Ölfässer, die unbemerkt auslaufen. Das Öl versickert dabei auch in den Boden des Nachbargrundstücks des B. – A ist hier Zustandsstörer und nach § 1004 I 1 BGB zur Beseitigung der durch die Verunreinigung des Bodens verursachten Eigentumsbeeinträchtigung verpflichtet. A schuldet daher, sofern sich das Öl nicht anders entfernen lässt, die Abtragung und Entfernung der verölten Erde. Er schuldet hingegen nicht das Auffüllen *neuer* Erde. Er müsste stattdessen eigentlich die alte Erde säubern und anschließend wieder auffüllen. Dies ist oftmals aber wirtschaftlich nicht sinnvoll. Daher ist A in diesem Fall die *Möglichkeit* einzuräumen, sogleich neue Erde aufzufüllen.

27 Nach h.M. sind auch jene **Schäden** zu ersetzen, **die bei Beseitigung** der Beeinträchtigung **entstehen**[41] – und zwar auch dann, wenn den Störer insoweit kein Verschulden trifft.

> Zerstört in unserem **Beispiel** A bei der Beseitigung des verunreinigten Erdreichs die bis dahin von der Verschmutzung unbeeinträchtigte Bepflanzung, so muss er diese wiederherstellen.

28 Gemäß § 275 II BGB kann der Störer die Beseitigung ganz oder zum Teil verweigern, wenn die erforderlichen Aufwendungen in einem groben Missverhältnis zum Beseitigungsinteresse des Berechtigten stehen und dem Störer daher **nicht zumutbar** sind[42]. In diesen Fällen kann der Störer aber analog § 906 II 2 BGB zur Leistung eines angemessenen Geldausgleichs verpflichtet sein[43].

> So hat der **BGH** entschieden[44], dass ein unter Verletzung von Grenz- und Grenzabstandsflächen errichtetes Gebäude nicht zwingend abgerissen werden muss. Etwas anderes soll bei vorsätzlichem Handeln des Störers gelten[45].

---

[41] BGHZ 97, 231, 236; BGHZ 135, 235, 238; *Bassenge* in Palandt, BGB, § 1004 Rn. 28; *Fritzsche* in BeckOK BGB, § 1004 Rn. 62.

[42] BGH NJW 2008, 3122; BGH NJW 2010, 2341; *Fritzsche* in BeckOK BGB, § 1004 Rn. 65; *Canaris* JZ 2004, 214, 224; *Lettl*, JuS 2005, 871, 875; dagegen aber *Gursky* in Staudinger, BGB, § 1004 Rn. 156; *Baldus* in MünchKomm. BGB, § 1004 Rn. 116.

[43] *Fritzsche* in BeckOK BGB, § 1004 Rn. 65; *Lettl*, JuS 2005, 871, 875.

[44] BGHZ 62, 388, 391.

[45] BGH NJW 1970, 1180, 1181.

Stehen **mehrere Beseitigungsmöglichkeiten** zur Verfügung, kann der Störer grundsätzlich zwischen ihnen wählen[46]. 29

Klageantrag und stattgebendes Urteil sind daher grundsätzlich auch nur auf die Beseitigung der konkret bezeichneten Beeinträchtigung gerichtet[47]. Kommt nur eine Form der Beseitigung in Betracht, kann der Berechtigte aber auch sogleich diese verlangen.

Hat der Berechtigte die Störung selbst beseitigt, kann aus § 1004 I 1 BGB ein Anspruch auf **Kostenerstattung** folgen[48]. Im Einzelfall kann analog § 254 BGB das **Mitverschulden** des Berechtigten zu berücksichtigen oder ein „Abzug neu für alt" vorzunehmen sein[49]. 30

III. Unterlassungsanspruch (§ 1004 I 2 BGB)

1. Prüfungsschema

Sind weitere Beeinträchtigungen zu besorgen, so kann der Berechtigte auf Unterlassung klagen (§ 1004 I 2 BGB). Es handelt sich dabei *nicht* um eine rein prozessuale Regelung, sondern um einen **materiell-rechtlichen Unterlassungsanspruch**[50]. Der Anspruchsgegner muss auch hier Störer sein. Der Anspruch ist ausgeschlossen, wenn die drohende Störung zu dulden ist (§ 1004 II BGB). 31

> **Voraussetzungen des Unterlassungsanspruchs**
> - drohende Beeinträchtigung des Eigentums oder eines anderen absoluten Rechtsgutes
>   - Wiederholungsgefahr
>   - Erstbegehungsgefahr
> - Anspruchsgegner: Störer
>   - Handlungsstörer
>   - Zustandsstörer
> - keine Duldungspflicht des Rechtsinhabers

---

[46] BGHZ 67, 252, 253; BGHZ 120, 239, 248.
[47] BGH NJW-RR 2006, 237; *Berger* in Jauernig, BGB, § 1004 Rn. 9.
[48] BGHZ 110, 313, 317; BGH NJW 2012, 1080; *Fritzsche* in BeckOK BGB, § 1004 Rn. 65; *Ebbing* in Erman, BGB, § 1004 Rn. 70; a.A. *Baldus* in MünchKomm. BGB, § 1004 Rn. 117 f.
[49] BGH NJW 2012, 1080; a.A. *Gursky* in Staudinger, BGB, § 1004 Rn. 154 ff.
[50] Siehe nur *Gursky* in Staudinger, BGB, § 1004 Rn. 212 mit weiteren Nachweisen.

2. Beeinträchtigungsgefahr

32   Zentrales Merkmal des § 1004 I 2 BGB ist die sog. Beeinträchtigungsgefahr, die oft auch als **Begehungsgefahr** bezeichnet wird[51]. Erforderlich ist insoweit eine Prognose. Zu fragen ist dabei, ob die Tatsachen darauf schließen lassen, dass zukünftig mit Beeinträchtigungen zu rechnen ist, die der Berechtigte nicht dulden muss. Der Gesetzeswortlaut („weitere Beeinträchtigungen") ist dabei irreführend. Auch die erstmalige Störung kann über § 1004 I 2 BGB abgewehrt werden. Man unterscheidet daher zwischen der Wiederholungsgefahr und der Erstbegehungsgefahr.

33
> Die **Wiederholungsgefahr** knüpft an vorangegangene Beeinträchtigungen des Eigentums oder eines sonstigen Rechts an.

Für ihr Vorliegen spricht nach h.M. eine tatsächliche Vermutung[52], weshalb die Grundsätze des **Anscheinsbeweises** zur Anwendung gelangen[53]. Und wie jeder Anscheinsbeweis kann auch dieser widerlegt werden. Der Störer kann also darlegen, warum trotz der früheren Beeinträchtigung nicht mit weiteren zu rechnen ist.

> **Praktisch** erfolgt dies bei Handlungsstörern vor allem durch die Abgabe einer strafbewehrten Unterlassungserklärung. Zudem kann der Zustandsstörer z.B. nachweisen, dass von seiner Sache oder Anlage keine Störung mehr ausgehen wird, weil er den für die Beeinträchtigung ursächlichen Defekt behoben hat.

34
> Die **Erstbegehungsgefahr** ist die durch andere Umstände untermauerte „ernsthafte Besorgnis einer künftigen, unmittelbar bevorstehenden Rechtsverletzung"[54].

Es genügt also nicht, dass eine Störung irgendwann in der Zukunft möglich ist. Die Beeinträchtigung muss vielmehr schon jetzt „**greifbar**" sein[55]. Dass der (potentielle) Störer die Abgabe einer Unterlassungserklärung abgelehnt hat, genügt hierfür regelmäßig noch nicht[56]. Für eine hinreichende Erstbegehungsgefahr spricht es hingegen, wenn der (potentielle) Störer die Beeinträchtigung schon angekündigt oder Vorbereitungsmaßnahmen hierzu getroffen hat[57].

---

[51] Vgl. *Fritzsche* in BeckOK BGB, § 1004 Rn. 79.
[52] BGHZ 140, 1, 10; BGH NJW 2003, 3702.
[53] *Berger* in Jauernig, BGB, § 1004 Rn. 11.
[54] BGHZ 117, 264, 271.
[55] BGHZ 2, 394, 395; BGH NJW 1990, 2469; BGH NJW 2009, 3787.
[56] BGH GRUR 1970, 358, 360; *Fritzsche* in BeckOK BGB, § 1004 Rn. 88.
[57] *Fritzsche* in BeckOK BGB, § 1004 Rn. 89.

3. Anspruchsinhalt

Der Anspruch aus § 1004 I 2 BGB (analog) ist gerichtet auf **Unterlassung** der zukünftigen Beeinträchtigung. Der Anspruchsinhalt richtet sich nach der Art der drohenden Störung. Die Vornahme einer bestimmten Handlung, die das Unterlassen absichern soll, kann grundsätzlich *nicht* verlangt werden[58]. Daher hat der Berechtigte auch *keinen* Anspruch auf Abgabe einer strafbewehrten Unterlassungserklärung.

35

> Problematisch ist dabei in der Praxis oft die Fassung des **Klageantrages**. Ist dieser zu eng gefasst, besteht die Gefahr, dass ein stattgebendes Urteil leerläuft. Ist er hingegen zu weit gefasst, so ist die Klage zumindest zum Teil abzuweisen. Jedenfalls ist die zu unterlassende Beeinträchtigung so genau zu beschreiben, dass das Vollstreckungsgericht später feststellen kann, ob der Beklagte gegen das Urteil verstoßen hat.

Auf § 1004 I 2 BGB gestützt werden auch **Haus- und Stadionverbote**[59]. Problematisch sind diese vor allem dann, wenn der Berechtigte den Zugang zu seinem Haus (z.B. Verkaufsräumen, Hotel) oder Stadion grundsätzlich jedermann (ggf. gegen Entgelt) gestattet hat. Dann soll es nach h.M. eines sachlichen Grundes für das Verbot bedürfen[60].

36

> **BGH NJW 2010, 534** lag folgender Sachverhalt zugrunde: Der Kläger war Inhaber von Heim- und Auswärtsdauerkarten für Fußballbundesligaspiele des *FC Bayern München*. Als mitgereister Fan besuchte er 2006 in der Duisburger MSV-Arena ein Spiel seiner Mannschaft gegen den *MSV Duisburg*. Nach Spielschluss kam es zwischen Anhängern beider Vereine zu Auseinandersetzungen. Der hieran beteiligte Kläger wurde in Polizeigewahrsam genommen. Später sprach die Beklagte, die Trägerin der Mannschaft *MSV Duisburg*, gegen den Kläger ein zweijähriges Betretungsverbot für die MSV-Arena sowie ein bundesweites Stadionverbot für nationale und internationale Fußballveranstaltungen von Vereinen bzw. Tochtergesellschaften der Fußballbundesligen und der Fußballregionalligen sowie des Deutschen Fußballbundes (DFB) aus. Dabei stützte sich die Beklagte auf die „Richtlinien zur einheitlichen Behandlung von Stadionverboten" des DFB. Der Kläger begehrte die Aufhebung des Stadionverbotes. – **Die Klage blieb erfolglos.** Der BGH betonte zunächst, dass der Veranstalter eines Fußballspiels „in Ausübung der in Art. 2 I GG garantierten Vertragsfreiheit grundsätzlich jedermann – gegen Bezahlung – den Zutritt zu dem Stadion" gewähre. Die mittelbar in das Zivilrecht einwirkenden Grundrechte, namentlich das allgemeine Persönlichkeitsrecht (Art. 2 I GG i.V.m. Art. 1 I GG) und das aus Art. 3 I GG folgende **Gebot der Gleichbehandlung** ließen es aber nicht zu, einen einzelnen Zuschauer willkürlich auszuschließen. Erforderlich sei ein **sachlicher Grund**[61]. Ein solcher sei gegeben, wenn „auf Grund von objektiven Tatsachen, nicht auf Grund bloßer subjektiver Befürchtungen, die Gefahr besteht, dass künftige Störungen durch die betreffenden Personen zu besorgen sind. [...]. Bei der Verhängung von Stadionverboten sind an die Annahme der Gefahr von Störungen **keine überhöhten Anforderungen** zu stellen. Das ergibt sich aus den Besonderheiten sportlicher Großveranstaltungen, insbesondere von

---

[58] BGHZ 121, 242, 247 f.
[59] Dazu *Breucker*, JR 2005, 133.
[60] So etwa BGH NJW 2012, 1725, wo es um das Hausverbot eines Hotelbetreibers gegen einen ehemaligen NPD-Vorsitzenden ging; vgl. ferner BGH NJW 2010, 534; *Fritzsche* in BeckOK BGB, § 1004 Rn. 97; *Münch* in Soergel, BGB, § 1004 Rn. 195.
[61] BGH NJW 2010, 534, 536.

Fußballgroßereignissen. Diese werden häufig zum Anlass für Ausschreitungen genommen. Angesichts der Vielzahl der Besucher und der häufig emotional aufgeheizten Stimmung zwischen rivalisierenden Gruppen ist daher die Bemühung der Vereine sachgerecht, neben Sicherungsmaßnahmen während des Spiels etwa durch Ordnungskräfte und bauliche sowie organisatorische Vorkehrungen auch im Vorfeld tätig zu werden und potenziellen Störern bereits den Zutritt zu dem Stadion zu versagen [...]"[62]. Daher sei das **Stadionverbot** im konkreten Fall **gerechtfertigt** gewesen.

---

[62] BGH NJW 2010, 534, 537.

Teil IV
Geschäftsführung ohne Auftrag

§ 14 Dogmatische Grundlagen und Überblick

Literatur: *Coester-Waltjen*, Das Verhältnis von Ansprüchen aus Geschäftsführung ohne Auftrag zu anderen Ansprüchen, Jura 1990, 608; *Giesen*, Das Recht der fremdnützigen Geschäftsbesorgung, Jura 1996, 225, 288 und 344; *Henssler*, Grundfälle zu den Anspruchsgrundlagen im Recht der Geschäftsführung ohne Auftrag, JuS 1991, 924; *Jansen*, Woher kommt eigentlich ... die GoA?, Ad Legendum 2009, 208; *Hey*, Die Geschäftsführung ohne Auftrag, JuS 2009, 400; *Martinek/Theobald*, Grundfälle zum Recht der GoA, JuS 1997, 612, 805, 992 und JuS 1998, 27; *Pesch*, Probleme der Geschäftsführung ohne Auftrag im Lichte der gesetzlichen Regelung, Jura 1995, 361; *Rödder*, Grundzüge der Geschäftsführung ohne Auftrag, JuS 1983, 930; *B. Schmidt*, Der Anwendungsbereich der berechtigten Geschäftsführung ohne Auftrag, JuS 2004, 862; *Schwerdtner*, Geschäftsführung ohne Auftrag, Jura 1982, 593, 642; *Seiler*, Grundfälle zum Recht der GoA, JuS 1987, 368; *Wollschläger*, Grundzüge der Geschäftsführung ohne Auftrag, JA 1979, 57, 126 und 182.

I. Funktion der §§ 677 ff. BGB

In den §§ 677 ff. BGB ist die Geschäftsführung ohne Auftrag (GoA) geregelt. Hiervon erfasst werden diejenigen Fälle, in denen jemand **in einem fremden Rechtskreis** tätig wird, ohne hierzu beauftragt oder in sonstiger Weise berechtigt zu sein. 1

> Die GoA kann auf eine lange Tradition zurückblicken. Schon das römische Recht kannte sie als *negotorium gestio*[1].

Die Bezeichnung als Geschäftsführung *ohne Auftrag* ist eigentlich **zu eng**. Entscheidend ist das **Fehlen einer rechtlichen Sonderverbindung** zwischen Geschäftsführer und Geschäftsherrn, aufgrund derer der Geschäftsführer zur Übernahme und Durchführung des für ihn fremden Geschäfts berechtigt wäre. Daher scheidet eine GoA nicht nur bei Vorliegen eines Auftragsverhältnisses aus, sondern auch dann, wenn der Geschäftsführer aufgrund eines anderen Vertrages (z.B. eines Werk- oder Dienstvertrages) oder im Rahmen der elterlichen Sorge tätig wird. 2

---

[1] Dazu und zur weiteren Rezeption *Wollschläger*, JA 1979, 57, 58 f.

> **Beispiel:** Kauft eine Mutter ihrer elfjährigen Tochter ein Kleid, so erfolgt dies im Rahmen der elterlichen Sorge (§ 1226 BGB), also aufgrund einer rechtlichen Beziehung. Somit ist für die Anwendung der §§ 677 ff. BGB kein Raum.

3   **Durch die Übernahme und Durchführung eines fremden Geschäfts entsteht zwischen Geschäftsführer und Geschäftsherrn eine Sonderbeziehung nach Maßgabe der §§ 677 ff. BGB.**

Die §§ 677 ff. BGB verfolgen **verschiedene Zielsetzungen**. Zu bedenken ist insofern, dass mit der GoA stets ein Eingriff in einen fremden Rechtskreis verbunden ist. Manche dieser Eingriffe sind erwünscht, insbesondere wenn der Geschäftsführer **altruistisch** zur Abwehr von Gefahren von Rechtsgütern des Geschäftsherrn oder der Allgemeinheit tätig wird. Hier sollen die GoA-Regeln den Geschäftsführer haftungsrechtlich **privilegieren** und dafür sorgen, dass im Zusammenhang mit der Geschäftsführung erlittene Vermögensnachteile ausgeglichen werden. Andere Eingriffe hingegen stellen sich als **Einmischung** in fremde Angelegenheiten dar, die nicht privilegiert, sondern vielmehr **sanktioniert** werden sollen.

4   Doch welche Eingriffe in einen fremden Rechtskreis sind erwünscht und welche nicht? Die Antwort liefern – zumindest zum Teil – die §§ 677 ff. BGB. Aus deren Zusammenspiel ergibt sich, dass insgesamt **vier Arten der GoA** zu unterscheiden sind.

> **Hinweis:** Um die Funktionsweise der §§ 677 ff. BGB zu verstehen, ist es unerlässlich, diese Weichenstellungen nachzuvollziehen! Für die verschiedenen Arten der GoA sieht das Gesetz nämlich sehr unterschiedliche Rechtsfolgen vor.

II. Arten der GoA

1. Die Unterscheidung zwischen echter und unechter GoA

5   Eine grundlegende **Weichenstellung** ergibt sich aus §§ 677 und 687 BGB. Beide Vorschriften knüpfen daran an, dass ein fremdes Geschäft ohne entsprechenden Auftrag oder sonstige Berechtigung geführt wird. § 677 BGB stellt zusätzlich darauf ab, dass das Geschäft „für einen anderen besorgt" wird. § 687 I BGB hingegen bestimmt, dass die §§ 677-686 BGB keine Anwendung finden sollen, wenn „jemand ein fremdes Geschäft in der Meinung besorgt, dass es sein eigenes sei".

> Die GoA-Regeln sind folglich nur anwendbar, wenn der Geschäftsführer das fremde Geschäft auch als fremdes führen will, also mit **Fremdgeschäftsführungswillen** handelt[2].

---

[2] BGHZ 40, 30; BGHZ 63, 170.

II. Arten der GoA

Somit lassen sich zwei Formen der GoA unterscheiden: 6

- Bei der **echten GoA** handelt der Geschäftsführer mit Fremdgeschäftsführungswillen. Die Rechtsfolgen richten sich nach den §§ 677-686 BGB.
- Bei der **unechten GoA**[3] fehlt der Fremdgeschäftsführungswille. Der Geschäftsführer behandelt das fremde Geschäft wie ein eigenes. Gemäß § 687 I BGB richtet sich das Verhältnis zwischen Geschäftsführer und Geschäftsherr dann nach den allgemeinen Vorschriften, also insbesondere nach den §§ 812 ff., 823 ff., 987 ff. BGB (zu § 687 II BGB sogleich Rn. 16 und unten § 17 Rn. 6 ff.).

2. Die echte GoA: berechtigt oder unberechtigt

Es war bereits die Rede davon, dass nicht jede GoA gleichermaßen erwünscht ist. 7
Nur die *erwünschte* GoA soll rechtmäßig sein und privilegiert werden (siehe oben Rn. 3). Was erwünscht ist, bestimmt grundsätzlich der Geschäftsherr, denn es sind dessen Angelegenheiten, um die es geht.

> Zum Ausdruck kommt dies bereits in **§ 677 BGB**: Das fremde Geschäft ist so zu führen, „wie das Interesse des Geschäftsherrn mit Rücksicht auf dessen wirklichen oder mutmaßlichen Willen es erfordert". § 677 BGB betrifft die Durchführung des Geschäfts, nicht dessen Übernahme. Dass auch insoweit dem Willen des Geschäftsherrn eine entscheidende Bedeutung zukommt, zeigt sich in den **§§ 683, 684 BGB**. Die Vorschriften geben Auskunft darüber, ob und unter welchen Voraussetzungen der Geschäftsführer Ersatz seiner im Zusammenhang mit der Fremdgeschäftsführung getätigten Aufwendungen (zum Ausgleich erlittener Schäden siehe unten § 16 Rn. 9 ff.) verlangen kann.

Anhand der **§§ 683 und 684 BGB** lässt sich eine **weitere Unterteilung der echten GoA** vornehmen: in die *berechtigte* GoA und die *unberechtigte* GoA.

> Eine **berechtigte GoA** liegt vor, wenn 8
> - die Übernahme des fremden Geschäfts dem Willen oder Interesse des Geschäftsherrn entspricht,
> - der Geschäftsherr die Geschäftsführung genehmigt hat *oder*
> - die Voraussetzungen des § 679 BGB vorliegen, also die Übernahme des Geschäfts im – dem Willen des Geschäftsherrn übergeordneten – öffentlichen Interesse liegt.

Zum Verhältnis von Wille und Interesse des Geschäftsherrn siehe unten § 15 Rn. 55 ff.; zu Funktion und Voraussetzungen des § 679 BGB unten § 15 Rn. 70 ff.

Die berechtigte GoA stellt einen rechtmäßigen Eingriff in fremde Angelegenheiten dar. Sie ist **Rechtsgrund** im Sinne der §§ 812 ff. BGB[4] und **Rechtfertigungsgrund**

---

[3] Vgl. die amtliche Überschrift zu § 687 BGB: „Unechte Geschäftsführung".
[4] BGH NJW 1969, 1205, 1207; BGH NJW 1993, 3196; *Lorenz* in Staudinger, BGB, Vor § 812 Rn. 45; *Seiler* in MünchKomm. BGB, Vor § 677 Rn. 15.

im Sinne der §§ 823 ff. BGB[5] (dazu noch unten Rn. 18, 20). Durch sie wird ein **auftragsähnliches Schuldverhältnis**[6] begründet, aufgrund dessen der Geschäftsführer insbesondere Aufwendungsersatz wie ein durch Rechtsgeschäft Beauftragter verlangen kann (§§ 683 i.V.m. 670 BGB). Er selbst haftet nur für schuldhafte Pflichtverletzungen dem Geschäftsherrn auf Schadensersatz (§§ 677 i.V.m. 280 I BGB), wobei der zur **Gefahrenabwehr** tätige Geschäftsführer durch § 680 BGB zusätzlich *privilegiert* wird (Haftung nur für Vorsatz und grobe Fahrlässigkeit).

> Hinweis: Auch die *berechtigte* GoA ist eine solche „*ohne* Auftrag oder sonstige Berechtigung"; anderenfalls wäre die GoA schon tatbestandlich ausgeschlossen. Man darf sich also nicht von der doppelten Bedeutung des Wortes „Berechtigung" täuschen lassen! Statt von der *berechtigen* GoA könnte man, um die Mehrdeutigkeit zu vermeiden, auch von der *rechtmäßigen* GoA sprechen. Doch hat sich die hier verwendete Bezeichnung eingebürgert.

9 Die GoA ist **unberechtigt** und damit rechtswidrig, wenn keine der soeben unter Rn. 8 genannten Voraussetzungen vorliegt.

Die unberechtigte GoA ist **weder Rechtsgrund noch Rechtfertigungsgrund**[7]. Zudem enthält § 678 BGB eine gravierende **Haftungsverschärfung**: Musste der Geschäftsführer erkennen, dass die Geschäftsführung nicht dem Willen des Geschäftsherrn entsprach, so hat er für dem Geschäftsherrn aus der Geschäftsführung entstandene Schäden verschuldensunabhängig einzustehen (§ 678 BGB, Haftung für Übernahmeverschulden). Hierdurch wird der unerwünschte Eingriff in fremde Angelegenheiten *sanktioniert*[8].

Näher zu den Rechtsfolgen der echten GoA siehe unten § 16.

3. Die unechte GoA: irrtümlich oder angemaßt

10 Auch die **unechte GoA** lässt sich in **zwei Unterarten** aufteilen: in die *irrtümliche* und die *angemaßte* Eigengeschäftsführung[9]. Dies ergibt sich aus dem Zusammenspiel von § 687 I und II BGB.

– Bei der **irrtümlichen Eigengeschäftsführung** verkennt der Geschäftsführer die Fremdheit des Geschäfts. Die GoA-Regeln sind dann nicht anwendbar (§ 687 I BGB); der Ausgleich richtet sich nach den allgemeinen Regeln (insbesondere den §§ 812 ff., 823 ff., 987 ff. BGB).

---

[5] *Beuthien* in Soergel, BGB, Vor § 677 Rn. 9; *Gehrlein* in BeckOK BGB, § 677 Rn. 20; *Larenz*, Schuldrecht II/1, § 57, S. 448; a.A. *Seiler* in MünchKomm. BGB, Vor § 677 Rn. 17.

[6] *Seiler* in MünchKomm. BGB, Vor § 677 Rn. 12; *Beuthien* in Soergel, BGB, Vor § 677 Rn. 5; *Larenz*, Schuldrecht II/1, § 57, S. 437, 446; *Wollschläger*, JA 1979, 57.

[7] *Mansel* in Jauernig, BGB, Vor § 677 Rn. 5.

[8] *Bergmann* in Staudinger, BGB, § 678 Rn. 2; *Beuthien* in Soergel, BGB, § 678 Rn. 1.

[9] Vgl. etwa *Gehrlein* in BeckOK BGB, § 678 Rn. 8.

– Weiß der Geschäftsführer hingegen von der Fremdheit des Geschäfts und behandelt er es dennoch als eigenes, handelt es sich um einen Fall der **Geschäftsanmaßung**. § 687 II BGB räumt dem Geschäftsherrn dann ein Wahlrecht ein: Er kann zusätzlich zu seinen sonstigen Rechten aus den §§ 812 ff., 823 ff., 987 ff. BGB noch Ansprüche aus GoA geltend machen.

4. Überblick

Die verschiedenen Arten der GoA lassen sich **schematisch** wie folgt darstellen: **11**

```
          Übernahme eines fremden Geschäfts
          ohne Auftrag oder sonstige Berechtigung
           │                               │
           ▼                               ▼
     mit                              als eigenes
  Fremdgeschäftsführungswille       = unechte GoA (§ 687 BGB)
           │                               │
           │   ▪ entspricht Willen          ▪ Geschäftsführer
           │     oder Interesse des           kannte Fremdheit
           │     Geschäftsherrn oder          nicht
           │   ▪ Genehmigung oder          = irrtümliche
           ├──▶ ▪ Fall des § 679 BGB         Eigengeschäftsführung
           │   = berechtigte GoA
           │   (§§ 683, 677, 680 BGB)
           │                              ▪ Geschäftsführer
           │   ▪ sonstige Fälle              kannte Fremdheit
           └──▶ = unberechtigte GoA        = Geschäftsanmaßung
               (§§ 684, 678 BGB)            (§ 687 II BGB)
```

III. Gesetzliches Schuldverhältnis

1. Echte GoA

12 Bei der echten GoA entsteht zwischen Geschäftsführer und Geschäftsherrn ein gesetzliches Schuldverhältnis.

Das Schuldverhältnis ist ein *gesetzliches*, da die §§ 677 ff. BGB allein an die Übernahme des fremden Geschäfts anknüpfen.

Im Schrifttum wird gelegentlich die Auffassung vertreten, *nur* bei der berechtigten GoA entstehe ein gesetzliches Schuldverhältnis[10]. Dies ist unzutreffend[11]. Auch durch die unberechtigte Geschäftsübernahme werden schuldrechtliche Rechte und Pflichten begründet. Der Geschäftsführer haftet nach § 678 BGB. Zudem treffen ihn nach umstrittener[12], aber zutreffender Auffassung die in § 681 BGB bezeichneten Nebenpflichten (näher dazu unten § 16 Rn. 61).

13 Die **Geschäftsübernahme** als solche ist weder Rechtsgeschäft noch geschäftsähnliche Handlung[13]. Daher kann auch ein Geschäftsunfähiger Geschäftsführer sein[14]. Dies wird bestätigt durch § 682 BGB, der ein Haftungsprivileg zugunsten Geschäftsunfähiger enthält, diese aber im Übrigen nicht vom Anwendungsbereich der §§ 677 ff. BGB ausnimmt.

14 Der **Gegenstand der Geschäftsführung** kann aber die Abgabe von Willenserklärungen erforderlich machen. Insoweit gelten die allgemeinen Regeln.

Beispiel: Der zwölfjährige A findet auf dem Trödelmarkt eine teure Briefmarke, die gut in die Briefmarkensammlung seines ebenfalls zwölfjährigen Freundes B passen würde. Daher kauft A die Briefmarke, um diese später B zu geben. A erwartet, dass B ihm den Kaufpreis erstatten wird. Ist der Kaufvertrag wirksam? – A ist beschränkt geschäftsfähig (§ 106 BGB) und kann sich daher grundsätzlich nur mit Zustimmung seines gesetzlichen Vertreters rechtsgeschäftlich verpflichten (§§ 107 ff. BGB). Diese liegt hier nicht vor. Das Geschäft ist auch nicht lediglich rechtlich vorteilhaft, da A zur Kaufpreiszahlung verpflichtet wird. Dass er den Kaufpreis möglicherweise wiedererlangen kann, ändert hieran nichts. Auch der Umstand, dass A hier für B den Kauf tätigen wollte, hilft nicht über den Mangel der Geschäftsfähigkeit hinweg. Zwar kann ein beschränkt Geschäftsfähiger grundsätzlich Geschäftsführer ohne Auftrag sein, doch treffen die §§ 677 ff. BGB keine Aussage zur Wirksamkeit vorgenommener Rechtsgeschäfte. Es verbleibt insoweit bei den §§ 104 ff. BGB. Der Kaufvertrag ist daher zunächst schwebend unwirksam.

---

[10] So etwa *Larenz*, Schuldrecht II/1, § 57, S. 437 und 446; *Schwerdtner*, Jura 1982, 593.

[11] Ebenso *Sprau* in Palandt, BGB, Vor § 677 Rn. 2; *Dornis* in Erman, BGB, Vor § 677 Rn. 12; *Beuthien* in Soergel, BGB, Vor § 677 Rn. 5; *Wandt*, Gesetzliche Schuldverhältnisse, § 5 Rn. 4.

[12] Zum Streitstand siehe zunächst etwa *Seiler* in MünchKomm. BGB, § 681 Rn. 2 ff.

[13] Wie hier *Bergmann* in Staudinger, BGB, Vor § 677 Rn. 42 ff. und § 682 Rn. 6; *Beuthien* in Soergel, BGB, § 682 Rn. 2; a.A. *Larenz*, Schuldrecht II/1, § 57, S. 446; *Seiler* in MünchKomm. BGB, Vor § 677 Rn. 5.

[14] *Beuthien* in Soergel, BGB, § 682 Rn. 3; *Mansel* in Jauernig, BGB, Vor § 682 Rn. 2. Für eine generelle Anwendbarkeit der §§ 104 ff. BGB auf die Geschäftsübernahme hingegen noch LG Aachen NJW 1963, 1253.

Die Wirkungen des gesetzlichen Schuldverhältnisses bleiben auf das Innenverhältnis beschränkt. Dritte werden hiervon grundsätzlich nicht betroffen. Auch die berechtigte GoA begründet **keine Vertretungsmacht** im Sinne des § 164 BGB[15]. 15

> **Beispiel:** Der volljährige C sieht im Antiquariat des X ein seltenes Buch, von dem er weiß, dass der ebenfalls volljährige D es schon seit Langem sucht. Im Namen des D kauft C das Buch. C und X vereinbaren, dass der Kaufvertrag später durch D vollzogen werden soll. Schuldet D Kaufpreiszahlung? – Eine entsprechende Verpflichtung des D setzt voraus, dass er wirksam durch C verpflichtet wurde. Hier ist C als Vertreter aufgetreten, doch hatte er nicht die nach § 164 I 1 BGB erforderliche Vertretungsmacht. Dass C als Geschäftsführer ohne Auftrag gehandelt hat, ändert hieran nichts, denn die §§ 677 ff. BGB begründen keine Vertretungsmacht! Daher ist der Vertrag zunächst nach § 177 I BGB schwebend unwirksam und D bis zu einer möglichen Genehmigung nicht zur Kaufpreiszahlung verpflichtet.

2. Unechte GoA

Bei der unechten GoA ist zu differenzieren: 16

- Die **irrtümliche Eigengeschäftsführung** begründet kein Schuldverhältnis nach Maßgabe der §§ 677 ff. BGB[16], möglicherweise aber ein solches nach den §§ 812 ff., 823 ff. oder 987 ff. BGB.
- Bei der **Geschäftsanmaßung** kann der Geschäftsherr nach § 687 II BGB für die GoA-Regeln optieren und dadurch ein gesetzliches Schuldverhältnis begründen[17].

IV. Verhältnis zu anderen Ansprüchen

Bei der echten GoA stellt sich die Frage, in welchem Verhältnis die §§ 677 ff. BGB zu den Vorschriften des Bereicherungs- und Deliktsrechts sowie denen des EBV stehen. 17

1. Bereicherungsrecht

Die **berechtigte GoA** ist Rechtsgrund im Sinne der §§ 812 ff. BGB, weshalb Bereicherungsansprüche des Geschäftsherrn gegen den Geschäftsführer in diesen Fällen ausscheiden[18]. Der Geschäftsführer ist aber nach §§ 681 S. 2, 667 BGB zur Herausgabe des Erlangten verpflichtet. Im Gegenzug kann er Aufwendungsersatz nach §§ 683, 670 BGB verlangen. 18

---

[15] BGHZ 69, 327; *Sprau* in Palandt, BGB, Vor §§ 677 Rn. 3; *Gehrlein* in BeckOK BGB, § 677 Rn. 4; *Mansel* in Jauernig, BGB, Vor § 682 Rn. 4.
[16] *Seiler* in MünchKomm. BGB, § 687 Rn. 2; *Gehrlein* in BeckOK BGB, § 687 Rn. 1.
[17] *Seiler* in MünchKomm. BGB, § 687 Rn. 3; *Bergmann* in Staudinger, BGB, § 687 Rn. 3.
[18] BGH NJW 1969, 1206, 1207; BGH NJW 1993, 3196; *Beuthien* in Soergel, BGB, Vor § 677 Rn. 10; *Seiler* in MünchKomm. BGB, Vor § 677 Rn. 15.

19 Da die **unberechtigte GoA** keinen Rechtsgrund im Sinne des §§ 812 ff. BGB darstellt, könnte der Geschäftsherr gegen den Geschäftsführer aus §§ 812 ff. BGB vorgehen[19]. Allerdings ergibt sich eine – oft weitergehende – Herausgabepflicht aber auch hier aus den §§ 681 S. 2, 667 BGB (dazu unten § 16 Rn. 60 ff.). Für die Ansprüche des Geschäftsführers verweist § 684 BGB in das Bereicherungsrecht. Nach vorzugswürdiger Ansicht handelt es sich insoweit um eine Rechtsfolgenverweisung[20] (dazu unten § 16 Rn. 26 f.).

2. Deliktsrecht

20 Die **berechtigte GoA** ist zudem Rechtfertigungsgrund für deliktische Schädigungen[21]. Doch gilt dies nicht schrankenlos. Zu beachten ist insbesondere § 677 BGB, der die Sorgfaltspflichten bei der *Durchführung* des fremden Geschäfts bestimmt. Verletzt der Geschäftsführer diese, kommen neben Ansprüchen aus §§ 677, 280 I BGB auch solche aus unerlaubter Handlung in Betracht[22].

21 Die **unberechtigte GoA** begründet *keinen* Rechtfertigungsgrund. Daher sind die §§ 823 ff. BGB anwendbar. Soweit man § 680 BGB auch bei nur vermuteten Gefahren anwenden will (dazu unten § 16 Rn. 44), ist das Haftungsprivileg auch hier zu beachten.

3. EBV

22 Die §§ 987 ff. BGB sind bei einer **berechtigten GoA** unanwendbar, wenn die Übernahme der Geschäftsführung und die Inbesitznahme zusammenfallen. Die berechtigte GoA begründet nämlich ein Recht zum Besitz im Sinne des § 986 I BGB[23], weshalb es an einer Vindikationslage und damit an einem EBV fehlt.

23 Bei der **unberechtigten GoA** können die §§ 987 ff. BGB eingreifen. Diese gehen den §§ 677 ff. BGB vor[24], was von Bedeutung ist, wenn Verwendungen auf eine fremde Sache getätigt werden (siehe unten § 21 Rn. 76 ff.).

---

[19] *Beuthien* in Soergel, BGB, Vor § 677 Rn. 10; *Seiler* in MünchKomm. BGB, Vor § 677 Rn. 15; *Gehrlein* in BeckOK BGB, § 677 Rn. 20.

[20] BGH MDR 1992, 588 f.; BGH WM 1976, 1056, 1060; *Beuthien* in Soergel, BGB, § 684 Rn. 2; *Sprau* in Palandt, BGB, § 684 Rn. 1; *Martinek/Theobald*, JuS 1997, 612, 616; für eine **Rechtsgrundverweisung** hingegen *Seiler* in MünchKomm. BGB, § 684 Rn 4; *Wendehorst* in BeckOK BGB, § 812 Rn. 35; *Henssler*, JuS 1991, 924, 928.

[21] Grundlegend *Zitelmann*, AcP 99 (1906), 1, 104 ff.; siehe ferner etwa *Beuthien* in Soergel, BGB, Vor § 677 Rn. 9; *Gehrlein* in BeckOK BGB, § 677 Rn. 20; *Sprau* in Palandt, BGB, Vor § 677 Rn. 5; *Schroth*, JuS 1992, 476, 477; Giesen, Jura 1996, 288, 292; a.A. aber *Bergmann* in Staudinger, BGB, Vor § 677 Rn. 245; *Seiler* in MünchKomm. BGB, Vor § 677 Rn. 17; *Wollschläger*, Die Geschäftsführung ohne Auftrag, 1976, S. 274 ff., die auf die Notstandsprinzipien abstellen wollen.

[22] *Beuthien* in Soergel, BGB, Vor § 677 Rn. 9; *Gehrlein* in BeckOK BGB, § 677 Rn. 20.

[23] BGHZ 31, 129, 132; *Gehrlein* in BeckOK BGB, § 677 Rn. 21.

[24] BGHZ 41, 157; *Gehrlein* in BeckOK BGB, § 677 Rn. 21.

V. Schwierigkeiten im Umgang mit der GoA

Die GoA ist in der gutachterlichen Prüfung unbeliebt, bisweilen sogar gefürchtet. Dies liegt nicht zuletzt daran, dass der Tatbestand des § 677 BGB **zahlreiche Fragen** aufwirft: Nach welchen Kriterien bestimmt sich, wann ein *fremdes* Geschäft vorliegt? Und wann führt man ein fremdes Geschäft auch wirklich *für einen anderen* und nicht für sich selbst? Oder kann man ein Geschäft zugleich für den anderen *und* für sich selbst führen? In diesem Zusammenhang ist zu bedenken, dass menschliche Handlungen selten auf nur einem Beweggrund beruhen. Zumeist ist es ein ganzes **Bündel von Motiven**, das uns zum Tätigwerden veranlasst. Es gilt also die Motive zu gewichten.

24

> **Beispiel:** Im Haus des A ist Feuer ausgebrochen. Da sich A im Urlaub befindet, ruft Nachbar N die Feuerwehr. Zudem versucht er, mit Wasser aus seinem Gartenschlauch die Flammen zu bekämpfen. Dies tut er, weil er verhindern will, dass das Haus des A völlig niederbrennt. Insofern handelt er gewiss „für einen anderen". – Zugleich will N aber auch verhindern, dass das Feuer auf sein Grundstück übergreift. Er handelt also auch für sich selbst! Zudem würde sich N, bliebe er untätig, ggf. gemäß § 323c StGB wegen unterlassener Hilfeleistung strafbar machen. Zumindest das Rufen der Feuerwehr ist nämlich eine zumutbare Hilfeleistung. Daher besteht insoweit eine *Rechtspflicht* zum Tätigwerden, der N genügen wollte (und genügt hat). N handelt also aufgrund eines Motivbündels. Es liegt auf der Hand, dass nicht jedes Eigeninteresse der Annahme einer GoA entgegen stehen kann, denn sonst wären die §§ 677 ff. BGB praktisch ohne Bedeutung. Dass hier eine echte (und berechtigte) GoA des N vorliegt, dürfte kaum zu bestreiten sein. Die Fremdgerichtetheit der Tätigkeit überwiegt hier die verfolgten Eigeninteressen.
>
> Was aber gilt für die anrückende Feuerwehr, die den Brand löscht? Kann diese ihre Aufwendungen nach §§ 683, 670 BGB von A verlangen, obwohl die Brandbekämpfung ihre ureigenste hoheitliche Aufgabe ist?

Angesprochen ist damit die **Problematik des „auch-fremden Geschäfts"**. Diese ist Dreh- und Angelpunkt zahlreicher Streitfragen: Kann eine hoheitliche Tätigkeit zugleich eine zivilrechtliche GoA sein? Kommt eine GoA in Betracht, wenn jemand einen (unerkannt) nichtigen Vertrag erfüllen will? Ist das (private) Abschleppen eines den fremden Stellplatz blockierenden Pkw eine Geschäftsführung für den Falschparker? Führt, wer einem Kind auf der Straße mit seinem Pkw ausweicht, um einen Unfall zu vermeiden, ein fremdes Geschäft?

25

> Diese und weitere Fragen werden unten § 15 Rn. 17 ff. beantwortet.

Die Rechtsprechung ist bei der Annahme eines „auch-fremden" Geschäfts und des auch insoweit erforderlichen Fremdgeschäftsführungswillens recht großzügig. Die GoA ist hierdurch zu einer Art „**Generalregressinstitut**"[25] geworden. Dabei spielen in der richterlichen Spruchpraxis **Billigkeitserwägungen** oftmals eine gewichtige Rolle[26]. Dies hat aber auch dazu geführt, dass der Anwendungsbereich der GoA zunehmend konturenloser geworden ist. Zudem besteht die Gefahr, dass **Wertun-**

26

---

[25] *Martinek/Theobald*, JuS 1997, 612.
[26] Vgl. *Lorenz*, NJW 1996, 883, 887; ferner *Medicus/Petersen*, Bürgerliches Recht, Rn. 412: „Lastenausgleich aus Billigkeitsgründen".

gen, die der Gesetzgeber an anderer Stelle getroffen hat, durch die Anwendung der GoA-Regeln ausgehöhlt werden. Um dies zu vermeiden, versuchen die meisten Autoren und sogar die Rechtsprechung selbst, den **Anwendungsbereich** der GoA **einzuschränken**.

Dies geschieht bisweilen losgelöst vom Wortlaut des Gesetzes, gleichsam als eine Art „Vorrede". Dies erscheint mir als der falsche Weg. Richtigerweise ist **bei den Tatbestandsmerkmalen** des § 677 BGB bzw. den einzelnen Anspruchsgrundlagen **anzusetzen**. Hier sind die passenden Fälle zu verorten und die nicht passenden auszuscheiden. Dabei ist den an anderer Stelle getroffenen gesetzlichen Wertungen natürlich Rechnung zu tragen. Dies soll Aufgabe des folgenden Abschnitts sein.

§ 15 Der Tatbestand der echten GoA

Literatur: *Falk*, Von Titelhändlern und Erbensuchern – Die GoA-Rechtsprechung am Scheideweg, JuS 2003, 833; *Giesen*, Das Recht der fremdnützigen Geschäftsbesorgung (Teil 2a), Jura 1996, 225; *Gursky*, Der Tatbestand der Geschäftsführung ohne Auftrag, AcP 185 (1985), 13; *Hey*, Die Geschäftsführung ohne Auftrag, Jus 2009, 400; *Lorenz*, Gescheiterte Vertragsbeziehung zwischen Geschäftsführung ohne Auftrag und Bereicherungsrecht: späte Einsicht des BGH?, NJW 1996, 883; *Martinek/Theobald*, Grundfälle zum Recht der Geschäftsführung ohne Auftrag (Teil 2–4), JuS 1997, 805, 1997, 992 und JuS 1998, 27; *Oppermann*, Konstruktion und Rechtspraxis der Geschäftsführung ohne Auftrag, AcP 193 (1993), 497; *Pesch*, Probleme der Geschäftsführung ohne Auftrag im Lichte der gesetzlichen Regelung, Jura 1995, 361; *Rödder*, Grundzüge der Geschäftsführung ohne Auftrag, JuS 1983, 930; *Schwark*, Der Fremdgeschäftsführungswille bei der Geschäftsführung ohne Auftrag, JuS 1984, 321; *Schwerdtner*, Geschäftsführung ohne Auftrag, Jura 1982, 593 und 642; *Staake*, Die Polizei als Geschäftsführer ohne Auftrag?, JA 2004, 800; *Thole*, Die Geschäftsführung ohne Auftrag auf dem Rückzug – Das Ende des „auch fremden Geschäfts", NJW 2010, 1243; *Wilke*, Gedanken zu einer normativen Bestimmung des Fremdgeschäftsführungswillens, Jura 213, 547; *Wollschläger*, Grundzüge der Geschäftsführung ohne Auftrag (Teile 1–3), JA 1979, 57, 126 und 182.

Übungsfälle: *Barudi*, ZJS 2010, 219; *Hoeren/Hilderink*, JuS 1999, 668; *Homeier/Kleemann*, JA 2012, 96; *Huneke*, Jura 2010, 853; *Lemmerz/Woitge*, Jura 2011, 132; *Picker*, Jura 2012, 560; *Pöschke/Sonntag*, JuS 2009, 711; *Schirmer*, Jura 2013, 719; *Zimmermann/Neideck*, JuS 2011, 1100.

I. Überblick

Nach § 677 BGB liegt eine **echte GoA** vor, wenn jemand ein Geschäft für einen anderen besorgt, ohne von ihm beauftragt oder ihm gegenüber sonst dazu berechtigt zu sein. Aus § 687 BGB folgt, dass das Tatbestandsmerkmal „für einen anderen" nur erfüllt ist, wenn das besorgte Geschäft „fremd" ist[1], also im Rechtskreis eines anderen wurzelt, *und* der Geschäftsführer es auch als fremdes behandelt (siehe oben § 14 Rn. 5 f.).

1

---

[1] *Seiler* in MünchKomm. BGB, § 677 Rn. 4; *Medicus/Petersen*, Bürgerliches Recht, Rn. 607; *Wandt*, Gesetzliches Schuldverhältnisse, § 4 Rn. 6.

2 Nach **anderer Auffassung** ist die Fremdheit des Geschäfts kein eigenständiger Prüfungspunkt[2]. Hierfür wird der Wortlaut des § 677 BGB angeführt, der lediglich darauf abstellt, dass das Geschäft „für einen anderen" besorgt wird. Nach dieser Ansicht soll es allein auf den Fremdgeschäftsführungswillen ankommen. Gegen dieses Verständnis spricht aber neben der Systematik der §§ 677 ff. BGB vor allem deren Funktion: Diese sollen *Eingriffe in einen fremden Rechtskreis* privilegieren oder sanktionieren. Folglich ist die Fremdbezogenheit der Geschäftsführung ein zentrales Merkmal jeder GoA. Das Geschäft muss daher einen Bezug zum *Rechtskreis eines anderen* haben. Der Gegenauffassung ist allerdings zuzugeben, dass dieser Bezug bei manchen Geschäften (den sog. „objektiv neutralen", siehe unten Rn. 14) erst durch den Willen des Geschäftsführers hergestellt wird. Dies rechtfertigt es aber nicht, auf den Prüfungspunkt „Fremdheit des Geschäfts" zu verzichten[3]. Praktisch wirkt sich der Meinungsstreit ohnehin nicht aus, da auch die Vertreter der Gegenauffassung die Fremdheit des Geschäfts prüfen, nämlich im Rahmen des Fremdgeschäftsführungswillens.

3 Damit ergeben sich für den **Tatbestand** der echten GoA folgende Prüfungspunkte:

- Geschäftsbesorgung
- für einen anderen (*fremdes* Geschäft + Fremdgeschäftsführungs*wille*)
- ohne Auftrag oder sonstige Berechtigung

4 Eine echte GoA setzt *nicht* voraus, dass die Übernahme des Geschäfts dem **Willen oder Interesse des Geschäftsherrn** entspricht. Dies ist aber von Bedeutung für die Frage, ob die GoA berechtigt oder unberechtigt ist (siehe oben § 14 Rn. 7 ff.). Zudem bestimmt sich hiernach, *wie* der Geschäftsführer das Geschäft zu besorgen hat (vgl. § 677 BGB).

II. Geschäftsbesorgung

5 Der Begriff der Geschäftsbesorgung ist *in einem weiten Sinne* zu verstehen: Erfasst werden **alle Tätigkeiten rechtlicher oder tatsächlicher Art.**

In Betracht kommt damit jede Tätigkeit, die Gegenstand eines Dienstvertrages, Werkvertrages oder Auftrages sein kann[4].

Beispiele für rechtliche Tätigkeiten: Erwerb oder Veräußerung einer Sache; Erfüllung fremder Verbindlichkeiten; Übernahme einer Bürgschaft.

Beispiele für tatsächliche Tätigkeiten: Ausweichen zur Vermeidung einer Kollision; Aufnahme eines verirrten Kindes; Blumengießen; Warnung vor Gefahren; Maßnahmen zur Gefahrenabwehr.

---

[2] So etwa *Beuthien* in Soergel, BGB, § 677 Rn. 3; *Brox/Walker*, Besonderes Schuldrecht, § 36 Rn. 2; *Wittmann*, Begriff und Funktion der GoA, 1981, S. 18; *Gursky*, AcP 185 (1985), 13, 14 ff.

[3] Vgl. auch *Wandt*, Gesetzliche Schuldverhältnisse, § 4 Rn. 6.

[4] *Wandt*, Gesetzliche Schuldverhältnisse, § 4 Rn. 1; *Seiler*, JuS 1987, 368, 370.

Es kann sich um eine einzelne Angelegenheit oder um eine laufende Interessenwahrnehmung handeln[5]. Das Geschäft kann auch *an* einem anderen ausgeführt werden, sodass auch die Heilbehandlung erfasst wird[6]. Selbst ein bloßes „Geben" kann Geschäftsführung sein[7]. **Keine Geschäftsbesorgung** ist hingegen das Dulden oder Unterlassen[8]. Erforderlich ist also stets ein aktives Tätigwerden des Geschäftsführers.

Der Geschäftsführer muss das Geschäft nicht notwendig selbst besorgen. Er kann sich zur Ausführung auch sog. **Geschäftsführungsgehilfen** bedienen[9]. Daher ist nicht immer derjenige, der eine Handlung unmittelbar selbst vornimmt, Geschäftsführer im Sinne der §§ 677 ff. BGB. Vielmehr ist stets zu fragen, ob das Tätigwerden nach allgemeinen Zurechnungsgrundsätzen einem anderen – dem „wirklichen" Geschäftsführer – zuzurechnen ist[10].

> **Beispiel:** Wird durch die herbeigerufene Feuerwehr ein Brand gelöscht, werden die Feuerwehrleute zwar unmittelbar tätig. Doch sind sie nicht Geschäftsführer im Sinne der §§ 677 ff. BGB, sondern nur Geschäftsführungsgehilfen „der Feuerwehr". Und da diese kein Rechtsträger ist, sondern eine Funktionseinheit der sie unterhaltenden Gemeinde, ist die Gemeinde als Geschäftsführer anzusehen.

Der Geschäftsführer **muss nicht geschäftsfähig** sein. Hiervon war bereits oben § 14 Rn. 13 die Rede.

III. Fremdbezogenheit („für einen anderen")

1. Fremdheit des Geschäfts und Fremdgeschäftsführungswille

Nach einer oft zitierten Formel des RG ist ein Geschäft fremd, wenn es „der Sorge eines anderen obliegt"[11]. Mit dieser Formulierung ist noch nicht viel gewonnen. Präzisierend kann man hinzufügen:

> Um ein **fremdes Geschäft** handelt es sich, wenn der Rechts- oder Interessenkreis eines anderen (des Geschäftsherrn) berührt wird[12].

---

[5] *Gehrlein* in BeckOK BGB, § 677 Rn. 10; *Seiler* in MünchKomm. BGB, § 677 Rn. 2.
[6] BGHZ 33, 251, 254 ff.; *Bergmann* in Staudinger, BGB, Vor § 677 Rn. 108; *Gehrlein* in BeckOK BGB, § 677 Rn. 10.
[7] *Seiler* in MünchKomm. BGB, § 677 Rn. 2; *Gehrlein* in BeckOK BGB, § 677 Rn. 10; a.A. *Sprau* in Palandt, BGB, § 677 Rn. 2.
[8] *Beuthien* in Soergel, BGB, § 677 Rn. 2; *Gehrlein* in BeckOK BGB, § 677 Rn. 10.
[9] *Seiler* in MünchKomm. BGB, § 677 Rn. 3.
[10] Dazu auch *Wandt*, Gesetzliche Schuldverhältnisse, § 4 Rn. 3.
[11] RGZ 97, 61, 65 f.
[12] Vgl. etwa *Gehrlein* in BeckOK BGB, § 677 Rn. 11; *Seiler* in MünchKomm. BGB, § 677 Rn. 4; *Larenz*, Schuldrecht II/1, § 57 I a, S. 438.

10 Angeknüpft werden kann dabei an die gesetzlichen Regelungen, die die Vornahme einer Tätigkeit einer bestimmten Person **zuweisen**[13].

> Das wichtigste Beispiel für eine solche Regelung ist **§ 903 BGB**, wonach der Eigentümer nach Belieben mit einer ihm gehörenden Sache verfahren und andere von jeder Einwirkung ausschließen kann, sofern nicht das Gesetz oder die Rechte Dritter entgegenstehen. Folglich sind die seine Sache betreffenden Geschäfte auch seine Angelegenheit. – Gemäß **§ 1626 BGB** haben die Eltern die Pflicht und das Recht, für das minderjährige Kind zu sorgen. Die elterliche Sorge umfasst die Sorge für die Person des Kindes (Personensorge) und das Vermögen des Kindes (Vermögenssorge). Angelegenheiten des Kindes sind damit auch Angelegenheiten der sorgeberechtigten Eltern!

11 Die Fremdheit des Geschäfts allein genügt aber noch nicht. Hinzu kommen muss der **Fremdgeschäftsführungswille** des Geschäftsführers[14].

> Mit Fremdgeschäftsführungswillen handelt, wer[15]
> - die Fremdheit des Geschäfts **kennt** (kognitives Element) und
> - das Geschäft auch für einen anderen führen **will** (finales Element).

> **Klausurhinweis:** „Fremdheit des Geschäfts" und „Fremdgeschäftsführungswille" sind eigentlich zwei Tatbestandsmerkmale (siehe oben Rn. 1), die in gutachterlichen Prüfungen durchaus nacheinander angesprochen werden *können*. Hier werden sie dennoch zusammen dargestellt, da bei bestimmten Arten von Geschäften die Fremdheit nicht ohne Blick auf den Willen des Geschäftsführers festgestellt werden kann. Dies ist natürlich auch in der Falllösung zu berücksichtigen.

2. Objektiv und subjektiv fremde Geschäfte

12 Da der Begriff der Geschäftsbesorgung weit gefasst ist (oben Rn. 5) und auch das Merkmal der „Fremdheit" trotz der soeben versuchten Präzisierung ziemlich unbestimmt ist, kommen ganz unterschiedliche Arten fremder Geschäfte in Betracht. Manche von ihnen berühren einen fremden Rechtskreis in evidenter Weise, bei anderen ist dies weniger deutlich. In diesem Zusammenhang trifft die h.M. eine gewichtige **Unterscheidung zwischen objektiv und subjektiv fremden Geschäften**. Von Bedeutung ist dies insbesondere im Hinblick auf den Fremdgeschäftsführungswillen.

13 Bei objektiv **fremden Geschäften** ergibt sich die Zugehörigkeit zu einem fremden Rechtskreis bereits aus dem Inhalt und Erscheinungsbild des Geschäfts[16].

---

[13] Siehe auch *Medicus/Petersen*, Bürgerliches Recht, Rn. 408.

[14] Dazu *Schwark*, JuS 1984, 321 ff.; *Schulze* in Handkomm. BGB, § 677 Rn. 4.

[15] Vgl. *Gehrlein* in BeckOK BGB, § 687 Rn. 1; *Seiler* in MünchKomm. BGB, § 687 Rn. 1; *Martinek* in Staudinger, Eckpfeiler des Zivilrechts, Das Recht der ungerechtfertigten Bereicherung und der Geschäftsführung ohne Auftrag, Rn. 79.

[16] BGH NJW 2000, 72; *Gehrlein* in BeckOK BGB, § 677 Rn. 13; *Sprau* in Palandt, BGB, § 677 Rn. 4; *Martinek/Theobald*, JuS 1997, 805, 806.

III. Fremdbezogenheit („für einen anderen")

Beispiele: Reparatur, Verwahrung oder Verkauf fremder Sachen[17]; Tilgung fremder Verbindlichkeiten; Notstromlieferung durch Energieversorger[18]; medizinische Hilfe für einen Verletzten[19]; Füttern eines fremden Haustieres.

Bei objektiv-fremden Geschäften wird der Fremdgeschäftsführungswille widerleglich **vermutet**[20]. Der Geschäftsführer muss also nicht darlegen und beweisen, dass er das fremde Geschäft auch für den Geschäftsherrn führen wollte.

Es gibt aber auch Geschäfte, denen man die Fremdbezogenheit nicht „ansieht". Diese **objektiv neutralen Geschäfte** werden erst dadurch zu fremden **Geschäften**, dass der Geschäftsführer sie für einen anderen führen will. Daher spricht man insoweit auch von **subjektiv fremden Geschäften**[21].

Beispiel: Erwerb einer Sache für einen anderen.

Bei subjektiv-fremden Geschäften entsteht die Fremdbezogenheit erst durch den Fremdgeschäftsführungswillen. Dieser wird nicht vermutet, sondern muss positiv festgestellt werden[22].

Darlegungs- und beweisbelastet ist insoweit derjenige, der sich auf das Vorliegen einer echten GoA beruft. Das ist typischerweise der Geschäftsführer, der Ansprüche aus §§ 683, 670 BGB geltend machen will. Ein Indiz für den Fremdgeschäftsführungswillen kann das Handeln im Namen des Geschäftsherrn sein[23]. Regelmäßig dürfte der Nachweis aber nicht gelingen.

3. Eigene Geschäfte

Wurzelt das Geschäft *ausschließlich* im Rechtskreis des Geschäftsführers, liegt ein **objektiv eigenes Geschäft** vor. Dann finden die **GoA-Regeln keine Anwendung**, auch wenn der Geschäftsführer es für einen anderen führen will. Bloße Reflexvor-

---

[17] RGZ 138, 45, 48 f.; BGH NJW 2000, 72; *Seiler* in MünchKomm. BGB, § 677 Rn. 6.
[18] BGH NJW-RR 2005, 1426, 1427 f.
[19] BGHZ 33, 251, 254 ff.
[20] BGHZ 40, 28, 31; BGHZ 70, 389, 396; BGHZ 98, 235, 240; *Sprau* in Palandt, BGB, § 677 Rn. 4; *Seiler* in MünchKomm. BGB, § 677 Rn. 6; *Mansel* in Jauernig, BGB, § 677 Rn. 4; *Gehrlein* in BeckOK BGB, § 677 Rn. 13, *Beuthien* in Soergel, BGB, § 677 Rn. 7; a.A. *B. Schmidt*, JuS 2004, 862, 863 ff.
[21] *Beuthien* in Soergel, BGB, § 677 Rn. 7; *Seiler* in MünchKomm. BGB, § 677 Rn. 6.
[22] BGHZ 40, 28, 31; BGH NJW 1992, 967, 970; *Beuthien* in Soergel, BGB, § 677 Rn. 7; *Seiler* in MünchKomm. BGB, § 677 Rn. 6; *Rödder*, JuS 1983, 930, 931.
[23] *Beuthien* in Soergel, BGB, § 677 Rn. 7; *Gehrlein* in BeckOK BGB, § 677 Rn. 14.

teile zugunsten eines Dritten machen ein eigenes Geschäft nicht zu einem fremden[24].

Beispiel: E ist Eigentümer eines Hauses, von dessen Dach in unregelmäßigen Abständen Dachziegel in den Garten des Nachbarn N herabfallen. Damit N bei seiner Gartenarbeit nicht gefährdet wird, lässt E das Dach für 10.000 € reparieren. Dies soll nach der Vorstellung des E auch seiner Tochter T zugutekommen, die er als Alleinerbin eingesetzt hat. Denn ein ordentlich saniertes Haus erhöhe schließlich den Wert des Nachlasses, den T irgendwann einmal erhalten wird. Kann E von N oder T Ersatz verlangen? – In Betracht kommt hier allenfalls ein Aufwendungsersatzanspruch nach §§ 683, 670 BGB. Dies setzt aber das Vorliegen einer echten GoA und damit die Besorgung eines fremden Geschäfts voraus. Hieran fehlt es vorliegend. Die Reparatur des Daches ist allein Angelegenheit des Eigentümers, also des E. Dass Nachbar N und die T als potentielle Erbin des E von der Reparatur profitieren, ändert nichts daran, dass es sich allein um ein Geschäft des E handelt. – Das Beispiel zeigt, dass das Merkmal „fremdes Geschäft" *neben* dem Fremdgeschäftsführungswillen sehr wohl eine Bedeutung hat (siehe oben Rn. 2).

4. Auch-fremde Geschäfte

a) Handeln im Doppelinteresse

17 Nach ganz h.M. kann ein fremdes Geschäft aber auch dann vorliegen, wenn der Geschäftsführer im fremden Rechtskreis und *zugleich* im eigenen Interesse tätig wird[25]. Dies ist die Kategorie des **auch-fremden Geschäfts,** von der bereits oben § 14 Rn. 27 die Rede war.

> Beim auch-fremden Geschäft besorgt der Geschäftsführer zugleich eine eigene und eine fremde Angelegenheit.

18 Ein auch-fremdes Geschäft kann auch dann vorliegen, wenn der Geschäftsführer überwiegend im eigenen Interesse handelt oder sogar zur Geschäftsbesorgung verpflichtet ist.

Wegweisend war insofern der vom BGH entschiedene **„Funkenflug"-Fall**[26]: Im Jahre 1959 entstand entlang einer Bahnstrecke durch Funkenflug aus einer vorbeifahrenden Lokomotive ein Waldbrand, zu deren Bekämpfung auch die freiwillige Feuerwehr der Gemeinde P eingesetzt wurde. Da eine öffentlich-rechtliche Anspruchsgrundlage nicht vorhanden war, verlangte die Gemeinde P von der Bundesbahn Ersatz ihrer Aufwendungen nach §§ 683, 670 BGB. – Der BGH bejahte die Fremdheit des Geschäfts[27]. Dass die Feuerwehr einer eigenen öffentlich-rechtlichen Pflicht nachkommen wollte, hindere nicht die Annahme, dass sie damit zugleich das privatrechtliche Geschäft eines Dritten besorgt habe. Näher hierzu noch unten Rn. 26 ff. Siehe auch das Beispiel oben § 14 Rn. 26.

---

[24] BGHZ 72, 151, 153; BGHZ 54, 157, 160 f.; *Bergman* in Staudinger, BGB, Vor § 677 Rn. 134.
[25] BGHZ 33, 251, 254 ff.; BGHZ 40, 28; BGHZ 110, 314; *Sprau* in Palandt, BGB, § 677 Rn. 6; *Beuthien* in Soergel, BGB, § 677 Rn. 8; *Schulze* in Handkomm. BGB, § 677 Rn. 3; *Mansel* in Jauernig, BGB, § 677 Rn. 3.
[26] BGHZ 40, 28.
[27] BGHZ 40, 28, 31.

Durch die Figur des auch-fremden Geschäfts wird der potentielle **Anwendungsbereich** der GoA **erheblich erweitert**. Stimmen, die die Fremdheit des Geschäfts verneinen, sobald der Geschäftsführer zur Geschäftsbesorgung verpflichtet ist[28], sind jedoch vereinzelt geblieben. Dies wäre auch nicht sachgerecht, wie folgendes Beispiel zeigt:

19

> **Beispiel:** Student S sieht, dass Rentner R beim Überqueren der Straßenbahnschienen strauchelt und stürzt. Um R vor der herannahenden Bahn zu retten, zieht S ihn kurzerhand von den Schienen.
>
> - Die Rettung des R ist aus der Sicht des S eine Angelegenheit, die nicht seinem, sondern dem Rechtskreis des R zugewiesen ist. Denn grundsätzlich ist jeder für sich selbst verantwortlich. Dass R sich selbst nicht hätte von den Schienen ziehen können, schließt die Annahme eines fremden Geschäfts nicht aus. Es geht nicht darum, dass der Geschäftsherr das Geschäft eigenhändig hätte ausführen können[29], sondern um eine rechtliche – und *wertungsmäßige* – Zuordnung zum Rechtskreis des R.
> - Allerdings ist S wegen § 323c StGB zur Hilfeleistung auch verpflichtet: Der Sturz des R ist nämlich ein Unglücksfall und die Hilfeleistung ist S auch zumutbar. Wollte man aufgrund der bestehenden Hilfspflicht die Fremdheit des Geschäfts ablehnen, würden die meisten Fälle, in denen jemand in einer Notlage einem anderen hilft, aus dem Anwendungsbereich der GoA ausscheiden. Dies erscheint nicht sachgerecht.

b) Der Fremdgeschäftsführungswille beim auch-fremden Geschäft

Die eigentliche Problematik des auch-fremden Geschäfts liegt woanders: beim Fremdgeschäftsführungswillen.

20

Nach der Rechtsprechung soll auch beim auch-fremden Geschäft der Fremdgeschäftsführungswille **zu vermuten** sein[30].

Dies soll auch gelten, wenn der Geschäftsführer zur Vornahme der Tätigkeit aufgrund öffentlich-rechtlicher Vorschriften oder aus sonstigen Gründen **verpflichtet ist** oder sich für verpflichtet hält[31].

21

> So hat der BGH im „**Funkenflug**"-Fall (oben Rn. 18) nicht nur die Fremdheit des von der Feuerwehr besorgten Geschäfts (Löschen des Brandes), sondern auch den für einen Aufwendungsersatzanspruch nach §§ 683, 670 BGB erforderlichen Fremdgeschäftsführungswillen bejahen können, ohne ihn positiv feststellen zu müssen. Die Besonderheit bestand darin, dass das öffentliche Recht keinen Kostenerstattungsanspruch vorsah und der Rückgriff auf die privatrechtliche GoA die einzige Möglichkeit bot, der Bundesbahn die Kosten des Feuerwehreinsatzes aufzuerlegen.

---

[28] *Schubert*, AcP 178 (1978), 425, 435 ff; vgl. auch *Thole*, NJW 2010, 1242 ff.
[29] Ähnlich *Martinek/Theobald*, JuS 1997, 805, 808 (zum Ausweichen im Straßenverkehr).
[30] BGHZ 38, 270, 276; BGHZ 40, 28, 30 – „Funkenflug"; BGHZ 63, 167, 170; BGHZ 98, 235, 240; BGHZ 140, 102; BGH NJW 2000, 72 – „Erbensucher"; dem folgend etwa *Mansel* in Jauernig, BGB, § 677 Rn. 4; *Gehrlein* in BeckOK BGB, § 677 Rn. 15; *Sprau* in Palandt, BGB, § 677 Rn. 4.
[31] BGHZ 40, 28 ff.

22 Diese Rechtsprechung ist in Teilen des Schrifttums auf **Kritik** gestoßen[32]. Zu Recht wird angemerkt, dass die Vermutung des Fremdgeschäftsführungswillens bei auch-fremden Geschäften dazu führt, dass das Tatbestandmerkmal „für einen anderen" in den meisten Fällen keine Rolle mehr spielt, da die Vermutung kaum zu widerlegen ist[33]. Hierdurch wird der Anwendungsbereich der GoA-Regeln zugunsten des Geschäftsführers erheblich ausgeweitet. Die GoA wird so zum „Generalregressinstitut", ihr Tatbestand verliert jede Kontur (siehe schon § 14 Rn. 28). Zudem wird die pauschale Vermutung des Fremdgeschäftsführungswillens den zahlreichen Erscheinungsformen des auch-fremden Geschäfts nicht gerecht[34]. Für die Vermutung ist nur Raum, wenn die Fremdgerichtetheit der Tätigkeit das Eigeninteresse des Geschäftsführers deutlich überwiegt und der **altruistische Charakter** der Geschäftsbesorgung ersichtlich **im Vordergrund** steht. So gelangt man zu einer **differenzierten Betrachtung:**

23 Will der Geschäftsführer lediglich der allgemeinen Hilfspflicht, die etwa aus § 323c StGB folgt, genügen, wird der Fremdgeschäftsführungswille **vermutet**. Entsprechendes gilt, wenn der Geschäftsführer aus außerrechtlichen, insbesondere moralischen Gründen tätig wird.

Dies sind die traditionellen Anwendungsfälle der GoA, die der Gesetzgeber bei der Schaffung der GoA-Regeln vor Augen hatte (vgl. auch § 680 BGB).

24 Der Fremdgeschäftsführungswille ist hingegen **nicht zu vermuten**, wenn der Geschäftsführer
- über die allgemeine Hilfspflicht hinaus *rechtlich* zum Tätigwerden verpflichtet ist,
- irrtümlich annimmt, zum Tätigwerden verpflichtet zu sein oder
- durch die Geschäftsführung etwas verdienen will.

In diesen Fällen ist vielmehr davon auszugehen, dass der Geschäftsführer für sich tätig werden wollte. Er ist folglich darlegungs- und beweisbelastet für das Vorliegen des Fremdgeschäftsführungswillens – und dieser Beweis wird in aller Regel **nicht gelingen**.

---

[32] *Bergmann* in Staudinger, BGB, Vor § 677 Rn. 134; *Seiler* in MünchKomm. BGB, § 677 Rn. 13 ff; *Larenz,* Schuldrecht II/1, § 57 I a, S. 442 f; *Esser/Weyer,* Schuldrecht II/2, § 46 II 2 c, S. 12 ff.; *Lorenz,* NJW 1996, 883, 885 ff.; *Giesen,* Jura 1996, 225, 230; *Gursky,* AcP 185 (1985), 13, 36 ff.

[33] *Esser/Weyer,* Schuldrecht II/2, § 46 II 2 c, S. 12; *Medicus/Petersen,* Bürgerliches Recht, Rn. 412; *Schwark,* JuS 1984, 321, 325; *Rödder,* JuS 1983, 930, 931; *Thole,* NJW 2010, 1243, 1244.

[34] Für eine Einzelfallbetrachtung daher *Seiler* in MünchKomm. BGB, § 677 Rn. 25 ff.

c) Examensrelevante Problemfälle

Werfen wir nun den Blick auf einige Fallgruppen, bei denen die Anwendbarkeit der GoA-Regeln umstritten ist.

aa) Gefahrenabwehr durch Hoheitsträger („öffentlich-rechtliche" GoA)

Im **Funkenflug-Fall**[35] hat der BGH die Auffassung vertreten, dass das Tätigwerden von Hoheitsträgern im fremden Rechtskreis eine echte GoA sein kann. Das Bestehen einer öffentlich-rechtlichen Pflicht schließe das Vorliegen einer GoA nicht grundsätzlich aus. Diese Fälle werden bisweilen auch als **„öffentlich-rechtliche GoA"** bezeichnet[36], wenn bei der Geschäftsbesorgung hoheitliche Befugnisse in Anspruch genommen werden. Typischerweise ist dies der Fall, wenn der Hoheitsträger zum Zwecke der **Gefahrenabwehr** tätig wird.

> Noch ein **Beispiel:** Ein Viehhändler ließ drei ihm gehörende Jungrinder zu einem Landwirt transportieren. Beim Abladen vom Viehtransporter riss sich ein Rind los, rannte weg, durchschwamm den Main und gelangte auf die Autobahn, wo es einen Unfall verursachte. Den herbeigerufenen Polizeibeamten gelang es nicht, das Tier von der Autobahn zu vertreiben, woraufhin Polizeihauptwachtmeister M durch mehrere Schüsse mit seiner Dienstpistole das Rind tötete. Dabei erlitt er selbst ein Knalltrauma auf beiden Ohren. – Der BGH hielt eine GoA hier grundsätzlich für möglich[37].

Gegen die Annahme einer GoA in diesen Fällen bestehen indes **erhebliche Bedenken:** Eine zum Tätigwerden kraft öffentlich-rechtlicher Vorschriften verpflichtete Behörde will ihren hoheitlichen Auftrag erfüllen. Hier einen Fremdgeschäftsführungswillen zu vermuten, liefe auf eine **reine Fiktion** desselben hinaus. Dem Fremdgeschäftsführungswillen immanent ist nämlich die Bereitschaft, sich dem Willen oder Interesse des Geschäftsherrn unterzuordnen; hieran ändert auch § 679 BGB (dazu unten Rn. 70 ff.) nichts. Das behördliche Vorgehen wird in aller Regel auf besondere öffentlich-rechtliche Befugnisse gestützt, die auch gegenüber einem abweichenden Willen des – vermeintlichen – Geschäftsherrn durchgreifen[38]. Eine echte GoA **scheidet** daher bereits tatbestandlich **aus.**

Zudem ist höchst zweifelhaft, ob der Rückgriff auf die §§ 677 ff. BGB angesichts des **hoheitlichen Charakters** der in Rede stehenden Maßnahmen überhaupt zulässig ist[39]. Hiergegen spricht schon der Umstand, dass ein hoheitliches Handeln schwerlich zugleich als privatrechtliche Geschäftsführung qualifiziert werden kann. Zudem würde die Anwendung der GoA-Regeln zu einer **Erweiterung der Eingriffskompetenzen** für die Verwaltung sowie zu Kostenersatznormen zulasten der Bürger führen, obwohl der Gesetzgeber durch spezielle verwaltungsrechtliche Re-

---

[35] BGHZ 40, 28.
[36] Vgl. *Staake,* JA 2004, 800 ff.
[37] BGH NJW 2004, 513 ff.
[38] *Schwark,* JuS 1987, 322, 326; *Scherer,* NJW 1989, 2724, 2728; ferner *Martinek/Theobald,* JuS 1997, 992, 997.
[39] Näher dazu *Staake,* JA 2004, 800, 803 f.

gelungskomplexe die Befugnisse der Behörden festgelegt hat (Stichwort: Gesetzmäßigkeit der Verwaltung)[40].

> Entgegen der Auffassung der Rechtsprechung ist für die Rechtsfigur der „öffentlich-rechtlichen GoA" im Verhältnis zwischen Hoheitsträgern und Bürgern kein Raum[41].

29 Selbst wenn man dem nicht folgt und mit der Rechtsprechung eine GoA annimmt, dürfen durch die Anwendung der §§ 677 ff. BGB die **Wertungen der öffentlich-rechtlichen Kostengesetze** nicht ausgehöhlt werden.

Dies hat auch der BGH im **Beispielsfall** erkannt und die GoA zwar tatbestandlich bejaht, Ansprüche aus §§ 683, 670 BGB aber dennoch verneint[42]. Das Gericht sah die Regelungen des Bayerischen Polizei- und Kostengesetze für die Frage, unter welchen Voraussetzungen Polizeieinsätze kostenpflichtig sind, als abschließend an. Weitergehende Ansprüche aus GoA seien daher ausgeschlossen gewesen.

bb) Sonstige pflichtgebundene Geschäftsführer

30 Auch in den Fällen, in denen ein (privater) Geschäftsführer **aufgrund einer gegenüber einem Dritten bestehenden Verpflichtung** in einem fremden Rechtskreis tätig wird, soll nach der früheren Rechtsprechung des BGH[43] eine GoA in Betracht kommen.

Berühmt ist ein vom LG Bonn entschiedener **Fall**[44]: M ließ als Privatpatient in der Bonner Universitätsklinik ein *Glaukom* (= Grauer Star) entfernen. Da M vermögenslos war, verlangte der Träger der Klinik die Behandlungskosten von seiner Ehefrau F. – Das LG Bonn hat angenommen, dass die Behandlung des M für die Klinik zwar ein eigenes Geschäft gewesen sei, da sie M gegenüber hierzu vertraglich verpflichtet war. Da F aber gegenüber M nach §§ 1360, 1360a BGB unterhaltspflichtig gewesen sei, habe es sich auch um ein Geschäft der F gehandelt. Bei einem auch-fremden Geschäft sei der Fremdgeschäftsführungswille zu vermuten, weshalb F nach §§ 683, 670 BGB die Kosten der Behandlung als Aufwendungsersatz geschuldet habe.

31 Richtigerweise ist auch in diesen Fällen der Fremdgeschäftsführungswille **nicht zu vermuten**[45]. Wer aufgrund einer vertraglichen Verpflichtung tätig wird, will im

---

[40] Kritisch insoweit auch *Maurer*, JuS 1970, 561, 563; *Martinek/Theobald*, JuS 1997, 992, 997.
[41] *Schenke* in Kopp/Schenke, VwGO, 19. Aufl. 2013, § 40 Rn. 26; *Staake*, JA 2004, 800, 802 ff.; *Wollenschläger*, JA 1979, 182, 183 f; a.A. *Seiler* in MünchKomm. BGB, Vor § 677 Rn. 23; *Beuthien* in Soergel, BGB, Vor § 677 Rn. 16; *Gehrlein* in BeckOK BGB, § 677 Rn. 24.
[42] Vgl. BGH NJW 2004, 513 ff.
[43] BGHZ 16, 125 ff.; BGHZ 61, 354 ff.; BGHZ 87, 274 ff.; zustimmend etwa *Mansel* in Jauernig, BGB, § 677 Rn. 7.
[44] LG Bonn FamRZ 1970, 321.
[45] Ebenso OLG Koblenz NJW 1992, 2367 f.; BayObLG MDR 1968, 920; *Gehrlein* in BeckOK BGB, § 677 Rn. 16; *Medicus/Petersen*, Bürgerliches Recht, Rn. 414; *Wandt*, Gesetzliche Schuldverhältnisse, § 8 Rn. 5; *Beuthien*, JuS 1987, 841; *Hey*, JuS 2009, 400, 403.

III. Fremdbezogenheit („für einen anderen")

Zweifel etwas für sich tun, nämlich eine Verbindlichkeit erfüllen. Dass sich dies im fremden Rechtskreis abspielt, ändert hieran nichts. Über die Gegenleistung sollte daher nicht mit dem Geschäftsherrn, sondern mit dem Vertragspartner verhandelt werden.

> Die Annahme einer GoA in diesen Fällen würde zudem zu einer Art „Versionsklage" führen. Diese war dem gemeinen Recht bekannt, sollte aber ausweislich der Gesetzesmaterialien nicht in das BGB übernommen werden[46].

In jüngerer Zeit hat der BGH aber **Zurückhaltung** erkennen lassen. Ein Aufwendungsersatzanspruch aus §§ 683, 670 BGB soll jedenfalls dann ausscheiden, wenn das Vertragsverhältnis zwischen Geschäftsführer und Dritten die Entgeltfrage abschließend regelt[47]. 32

d) Tätigwerden aufgrund eines unwirksamen Vertrages

Die Rechtsprechung nimmt eine echte GoA gelegentlich auch an, wenn der Geschäftsführer im Rechtskreis eines anderen in der **Absicht** tätig wird, diesem gegenüber **eine vermeintliche Verpflichtung zu erfüllen**. 33

> **Beispiel:** Der Geschäftsunfähige G beauftragt Klempner K mit der Reparatur der Sanitäranlagen in seiner Wohnung. K geht davon aus, dass ein wirksamer Werkvertrag zustande gekommen ist, und erbringt die versprochene Leistung. Kann K von G Aufwendungsersatz nach §§ 683, 670 ff. BGB verlangen? – Die Reparatur stellt für K ein auch-fremdes Geschäft dar: Einerseits will er G gegenüber eine Verbindlichkeit erfüllen, die mangels wirksamen Vertragsschlusses (§ 105 I BGB) nicht entstanden ist. Andererseits wird er im Rechtskreis des G tätig, dem als Eigentümer die Reparatur eigentlich obliegt. Fraglich ist, ob K mit Fremdgeschäftsführungswillen gehandelt hat.
>
> - Nach der **Rechtsprechung** ist beim auch-fremden Geschäft der Fremdgeschäftsführungswille zu vermuten. Das Tatbestandsmerkmal „für einen anderen" wäre demnach erfüllt.
> - Nach **hier vertretener Auffassung** ist für die Vermutung kein Raum, wenn der Geschäftsführer eine tatsächliche oder – wie hier – vermeintliche Verbindlichkeit erfüllen will, die über die allgemeine Pflicht zur Hilfeleistung hinaus geht. Eine GoA liegt damit nicht vor. Die Rückabwicklung richtet sich vielmehr nach den §§ 812 ff. BGB. K kann Herausgabe des Geleisteten und, soweit dies nicht möglich ist, Wertersatz (§ 818 II BGB) verlangen, es sei denn, G ist nicht mehr bereichert (§ 818 III BGB).

In jüngeren Entscheidungen hat der **BGH** aber eine **zusätzliche Unterscheidung** eingeführt: Der Fremdgeschäftsführungswille sei nur zu vermuten, wenn der Geschäftsführer über sein eigenes Leistungsinteresse hinaus dem Versorgungsinteresse des Geschäftsherrn entsprechen will[48]. 34

---

[46] Vgl. die Motive zum BGB bei *Mudgan* II, S. 487 f.; ferner *Wendland*, NJW 2004, 985 ff.
[47] BGHZ 156, 394, 397; BGH NZV 2012, 53, 537.
[48] Vgl. BGH NJW 2009, 2590.

Bejaht wurde dies bei Energielieferungen aufgrund eines unwirksamen Vertrages[49], **verneint** hingegen bei Schönheitsreparaturen, die ein Mieter aufgrund einer unwirksamen Schönheitsreparaturklausel erbracht hat[50]. – Die Beispiele zeigen, dass der BGH hier versucht, zu *billigen* Ergebnissen zu kommen.

35 **Vorzugswürdig** erscheint es, in diesen Fällen generell von einer **Eigengeschäftsführung** auszugehen[51]. Die Rückabwicklung richtet sich nach den allgemeinen Vorschriften (vgl. § 687 I BGB), also nach Bereicherungsrecht.

Bejaht man in diesen Fällen hingegen eine GoA, so schränkt man den Anwendungsbereich der Leistungskondiktion gemäß § 812 I 1 Alt. 1 BGB erheblich ein. Die berechtigte GoA ist schließlich Rechtsgrund im Sinne des Bereicherungsrechts. Der Aufwendungsersatzanspruch nach §§ 683, 670 BGB ist für den Geschäftsführer dabei **deutlich günstiger** als der Bereicherungsanspruch. Die Geschäftsführung muss nämlich nicht zwingend zu einer Bereicherung des Geschäftsherrn geführt haben (siehe unten § 16 Rn. 28).

e) Geschäftsführung zum Zwecke des Aufwendungsersatzes

36 Als problematisch erwiesen haben sich ferner Fälle, in denen der Geschäftsführer ohne vertragliche Abrede ein fremdes Geschäft besorgt, *um* den Aufwendungsersatzanspruch gemäß §§ 683, 670 BGB zu erhalten.

Im „**Erbensucher**"-Fall[52] hatte ein Nachlassgericht im Bundesanzeiger eine Aufforderung zur Anmeldung von Erbrechten veröffentlicht (vgl. § 1965 BGB). Daraufhin ermittelte der Kläger, ein „gewerblicher Erbensucher", die gesetzlichen Erben. Den Erben (Beklagte) bot er an, nach Abschluss einer Honorarvereinbarung über 20% des ihm zufallenden Nachlasses die Nachlassangelegenheit vollständig offenzulegen. Die Erben lehnten dankend ab und ermittelten aufgrund der Informationen des Klägers den Nachlass selbst. Der Kläger verlangte 20% des Nachlasses als angemessene Vergütung unter anderem aus berechtigter GoA (§§ 683, 670 BGB). – Auf den ersten Blick handelt es sich um ein Paradebeispiel für ein auch-fremdes Geschäft. Dennoch hat der BGH die Klage abgewiesen – und zwar unter Verweis auf die „aus den Grundsätzen des bürgerlichen Rechts folgende Risikoverteilung". Der Erbensucher verschaffe sich „durch seine Ermittlungstätigkeit das Material, das er den Erben gegen Entgelt überlassen will [...]. Eigene Aufwendungen im Vorfeld eines Vertragsschlusses bleiben aber, sofern es nicht zu einem Abschluss kommt, nach den Regeln des Privatrechts unvergütet; jede Seite trägt das Risiko eines Scheiterns der Vertragsverhandlungen selbst."[53] Zudem sei die Annahme einer GoA nicht interessengerecht, da hierdurch die Gefahr begründet werde, dass ein Erbe sich Ansprüchen von mehreren unabhängig voneinander tätigen Erbensuchern ausgesetzt sehe.

37 Der **BGH** nimmt also diese Fälle von vornherein vom Anwendungsbereich der GoA aus[54]. Ein Vergütungsanspruch kann sich nur aus Vertrag ergeben. Kommt ein sol-

---

[49] BGH NJW-RR 2005, 1426; BGH NZM 2005, 356.
[50] BGH NJW 2009, 2590.
[51] So auch *Beuthien* in Soergel, BGB, § 677 Rn. 23; *Mansel* in Jauernig, BGB, § 677 Rn. 6; *Dornis* in Erman, BGB, § 677 Rn. 15; *Bergmann* in Staudinger, BGB, Vor § 677 Rn. 331; *Medicus/Petersen*, Bürgerliches Recht, Rn. 412; *Giesen*, Jura 1996, 225, 230; *Lorenz*, NJW 1996, 883, 885 ff.
[52] BGH NJW 2000, 72.
[53] BGH NJW 2000, 72, 73.
[54] So auch BGH NJW-RR 2006, 654, 656; *Wandt*, Gesetzliche Schuldverhältnisse, § 3 Rn. 5.

cher nicht zustande, darf der Vergütungsanspruch nicht über die Annahme einer GoA konstruiert werden[55]. Das Risiko frustrierter Aufwendungen trägt somit der Geschäftsführer. Dies wird nunmehr auch bestätigt durch **§ 241a BGB**[56], der bei der Zusendung unbestellter Waren oder der Erbringung unbestellter Dienste durch Unternehmer an Verbraucher jegliche Ansprüche ausschließt.

Das so gefundene Ergebnis lässt sich auch auf anderem Wege, nämlich anhand des Tatbestandes der GoA begründen: Wer tätig wird, um sich den Aufwendungsersatzanspruch **zu verdienen**, handelt vornehmlich im eigenen Interesse. Der Fremdgeschäftsführungswille ist daher nicht zu vermuten (siehe oben Rn. 24). 38

> Zur Frage, ob der Aufwendungsersatzanspruch überhaupt die Vergütung der Geschäftsbesorgung umfasst, siehe unten § 16 Rn. 16 ff.

f) Selbstvornahme

Diskutiert wird die Anwendung der GoA-Regeln auch bei der Selbstvornahme. Eine solche liegt vor, wenn der **Gläubiger (Geschäftsführer) sich eine vom Schuldner (Geschäftsherrn) geschuldete Leistung selbst beschafft** oder die geschuldete Handlung selbst vornimmt[57]. Es geht also um die Erfüllung fremder Pflichten, die gegenüber dem Geschäftsführer selbst bestehen. 39

Wichtigster Anwendungsfall sind die sog. **Selbsthilfeaufwendungen:** Ein Eigentümer oder Besitzer wird in seinem Eigentum bzw. Besitz von einem anderen widerrechtlich gestört. Nach §§ 858, 862 oder 1004 BGB kann er grundsätzlich vom Störer die Beseitigung der Beeinträchtigung verlangen. Stattdessen beseitigt er sie aber selbst. Dann stellt sich die Frage, ob der Störer die angefallenen Kosten als Aufwendungsersatz nach §§ 683, 677 BGB oder wenigstens nach §§ 684, 812 ff. BGB schuldet. Eine GoA ist deshalb in Betracht zu ziehen, weil durch die Selbstvornahme eine fremde Pflicht erfüllt wird. Praktisch bedeutsam sind die sog. **Abschleppfälle.** 40

> **Beispiel:** Mieter M hat einen Pkw-Stellplatz gemietet. Dieser ist durch ein entsprechendes Schild auch als „vermietet" ausgewiesen. Als M eines Abends nach Hause kommt, bemerkt er, dass der Stellplatz zugeparkt ist. Nach fünfminütigem Warten ruft M den Abschleppunternehmer A an und beauftragt ihn, den Wagen zu entfernen. Gegen Zahlung von 150 € für Anfahrt und Abschleppen nimmt A den Wagen mit auf seinen Hof. Aufgrund des Kfz-Kennzeichens kann M später ermitteln, dass der abgeschleppte Pkw E gehört, der den Pkw auch auf dem Stellplatz des M geparkt hat. M verlangt von E nunmehr Zahlung von 150 €. Zu Recht?
>
> - Durch das Zuparken des Stellplatzes hat E den Besitz des M (auch an einem Stellplatz = Grundstück kann man Besitz haben!) widerrechtlich gestört. Es handelt sich daher um eine verbotene Eigenmacht im Sinne des § 858 BGB. M konnte daher nach **§ 859 III BGB** Selbsthilfe üben und den Pkw abschleppen lassen (näher dazu unten § 19 Rn. 21). Die §§ 858 ff. BGB enthalten aber keine Regelung zum Kostenersatz.

---

[55] Vgl. BGH NJW 2000, 72.
[56] *Wandt*, Gesetzliche Schuldverhältnisse, § 3 Rn. 9 ff.; *Hau*, NJW 2001, 2863 ff.
[57] *Bergmann* in Staudinger, BGB, Vor § 677 Rn. 287; *Beuthien* in Soergel, BGB, § 677 Rn. 18; *Martinek/Theobald*, JuS 1997, 805, 808.

- In Betracht kommt ein **Anspruch aus §§ 683, 677, 670 BGB**. Voraussetzung hierfür ist das Vorliegen einer GoA. Zur Beseitigung der Störung war E dem M gegenüber verpflichtet. Somit ist der Rechtskreis des E betroffen. M ist auch Geschäftsführer, obwohl er die Handlung nicht selbst vornimmt. Er bedient sich des A nämlich als Geschäftsführungsgehilfen (siehe oben Rn. 7). Dass die Leistung oder sonstige Tätigkeit auch in seinem Interesse liegt, schließt die Fremdheit des Geschäfts nicht aus; es handelt sich um ein **auch-fremdes Geschäft**. Folgt man den Rechtsprechungsgrundsätzen, wäre auch hier der Fremdgeschäftsführungswille zu vermuten, eine GoA also im Regelfall anzunehmen[58]. Im Folgenden wäre zu fragen, ob die GoA berechtigt wäre, also dem Interesse bzw. Willen des E entsprochen hätte. Indes ist die **Vermutung des Fremdgeschäftsführungswillens** in derartigen Fällen **nicht gerechtfertigt**. Näher liegt vielmehr die Annahme, dass M in erster Linie seinen Pkw-Stellplatz nutzen wollte. Dass er durch das Abschleppen zugleich eine Pflicht des E erfüllt hat, ist eher ein Nebeneffekt, nicht aber das Ziel des M gewesen. Eine GoA scheidet daher aus.

41 Der BGH hatte in einer jüngeren Entscheidung[59] über die Ersatzfähigkeit der Kosten des privaten Abschleppens zu entscheiden. Bemerkenswert ist, dass sich im Urteil zur GoA kein Wort findet. Zutreffend verortet der BGH die Problematik nicht bei der GoA, sondern beim **deliktischen Besitzschutz** (siehe unten § 19 Rn. 1)

Im **Beispielsfall** ergibt sich ein Anspruch des M aus **§§ 823 II i.V.m. 858 BGB**. Die Besitzschutzregeln sind Schutzgesetz im Sinne des § 823 II BGB. Eine verbotene Eigenmacht begründet daher, wenn sie schuldhaft erfolgt, einen Schadensersatzanspruch des Besitzers gegen den Störer. Ersatzfähig sind dabei auch die Vorbereitungs- und Durchführungskosten, die im Zusammenhang mit dem – von § 859 III BGB legitimierten – Abschleppen anfallen, insbesondere auch die Anfahrts- und Abschleppgebühr.

42 Besteht zwischen Geschäftsführer und Geschäftsherr eine vertragliche Beziehung, richtet sich die Möglichkeit des Kostenersatzes für Selbsthilfeaufwendungen allein nach den Regelungen des **vertraglichen Leistungsstörungsrechts** (z.B. nach den §§ 536a II, 634 Nr. 2, 637 I BGB); etwaige „Lücken" können insoweit nicht mit Hilfe der §§ 677 ff. BGB gefüllt werden. Insbesondere kann eine Selbstvornahme zur Mangelbeseitigung im Kaufrecht nicht als GoA qualifiziert werden[60].

g) Abmahnungen im Wettbewerb

43 Auch bei der vorprozessualen Abmahnung von Wettbewerbsverstößen wird die Anwendung der GoA-Regeln zur Begründung eines Aufwendungsersatzanspruchs des Abmahnenden lebhaft diskutiert[61].

Hierzu sollte man wissen, dass es das **Gesetz gegen den unlauteren Wettbewerb (UWG)** gibt. Zweck dieses Gesetzes ist es, Mitbewerber, Verbraucher und sonstige Marktteilnehmer vor unlauteren geschäftlichen Handlungen und das Interesse der Allgemeinheit an einem unverfälschten Wettbewerb zu schützen (§ 1 UWG). Die §§ 3–7 UWG enthalten

---

[58] Eine GoA bejahend AG Frankfurt a. M. NJW 1990, 917; *Seiler* in MünchKomm. BGB, § 677 Rn. 32; *Wandt*, Gesetzliche Schuldverhältnisse, § 8 Rn. 21; *Schwarz/Ernst*, NJW 1997, 2550, 2551 f.; *Janssen*, NJW 1995, 624 f.; *Dörner*, JuS 1978, 666, 668.
[59] BGHZ 181, 233 ff.
[60] BGH NJW 2005, 1348, 1350.
[61] Siehe dazu *Seiler* in MünchKomm. BGB, § 677 Rn. 35 mit weiteren Nachweisen.

III. Fremdbezogenheit („für einen anderen")

– zum Teil sehr unbestimmte – Regelungen, welche Handlungen als wettbewerbswidrig anzusehen sind. In den §§ 8–11 UWG sind die Rechtsfolgen von Verstößen geregelt. Nach § 8 UWG können z.B. Mitbewerbern, aber auch sog. Abmahnvereinen Unterlassungs- und Beseitigungsansprüche zustehen. Bevor diese gerichtlich geltend gemacht werden, wird der Wettbewerbsverstoß oftmals abgemahnt. Mit der **Abmahnung** einer geht dabei die Aufforderung, eine strafbewehrte **Unterlassungserklärung** abzugeben. Zudem wird der Abgemahnte aufgefordert, die angefallenen Anwaltskosten zu übernehmen. Gibt der Abgemahnte die Unterlassungserklärung nicht ab oder streicht er die Kostenklausel, stellt sich die Frage, ob der Abmahnende die Abmahnkosten dennoch ersetzt verlangen kann.

Die **Rechtsprechung** hat eine **berechtigte GoA** angenommen und dem Abmahnenden einen Aufwendungsersatzanspruch nach §§ 683, 670 BGB gewährt, wenn die Abmahnung berechtigt war[62]. Die Abmahnung ziele darauf, die wettbewerbswidrige Störung zu beseitigen und sei daher (auch) ein Geschäft des Abgemahnten. Da der Abgemahnte dadurch die Gelegenheit erhält, einen kostspieligeren Rechtsstreit zu vermeiden, liege sie auch in seinem Interesse. Dies vermag nicht zu überzeugen[63]. Es **fehlt** in diesen Fällen nämlich am **Fremdgeschäftsführungswillen**. Dieser ist – entgegen der Rechtsprechung – auch nicht zu vermuten. Ein konkurrierender Wettbewerber, der eine Abmahnung ausspricht, tut dies, weil er wirtschaftliche Nachteile für sich verhindern will. Nichts anderes gilt bei den Abmahnvereinen, deren Zweck die Wahrung der wirtschaftlichen Interessen ihrer Mitglieder ist. Die Annahme, der Abmahnende wolle *für* den störenden Wettbewerber tätig werden, ist gekünstelt und entbehrt jeder Grundlage. 44

Der Gesetzgeber hat sich im Jahr 2004 der Problematik angenommen und die Frage des Kostenersatzes für vorprozessuale Abmahnungen in **§ 12 I 2 UWG** geregelt: Soweit die Abmahnung berechtigt ist, kann danach der Ersatz der erforderlichen Aufwendungen verlangt werden. Eines Rekurses auf die GoA-Regeln bedarf es daher nicht mehr. 45

Eine identische Regelung findet sich in § 97a I 2 UrhG für die Abmahnungen von **Urheberrechtsverletzungen.** § 97a II UrhG enthält zudem eine wichtige Einschränkung: Für die erstmalige anwaltliche Abmahnung können in einfach gelagerten Fällen mit einer nur unerheblichen Rechtsverletzung außerhalb des geschäftlichen Verkehrs höchstens 100 € verlangt werden. – Das Marken-, Gebrauchsmuster-, Geschmacksmuster- und Patentrecht enthält **keine vergleichbaren Regeln.** Hier wäre also Raum für die Anwendung der GoA-Regeln. Doch sprechen die soeben geäußerten Bedenken eher für eine **analoge Anwendung** des § 12 I 2 UWG[64].

---

[62] Grundlegend BGHZ 52, 393, 399; ferner etwa BGHZ 149, 371; BGH NJW 2004, 2448; zustimmend *Loewenheim*, WRP 1979, 839, 841; *Oppermann*, AcP 193 (1993), 497, 528.

[63] Ablehnend auch *Bergmann* in Staudinger, BGB, Vor § 677 Rn. 295; *Seiler* in MünchKomm. BGB, § 677 Rn. 35; *Medicus/Petersen*, Bürgerliches Recht, Rn. 412; *Martinek/Theobald*, JuS 1997, 805, 811.

[64] Dagegen *Seiler* in MünchKomm. BGB, § 677 Rn. 35a; *Bornkamm* in Köhler/Bornkamm, UWG, 30. Auflage 2012, § 12 Rn. 190.

h) Selbstaufopferung im Straßenverkehr

46 Als letzte Fallgruppe soll hier die sog. **Selbstaufopferung** im Straßenverkehr angesprochen werden.

> **Beispiel:** A befährt mit seinem Pkw vorschriftsmäßig eine Straße, auf die plötzlich der achtjährige B tritt. A reißt reflexhaft das Lenkrad herum und kann so vermeiden, B zu überfahren. Allerdings rammt A den am Straßenrand geparkten Pkw des C. Am Pkw des A entsteht ein Schaden in Höhe von 5.000 €. A und B bleiben unverletzt. (Der Schaden am Pkw des C soll hier nicht von Interesse sein.) Kann A von B Zahlung von 5.000 € verlangen? – Ein Anspruch aus unerlaubter Handlung (§ 823 I BGB) scheitert an § 828 II BGB (dazu oben § 8 Rn. 247). Ansprüche nach StVG scheiden aus, da B weder Halter (§ 7 StVG) noch Fahrer (§ 18 StVG) eines Kraftfahrzeugs war (dazu oben § 10 Rn. 2 ff.). Ein Anspruch kann sich daher allenfalls analog §§ 683, 670 BGB ergeben (nur analog, weil Schäden keine freiwilligen Vermögensopfer, also keine Aufwendungen sind; näher unten § 16 Rn. 9 ff.).

47 Nach dem **BGH** stellt das Ausweichen zur Vermeidung eines Unfalles ein Geschäft des Geretteten dar. Dies soll aber nur gelten, wenn der Ausweichende für den Fall, dass es doch zum Unfall gekommen wäre, nicht für den Schaden einzustehen hätte[65]. Die **Einschränkung** muss der BGH vornehmen, um sich **nicht in Widerspruch zur deliktischen Haftungsordnung** zu setzen: Wer für einen Schaden – allein oder zum Teil – verantwortlich ist und ihn daher tragen muss, soll erst recht die „Kosten des Ausweichens", also der Schadensvermeidung tragen müssen[66].

> Im **Beispielsfall** hätte A als Halter des Pkw bei einem Zusammenstoß mit B gemäß § 7 I StVG verschuldensunabhängig gehaftet. Die Haftung wäre auch nicht nach § 7 II StVG ausgeschlossen gewesen, da kein Fall der höheren Gewalt vorgelegen hätte (dazu oben § 10 Rn. 14 f.). Daher wäre, folgt man der Auffassung des BGH, das Ausweichen **nicht** als fremdes Geschäft anzusehen. Somit würde ein Anspruch aus §§ 683, 670 BGB ausscheiden.

> **Anders** wäre hiernach aber der Fall zu entscheiden, wenn A mit seinem Fahrrad unterwegs gewesen und zur Vermeidung des Zusammenstoßes mit B ausgewichen und zu Fall gekommen wäre. Dann wäre § 7 StVG nicht anwendbar und A hätte bei einem Unfall nicht gehaftet. Folglich wäre das Ausweichen als auch-fremdes Geschäft einzuordnen, bei dem der Fremdgeschäftswille nach der Rechtsprechung vermutet werden würde. Da das Ausweichen auch im Interesse des B gelegen hätte, läge eine berechtigte GoA vor. A könnte erlittene Schäden analog §§ 683, 670 BGB geltend machen.

48 Auch hier **überzeugt** die Lösung des BGH **nicht.** Bereits der Umstand, dass im einen Fall das Ausweichen ein fremdes Geschäft sein soll und im anderen Fall nicht, mutet merkwürdig an. Richtig ist es, beide Fälle gleich zu entscheiden. Hier lässt sich mit guten Gründen schon bezweifeln, ob das Ausweichen ein Geschäft des potentiellen Unfallopfers ist. Im Straßenverkehr hat jeder die Pflicht, Unfälle zu vermeiden. Hier werden also eigene Geschäfte besorgt. Aber auch wenn man, da das Ausweichen *im Interesse* des potentiellen Unfallopfers erfolgt, ein auch-fremdes Geschäft bejaht, so **fehlt** es doch am erforderlichen **Fremdgeschäftsführungswillen.** Die Annahme, dass ein Straßenverkehrsteilnehmer *für einen anderen* ausweichen *will*, also *bewusst* für diesen handelt, ist schlicht eine Fiktion. Die Selbst-

---

[65] BGHZ 38, 270, 275; BGH NJW 1957, 869; dem folgend *Wandt*, Gesetzliche Schuldverhältnisse, § 8 Rn. 15 ff.
[66] *Bergmann* in Staudinger, BGB, § 677 Rn. 153.

aufopferung im Straßenverkehr ist daher *kein* Geschäft für einen anderen, sodass die GoA-Regeln nicht zur Anwendung gelangen.

> Im **Beispielsfall** und seiner **Abwandlung** scheidet ein Aufwendungsersatzanspruch daher aus, da die Voraussetzungen der GoA nicht vorliegen. B haftet daher nicht für die bei A entstandenen Schäden. Und dies entspricht auch genau der Wertung des § 828 II BGB.

i) Fazit

Die Fallgruppen haben eines deutlich werden lassen: Die Annahme, dass der Fremdgeschäftsführungswille beim auch-fremden Geschäft zu vermuten sei, führt zu erheblichen **Friktionen**. Dies erkennt auch der BGH, der sich gezwungen sieht, den – ausufernden – Anwendungsbereich der GoA durch dogmatisch kaum begründbare Korrektive doch wieder einzuschränken (siehe etwa Rn. 34, 37 und 47).

Der **hier vertretene Ansatz,** den Fremdgeschäftsführungswillen nur bei altruistischem oder in sonstiger Weise moralisch motiviertem Handeln zu vermuten, vermeidet diese Unstimmigkeiten. Dies geht in manchen Fällen zulasten des Geschäftsführers, dem ein Aufwendungsersatzanspruch nach §§ 683, 670 BGB versagt wird, wenn er zur Geschäftsbesorgung (tatsächlich oder vermeintlich) verpflichtet ist oder er ein signifikantes Eigeninteresse am Erfolg hat. Indes ist damit längst noch nicht gesagt, dass dies unbillig ist.

> Der Leser wird an dieser Stelle **aufgerufen,** kritisch zu denken und die Argumente für und wider die Anwendung der GoA-Regeln selbst nachzuvollziehen. Die allein richtige Lösung gibt es – wie so oft im Recht – ohnehin nicht.

5. Irrtum über Person des Geschäftsherrn

Noch ein Wort zum Fremdgeschäftsführungswillen: Die §§ 677 ff. BGB setzen voraus, dass der Geschäftsführer das Geschäft *für einen anderen* besorgt. Nicht erforderlich ist insoweit, dass der Geschäftsherr ihm namentlich bekannt ist. Und mehr noch: Selbst ein Irrtum über die Person des Geschäftsherrn schließt die GoA nicht aus. Dies ergibt sich aus § 686 BGB, wonach in diesem Fall der **wirkliche Geschäftsherr** aus der Geschäftsführung berechtigt und verpflichtet wird.

> **Beispiel:** R füttert eine hungrig aussehende Katze, von der er annimmt, dass sie S gehört. Tatsächlich gehört die Katze aber T. – Geschäftsherr ist nach § 686 BGB nicht etwa S, sondern T, da das Füttern der Katze ihm als Eigentümer obliegt. Liegen die weiteren Voraussetzungen der §§ 683, 670 BGB vor, so ist T zum Ersatz der von R getätigten Aufwendungen (Futterkosten) verpflichtet. Der Irrtum des R wirkt sich insoweit nicht aus.

IV. Ohne Auftrag oder sonstige Berechtigung

Negatives Tatbestandsmerkmal der echten GoA ist das Fehlen einer Geschäftsbesorgungsberechtigung (siehe schon oben § 14 Rn. 2). Der Geschäftsführer darf dem Geschäftsherrn gegenüber also nicht schon anderweitig zur Geschäftsbesorgung legitimiert sein[67].

---

[67] Vgl. *Seiler* in MünchKomm. BGB, § 677 Rn. 43.

> Die Berechtigung kann sich ergeben aus
> - Vertrag,
> - familienrechtlichem Status (Ehegatten, Eltern),
> - Organ- oder Amtsstellung *oder*
> - öffentlich-rechtlichem Rechtsverhältnis.

53 Eine Berechtigung in diesem Sinne liegt aber nur vor, wenn das entsprechende Rechtsverhältnis die **Geschäftsbesorgung und ihre Rechtsfolgen abschließend regelt**[68] – und sei es auch nur dahingehend, dass Ansprüche bewusst nicht gewährt werden. Beruht die Berechtigung – oder gar die Verpflichtung – zum Tätigwerden hingegen auf einer Vorschrift, die keine Aussage über die typischen GoA-Rechtsfolgen enthält, kommt eine GoA durchaus in Betracht.

> Die aus § 323c StGB folgende Pflicht zur Hilfeleistung begründet natürlich auch ein Recht zum Tätigwerden im fremden Rechtskreis, denn eine Pflicht ohne korrespondierende Befugnis wäre paradox. Hieraus folgt aber noch keine Berechtigung im Sinne der §§ 677 ff. BGB. Dies ergibt sich auch aus § 680 BGB.

V. Die weiteren Voraussetzungen der berechtigten GoA

1. Überblick

54 Ob eine GoA berechtigt oder unberechtigt ist, bestimmt sich nach Maßgabe der §§ 683, 684 BGB (siehe schon § 14 Rn. 7 ff.). Zur Erinnerung:

> Eine **berechtigte GoA** liegt vor, wenn
> - die Übernahme des fremden Geschäfts dem Willen oder Interesse des Geschäftsherrn entspricht,
> - der Geschäftsherr die Geschäftsführung genehmigt hat *oder*
> - die Voraussetzungen des § 679 BGB vorliegen, also die Übernahme des Geschäfts im – dem Willen des Geschäftsherrn übergeordneten – öffentlichen Interesse liegt.

---

[68] *Seiler* in MünchKomm. BGB, § 677 Rn. 43; *Mansel* in Jauernig, BGB, § 677 Rn. 6; *Bergmann* in Staudinger, BGB, Vor § 677 Rn. 187; *Schwerdtner*, Jura 1982, 593, 599.

2. Wille, mutmaßlicher Wille und Interesse des Geschäftsherrn

a) Das objektive Interesse

> Die Geschäftsführung liegt im **Interesse** des Geschäftsherrn, wenn sie für diesen **objektiv nützlich**, also sachlich vorteilhaft ist[69].

55

Der erzielte Vorteil muss keinen Geldwert haben; auch **immaterielle Vorteile** reichen aus[70]. Die Vorteilhaftigkeit ist nicht abstrakt festzustellen; vielmehr ist die persönliche Situation des Geschäftsherrn in den Blick zu nehmen[71]. Dabei sind unter anderem seine Vermögensverhältnisse, seine berufliche Stellung und seine familiäre Situation zu berücksichtigen. Es gibt also nicht das *per se* vorteilhafte Geschäft. Der objektive Maßstab des Interesses hat daher stets auch subjektive Elemente. Das Interesse ist personen- und situationsabhängig!

56

> Ein im Regelfall günstiges Geschäft kann sich im konkreten Einzelfall daher als nachteilig – also interessenwidrig herausstellen – und umgekehrt.

Nicht interessengerecht sind unsachgemäße und überflüssige Maßnahmen[72].

57

> **Beispiel:** Füttern der Nachbarskatze, obwohl der Napf reichlich gefüllt ist.

Maßgeblicher Zeitpunkt für die Beantwortung der Frage, ob eine Geschäftsbesorgung interessengerecht war, ist die **Übernahme des Geschäfts**[73]. Es kommt folglich nicht darauf an, ob die Geschäftsbesorgung zum erwünschten Erfolg geführt hat.

58

> **Beispiel:** M hat sich bei einem Motorradunfall schwer verletzt. Der herbeigerufene Notarzt ruft einen Rettungshubschrauber, der M ins Krankenhaus fliegt. Bei der dort stattfindenden Operation kommt es zu Komplikationen. M verstirbt. – Der Transport mit dem Rettungshubschrauber ist interessengerecht, wenn im Zeitpunkt der Übernahme des Geschäfts durch den Notarzt diese Art des Transports erforderlich und erfolgsversprechend erschien. Dies war vorliegend der Fall, weil nicht feststand, dass die Rettung fehlschlägt. Anders wäre nur zu entscheiden, wenn bereits zu diesem Zeitpunkt definitiv feststand, dass M keine Überlebenschance hatte[74].
>
> **Abwandlung:** M hat sich lediglich ein Bein gebrochen. Dennoch ruft der Notarzt den Rettungshubschrauber, obwohl auch ein Transport mittels Krankenwagen ausgereicht hätte. – Die kostspielige Rettung war überflüssig, weil der Transport mit dem Krankenwagen ebenso effektiv, aber weitaus billiger gewesen wäre. Die Maßnahme war daher nicht interessengerecht.

---

[69] Siehe etwa *Seiler* in MünchKomm. BGB, § 677 Rn. 51; *Larenz*, Schuldrecht II/1, § 57 I a, S. 443 f.; *Schwerdtner*, Jura 1982, 642.
[70] BGHZ 33, 251; *Sprau* in Palandt, BGB, § 683 Rn. 4; *Seiler* in MünchKomm. BGB, § 683 Rn. 4.
[71] *Seiler* in MünchKomm. BGB, § 683 Rn. 4.
[72] RGZ 57, 23, 27; *Seiler* in MünchKomm. BGB, § 683 Rn. 5.
[73] *Bergmann* in Staudinger, BGB, § 683 Rn. 21 f.; *Gehrlein* in BeckOK BGB, § 683 Rn. 2 f.; *Seiler* in MünchKomm. BGB, § 683 Rn. 11.
[74] Vgl. OLG Frankfurt NJW-RR 1996, 1337.

59 Entscheidend ist bei alledem, dass die Geschäftsbesorgung objektiv vorteilhaft *ist*. Dass der Geschäftsführer die Maßnahme für vorteilhaft *hält*, genügt nicht.

b) Der Geschäftsherrnwille

60 Im Gegensatz zum Interesse ist der Wille des Geschäftsherrn rein **subjektiv** zu bestimmen: Maßgeblich ist allein, ob der Geschäftsherr mit der Besorgung des Geschäfts durch den Geschäftsführer einverstanden ist.

61 Dies setzt voraus, dass der Geschäftsherr sich über die Geschäftsführung **Gedanken gemacht** hat. Er muss also entweder von der Geschäftsführung Kenntnis gehabt oder sich im Vorfeld mit der Möglichkeit der Geschäftsführung auseinander gesetzt haben[75]. Das Einverständnis muss sich auf die Geschäftsführung einschließlich der anfallenden Kosten beziehen. Eine bloße Billigung, der aus der Geschäftsführung fließenden Vorteile genügt nicht[76].

> Bisweilen wird verlangt, dass sich der Wille nach außen „manifestiert" haben muss, also **erkennbar** war[77]. Dies ist **unzutreffend**. Eine entsprechende Willensbekundung ist lediglich prozessual von Bedeutung, da sie ein Indiz für den entsprechenden Willen des Geschäftsherrn ist[78]. Steht der Wille des Geschäftsführers zwischen den Parteien hingegen außer Streit, so kommt es auf die Erkennbarkeit nicht an. Unerheblich ist auch, ob der Geschäftsführer vom Willen des Geschäftsherrn Kenntnis hatte[79].

62 Auch bezüglich des Willens kommt es auf den **Zeitpunkt** der **Übernahme** des Geschäfts an. Eine spätere Willensänderung ist *insoweit* unbeachtlich[80]. Allerdings muss der Geschäftsführer seine Tätigkeit einstellen, wenn er hiervon erfährt.

63 Nach dem **mutmaßlichen Willen** ist zu fragen, wenn der tatsächliche Wille nicht feststellbar ist, insbesondere wenn der Geschäftsherr sich einen solchen zum Zeitpunkt der Geschäftsübernahme nicht gebildet hat. Die Geschäftsführung entspricht dem mutmaßlichen Willen des Geschäftsherrn, wenn dieser bei objektiver Beurteilung der Gesamtumstände der Geschäftsführung zugestimmt hätte[81].

---

[75] *Bergmann* in Staudinger, BGB, § 683 Rn. 25.
[76] BGHZ 82, 323; BGH NJW 1992, 967, 970.
[77] So *Seiler* in MünchKomm. BGB, § 683 Rn. 9.
[78] Ebenso *Bergmann* in Staudinger, BGB, § 683 Rn. 25.
[79] BGH NJW 1955, 747; *Gehrlein* in BeckOK BGB, § 683 Rn. 3; *Seiler* in MünchKomm. BGB, § 683 Rn. 9.
[80] *Bergmann* in Staudinger, BGB, § 683 Rn. 27.
[81] BGHZ 55, 128; BGHZ 47, 370, 374; OLG München NJW-RR 1988, 1013, 1015; *Gehrlein* in BeckOK BGB, § 683 Rn. 3; *Mansel* in Jauernig, BGB, § 677 Rn. 4; *Seiler* in MünchKomm. BGB, § 683 Rn. 9; *Bergmann* in Staudinger, BGB, § 683 Rn. 28.

Es ist umstritten, ob der mutmaßliche Wille sich damit stets mit dem objektiven Interesse deckt[82] oder ob dies nur typischerweise der Fall ist[83]. Dies hängt letztlich davon ab, inwieweit man subjektive Eigenarten (z.B. Schrulligkeiten, aber auch intellektuelle oder charakterliche Defizite[84]) bereits bei der Bestimmung des Interesses berücksichtigen will. Die gesonderte Nennung im Gesetz spricht dafür, einen – wenn auch kleinen – **Unterschied** zu machen: Interessensgerecht ist nur, was objektiv zumindest irgendeinen Vorteil bringt. Der Geschäftsherr kann hingegen auch Nachteiliges *wollen*, mag dies auch irrational sein. Insofern kann auch der mutmaßliche Wille vom objektiven Interesse abweichen. Sind abweichende Anhaltspunkte nicht feststellbar, ist aber davon auszugehen, dass der mutmaßliche Wille aus dem objektiven Interesse folgt[85]. 64

> **Hinweis:** Im Ergebnis wirkt sich der Streit ohnehin nicht aus, da die subjektiven Besonderheiten in jedem Fall zu berücksichtigen sind (dazu sogleich Rn. 66).

Abzustellen ist auch beim mutmaßlichen Willen allein auf den Geschäftsherrn. **Nicht maßgeblich** ist, was der Geschäftsführer für den mutmaßlichen Willen hält[86]. 65

c) Verhältnis von Wille und Interesse

Wille und Interesse können auseinanderfallen. Der Wille des Geschäftsherrn kann auch unvernünftig sein und dem objektiven Interesse zuwider laufen. Was gilt nun in diesen Fällen? In welchem Verhältnis stehen Wille und Interesse? Liest man § 683 BGB unbefangen, so gelangt man wahrscheinlich zu dem Schluss, dass die Geschäftsführung *sowohl* im Interesse des Geschäftsherrn liegen *als auch* dessen tatsächlichen oder mutmaßlichen Willen entsprechen muss[87]. Dies ist aber unzutreffend: 66

> **Der Wille geht dem Interesse vor**[88]. Denn niemand muss gegen seinen Willen Einmischungen in seinen Rechtskreis dulden, mögen sie nun objektiv nützlich sein oder nicht.

---

[82] So *Gehrlein* in BeckOK BGB, § 683 Rn. 3.
[83] So *Bergmann* in Staudinger, BGB, § 683 Rn. 28; vgl. auch BGHZ 47, 370 ff.; 55, 128 ff.; BGH NJW-RR 1989, 970; BGH NJW-RR 2005, 1426, 1428.
[84] Vgl. *Bergmann* in Staudinger, BGB, § 683 Rn. 28.
[85] BGHZ 47, 370, 374; BGHZ 55, 128; *Seiler* in MünchKomm. BGB, § 683 Rn. 10; *Bergmann* in Staudinger, BGB, § 683 Rn. 28; *Mansel* in Jauernig, BGB, § 677 Rn. 4.
[86] OLG München NJW-RR 1988, 1013, 1015; *Seiler* in MünchKomm. BGB, § 683 Rn. 10; *Bergmann* in Staudinger, BGB, § 683 Rn. 28.
[87] So etwa *Beuthien* in Soergel, BGB, § 683 Rn. 5; *Schulze* in Handkomm. BGB, § 683 Rn. 7; *Larenz*, Schuldrecht II/1, § 57 I a, S. 444; sympathisierend damit auch *Seiler* in MünchKomm. BGB, § 683 Rn. 13.
[88] BGHZ 138, 281, 287; *Mansel* in Jauernig, BGB, § 677 Rn. 4; *Gehrlein* in BeckOK BGB, § 683 Rn. 3; vgl. auch *Bergmann* in Staudinger, BGB, § 683 Rn. 32, der einen rein subjektiven Maßstab annimmt und dem Interesse lediglich eine mittelbare Bedeutung als Indikator für den mutmaßlichen Willen beimisst.

67 Daher ist wie folgt **zu unterscheiden**:
- Die vorteilhafte und damit interessengerechte Geschäftsführung muss **unterbleiben**, wenn der Geschäftsherr sie (tatsächlich oder mutmaßlich) nicht will. Etwas anderes gilt nur in den Fällen des § 679 BGB, in denen der Wille des Geschäftsherrn einem übergeordneten Interesse weichen muss (dazu sogleich Rn. 70 ff.).
- Entspricht die Geschäftsführung hingegen dem Willen des Geschäftsherrn, **kommt es nicht darauf** an, ob sie auch in seinem Interesse liegt. Dies gilt auch dann, wenn die Geschäftsführung unvernünftig oder unsachgemäß ist. Die GoA ist dann eine berechtigte.

> Die Geschäftsbesorgung muss zwar dann unterbleiben, wenn sie gesetzlich verboten ist oder die Rechtsstellung Dritter nachteilig berührt wird. In allen anderen Fällen ist auch der irrationale Wille des Geschäftsherrn zu respektieren – vom Geschäftsführer und der Rechtsordnung!

3. Genehmigung durch den Geschäftsherrn

68 Der Geschäftsherr kann einer zunächst unberechtigten GoA auch **nachträglich zustimmen** und sie dadurch zur berechtigten GoA machen (§ 684 II BGB)[89].

> Durch die **Genehmigung** erklärt der Geschäftsherr, dass er die Besorgung des Geschäfts durch den Geschäftsführer nachträglich billigt.

69 Dies setzt voraus, dass der Geschäftsherr von der GoA Kenntnis erlangt hat[90]. Die Genehmigung ist eine **empfangsbedürftige Willenserklärung**, die an den Geschäftsführer zu richten ist[91]. Es gelten insoweit die Vorschriften des Allgemeinen Teils des BGB. Die **§§ 182 ff. BGB** sind **analog** anwendbar[92] (nur analog, weil nicht ein Rechtsgeschäft genehmigt wird, sondern die tatsächliche Geschäftsübernahme und -durchführung). Die Genehmigung ist unwiderruflich. Sie kann **ausdrücklich oder konkludent** erklärt werden.

> Eine **konkludente** Genehmigung liegt aber nicht schon dann vor, wenn der Geschäftsherr Auskunft oder Rechenschaft nach §§ 681 S. 2, 666 BGB verlangt, da er regelmäßig hierdurch erst Klarheit über die Geschäftsführung erlangen will[93]. Verlangt der Geschäftsherr nach §§ 681 S. 1, 667 BGB das aus der Geschäftsführung Erlangte heraus, ist zu unterscheiden[94]: Steht ihm das Erlangte nach der materiellen Güterordnung ohnehin zu, kann

---

[89] Vgl. BGHZ 128, 210.
[90] *Gehrlein* in BeckOK BGB, § 684 Rn. 2.
[91] BGH NJW 1989, 1672 f.
[92] BGH NJW 1989, 1672, 1673; *Seiler* in MünchKomm. BGB, § 684 Rn. 13; *Gehrlein* in BeckOK BGB, § 684 Rn. 2; *Bergmann* in Staudinger, BGB, § 684 Rn. 22.
[93] *Bergmann* in Staudinger, BGB, § 684 Rn. 23.
[94] Vgl. *Bergmann* in Staudinger, BGB, § 684 Rn. 23; *Beuthien* in Soergel, BGB, § 684 Rn. 5.

das Herausgabeverlangen nicht ohne Weiteres als Billigung der Fremdgeschäftsführung gewertet werden. Etwas anderes gilt aber, wenn der Geschäftsherr einen vom Geschäftsführer erwirtschafteten Gewinn heraus verlangt. Zur Anwendbarkeit des § 681 BGB auch auf die unberechtigte GoA siehe unten § 16 Rn. 61.

4. Die Fälle des § 679 BGB

a) Überblick

Ob eine GoA berechtigt ist oder nicht, bestimmt sich im Regelfall nach dem Geschäftsherrnwillen. Dies gilt nicht in den Fällen des **§ 679 BGB**.

> Danach ist der entgegenstehende Wille des Geschäftsherrn unbeachtlich, wenn ohne die Geschäftsführung
> - eine Pflicht des Geschäftsherrn, deren Erfüllung im öffentlichen Interesse liegt, *oder*
> - eine gesetzliche Unterhaltspflicht des Geschäftsherrn nicht rechtzeitig erfüllt werden würde.

In diesen Fällen setzt sich das **öffentliche Interesse an der Pflichterfüllung** gegenüber dem Willen des Geschäftsherrn durch. Dieser muss den Eingriff in seine Rechtssphäre dulden. Spiegelbildlich verbessert § 679 BGB die Stellung des Geschäftsführers, da die GoA auch dann eine berechtigte ist, wenn der Geschäftsherr sie nicht will.

b) Pflicht im öffentlichen Interesse

In der ersten Variante setzt § 679 BGB das Bestehen einer Pflicht voraus, deren Erfüllung im öffentlichen Interesse liegt. Erforderlich ist insoweit das Bestehen einer **Rechtspflicht**. Rein moralische oder sittliche Pflichten genügen nicht[95], auch wenn deren „Erfüllung" im öffentlichen Interesse liegt. Die Rechtspflicht kann **öffentlich-rechtlicher oder privatrechtlicher Natur** sein, auf Gesetz, Hoheitsakt oder Vertrag beruhen[96].

Achtung: Dass die Pflicht gerade den Geschäftsherrn treffen muss, liegt auf der Hand.

Grundsätzlich besteht an der Erfüllung von Rechtspflichten immer ein öffentliches Interesse. Dies gilt insbesondere für öffentlich-rechtlich begründete Pflichten. Dies genügt nach ganz h.M. aber nicht für die Anwendung des § 679 BGB.

---

[95] RGZ 92, 197, 201; *Seiler* in MünchKomm. BGB, § 679 Rn. 4; *Bergmann* in Staudinger, BGB, § 679 Rn. 16; *Gehrlein* in BeckOK BGB, § 679 Rn. 3; *Beuthien* in Soergel, BGB, § 679 Rn. 5.

[96] Vgl. RGZ 92, 197, 201; BGHZ 40, 18, 20; *Seiler* in MünchKomm. BGB, § 679 Rn. 4; *Gehrlein* in BeckOK BGB, § 679 Rn. 3; *Bergmann* in Staudinger, BGB, § 684 Rn. 22; *Beuthien* in Soergel, BGB, § 679 Rn. 5; *Larenz*, Schuldrecht II/1, § 57 I a, S. 445; a.A. *Esser/Weyers*, Schuldrecht II/2, § 46 II 3 b, S. 19 f. (nur privatrechtliche Pflichten).

[97] BGH NJW 1978, 1258, 1259; *Beuthien* in Soergel, BGB, § 679 Rn. 5; *Bergmann* in Staudinger, BGB, § 679 Rn. 18 ff.

> Erforderlich ist vielmehr ein **gesteigertes öffentliches Interesse** an der Erfüllung der in Rede stehenden Rechtspflicht[97].

74 Es ist daher stets zu fragen, ob über das allgemeine Interesse an der „Rechtstreue" hinaus ein besonderes Interesse der Allgemeinheit daran besteht, dass das betreffende Geschäft besorgt, also die Pflicht **rechtzeitig erfüllt** wird. Nur wenn das **gemeine Wohl** durch die verspätete oder unterlassene Pflichterfüllung nachteilig betroffen ist, greift § 679 Alt. 1 BGB ein.

> Entgegen einer verbreiteten Auffassung[98] fällt die Begleichung fremder Steuerschulden nicht unter § 679 Alt. 1 BGB[99]. Die verspätete Zahlung einzelner Steuerschulden führt nämlich nicht dazu, dass das Allgemeinwohl beeinträchtigt wird.

75 Ein **gesteigertes öffentliches Interesse** ist insbesondere gegeben, wenn der Geschäftsherr zur **Abwendung von Gefahren** für Leben, Körper, Gesundheit oder wichtige Sachgüter verpflichtet ist. Dies sind die **Hauptanwendungsfälle** des § 679 Alt. 1 BGB.

> **Beispiele:** Streuen bei Glatteis[100]; Einreißen einer einsturzgefährdeten Giebelmauer[101]; Brandbekämpfung bis zum Eintreffen der Feuerwehr[102]; Bergung eines umgestürzten Tankwagens[103]; Reinigung verkehrsgefährdender Straßenverschmutzung[104].
>
> Hierzu zählen auch die Fälle, in denen ein Bestattungsunternehmen die **Beerdigung eines Verstorbenen ohne Auftrag** vornimmt, weil die nächsten Angehörigen des Hinterbliebenen sich hierum nicht gekümmert haben. Der BGH[105] nimmt zutreffend an, dass es sich dann um eine GoA zugunsten der Personen handelt, die nach den jeweils einschlägigen Landesbestattungsgesetzen zur Bestattung verpflichtet waren. **Achtung:** Dies müssen nicht unbedingt die Erben sein. § 1968 BGB sieht zwar vor, dass die Erben die Kosten der Beerdigung tragen müssen, doch handelt es sich hierbei lediglich um eine Regressnorm.

76 Auch an **Maßnahmen zugunsten einzelner Personen** kann ein gesteigertes öffentliches Interesse bestehen. Dies ist namentlich dann der Fall, wenn deren materielle oder gesundheitliche Existenz gefährdet ist[106].

> **Beispiel:** Erfüllung der Pflicht einer gesetzlichen Krankenkasse zur Gewährung ärztlicher Behandlung[107]; Entgiftungsbehandlung Drogenabhängiger anstelle des zuständigen sozial-

---

[98] BGHZ 7, 346, 355; BGHZ 41, 30, 33; *Beuthien* in Soergel, BGB, § 679 Rn. 9; *Dornis* in Erman, BGB, § 679 Rn. 5; *Wandt*, Gesetzliche Schuldverhältnisse, § 5 Rn. 23; *Peters*, WM 1992, 597.
[99] So auch *Seiler* in MünchKomm. BGB, § 679 Rn. 9; *Sprau* in Palandt, BGB, § 679 Rn. 3.
[100] RG JW 1923, 78.
[101] BGHZ 16, 12 ff.
[102] RGZ 98, 195 ff.
[103] BGHZ 63, 167 ff.
[104] BGHZ 65, 354 ff.
[105] BGH NJW 2012, 1648.
[106] Vgl. dazu *Seiler* in MünchKomm. BGB, § 679 Rn. 8; *Bergmann* in Staudinger, BGB, § 679 Rn. 23.
[107] BGHZ 33, 251 ff.

rechtlichen Leistungsträgers[108]; Rückflug „gestrandeter" Pauschalurlauber anstelle der eigentlich zuständigen Fluggesellschaft[109].

> **Achtung:** Die Fälle zeichnen sich dadurch aus, dass nicht derjenige, dem unmittelbar geholfen wird, Geschäftsherr ist, sondern ein Dritter, dem die entsprechende Aufgabe (Kostentragung, Rückflug) zugewiesen ist. § 679 BGB greift dagegen *nicht* ein, wenn beispielsweise ein Kranker die Heilbehandlung ablehnt!

c) Unterhaltspflichten

§ 679 Var. 2 BGB betrifft nur **gesetzliche Unterhaltspflichten**. Diese können auf familien- oder erbrechtlicher Grundlage beruhen. 77

> **Beispiele:** Unterhaltspflicht zwischen Ehegatten (§§ 1360 ff. BGB), Geschiedenen (§§ 1569 ff. BGB) und Verwandten (§§ 1601 ff. BGB); Unterhalt der werdenden Mutter vor der Geburt eines Erben (§ 1963 BGB); „Dreißigster" (§ 1969 BGB).

Die rechtzeitige Erfüllung gesetzlicher Unterhaltsansprüche liegt **stets** im öffentlichen Interesse. 78

> **Hinweis:** Es bedarf insoweit also keiner gesonderten Prüfung. Es genügt festzustellen, dass der Geschäftsherr unterhaltsverpflichtet war und ohne die GoA die Pflicht nicht rechtzeitig erfüllt worden wäre.

d) Problemfall: Rettung eines Selbstmörders

Umstritten ist, ob und unter welchen Voraussetzungen die Rettung eines Selbstmörders[110] eine berechtigte GoA darstellt. Bereits über die „moralische Bewertung" der (vollendeten oder versuchten) Selbsttötung besteht keine Einigkeit. 79

– Zum Teil wird angenommen, dass der Selbstmörder **gegen eine sittliche Pflicht** verstoße und sein Wille **analog § 679 BGB** unbeachtlich sei[111].
– Andere Autoren[112] kommen mit etwas anderer Begründung zu demselben Ergebnis: Der Wille des Selbstmörders sei **sittenwidrig** und damit unbeachtlich, weswegen es allein auf das objektive Interesse ankomme. Die Rettung eines Selbstmörders sei daher bereits nach § 683 BGB als berechtigte GoA anzusehen. Einer analogen Anwendung des § 679 BGB bedürfe es daher nicht.

---

[108] BSG NJW 1991, 2373 f.
[109] LG Frankfurt NJW 1983, 52.
[110] Sprachlich ist die Formulierung „Rettung eines Selbstmörders" in mehrfacher Hinsicht missglückt. Ist die Rettung erfolgreich, gibt es gar keinen Selbstmörder. Zudem hat bereits die Bezeichnung als „Selbstmord" und „Selbstmörder" einen missbilligenden Klang. Dennoch behalte ich die Formulierung bei, da andere Formulierungen auch nicht recht passen. Man könnte zwar von der „Rettung eines Lebensmüden" sprechen, doch will sich nicht jeder Lebensmüde töten. (Hier passt die Metapher von der Müdigkeit; denn auch nicht jeder, der müde ist, will auch schlafen. Wer Kinder hat, weiß das!).
[111] So etwa *Mansel* in Jauernig, § 679 Rn. 2; *Berg*, JuS 1975, 681, 686.
[112] *Wittmann*, Begriff und Funktion der Geschäftsführung ohne Auftrag, 1981, S. 129 f.; *Martinek/Theobald*, JuS 1998, 27, 31.

— Eine dritte Ansicht **verneint** die **Sittenwidrigkeit** und auch die analoge Anwendung des § 679 BGB. Vielmehr sei zu **unterscheiden**[113]: Der Wille des geisteskranken Selbstmörders sei analog §§ 104 Nr. 2, 105 BGB unbeachtlich, weshalb es insoweit auf das objektive Interesse ankomme. Handele es sich um einen sog. Appellselbstmord, so greife ohnehin § 683 BGB (oder zumindest § 684 II BGB) ein, weil in diesen Fällen der Selbstmörder gerettet werden will. Im Übrigen käme immerhin ein Schadensersatzanspruch des Retters aus § 823 I BGB in Betracht, wenn der Selbstmordversuch die Rettungshandlung *herausgefordert* (dazu oben § 8 Rn. 209) hat.

80 **Meiner Meinung nach** lässt sich eine moralische (sittliche) Pflicht, sich nicht zu töten, nicht begründen[114]. Auch verstößt die Selbsttötung oder ihr Versuch nicht gegen die guten Sitten. Es gibt aber einen guten Grund, die Rettung eines Selbstmörders dennoch als **berechtige GoA** anzusehen: Die strafrechtliche Judikatur behandelt den Selbstmord als Unglücksfall im Sinne des § 323c StGB[115]. Daher macht sich, wer einen Selbstmord geschehen lässt, obwohl ein hinderndes Eingreifen zumutbar wäre, **strafbar**. Nun ist diese Auffassung sicherlich nicht unangreifbar und man kann durchaus auch im Rahmen des § 323c StGB für eine differenzierte Betrachtung eintreten[116]. Solange aber die Rechtsprechung von ihrer Position nicht abrückt, besteht die **Gefahr einer strafrechtlichen Verurteilung.** Kann man dann aber erwarten, dass jemand, der eine Selbsttötung verhindern könnte, den Willen des Selbstmörders respektiert, untätig bleibt und so das Risiko der Bestrafung eingeht? Ich meine: nein! **§ 679 BGB** sollte daher (ebenso wie § 680 BGB) *aus diesem Grund* analog angewendet werden.

Von Bedeutung ist dies weniger im Hinblick auf den Aufwendungsersatzanspruch gemäß §§ 683, 670 BGB. Insoweit wird der Geschäftsführer bereits durch §§ 13 i.V.m. 2 I Nr. 13c SGB VII geschützt. Wichtiger ist, dass § 678 BGB nicht gilt: Der Geschäftsführer haftet also nicht für das bloße Übernahmeverschulden, sondern nur für ein Ausführungsverschulden nach §§ 677, 280 I BGB. Insoweit ist dann § 680 BGB zu beachten, da die Geschäftsführung zur Abwehr der Lebensgefahr erfolgt.

---

[113] Vgl. *Seiler* in MünchKomm. BGB, § 679 Rn. 13; *Beuthien* in Soergel, BGB, § 679 Rn. 15.

[114] Da ethische Fragestellungen letztlich immer ein Stück weit subjektiv sind, ist jeder Leser aufgefordert, die Frage nach einer moralischen Pflicht, Selbsttötungen zu unterlassen, für sich selbst zu beantworten!

[115] BGHSt 32, 367 ff.; BGH NStZ 1988, 127.

[116] Vgl. etwa *Seiler* in MünchKomm. BGB, § 679 Rn. 13; aus dem strafrechtlichen Schrifttum *Sternberg-Lieben/Hecker* in Schönke/Schröder, StGB, 28. Aufl. 2010, § 323c Rn. 7 mit weiteren Nachweisen.

§ 16 Die Rechtsfolgen der echten GoA

Literatur: *Batsch*, Aufwendungsersatzanspruch und Schadensersatzpflicht des Geschäftsführers im Falle berechtigter und unberechtigter Geschäftsführung ohne Auftrag, AcP 171 (1971) 218; *Dietrich*, Auftraglose Hilfeleistung in gefährlichen Situationen, JZ 1974, 535; *Genius*, Risikohaftung des Geschäftsherrn, AcP 173 (1973), 481; *Giesen*, Das Recht der fremdnützigen Geschäftsbesorgung (Teil 2a und 2b), Jura 1996, 225, 288, 334; *Henssler*, Grundfälle zu den Anspruchsgrundlagen im Recht der Geschäftsführung ohne Auftrag, JuS 1991, 924; *Köhler*, Arbeitsleistungen als „Aufwendungen?", JZ 1985, 359; *Martinek/Theobald*, Grundfälle zum Recht der Geschäftsführung ohne Auftrag (Teil 1), JuS 1997, 612; *Otto*, Ausgleichsansprüche des Geschäftsführers bei berechtigter GoA, JuS 1984, 684; *Schwerdtner*, Geschäftsführung ohne Auftrag, Jura 1982, 642; *Wollschläger*, Grundzüge der Geschäftsführung ohne Auftrag (Teil 2), JA 1979, 126.

Übungsfälle: Siehe die Nachweise bei § 15.

I. Überblick

1   Bei der echten GoA wird durch die Übernahme des Geschäfts ein **gesetzliches Schuldverhältnis** zwischen Geschäftsführer und Geschäftsherrn begründet (siehe schon oben § 14 Rn. 12). Welche Ansprüche hieraus erwachsen, bestimmt sich nach Maßgabe der §§ 677 ff. BGB:

– Geregelt wird dabei zum einen die Frage, ob und unter welchen Voraussetzungen der Geschäftsführer **Ersatz seiner Aufwendungen** verlangen (§ 683 BGB) oder ob er lediglich eine ungerechtfertigte Bereicherung des Geschäftsherrn herausverlangen kann (§ 684 BGB). Hier ist die Unterscheidung zwischen berechtigter und unberechtigter GoA von grundlegender Bedeutung.

– Eingriffe in den fremden Rechtskreis können aber auch zu Nachteilen für den Geschäftsherrn führen. Dann stellt sich die Frage, ob der Geschäftsführer zum **Schadensersatz** verpflichtet ist. Der Geschäftsführer muss das fremde Geschäft sorgfältig und dem Interesse bzw. Willen des Geschäftsherrn gemäß führen. Tut er dies schuldhaft nicht, haftet er nach §§ 677 i.V.m. 280 I BGB. Bei der unberechtigten GoA wird diese Haftung durch § 678 BGB noch verschärft: Hier

haftet der Geschäftsführer sogar für zufällige Schäden, sofern ihn ein sog. Übernahmeverschulden trifft. § 680 BGB modifiziert den Verschuldensmaßstab zugunsten des Geschäftsführers, wenn dieser zum Zwecke der Gefahrenabwehr tätig geworden ist.
- Die §§ 681 i.V.m. 666–668 BGB normieren verschiedene **Nebenpflichten**: Der Geschäftsführer muss die Übernahme des Geschäfts dem Geschäftsherrn alsbald anzeigen, ist diesem auskunfts- und rechenschaftspflichtig und zur Herausgabe des aus der Geschäftsführung Erlangten verpflichtet. Nach hier vertretener Auffassung bestehen diese Nebenpflichten – und die korrespondierenden Ansprüche des Geschäftsherrn – sowohl bei der berechtigten als auch bei der unberechtigten GoA (dazu unten Rn. 61).

II. Ansprüche des Geschäftsführers

1. Berechtigte GoA (§§ 683 i.V.m. 670 BGB)

2   Bei der berechtigten GoA kann der Geschäftsführer „**wie ein Beauftragter**" Ersatz seiner Aufwendungen verlangen. § 683 S. 1 BGB verweist damit auf § 670 BGB.

a) Aufwendungsersatz

3   Ein Aufwendungsersatzanspruch besteht danach, wenn
   • der Geschäftsführer zum Zweck der Ausführung des Geschäfts Aufwendungen getätigt hat *und*
   • er diese auch für erforderlich halten durfte.

4   Aufwendungen sind **freiwillige Vermögensopfer**[1]. Ersatzfähig sind diese nur, wenn sie einen **konkreten Bezug** zur Geschäftsbesorgung haben. Die Aufwendungen müssen aber nicht unbedingt bei der Durchführung des Geschäfts entstanden sein. Es genügt, wenn die Aufwendungen erforderlich waren, damit der Geschäftsführer überhaupt mit der Ausführung beginnen konnte[2].

Beispiel: Dachdecker D hat erfahren, dass infolge eines Sturms das Dach auf dem Haus seines Freundes F stark beschädigt ist. Da F im Urlaub und nicht zu erreichen ist, der Wetterbericht aber starke Regenfälle vorhersagt, entschließt sich D, das Dach erst einmal notdürftig zu reparieren. – Die Voraussetzungen der echten GoA liegen vor: D besorgt ein Geschäft, das im Rechtskreis des F wurzelt, ohne hierzu beauftragt zu sein. Die Übernahme entspricht dem Interesse und damit – mangels anderer Hinweise – auch dem mutmaßlichen

---

[1] Allgemeine Meinung, vgl. nur RGZ 95, 51, 53; RGZ 122, 298, 303; *Martinek* in Staudinger, BGB, § 670 Rn. 7; *Seiler* in MünchKomm. BGB, § 683 Rn. 17; *Gehrlein* in BeckOK BGB, § 683 Rn. 4; *Larenz*, Schuldrecht II/1, § 56 III, S. 417.
[2] *Bergmann* in Staudinger, BGB, § 683 Rn. 46.

II. Ansprüche des Geschäftsführers

Willen des F. Folglich kann D gemäß §§ 683 S. 1, 670 BGB Aufwendungsersatz verlangen, sofern er die Aufwendungen für erforderlich halten durfte. Als Aufwendungen kämen hier beispielsweise die Kosten für das von D verwendete Material in Betracht (zur Arbeitskraft siehe unten Rn. 16 ff.). Ersatzfähig wären aber auch die **Kosten für die Anfahrt und den Transport**. Denn diese waren erforderlich, damit D mit der Geschäftsbesorgung beginnen konnte.

Der Geschäftsführer musste die Aufwendungen zudem nach den Umständen **für erforderlich halten dürfen**. Diese etwas komplizierte Formulierung hat ihren Grund: Der Ersatzanspruch setzt nicht voraus, dass die Aufwendungen tatsächlich erforderlich waren. Abzustellen ist vielmehr darauf, ob ein sorgfältiger Geschäftsführer die Aufwendungen als erforderlich angesehen hätte. Entscheidend ist daher die **ex-ante-Sichtweise** eines einsichtigen Geschäftsführers[3].

5

Das Risiko, dass der Geschäftsführer die Erforderlichkeit oder Nützlichkeit von Aufwendungen *schuldlos* falsch einschätzt, trägt also der Geschäftsherr. Damit ist zugleich gesagt, dass es auf den Erfolg der Geschäftsbesorgung nicht ankommt.

Der Geschäftsführer muss **sorgfältig prüfen**, ob der von ihm betriebene Aufwand erforderlich und angemessen ist, den mit der Geschäftsführung beabsichtigten Erfolg herbeizuführen[4]. Der Geschäftsführer muss dabei bestrebt sein, die Kosten für den Geschäftsherrn niedrig zu halten[5]. Der Geschäftsführer hat die Ausführung des Geschäfts am Willen bzw. Interesse des Geschäftsherrn auszurichten (vgl. § 677 BGB); dies gilt auch für die Aufwendungen, die er vornimmt[6]. Was er für erforderlich halten darf, ist daher nicht abstrakt zu bestimmen, sondern hängt auch von der **konkreten Situation** des Geschäftsherrn ab.

6

Allerdings erfordern manche Situationen ein schnelles Handeln. Daher kann der Rechtsgedanke des **§ 680 BGB** auch für die Frage fruchtbar gemacht werden, welche Sorgfaltspflichten den Geschäftsführer im Hinblick auf die Erforderlichkeit der Aufwendungen treffen[7]: Handelt der Geschäftsführer zur Gefahrenabwehr, scheidet ein Aufwendungsanspruch nur aus, wenn er die Erforderlichkeit wissentlich oder grob fahrlässig falsch eingeschätzt hat.

Nicht für erforderlich halten darf der Geschäftsführer solche Aufwendungen, die *erkennbar* nutzlos, unangemessen oder interessenwidrig sind.

7

Beispiel: Katze Mia ist von zu Hause weggelaufen und findet nicht zurück. Völlig ausgehungert sucht sie Unterschlupf auf dem Balkon des B. Als dieser sie findet, füttert er sie mit teurem norwegischen Lachs (Preis 60 € pro Kilo). Danach bemerkt B, dass Mia ein Halsband trägt, auf dem eine Telefonnummer vermerkt ist. Durch einen kurzen Anruf stellt sich heraus, dass die Katze F gehört. Bevor Mia abgeholt wird, bekommt sie – immer noch hungrig – noch einmal Futter (Lamm mit Trüffeln). Als F die Katze abholt, verlangt B von F die Futterkosten in Höhe von 95 € ersetzt. Zu Recht? – Das Füttern der Katze stellt eine

---

[3] *Bergmann* in Staudinger, BGB, § 683 Rn. 47; *Wandt*, Gesetzliche Schuldverhältnisse, § 5 Rn. 34.
[4] BGHZ 95, 375, 388; BGH NJW 1989, 1284, 1285; *Martinek* in Staudinger, BGB, § 670 Rn. 13; *Bergmann* in Staudinger, BGB, § 683 Rn. 47; *Dornis* in Erman, BGB, § 683 Rn. 9.
[5] BGH NJW 1984, 2525; *Bergmann* in Staudinger, BGB, § 683 Rn. 48.
[6] *Bergmann* in Staudinger, BGB, § 683 Rn. 47; *Dornis* in Erman, BGB, § 683 Rn. 9; *Wandt*, Gesetzliche Schuldverhältnisse, § 5 Rn. 34.
[7] BGH MDR 72, 487; *Bergmann* in Staudinger, BGB, § 683 Rn. 47.

echte GoA dar. Daher kann B nach Maßgabe der §§ 683 S. 1, 670 BGB Aufwendungsersatz verlangen. Die Futterkosten sind freiwillige Vermögensopfer, also Aufwendungen. Allerdings waren sie vorliegend ersichtlich unangemessen (auch wenn mancher Katzenfreund dies vielleicht anders sehen mag). Folglich kann B nicht die Zahlung von 95 € verlangen, sondern allenfalls die üblichen Kosten für Katzennahrung.

8 Auch **rechtswidrige** Aufwendungen sind *niemals* erforderlich und können *nicht* erstattet werden[8].

Beispiel: Vom Geschäftsführer verauslagte Schmiergelder[9].

b) Ausgleich erlittener Schäden

9 Vom Wortlaut des § 670 BGB werden Schäden, die der Geschäftsführer im Zusammenhang mit der Geschäftsführung erleidet, nicht erfasst. Schäden sind nämlich **unfreiwillige** Vermögensopfer und damit begrifflich keine Aufwendungen[10]. Dennoch *können* nach mittlerweile einhelliger Auffassung bei der berechtigten GoA – ebenso wie im Auftragsrecht[11] – auch Schäden ersatzfähig sein. Denn hätte der Geschäftsherr sein Geschäft selbst besorgt, hätte er auch die damit verbundenen Risiken tragen müssen.

> Bei der berechtigten GoA sind die erlittenen Schäden des Geschäftsführers vom Geschäftsherrn zu ersetzen, wenn sich in ihnen ein **tätigkeitsspezifisches Risiko** verwirklich hat[12].

10 Über die **dogmatische Einordnung** der Ersatzpflicht besteht keine Einigkeit: Vor allem die Rechtsprechung stellt risikotypische Begleitschäden den Aufwendungen gleich und gelangt so zu einer analogen Anwendung des § 670 BGB[13]. Der Geschäftsführer übernehme durch die Übernahme des fremden Geschäfts die damit verbundenen Risiken freiwillig[14]. – Die Gegenauffassung[15] leitet die Ersatzpflicht aus einem allgemeinen Prinzip der Risikohaftung bei Tätigkeiten in fremdem Rechtskreis ab. Bei näherem Besehen sind beide Begründungen aber gar nicht weit voneinander entfernt; schließlich wird auch die analoge Anwendung des § 670 BGB mit dem Gedanken der Risikozuweisung begründet.

---

[8] BGHZ 37, 263.

[9] BGH NJW 1965, 293; *Bergmann* in Staudinger, BGB, § 683 Rn. 47.

[10] Vgl. nur *Seiler* in MünchKomm. BGB, § 670 Rn. 7.

[11] Vgl. *Sprau* in Palandt, BGB, § 670 Rn. 9 f. und § 683 Rn. 9.

[12] RGZ 167, 85; BGHZ 38, 270, 277; BGHZ 33, 251, 257; BGH NJW 1993, 2234 f; *Bergmann* in Staudinger, BGB, § 683 Rn. 62, 66; *Seiler* in MünchKomm. BGB, § 683 Rn. 18 f.; *Mansel* in Jauernig, BGB, § 683 Rn. 7; *Gehrlein* in BeckOK BGB, § 683 Rn. 4; *Canaris*, RdA 1966, 41 ff.

[13] Vgl. etwa BGHZ 33, 251, 257; BGHZ 38, 270, 277; ebenso *Seiler* in MünchKomm. BGB, § 683 Rn. 18; *Otto*, JuS 1984, 684, 687.

[14] Kritisch insoweit etwa *Gehrlein* in BeckOK BGB, § 683 Rn. 4; *Medicus/Petersen*, Bürgerliches Recht, Rn. 429.

[15] *Larenz*, Schuldrecht II/1, § 56 III, S. 418 f.; *Canaris*, RdA 1966, 41 ff.; *Genius*, AcP 173 (1973), 481 ff., 512 ff.

Ersatzfähig sind nicht alle adäquat kausal entstandenen Schäden. Es muss sich vielmehr ein **besonderes Risiko der Geschäftsbesorgung** realisiert haben. Der Geschäftsherr muss also nicht das allgemeine Lebensrisiko des Geschäftsführers tragen[16]. 11

> **Beispiel:** Kleingärtner K bemerkt, dass die Gartenlaube seines Nachbarn N Feuer gefangen hat. Kurz entschlossen nimmt er seine Jacke und schlägt damit die Flammen aus. Dabei wird neben der Jacke auch die Hose des K beschädigt. Zudem erleidet K leichte Verbrennungen an den Händen. – Auch hier liegt eine echte berechtigte GoA ersichtlich vor. K kann daher nach §§ 683 S. 1, 670 BGB Aufwendungsersatz verlangen. Es lässt sich durchaus annehmen, dass K hier seine Jacke freiwillig geopfert hat, es sich also um eine Aufwendung handelt. Dies gilt aber sicher nicht mehr für die Hose und auch nicht für die erlittenen Verbrennungen. Hierbei handelt es sich um Schäden. Dabei hat sich aber ein typisches Risiko der Brandbekämpfung verwirklicht. Die Schäden sind daher analog § 670 BGB ersatzfähig.
>
> **Abwandlung:** Nach erfolgreicher Löschaktion stolpert K auf dem Weg zurück zu seinem Garten. Bei dem Sturz bricht er sich einen Arm. – Auch hier liegt ein Personenschaden vor. Doch hat sich insoweit nur das allgemeine Lebensrisiko des K verwirklicht. Insoweit schuldet N keinen Ersatz analog § 670 BGB.

Ein tätigkeitsspezifisches Risiko weisen vor allem die Tätigkeiten auf, die zur **Gefahrenabwehr** vorgenommen werden. In diesen Fällen ist der Geschäftsführer oftmals auch durch die **öffentliche Unfallversicherung** geschützt, die für sog. Nothilfeschäden einstehen muss (vgl. §§ 2 Abs. 1 Nr. 13a i.V.m. 13 ff., 26 ff. SGB X). 12

> Umstritten ist, ob der Ersatzanspruch des Geschäftsführers aus §§ 683, 670 BGB im Wege der Legalzession nach § 116 I SGB X auf den leistenden Sozialversicherer übergeht. Dies ist richtigerweise zu verneinen, da der Schutz der öffentlichen Unfallversicherung nicht nur den Helfern, sondern auch den Gefährdeten zugutekommen soll[17].

Der **Umfang der Ersatzpflicht** richtet sich nach den **§§ 249 ff. BGB**[18]. Es gilt also der Grundsatz der Naturalrestitution: Im Hinblick auf die erfassten Schäden ist der Geschäftsführer vom Geschäftsherrn so zu stellen, wie er ohne das schädigende Ereignis stünde. 13

> Der **BGH** ist zurückhaltender[19]: Es handele sich nicht um einen „echten" Schadensersatzanspruch[20], sondern um eine besondere Form des Aufwendungsersatzes. Zu gewähren sei daher lediglich eine **angemessene Entschädigung**, bei deren Bemessung die verschiedenartigen Umstände des Einzelfalles zu berücksichtigen seien[21]. Dies überzeugt nicht: Entweder ist das Risiko dem Geschäftsherrn zugewiesen, dann ist der entstandene Schaden vollumfänglich zu ersetzen. Oder es handelt sich um ein allgemeines Risiko, dann scheidet

---

[16] *Seiler* in MünchKomm. BGB, § 670 Rn. 14.
[17] Vgl. BGHZ 92, 270, 272 f.; sowie *Seiler* in MünchKomm. BGB, § 683 Rn. 21 mit weiteren Nachweisen zum Streitstand.
[18] So auch *Mansel* in Jauernig, BGB, § 670 Rn. 10.
[19] Vgl. BGHZ 38, 270, 279; BGHZ 92, 270, 271.
[20] So auch *Seiler* in MünchKomm. BGB, § 683 Rn. 21; *Gehrlein* in BeckOK BGB, § 683 Rn. 4.
[21] BGHZ 38, 270, 277 ff.; BGHZ 92, 270, 271; *Sprau* in Palandt, BGB, § 683 Rn. 9; für eine Korrektur über § 242 BGB etwa *Mansel* in Jauernig, BGB, § 670 Rn. 10; *Schulze* in Handkomm. BGB, § 670 Rn. 10.

eine Ersatzpflicht aus. Völlig dunkel bleibt, was ein „unechter" Schadensersatzanspruch sein soll. Dass ein Verschulden des Geschäftsherrn nicht erforderlich ist, schließt eine „echte" Schadensersatzpflicht jedenfalls nicht aus[22].

14 Bei einem **Mitverschulden** des Geschäftsherrn gilt § 254 BGB[23]. Dabei ist die **Wertung des § 670 BGB** zu berücksichtigen. Auch risikotypische Begleitschäden sind daher im Einzelfall *nicht* zu ersetzen, wenn die Eingehung des konkreten Risikos nicht im Interesse des Geschäftsherrn liegt. Dies kann insbesondere dann der Fall sein, wenn der Geschäftsführer zur Rettung unbedeutender Rechtsgüter seinerseits hohe Rechtsgüter in Gefahr bringt. Zugunsten des Geschäftsführers gilt aber auch hier § 680 BGB.

15 Auch der Ersatz **immaterieller Schäden** (Schmerzensgeld) nach § 253 II BGB kommt in Betracht[24]. Hinterbliebenen eines tödlich verunglückten Geschäftsführers kann analog § 844 BGB gegen den Geschäftsherrn ein Entschädigungsanspruch zustehen[25].

c) Vergütung

16 Beim Auftrag wird der Geschäftsführer unentgeltlich tätig (vgl. § 662 BGB), anderenfalls läge ein Dienst-, Werk- oder Geschäftsbesorgungsvertrag vor. Eine Vergütung kann daher auch *nicht* nach § 670 BGB als Aufwendungsersatz gefordert werden. Die Formulierung des § 683 BGB („wie ein Beauftragter") legt nahe, dass auch bei der berechtigten GoA ein Vergütungsanspruch nicht besteht. Anders als der beauftragte Geschäftsführer gibt der auftragslose Geschäftsführer durch die Übernahme des fremden Geschäfts aber noch nicht zu erkennen, dass er unentgeltlich tätig werden will. Nach heute einhelliger Meinung soll daher ein **Vergütungsanspruch** bei der berechtigten GoA in Betracht kommen. Umstritten ist aber, unter welchen Voraussetzungen dies der Fall ist.

> **Beispiel:** Infolge eines Sturzes ist der privatversicherte Fahrradfahrer F bewusstlos. A, der den Sturz bei einem Spaziergang beobachtet hat, leistet vor Ort erste Hilfe. Kann A eine Vergütung für seine Hilfstätigkeit verlangen? Spielt es dabei eine Rolle, ob A praktizierender Arzt, pensionierter Arzt, Medizinstudent oder Bildhauer (mit abgeschlossenem Volkshochschulkurs „Erste Hilfe bei Unfällen im Steinbruch") ist?

17 Nach einer im Schrifttum vertretenen Auffassung[26] stellt die **Arbeitskraft** einen Teil des Vermögens dar, ihr Einsatz mithin ein **freiwilliges Vermögensopfer**. Danach könnte der Geschäftsführer stets eine marktübliche oder angemessene Vergütung verlangen. Indes fehlt in vielen Fällen gerade hierfür ein Maßstab.

---

[22] *Wandt*, Gesetzliche Schuldverhältnisse, § 5 Rn. 39.
[23] *Bergmann* in Staudinger, BGB, § 683 Rn. 70; *Seiler* in MünchKomm. BGB, § 683 Rn. 23; *Deutsch*, AcP 165 (1965), 216 ff.; *Wandt*, Gesetzliche Schuldverhältnisse, § 5 Rn. 46 f.
[24] Ebenso *Bergmann* in Staudinger, BGB, § 683 Rn. 69; *Wandt*, Gesetzliche Schuldverhältnisse, § 5 Rn. 39; ablehnend *Seiler* in MünchKomm. BGB, § 683 Rn. 19.
[25] RGZ 167, 85, 89; *Bergmann* in Staudinger, BGB, § 683 Rn. 71; *Seiler* in MünchKomm. BGB, § 683 Rn. 19; *Otto*, JuS 1984, 684, 689; a.A. RGZ 122, 298, 305; *Canaris*, JZ 1963, 655, 661.
[26] *Esser/Weyers*, Schuldrecht II/2, § 46 II 4 c, S. 22.

Nach dieser Auffassung könnte A im **Beispielsfall** eine Vergütung verlangen – unabhängig davon, welchen Beruf er ausübt (oder ausgeübt hat). Doch welche Vergütung wäre geschuldet? Für Ärzte kann die Gebührenordnung für Ärzte herangezogen werden. Gilt dies auch für pensionierte Ärzte? Gewiss nicht anwendbar ist die Gebührenordnung auf Medizinstudenten und Bildhauer. Doch was wäre in diesen Fällen angemessen?

Die wohl überwiegende Auffassung will einen Vergütungsanspruch nur gewähren, wenn die Geschäftsbesorgung zu der beruflichen oder gewerblichen Tätigkeit des Geschäftsführers zählt[27]. Dogmatisch begründet wird dies mit einer **Analogie zu § 1835 III BGB**. Nach dieser Vorschrift gelten als Aufwendungen eines Vormunds auch Dienstleistungen, die zu seinem Gewerbe oder Beruf gehören. In diesen Fällen lässt sich regelmäßig auch eine marktübliche Vergütung feststellen. **18**

Nach dieser Ansicht könnte A im **Beispielsfall** eine Vergütung nur verlangen, wenn er Arzt wäre, wobei zweifelhaft ist, ob er als solcher auch noch tätig sein müsste oder ob die (vollendete) Ausbildung ausreicht. Beides wäre gut vertretbar. Kein Anspruch analog § 1835 III BGB stünde A zu, wenn er Medizinstudent wäre, da die ärztliche Hilfsleistung noch nicht seine berufliche Tätigkeit ist. Erst recht keinen Anspruch hätte A als Bildhauer.

Eine vermittelnde Auffassung will darauf abstellen, ob die Geschäftsbesorgung nach den Umständen **nur gegen eine Vergütung zu erwarten** war[28]. Dies führt in der Regel zu ähnlichen Ergebnissen wie die analoge Anwendung des § 1835 III BGB. Im Einzelfall sollen aber auch berufsfremde Tätigkeiten erfasst werden können[29]. **19**

Im **Beispielsfall** dürfte sich an der Bewertung aber nichts ändern.

Diese Fokussierung auf die Vergütungsinteressen des Geschäftsführers verstellt aber den Blick auf den **altruistischen Charakter** der GoA. Nach hier vertretener Auffassung scheidet eine echte GoA regelmäßig aus, wenn die Geschäftsbesorgung vorgenommen wird, um sich dadurch einen Vergütungsanspruch zu verdienen. Aus diesem Grund hat der BGH im „**Erbensucher**"-**Fall**[30] die Anwendung der §§ 677 ff. BGB zutreffend verneint (siehe oben § 15 Rn. 36 f.). Es kann also nicht allein darauf ankommen, dass der Geschäftsführer typischerweise derartige Tätigkeiten nur gegen Entgelt vornimmt. Ein Vergütungsanspruch ist vorrangig durch einen Vertrag zu begründen. Fehlt es an einer vertraglichen Einigung, scheidet ein Vergütungsanspruch grundsätzlich aus. Etwas anderes sollte nur dort gelten, wo ein Vertragsschluss nicht möglich war. **20**

---

[27] BGHZ 65, 384, 389 f.; BGHZ 143, 9, 16; BGH NJW 1971, 609, 612; BGH NJW-RR 2005, 1426, 1428; *Beuthien* in Soergel, BGB, § 683 Rn. 11; *Sprau* in Palandt, BGB, § 683 Rn. 8; *Dornis* in Erman, BGB, § 683 Rn. 12 f; *Bergmann* in Staudinger, BGB, § 683 Rn. 59; *Larenz*, Schuldrecht II/1, § 57 I b, S. 448 f.

[28] *Seiler* in MünchKomm. BGB, § 683 Rn. 25; *Wollschläger*, Die Geschäftsführung ohne Auftrag, 1976, S. 316.

[29] *Seiler* in MünchKomm. BGB, § 683 Rn. 25.

[30] BGH NJW 2000, 72.

21 Der Geschäftsführer hat daher nur dann einen Vergütungsanspruch, wenn aufgrund der Umstände des Falles ein Vertragsschluss über eine entgeltliche Geschäftsbesorgung nicht möglich war, weil der Geschäftsherr den hierfür erforderlichen Willen nicht bilden konnte[31].

Dies hängt ganz entscheidend von der **konkreten Situation** ab[32]. Dass die Tätigkeit zum Beruf oder Gewerbe des Geschäftsherrn zählt, genügt für sich allein noch nicht. Dies gilt auch für die ärztliche Tätigkeit.

In unserem **Beispielsfall** käme eine vertragliche Einigung wohl nur in Betracht, wenn A noch praktizierender Arzt wäre. Mit Medizinstudenten, pensionierten Ärzten und Bildhauern schließt man typischerweise keine Behandlungsverträge. Indes ist auch sehr fraglich, ob F mit A am Unfallort einen Vertrag geschlossen hätte, wenn er bei Bewusstsein gewesen wäre. Dass ein zufällig anwesender Arzt in der Regel besser helfen kann als ein zufällig anwesender Bildhauer, rechtfertigt diese Annahme noch nicht. Denn zur Erfüllung der allgemeinen Hilfspflicht müssen natürlich auch etwaige Sonderkenntnisse eingesetzt werden, ohne dass dies (hypothetisch) vereinbart werden müsste. Ich möchte eine Vergütungspflicht im Beispielsfall daher **verneinen**.

Abwandlung: Der bewusstlose F wird von einem Dritten in die Praxis des A gebracht und dort von A medizinisch versorgt. – Hier wäre sicherlich ein Behandlungsvertrag geschlossen worden, wenn F bei Bewusstsein gewesen wäre. Folglich kommt hier ein Vergütungsanspruch des A in Betracht.

d) Anspruchsausschluss gemäß § 685 BGB

22 Gemäß § 685 I BGB steht dem Geschäftsführer ein Ersatzanspruch nicht zu, wenn er nicht die Absicht hatte, von dem Geschäftsherrn Ersatz zu verlangen. Es handelt sich um eine **rechtshindernde Einwendung** gegen die Ansprüche aus §§ 683, 684 BGB[33].

Insofern besteht eine Parallele zur Schenkung, wenngleich die GoA selbst nicht Gegenstand einer solchen sein kann[34]. Anders als bei der Schenkung bedarf es keiner Einigung; abzustellen ist allein auf den Willen des Geschäftsherrn.

23 Die **Absicht des Geschäftsherrn** muss nicht ausdrücklich erklärt werden. Sie muss aber zumindest **erkennbar** sein[35]. Zu fragen ist stets, ob der Geschäftsführer zu erkennen gegeben hat, dass er zu tätigende Aufwendungen und erlittene Begleitschäden nicht vom Geschäftsherrn ersetzt verlangen wird. Dies hängt maßgeblich von den Umständen des jeweiligen Falles ab: sozialer Situation der Beteiligten, persönlicher Nähe, Bedeutung und Umfang des zu besorgenden Geschäfts[36].

---

[31] Ebenso *Bergmann* in Staudinger, BGB, § 683 Rn. 60.
[32] Vgl. auch *Köhler*, JZ 1985, 359, 362 ff.
[33] *Gehrlein* in BeckOK BGB, § 685 Rn. 1.
[34] *Seiler* in MünchKomm. BGB, § 685 Rn. 2; *Bergmann* in Staudinger, BGB, § 685 Rn. 13.
[35] *Gehrlein* in BeckOK BGB, § 685 Rn. 2; *Seiler* in MünchKomm. BGB, § 685 Rn. 4.
[36] *Gehrlein* in BeckOK BGB, § 685 Rn. 2; *Seiler* in MünchKomm. BGB, § 685 Rn. 4.

II. Ansprüche des Geschäftsführers

§ 685 II BGB enthält eine **Auslegungsregel:** Gewähren sich Verwandte in gerader Linie den geschuldeten Unterhalt, so ist im Zweifel anzunehmen, dass der Unterhaltsgewährende vom Unterhaltsempfänger hierfür keinen Ersatz verlangen will. Es handelt sich dabei um eine widerlegliche Vermutung[37]. Eine ähnliche Regelung enthalten die §§ 1360b, 1620 BGB.

2. Unberechtigte GoA: §§ 684, 818 ff. BGB

Bei der unberechtigten GoA kann der Geschäftsführer seine Aufwendungen nicht nach § 670 BGB ersetzt verlangen.

Nach § 684 I BGB muss der Geschäftsherr aber alles, was er durch die Geschäftsführung erlangt hat, nach den Vorschriften über die Herausgabe einer ungerechtfertigten Bereicherung herausgeben. Dem Geschäftsführer steht also ein **Bereicherungsanspruch** zu[38].

a) Rechtsgrund- oder Rechtsfolgenverweisung?
Die **dogmatische Einordnung** des § 684 BGB ist umstritten.

- Die wohl überwiegende Auffassung geht davon aus, dass der anspruchsbegründende Tatbestand bereits durch die GoA-Regeln umfassend geregelt sei. § 684 BGB enthalte daher nur eine **Rechtsfolgenverweisung**[39]. Einer tatbestandlichen Prüfung des § 812 BGB bedürfe es hiernach nicht.
- Die Gegenauffassung versteht § 684 BGB hingegen als **Rechtsgrundverweisung**[40]. Danach wären die Tatbestandsvoraussetzungen des § 812 BGB zu prüfen. Diese liegen aber ohnehin vor, weil die unberechtigte GoA eben keinen Rechtsgrund darstellt.

Von Bedeutung ist der Streit lediglich für die Frage, ob die **Kondiktionssperren** der §§ 814, 815, 817 S. 2 BGB eingreifen können. Dies sollte aber nicht von der Einordnung als Rechtsgrund- oder Rechtsfolgenverweisung abhängig gemacht werden. Richtigerweise ist danach zu fragen, um was für einen Kondiktionstyp es sich handelt. Ist die Fremdgeschäftsführung eine Leistung im Sinne der §§ 812 ff. BGB? Dann wäre es nur konsequent, die Kondiktionssperren zumindest analog anzuwen-

---

[37] *Bergmann* in Staudinger, BGB, § 685 Rn. 15.
[38] Gegen die Einordnung als Bereicherungsanspruch etwa *Bergmann* in Staudinger, BGB, § 684 Rn. 4: Aufwendungsersatzanspruch mit bereicherungsrechtlicher Deckelung.
[39] BGH MDR 1992, 588 f.; BGH WM 1976, 1056, 1060; *Beuthien* in Soergel, BGB, § 684 Rn. 2; *Sprau* in Palandt, BGB, § 684 Rn. 1; *Gehrlein* in BeckOK BGB, § 684 Rn. 1; *Martinek/Theobald*, JuS 1997, 612, 616.
[40] *Seiler* in MünchKomm. BGB, § 684 Rn. 4; *Wendehorst* in BeckOK BGB, § 812 Rn. 35; *Henssler*, JuS 1991, 924, 928.

den[41]. Indes geht es dem Geschäftsführer keineswegs immer darum, das Vermögen des Geschäftsherrn zu vermehren. Es liegt daher näher, den Bereicherungsanspruch als eine **spezielle Ausprägung der Aufwendungs- bzw. Verwendungskondiktion** anzusehen[42]. Es handelt sich also um eine **Nichtleistungskondiktion** – und für diese gelten die §§ 814, 815, 817 S. 2 BGB ohnehin nicht[43] (siehe oben § 3 Rn. 84). Die Annahme einer Rechtsgrundverweisung bietet also keine Vorteile.

> Mit der h.M. ist § 684 I BGB daher als **Rechtsfolgenverweisung** auf die §§ 812 ff. BGB anzusehen.

b) Umfang des Bereicherungsanspruchs

28 Der Geschäftsherr muss das herausgeben, was er durch die Geschäftsführung erlangt hat. Entscheidend ist insoweit, ob sich das Vermögen des Geschäftsherrn dauerhaft vermehrt hat[44]. Eine **Vermögensmehrung** liegt auch vor, wenn durch die GoA der Geschäftsherr **von einer Verbindlichkeit befreit** wurde oder er hierdurch **eigene Aufwendungen erspart** hat[45]. Da eine gegenständliche Herausgabe hier ausscheidet, kommt in der Regel nur ein Wertersatzanspruch in Betracht (§ 818 II BGB, näher dazu oben § 6 Rn. 20 ff.).

29 An einer Bereicherung des Geschäftsherrn **fehlt** es aber, wenn ihm das aus der Geschäftsführung Erlangte **materiell-rechtlich ohnehin zugewiesen** war.

> **Beispiel:** A ist Eigentümer eines Gartengrundstücks, auf dem sich ein Apfelbaum befindet. Um A eine Freude zu machen, pflückt Nachbar N die reifen Äpfel. Als A dies mitbekommt, ist er wenig erfreut: Er wollte die Äpfel in diesem Jahr überreif werden lassen und dann zu Most verarbeiten. – Es handelt sich um eine **unberechtigte GoA**, da das Pflücken der Äpfel nicht dem Willen des A entsprach. Daher greift § 684 I BGB mit seinem Verweis in das Bereicherungsrecht ein. Soll N danach etwa die Äpfel von A heraus verlangen können? Schließlich hat ja A durch das Pflücken Eigentum an den Äpfeln erlangt: Solange die Äpfel am Baum hingen, waren sie nicht sonderrechtsfähig, sondern Erzeugnis des Grundstücks und damit dessen wesentlicher Bestandteil (vgl. § 94 I BGB). Erst durch die Trennung konnte Eigentum an ihnen entstehen. Nach § 953 BGB ist A Eigentümer der Äpfel geworden, weil Eigentümer des Grundstücks ist, auf dem der Apfelbaum stand. Kurzum: Ohne GoA kein Eigentumserwerb. **Aber:** Die Äpfel sind materiell-rechtlich von vornherein A „zugeordnet". Daher ist er durch die GoA nicht bereichert. Folglich kann N weder Herausgabe der Äpfel noch Wertersatz nach §§ 684 I, 818 BGB verlangen.

---

[41] *Beuthien* in Soergel, BGB, § 684 Rn. 2; *Martinek/Theobald*, JuS 1997, 612, 616.
[42] Ebenso *Martinek/Theobald*, JuS 1997, 612, 615 f.
[43] Für eine Anwendung der §§ 814, 815, 817 S. 2 BGB trotz der Einordnung als Aufwendungskondiktion aber *Martinek/Theobald*, JuS 1997, 612, 616.
[44] OLG Düsseldorf NJW-RR 1996, 913, 914; *Bergmann* in Staudinger, BGB, § 684 Rn. 3; *Beuthien* in Soergel, BGB, § 684 Rn. 2; *Henssler*, JuS 1991, 924, 928.
[45] *Seiler* in MünchKomm. BGB, § 684 Rn. 10; *Dornis* in Erman, BGB, § 684 Rn. 4.

Für den Anspruch aus §§ 684 I, 812 ff. BGB kommt es **nicht** darauf an, ob der Geschäftsführer selbst ein Vermögensopfer erbracht hat[46]. Daher kann der Anspruch im Einzelfall auch **höher** sein als ein Anspruch aus §§ 683, 670 BGB.

30

> Die **Gegenauffassung** nimmt an, dass der Anspruch aus § 684 I BGB auf die nach §§ 683, 670 BGB ersatzfähigen Aufwendungen beschränkt sei[47]. Dem liegt ein abweichendes Verständnis des § 684 BGB zugrunde: Die Vorschrift normiere keinen Bereicherungs-, sondern – wie bei der berechtigten GoA die §§ 683, 670 BGB – einen „echten" Aufwendungsersatzanspruch. Der Verweis auf das Bereicherungsrecht diene allein dem Schutz des Geschäftsherrn, da hierdurch erreicht werde, dass er die Aufwendung nur bis zur Höhe seiner Bereicherung zu ersetzen habe. Indes ist dieser dogmatische Kunstgriff gar nicht nötig, denn der Geschäftsherr wird durch **§ 818 III BGB** hinreichend geschützt[48]. Dort kann auch die Problematik der aufgedrängten Bereicherung angemessen gelöst werden (siehe § 6 Rn. 49 f.). Zudem kann der Geschäftsherr die Geschäftsführung nach § 684 II BGB genehmigen und die unberechtigte GoA so zur berechtigten machen. Dann folgt der (ggf. geringere) Anspruch aus §§ 683, 670 BGB.

Die rechtshindernde Einwendung des **§ 685 BGB** (dazu oben Rn. 22 f.) gilt auch für die Ansprüche aus §§ 684 I, 812 ff. BGB[49].

31

III. Ansprüche des Geschäftsherrn

1. Schadensersatz gemäß §§ 677, 280 I BGB

a) Grundlagen

§ 677 BGB bestimmt, dass der Geschäftsführer das Geschäft so zu führen hat, „wie das Interesse des Geschäftsherrn mit Rücksicht auf dessen wirklichen oder mutmaßlichen Willen es erfordert". Bei **pflichtwidriger Ausführung** des übernommenen Geschäfts, haftet er dem Geschäftsherrn für den hieraus entstehenden Schaden nach Maßgabe des § 280 I BGB[50].

32

> **Achtung:** Der Rückgriff auf § 280 I BGB ist erforderlich, weil § 677 BGB **keine Anspruchsgrundlage** ist, sondern nur den Pflichtenmaßstab für die Ausführung des Geschäfts festlegt. § 280 I BGB ist anwendbar, weil durch die Geschäftsübernahme ein gesetzliches Schuldverhältnis begründet wird (siehe schon § 14 Rn. 12).

Die Haftung nach §§ 677, 280 I BGB ist eine **Verschuldenshaftung:** Der Geschäftsführer ist zum Ersatz der Schäden verpflichtet, die adäquat-kausale

33

---

[46] *Seiler* in MünchKomm. BGB, § 684 Rn. 9; *Beuthien* in Soergel, BGB, § 684 Rn. 3; *Dornis* in Erman, BGB, § 684 Rn. 4; *Wandt*, Gesetzliche Schuldverhältnisse, § 5 Rn. 53 ff.
[47] *Bergmann* in Staudinger, BGB, § 684 Rn. 3 und 10; *Mansel* in Jauernig, BGB, § 684 Rn. 1; *Gehrlein* in BeckOK BGB, § 684 Rn. 1; *Wolf*, JZ 1966, 467, 470.
[48] Vgl. *Seiler* in MünchKomm. BGB, § 684 Rn. 9; *Wandt*, Gesetzliche Schuldverhältnisse, § 5 Rn. 55; *Martinek/Theobald*, JuS 1997, 612, 616.
[49] *Seiler* in MünchKomm. BGB, § 684 Rn. 8.
[50] BGH ZIP 2005, 1599; *Bergmann* in Staudinger, BGB, § 677 Rn. 30 ff.; *Sprau* in Palandt, BGB, § 677 Rn. 13; *Seiler* in MünchKomm. BGB, § 677 Rn. 56.

Folge der pflichtwidrigen Geschäftsführung sind, soweit er diese zu vertreten hat. Der Verschuldensmaßstab bestimmt sich dabei grundsätzlich nach § 276 BGB[51], wird aber durch § 680 BGB zugunsten des Geschäftsführers modifiziert, wenn er zur Gefahrenabwehr tätig wird. Der Umfang der Ersatzpflicht bestimmt sich nach den §§ 249 ff. BGB.

b) Pflichtenmaßstab

34 § 677 BGB beschreibt den **Pflichtenmaßstab für die Ausführung** des fremden Geschäfts.

Nicht nur bei der Übernahme des Geschäfts, sondern auch bei dessen Ausführung muss der Geschäftsführer das **Interesse** und den **tatsächlichen oder mutmaßlichen Willen** des Geschäftsherrn berücksichtigen.

> Die Terminologie ist aus § 683 BGB bekannt (siehe oben § 15 Rn. 55 ff.): Im *Interesse* des Geschäftsherrn liegt, was *objektiv* nützlich ist. *Wille* meint hingegen die subjektiven Vorstellungen des Geschäftsherrn. Wie auch bei § 683 BGB gilt: Der mutmaßliche Wille entspricht regelmäßig dem Interesse.

35 Umstritten ist, in welchem **Verhältnis beide Merkmale** stehen: Was gilt, wenn Wille und Interesse voneinander abweichen? Dieselbe Frage stellt sich bereits bei der Übernahme des Geschäfts. Bei § 683 BGB nimmt die h.M. zutreffend an, dass der Wille dem Interesse vorgeht, sofern der Wille nicht nach § 679 BGB unbeachtlich ist (siehe dazu oben § 15 Rn. 70 ff.).

– Bei § 677 BGB beantwortet die **h.M.** die Frage aber anders: Es soll bei der Ausführung des Geschäfts **vorrangig auf das Interesse** ankommen[52]. Begründet wird dies mit dem Gesetzeswortlaut („mit Rücksicht auf") und den unterschiedlichen Funktionen der §§ 677 und 683 BGB: § 677 BGB lege den Pflichten- und damit auch den Haftungsmaßstab fest, § 683 BGB die Voraussetzungen des Aufwendungsersatzanspruchs. Die stärkere Betonung des Interesses bei § 677 BGB habe der Gesetzgeber gewollt, um dem Geschäftsführer bei der Ausführung mehr „freie Hand" zu lassen. Zumeist wird aber – wenig konsequent – eine gewichtige **Einschränkung** gemacht: Ist ein vom Interesse abweichender Wille des Geschäftsherrn erkennbar, so soll der Geschäftsführer diesen Willen berücksichtigen müssen[53].

– Die **Gegenauffassung** will hingegen die §§ 677 und 683 BGB gleich auslegen und auch bei der Ausführung des Geschäfts **vorrangig auf den Willen** des Ge-

---

[51] Dazu *Bergmann* in Staudinger, BGB, § 677 Rn. 32.
[52] *Seiler* in MünchKomm. BGB, § 677 Rn. 51 f.; *Gehrlein* in BeckOK BGB, § 677 Rn. 19; *Sprau* in Palandt, BGB, § 677 Rn. 12; *Mansel* in Jauernig, BGB, § 677 Rn. 9; *Wandt*, Gesetzliche Schuldverhältnisse, § 5 Rn. 61; *Larenz*, Schuldrecht II/1, § 57 I b, S. 447.
[53] *Seiler* in MünchKomm. BGB, § 677 Rn. 52; *Sprau* in Palandt, BGB, § 677 Rn. 12; *Larenz*, Schuldrecht II/1, § 57 I b, S. 447 f.

schäftsführers abstellen⁵⁴. **Dem ist zu folgen:** Der Geschäftsführer wird im fremden Rechtskreis tätig und folglich sollte er sich auch bei der Ausführung des Geschäfts dem Willen des Geschäftsherrn unterordnen müssen. Dafür spricht auch § 681 S. 1 BGB: Der Geschäftsführer ist danach verpflichtet, die Übernahme des Geschäfts alsbald anzuzeigen, damit der Geschäftsherr über den weiteren Fortgang entscheiden kann.

Dass der Wortlaut der §§ 677, 683 BGB unterschiedlich gefasst ist, fällt demgegenüber nicht ins Gewicht – zumal auch der Wortlaut des § 683 BGB („und") von der h.M. – zu Recht – nicht ganz ernst genommen wird. Dann besteht aber auch kein Grund, die Worte des § 677 BGB auf die Goldwaage zu legen.

> Auch bei § 677 BGB kommt es daher vorrangig auf den Willen des Geschäftsherrn an.

Durch dieses Verständnis wird die **Haftung** des Geschäftsherrn **nicht ausgeweitet**. 36
Ist die Ausführung zwar interessengemäß, widerspricht sie aber dem Willen des Geschäftsherrn, so handelt der Geschäftsführer pflichtwidrig. Doch haftet er nach § 280 I BGB nur, wenn er den Pflichtverstoß zu vertreten hat. War der vom objektiven Interesse abweichende Wille des Geschäftsherrn für den Geschäftsführer nicht erkennbar, **fehlt es am Verschulden**! Für die **Praxis** spielt der Meinungsstreit daher keine Rolle.

> Der Pflichtenmaßstab des § 677 BGB gilt sowohl bei der berechtigten GoA 37
> als auch bei der unberechtigten GoA⁵⁵.

Auch dies ist nicht unumstritten. Die **Gegenauffassung** will bei der unberechtigten GoA *nur* § 678 BGB anwenden⁵⁶. Ist der Geschäftsführer zur Übernahme des Geschäfts nicht berechtigt, so müsse die Geschäftsführung unterbleiben. Dies ist zwar im Ansatz richtig, hilft aber nicht weiter, wenn der Geschäftsführer das Geschäft dennoch ausführt. Wenn er bei der berechtigten GoA die Ausführung am Willen bzw. Interesse des Geschäftsherrn auszurichten hat, dann muss dies erst recht bei der unberechtigten GoA gelten. Hieran ändert auch **§ 678 BGB** nichts: Dieser ist zwar auf die unberechtigte GoA zugeschnitten, **erfasst aber nicht alle Fälle**, sondern nur diejenigen, in denen der Geschäftsführer ein Übernahmeverschulden trifft (dazu sogleich Rn. 50 ff.).

---

⁵⁴ BGH NJW-RR 2008, 759, 760; *Bergmann* in Staudinger, BGB, § 677 Rn. 17; *Beuthien* in Soergel, BGB, § 677 Rn. 26; *Brox/Walker*, Besonderes Schuldrecht, § 36 Rn. 23.
⁵⁵ *Bergmann* in Staudinger, BGB, § 677 Rn. 28; *Wandt*, Gesetzliche Schuldverhältnisse, § 5 Rn. 62.
⁵⁶ *Mansel* in Jauernig, § 677 Rn. 1; *Larenz*, Schuldrecht II/1, § 57 II a, S. 451.

> **Hinweis:** Die Ansprüche aus §§ 677, 280 I BGB und § 678 BGB können also nebeneinander bestehen. Dabei ist § 678 BGB für den Geschäftsherrn günstiger, weil es hier nur auf ein Übernahmeverschulden ankommt, der konkrete Schaden aber nicht auf einem Ausführungsverschulden des Geschäftsführers beruhen muss (siehe unten Rn. 58).

c) Inhalt der Pflicht

38 Den Geschäftsführer trifft nach § 677 BGB die Pflicht, das Geschäft interessengerecht und dem Willen des Geschäftsherrn gemäß auszuführen. Er muss sorgfältig prüfen, welche Maßnahmen zur Ausführung **erforderlich und angemessen** sind.

39 Der Geschäftsführer ist *grundsätzlich* aber nicht verpflichtet, das übernommene Geschäft auch **fortzuführen** und zu beenden[57].

Die Übernahme des Geschäfts begründet in der Regel keine Fortsetzungspflicht. Etwas anderes gilt nur, wenn dem Geschäftsherrn durch die Nichtfortführung ein **Schaden** droht, der nicht entstanden wäre, wenn der Geschäftsführer das Geschäft nicht übernommen hätte[58]. Auch in diesen Fällen kann der Geschäftsherr aber nicht auf die Durchführung des Geschäfts klagen, sondern den lediglich durch die Nichtfortführung entstandenen Schaden nach §§ 677, 280 I BGB ersetzt verlangen[59].

> **Beispiel:** Student S hat eine Ausgabe dieses Lehrbuchs im Hörsaal vergessen. Kommilitone K bemerkt dies und nimmt das Buch an sich. Später lässt er es in der Mensa liegen, weil er keine Lust mehr hat, das Buch „für S rumzuschleppen". Danach ist das Buch nicht mehr auffindbar. – K hat ein fremdes Geschäft besorgt, indem er das Buch des S an sich genommen hat. Interessengerecht wäre es gewesen, wenn K das Buch sorgfältig verwahrt hätte, bis er es S hätte wiedergeben können. Zwar folgt aus § 677 BGB grundsätzlich keine Pflicht, ein begonnenes Geschäft fortzuführen. Dass bedeutet aber nicht, dass K das Buch einfach liegen lassen durfte. Denn hierdurch wurde die Gefahr des Verlustes erst begründet. K ist S daher zum Schadensersatz nach §§ 667, 280 I BGB verpflichtet. – Nimmt man an, dass S das Buch verloren hat, so wäre K als Finder nach § 966 BGB ohnehin zur Verwahrung verpflichtet (siehe dazu unten § 23 Rn. 24).

d) Ausführungsverschulden

40 Eine Schadensersatzpflicht nach §§ 677, 280 I BGB besteht nur, wenn der Geschäftsführer die pflichtwidrige Ausführung des Geschäfts zu vertreten hat. Das Verschulden wird nach § 280 I 2 BGB aber **vermutet**. Der **Haftungsmaßstab** rich-

---

[57] RGZ 63, 280, 283; *Bergmann* in Staudinger, BGB, § 677 Rn. 22; *Seiler* in MünchKomm. BGB, § 677 Rn. 52.

[58] RGZ 63, 280, 283; *Bergmann* in Staudinger, BGB, § 677 Rn. 22; *Seiler* in MünchKomm. BGB, § 677 Rn. 52; abweichend *Beuthien* in Soergel, BGB, § 677 Rn. 28; *Dornis* in Erman, BGB, § 677 Rn. 49; *Larenz*, Schuldrecht II/1, § 57 I b, die eine analoge Anwendung des § 671 II BGB befürworten.

[59] *Bergmann* in Staudinger, BGB, § 677 Rn. 24; *Beuthien* in Soergel, BGB, § 677 Rn. 28.

tet sich grundsätzlich nach § 276 BGB: Der Geschäftsführer hat danach Vorsatz und Fahrlässigkeit zu vertreten. Dabei muss er sich das Verschulden von Geschäftsführungsgehilfen (dazu oben § 15 Rn. 7) gemäß § 278 BGB zurechnen lassen.

e) Haftungsprivileg des § 680 BGB

§ 680 I BGB enthält ein Haftungsprivileg zugunsten des Geschäftsführers, der zur Abwendung einer dringenden Gefahr tätig wird. Der Geschäftsführer hat dann nur Vorsatz und grobe Fahrlässigkeit zu vertreten. **41**

Die Vorschrift soll die Bereitschaft fördern, anderen in **Notfällen** zu helfen[60]. Dabei trägt § 680 BGB auch dem Umstand Rechnung, dass in Notfällen zumeist wenig Zeit bleibt, um die Erforderlichkeit und Angemessenheit der Hilfsmaßnahmen zu durchdenken.

aa) Voraussetzungen
Eine **dringende Gefahr** ist gegeben, wenn ein Schaden an der Person oder dem Vermögen des Geschäftsherrn wahrscheinlich ist und unmittelbar bevorsteht.[61] Es muss also ein sofortiges Einschreiten erforderlich sein, um die Gefahr abzuwenden. Kurz gesagt: Die Hilfeleistung darf keinen Aufschub dulden. **42**

> Nach h.M. soll § 680 BGB auch eingreifen, wenn eine dringende Gefahr für **Angehörige oder sonst nahestehende Personen** besteht[62]. Dies überzeugt schon deshalb nicht, weil die Hilfeleistung in diesen Fällen für die gefährdete Person erfolgt und diese selbst Geschäftsherr ist[63]. Die h.M. geht von der unzutreffenden Vorstellung aus, dass die Rettung von Verheirateten stets (auch) ein Geschäft des Ehegatten ist, die Rettung eines Kindes ein Geschäft der Eltern usw.

Erforderlich ist, dass die Geschäftsführung erfolgt, **um die Gefahr abzuwenden**[64]. § 680 BGB setzt hingegen nicht voraus, dass durch die Geschäftsführung die Gefahr beseitigt wird[65]. Das Haftungsprivileg kommt dem Nothelfer also auch dann zugute, wenn seine Rettung **scheitert**. **43**

---

[60] *Mansel* in Jauernig, § 680 Rn. 1; *Gehrlein* in BeckOK BGB, § 680 Rn. 1.
[61] BGH VersR 1970, 620, 622; *Seiler* in MünchKomm. BGB, § 680 Rn. 2; *Sprau* in Palandt, BGB, § 680 Rn. 2.
[62] *Sprau* in Palandt, BGB, § 680 Rn. 2; *Gehrlein* in BeckOK, BGB, § 680 Rn. 1; *Dornis* in Erman, BGB, § 680 Rn. 3; *Brox/Walker*, Besonderes Schuldrecht, § 36 Rn. 42; *Giesen*, Jura 1996, 288, 291.
[63] Zutreffend *Bergmann* in Staudinger, BGB, § 680 Rn. 10; *Seiler* in MünchKomm. BGB, § 680 Rn. 3; *Wandt*, Gesetzliche Schuldverhältnisse, § 5 Rn. 68.
[64] *Wandt*, Gesetzliche Schuldverhältnisse, § 5 Rn. 68; *Schwerdtner*, Jura 1982, 642, 646.
[65] BGHZ 43, 188, 192; BGH VersR 1970, 620, 621; *Seiler* in MünchKomm. BGB, § 680 Rn. 4; *Wandt*, Gesetzliche Schuldverhältnisse, § 5 Rn. 68.

44 Seinem Wortlaut nach setzt § 680 BGB das Bestehen einer dringenden Gefahr voraus. Umstritten ist, ob die Vorschrift auch eingreift, wenn der Geschäftsführer irrig eine Gefahrenlage annimmt, die tatsächlich nicht besteht (sog. **Schein- oder Putativgefahr**).

- Teile der Rechtsprechung und des Schrifttums wollen § 680 BGB nur in den Fällen anwenden, in denen eine **Gefahr tatsächlich** besteht[66]. Neben dem Gesetzeswortlaut wird hierfür vor allem die Entstehungsgeschichte der Vorschrift angeführt. Die Anwendung des § 680 BGB auch bei nur vermeintlich bestehenden Gefahren würde zu einer „weitgehenden Schutzlosstellung des Geschäftsherrn" führen[67].
- Die Gegenauffassung[68] argumentiert mit der Funktion des § 680 BGB: Die Bereitschaft, in Notfällen helfend einzugreifen, werde nur gefördert, wenn das Haftungsprivileg auch bei **irrtümlicher Annahme** einer Gefahr gewährt wird – es sei denn, der Geschäftsführer hat die Sachlage schuldhaft falsch eingeschätzt. **Dem ist zu folgen.** Ob eine Gefahrenlage besteht, lässt sich *vor* dem (vermeintlich erforderlichen) Eingreifen nicht immer sicher beurteilen. Gleiches gilt für die Frage, ob eine tatsächliche Gefahr auch dringlich ist oder auch später noch abgewendet werden kann. Es wäre nicht sachgerecht, wenn der Nothelfer das Risiko der unverschuldeten Fehleinschätzung tragen müsste. Eine „Schutzlosstellung des Geschäftsherrn" vermag ich hierin nicht zu erkennen.

  Folgt man dem, muss man eine **Folgefrage** beantworten: Wann ist die irrige Annahme einer Gefahrenlage unverschuldet? Kommt es insoweit auf den Maßstab des § 276 BGB an[69] oder gilt auch dann schon § 680 BGB[70]? Vorzugswürdig ist Letzteres: Den Geschäftsführer, der glaubt, schnell tätig werden zu müssen, soll nach § 680 BGB eine geringere Sorgfaltspflicht treffen. Dies sollte auch für die Einschätzung der Gefahrenlage selbst gelten. § 680 BGB findet daher **auch dann** Anwendung, wenn der Geschäftsführer **nur leicht fahrlässig** verkannt hat, dass eine Gefahr tatsächlich *nicht* besteht.

45 Nach **h.M.** soll § 680 BGB *nicht* auf **professionelle Nothelfer** (z.B. Notärzte, Feuerwehrleute) anwendbar sein[71]. Dies überzeugt, da deren Hilfsbereitschaft nicht

---

[66] OLG Frankfurt MDR 1976, 1021; *Seiler* in MünchKomm. BGB, § 680 Rn. 5; *Bergmann* in Staudinger, BGB, § 680 Rn. 12 f; *Dornis* in Erman, BGB, § 680 Rn. 4; *Wollschläger*, Die Geschäftsführung ohne Auftrag, 1976, S. 277 ff, 282; vgl. auch *Martinek/Theobald*, JuS 1997, 612, 618, die eine tatsächliche Gefahr bei der unberechtigten GoA verlangen.

[67] *Bergmann* in Staudinger, BGB, § 680 Rn. 13.

[68] OLG München WM 1999, 1878; *Gehrlein* in BeckOK, BGB, § 680 Rn. 1; *Beuthien* in Soergel, BGB, § 680 Rn. 8; *Sprau* in Palandt, BGB, § 680 Rn. 2; *Mansel* in Jauernig, BGB, § 680 Rn. 2; *Wandt*, Gesetzliche Schuldverhältnisse, § 5 Rn. 69; *Giesen*, Jura 1996, 288, 291; für die berechtigte GoA auch *Martinek/Theobald*, JuS 1997, 612, 618.

[69] BAG NJW 1976, 1229, 1230; *Dietrich*, JZ 1974, 534, 539; *Batsch*, AcP 171 (1971), 218, 222.

[70] OLG München WM 1999, 1878; *Sprau* in Palandt, BGB, § 680 Rn. 2; *Mansel* in Jauernig, BGB, § 680 Rn. 2; *Giesen*, Jura 1996, 288, 291.

[71] *Bergmann* in Staudinger, BGB, § 680 Rn. 15; *Beuthien* in Soergel, BGB, § 680 Rn. 5; *Dornis* in Erman, BGB, § 680 Rn. 2; *Wollschläger*, Die Geschäftsführung ohne Auftrag, 1976, S. 283 ff.; dagegen *Seiler* in MünchKomm. BGB, § 680 Rn. 6; *Gehrlein* in BeckOK, § 680 Rn. 2.

III. Ansprüche des Geschäftsherrn

gefördert werden, sondern kraft beruflicher oder Amtsstellung gegeben sein muss. Methodisch handelt es sich dabei um eine **teleologische Reduktion** der Vorschrift. Die **Gegenauffassung** kommt zu ähnlichen Ergebnissen, indem sie den Fahrlässigkeitsmaßstab an die besondere Qualifikation anpasst und hier eher bereit ist, eine grobe Fahrlässigkeit zu bejahen[72].

bb) Rechtsfolgen

§ 680 BGB privilegiert den Geschäftsführer: Er haftet gegenüber dem Geschäftsherrn nur noch für Vorsatz und grobe Fahrlässigkeit. Das Haftungsprivileg gilt aber nur im Innenverhältnis und **nicht gegenüber Dritten**[73].

46

> Macht sich der Geschäftsführer bei Ausführung der GoA Dritten gegenüber ersatzpflichtig, kann dies eine Aufwendung oder einen typischen Begleitschaden darstellen, die nach §§ 683, 670 BGB vom Geschäftsherrn zu ersetzen sind. Der Geschäftsherr kann dann gemäß § 257 BGB Freistellung von der Ersatzpflicht erlangen[74].

Das Haftungsprivileg des § 680 BGB gilt für die Übernahme und die Ausführung des Geschäfts[75]. Es ist daher sowohl bei Ansprüchen aus **§§ 677, 280 I BGB** als auch bei Ansprüchen aus **§ 678 BGB** zu beachten.

47

Darüber hinaus ist § 680 BGB auch auf konkurrierende Ansprüche aus **unerlaubter Handlung** anzuwenden[76].

48

Anderenfalls würde die Privilegierung des Nothelfers in den Fällen leerlaufen, in denen durch Rettungsmaßnahmen deliktisch geschützte Rechtsgüter des Geschäftsherrn verletzt werden.

f) Fehlende Geschäftsfähigkeit des Geschäftsführers

Zu beachten ist schließlich noch **§ 682 BGB**. Ist der Geschäftsführer **geschäftsunfähig oder minderjährig**, ist er zum Schadensersatz nur nach den Regeln der unerlaubten Handlung (§§ 823 ff. BGB) verpflichtet. Von Bedeutung ist insoweit insbesondere § 828 BGB.

49

Der geschäftsunfähige oder minderjährige Geschäftsführer haftet *niemals* nach §§ 677, 280 I BGB oder § 678 BGB.

---

[72] Vgl. *Seiler* in MünchKomm. BGB, § 680 Rn. 6.
[73] *Seiler* in MünchKomm. BGB, § 680 Rn. 7; *Gehrlein* in BeckOK, § 680 Rn. 2; *Wandt*, Gesetzliche Schuldverhältnisse, § 5 Rn. 70.
[74] Vgl. *Wandt*, Gesetzliche Schuldverhältnisse, § 5 Rn. 70.
[75] BGHZ 43, 188, 193; *Gehrlein* in BeckOK BGB, § 680 Rn. 3.
[76] BGHZ 46, 313, 316; BGH NJW 1972, 475; *Bergmann* in Staudinger, BGB, § 680 Rn. 18; *Beuthien* in Soergel, BGB, § 680 Rn. 2.

2. Schadensersatz gemäß § 678 BGB

50 Bei der **unberechtigten GoA** haftet der Geschäftsführer zudem nach § 678 BGB bereits für das sog. **Übernahmeverschulden**. Hierdurch wird die ungewollte Einmischung in fremde Angelegenheiten sanktioniert.

> Hinweis: § 678 BGB ist – anders als § 677 BGB – selbst **Anspruchsgrundlage**, da die Vorschrift eine Rechtsfolge (Verpflichtung zum Schadensersatz) anordnet.

a) Tatbestandsvoraussetzungen

51 Tatbestandlich setzt § 678 BGB voraus, dass
- die Übernahme des Geschäfts durch den Geschäftsführer im Widerspruch zum tatsächlichen oder mutmaßlichen Willen des Geschäftsherrn stand *und*
- der Geschäftsführer dies erkannt oder schuldhaft nicht erkannt hat.

52 Der **Widerspruch zum Geschäftsherrnwillen** kann sich auf die Geschäftsbesorgung als solche („ob"), ihren voraussichtlichen Umfang, die Art und Weise ihrer Durchführung („wie"), den Zeitpunkt („wann") oder auf die Person des Geschäftsführers („durch wen") beziehen[77].

> Bemerkenswert ist, dass der Wortlaut des § 678 BGB sowohl vom Wortlaut des § 677 BGB als auch von dem des § 683 BGB abweicht: Hier kommt das objektive Interesse überhaupt nicht vor! Dass bei Abweichungen der **Wille des Geschäftsherrn dem Interesse vorgeht,** ergibt sich bei § 678 BGB also schon aus dem Wortlaut. Bei den §§ 677, 683 BGB gilt aber nichts anderes (näher dazu oben Rn. 35 und § 15 Rn. 66 f.).

53 Ein entgegenstehender **Wille** des Geschäftsherrn ist **unbeachtlich,** wenn ein Fall des § 679 BGB vorliegt (dazu oben § 15 Rn. 70 ff.). Eine Haftung nach § 678 BGB kommt dann nicht in Betracht.

54 Unanwendbar ist § 678 BGB auch dann, wenn der Geschäftsherr die Geschäftsführung nachträglich **genehmigt**[78] (vgl. § 684 II BGB und oben § 18 Rn. 68 f.). Durch die Genehmigung gibt der Geschäftsherr nämlich zu erkennen, dass er die Geschäftsführung billigt. Die unberechtigte GoA wird so nachträglich zur berechtigten.

> Allerdings ist in jedem Fall sorgsam zu prüfen, ob wirklich eine Genehmigung vorliegt. Hierfür genügt es nicht, dass der Geschäftsherr die Ansprüche aus §§ 681 i.V.m. § 666, 668 BGB geltend macht (dazu unten Rn. 64).

---

[77] *Bergmann* in Staudinger, BGB, § 678 Rn. 8; *Seiler* in MünchKomm. BGB, § 678 Rn. 4.
[78] BGHZ 128, 210, 213; *Bergmann* in Staudinger, BGB, § 678 Rn. 11; *Seiler* in MünchKomm. BGB, § 678 Rn. 4; *Sprau* in Palandt, BGB, § 678 Rn. 4; a.A. *Wandt*, Gesetzliche Schuldverhältnisse, § 5 Rn. 80.

III. Ansprüche des Geschäftsherrn

In **subjektiver Hinsicht** setzt § 678 BGB voraus, dass der Geschäftsführer den entgegenstehenden Willen des Geschäftsherrn „erkennen musste". Damit ist das sog. **Übernahmeverschulden** bezeichnet. Ein solches liegt vor, wenn der Geschäftsführer den entgegenstehenden Willen des Geschäftsherrn entweder gekannt oder infolge von Fahrlässigkeit nicht gekannt hat. Der Geschäftsführer muss nämlich sorgfältig prüfen, ob die Übernahme des Geschäfts dem Willen des Geschäftsherrn entspricht. Dabei hat er dessen Äußerungen, aber auch seine Gewohnheiten und Vermögensverhältnisse in den Blick zu nehmen[79]. 55

Auch im Rahmen des § 678 BGB ist das **Haftungsprivileg des § 680 BGB** zu beachten[80]: Erfolgt die Geschäftsführung zur Abwehr einer dringenden Gefahr, haftet der Geschäftsführer nur, wenn die Unkenntnis des entgegenstehenden Geschäftsherrnwillens auf grober Fahrlässigkeit beruht. Dies gilt auch, wenn der Geschäftsführer eine Gefahrenlage irrtümlich angenommen hat, es sei denn diese Fehlvorstellung beruht ihrerseits auf grober Fahrlässigkeit (siehe dazu Rn. 44). 56

Ein Anspruch aus § 678 BGB kommt nicht in Betracht, wenn der Geschäftsführer geschäftsunfähig oder minderjährig ist; **§ 682 BGB** gilt auch hier. 57

b) Rechtsfolgen

Trifft den Geschäftsführer ein Übernahmeverschulden, so haftet er für alle aus der Ausführung des Geschäfts resultierenden Schäden. 58

Zu fragen ist insoweit, ob der Geschäftsherr Nachteile erlitten hat, die nicht eingetreten wären, wenn der Geschäftsführer das Geschäft nicht übernommen hätte[81]. Auf ein weiteres Verschulden des Geschäftsführers an der Entstehung des konkreten Schadens kommt es nicht an[82]. § 678 BGB greift **auch bei fehlerfreier Ausführung** des Geschäfts ein. Der Geschäftsführer haftet hier also auch für zufällige Verschlechterungen.

Der **Umfang** des Schadensersatzanspruchs richtet sich nach den **§§ 249 ff. BGB**. Bei der Bemessung des Schadensumfangs sind Vorteile, die dem Geschäftsherrn aufgrund der Geschäftsführung zugeflossen sind, schadensmindernd zu berücksichtigen[83] (**Prinzip der Vorteilsausgleichung**). 59

3. Nebenansprüche (§ 681 BGB)

a) Funktion und Anwendungsbereich

Die Hauptpflicht des Geschäftsführers bei der GoA ergibt sich aus § 677 BGB: Er hat das Geschäft sorgfältig und interessengerecht auszuführen (siehe oben Rn. 34). 60

---

[79] *Gehrlein* in BeckOK BGB, § 678 Rn. 3.
[80] BGH NJW 1972, 475.
[81] RGZ 158, 302, 313; BGH NJW 1972, 475; *Gehrlein* in BeckOK BGB, § 678 Rn. 4.
[82] RGZ 158, 302, 313; BGH NJW 1972, 475; *Bergmann* in Staudinger, BGB, § 678 Rn. 17; *Seiler* in MünchKomm. BGB; § 678 Rn. 7.
[83] *Beuthien* in Soergel, BGB, § 678 Rn. 5; *Bergmann* in Staudinger, BGB, § 678 Rn. 18.

§ 681 BGB erweitert das Pflichtenprogramm des Geschäftsführers um verschiedene **Nebenpflichten,** auf deren Befolgung der Geschäftsherr einen Anspruch hat. § 681 BGB stellt dabei – wie der Verweis in Satz 2 auf die §§ 666–668 BGB belegt – den Geschäftsführer ohne Auftrag einem beauftragten Geschäftsführer weitgehend gleich. In beiden Fällen wird der Geschäftsführer im fremden Rechtskreis und damit **treuhänderisch** tätig. In den Nebenpflichten kommt dies zum Ausdruck.

61　Die Nebenpflichten des § 681 BGB bestehen sowohl bei der berechtigten als auch bei der unberechtigten GoA[84].

Das ist nicht unumstritten. Die (früher herrschende) **Gegenauffassung**[85] will § 681 BGB nur bei der berechtigten GoA anwenden, da nur hierdurch ein auftragsähnliches Schuldverhältnis begründet werde. Dies trifft indes nicht zu: Auch bei der unberechtigten GoA entsteht ein gesetzliches Schuldverhältnis – und inwieweit dieses auftragsähnlich ist oder nicht, bestimmt sich anhand der einschlägigen gesetzlichen Regelungen. Ob § 681 BGB anwendbar ist oder nicht, kann daher nicht mit dem Hinweis auf den Charakter des Schuldverhältnisses begründet werden – anderenfalls lägen eine *petitio principii* und damit ein logischer Fehlschluss vor[86]. **Für die Anwendbarkeit** des § 681 BGB auch bei der unberechtigten GoA spricht zudem, dass der Wortlaut lediglich das Vorliegen einer GoA verlangt, aber keine Anforderungen an deren Berechtigung stellt. Zudem ist nicht ersichtlich, wieso der Geschäftsführer, der unberechtigt in den fremden Rechtskreis eingreift, nicht den im Interesse des Geschäftsherrn bestehenden Nebenpflichten unterliegen soll.

b) Anzeige- und Wartepflicht (§ 681 S. 1 BGB)

62　Der Geschäftsführer ist verpflichtet, die Übernahme der Geschäftsführung dem Geschäftsherrn **anzuzeigen** und die Entscheidung des Geschäftsherrn **abzuwarten** (§ 681 S. 1 BGB).

Die **Anzeigepflicht** besteht, „sobald es tunlich ist". Dies ist eine Frage des Einzelfalls, wobei die Erreichbarkeit des Geschäftsherrn und die Bedeutung des Geschäfts eine maßgebliche Rolle spielen[87]. Die **Wartepflicht** soll es dem Geschäftsherrn ermöglichen, über die Fortführung des Geschäfts zu entscheiden. Stimmt er zu,

---

[84] So auch *Sprau* in Palandt, BGB, Vor § 677 Rn. 5; *Beuthien* in Soergel, BGB, § 681 Rn. 2; *Bergmann* in Staudinger, BGB, § 681 Rn. 2; *Seiler* in MünchKomm. BGB, § 681 Rn. 3; *Gehrlein* in BeckOK BGB, § 681 Rn. 1; vgl. auch BGH WM 1989, 1640, 1642.
[85] Vgl. *Dornis* in Erman, BGB, § 681 Rn. 1; *Larenz*, Schuldrecht II/1, § 57 II a, S. 452.
[86] Ein gelungener und gut lesbarer Überblick über typische Fehlschlüsse bei der Rechtsanwendung findet sich bei *Walter*, Kleine Rhetorikschule für Juristen, 2009, S. 167 ff.; ausführlicher *Schneider/Schnapp*, Logik für Juristen, 6. Aufl. 2006, S. 197 ff. – Beide Bücher empfehle ich nachdrücklich zur Lektüre!
[87] *Seiler* in MünchKomm. BGB, § 681 Rn. 5; *Gehrlein* in BeckOK BGB, § 681 Rn. 2.

führt dies regelmäßig zur Begründung eines Auftragsverhältnisses oder sogar eines entgeltlichen Vertrages[88]. Lehnt er die Fortsetzung hingegen ab, so muss der Geschäftsführer sich dem Willen des Geschäftsherrn unterordnen und die Geschäftsführung abbrechen. Ist **Gefahr im Verzug,** besteht die Wartepflicht nicht.

Verletzt der Geschäftsführer schuldhaft diese Pflichten, ist er zum Ersatz des hieraus entstandenen Schadens verpflichtet[89]. Anspruchsgrundlage ist insoweit § 280 I BGB. Der Umfang des Schadensersatzes bestimmt sich nach den §§ 249 ff. BGB. Der Geschäftsherr ist so zu stellen, wie er bei rechtzeitiger Anzeige gestanden hätte. Nach § 252 BGB ist dabei auch ein entgangener Gewinn zu ersetzen[90].

63

> Der Verstoß gegen die Anzeige- und Wartepflicht führt nicht dazu, dass eine berechtigte GoA zur unberechtigten wird. Daher kommt ein Aufwendungsersatzanspruch nach §§ 683, 670 BGB **weiterhin** in Betracht[91]. Die unterlassene oder verspätete Anzeige kann aber dazu führen, dass der Geschäftsführer getroffene Aufwendungen nicht für erforderlich halten durfte[92].

c) §§ 681 S. 2 i.V.m. 666–668 BGB

Für die weiteren Nebenpflichten verweist § 681 S. 2 BGB ins Auftragsrecht:

64

- Der Geschäftsführer ist nach §§ 681 S. 2 i.V.m. 666 BGB verpflichtet, dem Geschäftsherrn **Auskunft** über den Stand des Geschäfts zu geben und **Rechenschaft** abzulegen. Der Geschäftsherr soll hierdurch in die Lage versetzt werden, die notwendigen Informationen zur Verfolgung etwaiger anderer Ansprüche zu erlangen[93].
- Nach §§ 681 S. 2, 667 BGB hat der Geschäftsführer alles, was er aus der Geschäftsführung erlangt, **herauszugeben.** Hierzu zählt auch ein vom Geschäftsführer erwirtschafteter Gewinn[94]. Entsprach die Übernahme des Geschäfts nicht dem Willen des Geschäftsherrn, verlangt er aber dennoch den erzielten Gewinn heraus, so liegt hierin regelmäßig eine Genehmigung nach § 684 II BGB (vgl. § 15 Rn. 69). **Im Übrigen** gilt aber: Dass der Geschäftsherr die Rechte aus § 681 BGB geltend macht, bedeutet für sich gesehen noch nicht, dass er die GoA auch genehmigt!
- Verwendet der Geschäftsführer Geld für sich, das er dem Geschäftsherrn herauszugeben oder für ihn zu verwenden hat, so muss er es nach §§ 681 S. 2 i.V.m. 688 BGB **verzinsen.** Der gesetzliche Zinssatz beträgt vier Prozent (§ 246 BGB), bei Handelsgeschäften fünf Prozent (§ 352 HGB).

Diese Nebenpflichten können vom Geschäftsherrn durch Erhebung einer **Leistungsklage** geltend gemacht werden.

65

---

[88] *Bergmann* in Staudinger, BGB, § 681 Rn. 4.
[89] BGH NJW-RR 2005, 1426, 1428; *Wandt*, Gesetzliche Schuldverhältnisse, § 5 Rn. 86.
[90] RGZ 63, 280, 287; *Bergmann* in Staudinger, BGB, § 681 Rn. 8.
[91] BGHZ 65, 354, 357; OLG Koblenz NJW-RR 1995, 15; *Bergmann* in Staudinger, BGB, § 681 Rn. 8.
[92] *Seiler* in MünchKomm. BGB, § 681 Rn. 10.
[93] *Bergmann* in Staudinger, BGB, § 681 Rn. 9; *Wandt*, Gesetzliche Schuldverhältnisse, § 5 Rn. 84.
[94] *Seiler* in MünchKomm. BGB, § 681 Rn. 8; *Bergmann* in Staudinger, BGB, § 681 Rn. 10; *Henssler*, JuS 1991, 924, 926.

§ 17 Die unechte GoA

Literatur: *Coester-Waltjen*, Das Verhältnis von Ansprüchen aus Geschäftsführung ohne Auftrag zu anderen Ansprüchen, Jura 1990, 608; *Reichard*, Negotium alienum und ungerechtfertigte Bereicherung, AcP 193 (1993), 567; *Wollschläger*, Grundzüge der Geschäftsführung ohne Auftrag (3. Teil), JA 1979, 182.

Übungsfälle: *Eckardt*, Jura 1997, 439; *Hoffmann*, JuS 2013, 615; *Steinbeck/Block*, Jura 2011, 943.

I. Überblick

Eine echte GoA liegt nur vor, wenn der Geschäftsführer weiß, dass er ein fremdes Geschäft mit Fremdgeschäftsführungswillen führt. Dies folgt zwar nicht unmittelbar aus § 677 BGB, ergibt sich aber aus § 687 BGB (dazu oben § 14 Rn. 5). 1

> Der Fremdgeschäftsführungswille setzt zweierlei voraus[1]:
> - das **Bewusstsein**, dass es sich um ein fremdes Geschäft handelt (kognitives Element) und
> - die **Absicht**, das Geschäft als fremdes – „für einen anderen" – zu führen (finales Element)

Das **kognitive Element fehlt**, wenn der Geschäftsführer nicht erkennt, dass es sich um ein fremdes Geschäft handelt. Dann liegt ein Fall der **irrtümlichen Eigengeschäftsführung** vor. Diese ist in § 687 I BGB geregelt – oder besser gesagt: nicht geregelt; denn die Vorschrift erklärt lediglich die §§ 677–686 BGB für unanwendbar. 2

---

[1] Vgl. *Gehrlein* in BeckOK BGB, § 687 Rn. 1; *Seiler* in MünchKomm. BGB, § 687 Rn. 1; *Martinek* in Staudinger, Eckpfeiler des Zivilrechts, Das Recht der ungerechtfertigten Bereicherung und der Geschäftsführung ohne Auftrag, Rn. 79.

3 Das **finale Element fehlt**, wenn der Geschäftsführer zwar weiß, dass er ein fremdes Geschäft besorgt, es aber gleichwohl als eigenes führt. Für eine solche angemaßte Eigengeschäftsführung (nachfolgend: **Geschäftsanmaßung**) gilt § 687 II BGB, der dem Geschäftsherrn ein Wahlrecht einräumt: Er kann Ansprüche aus GoA geltend machen, schuldet dann aber Herausgabe des Erlangten nach § 684 BGB.

II. Irrtümliche Eigengeschäftsführung (§ 687 I BGB)

4 Eine irrtümliche Eigengeschäftsführung liegt vor, wenn der Geschäftsführer die Fremdheit des Geschäfts nicht kennt und das Geschäft deshalb als eigenes führt.

Gemäß § 687 I BGB bestimmen sich die Rechtsfolgen dann **nicht nach den §§ 677 ff. BGB**. Ob der Irrtum vom Geschäftsführer zu vertreten war, spielt dabei keine Rolle[2]. Auch wird die irrtümliche Eigengeschäftsführung durch eine Genehmigung des Geschäftsherrn nicht zur echten GoA[3].

5 Die irrtümliche Eigengeschäftsführung wird somit *nicht* als GoA behandelt. Das bedeutet aber nicht, dass hieraus keine Ansprüche erwachsen können. Diese richten sich vielmehr nach den **§§ 812 ff., 823 ff. und 987 ff. BGB**.

Beispiel: Dieb D hat das Fahrrad des E gestohlen und anschließend an den gutgläubigen G veräußert. G veräußert es später an H. – G ist wegen § 935 I 1 BGB nicht Eigentümer geworden. Die Veräußerung des Fahrrads war daher für ihn ein fremdes Geschäft. Allerdings hatte G hiervon keine Kenntnis; ihm war die Fremdheit nicht bewusst. Er wollte vielmehr ein eigenes Geschäft führen. Gemäß § 687 I BGB finden daher die §§ 677 ff. BGB keine Anwendung. Vielmehr kann E weiterhin vom jetzigen Besitzer (H) Herausgabe des Fahrrades nach § 985 BGB verlangen oder die Veräußerung des G genehmigen und dann von diesem nach § 816 I 1 BGB Herausgabe des Veräußerungserlöses verlangen (siehe oben § 4 Rn. 45 ff.).

III. Geschäftsanmaßung (§ 687 II BGB)

1. Anwendungsbereich

6 Eine Geschäftsanmaßung liegt vor, wenn der Geschäftsführer weiß, dass das Geschäft fremd ist, er es aber gleichwohl wie ein eigenes behandelt.

---

[2] *Beuthien* in Soergel, BGB, § 687 Rn. 3; *Mansel* in Jauernig, BGB, § 687 Rn. 2.
[3] RGZ 105, 84, 92; *Seiler* in MünchKomm. BGB, § 687 Rn. 6.

III. Geschäftsanmaßung (§ 687 II BGB)

Es handelt sich dabei also um einen **vorsätzlichen und eigennützigen Eingriff in einen fremden Rechtskreis**[4], der durch § 687 II BGB sanktioniert wird. Eine Geschäftsanmaßung kommt nur bei **objektiv fremden** Geschäften in Betracht[5], die ausschließlich dem Rechtskreis des Geschäftsherrn zugewiesen sind. Nicht erforderlich ist, dass der Geschäftsherr das Geschäft selbst vorgenommen hätte[6].

> **Beispiele für Geschäftsanmaßungen:** Veräußerung, Vermietung[7] oder sonstige Nutzung fremder Sachen; Eingriff in fremde vermögenswerte Ausschließlichkeitsrechte (z.B. Urheberrecht, Patentrecht).

Beim **subjektiv fremden Geschäft** wird der Bezug zum Rechtskreis des Geschäftsherrn erst durch den Fremdgeschäftsführungswillen hergestellt (siehe oben § 15 Rn. 14). Will der Geschäftsführer nicht für einen anderen handeln, sondern für sich selbst, so fehlt es in diesen Fällen bereits an der Fremdheit des Geschäfts. Auch bei den auch-fremden Geschäften ist für die Anwendung des § 687 II BGB kein Raum[8], da der Geschäftsführer hier zulässigerweise auch im eigenen Rechtskreis tätig wird, sich also nichts „anmaßt".

2. Ansprüche des Geschäftsherrn

Auch bei der Geschäftsanmaßung stehen dem Geschäftsherrn Ansprüche nach den **allgemeinen Vorschriften** (§§ 812 ff., 823 ff., 987 ff. BGB) zu. Zudem gewährt ihm § 687 II BGB ein **Wahlrecht**: Der Geschäftsherr kann **zusätzlich** die Ansprüche aus §§ 677, 678, 681 BGB geltend machen.

> Der Geschäftsherr hat daher insbesondere einen Anspruch auf
> - Auskunft und Rechenschaft (§§ 687 II, 681 S. 2, 666 BGB);
> - Herausgabe des durch die Geschäftsführung Erlangten, einschließlich eines erzielten Gewinns (§§ 687 II, 681 S. 2, 667 BGB);
> - Verzinsung überlassenen oder erlangten Geldes (§§ 687 II, 681 S. 2, 668 BGB);
> - Schadensersatz wegen Übernahmeverschuldens (§§ 687 II, 678 BGB), wobei das Verschulden aufgrund der Kenntnis des Geschäftsführers von der Fremdheit stets gegeben ist. Daher spielt der Anspruch aus §§ 677, 280 I BGB praktisch keine Rolle.

---

[4] Vgl. auch BGHZ 119, 257, 259.
[5] Vgl. etwa BGHZ 75, 203, 205; *Gehrlein* in BeckOK BGB, § 687 Rn. 3.
[6] *Gehrlein* in BeckOK BGB, § 687 Rn. 3.
[7] Nicht aber die unberechtigte Untervermietung, vgl. BGHZ 59, 51, 58; BGHZ 131, 297; BGHZ 167, 312, 320; BGH NJW 1964, 1853; *Brox/Walker*, Besonderes Schuldrecht, § 38 Rn. 2; a.A. *Herschel*, JuS 1968, 562; *Berg*, JuS 1975, 681, 688 f.
[8] BGH NJW 2000, 72, 73 – „Erbensucher"; *Seiler* in MünchKomm. BGB, § 687 Rn. 18; *Sprau* in Palandt, BGB, § 687 Rn. 2.

9 § 687 II BGB verweist auch auf **§ 682 BGB**: Daher bestehen die Ansprüche nicht, wenn der Geschäftsführer geschäftsunfähig oder minderjährig ist.

3. Ansprüche des Geschäftsführers

10 Macht der Geschäftsherr von seinem Wahlrecht Gebrauch und die Ansprüche aus der GoA geltend, beseitigt dies nicht die Rechtswidrigkeit des Eingriffs[9]. Allerdings steht dem Geschäftsführer dann – wie bei der unberechtigten GoA – der **Anspruch aus §§ 684 I, 818 ff. BGB** zu (§ 687 II 2 BGB). Ein „Geltendmachen" im Sinne des § 687 II BGB liegt noch nicht vor, wenn der Geschäftsherr zunächst lediglich Auskunft und Rechenschaft (§§ 681 S. 2, 666 BGB) verlangt. Dieser Anspruch soll ihm nämlich die erforderlichen Informationen beschaffen und eine Entscheidung über die Geltendmachung von Ersatz- und Herausgabeansprüchen vorbereiten. Der Anspruch des Geschäftsführers aus § 684 I BGB besteht daher erst, wenn der Geschäftsherr tatsächlich Schadensersatz oder Herausgabe nach GoA-Regeln verlangt[10].

11 Zum Anspruch aus **§§ 684 I, 818 ff. BGB** gilt das oben § 16 Rn. 25 ff. Gesagte: Es handelt sich um eine besondere Form der **Aufwendungskondiktion**. Hat der Geschäftsherr durch die Geschäftsführung eigene Aufwendungen erspart, stellt dies eine Bereicherung dar, die gemäß §§ 684 I, 818 ff. BGB ausgeglichen werden soll. Der Geschäftsherr soll also nicht besser stehen, als er stünde, wenn er das Geschäft selbst ausgeführt hätte.

> **Achtung:** Keinesfalls darf § 684 I BGB dahingehend missverstanden werden, dass der Geschäftsherr alles, was er aus der Geschäftsführung erlangt hat, an den Geschäftsführer herauszugeben hat. Was dem Geschäftsherrn materiell-rechtlich ohnehin zugewiesen war, darf er natürlich behalten (siehe oben § 16 Rn. 29).

---

[9] *Beuthien* in Soergel, BGB, § 687 Rn. 9; *Mansel* in Jauernig, BGB, § 687 Rn. 8.
[10] *Seiler* in MünchKomm. BGB, § 687 Rn. 17; *Gehrlein* in BeckOK BGB, § 687 Rn. 4; *Wandt*, Gesetzliche Schuldverhältnisse, § 6 Rn. 10; *Medicus/Petersen*, Bürgerliches Recht, Rn. 419; *Brox/Walker*, Besonderes Schuldrecht, § 38 Rn. 6; a.A. *Bergmann* in Staudinger, BGB, § 687 Rn. 42.

Teil V
Besitz und Besitzschutz

§ 18 Besitz

Literatur: *Ebenroth/Frank*, Die Übertragung des Besitzes vom Erblasser auf den Erben, JuS 1996, 794; *Jakl*, Der unsichtbare Rechtsscheinsträger? – Der Zuckerfall, Jura 2010, 292; *Jüchser*, Gewahrsam – ein Begriff, der es nicht leicht macht, ZJS 2012, 195; *Kollhosser*, Grundfälle zu Besitz und Besitzschutz (Teile 1–3), JuS 1992, 215, 393 und 567; *Petersen*, Grundfragen zum Recht des Besitzes, Jura 2002, 160; *ders.*, Sonderfragen zum Recht des Besitzes, Jura 2002, 255; *Omlor/Gies*, Der Besitz und sein Schutz im System des BGB, JuS 2013, 12; *Röthel*, Erbenbesitz und Erbschaftsbesitz, Jura 2012, 947; *Schreiber*, Die Besitzformen, Jura 2012, 514; *Witt*, Die Rechtsfigur des Besitzdieners im Widerstreit zwischen Bestands- und Verkehrsschutz, AcP 201 (2001), 165.

Übungsfälle: *Godt/Susnjar*, Jura 2008, 542; *Hamm*, JuS 1998, 648; *Wimmer-Leonhardt*, JuS 2010, 136.

I. Begriff des Besitzes

Das BGB definiert *nicht*, was Besitz ist. Allerdings bestimmt § 854 I BGB: „Der Besitz einer Sache wird durch die Erlangung der tatsächlichen Gewalt über die Sache erworben." Es geht also beim Besitz – jedenfalls im Ausgangspunkt – um die **Beziehung einer Person zu einer Sache**[1].

> Besitz ist willensgetragene Sachherrschaft und zwar – anders als das Eigentum (vgl. § 903 I BGB) – **tatsächliche Sachherrschaft.**

1

---

[1] BGHZ 180, 300, 307; *Stadler* in Soergel, BGB, Vor § 854 Rn. 5; *Gutzeit* in Staudinger, BGB, Vor § 854 Rn. 13 f.

2 Dass der Besitzer auch einen entsprechenden **Besitzwillen** haben muss, lässt sich dem Wortlaut des Gesetzes nicht entnehmen, wird aber von der h.M. zu Recht gefordert[2] (Ausnahme: § 857 BGB). Nicht erforderlich ist hingegen, dass der Besitzer ein Recht *auf* Herrschaft hat[3].

> **Beispiel:** Jurastudent S entwendet seiner Kommilitonin K heimlich ihren *Schönfelder*, um ihn selbst zu verwenden. Wird er Besitzer? – Auch der **Dieb** kann Besitzer sein. Entscheidend ist allein die tatsächliche Sachherrschaft – und diese übt S aus. S hat sich strafbar gemacht (§ 242 StGB). K kann Herausgabe des Schönfelders verlangen (z.B. aus §§ 985, 823 I und II, 812 I 1 Alt. 2 BGB, aber auch aus § 861 BGB). Und schließlich muss S der K den durch den Diebstahl entstandenen Schaden auch ersetzen (§ 823 I und II BGB). Dies alles ist aber für die Besitzbegründung unerheblich. S ist durch den Diebstahl Besitzer des Schönfelders geworden.

3 Tatsächliche Sachherrschaft bedeutet aber nicht, dass der Besitzer jederzeit auf die Sache zugreifen können muss[4]. Bei der Bestimmung der Besitzverhältnisse spielt die **Verkehrsanschauung** eine gewichtige Rolle. Nach 855 BGB wird die tatsächliche Sachherrschaft von sog. **Besitzdienern** denen *zugerechnet*, für die sie tätig sind (dazu unten Rn. 36). Eine andere Form der Zurechnung kennt § 868 BGB: Übt der Besitzer die Sachherrschaft nur auf Zeit aus (z.B. aufgrund eines Mietvertrages), so ist auch derjenige Besitzer, der später Herausgabe der Sache verlangen kann (z.B. der Vermieter). Diese gestufte Form des Besitzes wird als **mittelbarer Besitz** bezeichnet. Festgehalten werden kann also: Der **Besitzbegriff ist normativ geprägt.** Besonders deutlich wird dies beim **Erbenbesitz,** der nach § 857 BGB ganz ohne Sachherrschaft bestehen kann.

II. Rechtsnatur

4 Die §§ 854 ff. BGB nehmen im Gesetz eine exponierte Stellung ein, stehen sie doch gleich am Anfang des dritten Buches. Das Sachenrecht beginnt also, anders als man vermuten könnte, nicht mit dem Eigentum, sondern mit dem Besitz. Bemerkenswert ist dies auch deswegen, weil der Besitz als solcher kein Sachen*recht* – genauer gesagt: überhaupt kein Recht – ist. Der Besitz ist ein zwar normativ geprägter, aber doch **faktischer Tatbestand.** Er hat *als solcher* keinen rechtlichen Zuweisungsgehalt.

> **Nochmals:** Auch der Dieb ist Besitzer – und es würde merkwürdig anmuten, wenn ein subjektives Recht allein durch die verbotene (und strafbewehrte) Wegnahme begründet werden könnte.

---

[2] RGZ 106, 135, 136; BGHZ 27, 360, 362; BGHZ 101, 186, 187; *Klinck* in Staudinger, Eckpfeiler des Zivilrechts, Besitz, Rn. 8; *Bassenge* in Palandt, BGB, § 854 Rn. 4; *Joost* in MünchKomm. BGB, § 854 Rn. 8.

[3] *Fritzsche* in BeckOK BGB, § 854 Rn. 8; *Berger* in Jauernig, BGB, § 854 Rn. 1; *Klinck* in Staudinger, Eckpfeiler des Zivilrechts, Besitz, Rn. 12.

[4] *Joost* in MünchKomm. BGB, § 854 Rn. 5 ff.

Einen Zuweisungsgehalt hat der Besitz aber dann, wenn er auf einem materiell Berechtigten abgeleiteten Besitzrecht beruht. Daher wird der **berechtigte Besitz** von manchen Autoren als subjektives Recht angesehen. Hiergegen lässt sich einwenden, dass die tatsächliche Sachherrschaft und die Berechtigung hierzu ganz verschiedene gedankliche Ebenen betreffen[5]. Das subjektive Recht ist die Besitzberechtigung, die sich auf den Besitz bezieht. *In diesem Sinne* spricht nichts dagegen, den berechtigten Besitz als sonstiges Recht im Sinne des § 823 I BGB anzusehen (dazu schon § 8 Rn. 78).

III. Bedeutung des Besitzes

1. Besitz als Anknüpfungspunkt anderer Regelungen

Die rechtliche Bedeutung des Besitzes lässt sich aus den §§ 854 ff. BGB allein nicht entnehmen. Zahlreiche andere Vorschriften knüpfen an den Besitz tatbestandlich an. Dabei erfüllt der Besitz oft eine **Publizitätsfunktion**[6].

> Besonders deutlich ist dies bei der Eigentumsvermutung nach § 1006 BGB. Die Übereignung beweglicher Sachen gemäß §§ 929 ff. BGB erfordert neben der dinglichen Einigung stets auch die Besitzverschaffung durch Übergabe oder ein Übergabesurrogat. Auch andere Erwerbs- (z.B. § 937 BGB) und Entstehenstatbestände (§§ 1032, 1205, 1206 BGB) knüpfen an den Besitz an. Schließlich fungiert der Besitz beim Erwerb vom Nichtberechtigten nach §§ 932 ff., 1032, 1207 BGB als **Rechtsscheinträger**.

Bestimmte Ansprüche sind tatbestandlich gegen den Besitzer einer Sache gerichtet. Der Besitz ist dann also **Voraussetzung für die Passivlegitimation**. Wichtigster Fall ist der Herausgabeanspruch des Eigentümers aus § 985 BGB (dazu unten § 20 Rn. 10 f.). Beim Fund hingegen ist der Besitz eine **negative Voraussetzung**: Gefunden werden können nur verlorene Sachen – und das sind solche, an denen niemand mehr Besitz hat (näher hierzu unten § 23 Rn. 5).

2. Schutzfunktion des Besitzes

Der Besitz hat darüber hinaus aber auch eine eigenständige Funktion: Er ist Schutzgegenstand der **Besitzschutzrechte und -ansprüche** (§§ 858 ff. BGB). Durch diese wird der Besitzer vor der widerrechtlichen Störung oder gar Entziehung seines Besitzes durch einen anderen geschützt – und zwar unabhängig vom Bestehen eines Besitzrechts. Dieser sog. **possessorische Besitzschutz** (von lat. *possessio* = *Besitz*) der §§ 858 ff. BGB wird ergänzt durch § 1007 BGB, der auf das Besitzrecht abstellt und daher als **petitorischer Besitzschutz** bezeichnet wird[7].

> Beide Formen des Besitzschutzes werden unter § 19 noch ausführlich dargestellt.

---

[5] Vgl. *Joost* in MünchKomm. BGB, Vor § 854 Rn. 10; *Gutzeit* in Staudinger, BGB, Vor § 854 Rn. 36; a.A. *Stadler* in Soergel, BGB, Vor § 854 Rn. 6.

[6] Siehe etwa *Fritzsche* in BeckOK BGB, § 854 Rn. 11.

[7] Vgl. *Klinck* in Staudinger, Eckpfeiler des Zivilrechts, Besitz, Rn. 25.

9 Daneben wird der berechtigte Besitz auch deliktsrechtlich als **sonstiges Recht** im Sinne des § 823 I BGB geschützt (siehe oben § 8 Rn. 78). Zudem können Besitzstörungen zur Eingriffskondiktion führen (siehe oben § 4 Rn. 25 ff.).

IV. Besitzarten

1. Überblick

10 Die §§ 854 ff. BGB kennen **verschiedene Arten** des Besitzes. Die Unterscheidungen knüpfen dabei an unterschiedliche Aspekte an, sodass die Besitzarten auch miteinander kombiniert werden können.

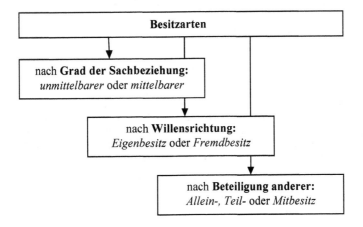

a) Unmittelbarer Besitz und mittelbarer Besitz

11 Die Unterscheidung zwischen unmittelbarem und mittelbarem Besitz, von der bereits die Rede war (oben Rn. 3), knüpft an den **Grad der Sachbeziehung** an.

> Der **unmittelbare Besitzer** hat die tatsächliche Sachherrschaft inne. Dem **mittelbaren Besitzer** wird der Besitz durch einen anderen, der Sache besitzrechtlich näher stehenden Besitzer (dem sog. **Besitzmittler**) vermittelt.

12 Das „rechtliche Band", das zu diesem gestuften Besitz führt, wird als **Besitzmittlungsverhältnis** bezeichnet[8]. Mittelbarer Besitz besteht nur, solange der unmittelbare Besitzer das „höherrangige" Besitzrecht des mittelbaren Besitzers anerkennt und diesem den Besitz mitteln will. Der mittelbare Besitzer kann auch seinerseits den Besitz einem anderen mitteln. Dann besteht ein **mehrstufiges Besitzverhältnis** (vgl. § 871 BGB).

---

[8] Ausführlich dazu *Gutzeit* in Staudinger, BGB, § 868 Rn. 15 ff.

Bespiel: Eigentümer E vermietet eine Wohnung an Mieter M, dieser vermietet ein Zimmer weiter an Untermieter U. Unabhängig davon, ob M zur Untervermietung berechtigt ist, ergibt sich folgende besitzrechtliche Konstellation:

- U ist **unmittelbarer Besitzer.** Zugleich fungiert U als Besitzmittler des M. Das Besitzmittlungsverhältnis ist insoweit der Untermietvertrag.
- M ist **mittelbarer Besitzer erster Stufe.** Zugleich fungiert M als Besitzmittler des E. Das Besitzmittlungsverhältnis ist insoweit der Mietvertrag.
- E ist **mittelbarer Besitzer zweiter Stufe.**

Für weitere Einzelheiten zum unmittelbaren und mittelbaren Besitz siehe unten Rn. 20 ff. und 46 ff.

b) Eigen- oder Fremdbesitz

Nach der **Willensrichtung** der Beteiligten richtet sich, ob Eigen- oder Fremdbesitz vorliegt. 13

Der **Eigenbesitzer** wird in § 872 BGB legal definiert: „Wer eine Sache als ihm gehörend besitzt, ist Eigenbesitzer." 14

Es kommt auch insoweit nicht auf ein Besitzrecht oder gar die Eigentümerstellung des Besitzers an. Entscheidend ist allein dessen Willensrichtung[9]. Auch der Dieb kann daher Eigenbesitzer sein.

Hinweise: Insoweit besteht eine Parallele zur Zueignungsabsicht bei den strafrechtlichen Vermögensdelikten. Auch dort wird gefragt, ob der Täter sich eine eigentümerähnliche Stellung angemaßt, sich also wie ein Eigentümer „geriert" hat[10] (*se ut dominum gerere*). Das Gesetz knüpft an verschiedenen Stellen daran an, dass der Besitzer Eigenbesitzer – und nicht nur Fremdbesitzer – ist. So gilt die Vermutung des § 1006 BGB nur für den Eigenbesitzer[11]. Eine Übereignung nach den §§ 929 ff. BGB setzt voraus, dass der Erwerber Eigenbesitz erlangt[12]. Und schließlich kann nur der redliche Eigenbesitzer nach § 937 BGB das Eigentum an einer Sache ersitzen.

Anders als der Eigenbesitzer erkennt der **Fremdbesitzer** die übergeordnete Besitzberechtigung eines anderen an. 15

In aller Regel mittelt der Fremdbesitzer dabei dem anderen den Besitz. Der Fremdbesitzer geht davon aus, dass er mit der Sache nicht beliebig verfahren kann, sondern die Sache nur vorübergehend besitzt und später herausgeben wird[13]. Ob eine entsprechende Herausgabepflicht besteht, spielt dabei keine Rolle[14]. Entscheidend

---

[9] RGZ 54, 133, 135; BGHZ 132, 245, 257; BGH WM 1971, 1452.
[10] Vgl. schon RGSt 43, 17, 20.
[11] *Oechsler* in MünchKomm. BGB, § 929 Rn. 59.
[12] Vgl. *Fritzsche* in BeckOK BGB, § 1006 Rn. 7.
[13] *Joost* in MünchKomm. BGB, § 872 Rn. 6; *Kollhosser*, JuS 1992, 393, 394.
[14] BGHZ 85, 263, 265; BGH NJW 1955, 499.

ist allein, dass der Besitzer hiervon ausgeht und auch bereit ist, dieser tatsächlichen oder vermeintlichen Pflicht nachzukommen.

In unserem **Beispiel** lässt sich die Besitzlage also wie folgt präzisieren:
- U ist unmittelbarer **Fremdbesitzer.**
- M ist mittelbarer **Fremdbesitzer** erster Stufe.
- E ist mittelbarer **Eigenbesitzer** zweiter Stufe.

c) Allein-, Teil- oder Mitbesitz

16 Schließlich kann auch gefragt werden, ob der Besitzer den Besitz **auf seiner Stufe** mit anderen teilt oder nicht. Die gesetzliche Regel ist der **Alleinbesitz** einer (gesamten) Sache. § 865 BGB regelt den **Teilbesitz**: Die tatsächliche Sachherrschaft kann sich auch bloß auf einen Teil einer Sache beschränken. Beispielhaft nennt die Vorschrift abgetrennte Wohnräume und andere Räume. Der Teilbesitz ist eine Sonderform des Alleinbesitzes, da hinsichtlich des betreffenden Teils der Besitzer die Sachherrschaft allein innehat.

17 Davon zu unterscheiden ist der in § 866 BGB geregelte **Mitbesitz,** bei dem mehrere eine Sache (oder einen Teil hiervon) **gemeinschaftlich** besitzen. Insoweit wird weiter differenziert[15]: Beim **schlichten Mitbesitz** ist jeder Mitbesitzer Inhaber der tatsächlichen Sachherrschaft. Diese wird aber *faktisch* durch die Sachherrschaft der anderen Mitbesitzer beschränkt[16].

Beispiele: Ehegatten an der Ehewohnung und Haushaltsgegenständen[17] (unabhängig von Eigentumslage); mehrere Mieter am Mietobjekt[18]; Mitglieder einer Bruchteilsgemeinschaft an der gemeinsam gehaltenen Sache (vgl. § 743 II BGB).

18 Beim **qualifizierten (auch: kollektiven) Mitbesitz** können die Mitbesitzer die Sachherrschaft nur gemeinsam ausüben. Hier sind die Mitbesitzer also wechselseitig auf ihre Mitwirkung angewiesen.

Beispiel: Bankschließfach, zu dessen Öffnung zwei verschiedene Schlüssel notwendig sind, sofern sich die Schlüssel im Besitz verschiedener Personen befinden. – Allerdings liegt *kein* Mitbesitz vor, wenn ein einzelner Kunde für den Zugang zum Schließfach auf die Mitwirkung der Bank angewiesen ist[19]. Dann ist nach der Verkehrsanschauung der Besitz am Schließfachinhalt allein dem Kunden zugeordnet.

19 Umstritten ist, ob ein unmittelbarer Besitzer gleichzeitig zwei Personen den Besitz mitteln kann, die weder Mitbesitzer sind noch ihrerseits durch ein Besitzmittlungsverhältnis verbunden sind (sog. **Nebenbesitz**). Relevant wird diese Frage in Fällen, in denen ein unmittelbarer Besitzer ein neues Besitzmittlungsverhältnis eingeht, ohne das andere ausdrücklich zu beenden.

---

[15] Vgl. *Kollhosser*, JuS 1992, 393, 394 f.
[16] *Gutzeit* in Staudinger, BGB, § 866 Rn. 6; *Baur/Stürner*, Sachenrecht, § 7 Rn. 78.
[17] BGHZ 12, 380, 398 ff.; BGHZ 73, 253, 257; BGHZ 159, 383, 385.
[18] BGHZ 62, 243, 245.
[19] OLG Düsseldorf NJW-RR 1996, 839, 840; *Fritzsche* in BeckOK BGB, § 866 Rn. 12; *Gutzeit* in Staudinger, BGB, § 854 Rn. 37.

- Teile des Schrifttums nehmen hier an, dass der unmittelbare Besitzer den Besitz dann seinen beiden Vertragspartnern mittle und diese **auf gleicher Stufe, aber unabhängig voneinander mittelbare Besitzer** seien.
- Dem ist mit der h.M. *nicht* zu folgen[20]. Durch die Begründung des neuen Besitzmittlungsverhältnisses kündigt der unmittelbare Besitzer das bereits bestehende Besitzmittlungsverhältnis zumindest innerlich auf. Dass er dies seinem bisherigen mittelbaren Besitzer nicht mitteilt, ist ohne Bedeutung, da es allein auf seine Willensrichtung ankommt und diese nach außen durchaus erkennbar ist.

Die sachenrechtlichen Implikationen des Meinungsstreits sind hier nicht weiter von Interesse. Verraten sei nur so viel: Es geht um den gutgläubigen Erwerb nach §§ 931, 934 BGB[21]. Hier genügt die Feststellung, dass die Figur des Nebenbesitzes *nicht* anzuerkennen ist.

V. Unmittelbarer Besitz

1. Voraussetzungen

a) Tatsächliche Sachherrschaft

Unmittelbarer Besitzer ist – vorbehaltlich des § 855 BGB –, wer die tatsächliche Gewalt über eine Sache ausübt (§ 854 I BGB). 20

> Die Sache muss nach der **Verkehrsanschauung** dem Machtbereich des Besitzers zugeordnet sein, sodass dieser auf die Sache selbst oder durch Hilfspersonen einwirken kann[22].

Eine physische Einwirkungsmöglichkeit setzt ein **räumliches Näheverhältnis** zur 21 Sache voraus, das dem Besitzer den Gebrauch der Sache ermöglicht[23]. Dies bedeutet aber nicht, dass der Besitzer zu jedem Zeitpunkt auf die Sache einwirken können muss[24]. Dass die Sache dem Zugriff anderer Personen ausgesetzt ist, schadet nicht, solange niemand sich der Sache bemächtigt[25].

---

[20] RGZ 135, 75 ff.; RGZ 138, 265 ff.; BGHZ 26, 16 ff.; BGHZ 50, 45 ff.; *Joost* in MünchKomm. BGB, § 868 Rn. 20; *Fritzsche* in BeckOK BGB, § 868 Rn. 42; *Picker*, AcP 188 (1988), 511, 533.
[21] Näher dazu *Medicus/Petersen*, Bürgerliches Recht, Rn. 558 ff.
[22] *Fritzsche* in BeckOK BGB, § 854 Rn. 21.
[23] LG Hagen MDR 1948, 346; *Bassenge* in Palandt, BGB, § 854 Rn. 3; *Gutzeit* in Staudinger, BGB, § 854 Rn. 9; *Wolf/Wellenhofer*, Sachenrecht, § 4 Rn. 8; *Baur/Stürner*, Sachenrecht, § 7 Rn. 6; a.A. *Klinck* in Staudinger, Eckpfeiler des Zivilrechts, Besitz, Rn. 7.
[24] BGHZ 44, 27, 32; *Stadler* in Soergel, BGB, § 854 Rn. 4 ff.; *Gutzeit* in Staudinger, BGB, § 854 Rn. 9; *Joost* in MünchKomm. BGB, § 854 Rn. 5; *Baur/Stürner*, Sachenrecht, § 7 Rn. 6.
[25] BGH WM 1964, 614, 615 f.; *Joost* in MünchKomm. BGB, § 854 Rn. 6.

22 Umstritten ist, ob der Besitz eine gewisse **Dauer** der Sachherrschaft voraussetzt[26]. Dies ist zu bejahen, wenngleich die Anforderungen auch hier nicht allzu hoch anzusetzen sind. Entscheidend ist wiederum die **Verkehrsanschauung**[27].

> **Beispiele:**
> - Das Sitzen auf einer Parkbank begründet noch keinen Besitz an dieser. Gleiches gilt für den Restaurantgast hinsichtlich des Stuhls, auf dem er sitzt, und des Bestecks, das er benutzt.
> - Wer hingegen Kirschen von einem fremden Baum pflückt, um diese sogleich zu essen, wird kurzzeitig Besitzer der Kirschen.

b) Besitzwille

23 Sachherrschaft allein genügt aber nach h.M. nicht, um Besitz zu begründen. Hinzu kommen muss der **Wille zum Besitz**[28].

> Besitzer ist also nur, wer die tatsächliche Sachherrschaft ausüben will, d.h. die Sache seinem Machtbereich zuordnet.

24 Ein „Gebrauchswille" ist jedoch *nicht* erforderlich. Zur tatsächlichen Sachherrschaft zählt nämlich auch die Möglichkeit, eine Sache nicht zu nutzen.

> **Beispiel:** Nach erfolgreicher Promotion überreicht der frisch zum „Dr." gekürte G seinem Kollegen S ein signiertes Exemplar seiner Dissertation. Dieser bedankt sich pflichtschuldig und stellt das Buch zu Hause in die hintere Reihe seines Bücherregals. Dabei geht S davon aus, nie wieder einen Blick in das Buch zu werfen. – Durch die Übergabe hat S die tatsächliche Sachherrschaft an dem Buch erlangt. Dass er diese auch ausüben will, ergibt sich daraus, dass er das Buch angenommen und später im Bücherregal verstaut hat. Dass er das Buch nicht lesen will, spielt besitzrechtlich *keine* Rolle.

25 Der Besitzwille setzt *nicht* voraus, dass der Besitzer genau weiß, wo in seinem Machtbereich sich die Sache befindet.

> **Abwandlung unseres Beispiels:** Nach einiger Zeit will S eine von G in seiner Dissertation vertretene These nachschlagen. Allerdings weiß er nicht mehr, wo er das Buch hingetan hat. – Die Vergesslichkeit des S hat hier nicht dazu geführt, dass er den Besitz an dem Buch verloren hat.

26 Die h.M. geht sogar noch einen Schritt weiter: Der Besitzer muss noch nicht einmal wissen, dass eine bestimmte Sache in seinen Machtbereich gelangt ist. Vielmehr soll ein **genereller Besitzwille** genügen[29], der sich auf alle Sachen erstrecken kann,

---

[26] Dafür BGHZ 74, 146, 149; BGHZ 75, 221, 223; *Bassenge* in Palandt, BGB, § 854 Rn. 3; *Gutzeit* in Staudinger, BGB, § 854 Rn. 10 ff.; *Stadler* in Soergel, BGB, § 854 Rn. 8; *Prütting*, Sachenrecht, Rn. 53; *Baur/Stürner*, Sachenrecht, § 7 Rn. 7; dagegen etwa *Joost* in MünchKomm. BGB, § 854 Rn. 11 f.

[27] *Fritzsche* in BeckOK BGB, § 854 Rn. 23.

[28] Vgl. RGZ 106, 135, 136; BGHZ 27, 360, 362; BGHZ 101, 186, 197; *Fritzsche* in BeckOK BGB, § 854 Rn. 24 mit weiteren Nachweisen auch zur Gegenauffassung.

[29] BGHZ 101, 186, 188; *Joost* in MünchKomm. BGB, § 854 Rn. 10; *Bassenge* in Palandt, BGB, § 854 Rn. 4; *Stadler* in Soergel, BGB, § 854 Rn. 10; *Gutzeit* in Staudinger, BGB, § 854 Rn. 18;

die sich im eigenen Machtbereich befinden und nicht im Besitz eines anderen stehen. Dies gilt insbesondere, wenn besondere Einrichtungen für den Empfang von Sachen bereitgehalten werden[30] (z.B. ein Briefkasten).

> **Beispiel:** Kunde K verliert im Laden des L unbemerkt einen Geldschein. – Lässt man mit der h.M. einen generellen Besitzwillen genügen, so erlangt L den Besitz am Geldschein schon bevor er von ihm Kenntnis erlangt. Der Besitzwille eines Ladeninhabers soll sich nämlich auf alle in seinem Geschäft verlorenen Sachen beziehen[31]. Dies erscheint mir zweifelhaft.

> **Hinweis:** Praktische Bedeutung erlangt der generelle Besitzwille insbesondere beim Fund. Siehe dazu unten § 23 Rn. 13.

Der Besitzwille ist **nicht rechtsgeschäftlicher Natur.** Daher sind die §§ 104 ff. BGB nicht anwendbar, sodass auch Geschäftsunfähige Besitzer sein können[32]. Erforderlich zur Besitzbegründung ist allerdings, dass die betreffende Person den **natürlichen Willen** bilden kann, die Herrschaft über eine Sache auszuüben. Dies ist beispielsweise bei Bewusstlosen nicht der Fall. Hingegen führt eine nach Besitzerlangung eingetretene Bewusstlosigkeit nicht ohne Weiteres zum Verlust des Besitzes. An den Besitzbegründungswillen sind nämlich höhere Anforderungen zu stellen als an den Besitzerhaltungswillen[33]. 27

c) Erkennbarkeit

> Schließlich verlangt die h.M. noch, dass die Herrschaftsbeziehung des Besitzers für jeden, der ein Interesse daran hat, erkennbar ist[34].

Erkennbar sein muss die Machtbeziehung zwischen Besitzer und Sache, *nicht* aber die Person des Besitzers[35]. Wiederum sind bei Besitzbegründung höhere Anforderungen an die Erkennbarkeit zu stellen als an den Fortbestand des Besitzes[36]. 28

Baur/Stürner, Sachenrecht, § 7 Rn. 15.

[30] *Joost* in MünchKomm. BGB, § 854 Rn. 10; *Gutzeit* in Staudinger, BGB, § 854 Rn. 18; *Stadler* in Soergel, BGB, § 854 Rn. 10.

[31] BGHZ 101, 186, 187 ff.

[32] RGZ 98, 131 ff.; BGH NJW 1988, 3260, 3262; *Joost* in MünchKomm. BGB, § 854 Rn. 9; *Bassenge* in Palandt, BGB, § 854 Rn. 2; *Fritzsche* in BeckOK BGB, § 854 Rn. 27; *Gutzeit* in Staudinger, BGB, § 854 Rn. 17; a.A. *Klinck* AcP 205 (2005), 487, 495 ff.; teilweise auch *Wilhelm*, Sachenrecht, Rn 324.

[33] Vgl. *Fritzsche* in BeckOK BGB, § 854 Rn. 26; *Stadler* in Soergel, BGB, § 854 Rn. 10; *Lorenz* in Erman, BGB, § 854 Rn. 11; *Baur/Stürner*, Sachenrecht, § 7 Rn. 16.

[34] BGHZ 44, 27, 32; *Fritzsche* in BeckOK BGB, § 854 Rn. 29; *Lorenz* in Erman, BGB, § 854 Rn. 12; *Bassenge* in Palandt, BGB, § 854 Rn. 4; *Gutzeit* in Staudinger, BGB, § 854 Rn. 20; a.A. *Joost* in MünchKom. BGB, § 854 Rn. 13; *Stadler* in Soergel, BGB, § 854 Rn. 7.

[35] *Fritzsche* in BeckOK BGB, § 854 Rn. 30; *Stadler* in Soergel, BGB, § 854 Rn. 7; *Westermann/Gursky/Eickmann*, Sachenrecht, § 8 Rn. 10.

[36] *Fritzsche* in BeckOK BGB, § 854 Rn. 29; *Lorenz* in Erman, BGB, § 854 Rn. 11; *Stadler* in Soergel, BGB, § 854 Rn. 10; *Baur/Stürner* Sachenrecht, § 7 Rn. 16.

2. Erwerb des unmittelbaren Besitzes

29 Der Besitzerwerb erfordert nach § 854 I BGB das (willentliche) **Erlangen der tatsächlichen Sachherrschaft.**

Stand die Sache bislang im Besitz eines anderen und hat dieser den Besitz freiwillig übertragen (z.B. durch Übergabe der Sache), dann handelt es sich um einen **derivativen (= abgeleiteten) Besitzerwerb.** Hat der neue Besitzer die Sachherrschaft ohne oder gegen den Willen des bisherigen Besitzers begründet oder war die Sache zuvor besitzlos, so spricht **man von einem originären Besitzerwerb.**

30 § 854 II BGB erleichtert den derivativen Besitzerwerb. Danach genügt die **Einigung** zwischen dem bisherigen Besitzer und dem Erwerber zur Besitzbegründung, sofern der Erwerber sofort in der Lage ist, die tatsächliche Gewalt über die Sache auszuüben.

Standardbeispiel ist die im Wirtshaus vorgenommene Einigung über die Übergabe eines Holzstoßes im Wald.

31 Die Bedeutung des § 854 II BGB ist **umstritten.** Nach h.M.[37] soll die Einigung als Vertrag aufzufassen sein – mit der Folge, dass die §§ 104 ff. BGB zur Anwendung kommen. Die Gegenauffassung[38] betont indes *zutreffend*, dass dies mit der Rechtsnatur des Besitzes nicht vereinbar ist. Richtigerweise ist für die Einigung nur eine **tatsächliche Willensübereinstimmung** erforderlich, die nicht den §§ 104 ff. BGB unterfällt. § 854 II BGB erklärt entgegen der h.M. auch *nicht* die Erlangung der Sachherrschaft für verzichtbar[39]. Im Gegenteil: Die Vorschrift verlangt ja gerade, dass der Erwerber zur Gewaltausübung in der Lage ist, setzt also Sachherrschaft voraus. Durch die Vorschrift wollte der Gesetzgeber lediglich zum Ausdruck bringen, dass in diesen Fällen eine „an der Sache selbst vorgenommene Besitzhandlung" verzichtbar ist[40].

3. Besitzverlust

a) Freiwillige Besitzaufgabe und unfreiwilliger Besitzverlust

32 Der Besitz endet, wenn der Besitzer die tatsächliche Gewalt über die Sache aufgibt oder in anderer Weise verliert (§ 856 I BGB). Um eine **Besitzaufgabe** handelt

---

[37] BGHZ 16, 259, 263; *Berger* in Jauernig, BGB, § 854 Rn. 12; *Stadler* in Soergel, BGB, § 854 Rn. 21; *Bassenge* in Palandt, BGB, § 854 Rn. 6; *Gutzeit* in Staudinger, BGB, § 854 Rn. 29; *Lorenz* in Erman, BGB, § 854 Rn. 15; *Westermann/Gursky/Eickmann*, Sachenrecht, § 12 Rn. 10; *Baur/Stürner* Sachenrecht, § 7 Rn. 22; *Wilhelm*, Sachenrecht, Rn. 476; *Kollhosser*, JuS 1992, 215, 217.
[38] *Joost* in MünchKomm. BGB, § 854 Rn. 32; *Klinck*, AcP 205 (2005), 487, 490; *Wieling*, Sachenrecht, § 4 II 2 b, S. 53; *Schreiber*, Sachenrecht, Rn. 56; *Herrmann* in Gedächtnisschrift Jörn Eckert, 2008, S. 323, 331.
[39] *Joost* in MünchKomm. BGB, § 854 Rn. 32.
[40] Siehe die Motive zum BGB bei *Mugdan* III S. 51: „unnötige Förmelei".

es sich, wenn die bisherige Sachherrschaft freiwillig und nach außen erkennbar[41] durch den Besitzer beendet wird. Dies kann insbesondere dadurch geschehen, dass der Besitz auf einen anderen übertragen wird (z.B. durch Übergabe der Sache). **Freiwilligkeit** liegt auch vor, wenn die Besitzaufgabe auf einem Irrtum beruht, selbst wenn der Besitzer vom Erwerber getäuscht wurde[42]. **Unfreiwillig** handelt hingegen, wer durch physischen oder psychischen Zwang zur Übergabe bestimmt wird[43].

> **Beispiel:** Bei einer Polizeikontrolle wird der Pkw des A beschlagnahmt. Um Zwangsmittel zu vermeiden, gibt A den Pkw „freiwillig" heraus. – Eine Besitzaufgabe liegt nicht vor, da A sich zur Herausgabe gezwungen sah. Die Entscheidung, den Pkw herauszugeben, beruhte *nicht* auf einem *freien* Willensentschluss. Daher handelte es sich nicht um eine Besitzaufgabe im Sinne des § 856 I BGB, sondern um einen unfreiwilligen Besitzverlust.

Der „sonstige Besitzverlust" ist also der **unfreiwillige** – und dauerhafte (siehe Rn. 35) – Verlust der Sachherrschaft. Hierzu kommt es, wenn der Besitzer die Sache verliert, aber auch dann, wenn ein anderer (z.B. ein Dieb) ohne seinen Willen neuen Besitz an der Sache begründet. Bei einem **unfreiwilligen Besitzverlust** ist die Sache „abhanden gekommen"[44]. Von Bedeutung ist dies insbesondere bei **§ 935 I 1 BGB**: Dem Berechtigten abhanden gekommene Sachen können nicht gutgläubig erworben werden.

33

b) Besitzlockerungen

Bloße **Besitzlockerungen** heben den Besitz nicht auf. Dies folgt aus § 856 II BGB, wonach eine „ihrer Natur nach nur vorübergehende Verhinderung in der Ausübung der tatsächlichen Gewalt" den Besitz nicht beendet. Ob dies der Fall ist, richtet sich – wieder – nach der Verkehrsanschauung. Dabei spielt neben der zeitlichen Komponente („vorübergehend") auch die Frage eine Rolle, ob damit gerechnet werden kann, dass der Besitzer die Sachherrschaft wiedererlangt[45].

34

> **Beispiel:** Bei einem Diebstahl ist regelmäßig von einem Besitzverlust auszugehen, auch wenn der Dieb bald gefasst wird[46].

Bei einer **räumlichen Trennung** von Besitzer und Sache kommt es darauf an, ob nach der Verkehrsanschauung die Sache noch dem Machtbereich des Besitzers zugeordnet ist oder nicht.

35

---

[41] BGHZ 67, 207, 209; *Gutzeit* in Staudinger, BGB, § 856 Rn. 3; *Joost* in MünchKomm. BGB, § 856 Rn. 2.
[42] RGZ 101, 224, 225; BGHZ 4, 10, 38; *Fritzsche* in BeckOK BGB, § 856 Rn. 3; *Gutzeit* in Staudinger, BGB, § 856 Rn. 18; *Stadler* in Soergel, BGB, § 856 Rn. 5.
[43] BGHZ 4, 10, 33 ff.; *Stadler* in Soergel, BGB, § 856 Rn. 5; *Baur/Stürner* Sachenrecht, § 7 Rn. 28.
[44] Vgl. *Oechsler* in MünchKomm. BGB, § 935 Rn. 6 f.
[45] KG NJW-RR 2007, 239; *Bassenge* in Palandt, BGB, § 856 Rn. 4; *Joost* in MünchKomm. BGB, § 856 Rn. 14; *Fritzsche* in BeckOK BGB, § 856 Rn. 11.
[46] Vgl. *Fritzsche* in BeckOK BGB, § 856 Rn. 11; *Gutzeit* in Staudinger, BGB, § 856 Rn. 17; *Baur/Stürner*, Sachenrecht, § 7 Rn. 27.

Beispiele
- Landwirt L lässt nach getaner Arbeit seinen Pflug auf dem Feld stehen, packt zu Hause seine Koffer und fliegt für zwei Wochen nach Mallorca. Trotz der beträchtlichen räumlichen Trennung bleibt L Besitzer des Pfluges, da nach der Verkehrsanschauung das Feld und damit auch der darauf befindliche Pflug zum Machtbereich des Landwirts gehört.
- Student S kommt mit dem Fahrrad zur Vorlesung. Er stellt das Fahrrad vor dem Hörsaalgebäude an einem Fahrradständer ab, vergisst aber, es anzuschließen. Auch S bleibt während der Vorlesung Besitzer des Fahrrades. Weder die räumliche Trennung noch der Umstand, dass das Fahrrad leicht gestohlen werden könnte, heben die Sachherrschaft aus. Nur wenn das Fahrrad tatsächlich gestohlen wird, endet der Besitz des S.
- Patient P ist infolge eines Herzinfarkts in stationärer Behandlung. Obwohl P für mehrere Wochen nicht in seine Wohnung kommt, bleibt er Besitzer der darin befindlichen Sachen.

4. Besitzdiener und Besitzherr

36 § 855 BGB stellt klar, dass der Besitzer sich bei der Ausübung der tatsächlichen Sachherrschaft **Hilfspersonen** bedienen kann. Diese Hilfspersonen werden – sprachlich etwas angestaubt[47] – als **Besitzdiener** bezeichnet. § 855 BGB rechnet die durch die Besitzdiener ausgeübte Sachherrschaft dem **Besitzherrn** zu, sodass *nur dieser* Besitzer ist.

> Besitzdiener ist, wer die tatsächliche Gewalt **für einen anderen** ausübt und dabei dessen **Weisungen** Folge zu leisten hat.

37 § 855 BGB nennt hierfür beispielhaft das Tätigwerden im **Haushalt oder Erwerbsgeschäft** eines anderen. Bisweilen wird hieraus der Schluss gezogen, dass der Besitzdiener in einem „sozialen Abhängigkeitsverhältnis zum Besitzherrn" stehen müsse[48]. Dies trifft jedoch nicht zu. § 855 BGB knüpft nicht an das soziale Verhältnis zwischen Besitzdiener und Besitzherrn an. Es kommt also nicht darauf an, dass der Besitzer auf die Tätigkeit in irgendeiner Form *angewiesen* ist. Entscheidend ist vielmehr, dass der Besitzdiener in der konkreten Situation **weisungsunterworfen** ist und der Besitzer daher hinsichtlich der Sache seinen Willen *rechtlich* durchsetzen kann[49].

> Typisches **Beispiel** für den Besitzdiener ist der Angestellte, der im Rahmen eines Arbeitsverhältnisses die Sachherrschaft für den Arbeitgeber ausübt. Dies gilt auch, wenn der Angestellte eine leitende Stellung einnimmt[50]. Aber auch der Kaufinteressent, der eine

---

[47] Siehe auch *Joost* in MünchKomm. BGB, § 855 Rn. 2, der die Bezeichnung „Besitzgehilfe" bevorzugen würde.
[48] Vgl. BGHZ 16, 259; BGHZ 27, 360, 363; dagegen etwa *Joost* in MünchKomm. BGB, § 855 Rn. 5; *Witt* AcP 201 (2001), 165, 166.
[49] Vgl. *Fitzsche* in BeckOK BGB, § 855 Rn. 9.
[50] RGZ 71, 248, 252; RGZ 112, 109, 113.

Probefahrt mit einem Pkw macht, kann Besitzdiener sein[51]. Auch der aus Gefälligkeit bei einem Umzug helfende Bekannte ist Besitzdiener, wenn er die Möbel zum Umzugswagen trägt.

Die Weisungsabhängigkeit allein genügt aber noch nicht. Erforderlich ist auch, dass der Besitzdiener diesen Weisungen auch Folge leisten will (**Besitzdienerwille**). Die Besitzdienerschaft besteht also nur, solange sich der Besitzdiener dem Besitzherrn tatsächlich auch unterordnet. Folglich verliert der Besitzherr seinen Besitz, sobald der Besitzdiener nicht mehr *für* ihn, sondern für sich selbst besitzen will[52]. Dann wird der bisherige Besitzdiener selbst Besitzer. Da der Besitzherr seinen Besitz unfreiwillig verloren hat, ist die Sache abhanden gekommen und § 935 I 1 BGB (nicht: Satz 2!) greift ein. Strafrechtlich liegt dann häufig eine Unterschlagung vor (§ 246 StGB). 38

Die Besitzdienerschaft spielt etwa bei der **Übereignung** nach § 929 S. 1 BGB eine Rolle. Bei der Übergabe ist, da es sich um einen Realakt handelt, eine Stellvertretung nicht möglich. Diese Lücke schließt die Figur des Besitzdieners: Die tatsächliche Übergabe an diesen ist rechtlich als Übergabe an den Besitzherrn zu qualifizieren. Der Besitzdiener kann natürlich auch rechtsgeschäftlich zur Vornahme der dinglichen Einigung bevollmächtigt werden.

5. Organbesitz

Auch **juristische Personen** können Besitzer von Sachen sein[53]. Sie üben die tatsächliche Sachherrschaft durch ihre zur Geschäftsführung berufenen Organe aus. Das sind beispielsweise bei der Aktiengesellschaft der Vorstand (§ 76 AktG), bei der GmbH der Geschäftsführer (§§ 35, 37 GmbHG) und beim Verein der Vereinsvorstand (§ 26 BGB). 39

> Die Organe werden dabei *nicht* als Besitzdiener angesehen. Man bedient sich stattdessen der gesetzlich nicht geregelten Figur des Organbesitzes[54].

Das Organ hat selbst keinen eigenen Besitz an der Sache; es **repräsentiert** bei der Ausübung der Sachherrschaft vielmehr die juristische Person. 40

Die Gesellschafter bzw. Mitglieder der juristischen Person sind in diesen Fällen ebenfalls nicht als Besitzer anzusehen[55].

---

[51] OLG Köln NZV 2006, 260.
[52] Vgl. BGH NJW 1979, 714, 715; *Gutzeit* in Staudinger, BGB, § 855 Rn. 27; *Joost* in MünchKomm. BGB, § 855 Rn. 13; *Westermann/Gursky/Eickmann*, Sachenrecht, § 9 Rn. 5; *Wieling*, Sachenrecht, § 4 IV 1 a, S. 55; *Kollhosser*, JuS 1992, 393; *Witt*, AcP 201 (2001), 165, 178.
[53] BGHZ 56, 73, 77 = NJW 1971, 1358; BGHZ 156, 310 = NJW 2004, 217; *Fritzsche* in BeckOK BGB, § 854 Rn. 50 mit weiteren Nachweisen.
[54] *Fritzsche* in BeckOK BGB, § 854 Rn. 51 mit weiteren Nachweisen.
[55] BGHZ 56, 73, 77; BGHZ 57, 166, 168; BGH NJW 2004, 217, 219; *Fritzsche* in BeckOK BGB, § 854 Rn. 52; *Joost* in MünchKomm. BGB, § 854 Rn. 19; *Kollhosser*, JuS 1992, 393, 395.

41 Entsprechendes[56] gilt bei den **rechtsfähigen Personengesellschaften** (z.B. Außen-GbR, OHG und KG)[57]. Als Organe fungieren hier die geschäftsführungsbefugten Gesellschafter[58].

6. Erbenbesitz

42 **§ 857 BGB** bestimmt lapidar: „Der Besitz geht auf den Erben über." War der Erblasser zum Zeitpunkt seines Todes unmittelbarer Besitzer, so rückt der Erbe – bzw. bei mehreren Erben die Erbengemeinschaft – in diese besitzrechtliche Stellung ohne Weiteres ein. Nicht erforderlich ist, dass der Erbe die Sachherrschaft tatsächlich ergreift. Und mehr noch: Der Erbe muss weder vom Erbfall noch von seiner Erbenstellung Kenntnis haben[59].

> § 857 BGB erklärt für den Erbenbesitz sowohl die Sachherrschaft als auch den Besitzwillen für verzichtbar.

43 Der Erbe erlangt genau die Art des Besitzes, die der Erblasser innehatte[60]. Eigenbesitz bleibt Eigenbesitz, Fremdbesitz bleibt Fremdbesitz. War der Erblasser Allein-, Teil- oder Mitbesitzer, so gilt dies auch für den Erben.

> § 857 BGB findet auch beim mittelbaren Besitz Anwendung. Insoweit ist die Vorschrift aber überflüssig, da der für das Besitzmittlungsverhältnis wesentliche Herausgabeanspruch (unten Rn. 50) ohnehin nach § 1922 I BGB auf den Erben übergeht[61].

44 Warum gibt es § 857 BGB? Die Vorschrift soll sicherstellen, dass der Erbe mit dem Erbfall alle besitzrechtlichen Vorteile erlangt. § 857 BGB dient also in erster Linie dem **Schutz des Erben**[62].

- Zu seinen Gunsten greift, wenn der Erblasser Eigenbesitzer war, die **Eigentumsvermutung** des § 1006 BGB ein.
- Dem Erben stehen zudem die **Besitzschutzrechte und -ansprüche** aus §§ 858 ff. BGB zu. Nimmt ein Dritter (z.B. ein vermeintlicher Erbe) die Erbschaft in Besitz, begeht er gegenüber dem Erben eine verbotene Eigenmacht (dazu unten § 19 Rn. 2 ff.).

---

[56] Nach h.M. sind die rechtsfähigen Personengesellschaften *keine* juristischen Personen. Dass man dies auch anders sehen kann (und sollte), habe ich an anderer Stelle dargelegt; vgl. *Staake* in Zetzsche u.a. (Hrsg.), Recht und Wirtschaft, Jahrbuch Junger Zivilrechtswissenschaftler 2007, S. 109 ff.
[57] BGHZ 57, 166, 167 f. (für die OHG); zur „Besitzfähigkeit" der Außen-GbR siehe *Joost* in MünchKomm. BGB, § 854 Rn. 24; *Hadding*, ZGR 2001, 712, 723; *Petersen*, Jura 2002, 255 ff.
[58] *Joost* in MünchKomm. BGB, § 854 Rn. 23 f.
[59] BGH JZ 1953, 706.
[60] Vgl. *Fritzsche* in BeckOK BGB, § 857 Rn. 9 mit zahlreichen Nachweisen.
[61] *Gutzeit* in Staudinger, BGB, § 857 Rn. 8; *Joost* in MünchKomm. BGB, § 857 Rn. 6.
[62] Vgl. *Joost* in MünchKomm. BGB, § 857 Rn. 1.

– Wird der Erbenbesitz ohne den Willen des Erben beendet, dann ist die Sache **abhanden gekommen**. § 857 BGB führt somit dazu, dass der vermeintliche Erbe nicht wirksam über die Sache verfügen kann, weil ein gutgläubiger Erwerb an § 935 I 1 BGB scheitert.

Andererseits rückt aber der Erbe auch in besitzrechtlich begründete **Pflichten** des Erblassers ein (z.B. derjenigen nach § 836 BGB, dazu oben § 9 Rn. 119 ff.). Es wird sichergestellt, dass der handlungs- oder haftungspflichtige Besitzer nicht ersatzlos wegfällt[63]. 45

VI. Mittelbarer Besitz

1. Voraussetzungen

§ 868 BGB enthält eine – sprachlich missglückte – Legaldefinition des mittelbaren Besitzes. Der Gesetzgeber bedient sich dabei einer Aufzählung: Besitzt jemand als „Nießbraucher, Pfandgläubiger, Pächter, Mieter, Verwahrer oder in einem ähnlichen Verhältnis, vermöge desssen er einem anderen gegenüber auf Zeit zum Besitz berechtigt oder verpflichtet ist, so ist auch der andere Besitzer." Mittelbarer Besitz setzt demnach zweierlei voraus: 46

– das Vorliegen eines **Besitzmittlungsverhältnisses** und
– den **Fremdbesitz** des Besitzmittlers[64].

a) Besitzmittlungsverhältnis

> Das Besitzmittlungsverhältnis ist die Rechtsbeziehung, aufgrund derer der **Besitzmittler dem mittelbaren Besitzer gegenüber** zum Besitz berechtigt ist. 47

Die in § 868 BGB aufgeführten Besitzmittlungsverhältnisse sind schuld- und sachenrechtlicher Natur; es kommen aber auch familien- oder öffentlich-rechtliche Verhältnisse in Betracht[65].

Beispiele für sonstige Besitzmittlungsverhältnisse: Werkvertrag über die Reparatur einer Sache; Kaufvertrag mit Eigentumsvorbehalt; Auftrag; berechtigte GoA; Einkaufskommission; Leasing; Sicherungsabrede bei der Sicherungsübereignung; Ehe; elterliche Vermögenssorge; Wohnungsbeschlagnahme und Einweisung von Obdachlosen; Pfändungsauftrag an Gerichtsvollzieher.

---

[63] *Joost* in MünchKomm. BGB, § 857 Rn. 2.
[64] RGZ 105, 413, 415; *Gutzeit* in Staudinger, BGB, § 868 Rn. 13; *Joost* in MünchKomm. BGB, § 868 Rn. 8; *Fitzsche* in BeckOK BGB, § 868 Rn. 3; *Baur/Stürner*, Sachenrecht, § 7 Rn. 33.
[65] *Bassenge* in Palandt, BGB, § 868 Rn. 6; *Kollhosser*, JuS 1992, 215, 218.

48 Das Besitzmittlungsverhältnis muss nach h.M. einen konkreten Inhalt haben. Die bloße Erklärung, für einen anderen besitzen zu wollen, soll nicht genügen[66]. Allerdings werden an die „**Konkretheit**" keine allzu hohen Anforderungen gestellt, weshalb Teile des Schrifttums dafür plädieren, auf diese zusätzliche Einschränkung zu verzichten[67]. Einig ist man sich jedoch darüber, dass das Besitzmittlungsverhältnis sich auf konkrete Sachen beziehen muss[68], da anderenfalls dem sachenrechtlichen Bestimmtheitsgrundsatz nicht Genüge getan wäre.

49 Aus dem Besitzmittlungsverhältnis muss ein **zeitlich begrenztes Besitzrecht** des Besitzmittlers folgen[69]. Eine Pflicht zum Besitz ist *nicht* erforderlich, aber ausreichend. Ihre gesonderte Erwähnung in § 868 BGB ist überflüssig, da eine Pflicht zum Besitz notwendigerweise auch immer das Recht zum Besitz mit einschließt. Auch an das Zeitelement dürfen jedoch keine überhöhten Anforderungen gestellt werden. Eine Befristung ist nicht erforderlich. Es genügt vielmehr, dass das Besitzmittlungsverhältnis **beendbar** ist[70].

Beispiel: unbefristeter Mietvertrag, der ordentlich gekündigt werden kann.

50 Die h.M. sieht im Bestehen eines **Herausgabeanspruchs** des mittelbaren Besitzers gegen den Besitzmittler das zentrale Merkmal eines Besitzmittlungsverhältnisses[71].

Ohne einen Herausgabeanspruch könne von einem „Besitz auf Zeit" nicht die Rede sein[72]. Dass der Herausgabeanspruch ein Wesensmerkmal des mittelbaren Besitzes ist, wird durch **§ 870 BGB** bestätigt: Danach wird der mittelbare Besitz durch Abtretung des Herausgabeanspruchs übertragen. Allerdings muss der Herausgabeanspruch *nicht* zwingend am Ende des Besitzmittlungsverhältnisses stehen. Es genügt vielmehr, dass die Herausgabepflicht unter bestimmten Voraussetzungen entstehen kann[73].

---

[66] BGH NJW 1953, 217; *Joost* in MünchKomm. BGB, § 868 Rn. 14; *Bassenge* in Palandt, BGB, § 868 Rn. 6; *Berger* in Jauernig, BGB, § 868 Rn. 5; *Kindl* in BeckOK BGB, § 930 Rn. 5.

[67] *Kindl* in BeckOK BGB, § 930 Rn. 5; *Fritzsche* in BeckOK BGB, § 868 Rn. 10; *Klinck* in Staudinger, Eckpfeiler des Zivilrechts, Besitz, Rn. 72.

[68] RGZ 132, 183, 186; BGHZ 10, 81, 87; *Joost* in MünchKomm. BGB § 868 Rn. 11; *Lorenz* in Erman, BGB, § 868 Rn. 10; *Baur/Stürner*, Sachenrecht, § 7 Rn. 47 f.; *Westermann/Gursky/Eickmann*, Sachenrecht, § 17 Rn. 3; a.A. *Wieling*, AcP 184 (1984), 439, 445.

[69] *Gutzeit* in Staudinger, BGB, § 868 Rn. 13; *Stadler* in Soergel, BGB, § 868 Rn. 5.

[70] RGZ 90, 218, 219; vgl. *Joost* in MünchKomm. BGB, § 868 Rn. 11; *Wieling*, AcP 184 (1984) 438, 453 f.

[71] So etwa RGZ 132, 183, 186; BGHZ 10, 81, 87; BGHZ 161, 111 f.; *Berger* in Jauernig, BGB, § 868 Rn. 3; *Joost* in MünchKomm. BGB, § 868 Rn. 11; *Baur/Stürner*, Sachenrecht, § 7 Rn. 43 ff.; a.A. *Wieling*, AcP 184 (1984), 439, 445 ff., nach dem es nur auf die Bereitschaft zur Herausgabe ankommen soll.

[72] *Joost* in MünchKomm. BGB § 868 Rn. 11.

[73] Vgl. *Fritzsche* in BeckOK BGB, § 868 Rn. 14; *Gutzeit* in Staudinger, BGB, § 868 Rn. 20.

VI. Mittelbarer Besitz

> **Beispiel:** Die Sicherungsabrede bei der Sicherungsübereignung begründet ein Besitzmittlungsverhältnis, obwohl der Sicherungseigentümer als mittelbarer Besitzer Herausgabe der Sache nur verlangen kann, wenn der Sicherungsfall eintritt.

Das Besitzmittlungsverhältnis **muss rechtlich nicht wirksam sein**[74]. Dies entspricht dem Willen des Gesetzgebers[75] und der Funktion des § 868 BGB, dem mittelbaren Besitzer possessorischen Besitzschutz zu gewähren (siehe dazu § 19 Rn. 40). Von Bedeutung sind in diesem Zusammenhang insbesondere unwirksame Gebrauchsüberlassungsverträge (z.B. nichtiger Mietvertrag). In diesen Fällen genügt es, dass der mittelbare Besitzer gegen den Besitzmittler einen **Herausgabeanspruch** hat[76] (z.B. aus § 812 I 1 Alt. 1 BGB oder aus § 985 BGB).

51

b) Fremdbesitz des Besitzmittlers

> Mittelbarer Besitz liegt nur vor, wenn und solange der Besitzmittler das Besitzmittlungsverhältnis und den hieraus folgenden Herausgabeanspruch **anerkennt.**

52

Der Besitzmittler muss also **Fremdbesitzer** sein und **Besitzmittlungswillen** haben. Auch dieser Wille ist ein **natürlicher,** kein rechtsgeschäftlicher. Der Besitzmittlungswille muss dabei nach außen zumindest für den mittelbaren Besitzer erkennbar sein[77], wenngleich die Anforderungen hierfür nicht hoch sind. *Nicht* erforderlich ist, dass der Besitzmittler die Person des mittelbaren Besitzers kennt[78].

> **Beispiel:** Der Finder einer verlorenen Sache, wird denjenigen, an den er die Sache herausgeben muss, oft nicht kennen. Dennoch kann er für den ihm unbekannten Eigentümer besitzen wollen.

Bisweilen wird formuliert[79], der Besitzmittler müsse *unmittelbarer* Fremdbesitzer sein. Dies ist jedoch ungenau. Aus § 871 BGB ergibt sich, dass ein mittelbarer Besitzer seinerseits als Besitzmittler für einen anderen fungieren kann (**mehrstufiger mittelbarer Besitz,** dazu schon oben Rn. 15). Nicht jeder Besitzmittler hat daher die tatsächliche Sachherrschaft inne. Daher ist zu präzisieren: Beim mehrstu-

53

---

[74] BGHZ 96, 61, 65; BGH NJW 1955, 499; *Joost* in MünchKomm. BGB, § 868 Rn. 15; *Bassenge* in Palandt, BGB, § 868 Rn. 6; *Gutzeit* in Staudinger, BGB, § 868 Rn. 16; *Stadler* in Soergel, BGB, § 868 Rn. 7; *Fritzsche* in BeckOK BGB, § 868 Rn. 16; a.A. noch RGZ 98, 131, 134; RGZ 86, 262, 265.

[75] Vgl. die Motive zum BGB bei *Mugdan* III S. 54 und S. 516 f.

[76] BGHZ 10, 81, 87; *Gutzeit* in Staudinger, BGB, § 868 Rn. 16; *Baur/Stürner,* Sachenrecht, § 7 Rn. 44; auf den Herausgabeanspruch gänzlich verzichtend hingegen *Fritzsche* in BeckOK BGB, § 868 Rn. 17; *Wieling,* AcP 184 (1984), 439, 445 ff.

[77] BGH NJW 1964, 398; BGH DB 1978, 1928.

[78] BGH NJW 1964, 398 f.; *Joost* in MünchKomm. BGB, § 671 Rn. 2; *Fritzsche* in BeckOK BGB, § 871 Rn. 5; *Gutzeit* in Staudinger, BGB, § 871 Rn. 2; *Stadler* in Soergel, BGB, § 871 Rn. 2.

[79] Vgl. etwa *Bassenge* in Palandt, BGB, § 868 Rn. 1; *Baur/Stürner,* Sachenrecht, § 7 Rn. 36.

figen mittelbaren Besitz muss nur der *letzte* Besitzmittler in der Kette unmittelbarer Fremdbesitzer sein.

Zur Frage, ob man gleichzeitig mehreren Personen nebeneinander den Besitz mitteln kann (**Nebenbesitz**), siehe oben Rn. 19.

2. Begründung, Übertragung und Beendigung

54 Die **Begründung** des mittelbaren Besitzes ist an das Vorliegen der soeben geschilderten Voraussetzungen geknüpft. Das Entstehen des Besitzmittlungsverhältnisses richtet sich nach der Natur des Rechtsverhältnisses – und damit nach den jeweils einschlägigen schuld-, sachen-, familien- oder öffentlich-rechtlichen Regeln[80].

55 Der mittelbare Besitzer kann durch Abtretung des Herausgabeanspruchs an einen Dritten seinen Besitz **übertragen**. Auf diese Weise kann zugleich auch das Eigentum gemäß § 931 BGB übertragen werden. Der **Erbe** erwirbt kraft Gesamtrechtsnachfolge (§ 1922 I BGB) den Herausgabeanspruch des Erblassers und wird damit mittelbarer Besitzer. § 857 BGB ist zwar anwendbar, aber ohne eigenständige Funktion (siehe Rn. 43).

56 Der mittelbare Besitz **endet**, wenn der Besitzmittler den **Besitz** aufgibt oder in sonstiger Weise **verliert**. Er endet aber auch, wenn der Besitzmittler das Besitzmittlungsverhältnis **nicht mehr anerkennt**, sondern stattdessen für sich selbst besitzt oder den Besitz nunmehr einem anderen mitteln will[81].

---

[80] *Joost* in MünchKomm. BGB, § 668 Rn. 12; *Bassenge* in Palandt, BGB, § 868 Rn. 6; *Fritzsche* in BeckOK BGB, § 868 Rn. 15.

[81] RGZ 119, 152, 153 f.; BGHZ 161, 90, 112 f.; BGH NJW 1979, 2037, 2038; *Joost* in MünchKomm. BGB, § 668 Rn. 30; *Bassenge* in Palandt, BGB, § 868 Rn. 17; *Fritzsche* in BeckOK BGB, § 868 Rn. 35; *Lorenz* in Erman, BGB, § 868 Rn. 41; *Baur/Stürner*, Sachenrecht, § 7 Rn. 58; *Westermann/Gursky/Eickmann*, Sachenrecht, § 18 Rn. 6; *Kollhosser*, JuS 1992, 215, 219.

§ 19 Besitzschutz

Literatur: *Amend*, Aktuelles und Historisches zur richterlichen Anerkennung des possessorischen Besitzschutzes, JuS 2001, 124; *Hagen*, Besitzschutzklage und petitorische Widerklage – eine Fehlkonstruktion?, JuS 1972, 124; *Kollhosser*, Grundfälle zu Besitz und Besitzschutz (3. Teil), JuS 1992, 567; *Lopau*, Der Rechtschutz des Besitzes, JuS 1980, 501; *Lorenz*, Privates Abschleppen – Besitzschutz oder „Abzocke"?, NJW 2009, 1025; *Medicus*, Besitzschutz durch Ansprüche auf Schadensersatz, AcP 165 (1965), 115; *Omlor/Gies*, Der Besitz und sein Schutz im System des BGB, JuS 2013, 12; *Petersen*, Grundfragen zum Recht des Besitzes, Jura 2002, 160; *ders.*, Sonderfragen zum Recht des Besitzes, Jura 2002, 255; *Röthel/Sparmann*, Besitz und Besitzschutz, Jura 2005, 456; *Schreiber*, Possessorischer und petitorischer Besitzschutz, Jura 1993, 440; *Zeising*, Petitorische Durchbrechung possessorischen Besitzschutzes, Jura 2010, 248.

Übungsfälle: *Edenfeld*, JA 1996, 557; *Huneke*, Jura 2010, 852; *Kieninger/Selke/Wilhelm*, JuS 2012, 815; *Petersen*, JA 1999, 292; *Pöschke/Sonntag*, JuS 2009, 711.

I. Überblick

Wird der Besitzer in seinem Besitz gestört oder wird ihm der Besitz gar entzogen, so stellt sich die Frage, welche Ansprüche ihm gegen den Störer zustehen. Das BGB kennt verschiedene **Formen des Besitzschutzes**:

– Die **§§ 858 ff. BGB** schützen den Besitz als solchen – unabhängig davon, ob der Besitzer ein Recht zum Besitz hat. Das ist der sog. **possessorische Besitzschutz**, der Selbsthilferechte (§§ 859 f. BGB) und Besitzschutzansprüche (§§ 861 ff. BGB) gewährt, wenn eine verbotene Eigenmacht im Sinne des § 858 BGB vorliegt.
– Nach **§ 1007 BGB** kann ein früherer Besitzer vom gegenwärtigen Besitzer Herausgabe der Sache verlangen, wenn er ein „besseres" Recht zum Besitz geltend machen kann (**petitorischer Besitzschutz**). Für Nebenansprüche auf Nutzungsherausgabe, Schadens- und Verwendungsersatz verweist § 1007 III 2 BGB auf das EBV (§§ 987 ff. BGB).

- **Deliktisch** wird der Besitz durch **§ 823 I BGB** geschützt, allerdings nur der berechtigte Besitz (siehe dazu oben § 8 Rn. 78). Praktisch bedeutsamer ist insoweit aber **§ 823 II BGB**: Da **§ 858 BGB** nach vorzugswürdiger Auffassung als **Schutzgesetz** anzusehen ist[1], begründet die schuldhafte verbotene Eigenmacht Schadensersatzansprüche des Besitzers. Diese können auf Wiedereinräumung des Besitzes, Beseitigung der Störung sowie auf den Ersatz sonstiger Vermögensschäden gerichtet sein.
- Auch **bereicherungsrechtlich** wird der berechtigte Besitz geschützt und zwar durch die Eingriffskondiktion gemäß § 812 I 1Alt. 2 BGB (siehe dazu § 4 Rn. 26).

II. Possessorischer Besitzschutz

1. Verbotene Eigenmacht

a) Begriff und Bedeutung

2   Der zentrale Begriff des possessorischen Besitzschutzes ist die „verbotene Eigenmacht". Diese wird in **§ 858 BGB** legal definiert. Etwas umformuliert lässt sich die verbotene Eigenmacht wie folgt bestimmen:

> **Verbotene Eigenmacht** ist die widerrechtliche, weil nicht durch das Gesetz gestattete Entziehung oder Störung fremden Besitzes ohne den Willen des Besitzers.

3   Das Vorliegen einer verbotenen Eigenmacht ist **Tatbestandsvoraussetzung** für die Besitzschutzrechte (**§ 859 f. BGB**) und die Besitzschutzansprüche (**§§ 861 ff. BGB**) des gestörten Besitzers.

> Auch andere Vorschriften knüpfen an die verbotene Eigenmacht an. So wird gemäß **§ 992 BGB** nicht durch die EBV-Regeln privilegiert, wer den Besitz durch (schuldhafte) verbotene Eigenmacht erlangt hat (näher dazu unten § 21 Rn. 33 ff.). Entsprechendes gilt für den Erbschaftsbesitzer nach § 2025 BGB (unten § 22 Rn. 17). Nach § 940a ZPO kann durch eine einstweilige Verfügung die Räumung von Wohnraum nur angeordnet werden, wenn der Besitz durch verbotene Eigenmacht erlangt oder eine konkrete Gefahr für Leib oder Leben besteht.

4   Auf ein Recht zum Besitz kommt es beim possessorischen Besitzschutz **nicht** an – und zwar weder beim Besitzer noch beim Täter der verbotenen Eigenmacht. Die §§ 858 ff. BGB schützen den Besitz als solchen. Auch der Eigentümer, der die Sache einem unberechtigten Besitzer wegnimmt, kann daher eine verbotene Eigenmacht begehen. Der Gesetzgeber wollte **verhindern**, dass private Rechtspositionen

---

[1] RGZ 59, 326, 328; RGZ 170, 16; BGHZ 20, 169, 171; BGHZ 79, 232, 237; BGHZ 181, 233, 238; BGH NJW 2012, 528; *Fritzsche* In BeckOK BGB, § 858 Rn. 2; *Lorenz* in Erman, BGB, § 858 Rn. 2; *Honsell*, JZ 1983, 53; a.A. etwa *Medicus*, AcP 165 (1965), 115, 118 f.

II. Possessorischer Besitzschutz

im Wege des **Faustrechts** bzw. der Selbstjustiz durchgesetzt werden[2]. Wer einen Anspruch auf eine Sache hat, soll zu dessen Durchsetzung den hierfür vorgesehenen Rechtsweg beschreiten und dabei sich nur der Mittel bedienen, die das Gesetz (insbesondere die ZPO) vorsehen. Der possessorische Besitzschutz dient damit auch der Sicherstellung des **staatlichen Gewaltmonopols**.

b) Voraussetzungen

Die verbotene Eigenmacht hat **drei Voraussetzungen**, die sich schlagwortartig wie folgt zusammenfassen lassen:

- Entziehung oder Störung fremden Besitzes
- ohne den Willen des Besitzers
- nicht durch Gesetz gestattet

Subjektive Voraussetzungen enthält § 858 I BGB **nicht**. Es kommt daher *nicht* auf ein Verschulden des Täters an[3]. Eine verbotene Eigenmacht kann daher auch begehen, wer nicht weiß, dass die Sache im Besitz eines anderen steht, oder irrtümlich von einem Einverständnis des Besitzers ausgeht. Der Täter muss sein Verhalten auch nicht als widerrechtlich ansehen[4]. § 858 I BGB erfasst somit auch die Fälle, in denen der Täter glaubt, aufgrund eines Anspruchs *auf* die Sache zur Besitzentziehung berechtigt zu sein.

aa) Entziehung oder Störung fremden Besitzes

Besitzentziehung und -störung stellen **graduell unterschiedliche Beeinträchtigungen** des Besitzes dar.

Die **Besitzentziehung** beendet den Besitz.

Dies geschieht regelmäßig dadurch, dass dem bisherigen Besitzer die **Sachherrschaft** entzogen wird. Der Verlust des Erbenbesitzes nach § 857 BGB genügt. Gleichgültig ist, ob die Besitzentziehung eine Straftat (Diebstahl oder Unterschlagung) darstellt oder nicht. Typischer Fall der Besitzstörung ist die Wegnahme.

Beispiele: Ausräumen der Mietwohnung durch den Vermieter („kalte Räumung")[5]; Auswechseln von Türschlössern[6]; Entfernen von Werbeplakaten von gemieteten Gebäudeflächen durch Konkurrenten[7].

---

[2] *Schulte-Nölke* in Handkomm. BGB, § 858 Rn. 1.
[3] RGZ 55, 55, 57; *Joost* in MünchKomm. BGB, § 858 Rn. 2; *Fritzsche* in BeckOK BGB, § 858 Rn. 4.
[4] RGZ 67, 387, 389.
[5] BGH NJW 2010, 3434.
[6] OLG Düsseldorf BB 1991, 721; LG Berlin NZM 2010, 579.
[7] BGH NJW 1967, 46.

9 > **Besitzstörungen** sind sonstige Beeinträchtigungen der tatsächlichen Sachherrschaft ohne deren Entzug.

Der Besitz kann durch physische Einwirkungen auf die Sache, aber auch durch psychische Einwirkungen auf den Besitzer gestört werden[8]. Zu fordern ist aber eine gewisse Erheblichkeit (vgl. § 906 BGB). Die zeitliche Dauer der Störung ist grundsätzlich nicht entscheidend[9].

> **Beispiele:** Sachbeschädigung; unbefugtes Betreten oder Befahren eines Grundstücks[10]; Betreten eines Ladens trotz Hausverbots[11], Blockade eines Betriebes[12]; Zuparken eines Pkw[13]; Ablagern von Müll auf einem Grundstück; Lärm und Immissionen; Überkleben von Werbeflächen[14]; unerwünschte Werbung im Briefkasten[15]; Videoüberwachung eines Mietshausflurs[16].

10 Umstritten ist, ob es sich um eine Besitzstörung handelt, wenn der Vermieter die **Versorgung der Mietwohnung** mit Wasser, Wärme und Energie **sperrt**[17]. In der Praxis geschieht dies vor allem dann, wenn der Mieter seiner Pflicht zur Betriebskostenvorauszahlung nicht nachkommt. Der BGH hat sich für die Gewerberaummiete gegen eine Besitzstörung ausgesprochen[18].

> Die Argumentation des BGH zeigt sehr anschaulich, worum es bei den §§ 858 ff. BGB geht: „Die zur Nutzung des Mietobjekts erforderlichen Energielieferungen sind nicht Bestandteil des Besitzes und können daher auch nicht Gegenstand des Besitzschutzes nach §§ 858 ff. BGB sein. [...] Eine verbotene Eigenmacht nach §§ 858, 862 BGB setzt daher voraus, dass in die tatsächliche Sachherrschaft eingegriffen worden ist. Ein Eingriff liegt nur vor, wenn der Besitzer in dem Bestand seiner tatsächlichen Sachherrschaft beeinträchtigt wird. Beim Besitz von Räumen liegt ein Eingriff etwa dann vor, wenn der Zugang des Besitzers zu den Räumen erschwert oder vereitelt wird oder wenn in anderer Form in einer den Besitzer behindernden Weise auf die Miträume eingewirkt wird [...]. Die Einstellung der Versorgungsleistungen beeinträchtigt weder den Zugriff des Besitzers auf die Miträume, noch schränkt sie die sich aus dem bloßen Besitz ergebende Nutzungsmöglichkeit ein [...]. Versorgungsleistungen führen vielmehr dazu, dass die im Besitz liegende Gebrauchsmög-

---

[8] *Fritzsche* in BeckOK BGB, § 858 Rn. 7.
[9] Teilweise abweichend aber bei Gebrauchsbeeinträchtigungen BGHZ 137, 89; BGH NJW 1977, 2264, 2265.
[10] BGHZ 181, 233, 237; *Fritzsche* in BeckOK BGB, § 858 Rn. 12; *Joost* in MünchKomm. BGB, § 858 Rn. 5.
[11] *Gutzeit* in Staudinger, BGB, § 858 Rn. 39; *Löwisch/Rieble* NJW 1994, 2596.
[12] *Gutzeit* in Staudinger, BGB, § 858 Rn. 34; *Loritz*, DB 1987, 223, 228.
[13] *Gutzeit* in Staudinger, BGB, § 858 Rn. 50 mit weiteren Nachweisen.
[14] OLG Düsseldorf ZMR 1996, 28, 30.
[15] BGHZ 106, 229, 232 f.; OLG Bremen NJW 1990, 2140.
[16] AG Schöneberg ZMR 2000, 684.
[17] Dagegen BGHZ 180, 300 ff.; *Fritzsche* in BeckOK BGB, § 858 Rn. 10; *Ulrici*, ZMR 2003, 895; dafür KG NZM 2010, 321 f; *Joost* in MünchKomm. BGB, § 858 Rn. 6.
[18] BGHZ 180, 300 ff.

lichkeit erweitert wird. Die Gewährleistung der Versorgungsleistungen kann sich demnach allein aus dem ihnen zugrunde liegenden Vertragsverhältnis ergeben. Der Besitzschutz nach §§ 858 ff. BGB gewährt dagegen nur Abwehrrechte und keine Leistungsansprüche."[19]

Weitere Beispiele, in denen eine Besitzstörung **nicht** vorliegt: Betreten des Grundstücks durch das Haustier des Nachbarn[20]; Erstellen einer Luftbildaufnahme von einem Grundstück[21]; Verhindern der Besitzbegründung.

Im Einzelfall kann die Abgrenzung zwischen Besitzentziehung und Besitzstörung schwierig sein. Umstritten ist insbesondere das **unbefugte Zuparken** einer Parkfläche: Handelt es sich dabei um die Entziehung von Teilbesitz am Grundstück[22] oder doch „nur" um eine Besitzstörung[23]? Richtigerweise liegt hinsichtlich des unmittelbar betroffenen Teils des Grundstücks (Parkfläche) eine Besitzentziehung vor. Hierdurch kann aber zugleich auch der Besitz am übrigen Grundstück gestört sein[24].

Eine exakte Einordnung ist aber ohnehin *nicht* erforderlich: Die Abgrenzung könnte einmal wegen § 862 I 2 BGB von Bedeutung sein. Danach kann der Besitzer bei der Besitzstörung auch Unterlassung weiterer Störungen verlangen (dazu unten Rn. 43). § 861 I BGB enthält für die Besitzentziehung keinen solchen Anspruch. Die Diskrepanz lässt sich aber einfach auflösen: Ist zu befürchten, dass der Täter auch nach einer rückgängig gemachten Besitzentziehung wieder auf die Sache zugreifen wird, dann liegt hierin eine zusätzliche Besitzstörung, die den Anspruch aus § 862 I 2 BGB begründet. – Auch im Rahmen des § 859 BGB spielt die Unterscheidung zwischen Besitzstörung und Besitzentziehung eine Rolle: Die vollendete Besitzentziehung kann nur durch Besitzkehr nach § 859 II und III BGB abgewehrt werden – und das auch nur in engen zeitlichen Grenzen. Für die bloße Störung hingegen gilt § 859 I BGB, der keine zeitlichen Grenzen vorsieht. Allerdings wendet die Rechtsprechung bei der „Besitzstörung durch Teilbesitzentziehung" die zeitlichen Grenzen des § 859 II, III BGB auch bei der Besitzwehr nach Abs. 1 an[25].

bb) Ohne den Willen des Besitzers

Verbotene Eigenmacht begeht nur, wer **ohne den Willen des unmittelbaren Besitzers** dessen Besitz entzieht oder stört.

---

[19] BGHZ 180, 300, 307 f.

[20] Mit weiteren Nachweisen LG Bonn NZM 2010, 515, 516, die grundsätzlich eine Besitzstörung annehmen und diese aufgrund von Duldungspflichten entfallen lassen; *Fritzsche* in BeckOK BGB, § 858 Rn. 11, 14; *Joost* in MünchKomm. BGB, § 858 Rn. 12.

[21] *Fritzsche* in BeckOK BGB, § 858 Rn. 14.

[22] So etwa OLG Karlsruhe OLGZ 1978, 206; LG Frankfurt NJW 1984, 183; LG Berlin DAR 2010, 645; *Gutzeit* in Staudinger, BGB, § 858 Rn. 49.

[23] So etwa AG Berlin-Mitte NJW-RR 2011, 380; AG Köpenick NZV 2009, 609; *Stadler* in Soergel, BGB, § 858 Rn. 14.

[24] So auch *Schwarz/Ernst*, NJW 1997, 2550; *Lorenz*, NJW 2009, 1025, 1026; insoweit offengelassen in BGHZ 181, 233, 237.

[25] BGH NJW 1967, 46, 48; *Gutzeit* in Staudinger, BGB, § 859 Rn. 7, 21; *Stadler* in Soergel, BGB, § 859 Rn. 8; *Westermann/Gursky/Eickmann*, Sachenrecht, § 22 Rn. 5.

Nicht entscheidend ist hingegen der Wille eines Besitzdieners oder eines mittelbaren Besitzers[26]. Anders ist dies aber beim Organbesitz: Das Organ repräsentiert die juristische Person auch bei der Willensbildung, sodass die Zustimmung des Organs der besitzenden juristischen Person zugerechnet wird[27].

13 Zu fragen ist also, ob der unmittelbare Besitzer die Beeinträchtigung seines Besitzes gebilligt hat.

Wille im Sinne des § 858 I BGB ist der **natürliche** Wille[28]. Die **Zustimmung** ist daher *kein* Rechtsgeschäft, sodass Geschäftsfähigkeit nicht erforderlich ist[29]. Die Zustimmung kann **konkludent** erfolgen[30]. Dies ist etwa dann der Fall, wenn der Besitzer zu erkennen gibt, dass er am Besitz der Sache kein Interesse mehr hat[31]. Hierfür genügt es aber nicht, dass der Besitzer auf die Ausübung der Selbsthilferechte nach § 859 BGB verzichtet[32]. Dies kann nämlich auch deshalb geschehen, weil der Besitzer die physische Konfrontation mit dem Täter scheut. Es besteht also keine Obliegenheit zur Selbsthilfe.

Hinweis: § 858 I BGB setzt nicht voraus, dass die Störung gegen den Willen des Besitzers erfolgt. Ein **Widerspruch** des Besitzers ist daher **nicht erforderlich**[33].

cc) Ohne gesetzliche Gestattung

14 Schließlich darf die Besitzentziehung oder -störung nicht durch ein Gesetz gestattet sein – oder anders formuliert:

Nicht widerrechtlich handelt, wer sich auf eine gesetzliche Regelung stützen kann, die ihm die Entziehung oder Störung des Besitzes auch ohne den Willen des Besitzers erlaubt.

---

[26] *Gutzeit* in Staudinger, BGB, § 858 Rn. 7; *Bassenge* in Palandt, BGB, § 858 Rn. 1; *Berger* in Jauernig, BGB, § 858 Rn. 4; *Joost* in MünchKomm. BGB, § 858 Rn. 7; *Baur/Stürner*, Sachenrecht, § 9 Rn. 3; *Omlor/Gies*, JuS 2013, 12, 14.

[27] Vgl. *Westermann/Gursky/Eickmann*, Sachenrecht, § 19 Rn. 6.

[28] So die h.M., vgl. etwa *Lorenz* in Erman, BGB, § 858 Rn. 6; *Fritzsche* in BeckOK BGB, § 858 Rn. 16; *Joost* in MünchKomm. BGB, § 858 Rn. 7; Gutzeit in Staudinger, BGB, § 858 Rn. 18; *Westermann/Gursky/Eickmann*, Sachenrecht, § 21 Rn. 4; *a.A.* etwa *Baur/Stürner*, Sachenrecht, § 9 Rn. 5; *Wilhelm*, Sachenrecht, Rn. 516 f.; *Mittenzwei*, MDR 1987, 883, 884.

[29] A.A. *Baur/Stürner*, Sachenrecht § 9 Rn. 5.

[30] *Fritzsche* in BeckOK BGB, § 858 Rn. 16; *Gutzeit* in Staudinger, BGB, § 858 Rn. 17; *Bassenge* in Palandt, BGB, § 858 Rn. 5.

[31] Vgl. RGZ 72, 192, 198 f.

[32] *Fritzsche* in BeckOK BGB, § 858 Rn. 17.

[33] *Stadler* in Soergel, BGB, § 858 Rn. 9; *Bassenge* in Palandt, BGB, § 858 Rn. 5.

Es genügt nicht, dass der Störer einen Anspruch auf Herausgabe der Sache oder Duldung der betreffenden Handlung hat³⁴. Das Gesetz muss gerade die Eigenmacht *als solche* gestatten. Dies ist **nur ausnahmsweise** der Fall. Das **BGB** enthält eine Reihe von Vorschriften, nach denen im Einzelfall eine Besitzentziehung oder -störung gestattet sein kann: **15**

– Notwehr (§ 227 BGB);
– Notstand (§§ 228, 904 BGB);
– Selbsthilfe (§ 229 BGB);
– Selbsthilferecht des Vermieters oder Verpächters zur Durchsetzung seines gesetzlichen Pfandrechts (§§ 562b I, 581 II BGB);
– Abschneiden von Zweigen und Wurzeln beim Überhang (§ 910 BGB);
– Betreten fremder Grundstücke bei Verfolgung eines Bienenschwarms (§ 962 BGB).

Auch die **§ 859 II und III BGB** sind hier zu nennen. Diese erlauben dem Besitzer, der seinen Besitz durch eine verbotene Eigenmacht verloren hat, die Sache – unter bestimmten Voraussetzungen – eigenmächtig wieder an sich zu nehmen (Besitzkehr). Siehe dazu auch das Beispiel unten Rn. 33.

Aus dem **öffentlichen Recht** sind insbesondere die polizeilichen Befugnisnormen relevant, z.B. bei der Einweisung von Obdachlosen in privaten Wohnraum.

Aus der Formulierung des § 858 I BGB („sofern nicht") ergibt sich, dass der Störer die **Beweislast** dafür trägt, dass ihm die Eigenmacht gesetzlich gestattet war. Er muss also dartun und ggf. beweisen, dass zu seinen Gunsten ein Erlaubnistatbestand eingreift. Die Beweislast für das Vorliegen einer Besitzentziehung bzw. Besitzstörung und das Fehlen seiner Zustimmung trägt hingegen der gestörte Besitzer³⁵. **16**

c) Rechtsfolge: Fehlerhafter Besitz

Die verbotene Eigenmacht ist **widerrechtlich**; das folgt aus § 858 I BGB. Zudem ist der durch die verbotene Eigenmacht erlangte Besitz **fehlerhaft** (§ 858 II 1 BGB). Die Fehlerhaftigkeit des Besitzes **schränkt den possessorischen Besitzschutz** ein: Wer fehlerhaft besitzt, kann gemäß §§ 861 II, 862 II BGB die Besitzschutzansprüche nicht *gegenüber demjenigen* geltend machen, dessen Besitz zuvor durch die verbotene Eigenmacht gestört wurde. Hingegen bleibt der fehlerhaft Besitzende *Dritten gegenüber* vollumfänglich geschützt³⁶. **17**

Beispiel: Dieb D stiehlt eine im Besitz des B stehende Armbanduhr. Bald darauf wird D von Räuber R ausgeraubt. – Der Besitz des D war fehlerhaft, da er ihn durch eine verbotene Eigenmacht erlangt hat. Hätte sich B die Armbanduhr später heimlich zurückgeholt, so wären Besitzschutzansprüche des D gegen B wegen § 861 II BGB ausgeschlossen. Die

---

³⁴ BGH WM 1971, 943, 944; KG OLGZ 1977, 448; *Joost* in MünchKomm. BGB, § 858 Rn. 8; *Fritzsche* in BeckOK BGB, § 858 Rn. 21 f.
³⁵ BGH MDR 1973, 572; *Gutzeit* in Staudinger, BGB, § 858 Rn. 66.
³⁶ *Berger* in Jauernig, BGB, § 858 Rn. 7; *Stadler* in Soergel, BGB, § 858 Rn. 17; *Gutzeit* in Staudinger, BGB, § 858 Rn. 58.

Fehlerhaftigkeit des Besitzes wirkt sich aber nur im Verhältnis zwischen D und B aus. R gegenüber besaß D nicht fehlerhaft, sodass er gegen die verbotene Eigenmacht des R nach § 861 I BGB vorgehen kann.

18 Für **Besitznachfolger** des Störers gilt nach § 858 II 1 BGB Folgendes:

– Der **Erbe** des Störers muss die Fehlerhaftigkeit des durch die verbotene Eigenmacht erlangten Besitzes ohne Weiteres gegen sich gelten lassen. Entsprechendes gilt, obwohl nicht ausdrücklich erwähnt, für alle anderen Fälle der **Gesamtrechtsnachfolge**[37].

– Der **Sondernachfolger** muss die Fehlerhaftigkeit hingegen nur gegen sich gelten lassen, wenn er die Fehlerhaftigkeit oder die sie begründenden Umstände bei Besitzerwerb positiv kannte. Fahrlässigkeit bei Besitzerwerb genügt ebenso wenig wie die später erlangte Kenntnis[38]. Nachfolger in diesem Sinne ist der zeitlich nächste Besitzer, gleich ob dieser den Besitz originär oder derivativ erworben hat[39]. Bei einer Besitzkette greift § 858 II 2 BGB nur ein, wenn der unmittelbare Vorgänger fehlerhaft besessen hat. Sobald ein Besitzerwerber die erforderliche Kenntnis nicht hatte, kommt dies auch dessen Nachfolgern zugute[40].

2. Selbsthilferechte

a) Überblick

19 § 859 BGB erlaubt es dem Besitzer, sich **mit Gewalt** gegen jede Form der verbotenen Eigenmacht zu erwehren. Dabei unterscheidet die Vorschrift zwei Formen der Selbsthilfe:

– die **Besitzwehr**, die eine widerrechtliche Besitzbeeinträchtigung abwehren soll (§ 859 I BGB), und
– die **Besitzkehr**, mittels derer sich der Besitzer nach einer vollendeten Besitzentziehung den Besitz an der Sache wiederverschaffen kann (§ 859 II und III BGB).

> Bei diesen Gewaltrechten handelt es sich um besondere Fälle des allgemeinen Notwehrrechts. Eine Obliegenheit, von diesen Rechten Gebrauch zu machen, besteht *nicht*. Der Besitzer kann die verbotene Eigenmacht auch „erdulden" und stattdessen die **Besitzschutzansprüche** nach §§ 861 f. BGB geltend machen.

20 Liegen die Voraussetzungen des § 859 BGB vor, dann handelt der sich wehrende Besitzer **nicht rechtswidrig**. § 859 BGB ist Rechtfertigungsgrund im Sinne der §§ 823 ff. BGB. Zudem steht dem Täter der verbotenen Eigenmacht gegen die rechtmäßige Selbsthilfe des Besitzers kein Notwehrrecht zu.

---

[37] *Stadler* in Soergel, BGB, § 858 Rn. 18; *Lorenz* in Erman, BGB, § 858 Rn. 12; *Baur/Stürner* Sachenrecht, § 9 Rn. 8.
[38] *Gutzeit* in Staudinger, BGB, § 858 Rn. 62; *Westermann/Gursky/Eickmann*, Sachenrecht, § 21 Rn. 8; *Wilhelm*, Sachenrecht, Rn. 522.
[39] *Fritzsche* in BeckOK BGB, § 858 Rn. 27; *Joost* in MünchKomm. BGB, § 858 Rn. 16.
[40] *Bassenge* in Palandt, BGB, § 858 Rn. 7; *Stadler* in Soergel, BGB, § 858 Rn. 18.

b) Selbsthilfeberechtigte

> Die Besitzschutzrechte des § 859 BGB stehen nur dem **unmittelbaren Besitzer** zu.

21

Ein Besitzrecht des Besitzers ist nicht erforderlich (siehe oben Rn. 4). Die Besitzschutzrechte können nicht abgetreten werden. Allerdings kann sich der Besitzer bei ihrer Ausübung der Hilfe Dritter bedienen.

> **Beispiel:** Ein Grundstücksbesitzer beauftragt ein Abschleppunternehmen mit dem nach § 859 III BGB zulässigen (unten Rn. 33) Abschleppen eines unberechtigt auf dem Grundstück abgestellten Pkw.

> Gemäß § 860 BGB kann auch der **Besitzdiener** die dem Besitzer zustehenden Besitzschutzrechte ausüben.

22

§ 860 BGB gewährt dem Besitzdiener **kein eigenes Recht**[41]. Vielmehr darf der Besitzdiener *für seinen Besitzherrn* tätig werden. Dabei ist er auch insoweit den Weisungen des Besitzherrn unterworfen. Hat der Besitzherr die Gewaltausübung untersagt, so kann sich der Besitzdiener nicht auf die §§ 860 i.V.m. § 859 BGB berufen[42].

> Entzieht der Besitzherr dem Besitzdiener die tatsächliche Sachherrschaft, so liegt keine verbotene Eigenmacht vor, da der Besitzdiener überhaupt nicht Besitzer war. Ein Selbsthilferecht des Besitzdieners gegen den Besitzherrn scheidet daher bereits aus diesem Grund aus[43].

> Dem **mittelbaren Besitzer** stehen die Besitzschutzrechte des § 859 BGB *nicht* zu[44].

23

§ 869 BGB verweist für diesen nämlich nur auf die §§ 861 f. BGB, nicht aber auf § 859 BGB. Die Gegenauffassung[45] will dem mittelbaren Besitzer die Rechte dennoch gewähren, um Schutzlücken zu vermeiden. Allerdings dürfte es sich dabei

---

[41] RGZ 97, 166, 167; *Lopau*, JuS 1980, 501, 503.
[42] *Joost* in MünchKomm. BGB, § 860 Rn. 2.
[43] RGZ 97, 166, 167; *Stadler* in Soergel, BGB, § 860 Rn. 1; *Bassenge* in Palandt, BGB, § 860 Rn. 1; *Gutzeit* in Staudinger, BGB, § 859 Rn. 3.
[44] Zutreffend RGZ 146, 182, 190; OLG Freiburg JZ 1952, 334; *Joost* in MünchKomm. BGB, § 869 Rn. 7; *Lorenz* in Erman, BGB, § 869 Rn. 4; *Fritzsche* in BeckOK BGB, § 869 Rn. 8; *Wilhelm*, Sachenrecht, Rn. 534 f.
[45] *Bassenge* in Palandt, BGB, § 869 Rn. 2; *Gutzeit* in Staudinger, BGB, § 859 Rn. 3; *Berger* in Jauernig, BGB, § 869 Rn. 2; *Stadler* in Soergel, BGB, § 869 Rn. 3; *Baur/Stürner*, Sachenrecht, § 9 Rn. 23; *Westermann/Gursky/Eickmann*, Sachenrecht, § 25 Rn. 6; *Lopau*, JuS 1980, 501, 503; *Kollhosser*, JuS 1992, 567, 570; *Petersen*, Jura 2002, 160, 163.

kaum um ein Versehen des Gesetzgebers handeln. Die Schutzlücke besteht zwar, doch ist sie nicht planwidrig.

c) Gegner

24 Die Selbsthilferechte des § 859 BGB richten sich zunächst **gegen** denjenigen, der die verbotene Eigenmacht begangen hat. Ob der **Täter** für sich selbst oder für einen anderen gehandelt hat (z.B. als Besitzdiener oder Organ), spielt dabei keine Rolle. Auch auf die Deliktsfähigkeit des Täters kommt es nicht an, sodass die Gewaltrechte auch gegenüber Kindern ausgeübt werden können[46].

25 Zudem stehen dem Besitzer gemäß § 859 IV BGB die Selbsthilferechte auch gegen den **Besitznachfolger** des Täters zu, sofern dieser die Fehlerhaftigkeit des Besitzes gegen sich gelten lassen muss (vgl. § 858 II 2 BGB).

d) Besitzwehr

26 Der Besitzer darf sich gegen verbotene Eigenmacht mit Gewalt wehren (§ 859 I BGB).

Die Besitzwehr kommt nur in Betracht, **solange der gestörte Besitzer noch Besitz an der beweglichen oder unbeweglichen Sache hat**. Wurde durch die verbotene Eigenmacht der Besitz bereits entzogen, so kommt nur noch die Besitzkehr nach Maßgabe des § 859 II und III BGB in Betracht.

27 § 859 I BGB sagt nichts über die **zulässigen Gewaltmittel** aus. In Betracht kommt jedes Mittel, das zur Abwehr der Beeinträchtigung **geeignet** ist[47].

> **Beispiel:** Androhen von Gewalt gegen Personen, die sich unberechtigterweise auf einem fremden Grundstück aufhalten; Ausüben von Gewalt, wenn diese Personen ihrerseits tätlich werden; Abschleppen eines unberechtigt abgestellten Fahrzeugs.

28 Eine Güterabwägung findet bei § 859 I BGB nicht statt. Allerdings verlangt die h.M. zu Recht, dass die Gewaltanwendung das **erforderliche** Maß nicht überschreitet[48]. Die Verhältnismäßigkeit des Mitteleinsatzes ist eine allen Notwehrrechten immanente Einschränkung. Der Besitzer muss sich also grundsätzlich bei gleich geeigneten Mitteln des mildesten bedienen[49]. Er muss dabei aber nicht das Risiko eingehen, dass die Abwehr der Besitzbeeinträchtigung scheitert.

> **Beispiel:** Eine störende Sache darf nicht zerstört werden, wenn sie auch beiseite geschafft werden könnte[50].

---

[46] *Lorenz* in Erman, BGB, § 859 Rn. 1; *Fritzsche* in BeckOK BGB, § 859 Rn. 7.
[47] *Joost* in MünchKomm. BGB, § 859 Rn. 7.
[48] BGHZ 181, 233, 238; OLG Koblenz MDR 1978, 141; *Joost* in MünchKomm. BGB, § 859 Rn. 9; *Gutzeit* in Staudinger, BGB, § 859 Rn. 8; *Omlor/Gies*, JuS 2013, 12, 15.
[49] BGHZ 181, 233, 238; *Fritzsche* in BeckOK BGB, § 859 Rn. 8; *Bassenge* in Palandt, BGB, § 859 Rn. 2.
[50] RGSt 34, 249, 251.

e) Besitzkehr

Hat eine verbotene Eigenmacht bereits zu einer Besitzentziehung geführt, so kann sich der Besitzer den Besitz gewaltsam **wiederverschaffen**. Diese Besitzkehr ist aber nicht zeitlich unbegrenzt zulässig. § 859 II und III BGB stellt dabei für bewegliche und unbewegliche Sachen unterschiedliche Voraussetzungen auf. Hinsichtlich der zulässigen Gewaltmittel gilt das soeben Rn. 27 Gesagte. 29

aa) Besitzkehr bei beweglichen Sachen

> Bei beweglichen Sachen ist die Besitzkehr nach § 859 II BGB nur gegen den **auf frischer Tat betroffenen oder verfolgten** Täter zulässig. 30

Die Selbsthilfe muss also im unmittelbaren Anschluss an die Besitzentziehung erfolgen[51]. Erforderlich ist daher, dass der Besitzer den Täter bei oder unmittelbar nach der Wegnahme der Sache bemerkt. Es genügt, dass der Besitzer die Verfolgung des Täters umgehend aufnimmt. Wie lange die Verfolgung dauert und wo sie endet (z.B. in der Wohnung des Täters) spielt hingegen keine Rolle[52].

bb) Besitzkehr bei Grundstücken

> Wird dem Besitzer eines Grundstücks der Besitz durch verbotene Eigenmacht entzogen, so darf er **sofort nach der Entziehung** sich des Besitzes durch Entsetzung des Täters wieder bemächtigen (§ 859 III BGB). 31

Die Entsetzung kann insbesondere durch die Entfernung des Täters sowie durch die Entfernung der vom Täter auf dem Grundstück zurückgelassenen Sachen erfolgen[53].

> **Beispiele:** Räumung von Hausbesetzern; Wiederinbesitznahme einer vom Vermieter eigenmächtig geräumten Wohnung durch den Mieter; Abschleppen eines unberechtigt abgestellten Fahrzeuges[54].

Die Besitzkehr muss dabei **sofort** nach der Besitzentziehung erfolgen. Nach h.M. ist diese zeitliche Komponente rein objektiv zu bestimmen. Der Besitzer muss so schnell handeln, wie es nach **objektiven Maßstäben** möglich ist[55]. „Sofort" bedeu- 32

---

[51] RGSt 59, 49, 50; *Fritzsche* in BeckOK BGB, § 859 Rn. 14; *Gutzeit* in Staudinger, BGB, § 859 Rn. 17; *Westermann/Gursky/Eickmann*, Sachenrecht, § 22 Rn. 7.
[52] RG JW 1931, 2643; *Bassenge* in Palandt, BGB, § 859 Rn. 3; *Stadler* in Soergel, BGB, § 859 Rn. 7.
[53] *Fritzsche* in BeckOK BGB, § 859 Rn. 15.
[54] BGHZ 181, 233.
[55] BGH NJW 1967, 46, 48; OLG Karlsruhe OLGZ 1978, 206, 207; OLG Brandenburg NJW 1998, 1717, 1718; *Fritzsche* in BeckOK BGB, § 859 Rn. 16; *Joost* in MünchKomm. BGB, § 859 Rn. 14.

tet dabei aber nicht zwingend „augenblicklich". Vielmehr soll dem Besitzer auch eine gewisse Überlegungs- und Vorbereitungszeit gewährt werden. Dabei sollen auch die Tageszeit und sonstige Umstände des Falles eine Rolle spielen. Damit wird das Merkmal „sofort" dem aus § 122 II BGB bekannten Merkmal „unverzüglich" zumindest angenähert[56].

Beispiele:

- Das Eindringen eines Mieters in die Mietwohnung soll auch noch einen Tag nach der „kalten Räumung" durch den Vermieter „sofort" im Sinne des § 859 III BGB erfolgt sein[57].
- Das Vorgehen gegen eine bereits zwei Wochen andauernde Hausbesetzung soll hingegen den Anforderungen des § 859 III BGB nicht mehr genügen[58].
- Sehr uneinheitlich wird die Frage beantwortet, wie lange man ein unberechtigt abgestelltes Fahrzeug noch abschleppen lassen darf. Die Vorschläge reichen von einem Zeitfenster von nur 30 Minuten[59] bis hin zu zwei Tagen[60]. Überwiegend wird ein Zeitraum von bis zu sechs Stunden als unproblematisch angesehen[61], wobei die Nachtzeit nicht zu berücksichtigen sein soll[62].

33 Ausweislich des Gesetzeswortlauts soll es *nicht* auf die Kenntnis des Besitzers von der Besitzentziehung ankommen, sondern allein auf die Entziehung selbst sei abzustellen. Danach wäre die Selbsthilfe des Besitzers **ausgeschlossen**, wenn er die Besitzentziehung erst nach einer gewissen Zeit entdeckt. Dies entspricht durchaus dem Willen des Gesetzgebers[63], erscheint aber dennoch nicht unbedenklich. In den Genuss des § 859 III BGB käme dann nämlich nur der Besitzer, der das Grundstück stets oder zumindest in sehr kurzen Abständen „im Auge behält". Anderenfalls wäre für den Besitzer oftmals nicht sicher feststellbar, wann die verbotene Eigenmacht stattgefunden hat. Der Besitzer könnte dann aber gar nicht abschätzen, ob die Besitzkehr zulässig wäre oder nicht.

Beispiel: M hat von Eigentümer E einen Pkw-Stellplatz gemietet, der auch als solcher ausgewiesen ist. Am Freitagmittag bricht M mit seinem Pkw zu einem Wochenendausflug auf. Als er am Montagmorgen wieder zurückkommt, bemerkt er, dass ein fremder Pkw auf dem gemieteten Stellplatz parkt. – Hier ist § 859 III BGB einschlägig, da es sich um eine Besitzentziehung handelt. Die Gegenauffassung, die eine Besitzstörung annimmt, stellt zwar auf § 859 I BGB ab, will aber die zeitlichen Grenzen des § 859 III BGB auch hier anwenden[64]. Nach beiden Auffassungen ist das Abschleppen nur zulässig, wenn es sofort erfolgt. Beim Abschleppen ist umstritten, was noch als sofortige Besitzkehr anzusehen ist (siehe soeben Rn. 32). Da auf die Besitzentziehung und nicht auf die Kenntnis des Besitzers abzustellen ist, müsste M feststellen, wann der fremde Pkw abgestellt wurde. Gelingt dies nicht, dann kann M nicht abschätzen, ob er den Pkw rechtmäßig abschleppen lassen kann oder nicht.

---

[56] *Prütting*, Sachenrecht, Rn. 114.
[57] RG SeuffBl 68 (1903), 145, 146.
[58] OLG Brandenburg NJW 1998, 1717, 1718.
[59] *Schünemann*, DAR 1997, 267 ff.
[60] AG Köpenick NZV 2009, 609.
[61] *Fritsche* in BeckOK BGB, § 859 Rn. 16 mit weiteren Nachweisen.
[62] LG Frankfurt a.M. NJW-RR 2003, 311.
[63] Motive zum BGB bei *Mugdan* III S. 508 f.
[64] Vgl. BGH NJW 1967, 46, 48.

Rechtfertigt dieses Risiko einer Fehleinschätzung aber die „Korrektur" des Gesetzeswortlauts? Dem Gesetzgeber kam es auf einen – wie auch § 859 II BGB zeigt – engen zeitlichen Zusammenhang zwischen der verbotenen Eigenmacht und der Besitzkehr an. Diese **Wertentscheidung** ist zu **respektieren**. Der Besitzer ist zudem nicht schutzlos: Er kann nach § 861 BGB vorgehen und zwar auch im Wege des einstweiligen Rechtsschutzes.

> **Hinweis:** Man könnte § 859 III BGB übrigens auch ganz anders lesen: Der Besitzer darf sich nicht nur, sondern sogar sofort des Besitzes wiederbemächtigen. Allerdings steht dem der erklärte Wille des Gesetzgebers entgegen.

34

Will der Besitzer nach § 859 III BGB vorgehen, muss er grundsätzlich **keine Wartezeit** einhalten[65]. Im Gegenteil: Lässt er zu viel Zeit verstreichen, dann verliert er sein Selbsthilferecht. Andererseits ist er auch hier gehalten, verhältnismäßig vorzugehen. Lässt sich der Täter leicht ermitteln und zur Herausgabe des Grundstücks auffordern, so kann dies ausnahmsweise vorrangig geboten sein[66].

35

> Die **Kosten des privaten Abschleppens** können vom Besitzer als Schadensersatz geltend gemacht werden – und zwar gemäß §§ 823 II i.V.m. 858 I BGB[67]. Steht dem Besitzer ein Recht zum Besitz zu, so ergibt sich der Anspruch auch aus § 823 I BGB.

cc) Exkurs: Selbsthilfe nach § 229 BGB
§ 229 BGB ist neben § 859 BGB anwendbar.

> Das allgemeine Selbsthilferecht setzt voraus, dass
> - ein **Anspruch** besteht,
> - **obrigkeitliche Hilfe** (insbesondere polizeiliche oder gerichtliche) **nicht** oder nicht rechtzeitig **zu erlangen** ist und
> - die Gefahr droht, dass die Durchsetzung des Anspruchs ohne sofortiges Eingreifen **vereitelt oder erschwert** werden wird.

In vorliegendem Zusammenhang von Interesse sind namentlich die Fälle, in denen die zeitlichen Grenzen der Besitzkehr überschritten sind. Dann kann der gestörte Besitzer dennoch nach § 229 BGB berechtigt sein, die Sache wieder an sich zu nehmen.

---

[65] AG München NJW-RR 2002, 200; *Fritzsche* in BeckOK BGB, § 859 Rn. 17; *Gutzeit* in Staudinger, BGB, § 858 Rn. 49; a.A. AG Frankfurt a.M. NJW-RR 1989, 83, 84.
[66] AG München NJW 1996, 853, 854; *Fritzsche* in BeckOK BGB, § 859 Rn. 17; *Baur/Stürner*, Sachenrecht, § 9 Rn. 15; *Stadler* in Soergel, BGB, § 859 Rn. 8, der jedoch auf Treu und Glauben abstellt.
[67] BGHZ 181, 233.

Beispiel: Zu seinem großen Ärger hat man dem Studenten S sein neues Fahrrad gestohlen. Als Fußgänger wider Willen steht er einige Tage nach dem Diebstahl an einer roten Fußgängerampel, als neben ihm ein Radfahrer hält. S erkennt das Fahrrad (nicht aber den Fahrer) wieder. Darf S das Fahrrad an sich nehmen?

- Eine **Besitzwehr nach § 859 I BGB** scheidet aus; zwar stellt der Diebstahl eine verbotene Eigenmacht dar. Doch hat S den Täter nicht auf frischer Tat betroffen oder verfolgt. Zudem müsste der Radfahrer Täter der verbotenen Eigenmacht gewesen sein oder zumindest die Fehlerhaftigkeit des Besitzes nach §§ 859, 858 II 2 BGB gegen sich gelten lassen müssen, was hier jedenfalls nicht feststeht.
- Allerdings kann F **Selbsthilfe nach § 229 BGB** üben. S hat gegen den Radfahrer einen Herausgabeanspruch nach § 985 BGB. Ließe S den Radfahrer einfach weiterfahren, wäre die Durchsetzung dieses Anspruchs erschwert, wenn nicht gar vereitelt. Schließlich ist S die Person des Radfahrers und damit auch seine Adresse unbekannt. S muss also sofort tätig werden, um zu verhindern, dass sein Fahrrad auf Nimmerwiedersehen verschwindet. Sofern sich nicht zufällig eine Polizeistreife in der unmittelbaren Nähe befindet, ist obrigkeitliche Hilfe auch nicht rechtzeitig zu erlangen. Da die Voraussetzungen des § 229 BGB somit vorliegen, darf S das Fahrrad auch gegen den Willen des Radfahrers an sich nehmen, ohne selbst eine verbotene Eigenmacht zu begehen.

3. Besitzschutzansprüche

36 Die Anwendung von Gewalt zur Verhinderung einer verbotenen Eigenmacht oder zur Wiedererlangung des entzogenen Besitzes ist nicht jedermanns Sache. Dies hat auch der Gesetzgeber erkannt und eigenständige Besitzschutzansprüche normiert: in **§ 861 BGB** für die Besitzentziehung, in **§ 862 BGB** für die Besitzstörung.

37 > Gemäß § 861 BGB kann der Besitzer, dem der Besitz durch eine verbotene Eigenmacht entzogen wurde, **Wiedereinräumung des Besitzes** von demjenigen verlangen, welcher ihm gegenüber fehlerhaft besitzt.

a) Anspruch bei Besitzentziehung (§ 861 BGB)

38 Der Anspruch ist auf Wiedereinräumung des entzogenen Besitzes gerichtet, also auf **Herausgabe der Sache** an den unmittelbaren Besitzer[68]. Bei Grundstücken erfolgt dies durch **Beräumung**.

Beispiel: Ein unberechtigt abgestelltes Fahrzeug muss weggefahren werden.

39 **Anspruchsinhaber** ist der durch die verbotene Eigenmacht gestörte unmittelbare Besitzer sowie gemäß § 869 BGB der mittelbare Besitzer. Auch Erbenbesitz reicht aus. *Nicht* anspruchsberechtigt ist hingegen der Besitzdiener. **Anspruchsgegner** ist der Täter der verbotenen Eigenmacht, sofern er noch unmittelbarer oder mittelbarer Besitzer der Sache ist, anderenfalls dessen Nachfolger im Besitz, sofern dieser die Fehlerhaftigkeit des Besitzes nach § 858 II 2 BGB gegen sich gelten lassen muss (dazu oben Rn. 18). Wer nur Besitzdiener ist, kann auch nicht Anspruchsgegner sein.

40 Der **Anspruch ist ausgeschlossen**, wenn der entzogene Besitz dem gegenwärtigen Besitzer oder dessen Vorgänger gegenüber fehlerhaft war *und* in dem letzten

---

[68] *Joost* in MünchKomm. BGB, § 861 Rn. 1; *Kollhosser*, JuS 1992, 567, 569.

Jahre vor der Entziehung erlangt worden ist (§ 861 II BGB). Es handelt sich hierbei um eine **rechtshindernde Einwendung**, deren Vorliegen vom Anspruchsgegner zu beweisen ist[69]. § 864 BGB enthält weitere Ausschlussgründe (dazu sogleich Rn. 48 ff.).

> **Klausurhinweis:** Zu prüfen ist hier also inzident, ob der Anspruchssteller selbst eine verbotene Eigenmacht begangen hat oder die verbotene Eigenmacht eines Vorgängers im Besitz gegen sich gelten lassen muss (§ 858 II 2 BGB). Relevant ist dies aber nicht mehr, wenn der Anspruchssteller schon länger als zwölf Monate im Besitz der Sache war. Die Voraussetzungen des § 861 II BGB müssen nämlich kumulativ vorliegen.

> **Prüfungsschema für den Herausgabeanspruch nach § 861 I BGB**
> - Besitzentziehung durch verbotene Eigenmacht
> - fehlerhafter Besitz des Anspruchsgegners (§ 858 II BGB)
> - kein Ausschluss nach § 861 II BGB
> - kein Ausschluss nach § 864 BGB

41

b) Anspruch bei Besitzstörung (§ 862 BGB)

Für die Besitzstörung durch verbotene Eigenmacht enthält § 862 I 1 BGB einen Beseitigungsanspruch, der durch den Unterlassungsanspruch nach § 862 I 2 BGB ergänzt wird.

42

- Der **Beseitigungsanspruch** setzt voraus, dass die Störung tatsächlich noch andauert, anderenfalls gibt es nichts mehr zu beseitigen[70]. Nach § 862 I 1 BGB kann nur Beseitigung der Besitzstörung verlangt werden, hingegen weder Schadensersatz noch eine sonstige Kompensation[71].
- Der **Unterlassungsanspruch** setzt voraus, dass weitere Störungen zu besorgen sind. Dabei knüpft § 862 I 2 BGB zwar seinem Wortlaut nach an eine schon verwirklichte Besitzstörung an, doch wendet die h.M. die Vorschrift zu Recht auch an, wenn eine Besitzstörung erstmals droht[72]. Allerdings sind an die Erstbegehungsgefahr höhere Anforderungen zu stellen als an die Wiederholungsgefahr[73].

Der Kreis der **Anspruchsinhaber** entspricht demjenigen des § 861 BGB (siehe Rn. 40). **Anspruchsgegner** ist der „Störer", wobei auf den zu § 1004 BGB entwickelten Störerbegriff und die dort getroffene Unterscheidung zwischen Handlungs- und Zustandsstörern zurückgegriffen werden kann[74] (siehe dazu oben § 13

43

---

[69] RGZ 64, 385, 386; *Stadler* in Soergel, BGB, § 861 Rn. 7; *Joost* in MünchKomm. BGB, § 861 Rn. 12.
[70] LG Augsburg NJW 1985, 499; *Gutzeit* in Staudinger, BGB, § 862 Rn. 7; *Fritzsche* in BeckOK BGB, § 862 Rn. 3; *Schreiber*, Jura 1993, 440, 441.
[71] *Stadler* in Soergel, BGB, § 862 Rn. 4.
[72] *Fritzsche* in BeckOK BGB, § 862 Rn. 5; *Joost* in MünchKomm. BGB, § 862 Rn. 3; *Stadler* in Soergel, BGB, § 862 Rn. 2.
[73] Näher dazu *Gursky* in Staudinger, BGB, § 1004 Rn. 214 ff.; *Fritzsche* in BeckOK BGB, § 862 Rn. 5.
[74] BGH NJW 2006, 3628, 3630.

Rn. 13 ff.). § 862 II BGB entspricht § 861 II BGB; es gilt also das soeben in Rn. 41 Gesagte. Schließlich gilt auch hier § 864 BGB.

44 **Prüfungsschema für den Beseitigungsanspruch nach § 862 I 1 BGB**
- andauernde Besitzstörung durch verbotene Eigenmacht
- Störereigenschaft des Anspruchsgegners
- kein Ausschluss nach § 862 II BGB
- kein Erlöschen nach § 864 BGB

Prüfungsschema für den Unterlassungsanspruch nach § 862 I 2 BGB
- Besitzstörung durch verbotene Eigenmacht und Besorgnis weiterer Störungen (Wiederholungsgefahr) *oder*
- Besorgnis erstmaliger Störung (Erstbegehungsgefahr)
- kein Ausschluss nach § 862 II BGB
- kein Erlöschen nach § 864 BGB

c) Einwendungen des Anspruchsgegners

45 Die §§ 861 f. BGB knüpfen tatbestandlich an eine verbotene Eigenmacht an. Es war bereits oben (Rn. 4) die Rede davon, dass Täter einer verbotenen Eigenmacht auch sein kann, wer einen Anspruch auf Herausgabe der Sache oder auf Duldung der Besitzstörung hat. Die §§ 858 ff. BGB wollen gerade die eigenmächtige Durchsetzung von Ansprüchen verhindern.

Dementsprechend stellt **§ 863 BGB** klar, dass der Anspruchsgegner sich auf ein Recht zum Besitz oder zur Vornahme der störenden Handlung nur berufen kann, um darzutun, dass er nicht in verbotener Eigenmacht gehandelt hat.

46 Anders formuliert: Es genügt nicht, dass der Anspruchsgegner darlegt, einen materiellen Anspruch auf die Sache zu haben. Erforderlich ist vielmehr, dass dessen eigenmächtige Durchsetzung im konkreten Fall **keine verbotene Eigenmacht** war, weil die Besitzbeeinträchtigung mit Willen des Besitzers erfolgte *oder* ausnahmsweise gesetzlich gestattet war.

Beispiel: E ist Eigentümer einer Sache, B ihr Besitzer ohne Besitzrecht. E kann von B Herausgabe nach §§ 985 f. BGB verlangen. Nimmt E die Sache B aber eigenmächtig weg, so begeht er eine verbotene Eigenmacht. B kann nach § 861 I BGB auf Wiedereinräumung des Besitzes klagen. Hiergegen kann E nach § 863 BGB nicht einwenden, dass er Eigentümer der Sache und als solcher zum Besitz berechtigt ist. Damit wird er im Rahmen der possessorischen Besitzschutzklage nicht gehört. Auch das Bestehen des Herausgabeanspruchs spielt grundsätzlich keine Rolle. – E könnte aber geltend machen, dass die Wegnahme gesetzlich gestattet und damit keine verbotene Eigenmacht war, z.B. weil er nach § 229 BGB im Wege der Selbsthilfe vorgehen und zur Sicherung des Herausgabeanspruchs die Sache an sich nehmen durfte.

d) Erlöschen der Besitzschutzansprüche

> Gemäß § 864 I BGB müssen die Besitzschutzansprüche **innerhalb eines Jahres** gerichtlich geltend gemacht werden; anderenfalls erlöschen sie.

47

Es handelt sich dabei *nicht* um eine Verjährungsregelung, sondern um eine **materielle Ausschlussfrist**[75]. Die Frist beginnt kenntnisunabhängig mit Vollendung der Besitzentziehung[76] bzw. dem Eintritt der Besitzstörung. Eine Verwirkung vor Fristablauf ist möglich[77].

> Die Besitzschutzansprüche erlöschen auch, wenn **durch rechtskräftiges Urteil festgestellt** wird, „dass dem Täter ein Recht an der Sache zusteht, vermöge dessen er die Herstellung eines seiner Handlungsweise entsprechenden Besitzstands verlangen kann" (§ 864 II BGB).

48

> **Hinweis:** § 864 II BGB durchbricht den Grundsatz, dass es auf die materielle Berechtigung des Anspruchsgegners nicht ankommt (vgl. § 863 und soeben Rn. 46). Dahinter steht der Gedanke, dass das auf eine possessorische Klage ergehende Urteil sich nicht in Widerspruch zu einem petitorischen Titel setzen soll[78].

Nach einhelliger Auffassung ist der Wortlaut der Vorschrift zu eng gefasst[79]: „**Recht an der Sache**" meint zwar gewöhnlich dingliche Rechte (z.B. Eigentum), doch sollen hier **auch schuldrechtliche Ansprüche** auf die Sache oder zur Vornahme der störenden Handlung (z.B. aus §§ 433 I 1, 546 I, 1007 BGB oder landesnachbarrechtlichen Vorschriften[80]) erfasst sein.

49

Das Recht des Anspruchsgegners muss **durch rechtskräftiges Urteil** festgestellt sein. Dies kann durch ein einer Leistungsklage des Anspruchsgegners stattgebendes Urteil[81], aber auch durch ein Feststellungsurteil erfolgen[82]. Ein vorläufig vollstreckbares Urteil genügt hingegen ebenso wenig wie eine einstweilige Verfügung[83].

50

---

[75] RGZ 68, 386, 389; BGH NJW 1995, 132.
[76] BGH NJW 2008, 580, 582; *Joost* in MünchKomm. BGB, § 864 Rn. 2.
[77] *Fritzsche* in BeckOK BGB, § 864 Rn. 4.
[78] Ähnlich *Gutzeit* in Staudinger, BGB, § 864 Rn. 7.
[79] Vgl. *Joost* in MünchKomm. BGB, § 864 Rn. 7; *Bassenge* in Palandt, BGB, § 864 Rn. 4: „Redaktionsversehen".
[80] BGH NJW 1979, 1359 f.
[81] Vgl. etwa *Westermann/Gursky/Eickmann*, Sachenrecht, § 23 Rn. 9.
[82] So die h.M.; vgl. *Joost* in MünchKomm. BGB, § 864 Rn. 7; *Bassenge* in Palandt, BGB, § 864 Rn. 5; *Stadler* in Soergel, BGB, § 864 Rn. 5; a.A. etwa *Gutzeit* in Staudinger BGB, § 864 Rn. 8.
[83] Wie hier *Joost* in MünchKomm. BGB, § 864 Rn. 9; *Lorenz* in Erman, BGB, § 864 Rn. 3; *Bassenge* in Palandt, BGB, § 864 Rn. 5; *Westermann/Gursky/Eickmann*, Sachenrecht, § 23 Rn. 9; a.A. OLG Dresden DJZ 1901, 487; OLG Naumburg JW 1932, 1401, 1402; *Gutzeit* in Staudinger, BGB, § 864 Rn. 8 f.; *Hagen*, JuS 1972, 124, 126 f.

Nach dem Wortlaut des § 864 II BGB muss die rechtskräftige Feststellung des Rechts *nach* der verbotenen Eigenmacht erfolgen. Dennoch wird die Vorschrift bisweilen analog auf bereits **vorher ergangene Urteile** angewendet[84]. Dem ist *nicht* zu folgen[85]. Hierdurch würde nämlich ein Anreiz zur eigenmächtigen Rechtsdurchsetzung gesetzt werden, die durch die §§ 858 ff. BGB gerade verhindert werden soll.

51 § 864 II BGB ist auf die Fälle zugeschnitten, in denen über das Recht des Anspruchsgegners *nach* der verbotenen Eigenmacht, aber noch *vor* der Entscheidung über die Besitzschutzklage rechtskräftig entschieden wird. Was aber gilt, wenn der Anspruchsgegner im Besitzschutzprozess **Widerklage** erhebt und damit die Feststellung seines Rechts begehrt? Hieran wird der Anspruchsgegner nicht durch § 863 BGB gehindert, da die Widerklage keine Einwendung und damit keine „Verteidigung" gegen die Besitzschutzklage, sondern ein eigenständiger „Angriff" ist. Insoweit ist zu differenzieren:

- Ist die possessorische Besitzschutzklage **eher entscheidungsreif** als die petitorische Widerklage, dann greift § 864 II BGB *nicht* ein. Vielmehr ist zunächst durch Teilurteil nach § 301 ZPO über die Besitzschutzklage zu entscheiden. Dies dürfte in der Praxis der Regelfall sein, da die Besitzschutzansprüche eine materiellrechtliche Prüfung nicht erfordern und daher zumeist eher entschieden werden können.
- Sind hingegen beide Klagen **gleichzeitig entscheidungsreif**, stellt sich die Frage, ob die erfolgreiche Widerklage **analog § 864 II BGB** bei der Entscheidung über die Besitzschutzklage zu berücksichtigen ist. Dies ist unstreitig zu bejahen, wenn beide Entscheidungen **sofort rechtskräftig** werden[86] (also in der Revisionsinstanz). Nach Auffassung des BGH[87] ist § 864 II BGB aber auch dann analog anzuwenden, wenn die Entscheidungen **nicht sofort rechtskräftig** werden (also in den unteren Instanzen). Dies wird im Schrifttum zu Recht kritisiert[88].

Die Entscheidung des BGH beruht auf dem Gedanken, dass das erkennende Gericht nicht widerspruchsfrei Besitzschutz gewähren und zugleich das Recht des Anspruchsgegners feststellen könne[89]. Indes liegt bei näherem Besehen überhaupt kein Widerspruch vor: Beiden Klagen kann widerspruchsfrei stattgegeben werden, da sie *nicht* in einem Alternativverhältnis stehen. Ein solches bestünde nur, wenn § 864 II BGB in diesen Konstellationen

---

[84] Vgl. RGZ 107, 258, 259 ff.; zustimmend *Joost* in MünchKomm. BGB, § 864 Rn. 11; *Westermann/Gursky/Eickmann*, Sachenrecht, § 23 Rn. 9 mit weiteren Nachweisen.

[85] Ablehnend auch *Gutzeit* in Staudinger, BGB, § 864 Rn. 11; *Fritzsche* in BeckOK BGB, § 864 Rn. 10; *Bassenge* in Palandt, BGB, § 864 Rn. 6; *Stadler* in Soergel, BGB, § 864 Rn. 5.

[86] *Berger* in Jauernig, BGB, §§ 861–864 Rn. 7; Gursky, JZ 2005, 285, 286.

[87] BGHZ 73, 355 ff.; BGH NJW 1999, 425, 427; zustimmend etwa *Bassenge* in Palandt, BGB, § 863 Rn. 3.

[88] Vgl. *Joost* in MünchKomm. BGB, § 863 Rn. 10; *Berger* in Jauernig, BGB, §§ 861–864 Rn. 7; *Stadler* in Soergel, BGB, § 863 Rn. 4; *Baur/Stürner* Sachenrecht, § 9 Rn. 3; *Gursky*, JZ 2005, 285, 286.

[89] Vgl. *Spiess*, JZ 1979, 717, 718.

trotz fehlender Rechtskraft der Widerklage anwendbar wäre – doch soll dies ja gerade erst begründet werden. **Gegen die Auffassung des BGH** spricht zudem die Funktion der possessorischen Besitzschutzansprüche: Die Folgen der verbotenen Eigenmacht sollen schnell rückgängig gemacht werden. Dies wäre nicht gewährleistet, wenn man die Entscheidung über den Besitzschutz in die nächste Instanz verlagern würde. Hinzu kommt, dass die wechselseitig geltend gemachten Ansprüche unterschiedlich vollstreckbar sind (vgl. insbesondere § 708 Nr. 9 ZPO). Die besseren Gründe sprechen daher dafür, am Wortlaut des § 864 II BGB festzuhalten und nur bei einer rechtskräftigen Entscheidung über die Widerklage die Besitzschutzansprüche auszuschließen.

4. Besitzschutz bei Mitbesitz

Im Verhältnis **zwischen Mitbesitzern** wird der Besitzschutz durch § 866 BGB **eingeschränkt**. Die Vorschrift schließt den Besitzschutz insoweit aus, als „es sich um die Grenzen des den einzelnen zustehenden Gebrauchs handelt". Wer von den Mitbesitzern die Sache wann und auf welche Weise benutzen kann, lässt sich nicht ohne Rückgriff auf das zwischen den Mitbesitzern bestehende Rechtsverhältnis feststellen. Der possessorische Besitzschutz passt daher nicht, wenn sich die Mitbesitzer über die Grenzen des zulässigen Gebrauchs streiten[90]. Hierfür sprechen auch Zweckmäßigkeitserwägungen[91]: Mitbesitzer sollen ihre Streitigkeiten über den Gebrauch der Sache nicht mit den Mitteln des Besitzschutzes austragen.

52

> **Beispiel:** A und B haben zu hälftigem Miteigentum einen Pkw erworben. Nach der internen Abrede soll A den Wagen montags, mittwochs und freitags, B ihn dienstags, donnerstags und samstags nutzen dürfen. Da sich A und B der „Aktion autofreier Sonntag" verschrieben haben, soll der Wagen sonntags nicht bewegt werden. Bald muss A feststellen, dass B sich nicht an die Abrede hält und den Wagen auch sonntags und montags nutzt. – A und B sind Miteigentümer und Mitbesitzer des Pkw. Zwischen ihnen besteht eine Bruchteilsgemeinschaft (§§ 1008, 741 ff. BGB). Die jeweiligen Gebrauchsbefugnisse richten sich nach der getroffenen Absprache (vgl. § 745 I BGB). Hier hat B zwar gegen die Absprache verstoßen, doch schließt § 866 BGB, da es um die Grenzen des zulässigen Gebrauchs geht, Besitzschutzansprüche des A aus.

> Besitzschutzansprüche kommen daher nur in Betracht, wenn ein Mitbesitzer den (oder die) anderen Mitbesitzer vom Gebrauch der Sache gänzlich ausschließt.

53

Dies ist namentlich der Fall, wenn ein Mitbesitzer dem anderen den Besitz gänzlich **entzieht**[92] oder derart stört, dass dem anderen die **Ausübung** seines Mitbesitzes **unmöglich** wird[93]. Dann wird nämlich nicht mehr über die Grenzen des Gebrauchs gestritten, sondern über den Mitbesitz als solchen.

---

[90] Vgl. *Joost* in MünchKomm. BGB, § 866 Rn. 12.
[91] Vgl. BGHZ 62, 243, 250.
[92] BGHZ 29, 372, 377; BGHZ 62, 243, 248; *Bassenge* in Palandt, BGB, § 866 Rn. 4; *Westermann/Gursky/Eickmann*, Sachenrecht, § 24 Rn. 2.
[93] OLG Köln MDR 1978, 405; *Joost* in MünchKomm. BGB, § 866 Rn. 12; *Berger* in Jauernig, BGB, § 866 Rn. 4; *Fritzsche* in BeckOK BGB, § 866 Rn. 17 f.

Abwandlung des Beispiels: A entschließt sich, aufgrund des abredewidrigen Verhaltens des B den Wagen künftig nur noch allein zu nutzen. Daher parkt er ihn nach jeder Benutzung an einem dem B unbekannten Ort. – Hier hat A unbefugt Alleinbesitz am Pkw begründet und damit zugleich den Mitbesitz des B beendet. Es geht folglich nicht mehr um die *Grenzen* des zulässigen Gebrauchs, sondern um den *Mitbesitz als solchen*. Da A eine verbotene Eigenmacht zu Lasten des B begangen hat, kann dieser nach §§ 866, 861 I BGB Wiedereinräumung des Mitbesitzes verlangen.

54 Im Verhältnis zu Dritten ist der Besitzschutz *nicht* eingeschränkt. Jeder Mitbesitzer kann gemäß § 859 BGB Selbsthilfe üben und die Besitzschutzansprüche (§§ 861 f. BGB) geltend machen. Insoweit ist allerdings zu beachten, dass eine verbotene Eigenmacht des Dritten nicht vorliegt, wenn ein Mitbesitzer diesem den Besitz **freiwillig überlassen** oder einer Besitzstörung **zugestimmt** hat; dann ist § 866 BGB einschlägig[94].

III. Petitorischer Besitzschutz nach § 1007 BGB

1. Überblick und Bedeutung

55 § 1007 BGB enthält **zwei** weitere Besitzschutzansprüche. Der **Normzweck** der Vorschrift ist **unklar**[95]. Bisweilen wird formuliert, dass § 1007 BGB ein „besseres Recht" des früheren Besitzers schützt[96]. Dies mag zwar für einige Konstellationen passen; doch erfasst § 1007 BGB auch Fälle, in denen der frühere Besitzer gar kein Besitzrecht hatte[97] (siehe unten Rn 61). Im Ausgangspunkt handelt es sich daher bei § 1007 BGB um eine Form des possessorischen Besitzschutzes. Doch lässt § 1007 III 2 BGB durch den Verweis auf § 986 BGB auch petitorische Einwendungen zu, weshalb sich die Bezeichnung als **petitorischer Besitzschutz** eingebürgert hat.

56 Die **praktische Bedeutung** des § 1007 BGB ist **gering**. In den meisten Fällen ist der frühere Besitzer auch Eigentümer der Sache, sodass die §§ 985 ff. BGB eingreifen. Ist der Besitzverlust durch eine verbotene Eigenmacht herbeigeführt worden, kommt zudem ein Herausgabeanspruch aus § 861 I BGB in Betracht, dessen Voraussetzungen sich leichter beweisen lassen als diejenigen des § 1007 BGB.

Klausurhinweis: Ungeachtet dessen ist § 1007 BGB neben den genannten Ansprüchen anwendbar (Anspruchskonkurrenz). Es ist daher richtig, die Vorschrift im Gutachten mit anzusprechen. Allerdings wird hier nur ganz ausnahmsweise der Schwerpunkt der Prüfung liegen. § 1007 BGB erlangt eine eigenständige Bedeutung nur in den seltenen Fällen, in denen die die Herausgabe einer Sache fordernde (frühere) Besitzer nicht Eigentümer geworden ist und auch kein anderes dingliches oder obligatorisches Recht zum Besitz erlangt hat, aufgrund dessen er von einem anderen Herausgabe der Sache verlangen kann, und auch § 861 BGB nicht eingreift (mangels verbotener Eigenmacht oder wegen § 861 II BGB)

---

[94] Vgl. *Joost* in MünchKomm. BGB, § 866 Rn. 13, *Gutzeit* in Staudinger, BGB, § 866 Rn. 24.
[95] Näher dazu *Baldus* in MünchKomm. BGB, § 1007 Rn. 9 ff.
[96] So etwa *Fritzsche* in BeckOK, BGB, § 1007 Rn. 1.
[97] *Baldus* in MünchKomm. BGB, § 1007 Rn. 9.

III. Petitorischer Besitzschutz nach § 1007 BGB

Auch rechtstechnisch ist § 1007 BGB misslungen[98]. Wissen sollte man, dass die **Abs. 1 und 2** jeweils voneinander unabhängige **Anspruchsgrundlagen** enthalten. Diese können nebeneinander vorliegen. In **Abs. 3** sind **Ausschlussgründe** normiert, die für beide Ansprüche gelten. Des Weiteren gilt die Vorschrift nur für **bewegliche Sachen**. Eine analoge Anwendung auf Grundstücke oder Teile von Grundstücken kommt nicht in Betracht[99].

57

> Zudem verweist § 1007 II 2 BGB auf die §§ 986 ff. BGB und damit auch auf die Folgeansprüche des EBV. Neben dem Anspruch auf Herausgabe kann der frühere Besitzer vom gegenwärtigen Besitzer daher ggf. die Herausgabe von Nutzungen sowie Schadensersatz verlangen. Umgekehrt kann dem zur Herausgabe verpflichtete gegenwärtige Besitzer nach Maßgabe der §§ 994 ff. BGB ein Gegenanspruch auf Ersatz getätigter Verwendungen zustehen. Näher zum Ganzen unten § 21.

Gemeinsames Merkmal der beiden Ansprüche aus § 1007 I und II BGB ist, dass ein früherer Besitzer vom gegenwärtigen Besitzer **Herausgabe der Sache** verlangen kann. Der frühere Besitzer muss dabei nicht der unmittelbare Vorgänger des gegenwärtigen Besitzers sein. Ist dies der Fall, bestehen in aller Regel sowieso andere Ansprüche.

58

2. Der Anspruch aus § 1007 I BGB

§ 1007 I BGB richtet sich gegen jeden Besitzer, der beim Besitzerwerb **nicht in gutem Glauben** war. Aus dem Zusammenspiel mit Abs. 3 ergibt sich folgendes **Prüfungsschema**:

59

Herausgabeanspruch nach §§ 1007 I, III BGB
- bewegliche Sache
- Anspruchsinhaber = früherer Besitzer
- Anspruchsgegner = gegenwärtiger Besitzer
- Bösgläubigkeit des Anspruchsgegners bei Besitzerwerb
- kein Ausschluss nach § 1007 III BGB
  - Gutgläubigkeit des Anspruchsinhabers bei Besitzerwerb (S. 1 Alt. 1)
  - keine Besitzaufgabe (S. 1 Alt. 2)
  - kein Besitzrecht des Anspruchsgegners (S. 2 i.V.m. § 986 BGB)

---

[98] Vgl. *Gursky* in Staudinger, BGB, § 1007 Rn. 3 ff.; *Medicus*, AcP 165 (1965), 115, 130 f.
[99] BGH GuT 2008, 489; *Gursky* in Staudinger, BGB, § 1007 Rn. 6; *Fritzsche* in BeckOK BGB, § 1007 Rn. 4; *Berger* in Jauernig, BGB, § 1007 Rn. 1; *Baur/Stürner* Sachenrecht, § 9 Rn. 27; *Westermann/Gursky/Eickmann*, Sachenrecht, § 34 Rn. 3; anders noch BGHZ 7, 208, 215.

60 Die Gutgläubigkeit muss sich jeweils auf die Besitzberechtigung beziehen[100]. Für den früheren Besitzer wird dies natürlich nur in den Fällen relevant, in denen er selbst kein Besitzrecht hatte. Ein Besitzrecht im Sinne der §§ 1007 III 2 i.V.m. 986 BGB ist nur ein solches, das dem früheren Besitzer gegenüber besteht[101].

61 **Beispiel:** A verleiht sein Fahrrad an B, der es an C weiterverleiht. C veräußert das Fahrrad an D, der weiß, dass C zur Eigentumsübertragung nicht befugt ist. Kann B von D Herausgabe verlangen?

- Ein Anspruch aus § 985 BGB scheidet aus, weil B nicht Eigentümer ist.
- § 861 I BGB ist mangels verbotener Eigenmacht nicht einschlägig.
- § 1007 I BGB hingegen ist tatbestandlich erfüllt. Das Fahrrad ist eine bewegliche Sache, die früher im Besitz des B stand. Dass B den Besitz freiwillig an C übertragen hat, spielt insoweit keine Rolle. D ist auch gegenwärtiger Besitzer des Fahrrades. Zudem war er bei Besitzerwerb bösgläubig. B seinerseits war bei Besitzerwerb gutgläubig, schließlich hatte er ein Besitzrecht. B hat den Besitz auch nicht aufgegeben, indem er das Fahrrad an C verliehen hat. D hat gegenüber B auch kein Besitzrecht. Daher ist der Anspruch nicht nach § 1007 III BGB ausgeschlossen. B kann somit Herausgabe nach §§ 1007 I, III BGB verlangen. (Ob man einen solchen Anspruch rechtspolitisch für erforderlich erachtet, steht auf einem anderen Blatt.)

3. Der Anspruch aus § 1007 II BGB

62 § 1007 II BGB ist einschlägig, wenn die Sache dem früheren Besitzer **abhanden gekommen** ist. In diesem Fall kommt es auf die Bösgläubigkeit des gegenwärtigen Besitzers *nicht* an. Allerdings besteht der Anspruch nicht, wenn der gegenwärtige Besitzer Eigentümer der Sache ist. Da auch hier § 1007 III 2 BGB gilt, ist diese Einschränkung eigentlich überflüssig, weil sie sich schon aus dem Verweis auf § 986 BGB ergibt[102]. Zudem darf die Sache dem gegenwärtigen Besitzer nicht seinerseits zuvor abhanden gekommen sein.

§ 1007 II BGB gilt nicht für Geld und Inhaberpapiere. Insoweit kommt nur ein Herausgabeanspruch nach § 1007 I BGB in Betracht. Hierdurch soll eine besondere Umlauffähigkeit erreicht werden. Anders als § 935 II BGB nimmt § 1007 II 2 BGB öffentlich versteigerte Sachen nicht vom Anwendungsbereich aus.

---

[100] *Fritzsche* in BeckOK BGB, § 1007 Rn. 4; *Baldus* in MünchKomm. BGB, § 1007 Rn. 15; *Kollhosser*, JuS 1992, 567, 571.

[101] *Gursky* in Staudinger, BGB, § 1007 Rn. 18; *Westermann/Gursky/Eickmann*, Sachenrecht, § 34 Rn. 8; *Kollhosser*, JuS 1992, 567, 571 der jedoch eine analoge Anwendung des § 986 BGB annimmt.

[102] *Gursky* in Staudinger, BGB, § 1007 Rn. 40; *Bassenge* in Palandt, BGB, § 1007 Rn. 11.

III. Petitorischer Besitzschutz nach § 1007 BGB

> **Herausgabeanspruch nach §§ 1007 II 1, III BGB**
> - bewegliche Sache
>   - *Ausnahme:* Geld und Inhaberpapiere (§ 1007 II 2 BGB)
> - Abhandenkommen der Sache beim früheren Besitzer
> - Anspruchsinhaber = früherer Besitzer
> - Anspruchsgegner = gegenwärtiger Besitzer
>   - *nicht:* Eigentümer
> - kein Ausschluss nach § 1007 III BGB
>   - Gutgläubigkeit des Anspruchsinhabers bei Besitzerwerb (S. 1 Alt. 1)
>   - keine Besitzaufgabe (S. 1 Alt. 2)
>   - kein Besitzrecht des Anspruchsgegners (S. 2 i.V.m. § 986 BGB)

Beispiel: A verleiht sein Fahrrad an B, dem es von C gestohlen wird. C veräußert das Fahrrad an den gutgläubigen D. Kann B von D Herausgabe verlangen?

- Ein Anspruch aus § 985 BGB scheidet aus, weil B nicht Eigentümer ist.
- Zwar lag eine verbotene Eigenmacht des C vor. Allerdings muss D als Sondernachfolger gemäß § 858 II 2 BGB die hieraus folgende Fehlerhaftigkeit des Besitzes nur gegen sich gelten lassen, wenn er bei Besitzerwerb von der verbotenen Eigenmacht Kenntnis hatte. Dies war hier nicht der Fall, sodass der Anspruch des B aus § 861 I BGB an dessen Abs. 2 scheitert.
- § 1007 I BGB scheidet aus, da D bei Besitzerwerb gutgläubig war.
- Einschlägig ist aber § 1007 II BGB: Wegen des Diebstahls ist das Fahrrad B abhanden gekommen. Auf die Gutgläubigkeit des D kommt es daher nicht an. Dieser ist auch nicht Eigentümer geworden (wegen § 935 BGB) und auch sonst nicht B gegenüber zum Besitz berechtigt. Auch die weiteren Ausschlussgründe des § 1007 III BGB liegen nicht vor. B kann daher Herausgabe des Fahrrads von D verlangen.

Teil VI
Eigentümer-Besitzer-Verhältnis

§ 20 Der Vindikationsanspruch (§§ 985, 986 BGB)

Literatur: *Derleder*, Zum Herausgabeanspruch des Eigentümers gegen den mittelbaren Besitzer, NJW 1970, 929; *Gursky*, Der Vindikationsanspruch und § 281 BGB, Jura 2004, 433; *Roth*, Grundfälle zum Eigentümer-Besitzer-Verhältnis (Teil 1), JuS 1997, 518; *ders.*, Das Eigentümer-Besitzer-Verhältnis, JuS 2003, 937; *Roussos*, Zurückbehaltungseinrede und Besitzrecht nach § 986, JuS 1987, 606; *Schreiber*, Der Herausgabeanspruch aus § 985 BGB, Jura 2005, 30; *Steidel-Sigrist*, Das Zurückbehaltungsrecht als Recht zum Besitz im Sinne des § 986 BGB, JZ 1993, 180; *Strele*, Anfechtung und Vindikation von Geld, JuS 2002, 858.

Übungsfälle: *Bohnert*, JuS 1991, 238; *Harder*, JuS 1991, 216; *Kaiser*, JuS 2012, 341; *Kaller*, JA 1997, 547.

I. Die Bedeutung des Herausgabeanspruchs

1. Dinglicher Anspruch

Das Eigentumsrecht ist das umfassendste dingliche Recht, das das deutsche Zivilrecht kennt. Der Eigentümer einer Sache kann, soweit nicht das Gesetz oder Rechte Dritter entgegenstehen, mit der Sache nach Belieben verfahren und andere von jeder Einwirkung ausschließen (§ 903 S. 1 BGB). Der Eigentümer hat daher *grundsätzlich* das Recht zu bestimmen, wer die tatsächliche Gewalt über seine Sache ausüben darf. Diese Befugnis **schützt** § 985 BGB, der lakonisch anordnet: „Der Eigentümer kann von dem Besitzer Herausgabe der Sache verlangen."

> Dieser Herausgabeanspruch wird in der Tradition des römischen Rechts als **Vindikation** bezeichnet[1].

1

---

[1] Für Einzelheiten zur stark ritualisierten *rei vindicatio* des römischen Rechts und zu ihren historischen Wurzeln siehe *Honsell*, Römisches Recht, 7. Aufl. 2010, S. 70 f.

2   Der Anspruch aus § 985 BGB folgt unmittelbar aus dem Eigentum. Es handelt sich somit um einen **dinglichen Anspruch,** der dem jeweiligen Eigentümer gegen den jeweiligen Besitzer zusteht. **§ 985 BGB** ist aber immer **im Zusammenhang mit § 986 BGB zu lesen.** Dessen Quintessenz lautet:

> Der Herausgabeanspruch besteht nicht, wenn der Besitzer gegenüber dem Eigentümer **zum Besitz berechtigt** ist.

3   Anknüpfungspunkt der Vindikation ist *nicht* das Verhalten des Besitzers, das zur Besitzbegründung geführt hat, sondern allein der Umstand, dass er eine fremde Sache unberechtigt in Besitz hat.

> **Beispiel:** Der Dieb ist dem Anspruch aus § 985 BGB nicht deshalb unterworfen, weil er gestohlen hat, sondern weil er besitzt und ihm kein Besitzrecht zusteht.

4   Auch kommt es *nicht* darauf an, dass der Eigentümer zuvor bereits selbst Besitzer der Sache war. Daher kann auch Herausgabe nach §§ 985 f. BGB verlangen, wer Eigentum gemäß § 931 BGB erworben hat.

2. Herauszugebende Sachen

5   Die §§ 985 ff. BGB gelten nur für **Sachen,** da nur an diesen Eigentum und Besitz bestehen können. Es kann sich sowohl um bewegliche als auch um unbewegliche Sachen handeln. Allerdings sind einige Vorschriften nicht auf alle Sachen anwendbar: § 986 II BGB gilt nur für bewegliche Sachen, § 998 BGB nur für Grundstücke.

> **Sachgesamtheiten** können *nicht* nach § 985 BGB herausgegeben werden. Der Herausgabeanspruch ist daher auf das einzelne Buch, nicht auf die Bibliothek gerichtet. Im Prozess muss jeder einzelne Gegenstand der Sachgesamtheit bezeichnet werden; es liegt eine objektive Klagehäufung im Sinne des § 260 ZPO vor. Erleichtert wird die Benennung durch § 809 BGB und ggf. einen aus § 242 BGB hergeleiteten Auskunftsanspruch.

6   Keine Besonderheiten gelten demgegenüber für **Geldscheine und Geldmünzen.** Auch sie sind Sachen und können daher Gegenstand der Vindikation sein. Allerdings kommt es insoweit oft zur Vermischung mit Scheinen und Münzen anderer Eigentümer und damit zu einem gesetzlichen Eigentumserwerb (§§ 948, 947 BGB). Zudem kann Geld nach § 935 II BGB auch dann vom Nichtberechtigten erworben werden, wenn die Scheine oder Münzen abhanden gekommen sind. Der bisherige Eigentümer verliert in diesen Fällen seinen dinglichen Vindikationsanspruch. An dessen Stelle treten schuldrechtliche Bereicherungs- und Schadensersatzansprüche.

Eine im Schrifttum vor allem früher[2] vertretene **Geldwertvindikation,** wonach der bisherige Eigentümer Herausgabe eines entsprechenden Geldwertes vom (früheren) Besitzer gestützt auf einen dinglichen Anspruch verlangen kann, ist **nicht anzuerkennen**[3].

3. Vindikationslage und schuldrechtliche Folgeansprüche

Warum beschäftigt sich ein Lehrbuch über gesetzliche Schuldverhältnisse mit einem dinglichen Anspruch? Die Antwort ergibt sich aus den §§ 987 ff. BGB:

> Bei Vorliegen einer Vindikationslage entsteht zwischen Eigentümer und besitzrechtslosem Besitzer ein **gesetzliches Schuldverhältnis,** das sog. Eigentümer-Besitzer-Verhältnis (EBV).

Der Eigentümer kann nämlich nicht nur Herausgabe der Sachen verlangen, sondern nach Maßgabe der §§ 987–993 BGB auch Herausgabe von Nutzungen und Schadensersatz. Umgekehrt können dem Besitzer Gegenansprüche zustehen, wenn er auf die Sache Verwendungen getätigt hat (§§ 994–1003 BGB). Diese Ansprüche sind jeweils **schuldrechtlicher Natur.** Von ihnen wird unter § 21 noch ausführlich die Rede sein.

II. Voraussetzungen des Herausgabeanspruchs

1. Vindikationslage

Aus §§ 985 f. BGB folgt, dass das Bestehen einer Vindikationslage immer von drei **Voraussetzungen** abhängt:

- Der Anspruchsteller muss **Eigentümer** sein.
- Der Anspruchsgegner muss **Besitzer** sein.
- Der Anspruchsgegner darf **kein Recht zum Besitz** haben.

---

[2] *Westermann/Pinger*, Sachenrecht, 6. Aufl. 1988, § 30 V 3; *Pulvermüller*, Rechtsnatur und Behandlung des privatrechtlichen Geldanspruchs, 1974, S. 133 ff.; *Simitis*, AcP 159 (1960/1961), 406, 459 ff.; *Walz*, KritV 1986, 131, 159.
[3] *Baldus* in MünchKomm. BGB, § 985 Rn. 26 ff.; *Berger* in Jauernig, BGB, § 985 Rn. 8; *Fritzsche* in BeckOK BGB, § 985 Rn. 16; *Gursky* in Staudinger, BGB, § 985 Rn. 90; *Stadler* in Soergel, BGB, § 985 Rn. 22; *Medicus*, JuS 1983, 897, 900; unentschieden *Strohe*, JuS 2002, 858, 860.

2. Eigentum des Anspruchstellers

Ob der Anspruchsteller Eigentümer ist, bestimmt sich nach den **allgemeinen sachenrechtlichen Vorschriften** über den Erwerb und Verlust des Eigentums, insbesondere also nach den §§ 873 ff., 892 ff., 925 BGB (rechtsgeschäftlicher Erwerb von Grundstücken), §§ 929 ff., 932 ff. BGB (rechtsgeschäftlicher Erwerb von beweglichen Sachen), § 937 BGB (Ersitzung), §§ 946 ff. BGB (Verbindung, Vermischung, Vermengung, Verarbeitung), §§ 953 ff. BGB (Erwerb von Erzeugnissen), § 958 BGB (Aneignung herrenloser Sachen) und §§ 973 f. BGB (Eigentumserwerb des Finders). Zudem kann Eigentum im Wege der **Gesamtrechtsnachfolge** erworben werden, z.B. durch den Erben gemäß § 1922 I BGB.

> **Klausurhinweis:** Die Prüfung der dinglichen Rechtslage unterscheidet sich von der Prüfung eines Anspruchs. Gefragt wird nicht, *wer* etwas *von wem* verlangen kann. Zu prüfen ist vielmehr, wem ein Recht an einer Sache (z.B. das Eigentum) zusteht. Bei der Ermittlung der Eigentumslage ist **historisch-chronologisch** vorzugehen. Zunächst ist anhand des Sachverhalts festzustellen, wer ursprünglich Eigentümer war. Insoweit kann es ausnahmsweise erforderlich sein, auf die Vermutungswirkung der §§ 891, 1006 BGB abzustellen. Dies ist aber entbehrlich (und falsch), wenn der Sachverhalt eindeutige Hinweise auf die Eigentumslage enthält. Anschließend ist zu prüfen, ob der ursprüngliche Eigentümer das Eigentum verloren hat. Sollte die Sache z.B. rechtsgeschäftlich übertragen werden, so ist die Wirksamkeit der Übereignung zu prüfen. Ggf. sind mehrere Erwerbsvorgänge nacheinander zu prüfen, wobei auch gesetzliche Erwerbstatbestände oder der Erwerb vom Nichtberechtigten eine Rolle spielen können. **Ganz falsch** wäre es, wenn an dieser Stelle noch mit den §§ 891, 1006 BGB argumentiert werden würde!

9 Anspruchsinhaber ist der **jeweilige** Eigentümer. Die Übertragung des Eigentums führt also dazu, dass der bisherige Eigentümer den Anspruch verliert. Dies gilt auch, wenn er den Besitzer schon auf Herausgabe verklagt hat (siehe dazu unten Rn. 41 f.).

3. Besitz des Anspruchsgegners

10 Der Anspruchsgegner muss Besitzer sein. Zur Herausgabe kann dabei nicht nur der unmittelbare, sondern **auch der mittelbare** Besitzer verpflichtet sein. Insoweit unterscheidet sich nur der Inhalt der Herausgabepflicht (siehe unten Rn. 31 ff.). Entsprechendes gilt bei Teil- und Mitbesitzern[4]. Ob der Besitzer Fremd- oder Eigenbesitzer ist, spielt keine Rolle. Auch kommt es nicht darauf an, ob der Besitzer hinsichtlich seines fehlenden Besitzrechts redlich oder unredlich war.

Nicht herausgabepflichtig nach § 985 BGB sind Besitzdiener[5] und Organbesitzer.

---

[4] Dazu *Baldus* in MünchKomm. BGB, § 985 Rn. 14.
[5] *Baldus* in MünchKomm. BGB, § 985 Rn. 11 mit weiteren Nachweisen.

II. Voraussetzungen des Herausgabeanspruchs

Wie auch beim Eigentümer gilt: Mit Verlust des Besitzes **verliert** der Besitzer die **Passivlegitimation;** er ist dann also nicht länger Schuldner des Herausgabeanspruchs[6] (zur Veräußerung im Prozess siehe unten Rn. 41 f.). In Betracht kommen dann allenfalls Schadensersatzansprüche, z.B. nach Maßgabe der §§ 989, 990 BGB.

11

4. Kein Recht zum Besitz

a) Besitzrecht als Einwendung

Nach § 986 I 1 BGB kann der Besitzer die Herausgabe verweigern, wenn er dem Eigentümer gegenüber zum Besitz berechtigt ist. Das Besitzrecht kann ihm als **eigenes** (Alt. 1) oder als von einem mittelbaren Besitzer **abgeleitetes** Recht (Alt. 2) zustehen.

12

Obwohl der Gesetzeswortlaut eher auf eine Einrede hindeutet („kann … verweigern"), wird nach ganz h.M. das Besitzrecht als **Einwendung** angesehen, die im Prozess von Amts wegen zu beachten ist[7].

Beweisbelastet ist insoweit der Besitzer; er muss dartun und ggf. beweisen, dass er im Besitz der Sache sein *darf*.

b) Die einzelnen Besitzrechte

Besitzrechte können sich aus einem **dinglichen Recht** des Besitzers an der Sache ergeben[8]. Erforderlich ist insoweit, dass das dingliche Recht eine Befugnis zum Besitz gewährt.

13

Beispiele: Erbbauberechtigte (§ 11 I ErbbauRG), Nießbraucher (§ 1036 BGB), Inhaber eines vertraglichen oder gesetzlichen Pfandrechts (§§ 1205, 1253 BGB) oder dinglichen Wohnungsrechts (§§ 1093 I, 1036 BGB) sind zum Besitz berechtigt. **Kein** Besitzrecht haben hingegen Hypothekare (§ 1113 BGB) und Grundschuldgläubiger (§ 1191 BGB), weil Grundpfandrechte keine Besitzbefugnis vermitteln.

---

[6] *Stadler* in Soergel, BGB, § 985 Rn. 15; *Gursky* in Staudinger, BGB, § 985 Rn. 48; *Fritzsche* in BeckOK BGB, § 985 Rn. 10.

[7] BGHZ 82, 13; *Baldus* in MünchKomm. BGB, § 986 Rn. 37; *Ebbing* in Erman, BGB, § 986 Rn. 41; *Bassenge* in Palandt, BGB, § 986 Rn. 1; *Stadler* in Soergel, BGB, § 986 Rn. 30; *Gursky* in Staudinger, BGB, § 986 Rn. 1; *Fritzsche* in BeckOK BGB, § 986 Rn. 1; *Wilhelm*, Sachenrecht, Rn. 594 f; *Schreiber*, Jura 1992, 356, 358; anders noch RGZ 127, 8, 9.

[8] Statt aller *Baldus* in MünchKomm. BGB, § 986 Rn. 8.

14 Auch aus einer **schuldrechtlichen Vereinbarung** kann sich ein Recht zum Besitz ergeben[9]. Das Schuldverhältnis muss wirksam sein. Schwebend unwirksame Geschäfte vermitteln kein Besitzrecht[10].

> **Beispiele:**
> - Ein Besitzrecht begründen die **Gebrauchsüberlassungsverträge** (z.B. Miete, Pacht, Leihe, Leasing) und die **Verwahrung.**
> - Die **Sicherungsabrede bei der Sicherungsübereignung** begründet ein Besitzrecht des Sicherungsgebers[11].
> - Ist ein **Werkvertrag** auf die Reparatur einer fremden Sache gerichtet, so folgt *hieraus* regelmäßig ein (temporäres Besitzrecht) des Unternehmers. Das Besitzrecht aus dem Werkvertrag besteht aber nur solange, wie der Besitz des Unternehmers zur Erbringung der Werkleistung erforderlich ist. Erwirbt der Unternehmer infolge der Reparatur ein Werkunternehmerpfandrecht (§§ 647, 1243, 1205 BGB), dann kann er sein Besitzrecht jedoch anschließend hierauf stützen.
> - Auch aus **Verschaffungsverträgen** kann ein Besitzrecht folgen. Praktisch relevant ist vor allem der **Eigentumsvorbehaltskauf.** Der Käufer, der eine Sache zwar schon übergeben, aber noch nicht übereignet bekommen hat, kann sich auf ein Besitzrecht aus dem Kaufvertrag berufen. Das Besitzrecht bleibt nach h.M. auch noch nach Eintritt des Zahlungsverzugs des Käufers bestehen[12]; es endet erst mit dem Rücktritt des Verkäufers vom Vertrag.

15 Zudem ist die **Relativität der Schuldverhältnisse** zu beachten: Das obligatorische Besitzrecht muss also gerade dem Eigentümer gegenüber bestehen. Schuldverhältnisse zu Dritten begründen kein Recht zum Besitz im Sinne des § 986 I BGB.

> Zu beachten ist insoweit aber § 566 BGB, wonach der Erwerber vermieteten Wohnraums in das bestehende Mietverhältnis einrückt[13]. Hier wirkt die zwischen dem Besitzer und einem Dritten (dem Voreigentümer) getroffene Abrede ausnahmsweise auch gegenüber dem späteren Eigentümer.

16 Umstritten ist, ob **Anwartschaftsrechte** ein dingliches Recht zum Besitz begründen. Die Frage spielt insbesondere beim **Vorbehaltskauf** eine Rolle, allerdings nur, wenn sich der Anwartschaftsberechtigte nicht ohnehin auf ein Besitzrecht aus dem Kaufvertrag berufen kann, was regelmäßig der Fall ist. Etwas anderes gilt nur, wenn der Besitzer das Anwartschaftsrecht gutgläubig erworben hat (§§ 932 ff. BGB analog).

---

[9] *Baldus* in MünchKomm. BGB, § 986 Rn. 15 ff.; *Fritzsche* in BeckOK BGB, § 986 Rn. 5 ff.

[10] So auch *Baldus* in MünchKomm. BGB, § 986 Rn. 17; *Kroppenberg*, WM 2001, 844, 851; a. A. *Gursky* in Staudinger, BGB, § 986 Rn. 17.

[11] *Fritzsche* in BeckOK BGB, § 986 Rn. 5 ff.; siehe auch *Gomille*, WM 2010, 1207 ff.

[12] BGH NJW 2007, 2485, 2487; *Berger* in Jauernig, § 929 Rn. 59; *Baldus* in MünchKomm. BGB, § 986 Rn. 16; *Fritzsche* in BeckOK BGB, § 986 Rn. 7; *Gursky* in Staudinger, BGB, § 986 Rn. 26; *Baur/Stürner*, Sachenrecht, § 59 Rn. 17; a.A. *Ebbing* in Erman, BGB, § 986 Rn. 38; *Bassenge* in Palandt, BGB, § 929 Rn. 40.

[13] Der Gesetzgeber hat bei Fassung der amtlichen Überschrift („Kauf bricht nicht Miete") des § 566 BGB übrigens in eklatanter Weise gegen das Trennungsprinzip verstoßen. Die Vorschrift knüpft nämlich gar nicht an das schuldrechtliche Verpflichtungsgeschäft an (z.B. den Verkauf der Mietsache), sondern an den Eigentumsübergang, also das dingliche Verfügungsgeschäft.

II. Voraussetzungen des Herausgabeanspruchs

Beispiel: M veräußert eine von E gemietete Sache unter Eigentumsvorbehalt an den redlichen D. – Bei einer unbedingten Übereignung hätte D das Eigentum von M als Nichtberechtigten gemäß § 932 BGB erworben. Die Einigung steht beim Eigentumsvorbehalt unter der aufschiebenden Bedingung vollständiger Kaufpreiszahlung. Da der Eintritt dieser Bedingung allein vom Verhalten des D abhängt, hat er bereits ein Anwartschaftsrecht erworben. Folgt hieraus ein Recht zum Besitz gegenüber Noch-Eigentümer E?

- Nach einer verbreiteten Auffassung[14] begründet das Anwartschaftsrecht des Vorbehaltskäufers *als solches* ein Recht zum Besitz. Begründet wird dies damit, dass das Anwartschaftsrecht ein **„wesensgleiches Minus"** zum Vollrecht sei und daher wie das Eigentum eine Besitzbefugnis vermitteln müsse. Indes ist dies eine *petitio principii*: Zwar mag das Anwartschaftsrecht „wesensgleich" zum Eigentumsrecht sein; es ist aber jedenfalls ein „Minus" zu diesem, gewährt also eine schwächere Rechtsposition. Folglich kann die mit dem Vollrecht verknüpfte Besitzbefugnis durchaus fehlen. Der schlichte Hinweis auf den rechtlichen Charakter des Anwartschaftsrechts taugt daher nicht als Begründung.
- **Vorzugswürdig** ist es, mit dem BGH[15] und Teilen des Schrifttums[16] die Frage zu verneinen: Aus dem Anwartschaftsrecht als solchem folgt noch **kein Besitzrecht**. Der Vorbehaltskäufer muss daher dem Eigentümer, sofern er diesem gegenüber nicht aus einem anderen Grund zum Besitz berechtigt ist, die Sache herausgeben. Mit Eintritt der Bedingung, also mit vollständiger Kaufpreiszahlung, erwirbt er aber Eigentum und kann daher seinerseits aus § 985 BGB vorgehen. Der BGH will diese doppelte Herausgabe dadurch vermeiden, indem er dem Vorbehaltskäufer gegen den Herausgabeanspruch des Noch-Eigentümers die Arglisteinrede aus § 242 BGB gewährt[17]: Der Eigentümer handele arglistig, wenn er das, was er heraus verlangen könne, alsbald selbst wieder an den Vorbehaltskäufer herausgeben müsse[18]. Dies überzeugt nicht[19], da der Eigentümer nicht wissen kann, ob und wann der Vorbehaltskäufer den Kaufpreis vollständig bezahlt.

In unserem **Beispiel** hat D nach hier vertretener Auffassung kein Besitzrecht gegenüber E erlangt. Das Anwartschaftsrecht genügt hierfür nicht. Aus dem Kaufvertrag folgt lediglich ein Recht zum Besitz gegenüber M. Daher muss D die Sache grundsätzlich nach §§ 985 f. BGB an E herausgeben. Entgegen der Auffassung des BGH ist für die Arglisteinrede aus § 242 BGB in diesen Fällen auch kein Raum. D hat es selbst in der Hand, durch vollständige Kaufpreiszahlung an M Eigentum zu erwerben und damit dem Herausgabeanspruch des E die tatbestandliche Grundlage zu entziehen.

---

[14] OLG Karlsruhe NJW 1966, 885; OLG Schleswig NJW-RR 1998, 1459,1460; *Berger* in Jauernig, § 929 Rn. 60; *Henssler* in Soergel, BGB, Anh. zu § 929, Rn. 79; *Wilhelm*, Sachenrecht, Rn. 2341; *Baur/Stürner*, Sachenrecht, § 59 Rn. 17; *Prütting*, Sachenrecht, Rn. 398; *Flume*, AcP 161 (1962), 385, 393; *Schreiber*, Jura 1992, 356, 358; *Schwerdtner*, Jura 1980, 661, 664.

[15] BGHZ 10, 69, 71.

[16] *Baldus* in MünchKomm. BGB, § 986 Rn. 9; *Fritzsche* in BeckOK BGB, § 986 Rn. 13; *Gursky* in Staudinger, BGB, § 986 Rn. 13; *Westermann/Gursky/Eickmann*, Sachenrecht, § 29 Rn. 15; *Gudian*, NJW 1967, 1786 ff.; *Dilcher*, JuS 1979, 331, 332; *Brox*, JuS 1984, 657, 659; *Singer/Große-Klußmann*, JuS 2000, 562, 565; *Zeranski*, AcP 203 (2003), 693, 707 ff.; *Schmidt-Recla*, JuS 2002, 759, 761; *Wimmer-Leonhardt*, JuS 2010, 136, 142.

[17] BGHZ 10, 69, 74 f.

[18] In der berühmten lateinischen Formel: *Dolo agit, qui petit, quod statim redditurus est*.

[19] Ablehnend etwa auch *Baldus* in MünchKomm. BGB, § 986 Rn. 10.

17 Ein Besitzrecht kann auch aus **familienrechtlichen Beziehungen** folgen[20].

> **Beispiele:**
> - Ehegatten haben – unabhängig von der Eigentumslage – wechselseitig ein Recht auf Mitbesitz an der ehelichen Wohnung und an den Haushaltsgegenständen, die dem anderen Gatten gehören[21]. Das folgt aus der Verpflichtung zur ehelichen Lebensgemeinschaft (§ 1353 I BGB). Bei Getrenntlebenden sind die §§ 1361a f. BGB zu beachten.
> - Eltern sind ihren Kindern gegenüber zur Vermögenssorge berechtigt und verpflichtet (§ 1626 I 2 BGB). Hieraus folgt regelmäßig ein Recht zum Besitz der den Kindern gehörenden Sachen[22].

18 Auch die **berechtigte GoA** begründet ein Besitzrecht, soweit dies zur Durchführung des Geschäfts erforderlich ist (siehe oben § 14 Rn. 22). Besitzberechtigt sind ferner kraft Amtes Insolvenzverwalter (§ 80 InsO), Zwangsverwalter (§ 150 II ZVG), Nachlassverwalter (§ 1985 I BGB) und Testamentsvollstrecker (§ 2205 S. 2 BGB). Schließlich kann sich das Besitzrecht auch aus **öffentlich-rechtlichen Regelungen,** insbesondere aus erlassenen Verwaltungsakten ergeben[23].

> **Beispiele:** Einweisung eines Obdachlosen in eine Wohnung; Beschlagnahme einer Sache als Beweismittel (§§ 94 ff. StPO) oder zur Gefahrenabwehr nach polizeirechtlichen Vorschriften.

19 Umstritten ist die Behandlung von **Zurückbehaltungsrechten,** die dem Besitzer zustehen.

- In ständiger Rechtsprechung nimmt der **BGH** an[24], dass die Zurückbehaltungsrechte aus §§ 273, 1000 BGB ein **Besitzrecht** begründen, sofern der Besitzer die daraus folgende Einrede erhoben hat. Allerdings sollen die §§ 987 ff. BGB analog anzuwenden sein, soweit das „das Besitzrecht begründende Rechtsverhältnis" eine Regelung zur Herausgabe von Nutzungen, Schadens- und Verwendungsersatz nicht enthält[25].
- Dem ist mit der im Schrifttum überwiegenden Gegenauffassung **nicht zu folgen**[26]. Ein Besitzrecht im Sinne des § 986 BGB begründet eine Einwendung, die ohne Weiteres zur Abweisung einer vom Eigentümer erhobenen Herausgabeklage führt. Ein einredeweise geltend gemachtes Zurückbehaltungsrecht führt hingegen zur Verurteilung des Besitzers zur Herausgabe, wenn auch nur einge-

---

[20] Dazu *Fritzsche* in BeckOK BGB, § 986 Rn. 9.
[21] BGH NJW 2004, 3041.
[22] BGH NJW 1989, 2542, 2544; *Bassenge* in Palandt, BGB, § 986 Rn. 6; *Fritzsche* in BeckOK BGB, § 986 Rn. 9.
[23] Näher dazu *Gursky* in Staudinger, BGB, § 986 Rn. 8.
[24] BGHZ 149, 326, 333; BGH NJW 1995, 2627, 2628; BGH NJW 2004, 3484, 3485; zustimmend etwa *Roussos*, JuS 1987, 606, 609.
[25] BGH NJW 1995, 2627, 2628 mit weiteren Nachweisen.
[26] *Baldus* in MünchKomm. BGB, § 986 Rn. 19; *Berger* in Jauernig, BGB, § 986 Rn. 19; *Ebbing* in Erman, BGB § 986 Rn. 18; *Fritzsche* in BeckOK BGB, § 986 Rn. 16; *Gursky* in Staudinger, BGB, § 986 Rn. 28, *Stadler* in Soergel, BGB, § 986 Rn. 9; *Wilhelm*, Sachenrecht, Rn. 1200 f.

schränkt „Zug um Zug" gegen Erfüllung des Gegenanspruchs (vgl. § 274 BGB und unten § 21 Rn. 106).

Gegen ein Recht zum Besitz spricht auch Folgendes: Nach Maßgabe der §§ 994 ff. BGB kann der Besitzer Verwendungsersatz vom Eigentümer verlangen. § 1000 BGB gewährt ihm für diese Fälle ein Zurückbehaltungsrecht. Würde damit zugleich ein Recht zum Besitz einhergehen, so würde damit die Vindikationslage wieder entfallen. Dies ist vom Gesetzgeber aber ersichtlich nicht gewollt.

Bei der Zusendung unbestellter Waren durch einen Unternehmer an einen Verbraucher schließt **§ 241a I BGB** jegliche Ansprüche des Unternehmers aus[27]. Hierzu zählen nicht nur vertragliche Ansprüche, sondern auch solche aus ungerechtfertigter Bereicherung und sogar der Vindikationsanspruch aus § 985 BGB. Ein eigenständiges Recht zum Besitz wird hierdurch aber nicht begründet. § 986 BGB ist daher nicht einschlägig. Die anspruchsausschließende Einwendung ergibt sich vielmehr unmittelbar aus § 241a I BGB.

c) Abgeleitetes Besitzrecht bei mittelbarem Besitz

Gemäß § 986 I 1 Alt. 2 BGB kann der unmittelbare Besitzer die Herausgabe der Sache an den Eigentümer verweigern, wenn der mittelbare Besitzer, von dem er selbst sein Besitzrecht ableitet, dem Eigentümer gegenüber zum Besitz berechtigt ist. Der Sache nach macht der unmittelbare Besitzer hier ein dem mittelbaren Besitzer zustehendes Besitzrecht geltend.

Beispiel: K kauft bei E einen Pkw unter Eigentumsvorbehalt (§ 449 BGB) und vermietet ihn an B. B kann sich nach § 986 I 1 Alt. 2 BGB auf das Besitzrecht des K, das aus dem Kaufvertrag folgt, berufen. Beim Eigentumsvorbehaltskauf ist im Regelfall auch davon auszugehen, dass der Käufer die Kaufsache einem Dritten überlassen darf.

§ 986 I 1 Alt. 2 BGB gilt auch bei **mehrstufiger Besitzmittlung.**

Abwandlung: Bringt der B den Pkw zur Reparatur zu U, kann U sich E gegenüber auf das Besitzrecht des B und des K berufen (§ 986 I 1 Alt. 2 BGB).

Aus § 986 I 2 BGB folgt, dass der mittelbare Besitzer auch dazu **berechtigt** gewesen sein muss, den Besitz an den unmittelbaren Besitzer **weiterzugeben**[28]. Anderenfalls kann der Eigentümer von dem Besitzer die Herausgabe der Sache an den mittelbaren Besitzer oder, wenn dieser den Besitz nicht wieder übernehmen kann oder will, an sich selbst verlangen.

Abwandlung: K hat den Pkw seinerseits von E nur gemietet. Obwohl eine Untervermietung *nicht* gestattet wurde (vgl. § 540 I BGB), hat E den Wagen weiter an B vermietet. – Hier besteht ein Herausgabeanspruch des E gegen B. Dieser ist grundsätzlich aber nur auf Herausgabe an K gerichtet (§ 986 I 2 BGB).

---

[27] Näher dazu *Lorenz*, JuS 2000, 833, 841; *Berger*, JuS 2001, 649, 652; *Löhnig*, JA 2001, 33 ff.
[28] *Fritzsche* in BeckOK BGB, § 986 Rn. 20.

24 > **Zusammenfassend** lässt sich festhalten: Nach § 986 I 1 und 2 BGB kann der unmittelbare Besitzer die Herausgabe verweigern, wenn
> - er selbst dem mittelbaren Besitzer gegenüber zum Besitz berechtigt ist,
> - der mittelbare Besitzer dem Eigentümer gegenüber zum Besitz *und*
> - zu dessen Weitergabe berechtigt ist.

25 Darüber hinaus besteht Einigkeit, dass der Wortlaut des § 986 I 1 BGB **zu eng** ist. Es soll nämlich nicht darauf ankommen, dass der unmittelbare Besitzer aufgrund eines Besitzmittlungsverhältnisses besitzt. Ein abgeleitetes Besitzrecht bestehe vielmehr auch dann, wenn der Besitzer sein Recht von einem dem Eigentümer gegenüber besitzberechtigten Dritten herleitet, der *nicht* sein Oberbesitzer ist. Daher kann sich der Zweiterwerber einer Sache gegenüber dem Eigentümer auf das Besitzrecht des Ersterwerbers stützen[29].

d) § 986 II BGB

26 Gemäß § 986 II BGB kann der Besitzer einer Sache, die nach § 931 BGB durch Abtretung des Anspruchs auf Herausgabe veräußert worden ist, dem neuen Eigentümer die Einwendungen entgegensetzen, welche ihm gegen den abgetretenen Anspruch zustehen.

> Die Vorschrift ist nur auf bewegliche Sachen anwendbar, nicht aber auf Grundstücke, da diese nicht nach § 931 BGB übertragen werden.

27 **§ 986 II BGB ergänzt § 404 BGB** und nach h.M. auch § 407 BGB[30].

> **Beispiel:** E hat ein ihm gehörendes Gemälde dem Museum M für die Dauer von fünf Jahren zu Ausstellungszwecken zur Verfügung gestellt. Später übereignet E das Gemälde an F, indem er seinen Herausgabeanspruch gegen M an F abtritt (§§ 929, 931 BGB). Kann F das Gemälde von M vor Ablauf der vereinbarten Leihfrist heraus verlangen?
> - F hat den **Rückgabeanspruch aus dem Leihvertrag** (§ 604 I BGB) durch Abtretung erworben. Insoweit kann M aber einwenden, dass der Anspruch erst mit Ablauf von fünf Jahren fällig ist (§ 404 BGB).
> - § 404 BGB gilt aber nur für den abgetretenen Anspruch, nicht aber für den Vindikationsanspruch. Insoweit hilft aber § 986 II BGB: M kann die gegen den abgetretenen Anspruch bestehende Einwendung auch der Vindikation entgegenhalten. Ein Schutz des guten Glaubens des F scheidet mangels gesetzlicher Grundlage aus. Der Herausgabeanspruch ist daher selbst dann ausgeschlossen, wenn E vor dem Erwerb dem F erklärt hatte, der Nutzungsvertrag mit M sei wirksam gekündigt worden.

28 § 986 II BGB begründet **nur eine Einwendung** gegen den Vindikationsanspruch, jedoch keinen eigenen Herausgabeanspruch[31]. Gibt der Besitzer die Sache irrtüm-

---

[29] Vgl. RGZ 105, 19, 21 ff.; BGHZ 111, 142, 147; *Berger* in Jauernig, BGB, § 986 Rn. 5; *Fritzsche* in BeckOK BGB, § 986 Rn. 20 mit weiteren Nachweisen.
[30] Näher dazu *Baldus* in MünchKomm. BGB, § 986 Rn. 25 mit weiteren Nachweisen.
[31] *Gursky* in Staudinger, BGB, § 986 Rn. 49.

lich dem neuen Eigentümer heraus, kann er später *nicht* Rückgabe verlangen, sondern ist auf den Schadensersatzanspruch gegen den Veräußerer verwiesen.

III. Inhalt der Vindikation

1. Umfang der Herausgabepflicht

Der Vindikationsanspruch ist gerichtet auf **Herausgabe** der Sache. Ziel der Vindikation ist es, die Eigentumsstörung zu beseitigen. 29

> „Herausgabe" bedeutet demnach, dass der Besitzer seine Besitzposition an den Eigentümer „**auskehren**" muss[32].

Die Sache ist in ihrem jeweiligen Zustand **gegenständlich** herauszugeben. Aus § 985 BGB folgt daher *keine* Pflicht des Besitzers, die Sache in einen vorherigen Zustand zu versetzen (z.B. zu reparieren). 30

a) Unmittelbarer Besitz

Der **unmittelbare Besitzer** muss dem Eigentümer folglich den unmittelbaren Besitz an der Sache verschaffen. Herausgabe ist dabei mehr als bloße Duldung der Wegnahme[33]; erforderlich ist ein aktives Tätigwerden. Von Bedeutung ist dies insbesondere bei herauszugebenden Grundstücken und Räumen: Der Besitzer muss die Inbesitznahme durch den Eigentümer nicht nur ermöglichen, sondern das Grundstück oder den Raum ggf. auch räumen[34]. 31

> **Beispiel:** Der Obdachlose O – ein erfolgloser Philosoph – haust während der Sommermonate ohne Zustimmung des G in dessen Gartenlaube. G hat gegen O (unter anderem) aus §§ 985 f. BGB einen Anspruch auf Herausgabe. O muss daher nicht nur die Laube selbst verlassen; er muss auch die *Kant*-Bücher und die leeren Schnapsflaschen, die sich zwischenzeitlich angesammelt haben, entfernen.

b) Mittelbarer Besitz

In den Fällen des § 986 I 2 BGB kann der Eigentümer grundsätzlich nur **Herausgabe an den mittelbaren Besitzer** verlangen. Dies gilt natürlich nur, wenn dieser selbst zum Besitz berechtigt ist. Ist das nicht der Fall, so besteht ein Herausgabeanspruch sowohl gegen den unmittelbaren als auch gegen den mittelbaren Besitzer. Der **Anspruch gegen den mittelbaren Besitzer** ist dabei nur auf Abtretung des 32

---

[32] *Baldus* in MünchKomm. BGB, § 985 Rn. 30; *Gursky* in Staudinger, BGB, § 985 Rn. 60.
[33] *Baldus* in MünchKomm. BGB, § 985 Rn. 29; *Gursky* in Staudinger, BGB, § 986 Rn. 49 mit Nachweisen auch zur Gegenauffassung.
[34] Vgl. BGHZ 92, 70, 72; abweichend insoweit aber *Gursky* in Staudinger, BGB, § 986 Rn. 65.

diesem zustehenden Herausgabeanspruchs gerichtet und nicht auf Verschaffung des unmittelbaren Besitzes[35].

33 Dies führt aber zu einem **prozessualen Folgeproblem:** Verklagt der Eigentümer den mittelbaren Besitzer auf Abtretung des Herausgabeanspruchs, wäre eine Zwangsvollstreckung nicht mehr möglich, wenn der mittelbare Besitzer die Sache vom unmittelbaren Besitzer zurückerhält. Der Eigentümer müsste dann neu klagen. Dies wird von der h.M. zu Recht als nicht prozessökonomisch angesehen. Daher soll es dem Eigentümer gleich möglich sein, auf Herausgabe zu klagen[36].

> Der prozessuale Klageantrag auf Herausgabe erfasst demnach die Verschaffung sowohl des unmittelbaren als auch des mittelbaren Besitzes.

c) Mitbesitz

34 Bei **einfachem Mitbesitz** schuldet jeder Mitbesitzer unabhängig von den anderen Herausgabe seines Besitzanteils[37]. Ist der Eigentümer bereits Mitbesitzer genügt die Besitzaufgabe[38].

35 Bei **qualifiziertem Mitbesitz** hingegen wird bisweilen angenommen, die Herausgabepflicht sei gemeinschaftliche Schuld[39], die die Mitbesitzer nur zusammen erfüllen können. Demnach müsste der Eigentümer die Mitbesitzer alle zusammen in Anspruch nehmen. Dies überzeugt nicht. Vielmehr sollte auch hier der Eigentümer getrennt vorgehen können. Jeder Mitbesitzer ist auch hier zur Vornahme derjenigen Handlungen verpflichtet, die zur Übertragung seiner faktischen „Mitherrschaftsmacht" erforderlich sind[40].

2. Ort der Herausgabe

36 Die Sache ist an dem Ort herauszugeben, an dem sie sich befindet. Es handelt sich bei der Vindikation nämlich um eine **Holschuld**[41].

---

[35] Vgl. *Gursky* in Staudinger, BGB, § 986 Rn. 42.
[36] BGHZ 53, 29, 31; *Gursky* in Staudinger, BGB, § 986 Rn. 71; *Stadler* in Soergel, BGB, § 986 Rn. 16; *Ebbing* in Erman, BGB, § 986 Rn. 13; *Baldus* in MünchKomm. BGB, § 985 Rn. 12; anders wohl *Baur/Stürner*, Sachenrecht, § 11 Rn. 42.
[37] *Baldus* in MünchKomm. BGB, § 985 Rn. 14.
[38] *Gursky* in Staudinger, BGB, § 986 Rn. 66; *Stadler* in Soergel, BGB, § 986 Rn. 19; *Fritzsche* in BeckOK BGB, § 986 Rn. 21.
[39] *Stadler* in Soergel, BGB, § 986 Rn. 19 f.; *Fritzsche* in BeckOK BGB, § 986 Rn. 21.
[40] *Baldus* in MünchKomm. BGB, § 985 Rn. 14.
[41] *Baldus* in MünchKomm. BGB, § 985 Rn. 36, 38; *Gursky* in Staudinger, BGB, § 985 Rn. 61; *Picker* in 50 Jahre BGH, Festgabe aus der Wissenschaft, Band I, 2002, S. 693, 726 ff, 743 f.

Der **BGH** wendet demgegenüber § 269 BGB analog an und will entsprechend der in den §§ 987 ff. BGB angelegten Unterscheidung nach den „Besitzerarten" (dazu unten § 21 Rn. 22 ff.) differenzieren[42].

- Der **unverklagte und redliche** Besitzer soll keinen weiteren Aufwand haben; folglich müsse er die Sache dort herausgeben, wo sie sich befindet.
- Verbringt der Besitzer aber **nach Rechtshängigkeit** oder dem in § 990 I BGB bestimmten Zeitpunkt **(Unredlichkeit)** die Sache an einen anderen Ort, so soll er sie dorthin zurückbringen müssen, wo sie sich bei Klageerhebung bzw. Eintritt der Unredlichkeit befand.
- Der **deliktische Besitzer** hingegen soll die Sache sogar dorthin zurückbringen müssen, wo die verbotene Eigenmacht bzw. das Delikt begangen wurde.

Dem BGH geht es ersichtlich darum, den nicht privilegierten Besitzer stärker in die Pflicht zu nehmen – und dem Eigentümer dadurch die Kosten zu sparen. Indes lässt sich dies auch dadurch erreichen, dass der Eigentümer die **Kosten als Schadensersatz** nach Maßgabe der §§ 989, 990, 992 BGB geltend machen kann[43].

37

3. Anwendbarkeit schuldrechtlicher Vorschriften

Auf den dinglichen Herausgabeanspruch sind die Vorschriften des allgemeinen Schuldrechts **nur eingeschränkt** anwendbar[44].

38

- Der Herausgabeanspruch kann nach § 362 I BGB durch Herausgabe der Sache **erfüllt** werden. Von den Erfüllungssurrogaten kommt jedoch allein die Hinterlegung nach §§ 372, 378 BGB in Betracht.
- Der Herausgabeanspruch kann **nicht** losgelöst vom Eigentum nach § 398 ff. BGB **abgetreten** werden. Prozessual kann es aber zulässig sein, dass der Eigentümer einen anderen zur Durchsetzung seines Anspruchs ermächtigt[45] (gewillkürte Prozessstandschaft).
- Bei **Unmöglichkeit** richtet sich die Schadensersatzpflicht des Besitzers **nicht** nach den §§ 280, 283 BGB, sondern allein nach den §§ 989, 990, 992 BGB. Diese enthalten nämlich eine Privilegierung für den unverklagten und redlichen Besitzer (siehe unten § 21 Rn. 3).
- Auch die Regeln über den **Verzug** (§§ 286 ff. BGB) sind grundsätzlich **nicht** anwendbar. Etwas anderes gilt nur im Fall des § 990 II BGB (dazu unten § 21 Rn. 32).
- Schließlich ist auch **§ 285 BGB nicht** anwendbar.

---

[42] BGHZ 79, 211, 214 f.; dem folgend *Berger* in Jauernig, BGB, § 985 Rn. 7; *Fritzsche* in BeckOK, BGB, § 985 Rn. 26; *Unberath* in BeckOK BGB, § 269 Rn. 20; *Ebbing* in Erman, BGB, § 985 Rn. 23; *Klinck* in Staudinger, Eckpfeiler des Zivilrechts, Eigentum, Rn. 86; *Baur/Stürner*, Sachenrecht, § 11 Rn. 45; *Prütting*, Sachenrecht, Rn. 519; *Ranieri*, JuS 1997, 341, 344.

[43] So auch *Baldus* in MünchKomm. BGB, § 985 Rn. 38; *Gursky* in Staudinger, BGB, § 986 Rn. 61; *Stadler* in Soergel, BGB, § 985 Rn. 25; *Wilhelm*, Sachenrecht, Rn. 1196; *Picker* in 50 Jahre BGH, Festgabe aus der Wissenschaft, Band I, 2002, S. 693, 726 ff.; *Katzenstein*, AcP 206 (2006), 96, 106; *Gursky*, JZ 1985, 604, 609.

[44] Näher dazu *Baur/Stürner*, Sachenrecht, § 11 Rn. 43 ff.; allgemeiner *Lieder*, JuS 2011, 87 ff.

[45] Dazu *Fritzsche* in BeckOK BGB, § 985 Rn. 22 mit weiteren Nachweisen.

Letzteres ist nicht unumstritten[46]. Diskutiert wird die Anwendbarkeit des § 285 BGB für die Fälle, in denen ein redlicher Nichtberechtigter entgeltlich, aber unwirksam (z.B. wegen § 935 BGB) über eine Sache verfügt hat. Hier kann der Eigentümer den Veräußerungserlös nicht über § 285 BGB geltend machen. Der Eigentümer hat vielmehr die Wahl: Er kann die Verfügung genehmigen und den Erlös nach § 816 I 1 BGB verlangen (dazu oben § 4 Rn. 43) *oder* gegen den jetzigen Besitzer aus § 985 BGB vorgehen.

39 Der Vindikationsanspruch **verjährt** gemäß § 197 I Nr. 1 BGB in 30 Jahren. Hierdurch soll dem Umstand Rechnung getragen werden, dass Rechte nach vielen Jahren ungewiss werden. Diese Ungewissheit entfällt bei im Grundbuch eingetragenen Rechten. Folgerichtig ordnet § 902 BGB an, dass im Grundbuch eingetragene Rechte nicht verjähren. Der korrekt eingetragene Grundstückseigentümer kann daher auch noch nach mehr als 30 Jahren Herausgabe des Grundstücks verlangen.

Eine **Verwirkung** des Herausgabeanspruchs kommt nur ganz ausnahmsweise in Betracht, wenn die Herausgabe für den Besitzer schlechthin unerträglich wäre[47].

IV. Prozessuale Besonderheiten

1. Herausgabeklage

40 Gerichtlich ist der Vindikationsanspruch durch den Eigentümer im Wege der **Leistungsklage** geltend zu machen. Der Klageantrag lautet dabei **auf Herausgabe der Sache** – und zwar auch dann, wenn der Beklagte nur mittelbarer Besitzer ist (siehe oben Rn. 33).

2. Veräußerung der streitbefangenen Sache

41 Der Eigentümer kann trotz Klageerhebung die Sache an einen Dritten veräußern. Auch der verklagte Besitzer wird durch die Klage nicht gehindert, den Besitz auf einen anderen zu übertragen. Damit würde aber jeweils eine Anspruchsvoraussetzung entfallen und die Herausgabeklage unbegründet werden. § 265 ZPO soll es ermöglichen, dass der Prozess trotz **Veräußerung der streitbefangenen Sache** sinnvollerweise fortgesetzt werden kann[48]. Die Vorschrift ist im Zusammenhang mit **§ 325 ZPO** zu lesen, nach dessen Abs. 1 ein rechtskräftiges Urteil auch für und gegen den Rechtsnachfolger einer Partei wirkt.

Ausgeschlossen ist diese **Rechtskrafterstreckung** nach Maßgabe des § 325 II ZPO, wonach die Vorschriften des bürgerlichen Rechts über den Erwerb vom Nichtberechtigten entsprechend gelten. Über die Tragweite dieser Verweise besteht keine Einigkeit. Nach

---

[46] Vgl. die Nachweise zum Streitstand bei *Baldus* in MünchKomm. BGB, § 985 Rn. 57.
[47] Vgl. BGH NJW 2007, 2183.
[48] Zum Begriff der „Veräußerung" in diesem Sinne *Becker-Eberhard* in MünchKomm. ZPO, 4. Aufl. 2013, § 265 Rn. 34 ff.

h.M.[49] soll die Vorschrift den nach materiellem Recht wirksamen Erwerb vom Nichtberechtigten auch prozessual absichern. Daher komme § 325 II ZPO nur in Betracht, wenn das betreffende Recht auch vom Nichtberechtigten erworben werden kann. Dies ist bei Sachen, nicht aber bei Forderungen der Fall. Zudem müsse der Rechtsnachfolger nicht nur gutgläubig im Hinblick auf die materielle Rechtslage gewesen sein, sondern auch hinsichtlich der fehlenden Rechtshängigkeit („doppelte Gutgläubigkeit")[50]. Anders formuliert: Wenn der Rechtsnachfolger wusste, dass eine Herausgabeklage erhoben wurde, dann wirkt das Urteil auf jeden Fall auch gegen ihn.

Wie die §§ 265, 325 ZPO im Einzelnen wirken, muss hier nicht dargestellt werden. Insofern sei auf die Darstellungen des Zivilprozessrechts verwiesen[51]. An dieser Stelle soll ein kurzer Überblick genügen: 42

- **Übereignet der Kläger** nach Klageerhebung die Sache, deren Herausgabe er vom Beklagten verlangt, hat dies nach § 265 II 1 ZPO auf den Prozess grundsätzlich keinen Einfluss. Der Prozess wird fortgeführt, als habe die Übereignung nicht stattgefunden, sofern das Urteil nach § 325 I BGB für und gegen den Erwerber wirkt. Nach h.M. muss der Kläger den Klageantrag aber auf Leistung an den Rechtsnachfolger umstellen[52]. Der Kläger führt den Prozess in Prozessstandschaft weiter. Der Rechtsnachfolger ist nach § 325 I ZPO an die Rechtskraft des Urteils gebunden und kann die Zwangsvollstreckung betreiben, wenn er sich eine titelübertragende Vollstreckungsklausel nach §§ 727, 731 ZPO erteilen lässt.
- **Überträgt der Beklagte den Besitz** nach Klageerhebung einem Dritten, wird der Prozess nach § 265 II 1 ZPO ebenfalls fortgeführt. Eine Änderung des Klageantrags ist nicht erforderlich[53]. Wird der frühere Besitzer zur Herausgabe verurteilt, wirkt das Urteil – vorbehaltlich des § 325 II BGB – auch gegen den neuen Besitzer. Der Eigentümer kann dann nach §§ 727, 731 ZPO die Vollstreckungsklausel umschreiben lassen und gegen den Dritten vorgehen.

3. Insolvenz des Besitzers

Ist über **das Vermögen des Besitzers das Insolvenzverfahren** eröffnet worden, so kann der Eigentümer den Herausgabeanspruch nicht mehr klageweise gegen den Besitzer geltend machen. 43

---

[49] *Gottwald* in MünchKomm. ZPO, 4. Aufl. 2013, § 325 Rn. 99; *Musielak*, ZPO, 9. Aufl. 2012, § 325 Rn. 23 ff.; *Rosenberg/Schwab/Gottwald*, Zivilprozessrecht, 17. Aufl. 2010, § 156 Rn. 11; *Leipold* in Stein/Jonas, ZPO, 22. Aufl. 2008, § 325 Rn. 40; a.A. etwa *Baumbach/Lauterbach/Albers/Hartmann*, ZPO, 70. Aufl. 2012, § 325 Rn. 9.
[50] BGHZ 4, 283, 285; *Leipold* in Stein/Jonas, ZPO, § 325 Rn. 38 mit weiteren Nachweisen.
[51] Vgl. etwa *Lüke*, Zivilprozessrecht, 10. Aufl. 2011, Rn. 369; *Gottwald*, JA 1999, 486; *Stadler/Bensching*, Jura 2001, 433 ff.
[52] RGZ 56, 301, 308 f.; BGHZ 26, 31, 37; BGHZ 158, 295, 304; *Becker-Eberhard* in MünchKomm. ZPO, 4. Aufl. 2013, § 265 Rn. 83 mit weiteren Nachweisen auch zur Gegenauffassung.
[53] Vgl. *Becker-Eberhard* in MünchKomm. ZPO, 4. Aufl. 2013, § 265 Rn. 91 mit weiteren Nachweisen.

> Stattdessen ist der Eigentümer **gemäß § 47 InsO zur Aussonderung berechtigt**. Auf diese Weise kann der Eigentümer die Sache wiedererlangen; sie fällt also nicht in die vom Insolvenzverwalter zu verwertende Masse.

44 Etwas anderes gilt aber beim **Sicherungseigentum**. Hat der Besitzer (Insolvenzschuldner) dem Eigentümer die Sache zur Sicherung eines Anspruchs übereignet, so steht dem Eigentümer nach **§ 51 Nr. 1 InsO** nur ein **Recht auf abgesonderte Befriedigung** zu. Die Sache kann demnach vom Insolvenzverwalter verwertet werden. Der Eigentümer wird aus dem Erlös aber vorrangig vor den anderen Gläubigern befriedigt (§ 170 I 2 InsO)[54].

4. Zwangsvollstreckung durch Gläubiger des Besitzers

45 Der Eigentümer wird auch dann geschützt, wenn ein Gläubiger des Besitzers die Sache **pfänden** lässt. Gemäß § 808 I, II ZPO kann der Gerichtsvollzieher die im Gewahrsam des Schuldners befindlichen Sachen dadurch pfänden, dass er sie in Besitz nimmt oder die Pfändung durch Anbringung eines Siegels („Kuckuck") deutlich macht. Der Gerichtsvollzieher soll dabei die Eigentumslage nicht prüfen. Durch die Pfändung wird der die Zwangsvollstreckung betreibende Gläubiger mittelbarer Besitzer. Dennoch kann der Eigentümer die Sache weder vom Gerichtsvollzieher noch vom Gläubiger nach § 985 BGB heraus verlangen.[55]

> Stattdessen muss der Eigentümer sein Recht an der Sache im Wege der **Drittwiderspruchsklage** nach § 771 ZPO geltend machen und bei einem obsiegenden Urteil nach §§ 775 Nr. 1, 776 ZPO verfahren[55].

Umstritten ist, ob dies auch beim **Sicherungseigentum** gilt.
- Die h.M. wendet auch insoweit § 771 ZPO an[56]. Auch das Sicherungseigentum sei nämlich ein „die Veräußerung hinderndes Recht"[57].

---

[54] Näher zum Absonderungsrecht und seinen Wirkungen *Jauernig/Berger*, Zwangsvollsteckungs- und Insolvenzrecht, 23. Aufl. 2010, § 45 Rn. 1 ff.
[55] Für Einzelheiten siehe *Muthorst*, Grundzüge des Zwangsvollstreckungsrechts, 2012, § 21 Rn. 55 ff.
[56] BGHZ 12, 232, 234; BGHZ 72, 141, 164; BGHZ 80, 296, 299; BGHZ 118, 201, 207; *Bülow*, Recht der Kreditsicherheiten, 7. Aufl. 2007, Rn. 1272; *Gaul* in Festschrift Serick, 1992, S. 127 f.; *Henckel* in Festschrift Zeuner, 1994, S. 210 ff.; *Gerhardt*, JuS 1972, 696, 697; *Grunsky*, JuS 1984, 497, 498 f.; *Prütting/Weth*, JuS 1988, 505, 510.
[57] § 771 I ZPO darf insoweit nicht ganz ernst genommen werden. Ein „die Veräußerung hinderndes Recht" gibt es nicht. Auch das Eigentum ist nicht absolut geschützt, wie die §§ 892 ff., 932 ff. BGB zeigen.

– Nach der **Gegenauffassung** soll § 805 ZPO greifen und der Sicherungseigentümer lediglich Klage auf vorzugsweise Befriedigung erheben können[58]. Dem ist zu folgen. Das Sicherungseigentum ist praktisch an die Stelle des Pfandrechts (§§ 1204 ff. BGB) getreten. Für den Pfandrechtsinhaber greift aber nicht § 771 ZPO, sondern § 805 ZPO. Damit ist seinem Sicherungsinteresse Genüge getan. Für den Sicherungseigentümer sollte nichts anderes gelten, zumal § 51 Nr. 1 InsO im Insolvenzfall auch nur eine vorzugsweise Befriedigung gewährt (siehe oben Rn. 44).

46

V. Konkurrenzen

Der Vindikationsanspruch aus § 985 BGB kann **neben vertraglichen Herausgabeansprüchen** (z.B. aus §§ 546, 604, 667, 732 BGB) bestehen[59].

47

> Dies ist nicht unumstritten. Die Gegenauffassung nimmt an, dass der Vindikationsanspruch subsidiär sei, wenn das vertragliche Schuldverhältnis ein Recht zum Besitz gewähre[60]. Der Eigentümer habe sich dann dem vertraglichen Rückabwicklungsregime unterworfen. Indes findet dieses „Subsidiaritätsdogma" im Gesetz keine Stütze. Ist der Besitzer vertraglich zur Herausgabe verpflichtet, so fehlt auch ein Recht zum Besitz. Es ist kein Grund ersichtlich, warum der „**nicht-mehr-berechtigte**" Besitzer nicht auch nach § 985 BGB zur Herausgabe verpflichtet sein sollte.
>
> **Beispiel:** Hat der Eigentümer eine Sache vermietet, kann er nach Ablauf der vereinbarten Mietzeit oder der Kündigung des Mietvertrags Rückgabe der vermieteten Sache sowohl aus § 546 BGB als auch aus § 985 BGB verlangen.

Auch das Nebeneinander von Vindikation und **Leistungskondiktion** (§ 812 I 1 Alt. 1 BGB) ist möglich. Relevant wird dies in den Fällen der Doppelnichtigkeit, in denen ein Mangel zur Unwirksamkeit sowohl des schuldrechtlichen Verpflichtungsgeschäfts als auch des dinglichen Verfügungsgeschäfts führt.

48

> **Beispiel:** Verkauf und Übereignung einer Sache durch einen Geschäftsunfähigen.

Wurde dem Eigentümer die Sache entzogen (z.B. durch einen Dieb), kommen neben dem Anspruch aus § 985 BGB auch die **Eingriffskondiktion** gemäß § 812 I 1 Alt. 2 BGB, Ansprüche aus **§§ 861, 1007 BGB** in Betracht. Auch Schadensersatzansprüche gemäß **§§ 823 ff. BGB** können in diesen Fällen auf die Herausgabe der Sache als Naturalrestitution (§ 249 BGB) gerichtet sein[61].

49

---

[58] *Baumbach/Lauterbach/Albers/Hartmann*, ZPO, 70. Aufl. 2012, § 805 Rn. 25; *K. Schmidt* in MünchKomm. ZPO, 4. Aufl. 2011, § 771 Rn. 29; *Westermann/Gursky/Eickmann*, Sachenrecht, § 44 Rn. 23.
[59] BGHZ 34, 122, 123 f.; BGH NJW 1977, 31, 34; BGH NJW-RR 2008, 869 f.; *Bassenge* in Palandt, BGB, § 985 Rn. 2; *Ebbing* in Erman, BGB, § 985 Rn. 28; *Gursky* in Staudinger, BGB, § 985 Rn. 34; *Medicus/Petersen*, Bürgerliches Recht, Rn. 593; *Schirmer*, JuS 1983, 265, 266.
[60] So etwa *Klinck* in Staudinger, Eckpfeiler des Zivilrechts, Eigentum, Rn. 87; *Wilhelm*, Sachenrecht, Rn. 1226 f.; *Baur/Stürner*, Sachenrecht, § 11 Rn. 30; *Finkenauer* JuS 1998, 886 ff.; *Schwerdtner*, JuS 1970, 64 ff.
[61] Siehe dazu *Wagner* in MünchKomm. BGB, § 823 Rn. 111.

§ 21 Die schuldrechtlichen Folgeansprüche (§§ 987 ff. BGB)

Literatur: *Kempny*, Zum Verständnis und zur Prüfung des § 992 BGB, JuS 2008, 858; *Kindl*, Das Eigentümer-Besitzer-Verhältnis, JA 1996, 23, 115 und 201; *Lorenz*, Grundwissen Zivilrecht – Das Eigentümer-Besitzer-Verhältnis, JuS 2013, 495; *Platschek*, Eigentum – Früchte – Nutzungen: Das unverbrüchliche Substantialprinzip des BGB, JA 2009, 846; *Raue*, Grundriss EBV: Struktur, Anspruchsgrundlagen und Konkurrenzen, Jura 2008, 501; *Roth*, Das Eigentümer-Besitzer-Verhältnis, JuS 2003, 937; *ders.*, Grundfälle zum Eigentümer-Besitzer-Verhältnis, JuS 1997, 518, 710, 897 und 1087; *Schiemann*, Das Eigentümer-Besitzer-Verhältnis, Jura 1981, 631; *Schildt*, Konkurrenzprobleme im Bereicherungsrecht, JuS 1995, 953; *Schmolke*, Das Eigentümer-Besitzer-Verhältnis (§§ 987–1003 BGB), JA 2007, 101; *Waltjen*, Das Eigentümer-Besitzer-Verhältnis und Ansprüche aus ungerechtfertigter Bereicherung, AcP 175 (1975), 109.

Übungsfälle: *Auer*, JuS 2007, 1122; *Baker*, Jura 2010, 450; *Balthasar*, Jura 2004, 631; *Bernhard/Filker*, JA 2012, 496; *Buchwitz*, Jura 2011, 871; *Häublein*, Jura 1999, 419; *Hellfeier*, JuS 2005, 436; *Hoffmann/John*, JuS 2011, 515; *Kieninger/Selke/Wilhelm*, JuS 2012, 815; *Lieder*, JuS 2011, 821; *Müller/Ham*, JA 2006, 602; *Musielak*, JuS 2006, 50; *Meder/Flick*, JuS 2011, 160; *Ranieri*, JuS 2004, 53; *Reiter*, Jura 2008, 294; *Salje/Kuchenbuch*, JA 2012, 823; *Wilksch*, ZJS 2012, 778; *Zenker*, JA 2008, 417.

I. Grundlagen

1. Regelungsgegenstand und dogmatische Einordnung

Der Eigentümer kann vom besitzrechtlosen Besitzer die Herausgabe seiner Sache verlangen (§§ 985 f. BGB). Der Gesetzgeber hat es dabei aber nicht belassen, sondern in den §§ 987 ff. BGB das sog. **Eigentümer-Besitzer-Verhältnis (EBV)** geregelt[1]. Warum?

– Das **Interesse des Eigentümers** geht oftmals über die bloße Besitzverschaffung hinaus. Der Besitzer konnte schließlich während des Bestehens der Vindikationslage die Sache nutzen, obwohl das Nutzungsrecht nach § 903 BGB grundsätz-

1

---

[1] Zu Entstehungsgeschichte und Normzweck der Regelungen vgl. *Baldus* in MünchKomm. BGB, Vor § 987, Rn. 4 ff.

lich dem Eigentümer zugewiesen ist. Soll der Besitzer dem Eigentümer auch die während der Besitzzeit gezogenen **Nutzungen** herausgeben müssen? Und was gilt, wenn die Sache in der Obhut des Besitzers beschädigt oder gar zerstört wurde? Der Vindikationsanspruch hilft insoweit nicht weiter, da der Besitzer hiernach die Sache nur in ihrem gegenwärtigen Zustand herausgeben muss (siehe oben § 20 Rn. 30). Soll der Eigentümer neben oder anstelle der Herausgabe auch **Schadensersatz** verlangen können? Diese Fragen werden durch die **§§ 987–993 BGB** beantwortet.

– Den **Interessen des Besitzers** wird hingegen durch die **§§ 994–1003 BGB** Rechnung getragen. Danach bestimmt sich, ob der Besitzer vom Eigentümer Ersatz für die auf die herauszugebende Sache getätigten **Verwendungen** verlangen kann und wie ein etwaiger Verwendungsersatzanspruch geltend zu machen ist.

2   Die §§ 987 ff. BGB regeln also Folgeansprüche zur Vindikation[2]. Trotz dieses Zusammenhangs sind die Ansprüche nicht dinglicher, sondern **schuldrechtlicher** Natur. Das **EBV** ist demgemäß ein **gesetzliches Schuldverhältnis**[3].

2. Funktion des EBV

a) Privilegierung des redlichen und unverklagten Besitzers

3   Die §§ 987 ff. BGB sollen den zwar unberechtigten, aber redlichen Besitzer gegenüber den allgemeinen schuldrechtlichen Vorschriften **privilegieren**[4].

Die **Privilegierungsfunktion des EBV** wird bei einem schlichten Blick ins Gesetz nicht ohne Weiteres deutlich. Im Gegenteil: Die §§ 987 ff. BGB gewähren dem Eigentümer gegenüber dem Besitzer Ansprüche auf Nutzungs- und Schadensersatz. Allerdings knüpft das EBV die Haftung des Besitzers an bestimmte Voraussetzungen, die über die tatbestandlichen Anforderungen der §§ 812 ff., 823 ff. BGB hinaus reichen.

> **Beispiel:** E wird eine Stute von D gestohlen, der sie an den gutgläubigen B weiterveräußert. Das Pferd wird von B zunächst geritten und später als Zuchtstute eingesetzt. – E kann von B Herausgabe der Stute nach §§ 985 f. BGB verlangen. B konnte wegen § 935 I 1 BGB trotz Gutgläubigkeit nicht Eigentum an der Stute erwerben. Doch was gilt hinsichtlich des zwischenzeitlich geborenen Fohlens und der durch das Reiten erzielten Gebrauchsvorteile? Das Fohlen ist rechtlich eine Frucht des Muttertieres (§ 99 I BGB) und ebenso wie die Gebrauchsvorteile als **Nutzung** zu qualifizieren (vgl. § 100 BGB). Nach §§ 987 ff. BGB muss B aber Nutzungen nur unter bestimmten – sogleich darzustellenden – Voraussetzungen herausgeben. Hier sei schon verraten: Der redliche, auf sein Besitzrecht vertrauende Besitzer wird geschützt und muss gezogene Nutzungen *nicht* herausgeben. Hat D auf sein

---

[2] *Fritzsche* in BeckOK BGB, § 987 Rn. 1; *Vieweg/Werner*, Sachenrecht, § 8 Rn. 2.

[3] *Berger* in Jauernig, BGB, Vor § 987 Rn. 1; *Westermann/Gursky/Eickmann*, Sachenrecht, § 30 Rn. 1.

[4] Vgl. *Westermann/Gursky/Eickmann*, Sachenrecht, § 30 Rn. 4 ff.; dazu ausführlich *Gursky* in Staudinger, BGB, Vor § 987 Rn. 4 f. mit weiteren Nachweisen.

I. Grundlagen

Besitzrecht vertraut, muss er also weder das Fohlen herausgeben noch die Gebrauchsvorteile vergüten. Würde man den Fall hingegen anhand der §§ 812 ff. BGB lösen, so wäre B genau hierzu verpflichtet (§§ 812 I 1 Alt. 2, 818 I und II BGB).

Abwandlung: Bei einem Ausritt springt B mit der Stute unvorsichtigerweise über eine Mauer. Die Stute stürzt und bricht sich ein Bein. Kann E **Schadensersatz** verlangen? – Hier liegt eine Eigentumsverletzung im Sinne des § 823 I BGB vor, die B fahrlässig verursacht hat. Die §§ 987 ff. BGB sehen zwar auch eine Schadensersatzhaftung vor, jedoch nicht für den redlichen Besitzer.

Die Privilegierung des Besitzers setzt voraus, dass sich seine Haftung allein nach den §§ 987 ff. BGB richtet und ein **Rückgriff auf das Bereicherungs- und Deliktsrecht ausgeschlossen** ist. Dies hat auch der Gesetzgeber erkannt und – etwas versteckt – in § 993 I a.E. BGB (unbedingt lesen!) geregelt: Ergibt sich eine Haftung nicht aus den §§ 987–992 BGB, ist er weder zur Herausgabe von Nutzungen noch zum Schadensersatz verpflichtet. **4**

> Aus § 993 I a.E. BGB ergibt sich, dass das EBV gegenüber den §§ 812 ff., 823 ff. BGB eine **Sperrwirkung** entfaltet[5].

Die Haftung des Besitzers richtet sich – abgesehen von wenigen Ausnahmen (dazu unten Rn. 17 ff.) – nur nach den §§ 987 ff. BGB.

Daher bestimmt sich die Pflicht zur Herausgabe von Nutzungen in unserem **Beispiel** allein nach den §§ 987 ff. BGB – mit der Folge, dass B das Fohlen nicht herausgeben und die durch das Reiten erzielten Vorteile nicht vergüten muss. In der **Abwandlung** schuldet er trotz seines Verschuldens keinen Schadensersatz.

Haftungsrechtlich privilegiert wird aber nur, wer redlicherweise annehmen durfte, mit der Sache nach seinem Belieben verfahren zu dürfen. Dies trifft insbesondere auf denjenigen Besitzer zu, der gutgläubig davon ausgeht, Eigentümer der Sache geworden zu sein. *Redlicher Eigenbesitzer* ist beispielsweise derjenige, dessen Erwerb vom Nichtberechtigten trotz Gutgläubigkeit an § 935 BGB scheitert, weil die Sache dem Eigentümer abhanden gekommen ist. Die §§ 987 ff. BGB gewähren dabei eine Art „**Gutglaubensschutz**" im Hinblick auf erworbene **Handlungsmöglichkeiten**[6]. Der Eigenbesitzer, der sich redlicherweise für den Eigentümer hält, soll wenigstens keine Haftung befürchten müssen. Wer hingegen auf Herausgabe der Sache *verklagt* wurde (§§ 989, 987 BGB), weiß zumindest, dass ein anderer die Eigentümerstellung bestreitet. Folglich muss der Eigenbesitzer in diesen Fällen **5**

---

[5] RG JW 1912, 690 f.; RGZ 163, 348, 352; BGHZ 41, 151, 158; BGH NJW 1980, 2353, 2354; *Stadler* in Soergel, BGB, Vor § 987 Rn. 22 ff.; *Baldus* in MünchKomm. BGB, Vor § 987 Rn. 8 ff.; *Westermann/Gursky/Eickmann*, Sachenrecht, § 30 Rn. 10; *Baur/Stürner*, Sachenrecht, § 11 Rn. 34; *Medicus/Petersen*, Bürgerliches Recht, Rn. 574, 595 ff.; *Hönn*, JA 1998, 529, 535.

[6] Siehe etwa *Wolf/Wellenhofer*, Sachenrecht, § 22 Rn. 4.

sorgsamer mit der Sache, die er möglicherweise herausgeben muss, umgehen. Das gleiche gilt für den *unredlichen* Besitzer (§ 990 BGB).

Hinweis: Der Anwendungsbereich der §§ 987 ff. BGB beschränkt sich nicht auf Eigenbesitzer. Auch Fremdbesitzer können in den Genuss der Privilegierung kommen, wie § 991 BGB zeigt. Allerdings sind insoweit gewisse Modifikationen geboten: Der Fremdbesitzer geht selbst davon aus, nicht Eigentümer zu sein. Folglich unterliegt er im Umgang mit der Sache stärkeren Bindungen. Hierauf wird später noch näher einzugehen sein.

6 Die Privilegierungsfunktion des EBV wird auch beim **Verwendungsersatz** deutlich. Der redlicherweise auf sein Besitzrecht vertrauende Besitzer erhält die auf die Sache getätigten Verwendungen eher ersetzt als der verklagte oder unredliche Besitzer. Der nach §§ 994 ff. BGB zu gewährende Verwendungsersatz geht dabei zum Teil auch über das hinaus, was nach bereicherungsrechtlichen Regeln zu ersetzen wäre.

Abwandlung 2: Ohne Verschulden des B bricht sich die Stute ein Bein. B lässt einen Tierarzt kommen. Kann B von E die Tierarztkosten ersetzt verlangen? – Nach § 994 I BGB (auch dazu später noch mehr) kann der redliche Besitzer die notwendigen Verwendungen vom Eigentümer ersetzt verlangen. Hierzu zählen auch die Tierarztkosten. § 994 I BGB ist dabei für den Besitzer günstiger als ein Anspruch aus §§ 812 I 1 Alt. 2 BGB, da sich der Eigentümer nicht auf Entreicherung (§ 818 III BGB) berufen kann. § 994 I BGB gewährt den Verwendungsersatzanspruch nämlich auch dann, wenn die Verwendung nicht zum gewünschten Erfolg führt (Stute kann nicht geheilt werden).

b) Schlechterstellung des verklagten oder unredlichen Besitzers

7 Allerdings können die EBV-Regeln die Position des Besitzers auch **schwächen** – und zwar in zweierlei Hinsicht.

– Zum einen entsteht durch die Vindikationslage ein gesetzliches Schuldverhältnis, was zur **Anwendbarkeit des § 278 BGB** führt[7]. Kommt also nach den §§ 987 ff. BGB eine Haftung des Besitzers in Betracht, namentlich weil dieser verklagt oder unredlich ist, dann muss er sich das Verschulden von Hilfspersonen zurechnen lassen. Nach allgemeinem Deliktsrecht hingegen wäre allein § 831 BGB maßgeblich, der nur eine Haftung für eigenes Auswahl- und Überwachungsverschulden vorsieht und diesbezüglich die Exkulpation zulässt (siehe dazu oben § 9 Rn. 92 ff.).

– Zum anderen werden unredliche und verklagte Besitzer auch im Hinblick auf die ihnen zustehenden Verwendungsersatzansprüche schlechter gestellt. Diese können nur für notwendige Verwendungen Ersatz verlangen und dies auch nur nach Maßgabe der GoA-Regeln (§ 994 II BGB). Sonstige Verwendungen bekommen sie nicht ersetzt, selbst wenn diese zu einer Werterhöhung geführt haben (§ 996 BGB). Auch die **§§ 994 ff. BGB entfalten** nämlich nach zutreffender h.M. eine

---

[7] So etwa KG NJW-RR 1996, 495 f.; *Grundmann* in MünchKomm. BGB, § 278 Rn. 18; *Unberath* in BeckOK BGB, § 278 Rn. 5; *Bassenge* in Palandt, BGB, § 989 Rn. 5; offengelassen von BGH NJW-RR 2004, 45, 46; verneint von RGZ 119, 152, 155 f.

I. Grundlagen

Sperrwirkung[8]. Liegen deren Voraussetzungen nicht vor, dann können die Ansprüche nicht aus Bereicherungsrecht hergeleitet werden.

Dies ist *nicht* unumstritten. Die **Gegenauffassung**[9] argumentiert, dass die §§ 994 ff. BGB nur die Frage regeln, welche Ansprüche der Eigentümer befriedigen muss, um die Sache zurückzuerhalten. Darüber hinausgehende Ansprüche seien hierdurch aber nicht ausgeschlossen. Eine Stütze im Gesetz findet dies allerdings nicht.

3. Anwendungsbereich des §§ 987 ff. BGB

a) Vindikationslage

Die §§ 987 ff. BGB sind Nebenansprüche der Vindikation und setzen daher eine **Vindikationslage** voraus. Dies folgt bereits aus der systematischen Stellung der EBV-Regeln, aber auch daraus, dass die Vorschriften nach der Redlichkeit bzw. Unredlichkeit hinsichtlich des fehlenden Besitzrechts differenzieren. Das EBV tritt in **Klausuren** in **typischen Konstellationen** auf. Die wichtigsten sind:

- der wegen § 935 BGB gescheiterte Erwerb vom Nichtberechtigten;
- „doppelnichtige" Veräußerungsvorgänge, bei denen neben dem Verpflichtungsgeschäft auch das Verfügungsgeschäft unwirksam ist (z.B. wegen Beteiligung eines Geschäftsunfähigen);
- nichtige Gebrauchsüberlassungsverträge (z.B. unwirksame Mietverträge).

Es besteht Einigkeit, dass die §§ 987 ff. BGB anwendbar sind, wenn **von Anfang an** eine Vindikationslage zwischen Eigentümer und Besitzer („anfängliche Vindikationslage") bestand. Hierzu zählen auch die Fälle, in denen die Übereignung später erfolgreich angefochten wird, da nach § 142 I BGB die Anfechtung die Wirkungen des Rechtsgeschäfts *ex nunc* beseitigt.

Für die Redlichkeit in Ansehung des Besitzrechts ist dann **§ 142 II BGB** zu beachten: Kannte der Besitzer die Anfechtbarkeit, ist er unredlich, wenn später angefochten wird.

Umgekehrt scheiden die § 987 ff. BGB aus, wenn der Besitzer **bis zuletzt** zum Besitz berechtigt war. Ob Nutzungen herauszugeben, Schäden oder Verwendungen zu ersetzen sind, richtet sich dann *allein* nach dem das Besitzrecht begründenden Rechtsverhältnis. Eine Überschreitung eines bestehenden Besitzrechts führt also

---

[8] BGHZ 39, 186, 188 f.; BGHZ 41, 157, 158 ff.; BGH NJW 1986, 2643, 2645; BGH NJW 1996, 52 ff.; *Henssler* in Soergel, BGB, § 951 Rn. 22; *Fritzsche* in BeckOK BGB, § 994 Rn. 39; *Ebbing* in Erman, BGB, Vor § 994 Rn. 34; *Bassenge* in Palandt, BGB, Vor § 994 Rn. 15; *Westermann/Gursky/Eickmann*, Sachenrecht, § 32 Rn. 37; *Baur/Stürner*, Sachenrecht, § 11 Rn. 55; *Prütting*, Sachenrecht, Rn. 566 ff.; *Michalski* in Festschrift Gitter, 1995, S. 577, 621 ff; *Waltjen*, AcP 175 (1975), 109, 134; *Haas*, AcP 176 (1976), 1, 16 ff.; *Degenhart*, JuS 1963, 314, 320; *Eichler*, JuS 1965, 479, 480; *Huber*, JuS 1970, 515, 517 ff.; *Hüffer*, JuS 1981, 263, 266; *Kindl*, JA 1996, 201, 207 f.; *Roth*, JuS 1997, 1087, 1090; *Finkenauer*, Jura 2001, 606, 609 f.

[9] *Baldus* in MünchKomm. BGB, § 996 Rn. 9 ff.; *Larenz/Canaris*, Schuldrecht II/2, § 74 I 3, S. 345 f.; *Brox/Walker*, Besonderes Schuldrecht, § 28 Rn. 12 ff.; *Ballerstedt* in Festschrift Schilling, 1975, S. 289, 305; *Canaris*, JZ 1996, 344, 346 f.; *E. Schmidt*, AcP 1975 (175), 165, 172; *Hager*, JuS 1987, 877, 880; *Schildt*, JuS 1995, 953, 956.

nicht zur Anwendung der EBV-Regeln. Die Haftung des „**nicht-so-berechtigten Besitzers**" richtet sich *nicht* nach den §§ 987 ff. BGB.

> Ein Mieter schuldet *keinen* Nutzungsersatz für die Gebrauchsvorteile an der gemieteten Sache. Diese werden nämlich durch den Mietzins abgegolten. Beschädigt er schuldhaft die Mietsache, dann haftet er nach § 280 I BGB und § 823 I BGB auf Schadensersatz, wobei die Abnutzungen durch den vertragsgemäßen Gebrauch vom Mieter nicht zu vertreten sind (§ 538 BGB). Verwendungen kann der Mieter nach Maßgabe des § 539 I BGB ersetzt verlangen. Für eine Anwendung der §§ 987 ff. BGB ist tatbestandlich kein Raum.

b) Der „nicht-mehr-berechtigte Besitzer"

11 Was aber gilt, wenn der Besitzer zunächst zum Besitz berechtigt war, das Besitzrecht aber **später weggefallen** ist („nachträgliche Vindikationslage")? Hier soll es nach Auffassung der Rechtsprechung darauf ankommen, ob das das Besitzrecht begründende Rechtsverhältnis eine abschließende Regelung von Nutzungen, Schadens- und Verwendungsersatz auch für die Zeit nach Beendigung der Besitzberechtigung enthält[10]. Dies ist bei Gebrauchsüberlassungsverträgen zwischen Eigentümer und Besitzer regelmäßig der Fall.

> Ob der Mieter für nach Ablauf der Mietzeit getätigte Verwendungen Ersatz verlangen kann, bestimmt sich daher allein nach den **mietrechtlichen Vorschriften**.

12 Ein Rückgriff auf die vertraglichen Ausgleichsregelungen scheidet aber dann aus, wenn zwischen Eigentümer und Besitzer gar keine vertragliche Beziehung besteht, sondern der Besitzer das Besitzrecht zunächst von einem mittelbaren Besitzer abgeleitet hat, dessen Besitzrecht allerdings später wieder entfallen ist. Der BGH hat für derartige Fallgestaltungen die Figur des „**nicht-mehr-berechtigten Besitzers**" entwickelt[11].

> **Beispiel:** E verkauft an den K einen Pkw unter Eigentumsvorbehalt. Der Pkw wird bei einem Verkehrsunfall beschädigt, weshalb K ihn in der Werkstatt des B reparieren lässt. Weil K den Kaufpreis nicht bezahlen kann, tritt E wirksam vom Kaufvertrag zurück und verlangt von B den Pkw heraus. B verweigert die Herausgabe unter Hinweis auf die noch offene Reparaturrechnung. – Ein Herausgabeanspruch kann sich hier (nur) aus §§ 985, 986 BGB ergeben. E ist Eigentümer, B Besitzer des Pkw. Fraglich ist allerdings, ob B ein Besitzrecht hat.
>
> - In Betracht kommt zunächst **ein von K abgeleitetes Besitzrecht** (§ 986 I 1 Alt. 2 BGB). Dieser war als Vorbehaltskäufer selbst zum Besitz berechtigt. Durch den Werkvertrag wurde zwischen K und B ein Besitzmittlungsverhältnis begründet. Hierzu war K gegenüber E auch berechtigt, weshalb B zunächst gegenüber E zum Besitz berechtigt war. Allerdings ist E zwischenzeitlich vom Vorbehaltskauf zurück getreten. Damit ist das Besitzrecht des K erloschen, weshalb sich auch B nicht mehr auf ein abgeleitetes Besitzrecht berufen kann.
> - B könnte aber ein **eigenes Besitzrecht** zustehen – und zwar gemäß §§ 986 I 1 Alt. 1 i.V.m. 647 BGB. Dies wäre dann der Fall, wenn zu seinen Gunsten ein gesetzliches

---

[10] BGHZ 32, 76, 92 ff.; BGHZ 131, 220, 222; BGH NJW 2001, 3118, 3119; BGH NJW 2002, 2875, 2876; *Ebbing* in Erman, BGB, Vor § 987 Rn. 42; *Bassenge* in Palandt, BGB, Vor § 987 Rn. 10; *Gursky* in Staudinger, BGB, Vor § 987 Rn. 21 ff.; *Ebenroth/Frank*, JuS 1996, 794, 801.

[11] Siehe etwa BGHZ 34, 122, 131; BGHZ 75, 289, 292 f.

I. Grundlagen

Werkunternehmerpfandrecht begründet worden wäre. Nach § 647 BGB erlangt ein Werkunternehmer für seine Forderungen aus dem Werkvertrag ein Pfandrecht an den von ihm hergestellten oder ausgebesserten beweglichen Sachen des Bestellers, wenn sie bei der Herstellung oder zum Zwecke der Ausbesserung in seinen Besitz gelangt sind. Hier ist der Pkw zwar in den Besitz des B gelangt, als dieser ihn repariert hat. Doch gilt § 647 BGB nur für Sachen, die dem Besteller gehören. Die Rechtsprechung lässt auch den gutgläubigen Erwerb eines gesetzlichen Pfandrechts nicht zu[12]. Zwar verweist § 1257 BGB für dieses auf die Vorschriften für rechtsgeschäftlich bestellte Pfandrechte, für die § 1207 BGB die Möglichkeit des gutgläubigen Erwerbs vom Nichtberechtigten vorsieht. Doch betreffe, so der BGH, der Verweis in § 1257 BGB nur *bereits entstandene* gesetzliche Pfandrechte. Hiernach konnte B kein Werkunternehmerpfandrecht am Pkw des E erwerben[13].

- Folgt man dem, dann fehlt es zum **Zeitpunkt des Herausgabeverlangens** an einem Besitzrecht des B. Der Anspruch aus §§ 985, 986 BGB wäre folglich begründet. Der BGH behilft sich aber damit, dass er dem „nicht-mehr-berechtigten" Besitzer ein **Zurückbehaltungsrecht** nach § 1000 S. 1 BGB zugesteht, wenn die Verwendungen nach §§ 994 ff. BGB ersatzfähig wären. Dass zum Zeitpunkt der Vornahme der Verwendungen eine Vindikationslage noch gar nicht bestanden hat, sei unschädlich. Der zum Besitz zunächst berechtigte Fremdbesitzer dürfe nicht schlechter gestellt werden als ein redlicher Besitzer, der von Anfang an kein Besitzrecht hatte.

BGHZ 34, 122 ff. begründet dieses Ergebnis wie folgt: „Die innere Rechtfertigung für die gesetzliche Regelung über den Verwendungsersatz beruht darauf, dass der Eigentümer, wenn er die Sache heraus erhält, in den Genuss der Verwendungen gelangt, die der Besitzer während seiner Besitzzeit gemacht hat. Nach dem Sinn der §§ 994 ff. BGB soll aber der Eigentümer zum Ersatz derartiger letzten Endes ihm zugutekommender notwendiger und nützlicher Verwendungen dann verpflichtet sein, wenn der Besitzer ihm gegenüber unrechtmäßig besitzt und deshalb die Sache an den Eigentümer herausgeben muss. Der Besitzer, der dem Eigentümer gegenüber zwar früher zum Besitze berechtigt gewesen ist, dessen Berechtigung aber fortgefallen ist, ist daher nicht gehindert, wenn er mit der Vindikation belangt wird, Ansprüche gemäß §§ 994 ff BGB gegen den Eigentümer auch wegen solcher Verwendungen geltend zu machen, die zu einer Zeit bewirkt worden sind, als der Besitzer noch zum Besitze berechtigt war. Entscheidend ist lediglich, dass zur Zeit der Geltendmachung der Verwendungsansprüche durch den Besitzer eine Vindikationslage besteht."

---

[12] BGHZ 34, 122 ff.; BGHZ 34, 153 ff.; BGHZ 87, 274, 280 ff.; BGHZ 100, 95, 10; ebenso *Peters/Jacoby* in Staudinger, BGB, § 647 Rn. 15; *Sprau* in Palandt, BGB, § 647 Rn. 3; *Westermann/Gursky/Eickmann*, Sachenrecht, § 132 Rn. 1 ff.; *Münzel*, NJW 1961, 1233 ff.; *Wiegand*, JuS 1975, 545, 547; a.A. *Habersack* in Soergel, BGB, § 1257 Rn. 6; *Baur/Stürner*, Sachenrecht, § 55 Rn. 36 ff.

[13] Die Praxis behilft sich damit, dass ein vertragliches Pfandrecht in den AGB des Werkunternehmers vorgesehen wird. Dieses kann nach § 1207 BGB auch an bestellerfremden Sachen erworben werden. Allerdings ist die hierfür erforderliche Gutgläubigkeit durchaus zweifelhaft. Schließlich soll das vertragliche Pfandrecht gerade in den Fällen seine Bedeutung erlangen, in denen ein gesetzliches Pfandrecht mangels Eigentum des Bestellers nicht entstehen kann. Ungeachtet dessen hat der BGH dieses Vorgehen gebilligt (BGHZ 68, 323). – Vgl. auch den abweichenden Lösungsvorschlag von *Medicus/Petersen*, Bürgerliches Recht, Rn. 94: In den Fällen des Eigentumsvorbehalts, der Sicherungsübereignung und des Leasings, in denen die Sache jeweils nicht vom Eigentümer genutzt und unterhalten wird, sei der Vorbehaltskäufer/Sicherungsgeber/Leasingnehmer aufgrund der vertraglichen Abrede mit dem Vorbehaltsverkäufer/Sicherungseigentümer/Leasinggeber zur Durchführung der Reparatur verpflichtet. Darin liege zugleich eine konkludente Ermächtigung, entsprechende Pfandrechte zu begründen. Das Problem dieser Argumentation ist aber, dass § 185 BGB hier nicht unmittelbar einschlägig ist, weil das gesetzliche Pfandrecht gerade nicht auf einer Verfügung beruht.

13 Die Figur des „nicht-mehr berechtigten Besitzers" ist im Schrifttum auf **Kritik** gestoßen[14]. Das Beispiel zeigt, dass es sich dabei um **Sonderkonstellationen** handelt, in denen der BGH die durch seine strikte Handhabung der §§ 1257, 1207 BGB hervorgerufene Schutzlücke durch eine großzügige Anwendung der EBV-Regeln schließen will. Da das Ergebnis aber dem Billigkeitsempfinden der Mehrheit entsprechen dürfte, lässt es sich mit dieser Lösung durchaus leben – wenngleich die dogmatische Begründung keineswegs auf sicherem Grund steht.

c) Analoge Anwendung bei Bestehen einer Vormerkung?

> **Vorab ein Hinweis:** Es handelt sich hierbei um ein sehr spezielles Problem, das Verständnis für sachenrechtliche Zusammenhänge verlangt. Diese folgenden Ausführungen richten sich daher weniger an Einsteiger, sondern vornehmlich an Examenskandidaten.

14 Der schuldrechtliche Anspruch auf Übereignung eines Grundstücks wird in der Praxis häufig durch eine Vormerkung gesichert. Eine Vormerkung führt gemäß § 883 II BGB dazu, dass spätere Verfügungen dem Vormerkungsberechtigten gegenüber unwirksam sind, soweit sie die Erfüllung des durch die Vormerkung gesicherten Anspruchs beeinträchtigen oder vereiteln würden (sog. **relative Unwirksamkeit**).

> **Beispiel:** A verkauft sein Grundstück an B und bewilligt diesem eine sog. Auflassungsvormerkung, die im Grundbuch eingetragen wird. Anschließend verkauft A das Grundstück nochmal an C, der nach erfolgter Auflassung (= dingliche Einigung, § 925 I BGB) im Grundbuch als Eigentümer eingetragen wird. – Hier wird C nach §§ 873, 925 BGB Eigentümer des Grundstücks. Aber: Die Wirksamkeit des Erwerbs würde dazu führen, dass A nicht mehr an B übereignen kann (§ 275 I BGB). Da durch die Verfügung von A an C also der durch die Vormerkung gesicherte Anspruch des B vereitelt werden würde, ist die Verfügung B gegenüber – und nur diesem! – unwirksam. B kann von A daher weiterhin Auflassung des Grundstücks verlangen. C ist gemäß § 888 I BGB verpflichtet, der Eintragung des B als Eigentümer zuzustimmen. Erst dann muss er das Grundstück nach §§ 985, 986 BGB an B herausgeben.

15 Die §§ 883 ff. BGB sichern lediglich die Durchsetzung des vormerkungsgesicherten Anspruchs. Was gilt aber, wenn der als Eigentümer eingetragene, später aber herausgabepflichtige Erwerber das Grundstück beschädigt oder hierauf Verwendungen tätigt? Insoweit bietet sich eine **analoge Anwendung der §§ 987 ff. BGB** an, durch die die bestehende Regelungslücke geschlossen werden kann[15].

> **Abwandlung:** In Kenntnis der bestehenden Vormerkung hat C das auf dem Grundstück stehende Wohnhaus saniert. Die Sanierung hat zu einer Wertsteigerung in Höhe von 10.000 € geführt. Notwendig war sie nicht. Kann er von B nach dessen Eintragung im Grundbuch Verwendungsersatz verlangen? – Die §§ 883 ff. BGB treffen dazu keine Aussage. Die §§ 994 ff. BGB sind nicht unmittelbar einschlägig, da bei Vornahme der Verwendung eine Vindikationslage zwischen B und C noch nicht bestanden hat. Allerdings lässt sich die in den EBV-Regeln enthaltene Differenzierung auch für diese Fälle fruchtbar machen. Insbesondere passt auch hier die in §§ 994 und 996 BGB angelegte Unterscheidung zwischen

---

[14] Dazu *Wiegand* in Staudinger, BGB, § 1257 Rn. 12 ff. mit weiteren Nachweisen.
[15] So schon RGZ 121, 335, 336; RGZ 133, 283, 286 f; daran anknüpfend BGHZ 75, 288, 292 f.

I. Grundlagen

notwendigen und sonstigen Verwendungen und die zusätzliche Unterscheidung nach der Redlichkeit desjenigen, der vormerkungswidrig erworben hat (hier C).

- **Bejaht** man eine **analoge Anwendung der §§ 994 ff. BGB,** so würde sich der Anspruch des C hier nach § 996 BGB richten, da die Verwendungen nicht notwendig waren. Da C aber von der Vormerkung Kenntnis hatte, musste er auch damit rechnen, dass er das Grundstück später an B hätte herausgeben müssen. Damit war er genauso „gewarnt", wie es ein verklagter oder unredlicher Besitzer auch gewesen wäre. Und für diese schließt § 996 BGB einen Verwendungsersatzanspruch auch dann aus, wenn die Verwendung zu einer Wertsteigerung geführt hat. Demnach hätte C vorliegend keinen Anspruch gegen B.
- **Verneint** man hingegen die Analogie zu den §§ 994 ff. BGB, käme eine Verwendungskondiktion nach § 812 I 1 Alt. 2 BGB in Betracht. Dann wäre B um die Wertsteigerung bereichert und insoweit zum Wertersatz nach § 818 II BGB verpflichtet.

d) Geltung kraft Verweisung

Die §§ 987 ff. BGB gelten schließlich kraft **Verweisung** auch für den Nießbrauch (§ 1065 BGB), das Pfandrecht an Sachen (§ 1227 BGB) sowie den petitorischen Besitzschutz nach § 1007 III 2 BGB. Auch § 292 BGB verweist auf die EBV-Regeln, was vor allem bei der verschärften Bereicherungshaftung (§§ 818 IV, 819 BGB, dazu oben § 6 Rn. 83) von Bedeutung ist. **16**

> **Keine Anwendung** mehr finden §§ 987 ff. BGB beim **Rücktritt.** Zwar hatte § 347 BGB a.F. ebenfalls auf §§ 987 ff. BGB verwiesen, doch enthält das Rücktrittsrecht seit der Schuldrechtsmodernisierung 2002 eigenständige Regelungen zu Wertersatz (§ 346 II BGB), Schadensersatz (§ 346 IV BGB), Nutzungen und Verwendungen (§ 347 BGB).

4. Grenzen der Sperrwirkung des EBV

Es war bereits die Rede davon, dass die §§ 987 ff. BGB für die dort geregelten Anspruchsziele (Herausgabe von Nutzungen, Schadens- und Verwendungsersatz) grundsätzlich abschließend sind (vgl. nochmals § 993 I Hs. 2 BGB und oben Rn. 4). Die Sperrwirkung des EBV gilt aber *nicht* schrankenlos. Dies folgt bereits aus § 993 I Hs. 1 BGB: Der redliche Besitzer muss diejenigen Früchte nach Maßgabe der §§ 812 ff. BGB herausgeben, die „nach den Regeln einer ordnungsmäßigen Wirtschaft nicht als Ertrag der Sache anzusehen sind" (sog. **Übermaßfrüchte**). Der dahinter stehende Rechtsgedanke lässt sich verallgemeinern: **17**

> Die Privilegierungsfunktion des EBV erstreckt sich *nicht* auf **Eingriffe in die Sachsubstanz.**

Von Bedeutung ist dies insbesondere im Hinblick auf die §§ 946 ff. BGB. Kommt es nach diesen Vorschriften durch Verbindung, **Vermischung, Vermengung oder Verarbeitung** zu einem gesetzlichen Eigentumserwerb, so ist für einen hierdurch eingetretenen Rechtsverlust nach Maßgabe der **§§ 951 I 1, 812 ff. BGB** Wertersatz **18** zu leisten – und zwar auch dann, wenn zwischen Anspruchsinhaber und Anspruchsgegner zuvor ein EBV bestanden hat[16].

> Es handelt sich dabei um einen **Sonderfall der Eingriffskondiktion**. Näher zum Wertersatzanspruch nach §§ 951 I 1, 812 ff. BGB oben § 4 Rn. 17.

19 Auch beim **Verbrauch einer Sache** greift der Besitzer in die Sachsubstanz ein. Folglich ist auch hier die Eingriffskondiktion gemäß § 812 I 1 Alt. 2 BGB nicht durch die EBV-Regeln gesperrt[17].

> **Beispiel:** In der Annahme, es handele sich um seinen eigenen Apfel, isst A den Apfel des B. – Hier lag ein EBV vor. Da A weder verklagt noch unredlich war, sind die §§ 987 ff. BGB tatbestandlich nicht einschlägig. Auch § 993 I Hs. 1 BGB greift nicht ein, da das Essen des Apfels keine Fruchtziehung ist. Einschlägig ist aber § 812 I 1 Alt. 2 BGB, da es sich um einen Eingriff in die Sachsubstanz handelt.

20 Ganz ähnlich gelagert sind die Fälle, in denen der Besitzer **als Nichtberechtigter wirksam über die Sache verfügt**. Nach § 816 I 1 BGB kann der vormalige Eigentümer dann das aus der Verfügung Erlangte vom Verfügenden verlangen (näher dazu oben § 4 Rn. 37 ff.). Der Bereicherungsanspruch tritt somit an die Stelle des Vindikationsanspruchs, der infolge der wirksamen Verfügung untergegangen ist[18]. Die Regelung liefe weitgehend leer, wenn man insoweit eine Sperrwirkung des EBV annehmen würde.

> **Merkformel:** Die Sperrwirkung des EBV greift bei den „**sechs V**" *nicht* ein – Verbindung, Vermischung, Vermengung, Verarbeitung, Verbrauch und (wirksame) Verfügung eines Nichtberechtigten.

21 In bestimmten Konstellationen wird die Sperrwirkung des EBV durchbrochen, **um Wertungswidersprüche zu vermeiden:**

– Beim **rechtsgrundlosen Besitzerwerb** finden die §§ 812 ff. BGB hinsichtlich der vom Besitzer gezogenen Nutzungen Anwendung. Die Rechtsprechung wendet insoweit § 988 BGB analog an (rechtsgrundlos = unentgeltlich), weshalb die Problematik später in diesem Zusammenhang dargestellt werden soll (siehe unten Rn. 52 ff.).

– Beim sog. **Fremdbesitzerexzess** überschreitet ein Fremdbesitzer sein vermeintliches Besitzrecht. Um eine Besserstellung des unberechtigten Besitzers gegenüber dem berechtigten zu verhindern, finden in diesen Fällen die §§ 823 ff. BGB neben dem EBV Anwendung (siehe dazu unten Rn. 68 ff.).

5. „Besitzerarten"

22 Wichtig für das Verständnis des EBV ist die grundlegende Unterscheidung zwischen verschiedenen „Besitzerarten", die sich den verschiedenen Tatbeständen der

---

[16] *Berger* in Jauernig, BGB, Vor § 987 Rn. 14.
[17] *Baldus* in MünchKomm. BGB, Vor § 987 Rn. 19.
[18] Vgl. *Gursky* in Staudinger, BGB, Vor § 987 Rn. 43.

I. Grundlagen

§§ 987 ff. BGB entnehmen lässt. Bevor auf die Haftung der verschiedenen Besitzerarten näher eingegangen wird, sollen sie hier kurz vorgestellt werden.

a) Der verklagte Besitzer

Der **verklagte Besitzer** wurde vom Eigentümer bereits in Anspruch genommen und auf Herausgabe verklagt. Der Gesetzgeber hat den verklagten Besitzer nicht als solchen bezeichnet, sondern in den §§ 987, 994 II und 996 BGB jeweils die Formulierung „nach Rechtshängigkeit" verwendet. Gemeint ist damit die **Rechtshängigkeit der auf das Eigentum gestützten Herausgabeklage**[19].

> Rechtshängigkeit tritt nach § 261 ZPO mit Klageerhebung ein, die gemäß § 253 I, II ZPO durch die Zustellung der Klageschrift beim Beklagten (hier also dem Besitzer) erfolgt.

Zwar führt die Klageerhebung nicht per se dazu, dass der Besitzer bösgläubig wird – schließlich werden Klagen nicht immer gewonnen! Allerdings hat die Klageerhebung eine **Warnfunktion:** Der verklagte Besitzer weiß zumindest, dass ein anderer sein Besitzrecht bestreitet. Daher behandelt das Gesetz den verklagten Besitzer wie den Verwalter einer fremden Sache, der gezogene Nutzungen herausgeben und schuldhaft verursachte Schäden ersetzen muss (§§ 987, 989 BGB). Zudem wird der Verwendungsersatz durch die §§ 994 II, 996 BGB stark eingeschränkt.

b) Der unredliche Besitzer

In § 990 BGB ist die Haftung des unredlichen Besitzers geregelt – und zwar im Wesentlichen durch einen Verweis auf die Haftung des verklagten Besitzers. Dabei ist die amtliche Überschrift des § 990 BGB („Haftung des Besitzers bei Kenntnis") irreführend.

> § 990 I BGB enthält nämlich **zwei verschiedene Arten der Unredlichkeit**, jeweils bezogen auf das (vermeintliche) Besitzrecht.

§ 990 I 1 BGB stellt auf den Zeitpunkt des Besitzerwerbs ab: Unredlich ist demnach der Besitzer, der **bei Besitzerwerb „nicht in gutem Glauben"** war. Damit nimmt die Vorschrift Bezug auf § 932 II BGB. Unredlich ist folglich der Besitzer, der bei Besitzerwerb wusste oder hätte wissen müssen, dass er zum Besitz nicht berechtigt ist.

Beispiel: Der Pkw des A wurde von D gestohlen. D veräußert das Fahrzeug weiter an B, ohne diesem jedoch den Kraftfahrzeugbrief übergeben zu können, da dieser sich noch im Besitz des A befindet. Später wird der Pkw bei einem von B verschuldeten Unfall beschädigt. – Hier konnte B schon wegen § 935 I 1 BGB nicht Eigentümer werden. A kann den

---

[19] BGH NJW 1985, 1553; *Fritzsche* in BeckOK BGB, § 990 Rn. 64.

Pkw daher von B nach §§ 985 f. BGB heraus verlangen. Doch schuldet B auch Schadensersatz? Es liegt ein EBV vor, weshalb deliktische Ansprüche grundsätzlich ausgeschlossen sind (§ 993 I Hs. 2 BGB). In Betracht kommt aber ein Anspruch aus §§ 990 I 1 i.V.m. 989 BGB. Dies setzt neben dem Verschulden des B auch voraus, dass er bei Besitzerwerb nicht in gutem Glauben war. Hier hatte B zwar keine Kenntnis von der Nichtberechtigung des D, weshalb er auch nicht wusste, dass er nicht Eigentümer werden und daher auch kein Besitzrecht erwerben konnte. Allerdings war B bösgläubig im Sinne des § 932 II BGB, weil er die Nichtberechtigung des D *grob fahrlässig nicht erkannt* hat. Die h.M. nimmt grobe Fahrlässigkeit beim Erwerb eines Pkw nämlich immer schon dann an, wenn der Veräußerer den Kraftfahrzeugbrief (= Zulassungsbescheinigung Teil II) nicht vorlegen kann[20].

27 War der Besitzer bei Besitzerwerb hingegen nicht bösgläubig, so richtet sich die Unredlichkeit allein nach § 990 I 2 BGB. **Nach Besitzerwerb führt allein positive Kenntnis** von der fehlenden Besitzberechtigung zur Unredlichkeit.

Abwandlung: Hat D auch den Kraftfahrzeugbrief gestohlen und ihn an B mit übergeben, dann ist B bei Besitzerwerb gutgläubig. Unredlich wird er erst dann, wenn er später erfährt, dass er nicht Eigentümer geworden ist und daher kein Besitzrecht erlangt hat (§ 990 I 2 BGB). Grobe Fahrlässigkeit schadet ihm dann nicht mehr.

28 § 990 I 1 BGB ist somit „**schärfer**" als § 990 I 2 BGB. Der Besitzer, der gutgläubig den Besitz erlangt hat, wird in seinem Vertrauen auf sein Besitzrecht stärker geschützt als der Besitzer, der von vornherein bösgläubig war. Auch der verklagte Besitzer ist nicht notwendigerweise unredlich (siehe schon Rn. 24).

Klausurhinweis: In der Fallbearbeitung sind die beiden Varianten des § 990 I BGB daher sauber zu trennen. Nur Satz 1 knüpft an die Bösgläubigkeit an! Daher wäre es ungenau, wenn man generell von der Haftung des „bösgläubigen Besitzers" spräche. Aus diesem Grund ist hier stattdessen vom „unredlichen Besitzer" die Rede.

29 Der **Nachweis positiver Kenntnis** des Besitzers ist **nicht leicht** zu führen. Hierfür genügt es gerade nicht, dass der Besitzer aus den Umständen des Falles auf seine Nichtberechtigung hätte schließen können oder müssen. Dies würde nämlich nur die (ggf. grobe) Fahrlässigkeit des Besitzers belegen. § 990 I 2 BGB verlangt aber sicheres *Wissen*. Die Rechtsprechung kommt dem für die Voraussetzungen der §§ 990 I i.V.m. 987, 989 BGB darlegungs- und beweisbelasteten Eigentümer aber ein Stück weit entgegen: Positive Kenntnis sei jedenfalls dann anzunehmen, wenn ein „redlich Denkender" sich der „Überzeugung der Nichtberechtigung nicht verschließen würde"[21].

Anders formuliert: Wer nicht (ein-)sehen will, was jeder sehen würde, wird so behandelt, als hätte er es (ein-)gesehen.

30 Umstritten ist die Behandlung der Fälle, in denen ein **Minderjähriger Besitzer** der Sache ist. Soll es hier auf seine Kenntnis (bzw. grob fahrlässige Unkenntnis) ankommen oder auf die seines gesetzlichen Vertreters? Die h.M. will insoweit auf **§ 828 BGB** zurückgreifen und auf die Einsichtsfähigkeit des Minderjährigen abstel-

---

[20] Ausführlich dazu *Wiegand* in Staudinger, BGB, § 932 Rn. 140 ff.
[21] BGHZ 26, 256, 260 f.; BGHZ 32, 76, 92; BGH NJW 1996, 2652, 1653; *Baldus* in MünchKomm. BGB, § 990 Rn 4; *Fritzsche* in BeckOK BGB, § 990 Rn 8.

I. Grundlagen

len[22]. Hierfür spricht, dass jedenfalls die Schadensersatzhaftung nach §§ 990 i.V.m 989 BGB deliktsähnlichen Charakter hat.

Problematisch ist dies jedoch, wenn der Minderjährige den Besitz an der Sache rechtsgeschäftlich erlangt hat. Deshalb plädieren manche Autoren dafür, in diesen Fällen aus Gründen des Minderjährigenschutzes (vgl. §§ 106 ff. BGB) analog § 166 I BGB auf den gesetzlichen Vertreter und dessen (Un-)Redlichkeit abzustellen[23].

Bedient sich der Besitzer eines **Besitzdieners oder einer sonstigen Hilfsperson**, so ist zu differenzieren: 31

- Ist der **Besitzer selbst unredlich** im Sinne des § 990 I 1 oder 2 BGB, dann hilft darüber auch die Redlichkeit des Gehilfen nicht hinweg.
- Umstritten ist hingegen die Behandlung der Fälle, in denen der **Besitzer selbst redlich, der Besitzdiener aber unredlich** ist. Teile des Schrifttums wollen insoweit § 831 BGB fruchtbar machen[24], doch handelt es sich dabei gerade *nicht* um eine Zurechnungsnorm. Vorzugswürdig erscheint es daher, auf § 166 I BGB[25] und die von der Rechtsprechung entwickelten Grundsätze der Wissenszurechnung von Hilfspersonen abzustellen[26]. Im Einzelnen ist hier aber noch vieles ungeklärt.

Wegen des Verweises in § 990 I BGB auf die §§ 987, 989 BGB haftet der unredliche Besitzer grundsätzlich wie der verklagte Besitzer. Eine Besonderheit folgt aus § 990 II BGB, wonach eine weitergehende **Haftung wegen Verzuges** unberührt bleibt. *Nur* für den unredlichen, nicht aber auch für den verklagten Besitzer kann sich eine (verschärfte) Haftung gemäß §§ 286 ff. BGB ergeben. Im Hinblick auf Ansprüche wegen getätigter Verwendungen stehen unredliche und verklagte Besitzer wiederum gleich (vgl. 994 II, 996 BGB). 32

c) Der deliktische Besitzer

Deliktischer Besitzer ist, wer sich den **Besitz durch verbotene Eigenmacht (§ 858 BGB, dazu oben § 19 Rn. 2 ff.) oder eine Straftat verschafft** hat. 33

Umstritten ist, ob hinsichtlich der **verbotenen Eigenmacht** ein **Verschulden** erforderlich ist. § 858 BGB sieht ein solches ebenso wenig vor wie der Wortlaut des § 992 BGB. Die besondere scharfe Haftung des deliktischen Besitzers und die 34

---

[22] *Gursky* in Staudinger, BGB, § 990 Rn. 39 f.; *Bassenge* in Palandt, BGB, § 990 Rn. 4; *Pawlowski*, JuS 1967, 302, 307; *Koether/Ruchatz*, NJW 1973, 1444, 1446.

[23] So etwa *Metzler*, NJW 1971, 690 ff.; *Pinger*, MDR 1974, 184, 187.

[24] So etwa *Medicus* in MünchKomm. BGB, 4. Aufl., § 990 Rn. 12; *Medicus/Petersens*, Bürgerliches Recht, Rn. 581; *Baur/Stürner*, Sachenrecht, § 5 Rn. 15; *Petersen*, Jura 2002, 255, 258.

[25] So auch BGHZ 32, 53 ff.; BGHZ 41, 17, 21 f.; *Schilken*, Die Wissenszurechnung im Zivilrecht, 1983, S. 269 ff.; *Brehm/Berger*, Sachenrecht, § 8 Rn. 20; *Hoche*, JuS 1961, 76 ff.; *Limbach*, JuS 1983, 291, 293 f.

[26] Näher dazu *Schilken*, Die Wissenszurechnung im Zivilrecht, 1983, S. 9 ff.

Parallele zu den Straftaten, die stets nur schuldhaft begangen werden können, sprechen aber dafür, das Verschuldenserfordernis in § 992 BGB hineinzulesen. Erforderlich ist also eine schuldhafte verbotene Eigenmacht[27].

Die Gegenauffassung[28] weist darauf hin, dass § 992 BGB eine **Rechtsgrundverweisung** auf die §§ 823 ff. BGB, das Verschulden also im Rahmen der einzelnen Deliktstatbestände ohnehin zu prüfen sei. Eine schuldhafte Eigentumsverletzung läge dabei nur dann vor, wenn der Besitzer habe erkennen können, dass die Sache nicht ihm gehöre. Beide Auffassungen kommen daher in den meisten Fällen zu denselben Ergebnissen.

35 **Straftaten** im Sinne des § 992 BGB sind rechtswidrige und schuldhafte Verstöße gegen Straftatbestände, die dem Schutz des Eigentümers dienen. Dabei muss sich die Strafvorschrift gerade gegen die konkrete Art der Besitzbegründung richten[29]. Oftmals liegt dabei aber auch zugleich eine verbotene Eigenmacht vor.

Beispiele: Diebstahl (§ 242 StGB); unbefugter Gebrauch eines Kraftfahrzeugs (§ 248b StGB); Raub (§ 249 BGB); Erpressung und Räuberische Erpressung (§§ 253, 255 StGB); Nötigung zur Sachherausgabe (§ 240 StGB); Betrug (§ 263 StGB); Hehlerei (§ 259 StGB). Umstritten ist, ob auch die Unterschlagung (§ 246 StGB) zur Anwendbarkeit des § 992 BGB führt[30]; dies ist zu bejahen.

36 Der deliktische Besitzer **verdient keinerlei Privilegierung** durch das EBV, weshalb § 992 BGB auf die Haftung gemäß §§ 823 ff. BGB verweist. Dass die Haftung des deliktischen Besitzers gegenüber der Haftung des verklagten oder unredlichen Besitzers nochmal verschärft ist, ergibt sich aus **§ 848 BGB**: Der deliktische Besitzer haftet auch für zufällig entstandene Schäden, während die §§ 989, 990 I BGB eine Verschuldenshaftung anordnen.

37 **d) Der unentgeltliche Besitzer**

§ 988 BGB stellt auf die **Unentgeltlichkeit** des Besitzerwerbs ab. Die Vorschrift greift einen Rechtsgedanken auf, der auch den §§ 816 I 2, 822 BGB zugrunde liegt: Wer etwas (hier: den Besitz) erlangt hat, ohne hierfür eine Gegenleistung zu erbringen, wird weniger geschützt (näher dazu unten Rn. 51).

e) Kombination der verschiedenen Besitzerarten

38 Die verschiedenen Besitzerarten schließen einander nicht aus, sondern können zusammentreffen. War der Besitzer bei Besitzerwerb bösgläubig und wird er später vom Eigentümer auf Herausgabe verklagt, so haftet er für die schuldhafte Beschädigung der Sache sowohl nach § 989 BGB (verklagter Besitzer) als auch nach §§ 990 i.V.m. 989 BGB (unredlicher Besitzer). Insoweit besteht dann **Anspruchskonkur-**

---

[27] Ebenso BGH WM 1960, 1148; *Bassenge* in Palandt, BGB, § 992 Rn. 2; *Fritzsche* in BeckOK, BGB, § 992 Rn. 6; *Gursky* in Staudinger, BGB, § 992 Rn. 10; *Ebbing* in Erman, BGB, § 992 Rn. 6; *Berger* in Jauernig, BGB, § 992 Rn. 2.
[28] *Baldus* in MünchKomm. BGB, § 992 Rn. 5; *Stadler* in Soergel, BGB, § 992 Rn. 6; *Wilhelm*, Sachenrecht, Rn. 649; *Brox*, JZ 1965, 516, 517.
[29] RGZ 105, 84, 86; BGH NJW 1951, 643.
[30] Siehe dazu *Fritzsche* in BeckOK, BGB, § 992 Rn. 6 mit weiteren Nachweisen.

renz. Im Regelfall führen beide Anspruchsgrundlagen zwar zu demselben Ergebnis, eben weil § 990 BGB auf § 989 BGB verweist. Etwas anderes gilt aber hinsichtlich der strengeren Verzugshaftung nach § 990 II BGB, da diese nur für den unredlichen Besitzer gilt.

Ein **Extrembeispiel** für die Kombinierbarkeit der Besitzerarten ist der auf Herausgabe verklagte Dieb: Dieser ist nicht nur deliktischer, sondern auch unredlicher, verklagter und unentgeltlicher Besitzer!

Klausurhinweis: Für die gutachterliche Prüfung bedeutet dies, dass die in Betracht kommenden Anspruchsgrundlagen unabhängig voneinander anzuprüfen sind. Dabei sind die jeweiligen Anspruchsvoraussetzungen sauber herauszuarbeiten. Ohnehin ist die Kategorisierung der Besitzerarten nur eine **Lernhilfe**. Zu prüfen ist in der Klausur oder Hausarbeit, aber auch in der praktischen Falllösung zuvörderst anhand der gesetzlichen Tatbestandsmerkmale! Tatbestandlich zu prüfen ist daher z.B. bei § 987 BGB das Merkmal „nach Rechtshängigkeit" und nicht „verklagter Besitzer"; letzteres ist nur ein „Label", das man dann aber im weiteren Fortgang der Falllösung durchaus verwenden darf.

II. Herausgabe von Nutzungen

Literatur: *Ebenroth/Zeppernick*, Nutzungs- und Schadensersatzansprüche im Eigentümer-Besitzer-Verhältnis, JuS 1999, 209; *Hönn*, Nutzungsherausgabe und Verwendungsersatz im Eigentümer-Besitzer-Verhältnis, JA 1988, 529; *Kindl*, Das Eigentümer-Besitzer-Verhältnis: Schadensersatz und Nutzungen, JA 1996, 115; *Roth*, Grundfälle zum Eigentümer-Besitzer-Verhältnis, 3. Teil: Ansprüche des Eigentümers auf Nutzungsherausgabe, JuS 1997, 897; *Schreiber*, Das Eigentümer-Besitzer-Verhältnis, Teil 2: Herausgabe von Nutzungen, Verwendungsersatz, Jura 1992, 533; Schultheiß, Grundfälle zum Erwerb nach den §§ 953 ff. BGB, JuS 2013, 679.

1. Früchte und Gebrauchsvorteile

Nutzungen sind nach der **Legaldefinition des § 100 BGB** die Früchte einer Sache oder eines Rechts sowie die Vorteile, welche der Gebrauch der Sache oder des Rechts gewährt. Was **Früchte** sind, wird durch **§ 99 BGB** weiter präzisiert, wobei sowohl zwischen Sach- und Rechtsfrüchten als auch zwischen unmittelbaren und mittelbaren Früchten unterschieden wird. Für das EBV sind nur die (unmittelbaren und mittelbaren) Sachfrüchte von Bedeutung. **39**

Unmittelbare Sachfrüchte sind die Erzeugnisse einer Sache und die sonstige Ausbeute, welche aus der Sache ihrer Bestimmung gemäß gewonnen wird (§ 99 I BGB). **40**

Erzeugnisse sind die natürlichen Bodenprodukte[31]. **41**

Beispiele: Getreide; Obst; Pflanzen; aber auch Bäume.

---

[31] *Fritzsche* in BeckOK BGB, § 99 Rn. 4; *Stresemann* in MünchKomm. BGB, § 99 Rn. 4.

42 Tiere sind zwar keine Sachen, werden aber zivilrechtlich wie solche behandelt (§ 90a S. 2 BGB). Daher sind auch Jungtiere und sonstige natürliche **Tierprodukte** Erzeugnisse im Sinne des § 99 I BGB[32].

> **Beispiele:** Fohlen; Kälber; Lämmer; Eier; Milch; Wolle.

43 Im Gegensatz zu den Erzeugnissen geht die **Ausbeute** auf Kosten der Sachsubstanz, was bis zur völligen Ausbeutung der Sache gehen kann[33]. Die Ausbeute ist **bestimmungsgemäß**, wenn sie der verkehrsüblichen Nutzung der Sache oder der Absicht des Verfügungsberechtigten entspricht[34]. § 99 I Alt. 2 BGB erfasst in erster Linie Bodenschätze und sonstige Bodenbestandteile[35].

> **Beispiele:** Abbau von Kies; Kohle; Eisenerz; Sand; Schiefer.

> **Keine Ausbeute** ist hingegen die Nutzung von auf dem Grundstück vorhandenem Deponieraum („Verfüllvolumen"), da die Sachsubstanz *nicht* angegriffen wird[36]. Das Gleiche gilt für auf einem Grundstück durch Wasser- oder Windkraft erzeugte Energie[37]. Ein in einem Grundstück verborgener Schatz (dazu unten § 23 Rn. 54 ff.) ist weder Frucht noch Ausbeute[38].

44 **Mittelbare Sachfrüchte** sind die Erträge, die eine Sache „vermöge eines Rechtsverhältnisses gewährt" (§ 99 III BGB).

Erträge in diesem Sinne sind insbesondere **wiederkehrende Gegenleistungen für die Überlassung** einer Sache[39].

> **Beispiele:** Miet- und Pachtzins; Entgelt für einen Nießbrauch.

45 **Gebrauchsvorteile** einer Sache sind die aus ihrem Besitz oder der tatsächlichen Nutzungsmöglichkeit erlangten Vorteile, sofern sie nicht bereits als Frucht im Sinne des § 99 BGB anzusehen sind[40].

---

[32] *Stresemann* in MünchKomm. BGB, § 99 Rn. 2.
[33] *Stresemann* in MünchKomm. BGB, § 99 Rn. 5.
[34] RGZ 94, 259, 261; *Stresemann* in MünchKomm. BGB, § 99 Rn. 5.
[35] *Stresemann* in MünchKomm. BGB, § 99 Rn. 5.
[36] *Fritzsche* in BeckOK BGB, § 99 Rn. 7; a.A. *Stresemann* in MünchKomm. BGB, § 99 Rn. 4; offengelassen von OLG Koblenz NJW 1994, 463, 464.
[37] *Stresemann* in MünchKomm. BGB, § 99 Rn. 5; *Ellenberger* in Palandt, BGB, § 99 Rn. 2; *Marly* in Soergel, BGB, § 99 Rn. 9; *Jickeli/Stieper* in Staudinger, BGB, § 99 Rn. 10; a.A. *Michalski* in Erman, *BGB, § 99 Rn. 5; Fritzsche* in BeckOK BGB, § 99 Rn. 7.
[38] *Stresemann* in MünchKomm. BGB, § 99 Rn. 5; *Fritzsche* in BeckOK BGB, § 99 Rn. 8.
[39] Siehe etwa *Jickeli/Stieper* in Staudinger, BGB, § 99 Rn. 18.
[40] *Stresemann* in MünchKomm. BGB, § 100 Rn. 2.

Abzugrenzen ist der Gebrauch einer Sache von ihrem Verbrauch. Gebrauch ist **Benutzung** der Sache, die regelmäßig, aber nicht notwendig, deren Besitz voraussetzt[41].

Beispiele: Wohnen in einem Wohnhaus oder einer Wohnung; Reiten eines Pferdes; Fahren eines Pkw; Lesen eines Buches; Spielen eines Musikinstrumentes.

2. Verhältnis der §§ 987 ff. zu den §§ 953 ff. BGB

Sachfrüchte werden erst mit ihrer Trennung von der Muttersache **sonderrechtsfähig**[42]. Vorher kann an ihnen kein separates Eigentum bestehen.

46

Beispiele: Das ungeborene Kalb „gehört" daher immer dem Eigentümer der Kuh, das ungeerntete Getreide immer dem Eigentümer des Grundstücks.

Mit der **Trennung** von der Muttersache stellt sich daher die Frage, wer Eigentümer der Sachfrucht geworden ist. Die Antwort hierauf geben die **§§ 953 ff. BGB,** die den **Eigentumserwerb von getrennten Erzeugnissen** (also: Früchten) und vormals wesentlichen Bestandteilen einer Sache regeln[43].

47

§ 953 BGB bestimmt insoweit, dass der Eigentümer der Muttersache auch Eigentümer der Früchte und Bestandteile wird – allerdings nur, sofern sich aus den §§ 954–957 BGB nichts anderes ergibt. Die darin geregelten Erwerbstatbestände sind gegenüber der Grundnorm des § 953 BGB also vorrangig. Aus der Gesetzessystematik ergibt sich, dass die §§ 953 ff. BGB „von hinten" zu lesen sind[44]: Vorrangig erwirbt derjenige, dem ein vermeintlich Berechtigter (§ 957), ein sonstiger Erwerbsberechtigter (§ 956 II BGB) oder der Eigentümer (§ 956 I BGB) die Aneignung persönlich gestattet hat. Es folgen der redliche Fremdbesitzer, der die Sache in Ausübung eines vermeintlichen dinglichen Nutzungsrechts besitzt (§ 955 II BGB), und der redliche Eigenbesitzer (§ 955 I BGB), anschließend der Inhaber eines dinglichen Rechtes zur Fruchtziehung (§ 954 BGB). Erst an letzter Stelle kommt der Eigentümer der Muttersache zum Zuge (§ 953 BGB).

In den hier interessierenden EBV-Fällen ist insbesondere **§ 955 I und II BGB** von Bedeutung, wonach auch der Besitzer ohne Besitzrecht Eigentümer der Sachfrüchte wird, sofern er bei Besitzerwerb nicht bösgläubig war und auch später von seiner Nichtberechtigung zur Fruchtziehung keine Kenntnis erlangt hat (vgl. § 955 I 2 BGB, der insoweit § 990 I BGB entspricht).

48

Der **redliche Besitzer** wird also, sofern nicht die §§ 956 f. BGB eingreifen, Eigentümer der getrennten Sachfrüchte (§ 955 BGB).

---

[41] *Fritzsche* in BeckOK BGB, § 100 Rn. 5 ff.
[42] *Berger* in Jauernig, BGB, Vor § 953 Rn. 2.
[43] Dazu *Schultheiß*, JuS 2013, 679 ff.
[44] So etwa *Klinck* in Staudinger, Eckpfeiler des Zivilrechts, Eigentum, Rn. 59; *Gursky* in Staudinger, BGB, Vor § 953 Rn. 3; *Baur/Stürner*, Sachenrecht, § 53 Rn. 45.

49 Damit ist aber noch nicht entschieden, ob der Besitzer die Früchte auch **behalten darf.** Hierüber geben die §§ 953 ff. BGB keine Auskunft; hieraus ergibt sich nämlich nur eine **formelle Zuordnung** des Eigentums[45]. Ob der Besitzer zur Herausgabe der Früchte (und damit auch zur Übertragung des Eigentums) an den Eigentümer der Muttersache verpflichtet ist, bestimmt sich vielmehr nach den §§ 987 ff. BGB.

> **Beispiel:** E wurde von D eine Kuh (*Beate*) gestohlen, die D weiter an den redlichen B verkauft und veräußert. Im Stall des B wirft die Kuh ein Kalb (*Bernadette*). Welche Tiere kann E von B heraus verlangen? – E ist wegen § 935 I 1 BGB Eigentümer von *Beate* geblieben. Insoweit steht ihm der Herausgabeanspruch nach §§ 985 f. BGB zu. Allerdings war B redlicher Eigenbesitzer. Deshalb ist er nach § 955 I BGB Eigentümer von Bernadette geworden – und zwar unabhängig davon, ob *Beate* bei Besitzerwerb schon trächtig war oder nicht. Die Vindikation scheidet daher insoweit aus. Ob B zur Herausgabe und Übereignung von *Bernadette* an E (schuldrechtlich) verpflichtet ist, ergibt sich aus den §§ 987 ff. BGB. Als unverklagter und redlicher Besitzer schuldet B nicht die Herausgabe gezogener Nutzungen (siehe sogleich Rn. 51), sodass er *Bernadette* behalten darf.
>
> **Abwandlung:** Wie wäre zu entscheiden, wenn B *Beate* von D geschenkt bekommen hätte? – Nach § 988 BGB muss der unentgeltliche Besitzer die gezogenen Nutzungen nach den Regeln der ungerechtfertigten Bereicherung herausgeben. B ist folglich E gegenüber zur Herausgabe des Eigentums und des Besitzes an *Bernadette* verpflichtet (§§ 988, 818 I BGB).

50 Regelmäßig wird der **unredliche Besitzer** wegen § 955 I 2 BGB nicht Eigentümer der Sachfrüchte. Dann bleibt es zumeist bei der Grundregel des § 953 BGB und der Eigentümer der Muttersache wird auch Eigentümer der Frucht. In diesen Fällen besteht ein EBV sowohl hinsichtlich der Muttersache als auch hinsichtlich der Frucht. Der Eigentümer kann dann die Frucht sowohl nach § 985 BGB als auch nach §§ 990 I, 987 BGB heraus verlangen; es besteht insoweit Anspruchskonkurrenz[46].

3. Haftung der verschiedenen Besitzerarten

51 Die §§ 987 ff. BGB enthalten verschiedene Tatbestände, aufgrund derer der besitzrechtslose Besitzer zur Herausgabe von Nutzungen verpflichtet sein kann. Nochmals sei daran erinnert, dass die Anspruchsgrundlagen nebeneinander bestehen können (siehe oben Rn. 38). Unterteilt nach den verschiedenen Besitzerarten ergibt sich folgendes Haftungssystem:

– Der **verklagte Besitzer** muss die nach Rechtshängigkeit *gezogenen Nutzungen herausgeben* (§ 987 I BGB). Darüber hinaus hat er auch für die Nutzungen Ersatz zu leisten, die er *schuldhaft nicht gezogen* hat, obwohl dies den Regeln einer ordnungsgemäßen Wirtschaft entsprochen hätte (§ 987 II BGB). Gleichgültig ist dabei, ob der Eigentümer die Nutzungen selbst hätte ziehen können[47]. Aus § 987

---

[45] Vgl. *Klinck* in Staudinger, Eckpfeiler des Zivilrechts, Eigentum, Rn. 61.
[46] *Baldus* in MünchKomm. BGB, § 987 Rn. 2; a.A. *Berger* in Jauernig, BGB, § 987 Rn. 1; *Schulte-Nölke* in Handkomm. BGB, § 987 Rn. 3.
[47] *Baldus* in MünchKomm. BGB, § 987 Rn. 22.

II BGB folgt damit inzident eine Pflicht des Besitzers zur ordnungsgemäßen Bewirtschaftung der Sache (z.B. zum Abernten eines Feldes). Im Übrigen haftet der verklagte Besitzer aber *nicht* für die Nutzungen, die er *nicht* zieht.
- Der **unredliche Besitzer** haftet, da § 990 I BGB auf § 987 BGB verweist, wie der verklagte Besitzer. Er schuldet daher Herausgabe der nach Besitzerwerb (§ 990 I 1 BGB) bzw. nach Kenntnis von der Nichtberechtigung (§ 990 I 2 BGB) *tatsächlich gezogenen Nutzungen* sowie Ersatz für die entgegen einer ordnungsgemäßen Wirtschaft *schuldhaft nicht gezogenen* Nutzungen. Eine Haftungsverschärfung bringt § 990 II BGB mit sich: Befindet sich der unredliche Besitzer **im Verzug**, dann schuldet er nach §§ 280 II, 286 ff., 249 I BGB auch Schadensersatz für die schuldhaft nicht gezogenen Nutzungen, sofern der Eigentümer diese gezogen hätte (Differenzhypothese).
- Der **deliktische Besitzer** schuldet sowohl für gezogene als auch für nicht gezogene Nutzungen nach Maßgabe der §§ 992, 823 ff. BGB *Schadensersatz*. Auch insoweit ist zu fragen, welche Nutzungen der Eigentümer gezogen hätte (§ 249 I BGB). Vom Besitzer gezogene Nutzungen, die der Eigentümer selbst nicht gezogen hätte, kann dieser gemäß §§ 687 II, 681 S. 2, 667 BGB heraus verlangen (Geschäftsanmaßung)[48].
- Für den **unentgeltlichen Besitzer** verweist § 988 BGB schließlich ins Bereicherungsrecht. Es handelt sich dabei um eine Rechtsfolgenverweisung auf § 818 BGB: Der unentgeltliche Besitzer muss daher die *tatsächlich gezogenen Nutzungen herausgeben* (§ 818 I, II BGB), sofern er sich nicht nach § 818 III BGB auf *Entreicherung* berufen kann.
- Der **redliche und unverklagte** Besitzer wird, sofern nicht § 988 BGB eingreift, privilegiert: Er haftet *nur* für die sog. *Übermaßfrüchte* § 993 I Hs. 1 BGB (siehe oben Rn. 17). Im Übrigen haftet er aber weder für gezogene noch für nicht gezogene Nutzungen.

4. Rechtsgrundlos = unentgeltlich?

Problematisch ist die Behandlung der Fälle, in denen der Besitzer die Sache rechtsgrundlos erlangt hat. Typischerweise wirkt sich dabei ein- und derselbe Mangel sowohl bei dem schuldrechtlichen Verpflichtungsgeschäft als auch bei der dinglichen Verfügung aus, sodass beide Rechtsgeschäfte unwirksam sind.

52

Beispiel: Eigentümer E will Ackerland an B veräußern. Nach Zahlung des Kaufpreises wird B im Grundbuch als Eigentümer des Grundstücks eingetragen. Da E jedoch unerkannt geschäftsunfähig ist, sind sowohl der Kaufvertrag über das Grundstück als auch die Übereignung nichtig. B, der hiervon nichts weiß, bestellt das Feld und erntet später. Kann E von B Herausgabe der Ernte verlangen? – Zwischen E und B bestand eine Vindikationslage, sodass sich die Herausgabe der Nutzung nach den §§ 987 ff. BGB richtet. B war aber zur Zeit der Ernte weder verklagt noch unredlich und erst recht nicht deliktischer Besitzer, sodass die §§ 987, 990, 992 BGB als Anspruchsgrundlagen ausscheiden. Auch an der Unentgeltlichkeit im Sinne des § 988 BGB fehlt es (eigentlich), da B den Kaufpreis gezahlt,

---

[48] *Vieweg/Werner*, Sachenrecht, § 8 Rn. 57.

also ein Vermögensopfer erbracht hat, um in den Besitz des Grundstücks zu gelangen. Die §§ 987 ff. BGB gewähren E also keinen Anspruch – und § 993 I Hs. 2 BGB versperrt (eigentlich) den Rückgriff auf das Bereicherungsrecht.

53 Würde man die §§ 987 ff. BGB strikt anwenden und die Sperrwirkung des EBV ernst nehmen, so käme man also zu dem Ergebnis, dass der redliche Besitzer in diesen Fällen nicht zur Herausgabe von Nutzungen verpflichtet wäre. Es besteht Einigkeit, dass dieses Ergebnis **einer Korrektur bedarf**[49]. Denn anderenfalls stünde der rechtsgrundlos und unwirksam verfügende Eigentümer schlechter als der Eigentümer, der zwar rechtsgrundlos, aber immerhin wirksam verfügt hat. Spiegelbildlich stünde ein Käufer, der Eigentum an der Sache erwirbt, schlechter als ein Käufer, der bloß den Besitz erlangt.

> Wäre in unserem **Beispielsfall** nur der Kaufvertrag nichtig, die Verfügung nach §§ 873, 925 BGB hingegen aber wirksam, dann hätte E sein Eigentum am Grundstück zwar verloren. Er könnte aber nach § 812 I 1 Alt. 1 BGB Rückübereignung des Grundstücks und zudem nach § 818 I BGB Herausgabe der von B gezogenen Nutzungen verlangen. B würde also hinsichtlich der Nutzungen besser stehen, wenn er sein Eigentum verloren hätte. § 105 I BGB, der dem Schutz des Geschäftsunfähigen dient, würde ihm also hinsichtlich der Nutzungen einen Bärendienst erweisen – und das soll nicht sein!

54 Umstritten ist, auf welchem dogmatischen Weg dieser Wertungswiderspruch zu beheben ist:

– Die **Rechtsprechung** und Teile des Schrifttums stellen den **rechtsgrundlosen Erwerb dem unentgeltlichen gleich** und kommen durch eine entsprechende Anwendung von § 988 BGB zur Herausgabepflicht nach § 818 I BGB[50]. Begründet wird dies – wie auch bei § 816 I 2 BGB (siehe oben § 4 Rn. 54) damit, dass aufgrund der Rechtsgrundlosigkeit des Verpflichtungsgeschäfts die Gegenleistung nicht geschuldet ist und ihrerseits kondiziert werden kann.

– Die **Gegenauffassung** stellt nicht auf § 988 BGB ab, sondern will die **Sperrwirkung** des EBV in diesen Fällen **durchbrechen** und die §§ 812 ff. BGB anwenden[51].

> In unserem **Beispielsfall** kommen beide Auffassungen letztlich zu demselben Ergebnis: B muss E die Ernte nach § 818 I BGB herausgeben. Da er gemäß § 955 I BGB Eigentümer der Früchte geworden ist, ist der Anspruch auf Übereignung und Übergabe gerichtet. B selbst kann aber Rückzahlung des Kaufpreises von E nach § 812 I 1 Alt. 1 BGB verlangen.

---

[49] Vgl. etwa *Gursky* in Staudinger, BGB, Vor § 987 Rn. 48; *Roth*, JuS 2003, 937, 941 f.
[50] RGZ 163, 348, 349; BGHZ 7, 208, 218; BGHZ 10, 350, 357; BGHZ 32, 76, 94; BGHZ 71, 216, 226; BGHZ 109, 179, 190 f; BGHZ 120, 204, 215; *Weimar*, MDR 1959, 268, 269; *von Lübtow*, AcP 150 (1949), 252, 256 ff.
[51] *Baldus* in MünchKomm. BGB, § 993 Rn. 7; *Stadler* in Soergel, BGB, Vor § 987 Rn. 2 und § 988 Rn. 6; *Fritzsche* in BeckOK BGB, § 988 Rn. 19; *Ebbing* in Erman, BGB, Vor § 987 Rn. 85; *Berger* in Jauernig, BGB, Vor § 987 Rn. 13; *Medicus/Petersen*, Bürgerliches Recht, Rn. 600; *Larenz/Canaris*, Schuldrecht II/2, § 74 I 1, S. 339 ff.; *Koppensteiner/Kramer*, Ungerechtfertigte Bereicherung, § 20 III 2 a, S. 199 ff.; *Flume* in Festschrift Niedermeyer, 1953, S. 170 ff.; *Kindl*, JA 1996, 115, 120 f.; *Roth*, JuS 1997, 897, 899 f.; *Schmolke*, JA 2007, 101, 105.

In Zweipersonenverhältnissen wirkt sich der Meinungsstreit *nicht* aus, weil die rechtsgrundlos erbrachte Gegenleistung vom Eigentümer zurückgefordert werden kann. **Komplizierter** ist die Rechtslage aber, wenn nicht der Eigentümer, sondern ein Dritter Vertragspartner des Besitzers ist.

> Zur Verdeutlichung folgendes **Beispiel:** E ist Eigentümer einer Zuchtstute („Daisy"), die ihm jedoch von D gestohlen wird. D veräußert „Daisy" an den gutgläubigen B gegen Zahlung von 10.000 €. B, der selbst Züchter ist, lässt „Daisy" decken, sodass diese später ein Fohlen („Donald") bekommt. Später stellt sich heraus, dass B bei dem Geschäft mit D unerkannt geisteskrank war. – Das Fohlen ist eine Frucht der Stute. Nach §§ 955 I, 90a S. 3 BGB ist B zunächst Eigentümer von „Donald" geworden. Muss B „Donald" an E herausgeben?

– Stellt man mit der **Rechtsprechung** den rechtsgrundlosen Erwerb dem unentgeltlichen gleich, so gelangt man zu einer Anwendung des § 988 BGB und damit zur Herausgabepflicht nach § 818 I BGB. Danach müsste B „Donald" an E übereignen. Der von B an D gezahlte Kaufpreis bliebe dabei vollständig außer Betracht. B müsste sich insoweit also an D halten.

– Nach der **Gegenauffassung** wäre unmittelbar auf die §§ 812 ff. BGB abzustellen. In Betracht kommt insoweit nur eine Nichtleistungskondiktion des E gegen B. Doch wäre diese gesperrt, weil B den Besitz des Muttertieres, um dessen Nutzung es geht, durch Leistung des D erlangt hat (Vorrang der Leistungskondiktion, dazu oben § 5 Rn. 86 ff.). Stattdessen müsste E gegen D vorgehen (z.B. nach §§ 992, 823 ff. BGB). Auf diese Weise könnte er auch einen Herausgabeanspruch gegen B erlangen: B ist nämlich D gegenüber nach §§ 812 I 1 Alt. 1, 818 I BGB zur Herausgabe von „Donald" verpflichtet. E könnte sich daher den Anspruch des D gegen B abtreten lassen. Allerdings kann B dem E dann nach § 404 BGB seinen Anspruch gegen D auf Kaufpreisrückzahlung (§ 818 I 1 Alt. 1 BGB) entgegenhalten[52].

Die bereicherungsrechtliche Lösung ist **vorzugswürdig**, da sie – anders als die Lösung der Rechtsprechung – das vom Besitzer erbrachte Vermögensopfer adäquat berücksichtigt.

> Der rechtsgrundlose Erwerb steht dem unentgeltlichen richtigerweise *nicht* gleich. Vielmehr wird die **Sperrwirkung** des EBV in diesen Fällen zur Vermeidung von Wertungswidersprüchen **durchbrochen**.

5. Besonderheiten beim mittelbaren Besitz

§ 991 I BGB enthält eine Sonderregelung für die Fälle, in denen der unmittelbare Besitzer den Besitz einem anderen (also nicht dem Eigentümer) mittelt. Die Vorschrift **schränkt** den Anspruch auf Herausgabe der Nutzungen gegen den bösgläubigen unmittelbaren Besitzer **ein**. Der unmittelbare Besitzer haftet danach nur, wenn

---

[52] Vgl. *Roth*, JuS 2003, 937, 942.

- er selbst unredlich im Sinne des § 990 I 1 oder 2 BGB war[53] *und*
- der mittelbare Besitzer unredlich oder verklagt ist.

58 Hierdurch soll der **redliche mittelbare Besitzer**, der dem Eigentümer nicht zur Herausgabe von Nutzungen verpflichtet ist, vor Regressansprüchen des Besitzmittlers aus dem zwischen ihnen bestehenden schuldrechtlichen Rechtsverhältnis geschützt werden[54].

> **Beispiel:** Der unerkannt geschäftsunfähige E veräußert an den redlichen M ein Grundstück. Nach seiner Eintragung im Grundbuch verpachtet M das Grundstück als Ackerland an den zunächst ebenfalls redlichen B. Später erfährt B von der Nichtberechtigung des M und der Unrichtigkeit des Grundbuchs. Dennoch erntet er das von ihm auf dem Acker angebaute Getreide ab. – Gäbe es § 991 I BGB nicht, so müsste B gemäß §§ 990 I 2, 987 BGB das geerntete Getreide an E herausgeben. Er selbst könnte dann aber bei M Regress nehmen, weil ein Rechtsmangel bestünde. B könnte insbesondere den Pachtzins zurückverlangen (§§ 581 II, 536 I, III, 812 I 1 Alt. 1 BGB) und nach § 536a BGB Schadensersatz geltend machen. Der redliche M würde damit im Ergebnis den Pachtzins (= mittelbare Sachfrucht, § 99 III BGB) verlieren, obwohl er selbst gegenüber E nicht haften würde. Dies soll § 991 I BGB verhindern. B haftet danach nicht, da M weder verklagt noch unredlich war.

59 Aufgrund des Normzwecks ist eine **teleologische Reduktion** des § 991 I BGB geboten: Die Vorschrift sollte nur dann angewendet werden, wenn ein Regress des Besitzmittlers gegen den mittelbaren Besitzer möglich ist[55].

> **Abwandlung:** Wie zuvor, nur weiß B bereits bei Abschluss des Pachtvertrages von der Nichtberechtigung des M. – In diesem Fall stehen B gemäß §§ 581 II, 536b BGB keine Mängelrechte zu, sodass er weder den Pachtzins zurückverlangen noch Schadensersatz fordern kann. Die Anwendung des § 991 I BGB ist hier nicht geboten, da M nicht geschützt werden muss. Der Anspruchsausschluss würde daher allein dem unredlichen B zugutekommen, wofür kein sachlicher Grund besteht.

6. Inhalt des Herausgabeanspruchs

a) Gegenständliche Herausgabe

60 Der Anspruch auf Herausgabe gezogener Nutzungen (§§ 987 I, 990 I BGB) ist grundsätzlich ein Verschaffungsanspruch[56].

Früchte sind vom Besitzer **gegenständlich** („in Natur") herauszugeben. Hat der Besitzer nach § 955 I oder II BGB Eigentum an den Früchten erlangt, dann ist

---

[53] Vgl. *Fritzsche* in BeckOK BGB, § 991 Rn. 7; *Westermann/Gursky/Eickmann*, Sachenrecht, § 31 Rn. 24.

[54] So *Roth*, JuS 2003, 939, 940 f.; a.A. *Gursky* in Staudinger, BGB, § 991 Rn. 3; *Wilhelm*, Sachenrecht, Rn. 1280.

[55] So auch *Berger* in Jauernig, BGB, § 991 Rn. 2; *Baldus* in MünchKomm. BGB, § 991 Rn. 7; *Ebbing* in Erman, BGB, § 991 Rn. 8; *Roth*, JuS 2003, 939, 941; a.A. *Gursky* in Staudinger, BGB, § 991 Rn. 3.

[56] Vgl. *Gursky* in Staudinger, BGB, § 987 Rn. 15; *Fritzsche* in BeckOK BGB, § 987 Rn. 66.

der Anspruch auf **Übereignung und Besitzverschaffung** gerichtet. Ist der Besitzer nicht Eigentümer geworden, insbesondere weil er unredlich im Sinne des § 955 I 2 BGB war (siehe oben Rn. 50), dann schuldet er nur Besitzverschaffung.

> Die §§ 987 I, 990 I BGB sind *keine* Schadensersatzansprüche, weshalb es insoweit nicht darauf ankommt, ob der Eigentümer die Nutzungen selbst gezogen hätte. Wie oben Rn. 51 dargestellt, kann sich aber aus anderen Vorschriften (§§ 990 II, 280 II, 286 BGB sowie §§ 992, 823 ff. BGB) ein Schadensersatzanspruch des Eigentümers ergeben. Dann gelten die §§ 249 ff. BGB und es kommt entscheidend darauf an, dass der Eigentümer die Nutzungen auch selbst gezogen hätte.

b) Wertersatz

Eine gegenständliche Herausgabe ist aber nur möglich, wenn die gezogenen Früchte noch unterscheidbar im Vermögen des Besitzers vorhanden sind. Ist dies nicht der Fall, z.B. weil der Besitzer die Früchte verbraucht hat, dann kommt nur noch ein **Wertersatzanspruch** in Betracht. 61

Obwohl das EBV eine dem § 818 II BGB vergleichbare Regelung nicht kennt, besteht Einigkeit darüber, dass die §§ 987 I, 990 I BGB einen solchen Anspruchsinhalt zulassen[57].

Bei sonstigen **Gebrauchsvorteilen** und hinsichtlich der schuldhaft nicht gezogenen Nutzungen im Sinne des § 987 II BGB kommt ohnehin nur ein solcher Wertersatzanspruch in Betracht[58]. 62

> Der Besitzer kann sich dabei *nicht* auf Entreicherung berufen. Etwas anderes gilt nur bei der Haftung des unentgeltlichen Besitzers nach § 988 BGB.

c) Annex: Auskunftsanspruch

Besteht ein Herausgabe- oder Wertersatzanspruch dem Grunde nach, kann der Eigentümer von dem Besitzer nach **§ 260 BGB** Auskunft über die gezogenen Nutzungen verlangen[59]. 63

III. Schadensersatz

Literatur: *Ebenroth/Zeppernick*, Nutzungs- und Schadensersatzansprüche im Eigentümer-Besitzer-Verhältnis, JuS 1999, 209; *Kindl*, Das Eigentümer-Besitzer-Verhältnis: Schadensersatz und Nutzungen, JA 1996, 115; *Roth*, Grundfälle zum Eigentümer-Besitzer-Verhältnis, 2. Teil: Schadensersatzansprüche des Eigentümers, JuS 1997, 710; *Schreiber*, Das Eigentümer-Besitzer-Verhältnis, Teil 1: Vindikationslage, Schadensersatzansprüche, Jura 1992, 356; *Wilhelm*, Die Lehre vom Fremdbesitzerexzess, JZ 2004, 650.

---

[57] Vgl. nur *Baldus* in MünchKomm. BGB, § 987 Rn. 17; *Fritzsche* in BeckOK BGB, § 987 Rn. 67; *Baur/Stürner*, Sachenrecht, § 11 Rn. 13.
[58] RGZ 93, 281, 283; BGHZ 39, 186, 187.
[59] Siehe dazu *Gursky* in Staudinger, BGB, Vor § 987 Rn. 89.

1. Haftung der verschiedenen Besitzerarten

64 Ob der Besitzer dem Eigentümer zum Schadensersatz verpflichtet ist, bestimmt sich nach den §§ 989 ff. BGB. Diesen lässt sich – wieder unterteilt nach den verschiedenen Besitzerarten – folgendes Haftungsregime entnehmen:

– Der **verklagte Besitzer** ist von dem Eintritt der Rechtshängigkeit der Herausgabeklage an dem Eigentümer für den Schaden verantwortlich, der dadurch entsteht, dass infolge seines Verschuldens die Sache verschlechtert wird, die Sache untergeht oder von ihm aus sonstigen Gründen nicht herausgegeben werden kann (§ 989 BGB, siehe unten Rn. 71 ff.). Es handelt sich dabei um eine reine *Verschuldenshaftung*.
– Der **unredliche Besitzer** haftet wegen des Verweises in § 990 I BGB auf § 989 BGB wiederum wie der verklagte Besitzer. Auch hier führt § 990 II BGB zu einer Haftungsverschärfung. Befindet sich der unredliche Besitzer **im Verzug**, dann haftet er auch nach §§ 280 II, 286 ff. BGB. Von Bedeutung ist dabei insbesondere § 287 S. 2 BGB: Der Besitzer haftet danach auch für die *zufällige* Verschlechterung oder Unmöglichkeit der Herausgabe, es sei denn, der Schaden wäre auch bei rechtzeitiger Herausgabe an den Eigentümer eingetreten.
– Der **deliktische Besitzer** haftet wiederum nach §§ 992, 823 ff. BGB – und zwar wegen § 848 BGB (dazu oben § 12 Rn. 19) *verschuldensunabhängig*.
– Für den **unentgeltlichen Besitzer** bestehen keine Sonderregeln.
– Der **redliche und unverklagte Besitzer** wird auch hier privilegiert: Er *haftet grundsätzlich nicht* – und zwar selbst dann nicht, wenn er die Verschlechterung oder die Unmöglichkeit der Herausgabe vorsätzlich herbeigeführt hat (zu Ausnahmen sogleich Rn. 68 ff.)

2. Besonderheiten beim mittelbaren Besitz

65 Eine spezielle Regelung haben wiederum die Fälle erfahren, in denen ein **Besitzmittlungsverhältnis** besteht. **§ 991 I BGB** gilt auch für die Schadensersatzhaftung. Der unredliche Besitzmittler haftet dem Eigentümer gegenüber grundsätzlich nur, wenn der mittelbare Besitzer auf Herausgabe verklagt oder seinerseits unredlich war. § 991 I BGB soll den mittelbaren Besitzer schützen und schränkt deshalb die Haftung des unredlichen Besitzmittlers ein (siehe oben Rn. 57 ff.). **§ 991 II BGB** hingegen **erweitert die Haftung** des Besitzmittlers:

66 Auch der **redliche Fremdbesitzer** haftet dem Eigentümer gegenüber nach § 991 II BGB auf Schadensersatz, soweit er einem mittelbaren Besitzer verantwortlich ist.

Es handelt sich bei § 991 II BGB um eine eigenständige **Anspruchsgrundlage**[60], die jedoch auf § 989 BGB Bezug nimmt. Hieraus ergibt sich, dass es sich um eine

---

[60] Ebenso *Gursky* in Staudinger, BGB, § 991 Rn. 11; *Baldus* in MünchKomm. BGB, § 991 Rn. 12; *Fritzsche* in BeckOK BGB, § 991 Rn. 12.

Verschuldenshaftung handelt. Die Haftungsprivilegierung des § 993 I Hs. 2 BGB tritt in den Fällen des § 991 II BGB deshalb zurück, weil der Fremdbesitzer damit rechnen muss, für die schädigende Handlung in Anspruch genommen zu werden – wenn auch nicht vom Eigentümer, so doch vom mittelbaren Besitzer. Kurzum: Es existiert (anders als beim redlichen Eigenbesitzer) **kein schutzwürdiges Vertrauen** des redlichen Fremdbesitzers, mit der Sache nach seinem Belieben verfahren zu dürfen[61].

> **Beispiel:** A vermietet einen dem E gestohlenen Pkw an B. Der Pkw wird bei einem von B fahrlässig verursachten Verkehrsunfall beschädigt. Kann E von B Schadensersatz verlangen? – Die deliktische Haftung nach § 823 I BGB (Eigentumsverletzung) ist wegen § 993 I Hs. 1 BGB ausgeschlossen. B haftet dem E ferner nicht nach §§ 989, 990 BGB, weil er weder verklagt noch unredlich ist. Allerdings wusste B, dass die Sache nicht ihm gehörte; nur über die Person des Eigentümers befand er sich im Irrtum. Soweit B dem A gegenüber aus dem Mietvertrag haftet, trifft ihn gemäß § 991 II BGB auch eine Haftung gegenüber dem Eigentümer.

Die Haftung nach § 990 II BGB tritt aber nur ein, **wenn und soweit** der Besitzmittler dem mittelbaren Besitzer gegenüber haftet (bzw. haften würde). Vertragliche **Haftungsbeschränkungen** kommen dem Besitzmittler daher auch insoweit zugute[62]. 67

> Die h.M. kommt dem redlichen Fremdbesitzer noch ein Stück entgegen: Leistet dieser in Unkenntnis der Eigentumslage Schadensersatz an den mittelbaren Besitzer, so soll er auch gegenüber dem Eigentümer gemäß **§ 851 BGB analog** frei werden[63].

3. Lehre vom Fremdbesitzerexzess

Der Gedanke des § 991 II BGB, dass eine haftungsrechtliche Privilegierung des redlichen Fremdbesitzers nicht geboten ist, lässt sich auch für andere Fälle fruchtbar machen. 68

> **Beispiel:** B mietet von Eigentümer E einen Pkw. Der Mietvertrag ist nichtig. Der Pkw wird bei einem von B fahrlässig verursachten Verkehrsunfall beschädigt. Kann E von B Schadensersatz verlangen? – Ein Anspruch aus § 280 I BGB wegen Verletzung der Pflichten aus dem Mietvertrag scheidet aus, weil ein wirksamer Mietvertrag nicht besteht. Die §§ 989, 990, 992 BGB liegen tatbestandlich nicht vor, da B weder verklagt noch unredlich war. Auch § 991 II BGB passt nicht, da dieser auf Dreipersonenverhältnisse zugeschnitten ist. Hier ist aber Eigentümer E zugleich mittelbarer Besitzer. Schließlich werden deliktische Ansprüche durch § 993 I Hs. 1 BGB eigentlich gesperrt. Soll es wirklich dabei bleiben?

Die strikte Anwendung der §§ 989 ff. BGB würde hier wiederum zu einem **Wertungswiderspruch** führen. Der Fremdbesitzer ohne Besitzrecht würde nämlich besser stehen als der Fremdbesitzer mit Besitzrecht[64]. Dies soll nicht sein! 69

---

[61] *Fritzsche* in BeckOK BGB, § 991 Rn. 11.
[62] Siehe *Gursky* in Staudinger, BGB, § 991 Rn. 17 mit weiteren Nachweisen.
[63] *Baldus* in MünchKomm. BGB, § 991 Rn. 14; *Wolf/Wellenhofer*, Sachenrecht, § 22 Rn. 31; *Roth*, JuS 1997, 710, 713; *Kindl*, JA 1996, 115, 117; a.A. *Gursky* in Staudinger, BGB, § 991 Rn. 20, der nur die Analogie zu § 851 BGB, nicht aber zu § 893 BGB zulässt.
[64] *Baldus* in MünchKomm. BGB, § 993 Rn. 13 mit weiteren Nachweisen.

Wäre in unserem **Beispiel** der Mietvertrag wirksam, würde B sowohl nach § 280 I BGB als auch nach § 823 I BGB für den schuldhaft verursachten Schaden haften. Deliktische Ansprüche wären also nicht gesperrt!

Es besteht daher Einigkeit, dass der Fremdbesitzer, der die Grenzen seines vermeintlichen Besitzrechts überschreitet (sog. **Fremdbesitzerexzess**), dem Eigentümer den schuldhaft verursachten Schaden ersetzen muss[65].

70 Umstritten ist hingegen, auf welchem dogmatischen Weg die Haftung konstruiert wird. Teile des Schrifttums sprechen sich für eine analoge Anwendung des § 991 II BGB aus[66]. Andere Autoren wollen die §§ 989, 990 BGB analog anwenden[67]. Verzugswürdig erscheint es mit der h.M. eine **Ausnahme von der Sperrwirkung des EBV** anzunehmen und die Haftung anhand der **§§ 823 ff. BGB** zu begründen[68]. Hiernach würde der Fremdbesitzer bei Bestehen des Besitzrechts schließlich auch haften.

Hinweis: Entsprechend lässt sich auch eine Bereicherungshaftung für im Fremdbesitzerexzess gezogene Nutzungen begründen[69].

4. Einzelheiten zum Schadensersatzanspruch

71 Der **verklagte oder unredliche Besitzer** haftet für die Verschlechterung und den Untergang der Sache sowie die sonstige Unfähigkeit zur Herausgabe, sofern ihn ein Verschulden trifft (vgl. § 989 BGB).

72 **Verschlechterung** ist jede Beeinträchtigung der Sachsubstanz oder der Funktionsfähigkeit der Sache[70].

Die Beschädigung muss nicht durch ein externes Ereignis herbeigeführt worden sein. Sie kann auch daraus resultieren, dass der Besitzer erforderliche Reparatur-

---

[65] Siehe dazu die Nachweise bei *Fritzsche* in BeckOK BGB, § 993 Rn. 10 und in den folgenden Fußnoten.

[66] *Baldus* in MünchKomm. BGB, § 991 Rn. 11; *Wilhelm*, Sachenrecht, Rn. 1302 f.; *Baur/Stürner*, Sachenrecht, § 11 Rn. 32; *Michalski* in Festschrift Gitter, 1995, S. 577, 607 f.; *Schiemann*, Jura 1981, 631, 637; *Katzenstein*, AcP 204 (2004), 1, 10 f.

[67] So etwa *Wolff/Raiser*, Sachenrecht, 10. Aufl. 1957, § 85 III 5 b.

[68] RGZ 101, 307, 310; RGZ 157, 132, 135; BGHZ 24, 188, 196; BGHZ 31, 129, 132; *Berger* in Jauernig, BGB, Vor § 987 Rn. 12; *Fritzsche* in BeckOK BGB, § 993 Rn. 10; *Ebbing* in Erman, Vor § 987 Rn. 46 f.; *Gursky* in Staudinger, BGB, Vor § 987 Rn. 32; *Medicus/Petersen*, Bürgerliches Recht, Rn. 586; *Wolf/Wellenhofer*, Sachenrecht, § 22 Rn. 40; *Schreiber*, Jura 1992, 356, 361; *K. Müller*, JuS 1983, 516, 518 f.

[69] Vgl. *Fritzsche* in BeckOK BGB, § 993 Rn. 10.

[70] *Gursky* in Staudinger, BGB, § 989 Rn. 6; *Wolf/Wellenhofer*, Sachenrecht, § 22 Rn. 26.

III. Schadensersatz

oder Unterhaltungsmaßnahmen unterlässt[71]. Auch die **Abnutzung** durch den Gebrauch fällt hierunter[72]; in diesem Fall kann der Eigentümer *wahlweise* Wertersatz nach §§ 987, 990 I BGB oder Schadensersatz nach §§ 989, 990 I BGB verlangen[73].

> **Untergegangen** ist die Sache, wenn sie physisch vernichtet worden ist[74].

73

Hierzu zählen insbesondere der Verbrauch und die Zerstörung einer Sache, bei Tieren deren Tod. Die Sache geht auch dann als solche unter, wenn sie durch Verarbeitung, Verbindung, Vermischung oder Vermengung ihre Sonderrechtsfähigkeit verliert (§§ 946 ff. BGB). In diesen Fällen kann der Wertersatzanspruch nach §§ 951 I 1, 812 ff. BGB neben einem Schadensersatzanspruch aus §§ 989, 990 I BGB bestehen.

> Der Untergang der Sache führt zur objektiven Unmöglichkeit der Herausgabe. § 989 BGB erfasst aber auch die Fälle des (subjektiven) **Unvermögens**, also jede Form des Besitzverlustes[75].

74

Hierzu gehört vor allem die Weitergabe an einen Dritten. Hat der Besitzer hierzu die Sache als Nichtberechtigter wirksam veräußert (nach §§ 892, 932 ff. BGB oder durch eine Genehmigung des Eigentümers nach § 185 BGB, dazu oben § 4 Rn. 43), tritt neben den Anspruch aus §§ 989, 990 I BGB der Bereicherungsanspruch gemäß § 816 I BGB.

Hat die Weitergabe hingegen nicht zu einem Eigentumsverlust geführt, so kann der Eigentümer die Sache nun von dem neuen Besitzer nach §§ 985, 986 BGB heraus verlangen. Der Schadensersatzanspruch gegen den alten Besitzer bleibt in diesen Fällen bestehen – und zwar auch dann, wenn der Eigentümer aufgrund eines gegen den bisherigen Besitzer erwirkten Titels Herausgabe der Sache auch vom neuen Besitzer verlangen kann[76] (vgl. §§ 325 I, 727 ZPO). Allerdings darf der Eigentümer durch die Weitergabe auch nicht besser gestellt werden. Macht er den Schadensersatzanspruch gegen den bisherigen Besitzer geltend, so ist er analog § 255 BGB verpflichtet, diesem zugleich das Eigentum zu übertragen[77].

---

[71] So etwa BGH NJW-RR 1993, 626, 628.
[72] Vgl. etwa *Bassenge* in Palandt, BGB, § 989 Rn. 4; *Fritzsche* in BeckOK BGB, § 989 Rn. 6; *Baldus* in MünchKomm. BGB, § 989 Rn. 3a.
[73] *Berger* in Jauernig, BGB, § 989 Rn. 2.
[74] *Baldus* in MünchKomm. BGB, § 989 Rn. 5; *Fritzsche* in BeckOK BGB, § 989 Rn. 7 ff.; *Gursky* in Staudinger, BGB, § 989 Rn. 9.
[75] Siehe *Baldus* in MünchKomm. BGB, § 989 Rn. 5; *Fritzsche* in BeckOK BGB, § 989 Rn. 7 ff.; *Gursky* in Staudinger, BGB, § 989 Rn. 10.
[76] *Fritzsche* in BeckOK BGB, § 989 Rn. 9; *Gursky* in Staudinger, BGB, § 989 Rn. 12; a.A. *Ebbing* in Erman, BGB, § 989 Rn 12.
[77] *Gursky* in Staudinger, BGB, § 989 Rn. 26.

75 Der **Haftungsumfang** bestimmt sich nach den §§ 249 ff. BGB. Zu ersetzen ist dabei also auch ein dem Eigentümer entgangener Gewinn (§ 252 BGB). *Nicht* nach §§ 989, 990 I BGB ersatzfähig sind hingegen reine Verzögerungsschäden, also Schäden, die der Eigentümer deshalb erlitten hat, weil der Besitzer die Sache nicht oder nur verspätet herausgegeben hat. Zu ersetzen sind diese nur, wenn der Besitzer unredlich war und sich im Verzug befunden hat (§§ 990 II, 280 II, 286 BGB) oder als deliktischer Besitzer (§ 992 BGB) bzw. als Fremdbesitzer im Exzess nach den §§ 823 ff. BGB haftet.

IV. Verwendungsersatz

Literatur: *Canaris*, Das Verhältnis der §§ 994 ff. BGB zur Aufwendungskondiktion nach § 812 BGB, JZ 1996, 344; *Haas*, Die Verwendungsersatzansprüche beim Eigentümer-Besitzer-Verhältnis und die aufgedrängte Bereicherung, AcP 176 (1976), 1; *Hönn*, Nutzungsherausgabe und Verwendungsersatz im Eigentümer-Besitzer-Verhältnis, JA 1988, 529; *Kindl*, Das Eigentümer-Besitzer-Verhältnis: Verwendungsersatzansprüche, JA 1996, 201; *Roth*, Grundfälle zum Eigentümer-Besitzer-Verhältnis, 4. Teil: Ansprüche des Besitzers auf Ersatz von Verwendungen, JuS 1997, 1087; *Schiemann*, Das Eigentümer-Besitzer-Verhältnis, Jura 1981, 631; *Wolf*, Die Verwendungsersatzansprüche des Besitzers im Anspruchssystem, AcP 166 (1966), 188.

1. Verwendungsbegriff

76 Dem Besitzer kann nach Maßgabe der §§ 994 ff. BGB gegen den Eigentümer ein Anspruch auf Ersatz der von ihm auf die herauszugebende Sache getätigten Verwendungen zustehen. Verwendungen, insoweit besteht Einigkeit, sind **sachbezogene Aufwendungen** – oder anders formuliert:

> **Verwendungen** sind Vermögensaufwendungen, also freiwillige Vermögensopfer, die unmittelbar einer Sache zugutekommen sollen[78].

Beispiele für Verwendungen: Instandhaltungs- und Reparaturkosten; Fütterungskosten für ein Tier; Kosten der Unterstellung (Garagen- oder Stallmiete). Die eigene Arbeitsleistung des Besitzers ist als Verwendung anzusehen, sofern sie einen Marktwert hat[79]. **Keine Verwendungen** sind hingegen Aufwendungen für den Erwerb der Sache[80]. Der Besitzer kann vom Eigentümer nicht Ersatz des an einen Dieb gezahlten Kaufpreises verlangen.

---

[78] RGZ 152, 100, 101 f; BGHZ 10, 171, 177; BGHZ 109, 179, 182 f.; BGHZ 131, 220, 222 ff.; *Gursky* in Staudinger, BGB, Vor § 994 Rn. 5 ff. mit weiteren Nachweisen.
[79] BGHZ 131, 220, 224; a.A. *Westermann/Gursky/Eickmann*, Sachenrecht, § 32 Rn. 5.
[80] Vgl. BGHZ 109, 179, 182 f.; *Berger* in Jauernig, BGB, Vor § 993 Rn. 8; *Vieweg/Werner*, Sachenrecht, § 8 Rn. 2.

IV. Verwendungsersatz

Achtung: An dieser Stelle spielt es noch keine Rolle, ob eine Verwendung auf die Erhaltung, Wiederherstellung oder Verbesserung des Zustandes abzielt. Relevant wird dies erst bei der Frage, ob die Verwendungen notwendig waren oder nicht (siehe unten Rn. 84 ff.).

Umstritten ist, ob alle sachbezogenen Aufwendungen als Verwendung anzusehen sind oder ob nicht eine Einschränkung zu machen ist. Insbesondere die Rechtsprechung folgt einem **engen Verwendungsbegriff:** 77

> Aufwendungen, die zu einer **grundlegenden Umgestaltung oder Veränderung** der Sache führen, sollen *nicht* als Verwendung anzusehen sein.

Damit sollen namentlich die Fälle ausgeschlossen werden, in denen sich durch die Aufwendung die Zweckbestimmung der Sache ändert[82]. Praktische Bedeutung hat der enge Verwendungsbegriff bei der **Bebauung und Nutzungsänderung von Grundstücken** erfahren[83]. 78

Exemplarisch hierfür **BGHZ 41, 157, 160 f.:** „[…] fallen unter den Verwendungsbegriff nur diejenigen Maßnahmen, die darauf abzielen, den Bestand der Sache als solcher zu erhalten oder wiederherzustellen. Das kann, handelt es sich um ein Grundstück, zwar unter Umständen auch im Wege der Bebauung geschehen, etwa wenn ein vom Hochwasser gefährdetes Grundstück durch Errichtung eines Deiches geschützt oder ein abschüssiges Grundstück durch Bau einer Stützmauer vor dem Abgleiten bewahrt wird; ebenso stellt möglicherweise die Anlegung eines Stalles auf einem landwirtschaftlichen oder eines Kesselhauses auf einem industriellen Grundstück eine Verwendung dar. Der Senat hat es aber in jener Entscheidung als etwas durchaus anderes bezeichnet, wenn der Besitzer auf einem bisher unbebauten Grundstück ein Wohnhaus, eine Lagerhalle oder ein Fabrikgebäude errichtet; **dann werde durch den Bau nicht das Grundstück in seinem Bestand verbessert, sondern sein Zustand verändert, indem es fortan für einen Zweck benutzt werde, dem es bisher nicht gedient habe**; in solchen Fällen sei die Errichtung des Bauwerks keine Verwendung auf das Grundstück im Rechtssinne, wie sie denn auch im Sprachgebrauch nicht als Grundstücksverwendung bezeichnet werde."

Zur Verdeutlichung noch ein **Beispiel:** Der besitzrechtslose Besitzer B errichtet auf seine Kosten auf dem bisher unbebauten Grundstück des E ein Mehrfamilienhaus. Kann er hierfür Verwendungsersatz nach Maßgabe der §§ 994 ff. BGB verlangen? – Dies hängt zunächst davon ab, ob es sich bei der Bebauung um eine Verwendung auf das Grundstück handelt. B hat hier freiwillige Vermögensopfer erbracht, die nach seiner Vorstellung dem Grundstück zugutekommen sollten. Allerdings ist die Bebauung eines bislang unbebauten Grundstücks nach Auffassung des BGH eine grundlegende Umgestaltung, die nicht als Verwendung anzusehen sein soll (enger Verwendungsbegriff). Folgt man dem, so greifen die §§ 994 ff. BGB schon tatbestandlich nicht ein. Auf die Frage, ob die weiteren Anspruchsvoraussetzungen (z.B. Erforderlichkeit bei § 994 I BGB, Werterhöhung bei § 996 BGB) vorliegen, kommt es dann nicht mehr an.

---

[81] Grundlegend BGHZ 10, 171, 177 f.; daran anknüpfend BGHZ 41, 157, 161; BGH NJW 2002, 2378, 2379; zustimmend *Eichler*, JuS 1965, 479, 480; *Waltjen*, AcP 175 (1975), 109, 135 ff.
[82] *Fritzsche* in BeckOK BGB, § 989 Rn. 18.
[83] Siehe etwa BGHZ 10, 171, 177 f.; BGHZ 41, 157, 161; BGH NJW 1954, 265 f.

79 Der enge Verwendungsbegriff **begünstigt den Eigentümer**, da er die Anwendbarkeit eines Verwendungsersatzanspruchs nach EBV-Regeln ausschließt. Die Rechtsprechung geht sogar noch einen Schritt weiter: Die §§ 994 ff. BGB sollen als abschließende Regelung andere Anspruchsgrundlagen auch dann **sperren**, wenn die Aufwendungen nicht als Verwendung zu qualifizieren sind[84]. Der Besitzer könnte danach weder einen nach §§ 946 f. BGB eingetretenen Rechtsverlust nach §§ 951 I 1, 812 ff. BGB ersetzt verlangen, noch die von ihm herbeigeführte Wertsteigerung unmittelbar nach §§ 812 ff. BGB kondizieren. Der Besitzer wird vielmehr – dogmatisch inkonsequent – auf das Wegnahmerecht nach §§ 997, 258 BGB verwiesen[85].

> In unserem **Beispiel** müsste, wenn man die Rechtsprechung zugrunde legt, E also weder Wertersatz für die von B eingebauten Sachen (§§ 951 S. 2, 812 ff. BGB) leisten, noch die durch die Bebauung eingetretene Wertsteigerung nach §§ 812 ff. BGB ersetzen!

80 Die Rechtsprechung ist im Schrifttum auf berechtigte **Kritik** gestoßen. Zwar hat der enge Verwendungsbegriff durchaus Anhänger gefunden, doch sprechen diese sich bisweilen gegen die Sperrwirkung der §§ 994 ff. BGB bei „Umgestaltungsaufwendungen" aus[86]. Mehrheitlich wird aber schon der enge Verwendungsbegriff abgelehnt[87] – und das zu Recht. Für einen **weiten Verwendungsbegriff** spricht, dass die von der Rechtsprechung vorgenommene Einschränkung in den Gesetzesmaterialien keine Stütze findet. Zudem trägt der enge Verwendungsbegriff den Interessen des redlichen und unverklagten Besitzers nicht angemessen Rechnung. Dieser tätigt die Aufwendungen im Hinblick auf sein vermeintliches Eigentum – und dieses Vertrauen sollen die EBV-Regeln schützen. Dieses Schutzanliegen wäre nur unzureichend verwirklicht, wenn der Besitzer ausgerechnet bei den regelmäßig sehr hohen „Umgestaltungsaufwendungen" keinen Ersatz verlangen könnte und nur ein wirtschaftlich zumeist wertloses Wegnahmerecht hätte[88].

81 Dem Ziel der Rechtsprechung, den Eigentümer vor einer aufgedrängten Bereicherung zu schützen, wird schon durch **§ 1001 BGB** Rechnung getragen, der die Durchsetzbarkeit des Verwendungsersatzanspruchs von der Wiedererlangung der Sache bzw. der Genehmigung durch den Eigentümer abhängig macht (dazu unten Rn. 102 ff.). Eines weitergehenden Schutzes vor einer aufgedrängten Bereicherung bedarf es auch nicht. Aus § 1001 BGB ergibt sich nämlich die „Opfergrenze", die

---

[84] BGHZ 39, 186, 188 f.; BGHZ 41, 157, 158 ff.; BGH NJW 1986, 2643, 2645; BGH WM 2001, 1909, 1911, dem folgend etwa *Eichler*, JuS 1965, 479, 480; *Waltjen*, AcP 175 (1975), 109, 134.
[85] Vgl. BGHZ 41, 157, 164.
[86] So *Schapp/Schur*, Sachenrecht, Rn. 147, 274.
[87] *Gursky* in Staudinger, BGB, Vor § 994 Rn. 8; *Baldus* in MünchKomm. BGB, § 994 Rn. 11; *Fritzsche* in BeckOK BGB, § 994 Rn. 21; *Bassenge* in Palandt, BGB, § 994 Rn. 4; *Stadler* in Soergel, BGB, § 994 Rn. 3; *Larenz/Canaris*, Schuldrecht II/2, § 74 I 3, S. 345 f.; *Baur/Stürner*, Sachenrecht, § 11 Rn. 55; *Canaris*, JZ 1996, 344, 347 f.; *M. Wolf*, AcP 166 (1966), 188, 193; *Haas*, AcP 176 (1976), 1, 14; *Hager*, JuS 1987, 877, 880; *Schildt*, JuS 1995, 953, 956; *Roth*, JuS 1997, 1087, 1089.
[88] So etwa *Baldus* in MünchKomm. BGB, § 994 Rn. 10 f; *Gursky* in Staudinger, BGB, Vor § 994 Rn. 7.

IV. Verwendungsersatz

der Gesetzgeber dem ersatzpflichtigen Eigentümer zugemutet hat[89]: Der Eigentümer kann und muss wählen, ob er dem Besitzer die Verwendung ersetzt oder auf die Sache verzichtet! Dies gilt natürlich nur, wenn die Anspruchsvoraussetzungen der §§ 994 ff. BGB vorliegen.

> Vorzugswürdig ist es daher, den §§ 994 ff. BGB einen **weiten Verwendungsbegriff** zugrunde zu legen: *Alle* sachbezogenen Aufwendungen sind daher als Verwendungen anzusehen.

82

2. Arten der Verwendungen

Die §§ 994 ff. BGB **unterscheiden** zwischen notwendigen und „anderen als notwendigen" Verwendungen, wobei letztere noch einmal in nützliche (= werterhöhende) und sonstige Verwendungen unterteilt werden.

83

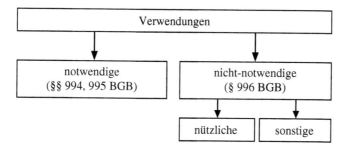

a) Notwendige Verwendungen

> **Notwendig** sind diejenigen Verwendungen, die **objektiv erforderlich** sind, um die Substanz und Funktionsfähigkeit der Sache zu erhalten oder wiederherzustellen[90].

84

Erfasst sind demnach Maßnahmen, die darauf abzielen, die Sache in ihrem **wirtschaftlichen Bestand** einschließlich ihrer Nutzungsfähigkeit zu erhalten[91].

> **Beispiele:** Kosten für die Reparatur eines Pkw; Tierarztkosten; Errichtung einer Stützmauer, um das Abrutschen eines Grundstücks zu verhindern; Wiederaufbau eines zerstörten Gebäudes.

---

[89] *Canaris*, JZ 1996, 344, 348 f.
[90] BGHZ 10, 171, 177; BGHZ 41, 157, 160; BGHZ 87, 104, 106; BGHZ 109, 179, 182; BGHZ 131, 220, 223; *Westermann/Gursky/Eickmann*, Sachenrecht, § 32 Rn. 11.
[91] RGZ 117, 112, 115; RGZ 139, 354, 357; BGHZ 64, 333, 339; BGHZ 131, 220, 222 f.; *Fritzsche* in BeckOK BGB, § 994 Rn. 44; *Baldus* in MünchKomm. BGB, § 994 Rn. 17.

85 Zu den notwendigen Verwendungen zählen auch die **gewöhnlichen Erhaltungskosten** (vgl. § 994 I 2 BGB). Hierunter fallen die regelmäßig – aber nicht zwingend periodisch – wiederkehrenden Aufwendungen auf die Sache (oder das Tier).

> **Beispiele:** Kosten für die Wartung und Inspektion eines Pkw; Futterkosten bei Tieren; Beseitigung von typischen „Abnutzungsschäden".

86 Auch **Lasten** einer Sache sind notwendige Verwendungen; das stellt § 995 S.1 BGB klar.

> **Beispiele für öffentliche Lasten:** Hundesteuer; Grundsteuer; Anliegerbeiträge für die Erschließung eines Grundstücks.

> **Beispiele für private Lasten:** Zinsen auf Hypothekenforderungen und Grundschulden.

87 Die Notwendigkeit von Verwendungen bestimmt sich *nicht* nach der subjektiven Zwecksetzung des Eigentümers, sondern allein nach **objektiven** Kriterien. Maßgeblicher Zweck ist demnach stets die „Erhaltung der Sache"[92]. Dies ergibt sich mittelbar aus der Gesetzessystematik[93]: § 994 II BGB verweist für den unredlichen oder verklagten Besitzer auf die Regeln der GoA und damit auf die §§ 683, 684 BGB. *Insoweit* hängt dann die Ersatzfähigkeit der Verwendungen vom Willen des Eigentümers ab. Hierin soll eine Verschärfung gegenüber § 994 I BGB liegen, der für den unredlichen und unberechtigten Besitzer allein auf die Notwendigkeit der Verwendungen abstellt. Diese vom Gesetzgeber vorgesehene Differenzierung liefe aber weitgehend leer, wenn man die subjektiven Vorstellungen des Eigentümers schon bei der Frage nach der Notwendigkeit der Verwendungen berücksichtigen würde.

> **Beispiel:** Die Abstützung eines einsturzgefährdeten Gebäudes ist zu dessen Erhaltung objektiv erforderlich und damit notwendig im Sinne des § 994 BGB. Dies gilt auch dann, wenn der Eigentümer vorhatte, das Gebäude abzureißen. Auf diese subjektive Zwecksetzung kommt es nämlich nicht an. – Umgekehrt stellt der Abbruch eines Gebäudes dann keine notwendige Verwendung dar, wenn es dem Eigentümer gerade darauf ankam, das Gebäude abzureißen, um das Grundstück neu bebauen zu können. Auch diese subjektive Zwecksetzung ist im Rahmen des § 994 BGB unbeachtlich.

88 Die Verwendung muss *nicht* „erfolgreich" gewesen sein und dauerhaft zum Erhalt der Sache geführt haben. Die Notwendigkeit ist nämlich anhand einer **ex-ante-Betrachtung** zu bestimmen[94].

Entscheidend ist, ob der Besitzer bei Vornahme der Verwendungen annehmen durfte, dass die durchgeführte Maßnahme **wirtschaftlich sinnvoll** ist[95]. Dies hängt von

---

[92] *Baldus* in MünchKomm. BGB, § 994 Rn. 16; *Medicus/Petersen*, Bürgerliches Recht, Rn. 879.
[93] Vgl. *Baldus* in MünchKomm. BGB, § 994 Rn. 16.
[94] BGHZ 131, 220, 223; *Gursky* in Staudinger, BGB, § 994 Rn. 8; *Stadler* in Soergel, BGB, § 994 Rn. 1; *Baldus* in MünchKomm. BGB, § 994 Rn. 18.
[95] Siehe dazu *Gursky* in Staudinger, BGB, § 994 Rn. 13 f.

IV. Verwendungsersatz

den Umständen des Einzelfalles ab, insbesondere von der Art der Sache und ihres Alters.

Beispiel: Tierarztkosten sind auch dann als notwendige Verwendungen anzusehen, wenn das Tier die Behandlung nicht überlebt. Dies gilt aber nicht, wenn die Behandlung von vornherein aussichtslos war.

b) Nützliche Verwendungen

§ 996 BGB verfolgt insoweit einen grundlegend anderen Ansatz als § 994 I BGB.

> **Nützliche Verwendungen** sind solche, die zwar nicht notwendig, aber immerhin **werterhöhend** sind.

89

Für die Frage, ob Verwendungen notwendig sind, ist ausschließlich auf den Zeitpunkt ihrer Vornahme abzustellen (siehe oben Rn. 88). Die Nützlichkeit von Verwendungen bestimmt sich hingegen *ex post*. § 996 BGB verlangt für die Ersatzfähigkeit nicht-notwendiger Verwendungen nämlich, dass die Werterhöhung der Sache „noch zu der Zeit erhöht ist, zu welcher der Eigentümer die Sache wiedererlangt". Verwendungen sind also *nicht per se* nützlich oder nicht – es kommt vielmehr entscheidend darauf an, dass eine herbeigeführte **Wertsteigerung** bei Rückgabe der Sache an den Eigentümer **noch vorhanden** ist.

Hinweis: Aus diesem Grund sind nützliche Verwendungen auch nicht das begriffliche Gegenstück zu notwendigen Verwendungen, sondern nur ein Ausschnitt aus der Menge der nicht-notwendigen Verwendungen (siehe noch einmal das Schaubild bei Rn. 83).

Ob eine Wertsteigerung vorliegt, ist anhand einer **hypothetischen Betrachtung** zu ermitteln[96]. Der Verkehrswert der Sache ist mit dem Verkehrswert zu vergleichen, den die Sache ohne die Verwendung zu diesem Zeitpunkt gehabt hätte. Auch insoweit ist ein **objektiver Maßstab** anzulegen:

90

> Entscheidend ist der objektive Verkehrswert und *nicht* der subjektive Nutzen für den Eigentümer[97].

Beispiel: Der redliche B erwirbt von Dieb D einen dem E gehörenden Hund. Diesen lässt B zum Blindenhund (Kosten: 5.000 €) ausbilden. Später verlangt E den Hund von B heraus. Infolge der speziellen Ausbildung ist der Hund mittlerweile nicht mehr 500 €, sondern 4.000 € wert. E will dennoch keinen Verwendungsersatz leisten, weil die neu erworbenen

---

[96] *Fritzsche* in BeckOK BGB, § 996 Rn. 6.
[97] *Gursky* in Staudinger, BGB, § 996 Rn. 6 f.; *Stadler* in Soergel, BGB, § 996 Rn. 2; *Berger* in Jauernig, BGB, § 996 Rn. 2; *Brehm/Berger*, Sachenrecht, § 8 Rn. 72; *Prütting*, Sachenrecht, Rn. 554; *Larenz/Canaris*, Schuldrecht II/2, § 72 IV 3 b, S. 289; *Canaris*, JZ 1996, 344, 349; a.A. aber *Baldus* in MünchKomm. BGB, § 996 Rn. 5; *Fritzsche* in BeckOK BGB, § 996 Rn. 8 ff.; *Ebbing* in Erman, BGB, § 966 Rn. 6; *Bassenge* in Palandt, BGB, § 996 Rn. 2; *Krafft*, JuS 1973, 709; *Klauser*, NJW 1965, 513, 516; *Hoeren/Hilderink*, JuS 1999, 668, 670 f.

Fähigkeiten des Hundes für ihn selbst „ohne Wert" sind. Er möchte den Hund, wie auch früher schon, nur als Gesellen bei seinen Waldspaziergängen dabei haben. – Die Kosten für die Ausbildung des Hundes sind nicht-notwendige Verwendungen, da sie zur Erhaltung des Tieres nicht erforderlich waren. Daher kommt lediglich ein Anspruch des B aus § 996 BGB in Betracht. Zu ersetzen sind danach nicht die bei B angefallenen Kosten, sondern die objektiv eingetretene Werterhöhung. Nicht erforderlich ist hingegen, dass der Eigentümer von der Wertsteigerung auch profitiert (z.B. durch Verkauf des Hundes). Folglich hat B gegen E einen Verwendungsersatzanspruch gemäß § 996 BGB in Höhe von 3.500 €.

91 Verwendungen, die nicht notwendig sind und auch nicht zu einer Wertsteigerung im Rückgabezeitpunkt geführt haben, werden bisweilen als **„Luxusverwendungen"** bezeichnet[98]. Damit soll zum Ausdruck gebracht werden, dass diese Verwendungen nicht ersatzfähig sind. Man darf sich durch diesen Begriff aber nicht irreführen lassen: „Luxusverwendungen" müssen nicht besonders teuer oder gar „unsinnig" sein. Auch sinnvolle Maßnahmen, die zunächst zu einer Werterhöhung geführt haben, können in der Folgezeit ihre Nützlichkeit verlieren, indem die eingetretene Werterhöhung später wieder wegfällt.

> **Abwandlung des Beispiels:** Der Hund erkrankt vor der Rückgabe an E und kann daher nicht mehr als Blindenhund eingesetzt werden. Die zunächst eingetretene Wertsteigerung ist somit wieder entfallen – mit der Folge, dass B kein Anspruch nach § 996 BGB zusteht. Die ursprünglich nützliche Verwendung ist im Rückgabezeitpunkt (auf diesen kommt es bei § 996 BGB schließlich an) nicht mehr nützlich und daher auch nicht ersatzfähig.

3. Ansprüche der verschiedenen Besitzerarten

92 Auch die §§ 994 ff. BGB unterscheiden hinsichtlich der Ersatzfähigkeit der Verwendungen nach der Art des Besitzers.

a) Ansprüche des redlichen und unverklagten Besitzers

93 Der redliche und unverklagte Besitzer wird dabei am besten gestellt. Er kann nach § 994 I 1 BGB **notwendige Verwendungen** unabhängig von einer Werterhöhung ersetzt verlangen. Etwas anderes gilt gemäß § 994 I 2 BGB nur hinsichtlich der **gewöhnlichen Erhaltungskosten:** Diese muss der Besitzer für die Zeit tragen, für welche ihm die Nutzungen verbleiben.

> **Klausurhinweis:** In der Falllösung ist an dieser Stelle daher zu prüfen, ob der Besitzer nach Maßgabe der §§ 987 ff. BGB zur Herausgabe der Nutzungen verpflichtet ist. Dies ist grundsätzlich nicht der Fall (Ausnahmen: § 988 BGB, Fremdbesitzerexzess), sollte aber zumindest kurz erwähnt werden.

94 Entsprechendes gilt nach § 995 S. 2 BGB auch für die Lasten: Darf der Besitzer die Nutzungen behalten, kann er nur Ersatz für **außerordentliche Lasten** verlangen. Außerordentlich sind Lasten, die nicht regelmäßig wiederkehren und auch nicht als

---

[98] Vgl. etwa *Stadler* in Soergel, BGB, § 996 Rn. 3; kritisch *Fritzsche* in BeckOK BGB, § 996 Rn. 11.

IV. Verwendungsersatz

laufende Ausgaben auf die Nutzungen bezogen sind, sondern vielmehr eine „nachhaltige Wirkung" haben[99].

> **Beispiele:** Tilgungsleistungen; Erschließungsbeiträge; öffentliche Sonderabgaben.

Den §§ 994 I 2, 995 S. 2 BGB liegt ein einfacher Gedanke zugrunde: Wer von den Nutzungen profitiert, soll auch die gewöhnlichen Erhaltungskosten und Lasten tragen. Die Vorschriften setzen nicht voraus, dass der Besitzer Nutzungen überhaupt gezogen hat. **95**

> Nach h.M. soll es aber zumindest erforderlich sein, dass man aus der Sache überhaupt Nutzungen ziehen konnte[100].

Nützliche Verwendungen kann der redliche und unverklagte Besitzer gemäß § 996 BGB in Höhe der bei Rückgabe noch vorhandenen Wertsteigerung ersetzt verlangen. **96**

> Auch hinsichtlich der getätigten Verwendungen will die h.M. die Lehre vom **Fremdbesitzerexzess** fruchtbar machen. Einem Fremdbesitzer soll danach ein Verwendungsersatzanspruch gemäß §§ 994 ff. BGB nicht zustehen, wenn er bei Bestehen seines vermeintlichen Besitzrechts ebenfalls keinen Verwendungsersatz hätte verlangen können[101]. Hiergegen lässt sich jedoch einwenden, dass der Besitzer die Verwendungen oftmals nur deshalb vornimmt, weil er glaubt, die Sache aufgrund des vermeintlichen Besitzrechts selbst nutzen zu können[102]. **97**

b) Ansprüche des verklagten und/oder unredlichen Besitzers

War der Besitzer bei Vornahme der Verwendungen bereits auf Herausgabe verklagt oder unredlich im Sinne des § 990 I BGB (mit seinen beiden Alternativen, siehe oben Rn. 25 ff.), dann kann er **notwendige Verwendungen** nur nach § 994 II BGB geltend machen. Die Vorschrift verweist auf das Recht der GoA und damit auf die §§ 683, 684 BGB. Es handelt sich dabei um eine **partielle Rechtsgrundverweisung**[103]. **98**

– Notwendige Verwendungen entsprechen typischerweise dem Willen und dem Interesse des Eigentümers, weil ihm die Erhaltung der Sache zugutekommt. Daher folgt regelmäßig ein Ersatzanspruch auch des unredlichen oder verklagten Besitzers aus **§§ 994 II, 683, 670 BGB**. Der Besitzer kann danach die Verwendungen

---

[99] *Baldus* in MünchKomm. BGB, § 995 Rn. 4.
[100] OLG Kassel OLGE 41, 160, 162; AG Bad Homburg NJW-RR 2002, 894, 895; kritisch *Gursky* in Staudinger, BGB, § 994 Rn. 19.
[101] BGH NJW 1959, 528 f.; BGH NJW 1979, 716; OLG Düsseldorf OLGR 2005, 110, 111; *Baur/Stürner*, Sachenrecht, § 11 Rn. 56.
[102] Für die Anwendbarkeit der §§ 994 ff. BGB daher *Baldus* in MünchKomm. BGB, § 994 Rn. 33; *Berger* in Jauernig, BGB, Vor § 994 Rn. 2; *Raiser*, JZ 1958, 681, 685; differenzierend *Gursky* in Staudinger, BGB, Vor § 994 Rn. 36 ff.; *Fritzsche* in BeckOK BGB, § 994 Rn. 54.
[103] Vgl. *Gursky* in Staudinger, BGB, § 994 Rn. 23 mit zahlreichen Nachweisen auch zur Gegenauffassung.

ersetzt verlangen, die er für erforderlich halten durfte (näher dazu oben § 16 Rn. 3 ff.). Auf eine Wertsteigerung kommt es dabei nicht an.
- Es ist aber auch möglich, dass der Eigentümer an der Erhaltung der Sache nicht interessiert oder sie ihm sogar hinderlich ist (siehe das Beispiel bei Rn. 90). Diese subjektive Zwecksetzung ist zwar für die Einordnung als notwendige Verwendung unbeachtlich, für den Ersatzanspruch des unredlichen oder verklagten Besitzers aber durchaus von Relevanz. Der Ersatzanspruch richtet sich bei dem Willen des Eigentümers zuwiderlaufenden Verwendungen nach **§§ 994 II, 684, 818 BGB**. Abgeschöpft wird danach nur die Bereicherung, also die infolge der Verwendung eingetretene Werterhöhung.

Klausurhinweis: Bei den Voraussetzungen der §§ 683, 684 BGB ist nicht zu prüfen, ob der Besitzer mit *Fremdgeschäftsführungswillen* gehandelt hat. Würde man einen solchen Willen verlangen, liefe der Verweis in § 994 II BGB wegen § 687 I BGB weitgehend leer. Der Besitzer hält sich nämlich typischerweise für den Eigentümer und will daher die Verwendung für sich selbst vornehmen.

99 **Nützliche Verwendungen** kann der unredliche oder verklagte Besitzer nicht ersetzt verlangen (§ 996 BGB). Dem Eigentümer kommt die Werterhöhung in diesen Fällen also kompensationslos zugute.

100 **c) Ansprüche des deliktischen Besitzers**
Für den **deliktischen Besitzer** verweist § 850 BGB auf die §§ 994 ff. BGB. Es gelten daher die soeben entwickelten Grundsätze.

Im Regelfall wird der deliktische Besitzer **unredlich** im Sinne des § 990 I BGB sein. Dann kann er nur die notwendigen Verwendungen nach Maßgabe der §§ 994 II, 683, 684 BGB ersetzt verlangen. Doch ist dies nicht zwingend. Für § 992 BGB reicht bereits einfache Fahrlässigkeit hinsichtlich der verbotenen Eigenmacht oder der Straftat aus. § 990 I 1 BGB verlangt hingegen für die Unredlichkeit bei Besitzerwerb zumindest grobe Fahrlässigkeit. Daher kann der deliktische Besitzer ausnahmsweise auch als redlicher Besitzer Ersatz für die notwendigen Verwendungen nach §§ 994 I, 995 BGB und für nützliche Verwendungen nach § 996 BGB verlangen.

4. Rechtsfolgen

101 Die §§ 994–996 BGB regeln nur, unter welchen Voraussetzungen und in welcher Höhe dem Besitzer ein Verwendungsersatzanspruch gegen den Eigentümer zusteht. Die §§ 1000–1003 BGB sollen sicherstellen, dass weder der Besitzer hinsichtlich der Herausgabe noch der Eigentümer hinsichtlich des Verwendungsersatzes in Vorleistung gehen muss.

a) Geltendmachung des Verwendungsersatzanspruchs

102 Der Eigentümer soll nicht gegen seinen Willen Verwendungen ersetzen müssen, wenn er die Sache nicht zurück erhält.

IV. Verwendungsersatz

> Nach **§ 1001 S. 1 BGB** kann der Besitzer einen nach §§ 994–996 BGB begründeten Verwendungsersatz nur geltend machen, wenn der Eigentümer die Sache wiedererlangt oder die Verwendungen genehmigt.

Die **dogmatische Einordnung** der Vorschrift ist umstritten. Nach einer Auffassung schließt § 1001 S. 1 BGB die Klagbarkeit des Anspruchs aus[104], nach einer anderen soll es sich bei der Wiedererlangung bzw. Genehmigung durch den Eigentümer um aufschiebende Bedingungen handeln[105]. Vorzugswürdig erscheint es demgegenüber, § 1001 S. 1 BGB als **Fälligkeitsregelung** zu begreifen[106]. Bis zur Wiedererlangung oder Genehmigung besteht der Anspruch zwar, doch muss der Eigentümer nicht leisten, weil der Anspruch nicht fällig ist.

103

Stellt der Eigentümer nach der Wiedererlangung der Sache fest, dass die Verwendungen für ihn uninteressant sind oder den Wert der Sache übersteigen, kann er die Sache zurückgeben. In diesem Fall entfällt nach § 1001 S. 2 BGB die Fälligkeit des Verwendungsersatzanspruchs wieder. Dies gilt nicht, wenn er die Verwendungen schon genehmigt hat. Mit der Rückgabe kann der Eigentümer also die Haftung für Verwendungen auf die Sache beschränken. Die Rückgabe führt nicht zur Eigentumsübertragung an den Besitzer; dieser kann aber nach § 1003 BGB vorgehen (dazu unten Rn. 107 ff.).

Wiedererlangung der Sache meint den Besitzerwerb des Eigentümers. Dabei spielt es keine Rolle, ob der Besitzer die Sache herausgegeben oder der Eigentümer den Besitz anderweitig erlangt hat. Erforderlich ist aber, dass der bisherige Besitzer seinen Besitz verliert. Die **Genehmigung** ist eine einseitige, empfangsbedürftige Erklärung, durch die der Eigentümer alle oder einzelne Verwendungen billigt[107]. Sie kann ausdrücklich oder konkludent erklärt werden. Die Genehmigung gilt als erteilt, wenn der Eigentümer die ihm von dem Besitzer unter Vorbehalt des Anspruchs angebotene Sache annimmt (§ 1001 S. 3 BGB).

104

b) Zurückbehaltungsrecht
§ 1000 BGB trägt den Interessen des Besitzers Rechnung:

105

> Der Besitzer hat nach § 1000 S. 1 BGB das Recht, die Herausgabe der Sache zu verweigern, bis er wegen der ersatzfähigen Verwendungen befriedigt wird.

Die Vorschrift statuiert ein **Zurückbehaltungsrecht**. Sie ist erforderlich, weil § 273 BGB tatbestandlich nicht eingreift, wenn der Eigentümer die Verwendungen nicht

106

---
[104] So etwa *E. Wolf*, Sachenrecht, 2. Aufl. 1979, § 6 II c 1.
[105] In diesem Sinne *Bassenge* in Palandt, BGB, § 1001 Rn. 1; *Gursky* in Staudinger, BGB, § 1001 Rn. 1; *Fritzsche* in BeckOK BGB, § 1001 Rn. 1.
[106] Ebenso *Baldus* in MünchKomm. BGB, § 1001 Rn. 18; *Berger* in Jauernig, BGB, § 1001 Rn. 1.
[107] BGH NJW 2002, 2875, 2876.

genehmigt hat. § 273 BGB setzt einen fälligen Gegenanspruch voraus – und wegen § 1001 S. 1 BGB ist der Verwendungsersatzanspruch bis zur Wiedererlangung oder Genehmigung nicht fällig.

> Hat der Besitzer die Sache durch eine **vorsätzlich begangene unerlaubte Handlung** erlangt, steht ihm das Zurückbehaltungsrecht nicht zu (§ 1000 S. 2 BGB).

Das Zurückbehaltungsrecht besteht gegenüber dem Herausgabeanspruch aus §§ 985 f. BGB, nicht aber gegenüber den Folgeansprüchen nach §§ 987 ff. BGB. Das Zurückbehaltungsrecht ist eine **Einrede**, auf die sich der Besitzer berufen muss. Ein Recht zum Besitz folgt aus dem Zurückbehaltungsrecht *nicht* (siehe oben § 20 Rn. 19). Die Ausübung des Zurückbehaltungsrechts führt im Prozess analog § 274 I BGB zur Verurteilung des Besitzers auf **Herausgabe der Sache Zug um Zug gegen Ersatz der Verwendungen**[108]. Der Eigentümer kann die Ausübung analog § 273 III BGB abwenden[109].

c) Befriedigungsrecht

107 Genehmigt der Eigentümer die Verwendungen nicht, hat der Besitzer der Sache keinen durchsetzbaren (weil nicht fälligen) Anspruch auf Ersatz der Verwendungen. Eine dauerhafte „**Pattsituation**" soll § 1003 BGB verhindern.

> Der Besitzer kann sich nach § 1003 I BGB aus der Sache nach den Vorschriften der Pfandverwertung befriedigen.

108 **Voraussetzung** der Befriedigung ist die Aufforderung an den Eigentümer, die Verwendungen innerhalb einer bestimmten Frist zu genehmigen. Dabei muss der Besitzer angeben, in welcher Höhe er Verwendungsersatz begehrt. Lässt der Eigentümer die Frist verstreichen, kann der Besitzer die Sache nach Maßgabe der §§ 1228 ff. BGB verwerten. In der Regel kommt es dann zur öffentlichen Versteigerung der Sache (vgl. § 1235 BGB). Der Besitzer kann sich dann aus dem erzielten Erlös befriedigen.

> Aus dem Befriedigungsrecht nach § 1003 I BGB folgt ein **Recht zum Besitz**[110]. Der Eigentümer kann nach Verstreichen der Frist seine Sache also nicht mehr vom Besitzer heraus verlangen. Um dies zu vermeiden, muss er gemäß § 1003 II BGB den Anspruch bestreiten.

109 Hat der Eigentümer vor Fristablauf den Anspruch dem **Grunde** oder der Höhe nach **bestritten,** besteht das Befriedigungsrecht erst, wenn der Besitzer ein rechtskräftiges Feststellungsurteil über die Höhe des Verwendungsersatzanspruchs erwirkt und dem Eigentümer nochmals erfolglos eine Frist gesetzt hat (§ 1003 II BGB).

---

[108] Siehe etwa *Fritzsche* in BeckOK BGB, § 1000 Rn. 6; *Berger* in Jauernig, BGB, § 1000 Rn. 2.
[109] RGZ 137, 324, 355.
[110] BGHZ 34, 122, 133 f.; *Stadler* in Soergel, BGB, § 1003 Rn. 1; *Fritzsche* in BeckOK BGB, § 1003 Rn. 10; *Baldus* in MünchKomm. BGB, § 1003 Rn. 16; *Seidel*, JZ 1993, 180, 182.

d) Wegnahmerecht

§ 997 BGB gewährt dem Besitzer schließlich ein Wegnahmerecht – oder genauer: ein **Abtrennungs- und Aneignungsrecht**. Bedeutsam ist dies vor allem für die Besitzer, die keinen Verwendungsersatz verlangen können. Allerdings darf auch der nach §§ 994–996 BGB ersatzberechtigte Besitzer die verbundene Sache abtrennen; insofern hat er ein **Wahlrecht** zwischen Verwendungsersatz und Wegnahme[111]. 110

> Nach § 997 I BGB kann der Besitzer eine Sache, die er mit der herauszugebenden Sache als wesentlichen Bestandteil verbunden hat, abtrennen und sich aneignen.

Voraussetzung des § 997 I BGB ist, dass die verbundene Sache wesentlicher Bestandteil der herauszugebenden Sache geworden ist. Es muss also eine Verbindung im Sinne der §§ 946, 947 BGB vorgelegen haben, die zu einem Eigentumsverlust geführt hat[112]. Dieser **Eigentumsverlust** soll durch § 997 I BGB **rückgängig** gemacht werden können. Umstritten ist, ob § 997 I BGB auch dann eingreift, wenn die verbundene Sache nicht dem Besitzer, sondern einem Dritten gehört hat[113], oder ob dann der Dritte nach § 951 II 2 BGB zur Wegnahme berechtigt sein soll[114]. Letzteres erscheint vorzugswürdig, da § 997 I BGB die sachenrechtliche Stellung des Besitzers nicht verbessern sollte. 111

> Ist die verbundene Sache nicht wesentlicher Bestandteil der herauszugebenden Sache geworden, dann hat sie ihre Sonderrechtsfähigkeit nicht verloren. Ihr Eigentümer (sei es der Besitzer oder ein Dritter) kann sie daher nach §§ 985 f. BGB heraus verlangen.

Solange der Besitzer noch im Besitz der herauszugebenden Sache ist, kann er nach § 997 I BGB die verbundenen Bestandteile **abtrennen**; eine Eigentumsverletzung liegt dann nicht vor. Allerdings muss der abtrennungsberechtigte Besitzer nach §§ 997 I 2, 258 S. 1 BGB die Sache auf eigene Kosten wieder in ihren vorherigen Zustand versetzen. Ist der Eigentümer (oder ein Dritter) im Besitz der Sache, kann der Abtrennungsberechtigte **Duldung** der Trennung verlangen[115]; der Eigentümer kann dann nicht aus § 1004 BGB vorgehen. Er ist dann – zusätzlich zu § 258 S. 1 BGB – gemäß § 258 S. 2 BGB zur Sicherheitsleistung verpflichtet. 112

Durch die Trennung wird der Bestandteil **wieder sonderrechtsfähig**. Der Besitzer kann sich die Sache dann **aneignen.** Dies gilt aber entgegen der wohl h.M.[116] 113

---

[111] *Westermann/Gursky/Eickmann*, Sachenrecht, § 30 Rn. 32.
[112] Siehe *Fritzsche* in BeckOK BGB, § 997 Rn. 5; *Berger* in Jauernig, BGB, § 997 Rn. 1; *Baldus* in MünchKomm. BGB, § 997 Rn. 2 f.
[113] So etwa *Bassenge* in Palandt, BGB, § 997 Rn. 3; *Berger* in Jauernig, § 997 Rn. 2.
[114] So etwa *Gursky* in Staudinger, BGB, § 997 Rn. 7 mit weiteren Nachweisen zum Streitstand.
[115] *Fritzsche* in BeckOK BGB, § 997 Rn. 11; *Baldus* in MünchKomm. BGB, § 997 Rn. 17.
[116] *Bassenge* in Palandt, BGB, § 997 Rn. 3; *Berger* in Jauernig, § 997 Rn. 2; *Stadler* in Soergel, BGB, § 997 Rn. 3.

nur, wenn er bereits vor der Verbindung Eigentümer des Bestandteils war[117]; anderenfalls hat er nach hier vertretener Auffassung nämlich gar kein Wegnahmerecht. Gehörte der getrennte Bestandteil zuvor einem Dritten, so wird dieser mit der Abtrennung wieder Eigentümer[118]. Die Trennung führt dann zur Wiederherstellung der ursprünglichen Eigentumslage.

114 Das Wegnahmerecht ist nach § 997 II BGB **ausgeschlossen,** wenn
- die Verwendung zu den gewöhnlichen Erhaltungskosten zählte und der Besitzer die Nutzungen behalten darf,
- die Trennung für den Besitzer keinen Nutzen hat *oder*
- der Eigentümer dem Besitzer den Wert des Bestandteils ersetzt, den er nach der Abtrennung haben würde (Abwendungsrecht).

e) Wechsel von Besitz oder Eigentum

115 Nach § 999 I BGB kann ein **Rechtsnachfolger im Besitz** in demselben Umfang Verwendungsersatz vom Eigentümer verlangen, wie es sein Vorbesitzer könnte, wenn dieser die Sache herauszugeben hätte. Es handelt sich dabei um einen **gesetzlichen Forderungsübergang,** der von den Parteien des Besitzwechsels jedoch abbedungen werden kann.

116 Bei einem **Eigentumsübergang** haftet der neue Eigentümer auch für die Verwendungen, die gemacht worden sind, bevor er das Eigentum erworben hat (§ 999 II BGB). Nach h.M. handelt es sich hierbei um eine **gesetzliche Schuldübernahme**[119].

---

[117] *Gursky* in Staudinger, BGB, § 997 Rn. 7; *Westermann/Gursky/Eickmann,* Sachenrecht, § 32 Rn. 32.
[118] Wie hier *Baldus* in MünchKomm. BGB, § 997 Rn. 22; *Gursky* in Staudinger, BGB, § 997 Rn. 6.
[119] Vgl. *Gursky* in Staudinger, BGB, § 999 Rn. 14; *Fritzsche* in BeckOK BGB, § 997 Rn. 10.

§ 22 Der Erbschaftsanspruch

Literatur: *Muscheler*, Der Erbschaftsanspruch, ErbR 2009, 38 und 76; *Olzen*, Der Erbschaftsanspruch, JuS 1989, 374; *ders.*, Der Erbschaftsanspruch §§ 2018 ff. BGB, Jura 2001, 223; *Richter*, Das Verhältnis des Erbschaftsanspruchs zum Eigentumsherausgabeanspruch aus prozessualer Sicht, JuS 2008, 97; *Röthel*, Erbenbesitz und Erbschaftsbesitz, Jura 2012, 947; *dies.*, Erbrechtliche Ansprüche, Jura 2013, 583; *Wieling*, Hereditatis petitio und res iudicata, JZ 1986, 5.

Übungsfälle: *Gergen*, JA 2007, 762; *Gerlach*, Jura 2003, 774; *Heyers*, Jura 2010, 604; *Reiter*, Jura 2008, 294; *Staudinger/Schmidt-Bendun*, JuS 2008, 898; *Werner*, JuS 2000, 779.

I. Überblick über die §§ 2018 ff. BGB

1. Regelungsgegenstand und Normzweck

Gemäß § 1922 BGB geht das Vermögen des Erblassers mit dem Erbfall auf den Erben über. Nicht immer steht aber der Erbe sogleich fest. Nicht selten kommt es vor, dass sich jemand zu Unrecht für den Erben hält und den Nachlass in Besitz nimmt (sog. Erbschaftsbesitzer).

> **Beispiel:** Witwer W verstirbt. Sein einziger Sohn S hält sich für den Alleinerben (vgl. §§ 1924, 1930 BGB) und nimmt den Nachlass in Besitz. Später stellt sich heraus, dass W ein Testament errichtet und in diesem seine Freundin F zur Alleinerbin bestimmt hatte. – Aufgrund der letztwilligen Verfügung des W kommt es nicht zur gesetzlichen Erbfolge (vgl. § 1937 BGB). S ist daher nicht Erbe geworden.

Die §§ 2018 ff. BGB gewähren dem tatsächlichen Erben in diesen Fällen einen Herausgabeanspruch, den sog. Erbschaftsanspruch. Dabei handelt es sich um eine die §§ 985 ff. BGB modifizierende Sonderregel. Während die Vindikation sich stets auf einzelne Sachen bezieht, ist der Erbschaftsanspruch ein **Gesamtanspruch.**

> Der tatsächliche Erbe kann vom Erbschaftsbesitzer Herausgabe von allem verlangen, was dieser aufgrund seines vermeintlichen Erbrechts erlangt hat (§ 2018 BGB).

3   Der Erbschaftsanspruch dient dem **Schutz des Erben**[1]. Insbesondere erleichtert sie ihm die **Rechtsdurchsetzung:** Unabhängig von seiner Eigentümerstellung kann der Erbe Herausgabe aller zum Nachlass gehörenden Gegenstände sowie der hierfür erlangten Surrogate (§ 2019 BGB) verlangen. Der Erbe muss im Prozess folglich nicht nachweisen, dass er Eigentümer des betreffenden Gegenstandes geworden ist, sondern nur, dass der Gegenstand zum Nachlass gehört[2].

> In unserem **Beispiel** kann F von S daher alle Nachlassgegenstände heraus verlangen – und zwar auch diejenigen, die nicht dem W gehörten und die sie selbst folglich auch nicht nach § 1922 I BGB erworben hat.

4   Der Herausgabeanspruch nach §§ 2018 f. BGB ist **dinglicher Natur**[3]. Er wird ergänzt durch Auskunftsansprüche des Erben (§§ 2027 f. BGB). Die §§ 2020 ff. BGB enthalten zudem Regelungen zu Nutzungs-, Schadens- und Verwendungsersatz. Dabei handelt es sich um **schuldrechtliche Folgeansprüche**[4], die das Vertrauen des redlichen Erbschaftsbesitzers auf seine (tatsächlich nicht bestehende) Erbenstellung schützen sollen.

> Gemäß § 2030 BGB gelten die §§ 2018 ff. BGB auch im Verhältnis zwischen dem Erben und demjenigen, der durch Vertrag mit dem Erbschaftsbesitzer die Erbschaft erworben hat. Der Erbe kann daher vom sog. **Erbschaftskäufer** (§ 2371 BGB) Herausgabe der vom nichtberechtigten Erbschaftsbesitzer veräußerten Erbschaft verlangen[5].

2. Verhältnis zu anderen Ansprüchen[6]

5   > Die §§ 2018 ff. BGB schließen Einzelansprüche des Erben *nicht* aus[6].

Der Erbe kann daher **Herausgabe** auch nach anderen Vorschriften verlangen, insbesondere nach §§ 985 f. BGB, wenn er Eigentümer der Sache ist, oder nach § 861

---

[1] Siehe etwa *Gursky* in Staudinger, BGB, Vor § 2018 Rn. 1; *Müller-Christmann* in BeckOK BGB, § 2018 Rn. 1; *Muscheler*, ErbR 2009, 38, 44 f.
[2] Vgl. *Helms* in MünchKomm. BGB, § 2018, Rn. 35.
[3] *Gursky* in Staudinger, BGB, Vor § 2018 Rn. 21; *Müller-Christmann* in BeckOK BGB, § 2018 Rn. 6; *Brox/Walker*, Erbrecht, Rn. 596.
[4] *Helms* in MünchKomm. BGB, § 2018 Rn. 8.
[5] Näher dazu *Brox/Walker*, Erbrecht, Rn. 576.
[6] Siehe nur *Gursky* in Staudinger, BGB, Vor § 2018 Rn. 20.

BGB, wenn die Inbesitznahme des Nachlasses eine verbotene Eigenmacht darstellt, was wegen § 857 BGB in der Regel der Fall ist. Auch die **Folgeansprüche** der §§ 2020 ff. BGB schließen bereicherungsrechtliche und deliktische Ansprüche (§§ 812 ff., 823 ff. BGB) *nicht* aus[7]. Die Regelungen zum Erbschaftsanspruch entfalten also – anders als die EBV-Regelungen – **keine Sperrwirkung**.

Um zu verhindern, dass die Wertungen der §§ 2020 ff. BGB umgangen werden, bestimmt § 2029 BGB aber, dass sich die Haftung des Erbschaftsbesitzers „auch gegenüber den Ansprüchen, die dem Erben in Ansehung der einzelnen Erbschaftsgegenstände zustehen, nach den Vorschriften über den Erbschaftsanspruch" bestimmt. Anders formuliert:

> Ob und in welchem Umfang der Erbschaftsbesitzer haftet, bestimmt sich ausschließlich nach den §§ 2018 ff. BGB. Die konkurrierenden Einzelansprüche werden insoweit **inhaltlich modifiziert**[8].

II. Voraussetzung: „Erbrechtsanmaßung"

Erbschaftsbesitzer ist nach § 2018 BGB nur, wer aufgrund eines „ihm in Wirklichkeit nicht zustehenden Erbrechts etwas aus der Erbschaft erlangt hat".

> Erforderlich ist demnach eine **Erbrechtsanmaßung**. Entscheidend ist insoweit allein, dass sich der Erbschaftsbesitzer hinsichtlich des gesamten Nachlasses oder einzelner Nachlassgegenstände auf ein Erbrecht beruft.

Zwischen Erbrechtsanmaßung und Erlangung der Nachlassgegenstände muss kein Kausalzusammenhang bestehen. Erbschaftsbesitzer ist daher auch derjenige, der eine dem Erblasser gehörende Sache zum Zeitpunkt des Erbfalls bereits hatte (z.B. als Mieter) und die Herausgabe der Sache unter Berufung auf ein vermeintliches Erbrecht verweigert[9]. Die **Redlichkeit des Erbschaftsbesitzers spielt** im Rahmen des § 2018 BGB **keine Rolle**; sie ist nur für die Schadensersatzhaftung gemäß §§ 2024 f. BGB von Bedeutung.

> **Hinweis:** Ein Erbrecht kann sich also auch derjenige anmaßen, der sich selbst für den Erben hält. Die Geschäfts*anmaßung* im Sinne des § 687 II BGB setzt hingegen voraus, dass sich der Geschäftsführer dessen bewusst ist, dass er ein fremdes Geschäft führt. Dort ist der Begriff *Anmaßung* negativ konnotiert, bei den §§ 2018 ff. BGB hingegen nicht.

---

[7] *Gursky* in Staudinger, BGB, Vor § 2018 Rn. 20.
[8] *Helms* in MünchKomm. BGB, § 2029 Rn. 1; *Stürner* in Jauernig, BGB, § 2029 Rn. 1.
[9] RGZ 81, 293, 294; *Gursky* in Staudinger, BGB, § 2018 Rn. 8; *Helms* in MünchKomm. BGB, § 2018 Rn. 16; *Müller-Christmann* in BeckOK BGB, § 2018 Rn. 11; *Richter*, JuS 2008, 97, 98.

9 Als Erbschaftsbesitzer haftet auch, wer sein Erbrecht durch **Erbunwürdigkeitserklärung** (§ 2344 BGB) oder **Anfechtung** einer letztwilligen Verfügung (§ 2078 BGB) rückwirkend verloren hat[10]. *Nicht* nach §§ 2018 ff. BGB haftet hingegen der vorläufige Erbe, der sein Erbe später wirksam ausgeschlagen hat. Zwar wirkt auch die Ausschlagung zurück, doch enthält § 1959 I BGB diesbezüglich eine abschließende Sonderregel (Haftung nach GoA-Grundsätzen).

Kein Erbschaftsbesitzer ist ferner,
- wer den Nachlass oder einzelne dazu gehörende Nachlassgegenstände zwar in Besitz hat, sich aber nicht auf ein Erbrecht, sondern auf einen Einzelerwerb beruft (z.B. durch eine Schenkung auf den Todesfall)[11];
- wer aufgrund eines vermeintlichen Vermächtnisses einen Nachlassgegenstand erlangt hat[12];
- der Testamentsvollstrecker, der den Nachlass verwaltet;
- der Dieb, der vor oder nach dem Erbfall einen Nachlassgegenstand gestohlen hat, sofern er sich nicht zusätzlich auf ein Erbrecht beruft.

III. Rechtsfolgen

1. Herausgabe von Nachlassgegenständen und Surrogaten

10 Der Herausgabeanspruch erstreckt sich auf alle Vorteile, die der Erbschaftsbesitzer aus dem Nachlass erlangt hat. Herauszugeben sind demnach primär sämtliche zum Nachlass gehörende Gegenstände. Hierbei verbleibt es jedoch nicht. Um den Wert des Nachlasses auch bei wechselndem Bestand zu erhalten, ordnet § 2019 BGB eine **rechtsgeschäftliche Surrogation**[13] an:

> Danach werden alle Gegenstände, die der Erbschaftsbesitzer durch ein Rechtsgeschäft mit Nachlassmitteln erwirbt, selbst Bestandteil des Nachlasses.

11 Als „**Erwerbsmittel**", die aus dem Nachlass weggegeben werden, kommen in Betracht: Geld, bewegliche und unbewegliche Sache, Forderungen sowie sonstige Rechte[14]. Über diese muss der Erbschaftsbesitzer rechtsgeschäftlich wirksam verfügt haben[15].

---

[10] *Helms* in MünchKomm. BGB, § 2018 Rn. 19.
[11] *Helms* in MünchKomm. BGB, § 2018 Rn. 18.
[12] *Dieckmann* in Soergel, BGB, § 2018 Rn. 5; *Edenhofer* in Palandt, BGB, § 2018 Rn. 8; *Olzen*, Jura 2001, 223, 224.
[13] Dazu *Müller-Christmann* in BeckOK BGB, § 2019 Rn. 1.
[14] *Helms* in MünchKomm. BGB, § 2019 Rn. 9.
[15] *Brox/Walker*, Erbrecht, Rn. 605.

III. Rechtsfolgen

Die Wirksamkeit muss dabei aber nicht von Anfang an bestanden haben; es genügt vielmehr, dass der Erbe die Verfügung später genehmigt. Dabei kann der Erbe die Genehmigung von der Herausgabe des Ersatzgegenstandes abhängig machen[16] (aufschiebende Bedingung).

Verfügungen über Nachlassgegenstände führen in der Regel zum **Erwerb einer Sache, einer Forderung oder eines sonstigen Rechts**[17]. Berechtigt wird unmittelbar der Erbe. Ein Durchgangserwerb des Erbschaftsbesitzers findet dabei nicht statt[18].

> **Beispiele:** Wird zum Nachlass gehörendes Bargeld zur Bezahlung einer Kaufpreisschuld verwendet, dann fällt die übereignete Kaufsache als Surrogat in den Nachlass. Eigentümer wird der Erbe, nicht der Erbschaftsbesitzer. Veräußert der Erbschaftsbesitzer eine zum Nachlass gehörende Sache, treten die Kaufpreisforderung bzw. der gezahlte Kaufpreis dinglich an die Stelle der Sache.

§ 2019 BGB setzt aber eine Verfügung nicht zwingend voraus. Die Vorschrift greift auch bei entgeltlichen Gebrauchsüberlassungsverträgen ein. **Mittelbare Sachfrüchte** und Rechtsfrüchte erwirbt der Erbe daher kraft Surrogation[19].

> **Beispiel:** Vermietet der Erbschaftsbesitzer einen Nachlassgegenstand, so gehören die Mietzinsforderung bzw. der gezahlte Mietzins als Surrogate zum Nachlass.

2. Nutzungen

§ 2020 BGB erstreckt die Herausgabepflicht auf die vom **Erbschaftsbesitzer gezogenen Nutzungen**.

Da mittelbare Sachfrüchte und Rechtsfrüchte bereits als Surrogate nach §§ 2018, 2019 BGB herauszugeben sind und bei Gebrauchsvorteilen eine gegenständliche Herausgabe von vornherein ausscheidet, ist § 2020 BGB nur für **unmittelbare Sachfrüchte** von Bedeutung.

> Der Eigentumserwerb richtet sich insofern wiederum nach den §§ 953 ff. BGB. Erwirbt der Erbschaftsbesitzer danach Eigentum an der Frucht, so schuldet er nach § 2020 BGB nicht nur Besitzverschaffung, sondern auch Eigentumsübertragung[20].

---

[16] *Dieckmann* in Soergel, BGB, § 2019 Rn. 3; *Müller-Christmann* in BeckOK BGB, § 2019 Rn. 8; *Medicus/Petersen*, Bürgerliches Recht, Rn. 603 b; *Wendt* in Festschrift v. Lübtow, 1991, S. 229, 232; *Lüke/Kerver*, JuS 1993, 943, 946 f.; *Olzen*, Jura 2001, 223, 225; a.A. *Schlüter* in Erman, BGB, § 2019 Rn. 1; *Gursky* in Staudinger, BGB, § 2019 Rn. 12.
[17] Siehe etwa *Müller-Christmann* in BeckOK BGB, § 2019 Rn. 4 f.
[18] *Müller-Christmann* in BeckOK BGB, § 2019 Rn. 10.
[19] Vgl. *Gursky* in Staudinger, BGB, § 2019 Rn. 21.
[20] *Helms* in MünchKomm. BGB, § 2020 Rn. 3.

15 Ist die gegenständliche **Herausgabe nicht möglich**, weil der Erbschaftsbesitzer die gezogenen Früchte nicht mehr hat, dann haftet er gemäß **§ 2021 BGB** nach bereicherungsrechtlichen Grundsätzen auf **Wertersatz**.

Dasselbe gilt, wenn der Erbschaftsbesitzer keine Früchte, sondern **Gebrauchsvorteile** gezogen hat. Der Haftungsumfang richtet sich in diesen Fällen nach den § 818 II und III BGB; der Erbschaftsbesitzer kann sich auf eine eingetretene Entreicherung berufen[21].

Hinweis: Die Haftung nach § 2021 BGB entspricht damit derjenigen des unentgeltlichen Besitzers im EBV (§ 988 BGB).

16 Für den auf Herausgabe verklagten oder hinsichtlich seines Erbrechts unredlichen Besitzer **verschärft § 2023 II BGB die Haftung.**

In diesen Fällen bestimmt sich die Haftung nach den EBV-Regeln, also nach den §§ 987 und 990 BGB. Der **verklagte oder unredliche Besitzer** kann sich daher nicht auf Entreicherung berufen[22] (siehe oben § 21 Rn. 51). Er haftet zudem für die Nutzungen, die er schuldhaft nicht gezogen hat, obwohl es einer ordnungsgemäßen Wirtschaft entsprochen hätte (§ 987 BGB).

3. Schadensersatz

17 Die Schadensersatzhaftung des Erbschaftsbesitzers entspricht der Haftung des Besitzers im EBV[23].

Im Einzelnen gilt Folgendes:

- Für den **verklagten Erbschaftsbesitzer** folgt aus den §§ 2023 I, 989 BGB eine Verschuldenshaftung.
- § 2024 BGB erfüllt für den **unredlichen Erbschaftsbesitzer** die Funktion des § 990 BGB und differenziert wie dieser zwischen der Bösgläubigkeit bei Erwerb und nachträglicher Kenntnis. Auch der unredliche Erbschaftsbesitzer haftet grundsätzlich nur für Verschulden, es sei denn, er befindet sich im Verzug (§§ 2024 S. 3. i.V.m. 287 BGB).

---

[21] *Gursky* in Staudinger, BGB, § 2020 Rn. 6.
[22] *Brox/Walker*, Erbrecht, Rn. 582.
[23] *Medicus/Petersen*, Bürgerliches Recht, Rn. 603 g.

- § 2025 S. 1 BGB verweist für den **deliktischen Erbschaftsbesitzer** auf die (für ihn unmodifizierte) Haftung nach §§ 823 ff. BGB. Bei „Gutgläubigkeit" (besser: Redlichkeit) des Erbschaftsbesitzers soll dies jedoch nur gelten, wenn der Erbe den Besitz der betreffenden Sache bereits ergriffen hat (§ 2025 S. 2 BGB).
- Der **redliche und unverklagte Erbschaftsbesitzer** wird hingegen privilegiert; er haftet nicht.

4. Verwendungsersatz

Ob dem Erbschaftsbesitzer gegen den Erben ein Verwendungsersatzanspruch zusteht, bestimmt sich nach den §§ 2022, 2023 II, 2024 BGB. Dabei hat der Gesetzgeber einen **sehr weiten Verwendungsbegriff** zugrunde gelegt[24]. Zu den Verwendungen zählen nämlich nach § 2022 II BGB „auch die Aufwendungen, die der Erbschaftsbesitzer zur Bestreitung von Lasten der Erbschaft oder zur Berichtigung von Nachlassverbindlichkeiten macht".

> **Beispiel:** Die Zahlung der Erbschaftssteuer durch den Erbschaftsbesitzer ist daher als Verwendung anzusehen[25].

Hinsichtlich der Ersatzfähigkeit ist zu unterscheiden:

- Für den **redlichen und unverklagten Erbschaftsbesitzer** gilt § 2022 I BGB, der – anders als die §§ 994 ff. BGB – nicht zwischen notwendigen, nützlichen und sonstigen Verwendungen unterscheidet. Ersatzfähig sind daher **alle Verwendungen**, selbst die völlig überflüssigen.
- Für den **verklagten oder unredlichen** Besitzer verweisen die §§ 2023 II, 2024 BGB hingegen auf die EBV-Regeln (dazu oben § 21 Rn. 98 f.). Ersatzfähig sind daher nur notwendige Verwendungen und dies auch nur nach Maßgabe der §§ 994 II i.V.m. 683, 684 BGB. Andere Verwendungen sind unabhängig von einer Wertsteigerung nicht ersatzfähig.

Über § 2022 I 2 BGB finden auch auf den Verwendungsersatzanspruch des Erbschaftsbesitzers die §§ 1000–1003 BGB Anwendung. Insoweit kann auf die Ausführungen oben § 21 Rn. 101 ff. verwiesen werden.

---

[24] Vgl. *Helms* in MünchKomm. BGB, § 2022 Rn. 3 ff.
[25] *Dieckmann* in Soergel, BGB, § 2022 Rn. 2; *Gursky* in Staudinger, BGB, § 2022 Rn. 6; *Helms* in MünchKomm. BGB, § 2022 Rn. 5; *Schlüter* in Erman, BGB, § 2022 Rn. 6; *Muscheler*, ErbR, 2009, 76, 81.

IV. Besonderheiten bei Miterben

21 In den §§ 2018 ff. BGB ist immer nur von einem einzelnen Erben die Rede. Dies liegt daran, dass die „Mehrheit von Erben" erst in den §§ 2032 ff. BGB geregelt ist. Die soeben geschilderten Ansprüche bestehen natürlich auch dann, wenn mehrere Erbberechtigte als Miterben zum Zuge kommen.

> Für die **Geltendmachung von Ansprüchen** gilt dann **§ 2039 BGB:** Jeder Miterbe kann Leistung an die Erbengemeinschaft verlangen.

22 Das alles bereitet keine Probleme, solange der Erbschaftsbesitzer auf der einen, die Miterben auf der anderen Seite stehen. Was aber gilt, wenn einzelne oder mehrere Miterben sich ein Erbrecht anmaßen, dass ihnen in diesem Umfang nicht zusteht? Lassen sich die §§ 2018 ff. BGB dann auch für das Verhältnis zwischen den Miterben fruchtbar machen?

> **Beispiel:** Erblasser E hinterlässt seine Ehefrau F und einen ehelichen Sohn S. Ein Testament gibt es nicht. F und S nehmen den Nachlass in Besitz und erhalten vom Nachlassgericht einen Erbschein, der sie als Erben des E ausweist (Anteil jeweils ½). Später stellt sich heraus, dass E noch eine uneheliche Tochter T hatte.

23
> Nach h.M. kann ein Miterbe einem anderen Miterben gegenüber den Anspruch aus § 2018 BGB geltend machen, wenn dieser für sich die Alleinerbenstellung reklamiert und deshalb Alleinbesitz begründet[26].

Dies überzeugt. **Für die Anwendbarkeit** der §§ 2018 ff. BGB in diesem Sinne spricht, dass die Schutzbedürftigkeit der Miterben in den Fällen, in denen ein anderer Miterbe eine über das ihm eigentlich zustehende Erbrecht hinausreichende Berechtigung annimmt, vergleichbar ist mit der Schutzbedürftigkeit in Fällen der Erbrechtsanmaßung durch Nichterben. In beiden Konstellationen ist das Erbrecht des nichtbesitzenden Miterben gefährdet. Folgt man dem, so kann es ferner keinen Unterschied machen, ob die Erbrechtsanmaßung durch einen Miterben allein oder von mehreren Miterben gemeinschaftlich erfolgt. Maßgebend für die Anwendung der §§ 2018 ff. BGB ist also die **Ausgrenzung des nichtbesitzenden Miterben**.

> In unserem **Beispiel** haben F und S für sich in dieser Zusammensetzung, also unter Ausschluss der Miterbin T, einen Erbschein erlangt und den Nachlass in Besitz genommen. Dadurch haben sie sich objektiv ein ihnen so nicht zustehendes Erbrecht angemaßt. Dass sie von der Existenz der T nichts wussten, spielt insoweit keine Rolle. Nach § 2018 BGB

---

[26] RGZ 81, 293 ff.; OLG Koblenz OLG-Report 2008, 305, 306; *Helms* in MünchKomm. BGB, § 2018 Rn. 19; *Gursky* in Staudinger, BGB, § 2018 Rn. 13; *Müller-Christmann* in BeckOK BGB, § 2018 Rn. 13; *Stürner* in Jauernig, BGB, § 2018 Rn. 3; *Michalski*, Erbrecht, 4. Aufl. 2010, Rn. 1039; *Kipp/Coing*, Erbrecht, 4. Aufl. 1990, § 105 II, S. 578.

IV. Besonderheiten bei Miterben

kann T daher die Herausgabe des Nachlasses verlangen. Da F und S allerdings selbst Miterben sind, ist der Anspruch lediglich auf die Einräumung von Mitbesitz gerichtet.

Auf diesem Wege lässt sich auch die in den §§ 2020 ff. BGB angelegte **Privilegierung** des unverklagten und redlichen Erbschaftsbesitzers fruchtbar machen. Insbesondere haften die Miterben gegenüber dem bisher ausgegrenzten Miterben nur nach Maßgabe der §§ 2023, 2024 BGB auf Schadensersatz (siehe oben Rn. 17). 24

> **Abwandlung:** F und S sind bei der Verwaltung der Nachlassgegenstände nachlässig. Unter anderem kümmern sie sich nicht um die Verlängerung der Feuerversicherung für ein Gebäude. Das Gebäude brennt später ab. Erst danach taucht T auf. – Gemäß § 2038 I BGB steht die Verwaltung des Nachlasses den Erben gemeinschaftlich zu. Dabei ist jeder Miterbe den anderen gegenüber verpflichtet, an Maßregeln mitzuwirken, die zur ordnungsmäßigen Verwaltung erforderlich sind. Hierzu zählt auch der Abschluss adäquater Versicherungen. Dies haben F und S unterlassen. Damit haben sie fahrlässig ihre gemeinschaftlichen Pflichten verletzt – und zwar auch zum Nachteil der T. Allerdings handelten F und S in der Annahme, sie seien die einzigen Erben. Dieses Vertrauen kann (und sollte) durch eine Anwendung der §§ 2023 f. BGB geschützt werden.

§ 23 Fund

Literatur: *Deneke-Stoll*, Zur Person des Finders nach § 965 ff. BGB, Festschrift Schwab, 1990, S. 43; *Edenfeld*, Reformfragen des Fundrechts, JR 2001, 485; *Schreiber*, Eigentumserwerb durch Fund, JA 1990, 446; *Weimar*, Rechtsfragen zum Fundrecht, JR 1977, 498.

Übungsfall: *Musielak*, JuS 2006, 50; *Nordmeyer/Kassid*, Ad Legendum 2011, 30; *Sonnenschein/ Weitemeyer*, JA 1994, 382.

I. Überblick

Sachen gehen **verloren** und werden **gefunden**. Welche Pflichten hat der Finder? Muss er den Fund „melden"? Und was passiert mit der Sache, wenn sich – was häufig vorkommen wird – daraufhin niemand meldet? Kann der Finder einen Finderlohn verlangen? Der Gesetzgeber hat diese und weitere Fragen in den §§ 965 ff. BGB geregelt. Die Vorschriften zielen in erster Linie darauf ab, das **Vermögen des Verlierers** zu erhalten[1]. Denn immer, wenn Sachen gefunden werden, besteht die Gefahr, dass der Finder sie einfach für sich behält oder achtlos mit ihnen umgeht. Die §§ 965 ff. BGB sollen dem entgegenwirken.

> Durch den Fund entsteht zwischen Finder und Empfangsberechtigtem ein **gesetzliches Schuldverhältnis**.

Die **Pflichten des Finders** sind in den §§ 965–969 BGB normiert: Er muss den Fund unverzüglich anzeigen (§ 965 BGB), die gefundene Sache in Verwahrung nehmen (§ 966 BGB) und sie ggf. bei der „zuständigen Behörde" abliefern (§ 967 BGB). Verletzt der Finder diese Pflichten schuldhaft, drohen Schadensersatzpflichten, wo-

---

[1] *Kindl* in BeckOK BGB, § 965 Rn. 1; *Oechsler* in MünchKomm. BGB, § 965 Rn. 1; *Edenfeld*, JR 2001, 485.

bei § 968 BGB den Verschuldensmaßstab auf Vorsatz und grobe Fahrlässigkeit beschränkt.

3   Die §§ 970–972 BGB regeln die **Rechte des Finders:** Ihm steht nach Maßgabe des § 970 BGB ein Aufwendungsersatzanspruch, der inhaltlich dem Anspruch aus §§ 683 S. 1, 670 BGB entspricht. Zudem gewährt § 971 BGB einen Anspruch auf Finderlohn. Der Finder soll für seine Ehrlichkeit und Bemühungen belohnt werden[2]. Hierzu sollen auch die §§ 973 ff. BGB beitragen:

4   Gemäß § 973 BGB erwirbt der Finder sechs Monate nach fruchtloser Anzeige des Fundes Eigentum an der Fundsache.

Allerdings folgt aus § 977 BGB, dass die Eigentumszuordnung zunächst **nur formaler** Natur ist und § 973 BGB keinen Rechtsgrund im Sinne des Bereicherungsrechts darstellt[3]. Der bisherige Eigentümer kann vom Finder nach § 812 I 1 Alt. 2 BGB Herausgabe des Erlangten, also Rückübertragung des Eigentums verlangen. Erst nach Ablauf von drei Jahren ist der Eigentumserwerb kondiktionsfest.

Sonderregeln enthalten die §§ 978 ff. BGB für den Fund in öffentlichen Behörden oder Verkehrsanstalten (sog. **Verkehrsfund**) sowie § 984 BGB für den **Schatzfund**. Siehe hierzu unten Rn. 49 ff.

II. Begriffsbestimmungen

1. Verlorene Sache

5   Gefunden werden können – jedenfalls im Sinne des BGB – nur verlorene Sachen. Es muss sich zunächst um eine **bewegliche Sache** handeln. Grundstücke können nicht verloren gehen und daher auch *nicht* gefunden werden. **Tiere** sind nach § 90a BGB zwar keine Sachen, werden aber – zivilrechtlich – wie bewegliche Sachen behandelt. Tiere können daher „Fundsachen" sein.

Eine Sache ist verloren, wenn sie **besitzlos, aber nicht herrenlos** ist[4].

6   **Herrenlos** sind Sachen, die keinen Eigentümer haben. Die Begründung eines gesetzlichen Schuldverhältnisses macht keinen Sinn, wenn es niemanden gibt, der

---

[2] *Kindl* in BeckOK BGB, § 970 Rn. 1; *Westermann/Gursky/Eickmann*, Sachenrecht, § 59 Rn. 1; *Edenfeld*, JR 2001, 485.
[3] *Oechsler* in MünchKomm. BGB, § 977 Rn. 1; *Baur/Stürner*, Sachenrecht, § 53 Rn. 82; *Weimar*, JR 1977, 498, 499.
[4] *Gursky* in Staudinger, BGB, § 965 Rn. 1; *Bassenge* in Palandt, BGB, Vor § 965 Rn. 1; *Baur/Stürner*, Sachenrecht, § 53 Rn. 78.

II. Begriffsbestimmungen

vom Finder Herausgabe der Sache verlangen kann[5]. Die Herrenlosigkeit kann bereits ursprünglich bestanden haben oder erst später eingetreten sein (z.B. durch Dereliktion nach § 959 BGB). Für Tiere gilt § 960 BGB, der zwischen **wilden und gezähmten Tieren** unterscheidet.

> Wer eine herrenlose Sache in Besitz nimmt, ist *nicht* Finder im Rechtssinne. In Betracht kommt hier ein Eigentumserwerb nach § 958 BGB.

Eine Sache ist **besitzlos,** wenn die **tatsächliche Sachherrschaft** des vormaligen Besitzers **beendet** wurde (vgl. § 856 I BGB und dazu oben § 18 Rn. 32). Ob der Besitzverlust freiwillig oder unfreiwillig erfolgt ist, spielt dabei keine Rolle[6]. Zu beachten ist aber, dass die freiwillige Besitzaufgabe durch den Eigentümer zumeist zugleich als Aufgabe des Eigentums anzusehen ist und die Sache somit herrenlos wird. Gibt hingegen jemand, der nicht Eigentümer ist, den Besitz auf, so ist sehr wohl Raum für die §§ 965 ff. BGB.   7

> **Beispiel:** Ein Dieb wirft eine gestohlene Sache weg. Hierin liegt die Aufgabe des Eigenbesitzes, aber mangels Eigentümerstellung keine Dereliktion.

Nicht besitzlos ist eine Sache, wenn der Besitzer lediglich vergessen hat, wo sich die Sache befindet, solange sie noch in neinem Herrschaftsbereich ist. Dann liegt eine bloße **Besitzlockerung** vor[7] (siehe dazu oben § 18 Rn. 34 f.).   8

> **Beispiel:** Verlegt man in seiner eigenen Wohnung eine Sache, so verliert man dadurch nicht den Besitz.

Auf die Dauer des Besitzverlustes kommt es nicht an. Vielmehr ist bei der Frage, ob Besitz noch gegeben ist oder nicht, die **Verkehrsauffassung** maßgeblich zu berücksichtigen.   9

> **Beispiel:** Student S lässt auf seinem Arbeitsplatz in der Bibliothek sein Notebook stehen, um am Getränkeautomaten den neusten Fakultätsklatsch zu erfahren. – Solange niemand das Notebook wegnimmt, ist S nach der Verkehrsauffassung noch dessen Besitzer.

> **Gegenbeispiel:** Der Reisende R lässt beim Aussteigen aus dem Zug versehentlich sein Notebook liegen. – Hier liegt ein Besitzverlust auch dann vor, wenn R den Verlust alsbald nach Weiterfahrt des Zuges bemerkt und der Bahn meldet.

Nicht mehr besitzlos ist eine Sache, wenn **neuer Besitz** an ihr begründet wurde, sei es durch den vormaligen oder einen neuen Besitzer.   10

2. Finder

> Finder ist, wer eine verlorene Sache an sich nimmt und hierdurch Besitz an ihr begründet.   11

---

[5] Abweichend nur *Wilhelm*, Sachenrecht, Rn. 1141.
[6] Vgl. *Gursky* in Staudinger, BGB, § 965 Rn. 1; *Gottwald*, JuS 1989, 247, 248.
[7] *Gursky* in Staudinger, BGB, § 965 Rn. 2.

Nicht entscheidend ist, ob der Finder die Sache auch als erster entdeckt hat[8] – auch wenn der Wortlaut des § 965 BGB etwas anderes vermuten lässt. Tatbestandlich relevant ist allein die **Besitzbegründung,** da der Finder hierdurch zum Ausdruck bringt, dass er Verantwortung für die Sache übernehmen will.

> Beim Schatzfund (§ 984 BGB) ist das anders; dort spielt das „Entdecken" eine maßgebliche Rolle (siehe dazu unten 59).

12 Finder ist somit nur, wer die **tatsächliche Sachherrschaft** begründet hat. Das bloße Aufnehmen und Ansehen der Sache genügt hierfür noch nicht. Erforderlich ist zusätzlich der **Besitzbegründungswille** des Finders[9]. Dabei spielt es keine Rolle, ob der Finder Eigen- oder Fremdbesitz begründen will. Auch wer eine verlorene Sache in der Absicht an sich nimmt, den Fund zu verheimlichen und die Sache für sich zu behalten (sog. Fundunterschlagung), ist Finder[10].

13 Die Besitzbegründung kann auch durch **Besitzdiener** (§ 855 BGB und oben § 18 Rn. 36 ff.) und **Besitzmittler** (§ 868 BGB und oben § 18 Rn. 46 ff.) erfolgen[11]. Auch soll es genügen, wenn der Finder einen generellen Besitzwillen hatte, der sich auf alle in seinem Herrschaftsbereich verlorenen Sachen bezieht.

> **Beispiel:** Kinobesucher K hat nach der Vorstellung sein Portemonnaie im Kinosaal liegen lassen. Dieses wird später von der Reinigungskraft R, einer Angestellten des Kinobetreibers B, entdeckt. R bringt das Portemonnaie gemäß einer entsprechenden Dienstanweisung zum Kassenbereich, wo es zur Abholung bereit gehalten wird.
>
> Hier hat K die tatsächliche Sachherrschaft und damit nach § 856 I BGB den Besitz am Portemonnaie verloren. Es handelt sich um eine verlorene Sache. Die von K verlorene Sache wurde zwar von R entdeckt, doch kommt es für die Frage, wer Finder ist, nicht auf die Entdeckung an. Entscheidend ist vielmehr, wer Besitz an der Sache begründet hat. Dies war vorliegend Kinobetreiber B. Diesbezüglich ließe sich argumentieren, dass B den generellen Willen hatte, Besitz an allen in seinem Kino verlorenen Sachen zu begründen. Vorzugswürdig erscheint es aber, zumindest die Ergreifung durch einen Besitzdiener zu verlangen. Vorliegend war R kraft des bestehenden Arbeitsverhältnisses hinsichtlich der entdeckten Sachen weisungsabhängig und besitzrechtlich damit als **Besitzdiener** des B anzusehen (§ 855 BGB). Somit wurde spätestens dadurch, dass R das Portemonnaie ergriffen hat, B Besitzer und damit Finder im Sinne der §§ 965 ff. BGB.

14 Das Finden ist ein **Realakt.** Finder können daher auch Minderjährige oder Geschäftsunfähige sein, sofern sie einen Besitzwillen bilden können[12].

---

[8] BGHZ 8, 130, 133; *Gursky* in Staudinger, BGB, § 965 Rn. 8; *Henssler* in Soergel, BGB, § 965 Rn. 11; *Schreiber,* Jura 1990, 446, 447; a.A. etwa *Wilhelm,* Sachenrecht, Rn. 1147 ff.; teilweise abweichend *Oechsler* in MünchKomm. BGB, § 965 Rn. 9, 13.

[9] *Kindl* in BeckOK BGB, § 965 Rn. 5; *Westermann/Gursky/Eickmann,* Sachenrecht, § 59 Rn. 3; *Mittenzwei,* MDR 1987, 883.

[10] *Gursky* in Staudinger, BGB, § 965 Rn. 13.

[11] BGHZ 8, 130, 133; LG Frankfurt a.M. NJW 1956, 873, 874; *Gursky* in Staudinger, BGB, § 965 Rn. 10 f.

[12] *Kindl* in BeckOK BGB, § 965 Rn. 5; *Mittenzwei,* MDR 1987, 883.

3. Empfangsberechtigter

> **Empfangsberechtigt** ist jeder, der vom Finder Herausgabe der Fundsache verlangen kann[13].

15

Ob ein Herausgabeanspruch besteht, bestimmt sich nicht nach den §§ 965 ff. BGB, sondern nach anderen Vorschriften. Der Herausgabeanspruch kann sich aus Eigentum (§ 985 BGB), einem beschränkten dinglichen Recht (§§ 1065, 1227 BGB) oder aus früherem Besitz (§ 1007 BGB) ergeben[14]. Wollte der bisherige Eigentümer die Sache erkennbar einem Dritten zukommen lassen, so soll auch dieser empfangsberechtigt sein[15].

> **Beispiel:** Beim Fund eines adressierten Briefes, ist auch der Adressat empfangsberechtigt, da er nach dem Willen des Absenders (=Eigentümer) diesen erhalten sollte.

Zu beachten ist, dass durch den Fund ein gesetzliches Schuldverhältnis **zwischen Finder und (dem oder den) Empfangsberechtigten** entsteht. Mehrere Empfangsberechtigte sind dabei Gesamtgläubiger im Sinne des § 428 BGB[16].

16

4. Verlierer

> Verlierer im Sinne des Fundrechts ist der letzte unmittelbare Besitzer der Sache, sofern er den Besitz **unfreiwillig** eingebüßt hat[17].

17

Bei willentlicher Besitzaufgabe gibt es daher keinen Verlierer.

> **Beispiel:** Der Dieb, der die Beute versehentlich liegen lässt, ist Verlierer. Wirft er die Beute hingegen bewusst weg, ist er nicht Verlierer.

Verliert ein Besitzdiener eine ihm anvertraute Sache, so ist nicht er der Verlierer, da er selbst keinen Besitz verloren hat. Verlierer ist vielmehr der Besitzherr – und zwar auch dann, wenn der Besitzdiener die Sache freiwillig weggeworfen hat.

18

---

[13] Vgl. etwa *Gursky* in Staudinger, BGB, § 965 Rn. 16; anders *Oechsler* in MünchKomm. BGB, § 965 Rn. 14; *Bassenge* in Palandt, BGB, Vor § 965 Rn. 1, die beide auf ein Recht zum Besitz abstellen.

[14] *Kindl* in BeckOK BGB, § 965 Rn. 7; *Westermann/Gursky/Eickmann*, Sachenrecht, § 59 Rn. 4; *Edenfeld*, JR 2001, 485, 487.

[15] *Gursky* in Staudinger, BGB, § 965 Rn. 16.

[16] *Kindl* in BeckOK BGB, § 969 Rn. 1.

[17] *Ebbing* in Erman, BGB, § 969 Rn. 2; *Kindl* in BeckOK BGB, § 969 Rn. 1; *Gursky* in Staudinger, BGB, § 969 Rn. 12.

19 Der **Verlierer** kann zum **Kreis der Empfangsberechtigten** zählen, doch muss dies nicht der Fall sein. Das Gesetz ist insoweit an verschiedenen Stellen unsauber formuliert (siehe unten Rn. 21). Auch wenn der Verlierer nicht empfangsberechtigt ist, so ist er nach § 969 BGB **immer empfangsbefugt**. Der Finder kann daher immer mit schuldbefreiender Wirkung die Sache an den Verlierer herausgeben[18]

> **Beispiel:** Dem Dieb, der eine gestohlene Sache verloren hat, steht kein Herausgabeanspruch gegen den Finder zu (vgl. § 1007 III BGB). Er ist demnach nicht empfangsberechtigt, aber nach § 969 BGB empfangsbefugt.

III. Pflichten des Finders

1. Anzeigepflicht

20 Der Finder ist nach § 965 BGB verpflichtet, den Fund unverzüglich, also ohne grob fahrlässiges Zögern[19] (§§ 121 I 1, 968 BGB) anzuzeigen. Es handelt sich hierbei um eine **Hauptpflicht** des Finders.

21 Kennt der Finder einen **Empfangsberechtigten** und dessen Aufenthaltsort, so hat die Anzeige an diesen zu erfolgen (§ 965 I BGB). Kennt der Finder mehrere Empfangsberechtigte, so soll die Anzeige an einen von ihnen genügen[20].

> Die Anzeigepflicht besteht *nicht* gegenüber dem nicht empfangsberechtigten Verlierer (z.B. einem Dieb)[21], auch wenn der Wortlaut des § 965 I BGB etwas anderes sagt. Hat der Verlierer keinen Herausgabeanspruch gegen den Finder, ist nämlich nicht ersichtlich, wieso der Finder den Fund bei diesem anzeigen sollte.

22 Sind Person und Aufenthaltsort eines Empfangsberechtigten dem Finder nicht bekannt, hat er den Fund bei der „zuständigen Behörde"[22] (nachfolgend: **Fundbehörde**) anzuzeigen (§ 965 II 1 BGB). Dabei hat er auch Umstände mitzuteilen, die für die Ermittlung eines Empfangsberechtigten erheblich sein können. Erfährt er solche Umstände nachträglich, so muss er seine Anzeige ergänzen. Erfährt er nach Anzeige bei der Fundbehörde, wer empfangsberechtigt ist, so muss er den Fund

---

[18] *Westermann/Gursky/Eickmann*, Sachenrecht, § 59 Rn. 7.
[19] *Gursky* in Staudinger, BGB, § 965 Rn. 17.
[20] *Gursky* in Staudinger, BGB, § 965 Rn. 17.
[21] *Henssler* in Soergel, BGB, § 965 Rn. 15; *Gursky* in Staudinger, BGB, § 965 Rn. 16; *Westermann/Gursky/Eickmann*, Sachenrecht, § 59 Rn. 4; *Baur/Stürner*, Sachenrecht, § 53 Rn. 80.
[22] Welche Behörde zuständig ist und wie diese nach einer Fundanzeige zu verfahren hat, bestimmt sich nach landesrechtlichen Vorschriften. Vgl. insoweit die Übersicht bei *Oechsler* in Münch-Komm. BGB, § 965 Rn. 16; siehe ferner *Gursky* in Staudinger, BGB, § 965 Rn. 17.

auch diesem nach § 965 I BGB anzeigen. Bei alledem trifft den Finder aber **keine Nachforschungspflicht**[23].

> Die Anzeigepflicht gegenüber der Fundbehörde besteht nicht bei Fundsachen, die nicht mehr als 10 € wert sind (§ 965 II 2 BGB, **Bagatellfunde**). 23

Die Vorschrift dient *nicht* dem Schutz des Finders, sondern dem Schutz der Fundbehörde vor Arbeitsüberlastung durch Bagatellfälle[24]. Die Anzeigepflicht nach § 965 I BGB gegenüber den Empfangsberechtigten bleibt hiervon unberührt.

2. Verwahrungspflicht

a) Pflicht zum Besitz

> Der Finder ist zudem verpflichtet, die Fundsache zu verwahren (§ 966 I BGB). 24

Er darf also den durch die Ansichnahme begründeten Besitz nicht wieder aufgeben. Mit anderen Worten: Der Finder ist **zum Besitz verpflichtet**. Insbesondere darf er die Sache nicht einfach an den Fundort zurücklegen[25]. Nur wenn sich herausstellt, dass die Sache völlig wertlos ist, darf er sich ihrer wieder entledigen[26].

> Der redliche Finder[27] hat auch ein **Besitzrecht,** das allerdings endet, sobald ein Empfangsberechtigter die Herausgabe der Sache verlangt. Dann kann dem Finder aber immer noch ein Zurückbehaltungsrecht nach § 972 BGB zustehen (dazu unten Rn. 40).

Der Finder kann auch verpflichtet sein, **Maßnahmen zur Erhaltung** der Sache zu treffen[28]. Von Bedeutung ist dies insbesondere bei gefundenen Tieren, die gefüttert werden müssen. Getätigte Aufwendungen kann er nach § 970 BGB geltend machen. 25

b) Öffentliche Versteigerung

Droht der **Verderb der Fundsache** oder ist ihre **Aufbewahrung unverhältnismäßig teuer**, so kann der Finder die Sache öffentlich versteigern lassen (§ 966 II BGB). Zuvor ist die Fundbehörde hierüber zu informieren. § 966 II BGB enthält eine **gesetzliche Ermächtigung**, die den Finder zur Übertragung des Eigentums 26

---

[23] *Oechsler* in MünchKomm. BGB, § 965 Rn. 16; *Gursky* in Staudinger, BGB, § 965 Rn. 19.
[24] *Oechsler* in MünchKomm. BGB, § 965 Rn. 17.
[25] *Kindl* in BeckOK BGB, § 966 Rn. 1; *Henssler* in Soergel, BGB, § 966 Rn. 1.
[26] *Oechsler* in MünchKomm. BGB, § 965 Rn. 10; *Henssler* in Soergel, BGB, § 966 Rn. 1; *Gursky* in Staudinger, BGB, § 966 Rn. 1.
[27] Vgl. *Gursky* in Staudinger, BGB, § 966 Rn. 2.
[28] Dazu *Oechsler* in MünchKomm. BGB, § 966 Rn. 2.

im Wege der öffentlichen Versteigerung berechtigt[29]. Daher wird der Ersteigerer auch dann Eigentümer der Sache, wenn er weiß, dass sie nicht dem Finder gehört[30]. Der bisherige Eigentümer wird dadurch geschützt, dass nach § 966 II 3 BGB der Erlös an die Stelle der Fundsache tritt. Es findet eine **dingliche Surrogation** statt: Der bisherige Eigentümer der Sache wird demnach Eigentümer des Geldes[31]. Die Rechte und Pflichten des Finders beziehen sich dann auf den Veräußerungserlös[32].

c) Ablieferung an die Fundbehörde

27 Der Finder kann sich **von den Pflichten aus § 966 BGB befreien,** indem er die Fundsache oder den Veräußerungserlös bei der Fundbehörde abliefert (§ 967 BGB). Die Fundbehörde ist **zur Entgegennahme verpflichtet;** es handelt sich um ein subjektives öffentliches Recht des Finders, dass dieser im Verwaltungsrechtsweg durchsetzen kann[33]. Die Fundbehörde kann die Ablieferung auch anordnen; dann ist der Finder zur Ablieferung verpflichtet.

> Durch die Ablieferung wird ein öffentlich-rechtliches Verwahrungsverhältnis zwischen der Behörde und dem oder den Empfangsberechtigten begründet[34], das sich nach landesrechtlichen Vorschriften richtet.

28 Die Ablieferung lässt die **Rechte des Finders** (Aufwendungsersatz, Finderlohn) unberührt[35].

3. Rechtsfolgen bei Pflichtverletzungen

29 Verletzt der Finder schuldhaft seine Finderpflichten, so ist er dem Empfangsberechtigten nach § 280 I BGB zum Ersatz des hierdurch entstandenen Schadens verpflichtet. Dabei hat der Finder allerdings **nur Vorsatz und grobe Fahrlässigkeit** zu vertreten (§ 968 BGB). Er haftet damit wie ein Geschäftsführer ohne Auftrag, der zur Gefahrenabwehr tätig wird (§ 680 BGB).

> Das Haftungsprivileg gilt auch für konkurrierende Ansprüche aus unerlaubter Handlung[36]. Für minderjährige und geschäftsunfähige Finder sollte zudem **§ 682 BGB analog** ange-

---

[29] *Oechsler* in MünchKomm. BGB, § 966 Rn. 5; *Kindl* in BeckOK BGB, § 966 Rn. 2; *Bassenge* in Palandt, BGB, § 966 Rn. 2; a.A. *Bertzel*, AcP 158 (1959/1960), 107, 113 f. (der hier eine gesetzliche Vertretungsmacht annimmt); *Kuhnt*, MDR 1953, 641.
[30] *Henssler* in Soergel, BGB, § 966 Rn. 4; *Gursky* in Staudinger, BGB, § 966 Rn. 6.
[31] *Oechsler* in MünchKomm. BGB, § 966 Rn. 6; *Kindl* in BeckOK BGB, § 966 Rn. 2.
[32] *Gursky* in Staudinger, BGB, § 966 Rn. 7.
[33] Vgl. *Henssler* in Soergel, BGB, § 967 Rn. 3; *Wilke*, JuS 1966, 481 f.
[34] Vgl. BGH NJW 1990, 1230; *Oechsler* in MünchKomm. BGB, § 967 Rn. 3; *Kindl* in BeckOK BGB, § 967 Rn. 2; *Wieling*, Sachenrecht, § 11 V 2 c, S. 158.
[35] *Gursky* in Staudinger, BGB, § 967 Rn. 1.
[36] *Oechsler* in MünchKomm. BGB, § 968 Rn. 1; *Henssler* in Soergel, BGB, § 968 Rn. 1.

wendet werden[37]: Diese haften also nicht nach § 280 I BGB, sondern allenfalls nach deliktischen Grundsätzen (§ 828 BGB, dazu oben § 8 Rn. 247 f.).

Grundsätzlich ist der Finder verpflichtet, die **Legitimation eines Empfangsberechtigten zu prüfen**, bevor er diesem die Sache herausgibt. Auch insoweit gilt aber § 968 BGB. 30

> **Beispiel:** Finder F hält den Nichtberechtigten N fahrlässig für den Eigentümer der gefundenen Sache. Gibt er die Sache an N heraus, verletzt F seine Verwahrungspflicht gegenüber dem tatsächlichen Eigentümer E. Allerdings ist er nicht zum Schadensersatz nach § 280 I BGB verpflichtet, weil er die Pflichtverletzung nicht zu vertreten hat, denn nach § 968 BGB haftet er nicht für einfache Fahrlässigkeit.

Nicht nachprüfen muss der Finder die Legitimation des Verlierers. An diesen kann er nach § 969 BGB immer herausgeben, auch wenn der Verlierer selbst nicht empfangsberechtigt ist[38]. Der Verlierer ist in jedem Fall empfangsbefugt, auch wenn er nicht Herausgabe der Sache vom Finder verlangen kann. Der Finder muss also keine Nachforschungen darüber anstellen, ob der Verlierer auch Eigentümer ist oder ein sonstiges Recht an der Sache hat. 31

> Gibt der Finder die Sache an einen Nichtempfangsberechtigten heraus, den er irrtümlich für den Verlierer hält, gilt wiederum § 968 BGB[39].

IV. Rechte des Finders

1. Aufwendungsersatz

> Aufwendungen, die der Finder den Umständen nach für erforderlich halten durfte, kann er von den Empfangsberechtigten ersetzt verlangen (§ 970 BGB). 32

§ 970 BGB trägt dem Umstand Rechnung, dass die Erfüllung der Finderpflichten für den Finder mit **Kosten** verbunden sein kann. Auch insoweit behandelt das Gesetz den Finder wie einen Geschäftsführer bei der berechtigten GoA (§§ 683 S. 1, 670 BGB, dazu oben § 16 Rn. 3 ff.). Fallen Kosten für die Verwahrung oder Erhaltung der Fundsache oder die Ermittlung eines Empfangsberechtigten an, so kann

---

[37] Ebenso *Oechsler* in MünchKomm. BGB, § 968 Rn. 3; *Henssler* in Soergel, BGB, § 968 Rn. 1; *Kindl* in BeckOK BGB, § 965 Rn. 5; dagegen *Gursky* in Staudinger, BGB, § 965 Rn. 15; *Mittenzwei*, MDR 1987, 883, 884.
[38] Dazu *Gursky* in Staudinger, BGB, § 969 Rn. 1; *Henssler* in Soergel, BGB, § 969 Rn. 2.
[39] *Bassenge* in Palandt, BGB, § 969 Rn. 1; *Kindl* in BeckOK BGB, § 969 Rn. 1; *Wolff/Raiser*, Sachenrecht, 10. Aufl. 1957, § 82 IV, S. 308; a.A. *Henssler* in Soergel, BGB, § 969 Rn. 2; *Gursky* in Staudinger, BGB, § 969 Rn. 1.

der Finder diese grundsätzlich ersetzt verlangen. Auch hier sind typische **Begleitschäden** mit umfasst[40] (siehe oben § 16 Rn. 9 ff.).

33 Bei der Frage, ob der Finder die Aufwendungen **für erforderlich halten durfte**, ist der Maßstab des § 968 BGB zu berücksichtigen[41]: Nur wenn der Finder erkannt oder grob fahrlässig verkannt hat, dass die Aufwendungen nicht erforderlich waren, ist der Ersatzanspruch aus § 970 BGB ausgeschlossen. Im Übrigen kommt es nicht darauf an, ob die Aufwendungen erfolgreich waren.

> **Beispiel:** Finder F ist eine Katze zugelaufen. F nimmt sich ihrer an und füttert sie. Als die Katze erkrankt, bringt F sie zum Tierarzt. Trotz der Behandlung verstirbt die Katze bald darauf. Später stellt sich heraus, dass die Katze E gehörte. – Hier kann F die aufgewendeten Futter- und Tierarztkosten von E nach § 970 BGB ersetzt verlangen. Es handelt sich insoweit um freiwillige Vermögensopfer, die F zur Verwahrung und Erhaltung des Tiers getätigt hat. Diese waren aus Sicht des F auch erforderlich. Dass die Katze verstorben ist, ändert hieran nichts.

34 Der Anspruch richtet sich **gegen den oder die Empfangsberechtigten,** *nicht* aber gegen den Rechtsträger der Fundbehörde[42]. Mehrere Empfangsberechtigte haften als Gesamtschuldner (§§ 421 ff. BGB).

2. Finderlohn

35 Der Finder hat zudem einen Anspruch auf Finderlohn (§ 971 I BGB).

Durch den Finderlohn soll der ehrliche Finder belohnt und für seine Mühen entschädigt werden. Welche Mühe der Finder tatsächlich aufwenden musste, spielt keine Rolle. Finderlohn kann also ein Finder auch verlangen, der den Eigentümer oder Verlierer von vornherein gekannt hat[43].

36 Die **Höhe des Finderlohns** bestimmt sich prozentual nach dem Wert der Fundsache zum Zeitpunkt der Herausgabe an den Empfangsberechtigten[44]. **Bis zu einem Wert von 500 €** beträgt er **fünf Prozent** des Wertes, darüber hinaus drei Prozent.

> **Beispiel:** Die Fundsache ist 800 € wert. Der Finderlohn beträgt dann 5 % von 500 € (= 25 €) plus 3 % von 300 € (= 9 €), insgesamt also 34 €.

---

[40] *Gursky* in Staudinger, BGB, § 970 Rn. 1; für eine analoge Anwendung des § 694 BGB hingegen *Oechsler* in MünchKomm. BGB, § 970 Rn. 2.

[41] *Gursky* in Staudinger, BGB, § 969 Rn. 1; *Oechsler* in MünchKomm. BGB, § 970 Rn. 3; *Westermann/Gursky/Eickmann*, Sachenrecht, § 59 Rn. 8; *Bassenge* in Palandt, BGB, § 970 Rn. 1; *Henssler* in Soergel, BGB, § 970 Rn. 1.

[42] VG Gießen NVwZ 2002, 95, 96; *Oechsler* in MünchKomm. BGB, § 970 Rn. 3; *Westermann/Gursky/Eickmann*, Sachenrecht, § 59 Rn. 7; *Gottwald*, JuS 1979, 247, 250.

[43] Vgl. *Krusch*, AcP 148 (1943), 282, 283.

[44] *Gursky* in Staudinger, BGB, § 971 Rn. 2; *Ebbing* in Erman, BGB, § 971 Rn. 2; *Bassenge* in Palandt, BGB, § 971 Rn. 1; *Henssler* in Soergel, BGB, § 971 Rn. 3.

IV. Rechte des Finders

Bei **Tieren** beträgt der gesetzliche Finderlohn stets **drei Prozent** des Wertes, wobei die Bestimmung des Wertes oftmals schwierig sein dürfte. Hat die Fundsache keinen materiellen Wert, so ist der Finderlohn **nach billigem Ermessen** zu bestimmen. 37

> **Beispiel:** F hat ein Sparbuch des G gefunden. Das Sparbuch verbrieft eine Forderung des G gegen ein Kreditinstitut auf Rückzahlung eines Spargutthabens. G ist Inhaber der Forderung und damit analog § 952 II BGB auch Eigentümer des Sparbuchs. Das Sparbuch als Wertpapier hat nicht den Wert der verbrieften Forderung, weil diese G auch zusteht, wenn der das Sparbuch nicht hat. Das Sparbuch hat als solches überhaupt keinen materiellen Wert. Dennoch ist es für G wichtig, weil ihm das Kreditinstitut gemäß § 808 II BGB nur gegen Vorlage des Sparbuchs auszahlen muss[45].

Schuldner des Finderlohns sind wiederum nur die Empfangsberechtigten, die ggf. gesamtschuldnerisch haften. Ein etwaiger Aufwendungsersatzanspruch ist auf den Finderlohn nicht anzurechnen; die ersatzfähigen Aufwendungen müssen auch bei der Berechnung des Wertes der Sache außer Betracht bleiben[46]. Wurde ein Finderlohn von einem Empfangsberechtigten **ausgelobt**, wird dieser hingegen auf den gesetzlichen Finderlohn angerechnet[47]. 38

> Der **Anspruch auf Finderlohn ist ausgeschlossen**, wenn der Finder die Anzeigepflicht aus § 965 BGB verletzt oder den Fund auf Nachfrage eines Empfangsberechtigten oder der Fundbehörde verheimlicht (§ 971 II BGB). 39

Die gilt aber nur, wenn die Pflichtverletzung vom Finder zu vertreten ist[48], wobei der Haftungsmaßstab des § 968 BGB zu beachten ist.

3. Geltendmachung

Der Finder kann seine Ansprüche auf Aufwendungsersatz und Finderlohn zunächst *nicht* klageweise geltend machen. Dies ergibt sich aus § 972 BGB, der auf die §§ 1000–1002 BGB verweist. Der Finder wird insoweit also behandelt wie ein Besitzer, der nach EBV-Regeln Ersatz seiner Verwendungen verlangen kann (dazu oben § 21 Rn. 101 ff.). 40

– Dem Finder steht zunächst nur ein **Zurückbehaltungsrecht** zu (§ 1000 S. 1 BGB), d.h. er muss die Sache nur Zug um Zug gegen Befriedigung seiner Ansprüche aus §§ 970, 971 BGB herausgeben.

---

[45] Näher dazu *Welter*, WM 1987, 1117 ff.
[46] *Gursky* in Staudinger, BGB, § 971 Rn. 3; *Westermann/Gursky/Eickmann*, Sachenrecht, § 59 Rn. 9.
[47] *Oechsler* in MünchKomm. BGB, § 971 Rn. 4; *Weimar*, JR 1962, 175, 176; a.A. *Gursky* in Staudinger, BGB, § 971 Rn. 3; *Henssler* in Soergel, BGB, § 971 Rn. 3.
[48] *Bassenge* in Palandt, BGB, § 971 Rn. 1; *Gursky* in Staudinger, BGB, § 971 Rn. 4; *Kindl* in BeckOK BGB, § 971 Rn. 3; a.A. *Oechsler* in MünchKomm. BGB, § 971 Rn. 4.

- Erst wenn ein Empfangsberechtigter die Sache **wiedererlangt** oder die Ansprüche **genehmigt** hat, kann der Finder die Ansprüche **einklagen** (§ 1001 S. 1 BGB) – und zwar nur gegenüber diesem Empfangsberechtigten[49]. Bis zur Genehmigung kann der Empfangsberechtigte die Fundsache an den Finder zurückgeben und hierdurch die Klagbarkeit der Ansprüche beseitigen (§ 1001 S. 2). Einen Monat nach Herausgabe an den Empfangsberechtigten erlöschen die Ansprüche des Finders, es sei denn, sie wurden zuvor gerichtlich geltend gemacht oder genehmigt (§ 1002 I BGB).
- Darüber hinaus kann der Finder den Schwebezustand beenden, indem er den oder die Empfangsberechtigen gemäß §§ 974, 1003 BGB auffordert, sich zu den Ansprüchen zu erklären (zur Rechtsfolge unten Rn. 46).

41 Die Ansprüche aus §§ 970, 971 BGB bestehen auch dann, wenn der Finder die Fundsache bei der Fundbehörde **abgeliefert** hat (§ 975 S. 1 BGB). Die Fundbehörde darf die Sache bzw. den an ihre Stelle getretenen Veräußerungserlös (siehe oben Rn. 27) einem Empfangsberechtigten nur mit Zustimmung des Finders herausgeben (§ 975 S. 3 BGB). Auf diese Weise wird der Finder vor dem Verlust seines Zurückbehaltungsrechts geschützt.

V. Eigentumserwerb des Finders

1. Voraussetzungen

42 Durch den Fund wird der Finder zur Verwahrung der Fundsache verpflichtet (siehe oben Rn. 24). Die Sache nutzen oder gar über sie verfügen, darf der Finder nicht. Die Sache ist also dem „Rechtsleben entzogen". § 973 BGB will sie dem „Rechtsleben wieder zuführen"[50].

> Gemäß § 973 I 1 BGB erwirbt der Finder Eigentum an der Fundsache, wenn
> - er den Fund der Fundbehörde **angezeigt** hat,
> - seither **sechs Monate** vergangen sind *und*
> - zwischenzeitlich **kein Empfangsberechtigter** dem Finder **bekannt geworden** ist oder sich bei der Fundbehörde gemeldet hat.

43 Die **Sechs-Monats-Frist** beginnt mit Anzeige des Fundes, auch wenn diese verspätet erfolgt ist[51]. Bei **Bagatellfunden** (oben Rn. 23) ist die Anzeige entbehrlich, die Frist beginnt daher bereits mit dem Fund (§ 973 II 1 BGB). Das Fristende ist gemäß §§ 187 I, 188 II BGB zu berechnen.

---

[49] *Kindl* in BeckOK BGB, § 972 Rn. 1; *Bassenge*, NJW 1976, 1486.
[50] *Kindl* in BeckOK BGB, § 973 Rn. 1.
[51] *Ebbing* in Erman, BGB, § 973 Rn. 4; *Kindl* in BeckOK BGB, § 973 Rn. 2.

V. Eigentumserwerb des Finders

Beispiel: Wird der Fund am 3. Mai angezeigt, endet die Frist mit Ablauf des darauf folgenden 3. Novembers. Dies gilt auch, wenn der 3. November ein Sonntag ist, da § 193 BGB nicht eingreift.

Der Eigentumserwerb ist **ausgeschlossen,** wenn dem Finder vor Fristablauf ein Empfangsberechtigter bekannt geworden ist. Auch grob fahrlässige Unkenntnis schadet nicht. Nach allgemeinen Grundsätzen darf sich der Finder aber der Kenntnisnahme nicht bewusst verschließen[52]. Im Übrigen kommt es auch dann nicht zum Eigentumserwerb, wenn ein Empfangsberechtigter sich bei der Fundbehörde gemeldet hat. Dies gilt wiederum nicht bei Bagatellfund, da hier eine Anzeige bei der Behörde unterbleibt.

44

Nicht ausgeschlossen wird der Eigentumserwerb des Finders dadurch, dass er die Sache bei der Fundbehörde abliefert (§ 975 BGB). Der Finder kann aber auf den Eigentumserwerb **verzichten;** dann wird die **Gemeinde des Fundorts** nach Maßgabe der §§ 976, 973 BGB Eigentümerin der Fundsache. Zu keinem Eigentumserwerb kommt es, wenn weder der Finder noch die Fundbehörde zum Zeitpunkt des Fristablaufs noch im Besitz der Fundsache ist[53].

2. Rechtsfolgen

Liegen die soeben beschriebenen Voraussetzungen vor, erwirbt der Finder **lastenfreies Eigentum.** Bis dahin bestehende dingliche Rechte an der Sache erlöschen (§ 973 I 2 BGB).

45

Umstritten ist, ob der Finder vor Ablauf der Sechs-Monats-Frist ein **Anwartschaftsrecht** auf die Fundsache hat[54]. Dies ist **zu verneinen.** Ein Anwartschaftsrecht entsteht, wenn von dem mehraktigen Entstehungstatbestand eines Rechts schon so viele Erfordernisse erfüllt sind, dass von einer gesicherten Rechtsstellung des Erwerbers gesprochen werden kann, die nicht mehr gegen seinen Willen zerstört werden kann[55]. Dies ist aber bei § 973 BGB nicht der Fall: Hier genügt es ja bereits, dass sich ein Empfangsberechtigter bei der Fundbehörde vor Fristablauf meldet[56].

Ist dem Finder vor Ablauf der Sechs-Monats-Frist ein Empfangsberechtigter bekannt geworden oder hat sich ein solcher bei der Fundbehörde gemeldet, kommt immer noch

46

---

[52] Vgl. *Gursky* in Staudinger, BGB, § 973 Rn. 3.
[53] Wie hier *Kindl* in BeckOK BGB, § 973 Rn. 3; *Bassenge* in Palandt, BGB, § 973 Rn. 1; *Mittenzwei*, MDR 1987, 883, 885; a.A. *Oechsler* in MünchKomm. BGB, § 973 Rn. 2, 4; *Henssler* in Soergel, BGB, § 973 Rn. 3; *Edenfeld*, JR 2001, 485, 488.
[54] Dafür etwa *Baur/Stürner*, Sachenrecht, § 53 Rn. 82; *Henssler* in Soergel, BGB, § 973 Rn. 7 mit weiteren Nachweisen; dagegen etwa *Westermann/Gursky/Eickmann*, Sachenrecht, § 59 Rn. 11; *Gursky* in Staudinger, BGB, § 973 Rn. 7.
[55] Vgl. etwa BGH NJW 1955, 554.
[56] *Oechsler* in MünchKomm. BGB, § 973 Rn. 2.

ein **Eigentumserwerb nach § 974 BGB** in Betracht. Danach kann der Finder den Empfangsberechtigten auffordern, sich innerhalb einer bestimmten Frist zu den Ansprüchen aus §§ 970–972 BGB zu erklären. Nach fruchtlosem Fristablauf erwirbt er lastenfreies Eigentum[57]. Sind mehrere Empfangsberechtigte bekannt, muss die Aufforderung an alle gehen. Der Eigentumserwerb tritt nicht ein, wenn ein Empfangsberechtigter die Ansprüche aus §§ 970–972 BGB genehmigt.

47 Der Eigentumserwerb des Finders ist nicht unbedingt von Dauer. Das ergibt sich aus § 977 S. 1 BGB: Denjenigen, die durch den Eigentumserwerb ein Recht an der Fundsache verloren haben, steht ein Bereicherungsanspruch zu.

Es handelt sich um einen Fall der **Nichtleistungskondiktion.** Der das Eigentum erwerbende Finder (oder in den Fällen des § 976 BGB: die Gemeinde) ist nach § 977 i.V.m. § 812 I 2 Alt. 1 BGB verpflichtet, das durch die Rechtsänderung Erlangte herauszugeben. Der vormalige Eigentümer kann also Rückübereignung verlangen, die Inhaber dinglicher Rechte deren Wiederbestellung.

48 Der Bereicherungsanspruch **erlischt** aber mit dem Ablauf von drei Jahren nach Eigentumsübergang, wenn er nicht zuvor gerichtlich geltend gemacht wurde (§ 977 S. 2 BGB).

Dies ist eine **materielle Ausschlussfrist**[58]. Nach drei Jahren ist der Eigentumserwerb somit **kondiktionsfest.**

VI. Verkehrsfund

Literatur: *Eith*, Der Fund in der Behörde (§ 978 BGB), Zur Auslegung einer überflüssigen Bestimmung des BGB, MDR 1981, 189; *Kunz*, Der Fund in einer "Verkehrsanstalt" – am Beispiel der DB, MDR 1986, 537.

49 Sonderregeln halten die §§ 978–983 BGB für die Fälle bereit, in denen eine verlorene Sache „in öffentlicher Behörde oder Verkehrsanstalt, Geschäftsräumen oder den Beförderungsmitteln einer öffentlichen Behörde oder einer dem öffentlichen Verkehr dienenden Verkehrsanstalt" gefunden wird. Begründet wird dies damit, dass

---

[57] Für Einzelheiten siehe *Gursky* in Staudinger, BGB, § 974 Rn. 1.
[58] *Oechsler* in MünchKomm. BGB, § 977 Rn. 4; *Gursky* in Staudinger, BGB, § 977 Rn. 3; *Säcker*, ZZP 1890, 439 f.; a.A. *Henssler* in Soergel, BGB, § 977 Rn. 5; *Wendt*, AcP 92 (1901), 170 (Verjährungsfrist).

es bei derartigen Fundorten zumeist eine **Stelle** gibt, die gefundene Sachen an sich nimmt[59].

> Die §§ 965–977 BGB finden – mit Ausnahme des § 968 BGB – auf den sog. Verkehrsfund keine Anwendung (§ 978 I BGB).

Öffentliche Behörden in diesem Sinne sind nach h.M.[60] die Organe der unmittelbaren Staatsgewalt, die Körperschaften, Anstalten und Stiftungen des öffentlichen Rechts sowie die öffentlich-rechtlich betriebenen Sondervermögen.   50

> **Beispiele:** Rathäuser; Universitäten; Schulen; städtische Museen; Bibliotheken; Schwimmbäder; **nicht** aber wirtschaftliche Unternehmen der öffentlichen Hand wie Sparkassen und Stadtwerke.

Eine dem öffentlichen Verkehr dienende **Verkehrsanstalt** ist eine Einrichtung, die der Beförderung von Personen oder Gütern dient[61]. Dabei spielt es keine Rolle, ob sie öffentlich-rechtlich oder privatrechtlich organisiert ist.   51

> **Beispiele:** Städtische Verkehrsbetriebe; Deutsche Bahn AG; Deutsche Post AG.

Beim Verkehrsfund ist der Finder verpflichtet, die Sache unverzüglich an die Behörde oder Verkehrsanstalt oder an einen ihrer Angestellten **abzuliefern** (§ 978 I 1 BGB). Ist ihm ein Empfangsberechtigter bekannt, *kann* der Finder aber die Sache auch gleich diesem herausgeben.   52

Der seiner Ablieferungspflicht nachkommende Finder hat einen Anspruch auf **Finderlohn** gegen den oder die Empfangsberechtigten. Dies gilt nicht, wenn der Finder Bediensteter der Behörde oder Verkehrsanstalt ist (§ 978 II 3 BGB). Der Finderlohn richtet sich beim Verkehrsfund nicht nach § 971 BGB, sondern nach § 978 II BGB. Die Regelung ist für den Finder ungünstiger, da er hiernach Finderlohn nur verlangen kann, wenn die Fundsache einen Wert von mindestens 50 € hat. Zudem beträgt die Höhe des Finderlohns (§ 978 II 2 BGB) nur die Hälfte des „regulären" Finderlohns nach § 971 BGB. Einen Anspruch auf Aufwendungsersatz hat der Finder nicht.   53

VII. Schatzfund

Literatur: *Gursky*, Eigentumserwerb an einem bei Abbrucharbeiten entdeckten Schatz, JZ 1988, 670; *Kemper*, Eigentumsverhältnisse beim Schatzfund, JA 1988, 392.

---

[59] *Mugdan* III S. 387; BT-Drucks. 7/3559 S. 5.
[60] *Kindl* in BeckOK BGB, § 978 Rn. 2; *Henssler* in Soergel, BGB, § 978 Rn. 2; enger *Gursky* in Staudinger, BGB, § 978 Rn. 3; *Eith*, MDR 1981, 189 f.
[61] *Kindl* in BeckOK BGB, § 978 Rn. 2.

1. Tatbestand

54 Der Schatzfund ist in § 984 BGB geregelt. Was ein Schatz im Sinne des BGB ist, wird in der Vorschrift legal definiert.

> Ein **Schatz** ist eine Sache, die so lange in einer anderen Sache verborgen war, dass ihr Eigentümer nicht mehr zu ermitteln ist.

55 Ein Schatz (= **verborgene** Sache) kann nur eine **bewegliche Sache** sein, da Grundstücke nicht in anderen Sachen verborgen sein können. Auch Grundstücksbestandteile und natürliche Bestandteile des Grund und Bodens sind keine Schätze[62]. Auf den Wert der Sache kommt es nicht an. Auch wertlose Sachen können demnach Schatz sein[63].

56 Die Sache, in der der Schatz verborgen ist (= **bergende Sache**), kann ihrerseits eine bewegliche oder unbewegliche Sache sein. **Verborgen** ist eine Sache nur, wenn sie nicht ohne Weiteres sinnlich wahrnehmbar ist[64]. Hinzu kommen muss, dass der **Eigentümer** der verborgenen Sache **nicht mehr ermittelt werden kann,** *weil* die Sache lange verborgen gewesen ist[65].

> Dabei wird vermutet, dass der Eigentümer der bergenden Sache auch Eigentümer der verborgenen ist[66]. Nur wenn diese Vermutung erschüttert oder gar widerlegt ist, kommt ein Schatzfund in Betracht.

57 § 984 BGB ist **analog** anzuwenden in den Fällen, in denen die verborgene Sache nie einen Eigentümer hatte oder herrenlos geworden ist, die Sache aber von archäologischem, historischem oder naturwissenschaftlichem Interesse ist[67]. Dies ist bei sog. **Altertumsfunden** oft der Fall.

> **Beispiele:** Fossilien von wissenschaftlichem Wert[68]; Grabbeigaben.

2. Rechtsfolgen

a) Begründung von Miteigentum

58 Da es beim Schatzfund *per definitionem* an einem Empfangsberechtigten fehlt, entsteht **kein gesetzliches Schuldverhältnis** nach Maßgabe der §§ 965 ff. BGB. Von Interesse ist vielmehr die Eigentumslage, die § 984 BGB wie folgt regelt:

---

[62] *Gursky* in Staudinger, BGB, § 984 Rn. 1; *Kindl* in BeckOK, BGB, § 984 Rn. 2.
[63] *Gursky* in Staudinger, BGB, § 984 Rn. 1 mit weiteren Nachweisen auch zur Gegenauffassung.
[64] OLG Köln OLGZ 1992, 253, 254.
[65] *Kindl* in BeckOK, BGB, § 984 Rn. 2.
[66] *Ebbing* in Erman, BGB, § 984 Rn. 2; *Kindl* in BeckOK, BGB, § 984 Rn. 2.
[67] BVerwG NJW 1997, 1171, 1172; *Gursky* in Staudinger, BGB, § 984 Rn. 3a mit weiteren Nachweisen.
[68] Vgl. OLG Nürnberg NJW-RR 2003, 933: Fund des Urvogels *Archeopteryx*.

> Durch den Schatzfund wird **Miteigentum** begründet: Eigentümer des Schatzes werden je zur Hälfte der Entdecker und der Eigentümer der bergenden Sache.

Maßgeblich ist dabei – anders als beim Fund – *nicht,* wer die Sache in Besitz nimmt, sondern wer sie entdeckt. **Entdecker** ist, wer die verborgene Sache als erster wahrnimmt. Das können auch mehrere gemeinsam sein, die dann ihrerseits den Entdeckeranteil als Miteigentümer erwerben.

59

b) Fremdveranlasste Entdeckung

Problematisch sind die Fälle, in denen ein Besitzdiener (z.B. ein Arbeitnehmer) oder eine sonstige Hilfsperson den Schatz als Erster wahrnimmt (**fremdveranlasste Entdeckung**). Hier ist wie folgt zu unterscheiden:

60

- Wird bei einer **gezielten Schatzsuche** ein Schatz gefunden, ist der **Initiator der Schatzsuche** Entdecker im Sinne des § 984 BGB[69]. Der Initiator muss beim Fund nicht anwesend sein. Auch eine juristische Person kann demnach Entdecker sein. Dies alles gilt auch, wenn ein anderer Schatz gefunden wird, als ursprünglich geplant war.
- Wird der Schatz hingegen nur **zufällig gefunden,** so ist derjenige Entdecker, der ihn zuerst persönlich wahrgenommen hat[70] – und zwar auch dann, wenn er bei seiner Tätigkeit im Übrigen Weisungen unterworfen ist. Auch eine Weisung, bei der Tätigkeit auf wertvolle Sachen zu achten, führt noch nicht dazu, dass der die Weisung Erteilende als Entdecker anzusehen ist[71].

Im Fall **BGHZ 103, 101** hatte das Land Schleswig-Holstein die A-GmbH mit der Durchführung von Abbrucharbeiten in der Lübecker Altstadt beauftragt. Die A-GmbH hat sich ihrerseits verschiedener Subunternehmer bedient, unter anderem der B-GmbH. F war als Baggerfahrer bei der B-GmbH beschäftigt. Bei den Abbrucharbeiten legte F mit einem Schaufellader eine Kiste mit 23.200 Gold- und Silbermünzen aus dem 14. und 15. Jahrhundert frei, deren Eigentümer nicht mehr zu ermitteln war. Er teilte dies per Funk dem Geschäftsführer der B-GmbH mit. Dieser ordnete nach der Begutachtung des Fundes die Einstellung der Arbeiten an. Die Münzen wurden sodann von Mitarbeitern des Landesamtes für Vor- und Frühgeschichte geborgen und für das Land in Besitz genommen. Das Land Schleswig-Holstein, Baggerfahrer F, die B-GmbH als seine Arbeitgeberin und deren Geschäftsführer stritten darum, wer hälftiger Eigentümer der Münzen geworden ist. – Der BGH hat zugunsten des Baggerfahrers entschieden, da es sich um einen **Zufallsfund** handelte. Da das Auffinden von Schätzen äußerst selten sei und deshalb auch nicht zu den Zwecken eines arbeitsteiligen Betriebes gehöre, könne „eine derart ungewöhnliche und zufällige Entdeckung eines Arbeitnehmers bei natürlicher Betrachtung nicht mit seiner

---

[69] RGZ 70, 308, 310 f.; BGHZ 103, 101, 106.
[70] So BGHZ 103, 101, 107; *Bassenge* in Palandt, BGB, § 984 Rn. 1; *Kindl* in BeckOK, BGB, § 984 Rn. 4; *Gursky* in Staudinger, BGB, § 984 Rn. 9; a.A. etwa *Wieling*, Sachenrecht, § 11 VI 2 b, S. 161, der den Schatzfund noch dem Auftraggeber zuweisen möchte, wenn der Schatz durch die Arbeiten zwangsläufig entdeckt werden musste.
[71] *Oechsler* in MünchKomm. BGB, § 984 Rn. 6; *Ebbing* in Erman, BGB, § 984 Rn. 6; a.A. *Gursky* in Staudinger, BGB, § 984 Rn. 10; *Kindl* in BeckOK, BGB, § 984 Rn. 4; *Gursky*, JZ 1988, 670 f.

betrieblichen Tätigkeit, zu der ihn der Arbeitsvertrag verpflichtet, in Verbindung gebracht und damit dem Arbeitgeber zugeordnet werden"[72].

c) Landesrechtliche Sonderregeln

61 Im Übrigen gilt für den Schatzfund **Landesrecht**. Dieses kann auch sog. **Schatzregale** vorsehen[73]. Dies sind Regelungen, kraft derer kulturhistorisch oder wissenschaftlich bedeutsame Schätze mit ihrer Entdeckung Eigentum des Staates werden. § 984 BGB ist in diesen Fällen nicht anwendbar, was durch Art. 73 EGBGB legitimiert ist[74].

---

[72] BGHZ 103, 101, 107.
[73] Vgl. die Übersicht bei *Oechsler* in MünchKomm. BGB, § 984 Rn. 12.
[74] Vgl. BVerfG NJW 1988, 2593.

Literatur

Lehrbücher

Baur/Stürner, Sachenrecht, 18. Aufl. 2009
Brehm/Berger, Sachenrecht, 2. Aufl. 2006
Brox/Walker, Erbrecht, 25. Aufl. 2012
Brox/Walker, Besonderes Schuldrecht, 37. Aufl. 2013
Deutsch/Ahrens, Deliktsrecht, 5. Aufl. 2009
Emmerich, BGB-Schuldrecht Besonderer Teil, 13. Aufl. 2012
Esser/Schmidt, Schuldrecht, Bd. 1. Allgemeiner Teil, Teilbd. 2, 8. Aufl. 2000
Esser/Weyers, Schuldrecht, Bd. 2. Besonderer Teil, Teilbd. 2, 8. Aufl. 2000
Fuchs/Pauker, Delikts- und Schadensrecht, 8. Aufl. 2008
Koppensteiner/Kramer, Ungerechtfertigte Bereicherung, 1975
Kötz/Wagner, Deliktsrecht, 11. Aufl. 2010
Lange/Schiemann, Schadensersatz, 3. Aufl. 2003
Larenz, Lehrbuch des Schuldrechts, Bd. 1, Allgemeiner Teil, 7. Aufl. 1964
Larenz, Lehrbuch des Schuldrechts, Bd. 2, Besonderer Teil, Halbbd. 1, 13. Aufl. 1986
Larenz/Canaris, Lehrbuch des Schuldrechts, Bd. 2, Besonderer Teil, Halbbd. 2, 13. Aufl. 1994
Looschelders, Schuldrecht - Besonderer Teil, 8. Aufl. 2013
Löwenheim, Bereicherungsrecht, 3. Aufl. 2007
Medicus/Lorenz, Schuldrecht II – Besonderer Teil, 16. Aufl. 2012
Medicus/Petersen, Bürgerliches Recht, 23. Aufl. 2011
Prütting, Sachenrecht, 34. Aufl. 2010
Reuter/Martinek, Ungerechtfertigte Bereicherung 1983
Schapp/Schur, Sachenrecht, 4. Aufl. 2010
Staudinger, Eckpfeiler des Zivilrechts, 4. Aufl. 2012
Wandt, Gesetzliche Schuldverhältnisse, 5. Aufl. 2012
Westermann/Gursky/Eickmann, Sachenrecht, 8. Aufl. 2011
Wieling, Bereicherungsrecht, 4. Aufl. 2006
Wieling, Sachenrecht, 5. Aufl. 2007
Wilhelm, Sachenrecht, 4. Aufl. 2010
Wolf/Wellenhofer, Sachenrecht, 27. Aufl. 2012
Vieweg/Werner, Sachenrecht, 5. Aufl. 2011

Kommentare

Beck'scher Online-Kommentar, BGB, Ed. 27, Stand 05/2013
Erman, BGB Kommentar, 13. Aufl. 2011
Jauernig, Kommentar zum Bürgerlichen Gesetzbuch, 14. Aufl. 2011
Münchener Kommentar zum Bürgerlichen Gesetzbuch, 5. Aufl. (Bd. 5, 9) ab 2009 und 6. Aufl. (Bd. 1–3, 6) ab 2012
Palandt, BGB Kommentar, 72. Aufl. 2013
Prütting/Wegen/Weinreich, BGB Kommentar, 8. Aufl. 2013
Soergel, Kommentar zum Bürgerlichen Gesetzbuch, 13. Aufl. ab 1999
Staudinger, Kommentar zum Bürgerlichen Gesetzbuch, 13. Bearb. ab 2003
Schulze u.a., Handkommentar BGB, 7. Aufl. 2011

Damit ist zugleich ein erster Überblick über die „Standardwerke" gegeben. Siehe ferner die Literaturhinweise, die den Kapiteln und einzelnen Abschnitten vorangestellt sind. In den Fußnoten finden sich weitere Anregungen zur Vertiefung.

Hinsichtlich der in diesem Buch verwendeten Abkürzungen verweise ich auf *Kirchner*, Abkürzungsverzeichnis der Rechtssprache, 7. Aufl. 2012.

Sachverzeichnis

A

Abmahnung, 413
Abstraktionsprinzip, 18
Abtreibung, 177
   fehlgeschlagene, 176, 177
Abtrennungsrecht, 553
Abtretung, 128
Abwehranspruch
   negatorischer, 373
   quasi-negatorischer, 374
Adäquanztheorie, 162, 237, 259
Ad-hoc-Publizität, 278
Affektionsinteresse, 352
Aktionär, räuberischer, 275
Alleinbesitz, 458
Amtshaftung, 305
Aneignungsrecht, 189, 553
Anfechtung des Kausalgeschäfts, 40
Angriffsnotstand, 246
Anscheinsbeweis, 297, 315, 384
Anspruchsausschluss gemäß § 685 BGB, 432
Anspruchsgrundlage, 442
   spezialgesetzliche, 307
Anspruchsinhalt, 385
Anspruchskonkurrenz, 167, 261, 528
Anspruch, vertragsähnlicher, 8
Anstandsgefühl, 271
Anstifter, 363
Anstiftung, 364
Anwartschaft, dingliche, 189
Anwartschaftsrecht, 25, 502
Anweisung, 96, 109
   bürgerlich-rechtliche, 96, 97
   im bargeldlosen Zahlungsverkehr, 101
   im engeren (technischen) Sinne, 96
   im weiteren Sinne, 96
   kaufmännische, 99
Anzeigepflicht, 444
Äquivalenzinteresse, 181, 183
Äquivalenztheorie, 236, 242, 259

Äquivalenzvereinbarung, 137
Arbeitgeberprivileg, 367
Arbeitskraft, 338
Arbeitsunfall, 167
Arbeitszeugnis, 277
Arglisteinrede, 371
Asset Deal, 128
Auffahrunfall, 315
Aufklärungspflicht, 176
   ärztliche, 250
Auflassung, 28
Aufsichtsbedürftigkeit, 292
Aufsichtsmaßnahme, 294
Aufsichtspflicht, 290
   elterliche, 294
   Minderjährige, 291
   Verletzung, 294
Auftragsrecht, 428
Aufwendung, 82, 140, 142
   sachbezogene, 542
Aufwendungsersatz, 410
Aufwendungskondiktion, 434, 450
Ausführungsverschulden, 438
Ausgleichsfunktion, 5
Ausgleichspflicht des Nichtberechtigten, 74
Auskunft, 277
Auskunftsanspruch, 537
Ausschließlichkeitsrecht, vermögenswertes, 204
Ausschlussfrist, materielle, 320
Ausschlusstatbestände, 19

B

Bagatellfund, 571, 576
Basiszinssatz, 155
Beeinträchtigung des Gemeingebrauchs, 186
Beeinträchtigungsgefahr, 384
Befriedigungsrecht, 552
Begehungsgefahr, 384
Behaltensgrund, gesetzlicher, 71

Behandlungsfehler, 175
Behandlungsvertrag, 176
Behaupten unwahrer Tatsachen, 279
Belästigung, 206
Belastung, dingliche, 26
Beräumung, 484
Bereicherung
    aufgedrängte, 144
    ungerechtfertigte, 77
        Rechtsfolgen, 21
Bereicherungsanspruch, 22, 74, 130, 433
Bereicherungsausgleich in Mehrpersonenverhältnissen, 87
Bereicherungseinrede, 22, 41, 42, 57, 156
Bereicherungsgegenstand, 23, 24, 25
    primärer, 130
Bereicherungsgläubiger
    Schutz des, 93
    Wahlrecht, 93
Bereicherungshaftung, 127, 129, 131, 133, 135, 137
Bereicherungsrecht, 5, 98, 110, 410
    Abschöpfungsfunktion, 138
    Grundlagen, 15
    Rechtsfolgen, 127, 128, 130, 132, 134, 136, 138, 140, 142, 144, 146, 148, 150, 152, 154, 156
Bereicherungsschuldner, 78, 85, 153
    bösgläubiger, 153
Bereicherungsverbot, 329
Bereichshaftung, 223
Berichterstattung
    mediale, 200
    über Verstorbene, 205
Berufshaftung, 277
Beschützergarant, 220
Beseitigungsanspruch, 210, 373, 374, 375, 376, 377, 378, 379, 380, 381, 382, 384, 386, 485
Besitz, 27, 70, 128, 195, 453, 454, 456, 458, 460, 462, 464, 466, 468, 470
    auf Zeit, 468
    Bedeutung, 455
    Begriff, 453
    berechtigter, 455
    durch verbotene Eigenmacht, 527
    fehlerhafter, 477
    Herausgabeanspruch, 468
    mittelbarer, 196, 454, 456, 467, 469, 535, 538
        Herausgabepflicht, 507
    obligatorisches Recht, 195
    Pflicht, 571
    Publizitätsfunktion, 455
    räumliche Trennung, 463
    Rechtsnatur, 454
    Schutzfunktion, 455
    unmittelbarer, 456, 459, 461, 462, 463, 465
        Herausgabepflicht, 507
    Wegnahme, 473
    Wiedereinräumung, 484
Besitzarten, 456, 457
Besitzaufgabe, 379, 462
    freiwillige, 462
    willentliche, 569
Besitzbegründungswille, 568
Besitzberechtigung, 492
Besitzdiener, 454, 464, 479, 527, 568
Besitzdienerwille, 465
Besitzentziehung, 473, 475, 481
    Anspruch, 484
Besitzer
    deliktischer, 527, 533, 538, 550
    minderjähriger, 526
    nicht-mehr-berechtigter, 520
    nicht-so-berechtigter, 520
    redlicher, 531
    unentgeltlicher, 528, 533, 538
    unredlicher, 525, 532, 533, 538, 561
    unverklagter, 533, 538
    verklagter, 525, 532, 538, 561
Besitzerarten, 524, 528
    Ansprüche, 548
    Haftung, 538
Besitzerinteresse, 516
Besitzerwerb, 462
    derivativer (abgeleiteter), 462
    originärer, 462
    rechtsgrundloser, 524
Besitzherr, 464
Besitzkehr, 477, 478, 481
    bei beweglichen Sachen, 481
    bei Grundstücken, 481
Besitzlockerung, 463, 567
Besitzmittler, 456, 568
Besitzmittlung, mehrstufige, 505
Besitzmittlungsverhältnis, 456, 467, 469, 538
Besitzmittlungswille, 469
Besitznachfolger, 478
Besitzrecht, 195, 503, 571
    abgeleitetes bei mittelbarem Besitz, 505
    als Einwendung, 501
    dingliches, 501
    familienrechtliche Beziehungen, 504
    zeitlich begrenztes, 468
Besitzschutz, 471
    bei Mitbesitz, 489
    deliktischer, 412

Sachverzeichnis

petitorischer, 6, 455, 471, 490
possessorischer, 6, 195, 455, 471, 472, 477
Besitzschutzanspruch, 484
   Erlöschen, 487
Besitzschutzklage, 488
Besitzschutzrecht, 195, 455, 466
Besitzstörung, 473, 475
   Anspruch, 485
Besitzverhältnis, mehrstufiges, 456
Besitzverlust, 462
   unfreiwilliger, 462
Besitzverschaffung, 537
Besitzverschaffungsmacht, 112
Besitzwehr, 478, 480, 484
Besitzwille, 454, 460
   genereller, 460
Betriebsgefahr, 315
   allgemeine, 316
   einfache, 316
Beweislast, 39
Beweislastumkehr, 228, 230, 233
Bildberichterstattung, 201
Billigkeit, 187
Billigkeitserwägung, 183
Billigkeitshaftung, 164, 255
Blockade, 216
Bordellpacht, 57
Boykottaufruf, 217
Buchgeld, 102
Buchposition, 28, 128
Buchung, 102

C

Commodum
   ex negotiatione, 131, 133, 156,
   ex re, 129
condictio, 15
   indebiti, 18, 23, 38, 44, 155
   ob causam finitam, 19, 81
   ob rem, 19, 44
Conditio sine qua non, 236

D

Darlehen, 58
   sittenwidriges, 58
Darlehensvertrag, unwirksamer, 131
dauerhafte
   Einrede, 19
Deckungsverhältnis, 97, 100, 113
   Unwirksamkeit, 104
Deliktsrecht, 6, 174, 181, 218, 370, 396
   Funktionen, 159
   Grundlagen, 159
   zentraler Haftungstatbestand, 169

Demonstration, 216
Dereliktion, 379
Dienstleistung, 141
Differenzhypothese, 329, 332
Direktkondiktion, 92, 104, 107, 114, 115
Diskriminierung, 206
Distanzdelikt, 178
Dividende, 192
Doppelermächtigung, 97
Doppelnichtigkeit, 92
Drittwiderspruchsklage, 512
Duldungspflicht, 380
   rechtsgeschäftliche, 381
Durchgangserwerb, 95
Durchgriff, bereicherungsrechtlicher, 85, 145
Durchlieferung, 94

E

Ehebruch, 190
Ehe, deliktischer Schutz, 190
Ehegatteninnengesellschaft, 49
Ehrschutz, 200
   deliktsrechtlicher, 197
Eigenbesitz, 457
Eigengeschäftsführung, 392, 410
   irrtümliche, 392, 395, 447, 448
Eigenleistung, irrtümliche, 111, 112
Eigenmacht, verbotene, 472, 475, 527
Eigentum, 25, 179
   konditionsfestes, 71
   lastenfreies, 577
   rechtsgrundlos erlangtes, 128
   Zuweisungsgehalt, 66, 67, 185
Eigentümer, Ausschließungsbefugnisse, 373
Eigentümer-Besitzer-Verhältnis, 495
Eigentümer-Besitzer-Verhältnis (EBV), 6, 396, 499, 515
   Funktion, 516
   Sperrwirkung, 131, 523, 534
Eigentümerinteresse, 515
Eigentumsbeeinträchtigung, 376
Eigentumserwerb
   kompensationsloser, 72
   vom Nichtberechtigten, 73
   von getrennten Erzeugnissen, 531
Eigentumsrecht, 376, 497
Eigentumsübergang, 554
Eigentumsübertragung, 28
Eigentumsverletzung, 180, 181, 184
Eigentumsverlust, 553
Eigentumsvermutung, 466
Eigentumsvorbehalt, 189
Eigentumsvorbehaltskauf, 502
Einbaufälle, 123

Eingriff in eine fremde Rechtsposition, 63
Eingriffskompetenz, 407
Eingriffskondiktion, 16, 20, 61, 63, 81, 120, 153, 208, 513, 524
Einheitstheorie, 16
Einigung, stillschweigende, 47
Einrede
　dauernde, 41, 53
　der unerlaubten Handlung, 42
Einwilligung
　in ärztliche Heileingriffe, 249
　in Risiken, 251
　mutmaßliche, 249
Einzelrechtsnachfolge, 380
Einzelzahlungsvertrag, 102
Empfängerhorizont, objektiver, 34, 106, 108
Empfehlung, 277
Entdeckung, fremdveranlasste, 581
Entgeltfortzahlung, 166, 356
Entlastungsbeweis, dezentralisierter, 289
Entreicherung, 138, 148
Entreicherungseinwand, 22, 127, 138, 139
　Ausgestaltung, 145
Entziehung der Sache, 184
Erbe, 470
　Anfechtung, 558
Erbenbesitz, 75, 454, 466
Erbengemeinschaft, 562
Erbrecht, 562
Erbrechtsanmaßung, 557
Erbschaftsanspruch, 6, 555
Erbschaftsbesitzer, 557
　deliktischer, 561
　redlicher, 561
　Schadensersatzhaftung, 560
　unredlicher, 560
　unverklagter, 561
　verklagter, 560
Erbschaftskäufer, 556
Erbschaftsnutzungen, 559
Erbschein, 75
Erbunwürdigkeitserklärung, 558
Erfolgsunrecht, 162, 244
Erfüllungsgehilfe, 361
Erfüllungstheorie, 32
Erhaltungskosten, gewöhnliche, 546, 548
Erlass einer Schuld, 26
Ersatzfähigkeit
　immaterielle Schäden, 208
　seelischer Beeinträchtigung, 345
Ersatzpflicht, 429
Ersetzungsbefugnis, 347
Ersitzung, 72
Erstbegehungsgefahr, 384

Erwerb
　unentgeltlicher, 79
　von Rechten, 25
Erwerbskosten, 143
Erwerbsmittel, 558
Erwerbsnebenkosten, 143
Erzeugnisse, 529
Existenzvernichtungshaftung, 276
Exkulpation, 282, 294

F
Fabrikationsfehler, 233
Fabrikationspflicht, 233
Factoring, 116, 117
Fahrerhaftung, 308, 318
Fahrlässigkeit, 257
Fahrlässigkeitsmaßstab, 268
　objektiv-abstrakter, 257
Fahrzeug
　Betriebsgefahr, 310
　maschinentechnischen Auffassung, 310
　verkehrstechnische Auffassung, 310
Fahrzeugführer, 318
Fahrzeughalter, unfallbeteiligter, 315
Fälligkeitsregelung, 551
Falllösung, problemorientierte, 17
Familienunterhalt, 337
Fangprämie, 343
Faustrecht, 473
Festnahme, vorläufige, 246
Finalität, 29
Finder, 567
　Anzeigepflicht, 570
　Aufwendungsersatz, 573
　Eigentumserwerb, 576
　Pflichten, 565, 570
　Rechte, 566, 572, 573
Finderlohn, 574, 579
　Anspruch, 575
　Schuldner, 575
Folgeanspruch, schuldrechtlicher, 515
Folgeschäden der Bereicherung, 143
Forderung, 26, 128
　schuldrechtliche, 194
Forderungsübergang, gesetzlicher, 554
Forderungszuständigkeit, 194
Fortbewegungsfreiheit, 179
Freiheit, 178
Freiheitsentziehung, 179
Fremdbesitz, 457
　des Besitzmittlers, 469
Fremdbesitzer, 539
　redlicher, 538

Fremdbesitzerexzess, 167, 524, 539, 540, 549
Fremdbezogenheit, 401
Fremdgeschäftsführungswille, 402, 408, 413
   beim auch-fremden Geschäft, 405
Fremdgeschäftsführungswillen, 390, 414
Fremdtilgungswille, 118
Früchte, 529, 536
Frustrationstheorie, 338
Fund, 7, 565
   Verlierer, 569
Fundbehörde, 570, 572
Fundrecht, 569
Fundsache
   Anwartschaftsrecht, 577
   Empfangsberechtigter, 569
   Verderb, 571
Fundunterschlagung, 568

G
Garantenstellung, 219
Gebäude, 296
   Ablösung, 297
   Eigenbesitzer, 298
   Einsturz, 297
   fehlerhafte Errichtung, 297
   mangelhafte Unterhaltung, 297
Gebot
   der Gleichbehandlung, 385
   der Wirtschaftlichkeit, 349
Gebrauchsbeeinträchtigung, 184
Gebrauchsüberlassung, 27
   schuldrechtliche, 75
Gebrauchsüberlassungsvertrag, 502
   unwirksamer, 130
Gebrauchsvorteil, 141, 537
Gebrauchswille, 460
Gefahr
   dringende, 439
   im Verzug, 445
Gefährdungshaftung, 163, 164, 325, 364
Gefahrenabwehr, 392, 407, 429
Gefahrerhöhung, 220
Gegenleistungskondiktion, 151
Geheißerwerb, 95
   doppelter, 95
Gehilfe, 363, 364
Geldersatz, 346, 355
   nach § 251 BGB, 350
Geldersatzanspruch, 355
Geldwertvindikation, 499
Gemeingebrauch, 186
Generalprävention, 56
Gesamtrechtsnachfolge, 380, 478

Gesamtschuld
   gestörte, 365
   im Innenverhältnis, 366
Gesamtvermögensvergleich, 328
Geschäft
   auch-fremdes, 397, 404
   eigenes, 403
   fremdes, 397, 401, 402, 436
   wucherähnliches, 151
Geschäftsanmaßung, 83, 393, 395, 448
Geschäftsbesorgung, 400, 405, 415, 416, 429, 431
geschäftsführer
   ansprüche, 450
Geschäftsführer, 411
   Ansprüche, 426
   fehlende Geschäftsfähigkeit, 441
   pflichtgebundener, 408
Geschäftsführung ohne Auftrag (GoA), 6, 389
   Arten, 390
   berechtigte, 83, 391
   echte, 391, 399
   öffentlich-rechtliche, 407
   unberechtigte, 83, 391, 433
   unechte, 391
Geschäftsführungsgehilfe, 401
Geschäftsgrundlage
   objektive, 47
   subjektive, 47
geschäftsherr
   ansprüche, 449
Geschäftsherr, 285, 400, 411, 415
   Anforderungen, 288
   Ansprüche, 435, 437
   Organisationspflichten, 289
   Rechtskreis, 449
   Verschulden, 287
Geschäftsherrnwille, 418, 442
Geschäftsübernahme, 394, 417, 438
Geschäftsunfähigkeit, 153
Gesellschafter, 192
Gesetzesbegriff, materieller, 263
Gesetz gegen den unlauteren Wettbewerb, 211, 412
Gesinnung, verwerfliche, 275
Gestattung, rechtsgeschäftliche, 71
Gesundheitsschädigung, 175
Gesundheitsverletzung, 173
Gewährleistungsanspruch, vertraglicher, 229
Gewährleistungsrecht, 181
Gewaltmonopol, staatliches, 473
Gewinn, 77
   entgangener, 165, 355

Gewinnabschöpfung, 132, 134
Gläubiger, 4, 411
Gläubigerbenachteiligung, 276
Grundpfandrecht, 68
Grundrecht, 198
Grundsatz der Totalreparation, 329
Grundstück, 123
    Bebauung, 543
    Nutzungsänderung, 543
Gutachten, 277
Güterbewegung, 94
Güterbewegungen
    ungerechtfertigte, 16
Gütertrennung, 49
Gutglaubensschutz, 517

H

Haftpflichtgesetz (HaftPflG), 319
Haftung
    aus Ingerenz, 223, 224
    deliktische, 188
    des Aufsichtspflichtigen, 290
    des Kraftfahrzeughalters, 308
    des Tieraufsehers, 299, 304
    des Tierhalters, 299
    für eigenes Verschulden, 163
    für eine schuldhafte Verkehrspflichtverletzung, 296
    für fremdes Verschulden, 163
    für Tiere, 299, 301, 303, 305
    für vermutetes Verschulden, 282, 283, 285, 287, 289, 291, 293, 295, 297, 305
    für Verrichtungsgehilfen, 282
    im Außenverhältnis, 364
    Legitimation, 161
    nach § 823 I BGB, 169
    nach dem HaftPflG, 319
    nach dem ProdHaftG, 319
    nach dem StVG, 307
    verschärfte, 152, 154, 155
    verschuldensunabhängige, 164
    wegen Bestimmens zu sexuellen Handlungen, 281
    wegen Kreditgefährdung, 278
Haftungsbeschränkung
    gesetzliche, 367
    vertragliche, 366
Haftungshöchstgrenze, 308
Haftungsordnung
    deliktische, 414
    vertragliche, 167
Haftungsprivileg des § 680 BGB, 439
Haftungsprivilegierung, 258

Haftungstatbestände außerhalb des BGB, 307
Haftungsverschärfung, 392
Haftungsverteilung, 308, 314
Haftungsverzicht, 302
    konkludenter, 314
Handeln
    auf eigene Gefahr, 251
    durch Unterlassen, 219
Handlung
    sexuelle, 281
    unerlaubte, 286, 363
Handlungsstörer, 377
    mittelbarer, 378
    unmittelbarer, 377
Handlungsunrecht, 162, 244
Handschenkung, 31
Hausverbot, 385
Heilbehandlung, ärztliche, 175
Hemmungseffekt, 209
Herausforderungsformel, 242
Herausgabe
    gegenständliche, 128, 135
    Unmöglichkeit, 135
Herausgabeanspruch, 497
    Inhalt, 536
    Voraussetzungen, 499
Herausgabeklage, 510
Herausgabepflicht, 128, 507
Herrschaftsrecht, 180
Hersteller, 230
    ersatzpflichtiger, 320
Herstellerhaftung, verschuldensunabhängige, 230
Hilfeleistung, 439
Holschuld, 508

I

Immaterialgüterrecht, 69, 189
    Verletzung, 131, 358
Immaterialgüterrechtsverletzung, 134
Inhaberscheck, 99
Insolvenzrisiko, 91, 116
Insolvenzverfahren, 511
Instruktionspflicht, 233
Integritätsinteresse, 181, 229
Integritätsschutz von Unternehmen, 212
Integritäts- und Restitutionsinteresse, 347, 348
Integritätszuschlag, 352
Interessenabwägung, 34
Interesse, öffentliches, 422
Intimsphäre, 199
Inzidentprüfung, 7

Sachverzeichnis 591

K
Kapitalmarktrecht, 278
Kausalgeschäft, schuldrechtliches, 76
Kausalität, 273
  alternative, 237, 364
  haftungsausfüllende, 170, 259, 269, 341
  haftungsbegründende, 235, 237, 239, 241, 243, 323
  kumulative, 237
  naturwissenschaftliche, 236
Kausalverhältnis, Leistungszweck, 92
Kettenveräußerung, 76
Kfz-Haftpflicht, 308
Kind als Schaden, 339
Klageantrag, 358, 385
Klageschrift, 152
Kommerzialisierung, 333
Kondiktion der Kondiktion, 93
Kondiktionsanspruch, 20, 23, 118
  Beweislast, 39
Kondiktionssperre, 18, 19, 24, 52, 433
Konkurrenz, 513
Konkurrenzsituation, 213
Konstruktionsfehler, 232
Konstruktionspflicht, 232
Kontrahierungszwang, 274
Körperverletzung, 172, 175, 249
Kostenersatz, 165, 347
  bei Personenschäden, 348
  bei Sachschäden, 348
  nach § 249 II BGB, 347
Kosten, fiktive, 349
Kostengesetz, öffentlich-rechtliches, 408
Kraftfahrzeug, 309
  Betriebsgefahr, 308, 315
  Halter, 311
  Halterhaftung, 309
Kraftfahrzeughalter, 308
Kreditgefährdung, 280
Kreditinstitut, 99
Kredit, wucherähnlicher, 58
Kunsturhebergesetz, 197

L
Lasten, außerordentliche, 548
Leasing, 311
Lebensbedarf, notwendiger, 335
Lebensrisiko, allgemeine, 341
Legalzession, 166, 365
Leistung
  auf fremde Schuld, 119
  des Dritten an den Gläubiger, 118
  Geschäftsgrundlage, 48
  gesetzes- oder sittenwidrige, 56
  nicht-gegenständliche, 141
  ohne Verpflichtung, 44
  solvendi causa, 31
  Zweckbestimmung, 31
Leistungsbegriff, 88
  Funktion, 33
  gespaltener, 110
  Kritik, 34
  moderner, 29
  natürlicher, 29
  rein subjektiver, 110
Leistungsbewirkung, reale, 32
Leistungsbewusstsein, 29
  generelles, 30
Leistungsbeziehung
  Bereicherungsausgleich, 90
  in Mehrpersonenverhältnissen, 89
  Kausalverhältnisse, 96
Leistungserschleichung, 29
Leistungsklage, 152, 445, 510
Leistungskondiktion, 15, 16, 18, 23, 36, 56, 82, 115, 144, 154, 513
  Gesetzes- oder Sittenverstoß, 50
  Vorrang, 17
Leistungsstörungsrecht, vertragliches, 412
Leistungswillen, 82
Leistungszweck, 31, 47, 52
Leistungszwecke
  gesetzes- und sittenwidrige, 19
Lieferkette, 91
Lizenzanalogie, 207, 359
Lizenzgebühr, 69, 131, 135
Luxusaufwendung, 140
Luxustier, 299
Luxusverwendung, 548

M
Mangel
  kondiktionsauslösender, 24, 36
  weiterfressender, 181
Mangelunwert, 182, 183
Marktpreis, 137, 333
Marktumfeld, 137
Mehrerlös, rechtsgeschäftlicher, 131
Mehrfachleistung, 91
Mehrpersonenverhältnis, 89
  Bereicherungsausgleich, 87
  gesetzlich geregeltes, 112
  Leistungsbeziehungen, 89
Meinungsbildungsfreiheit, 203
Meinungsfreiheit, 201, 216, 217
Merkmal, kondiktionstypisches, 29
Mietzins, 130
Minderwert

merkantiler, 339, 351
technischer, 339, 351
Mitbesitz, 196
   einfacher, 508
   qualifizierter, 508
   qualifizierter (kollektiver), 458
   schlichter, 458
Mitbesitzer, 489
Miterbe, 562
Mitgliedschaft, 192
Mittäterschaft, 363, 364
Mittel-Zweck-Relation, 272
Mitverschulden, 359
   bei der Schadensentstehung, 360
Mobbing, 206
Monopolstellung, 274

N
Nachbarschaftsrecht, privates, 380
Nacherfüllungsanspruch, 38
Nachforschungspflicht, 571
Nachlass, 558
Namensrecht, 69, 197
Namensscheck, 99
Nasciturus, 171, 177
Naturalobligation, 43
Naturalrestitution, 165, 346, 347, 357, 381
   unmögliche, 350
   unzureichende, 350
Naturereignis, 62
Nebenbesitz, 458, 470
Nebentäterschaft, 363
Nettogewinn, 356
Nichtleistungskondiktion, 15, 16, 18, 61, 107, 115, 116, 121, 146, 434, 578
   Generalklausel, 61
   Subsidiarität, 17, 62, 120
   Tatbestandsmerkmale, 62
Nichtvermögensschaden, 165, 329, 331, 340
Nießbrauch, 523
Notfall, 439
Nothelfer, professioneller, 440
Nothilfe, 242
Notstand
   aggressiver, 246
   defensiver, 245
   entschuldigender, 258
   rechtfertigender, 246
Notwehr, 245
Notwehrexzess, 258
Nutztier, 299
   Exkulpationsmöglichkeit, 304
Nutzung, 129, 146, 155

einer fremden Sache, 66
   Herausgabe, 529
Nutzungsausfall, 334
Nutzungsbefugnis, 184
Nutzungsentschädigung, 335, 351
   Bemessung, 336
Nutzungsersatz, 130

O
Orderscheck, 99
Organbesitz, 465

P
Pachtzins, 130
Passivlegitimation, 455, 501
Person, aufsichtsbedürftige, 293
Personengesellschaft, rechtsfähige, 466
Personennahverkehr, öffentlicher, 30
Personenschaden, 348, 354
Personensorge, 191
Persönlichkeitsrecht, 197, 198, 375
   allgemeines, 69, 191, 197, 215
   Kinder und Jugendliche, 204
   Verletzung, 201, 210
   Vermögensschäden, 207
   vermögenswertes, 204
Persönlichkeitsschutz, 204
   postmortaler, 205
Pfändungsgläubiger, 118
Pflicht, mitgliedschaftliche, 192
Pflichtverletzung, schuldhafte, 298
Pflichtversicherung, 167
Pflichtversicherungsgesetz, 308
Presseberichterstattung, unwahre, 210
Pressefreiheit, 201
Prinzip der Vorteilsausgleichung, 443
Privatsphäre, 199, 203
Privilegierung, haftungsrechtliche, 258
Produkt
   fehlerhaftes, 319, 321
   Fehlgebrauch, 233
   Gefährlichkeit, 231
   Qualitätsmängel, 233
   Wechselwirkungen, 233
   Wirkungslosigkeit, 231
Produktbegriff, 230
Produktbeobachtungspflicht, 234
Produktfehler, 322
Produkthaftungsgesetz, 230
Produkthaftungsgesetz (ProdHaftG), 319
Produzentenhaftung, 228, 323
   deliktische, 229, 320
Prognoserisiko, 353

Sachverzeichnis

Prüfung, gutachterliche, 7
Prüfungsreihenfolge, 9
Putativgefahr, 440

Q
Quasi-Hersteller, 324

R
Rahmenrecht, 198, 215
Recht
  absolutes, 188
  am eigenen Bild, 69, 197, 200
  am eigenen Wort, 200
  am eingerichteten und ausgeübten Gewerbebetrieb, 70
  am Geschäftsbetrieb, 214
  am Gewerbebetrieb, 210, 211, 375
  am Unternehmen, 212
  an der Sache, 487
  auf informationelle Selbstbestimmung, 200
  auf sexuelle Selbstbestimmung, 70, 281
  beschränkt dingliches, 25, 68, 73, 78, 189
  dingliches, 25, 128
  mitgliedschaftliches, 192
  relatives, 70, 188
  zum Besitz, 8, 70, 472
Rechtfertigungsgrund
  gesetzlicher, 245
Rechtsfertigungsgrund
  mutmaßliche Einwilligung, 249
Rechtsfolgen unerlaubter Handlungen, 363
Rechtsfolgenverweisung, 433
Rechtsfortwirkungsanspruch, 77, 78, 122
Rechtsgeschäft, auflösende Bedingung, 40
Rechtsgrundbegriff
  objektiver, 36, 37
  subjektiver, 36, 37
Rechtsgrundlosigkeit, 153
Rechtsgrundverweisung, 121, 433
  partielle, 549
Rechtsgüterschutz, 16, 63
Rechtsgut, Obhutspflicht, 219
Rechtsgutverletzung, 170, 171, 175, 218, 222, 236, 244, 248, 296
  ärztliche Heilbehandlung, 175
  durch ein Tier, 300
  mittelbare, 221
Rechtshängigkeit, 152
Rechtskrafterstreckung, 510
Rechtskraft, materielle, 39
Rechtsnachfolger im Besitz, 554
Rechtsnatur der Zweckbestimmung, 32
Rechtspflicht, 421
  zum Handeln, 219
Rechtsschein, 106
Rechtsscheinträger, 112
Rechtsschutz, quasi-negatorischer, 168
Rechtsschutzverweigerung, 56
Rechtssicherheit, 273
Rechtswidrigkeit, 169, 244, 267
  Einwilligung, 247
Regress, 84
Regressanspruch, 365
Regresszirkel, 367
Reingewinn, 356
Renten- oder Begehrensneurose, 346
Risiko, tätigkeitsspezifisches, 428
Rückabwicklung, 18, 38, 114
  bei fehlender Anweisung, 104
  bei wirksamer Anweisung, 103
  bereicherungsrechtliche, 95
  gegenseitiger Verträge, 147
Rückforderungsanspruch, 48
Rückgriffskondiktion, 21, 62, 84
Rücktrittsrecht, 40, 150

S
Sachbeschädigung, 180, 321
Sache
  herrenlose, 566
  verlorene, 566
Sachfrüchte, 531
  mittelbare, 530, 559
  unmittelbare, 529, 559
Sachherrschaft, 473
  tatsächliche, 195, 462, 568
Sachherrschaft, tatsächliche, 453, 459
Sachleistungsprinzip, 176
Sachschaden, 348, 352
Saldotheorie, 147, 148, 149
Sanktion, 360, 361
Schaden, 164
  ersatzfähiger, 259, 343
  immaterieller, 165
  mittelbarer, 332
  unmittelbarer, 332
Schadensabwehr, 359
Schadensanfälligkeit, 345
Schadensausgleich, 161
Schadensbegriff, 328
  natürlicher, 329
  normativer, 330, 335
Schadensberechnung
  abstrakte, 356
  bei Verletzung von Immaterialgüterrechten, 358
  dreifache, 358
Schadensersatz, 155, 164, 425, 537

gemäß § 678 BGB, 442
in Geld, 165, 346, 350
Schadensersatzanspruch, 6, 167, 366, 540
materieller, 207
Schadensersatzpflicht, 128, 170, 341, 438, 509
Schadensgeneigtheit, extreme, 345
Schadensminderung, 359
Schadensminderungspflicht, 361
Schadensrecht, 327
Schadensverlagerung, 161
Schadensverursachung, 270
Schädigung
vorgeburtliche, 178
vorsätzliche sittenwidrige, 269, 271, 273, 275, 277
Schatzfund, 579
Schatzregal, 582
Scheck, 98
Sperrung, 105
Scheckurkunde, 99
Scheckvertrag, 100
Scheingefahr, 440
Scheingeheißerwerb, 111, 112
Schenkkreis, 58
Schenkung, 50
gemischte, 79, 145
Schmähkritik, 217
Schmerzensgeld, 208, 357, 430
Schmerzensgeldtabelle, 358
Schneeballsystem, 58
Schockschäden, 173, 174, 240
Schuldanerkenntnis
abstraktes, 26
negatives, 26
Schuldanerkenntnis, abstraktes, 156
Schulderlass, 26
Schuldner, 4
Schuldübernahme, gesetzliche, 554
Schuldverhältnis, 3
auftragsähnliches, 392
gesetzliche, 4
gesetzliches, 5, 394, 425, 499, 516, 565
Wertungen, 10
im engeren Sinne, 3
im weiteren Sinne, 4
rechtsgeschäftliches, 4
Relativität, 502
vertragsähnliches, 4
Schuldversprechen, abstraktes, 57
Schutz
des Erben, 466, 556
von Presseorganen, 281
wirtschaftlicher Interessen, 278
Schutzbereich

der Norm, 265
modaler, 266
persönlicher, 265, 302
sachlicher, 265
Schutzgesetz, 261, 263, 264, 265, 267, 472
Gebotsnormen, 266
schuldhafte Verletzung, 266
Tatbestandsmäßigkeit, 266
Verbotsnormen, 266
verhaltensbezogenes, 262
Verstoß gegen, 261
Schutzgesetzqualität, 262, 263
Schutzrecht, gewerbliches, 69, 190
Schutzrechtsverwarnung, unberechtigte, 218
Schutzzweck, 238, 239, 243
der Gefährdungshaftung, 311
der Norm, 162, 238, 259
Gebäude, 296
Schwangerschaft, ungewollte, 176
Schwarzfahrt, 313
Sekundärhaftung, 129
Selbstaufopferung im Straßenverkehr, 414
Selbstbestimmungsrecht des Patienten, 250
Selbsthilfeaufwendung, 411
Selbsthilfeberechtigter, 479
Selbsthilfe nach § 229 BGB, 483
Selbsthilferecht, 246, 476, 478, 480
Selbstmörder, 423
Selbsttötung, 171
Selbstverantwortung, 226
Share Deal, 128
Sicherungseigentum, 67, 512
Sicherungsübereignung, 502
Sicherungszession, 116
Sittenverstoß, 154
Sittenwidrigkeit, 154, 271, 272, 273, 424
Kriterien, 271
Sorgeberechtigter, 292
Sorgerecht, elterliches, 191
Ausschlussfunktion, 191
Sorgfalt
äußere, 222
in eigenen Angelegenheiten, 368
innere, 222
Sorgfaltsanforderung, 288
Sorgfaltspflicht, 221
Sorgfaltspflichtverletzung, 268
Sorgfaltsverstoß, 317
Sozialsphäre, 200
Sperrwirkung, 517
Sperrwirkung des EBV, 167
Sphären des Privaten, 199
Spruchrichterprivileg, 305
Staatshaftungsrecht, 305

Sachverzeichnis 595

Stadionverbot, 385
Sterbehilfe, passive, 250
Sterilisation, 176
Stoffgleichheit, 182, 183
Störerhaftung, verschuldensunabhängige, 374
Straftat, 528
Straßenverkehrsgesetz (StVG), 307
Streik, 216
  rechtswidriger, 216
Subsidiarität der Nichtleistungskondiktion, 120
Subsidiaritätsdogma, 88
Substanzverletzung, 180, 187
Surrogat, 129, 146
Surrogation
  dingliche, 572
  rechtsgeschäftliche, 558
Systemgerechtigkeit, 89

T
Teilbesitz, 458
Theorie der realen Leistungsbewirkung, 32
Tieraufseher, 304
Tiergefahr, 302
Tierhalter, 299, 303
Tierhalterhaftung, 301
Tierprodukt, 530
Tierschäden, 353
Tilgung, 119
  fremder Schuld, 84
  Leistungsbeziehungen, 84
Tilgungsbestimmung, 32
Totalreparation, 329
Totalschaden
  technischer, 351
  unechter, 351
  wirtschaftlicher, 352
Tötung eines Menschen, 171
Trennungsprinzip, 18, 166
Trennungstheorie, 16

U
Übereignung, 465, 537
Übermaßfrüchte, 523
Übernahmehaftung, 223
Übernahmeverschulden, 442, 443
Übernahmevertrag, 293
Übernahmewille, rechtsgeschäftlicher, 293
Überwachergarant, 220
Überweisung, 101, 102, 109
Unentgeltlichkeit, 79
  des Besitzerwerbs, 528
Unfall durch höhere Gewalt, 312

Unfallversicherung, öffentliche, 429
Unredlichkeit, 525
Unterhaltsleistung, 54, 339
  des Scheinvaters, 55
Unterhaltspflicht, 423
Unterhaltungspflicht, 298
Unterlassung, 220, 236, 374
Unterlassungsanspruch, 194, 210, 373, 374, 376, 378, 380, 382, 383, 384, 386, 485
  materiell-rechtlicher, 383
Unterlassungsdelikt, 290
Unterlassungserklärung, 413
Unternehmen
  Bestands- und Funktionsschutz, 213
  betriebsbezogener Eingriff, 216
  Integritätsschutz, 212
Unternehmenskaufvertrag, unwirksamer, 128
Unternehmensorganisation, vertikale, 285
Unternehmensschutz, 211
  deliktischer, 210
Untervermietung, unberechtigte, 67
Unwirksamkeit, relative, 522
Unzurechnungsfähigkeit, 254
Urheberpersönlichkeitsrecht, 197
Urheberrecht, 69, 190
Urheberrechtsverletzung, 413

V
Valutaverhältnis, 97, 100, 113
  Unwirksamkeit, 104
Veranlasserprinzip, 110
Veranlassung, 44
Veräußerungserlös, 77, 132
Verbindlichkeit, 26, 31, 37, 128, 140
  Befreiung, 26, 128
  Erfüllung, 52
  rechtsgrundlos eingegangene, 156
Verbot widersprüchlichen Verhaltens, 131
Verbrauch einer fremden Sache, 66
Verbreiten unwahrer Tatsachen, 279
Verdienstausfall, 337
Vereinbarung, schuldrechtliche, 502
Vereinsmitgliedschaft, 192
Verfolgerfälle, 240
Verfügung, 74
  eines Nichtberechtigten, 20
  rechtsgrundlose, 80
  unentgeltliche, 78
Vergütungsanspruch, 430
Verhaltenspflicht, 239
  allgemeine, 239
Verhalten, widersprüchliches, 54

Verjährung, 42
Verkehrsanschauung, 454, 459
Verkehrsauffassung, 567
Verkehrsfund, 578
Verkehrspflicht, 169, 220, 221, 239
    Adressat, 227
    Begründung, 223
    Beweislast, 228
    dogmatische Einordnung, 222
    geschützter Personenkreis, 227
    herstellerspezifische, 230, 231
    Inhalt und Umfang, 225
    Konkretisierung, 225
Verkehrsschutz, 74
Verkehrssicherungspflicht, 161
Verkehrssicherungspllicht, 223
Verkehrsteilnehmer, Fehlverhalten, 313
Verknüpfung, synallagmatische, 147
Verletzergewinn, 359
Verletzungshandlung, 218
Verlierer, 570
Vermietung, 312
Vermögensaufwendung, 542
Vermögensmehrung, 434
Vermögensminderung, 142
Vermögensnachteil
    abzugsfähiger, 142
    bereicherungsmindernde, 141
Vermögensopfer, freiwilliges, 82, 426, 430
Vermögensschaden, 160, 165, 262, 329, 331, 332, 334, 340
Vermögensschutz, 211
Vermögensverschiebung, 89
    ausgleichsbedürftige, 87
    bewusste, 33
    rechtsgrundlose, 15
    Zweckgerichtetheit, 29
Vermögenswert, 204
Verrichtungsgehilfe, 282, 284
    unerlaubte Handlung, 285
Verschaffungsvertrag, 502
Verschulden, 253, 281
    des Geschäftsherrn, 287
    eigenes, 163
    Exkulpation, 287
    fremdes, 163
    gegen sich selbst, 360
    vermutetes, 282, 283, 285, 287, 289, 291, 293, 295, 297, 305
    Vermutung, 287
Verschuldensfähigkeit, 253, 268, 317, 360
    Ausschluss, 254
Verschuldenshaftung, 278, 279, 281, 321, 435
Verschuldensmaßstab, 256, 268, 360

Verschuldensprinzip, 163
Versicherung, 166
    des Schädigers, 166
Versicherungsschutz, 166
Versteigerung, öffentliche, 571
Verstoß gegen Verkehrsregeln, 315
Verteidigungsnotstand, 245
Vertrag
    echter, zugunsten Dritter, 114
    mit Versorgungscharakter, 115
    unechter, zugunsten Dritter, 113
Vertragsbruch, 273
Vertrauenshaftung, 324
Vertrauensschutz, 139
Vertretungsmacht, 395
Verwahrungspflicht, 571
Verwendung, 82
    notwendige, 548, 549
    nützliche, 547, 549
Verwendungsarten, 545
Verwendungsbegriff, 542, 543
Verwendungsersatz, 518, 542
Verwendungsersatzanspruch, 544, 550
Verwendungskondiktion, 21, 62, 82, 83, 144, 434
Verwendungsmöglichkeit, abstrakte, 185
Verwertung, wirtschaftliche, 204
Verzinsung, marktübliche, 131
Vindikation, 497, 555
    Inhalt, 507
Vindikationsanspruch, 121, 125, 133, 497
Vindikationslage, 519
Vollzession, 116
Vollzugsverhältnis, 97
Vorbehaltskauf, 502
Vorbehaltskäufer, 25
Vorsatz, 256
    bedingter, 256, 272
Vorsatzbegriff, strafrechtlicher, 267
Vorsorge- und Vorhaltekosten, 342
Vorteilsannahme, 51
Vorteilsanrechnung, 330, 356
Vorteilsausgleichung, 443

W

Wartepflicht, 444
Wegfall der Geschäftsgrundlage, 45
Wegnahmerecht, 553
Weisungsrecht, 284
Weiterfresserschäden, 181
Werkvertrag, 502
Wertbegriff
    objektiver, 134, 136
    subjektiver, 137

Wertersatz, 127, 135, 537
Wertersatzanspruch, 93, 121, 135, 138, 537
Wertersatzhaftung, bereicherungsunabhängige, 156
Wertersatzpflicht, 146
Wertinteresse, 165
Wertminderung, 136
    lineare, 130
Wertsteigerung, 547
Werturteil, ehrverletzendes, 206
Wettbewerb
    Abmahnungen, 412
    unlauterer, 211
Wettkampf, sportlicher, 251
Wiederbeschaffungswert, 355
Wiederholungsgefahr, 384
Wille
    mutmaßlicher, 418
    natürlicher, 461, 469, 476
    zum Besitz, 460
Willensakt, finaler, 33
Willenseinigung, tatsächliche, 47
Willenserklärung, empfangsbedürftige, 420
Willensübereinstimmung, tatsächliche, 462
Wirtschaftsverkehr, 98
Wissenszurechnung
    allgemeine Grundsätze, 53
    organschaftliche, 153
Wortberichterstattung, 201
Wucher, 58

Z

Zahlungsdienst, 102
Zahlungsdiensterahmenvertrag, 102
Zahlungsdienstevertrag, 102
Zahlungsdienstnutzer, 102
Zahlungsverkehr, 96
Zahlungsvorgang, nicht autorisierter, 109
Zahlung, unbare, 101
Zession, 116
Zinsvorteil, 59
Züchtigungsrecht, elterliches, 246
Zugewinngemeinschaft, 49
Zurechnungsmangel, 91
Zurückbehaltungsrecht, 504, 551, 575
Zustandsstörer, 377, 378
Zuvielzahlung, 110
Zuweisungsgehalt
    des Eigentums, 66
    eines fremden Rechts, 65
    vermögensrechtlicher, 65
Zuweisungstheorie, 65
Zuwendung, 33
    unter Eheleuten, 48
    von Schwiegereltern, 49
    zweckgerichtete, 48
Zuwendungskondiktion, 21, 62, 107
Zuwendungsverhältnis, 97, 113
Zwangsversteigerung, 73
Zwangsvollstreckung, 118, 512
Zweckbestimmung, 32
Zweckschenkung, 45
Zweckvereinbarung, 47
Zweckverfehlungskondiktion, 19, 43
Zweikondiktionen-Theorie, 151
    strikte, 147
Zweipersonenverhältnis, 33, 87
    Leistungszweck, 89

Printed by Books on Demand, Germany